中国资本市场法制发展报告

— 2016 —

中国证券监督管理委员会

法律出版社
LAW PRESS CHINA

内 容 说 明

本《报告》总结了2016年我国资本市场法制建设的主要成果，并力图反映我国资本市场法制发展的整体状况、发展水平和所处阶段。《报告》在编辑体例和内容上，主要包括以下内容：

第一部分为重要文献，收录重要文献1篇。

第二部分为法律法规，主要收录了2016年颁布的与资本市场发展相关的法律法规，包括法律2件、司法解释及其他司法文件9件、行政法规和法规性文件12件以及证监会规章7件，并附录证监会规范性文件及其他部委发布的规章与规范性文件目录；还收录相关法规文件说明。

第三部分为监管执法实践，主要根据2016年行政许可、行政处罚、行政复议、监管措施等执法活动类型，分别收录了公开发布的各项决定文书目录，以及选编了一些较有典型性且有较强指导意义的案例。

第四部分为市场自律法治，主要收录了各自律组织及相关机构的自律措施决定目录及自律规则目录，并选编一些具有代表性和指导意义的自律管理案例。

第五部分为司法案例，收录了证券刑事、行政、民事案件司法文书。

第六部分为律师法律意见书选编，收录了较有代表性的法律意见书。

目　录

第一部分　重要文献

第二部分　法律法规

一、法律法规文件

二、法规文件说明

第三部分 监管执法实践

一、行政许可

二、行政处罚

第一部分 重要文献

中国证券监督管理委员会
香港证券及期货事务监察委员会
联合公告

为促进内地与香港资本市场共同发展,中国证券监督管理委员会、香港证券及期货事务监察委员会决定原则批准深圳证券交易所、香港联合交易所有限公司(以下简称香港联合交易所)、中国证券登记结算有限责任公司、香港中央结算有限公司建立深港股票市场交易互联互通机制(以下简称深港通)。现公告如下:

一、沪港通于2014年11月17日正式开通以来,总体运行平稳有序,为启动深港通提供了基础和条件。

二、深港通开通后,内地与香港之间的股票市场交易互联互通机制将包括沪股通、沪港通下的港股通、深股通、深港通下的港股通四个部分:

沪股通,是指投资者委托香港经纪商,经由香港联合交易所在上海设立的证券交易服务公司,向上海证券交易所进行申报(买卖盘传递),买卖沪港通规定范围内的上海证券交易所上市的股票。

沪港通下的港股通,是指投资者委托内地证券公司,经由上海证券交易所在香港设立的证券交易服务公司,向香港联合交易所进行申报(买卖盘传递),买卖沪港通规定范围内的香港联合交易所上市的股票。

深股通,是指投资者委托香港经纪商,经由香港联合交易所在深圳设立的证券交易服务公司,向深圳证券交易所进行申报(买卖盘传递),买卖深港通规定范围内的深圳证券交易所上市的股票。

深港通下的港股通,是指投资者委托内地证券公司,经由深圳证券交易所在香港设立的证券交易服务公司,向香港联合交易所进行申报(买卖盘传递),买卖深港通规定范围内的香港联合交易所上市的股票。

三、深港通的主要制度安排参照沪港通,遵循两地市场现行的交易结算法律法规和运行模式。其他制度安排如下:

(一)投资标的。

深股通的股票范围是市值60亿元人民币及以上的深证成份指数和深证中小创新指数的成份股,以及深圳证券交易所上市的A+H股公司股票。深股通开通初期,通过深股通买卖深圳证券交易所创业板股票的投资者仅限于香港相关规则所界定的机构专业投资者,待解决相关监管事项后,其他投资者可以通过深股通买卖深圳证券交易所创业板股票。

深港通下的港股通的股票范围是恒生综合大型股指数的成份股、恒生综合中型股指数的成份股、市值50亿元港币及以上的恒生综合小型股指数的成份股,以及香港联合交易所上市的A+H股公司股票。

前述提及市值的计算公式和方法由深圳证券交易所和香港联合交易所另行公告。

沪股通和沪港通下的港股通的股票范围暂不变。

双方可兼顾便利性和审慎性原则,根据市场环境和运营情况对投资标的范围进行调整。

(二)投资额度。

深港通不再设总额度限制。深港通每日额度与沪港通现行标准一致,即深股通每日额度130亿元人民币,深港通下的港股通每日额度105亿元人民币。双方可根据运营情况对投资额度进行调整。

沪港通总额度取消,于此公告之日起即时生效。

四、为了便利和满足两地投资者管理对方股票市场价格风险的需要,中国证券监督管理委员会与香港证券及期货事务监察委员会原则同意将共同研究合作推出其他金融产品。

五、为进一步丰富交易品种,为境内外投资者提供更多的投资便利和机会,中国证券监督管理委员会与香港证券及期货事务监察委员会已就交易型开放式基金(交易所买卖基金)纳入互联互通的投资标的达成共识,待深港通运行一段时间,相关条件具备后推出实施,具体时间另行公告。

六、对于本联合公告未提及的其他有关事项,深港通均参照2014年4月10日沪港通联合公告相关规定。上述事项包括适用的交易、结算及上市规定,结算方式,投资者适当性,两地跨境监管和执法合作,对口联络机制等。

两地交易所及登记结算机构将制定发布或调整完善相关业务规则,积极推进技术系统开发及测试、业务资格申请、投资者教育等各项准备工作,并将公告进展情况。在相关交易结算规则和系统准备完成、获得所有相关的监管批准、市场参与者充分调整其业务和技术系统、所有必需的跨境监管执法合作安排和投资者教育工作准备就绪后,方可正式启动深港通。从本联合公告发布之日起至上述方案正式实施,需要4个月左右准备时间,正式实施时间将另行公告。

特此公告。

二○一六年八月十六日

第二部分 法律法规

一、法律法规文件

（一）法 律

全国人民代表大会常务委员会关于开展第七个五年法治宣传教育的决议

（2016年4月28日第十二届全国人民代表大会常务委员会第二十次会议通过）

2011年至2015年，我国法制宣传教育第六个五年规划顺利实施，法治宣传教育在服务经济社会发展、维护社会和谐稳定、建设社会主义法治国家中发挥了重要作用。为深入学习宣传习近平总书记关于全面依法治国的重要论述，全面推进依法治国，顺利实施"十三五"规划，全面建成小康社会，推动全体公民自觉尊法学法守法用法，推进国家治理体系和治理能力现代化建设，从2016年至2020年在全体公民中开展第七个五年法治宣传教育，十分必要。通过开展第七个五年法治宣传教育，使全社会法治观念明显增强，法治思维和依法办事能力明显提高，形成崇尚法治的社会氛围。特作决议如下：

一、突出学习宣传宪法。坚持把学习宣传宪法摆在首要位置，在全社会普遍开展宪法宣传教育，重点学习宣传宪法确立的我国的国体、政体、基本政治制度、基本经济制度、公民的基本权利和义务等内容，弘扬宪法精神，树立宪法权威。实行宪法宣誓制度，组织国家工作人员在宪法宣誓前专题学习宪法。组织开展"12·4"国家宪法日集中宣传活动，教育引导一切组织和个人以宪法为根本活动准则。

二、深入学习宣传国家基本法律。坚持把学习宣传宪法相关法、民法商法、行政法、经济法、社会法、刑法、诉讼与非诉讼程序法等法律法规的基本知识，作为法治宣传教育的基本任务，结合学习贯彻创新、协调、绿色、开放、共享发展理念，加强对相关法律法规的宣传教育。在全社会树立宪法法律至上、法律面前人人平等、权由法定、权依法使等基本法治理念。

三、推动全民学法守法用法。一切有接受教育能力的公民都要接受法治宣传教育。坚持把全民普法和守法作为依法治国的长期基础性工作，加强农村和少数民族地区法治宣传教育，以群众喜闻乐见、易于接受的方式开展法治宣传教育，引导公民努力学法、自觉守法、遇事找法、解决问题靠法，增强全社会厉行法治的积极性、主动性和自觉性。大力弘扬法治精神，培育法治理念，树立法治意识，共同维护法律的权威和尊严。

四、坚持国家工作人员带头学法守法用法。坚持把各级领导干部带头学法、模范守法、严格执法作为全社会树立法治意识的关键。健全国家工作人员学法用法制度,将法治教育纳入干部教育培训总体规划。坚持把依法办事作为检验国家工作人员学法用法的重要标准,健全重大决策合法性审查机制,推行政府法律顾问制度,推动行政机关依法行政,促进司法机关公正司法。坚持把尊法学法守法用法情况作为考核领导班子和领导干部的重要内容。

五、切实把法治教育纳入国民教育体系。坚持从青少年抓起,制定青少年法治教育大纲,设立法治知识课程,完善法治教材体系,强化学校、家庭、社会"三位一体"的青少年法治教育格局,加强青少年法治教育实践基地建设,增强青少年的法治观念。

六、推进社会主义法治文化建设。把法治文化建设纳入现代公共文化服务体系,繁荣法治文化作品创作推广,广泛开展群众性法治文化活动。大力弘扬社会主义核心价值观,推动法治教育与道德教育相结合,促进法律的规范作用和道德的教化作用相辅相成。健全公民和组织守法信用记录,建立和完善学法用法先进集体、先进个人宣传表彰制度。

七、推进多层次多领域依法治理。坚持法治宣传教育与法治实践相结合,把法律规定变成引领保障经济社会发展的基本规范。深化基层组织和部门、行业依法治理,深入开展法治城市、法治县(市、区)、民主法治示范村(社区)等法治创建活动,提高社会治理法治化水平。

八、推进法治宣传教育创新。遵循现代传播规律,推进法治宣传教育工作理念、方式方法、载体阵地和体制机制等创新。结合不同地区、不同时期、不同群体的特点和需求,分类实施法治宣传教育,提高法治宣传教育的针对性和实效性,力戒形式主义。充分发挥报刊、广播、电视和新媒体新技术等在普法中的作用,推进互联网+法治宣传教育行动。建立法官、检察官、行政执法人员、律师等以案释法制度,充分运用典型案例,结合社会热点,开展生动直观的法治宣传教育。加强法治宣传教育志愿者队伍建设。深化法律进机关、进乡村、进社区、进学校、进企业、进单位等活动。

九、健全普法责任制。一切国家机关和武装力量、各政党和各人民团体、企业事业组织和其他社会组织都要高度重视法治宣传教育工作,按照"谁主管谁负责"的原则,认真履行普法责任。实行国家机关"谁执法谁普法"的普法责任制,建立普法责任清单制度。健全媒体公益普法制度,落实各类媒体的普法责任,在重要频道、重要版面、重要时段开展公益普法。把法治宣传教育纳入当地经济社会发展规划,进一步健全完善党委领导、人大监督、政府实施、部门各负其责、全社会共同参与的法治宣传教育工作体制机制。

十、加强组织实施和监督检查。各级人民政府要积极开展第七个五年法治宣传教育工作,强化工作保障,做好中期检查和终期评估,并向本级人民代表大会常务委员会报告。各级人民代表大会及其常务委员会要充分运用执法检查、听取和审议工作报告以及代表视察、专题调研等形式,加强对法治宣传教育工作的监督检查,保证本决议得到贯彻落实。

中华人民共和国网络安全法

(2016年11月7日第十二届全国人民代表大会常务委员会第二十四次会议通过)

第一章　总　　则

第一条　为了保障网络安全,维护网络空间主权和国家安全、社会公共利益,保护公民、法人和其他组织的合法权益,促进经济社会信息化健康发展,制定本法。

第二条　在中华人民共和国境内建设、运营、维护和使用网络,以及网络安全的监督管理,适用本法。

第三条　国家坚持网络安全与信息化发展并重，遵循积极利用、科学发展、依法管理、确保安全的方针，推进网络基础设施建设和互联互通，鼓励网络技术创新和应用，支持培养网络安全人才，建立健全网络安全保障体系，提高网络安全保护能力。

第四条　国家制定并不断完善网络安全战略，明确保障网络安全的基本要求和主要目标，提出重点领域的网络安全政策、工作任务和措施。

第五条　国家采取措施，监测、防御、处置来源于中华人民共和国境内外的网络安全风险和威胁，保护关键信息基础设施免受攻击、侵入、干扰和破坏，依法惩治网络违法犯罪活动，维护网络空间安全和秩序。

第六条　国家倡导诚实守信、健康文明的网络行为，推动传播社会主义核心价值观，采取措施提高全社会的网络安全意识和水平，形成全社会共同参与促进网络安全的良好环境。

第七条　国家积极开展网络空间治理、网络技术研发和标准制定、打击网络违法犯罪等方面的国际交流与合作，推动构建和平、安全、开放、合作的网络空间，建立多边、民主、透明的网络治理体系。

第八条　国家网信部门负责统筹协调网络安全工作和相关监督管理工作。国务院电信主管部门、公安部门和其他有关机关依照本法和有关法律、行政法规的规定，在各自职责范围内负责网络安全保护和监督管理工作。

县级以上地方人民政府有关部门的网络安全保护和监督管理职责，按照国家有关规定确定。

第九条　网络运营者开展经营和服务活动，必须遵守法律、行政法规，尊重社会公德，遵守商业道德，诚实信用，履行网络安全保护义务，接受政府和社会的监督，承担社会责任。

第十条　建设、运营网络或者通过网络提供服务，应当依照法律、行政法规的规定和国家标准的强制性要求，采取技术措施和其他必要措施，保障网络安全、稳定运行，有效应对网络安全事件，防范网络违法犯罪活动，维护网络数据的完整性、保密性和可用性。

第十一条　网络相关行业组织按照章程，加强行业自律，制定网络安全行为规范，指导会员加强网络安全保护，提高网络安全保护水平，促进行业健康发展。

第十二条　国家保护公民、法人和其他组织依法使用网络的权利，促进网络接入普及，提升网络服务水平，为社会提供安全、便利的网络服务，保障网络信息依法有序自由流动。

任何个人和组织使用网络应当遵守宪法法律，遵守公共秩序，尊重社会公德，不得危害网络安全，不得利用网络从事危害国家安全、荣誉和利益，煽动颠覆国家政权、推翻社会主义制度，煽动分裂国家、破坏国家统一，宣扬恐怖主义、极端主义，宣扬民族仇恨、民族歧视，传播暴力、淫秽色情信息，编造、传播虚假信息扰乱经济秩序和社会秩序，以及侵害他人名誉、隐私、知识产权和其他合法权益等活动。

第十三条　国家支持研究开发有利于未成年人健康成长的网络产品和服务，依法惩治利用网络从事危害未成年人身心健康的活动，为未成年人提供安全、健康的网络环境。

第十四条　任何个人和组织有权对危害网络安全的行为向网信、电信、公安等部门举报。收到举报的部门应当及时依法作出处理；不属于本部门职责的，应当及时移送有权处理的部门。

有关部门应当对举报人的相关信息予以保密，保护举报人的合法权益。

第二章　网络安全支持与促进

第十五条　国家建立和完善网络安全标准体系。国务院标准化行政主管部门和国务院其他有关部门根据各自的职责，组织制定并适时修订有关网络安全管理以及网络产品、服务和运行安全的国家标准、行业标准。

国家支持企业、研究机构、高等学校、网络相关行业组织参与网络安全国家标准、行业标准的制定。

第十六条　国务院和省、自治区、直辖市人民政府应当统筹规划，加大投入，扶持重点网络安全技术产业和项目，支持网络安全技术的研究开发和应用，推广安全可信的网络产品和服务，保护网络技术知识产权，支持企业、研究机构和高等学校等参与国家网络安全技术创新项目。

第十七条　国家推进网络安全社会化服务体系建设，鼓励有关企业、机构开展网络安全认证、检测和风险评估等安全服务。

第十八条　国家鼓励开发网络数据安全保护和利用技术，促进公共数据资源开放，推动技术创新和经济社会发展。

国家支持创新网络安全管理方式，运用网络新技术，提升网络安全保护水平。

第十九条　各级人民政府及其有关部门应当组织开展经常性的网络安全宣传教育，并指导、督促有关单位做好网络安全宣传教育工作。

大众传播媒介应当有针对性地面向社会进行网络安全宣传教育。

第二十条　国家支持企业和高等学校、职业学校等教育培训机构开展网络安全相关教育与培训，采取多种方式培养网络安全人才，促进网络安全人才交流。

第三章　网络运行安全

第一节　一般规定

第二十一条　国家实行网络安全等级保护制度。网络运营者应当按照网络安全等级保护制度的要求，履行下列安全保护义务，保障网络免受干扰、破坏或者未经授权的访问，防止网络数据泄露或者被窃取、篡改：

（一）制定内部安全管理制度和操作规程，确定网络安全负责人，落实网络安全保护责任；

（二）采取防范计算机病毒和网络攻击、网络侵入等危害网络安全行为的技术措施；

（三）采取监测、记录网络运行状态、网络安全事件的技术措施，并按照规定留存相关的网络日志不少于六个月；

（四）采取数据分类、重要数据备份和加密等措施；

（五）法律、行政法规规定的其他义务。

第二十二条　网络产品、服务应当符合相关国家标准的强制性要求。网络产品、服务的提供者不得设置恶意程序；发现其网络产品、服务存在安全缺陷、漏洞等风险时，应当立即采取补救措施，按照规定及时告知用户并向有关主管部门报告。

网络产品、服务的提供者应当为其产品、服务持续提供安全维护；在规定或者当事人约定的期限内，不得终止提供安全维护。

网络产品、服务具有收集用户信息功能的，其提供者应当向用户明示并取得同意；涉及用户个人信息的，还应当遵守本法和有关法律、行政法规关于个人信息保护的规定。

第二十三条　网络关键设备和网络安全专用产品应当按照相关国家标准的强制性要求，由具备资格的机构安全认证合格或者安全检测符合要求后，方可销售或者提供。国家网信部门会同国务院有关部门制定、公布网络关键设备和网络安全专用产品目录，并推动安全认证和安全检测结果互认，避免重复认证、检测。

第二十四条　网络运营者为用户办理网络接入、域名注册服务，办理固定电话、移动电话等入网手续，或者为用户提供信息发布、即时通讯等服务，在与用户签订协议或者确认提供服务时，应当要求用户提供真实身份信息。用户不提供真实身份信息的，网络运营者不得为其提供相关服务。

国家实施网络可信身份战略，支持研究开发安全、方便的电子身份认证技术，推动不同电子身份认证之间的互认。

第二十五条　网络运营者应当制定网络安全事件应急预案，及时处置系统漏洞、计算机病毒、网络攻击、网络侵入等安全风险；在发生危害网络安全的事件时，立即启动应急预案，采取相应的补救措施，并按照规定向有关主管部门报告。

第二十六条　开展网络安全认证、检测、风险评估等活动，向社会发布系统漏洞、计算机病毒、网络攻击、网络侵入等网络安全信息，应当遵守国家有关规定。

第二十七条　任何个人和组织不得从事非法侵入他人网络、干扰他人网络正常功能、窃取网络数据等危害网络安全的活动；不得提供专门用于从事侵入网络、干扰网络正常功能及防护措施、窃取网络数据等危害网络安全活动的程序、工具；明知他人从事危害网络安全的活动的，不得为其提供技术支持、广告推广、支付结算等帮助。

第二十八条　网络运营者应当为公安机关、国家安全机关依法维护国家安全和侦查犯罪的活动提供技术支持和协助。

第二十九条 国家支持网络运营者之间在网络安全信息收集、分析、通报和应急处置等方面进行合作，提高网络运营者的安全保障能力。

有关行业组织建立健全本行业的网络安全保护规范和协作机制，加强对网络安全风险的分析评估，定期向会员进行风险警示，支持、协助会员应对网络安全风险。

第三十条 网信部门和有关部门在履行网络安全保护职责中获取的信息，只能用于维护网络安全的需要，不得用于其他用途。

第二节 关键信息基础设施的运行安全

第三十一条 国家对公共通信和信息服务、能源、交通、水利、金融、公共服务、电子政务等重要行业和领域，以及其他一旦遭到破坏、丧失功能或者数据泄露，可能严重危害国家安全、国计民生、公共利益的关键信息基础设施，在网络安全等级保护制度的基础上，实行重点保护。关键信息基础设施的具体范围和安全保护办法由国务院制定。

国家鼓励关键信息基础设施以外的网络运营者自愿参与关键信息基础设施保护体系。

第三十二条 按照国务院规定的职责分工，负责关键信息基础设施安全保护工作的部门分别编制并组织实施本行业、本领域的关键信息基础设施安全规划，指导和监督关键信息基础设施运行安全保护工作。

第三十三条 建设关键信息基础设施应当确保其具有支持业务稳定、持续运行的性能，并保证安全技术措施同步规划、同步建设、同步使用。

第三十四条 除本法第二十一条的规定外，关键信息基础设施的运营者还应当履行下列安全保护义务：

（一）设置专门安全管理机构和安全管理负责人，并对该负责人和关键岗位的人员进行安全背景审查；

（二）定期对从业人员进行网络安全教育、技术培训和技能考核；

（三）对重要系统和数据库进行容灾备份；

（四）制定网络安全事件应急预案，并定期进行演练；

（五）法律、行政法规规定的其他义务。

第三十五条 关键信息基础设施的运营者采购网络产品和服务，可能影响国家安全的，应当通过国家网信部门会同国务院有关部门组织的国家安全审查。

第三十六条 关键信息基础设施的运营者采购网络产品和服务，应当按照规定与提供者签订安全保密协议，明确安全和保密义务与责任。

第三十七条 关键信息基础设施的运营者在中华人民共和国境内运营中收集和产生的个人信息和重要数据应当在境内存储。因业务需要，确需向境外提供的，应当按照国家网信部门会同国务院有关部门制定的办法进行安全评估；法律、行政法规另有规定的，依照其规定。

第三十八条 关键信息基础设施的运营者应当自行或者委托网络安全服务机构对其网络的安全性和可能存在的风险每年至少进行一次检测评估，并将检测评估情况和改进措施报送相关负责关键信息基础设施安全保护工作的部门。

第三十九条 国家网信部门应当统筹协调有关部门对关键信息基础设施的安全保护采取下列措施：

（一）对关键信息基础设施的安全风险进行抽查检测，提出改进措施，必要时可以委托网络安全服务机构对网络存在的安全风险进行检测评估；

（二）定期组织关键信息基础设施的运营者进行网络安全应急演练，提高应对网络安全事件的水平和协同配合能力；

（三）促进有关部门、关键信息基础设施的运营者以及有关研究机构、网络安全服务机构等之间的网络安全信息共享；

（四）对网络安全事件的应急处置与网络功能的恢复等，提供技术支持和协助。

第四章 网络信息安全

第四十条 网络运营者应当对其收集的用户信息严格保密，并建立健全用户信息保护制度。

第四十一条 网络运营者收集、使用个人信息，应当遵循合法、正当、必要的原则，公开收集、使用规则,明示收集、使用信息的目的、方式和范围,并经被收集者同意。

网络运营者不得收集与其提供的服务无关的个人信息,不得违反法律、行政法规的规定和双方的约定收集、使用个人信息,并应当依照法律、行政法规的规定和与用户的约定,处理其保存的个人信息。

第四十二条　网络运营者不得泄露、篡改、毁损其收集的个人信息;未经被收集者同意,不得向他人提供个人信息。但是,经过处理无法识别特定个人且不能复原的除外。

网络运营者应当采取技术措施和其他必要措施,确保其收集的个人信息安全,防止信息泄露、毁损、丢失。在发生或者可能发生个人信息泄露、毁损、丢失的情况时,应当立即采取补救措施,按照规定及时告知用户并向有关主管部门报告。

第四十三条　个人发现网络运营者违反法律、行政法规的规定或者双方的约定收集、使用其个人信息的,有权要求网络运营者删除其个人信息;发现网络运营者收集、存储的其个人信息有错误的,有权要求网络运营者予以更正。网络运营者应当采取措施予以删除或者更正。

第四十四条　任何个人和组织不得窃取或者以其他非法方式获取个人信息,不得非法出售或者非法向他人提供个人信息。

第四十五条　依法负有网络安全监督管理职责的部门及其工作人员,必须对在履行职责中知悉的个人信息、隐私和商业秘密严格保密,不得泄露、出售或者非法向他人提供。

第四十六条　任何个人和组织应当对其使用网络的行为负责,不得设立用于实施诈骗,传授犯罪方法,制作或者销售违禁物品、管制物品等违法犯罪活动的网站、通讯群组,不得利用网络发布涉及实施诈骗,制作或者销售违禁物品、管制物品以及其他违法犯罪活动的信息。

第四十七条　网络运营者应当加强对其用户发布的信息的管理,发现法律、行政法规禁止发布或者传输的信息的,应当立即停止传输该信息,采取消除等处置措施,防止信息扩散,保存有关记录,并向有关主管部门报告。

第四十八条　任何个人和组织发送的电子信息、提供的应用软件,不得设置恶意程序,不得含有法律、行政法规禁止发布或者传输的信息。

电子信息发送服务提供者和应用软件下载服务提供者,应当履行安全管理义务,知道其用户有前款规定行为的,应当停止提供服务,采取消除等处置措施,保存有关记录,并向有关主管部门报告。

第四十九条　网络运营者应当建立网络信息安全投诉、举报制度,公布投诉、举报方式等信息,及时受理并处理有关网络信息安全的投诉和举报。

网络运营者对网信部门和有关部门依法实施的监督检查,应当予以配合。

第五十条　国家网信部门和有关部门依法履行网络信息安全监督管理职责,发现法律、行政法规禁止发布或者传输的信息的,应当要求网络运营者停止传输,采取消除等处置措施,保存有关记录;对来源于中华人民共和国境外的上述信息,应当通知有关机构采取技术措施和其他必要措施阻断传播。

第五章　监测预警与应急处置

第五十一条　国家建立网络安全监测预警和信息通报制度。国家网信部门应当统筹协调有关部门加强网络安全信息收集、分析和通报工作,按照规定统一发布网络安全监测预警信息。

第五十二条　负责关键信息基础设施安全保护工作的部门,应当建立健全本行业、本领域的网络安全监测预警和信息通报制度,并按照规定报送网络安全监测预警信息。

第五十三条　国家网信部门协调有关部门建立健全网络安全风险评估和应急工作机制,制定网络安全事件应急预案,并定期组织演练。

负责关键信息基础设施安全保护工作的部门应当制定本行业、本领域的网络安全事件应急预案,并定期组织演练。

网络安全事件应急预案应当按照事件发生后的危害程度、影响范围等因素对网络安全事件进行分级,并规定相应的应急处置措施。

第五十四条　网络安全事件发生的风险增大时,省级以上人民政府有关部门应当按照规定的权限和程序,并根据网络安全风险的特点和可能造成的危害,采取下列措施:

（一）要求有关部门、机构和人员及时收集、报告有关信息，加强对网络安全风险的监测；

（二）组织有关部门、机构和专业人员，对网络安全风险信息进行分析评估，预测事件发生的可能性、影响范围和危害程度；

（三）向社会发布网络安全风险预警，发布避免、减轻危害的措施。

第五十五条　发生网络安全事件，应当立即启动网络安全事件应急预案，对网络安全事件进行调查和评估，要求网络运营者采取技术措施和其他必要措施，消除安全隐患，防止危害扩大，并及时向社会发布与公众有关的警示信息。

第五十六条　省级以上人民政府有关部门在履行网络安全监督管理职责中，发现网络存在较大安全风险或者发生安全事件的，可以按照规定的权限和程序对该网络的运营者的法定代表人或者主要负责人进行约谈。网络运营者应当按照要求采取措施，进行整改，消除隐患。

第五十七条　因网络安全事件，发生突发事件或者生产安全事故的，应当依照《中华人民共和国突发事件应对法》、《中华人民共和国安全生产法》等有关法律、行政法规的规定处置。

第五十八条　因维护国家安全和社会公共秩序，处置重大突发社会安全事件的需要，经国务院决定或者批准，可以在特定区域对网络通信采取限制等临时措施。

第六章　法律责任

第五十九条　网络运营者不履行本法第二十一条、第二十五条规定的网络安全保护义务的，由有关主管部门责令改正，给予警告；拒不改正或者导致危害网络安全等后果的，处一万元以上十万元以下罚款，对直接负责的主管人员处五千元以上五万元以下罚款。

关键信息基础设施的运营者不履行本法第三十三条、第三十四条、第三十六条、第三十八条规定的网络安全保护义务的，由有关主管部门责令改正，给予警告；拒不改正或者导致危害网络安全等后果的，处十万元以上一百万元以下罚款，对直接负责的主管人员处一万元以上十万元以下罚款。

第六十条　违反本法第二十二条第一款、第二款和第四十八条第一款规定，有下列行为之一的，由有关主管部门责令改正，给予警告；拒不改正或者导致危害网络安全等后果的，处五万元以上五十万元以下罚款，对直接负责的主管人员处一万元以上十万元以下罚款：

（一）设置恶意程序的；

（二）对其产品、服务存在的安全缺陷、漏洞等风险未立即采取补救措施，或者未按照规定及时告知用户并向有关主管部门报告的；

（三）擅自终止为其产品、服务提供安全维护的。

第六十一条　网络运营者违反本法第二十四条第一款规定，未要求用户提供真实身份信息，或者对不提供真实身份信息的用户提供相关服务的，由有关主管部门责令改正；拒不改正或者情节严重的，处五万元以上五十万元以下罚款，并可以由有关主管部门责令暂停相关业务、停业整顿、关闭网站、吊销相关业务许可证或者吊销营业执照，对直接负责的主管人员和其他直接责任人员处一万元以上十万元以下罚款。

第六十二条　违反本法第二十六条规定，开展网络安全认证、检测、风险评估等活动，或者向社会发布系统漏洞、计算机病毒、网络攻击、网络侵入等网络安全信息的，由有关主管部门责令改正，给予警告；拒不改正或者情节严重的，处一万元以上十万元以下罚款，并可以由有关主管部门责令暂停相关业务、停业整顿、关闭网站、吊销相关业务许可证或者吊销营业执照，对直接负责的主管人员和其他直接责任人员处五千元以上五万元以下罚款。

第六十三条　违反本法第二十七条规定，从事危害网络安全的活动，或者提供专门用于从事危害网络安全活动的程序、工具，或者为他人从事危害网络安全的活动提供技术支持、广告推广、支付结算等帮助，尚不构成犯罪的，由公安机关没收违法所得，处五日以下拘留，可以并处五万元以上五十万元以下罚款；情节较重的，处五日以上十五日以下拘留，可以并处十万元以上一百万元以下罚款。

单位有前款行为的，由公安机关没收违法所得，处十万元以上一百万元以下罚款，并对直接负责的主管人员和其他直接责任人员依照前款规定处罚。

违反本法第二十七条规定,受到治安管理处罚的人员,五年内不得从事网络安全管理和网络运营关键岗位的工作;受到刑事处罚的人员,终身不得从事网络安全管理和网络运营关键岗位的工作。

第六十四条　网络运营者、网络产品或者服务的提供者违反本法第二十二条第三款、第四十一条至第四十三条规定,侵害个人信息依法得到保护的权利的,由有关主管部门责令改正,可以根据情节单处或者并处警告、没收违法所得、处违法所得一倍以上十倍以下罚款,没有违法所得的,处一百万元以下罚款,对直接负责的主管人员和其他直接责任人员处一万元以上十万元以下罚款;情节严重的,并可以责令暂停相关业务、停业整顿、关闭网站、吊销相关业务许可证或者吊销营业执照。

违反本法第四十四条规定,窃取或者以其他非法方式获取、非法出售或者非法向他人提供个人信息,尚不构成犯罪的,由公安机关没收违法所得,并处违法所得一倍以上十倍以下罚款,没有违法所得的,处一百万元以下罚款。

第六十五条　关键信息基础设施的运营者违反本法第三十五条规定,使用未经安全审查或者安全审查未通过的网络产品或者服务的,由有关主管部门责令停止使用,处采购金额一倍以上十倍以下罚款;对直接负责的主管人员和其他直接责任人员处一万元以上十万元以下罚款。

第六十六条　关键信息基础设施的运营者违反本法第三十七条规定,在境外存储网络数据,或者向境外提供网络数据的,由有关主管部门责令改正,给予警告,没收违法所得,处五万元以上五十万元以下罚款,并可以责令暂停相关业务、停业整顿、关闭网站、吊销相关业务许可证或者吊销营业执照;对直接负责的主管人员和其他直接责任人员处一万元以上十万元以下罚款。

第六十七条　违反本法第四十六条规定,设立用于实施违法犯罪活动的网站、通讯群组,或者利用网络发布涉及实施违法犯罪活动的信息,尚不构成犯罪的,由公安机关处五日以下拘留,可以并处一万元以上十万元以下罚款;情节较重的,处五日以上十五日以下拘留,可以并处五万元以上五十万元以下罚款。关闭用于实施违法犯罪活动的网站、通讯群组。

单位有前款行为的,由公安机关处十万元以上五十万元以下罚款,并对直接负责的主管人员和其他直接责任人员依照前款规定处罚。

第六十八条　网络运营者违反本法第四十七条规定,对法律、行政法规禁止发布或者传输的信息未停止传输、采取消除等处置措施、保存有关记录的,由有关主管部门责令改正,给予警告,没收违法所得;拒不改正或者情节严重的,处十万元以上五十万元以下罚款,并可以责令暂停相关业务、停业整顿、关闭网站、吊销相关业务许可证或者吊销营业执照,对直接负责的主管人员和其他直接责任人员处一万元以上十万元以下罚款。

电子信息发送服务提供者、应用软件下载服务提供者,不履行本法第四十八条第二款规定的安全管理义务的,依照前款规定处罚。

第六十九条　网络运营者违反本法规定,有下列行为之一的,由有关主管部门责令改正;拒不改正或者情节严重的,处五万元以上五十万元以下罚款,对直接负责的主管人员和其他直接责任人员,处一万元以上十万元以下罚款:

(一)不按照有关部门的要求对法律、行政法规禁止发布或者传输的信息,采取停止传输、消除等处置措施的;

(二)拒绝、阻碍有关部门依法实施的监督检查的;

(三)拒不向公安机关、国家安全机关提供技术支持和协助的。

第七十条　发布或者传输本法第十二条第二款和其他法律、行政法规禁止发布或者传输的信息的,依照有关法律、行政法规的规定处罚。

第七十一条　有本法规定的违法行为的,依照有关法律、行政法规的规定记入信用档案,并予以公示。

第七十二条　国家机关政务网络的运营者不履行本法规定的网络安全保护义务的,由其上级机关或者有关机关责令改正;对直接负责的主管人员和其他直接责任人员依法给予处分。

第七十三条　网信部门和有关部门违反本

法第三十条规定，将在履行网络安全保护职责中获取的信息用于其他用途的，对直接负责的主管人员和其他直接责任人员依法给予处分。

网信部门和有关部门的工作人员玩忽职守、滥用职权、徇私舞弊，尚不构成犯罪的，依法给予处分。

第七十四条 违反本法规定，给他人造成损害的，依法承担民事责任。

违反本法规定，构成违反治安管理行为的，依法给予治安管理处罚；构成犯罪的，依法追究刑事责任。

第七十五条 境外的机构、组织、个人从事攻击、侵入、干扰、破坏等危害中华人民共和国的关键信息基础设施的活动，造成严重后果的，依法追究法律责任；国务院公安部门和有关部门并可以决定对该机构、组织、个人采取冻结财产或者其他必要的制裁措施。

第七章 附 则

第七十六条 本法下列用语的含义：

（一）网络，是指由计算机或者其他信息终端及相关设备组成的按照一定的规则和程序对信息进行收集、存储、传输、交换、处理的系统。

（二）网络安全，是指通过采取必要措施，防范对网络的攻击、侵入、干扰、破坏和非法使用以及意外事故，使网络处于稳定可靠运行的状态，以及保障网络数据的完整性、保密性、可用性的能力。

（三）网络运营者，是指网络的所有者、管理者和网络服务提供者。

（四）网络数据，是指通过网络收集、存储、传输、处理和产生的各种电子数据。

（五）个人信息，是指以电子或者其他方式记录的能够单独或者与其他信息结合识别自然人个人身份的各种信息，包括但不限于自然人的姓名、出生日期、身份证件号码、个人生物识别信息、住址、电话号码等。

第七十七条 存储、处理涉及国家秘密信息的网络的运行安全保护，除应当遵守本法外，还应当遵守保密法律、行政法规的规定。

第七十八条 军事网络的安全保护，由中央军事委员会另行规定。

第七十九条 本法自2017年6月1日起施行。

（二）司法解释及其他司法文件

最高人民法院关于适用《中华人民共和国物权法》若干问题的解释（一）

（2016年2月22日 法释〔2016〕5号）

为正确审理物权纠纷案件，根据《中华人民共和国物权法》的相关规定，结合民事审判实践，制定本解释。

第一条 因不动产物权的归属，以及作为不动产物权登记基础的买卖、赠与、抵押等产生争议，当事人提起民事诉讼的，应当依法受理。当事人已经在行政诉讼中申请一并解决上述民事争议，且人民法院一并审理的除外。

第二条 当事人有证据证明不动产登记簿的记载与真实权利状态不符、其为该不动产物权的真实权利人，请求确认其享有物权的，应予支持。

第三条 异议登记因物权法第十九条第二款规定的事由失效后，当事人提起民事诉讼，请求确认物权归属的,应当依法受理。异议登记失效不影响人民法院对案件的实体审理。

第四条 未经预告登记的权利人同意,转移不动产所有权,或者设定建设用地使用权、地役权、抵押权等其他物权的,应当依照物权法第二十条第一款的规定,认定其不发生物权效力。

第五条 买卖不动产物权的协议被认定无效、被撤销、被解除,或者预告登记的权利人放弃债权的,应当认定为物权法第二十条第二款所称的“债权消灭”。

第六条 转让人转移船舶、航空器和机动车等所有权,受让人已经支付对价并取得占有,虽未经登记,但转让人的债权人主张其为物权法第二十四条所称的“善意第三人”的,不予支持,法律另有规定的除外。

第七条 人民法院、仲裁委员会在分割共有不动产或者动产等案件中作出并依法生效的改变原有物权关系的判决书、裁决书、调解书,以及人民法院在执行程序中作出的拍卖成交裁定书、以物抵债裁定书,应当认定为物权法第二十八条所称导致物权设立、变更、转让或者消灭的人民法院、仲裁委员会的法律文书。

第八条 依照物权法第二十八条至第三十条规定享有物权,但尚未完成动产交付或者不动产登记的物权人,根据物权法第三十四条至第三十七条的规定,请求保护其物权的,应予支持。

第九条 共有份额的权利主体因继承、遗赠等原因发生变化时,其他按份共有人主张优先购买的,不予支持,但按份共有人之间另有约定的除外。

第十条 物权法第一百零一条所称的“同等条件”,应当综合共有份额的转让价格、价款履行方式及期限等因素确定。

第十一条 优先购买权的行使期间,按份共有人之间有约定的,按照约定处理;没有约定或者约定不明的,按照下列情形确定:

(一)转让人向其他按份共有人发出的包含同等条件内容的通知中载明行使期间的,以该期间为准;

(二)通知中未载明行使期间,或者载明的期间短于通知送达之日起十五日的,为十五日;

(三)转让人未通知的,为其他按份共有人知道或者应当知道最终确定的同等条件之日起十五日;

(四)转让人未通知,且无法确定其他按份共有人知道或者应当知道最终确定的同等条件的,为共有份额权属转移之日起六个月。

第十二条 按份共有人向共有人之外的人转让其份额,其他按份共有人根据法律、司法解释规定,请求按照同等条件购买该共有份额的,应予支持。

其他按份共有人的请求具有下列情形之一的,不予支持:

(一)未在本解释第十一条规定的期间内主张优先购买,或者虽主张优先购买,但提出减少转让价款、增加转让人负担等实质性变更要求;

(二)以其优先购买权受到侵害为由,仅请求撤销共有份额转让合同或者认定该合同无效。

第十三条 按份共有人之间转让共有份额,其他按份共有人主张根据物权法第一百零一条规定优先购买的,不予支持,但按份共有人之间另有约定的除外。

第十四条 两个以上按份共有人主张优先购买且协商不成时,请求按照转让时各自份额比例行使优先购买权的,应予支持。

第十五条 受让人受让不动产或者动产时,不知道转让人无处分权,且无重大过失的,应当认定受让人为善意。

真实权利人主张受让人不构成善意的,应当承担举证证明责任。

第十六条 具有下列情形之一的,应当认定不动产受让人知道转让人无处分权:

(一)登记簿上存在有效的异议登记;

(二)预告登记有效期内,未经预告登记的权利人同意;

(三)登记簿上已经记载司法机关或者行政机关依法裁定、决定查封或者以其他形式限制不动产权利的有关事项;

(四)受让人知道登记簿上记载的权利主体错误;

(五)受让人知道他人已经依法享有不动产物权。

真实权利人有证据证明不动产受让人应当知道转让人无处分权的,应当认定受让人具有重大过失。

第十七条　受让人受让动产时，交易的对象、场所或者时机等不符合交易习惯的，应当认定受让人具有重大过失。

第十八条　物权法第一百零六条第一款第一项所称的“受让人受让该不动产或者动产时”，是指依法完成不动产物权转移登记或者动产交付之时。

当事人以物权法第二十五条规定的方式交付动产的，转让动产法律行为生效时为动产交付之时；当事人以物权法第二十六条规定的方式交付动产的，转让人与受让人之间有关转让返还原物请求权的协议生效时为动产交付之时。

法律对不动产、动产物权的设立另有规定的，应当按照法律规定的时间认定权利人是否为善意。

第十九条　物权法第一百零六条第一款第二项所称“合理的价格”，应当根据转让标的物的性质、数量以及付款方式等具体情况，参考转让时交易地市场价格以及交易习惯等因素综合认定。

第二十条　转让人将物权法第二十四条规定的船舶、航空器和机动车等交付给受让人的，应当认定符合物权法第一百零六条第一款第三项规定的善意取得的条件。

第二十一条　具有下列情形之一，受让人主张根据物权法第一百零六条规定取得所有权的，不予支持：

（一）转让合同因违反合同法第五十二条规定被认定无效；

（二）转让合同因受让人存在欺诈、胁迫或者乘人之危等法定事由被撤销。

第二十二条　本解释自2016年3月1日起施行。

本解释施行后人民法院新受理的一审案件，适用本解释。

本解释施行前人民法院已经受理、施行后尚未审结的一审、二审案件，以及本解释施行前已经终审、施行后当事人申请再审或者按照审判监督程序决定再审的案件，不适用本解释。

最高人民法院、中国证券监督管理委员会关于试点法院通过网络查询、冻结被执行人证券有关事项的通知

（2016年3月4日　法〔2016〕72号）

北京、上海、浙江、福建、广东省（市）高级人民法院，中国证券登记结算有限责任公司，北京、上海、浙江、福建、广东证监局：

为协助人民法院提高执行效率、依法保护被执行人合法权益，最高人民法院、中国证券监督管理委员会（以下简称中国证监会）决定建立网络执行查控系统，开展人民法院通过网络查询、冻结被执行人证券的试点工作。现将有关事项通知如下：

一、建立网络查控工作机制

最高人民法院与中国证监会建立“总对总”的网络执行查控工作机制。最高人民法院和中国证监会负责协调解决建立网络执行查控系统及网络查控试点阶段有关的重大问题。建立和通过网络执行查控系统查询、冻结证券的具体工作由最高人民法院执行局和中国证券登记结算有限责任公司（以下简称中国结算）负责。

中国结算与最高人民法院之间建立网络查控专线联接。试点法院通过最高人民法院网络执行查控系统提出查询、冻结（含初次冻结、续冻、轮候冻结、解除冻结）被执行人证券的请求。中国结算按照人民法院的请求完成相应的

协助执行事项,并将查询、冻结结果反馈最高人民法院。最高人民法院通过网络执行查控系统将查询、冻结结果反馈提出查询、冻结请求的试点法院。

二、坚持依法查控、依法保密原则

人民法院通过网络执行查控系统查询、冻结被执行人证券的,应当坚持“一案一查一冻一用原则”,即只查询、冻结执行案件中被执行人证券及相关信息,不得查询、冻结被执行人以外的非执行义务主体的证券及相关信息;查询、冻结所获被执行人证券相关信息只用于该案件的执行工作,不得用于该案件执行以外的其他任何用途。

人民法院应当将所获得的被执行人证券相关信息作为内部办案信息予以保护,做好信息处理、传输、接收、使用中的信息保护工作,切实防范相关信息被违规泄露、扩散。

被执行人持有证券的市值总额信息可以提供给申请执行人等与案件执行直接相关的人员,但被执行人持有证券的品种、数量、价格等敏感、明细信息的反馈结果不得提供给法院办案人员以外的其他任何人。

网络查控涉及的与被执行人证券信息有关的单位和个人,应当遵守证券市场有关信息披露、禁止内幕交易等法律法规和业务规则。

三、规范冻结执行顺序及执行争议的处理

人民法院通过网络执行查控系统提交的冻结请求,同一批次冻结请求以系统提交时的自然排序作为执行顺序,不同批次冻结请求之间以系统提交的时间先后作为执行顺序。

在同一交易日,对同一被执行人的证券,既有法定有权机关通过证券公司或者中国结算的业务柜台提交冻结或者扣划请求,又有人民法院通过网络执行查控系统提交冻结请求的,以人民法院通过网络执行查控系统提交的冻结请求排序作为当日最后到达的冻结请求。

人民法院通过网络执行查控系统提交的冻结被执行人证券的请求,与其他法定有权机关的书面冻结请求具有同等法律效力,适用《最高人民法院、最高人民检察院、公安部、中国证监会关于查询、冻结、扣划证券和证券交易结算资金有关问题的通知》(法发〔2008〕4号)关于冻结的有关规定。本通知有关人民法院通过网络查询、冻结被执行人证券的相关规定与法发〔2008〕4号文件规定不一致的,以本通知为准。

人民法院与其他法定有权机关就执行被执行人证券产生争议的,由最高人民法院与最高人民检察院、公安部等依法协调解决。争议协调解决期间,中国结算控制发生执行争议的相关证券,不协助任何一方执行。争议协调解决完成,中国结算按照最高人民法院与最高人民检察院、公安部等协商的最终结论处理。

人民法院在查询、冻结被执行人证券的具体执行工作中,应当符合中国结算依法制定的协助执行有关业务规则,维护证券登记结算系统的安全稳定运行、维护登记结算工作的正常秩序。

四、提交有效、规范的法律文书

人民法院通过网络执行查控系统查询、冻结被执行人证券的,应当分别提交盖章的协助查询通知书、协助冻结通知书和执行裁定书的电子版,并附两名执行人员公务证件复印件的扫描件。

五、规范查询、冻结的具体操作

人民法院应当在中国结算相关业务系统工作时间内通过网络执行查控系统提交协助查询、冻结请求。

人民法院应当按照网络执行查控系统规定的相关项目和格式,准确、完整地填写查询、冻结请求及相关信息,做到查询、冻结请求明确、具体、可执行。

中国结算接收到人民法院通过网络执行查控系统提交的协助查询、冻结请求后进行合规性核对。核对无误的,协助查询、冻结并通过网络执行查控系统将协助查询、冻结的结果反馈最高人民法院;核对后存在查询、冻结请求不明确、不具体、不可执行等情形的,予以退回并提示退回原因。人民法院可以在补充完善后重新发出查询、冻结请求,相关冻结请求按照再次提交的时间重新排序。

法律、行政法规以及最高人民法院、中国证监会规定不得被强制执行的证券或者资金,依法依规不予实施冻结,并在查询结果中予以标识。此类不予实施冻结的证券或者资金,由中

国结算负责依据有关规定在网络执行查控系统中以清单方式具体列明,并根据有关规定的变动及时更新。

通过网络执行查控系统查询、冻结被执行人证券的具体范围、法律文书必备要素和格式、查控系统工作时间段等具体事项,由最高人民法院执行局与中国结算商定后另行规定。

六、网络查控系统技术安全保障及故障处理

网络执行查控系统与中国结算的证券登记结算业务技术系统之间应当实现有效隔离,确保各自技术系统的运行安全,切实防范各自技术系统的运行风险。

因技术故障导致网络执行查控系统无法正常运行的,发现故障一方应当立即通知另一方,故障一方应当及时排除故障。因技术系统故障或者不可抗力而未能及时办理查询、冻结请求的,最高人民法院执行局与中国结算均不承担任何法律责任。

七、试点工作相关安排

通过网络查询、冻结被执行人证券的试点区域包括北京、上海、浙江、福建、广东等省、市高级人民法院及其辖区各级人民法院。

试点期间,网络执行查控系统先上线开通查询被执行人证券信息的功能。经过一段时间的查询试点,待条件成熟后,再行上线开展通过网络冻结被执行人证券的试点工作。网络执行查控系统查询、冻结功能上线开通的具体时间由最高人民法院执行局与中国结算另行通知。

经过试点,待条件成熟后,将网络查控工作机制推广到其他地区。

人民检察院行政诉讼监督规则(试行)

(2016年4月15日)

第一章 总 则

第一条 为了保障和规范人民检察院依法履行行政诉讼监督职责,根据《中华人民共和国行政诉讼法》《中华人民共和国民事诉讼法》《中华人民共和国人民检察院组织法》和其他有关规定,结合检察工作实际,制定本规则。

第二条 人民检察院通过办理行政诉讼监督案件,监督人民法院依法审判和执行,促进行政机关依法行使职权,维护司法公正和司法权威,维护国家利益和社会公共利益,保护公民、法人和其他组织的合法权益,保障国家法律的统一正确实施。

第三条 人民检察院通过抗诉、检察建议等方式,对行政诉讼实行法律监督。

第四条 人民检察院对行政诉讼实行监督,应当以事实为根据,以法律为准绳,坚持公开、公平、公正,坚持合法性审查,监督和支持人民法院、行政机关依法行使职权。

第二章 受 理

第五条 有下列情形之一的,当事人可以向人民检察院申请监督:

(一)人民法院对生效判决、裁定、调解书驳回再审申请或者逾期未对再审申请作出裁定的;

(二)认为再审判决、裁定确有错误的;

(三)认为审判程序中审判人员存在违法行为的;

(四)认为人民法院执行活动存在违法情形的。

第六条 当事人依照本规则第五条第一项、第二项规定向人民检察院申请监督,应当在人民法院作出驳回再审申请裁定之日或者再审判决、裁定发生法律效力之日起六个月内提出；对人民法院逾期未对再审申请作出裁定的，应当在再审申请审查期限届满之日起六个月内提出。

当事人以下列理由申请监督，应当在知道或者应当知道之日起六个月内提出：

（一）有新的证据，足以推翻再审判决、裁定的；

（二）再审判决、裁定认定事实的主要证据系伪造的；

（三）据以作出再审判决、裁定的法律文书被撤销或者变更的；

（四）审判人员在审理该案件时有贪污受贿、徇私舞弊、枉法裁判行为的。

当事人依照本规则第五条第三项、第四项向人民检察院申请监督，应当在知道或者应当知道审判人员违法行为或者执行活动违法情形发生之日起六个月内提出。

本条规定的期间为不变期间，不适用中止、中断、延长的规定。

第七条　当事人向人民检察院申请监督，有下列情形之一的，人民检察院不予受理：

（一）当事人对生效判决、裁定、调解书未向人民法院申请再审或者申请再审超过法律规定的期限的；

（二）人民法院正在对再审申请进行审查的，但无正当理由超过三个月未对再审申请作出裁定的除外；

（三）人民法院已经裁定再审且尚未审结的；

（四）人民检察院已经审查终结作出决定的；

（五）判决、裁定、调解书是人民法院根据人民检察院的抗诉或者再审检察建议再审后作出的；

（六）申请监督超过本规则第六条规定的期限的；

（七）当事人提出有关执行的异议、申请复议、申诉或者提起诉讼后，人民法院已经受理并正在审查处理的，但超过法定期间未作出处理的除外；

（八）其他不应当受理的情形。

第八条　当事人对已经发生法律效力的行政判决、裁定、调解书向人民检察院申请监督的，由作出生效判决、裁定、调解书的人民法院所在地同级人民检察院控告检察部门受理。

当事人认为审判程序中审判人员存在违法行为或者执行活动存在违法情形，向人民检察院申请监督的，由审理、执行案件的人民法院所在地同级人民检察院控告检察部门受理。

同级人民检察院不依法受理的，当事人可以向上一级人民检察院申请监督。

第九条　有下列情形之一的行政诉讼案件，人民检察院应当依职权进行监督：

（一）损害国家利益或者社会公共利益的；

（二）审判、执行人员有贪污受贿、徇私舞弊、枉法裁判等违法行为的；

（三）其他确有必要进行监督的。

第三章　审　　查

第十条　人民检察院行政检察部门负责对受理后的行政诉讼监督案件进行审查。

第十一条　人民检察院对审查终结的案件，应当区分情况作出下列决定：

（一）再审检察建议；

（二）提请抗诉；

（三）抗诉；

（四）检察建议；

（五）不支持监督申请；

（六）终结审查。

第十二条　人民检察院受理当事人申请监督的案件，应当在三个月内审查终结并作出决定，但调卷、鉴定、评估、审计期间不计入审查期限。有特殊情况需要延长的，由本院检察长批准。

第十三条　人民检察院因履行法律监督职责提出检察建议或者抗诉的需要，有下列情形之一的，可以向当事人或者案外人调查核实有关情况：

（一）判决、裁定、调解书可能存在法律规定需要监督的情形，仅通过阅卷及审查现有材料难以认定的；

（二）审判人员可能存在违法行为的；

（三）人民法院执行活动可能存在违法情形的；

（四）其他需要调查核实的情形。

人民检察院不得为证明行政行为的合法性

调取行政机关作出行政行为时未收集的证据。

人民检察院通过阅卷以及调查核实难以认定有关事实的，可以向相关审判、执行人员了解有关情况，听取意见。

第四章　对生效判决、裁定、调解书的监督

第一节　一般规定

第十四条　申请监督人提供的新的证据，能够证明原判决、裁定认定基本事实或者裁判结果错误的，应当认定为《中华人民共和国行政诉讼法》第九十一条第二项规定的情形，但原审被告无正当理由逾期提供证据的除外。

第十五条　有下列情形之一的，应当认定为《中华人民共和国行政诉讼法》第九十一条第三项规定的"认定事实的主要证据不足"：

（一）认定的事实没有证据支持，或者认定的事实所依据的证据虚假、缺乏证明力的；

（二）认定的事实所依据的证据不合法的；

（三）认定事实的主要证据不足的其他情形。

第十六条　有下列情形之一的，应当认定为《中华人民共和国行政诉讼法》第九十一条第四项规定的"适用法律、法规确有错误"：

（一）适用法律、法规与案件性质明显不符的；

（二）适用的法律、法规已经失效或者尚未施行的；

（三）违反法律适用规则的；

（四）违反法律溯及力规定的；

（五）适用法律、法规明显违背立法本意的；

（六）应当适用的法律、法规未适用的；

（七）适用法律、法规错误的其他情形。

第十七条　有下列情形之一的，应当认定为《中华人民共和国行政诉讼法》第九十一条第五项规定的"违反法律规定的诉讼程序，可能影响公正审判的"：

（一）审判组织的组成不合法的；

（二）依法应当回避的审判人员没有回避的；

（三）未经合法传唤缺席判决的；

（四）无诉讼行为能力人未经法定代理人代为诉讼的；

（五）遗漏应当参加诉讼的当事人的；

（六）违反法律规定，剥夺当事人辩论权、上诉权等重大诉讼权利的；

（七）其他严重违反法定程序的情形。

第二节　再审检察建议和提请抗诉、抗诉

第十八条　地方各级人民检察院发现同级人民法院已经发生法律效力的判决、裁定有下列情形之一的，可以向同级人民法院提出再审检察建议：

（一）不予立案或者驳回起诉确有错误的；

（二）有新的证据，足以推翻原判决、裁定的；

（三）原判决、裁定认定事实的主要证据不足、未经质证或者系伪造的；

（四）违反法律规定的诉讼程序，可能影响公正审判的；

（五）原判决、裁定遗漏诉讼请求的；

（六）据以作出原判决、裁定的法律文书被撤销或者变更的。

第十九条　符合本规则第十八条规定的案件有下列情形之一的，地方各级人民检察院应当提请上一级人民检察院抗诉：

（一）判决、裁定是经同级人民法院再审后作出的；

（二）判决、裁定是经同级人民法院审判委员会讨论作出的；

（三）其他不适宜由同级人民法院再审纠正的。

第二十条　地方各级人民检察院发现同级人民法院已经发生法律效力的判决、裁定具有下列情形之一的，应当提请上一级人民检察院抗诉：

（一）原判决、裁定适用法律、法规确有错误的；

（二）审判人员在审理该案件时有贪污受贿、徇私舞弊、枉法裁判行为的。

第二十一条　地方各级人民检察院发现同级人民法院已经发生法律效力的调解书损害国家利益、社会公共利益的，可以向同级人民法院

提出再审检察建议,也可以提请上一级人民检察院抗诉。

第二十二条　最高人民检察院对各级人民法院已经发生法律效力的判决、裁定、调解书,上级人民检察院对下级人民法院已经发生法律效力的判决、裁定、调解书,发现有《中华人民共和国行政诉讼法》第九十一条、第九十三条规定情形的,应当向同级人民法院提出抗诉。

第二十三条　人民检察院提出再审检察建议,应当制作《再审检察建议书》,在决定之日起十五日内将《再审检察建议书》连同案件卷宗移送同级人民法院,并制作决定提出再审检察建议的《通知书》,发送当事人。人民检察院提出再审检察建议,应当经检察委员会决定,并将《再审检察建议书》报上一级人民检察院备案。

人民检察院依照前款规定提出再审检察建议的,人民法院根据《最高人民法院、最高人民检察院关于对民事审判活动与行政诉讼实行法律监督的若干意见(试行)》等规定审查回复。

第二十四条　人民检察院提请抗诉,应当制作《提请抗诉报告书》,在决定之日起十五日内将《提请抗诉报告书》连同案件卷宗等材料报送上一级人民检察院,并制作决定提请抗诉的《通知书》,发送当事人。

第二十五条　人民检察院提出抗诉,应当制作《抗诉书》,在决定之日起十五日内将《抗诉书》连同案件卷宗移送同级人民法院,并制作决定抗诉的《通知书》,发送当事人。

第二十六条　人民检察院提出抗诉的案件,人民法院再审时,人民检察院应当派员出席法庭。

第二十七条　人民检察院认为当事人的监督申请不符合监督条件,应当制作《不支持监督申请决定书》,在决定之日起十五日内发送当事人。

下级人民检察院提请抗诉的案件,上级人民检察院可以委托提请抗诉的人民检察院将《不支持监督申请决定书》发送当事人。

第五章　对审判程序中审判人员违法行为的监督与对执行活动的监督

第二十八条　人民检察院发现人民法院审判活动有下列情形之一的,应当向同级人民法院提出检察建议:

(一)判决、裁定确有错误,但不适用再审程序纠正的;

(二)调解违反自愿原则或者调解协议内容违反法律的;

(三)当事人依照《中华人民共和国行政诉讼法》第五十二条规定向上一级人民法院起诉,上一级人民法院未按该规定处理的;

(四)审理案件适用审判程序错误的;

(五)保全、先予执行、停止执行或者不停止执行行政行为违反法律规定的;

(六)诉讼中止或者诉讼终结违反法律规定的;

(七)违反法定审理期限的;

(八)对当事人采取罚款、拘留等妨害行政诉讼的强制措施违反法律规定的;

(九)违反法律规定送达的;

(十)审判人员接受当事人及其委托代理人请客送礼或者违反规定会见当事人及其委托代理人的;

(十一)审判人员实施或者指使、支持、授意他人实施妨害行政诉讼行为,尚未构成犯罪的;

(十二)其他违反法律规定的情形。

第二十九条　人民检察院发现人民法院执行裁定、决定等有下列情形之一的,应当向同级人民法院提出检察建议:

(一)提级管辖、指定管辖或者对管辖异议的裁定违反法律规定的;

(二)裁定受理、不予受理、中止执行、终结执行、恢复执行、执行回转等违反法律规定的;

(三)变更、追加执行主体错误的;

(四)裁定采取财产调查、控制、处置等措施违反法律规定的;

(五)审查执行异议、复议以及案外人异议作出的裁定违反法律规定的;

(六)决定罚款、拘留、暂缓执行等事项违反法律规定的;

(七)执行裁定、决定等违反法定程序的;

(八)对行政机关申请强制执行的行政行为作出准予执行或者不准予执行的裁定违反法律规定的;

(九)执行裁定、决定等有其他违法情形的。

第三十条　人民检察院发现人民法院在执行活动中违反规定采取调查、查封、扣押、冻结、评估、拍卖、变卖、保管、发还财产等执行实施措施的，应当向同级人民法院提出检察建议。

第三十一条　人民检察院发现人民法院有下列不履行或者怠于履行执行职责情形之一的，应当向同级人民法院提出检察建议：

（一）对依法应当受理的执行申请不予受理又不依法作出不予受理裁定的；

（二）对已经受理的执行案件不依法作出执行裁定、无正当理由未在法定期限内采取执行措施或者执行结案的；

（三）违法不受理执行异议、复议或者受理后逾期未作出裁定、决定的；

（四）暂缓执行、停止执行、中止执行的原因消失后，不按规定恢复执行的；

（五）依法应当变更或者解除执行措施而不变更、解除的；

（六）有其他不履行或者怠于履行执行职责行为的。

第三十二条　人民检察院根据本规则第二十八条、第二十九条、第三十条、第三十一条提出检察建议，应当制作《检察建议书》，在决定之日起十五日内将《检察建议书》连同案件卷宗移送同级人民法院。当事人申请监督的案件，人民检察院应当制作决定提出检察建议的《通知书》，发送申请人。人民检察院对行政执行活动提出检察建议，应当经检察委员会决定。

人民检察院依照前款规定提出检察建议的，人民法院根据《最高人民法院、最高人民检察院关于对民事审判活动与行政诉讼实行法律监督的若干意见（试行）》等规定审查回复。

第六章　其他规定

第三十三条　人民法院对人民检察院监督行为提出书面建议的，人民检察院应当在一个月内将处理结果书面回复人民法院。人民法院对回复意见有异议，并通过上一级人民法院向上一级人民检察院提出，上一级人民检察院认为建议正确的，应当要求下级人民检察院及时纠正。

第三十四条　人民检察院办理行政诉讼监督案件，发现行政机关有违反法律规定、可能影响人民法院公正审理的行为，可以向行政机关提出检察建议，并将相关情况告知人民法院。

第三十五条　人民检察院行政检察部门在履行职责过程中，发现违法违纪或者涉嫌犯罪线索，应当及时将相关材料移送有关职能部门。

人民检察院相关职能部门在办案工作中发现人民法院行政审判人员、执行人员有贪污受贿、徇私舞弊、枉法裁判等违法行为，可能导致原判决、裁定错误的，应当及时将相关材料移送行政检察部门。

第七章　附　　则

第三十六条　人民检察院办理行政诉讼监督案件，本规则没有规定的，适用《人民检察院民事诉讼监督规则（试行）》的相关规定。

第三十七条　本规则自发布之日起施行。本院之前公布的其他有关行政诉讼监督的规定与本规则内容不一致的，以本规则为准。

最高人民法院印发《关于落实"用两到三年时间基本解决执行难问题"的工作纲要》的通知

（2016年4月29日　法发〔2016〕10号）

各省、自治区、直辖市高级人民法院，解放军军事法院，新疆维吾尔自治区高级人民法院生产建设兵团分院：

"用两到三年时间基本解决执行难问题"，

是最高人民法院经过认真研判和广泛征求意见后作出的重大决策部署,是当前和今后一段时期人民法院工作的重中之重。为实现基本解决执行难总体目标,全面强化各项执行工作,最高人民法院制定了《关于落实“用两到三年时间基本解决执行难问题”的工作纲要》,对基本解决执行难的总体思路、主要任务及组织保障提出了明确、具体要求。

现将《关于落实“用两到三年时间基本解决执行难问题”的工作纲要》印发给你们,请结合实际认真贯彻执行。执行中发现情况和问题请及时报告最高人民法院。

关于落实“用两到三年时间基本解决执行难问题”的工作纲要

2016 年 3 月 13 日,周强院长在十二届全国人大四次会议上报告最高人民法院工作时庄严承诺:“用两到三年时间基本解决执行难问题”,这是人民法院满足人民群众日益增长的多元司法需求、提升司法公信力的内在要求,是人民法院为实现全面建成小康社会和“四个全面”战略布局目标提供有力司法保障的应有之义,是对人民法院执行工作的极大鞭策和鼓舞。各级人民法院要牢固树立政治意识、大局意识、为民意识,切实增强使命感、责任感和紧迫感,求真务实、锐意进取,勇于担当、奋发有为,全力推进各项执行工作健康快速发展,确保在两到三年期限内完成基本解决执行难目标任务,切实“让人民群众在每一个司法案件中感受到公平正义”。

一、基本解决执行难的总体目标与评价体系

(一)总体目标

全面推进执行体制、执行机制、执行模式改革,加强正规化、专业化、职业化执行队伍建设,建立健全信息化执行查控体系、执行管理体系、执行指挥体系及执行信用惩戒体系,不断完善执行规范体系及各种配套措施,破解执行难题,补齐执行短板,在两到三年内实现以下目标:被执行人规避执行、抗拒执行和外界干预执行现象基本得到遏制;人民法院消极执行、选择性执行、乱执行的情形基本消除;无财产可供执行案件终结本次执行的程序标准和实质标准把握不严、恢复执行等相关配套机制应用不畅的问题基本解决;有财产可供执行案件在法定期限内基本执行完毕,人民群众对执行工作的满意度显著提升,人民法院执行权威有效树立,司法公信力进一步增强。

(二)评价体系

引入第三方评估机构研究制定基本解决执行难的评价体系,确定两到三年内解决执行难的具体目标及指标体系,广泛征求意见后向社会公开发布。两到三年期限届满前由该第三方评估机构及参与单位按照既定的评价体系进行效果评估,向社会发布评估结果。

二、基本解决执行难应坚持的原则

基本解决执行难,要把握新时期执行工作基本规律,坚持问题导向,秉持发展理念,系统设计、整体布局、突出重点、多措并举。

1. 坚持党的领导,确保正确方向。要始终坚持和依靠党的领导,积极主动向党委汇报解决执行难的各项工作部署,充分发挥党委总揽全局、协调各方的领导核心作用,帮助解决工作推进中的重大问题。同时也要充分发挥主观能动性,开拓进取,积极作为,按照总体要求和部署坚持不懈狠抓落实。

2. 加强顶层设计,鼓励改革创新。最高人民法院要立足中国国情,科学谋划解决执行难的顶层设计。作为有益补充,各地法院要紧紧围绕提高执行工作效率、增强司法公信力目标,在执行理念、执行方式、执行管理等方面勇于探索、大胆创新,不断积累解决执行难的实践经验。

3. 实行整体推进,强调重点突破。解决执行难涉及方方面面的工作,必须整体布局、有序推进,同时也要突出重点,集中精力破解影响整体工作推进的瓶颈和障碍,确保各项工作部署顺利进行。

4. 坚持标本兼治，注重长远发展。破解执行难是一项系统工程，需多措并举、标本兼治。既要立足现实，着力解决当前工作推进中的突出问题；也要着眼长远，从影响执行难的全局性问题入手，积极推动社会诚信体系建设和破产、保险、救助等制度完善，谋划解决执行难的长效治本之策。

三、基本解决执行难的主要任务

基本解决执行难，要坚持以信息化建设为抓手，着力强化执行规范化建设和专业化建设，切实完善执行体制机制，努力实现执行工作各个领域的深刻变革。

（一）实现执行模式改革

全力推进执行信息化进程，联合惩戒失信被执行人，畅通被执行人及其财产发现渠道，基本改变“登门临柜”查人找物的传统模式，真正破解查人找物传统执行难题。

1. 实现网络执行查控系统全覆盖。建成以最高人民法院“总对总”网络执行查控系统为核心、以地方各级法院“点对点”网络执行查控系统为补充、覆盖全国地域存款及其他金融产品、车辆、证券、股权、房地产等主要财产形式的网络化、自动化执行查控体系，实现全国四级法院互联互通、全面应用，所有负责办理执行实施案件的执行人员均能熟练使用系统，快速查找、控制所承办案件的被执行人及其财产。

2. 强力惩戒失信被执行人。贯彻落实党中央关于加强社会诚信建设的战略部署，制定出台关于加快建立失信被执行人信用监督、威慑和惩戒机制的意见，不断拓展对失信被执行人联合信用惩戒的范围和深度。确保最高人民法院、国家发改委等44家单位达成的联合惩戒合作协议落地生根，形成多部门、多行业、多领域、多手段联合信用惩戒工作新常态，让失信被执行人寸步难行、无处逃遁，迫使其自动履行法定义务。

3. 拓宽被执行财产发现渠道。严格落实被执行人财产申报制度，对拒不申报或申报不实的被执行人依法进行制裁；探索、推行委托审计调查、委托律师调查、悬赏举报等制度，最大限度发现被执行人财产。

（二）实现执行体制改革

要按照党的十八届四中全会确定的“完善司法管理体制，推动实行审判权和执行权相分离的体制改革试点”要求，蹄疾步稳推进执行体制改革，让改革成果更多惠及执行当事人，促进解决执行难。

4. 实行执行权和审判权科学合理分离。进一步优化执行权的科学配置，设立执行裁判庭，审理执行程序中涉及实体权利的重大事实和法律争议，形成审判权对执行权的有效制约和监督。

5. 强化执行工作统一管理体制。依托执行指挥系统，强化全国四级法院统一管理、统一指挥、统一协调的执行工作管理体制，规范指定执行、提级执行、异地交叉执行的提起和审批程序，提高执行实施效率。

6. 探索改革基层法院执行机构设置。采取两种模式进行试点：一是中级人民法院打破行政区划设立执行分局、负责执行实施原基层人民法院的执行案件；二是强化中级人民法院执行局对基层人民法院执行人员、实施案件、执行装备的统一管理、调度和指挥职能，在破除地方保护主义、提高执行工作效率方面进行探索。

（三）实现执行管理改革

要以全国法院执行案件信息管理系统为依托，强化对执行程序各个环节的监督制约，严格规范执行行为，切实提高执行效率，努力增强司法公信力。

7. 全面运行案件流程信息管理系统。建立全国四级法院一体化的执行案件办案平台、案件节点管理系统，强化节点管控，自动生成、公开相关流程信息，形成执行法院、上级法院、当事人对执行案件多位一体的监督功能，堵塞廉政漏洞，有效解决消极执行、拖延执行、选择执行、乱执行等失范执行、违法执行问题。

8. 开展执行案款专项清理活动。在全国法院部署开展执行案款专项清理，集中解决执行案款管理中的历史遗留问题。通过清理活动建章立制，制定出台执行案款管理办法，全面实现执行款物的信息化管理，确保对执行案款的流转与发放透明高效，全程留痕、全程公开。

9. 推动建立执行救助制度。积极推动普遍建立执行救助制度，结合执行案款清理工作，研究扩充救助资金来源，充分体现国家和社会对弱势群体的人文关怀，彰显人民法院司法为民的核心宗旨。

（四）实现财产处置改革

要针对当前经济增速放缓、经济下行压力加大的形势，树立互联网思维，加大被执行财产的处置力度，及时、有效兑现债权人权益。

10. 推行网络司法评估管理。对拟处置的被执行人财产，通过网络平台进行流程管理，自动筛选评估机构，按照预设的程序进行价值评估，避免暗箱操作、低值高估、高值低估等侵害执行当事人权益现象，斩断利益输送链条，为后续拍卖工作奠定基础。

11. 推广网络司法拍卖。广泛推动各地法院以网络司法拍卖方式处置被执行财产，从源头上减少和杜绝串通压价、恶意竞买等有损公平公正的现象，祛除权力寻租空间，实现当事人利益最大化。

（五）完善执行工作机制

要在人民法院内部深挖潜力，理顺各种关系，完善相关工作衔接机制，努力提高执行工作效率。

12. 建立无财产可供执行案件退出和恢复执行机制。建立健全无财产可供执行案件终结本次执行程序的实质标准和程序标准；终结本次执行程序后，在一定年限内继续对被执行人采取限制高消费及有关消费的跟进措施；被执行人恢复履行能力后，执行法院依职权或依当事人申请启动恢复执行程序；全国法院执行案件流程信息管理系统设置专门数据库集中管理无财产可供执行案件，实现退出和恢复执行程序自动衔接。

13. 完善保全和先予执行协调配合机制。在立案阶段强化执行风险告知和保全、先予执行申请提示，支持、鼓励财产保全保险担保，做好保全申请与执行查控系统的有序衔接，提高保全债务人财产的及时性、有效性，以保全促调解、促和解、促执行，从源头上减少进入执行程序的案件数量，降低申请执行人权利落空的风险。

14. 建立和完善行为执行机制。加强对要求被执行人履行作为或不作为义务强制执行的专题研究，有针对性地解决实践中对行为履行义务的强制执行难题，出台相关指导意见。

15. 建立执行与破产有序衔接机制。将被执行人中大量资不抵债、符合破产条件的“僵尸企业”依法转入破产程序，充分发挥破产法律制度消化执行积案、缓解执行难的功能，促进市场经济按照规律健康有序发展。

16. 完善异地执行协作机制。树立全国执行一盘棋的理念，总结推广各地法院之间开展异地执行协作的经验，修改完善委托执行规定，以执行事项委托为主，建立全国统一的协作协助执行工作机制。

17. 建立繁简分流办案机制。根据执行案件财产查找、争议解决、拍卖处置等环节的难易程度，结合执行人员的个人专长，建立和完善案件分配、人员组合机制，最大限度发挥执行人员个人优势和人民法院集体优势。

18. 完善执行纠错机制。建立执行与赔偿的联动对接机制，对国家赔偿审理中发现的应当由执行监督程序解决的案件，及时进行审查纠正；完善执行回转案件的执行机制，确保原执行依据被撤销后当事人依法享有的执行回转权利能够得到及时行使，最大限度减少当事人因裁判错误受到的损失。

（六）完善执行规范体系

要针对执行工作实践中执法办案的法律适用难题，着力解决执行中因法律资源不足、法律空白点多、法律规定不明确、缺乏可操作性导致的执行人员规范意识淡薄、执行行为失范等现象，及时制定出台相关司法解释、规范性文件、指导意见，形成比较完善的执行工作司法解释规范体系。

19. 及时出台单行司法解释或指导性意见。出台变更追加执行主体、财产申报和财产调查、财产保全、网络司法拍卖、执行和解、仲裁裁决执行、公证债权文书执行、参与分配、股权执行等系列单行司法解释或指导性意见。

20. 全面梳理司法解释体系。对现行执行司法解释进行系统梳理，消除矛盾冲突，填补规则漏洞，提高司法解释的系统性。

21. 推动强制执行单独立法进程。配合立法机关深入开展强制执行法调研起草工作，形成比较完善的草案稿，提交立法机关审议，推动强制执行法尽快出台。

（七）完善执行监督体系

要健全和强化执行监督体系，从内到外、从上至下全方位加强对执行工作的监督制约，确保执行权高效、廉洁、有序运行。

22. 加强法院内部监督。最高人民法院要充分运用执行综治考核办法、执行工作约谈办法两个规范性文件，切实加强和改进执行监督工作。上级法院要适时成立督查组，对下级法院应用执行案件流程信息管理系统、清理执行案款、办理重点督办案件等方面的落实情况，进行全面督查指导，发现问题及时问责。

23. 主动接受人大监督。定期或不定期向各级人大报告执行工作，邀请人大代表到法院视察，及时办理代表议案和质询，主动接受监督。

24. 依法接受检察监督。与检察机关联合出台规范民事执行活动法律监督的规定，主动邀请检察机关对具有重大影响以及群体性、敏感性的执行案件，被执行人为特殊主体或因不当干预难以执行的案件，被执行人以暴力或其他方式抗拒执行的案件等进行监督，改善执行环境，维护当事人的合法权益。

25. 广泛接受社会监督。全力打造中国执行信息公开网，将执行案件流程信息、失信被执行人名单信息、执行裁判文书等及时向社会公开，保障当事人和社会公众对执行案件及执行工作的知情权、监督权，让执行权在阳光下运行。

（八）完善专项治理机制

要针对严重制约和影响执行质效的突出问题，持续深入开展反消极执行、反规避执行、反抗拒执行等整治行动，将专项治理要求转变为长期性、常态化工作机制。

26. 建立反消极执行长效机制。利用案件流程信息管理系统对消极执行现象进行自动筛查，发现问题及时予以警示、督促，经警示后在一定期限内仍消极不作为的，视情节轻重追究有关人员的责任。

27. 建立特别案件执行长效机制。继续深化涉党政机关执行积案清理专项活动，通过联合通报机制督促自动履行，推动将特殊主体的债务纳入预算管理，形成破解涉党政机关执行积案的合力与机制；建立涉民生案件执行常态化、随时性、优先性机制，将功夫用在平时，逐步改变每逢年节要靠组织开展集中清理活动突击解决问题的状况。

28. 建立反规避执行长效机制。持续深入开展反规避执行整治行动，提高查处规避执行行为的司法能力，完善相关协调配合工作机制，加大依法制裁力度，全面压缩规避执行行为的存在空间。

29. 建立反抗拒执行长效机制。依法加大对抗拒执行、阻碍执行甚至暴力抗法行为的惩治力度。执行过程中及时收集、固定被执行人或相关人员抗拒执行的音视频证据，充分利用罚款、拘留强制措施，以及公诉、自诉两种渠道追究拒不执行判决、裁定罪责任等手段进行依法制裁，定期公布典型案例，形成打击抗拒执行违法犯罪的高压态势。

四、基本解决执行难的组织保障

基本解决执行难，任务艰巨、责任重大、时间紧迫，要切实做好相关组织保障工作，确保各项安排部署有计划、按步骤顺利推进，达到预期目标。

（一）加强组织领导工作

1. 强化组织领导。各级人民法院党组要高度重视、切实加强对解决执行难工作的组织领导，要将解决执行难工作作为“一把手工程”来抓，各级法院党组书记、院长作为第一责任人要亲自过问、亲自部署、亲自协调，集中各方力量，确保抓出成效。

（二）加强执行队伍建设

要努力建设一支专业化、职业化、清正廉明的执行队伍，为基本解决执行难提供强有力的人力支撑。

2. 加强力量配备。认真落实《中共中央关于转发〈中共最高人民法院党组关于解决人民法院“执行难”问题的报告〉的通知》（中发〔1999〕11号）要求，合理确定和配备从事执行工作的人员比例，并确保执行人员具备必要的政治素质、专业素质和任职资格，对不具备相应任职资格的现有人员进行调整，严格杜绝将不具备任职资格的人员安排到执行工作岗位。

3. 推行人员分类管理。在法官员额制改革中对执行部门原具备法官资格的人员要与其他业务部门同等对待；执行局及执行裁判庭的法官员额比例总体不低于其他业务部门；积极推动现有执行人员的分类管理改革，在执行机构配备法官以及法官助理、司法警察等司法辅助人员，分别落实相应待遇，分工负责行使执行权。

4. 强化教育培训。始终以加强思想政治工作为核心,增强广大执行干警的政治意识、大局意识、责任意识、核心意识、看齐意识,确保执行工作方向正确;以强化党风廉政建设为关键,坚决整治执行队伍在纪律作风方面存在的突出问题,确保廉洁司法;以提升业务素养为重点,鼓励和保障广大执行干警钻研执行业务、优化知识结构、强化实践锻炼,确保执行队伍的司法能力。

(三)强化物质装备建设

要进一步落实科技强院的工作方针,强化对执行工作的物质装备建设,抓好技术、经费、设备三大保障。

5. 全面完成执行指挥系统建设。坚持高标准、高起点,全面完成执行指挥系统的软硬件建设,实现全国四级法院执行指挥系统音视频互联互通。

6. 加强执行队伍装备建设。为执行机构配备必要的执法车辆、通讯系统,给每一位从事执行实施工作的人员配备单兵执法仪以及其他必要的物质装备,加强执行人员人身安全保障,确保应急处置工作及时到位。

(四)切实加大宣传力度

要充分认识新闻宣传工作的重要性,充分利用各种新闻平台,加大执行工作宣传力度,凝聚全社会理解执行、尊重执行、协助执行的广泛共识,推动形成良好的法治环境。

7. 不断宣传执行工作新成效。通过多种形式在报纸、广播、电视、新媒体、户外广场、社区等平台或场所,全面展示一定时期内执行工作取得的成效,扩大影响。讲究宣传策略,重点选择正反两方面典型案例进行宣传报道,惩戒失信,褒奖诚信,营造形成守法光荣、违法可耻的社会氛围,促进社会诚信体系建设。

8. 宣传对执行难的理性认识。通过大力宣传,让人民群众深刻认识到,被执行人无财产可供执行、丧失履行能力的案件虽然在形式上表现为生效法律文书确定的权利义务未能最终实现,但其本质上属于当事人应当自己承担的商业风险、交易风险或法律风险,不属于应由人民法院解决的执行难。

最高人民法院、中国证券监督管理委员会关于在全国部分地区开展证券期货纠纷多元化解机制试点工作的通知

(2016年5月25日　法〔2016〕149号)

各省、自治区、直辖市高级人民法院,新疆维吾尔自治区高级人民法院生产建设兵团分院,中国证券监督管理委员会各派出机构、各证券期货交易所、各下属单位、各证券期货行业协会:

为贯彻中共中央办公厅、国务院办公厅《关于完善矛盾纠纷多元化解机制的意见》和《最高人民法院关于人民法院全面深化多元化纠纷解决机制改革的若干意见》,充分发挥证券期货监管机构、行业组织等在预防和化解证券期货矛盾纠纷方面的积极作用,依法、公正、高效化解证券期货纠纷,维护投资者的合法权益,最高人民法院和中国证券监督管理委员会决定在全国部分地区联合开展建立健全证券期货纠纷多元化解机制的试点工作(试点地区法院和试点调解组织名单附后)。现就有关事项通知如下:

一、工作目标

1. 建立、健全有机衔接、协调联动、高效便民的证券期货纠纷多元化解机制,依法保护投资者的合法权益,维护公开、公平、公正的资本市场秩序,促进资本市场的和谐健康发展。

二、工作原则

2. 依法公正原则。要充分尊重投资者的程序选择权，严格遵守法定程序；调解工作的开展不得违反法律的基本原则，不得损害国家利益、社会公共利益和第三人合法权益。

3. 灵活便民原则。要着眼于纠纷的实际情况，灵活确定纠纷化解的方式、时间和地点，尽可能方便投资者，降低当事人解决纠纷的成本；调解工作应当明确办理时限，提高工作效率，不得久调不决。

4. 注重预防原则。要发挥调解的矛盾预防和源头治理功能，推动健康投资文化、投资理念、投资知识的传播；试点地区法院、证券期货监管机构及调解组织要加强信息共享，防止矛盾纠纷积累、激化。

三、试点工作主要内容

（一）试点调解机构的认可和管理

5. 建立最高人民法院、中国证券监督管理委员会共同确定试点调解组织制度。证券期货监管机构、行业组织等发起设立、实际管理的调解组织，可以成为试点调解组织。试点调解组织应当符合具有规范的组织形式、固定的办公场所和调解场地、专业的调解人员、健全的调解工作制度等基本条件。中国证券监督管理委员会负责试点调解组织的认定和管理工作，并商最高人民法院后公布。

6. 建立证券期货纠纷特邀调解组织和特邀调解员名册制度。试点地区法院应当将公布的试点调解组织及其调解员纳入名册，做好动态更新和维护，并向证券期货纠纷当事人提供完整、准确的调解组织和调解员信息，供当事人自愿选择。

7. 试点调解组织受理中小投资者的纠纷调解申请，不收取任何费用。

8. 证券期货监管机构负责监督指导各试点调解组织工作。监督试点调解组织完善内部制度并规范运行。

9. 试点调解组织应建立专职或专家调解员制度。依法开展调解工作，完善工作制度和流程管理，建立科学的考核评估体系和责任追究制度。

（二）健全诉调对接工作机制

10. 证券期货纠纷多元化解机制的试点范围。自然人、法人和其他组织之间因证券、期货、基金等资本市场风险投资业务产生的合同和侵权责任纠纷，均属试点范围；证券期货监管机构、试点调解组织的非诉讼调解、先行赔付等，均可与司法诉讼对接。

11. 调解协议的司法确认制度。经试点调解组织主持调解达成的调解协议，具有民事合同性质。经调解员和调解组织签字盖章后，当事人可以申请有管辖权的人民法院确认其效力。当事人申请确认调解协议的案件，按照《中华人民共和国民事诉讼法》第十五章第六节和相关司法解释的规定执行。

经人民法院确认有效的具有明确给付主体和给付内容的调解协议，当事人可以申请人民法院强制执行。

12. 落实委派调解或者委托调解机制。试点地区法院在受理和审理证券期货纠纷的过程中，应当依法充分行使释明权，经双方当事人同意，采取立案前委派、立案后委托、诉中邀请等方式，引导当事人通过试点调解组织解决纠纷。

经人民法院委派调解并达成调解协议、当事人申请司法确认的，由委派调解的法院依法受理。

13. 建立示范判决机制。证券期货监管机构在清理处置大规模群体性纠纷的过程中，可以将涉及投资者权利保护的相关事宜委托试点调解组织进行集中调解。对因虚假陈述、内幕交易、操纵市场等行为所引发的民事赔偿纠纷，需要人民法院通过司法判决宣示法律规则、统一法律适用的，人民法院应当及时作出判决。

14. 充分运用在线纠纷解决方式开展工作。试点调解组织应充分运用现代传媒手段，把面对面与网络对话、即时化解等方式有机结合，并总结推广电视调解、视频调解等做法。试点地区法院要借助互联网等现代科技手段，通过接受相关申请、远程审查和确认、快捷专业服务渠道、电子督促、电子送达等方法方便当事人参与多元化解工作，提高工作质量和效率。

（三）强化纠纷多元化解机制保障落实

15. 充分发挥督促程序功能。符合法定条件的调解协议，可以作为当事人向有管辖权的基层人民法院申请支付令的依据。

16. 对调解协议所涉纠纷的司法审理范围。当事人就调解协议的履行或者调解协议的内容发生争议的,一方当事人可以就调解协议问题向人民法院提起诉讼,人民法院按照合同纠纷进行审理。当事人一方以原纠纷向人民法院起诉,对方当事人以调解协议抗辩并提供调解协议书的,应当就调解协议的内容进行审理。

17. 加大对多元化解机制的监管支持力度。投资者申请采用调解方式解决纠纷的,证券期货市场经营主体应当积极配合参与调解。对于无正当理由而拒不履行调解、和解协议的证券期货市场经营主体,证券期货监管机构应当依法对其相关行为进行核查,发现违法违规行为的及时查处,并记入资本市场诚信数据库。

18. 加强执法联动,严厉打击损害投资者合法权益的行为。试点地区法院和证券期货监管机构应当充分发挥各自职能优势,对损毁证据、转移财产等可能损害投资者合法权益的行为,依法及时采取保全措施。对工作中发现的违法、违规行为,及时予以查处;涉嫌犯罪的,依法移送有关司法机关处理。

19. 加强经费保障和人员培训。证券期货监管机构、行业自律组织等应当为建立健全证券期货纠纷多元化解机制提供必要的人员、经费和物质保障,加大对调解员培训力度;有条件的试点地区法院应提供专门处理证券期货纠纷的调解室,供特邀调解组织、调解员开展工作。

四、工作要求

20. 建立证券期货纠纷多元化解协调机制。试点地区法院和证券期货监管机构、试点调解组织应各自指定联系部门和联系人,对工作中遇到的问题加强协调;强化沟通联系和信息共享,构建完善的证券期货纠纷排查预警机制,防止矛盾纠纷积累激化。

21. 加强宣传和投资者教育工作。试点地区法院和证券期货监管机构、行业自律组织、投资者保护专门机构、试点调解组织应通过多种途径,及时总结和宣传典型案例,发挥示范教育作用;加大对证券期货纠纷多元化解机制的宣传力度,增进各方对多元化解机制的认识,引导中小投资者转变观念、理性维权。

22. 加强对试点工作的管理。最高人民法院民二庭与中国证券监督管理委员会投资者保护局成立证券期货纠纷多元化解机制工作小组,具体负责对证券期货纠纷多元化解机制试点的指导和协调工作。各试点地区法院所在辖区的高级人民法院应指导、督促、检查其辖区法院的试点工作。试点地区法院和证券期货监管机构应将试点工作情况和遇到的问题,及时层报最高人民法院和中国证券监督管理委员会。

23. 本通知下发后,各省、区、市高级法院和中国证券监督管理委员会各派出机构共同商定辖区内开展试点工作的中级法院和基层人民法院名单后各自层报,不再另行签订合作协议。

附件1:证券期货纠纷多元化解机制试点地区名单(略)

附件2:证券期货纠纷多元化解机制试点调解组织名单(略)

最高人民法院关于防范和制裁虚假诉讼的指导意见

(2016年6月20日　法发〔2016〕13号)

当前,民事商事审判领域存在的虚假诉讼现象,不仅严重侵害案外人合法权益,破坏社会诚信,也扰乱了正常的诉讼秩序,损害司法权威和司法公信力,人民群众对此反映强烈。各级人民法院对此要高度重视,努力探索通过多种有效措施防范和制裁虚假诉讼行为。

1. 虚假诉讼一般包含以下要素:(1)以规避法律、法规或国家政策谋取非法利益为目的;(2)双方当事人存在恶意串通;(3)虚构事实;(4)借用合法的民事程序;(5)侵害国家利益、社会公共利益或者案外人的合法权益。

2. 实践中,要特别注意以下情形:(1)当事人为夫妻、朋友等亲近关系或者关联企业等共同利益关系；(2)原告诉请司法保护的标的额与其自身经济状况严重不符；(3)原告起诉所依据的事实和理由明显不符合常理；(4)当事人双方无实质性民事权益争议；(5)案件证据不足，但双方仍然主动迅速达成调解协议，并请求人民法院出具调解书。

3. 各级人民法院应当在立案窗口及法庭张贴警示宣传标识，同时在“人民法院民事诉讼风险提示书”中明确告知参与虚假诉讼应当承担的法律责任，引导当事人依法行使诉权，诚信诉讼。

4. 在民间借贷、离婚析产、以物抵债、劳动争议、公司分立(合并)、企业破产等虚假诉讼高发领域的案件审理中，要加大证据审查力度。对可能存在虚假诉讼的，要适当加大依职权调查取证力度。

5. 涉嫌虚假诉讼的，应当传唤当事人本人到庭，就有关案件事实接受询问。除法定事由外，应当要求证人出庭作证。要充分发挥民事诉讼法司法解释有关当事人和证人签署保证书规定的作用，探索当事人和证人宣誓制度。

6. 诉讼中，一方对另一方提出的于己不利的事实明确表示承认，且不符合常理的，要做进一步查明，慎重认定。查明的事实与自认的事实不符的，不予确认。

7. 要加强对调解协议的审查力度。对双方主动达成调解协议并申请人民法院出具调解书的，应当结合案件基础事实，注重审查调解协议是否损害国家利益、社会公共利益或者案外人的合法权益；对人民调解协议司法确认案件，要按照民事诉讼法司法解释要求，注重审查基础法律关系的真实性。

8. 在执行公证债权文书和仲裁裁决书、调解书等法律文书过程中，对可能存在双方恶意串通、虚构事实的，要加大实质审查力度，注重审查相关法律文书是否损害国家利益、社会公共利益或者案外人的合法权益。如果存在上述情形，应当裁定不予执行。必要时，可向仲裁机构或者公证机关发出司法建议。

9. 加大公开审判力度，增加案件审理的透明度。对与案件处理结果可能存在法律上利害关系的，可适当依职权通知其参加诉讼，避免其民事权益受到损害，防范虚假诉讼行为。

10. 在第三人撤销之诉、案外人执行异议之诉、案外人申请再审等案件审理中，发现已经生效的裁判涉及虚假诉讼的，要及时予以纠正，保护案外人诉权和实体权利；同时也要防范有关人员利用上述法律制度，制造虚假诉讼，损害原诉讼中合法权利人利益。

11. 经查明属于虚假诉讼，原告申请撤诉的，不予准许，并应当根据民事诉讼法第一百一十二条的规定，驳回其请求。

12. 对虚假诉讼参与人，要适度加大罚款、拘留等妨碍民事诉讼强制措施的法律适用力度；虚假诉讼侵害他人民事权益的，虚假诉讼参与人应当承担赔偿责任；虚假诉讼违法行为涉嫌虚假诉讼罪、诈骗罪、合同诈骗罪等刑事犯罪的，民事审判部门应当依法将相关线索和有关案件材料移送侦查机关。

13. 探索建立虚假诉讼失信人名单制度。将虚假诉讼参与人列入失信人名单，逐步开展与现有相关信息平台和社会信用体系接轨工作，加大制裁力度。

14. 人民法院工作人员参与虚假诉讼的，要依照法官法、法官职业道德基本准则和法官行为规范等规定，从严处理。

15. 诉讼代理人参与虚假诉讼的，要依法予以制裁，并应当向司法行政部门、律师协会或者行业协会发出司法建议。

16. 鉴定机构、鉴定人参与虚假诉讼的，可以根据情节轻重，给予鉴定机构、鉴定人训诫、责令退还鉴定费用、从法院委托鉴定专业机构备选名单中除名等制裁，并应当向司法行政部门或者行业协会发出司法建议。

17. 要积极主动与有关部门沟通协调，争取支持配合，探索建立多部门协调配合的综合治理机制。要通过向社会公开发布虚假诉讼典型案例等多种形式，震慑虚假诉讼违法行为。

18. 各级人民法院要及时组织干警学习了解中央和地方的各项经济社会政策，充分预判有可能在司法领域反映出来的虚假诉讼案件类型，也可以采取典型案例分析、审判业务交流、庭审观摩等多种形式，提高甄别虚假诉讼的司法能力。

最高人民法院关于人民法院进一步深化纠纷解决机制改革的意见

(2016 年 6 月 28 日　法发〔2016〕14 号)

深入推进多元化纠纷解决机制改革,是人民法院深化司法改革、实现司法为民公正司法的重要举措,是实现国家治理体系和治理能力现代化的重要内容,是促进社会公平正义、维护社会和谐稳定的必然要求。为贯彻落实《中共中央关于全面推进依法治国若干重大问题的决定》以及中共中央办公厅、国务院办公厅《关于完善矛盾纠纷多元化解机制的意见》,现就人民法院进一步深化多元化纠纷解决机制改革、完善诉讼与非诉讼相衔接的纠纷解决机制提出如下意见。

一、指导思想、主要目标和基本原则

1. 指导思想。全面贯彻党的十八大和十八届三中、四中、五中全会精神,以邓小平理论、"三个代表"重要思想、科学发展观为指导,深入贯彻习近平总书记系列重要讲话精神,紧紧围绕协调推进"四个全面"战略布局和五大发展理念,主动适应经济发展新常态,以体制机制创新为动力,有效化解各类纠纷,不断满足人民群众多元司法需求,实现人民安居乐业、社会安定有序。

2. 主要目标。根据"国家制定发展战略、司法发挥引领作用、推动国家立法进程"的工作思路,建设功能完备、形式多样、运行规范的诉调对接平台,畅通纠纷解决渠道,引导当事人选择适当的纠纷解决方式;合理配置纠纷解决的社会资源,完善和解、调解、仲裁、公证、行政裁决、行政复议与诉讼有机衔接、相互协调的多元化纠纷解决机制;充分发挥司法在多元化纠纷解决机制建设中的引领、推动和保障作用,为促进经济社会持续健康发展、全面建成小康社会提供有力的司法保障。

3. 基本原则。

——坚持党政主导、综治协调、多元共治,构建各方面力量共同参与纠纷解决的工作格局。

——坚持司法引导、诉调对接、社会协同,形成社会多层次多领域齐抓共管的解纷合力。

——坚持优化资源、完善制度、法治保障,提升社会组织解决纠纷的法律效果。

——坚持以人为本、自愿合法、便民利民,建立高效便捷的诉讼服务和纠纷解决机制。

——坚持立足国情、合理借鉴、改革创新,完善具有中国特色的多元化纠纷解决体系。

二、加强平台建设

4. 完善平台设置。各级人民法院要将诉调对接平台建设与诉讼服务中心建设结合起来,建立集诉讼服务、立案登记、诉调对接、涉诉信访等多项功能为一体的综合服务平台。人民法院应当配备专门人员从事诉调对接工作,建立诉调对接长效工作机制,根据辖区受理案件的类型,引入相关调解、仲裁、公证等机构或者组织在诉讼服务中心等部门设立调解工作室、服务窗口,也可以在纠纷多发领域以及基层乡镇(街道)、村(社区)等派驻人员指导诉调对接工作。

5. 明确平台职责。人民法院诉调对接平台负责以下工作:对诉至法院的纠纷进行适当分流,对适宜调解的纠纷引导当事人选择非诉讼方式解决;开展委派调解、委托调解;办理司法确认案件;负责特邀调解组织、特邀调解员名册管理;加强对调解工作的指导,推动诉讼与非诉讼纠纷解决方式在程序安排、效力确认、法律指导等方面的有机衔接,健全人民调解、行政调解、商事调解、行业调解、司法调解等的联动工作体系。

6. 完善与综治组织的对接。人民法院可以依托社会治安综合治理平台,建立矛盾纠纷排查化解对接机制;对群体性纠纷、重大案件及时进行通报反馈和应急处理,建立定期或不定期的联席会议制度,形成信息互通、优势互补、协作配合的纠纷解决互动机制。

7. 加强与行政机关的对接。人民法院要加强与行政机关的沟通协调,促进诉讼与行政调解、行政复议、行政裁决等机制的对接。支持行政机关根据当事人申请或者依职权进行调解、裁决,或者依法作出其他处理。在治安管理、社会保障、交通事故赔偿、医疗卫生、消费者权益保护、物业管理、环境污染、知识产权、证券期货等重点领域,支持行政机关或者行政调解组织依法开展行政和解、行政调解工作。

8. 加强与人民调解组织的对接。不断完善对人民调解工作的指导,推进人民调解组织的制度化、规范化建设,进一步扩大人民调解组织协助人民法院解决纠纷的范围和规模。支持在纠纷易发多发领域创新发展行业性、专业性人民调解组织,建立健全覆盖城乡的调解组织网络,发挥人民调解组织及时就地解决民间纠纷、化解基层矛盾、维护基层稳定的基础性作用。

9. 加强与商事调解组织、行业调解组织的对接。积极推动具备条件的商会、行业协会、调解协会、民办非企业单位、商事仲裁机构等设立商事调解组织、行业调解组织,在投资、金融、证券期货、保险、房地产、工程承包、技术转让、环境保护、电子商务、知识产权、国际贸易等领域提供商事调解服务或者行业调解服务。完善调解规则和对接程序,发挥商事调解组织、行业调解组织专业化、职业化优势。

10. 加强与仲裁机构的对接。积极支持仲裁制度改革,加强与商事仲裁机构、劳动人事争议仲裁机构、农村土地承包仲裁机构等的沟通联系。尊重商事仲裁规律和仲裁规则,及时办理仲裁机构的保全申请,依照法律规定处理撤销和不予执行仲裁裁决案件,规范涉外和外国商事仲裁裁决司法审查程序。支持完善劳动人事争议仲裁办案制度,加强劳动人事争议仲裁与诉讼的有效衔接,探索建立裁审标准统一的新规则、新制度。加强对农村土地承包经营纠纷调解仲裁的支持和保障,实现涉农纠纷仲裁与诉讼的合理衔接,及时审查和执行农村土地承包仲裁机构作出的裁决书或者调解书。

11. 加强与公证机构的对接。支持公证机构对法律行为、事实和文书依法进行核实和证明,支持公证机构对当事人达成的债权债务合同以及具有给付内容的和解协议、调解协议办理债权文书公证,支持公证机构在送达、取证、保全、执行等环节提供公证法律服务,在家事、商事等领域开展公证活动或者调解服务。依法执行公证债权文书。

12. 支持工会、妇联、共青团、法学会等组织参与纠纷解决。支持工会、妇联、共青团参与解决劳动争议、婚姻家庭以及妇女儿童权益等纠纷。支持法学会动员组织广大法学工作者、法律工作者参与矛盾纠纷化解,开展法律咨询服务和调解工作。支持其他社团组织参与解决与其职能相关的纠纷。

13. 发挥其他社会力量的作用。充分发挥人大代表、政协委员、专家学者、律师、专业技术人员、基层组织负责人、社区工作者、网格管理员、“五老人员”(老党员、老干部、老教师、老知识分子、老政法干警)等参与纠纷解决的作用。支持心理咨询师、婚姻家庭指导师、注册会计师、大学生志愿者等为群众提供心理疏导、评估、鉴定、调解等服务。支持完善公益慈善类、城乡社区服务类社会组织建设,鼓励其参与纠纷解决。

14. 加强“一站式”纠纷解决平台建设。在道路交通、劳动争议、医疗卫生、物业管理、消费者权益保护、土地承包、环境保护以及其他纠纷多发领域,人民法院可以与行政机关、人民调解组织、行业调解组织等进行资源整合,推进建立“一站式”纠纷解决服务平台,切实减轻群众负担。

15. 创新在线纠纷解决方式。根据“互联网+”战略要求,推广现代信息技术在多元化纠纷解决机制中的运用。推动建立在线调解、在线立案、在线司法确认、在线审判、电子督促程序、电子送达等为一体的信息平台,实现纠纷解决的案件预判、信息共享、资源整合、数据分析等功能,促进多元化纠纷解决机制的信息化发展。

16. 推动多元化纠纷解决机制的国际化发展。充分尊重中外当事人法律文化的多元性,支持其自愿选择调解、仲裁等非诉讼方式解决纠纷。进一步加强我国与其他国家和地区司法机构、仲裁机构、调解组织的交流和合作,提升我国纠纷解决机制的国际竞争力和公信力。发挥各种纠纷解决方式的优势,不断满足中外当事人纠纷解决的多元需求,为国家“一带一路”等重大战略的实施提供司法服务与保障。

三、健全制度建设

17.健全特邀调解制度。人民法院可以吸纳人民调解、行政调解、商事调解、行业调解或者其他具有调解职能的组织作为特邀调解组织,吸纳人大代表、政协委员、人民陪审员、专家学者、律师、仲裁员、退休法律工作者等具备条件的个人担任特邀调解员。明确特邀调解组织或者特邀调解员的职责范围,制定特邀调解规定,完善特邀调解程序,健全名册管理制度,加强特邀调解队伍建设。

18.建立法院专职调解员制度。人民法院可以在诉讼服务中心等部门配备专职调解员,由擅长调解的法官或者司法辅助人员担任,从事调解指导工作和登记立案后的委托调解工作。法官主持达成调解协议的,依法出具调解书;司法辅助人员主持达成调解协议的,应当经法官审查后依法出具调解书。

19.推动律师调解制度建设。人民法院加强与司法行政部门、律师协会、律师事务所以及法律援助中心的沟通联系,吸纳律师加入人民法院特邀调解员名册,探索建立律师调解工作室,鼓励律师参与纠纷解决。支持律师加入各类调解组织担任调解员,或者在律师事务所设置律师调解员,充分发挥律师专业化、职业化优势。建立律师担任调解员的回避制度,担任调解员的律师不得担任同一案件的代理人。推动建立律师接受委托代理时告知当事人选择非诉讼方式解决纠纷的机制。

20.完善刑事诉讼中的和解、调解制度。对于符合刑事诉讼法规定可以和解或者调解的公诉案件、自诉案件、刑事附带民事案件,人民法院应当与公安机关、检察机关建立刑事和解、刑事诉讼中的调解对接工作机制,可以邀请基层组织、特邀调解组织、特邀调解员,以及当事人所在单位或者同事、亲友等参与调解,促成双方当事人达成和解或者调解协议。

21.促进完善行政调解、行政和解、行政裁决等制度。支持行政机关对行政赔偿、补偿以及行政机关行使法律法规规定的自由裁量权的案件开展行政调解工作,支持行政机关通过提供事实调查结果、专业鉴定或者法律意见,引导促使当事人协商和解,支持行政机关依法裁决同行政管理活动密切相关的民事纠纷。

22.探索民商事纠纷中立评估机制。有条件的人民法院在医疗卫生、不动产、建筑工程、知识产权、环境保护等领域探索建立中立评估机制,聘请相关专业领域的专家担任中立评估员。对当事人提起的民商事纠纷,人民法院可以建议当事人选择中立评估员,协助出具评估报告,对判决结果进行预测,供当事人参考。当事人可以根据评估意见自行和解,或者由特邀调解员进行调解。

23.探索无争议事实记载机制。调解程序终结时,当事人未达成调解协议的,调解员在征得各方当事人同意后,可以用书面形式记载调解过程中双方没有争议的事实,并由当事人签字确认。在诉讼程序中,除涉及国家利益、社会公共利益和他人合法权益的外,当事人无需对调解过程中已确认的无争议事实举证。

24.探索无异议调解方案认可机制。经调解未能达成调解协议,但是对争议事实没有重大分歧的,调解员在征得各方当事人同意后,可以提出调解方案并书面送达双方当事人。当事人在七日内未提出书面异议的,调解方案即视为双方自愿达成的调解协议;提出书面异议的,视为调解不成立。当事人申请司法确认调解协议的,应当依照有关规定予以确认。

四、完善程序安排

25.建立纠纷解决告知程序。人民法院应当在登记立案前对诉讼风险进行评估,告知并引导当事人选择适当的非诉讼方式解决纠纷,为当事人提供纠纷解决方法、心理咨询、诉讼常识等方面的释明和辅导。

26.鼓励当事人先行协商和解。鼓励当事人就纠纷解决先行协商,达成和解协议。当事人双方均有律师代理的,鼓励律师引导当事人先行和解。特邀调解员、相关专家或者其他人员根据当事人的申请或委托参与协商,可以为纠纷解决提供辅助性的协调和帮助。

27.探索建立调解前置程序。探索适用调解前置程序的纠纷范围和案件类型。有条件的基层人民法院对家事纠纷、相邻关系、小额债务、消费者权益保护、交通事故、医疗纠纷、物业管理等适宜调解的纠纷，在征求当事人意愿的基础上，引导当事人在登记立案前由特邀调解组织或者特邀调解员先行调解。

28. 健全委派、委托调解程序。对当事人起诉到人民法院的适宜调解的案件，登记立案前，人民法院可以委派特邀调解组织、特邀调解员进行调解。委派调解达成协议的，当事人可以依法申请司法确认。当事人明确拒绝调解的，人民法院应当依法登记立案。登记立案后或者在审理过程中，人民法院认为适宜调解的案件，经当事人同意，可以委托给特邀调解组织、特邀调解员或者由人民法院专职调解员进行调解。委托调解达成协议的，经法官审查后依法出具调解书。

29. 完善繁简分流机制。对调解不成的民商事案件实行繁简分流，通过简易程序、小额诉讼程序、督促程序以及速裁机制分流案件，实现简案快审、繁案精审。完善认罪认罚从宽制度，进一步探索刑事案件速裁程序改革，简化工作流程，构建普通程序、简易程序、速裁程序等相配套的多层次诉讼制度体系。按照行政诉讼法规定，完善行政案件繁简分流机制。

30. 推动调解与裁判适当分离。建立案件调解与裁判在人员和程序方面适当分离的机制。立案阶段从事调解的法官原则上不参与同一案件的裁判工作。在案件审理过程中，双方当事人仍有调解意愿的，从事裁判的法官可以进行调解。

31. 完善司法确认程序。经行政机关、人民调解组织、商事调解组织、行业调解组织或者其他具有调解职能的组织调解达成的具有民事合同性质的协议，当事人可以向调解组织所在地基层人民法院或者人民法庭依法申请确认其效力。登记立案前委派给特邀调解组织或者特邀调解员调解达成的协议，当事人申请司法确认的，由调解组织所在地或者委派调解的基层人民法院管辖。

32. 加强调解与督促程序的衔接。以金钱或者有价证券给付为内容的和解协议、调解协议，债权人依据民事诉讼法及其司法解释的规定，向有管辖权的基层人民法院申请支付令的，人民法院应当依法发出支付令。债务人未在法定期限内提出书面异议且逾期不履行支付令的，人民法院可以强制执行。

五、加强工作保障

33. 加强组织领导。各级人民法院要进一步加强对诉调对接工作的组织领导，建立整体协调、分工明确、各负其责的工作机制。要主动争取党委、人大、政府的支持，推动出台多元化纠纷解决机制建设的地方配套文件，促进构建科学、系统的多元化纠纷解决体系。

34. 加强指导监督。上级人民法院要切实加强对下级人民法院的指导监督，及时总结多元化纠纷解决机制改革可复制可推广的经验。高级人民法院要明确专门机构，制定落实方案，掌握工作情况，积极开展本辖区多元化纠纷解决机制改革示范法院的评选工作。中级人民法院要加强对辖区基层人民法院的指导监督，促进多元化纠纷解决机制改革不断取得实效。

35. 完善管理机制。建立诉调对接案件管理制度，将委派调解、委托调解、专职调解和司法确认等内容纳入案件管理系统和司法统计系统。完善特邀调解组织、特邀调解员、法院专职调解员的管理制度，建立奖惩机制。

36. 加强调解人员培训。完善特邀调解员、专职调解员的培训机制，配合有关部门推动建立专业化、职业化调解员资质认证制度，加强职业道德建设，共同完善调解员职业水平评价体系。

37. 加强经费保障。各级人民法院要主动争取党委和政府的支持，将纠纷解决经费纳入财政专项预算，积极探索以购买服务等方式将纠纷解决委托给社会力量承担。支持商事调解组织、行业调解组织、律师事务所等按照市场化运作，根据当事人的需求提供纠纷解决服务并适当收取费用。

38. 发挥诉讼费用杠杆作用。当事人自行和解而申请撤诉的，免交案件受理费。当事人接受法院委托调解的，人民法院可以适当减免诉讼费用。一方当事人无正当理由不参与调解或者不履行调解协议、故意拖延诉讼的，人民法院可以酌情增加其诉讼费用的负担部分。

39. 加强宣传工作和理论研究。各级人民法院要大力宣传多元化纠纷解决机制的优势，鼓励和引导当事人优先选择成本较低、对抗性较弱、利于修复关系的非诉讼方式解决纠纷。树立“国家主导、司法推动、社会参与、多元并举、法治保障”现代纠纷解决理念,营造诚信友善、理性平和、文明和谐、创新发展的社会氛围。加强与政法院校、科研机构等单位的交流与合作,积极推动研究成果的转化,充分发挥多元化纠纷解决理论对司法实践的指导作用。借鉴域外经验,深入研究人民法院在多元化纠纷解决机制中的职能作用。

40.推动立法进程。人民法院及时总结各地多元化纠纷解决机制改革的成功经验,积极支持本辖区因地制宜出台相关地方性法规、地方政府规章,从而推动国家层面相关法律的立法进程,将改革实践成果制度化、法律化,促进多元化纠纷解决机制改革在法治轨道上健康发展。

最高人民法院关于行政诉讼应诉若干问题的通知

(2016年7月28日　法〔2016〕260号)

各省、自治区、直辖市高级人民法院,解放军军事法院,新疆维吾尔自治区高级人民法院生产建设兵团分院:

中央全面深化改革领导小组于2015年10月13日讨论通过了《关于加强和改进行政应诉工作的意见》(以下简称《意见》),明确提出行政机关要支持人民法院受理和审理行政案件,保障公民、法人和其他组织的起诉权利,认真做好答辩举证工作,依法履行出庭应诉职责,配合人民法院做好开庭审理工作。2016年6月27日,国务院办公厅以国办发〔2016〕54号文形式正式发布了《意见》。《意见》的出台,对于人民法院进一步做好行政案件的受理、审理和执行工作,全面发挥行政审判职能,有效监督行政机关依法行政,提高领导干部学法用法的能力,具有重大意义。根据行政诉讼法的相关规定,为进一步规范和促进行政应诉工作,现就有关问题通知如下:

一、充分认识规范行政诉讼应诉的重大意义

推动行政机关负责人出庭应诉,是贯彻落实修改后的行政诉讼法的重要举措;规范行政诉讼应诉,是保障行政诉讼法有效实施,全面推进依法行政,加快建设法治政府的重要举措。为贯彻落实《中共中央关于全面推进依法治国若干重大问题的决定》关于“健全行政机关依法出庭应诉、支持法院受理行政案件、尊重并执行法院生效裁判的制度”的要求,《意见》从“高度重视行政应诉工作”“支持人民法院依法受理和审理行政案件”“认真做好答辩举证工作”“依法履行出庭应诉职责”“积极履行人民法院生效裁判”等十个方面对加强和改进行政应诉工作提出明确要求,作出具体部署。《意见》是我国首个全面规范行政应诉工作的专门性文件,各级人民法院要结合行政诉讼法的规定精神,全面把握《意见》内容,深刻领会精神实质,充分认识《意见》出台的重大意义,确保《意见》在人民法院行政审判领域落地生根。要及时向当地党委、人大汇报《意见》贯彻落实情况,加强与政府的沟通联系,支持地方党委政府出台本地区的具体实施办法,细化完善相关工作制度,促进行政机关做好出庭应诉工作。

二、依法做好行政案件受理和审理工作

严格执行行政诉讼法和《最高人民法院关于人民法院登记立案若干问题的规定》,进一步强化行政诉讼中的诉权保护,不得违法限缩受案范围、违法增设起诉条件,严禁以反复要求起诉人补正起诉材料的方式变相拖延、拒绝立案。对于不接收起诉状、接收起诉状后不出具书面凭证,以及不一次性告知当事人需要补正的起诉状内容的,要依照《人民法院审判人员违法审判责任追究办法(试行)》《人民法院工作人员处分条例》等相关规定,对直接负责的

主管人员和其他直接责任人员依法依纪作出处理。坚决抵制干扰、阻碍人民法院依法受理和审理行政案件的各种违法行为，对领导干部或者行政机关以开协调会、发文件或者口头要求等任何形式明示或者暗示人民法院不受理案件、不判决行政机关败诉、不履行人民法院生效裁判的，要严格贯彻落实《领导干部干预司法活动、插手具体案件处理的记录、通报和责任追究规定》《司法机关内部人员过问案件的记录和责任追究规定》，全面、如实做好记录工作，做到全程留痕，有据可查。

三、依法推进行政机关负责人出庭应诉

准确理解行政诉讼法和相关司法解释的有关规定，正确把握行政机关负责人出庭应诉的基本要求，依法推进行政机关负责人出庭应诉工作。一是出庭应诉的行政机关负责人，既包括正职负责人，也包括副职负责人以及其他参与分管的负责人。二是行政机关负责人不能出庭的，应当委托行政机关相应的工作人员出庭，不得仅委托律师出庭。三是涉及重大公共利益、社会高度关注或者可能引发群体性事件等案件以及人民法院书面建议行政机关负责人出庭的案件，被诉行政机关负责人应当出庭。四是行政诉讼法第三条第三款规定的"行政机关相应的工作人员"，包括该行政机关具有国家行政编制身份的工作人员以及其他依法履行公职的人员。被诉行政行为是人民政府作出的，人民政府所属法制工作机构的工作人员，以及被诉行政行为具体承办机关的工作人员，也可以视为被诉人民政府相应的工作人员。

行政机关负责人和行政机关相应的工作人员均不出庭，仅委托律师出庭的；或者人民法院书面建议行政机关负责人出庭应诉，行政机关负责人不出庭应诉的，人民法院应当记录在案并在裁判文书中载明，可以依照行政诉讼法第六十六条第二款的规定予以公告，建议任免机关、监察机关或者上一级行政机关对相关责任人员严肃处理。

四、为行政机关依法履行出庭应诉职责提供必要条件

各级人民法院要在坚持依法独立公正行使审判权、平等保护各方当事人诉讼权利的前提下，加强与政府法制部门和行政执法机关的联系，探索建立行政审判和行政应诉联络工作机制，及时沟通、协调行政机关负责人出庭建议书发送和庭审时间等具体事宜，切实贯彻行政诉讼法和《意见》规定的精神，稳步推进行政机关出庭应诉工作。要为行政机关负责人、工作人员、政府法律顾问和公职律师依法履行出庭应诉职责提供必要的保障和相应的便利。要正确理解行政行为合法性审查原则，行政复议机关和作出原行政行为的行政机关为共同被告的，可以根据具体情况确定由一个机关实施举证行为，确保庭审的针对性，提高庭审效率。改革案件审理模式，推广繁简分流，实现简案快审、繁案精审，减轻当事人的诉讼负担。对符合《最高人民法院关于适用〈中华人民共和国行政诉讼法〉若干问题的解释》第三条第二款规定的案件，人民法院认为不需要开庭审理的，可以迳行裁定驳回起诉。要及时就行政机关出庭应诉和行政执法工作中的问题和不足提出司法建议，及时向政府法制部门通报司法建议落实和反馈情况，从源头上预防和化解争议。要积极参与行政应诉教育培训工作，提高行政机关负责人、行政执法人员等相关人员的行政应诉能力。

五、支持行政机关建立健全依法行政考核体系

人民法院要支持当地党委政府建立和完善依法行政考核体系，结合行政审判工作实际提出加强和改进行政应诉工作的意见和建议。对本地区行政机关出庭应诉工作和依法行政考核指标的实施情况、运行成效等，人民法院可以通过司法建议、白皮书等适当形式，及时向行政机关作出反馈、评价，并可以适当方式将本地区行政机关出庭应诉情况向社会公布，促进发挥考核指标的倒逼作用。

地方各级人民法院要及时总结本通知贯彻实施过程中形成的好经验好做法；对贯彻实施中遇到的困难和问题，要及时层报最高人民法院。

最高人民法院关于依法审理和执行民商事案件保障民间投资健康发展的通知

(2016 年 9 月 2 日　法〔2016〕334 号)

各省、自治区、直辖市高级人民法院，解放军军事法院，新疆维吾尔自治区高级人民法院生产建设兵团分院：

公有制经济和非公有制经济都是社会主义市场经济的重要组成部分，都是我国经济社会发展的重要基础。促进民间投资健康发展，既利当前又惠长远，对稳增长、保就业具有重要意义，也是推进供给侧结构性改革的重要内容。各级人民法院要牢固树立为大局服务、为人民司法的意识，深刻认识开展好当前形势下涉民间投资民事商事审判工作的重要意义。为切实抓好涉民间投资民事商事审判工作，根据相关法律和国家政策规定，现就司法实践中应当注意的问题通知如下：

一、积极贯彻落实中央精神，依法保障民间投资健康发展

非公有制经济是稳定经济的重要基础，是国家税收的重要来源，是技术创新的重要主体，是金融发展的重要依托，是经济持续健康发展的重要力量。党的十八届三中、四中、五中全会对完善产权保护制度、平等保护各种所有制经济提出了明确要求。习近平总书记强调，国家保护各种所有制经济产权和合法利益，坚持权利平等、机会平等、规则平等，激发非公有制经济活力和创造力。依法平等保护非公有制经济，促进民间投资健康发展，是推进供给侧结构性改革的重要内容。各级人民法院要深入贯彻落实中央精神，充分发挥民事商事审判职能作用，坚持保护产权、契约自由、平等保护、权利义务责任相统一、诚实守信、程序公正与实体公正相统一六大原则，依法化解民间投资中的各类矛盾纠纷，保障民间投资健康发展，服务“创新、协调、绿色、开放、共享”五大发展。

二、统一严格执法，依法平等保护非公有制经济

法律面前人人平等是我国宪法确立的基本原则。各级人民法院审理民事商事案件时，要依法平等保护非公有制经济的合法权益，坚持各类市场主体的诉讼地位平等、法律适用平等、法律责任平等，为各种所有制经济提供平等司法保障。坚持诉讼地位平等，公有制经济主体与非公有制经济主体享有相同的诉讼权利，承担相同的诉讼义务。坚持法律适用平等，公有制经济主体与非公有制经济主体适用相同的交易规则，平等使用生产要素、公平参与市场竞争。坚持法律责任平等，公有制经济主体和非公有制经济主体都必须遵守法律，违反法律应依法承担法律责任。

三、依法妥善审理合同纠纷案件，保护合法交易

及时审理与民间投资相关的买卖、借款、建筑、加工承揽等合同纠纷案件，正确划分当事人合同责任，保护各类投资主体的合法权利。正确处理意思自治与行政审批的关系，对法律、行政法规规定应当办理批准、登记等手续生效的合同，应当根据《最高人民法院关于适用〈中华人民共和国合同法〉若干问题的解释(一)》，尽量促使合同合法有效。要正确理解、识别和适用合同法第五十二条第(五)项中的“违反法律、行政法规的强制性规定”，注意区分效力性强制规定和管理性强制规定，严格限制认定无效的范围。当事人一方要求解除合同的，应当严格依照合同法第九十三条、第九十四条，审查合同是否具备解除条件，防止不诚信一方当事人通过解除合同逃避债务。

四、依法妥善审理权益纠纷案件,保护合法投资利益

充分发挥民事商事审判职能,理顺产权关系,既要依法保护公有制经济,有效防止国有资产流失,也要防止超越法律规定和合同约定,不当损害非公有制经济主体的正当权利。对产权有争议的挂靠企业,要在认真查明投资事实的基础上明确所有权,防止非法侵占非公有制经济主体财产。严格按照有关法律、法规和政策,审理企业改制纠纷案件,准确界定产权关系,保护非公有制经济主体的合法权益。妥善审理涉及境外投资案件,保障非公有制经济主体实施“走出去”战略,扩大对外投资。严格按照《最高人民法院关于适用〈中华人民共和国公司法〉若干问题的规定(三)》,妥善审理各类股东资格纠纷案件,依法维护实际出资的非公有制经济股东的合法权益。依法审理股东的知情权、利润分配请求权、请求确认董事会、股东会或者股东大会决议无效或撤销董事会、股东会或者股东大会决议等纠纷案件,维护各类投资主体的股东权益。通过股权转让纠纷案件的审理,畅通股权转让渠道,依法保障各类投资主体退出公司的权利。在审理公司债权人请求公司偿还债务的纠纷案件时,依法区分公司财产与股东个人财产、家庭共有财产,正确认定公司的责任财产,防止在没有法律依据的情况下将股东个人财产和家庭共有财产用于偿还公司债务,切实维护非公有制经济股东的合法权益。

五、依法妥善审理知识产权案件,加大知识产权保护力度

充分运用知识产权司法保护手段,加大对各种侵犯知识产权行为的惩治力度。妥善审理技术改造升级过程中引发的技术开发、技术转让、技术咨询和技术服务合同纠纷案件,鼓励非公有制经济主体通过技术进步和科技创新实现产业升级,提升核心竞争力。及时受理反不正当竞争纠纷案件,依法制裁各种形式的不正当竞争行为,保障非公有制经济主体平等地参与市场竞争。加强反垄断案件的审理,依法制止占有市场支配地位的垄断者滥用垄断地位,严格追究违法垄断行为的法律责任,为各种所有制经济主体提供竞争高效公平的市场环境。

六、依法妥善审理融资纠纷案件,缓解融资难、融资贵问题

依法审理涉及非公有制经济主体的金融借款、融资租赁、民间借贷等案件,依法支持非公有制经济主体多渠道融资。根据物权法定原则的最新发展,正确认定新型担保合同的法律效力,助力提升非公有制经济主体的融资担保能力。正确理解和适用《最高人民法院关于审理民间借贷案件适用法律若干问题的规定》,在统一规范的金融体制改革范围内,依法保护民间金融创新,促进民间资本的市场化有序流动,缓解中小微企业融资困难的问题。严格执行借贷利率的司法保护标准,对商业银行、典当公司、小额贷款公司等以利息以外的不合理收费变相收取的高息不予支持。要区分正常的借贷行为与利用借贷资金从事违法犯罪的行为,既要依法打击和处理非法集资犯罪,又要保护合法的借贷行为,依法维护合同当事人的合法权益。在案件审理过程中,发现有高利率导致的洗钱、暴力追债、恶意追债等犯罪嫌疑的,要及时将相关材料移交公安机关,推动形成合法有序的民间借贷市场。

七、依法妥善审理劳动纠纷案件,降低企业用工成本

继续坚持依法保障劳动者合法权益与企业生存发展并重的理念,坚持保护劳动者权益和企业生存发展的有机统一,努力找准利益平衡点,把保护劳动者眼前利益、现实利益同保护劳动者长远利益、根本利益结合起来。要根据企业能否适应市场需要的具体情况,有针对性地开展好劳动争议案件的审理,优化劳动力要素配置。对暂时存在资金困难但有发展潜力的企业,特别是中小微企业,尽量通过和解、调解等方式,鼓励劳动者与企业共渡难关;对因产能过剩被倒逼退出市场的企业,要防止用人单位对劳动者权益的恶意侵害,加大审判和财产保全、先予执行力度,最大限度保护劳动者权益;对地区、行业影响较大的产业结构调整,要提前制定劳动争议处置预案,形成多层次、全方位的协同联动机制和纠纷化解合力。要保护企业的各种合法用工形式,平衡劳动者和企业之间的利益,降低企业用工成本,提高企业的产业竞争力。

要依法保护劳动者创业权利,注重引导劳动者转变就业观念,促进形成以创业带就业的新机制。

八、依法审慎采取强制措施,保护企业正常生产经营

平等对待各种所有制经济主体,不因申请执行人和被执行人的所有制性质不同而在执行力度、执行标准上有所不同,公正高效地保护守信方当事人的合法权益。要以执行工作信息化建设为依托,逐步实现执行信息查询和共享,力求破解被执行人难找、被执行财产难查问题。在采取财产保全和查封、扣押、冻结、拘留等强制执行措施时,要注意考量非公有制经济主体规模相对较小、抗风险能力相对较低的客观实际,对因宏观经济形势变化、产业政策调整所引起的涉诉纠纷或者因生产经营出现暂时性困难无法及时履行债务的被执行人,严格把握财产保全、证据保全的适用条件,依法慎用拘留、查封、冻结等强制措施,尽量减少对企业正常生产经营活动可能造成的不当影响,维持非公有制经济主体的经营稳定。确需采取查封、扣押、冻结等强制措施的,要严格按照法定程序进行,尽可能为企业预留必要的流动资产和往来账户,最大限度降低对企业正常生产经营活动的不利影响。

(三)行政法规、法规性文件

国务院关于取消13项国务院部门行政许可事项的决定

(2016年2月3日　国发〔2016〕10号)

各省、自治区、直辖市人民政府,国务院各部委、各直属机构:

经研究论证,国务院决定取消13项行政许可事项,现予公布。

附件:国务院决定取消的国务院部门行政许可事项目录(共计13项)

附件

国务院决定取消的国务院部门行政许可事项目录
(共计13项)

序号	项目名称	审批部门	设定依据
1	价格鉴证师注册核准	国家发展改革委	《国务院对确需保留的行政审批项目设定行政许可的决定》(国务院令第412号)
2	甲级价格评估机构资质认定	国家发展改革委	《国务院对确需保留的行政审批项目设定行政许可的决定》(国务院令第412号)

续表

序号	项目名称	审批部门	设定依据
3	开采黄金矿产资质认定	工业和信息化部	《矿产资源开采登记管理办法》(国务院令第241号) 《国务院关于对黄金矿产实行保护性开采的通知》(国发〔1988〕75号) 《关于解释重要矿产资源管理有关问题的复函》(中编办函〔1999〕107号)
4	地质资料保护登记	国土资源部	《地质资料管理条例》(国务院令第349号)
5	经营流通人民币审批	中国人民银行	《中华人民共和国人民币管理条例》(国务院令第280号)
6	进入全国银行间同业拆借市场审批	中国人民银行	《中华人民共和国中国人民银行法》 《同业拆借管理办法》(中国人民银行令〔2007〕第3号)
7	商业银行跨境调运人民币现钞审核	中国人民银行	《中华人民共和国国家货币出入境管理办法》(国务院令第108号) 《海关总署关于明确进出境货币现钞管理有关问题的通知》(署法〔1999〕394号)
8	中药材生产质量管理规范(GAP)认证	食品药品监管总局	《国务院对确需保留的行政审批项目设定行政许可的决定》(国务院令第412号)
9	被清算的外资金融机构提取生息资产审批	银监会	《国务院对确需保留的行政审批项目设定行政许可的决定》(国务院令第412号) 《中华人民共和国外资银行管理条例实施细则》(银监会令2015年第7号)
10	其他期货经营机构从事期货投资咨询业务资格审批	证监会	《期货交易管理条例》(国务院令第489号)
11	聘请外国专家单位资格认可	国家外专局	《国务院对确需保留的行政审批项目设定行政许可的决定》(国务院令第412号)
12	民航计量检定员资格认可	中国民航局	《中华人民共和国计量法实施细则》(1987年1月19日国务院批准,1987年2月1日国家计量局发布)
13	资产管理公司对外处置不良资产备案登记、汇兑核准	国家外汇局	《国务院对确需保留的行政审批项目设定行政许可的决定》(国务院令第412号)

国务院关于修改部分行政法规的决定(节录)

(2016年2月6日　国务院令第666号)

为了依法推进简政放权、放管结合、优化服务改革,国务院对取消和调整行政审批项目、价格改革和实施普遍性降费措施涉及的行政法规进行了清理。经过清理,国务院决定:对66部行政法规的部分条款予以修改。

二十一、删去《证券交易所风险基金管理暂行办法》第十条中的"证券交易所动用本基金时,必须报经证监会商财政部后批准。"

五十六、将《证券公司风险处置条例》第十二条第一款中的“可以直接向国务院证券监督管理机构申请进行行政重组”修改为“可以由国务院证券监督管理机构对其进行行政重组”。第二款中的“也可以向国务院证券监督管理机构申请进行行政重组”修改为“也可以由国务院证券监督管理机构对其进行行政重组”。删去第三款。

第十三条第二款中的“证券公司可以向国务院证券监督管理机构申请延长行政重组期限”修改为“国务院证券监督管理机构可以决定延长行政重组期限”。

国务院办公厅关于印发国务院2016年立法工作计划的通知

(2016年3月17日　国办发〔2016〕16号)

各省、自治区、直辖市人民政府,国务院各部委、各直属机构:

《国务院2016年立法工作计划》已经党中央、国务院同意,现印发给你们。2016年是全面建成小康社会决胜阶段的开局之年,也是推进结构性改革的攻坚之年。政府立法工作总的指导思想是:全面贯彻党的十八大和十八届三中、四中、五中全会精神,适应协调推进“四个全面”战略布局的新要求,牢固树立创新、协调、绿色、开放、共享的发展理念,加强重点领域立法,为“十三五”时期经济社会发展的良好开局提供法制保障。遵循这一指导思想,结合当前面临的新形势、新任务,现就做好国务院2016年立法工作提出以下意见:

一、着力推动创新、协调、绿色、开放、共享发展

——要着力推动创新发展,加快形成有利于创新发展的市场环境、产权制度、投融资制度、分配制度、人才培养引进使用制度等,健全知识产权创造、运用、管理、保护方面的制度。

——要着力推动协调发展,促进城乡区域协调发展,促进经济社会协调发展,促进新型工业化、信息化、城镇化、农业现代化同步发展;加强文化法制建设,提升国家软实力;推动经济建设和国防建设融合发展,提高融合发展的法治化水平。

——要着力推动绿色发展,制度建设要有利于全面节约和高效利用资源,推动低碳循环发展,用制度加大环境治理和生态保护力度,加快解决人民群众反映强烈的环境问题。

——要着力推动开放发展,不断完善涉外法律法规体系,完善法治化、国际化、便利化的营商环境,努力营造公平公正的法治环境、平等竞争的市场环境、透明高效的行政环境。

——要着力推动共享发展,从制度上充分调动人民群众的积极性、主动性、创造性,不断把“蛋糕”做大,把不断做大的“蛋糕”分好,让社会主义制度的优越性得到更充分体现,保障人民群众在各方面的合法权益,实现全民共享、全面共享、共建共享、渐进共享。

二、服务于全面深化改革和持续推进简政放权

坚持在法治下推进改革、在改革中完善法治,做到重大改革于法有据、立法主动适应改革和经济社会发展需要。要防止借改革之名通过立法为本单位、本系统扩张权力或者推诿责任;防止立法成为“要照顾”、“争优惠”的“政策洼地”;防止因立法中的旁枝末节问题影响改革进程;防止立法为将来改革“埋钉子”、“留尾巴”。立法要吃透、准确领会把握改革精神,对于党中央、国务院已经明确的改革方案,要通过制定、修改、废止、解释、授权等多种方式,尽快完成立法任务,为改革顺利实施提供法制保障;对于改革还在深入的领域,立法时要给改革留出空间,为先行先试、探索经验留路子;要及时把改革的成功经验和行之有效的举措上升为法

律法规。

要从人民群众反映强烈的突出问题入手，继续减少行政审批数量，持续推进简政放权，进一步释放市场活力和社会创造力。取消和下放行政审批涉及现行法律法规修改的，有关部门要同步提出法律法规的修改方案；要统筹研究同一部法律、行政法规设定的行政审批事项的取消和调整，避免一部法律、行政法规频繁修改。对于已经取消和下放行政审批的管理事项，要同步研究制定事中事后监管措施。要严控新设行政许可，确需新设行政许可的要加强合法性、合理性和必要性审查论证。要建立清理工作长效机制，及时清理有关行政法规、规章、规范性文件，凡与上位法相抵触，不利于稳增长、促改革、调结构、惠民生、防风险，妨碍创业创新的制度规定，该修改的修改，该废止的废止，加快构建有利于大众创业、万众创新的制度环境。

三、进一步提高政府立法质量

要认真贯彻落实《中共中央关于加强党领导立法工作的意见》，起草政治方面法律的配套法规规章草案，以及重大经济社会方面的法律、法规、规章草案，要依照规定按程序报请党中央或者同级党委（党组）同意。国务院各部门和有立法权的地方人民政府要认真贯彻执行新修订的立法法，按照立法法规定的权限和程序开展立法工作。要围绕《法治政府建设实施纲要（2015—2020 年）》提出的奋斗目标，谋划和落实好纲要规定的各项任务，健全政府立法立项、起草、论证、协调、审议机制，增强政府立法的及时性、系统性、针对性、有效性。

国务院各部门起草法律和行政法规草案，要急群众之所急，急大局之所急，为改革发展稳定服务，不能为自己服务。要坚持问题导向，敢于正视问题，善于发现问题，坚持一切从中国的实际出发，有效解决中国的实际问题，找准实践中存在的主要矛盾、突出问题并加以解决，切实回应人民群众的诉求和期盼。要提高调查研究的质量，把现实和历史的情况、存在的问题、各方面的利益需求和矛盾搞清楚，避免用调研的名义自说自话。在起草、审查法律法规草案过程中，要系统周密、客观全面地考虑问题，不断提高分析能力，努力搞清楚各种不同意见背后的真实原因、利益情况以及可能产生的影响。要做好法律制度的科学设计，运用备案、抽查、标准、规划、信息披露、利益机制、信用等方式，设计出能够有效维护绝大多数人利益，及时发现、有效制止、有力惩处少数人违法行为的制度。

国务院各部门起草法律和行政法规草案，除商国务院法制办同意，明确在上报后由国务院法制办向社会公布征求意见，或者由国务院法制办报国务院批准不公布征求意见的外，各部门应当在上报国务院前将法律和行政法规草案向社会公布征求意见。国务院各部门和有立法权的地方人民政府制定规章，除依法需要保密的外，也应当将草案向社会公布征求意见。起草法律、行政法规、规章草案，还应当书面征求相关部门、地方人民政府的意见，主动征求有关人大代表和政协委员、民主党派、工商联、无党派人士、人民团体、社会组织的意见，深入征求基层干部群众的意见。

四、加强组织领导

国务院立法工作计划是各部门开展立法工作的主要依据。根据新形势新任务，需要对立法工作计划进行调整的，有关部门要提前报请国务院同意。起草部门在向国务院上报立法项目送审稿前，应当主动与国务院法制办沟通。已经上报国务院的送审稿，如果所规定的管理体制和主要制度发生了重大变化，起草部门要根据新情况新问题对原送审稿进行修改后重新上报。没有列入立法工作计划的项目，起草部门应当自行充分研究论证，未与国务院法制办沟通协商，不要自行上报送审稿。国务院法制办要跟踪了解各部门落实立法工作计划的情况，切实加强组织协调。制定法律法规的基本条件尚不成熟，有关部门对送审稿规定的主要制度存在较大争议、起草部门未与有关部门协商的，国务院法制办可以将送审稿退回起草部门重新研究。送审稿内容涉及起草部门之外其他部门职责的，国务院法制办要组织相关部门积极协调、书面征求意见，相关部门要积极配合，在规定期限内回复意见。对有关部门之间争议较大的重要立法事项，国务院法制办要在充分听取各方面意见的基础上提出倾向性意见，及时报请国务院决定。

国务院2016年立法工作计划

根据党的十八大和十八届三中、四中、五中全会以及中央经济工作会议精神,按照党中央、国务院确定的2016年工作总体部署和主要任务的要求,国务院2016年立法工作重点是:紧紧围绕党中央、国务院2016年的中心工作,把贯彻落实《中共中央关于全面深化改革若干重大问题的决定》、《中共中央关于全面推进依法治国若干重大问题的决定》、《中华人民共和国国民经济和社会发展第十三个五年规划纲要》和《政府工作报告》确定的任务作为重中之重,及时完成有关适应经济发展新常态要求、保障和改善民生、促进文化发展、着力改善生态环境、维护国家安全、加强政府自身建设等方面的立法项目。具体安排如下:

一、全面深化改革急需的项目

为贯彻落实"十三五"开局之年经济社会发展等方面的重大决策部署,对党中央、国务院确定的立法项目,要根据改革进程和改革方案,抓紧办理,尽快完成起草和审查任务。这类项目主要有:税收征收管理法(修订)(税务总局、财政部起草),社区矫正法(司法部起草),电力法(修订)(发展改革委、能源局起草),反不正当竞争法(修订)(工商总局起草),原子能法(国防科工局起草),密码法(密码局起草),中外合资经营企业法、中外合作经营企业法、外资企业法、台湾同胞投资保护法(修订)(商务部、台办起草),标准化法(修订)(质检总局起草),行政复议法(修订)(法制办起草),行政机关督查工作办法(国务院办公厅起草),政府信息公开条例(修订)(国务院办公厅、法制办起草),政府投资条例(发展改革委起草),企业投资项目核准和备案管理条例(发展改革委起草),楼堂馆所建设管理暂行条例(修订)(发展改革委起草),志愿服务条例(民政部起草),基金会管理条例(修订)(民政部起草),社会团体登记管理条例(修订)(民政部起草),民办非企业单位登记管理暂行条例(修订)(民政部起草),行政区划管理条例(民政部起草),强制医疗所条例(公安部起草),人力资源市场条例(人力资源社会保障部起草),失业保险条例(修订)(人力资源社会保障部起草),快递条例(交通运输部、邮政局起草),住房公积金管理条例(修订)(住房城乡建设部起草),建设项目环境保护管理条例(修订)(环境保护部起草),无证无照经营查处办法(工商总局起草),私募投资基金管理暂行条例(证监会起草),重大行政决策程序暂行条例(法制办起草),以及为了推进简政放权、放管结合、优化服务改革及公路管理等方面改革涉及的立法项目。

二、力争年内完成的项目

(一)适应经济发展新常态要求,促进经济持续健康发展和对外开放需要提请全国人大常委会审议的法律修订草案和需要制定、修订的行政法规。(7件)

1. 为了保障国家计量单位制的统一和量值的准确可靠,规范计量活动,促进经济、科学技术和社会的发展,维护国家利益、公众利益,提请审议计量法修订草案(质检总局起草)。

2. 为了规范上市公司和各相关方行为,保护投资者和上市公司合法权益,制定上市公司监督管理条例(证监会起草)。

3. 为了加强对融资担保公司的监督管理,规范融资担保行为,促进融资担保行业健康发展,制定融资担保公司管理条例(银监会起草)。

4. 为了规范招标投标活动,确定必须招标的工程项目范围,修订工程建设项目招标范围和规模标准规定(发展改革委起草)。

5. 为了进一步规范专利代理行为,保障委托人、专利代理机构以及专利代理人的合法权益,维护专利代理正常秩序,促进专利代理行业健康发展,修订专利代理条例(知识产权局起草)。

6. 为了更好地维护正常的进出口秩序和当事人的合法权益,保障国家税收收入,促进对外贸易的发展,修订海关稽查条例(海关总署起草)。

7. 为了规范缔约程序,使缔约程序法相关规定更加细化、更具可操作性,以满足我国大幅增长的对外缔约实践需要,制定缔结条约程序法实施条例(外交部起草)。

(二)保障和改善民生,加强和创新社会治理需要提请全国人大常委会审议的法律修订草案和需要制定、修订的行政法规。(11件)

1.为了加强海上交通管理,维护海上交通秩序与通航环境,保护海上人身和财产安全,维护国家利益,提请审议海上交通安全法修订草案(交通运输部起草)。

2.为了规范全国社会保障基金的管理运营,加强对全国社会保障基金的监督,在保证安全的前提下实现保值增值,制定全国社会保障基金条例(社保基金会、财政部、人力资源社会保障部起草)。

3.为了减少、控制残疾的发生,保障残疾人享有康复服务的权利,发展残疾预防和残疾人康复事业,制定残疾预防和残疾人康复条例(中国残联、卫生计生委起草)。

4.为了进一步完善残疾人教育法律制度,推动残疾人教育事业发展,修订残疾人教育条例(教育部起草)。

5.为了规范城镇住房保障工作,保障住房困难家庭和个人的基本住房需求,促进实现住有所居,制定城镇住房保障条例(住房城乡建设部起草)。

6.为了规范生产安全事故应急工作,保护人民群众生命和财产安全,制定生产安全事故应急条例(安全监管总局起草)。

7.为了减少和消除烟草烟雾危害,保障公众健康,制定公共场所控制吸烟条例(卫生计生委起草)。

8.为了加强对我国人类遗传资源的有效保护和合理利用,制定人类遗传资源管理条例(科技部起草)。

9.为了进一步规范收养登记行为,修订中国公民收养子女登记办法(民政部起草)。

10.为了进一步规范宗教事务管理,保障公民宗教信仰自由,维护宗教和睦与社会和谐,修订宗教事务条例(宗教局起草)。

11.为了解决改革开放和城镇化进程中城市民族工作产生的新问题,修订城市民族工作条例(国家民委起草)。

(三)坚持物质文明精神文明并重,促进文化发展需要提请全国人大常委会审议的法律草案和需要修订的行政法规。(2件)

1.为了发展公共图书馆事业,满足人民群众日益增长的精神文化需求,提请审议公共图书馆法草案(文化部起草)。

2.为了加强和改进互联网信息服务管理,促进互联网信息服务健康有序发展,修订互联网信息服务管理办法(网信办起草)。

(四)着力改善生态环境,节约能源资源需要提请全国人大常委会审议的法律草案、法律修订草案和需要制定、修订的行政法规。(7件)

1.为了保护和改善环境,减少污染物排放,推进生态文明建设,提请审议环境保护税法草案(财政部、税务总局、环境保护部起草)。

2.为了防治水污染,保护和改善环境,保障饮用水安全,促进经济社会全面协调可持续发展,提请审议水污染防治法修订草案(环境保护部起草)。

3.为了保护和改善海洋环境,保护海洋资源,防治污染损害,维护生态平衡,提请审议海洋环境保护法修订草案(海洋局起草)。

4.为了加强海洋石油勘探开发环境保护,完善溢油事故应急处置机制,修订海洋石油勘探开发环境保护管理条例(海洋局起草)。

5.为了加强农药管理,保证农药质量,保障农产品质量安全和人畜安全,保护生态环境,修订农药管理条例(农业部起草)。

6.为了规范报废机动车回收拆解活动,保障道路交通安全,促进资源综合利用和循环经济发展,修订报废汽车回收管理办法(商务部起草)。

7.为了加快农田水利发展,提高农业综合生产能力,保障国家粮食安全,制定农田水利条例(水利部起草)。

(五)实施国家安全战略,维护国家安全需要提请全国人大常委会审议的法律草案、法律修订草案和需要制定、修订的行政法规。(5件)

1.为了加强国防交通建设,保障国防活动顺利进行,提请审议国防交通法草案(中央军委后勤保障部起草)。

2.为了建设一支听党指挥、能打胜仗、作风优良的高素质现役军官队伍,规范军官的权利义务,加强军官的职业管理,保障军官有效履行职责,提请审议现役军官法修订草案(中央军委政治工作部起草)。

3. 为了维护国家安全,提高测绘保障能力,促进地理信息产业发展,提请审议测绘法修订草案(测绘地信局起草)。

4. 为了贯彻实施反间谍法,防范、制止和惩治间谍行为,维护国家安全,制定反间谍法实施细则(安全部起草)。

5. 为了加强无线电管理,维护空中电波秩序,有效利用无线电频谱资源,保证无线电业务的正常开展,修订无线电管理条例(工业和信息化部、中央军委联合参谋部起草)。

(六)持续推进简政放权,加强政府自身建设需要制定、修订的行政法规。(2 件)

1. 为了贯彻实施预算法,进一步增强预算管理的规范性和可操作性,完善预算管理制度,修订预算法实施条例(财政部起草)。

2. 为了贯彻实施统计法,进一步规范统计行为,制定统计法实施条例(统计局起草)。

此外,为了贯彻合作共赢战略,保障改革开放有序开展,积极促进经济社会发展,维护国家主权、安全和发展利益,做好关于汞的水俣公约,2007 年内罗毕国际船舶残骸清除公约,《濒危野生动植物种国际贸易公约》第二十一条的修正案适用于香港特别行政区、澳门特别行政区,1975 年国际公路运输公约,生物多样性公约关于获取遗传资源和公正公平分享其利用所产生惠益的名古屋议定书等国际条约和协定审核工作(法制办会同有关部门)。

三、预备项目

(一)适应经济发展新常态要求,促进经济持续健康发展和对外开放需要提请全国人大常委会审议的法律草案、法律修订草案和需要制定、修订的行政法规。(15 件)

发展规划法(发展改革委起草),烟叶税法(财政部、税务总局起草),船舶吨税法(财政部、海关总署起草),保险法(修订)(保监会起草),专利法(修订)(知识产权局起草),非存款类放贷组织条例(人民银行起草),现金管理暂行条例(修订)(人民银行起草),商业银行破产风险处置条例(银监会起草),信托公司条例(银监会起草),消费税暂行条例(修订)(财政部、税务总局起草),基础设施和公用事业特许经营暂行条例(发展改革委、财政部起草),国家科学技术奖励条例(修订)(科技部起草),旅行社条例(修订)(旅游局起草),外国人在中国工作管理条例(人力资源社会保障部、外专局起草),外汇管理条例(修订)(人民银行、外汇局起草)。

(二)保障和改善民生,加强和创新社会治理需要提请全国人大常委会审议的法律草案、法律修订草案和需要制定、修订的行政法规。(18 件)

职业教育法(修订)(教育部、人力资源社会保障部起草),道路交通安全法(修订)(公安部起草),矿山安全法(修订)(安全监管总局起草),看守所法(公安部起草),食品安全法实施条例(修订)(食品药品监管总局起草),社会抚养费征收管理办法(修订)(卫生计生委起草),医疗事故处理条例(修订)(卫生计生委起草),农村扶贫开发条例(扶贫办起草),危险化学品安全管理条例(修订)(安全监管总局起草),化妆品卫生监督条例(修订)(食品药品监管总局起草),中国公民往来香港特别行政区澳门特别行政区管理条例(公安部起草),社会治安技术防范条例(公安部起草),外国人永久居留服务管理条例(公安部起草),城市地下管线管理条例(住房城乡建设部起草),铁路交通事故应急救援和调查处理条例(修订)(交通运输部、铁路局起草),重大设备监理条例(质检总局起草),殡葬管理条例(修订)(民政部起草),诉讼费用交纳办法(修订)(法制办组织起草)。

(三)坚持物质文明精神文明并重,促进文化发展需要提请全国人大常委会审议的法律草案、法律修订草案和需要制定、修订的行政法规。(5 件)

文化产业促进法(文化部起草),著作权法(修订)(版权局起草),全民阅读促进条例(新闻出版广电总局起草),电影管理条例(修订)(新闻出版广电总局起草),未成年人网络保护条例(网信办组织起草)。

(四)着力改善生态环境,节约能源资源需要制定、修订的行政法规。(7 件)

碳排放权交易管理条例(发展改革委起草),稀有金属管理条例(工业和信息化部起草),核电管理条例(发展改革委、能源局起草），退耕还林条例（修订）（发展改革委、林业局起草），农作物病虫害防治条例（农业部起草），湿地保护条例（林业局起草），节约用水条例（水利部会同住房城乡建设部、发展改革委起草）。

（五）实施国家安全战略，维护国家安全需要提请全国人大常委会审议的法律草案和需要制定、修订的行政法规。（6 件）

粮食法（发展改革委、粮食局起草），能源法（发展改革委、能源局起草），出境入境边防检查条例（修订）（公安部起草），军港条例（海军起草），军事设施保护法实施办法（修订）（中央军委国防动员部起草），中国人民解放军文职人员条例（修订）（中央军委政治工作部起草）。

（六）持续推进简政放权，加强政府自身建设需要提请全国人大常委会审议的法律草案、法律修订草案和需要制定、修订的行政法规。（8 件）

审计法（修订）（审计署起草），信访法（信访局起草），档案法（修订）（档案局起草），行政法规制定程序条例（修订）（法制办起草），规章制定程序条例（修订）（法制办起草），国务院表彰奖励工作条例（人力资源社会保障部起草），地名管理条例（修订）（民政部起草），国家土地督察条例（国土资源部起草）。

四、研究项目

（一）有关适应经济发展新常态要求，促进经济持续健康发展和对外开放的立法项目。（26 件）

价格法（修订）（发展改革委起草），反垄断法（修订）（商务部、发展改革委、工商总局起草），中国人民银行法（修订）（人民银行起草），银行业监督管理法（修订）（银监会起草），商业银行法（修订）（银监会起草），商品流通法（商务部起草），资源税法（财政部、税务总局起草），增值税法（财政部、税务总局起草），耕地占用税法（财政部、税务总局起草），关税法（财政部、海关总署起草），个人所得税法（修订）（财政部、税务总局起草），电信法（工业和信息化部起草），铁路法（修订）（交通运输部、铁路局起草），外国国家豁免法（外交部起草），出口管制法（商务部起草），金融统计管理条例（人民银行起草），支付结算条例（人民银行起草），企业国有资产基础管理条例（财政部、国资委起草），商业特许经营管理条例（修订）（商务部起草），国务院关于禁止在市场经济活动中实行地区封锁的规定（修订）（商务部起草），地震巨灾保险条例（保监会起草），国家自然科学基金条例（修订）（自然科学基金会起草），民间统计调查管理条例（统计局起草），职务发明条例（知识产权局起草），外商投资国家安全审查条例（发展改革委、商务部起草），口岸管理条例（海关总署起草）。

（二）有关保障和改善民生，加强和创新社会治理的立法项目。（34 件）

药品管理法（修订）（食品药品监管总局起草），献血法（修订）（卫生计生委起草），药师法（卫生计生委组织起草），法律援助法（司法部起草），社会组织法（民政部起草），治安管理处罚法（修订）（公安部起草），建筑法（修订）（住房城乡建设部起草），监狱法（修订）（司法部起草），民用航空法（修订）（交通运输部、民航局起草），儿童福利条例（民政部起草），特困人员供养工作条例（民政部起草），城市生活无着的流浪乞讨人员救助管理办法（修订）（民政部起草），电梯安全条例（质检总局起草），高危粉尘作业与高毒作业职业卫生监督管理条例（安全监管总局起草），煤矿安全监察条例（修订）（安全监管总局起草），安全生产法实施条例（安全监管总局起草），传染病防治法实施办法（修订）（卫生计生委起草），流动人口计划生育工作条例（修订）（卫生计生委起草），疫苗流通和预防接种管理条例（修订）（卫生计生委起草），突发公共卫生事件应急条例（修订）（卫生计生委起草），国家教育考试条例（教育部起草），公共信用信息管理条例（发展改革委起草），统一社会信用代码管理办法（发展改革委、公安部、质检总局起草），警用品生产销售管理条例（公安部起草），畜禽屠宰管理条例（农业部起草），大中型水利水电工程建设征地补偿和移民安置条例（修订）（水利部起草），建设工程抗震管理条例（住房城乡建设部起草），城市公园条例（住房城乡建设部起草），房地产交易管理条例（住房城乡建设部起草），铁路运输条例（交通运输部、铁路局起草），反走私综合治理条例（海关总署起草），国家标准时间管理条例（质检总局起草),实验动物管理条例(修订)(科技部起草),村庄和集镇规划建设管理条例(修订)(住房城乡建设部起草)。

(三)有关坚持物质文明精神文明并重,促进文化发展的立法项目。(8件)

广播电视传输保障法(新闻出版广电总局起草),文物保护法(修订)(文化部、文物局起草),体育法(修订)(体育总局起草),著作权法实施条例(修订)(版权局起草),互联网上网服务营业场所管理条例(修订)(文化部起草),水下文物保护管理条例(修订)(文化部、文物局起草),印刷业管理条例(修订)(新闻出版广电总局起草),奥林匹克标志保护条例(修订)(体育总局、工商总局起草)。

(四)有关着力改善生态环境,节约能源资源的立法项目。(16件)

海洋基本法(海洋局起草),应对气候变化法(发展改革委起草),固体废物污染环境防治法(修订)(环境保护部起草),渔业法(修订)(农业部起草),森林法(修订)(林业局起草),矿产资源法(修订)(国土资源部起草),土地管理法(修订)(国土资源部起草),石油天然气管道保护法(修订)(发展改革委、能源局起草),河道采砂管理条例(水利部起草),地下水管理条例(水利部起草),排污许可管理条例(环境保护部起草),规划环境影响评价条例(修订)(环境保护部起草),能源监管条例(发展改革委、能源局起草),国家石油储备管理条例(发展改革委、能源局起草),海洋石油天然气管道保护条例(海洋局、能源局起草),生物遗传资源获取管理条例(环境保护部起草)。

(五)有关实施国家安全战略,维护国家安全的立法项目。(25件)

航天法(国防科工局起草),航空法(中央军委联合参谋部、交通运输部、民航局起草),防扩散法(外交部起草),人民武装警察法(修订)(武警总部起草),外国航空器临时进出中华人民共和国领空管理规定(中央军委联合参谋部起草),卫星导航条例(中央军委装备发展部起草),低空空域使用管理规定(中央军委联合参谋部起草),无人驾驶飞行器管理规定(中央军委联合参谋部起草),涉及国家安全事项的建设项目管理规定(安全部起草),国防科技创新基地管理条例(国防科工局起草),军工科研管理条例(国防科工局起草),宇航产品与技术出口管理条例(国防科工局起草),国防科技工业安全保密条例(国防科工局起草),国防科技工业武器装备科研生产设施保护条例(国防科工局起草),军工涉密业务服务管理条例(国防科工局起草),国防科技工业对外资开放管理办法(国防科工局起草),核安保条例(国防科工局起草),核电厂核事故应急管理条例(修订)(国防科工局起草),中国人民解放军实施《中华人民共和国职业病防治法》办法(中央军委后勤保障部起草),军用标准化管理条例(中央军委装备发展部起草),军人抚恤优待条例(修订)(民政部起草),边防治安管理条例(公安部起草),国防专利条例(修订)(中央军委装备发展部、工业和信息化部、国防科工局起草),民用航空安全保卫条例(修订)(交通运输部、民航局起草),关键信息基础设施安全保护条例(网信办起草)。

(六)有关持续推进简政放权,加强政府自身建设的立法项目。(6件)

政府间财政关系法(财政部起草),人民警察法(修订)(公安部起草),行政执法程序条例(法制办起草),行政调解条例(法制办起草),供销合作社条例(供销合作总社起草),民族乡行政工作条例(修订)(国家民委起草)。

此外,配合全国人大常委会继续审议网络安全法、野生动物保护法(修订)、证券法(修订)等法律案,配合初次审议红十字会法(修订)、公共文化服务保障法、民法总则、中小企业促进法(修订)等法律案,做好相关工作(法制办会同有关部门)。

国务院关于落实《政府工作报告》重点工作部门分工的意见

（2016 年 3 月 25 日　国发〔2016〕20 号）

国务院各部委、各直属机构：

根据党的十八大和十八届三中、四中、五中全会精神，中央经济工作会议精神和十二届全国人大四次会议通过的《政府工作报告》，为做好今年政府工作，实现经济社会发展目标任务，现就《政府工作报告》确定的重点工作提出部门分工意见如下：

一、稳定和完善宏观经济政策，保持经济运行在合理区间

（一）稳定和完善宏观经济政策。坚持以新发展理念引领发展，坚持稳中求进工作总基调，适应经济发展新常态，实行宏观政策要稳、产业政策要准、微观政策要活、改革政策要实、社会政策要托底的总体思路，把握好稳增长与调结构的平衡，保持经济运行在合理区间，着力加强供给侧结构性改革，加快培育新的发展动能，改造提升传统比较优势，抓好去产能、去库存、去杠杆、降成本、补短板，加强民生保障，切实防控风险，努力实现“十三五”时期经济社会发展良好开局。国内生产总值增长 6.5%—7%，居民消费价格涨幅 3% 左右，进出口回稳向好，国际收支基本平衡，居民收入增长和经济增长基本同步。继续实施积极的财政政策和稳健的货币政策，创新宏观调控方式，加强区间调控、定向调控、相机调控，统筹运用财政、货币政策和产业、投资、价格等政策工具，采取结构性改革尤其是供给侧结构性改革举措，为经济发展营造良好环境。（发展改革委牵头，工业和信息化部、民政部、财政部、人力资源社会保障部、商务部、人民银行等按职责分工负责）

（二）加大力度实施积极的财政政策。

安排财政赤字 2.18 万亿元，比去年增加 5600 亿元，赤字率提高到 3%。其中，中央财政赤字 1.4 万亿元，地方财政赤字 7800 亿元。安排地方专项债券 4000 亿元，继续发行地方政府置换债券。（财政部牵头，发展改革委、人民银行等按职责分工负责）

适度扩大财政赤字，主要用于减税降费，进一步减轻企业负担。全面实施营改增，从 5 月 1 日起，将试点范围扩大到建筑业、房地产业、金融业、生活服务业，并将所有企业新增不动产所含增值税纳入抵扣范围，确保所有行业税负只减不增。取消违规设立的政府性基金，停征和归并一批政府性基金，扩大水利建设基金等免征范围。将 18 项行政事业性收费的免征范围，从小微企业扩大到所有企业和个人。适当增加必要的财政支出和政府投资，加大对民生等薄弱环节的支持。创新财政支出方式，优化财政支出结构，应保尽保，应减尽减。（财政部、税务总局牵头，发展改革委、工业和信息化部、住房城乡建设部、人民银行等按职责分工负责）

加快财税体制改革。推进中央与地方事权和支出责任划分改革，合理确定增值税中央和地方分享比例。把适合作为地方收入的税种下划给地方，在税政管理权限方面给地方适当放权。进一步压缩中央专项转移支付规模，一般性转移支付规模增长 12.2%。全面推开资源税从价计征改革。依法实施税收征管。建立规范的地方政府举债融资机制，对财政实力强、债务风险较低的，按法定程序适当增加债务限额。（财政部、税务总局牵头，发展改革委、国土资源部、人民银行等按职责分工负责）

（三）灵活适度实施稳健的货币政策。

广义货币 M2 预期增长 13% 左右，社会融资规模余额增长 13% 左右。统筹运用公开市场操作、利率、准备金率、再贷款等各类货币政策工具，保持流动性合理充裕，疏通传导机制，降低融资成本，加强对实体经济特别是小微企

业、"三农"等支持。(人民银行牵头,发展改革委、财政部、银监会、证监会、保监会等按职责分工负责)

深化金融体制改革。加快改革完善现代金融监管体制,提高金融服务实体经济效率,实现金融风险监管全覆盖。深化利率市场化改革。继续完善人民币汇率市场化形成机制,保持人民币汇率在合理均衡水平上基本稳定。深化国有商业银行和开发性、政策性金融机构改革,发展民营银行,启动投贷联动试点。推进股票、债券市场改革和法治化建设,促进多层次资本市场健康发展,提高直接融资比重。适时启动"深港通"。建立巨灾保险制度。规范发展互联网金融。大力发展普惠金融和绿色金融。加强全口径外债宏观审慎管理。扎紧制度笼子,整顿规范金融秩序,严厉打击金融诈骗、非法集资和证券期货领域的违法犯罪活动,坚决守住不发生系统性区域性风险的底线。(中央编办、发展改革委、公安部、财政部、人民银行、法制办、银监会、证监会、保监会、外汇局等按职责分工负责)

二、加强供给侧结构性改革,增强持续增长动力

(四)推动简政放权、放管结合、优化服务改革向纵深发展。

切实转变政府职能、提高效能。继续大力削减行政审批事项,注重解决放权不同步、不协调、不到位问题,对下放的审批事项,要让地方能接得住、管得好。(国务院审改办牵头)深化商事制度改革,开展证照分离试点。(工商总局、法制办、国务院审改办等按职责分工负责)全面公布地方政府权力和责任清单,在部分地区试行市场准入负面清单制度。对行政事业性收费、政府定价或指导价经营服务性收费、政府性基金、国家职业资格,实行目录清单管理。加快建设统一开放、竞争有序的市场体系,打破地方保护。深化价格改革,加强价格监管。(中央编办、发展改革委、财政部、人力资源社会保障部、商务部、工商总局等按职责分工负责)修改和废止有碍发展的行政法规和规范性文件。(国务院办公厅、法制办等按职责分工负责)

创新事中事后监管方式,全面推行"双随机、一公开"监管,随机抽取检查对象,随机选派执法检查人员,及时公布查处结果。(工商总局牵头,海关总署、质检总局、食品药品监管总局等按职责分工负责)推进综合行政执法改革。(中央编办、法制办牵头)实施企业信用信息统一归集、依法公示、联合惩戒、社会监督。大力推行"互联网+政务服务",实现部门间数据共享,让居民和企业少跑腿、好办事、不添堵。(发展改革委牵头,工业和信息化部、公安部、民政部、人力资源社会保障部、人民银行、税务总局、工商总局、质检总局、食品药品监管总局等按职责分工负责)

(五)充分释放全社会创业创新潜能。

着力实施创新驱动发展战略,促进科技与经济深度融合,提高实体经济的整体素质和竞争力。强化企业创新主体地位。落实企业研发费用加计扣除和加速折旧政策,完善高新技术企业、科技企业孵化器等税收优惠政策。支持行业领军企业建设高水平研发机构。加快将国家自主创新示范区试点政策推广到全国,再建设一批国家自主创新示范区、高新区。(科技部牵头,发展改革委、工业和信息化部、财政部、国土资源部、住房城乡建设部、国资委、税务总局等按职责分工负责)

发挥大众创业、万众创新和"互联网+"集众智汇众力的乘数效应。打造众创、众包、众扶、众筹平台,构建大中小企业、高校、科研机构、创客多方协同的新型创业创新机制。建设一批"双创"示范基地,培育创业创新服务业,规范发展天使、创业、产业等投资。支持分享经济发展,提高资源利用效率,让更多人参与进来、富裕起来。(发展改革委牵头,科技部、工业和信息化部、财政部、人力资源社会保障部、人民银行、国资委、银监会、证监会、保监会等按职责分工负责)实施更积极、更开放、更有效的人才引进政策。(外专局牵头,外交部、发展改革委、教育部、科技部、公安部、财政部、人力资源社会保障部、侨办等按职责分工负责)加强知识产权保护和运用。(知识产权局牵头,工商总局、新闻出版广电总局等按职责分工负责)依法严厉打击侵犯知识产权和制假售假行为。(全国打击侵犯知识产权和制售假冒伪劣商品工作领导小组办公室牵头,领导小组成员单位按职责分工负责)

深化科技管理体制改革。扩大高校和科研

院所自主权，砍掉科研管理中的繁文缛节。（科技部牵头，中央编办、发展改革委、教育部、工业和信息化部、财政部、中科院、工程院、自然科学基金会、国防科工局等按职责分工负责）实施支持科技成果转移转化的政策措施，完善股权期权税收优惠政策和分红奖励办法，鼓励科研人员创业创新。（发展改革委、科技部、财政部、人力资源社会保障部、国资委、税务总局、证监会等按职责分工负责）大力弘扬创新文化，厚植创新沃土，营造敢为人先、宽容失败的良好氛围，充分激发企业家精神，调动全社会创业创新积极性，汇聚成推动发展的磅礴力量。（科技部牵头，发展改革委、教育部、国资委、中科院、工程院、自然科学基金会、新闻办、网信办、中国科协等按职责分工负责）

（六）着力化解过剩产能和降本增效。重点抓好钢铁、煤炭等困难行业去产能，坚持市场倒逼、企业主体、地方组织、中央支持，运用经济、法律、技术、环保、质量、安全等手段，严格控制新增产能，坚决淘汰落后产能，有序退出过剩产能。采取兼并重组、债务重组或破产清算等措施，积极稳妥处置“僵尸企业”。完善财政、金融等支持政策，中央财政安排1000亿元专项奖补资金，重点用于职工分流安置。采取综合措施，降低企业交易、物流、财务、用能等成本，坚决遏制涉企乱收费，对违规行为严肃查处。（发展改革委牵头，工业和信息化部、财政部、人力资源社会保障部、国土资源部、环境保护部、交通运输部、商务部、人民银行、国资委、质检总局、安全监管总局、银监会、证监会、保监会、能源局、煤矿安监局等按职责分工负责）

（七）努力改善产品和服务供给。

提升消费品品质。加快质量安全标准与国际标准接轨，建立商品质量惩罚性赔偿制度。鼓励企业开展个性化定制、柔性化生产，培育精益求精的工匠精神，增品种、提品质、创品牌。（发展改革委、工业和信息化部、商务部、卫生计生委、国资委、工商总局、质检总局、食品药品监管总局、旅游局等按职责分工负责）

促进制造业升级。深入推进“中国制造＋互联网”，建设若干国家级制造业创新平台，实施一批智能制造示范项目，启动工业强基、绿色制造、高端装备等重大工程，组织实施重大技术改造升级工程。（工业和信息化部牵头，发展改革委、科技部、财政部、国资委、税务总局等按职责分工负责）

加快现代服务业发展。启动新一轮国家服务业综合改革试点，实施高技术服务业创新工程，大力发展数字创意产业。放宽市场准入，提高生产性服务业专业化、生活性服务业精细化水平。建设一批光网城市，推进5万个行政村通光纤，让更多城乡居民享受数字化生活。（发展改革委牵头，科技部、工业和信息化部、财政部、农业部、商务部等按职责分工负责）

（八）大力推进国有企业改革。以改革促发展，坚决打好国有企业提质增效攻坚战。推动国有企业特别是中央企业结构调整，创新发展一批，重组整合一批，清理退出一批。推进股权多元化改革，开展落实企业董事会职权、市场化选聘经营者、职业经理人制度、混合所有制、员工持股等试点。深化企业用人制度改革，探索建立与市场化选任方式相适应的高层次人才和企业经营管理者薪酬制度。加快改组组建国有资本投资、运营公司。以管资本为主推进国有资产监管机构职能转变，防止国有资产流失，实现国有资产保值增值。赋予地方更多国有企业改革自主权。加快剥离国有企业办社会职能，解决历史遗留问题，让国有企业瘦身健体，增强核心竞争力。（国资委牵头，发展改革委、工业和信息化部、财政部、人力资源社会保障部、人民银行、审计署、法制办、银监会、证监会等按职责分工负责）

（九）更好激发非公有制经济活力。大幅放宽电力、电信、交通、石油、天然气、市政公用等领域市场准入，消除各种隐性壁垒，鼓励民营企业扩大投资、参与国有企业改革。在项目核准、融资服务、财税政策、土地使用等方面一视同仁。依法平等保护各种所有制经济产权，严肃查处侵犯非公有制企业及非公有制经济人士合法权益的行为，营造公平、公正、透明、稳定的法治环境，构建新型政商关系，促进各类企业各展其长、共同发展。（发展改革委牵头，工业和信息化部、公安部、司法部、财政部、国土资源部、住房城乡建设部、交通运输部、商务部、人民银行、国资委、税务总局、工商总局、法制办、银监会、证监会、能源局、全国工商联等按职责分工负责）

三、深挖国内需求潜力，开拓发展更大空间

（十）增强消费拉动经济增长的基础作用。

适应消费升级趋势，破除政策障碍，优化消费环境，维护消费者权益。支持发展养老、健康、家政、教育培训、文化体育等服务消费。壮大网络信息、智能家居、个性时尚等新兴消费。（发展改革委、商务部牵头，教育部、民政部、文化部、卫生计生委、工商总局、体育总局等按职责分工负责）促进线上线下协调互动、平等竞争，推动实体商业创新转型。（商务部牵头，发展改革委、工业和信息化部、工商总局、质检总局、供销合作总社等按职责分工负责）

完善物流配送网络，促进快递业健康发展。加快建设城市停车场和充电设施。（发展改革委牵头，科技部、工业和信息化部、财政部、国土资源部、住房城乡建设部、交通运输部、商务部、能源局、铁路局、民航局、邮政局等按职责分工负责）活跃二手车市场，大力发展和推广以电动汽车为主的新能源汽车。（商务部、工业和信息化部牵头，发展改革委、科技部、公安部、财政部、环境保护部、交通运输部、税务总局、工商总局等按职责分工负责）

在全国开展消费金融公司试点，鼓励金融机构创新消费信贷产品。（银监会、人民银行牵头，保监会等按职责分工负责）降低部分消费品进口关税，增设免税店。（财政部牵头，商务部、海关总署、税务总局、旅游局等按职责分工负责）落实带薪休假制度，加强旅游交通、景区景点、自驾车营地等设施建设，规范旅游市场秩序。（人力资源社会保障部、旅游局牵头，发展改革委、财政部、交通运输部等按职责分工负责）

（十一）发挥有效投资对稳增长调结构的关键作用。启动一批“十三五”规划重大项目。完成铁路投资8000亿元以上、公路投资1.65万亿元，建设水电核电、特高压输电、智能电网、油气管网、城市轨道交通等重大项目。中央预算内投资安排5000亿元。深化投融资体制改革，继续以市场化方式筹集专项建设基金，推动地方融资平台转型改制进行市场化融资，探索基础设施等资产证券化，扩大债券融资规模。（发展改革委牵头，科技部、财政部、国土资源部、住房城乡建设部、交通运输部、水利部、人民银行、证监会、能源局、铁路局、中国铁路总公司、开发银行、农业发展银行等按职责分工负责）再开工20项重大水利工程。（水利部、发展改革委牵头，财政部、国土资源部、环境保护部等按职责分工负责）完善政府和社会资本合作模式，用好1800亿元引导基金，依法严格履行合同，充分激发社会资本参与热情。（发展改革委、财政部等按职责分工负责）

（十二）深入推进新型城镇化。

加快农业转移人口市民化。深化户籍制度改革，放宽城镇落户条件。（公安部牵头，发展改革委等按职责分工负责）建立健全“人地钱”挂钩政策。（财政部、国土资源部牵头，发展改革委、人力资源社会保障部、住房城乡建设部等按职责分工负责）居住证要加快覆盖未落户的城镇常住人口，使他们依法享有居住地义务教育、就业、医疗等基本公共服务。（发展改革委、教育部、公安部、民政部、司法部、人力资源社会保障部、住房城乡建设部、卫生计生委、法制办等按职责分工负责）扩大新型城镇化综合试点范围。发展中西部地区中小城市和小城镇，容纳更多的农民工就近就业创业。（发展改革委牵头，人力资源社会保障部、住房城乡建设部等按职责分工负责）

推进城镇保障性安居工程建设和房地产市场健康发展。棚户区住房改造600万套，提高棚改货币化安置比例。完善支持居民住房合理消费的税收、信贷政策，适应住房刚性需求和改善性需求，因城施策化解房地产库存，促进房地产市场平稳运行。建立租购并举的住房制度，把符合条件的外来人口逐步纳入公租房供应范围。（住房城乡建设部牵头，发展改革委、财政部、国土资源部、人民银行、税务总局、银监会、开发银行、农业发展银行等按职责分工负责）

加强城市规划建设管理。增强城市规划的科学性、前瞻性、权威性、公开性，促进“多规合一”。开工建设城市地下综合管廊2000公里以上。积极推广绿色建筑和建材，大力发展钢结构和装配式建筑，加快标准化建设，提高建筑技术水平和工程质量。推进城市管理体制创新，打造智慧城市，完善公共交通网络，治理交通拥堵等突出问题，改善人居环境。（住房城乡建设部牵头，发展改革委、工业和信息化部、公安部、民政部、财政部、国土资源部、环境保护部、

交通运输部等按职责分工负责）

（十三）优化区域发展格局。深入推进“一带一路”建设，落实京津冀协同发展规划纲要，加快长江经济带发展。制定实施西部大开发“十三五”规划，实施新一轮东北地区等老工业基地振兴战略，出台促进中部地区崛起新十年规划，支持东部地区在体制创新、陆海统筹等方面率先突破。促进资源型地区经济转型升级。支持革命老区、民族地区、边疆地区、贫困地区发展。（发展改革委牵头，工业和信息化部、国家民委、财政部、国土资源部、环境保护部、交通运输部、农业部、商务部、扶贫办等按职责分工负责）制定和实施国家海洋战略，维护国家海洋权益，保护海洋生态环境，拓展蓝色经济空间，建设海洋强国。（外交部、发展改革委、科技部、财政部、国土资源部、环境保护部、交通运输部、农业部、海洋局等按职责分工负责）

四、加快发展现代农业，促进农民持续增收

（十四）加快农业结构调整。

完善农产品价格形成机制，引导农民适应市场需求调整种养结构，适当调减玉米种植面积。按照“市场定价、价补分离”原则，积极稳妥推进玉米收储制度改革，保障农民合理收益。多措并举消化粮食库存，大力支持农产品精深加工，发展畜牧业，延伸农业产业链条；制定新一轮退耕还林还草方案，退耕还林还草1500万亩以上。（发展改革委、农业部牵头，财政部、国土资源部、水利部、林业局、粮食局、农业发展银行、中储粮总公司等按职责分工负责）

积极发展多种形式农业适度规模经营，完善对家庭农场、专业大户、农民合作社等新型经营主体的扶持政策，培养新型职业农民，鼓励农户依法自愿有偿流转承包地，开展土地股份合作、联合或土地托管。深化农村集体产权、农垦、集体林权、国有林场、农田水利、供销社等改革。（农业部牵头，财政部、国土资源部、水利部、林业局、银监会、供销合作总社等按职责分工负责）

（十五）强化农业基础支撑。全面完成永久基本农田划定并实行特殊保护，加强高标准农田建设，增加深松土地1.5亿亩，新增高效节水灌溉面积2000万亩。（国土资源部牵头，发展改革委、财政部、水利部、农业部等按职责分工负责）探索耕地轮作休耕制度试点。加强农业科技创新与推广，深入开展粮食绿色高产高效创建，实施化肥农药零增长行动。（农业部牵头，发展改革委、科技部、财政部、国土资源部、林业局、中科院等按职责分工负责）保障财政对农业投入，建立全国农业信贷担保体系，完善农业保险制度和农村金融服务，引导带动更多资金投向现代农业建设。（财政部牵头，发展改革委、水利部、农业部、人民银行、林业局、银监会、保监会等按职责分工负责）

（十六）改善农村公共设施和服务。加大农村基础设施建设力度，新建改建农村公路20万公里，具备条件的乡镇和建制村加快通硬化路、通客车。抓紧新一轮农村电网改造升级，两年内实现农村稳定可靠供电服务和平原地区机井通电全覆盖。实施饮水安全巩固提升工程。推动电子商务进农村。开展农村人居环境整治，建设美丽宜居乡村。（发展改革委牵头，工业和信息化部、财政部、环境保护部、住房城乡建设部、交通运输部、水利部、农业部、商务部、林业局、能源局、供销合作总社等按职责分工负责）

（十七）实施脱贫攻坚工程。完成1000万以上农村贫困人口脱贫任务，其中易地搬迁脱贫200万人以上，继续推进贫困农户危房改造。中央财政扶贫资金增长43.4%。在贫困县推进涉农资金整合。坚持精准扶贫脱贫，因人因地施策。大力培育特色产业，支持就业创业。解决好通路、通水、通电、通网络等问题，增强集中连片特困地区和贫困人口发展能力。国家各项惠民政策和民生项目，向贫困地区倾斜。深入开展定点扶贫、东西协作扶贫，支持社会力量参与脱贫攻坚。（扶贫办牵头，发展改革委、教育部、工业和信息化部、国家民委、民政部、财政部、人力资源社会保障部、国土资源部、住房城乡建设部、交通运输部、水利部、农业部、卫生计生委、人民银行、国资委、统计局、旅游局、能源局、全国妇联、中国残联、全国工商联、开发银行、农业发展银行、农业银行等按职责分工负责）

五、推进新一轮高水平对外开放，着力实现合作共赢

（十八）扎实推进“一带一路”建设。统筹

国内区域开发开放与国际经济合作,共同打造陆上经济走廊和海上合作支点,推动互联互通、经贸合作、人文交流。构建沿线大通关合作机制,建设国际物流大通道。推进边境经济合作区、跨境经济合作区、境外经贸合作区建设。坚持共商共建共享,使"一带一路"成为和平友谊纽带、共同繁荣之路。(发展改革委、外交部、商务部牵头,科技部、工业和信息化部、财政部、交通运输部、文化部、国资委、海关总署、质检总局等按职责分工负责)

(十九)扩大国际产能合作。坚持企业为主、政府推动、市场化运作,实施一批重大示范项目。落实和完善财税金融支持政策,设立人民币海外合作基金,用好双边产能合作基金。推动装备、技术、标准、服务走出去,打造中国制造金字品牌。(发展改革委、商务部、外交部、人民银行、国资委、质检总局等负责)

(二十)促进外贸创新发展。

加快落实和完善政策。优化出口退税率结构,确保及时足额退税,严厉打击骗取退税。增加短期出口信用保险规模,实现成套设备出口融资保险应保尽保。(财政部牵头,商务部、税务总局、中国出口信用保险公司等按职责分工负责)

鼓励商业模式创新。扩大跨境电子商务试点,支持企业建设一批出口产品"海外仓",促进外贸综合服务企业发展。(商务部牵头,发展改革委、财政部、海关总署等按职责分工负责)

优化贸易结构。开展服务贸易创新发展试点,增加服务外包示范城市,加快发展文化对外贸易。进一步整合优化海关特殊监管区域,促进加工贸易向中西部地区转移、向产业链中高端延伸。(商务部牵头,发展改革委、财政部、文化部、人民银行、海关总署、税务总局、质检总局、外汇局等按职责分工负责)

推进贸易便利化。全面推广国际贸易"单一窗口"。降低出口商品查验率。(商务部牵头,发展改革委、财政部、人民银行、海关总署、税务总局、质检总局、银监会等按职责分工负责)

实施更加积极的进口政策。扩大先进技术设备、关键零部件及紧缺能源原材料进口。(商务部牵头,发展改革委、工业和信息化部、财政部、海关总署、税务总局、能源局等按职责分工负责)

(二十一)提高利用外资水平。继续放宽投资准入,扩大服务业和一般制造业开放,简化外商投资企业设立程序,加大招商引资力度。创新内陆和沿边开放模式,打造新的外向型产业集群,引导外资更多投向中西部地区。营造更加公平、更为透明、更可预期的投资环境。(发展改革委、商务部、法制办等按职责分工负责)扩大自贸试验区试点。(商务部牵头,发展改革委、财政部、人民银行、海关总署、质检总局等按职责分工负责)创新开发区体制机制。(发展改革委、科技部、商务部、海关总署等按职责分工负责)

(二十二)加快实施自由贸易区战略。积极商签区域全面经济伙伴关系协定,加快中日韩自贸区等谈判,推进中美、中欧投资协定谈判,加强亚太自贸区联合战略研究。推进贸易投资自由化,共同构建均衡、共赢、包容的国际经贸体系。(商务部牵头,外交部、发展改革委、工业和信息化部、财政部等按职责分工负责)

六、加大环境治理力度,推动绿色发展取得新突破

(二十三)重拳治理大气雾霾和水污染。主要污染物排放继续减少。化学需氧量、氨氮排放量分别下降2%,二氧化硫、氮氧化物排放量分别下降3%,重点地区细颗粒物($PM_{2.5}$)浓度继续下降。着力抓好减少燃煤排放和机动车排放。加强煤炭清洁高效利用,减少散煤使用,推进以电代煤、以气代煤。全面实施燃煤电厂超低排放和节能改造。加快淘汰不符合强制性标准的燃煤锅炉。增加天然气供应,完善风能、太阳能、生物质能等发展扶持政策,提高清洁能源比重。鼓励秸秆资源化综合利用,限制直接焚烧。全面推广车用燃油国五标准,淘汰黄标车和老旧车380万辆。在重点区域实行大气污染联防联控。全面推进城镇污水处理设施建设与改造,加强农业面源污染和流域水环境综合治理。加大工业污染源治理力度,对排污企业全面实行在线监测。强化环境保护督察,做到奖惩分明。严格执行新修订的环境保护法,依法严厉打击超排偷排者,依法严肃追究姑息纵

容者。（环境保护部牵头，中央编办、发展改革委、科技部、工业和信息化部、公安部、财政部、国土资源部、住房城乡建设部、交通运输部、水利部、农业部、商务部、质检总局、法制办、气象局、能源局、海洋局等按职责分工负责）

（二十四）大力发展节能环保产业。单位国内生产总值能耗下降3.4%以上。扩大绿色环保标准覆盖面。完善扶持政策，支持推广节能环保先进技术装备，广泛开展合同能源管理和环境污染第三方治理，加大建筑节能改造力度，加快传统制造业绿色改造。开展全民节能、节水行动，推进垃圾分类处理，健全再生资源回收利用网络，把节能环保产业培育成我国发展的一大支柱产业。（发展改革委牵头，工业和信息化部、财政部、环境保护部、住房城乡建设部、水利部、商务部、质检总局等按职责分工负责）

（二十五）加强生态安全屏障建设。健全生态保护补偿机制。停止天然林商业性采伐，实行新一轮草原生态保护补助奖励政策。推进地下水超采区综合治理试点，实施湿地等生态保护与恢复工程，继续治理荒漠化、石漠化和水土流失。（发展改革委牵头，财政部、国土资源部、环境保护部、水利部、农业部、林业局等按职责分工负责）

七、切实保障改善民生，加强社会建设

（二十六）着力扩大就业创业。实施更加积极的就业政策，鼓励以创业带动就业。城镇新增就业1000万人以上，城镇登记失业率4.5%以内。今年高校毕业生将高达765万人，落实好就业促进计划和创业引领计划，促进多渠道就业创业。用好失业保险基金结余，增加稳就业资金规模，做好企业下岗职工技能培训和再就业工作，对城镇就业困难人员提供托底帮扶。完成2100万人次以上农民工职业技能提升培训任务。加强对灵活就业、新就业形态的扶持。切实做好退役军人安置和就业创业服务工作。（人力资源社会保障部牵头，发展改革委、教育部、科技部、工业和信息化部、民政部、财政部、农业部、人民银行、国资委、税务总局、工商总局、统计局、共青团中央、中国残联等按职责分工负责）

（二十七）发展更高质量更加公平的教育。

公共教育投入加大向中西部和边远、贫困地区倾斜力度。统一城乡义务教育经费保障机制，改善薄弱学校和寄宿制学校办学条件。支持普惠性幼儿园发展。办好特殊教育。加快健全现代职业教育体系，分类推进中等职业教育免除学杂费。对贫困家庭学生率先免除普通高中学杂费。落实提高乡村教师待遇政策。加快推进远程教育，扩大优质教育资源覆盖面。（教育部牵头，发展改革委、工业和信息化部、国家民委、民政部、财政部、人力资源社会保障部、卫生计生委、扶贫办、中国残联等按职责分工负责）

提升高校教学水平和创新能力，推动具备条件的普通本科高校向应用型转变。继续扩大重点高校面向贫困地区农村招生规模，落实和完善农民工随迁子女在当地就学和升学考试政策。支持和规范民办教育发展。教育要促进学生德智体美全面发展，注重培养各类高素质创新型人才。（教育部牵头，中央编办、发展改革委、民政部、财政部、农业部、扶贫办等按职责分工负责）

（二十八）协调推进医疗、医保、医药联动改革。

实现大病保险全覆盖，政府加大投入，让更多大病患者减轻负担。中央财政安排城乡医疗救助补助资金160亿元，增长9.6%。整合城乡居民基本医保制度，财政补助由每人每年380元提高到420元。改革医保支付方式，加快推进基本医保全国联网和异地就医结算。（发展改革委、民政部、财政部、人力资源社会保障部、卫生计生委、保监会、国务院医改办等按职责分工负责）

扩大公立医院综合改革试点城市范围，协同推进医疗服务价格、药品流通等改革。（卫生计生委牵头，发展改革委、工业和信息化部、财政部、人力资源社会保障部、商务部、国资委、食品药品监管总局、国务院医改办等按职责分工负责）深化药品医疗器械审评审批制度改革。（食品药品监管总局牵头，发展改革委、科技部、工业和信息化部、财政部、人力资源社会保障部、卫生计生委、中医药局等按职责分工负责）

加快培养全科医生、儿科医生。在70%左右的地市开展分级诊疗试点。基本公共卫生服

务经费财政补助从人均40元提高到45元,促进医疗资源向基层和农村流动。鼓励社会办医。发展中医药、民族医药事业。建立健全符合医疗行业特点的人事薪酬制度,保护和调动医务人员积极性。构建和谐医患关系。完善一对夫妇可生育两个孩子的配套政策。(卫生计生委牵头,中央编办、发展改革委、教育部、科技部、工业和信息化部、公安部、民政部、财政部、人力资源社会保障部、住房城乡建设部、商务部、国资委、食品药品监管总局、保监会、中医药局、国务院医改办、国务院妇儿工委、全国妇联等按职责分工负责)加快健全统一权威的食品药品安全监管体制,严守从农田到餐桌、从企业到医院的每一道防线。(国务院食品安全办牵头,中央编办、发展改革委、科技部、工业和信息化部、公安部、财政部、人力资源社会保障部、环境保护部、农业部、商务部、卫生计生委、海关总署、工商总局、质检总局、食品药品监管总局、林业局、粮食局、海洋局、中医药局等按职责分工负责)

(二十九)织密织牢社会保障安全网。继续提高退休人员基本养老金标准。各地要切实负起责任,确保养老金按时足额发放。制定划转部分国有资本充实社保基金办法。(人力资源社会保障部、财政部牵头,国资委、证监会、社保基金会等按职责分工负责)开展养老服务业综合改革试点,推进多种形式的医养结合。落实临时救助、特困人员救助供养等制度,合理确定救助供养标准,完善工作机制。城乡低保人均补助标准分别提高5%和8%。加快健全城乡社会救助体系。(民政部牵头,发展改革委、教育部、财政部、人力资源社会保障部、国土资源部、住房城乡建设部、农业部、卫生计生委、扶贫办、全国老龄办、中国残联等按职责分工负责)

(三十)推进文化改革发展。用中国梦和中国特色社会主义凝聚共识、汇聚力量,培育和践行社会主义核心价值观,加强爱国主义教育。实施哲学社会科学创新工程,发展文学艺术、新闻出版、广播影视、档案等事业。建设中国特色新型智库。加强文物和非物质文化遗产保护利用。深化群众性精神文明创建活动,倡导全民阅读,普及科学知识,弘扬科学精神,提高国民素质和社会文明程度。促进传统媒体与新兴媒体融合发展。培育健康网络文化。深化中外人文交流,加强国际传播能力建设。深化文化体制改革,引导公共文化资源向城乡基层倾斜,推动文化产业创新发展,繁荣文化市场,加强文化市场管理。推进数字广播电视户户通。做好北京冬奥会和冬残奥会筹办工作,倡导全民健身新时尚。(文化部牵头,外交部、教育部、科技部、财政部、新闻出版广电总局、体育总局、中科院、社科院、新闻办、网信办、文物局、档案局、中国科协等按职责分工负责)

(三十一)加强和创新社会治理。

做好基层基础工作,推进城乡社区建设,促进基层民主协商。支持工会、共青团、妇联等群团组织参与社会治理。加快行业协会商会与行政机关脱钩改革,依法规范发展社会组织,支持专业社会工作、志愿服务和慈善事业发展。加强社会信用体系建设。切实保障妇女、儿童、残疾人权益,加强对农村留守儿童和妇女、老人的关爱服务。(民政部牵头,中央编办、发展改革委、教育部、公安部、财政部、人力资源社会保障部、人民银行、工商总局、法制办、国务院妇儿工委、全国老龄办、全国妇联、中国残联等按职责分工负责)深化司法体制改革,开展法治宣传教育,启动实施"七五"普法规划,做好法律援助和社区矫正工作。完善国家网络安全保障体系。创新社会治安综合治理机制,以信息化为支撑推进社会治安防控体系建设,依法惩治违法犯罪行为,严厉打击暴力恐怖活动,增强人民群众的安全感。完善多元调解机制,有效化解矛盾纠纷,促进社会平安祥和。(公安部、工业和信息化部、安全部、司法部、网信办、信访局等按职责分工负责)

健全应急管理机制。编制国家突发事件应急体系建设"十三五"规划。健全预警信息发布机制,推进国家预警信息发布系统建设。完善应急预案体系,推动跨区域应急管理合作,加快应急产业发展。推动应急管理培训和科普宣教,强化全民安全意识教育,全面提升应急管理水平。(国务院办公厅牵头,发展改革委、教育部、科技部、工业和信息化部、行政学院、气象局等按职责分工负责)

坚持不懈抓好安全生产和公共安全。加强安全基础设施和防灾减灾能力建设,健全监测预警应急机制,提高气象服务水平,做好地震、测绘、地质等工作。完善和落实安全生产责任、管理制度和考核机制,实行党政同责、一岗双责,加大失职追责力度,严格监管执法,坚决遏制重特大安全事故发生,切实保障人民生命财产安全。(安全监管总局牵头,民政部、国土资源部、水利部、地震局、气象局、海洋局、测绘地信局等按职责分工负责)

加强和改进信访工作。强化国家信访信息系统应用。集中开展信访积案化解攻坚。积极推行信访事项简易办理。加强信访问题分析研判。推进信访法治化建设,依法分类处理群众信访诉求。严格落实信访工作责任制。(信访局牵头,公安部、民政部、人力资源社会保障部、国土资源部、住房城乡建设部、卫生计生委、法制办等按职责分工负责)

八、加强政府自身建设,提高施政能力和服务水平

(三十二)坚持依法履职,把政府活动全面纳入法治轨道。各级政府及其工作人员要带头严格遵守宪法和法律,自觉运用法治思维和法治方式推动工作,法定职责必须为,法无授权不可为。积极推行政府法律顾问制度。(法制办牵头,监察部、司法部等按职责分工负责)深入推进政务公开,充分发挥传统媒体、新兴媒体作用,利用好网络平台,及时回应社会关切,使群众了解政府做什么、怎么做。各级政府要依法接受同级人大及其常委会的监督,自觉接受人民政协的民主监督,接受社会和舆论监督,让权力在阳光下运行。(国务院办公厅牵头,中央编办、发展改革委、民政部、财政部、法制办、新闻办、网信办等按职责分工负责)

(三十三)坚持廉洁履职,深入推进反腐倡廉。认真落实党风廉政建设主体责任,严厉整治各种顶风违纪行为。加强行政监察,推进审计全覆盖。以减权限权、创新监管等举措减少寻租空间,铲除滋生腐败土壤。推动党风廉政建设向基层延伸,坚决纠正侵害群众利益的不正之风,坚定不移惩治腐败。(监察部、审计署等按职责分工负责)

(三十四)坚持勤勉履职,提高执行力和公信力。政府工作人员要恪尽职守、夙夜在公,主动作为、善谋勇为。深入践行“三严三实”,增强政治意识、大局意识、核心意识、看齐意识,加强作风和能力建设,打造高素质专业化的公务员队伍。(监察部、人力资源社会保障部、公务员局等按职责分工负责)健全并严格执行工作责任制,确保各项政策和任务不折不扣落到实处。健全督查问责机制,坚决整肃庸政懒政怠政行为,决不允许占着位子不干事。健全激励机制和容错纠错机制,给改革创新者撑腰鼓劲,让广大干部愿干事、敢干事、能干成事。充分发挥中央和地方两个积极性。对真抓实干成效明显的地方,在建设资金安排、新增建设用地、财政沉淀资金统筹使用等方面,加大奖励支持力度。鼓励各地从实际出发干事创业,形成竞相发展的生动局面。(国务院办公厅、发展改革委、监察部、财政部、人力资源社会保障部、国土资源部、审计署、法制办、公务员局等按职责分工负责)

九、做好民族、宗教、侨务、国防、港澳台、外交工作

(三十五)继续支持少数民族和民族地区发展。坚持中国特色解决民族问题的正确道路,坚持和完善民族区域自治制度,严格执行党的民族政策,深入开展民族团结进步创建活动,推动建立各民族相互嵌入式的社会结构和社区环境,促进各民族交往交流交融。落实促进民族地区发展的差别化支持政策,加强对口帮扶,保护和发展少数民族优秀传统文化及特色村镇,加大扶持人口较少民族发展力度,大力实施兴边富民行动。(国家民委牵头,发展改革委、教育部、财政部、文化部、扶贫办等按职责分工负责)

(三十六)进一步做好宗教工作。全面贯彻党的宗教工作基本方针,坚持依法管理宗教事务,促进宗教关系和谐,发挥宗教界人士和信教群众在促进经济社会发展中的积极作用。(宗教局牵头,财政部、人力资源社会保障部等按职责分工负责)

(三十七)继续加强侨务工作。认真落实侨务政策,依法维护海外侨胞和归侨侨眷的合法权益,充分发挥他们的独特优势和重要作用,不断增强海内外中华儿女的向心力。(侨办牵头,外交部等按职责分工负责)

(三十八)积极支持国防和军队建设。加强后勤保障和装备发展。建设现代化武装警察

部队。加强全民国防教育和国防动员建设。推动重要领域军民融合深度发展,在重要基础设施建设中充分考虑国防需求。发展国防科技工业。各级政府要大力支持国防和军队建设,走出一条新时期鱼水情深的军政军民团结之路。(发展改革委、科技部、工业和信息化部、公安部、民政部、财政部、交通运输部、海洋局、全国拥军优属拥政爱民工作领导小组等按职责分工负责)

(三十九)支持香港、澳门繁荣、稳定和发展。全面准确贯彻“一国两制”、“港人治港”、“澳人治澳”、高度自治的方针,严格依照宪法和基本法办事。全力支持香港、澳门特别行政区行政长官和政府依法施政。发挥港澳独特优势,提升港澳在国家经济发展和对外开放中的地位和功能。深化内地与港澳合作,促进港澳提升自身竞争力。(港澳办牵头,外交部、发展改革委、商务部等按职责分工负责)

(四十)拓展两岸关系和平发展新局面。继续坚持对台工作大政方针,坚持“九二共识”政治基础,坚决反对“台独”分裂活动,维护国家主权和领土完整,维护两岸关系和平发展和台海和平稳定。推进两岸经济融合发展。促进两岸文教、科技等领域交流,加强两岸基层和青年交流。秉持“两岸一家亲”理念,同台湾同胞共担民族大义,共享发展机遇,携手构建两岸命运共同体。(台办牵头,发展改革委、教育部、科技部、商务部、文化部等按职责分工负责)

(四十一)务实、开放做好外交工作。继续高举和平、发展、合作、共赢的旗帜,践行中国特色大国外交理念,维护国家主权、安全、发展利益。办好在我国举行的二十国集团领导人峰会,推动世界经济创新增长,完善全球经济金融治理。加强与各主要大国协调合作,建设良性互动、合作共赢的大国关系。秉持亲诚惠容的周边外交理念,与地区国家持久和平相处、联动融合发展。深化南南合作、促进共同发展,维护发展中国家正当合法权益。建设性参与解决全球性和热点问题。加快海外利益保护能力建设,切实保护我国公民和法人安全。与国际社会一道,为人类和平与发展事业不懈努力。(外交部牵头,发展改革委、财政部、商务部、人民银行等按职责分工负责)

今年是全面建成小康社会决胜阶段的开局之年,也是推进结构性改革的攻坚之年,按照分工抓好《政府工作报告》确定的重点工作,具有十分重要的意义。各部门、各单位要以邓小平理论、“三个代表”重要思想、科学发展观为指导,深入贯彻习近平总书记系列重要讲话精神,按照“五位一体”总体布局和“四个全面”战略布局,根据《政府工作报告》部署和国务院常务会议要求,切实增强责任感和紧迫感,勤勉尽责抓好落实,不折不扣达成目标,确保兑现政府对人民的承诺。一是加强组织领导。各部门、各单位要充分发挥积极性、主动性,按照分工要求,强化责任,细化举措,抓紧制定落实重点工作的实施方案,逐项倒排工作时间表,明确时间节点和具体责任人,并于4月15日前报国务院。二是加强协作配合。各部门、各单位要立足全局,密切配合,加强协作,切实提高工作效率。涉及多部门参与的工作,牵头部门要发挥主导作用,协办部门要积极配合,形成工作合力。三是加强督促检查。对各项任务的落实,要有部署、有督促、有检查,做到日常跟踪督办、年中重点抽查、年底总结考核,确保完成全年经济社会发展的主要目标任务。对积极作为的要强化激励表扬,对消极怠工的要严查问责。国务院办公厅对落实情况要加强跟踪督促,适时汇总报告,对工作任务推进缓慢的,及时启动专项督查,推动各项工作落实。

全国社会保障基金条例

（2016年3月28日 国务院令第667号）

第一章 总 则

第一条 为了规范全国社会保障基金的管理运营，加强对全国社会保障基金的监督，在保证安全的前提下实现保值增值，根据《中华人民共和国社会保险法》，制定本条例。

第二条 国家设立全国社会保障基金。

全国社会保障基金由中央财政预算拨款、国有资本划转、基金投资收益和以国务院批准的其他方式筹集的资金构成。

第三条 全国社会保障基金是国家社会保障储备基金，用于人口老龄化高峰时期的养老保险等社会保障支出的补充、调剂。

第四条 国家根据人口老龄化趋势和经济社会发展状况，确定和调整全国社会保障基金规模。

全国社会保障基金的筹集和使用方案，由国务院确定。

第五条 国务院财政部门、国务院社会保险行政部门负责拟订全国社会保障基金的管理运营办法，报国务院批准后施行。

全国社会保障基金理事会负责全国社会保障基金的管理运营。

第二章 全国社会保障基金的管理运营

第六条 全国社会保障基金理事会应当审慎、稳健管理运营全国社会保障基金，按照国务院批准的比例在境内外市场投资运营全国社会保障基金。

全国社会保障基金理事会投资运营全国社会保障基金，应当坚持安全性、收益性和长期性原则，在国务院批准的固定收益类、股票类和未上市股权类等资产种类及其比例幅度内合理配置资产。

第七条 全国社会保障基金理事会制定全国社会保障基金的资产配置计划、确定重大投资项目，应当进行风险评估，并集体讨论决定。

全国社会保障基金理事会应当制定风险管理和内部控制办法，在管理运营的各个环节对风险进行识别、衡量、评估、监测和应对，有效防范和控制风险。风险管理和内部控制办法应当报国务院财政部门、国务院社会保险行政部门备案。

全国社会保障基金理事会应当依法制定会计核算办法，并报国务院财政部门审核批准。

第八条 全国社会保障基金理事会应当定期向国务院财政部门、国务院社会保险行政部门报告全国社会保障基金管理运营情况，提交财务会计报告。

第九条 全国社会保障基金理事会可以将全国社会保障基金委托投资或者以国务院批准的其他方式投资。

第十条 全国社会保障基金理事会将全国社会保障基金委托投资的，应当选择符合法定条件的专业投资管理机构、专业托管机构分别担任全国社会保障基金投资管理人、托管人。

全国社会保障基金理事会应当按照公开、公平、公正的原则选聘投资管理人、托管人，发布选聘信息、组织专家评审、集体讨论决定并公布选聘结果。

全国社会保障基金理事会应当制定投资管理人、托管人选聘办法，并报国务院财政部门、国务院社会保险行政部门备案。

第十一条 全国社会保障基金理事会应当与聘任的投资管理人、托管人分别签订委托投资合同、托管合同，并报国务院财政部门、国务院社会保险行政部门、国务院外汇管理部门、国务院证券监督管理机构、国务院银行业监督管理机构备案。

第十二条　全国社会保障基金理事会应当制定投资管理人、托管人考评办法,根据考评办法对投资管理人投资、托管人保管全国社会保障基金的情况进行考评。考评结果作为是否继续聘任的依据。

第十三条　全国社会保障基金投资管理人履行下列职责:

(一)运用全国社会保障基金进行投资;

(二)按照规定提取全国社会保障基金投资管理风险准备金;

(三)向全国社会保障基金理事会报告投资情况;

(四)法律、行政法规和国务院有关部门规章规定的其他职责。

第十四条　全国社会保障基金托管人履行下列职责:

(一)安全保管全国社会保障基金财产;

(二)按照托管合同的约定,根据全国社会保障基金投资管理人的投资指令,及时办理清算、交割事宜;

(三)按照规定和托管合同的约定,监督全国社会保障基金投资管理人的投资;

(四)执行全国社会保障基金理事会的指令,并报告托管情况;

(五)法律、行政法规和国务院有关部门规章规定的其他职责。

第十五条　全国社会保障基金财产应当独立于全国社会保障基金理事会、投资管理人、托管人的固有财产,独立于投资管理人投资和托管人保管的其他财产。

第十六条　全国社会保障基金投资管理人、托管人不得有下列行为:

(一)将全国社会保障基金财产混同于其他财产投资、保管;

(二)泄露因职务便利获取的全国社会保障基金未公开的信息,利用该信息从事或者明示、暗示他人从事相关交易活动;

(三)法律、行政法规和国务院有关部门规章禁止的其他行为。

第十七条　全国社会保障基金按照国家规定享受税收优惠。

第三章　全国社会保障基金的监督

第十八条　国家建立健全全国社会保障基金监督制度。

任何单位和个人不得侵占、挪用或者违规投资运营全国社会保障基金。

第十九条　国务院财政部门、国务院社会保险行政部门按照各自职责对全国社会保障基金的收支、管理和投资运营情况实施监督;发现存在问题的,应当依法处理;不属于本部门职责范围的,应当依法移送国务院外汇管理部门、国务院证券监督管理机构、国务院银行业监督管理机构等有关部门处理。

第二十条　国务院外汇管理部门、国务院证券监督管理机构、国务院银行业监督管理机构按照各自职责对投资管理人投资、托管人保管全国社会保障基金情况实施监督;发现违法违规行为的,应当依法处理,并及时通知国务院财政部门、国务院社会保险行政部门。

第二十一条　对全国社会保障基金境外投资管理人、托管人的监督,由国务院证券监督管理机构、国务院银行业监督管理机构按照与投资管理人、托管人所在国家或者地区有关监督管理机构签署的合作文件的规定执行。

第二十二条　审计署应当对全国社会保障基金每年至少进行一次审计。审计结果应当向社会公布。

第二十三条　全国社会保障基金理事会应当通过公开招标的方式选聘会计师事务所,对全国社会保障基金进行审计。

第二十四条　全国社会保障基金理事会应当通过其官方网站、全国范围内发行的报纸每年向社会公布全国社会保障基金的收支、管理和投资运营情况,接受社会监督。

第四章　法 律 责 任

第二十五条　全国社会保障基金境内投资管理人、托管人违反本条例第十六条、第十八条第二款规定的,由国务院证券监督管理机构、国务院银行业监督管理机构责令改正,没收违法所得,并处违法所得1倍以上5倍以下罚款;没有违法所得或者违法所得不足100万元的,并处10万元以上100万元以下罚款；对直接负责的主管人员和其他直接责任人员给予警告，暂停或者撤销有关从业资格，并处3万元以上30万元以下罚款；构成犯罪的，依法追究刑事责任。

第二十六条　全国社会保障基金理事会违反本条例规定的，由国务院财政部门、国务院社会保险行政部门责令改正；对直接负责的主管人员和其他直接责任人员依法给予处分；构成犯罪的，依法追究刑事责任。

第二十七条　国家工作人员在全国社会保障基金管理运营、监督工作中滥用职权、玩忽职守、徇私舞弊的，依法给予处分；构成犯罪的，依法追究刑事责任。

第二十八条　违反本条例规定，给全国社会保障基金造成损失的，依法承担赔偿责任。

第五章　附　　则

第二十九条　经国务院批准，全国社会保障基金理事会可以接受省级人民政府的委托管理运营社会保险基金；受托管理运营社会保险基金，按照国务院有关社会保险基金投资管理的规定执行。

第三十条　本条例自2016年5月1日起施行。

国务院关于印发2016年推进简政放权放管结合优化服务改革工作要点的通知

（2016年5月23日　国发〔2016〕30号）

各省、自治区、直辖市人民政府，国务院各部委、各直属机构：

国务院批准《2016年推进简政放权放管结合优化服务改革工作要点》，现予印发，请认真贯彻落实。

2016年推进简政放权放管结合优化服务改革工作要点

2016年是“十三五”规划开局之年，也是推进供给侧结构性改革的攻坚之年。今年推进简政放权、放管结合、优化服务改革的总体要求是：全面贯彻党的十八大和十八届二中、三中、四中、五中全会精神，认真落实中央经济工作会议和《政府工作报告》部署，按照创新、协调、绿色、开放、共享的发展理念，紧紧扭住转变政府职能这个“牛鼻子”，在更大范围、更深层次，以更有力举措推进简政放权、放管结合、优化服务改革，使市场在资源配置中起决定性作用和更好发挥政府作用，破除制约企业和群众办事创业的体制机制障碍，着力降低制度性交易成本，优化营商环境，激发市场活力和社会创造力，与大众创业、万众创新和发展壮大新经济紧密结合起来，进一步形成经济增长内生动力，促进经济社会持续健康发展。

一、持续简政放权，进一步激发市场活力和社会创造力

（一）继续深化行政审批改革。继续加大放权力度，把该放的权力放出去，能取消的要尽量取消，直接放给市场和社会。今年要再取消50项以上国务院部门行政审批事项和中央指定地方实施的行政审批事项，再取消一批国务院部门行政审批中介服务事项，削减一批生产许可证、经营许可证。对确需下放给基层的审批事项，要在人才、经费、技术、装备等方面予以保障，确保基层接得住、管得好。对相同、相近或相关联的审批事项,要一并取消或下放,提高放权的协同性、联动性。对确需保留的行政审批事项,要统一审批标准,简化审批手续,规范审批流程。所有行政审批事项都要严格按法定时限做到"零超时"。继续开展相对集中行政许可权改革试点,推广地方实施综合审批的经验。(国务院审改办牵头,国务院各有关部门按职责分工负责)

(二)深入推进投资审批改革。进一步扩大企业自主权,再修订政府核准的投资项目目录,中央政府层面核准的企业投资项目削减比例累计达到原总量的90%以上。出台《企业投资项目核准和备案管理条例》。制定中央预算内投资审批制度改革方案。出台整合规范投资建设项目报建审批事项实施方案。保留的投资项目审批事项要全部纳入全国统一的投资项目在线审批监管平台,实行"一站式"网上审批,大幅缩短审批流程和审批时间,推进投资审批提速。(国家发展改革委牵头,国土资源部、环境保护部、住房城乡建设部、交通运输部、水利部、国务院法制办等相关部门按职责分工负责)

(三)扎实做好职业资格改革。再取消一批职业资格许可和认定事项,国务院部门设置的职业资格削减比例达到原总量的70%以上。全面清理名目繁多的各种行业准入证、上岗证等,不合理的要坚决取消或整合。建立国家职业资格目录清单管理制度,清单之外一律不得开展职业资格许可和认定工作,清单之内除准入类职业资格外一律不得与就业创业挂钩。严肃查处职业资格"挂证"、"助考"等行为,严格落实考培分离。(人力资源社会保障部牵头,工业和信息化部、住房城乡建设部、交通运输部、国务院国资委、质检总局、安全监管总局、食品药品监管总局等相关部门按职责分工负责)

(四)持续推进商事制度改革。进一步放宽市场准入,继续大力削减工商登记前置审批事项,今年再取消三分之一,削减比例达到原总量的90%以上,同步取消后置审批事项50项以上。在全面实施企业"三证合一"基础上,再整合社会保险登记证和统计登记证,实现"五证合一、一照一码",降低创业准入的制度成本。扩大"三证合一"覆盖面,推进整合个体工商户营业执照和税务登记证,实现只需填写"一张表"、向"一个窗口"提交"一套材料",即可办理工商及税务登记。加快推进工商登记全程电子化、名称登记、放宽住所条件、简易注销登记等改革试点。加快推行电子营业执照。抓好"证照分离"改革试点,切实减少各种不必要的证,解决企业"准入不准营"的问题,尽快总结形成可复制、可推广的经验。(工商总局、国务院审改办牵头,人力资源社会保障部、税务总局、国务院法制办、国家统计局等相关部门和上海市人民政府按职责分工负责)

(五)积极开展收费清理改革和监督检查。严格落实已出台的各项收费清理政策,防止反弹或变相收费。全面清理和整合规范各类认证、评估、检查、检测等中介服务,有效解决评审评估事项多、耗时长、费用高等问题。重点整治各种涉企乱收费,完善涉企收费监督检查制度,强化举报、查处和问责机制。组织对涉企收费专项监督检查,切实减轻企业负担。(财政部、国家发展改革委、工业和信息化部牵头,民政部、质检总局等相关部门按职责分工负责)

(六)扩大高校和科研院所自主权。凡是束缚教学科研人员积极性创造性发挥的不合理规定,都要取消或修改;凡是高校和科研院所能够自主管理的事项,相关权限都要下放,特别是要扩大高校和科研院所在经费使用、成果处置、职称评审、选人用人、薪酬分配、设备采购、学科专业设置等方面的自主权。落实完善支持教学科研人员创业创新的股权期权激励等相关政策,促进科技成果转化。为教学科研人员从事兼职创业积极创造宽松条件。(教育部、科技部牵头,国务院审改办、财政部、人力资源社会保障部、海关总署、工商总局、税务总局、国家知识产权局、中国科学院、中国社科院、中国工程院等相关部门、单位按职责分工负责)

(七)以政务公开推动简政放权。以更大力度推进政务公开,让人民群众和企业了解放权情况、监督放权进程、评价放权效果,做到权力公开透明、群众明白办事。全面公布地方各级政府部门权力清单和责任清单。抓紧制定国务院试点部门权力清单和责任清单;在部分地区试点市场准入负面清单制度,进一步压缩负面清单;加快编制行政事业性收费、政府定价或指导价经营服务性收费、政府性基金、国家职业资格、基本公共服务事项等各方面清单,并及时主动向社会公开。坚持“公开为常态，不公开为例外”，全面推进决策、执行、管理、服务、结果公开和重点领域信息公开。落实行政许可、行政处罚等信息自作出行政决定之日起7个工作日内上网公开的要求。加大政府信息数据开放力度，除涉及国家安全、商业秘密、个人隐私的外，都应向社会开放。及时公开突发敏感事件处置信息，回应社会关切。（国务院办公厅牵头，国务院审改办、国家发展改革委、教育部、公安部、民政部、财政部、人力资源社会保障部、住房城乡建设部、商务部、国家卫生计生委、工商总局、国家统计局等相关部门按职责分工负责）

二、加强监管创新，促进社会公平正义

（八）实施公正监管。推进政府监管体制改革，加快构建事中事后监管体系。全面推开“双随机、一公开”监管，抓紧建立随机抽查事项清单、检查对象名录库和执法检查人员名录库，制定随机抽查工作细则，今年县级以上政府部门都要拿出“一单、两库、一细则”。随机抽查事项，要达到本部门市场监管执法事项的70%以上、其他行政执法事项的50%以上，力争2017年实现全覆盖，充分体现监管的公平性、规范性和简约性，并与信用监管、智能监管联动，加强社会信用体系建设，充分发挥全国信用信息共享平台作用，推进实施守信联合激励和失信联合惩戒工作，加大“信用中国”网站对失信行为的曝光力度。推进企业信用信息归集公示工作。积极运用大数据、云计算、物联网等信息技术，建立健全市场主体诚信档案、行业黑名单制度和市场退出机制。（国家发展改革委、人民银行、工商总局牵头，海关总署、税务总局、质检总局、食品药品监管总局等相关部门按职责分工负责）

（九）推进综合监管。按照权责一致原则，继续推进市县两级市场监管领域综合行政执法改革，强化基层监管力量，落实相关领域综合执法机构监管责任。建立健全跨部门、跨区域执法联动响应和协作机制，实现违法线索互联、监管标准互通、处理结果互认，消除监管盲点，降低执法成本。加强行业自律，鼓励社会公众参与市场监管，发挥媒体监督作用，充分发挥社会力量在强化市场监管中的作用。（国务院审改办、国务院法制办牵头，国家发展改革委、工业和信息化部、民政部、交通运输部、文化部、海关总署、工商总局、质检总局、新闻出版广电总局、食品药品监管总局等相关部门按职责分工负责）

（十）探索审慎监管。对新技术、新产业、新业态、新模式的发展，要区分不同情况，积极探索和创新适合其特点的监管方式，既要有利于营造公平竞争环境，激发创新创造活力，大力支持新经济快速成长，又要进行审慎有效监管，防范可能引发的风险，促进新经济健康发展。对看得准的基于“互联网+”和分享经济的新业态，要量身定制监管模式；对一时看不准的，可先监测分析、包容发展，不能一下子管得过严过死；对潜在风险大的，要严格加强监管；对以创新之名行非法经营之实的，要坚决予以打击、加强监管。（国家发展改革委、工业和信息化部、民政部、交通运输部、文化部、人民银行、海关总署、工商总局、质检总局、新闻出版广电总局、食品药品监管总局、银监会、证监会、保监会等相关部门按职责分工负责）

（十一）促进各类市场主体公平竞争。要在同规则、同待遇、降门槛上下功夫，做到凡是法律法规未明确禁止的，一律允许各类市场主体进入；凡是已向外资开放或承诺开放的领域，一律向民间资本开放；凡是影响民间资本公平进入和竞争的各种障碍，一律予以清除。研究制定促进民间投资的配套政策和实施细则，在试点基础上，抓紧建立行业准入负面清单制度，破除民间投资进入电力、电信、交通、石油、天然气、市政公用、养老、医药、教育等领域的不合理限制和隐性壁垒，坚决取消对民间资本单独设置的附加条件和歧视性条款。加快建设统一开放、竞争有序的市场体系，打破地方保护。组织实施公平竞争审查制度。依法严厉打击侵犯知识产权、制售假冒伪劣商品等行为，完善知识产权保护措施，防止劣币驱逐良币，营造诚实守信、公平竞争的市场环境。（国家发展改革委、工商总局牵头，教育部、科技部、工业和信息化部、公安部、民政部、住房城乡建设部、交通运输部、商务部、文化部、国家卫生计生委、海关总署、质检总局、体育总局、食品药品监管总局、国务院法制办、国家知识产权局、国家能源局等相关部门按职责分工负责）

三、优化政府服务,提高办事效率

(十二)提高“双创”服务效率。因势利导,主动服务、跟踪服务,打造“双创”综合服务平台,为企业开办和成长“点对点”提供政策、信息、法律、人才、场地等全方位服务,砍掉束缚“双创”的繁文缛节,为扩大就业、培育新动能、壮大新经济拓展更大发展空间。建立新生市场主体统计调查、监测分析制度,密切跟踪新生市场主体特别是小微企业的经营发展情况,促进新生市场主体增势不减、活跃度提升。(国家发展改革委、工商总局牵头,教育部、科技部、司法部、人力资源社会保障部、国家统计局等相关部门按职责分工负责)

(十三)提高公共服务供给效率。坚持普惠性、保基本、均等化、可持续的方向,加快完善基本公共服务体系。创新机制,推广政府和社会资本合作模式,调动社会各方面积极性,增加基本公共服务。大幅放开服务业市场,促进民办教育、医疗、养老、健身等服务业和文化体育等产业健康发展,多渠道提高公共服务共建能力和共享水平,满足群众多层次、多样化公共服务需求。(财政部、国家发展改革委牵头,教育部、民政部、文化部、国家卫生计生委、工商总局、体育总局等相关部门按职责分工负责)

(十四)提高政务服务效率。大力推行“互联网+政务服务”,推进实体政务大厅向网上办事大厅延伸,打造政务服务“一张网”,简化服务流程,创新服务方式,对企业和群众办事实行“一口受理”、全程服务。抓紧制定政府部门间数据信息共享实施方案,明确共享平台、标准、目录、管理、责任等要求,打破“信息孤岛”和数据壁垒,实现数据信息互联互通和充分共享,建设高效运行的服务型政府。坚决取消各种不必要的证明和手续,让企业和群众办事更方便、更快捷、更有效率。(国务院办公厅、国家发展改革委牵头,国务院审改办、工业和信息化部、公安部、民政部、人力资源社会保障部、住房城乡建设部、工商总局、质检总局、国家统计局等相关部门按职责分工负责)

(十五)加快推动形成更有吸引力的国际化、法治化、便利化营商环境。围绕企业申请开办时间压缩了多少、投资项目审批提速了多少、群众办事方便了多少等,提出明确的量化指标,制定具体方案并组织实施。以硬性指标约束倒逼减环节、优流程、压时限、提效率,激发改革动力,增强改革实效。(国务院办公厅、国家发展改革委、国家统计局、国务院审改办牵头,国务院各有关部门按职责分工负责)

各地区各部门要把深化简政放权、放管结合、优化服务改革放在突出位置,主要领导要亲自抓,鼓励地方积极探索创新,一项一项抓好改革任务的落实。要加强对已出台措施和改革任务落实情况的督查。对改革涉及的法律法规立改废问题,责任部门要主动与法制部门加强衔接、同步推进。要做好改革经验总结推广和宣传引导工作,及时回应社会关切,营造良好改革氛围。要充分发挥各级政府推进职能转变协调机构的作用,加强统筹协调和指导督促。改革中的重要情况要及时向国务院报告。

国务院关于建立完善守信联合激励和失信联合惩戒制度加快推进社会诚信建设的指导意见

(2016年5月30日　国发〔2016〕33号)

各省、自治区、直辖市人民政府,国务院各部委、各直属机构:

健全社会信用体系,加快构建以信用为核心的新型市场监管体制,有利于进一步推动简政放权和政府职能转变,营造公平诚信的市场环境。为建立完善守信联合激励和失信联合惩戒制度,加快推进社会诚信建设,现提出如下意见。

一、总体要求

（一）指导思想。

全面贯彻党的十八大和十八届三中、四中、五中全会精神，深入贯彻习近平总书记系列重要讲话精神，按照党中央、国务院决策部署，紧紧围绕“四个全面”战略布局，牢固树立创新、协调、绿色、开放、共享发展理念，落实加强和创新社会治理要求，加快推进社会信用体系建设，加强信用信息公开和共享，依法依规运用信用激励和约束手段，构建政府、社会共同参与的跨地区、跨部门、跨领域的守信联合激励和失信联合惩戒机制，促进市场主体依法诚信经营，维护市场正常秩序，营造诚信社会环境。

（二）基本原则。

——褒扬诚信，惩戒失信。充分运用信用激励和约束手段，加大对诚信主体激励和对严重失信主体惩戒力度，让守信者受益、失信者受限，形成褒扬诚信、惩戒失信的制度机制。

——部门联动，社会协同。通过信用信息公开和共享，建立跨地区、跨部门、跨领域的联合激励与惩戒机制，形成政府部门协同联动、行业组织自律管理、信用服务机构积极参与、社会舆论广泛监督的共同治理格局。

——依法依规，保护权益。严格依照法律法规和政策规定，科学界定守信和失信行为，开展守信联合激励和失信联合惩戒。建立健全信用修复、异议申诉等机制，保护当事人合法权益。

——突出重点，统筹推进。坚持问题导向，着力解决当前危害公共利益和公共安全、人民群众反映强烈、对经济社会发展造成重大负面影响的重点领域失信问题。鼓励支持地方人民政府和有关部门创新示范，逐步将守信激励和失信惩戒机制推广到经济社会各领域。

二、健全褒扬和激励诚信行为机制

（三）多渠道选树诚信典型。将有关部门和社会组织实施信用分类监管确定的信用状况良好的行政相对人、诚信道德模范、优秀青年志愿者，行业协会商会推荐的诚信会员，新闻媒体挖掘的诚信主体等树立为诚信典型。鼓励有关部门和社会组织在监管和服务中建立各类主体信用记录，向社会推介无不良信用记录者和有关诚信典型，联合其他部门和社会组织实施守信激励。鼓励行业协会商会完善会员企业信用评价机制。引导企业主动发布综合信用承诺或产品服务质量等专项承诺，开展产品服务标准等自我声明公开，接受社会监督，形成企业争做诚信模范的良好氛围。

（四）探索建立行政审批“绿色通道”。在办理行政许可过程中，对诚信典型和连续三年无不良信用记录的行政相对人，可根据实际情况实施“绿色通道”和“容缺受理”等便利服务措施。对符合条件的行政相对人，除法律法规要求提供的材料外，部分申报材料不齐备的，如其书面承诺在规定期限内提供，应先行受理，加快办理进度。

（五）优先提供公共服务便利。在实施财政性资金项目安排、招商引资配套优惠政策等各类政府优惠政策中，优先考虑诚信市场主体，加大扶持力度。在教育、就业、创业、社会保障等领域对诚信个人给予重点支持和优先便利。在有关公共资源交易活动中，提倡依法依约对诚信市场主体采取信用加分等措施。

（六）优化诚信企业行政监管安排。各级市场监管部门应根据监管对象的信用记录和信用评价分类，注重运用大数据手段，完善事中事后监管措施，为市场主体提供便利化服务。对符合一定条件的诚信企业，在日常检查、专项检查中优化检查频次。

（七）降低市场交易成本。鼓励有关部门和单位开发“税易贷”、“信易贷”、“信易债”等守信激励产品，引导金融机构和商业销售机构等市场服务机构参考使用市场主体信用信息、信用积分和信用评价结果，对诚信市场主体给予优惠和便利，使守信者在市场中获得更多机会和实惠。

（八）大力推介诚信市场主体。各级人民政府有关部门应将诚信市场主体优良信用信息及时在政府网站和“信用中国”网站进行公示，在会展、银企对接等活动中重点推介诚信企业，让信用成为市场配置资源的重要考量因素。引导征信机构加强对市场主体正面信息的采集，在诚信问题反映较为集中的行业领域，对守信者加大激励性评分比重。推动行业协会商会加强诚信建设和行业自律，表彰诚信会员，讲好行业“诚信故事”。

三、健全约束和惩戒失信行为机制

(九)对重点领域和严重失信行为实施联合惩戒。在有关部门和社会组织依法依规对本领域失信行为作出处理和评价基础上,通过信息共享,推动其他部门和社会组织依法依规对严重失信行为采取联合惩戒措施。重点包括:一是严重危害人民群众身体健康和生命安全的行为,包括食品药品、生态环境、工程质量、安全生产、消防安全、强制性产品认证等领域的严重失信行为。二是严重破坏市场公平竞争秩序和社会正常秩序的行为,包括贿赂、逃税骗税、恶意逃废债务、恶意拖欠货款或服务费、恶意欠薪、非法集资、合同欺诈、传销、无证照经营、制售假冒伪劣产品和故意侵犯知识产权、出借和借用资质投标、围标串标、虚假广告、侵害消费者或证券期货投资者合法权益、严重破坏网络空间传播秩序、聚众扰乱社会秩序等严重失信行为。三是拒不履行法定义务,严重影响司法机关、行政机关公信力的行为,包括当事人在司法机关、行政机关作出判决或决定后,有履行能力但拒不履行、逃避执行等严重失信行为。四是拒不履行国防义务,拒绝、逃避兵役,拒绝、拖延民用资源征用或者阻碍对被征用的民用资源进行改造,危害国防利益,破坏国防设施等行为。

(十)依法依规加强对失信行为的行政性约束和惩戒。对严重失信主体,各地区、各有关部门应将其列为重点监管对象,依法依规采取行政性约束和惩戒措施。从严审核行政许可审批项目,从严控制生产许可证发放,限制新增项目审批、核准,限制股票发行上市融资或发行债券,限制在全国股份转让系统挂牌、融资,限制发起设立或参股金融机构以及小额贷款公司、融资担保公司、创业投资公司、互联网融资平台等机构,限制从事互联网信息服务等。严格限制申请财政性资金项目,限制参与有关公共资源交易活动,限制参与基础设施和公用事业特许经营。对严重失信企业及其法定代表人、主要负责人和对失信行为负有直接责任的注册执业人员等实施市场和行业禁入措施。及时撤销严重失信企业及其法定代表人、负责人、高级管理人员和对失信行为负有直接责任的董事、股东等人员的荣誉称号,取消参加评先评优资格。

(十一)加强对失信行为的市场性约束和惩戒。对严重失信主体,有关部门和机构应以统一社会信用代码为索引,及时公开披露相关信息,便于市场识别失信行为,防范信用风险。督促有关企业和个人履行法定义务,对有履行能力但拒不履行的严重失信主体实施限制出境和限制购买不动产、乘坐飞机、乘坐高等级列车和席次、旅游度假、入住星级以上宾馆及其他高消费行为等措施。支持征信机构采集严重失信行为信息,纳入信用记录和信用报告。引导商业银行、证券期货经营机构、保险公司等金融机构按照风险定价原则,对严重失信主体提高贷款利率和财产保险费率,或者限制向其提供贷款、保荐、承销、保险等服务。

(十二)加强对失信行为的行业性约束和惩戒。建立健全行业自律公约和职业道德准则,推动行业信用建设。引导行业协会商会完善行业内部信用信息采集、共享机制,将严重失信行为记入会员信用档案。鼓励行业协会商会与有资质的第三方信用服务机构合作,开展会员企业信用等级评价。支持行业协会商会按照行业标准、行规、行约等,视情节轻重对失信会员实行警告、行业内通报批评、公开谴责、不予接纳、劝退等惩戒措施。

(十三)加强对失信行为的社会性约束和惩戒。充分发挥各类社会组织作用,引导社会力量广泛参与失信联合惩戒。建立完善失信举报制度,鼓励公众举报企业严重失信行为,对举报人信息严格保密。支持有关社会组织依法对污染环境、侵害消费者或公众投资者合法权益等群体性侵权行为提起公益诉讼。鼓励公正、独立、有条件的社会机构开展失信行为大数据舆情监测,编制发布地区、行业信用分析报告。

(十四)完善个人信用记录,推动联合惩戒措施落实到人。对企事业单位严重失信行为,在记入企事业单位信用记录的同时,记入其法定代表人、主要负责人和其他负有直接责任人员的个人信用记录。在对失信企事业单位进行联合惩戒的同时,依照法律法规和政策规定对相关责任人员采取相应的联合惩戒措施。通过建立完整的个人信用记录数据库及联合惩戒机制,使失信惩戒措施落实到人。

四、构建守信联合激励和失信联合惩戒协同机制

（十五）建立触发反馈机制。在社会信用体系建设部际联席会议制度下，建立守信联合激励和失信联合惩戒的发起与响应机制。各领域守信联合激励和失信联合惩戒的发起部门负责确定激励和惩戒对象，实施部门负责对有关主体采取相应的联合激励和联合惩戒措施。

（十六）实施部省协同和跨区域联动。鼓励各地区对本行政区域内确定的诚信典型和严重失信主体，发起部省协同和跨区域联合激励与惩戒。充分发挥社会信用体系建设部际联席会议制度的指导作用，建立健全跨地区、跨部门、跨领域的信用体系建设合作机制，加强信用信息共享和信用评价结果互认。

（十七）建立健全信用信息公示机制。推动政务信用信息公开，全面落实行政许可和行政处罚信息上网公开制度。除法律法规另有规定外，县级以上人民政府及其部门要将各类自然人、法人和其他组织的行政许可、行政处罚等信息在7个工作日内通过政府网站公开，并及时归集至“信用中国”网站，为社会提供“一站式”查询服务。涉及企业的相关信息按照企业信息公示暂行条例规定在企业信用信息公示系统公示。推动司法机关在“信用中国”网站公示司法判决、失信被执行人名单等信用信息。

（十八）建立健全信用信息归集共享和使用机制。依托国家电子政务外网，建立全国信用信息共享平台，发挥信用信息归集共享枢纽作用。加快建立健全各省（区、市）信用信息共享平台和各行业信用信息系统，推动青年志愿者信用信息系统等项目建设，归集整合本地区、本行业信用信息，与全国信用信息共享平台实现互联互通和信息共享。依托全国信用信息共享平台，根据有关部门签署的合作备忘录，建立守信联合激励和失信联合惩戒的信用信息管理系统，实现发起响应、信息推送、执行反馈、信用修复、异议处理等动态协同功能。各级人民政府及其部门应将全国信用信息共享平台信用信息查询使用嵌入审批、监管工作流程中，确保“应查必查”、“奖惩到位”。健全政府与征信机构、金融机构、行业协会商会等组织的信息共享机制，促进政务信用信息与社会信用信息互动融合，最大限度发挥守信联合激励和失信联合惩戒作用。

（十九）规范信用红黑名单制度。不断完善诚信典型“红名单”制度和严重失信主体“黑名单”制度，依法依规规范各领域红黑名单产生和发布行为，建立健全退出机制。在保证独立、公正、客观前提下，鼓励有关群众团体、金融机构、征信机构、评级机构、行业协会商会等将产生的“红名单”和“黑名单”信息提供给政府部门参考使用。

（二十）建立激励和惩戒措施清单制度。在有关领域合作备忘录基础上，梳理法律法规和政策规定明确的联合激励和惩戒事项，建立守信联合激励和失信联合惩戒措施清单，主要分为两类：一类是强制性措施，即依法必须联合执行的激励和惩戒措施；另一类是推荐性措施，即由参与各方推荐的，符合褒扬诚信、惩戒失信政策导向，各地区、各部门可根据实际情况实施的措施。社会信用体系建设部际联席会议应总结经验，不断完善两类措施清单，并推动相关法律法规建设。

（二十一）建立健全信用修复机制。联合惩戒措施的发起部门和实施部门应按照法律法规和政策规定明确各类失信行为的联合惩戒期限。在规定期限内纠正失信行为、消除不良影响的，不再作为联合惩戒对象。建立有利于自我纠错、主动自新的社会鼓励与关爱机制，支持有失信行为的个人通过社会公益服务等方式修复个人信用。

（二十二）建立健全信用主体权益保护机制。建立健全信用信息异议、投诉制度。有关部门和单位在执行失信联合惩戒措施时主动发现、经市场主体提出异议申请或投诉发现信息不实的，应及时告知信息提供单位核实，信息提供单位应尽快核实并反馈。联合惩戒措施在信息核实期间暂不执行。经核实有误的信息应及时更正或撤销。因错误采取联合惩戒措施损害有关主体合法权益的，有关部门和单位应积极采取措施恢复其信誉、消除不良影响。支持有关主体通过行政复议、行政诉讼等方式维护自身合法权益。

（二十三）建立跟踪问效机制。各地区、各有关部门要建立完善信用联合激励惩戒工作的各项制度，充分利用全国信用信息共享平台的

相关信用信息管理系统,建立健全信用联合激励惩戒的跟踪、监测、统计、评估机制并建立相应的督查、考核制度。对信用信息归集、共享和激励惩戒措施落实不力的部门和单位,进行通报和督促整改,切实把各项联合激励和联合惩戒措施落到实处。

五、加强法规制度和诚信文化建设

(二十四)完善相关法律法规。继续研究论证社会信用领域立法。加快研究推进信用信息归集、共享、公开和使用,以及失信行为联合惩戒等方面的立法工作。按照强化信用约束和协同监管要求,各地区、各部门应对现行法律、法规、规章和规范性文件有关规定提出修订建议或进行有针对性的修改。

(二十五)建立健全标准规范。制定信用信息采集、存储、共享、公开、使用和信用评价、信用分类管理等标准。确定各级信用信息共享平台建设规范,统一数据格式、数据接口等技术要求。各地区、各部门要结合实际,制定信用信息归集、共享、公开、使用和守信联合激励、失信联合惩戒的工作流程和操作规范。

(二十六)加强诚信教育和诚信文化建设。组织社会各方面力量,引导广大市场主体依法诚信经营,树立“诚信兴商”理念,组织新闻媒体多渠道宣传诚信企业和个人,营造浓厚社会氛围。加强对失信行为的道德约束,完善社会舆论监督机制,通过报刊、广播、电视、网络等媒体加大对失信主体的监督力度,依法曝光社会影响恶劣、情节严重的失信案件,开展群众评议、讨论、批评等活动,形成对严重失信行为的舆论压力和道德约束。通过学校、单位、社区、家庭等,加强对失信个人的教育和帮助,引导其及时纠正失信行为。加强对企业负责人、学生和青年群体的诚信宣传教育,加强会计审计人员、导游、保险经纪人、公职人员等重点人群以诚信为重要内容的职业道德建设。加大对守信联合激励和失信联合惩戒的宣传报道和案例剖析力度,弘扬社会主义核心价值观。

(二十七)加强组织实施和督促检查。各地区、各有关部门要把实施守信联合激励和失信联合惩戒作为推进社会信用体系建设的重要举措,认真贯彻落实本意见并制定具体实施方案,切实加强组织领导,落实工作机构、人员编制、项目经费等必要保障,确保各项联合激励和联合惩戒措施落实到位。鼓励有关地区和部门先行先试,通过签署合作备忘录或出台规范性文件等多种方式,建立长效机制,不断丰富信用激励内容,强化信用约束措施。国家发展改革委要加强统筹协调,及时跟踪掌握工作进展,督促检查任务落实情况并报告国务院。

国务院办公厅关于加强和改进行政应诉工作的意见

(2016年6月27日　国办发〔2016〕54号)

各省、自治区、直辖市人民政府,国务院各部委、各直属机构:

为贯彻落实《中共中央关于全面推进依法治国若干重大问题的决定》关于“健全行政机关依法出庭应诉、支持法院受理行政案件、尊重并执行法院生效裁判的制度”的要求,保障行政诉讼法有效实施,全面推进依法行政,加快建设法治政府,经国务院同意,现就加强和改进行政应诉工作提出以下意见。

一、高度重视行政应诉工作。行政诉讼是解决行政争议,保护公民、法人和其他组织合法权益,监督行政机关依法行使职权的重要法律制度,做好行政应诉工作是行政机关的法定职责。行政诉讼法施行以来,各地区、各部门依法履行行政应诉职责,取得了积极成效。但消极对待行政应诉、干预人民法院受理和审理行政案件、执行人民法院生效裁判不到位、行政应诉能力不强等问题依然存在,有的还较为突出。

各地区、各部门要从协调推进“四个全面”战略布局的高度，充分认识做好行政应诉工作对于依法及时有效化解社会矛盾纠纷、规范行政行为、加强政府自身建设的重要意义，把加强和改进行政应诉工作提上重要议事日程，切实抓紧抓好。

二、支持人民法院依法受理和审理行政案件。行政机关要尊重人民法院依法登记立案，积极支持人民法院保障公民、法人和其他组织的起诉权利，接受人民法院依照行政诉讼法的规定对行政机关依法行使职权的监督，不得借促进经济发展、维护社会稳定等名义，以开协调会、发文件或者口头要求等任何形式，明示或者暗示人民法院不受理依法应当受理的行政案件，或者对依法应当判决行政机关败诉的行政案件不判决行政机关败诉。

三、认真做好答辩举证工作。被诉行政机关要严格按照行政诉讼法的规定，向人民法院提交答辩状，提供作出行政行为的证据和依据。要提高答辩举证工作质量，做到答辩形式规范、说理充分，提供证据全面、准确、及时，不得拒绝或者无正当理由迟延答辩举证。

四、依法履行出庭应诉职责。被诉行政机关负责人要带头履行行政应诉职责，积极出庭应诉。不能出庭的，应当委托相应的工作人员出庭，不得仅委托律师出庭。对涉及重大公共利益、社会高度关注或者可能引发群体性事件等案件以及人民法院书面建议行政机关负责人出庭的案件，被诉行政机关负责人应当出庭。经人民法院依法传唤的，行政机关负责人或者其委托的工作人员不得无正当理由拒不到庭，或者未经法庭许可中途退庭。

五、配合人民法院做好开庭审理工作。被诉行政机关出庭应诉人员要熟悉法律规定、了解案件事实和证据，配合人民法院查明案情。要积极协助人民法院依法开展调解工作，促进案结事了，不得以欺骗、胁迫等非法手段使原告撤诉。要严格遵守法庭纪律，自觉维护司法权威。

六、积极履行人民法院生效裁判。被诉行政机关要依法自觉履行人民法院生效判决、裁定和调解书。对人民法院作出的责令重新作出行政行为的判决，除原行政行为因程序违法或者法律适用问题被人民法院判决撤销的情形外，不得以同一事实和理由作出与原行政行为基本相同的行政行为。对人民法院作出的行政机关继续履行、采取补救措施或者赔偿、补偿损失的判决，要积极履行义务。

七、明确行政应诉工作职责分工。要强化被诉行政行为承办机关或者机构的行政应诉责任，同时发挥法制工作机构或者负责法制工作的机构在行政应诉工作中的组织、协调、指导作用。行政复议机关和作出原行政行为的行政机关为共同被告的，应当共同做好原行政行为的应诉举证工作，可以根据具体情况确定由一个机关实施。

八、加强行政应诉能力建设。各地区、各部门要加强行政应诉工作力量，合理安排工作人员，积极发挥政府法律顾问和公职律师作用，确保行政应诉工作力量与工作任务相适应。要切实保障行政应诉工作经费、装备和其他必要的工作条件。要建立行政应诉培训制度，每年开展一到两次集中培训、旁听庭审和案例研讨等活动，提高行政机关负责人、行政执法人员等相关人员的行政应诉能力。

九、有效预防和化解行政争议。行政机关要不断规范行政行为，认真研究落实人民法院提出的司法建议，提高依法行政水平，从源头上预防和化解行政争议。要进一步加强行政复议工作，提高行政复议办案质量，努力把行政争议化解在基层，化解在初发阶段，化解在行政程序中。

十、强化行政应诉工作监督管理。要加强行政应诉工作考核，将行政机关出庭应诉、支持人民法院受理和审理行政案件、执行人民法院生效裁判以及行政应诉能力建设情况纳入依法行政考核体系。要严格落实行政应诉责任追究制度，对于行政机关干预、阻碍人民法院依法受理和审理行政案件，无正当理由拒不到庭或者未经法庭许可中途退庭，被诉行政机关负责人不出庭应诉也不委托相应的工作人员出庭，拒不履行人民法院对行政案件的判决、裁定或者调解书的，由任免机关或者监察机关依照行政诉讼法、《行政机关公务员处分条例》、《领导干部干预司法活动、插手具体案件处理的记录、通报和责任追究规定》等规定，对相关责任人员严肃处理。各级政府应当加强对本意见执行情况的监督检查。

各省、自治区、直辖市人民政府和国务院各部门要根据本意见,结合本地区、本部门实际,制定加强和改进行政应诉工作的具体实施办法。

国务院办公厅关于加快推进“五证合一、一照一码”登记制度改革的通知

(2016 年 6 月 30 日 国办发〔2016〕53 号)

各省、自治区、直辖市人民政府,国务院各部委、各直属机构:

在全面实施工商营业执照、组织机构代码证、税务登记证“三证合一”登记制度改革的基础上,再整合社会保险登记证和统计登记证,实现“五证合一、一照一码”,是继续深化商事制度改革、优化营商环境、推动大众创业万众创新的重要举措。为加快推进这项改革,经国务院同意,现就有关事项通知如下:

一、总体要求

贯彻落实国务院关于深化简政放权、放管结合、优化服务改革的部署要求,统筹协调推进,精心组织实施,从 2016 年 10 月 1 日起正式实施“五证合一、一照一码”,在更大范围、更深层次实现信息共享和业务协同,巩固和扩大“三证合一”登记制度改革成果,进一步为企业开办和成长提供便利化服务,降低创业准入的制度性成本,优化营商环境,激发企业活力,推进大众创业、万众创新,促进就业增加和经济社会持续健康发展。

推进“五证合一、一照一码”登记制度改革的指导原则是:

——标准统一规范。建立健全并严格执行企业登记、数据交换等方面的标准,确保全流程无缝对接、流畅运转、公开公正。

——信息共享互认。强化相关部门间信息互联互通,实现企业基础信息的高效采集、有效归集和充分运用,以“数据网上行”让“企业少跑路”。

——流程简化优化。简化整合办事环节,强化部门协同联动,加快业务流程再造,务求程序上简约、管理上精细、时限上明确。

——服务便捷高效。拓展服务渠道,创新服务方式,推行全程电子化登记管理和线上线下一体化运行,让企业办事更方便、更快捷、更有效率。

二、主要任务

(一)完善一站式服务工作机制。以“三证合一”工作机制及技术方案为基础,按照“五证合一、一照一码”登记制度改革的要求加以完善。全面实行“一套材料、一表登记、一窗受理”的工作模式,申请人办理企业注册登记时只需填写“一张表格”,向“一个窗口”提交“一套材料”。登记部门直接核发加载统一社会信用代码的营业执照,相关信息在全国企业信用信息公示系统公示,并归集至全国信用信息共享平台。企业不再另行办理社会保险登记证和统计登记证。积极推进“五证合一”申请、受理、审查、核准、发照、公示等全程电子化登记管理,加快实现“五证合一”网上办理。

(二)推进部门间信息共享互认。制定统一的信息标准和传输方案,改造升级各相关业务信息系统和共享平台,健全信息共享机制,做好数据的导入、整理和转换工作,确保数据信息落地到工作窗口,并在各相关部门业务系统有效融合使用。登记机关将企业基本登记信息及变更、注销等信息及时传输至信息共享平台;暂不具备联网共享条件的,登记机关限时提供上述信息。对企业登记信息无法满足社会保险和统计工作需要的,社会保险经办机构和统计机构在各自开展业务工作时补充采集。社会保险经办机构在用人单位为其职工办理社会保险登

记后，统计机构在完成统计调查任务后，要及时依法将涉及企业的相关基础信息反馈至信息共享平台。健全部门间信息查询、核实制度。

（三）做好登记模式转换衔接工作。已按照“三证合一”登记模式领取加载统一社会信用代码营业执照的企业，不需要重新申请办理“五证合一”登记，由登记机关将相关登记信息发送至社会保险经办机构、统计机构等单位。企业原证照有效期满、申请变更登记或者申请换发营业执照的，登记机关换发加载统一社会信用代码的营业执照。取消社会保险登记证和统计登记证的定期验证和换证制度，改为企业按规定自行向工商部门报送年度报告并向社会公示，年度报告要通过全国企业信用信息公示系统向社会保险经办机构、统计机构等单位开放共享。没有发放和已经取消统计登记证的地方通过与统计机构信息共享的方式做好衔接。

（四）推动“五证合一、一照一码”营业执照广泛应用。改革后，原要求企业使用社会保险登记证和统计登记证办理相关业务的，一律改为使用营业执照办理，各级政府部门、企事业单位及中介机构等均要予以认可，不得要求企业提供其他身份证明材料，各行业主管部门要加强指导和督促。积极推进电子营业执照的应用。

（五）加强办事窗口能力建设。围绕“五证合一、一照一码”登记制度改革涉及的法律法规、技术标准、业务流程、文书规范、信息传输等，系统加强业务培训，使办事窗口工作人员准确把握改革要求，熟练掌握业务流程和工作规范，提高服务效率。加快办事窗口服务标准化、规范化建设，突出问题导向，进一步完善窗口服务功能，真正实现一个窗口对外、一站式办结。加强办事窗口人员力量和绩效考核。健全行政相对人评议评价制度，不断提升窗口服务能力。

三、工作措施

（一）加强组织领导。各有关部门和地方各级政府要高度重视，按照任务分工和进度安排，把改革工作做扎实、做到位。主要领导要亲自抓，及时协调解决改革中遇到的问题。“三证合一”登记制度改革中落实不到位、衔接不顺畅等问题，要在推进“五证合一、一照一码”登记制度改革中认真研究、一并解决。工商、人力资源社会保障、统计、机构编制、发展改革、法制等部门要各负其责、协同配合，确保改革顺利推进。对改革涉及的法律、法规、规章及规范性文件，及时按程序修订和完善。

（二）加强督促检查。相关部门要组织联合督导，有针对性地对改革进展情况进行监督检查。国务院适时组织专项督查。畅通社会监督渠道。对工作积极主动、成效明显的予以表扬和激励，对落实不力、延误改革进程的要严肃问责。

（三）加强宣传引导。相关部门要对改革政策进行全面准确解读，对行之有效的经验做法加以推广，对相关热点难点问题及时解答和回应，让企业和社会公众充分了解改革政策，形成推动改革落地见效的良好氛围。

各地区、各部门在改革推进过程中遇到的新情况新问题，要及时报告国务院。

国务院办公厅关于进一步做好民间投资有关工作的通知

（2016 年 7 月 1 日　国办发〔2016〕12 号）

各省、自治区、直辖市人民政府，国务院各部委、各直属机构：

党中央、国务院高度重视促进非公有制经济和民间投资健康发展。习近平总书记强调，公有制经济和非公有制经济都是社会主义市场经济的重要组成部分，都是我国经济社会发展的重要基础。毫不动摇鼓励、支持、引导非公有制经济发展，保证各种所有制经济依法平等使用生产要素、公平参与市场竞争、同等受到法律保护。李克强总理指出,要尊重和维护企业市场主体地位,不断深化改革,推动政策落地见效,稳定市场预期,进一步调动民间投资积极性,激发民间投资潜力和创新活力。针对近期民间投资增速有所回落,为促进民间投资健康发展,国务院部署开展了促进民间投资政策落实专项督查和第三方评估调研。6 月 22 日,国务院常务会议听取了专项督查和第三方评估调研情况汇报,对做好民间投资有关工作提出进一步要求。为深入贯彻落实党中央、国务院领导同志重要指示精神和国务院常务会议部署,经国务院同意,现就有关事项通知如下:

一、充分认识促进民间投资健康发展的重要意义

近几年来,非公经济实力不断增强,已成为稳定我国经济的重要基础。非公经济创造了60%左右的国内生产总值、80%左右的社会就业,民间投资已占到全社会固定资产投资的60%以上。促进民间投资健康发展,既利当前又惠长远,对稳增长、保就业具有重要意义,也是推进结构性改革特别是供给侧结构性改革的重要内容。

各省(区、市)人民政府、各有关部门要全面贯彻党的十八大和十八届二中、三中、四中、五中全会精神,牢固树立新发展理念,认真落实中央经济工作会议和《政府工作报告》部署,按照国务院常务会议要求,推动《国务院关于创新重点领域投融资机制鼓励社会投资的指导意见》(国发〔2014〕60 号)、《国务院关于鼓励和引导民间投资健康发展的若干意见》(国发〔2010〕13 号)、《国务院关于鼓励支持和引导个体私营等非公有制经济发展的若干意见》(国发〔2005〕3 号)各项政策落实,促进民间投资回稳向好,更好发挥民间投资主力军作用。

二、认真抓好督查和评估调研发现问题的整改落实

促进民间投资政策落实专项督查和第三方评估调研发现,在部分地区、部分领域,存在着政策措施不落地、政府职能转变不到位、民营企业融资难融资贵、难以享受同等"国民待遇"、企业成本高负担重等突出问题。各省(区、市)人民政府、各有关部门要"对号入座",逐项检查,及时整改,举一反三研究完善相关配套政策和实施细则,切实加强和改进本地区、本部门、本系统促进民间投资各项工作,确保取得实效,并于 8 月 15 日前将阶段性整改结果和下一步整改工作重点报送国务院办公厅,抄送国家发展改革委。

国家发展改革委要会同有关部门成立督导组,从 7 月中旬开始,对民间投资体量大、同比增速下降较快和近期民间投资增速滞后的省(区、市),组织开展重点督导。

三、继续深化简政放权、放管结合、优化服务改革

本届政府成立以来,以简政放权为"先手棋",不断推动政府职能转变,激发了企业活力。但一些民营企业反映,部分地区仍然存在重审批、轻监管、少服务等问题,相关行政审批链条未见明显缩短、审批效率没有明显提高,"双随机、一公开"未全面推开,重复检查较多,政府服务缺位。各省(区、市)人民政府、各有关部门要进一步清理行政审批事项,及时破除各种关卡,该取消的行政审批事项要坚决取消,该给市场的权力要尽快放给市场。全面推行"双随机、一公开"监管模式。加快构建权责明确、透明高效的事中事后监管体系。聚焦薄弱环节,全面提升政府服务能力和水平。

今年下半年,国务院审改办要会同有关部门,对"放管服"改革落实情况进行专项检查。

四、努力营造一视同仁的公平竞争市场环境

国务院关于促进非公有制经济和民间投资健康发展的相关文件,已明确对各类市场主体实施公平准入等原则和一系列政策措施。但民营企业普遍反映,在市场准入条件、资源要素配置、政府管理服务等方面,仍难以享受与国有企业同等的"国民待遇"。各省(区、市)人民政府、各有关部门要对照国家政策要求,坚持一视同仁,抓紧建立市场准入负面清单制度,进一步放开民用机场、基础电信运营、油气勘探开发等领域准入,在基础设施和公用事业等重点领域去除各类显性或隐性门槛,在医疗、养老、教育等民生领域出台有效举措,促进公平竞争。

各省(区、市)人民政府要针对自行出台的政策,开展全面自查,坚决取消对民间资本单独设置的附加条件和歧视性条款,加快健全公平开放透明的市场规则,切实营造权利平等、机会平等、规则平等的投资环境。有关自查情况于8月15日前一并报送国务院办公厅,抄送国家发展改革委。

五、着力缓解融资难融资贵问题

近年来国务院连续出台一系列措施缓解中小微企业融资难融资贵问题,取得了积极成效。但融资难融资贵依然是民营企业反映强烈的突出问题之一,民营企业申请贷款中间环节多、收费高、难度大,一些银行惜贷、压贷、抽贷、断贷行为时有发生。银监会要抓紧会同有关部门开展专项检查,督促银行业金融机构严格落实支持实体经济发展的各项政策措施。要切实做到"三个不低于",即对小微企业贷款增速不低于各项贷款平均增速、小微企业贷款户数不低于上年同期户数、小微企业申贷获得率不低于上年同期水平;要坚决查处银行涉企乱收费;要引导金融机构运用大数据等新技术,创新适合中小微企业的融资模式,推动大型商业银行扩大服务中小微企业业务。各省(区、市)人民政府要主动作为,积极推动改进金融服务,拓宽民营企业融资渠道,降低融资成本,推进政府主导的省级再担保机构基本实现全覆盖。

全国工商联、新华社等要加强对民营企业融资状况调研评估,及时反映企业诉求。

六、切实降低企业成本负担

国务院要求有关方面开展正税清费,实施"营改增"改革试点等工作,目的是降低企业负担,规范税费制度。但民营企业反映,目前一些措施还不够落实,未能充分享受国家出台的优惠政策,有的地方各种评估收费多,甚至仍然存在乱收费、乱摊派情况。各省(区、市)人民政府、各有关部门要加大工作力度,进一步抓好固定资产加速折旧、小微企业所得税优惠、阶段性降低"五险一金"费率等政策落实。要抓紧对涉企收费情况进行全面自查、集中清理,坚决砍掉不合理收费和中介服务环节。

财政部要会同国家发展改革委等有关部门,抓紧开展涉企收费清理情况专项检查,推动降低企业成本,切实减轻企业负担。审计署要将涉企收费审计作为政策落实跟踪审计的重点内容进行跟踪。

财政部要会同有关部门抓紧部署清理政府对企业各种欠款的专项工作。各省(区、市)人民政府、各有关部门要在规定时间内依法依规解决拖欠各类企业的工程款、物资采购款以及应返未返保证金等问题。

七、强化落实地方政府和部门的主体责任

各省(区、市)人民政府、各有关部门要切实履行主体责任,把调动民间投资积极性、促进民间投资健康发展摆上重要议事日程,主要负责同志要负总责、亲自协调,分管负责同志要具体抓督促落实,有效解决民营企业反映的突出问题。

各省(区、市)人民政府、各有关部门要针对政府违约和政策不落实等问题,建立问责机制,提高政府公信力。要按照建立"亲""清"政商关系要求,完善政企沟通机制,充分听取民营企业意见建议,主动改进工作。凡对企业实事求是反映问题进行打击报复的,要依法依规处理,从严追究直接责任人和有关领导人员责任。

八、加大政策解读和舆论宣传力度

各省(区、市)人民政府、各有关部门要健全完善政策发布和政策解读的信息公开机制,及时回应社会关切,进一步营造民间投资良好舆论环境。要加大政府信息数据开放力度,畅通为民营企业提供信息服务的有效渠道。要重视总结推广政府管理服务中的好做法、好经验,曝光不作为、乱作为案例。要主动唱响中国经济光明论,释放积极信号,提振发展信心,稳定和改善市场预期。

各省(区、市)人民政府、各有关部门要按照本通知精神,进一步做好民间投资有关工作,重要情况及时报告国务院。

国务院办公厅关于推动中央企业结构调整与重组的指导意见

(2016 年 7 月 17 日　国办发〔2016〕56 号)

各省、自治区、直辖市人民政府,国务院各部委、各直属机构:

近年来,中央企业积极推进结构调整与重组,布局结构不断优化,规模实力显著增强,发展质量明显提升,各项改革发展工作取得了积极成效。但总的来看,中央企业产业分布过广、企业层级过多等结构性问题仍然较为突出,资源配置效率亟待提高、企业创新能力亟待增强。为贯彻落实党中央、国务院关于深化国有企业改革的决策部署,进一步优化国有资本配置,促进中央企业转型升级,经国务院同意,现就推动中央企业结构调整与重组提出以下意见。

一、总体要求

(一)指导思想。

全面贯彻党的十八大和十八届三中、四中、五中全会精神,深入学习领会习近平总书记系列重要讲话精神,认真贯彻落实“四个全面”战略布局和党中央、国务院决策部署,牢固树立创新、协调、绿色、开放、共享的发展理念,推进供给侧结构性改革,坚持公有制主体地位,发挥国有经济主导作用,以优化国有资本配置为中心,着力深化改革,调整结构,加强科技创新,加快转型升级,加大国际化经营力度,提升中央企业发展质量和效益,推动中央企业在市场竞争中不断发展壮大,更好发挥中央企业在保障国民经济持续健康安全发展中的骨干中坚作用。

(二)基本原则。

——坚持服务国家战略。中央企业结构调整与重组,要服务国家发展目标,落实国家发展战略,贯彻国家产业政策,以管资本为主加强国资监管,不断推动国有资本优化配置。

——坚持尊重市场规律。遵循市场经济规律和企业发展规律,维护市场公平竞争秩序,以市场为导向,以企业为主体,以主业为主,因地制宜、因业制宜、因企制宜,有进有退、有所为有所不为,不断提升中央企业市场竞争力。

——坚持与改革相结合。在调整重组中深化企业内部改革,建立健全现代企业制度,形成崭新的体制机制,打造充满生机活力的新型企业。加强党的领导,确保党的建设与调整重组同步推进,实现体制、机制、制度和工作的有效对接。

——坚持严格依法规范。严格按照有关法律法规推进中央企业结构调整与重组,切实保护各类股东、债权人和职工等相关方的合法权益。加强国有资产交易监管,防止逃废金融债务,防范国有资产流失。

——坚持统筹协调推进。突出问题导向,处理好中央企业改革、发展、稳定的关系,把握好调整重组的重点、节奏与力度,统筹好巩固加强、创新发展、重组整合和清理退出等工作。

二、主要目标

到 2020 年,中央企业战略定位更加准确,功能作用有效发挥;总体结构更趋合理,国有资本配置效率显著提高;发展质量明显提升,形成一批具有创新能力和国际竞争力的世界一流跨国公司。具体目标是:

功能作用有效发挥。在国防、能源、交通、粮食、信息、生态等关系国家安全的领域保障能力显著提升;在重大基础设施、重要资源以及公共服务等关系国计民生和国民经济命脉的重要行业控制力明显增强;在重大装备、信息通信、生物医药、海洋工程、节能环保等行业的影响力进一步提高;在新能源、新材料、航空航天、智能制造等产业的带动力更加凸显。

资源配置更趋合理。通过兼并重组、创新

合作、淘汰落后产能、化解过剩产能、处置低效无效资产等途径,形成国有资本有进有退、合理流动的机制。中央企业纵向调整加快推进,产业链上下游资源配置不断优化,从价值链中低端向中高端转变取得明显进展,整体竞争力大幅提升。中央企业间的横向整合基本完成,协同经营平台建设加快推进,同质化经营、重复建设、无序竞争等问题得到有效化解。

发展质量明显提升。企业发展战略更加明晰,主业优势更加突出,资产负债规模更趋合理,企业治理更加规范,经营机制更加灵活,创新驱动发展富有成效,国际化经营稳步推进,风险管控能力显著增强,国有资本效益明显提高,实现由注重规模扩张向注重提升质量效益转变,从国内经营为主向国内外经营并重转变。

三、重点工作

(一)巩固加强一批。

巩固安全保障功能。对主业处于关系国家安全、国民经济命脉的重要行业和关键领域、主要承担国家重大专项任务的中央企业,要保证国有资本投入,增强保障国家安全和国民经济运行能力,保持国有资本控股地位,支持非国有资本参股。对重要通信基础设施、重要江河流域控制性水利水电航电枢纽等领域,粮食、棉花、石油、天然气等国家战略物资储备领域,实行国有独资或控股。对战略性矿产资源开发利用,石油天然气主干管网、电网等自然垄断环节的管网,核电、重要公共技术平台、地质等基础数据采集利用领域,国防军工等特殊产业中从事战略武器装备科研生产、关系国家战略安全和涉及国家核心机密的核心军工能力领域,实行国有独资或绝对控股。对其他服务国家战略目标、重要前瞻性战略性产业、生态环境保护、共用技术平台等重要行业和关键领域,加大国有资本投资力度,发挥国有资本引导和带动作用。

(二)创新发展一批。

搭建调整重组平台。改组组建国有资本投资、运营公司,探索有效的运营模式,通过开展投资融资、产业培育、资本整合,推动产业集聚和转型升级,优化中央企业国有资本布局结构;通过股权运作、价值管理、有序进退,促进国有资本合理流动。将中央企业中的低效无效资产以及户数较多、规模较小、产业集中度低、产能严重过剩行业中的中央企业,适度集中至国有资本投资、运营公司,做好增量、盘活存量、主动减量。

搭建科技创新平台。强化科技研发平台建设,加强应用基础研究,完善研发体系,突破企业技术瓶颈,提升自主创新能力。构建行业协同创新平台,推进产业创新联盟建设,建立和完善开放高效的技术创新体系,突破产业发展短板,提升集成创新能力。建设"互联网+"平台,推动产业互联网发展,促进跨界创新融合。建立支持创新的金融平台,充分用好各种创投基金支持中央企业创新发展,通过市场化方式设立各类中央企业科技创新投资基金,促进科技成果转化和新兴产业培育。把握世界科技发展趋势,搭建国际科技合作平台,积极融入全球创新网络。鼓励企业搭建创新创业孵化和服务平台,支持员工和社会创新创业,推动战略性新兴产业发展,加快形成新的经济增长点。鼓励优势产业集团与中央科研院所企业重组。

搭建国际化经营平台。以优势企业为核心,通过市场化运作方式,搭建优势产业上下游携手走出去平台、高效产能国际合作平台、商产融结合平台和跨国并购平台,增强中央企业联合参与国际市场竞争的能力。加快境外经济合作园区建设,形成走出去企业集群发展优势,降低国际化经营风险。充分发挥现有各类国际合作基金的作用,鼓励以市场化方式发起设立相关基金,组合引入非国有资本、优秀管理人才、先进管理机制和增值服务能力,提高中央企业国际化经营水平。

(三)重组整合一批。

推进强强联合。统筹走出去参与国际竞争和维护国内市场公平竞争的需要,稳妥推进装备制造、建筑工程、电力、钢铁、有色金属、航运、建材、旅游和航空服务等领域企业重组,集中资源形成合力,减少无序竞争和同质化经营,有效化解相关行业产能过剩。鼓励煤炭、电力、冶金等产业链上下游中央企业进行重组,打造全产业链竞争优势,更好发挥协同效应。

推动专业化整合。在国家产业政策和行业发展规划指导下,支持中央企业之间通过资产重组、股权合作、资产置换、无偿划转、战略联盟、联合开发等方式,将资源向优势企业和主业企业集中。鼓励通信、电力、汽车、新材料、新能源、油气管道、海工装备、航空货运等领域相关中央企业共同出资组建股份制专业化平台,加大新技术、新产品、新市场联合开发力度,减少无序竞争,提升资源配置效率。

加快推进企业内部资源整合。鼓励中央企业依托资本市场,通过培育注资、业务重组、吸收合并等方式,利用普通股、优先股、定向发行可转换债券等工具,推进专业化整合,增强持续发展能力。压缩企业管理层级,对五级以下企业进行清理整合,将投资决策权向三级以上企业集中,积极推进管控模式与组织架构调整、流程再造,构建功能定位明确、责权关系清晰、层级设置合理的管控体系。

积极稳妥开展并购重组。鼓励中央企业围绕发展战略,以获取关键技术、核心资源、知名品牌、市场渠道等为重点,积极开展并购重组,提高产业集中度,推动质量品牌提升。建立健全重组评估机制,加强并购后企业的联动与整合,推进管理、业务、技术、市场、文化和人力资源等方面的协同与融合,确保实现并购预期目标。并购重组中要充分发挥各企业的专业化优势和比较优势,尊重市场规律,加强沟通协调,防止无序竞争。

(四)清理退出一批。

大力化解过剩产能。严格按照国家能耗、环保、质量、安全等标准要求,以钢铁、煤炭行业为重点,大力压缩过剩产能,加快淘汰落后产能。对产能严重过剩行业,按照减量置换原则从严控制新项目投资。对高负债企业,以不推高资产负债率为原则严格控制投资规模。

加大清理长期亏损、扭亏无望企业和低效无效资产力度。通过资产重组、破产清算等方式,解决持续亏损三年以上且不符合布局结构调整方向的企业退出问题。通过产权转让、资产变现、无偿划转等方式,解决三年以上无效益且未来两年生产经营难以好转的低效无效资产处置问题。

下大力气退出一批不具有发展优势的非主营业务。梳理企业非主营业务和资产,对与主业无互补性、协同性的低效业务和资产,加大清理退出力度,实现国有资本形态转换。变现的国有资本除按有关要求用于安置职工、解决历史遗留问题外,集中投向国有资本更需要集中的领域和行业。

加快剥离企业办社会职能和解决历史遗留问题。稳步推进中央企业职工家属区“三供一业”分离移交,实现社会化管理。对中央企业所办医疗、教育、市政、消防、社区管理等公共服务机构,采取移交、撤并、改制或专业化管理、政府购买服务等多种方式分类进行剥离。加快推进厂办大集体改革。对中央企业退休人员统一实行社会化管理。

四、保障措施

(一)加强组织领导。

国务院国资委要会同有关部门根据国家战略要求,结合行业体制改革和产业政策,提出有关中央企业实施重组的具体方案,报国务院批准后稳步推进。中央企业结合实际制定本企业结构调整与重组的具体实施方案,报国务院国资委备案后组织实施,其中涉及国家安全领域的,须经相关行业主管部门审核同意。中央企业在结构调整与重组过程中要切实加强党的领导,建立责任清晰、分工明确的专项工作机制,由主要负责人负总责,加大组织协调力度,切实依法依规操作。同时发挥工会和有关社团组织的作用,做好干部职工的思想政治工作。

(二)加强行业指导。

各有关部门要根据实现“两个一百年”奋斗目标、国家重大战略布局以及统筹国内国际两个市场等需要,明确国有资本分行业、分区域布局的基本要求,作为中央企业布局结构调整的重要依据,同时结合各自职责,配套出台相关产业管理政策,保障国有资本投入规模科学合理,确保中央企业结构调整与重组有利于增强国有经济主导能力、维护市场公平竞争秩序。

(三)加大政策支持。

各有关部门要研究出台财政、金融、人才、科技、薪酬分配、业绩考核等支持政策,并切实落实相关税收优惠政策,为中央企业结构调整与重组创造良好环境。要充分发挥各类基金的作用,积极稳妥引入各类社会资本参与和支持中央企业结构调整与重组。

(四)完善配套措施。

健全企业退出机制,完善相关退出政策,依法妥善处理劳动关系调整、社会保险关系接续等问题,切实维护好企业职工合法权益。建立完善政府和企业合理分担成本的机制，多渠道筹措资金，妥善解决中央企业历史遗留问题，为中央企业公平参与市场竞争创造条件。金融、文化等中央企业的结构调整与重组，中央另有规定的依其规定执行。

国务院关于促进创业投资持续健康发展的若干意见

（2016年9月16日　国发〔2016〕53号）

各省、自治区、直辖市人民政府，国务院各部委、各直属机构：

创业投资是实现技术、资本、人才、管理等创新要素与创业企业有效结合的投融资方式，是推动大众创业、万众创新的重要资本力量，是促进科技创新成果转化的助推器，是落实新发展理念、实施创新驱动发展战略、推进供给侧结构性改革、培育发展新动能和稳增长、扩就业的重要举措。近年来，我国创业投资快速发展，不仅拓宽了创业企业投融资渠道、促进了经济结构调整和产业转型升级，增强了经济发展新动能，也提高了直接融资比重、拉动了民间投资服务实体经济，激发了创业创新、促进了就业增长。但同时也面临着法律法规和政策环境不完善、监管体制和行业信用体系建设滞后等问题，存在一些投资"泡沫化"现象以及非法集资风险隐患。按照党中央、国务院的决策部署，为进一步促进创业投资持续健康发展，现提出以下意见。

一、总体要求

创业投资是指向处于创建或重建过程中的未上市成长性创业企业进行股权投资，以期所投资创业企业发育成熟或相对成熟后，主要通过股权转让获取资本增值收益的投资方式。天使投资是指除被投资企业职员及其家庭成员和直系亲属以外的个人以其自有资金直接开展的创业投资活动。发展包括天使投资在内的各类创业投资，应坚持以下总体要求：

（一）指导思想。

牢固树立和贯彻落实创新、协调、绿色、开放、共享的发展理念，着力推进供给侧结构性改革，深入实施创新驱动发展战略，大力推进大众创业万众创新，使市场在资源配置中起决定性作用和更好发挥政府作用，进一步深化简政放权、放管结合、优化服务改革，不断完善体制机制，健全政策措施，加强统筹协调和事中事后监管，构建促进创业投资发展的制度环境、市场环境和生态环境，加快形成有利于创业投资发展的良好氛围和"创业、创新＋创投"的协同互动发展格局，进一步扩大创业投资规模，促进创业投资做大做强做优，培育一批具有国际影响力和竞争力的中国创业投资品牌，推动我国创业投资行业跻身世界先进行列。

（二）基本原则。

一是坚持服务实体。创业投资是改善投资结构、增加有效投资的重要手段。要进一步深化简政放权、放管结合、优化服务改革，创新监管方式，既要重视发挥大企业的骨干作用，也要通过创业投资激发广大中小企业的创造力和活力。以支持实体经济发展、助力创业企业发展为本，引导创业投资企业和创业投资管理企业秉承价值投资理念，鼓励长期投资和价值投资，防范和化解投资估值"泡沫化"可能引发的市场风险，积极应对新动能成长过程中对传统产业和行业可能造成的冲击，妥善处理好各种矛盾，加大对实体经济支持的力度，增强可持续性，构建"实体创投"投资环境。

二是坚持专业运作。以市场为导向，充分调动民间投资和市场主体的积极性，发挥市场规则作用，激发民间创新模式，防止同质化竞争。鼓励创业投资企业和创业投资管理企业从自身独特优势出发，强化专业化投资理念和投资策略，深化内部体制机制创新，加强对投资项目的投后管理和增值服务,不断提高创业投资行业专业化运作和管理水平,夯实“专业创投”运行基础。

三是坚持信用为本。以诚信为兴业之本、发展之基,加强创业投资行业信用体系建设,建立和完善守信联合激励和失信联合惩戒制度,促进创业投资企业和创业投资管理企业诚信守法,忠实履行对投资者的诚信义务,创建“信用创投”发展环境。

四是坚持社会责任。围绕推进创新型国家建设、支持大众创业万众创新、促进经济结构调整和产业转型升级的使命和社会责任,推动创业投资行业严格按照国家有关法律法规和相关产业政策开展投资运营活动,按照市场化、法治化原则,促进创业投资良性竞争和绿色发展,共同维护良好市场秩序,树立“责任创投”价值理念。

二、培育多元创业投资主体

(三)加快培育形成各具特色、充满活力的创业投资机构体系。鼓励各类机构投资者和个人依法设立公司型、合伙型创业投资企业。鼓励行业骨干企业、创业孵化器、产业(技术)创新中心、创业服务中心、保险资产管理机构等创业创新资源丰富的相关机构参与创业投资。鼓励具有资本实力和管理经验的个人通过依法设立一人公司从事创业投资活动。鼓励和规范发展市场化运作、专业化管理的创业投资母基金。(国家发展改革委、科技部、工业和信息化部、人力资源社会保障部、商务部、国务院国资委、工商总局、银监会、证监会、保监会按职责分工负责)

(四)积极鼓励包括天使投资人在内的各类个人从事创业投资活动。鼓励成立公益性天使投资人联盟等各类平台组织,培育和壮大天使投资人群体,促进天使投资人与创业企业及创业投资企业的信息交流与合作,营造良好的天使投资氛围,推动天使投资事业发展。规范发展互联网股权融资平台,为各类个人直接投资创业企业提供信息和技术服务。(国家发展改革委、科技部、证监会按职责分工负责)

三、多渠道拓宽创业投资资金来源

(五)大力培育和发展合格投资者。在风险可控、安全流动的前提下,支持中央企业、地方国有企业、保险公司、大学基金等各类机构投资者投资创业投资企业和创业投资母基金。鼓励信托公司遵循价值投资和长期投资理念,充分发挥既能进行创业投资又能发放贷款的优势,积极探索新产品、新模式,为创业企业提供综合化、个性化金融和投融资服务。培育合格个人投资者,支持具有风险识别和风险承受能力的个人参与投资创业投资企业。(国家发展改革委、财政部、国务院国资委、银监会、证监会、保监会按职责分工负责)

(六)建立股权债权等联动机制。按照依法合规、风险可控、商业可持续的原则,建立创业投资企业与各类金融机构长期性、市场化合作机制,进一步降低商业保险资金进入创业投资领域的门槛,推动发展投贷联动、投保联动、投债联动等新模式,不断加大对创业投资企业的投融资支持。加强“防火墙”相关制度建设,有效防范道德风险。支持银行业金融机构积极稳妥开展并购贷款业务,提高对创业企业兼并重组的金融服务水平。完善银行业金融机构投贷联动机制,稳妥有序推进投贷联动业务试点,推动投贷联动金融服务模式创新。支持创业投资企业及其股东依法依规发行企业债券和其他债务融资工具融资,增强投资能力。(国家发展改革委、科技部、人民银行、银监会、证监会、保监会按职责分工负责)

四、加强政府引导和政策扶持

(七)完善创业投资税收政策。按照税收中性、税收公平原则和税制改革方向与要求,统筹研究鼓励创业投资企业和天使投资人投资种子期、初创期等科技型企业的税收支持政策,进一步完善创业投资企业投资抵扣税收优惠政策,研究开展天使投资人个人所得税政策试点工作。(国家发展改革委、科技部、财政部、商务部、税务总局、证监会按职责分工负责)

(八)建立创业投资与政府项目对接机制。在全面创新改革试验区域、双创示范基地、国家高新区、国家自主创新示范区、产业(技术)创新中心、科技企业孵化器、众创空间等,开放项目(企业)资源,充分利用政府项目资源优势,搭建创业投资与企业信息共享平台,打通创业资本和项目之间的通道,引导创业投资企业投资于国家科技计划(专项、基金等)形成科技成果的转化。挖掘农业领域创业投资潜力,依托农村产业融合发展园区、农业产业化示范基地、农民工返乡创业园等,通过发展第二、三产业,改造提升第一产业。有关方面要配合做好项目对接和服务。(国家发展改革委、科技部、工业和信息化部、农业部、商务部按职责分工负责)

(九)研究鼓励长期投资的政策措施。倡导长期投资和价值投资理念,研究对专注于长期投资和价值投资的创业投资企业在企业债券发行、引导基金扶持、政府项目对接、市场化退出等方面给予必要的政策支持。研究建立所投资企业上市解禁期与上市前投资期限长短反向挂钩的制度安排。(国家发展改革委、科技部、财政部、人民银行、证监会按职责分工负责)

(十)发挥政府资金的引导作用。充分发挥政府设立的创业投资引导基金作用,加强规范管理,加大力度培育新的经济增长点,促进就业增长。充分发挥国家新兴产业创业投资引导基金、国家中小企业发展基金、国家科技成果转化引导基金等已设立基金的作用。对于已设立基金未覆盖且需要政府引导支持的领域,鼓励有条件的地方按照“政府引导、市场化运作”原则推动设立创业投资引导基金,发挥财政资金的引导和聚集放大作用,引导民间投资等社会资本投入。进一步提高创业投资引导基金市场化运作效率,促进政策目标实现,维护出资人权益。鼓励创业投资引导基金注资市场化母基金,由专业化创业投资管理机构受托管理引导基金。综合运用参股基金、联合投资、融资担保、政府出资适当让利于社会出资等多种方式,进一步发挥政府资金在引导民间投资、扩大直接融资、弥补市场失灵等方面的作用。建立并完善创业投资引导基金中政府出资的绩效评价制度。(国家发展改革委、科技部、工业和信息化部、财政部按职责分工负责)

五、完善创业投资相关法律法规

(十一)构建符合创业投资行业特点的法制环境。进一步完善促进创业投资发展相关法律法规,研究推动相关立法工作,推动完善公司法和合伙企业法。完善创业投资相关管理制度,推动私募投资基金管理暂行条例尽快出台,对创业投资企业和创业投资管理企业实行差异化监管和行业自律。完善外商投资创业投资企业管理制度。(国家发展改革委、商务部、证监会按职责分工负责)

(十二)落实和完善国有创业投资管理制度。鼓励国有企业集众智,开拓广阔市场空间,增强国有企业竞争力。支持有需求、有条件的国有企业依法依规、按照市场化方式设立或参股创业投资企业和创业投资母基金。强化国有创业投资企业对种子期、初创期等创业企业的支持,鼓励国有创业投资企业追求长期投资收益。健全符合创业投资行业特点和发展规律的国有创业投资管理体制,完善国有创业投资企业的监督考核、激励约束机制和股权转让方式,形成鼓励创业、宽容失败的国有创业投资生态环境。支持具备条件的国有创业投资企业开展混合所有制改革试点,探索国有创业投资企业和创业投资管理企业核心团队持股和跟投。探索地方政府融资平台公司转型升级为创业投资企业。依法依规豁免国有创业投资企业和国有创业投资引导基金国有股转持义务。(国家发展改革委、财政部、国务院国资委、证监会按职责分工负责)

六、进一步完善创业投资退出机制

(十三)拓宽创业投资市场化退出渠道。充分发挥主板、创业板、全国中小企业股份转让系统以及区域性股权市场功能,畅通创业投资市场化退出渠道。完善全国中小企业股份转让系统交易机制,改善市场流动性。支持机构间私募产品报价与服务系统、证券公司柜台市场开展直接融资业务。鼓励创业投资以并购重组等方式实现市场化退出,规范发展专业化并购基金。(证监会牵头负责)

七、优化创业投资市场环境

(十四)优化监管环境。实施更多的普惠性支持政策措施,营造公平竞争的发展环境,深化简政放权、放管结合、优化服务改革,搞好服务,激发活力。坚持适度监管、差异监管和统一功能监管,创新监管方式,有效防范系统性区域性风险。对创业投资企业在行业管理、备案登记等方面采取与其他私募基金区别对待的差异化监管政策,建立适应创业投资行业特点的宽市场准入、重事中事后监管的适度而有效的监管体制。加强信息披露和风险揭示,引导创业投资企业建立以实体投资、价值投资和长期投资为导向的合理的投资估值机制。对不进行实业投资、从事上市公司股票交易、助推投资泡沫及其他扰乱市场秩序的创业投资企业建立清查清退制度。建立行业规范,强化创业投资企业内控机制、合规管理和风险管理机制。加强投资者保护,特别是要进一步完善产权保护制度,依法保护产权和投资者合法经营、合法权益和合法财产。加强投资者教育,相关投资者应为具有风险识别和风险承受能力的合格投资者。建立并完善募集资金的托管制度,规范创业投资企业募集资金行为,打击违法违规募集资金行为。健全对创业投资企业募集资金、投资运作等与保护投资者权益相关的制度规范,加强日常监管。(国家发展改革委、科技部、国务院国资委、证监会按职责分工负责)

(十五)优化商事环境。各地区、各部门不得自行出台限制创业投资企业和创业投资管理企业市场准入和发展的有关政策。建立创业投资行业发展备案和监管备案互联互通机制,为创业投资企业备案提供便利,放宽创业投资企业的市场准入。持续深化商事制度改革,提高工商登记注册便利化水平。促进创业投资行业加强品牌建设。(国家发展改革委、工商总局、证监会会同各有关部门按职责分工负责)

(十六)优化信用环境。有关部门、行业组织和社会征信机构要进一步建立健全创业投资企业、创业投资管理企业及其从业人员信用记录,实现创业投资领域信用记录全覆盖。推动创业投资领域信用信息纳入全国信用信息共享平台,并与企业信用信息公示系统实现互联互通。依法依规在"信用中国"网站和企业信用信息公示系统公示相关信息。加快建立创业投资领域严重失信黑名单制度,鼓励有关社会组织探索建立守信红名单制度,依托全国信用信息共享平台,按照有关法律法规和政策规定实施守信联合激励和失信联合惩戒。建立健全创业投资行业信用服务机制,推广使用信用产品。(国家发展改革委、商务部、人民银行、工商总局、证监会按职责分工负责)

(十七)严格保护知识产权。完善知识产权保护相关法律法规和制度规定,加强对创业创新早期知识产权保护,在市场竞争中培育更多自主品牌,健全知识产权侵权查处机制,依法惩治侵犯知识产权的违法犯罪行为,将企业行政处罚、黑名单等信息纳入全国信用信息共享平台,对严重侵犯知识产权的责任主体实施联合惩戒,并通过"信用中国"网站、企业信用信息公示系统等进行公示,创造鼓励创业投资的良好知识产权保护环境。(国家发展改革委、人民银行、工商总局、知识产权局、证监会等按职责分工负责)

八、推动创业投资行业双向开放

(十八)有序扩大创业投资对外开放。发展创业投资要坚持走开放式发展道路,通过吸引境外投资,引进国际先进经验、技术和管理模式,提升我国创业投资企业的国际竞争力。按照对内外资一视同仁的原则,放宽外商投资准入,简化管理流程,鼓励外资扩大创业投资规模,加大对种子期、初创期创业企业支持力度。鼓励和支持境内外投资者在跨境创业投资及相关的投资贸易活动中使用人民币。允许外资创业投资企业按照实际投资规模将外汇资本金结汇所得的人民币划入被投资企业。(国家发展改革委、商务部、人民银行、国家外汇局按职责分工负责)

(十九)鼓励境内有实力的创业投资企业积极稳妥"走出去"。完善境外投资相关管理制度,引导和鼓励创业投资企业加大对境外及港、澳、台地区高端研发项目的投资,积极分享高端技术成果。(国家发展改革委、商务部、人民银行、国家外汇局按职责分工负责)

九、完善创业投资行业自律和服务体系

(二十)加强行业自律。加快推进依法设立全国性创业投资行业协会,鼓励具备条件的地区成立创业投资协会组织,搭建行业协会交流服务平台。充分发挥行业协会在行业自律管理和政府与市场沟通中的积极作用,加强行业协会在政策对接、会员服务、信息咨询、数据统计、行业发展报告、人才培养、国际交流合作等方面的能力建设,支持行业协会推动创业投资行业信用体系建设和社会责任建设,维护有利于行业持续健康发展的良好市场秩序。(国家发展改革委、科技部、民政部、证监会按职责分工负责)

（二十一）健全创业投资服务体系。加强与创业投资相关的会计、征信、信息、托管、法律、咨询、教育培训等各类中介服务体系建设。支持创业投资协会组织通过高等学校、科研院所、群团组织、创业投资企业、创业投资管理企业、天使投资人等多种渠道，以多种方式加强创业投资专业人才培养，加大教育培训力度，吸引更多的优秀人才从事创业投资，提高创业投资的精准度。（国家发展改革委、科技部、证监会按职责分工负责）

十、加强各方统筹协调

（二十二）加强政策顶层设计和统筹协调。国家发展改革委要会同有关部门加强促进创业投资发展的政策协调，建立部门之间、部门与地方之间政策协调联动机制，加强创业投资行业发展政策和监管政策的协同配合，增强政策针对性、连续性、协同性。建立相关政府部门促进创业投资行业发展的信息共享机制。（国家发展改革委、证监会会同有关部门按职责分工负责）

各地区、各部门要把促进创业投资持续健康发展作为深入实施创新驱动发展战略、推动大众创业万众创新、促进经济结构调整和产业转型升级的一项重要举措，按照职责分工抓紧制定相关配套措施，加强沟通协调，形成工作合力，确保各项政策及时落实到位，积极发展新经济、培育新动能、改造提升传统动能，推动中国经济保持中高速增长、迈向中高端水平。

（四）中国证监会规章

证券投资者保护基金管理办法

（2016年4月19日　证监会令第124号）

第一章　总　　则

第一条　为建立防范和处置证券公司风险的长效机制，维护社会经济秩序和社会公共利益，保护证券投资者的合法权益，促进证券市场有序、健康发展，制定本办法。

第二条　证券投资者保护基金（以下简称基金）是指按照本办法筹集形成的、在防范和处置证券公司风险中用于保护证券投资者利益的资金。

设立国有独资的中国证券投资者保护基金有限责任公司（以下简称基金公司），负责基金的筹集、管理和使用。

第三条　基金主要用于按照国家有关政策规定对债权人予以偿付。

第四条　证券交易活动实行公开、公平、公正和投资者投资决策自主、投资风险自担的原则。

投资者在证券投资活动中因证券市场波动或投资产品价值本身发生变化所导致的损失，由投资者自行负担。

第五条　基金按照取之于市场、用之于市场的原则筹集。基金的筹集方式、标准，由中国证券监督管理委员会（以下简称证监会）商财政部、中国人民银行决定。

第六条　基金公司依据国家有关法律、法规及本办法独立运作，基金公司董事会对基金的合规使用及安全负责。

第二章　基金公司职责和组织机构

第七条　基金公司的职责为：

（一）筹集、管理和运作基金；

(二)监测证券公司风险,参与证券公司风险处置工作;

(三)证券公司被撤销、被关闭、破产或被证监会实施行政接管、托管经营等强制性监管措施时,按照国家有关政策规定对债权人予以偿付;

(四)组织、参与被撤销、关闭或破产证券公司的清算工作;

(五)管理和处分受偿资产,维护基金权益;

(六)发现证券公司经营管理中出现可能危及投资者利益和证券市场安全的重大风险时,向证监会提出监管、处置建议;对证券公司运营中存在的风险隐患会同有关部门建立纠正机制;

(七)国务院批准的其他职责。

第八条　基金公司应当与证监会建立证券公司信息共享机制,证监会定期向基金公司通报关于证券公司财务、业务等的经营管理信息。

证监会认定存在风险隐患的证券公司,应按照规定直接向基金公司报送财务、业务等经营管理信息和资料。

第九条　基金公司设立董事会。董事会由9名董事组成。其中4人为执行董事,其他为非执行董事。董事长人选由证监会商财政部、中国人民银行确定后,报国务院备案。

第十条　董事会为基金公司的决策机构,负责制定基本管理制度,决定内部管理机构设置,聘任或者解聘高级管理人员,对基金的筹集、管理和使用等重大事项做出决定,并行使基金公司章程规定的其他职权。

第十一条　基金公司董事会按季召开例会。董事长或1/3以上的董事联名提议时,可以召开临时董事会会议。

董事会会议由全体董事2/3以上出席方可举行。董事会会议决议,由全体董事1/2以上表决通过方为有效。

第十二条　基金公司设总经理1人,副总经理若干人。总经理负责主持公司的经营管理工作,执行董事会决议。总经理、副总经理由证监会提名,董事会聘任或者解聘。

第十三条　基金公司章程由证监会商财政部、中国人民银行依照法律、行政法规和本办法制定。

第三章　基 金 筹 集

第十四条　基金的来源:

(一)上海、深圳证券交易所在风险基金分别达到规定的上限后,交易经手费的20%纳入基金;

(二)所有在中国境内注册的证券公司,按其营业收入的0.5-5%缴纳基金;

经营管理或运作水平较差、风险较高的证券公司,应当按较高比例缴纳基金。各证券公司的具体缴纳比例由基金公司根据证券公司风险状况确定后,报证监会批准,并按年进行调整。证券公司缴纳的基金在其营业成本中列支;

(三)发行股票、可转债等证券时,申购冻结资金的利息收入;

(四)依法向有关责任方追偿所得和从证券公司破产清算中受偿收入;

(五)国内外机构、组织及个人的捐赠;

(六)其他合法收入。

第十五条　基金公司设立时,财政部专户储存的历年认购新股冻结资金利差余额,一次性划入,作为基金公司的注册资本;中国人民银行安排发放专项再贷款,垫付基金的初始资金。专项再贷款余额的上限以国务院批准额度为准。

第十六条　根据防范和处置证券公司风险的需要,基金公司可以多种形式进行融资。必要时,经国务院批准,基金公司可以通过发行债券等方式获得特别融资。

基金公司因履行职责需要流动性支持时,证监会会同中国人民银行报请国务院批准后,可以向中国人民银行申请再贷款。

第十七条　证券公司采用当年预缴、次年汇算清缴的方式缴纳基金。

证券公司应在年度审计结束后,根据其审计后的收入和事先核定的比例确定需要缴纳的基金金额,并及时向基金公司申报清缴。

第十八条　中国证券登记结算有限责任公司及各主承销商应于每季结息后5个工作日内,将证券发行申购冻结资金利息全额划入基金公司指定的账户;证券交易所应于每季后10个工作日内,将交易经手费中应纳入基金的部分划入基金公司指定的账户。

第四章 基 金 使 用

第十九条 基金的用途为：

（一）证券公司被撤销、被关闭、破产或被证监会实施行政接管、托管经营等强制性监管措施时，按照国家有关政策规定对债权人予以偿付；

（二）国务院批准的其他用途。

第二十条 为处置证券公司风险需要动用基金的，证监会根据证券公司的风险状况制定风险处置方案，基金公司制定基金使用方案，报经国务院批准后，由基金公司办理发放基金的具体事宜。

第二十一条 基金公司使用基金偿付证券公司债权人后，取得相应的受偿权，依法参与证券公司的清算。

第五章 管理和监督

第二十二条 基金公司应依法合规运作，按照安全、稳健的原则履行对基金的管理职责，保证基金的安全。

基金的资金运用限于银行存款、购买政府债券、中央银行票据、中央企业债券、信用等级较高的金融机构发行的金融债券以及国务院批准的其他资金运用形式。

第二十三条 基金公司日常运营费用按照国家有关规定列支，具体支取范围、标准及预决算等由基金公司董事会制定，报财政部审批。

第二十四条 证监会负责基金公司的业务监管，监督基金的筹集、管理与使用。

财政部负责基金公司的国有资产管理和财务监督。

中国人民银行负责对基金公司向其借用再贷款资金的合规使用情况进行检查监督。

第二十五条 基金公司应建立科学的业绩考评制度，并将考核结果定期报送证监会、财政部、中国人民银行。

第二十六条 基金公司应建立信息报告制度，编制基金筹集、管理、使用的月报信息，报送证监会、财政部、中国人民银行。

基金公司每年应向财政部专题报告财务收支及预算、决算执行情况，接受财政部的监督检查。

基金公司每年应向中国人民银行专题报告再贷款资金的使用情况，接受中国人民银行的监督检查。

第二十七条 证监会应按年度向国务院报告基金公司运作和证券公司风险处置情况，同时抄送财政部、中国人民银行。

第二十八条 证券公司、托管清算机构应按规定用途使用基金，不得将基金挪作他用。

基金公司对使用基金的情况进行检查，并可委托中介机构进行专项审计。接受检查的证券公司或托管清算机构及有关单位、个人应予以配合。

第二十九条 基金公司、证券公司及托管清算机构应妥善保管基金的收划款凭证、兑付清单及原始凭证，确保原始档案的完整性，并建立基金核算台账。

第三十条 证监会负责监督证券公司按期足额缴纳基金以及按期向基金公司如实报送财务、业务等经营管理信息、资料和基金公司监测风险所需的涉及客户资金安全的数据、材料。

证券公司违反前款规定的，证监会应按有关规定进行处理。

第三十一条 对挪用、侵占或骗取基金的违法行为，依法严厉打击；对有关人员的失职行为，依法追究其责任；涉嫌犯罪的，移送司法机关依法追究其刑事责任。

第六章 附 则

第三十二条 本办法所称托管清算机构，是指证券公司被行政接管、托管经营、撤销、关闭或破产时，对证券公司实施行政接管的接管组、实施托管经营的托管组或依法成立的行政清理组。

第三十三条 本办法自2016年6月1日起施行。

第三十四条 本办法由证监会会同财政部、中国人民银行负责解释。

证券公司风险控制指标管理办法

(2006 年 7 月 5 日中国证券监督管理委员会第 185 次主席办公会议审议通过
根据 2008 年 6 月 24 日中国证券监督管理委员会《关于修改〈证券公司风险控制指标管理办法〉的决定》、2016 年 6 月 16 日中国证券监督管理委员会《关于修改〈证券公司风险控制指标管理办法〉的决定》修正)

第一章　总　　则

第一条　为了建立以净资本和流动性为核心的风险控制指标体系,加强证券公司风险监管,督促证券公司加强内部控制、提升风险管理水平、防范风险,根据《证券法》等有关法律、行政法规,制定本办法。

第二条　证券公司应当按照中国证券监督管理委员会(以下简称中国证监会)的有关规定,遵循审慎、实质重于形式的原则,计算净资本、风险覆盖率、资本杠杆率、流动性覆盖率、净稳定资金率等各项风险控制指标,编制净资本计算表、风险资本准备计算表、表内外资产总额计算表、流动性覆盖率计算表、净稳定资金率计算表、风险控制指标计算表等监管报表(以下统称风险控制指标监管报表)。

第三条　中国证监会可以根据市场发展情况和审慎监管原则,对各项风险控制指标标准及计算要求进行动态调整;调整之前,应当公开征求行业意见,并为调整事项的实施作出过渡性安排。

对于未规定风险控制指标标准及计算要求的新产品、新业务,证券公司在投资该产品或者开展该业务前,应当按照规定事先向中国证监会、公司注册地的中国证监会派出机构(以下简称派出机构)报告或者报批。中国证监会根据证券公司新产品、新业务的特点和风险状况,在征求行业意见基础上确定相应的风险控制指标标准及计算要求。

第四条　中国证监会可以按照分类监管原则,根据证券公司的治理结构、内控水平和风险控制情况,对不同类别公司的风险控制指标标准和计算要求,以及某项业务的风险资本准备计算比例进行动态调整。

第五条　中国证监会及其派出机构应当对证券公司净资本等各项风险控制指标数据的生成过程及计算结果的真实性、准确性、完整性进行定期或者不定期检查。

中国证监会及其派出机构可以根据监管需要,要求证券公司聘请具有证券、期货相关业务资格的会计师事务所对其风险控制指标监管报表进行审计。

第六条　证券公司应当根据中国证监会有关规定建立符合自身发展战略需要的全面风险管理体系。证券公司应当将所有子公司以及比照子公司管理的各类孙公司纳入全面风险管理体系,强化分支机构风险管理,实现风险管理全覆盖。全面风险管理体系应当包括可操作的管理制度、健全的组织架构、可靠的信息技术系统、量化的风险指标体系、专业的人才队伍、有效的风险应对机制。

证券公司应当任命一名具有风险管理相关专业背景、任职经历、履职能力的高级管理人员为首席风险官,由其负责全面风险管理工作。

第七条　证券公司应当根据自身资产负债状况和业务发展情况,建立动态的风险控制指标监控和资本补足机制,确保净资本等各项风险控制指标在任一时点都符合规定标准。

证券公司应当在发生重大业务事项及分配利润前对风险控制指标进行压力测试,合理确定有关业务及分配利润的最大规模。

证券公司应当建立健全压力测试机制,及时根据市场变化情况及监管部门要求,对公司风险控制指标进行压力测试。

压力测试结果显示风险超过证券公司自身承受能力范围的，证券公司应采取措施控制业务规模或降低风险。

第八条　证券公司应当聘请具有证券、期货相关业务资格的会计师事务所对其年度风险控制指标监管报表进行审计。

第九条　会计师事务所及其注册会计师应当勤勉尽责，对证券公司风险控制指标监管报表的真实性、准确性、完整性进行审计，并发表恰当的审计意见。

第二章　净资本及其计算

第十条　证券公司净资本由核心净资本和附属净资本构成。其中：

核心净资本＝净资产－资产项目的风险调整－或有负债的风险调整－／＋中国证监会认定或核准的其他调整项目。

附属净资本＝长期次级债×规定比例－／＋中国证监会认定或核准的其他调整项目。

第十一条　证券公司应当按照中国证监会规定的证券公司净资本计算标准计算净资本。

第十二条　证券公司计算核心净资本时，应当按照规定对有关项目充分计提资产减值准备。

中国证监会及其派出机构可以要求公司专项说明资产减值准备提取的充足性和合理性。有证据表明公司未充分计提资产减值准备的，中国证监会及其派出机构可以责令公司整改并追究相关人员责任。

第十三条　证券公司应当根据公司期末或有事项的性质（如未决诉讼、未决仲裁、对外提供担保等）、涉及金额、形成原因和进展情况、可能发生的损失和预计损失进行相应会计处理。对于很可能导致经济利益流出公司的或有事项，应当确认预计负债；对于未确认预计负债，但仍可能导致经济利益流出公司的或有事项，在计算核心净资本时，应当作为或有负债，按照一定比例在净资本中予以扣减，并在净资本计算表的附注中披露。

第十四条　证券公司对控股证券业务子公司出具承诺书提供担保承诺的，应当按照担保承诺金额的一定比例扣减核心净资本。从事证券承销与保荐、证券资产管理业务等中国证监会认可的子公司可以将母公司提供的担保承诺按照一定比例计入核心净资本。

第十五条　证券公司向股东或机构投资者借入或发行的次级债，可以按照一定比例计入附属净资本或扣减风险资本准备。具体规定由中国证监会另行制定。

第三章　风险控制指标标准

第十六条　证券公司经营证券经纪业务的，其净资本不得低于人民币2000万元。

证券公司经营证券承销与保荐、证券自营、证券资产管理、其他证券业务等业务之一的，其净资本不得低于人民币5000万元。

证券公司经营证券经纪业务，同时经营证券承销与保荐、证券自营、证券资产管理、其他证券业务等业务之一的，其净资本不得低于人民币1亿元。

证券公司经营证券承销与保荐、证券自营、证券资产管理、其他证券业务中两项及两项以上的，其净资本不得低于人民币2亿元。

第十七条　证券公司必须持续符合下列风险控制指标标准：

（一）风险覆盖率不得低于100%；

（二）资本杠杆率不得低于8%；

（三）流动性覆盖率不得低于100%；

（四）净稳定资金率不得低于100%；

其中：

风险覆盖率＝净资本/各项风险资本准备之和×100%；

资本杠杆率＝核心净资本/表内外资产总额×100%；

流动性覆盖率＝优质流动性资产/未来30天现金净流出量×100%；

净稳定资金率＝可用稳定资金/所需稳定资金×100%。

第十八条　证券公司应当按照中国证监会规定的证券公司风险资本准备计算标准计算市场风险、信用风险、操作风险资本准备。中国证监会可以根据特定产品或业务的风险特征，以及监督检查结果，要求证券公司计算特定风险资本准备。

市场风险资本准备按照各类金融工具市场

风险特征的不同,用投资规模乘以风险系数计算;信用风险资本准备按照各表内外项目信用风险程度的不同,用资产规模乘以风险系数计算;操作风险资本准备按照各项业务收入的一定比例计算。

证券公司可以采取内部模型法等风险计量高级方法计算风险资本准备,具体规定由中国证监会另行制定。

第十九条　证券公司经营证券自营业务、为客户提供融资或融券服务的,应当符合中国证监会对该项业务的风险控制指标标准。

第二十条　证券公司可以结合自身实际情况,在不低于中国证监会规定标准的基础上,确定相应的风险控制指标标准。

第二十一条　中国证监会对各项风险控制指标设置预警标准,对于规定“不得低于”一定标准的风险控制指标,其预警标准是规定标准的120%;对于规定“不得超过”一定标准的风险控制指标,其预警标准是规定标准的80%。

第四章　编制和披露

第二十二条　设有子公司的证券公司应当以母公司数据为基础,编制风险控制指标监管报表。

中国证监会及其派出机构可以根据监管需要,要求证券公司以合并数据为基础编制风险控制指标监管报表。

第二十三条　证券公司的董事、高级管理人员应当对公司半年度、年度风险控制指标监管报表签署确认意见。

证券公司经营管理的主要负责人、首席风险官、财务负责人应当对公司月度风险控制指标监管报表签署确认意见。在证券公司风险控制指标监管报表上签字的人员,应当保证风险控制指标监管报表真实、准确、完整,不存在虚假记载、误导性陈述和重大遗漏;对风险控制指标监管报表内容持有异议的,应当在报表上注明自己的意见和理由。

第二十四条　证券公司应当至少每半年经主要负责人、首席风险官签署确认后,向公司全体董事报告一次公司净资本等风险控制指标的具体情况和达标情况;证券公司应当至少每半年经董事会签署确认,向公司全体股东报告一次公司净资本等风险控制指标的具体情况和达标情况,并至少获得主要股东的签收确认证明文件。

净资本指标与上月相比发生20%以上不利变化或不符合规定标准时,证券公司应当在5个工作日内向公司全体董事报告,10个工作日内向公司全体股东报告。

第二十五条　证券公司应当在每月结束之日起7个工作日内,向中国证监会及其派出机构报送月度风险控制指标监管报表。

派出机构可以根据监管需要,要求辖区内单个、部分或者全部证券公司在一定阶段内按周或者按日编制并报送各项风险控制指标监管报表。

第二十六条　证券公司的净资本等风险控制指标与上月相比发生不利变化超过20%的,应当在该情形发生之日起3个工作日内,向中国证监会及其派出机构报告,说明基本情况和变化原因。

第二十七条　证券公司的净资本等风险控制指标达到预警标准或者不符合规定标准的,应当分别在该情形发生之日起3个、1个工作日内,向中国证监会及其派出机构报告,说明基本情况、问题成因以及解决问题的具体措施和期限。

第五章　监 督 管 理

第二十八条　证券公司的财务会计报告、风险控制指标监管报表被注册会计师出具了保留意见、带强调事项段或其他事项段无保留意见的,证券公司应当就涉及事项进行专项说明。

涉及事项不属于明显违反会计准则、证券公司净资本计算规则等有关规定的,中国证监会及其派出机构可以要求证券公司说明该事项对公司净资本等风险控制指标的影响。

涉及事项属于明显违反会计准则、证券公司净资本计算规则等有关规定的,中国证监会及其派出机构可以要求证券公司限期纠正、重新编制风险控制指标监管报表;证券公司未限期纠正的,中国证监会及其派出机构可以认定其净资本等风险控制指标低于规定标准。

第二十九条　证券公司的财务会计报告、风险控制指标监管报表被注册会计师出具了无法表示意见或者否定意见的，中国证监会及其派出机构可以认定其净资本等风险控制指标低于规定标准。

第三十条　证券公司未按照监管部门要求报送风险控制指标监管报表，或者风险控制指标监管报表存在重大错报、漏报以及虚假报送情况，中国证监会及其派出机构可以根据情况采取出具警示函、责令改正、监管谈话、责令处分有关人员等监管措施。

第三十一条　证券公司净资本或者其他风险控制指标不符合规定标准的，派出机构应当责令公司限期改正，在5个工作日制定并报送整改计划，整改期限最长不超过20个工作日；证券公司未按时报送整改计划的，派出机构应当立即限制其业务活动。

整改期内，中国证监会及其派出机构应当区别情形，对证券公司采取下列措施：

（一）停止批准新业务；

（二）停止批准增设、收购营业性分支机构；

（三）限制分配红利；

（四）限制转让财产或在财产上设定其他权利。

第三十二条　证券公司整改后，经派出机构验收符合有关风险控制指标的，中国证监会及其派出机构应当自验收完毕之日起3个工作日内解除对其采取的有关措施。

第三十三条　证券公司未按期完成整改的，自整改期限到期的次日起，派出机构应当区别情形，对其采取下列措施：

（一）限制业务活动；

（二）责令暂停部分业务；

（三）限制向董事、监事、高级管理人员支付报酬、提供福利；

（四）责令更换董事、监事、高级管理人员或者限制其权利；

（五）责令控股股东转让股权或者限制有关股东行使股东权利；

（六）认定董事、监事、高级管理人员为不适当人选；

（七）中国证监会及其派出机构认为有必要采取的其他措施。

第三十四条　证券公司未按期完成整改、风险控制指标情况继续恶化，严重危及该证券公司的稳健运行的，中国证监会可以撤销其有关业务许可。

第三十五条　证券公司风险控制指标无法达标，严重危害证券市场秩序、损害投资者利益的，中国证监会可以区别情形，对其采取下列措施：

（一）责令停业整顿；

（二）指定其他机构托管、接管；

（三）撤销经营证券业务许可；

（四）撤销。

第六章　附　　则

第三十六条　本办法下列用语的含义：

（一）风险资本准备：指证券公司在开展各项业务等过程中，因市场风险、信用风险、操作风险等可能引起的非预期损失所需要的资本。证券公司应当按照一定标准计算风险资本准备并与净资本建立对应关系，确保风险资本准备有对应的净资本支撑。

（二）负债：指对外负债，不含代理买卖证券款、信用交易代理买卖证券款、代理承销证券款。

（三）资产：指自有资产，不含客户资产。

（四）或有负债：指过去的交易或者事项形成的潜在义务，其存在须通过未来不确定事项的发生或者不发生予以证实；或过去的交易或者事项形成的现时义务，履行该义务不是很可能导致经济利益流出企业或该义务的金额不能可靠计量。

（五）表内外资产总额：表内资产余额与表外项目余额之和。

第三十七条　本办法自2006年11月1日起施行。

上市公司股权激励管理办法

(2016 年 7 月 13 日　证监会令第 126 号)

第一章　总　　则

第一条　为进一步促进上市公司建立健全激励与约束机制,依据《中华人民共和国公司法》(以下简称《公司法》)、《中华人民共和国证券法》(以下简称《证券法》)及其他法律、行政法规的规定,制定本办法。

第二条　本办法所称股权激励是指上市公司以本公司股票为标的,对其董事、高级管理人员及其他员工进行的长期性激励。

上市公司以限制性股票、股票期权实行股权激励的,适用本办法;以法律、行政法规允许的其他方式实行股权激励的,参照本办法有关规定执行。

第三条　上市公司实行股权激励,应当符合法律、行政法规、本办法和公司章程的规定,有利于上市公司的持续发展,不得损害上市公司利益。

上市公司的董事、监事和高级管理人员在实行股权激励中应当诚实守信,勤勉尽责,维护公司和全体股东的利益。

第四条　上市公司实行股权激励,应当严格按照本办法和其他相关规定的要求履行信息披露义务。

第五条　为上市公司股权激励计划出具意见的证券中介机构和人员,应当诚实守信、勤勉尽责,保证所出具的文件真实、准确、完整。

第六条　任何人不得利用股权激励进行内幕交易、操纵证券市场等违法活动。

第二章　一 般 规 定

第七条　上市公司具有下列情形之一的,不得实行股权激励:

(一)最近一个会计年度财务会计报告被注册会计师出具否定意见或者无法表示意见的审计报告;

(二)最近一个会计年度财务报告内部控制被注册会计师出具否定意见或无法表示意见的审计报告;

(三)上市后最近 36 个月内出现过未按法律法规、公司章程、公开承诺进行利润分配的情形;

(四)法律法规规定不得实行股权激励的;

(五)中国证监会认定的其他情形。

第八条　激励对象可以包括上市公司的董事、高级管理人员、核心技术人员或者核心业务人员,以及公司认为应当激励的对公司经营业绩和未来发展有直接影响的其他员工,但不应当包括独立董事和监事。在境内工作的外籍员工任职上市公司董事、高级管理人员、核心技术人员或者核心业务人员的,可以成为激励对象。

单独或合计持有上市公司 5% 以上股份的股东或实际控制人及其配偶、父母、子女,不得成为激励对象。下列人员也不得成为激励对象:

(一)最近 12 个月内被证券交易所认定为不适当人选;

(二)最近 12 个月内被中国证监会及其派出机构认定为不适当人选;

(三)最近 12 个月内因重大违法违规行为被中国证监会及其派出机构行政处罚或者采取市场禁入措施;

(四)具有《公司法》规定的不得担任公司董事、高级管理人员情形的;

(五)法律法规规定不得参与上市公司股权激励的;

(六)中国证监会认定的其他情形。

第九条　上市公司依照本办法制定股权激

励计划的，应当在股权激励计划中载明下列事项：

（一）股权激励的目的；

（二）激励对象的确定依据和范围；

（三）拟授出的权益数量，拟授出权益涉及的标的股票种类、来源、数量及占上市公司股本总额的百分比；分次授出的，每次拟授出的权益数量、涉及的标的股票数量及占股权激励计划涉及的标的股票总额的百分比、占上市公司股本总额的百分比；设置预留权益的，拟预留权益的数量、涉及标的股票数量及占股权激励计划的标的股票总额的百分比；

（四）激励对象为董事、高级管理人员的，其各自可获授的权益数量、占股权激励计划拟授出权益总量的百分比；其他激励对象（各自或者按适当分类）的姓名、职务、可获授的权益数量及占股权激励计划拟授出权益总量的百分比；

（五）股权激励计划的有效期，限制性股票的授予日、限售期和解除限售安排，股票期权的授权日、可行权日、行权有效期和行权安排；

（六）限制性股票的授予价格或者授予价格的确定方法，股票期权的行权价格或者行权价格的确定方法；

（七）激励对象获授权益、行使权益的条件；

（八）上市公司授出权益、激励对象行使权益的程序；

（九）调整权益数量、标的股票数量、授予价格或者行权价格的方法和程序；

（十）股权激励会计处理方法、限制性股票或股票期权公允价值的确定方法、涉及估值模型重要参数取值合理性、实施股权激励应当计提费用及对上市公司经营业绩的影响；

（十一）股权激励计划的变更、终止；

（十二）上市公司发生控制权变更、合并、分立以及激励对象发生职务变更、离职、死亡等事项时股权激励计划的执行；

（十三）上市公司与激励对象之间相关纠纷或争端解决机制；

（十四）上市公司与激励对象的其他权利义务。

第十条　上市公司应当设立激励对象获授权益、行使权益的条件。拟分次授出权益的，应当就每次激励对象获授权益分别设立条件；分期行权的，应当就每次激励对象行使权益分别设立条件。

激励对象为董事、高级管理人员的，上市公司应当设立绩效考核指标作为激励对象行使权益的条件。

第十一条　绩效考核指标应当包括公司业绩指标和激励对象个人绩效指标。相关指标应当客观公开、清晰透明，符合公司的实际情况，有利于促进公司竞争力的提升。

上市公司可以公司历史业绩或同行业可比公司相关指标作为公司业绩指标对照依据，公司选取的业绩指标可以包括净资产收益率、每股收益、每股分红等能够反映股东回报和公司价值创造的综合性指标，以及净利润增长率、主营业务收入增长率等能够反映公司盈利能力和市场价值的成长性指标。以同行业可比公司相关指标作为对照依据的，选取的对照公司不少于3家。

激励对象个人绩效指标由上市公司自行确定。

上市公司应当在公告股权激励计划草案的同时披露所设定指标的科学性和合理性。

第十二条　拟实行股权激励的上市公司，可以下列方式作为标的股票来源：

（一）向激励对象发行股份；

（二）回购本公司股份；

（三）法律、行政法规允许的其他方式。

第十三条　股权激励计划的有效期从首次授予权益日起不得超过10年。

第十四条　上市公司可以同时实行多期股权激励计划。同时实行多期股权激励计划的，各期激励计划设立的公司业绩指标应当保持可比性，后期激励计划的公司业绩指标低于前期激励计划的，上市公司应当充分说明其原因与合理性。

上市公司全部在有效期内的股权激励计划所涉及的标的股票总数累计不得超过公司股本总额的10%。非经股东大会特别决议批准，任何一名激励对象通过全部在有效期内的股权激励计划获授的本公司股票，累计不得超过公司股本总额的1%。

本条第二款所称股本总额是指股东大会批准最近一次股权激励计划时公司已发行的股本总额。

第十五条　上市公司在推出股权激励计划

时,可以设置预留权益,预留比例不得超过本次股权激励计划拟授予权益数量的20%。

上市公司应当在股权激励计划经股东大会审议通过后12个月内明确预留权益的授予对象;超过12个月未明确激励对象的,预留权益失效。

第十六条　相关法律、行政法规、部门规章对上市公司董事、高级管理人员买卖本公司股票的期间有限制的,上市公司不得在相关限制期间内向激励对象授出限制性股票,激励对象也不得行使权益。

第十七条　上市公司启动及实施增发新股、并购重组、资产注入、发行可转债、发行公司债券等重大事项期间,可以实行股权激励计划。

第十八条　上市公司发生本办法第七条规定的情形之一的,应当终止实施股权激励计划,不得向激励对象继续授予新的权益,激励对象根据股权激励计划已获授但尚未行使的权益应当终止行使。

在股权激励计划实施过程中,出现本办法第八条规定的不得成为激励对象情形的,上市公司不得继续授予其权益,其已获授但尚未行使的权益应当终止行使。

第十九条　激励对象在获授限制性股票或者对获授的股票期权行使权益前后买卖股票的行为,应当遵守《证券法》《公司法》等相关规定。

上市公司应当在本办法第二十条规定的协议中,就前述义务向激励对象作出特别提示。

第二十条　上市公司应当与激励对象签订协议,确认股权激励计划的内容,并依照本办法约定双方的其他权利义务。

上市公司应当承诺,股权激励计划相关信息披露文件不存在虚假记载、误导性陈述或者重大遗漏。

所有激励对象应当承诺,上市公司因信息披露文件中有虚假记载、误导性陈述或者重大遗漏,导致不符合授予权益或行使权益安排的,激励对象应当自相关信息披露文件被确认存在虚假记载、误导性陈述或者重大遗漏后,将由股权激励计划所获得的全部利益返还公司。

第二十一条　激励对象参与股权激励计划的资金来源应当合法合规,不得违反法律、行政法规及中国证监会的相关规定。

上市公司不得为激励对象依股权激励计划获取有关权益提供贷款以及其他任何形式的财务资助,包括为其贷款提供担保。

第三章　限制性股票

第二十二条　本办法所称限制性股票是指激励对象按照股权激励计划规定的条件,获得的转让等部分权利受到限制的本公司股票。

限制性股票在解除限售前不得转让、用于担保或偿还债务。

第二十三条　上市公司在授予激励对象限制性股票时,应当确定授予价格或授予价格的确定方法。授予价格不得低于股票票面金额,且原则上不得低于下列价格较高者:

(一)股权激励计划草案公布前1个交易日的公司股票交易均价的50%;

(二)股权激励计划草案公布前20个交易日、60个交易日或者120个交易日的公司股票交易均价之一的50%。

上市公司采用其他方法确定限制性股票授予价格的,应当在股权激励计划中对定价依据及定价方式作出说明。

第二十四条　限制性股票授予日与首次解除限售日之间的间隔不得少于12个月。

第二十五条　在限制性股票有效期内,上市公司应当规定分期解除限售,每期时限不得少于12个月,各期解除限售的比例不得超过激励对象获授限制性股票总额的50%。

当期解除限售的条件未成就的,限制性股票不得解除限售或递延至下期解除限售,应当按照本办法第二十六条规定处理。

第二十六条　出现本办法第十八条、第二十五条规定情形,或者其他终止实施股权激励计划的情形或激励对象未达到解除限售条件的,上市公司应当回购尚未解除限售的限制性股票,并按照《公司法》的规定进行处理。

对出现本办法第十八条第一款情形负有个人责任的,或出现本办法第十八条第二款情形的,回购价格不得高于授予价格;出现其他情形的,回购价格不得高于授予价格加上银行同期存款利息之和。

第二十七条　上市公司应当在本办法第二十六条规定的情形出现后及时召开董事会审议

回购股份方案，并依法将回购股份方案提交股东大会批准。回购股份方案包括但不限于以下内容：

（一）回购股份的原因；

（二）回购股份的价格及定价依据；

（三）拟回购股份的种类、数量及占股权激励计划所涉及的标的股票的比例、占总股本的比例；

（四）拟用于回购的资金总额及资金来源；

（五）回购后公司股本结构的变动情况及对公司业绩的影响。

律师事务所应当就回购股份方案是否符合法律、行政法规、本办法的规定和股权激励计划的安排出具专业意见。

第四章　股票期权

第二十八条　本办法所称股票期权是指上市公司授予激励对象在未来一定期限内以预先确定的条件购买本公司一定数量股份的权利。

激励对象获授的股票期权不得转让、用于担保或偿还债务。

第二十九条　上市公司在授予激励对象股票期权时，应当确定行权价格或者行权价格的确定方法。行权价格不得低于股票票面金额，且原则上不得低于下列价格较高者：

（一）股权激励计划草案公布前 1 个交易日的公司股票交易均价；

（二）股权激励计划草案公布前 20 个交易日、60 个交易日或者 120 个交易日的公司股票交易均价之一。

上市公司采用其他方法确定行权价格的，应当在股权激励计划中对定价依据及定价方式作出说明。

第三十条　股票期权授权日与获授股票期权首次可行权日之间的间隔不得少于 12 个月。

第三十一条　在股票期权有效期内，上市公司应当规定激励对象分期行权，每期时限不得少于 12 个月，后一行权期的起算日不得早于前一行权期的届满日。每期可行权的股票期权比例不得超过激励对象获授股票期权总额的 50%。

当期行权条件未成就的，股票期权不得行权或递延至下期行权，并应当按照本办法第三十二条第二款规定处理。

第三十二条　股票期权各行权期结束后，激励对象未行权的当期股票期权应当终止行权，上市公司应当及时注销。

出现本办法第十八条、第三十一条规定情形，或者其他终止实施股权激励计划的情形或激励对象不符合行权条件的，上市公司应当注销对应的股票期权。

第五章　实施程序

第三十三条　上市公司董事会下设的薪酬与考核委员会负责拟订股权激励计划草案。

第三十四条　上市公司实行股权激励，董事会应当依法对股权激励计划草案作出决议，拟作为激励对象的董事或与其存在关联关系的董事应当回避表决。

董事会审议本办法第四十六条、第四十七条、第四十八条、第四十九条、第五十条、第五十一条规定中有关股权激励计划实施的事项时，拟作为激励对象的董事或与其存在关联关系的董事应当回避表决。

董事会应当在依照本办法第三十七条、第五十四条的规定履行公示、公告程序后，将股权激励计划提交股东大会审议。

第三十五条　独立董事及监事会应当就股权激励计划草案是否有利于上市公司的持续发展，是否存在明显损害上市公司及全体股东利益的情形发表意见。

独立董事或监事会认为有必要的，可以建议上市公司聘请独立财务顾问，对股权激励计划的可行性、是否有利于上市公司的持续发展、是否损害上市公司利益以及对股东利益的影响发表专业意见。上市公司未按照建议聘请独立财务顾问的，应当就此事项作特别说明。

第三十六条　上市公司未按照本办法第二十三条、第二十九条定价原则，而采用其他方法确定限制性股票授予价格或股票期权行权价格的，应当聘请独立财务顾问，对股权激励计划的可行性、是否有利于上市公司的持续发展、相关定价依据和定价方法的合理性、是否损害上市公司利益以及对股东利益的影响发表专业意见。

第三十七条　上市公司应当在召开股东大会前，通过公司网站或者其他途径，在公司内部公示激励对象的姓名和职务,公示期不少于10天。

监事会应当对股权激励名单进行审核,充分听取公示意见。上市公司应当在股东大会审议股权激励计划前5日披露监事会对激励名单审核及公示情况的说明。

第三十八条　上市公司应当对内幕信息知情人在股权激励计划草案公告前6个月内买卖本公司股票及其衍生品种的情况进行自查,说明是否存在内幕交易行为。

知悉内幕信息而买卖本公司股票的,不得成为激励对象,法律、行政法规及相关司法解释规定不属于内幕交易的情形除外。

泄露内幕信息而导致内幕交易发生的,不得成为激励对象。

第三十九条　上市公司应当聘请律师事务所对股权激励计划出具法律意见书,至少对以下事项发表专业意见:

(一)上市公司是否符合本办法规定的实行股权激励的条件;

(二)股权激励计划的内容是否符合本办法的规定;

(三)股权激励计划的拟订、审议、公示等程序是否符合本办法的规定;

(四)股权激励对象的确定是否符合本办法及相关法律法规的规定;

(五)上市公司是否已按照中国证监会的相关要求履行信息披露义务;

(六)上市公司是否为激励对象提供财务资助;

(七)股权激励计划是否存在明显损害上市公司及全体股东利益和违反有关法律、行政法规的情形;

(八)拟作为激励对象的董事或与其存在关联关系的董事是否根据本办法的规定进行了回避;

(九)其他应当说明的事项。

第四十条　上市公司召开股东大会审议股权激励计划时,独立董事应当就股权激励计划向所有的股东征集委托投票权。

第四十一条　股东大会应当对本办法第九条规定的股权激励计划内容进行表决,并经出席会议的股东所持表决权的2/3以上通过。除上市公司董事、监事、高级管理人员、单独或合计持有上市公司5%以上股份的股东以外,其他股东的投票情况应当单独统计并予以披露。

上市公司股东大会审议股权激励计划时,拟为激励对象的股东或者与激励对象存在关联关系的股东,应当回避表决。

第四十二条　上市公司董事会应当根据股东大会决议,负责实施限制性股票的授予、解除限售和回购以及股票期权的授权、行权和注销。

上市公司监事会应当对限制性股票授予日及期权授予日激励对象名单进行核实并发表意见。

第四十三条　上市公司授予权益与回购限制性股票、激励对象行使权益前,上市公司应当向证券交易所提出申请,经证券交易所确认后,由证券登记结算机构办理登记结算事宜。

第四十四条　股权激励计划经股东大会审议通过后,上市公司应当在60日内授予权益并完成公告、登记;有获授权益条件的,应当在条件成就后60日内授出权益并完成公告、登记。上市公司未能在60日内完成上述工作的,应当及时披露未完成的原因,并宣告终止实施股权激励,自公告之日起3个月内不得再次审议股权激励计划。根据本办法规定上市公司不得授出权益的期间不计算在60日内。

第四十五条　上市公司应当按照证券登记结算机构的业务规则,在证券登记结算机构开设证券账户,用于股权激励的实施。

激励对象为境内工作的外籍员工的,可以向证券登记结算机构申请开立证券账户,用于持有或卖出因股权激励获得的权益,但不得使用该证券账户从事其他证券交易活动。

尚未行权的股票期权,以及不得转让的标的股票,应当予以锁定。

第四十六条　上市公司在向激励对象授出权益前,董事会应当就股权激励计划设定的激励对象获授权益的条件是否成就进行审议,独立董事及监事会应当同时发表明确意见。律师事务所应当对激励对象获授权益的条件是否成就出具法律意见。

上市公司向激励对象授出权益与股权激励计划的安排存在差异时,独立董事、监事会(当激励对象发生变化时)、律师事务所、独立财务顾问(如有)应当同时发表明确意见。

第四十七条　激励对象在行使权益前,董事会应当就股权激励计划设定的激励对象行使权益的条件是否成就进行审议,独立董事及监事会应当同时发表明确意见。律师事务所应当对激励对象行使权益的条件是否成就出具法律意见。

第四十八条 因标的股票除权、除息或者其他原因需要调整权益价格或者数量的,上市公司董事会应当按照股权激励计划规定的原则、方式和程序进行调整。

律师事务所应当就上述调整是否符合本办法、公司章程的规定和股权激励计划的安排出具专业意见。

第四十九条 分次授出权益的,在每次授出权益前,上市公司应当召开董事会,按照股权激励计划的内容及首次授出权益时确定的原则,决定授出的权益价格、行使权益安排等内容。

当次授予权益的条件未成就时,上市公司不得向激励对象授予权益,未授予的权益也不得递延下期授予。

第五十条 上市公司在股东大会审议通过股权激励方案之前可对其进行变更。变更需经董事会审议通过。

上市公司对已通过股东大会审议的股权激励方案进行变更的,应当及时公告并提交股东大会审议,且不得包括下列情形:

(一)导致加速行权或提前解除限售的情形;

(二)降低行权价格或授予价格的情形。

独立董事、监事会应当就变更后的方案是否有利于上市公司的持续发展,是否存在明显损害上市公司及全体股东利益的情形发表独立意见。律师事务所应当就变更后的方案是否符合本办法及相关法律法规的规定、是否存在明显损害上市公司及全体股东利益的情形发表专业意见。

第五十一条 上市公司在股东大会审议股权激励计划之前拟终止实施股权激励的,需经董事会审议通过。

上市公司在股东大会审议通过股权激励计划之后终止实施股权激励的,应当由股东大会审议决定。

律师事务所应当就上市公司终止实施激励是否符合本办法及相关法律法规的规定、是否存在明显损害上市公司及全体股东利益的情形发表专业意见。

第五十二条 上市公司股东大会或董事会审议通过终止实施股权激励计划决议,或者股东大会审议未通过股权激励计划的,自决议公告之日起3个月内,上市公司不得再次审议股权激励计划。

第六章 信息披露

第五十三条 上市公司实行股权激励,应当真实、准确、完整、及时、公平地披露或者提供信息,不得有虚假记载、误导性陈述或者重大遗漏。

第五十四条 上市公司应当在董事会审议通过股权激励计划草案后,及时公告董事会决议、股权激励计划草案、独立董事意见及监事会意见。

上市公司实行股权激励计划依照规定需要取得有关部门批准的,应当在取得有关批复文件后的2个交易日内进行公告。

第五十五条 股东大会审议股权激励计划前,上市公司拟对股权激励方案进行变更的,变更议案经董事会审议通过后,上市公司应当及时披露董事会决议公告,同时披露变更原因、变更内容及独立董事、监事会、律师事务所意见。

第五十六条 上市公司在发出召开股东大会审议股权激励计划的通知时,应当同时公告法律意见书;聘请独立财务顾问的,还应当同时公告独立财务顾问报告。

第五十七条 股东大会审议通过股权激励计划及相关议案后,上市公司应当及时披露股东大会决议公告、经股东大会审议通过的股权激励计划、以及内幕信息知情人买卖本公司股票情况的自查报告。股东大会决议公告中应当包括中小投资者单独计票结果。

第五十八条 上市公司分次授出权益的,分次授出权益的议案经董事会审议通过后,上市公司应当及时披露董事会决议公告,对拟授出的权益价格、行使权益安排、是否符合股权激励计划的安排等内容进行说明。

第五十九条 因标的股票除权、除息或者其他原因调整权益价格或者数量的,调整议案经董事会审议通过后,上市公司应当及时披露董事会决议公告,同时公告律师事务所意见。

第六十条 上市公司董事会应当在授予权

益及股票期权行权登记完成后、限制性股票解除限售前，及时披露相关实施情况的公告。

第六十一条　上市公司向激励对象授出权益时，应当按照本办法第四十四条规定履行信息披露义务，并再次披露股权激励会计处理方法、公允价值确定方法、涉及估值模型重要参数取值的合理性、实施股权激励应当计提的费用及对上市公司业绩的影响。

第六十二条　上市公司董事会按照本办法第四十六条、第四十七条规定对激励对象获授权益、行使权益的条件是否成就进行审议的，上市公司应当及时披露董事会决议公告，同时公告独立董事、监事会、律师事务所意见以及独立财务顾问意见（如有）。

第六十三条　上市公司董事会按照本办法第二十七条规定审议限制性股票回购方案的，应当及时公告回购股份方案及律师事务所意见。回购股份方案经股东大会批准后，上市公司应当及时公告股东大会决议。

第六十四条　上市公司终止实施股权激励的，终止实施议案经股东大会或董事会审议通过后，上市公司应当及时披露股东大会决议公告或董事会决议公告，并对终止实施股权激励的原因、股权激励已筹划及实施进展、终止实施股权激励对上市公司的可能影响等作出说明，并披露律师事务所意见。

第六十五条　上市公司应当在定期报告中披露报告期内股权激励的实施情况，包括：

（一）报告期内激励对象的范围；

（二）报告期内授出、行使和失效的权益总额；

（三）至报告期末累计已授出但尚未行使的权益总额；

（四）报告期内权益价格、权益数量历次调整的情况以及经调整后的最新权益价格与权益数量；

（五）董事、高级管理人员各自的姓名、职务以及在报告期内历次获授、行使权益的情况和失效的权益数量；

（六）因激励对象行使权益所引起的股本变动情况；

（七）股权激励的会计处理方法及股权激励费用对公司业绩的影响；

（八）报告期内激励对象获授权益、行使权益的条件是否成就的说明；

（九）报告期内终止实施股权激励的情况及原因。

第七章　监督管理

第六十六条　上市公司股权激励不符合法律、行政法规和本办法规定，或者上市公司未按照本办法、股权激励计划的规定实施股权激励的，上市公司应当终止实施股权激励，中国证监会及其派出机构责令改正，并书面通报证券交易所和证券登记结算机构。

第六十七条　上市公司未按照本办法及其他相关规定披露股权激励相关信息或者所披露的信息有虚假记载、误导性陈述或者重大遗漏的，中国证监会及其派出机构对公司及相关责任人员采取责令改正、监管谈话、出具警示函等监管措施；情节严重的，依照《证券法》予以处罚；涉嫌犯罪的，依法移交司法机关追究刑事责任。

第六十八条　上市公司因信息披露文件有虚假记载、误导性陈述或者重大遗漏，导致不符合授予权益或行使权益安排的，未行使权益应当统一回购注销，已经行使权益的，所有激励对象应当返还已获授权益。对上述事宜不负有责任的激励对象因返还已获授权益而遭受损失的，可按照股权激励计划相关安排，向上市公司或负有责任的对象进行追偿。

董事会应当按照前款规定和股权激励计划相关安排收回激励对象所得收益。

第六十九条　上市公司实施股权激励过程中，上市公司独立董事及监事未按照本办法及相关规定履行勤勉尽责义务的，中国证监会及其派出机构采取责令改正、监管谈话、出具警示函、认定为不适当人选等措施；情节严重的，依照《证券法》予以处罚；涉嫌犯罪的，依法移交司法机关追究刑事责任。

第七十条　利用股权激励进行内幕交易或者操纵证券市场的，中国证监会及其派出机构依照《证券法》予以处罚；情节严重的，对相关责任人员实施市场禁入等措施；涉嫌犯罪的，依法移交司法机关追究刑事责任。

第七十一条　为上市公司股权激励计划出具专业意见的证券服务机构和人员未履行勤勉尽责义务，所发表的专业意见存在虚假记载、误导性陈述或者重大遗漏的，中国证监会及其派出机构对相关机构及签字人员采取责令改正、监管谈话、出具警示函等措施；情节严重的，依照《证券法》予以处罚；涉嫌犯罪的，依法移交司法机关追究刑事责任。

第八章 附 则

第七十二条 本办法下列用语具有如下含义：

标的股票：指根据股权激励计划，激励对象有权获授或者购买的上市公司股票。

权益：指激励对象根据股权激励计划获得的上市公司股票、股票期权。

授出权益（授予权益、授权）：指上市公司根据股权激励计划的安排，授予激励对象限制性股票、股票期权的行为。

行使权益（行权）：指激励对象根据股权激励计划的规定，解除限制性股票的限售、行使股票期权购买上市公司股份的行为。

分次授出权益（分次授权）：指上市公司根据股权激励计划的安排，向已确定的激励对象分次授予限制性股票、股票期权的行为。

分期行使权益（分期行权）：指根据股权激励计划的安排，激励对象已获授的限制性股票分期解除限售、已获授的股票期权分期行权的行为。

预留权益：指股权激励计划推出时未明确激励对象、股权激励计划实施过程中确定激励对象的权益。

授予日或者授权日：指上市公司向激励对象授予限制性股票、股票期权的日期。授予日、授权日必须为交易日。

限售期：指股权激励计划设定的激励对象行使权益的条件尚未成就，限制性股票不得转让、用于担保或偿还债务的期间，自激励对象获授限制性股票完成登记之日起算。

可行权日：指激励对象可以开始行权的日期。可行权日必须为交易日。

授予价格：上市公司向激励对象授予限制性股票时所确定的、激励对象获得上市公司股份的价格。

行权价格：上市公司向激励对象授予股票期权时所确定的、激励对象购买上市公司股份的价格。

标的股票交易均价：标的股票交易总额/标的股票交易总量。

本办法所称的“以上”“以下”含本数，“超过”“低于”“少于”不含本数。

第七十三条 国有控股上市公司实施股权激励，国家有关部门对其有特别规定的，应当同时遵守其规定。

第七十四条 本办法适用于股票在上海、深圳证券交易所上市的公司。

第七十五条 本办法自2016年8月13日起施行。原《上市公司股权激励管理办法（试行）》（证监公司字［2005］151号）及相关配套制度同时废止。

上市公司重大资产重组管理办法

（2014年7月7日中国证券监督管理委员会第52次主席办公会议审议通过
根据2016年9月8日中国证券监督管理委员会
《关于修改〈上市公司重大资产重组管理办法〉的决定》修订）

第一章 总 则

第一条 为了规范上市公司重大资产重组行为，保护上市公司和投资者的合法权益，促进上市公司质量不断提高，维护证券市场秩序和社会公共利益，根据《公司法》、《证券法》等法律、行政法规的规定，制定本办法。

第二条　本办法适用于上市公司及其控股或者控制的公司在日常经营活动之外购买、出售资产或者通过其他方式进行资产交易达到规定的比例,导致上市公司的主营业务、资产、收入发生重大变化的资产交易行为(以下简称重大资产重组)。

上市公司发行股份购买资产应当符合本办法的规定。

上市公司按照经中国证券监督管理委员会(以下简称中国证监会)核准的发行证券文件披露的募集资金用途,使用募集资金购买资产、对外投资的行为,不适用本办法。

第三条　任何单位和个人不得利用重大资产重组损害上市公司及其股东的合法权益。

第四条　上市公司实施重大资产重组,有关各方必须及时、公平地披露或者提供信息,保证所披露或者提供信息的真实、准确、完整,不得有虚假记载、误导性陈述或者重大遗漏。

第五条　上市公司的董事、监事和高级管理人员在重大资产重组活动中,应当诚实守信、勤勉尽责,维护公司资产的安全,保护公司和全体股东的合法权益。

第六条　为重大资产重组提供服务的证券服务机构和人员,应当遵守法律、行政法规和中国证监会的有关规定,遵循本行业公认的业务标准和道德规范,严格履行职责,对其所制作、出具文件的真实性、准确性和完整性承担责任。

前款规定的证券服务机构和人员,不得教唆、协助或者伙同委托人编制或者披露存在虚假记载、误导性陈述或者重大遗漏的报告、公告文件,不得从事不正当竞争,不得利用上市公司重大资产重组谋取不正当利益。

第七条　任何单位和个人对所知悉的重大资产重组信息在依法披露前负有保密义务。

禁止任何单位和个人利用重大资产重组信息从事内幕交易、操纵证券市场等违法活动。

第八条　中国证监会依法对上市公司重大资产重组行为进行监督管理。

中国证监会审核上市公司重大资产重组或者发行股份购买资产的申请,可以根据上市公司的规范运作和诚信状况、财务顾问的执业能力和执业质量,结合国家产业政策和重组交易类型,作出差异化的、公开透明的监管制度安排,有条件地减少审核内容和环节。

第九条　鼓励依法设立的并购基金、股权投资基金、创业投资基金、产业投资基金等投资机构参与上市公司并购重组。

第十条　中国证监会在发行审核委员会中设立上市公司并购重组审核委员会(以下简称并购重组委),并购重组委以投票方式对提交其审议的重大资产重组或者发行股份购买资产申请进行表决,提出审核意见。

第二章　重大资产重组的原则和标准

第十一条　上市公司实施重大资产重组,应当就本次交易符合下列要求作出充分说明,并予以披露:

(一)符合国家产业政策和有关环境保护、土地管理、反垄断等法律和行政法规的规定;

(二)不会导致上市公司不符合股票上市条件;

(三)重大资产重组所涉及的资产定价公允,不存在损害上市公司和股东合法权益的情形;

(四)重大资产重组所涉及的资产权属清晰,资产过户或者转移不存在法律障碍,相关债权债务处理合法;

(五)有利于上市公司增强持续经营能力,不存在可能导致上市公司重组后主要资产为现金或者无具体经营业务的情形;

(六)有利于上市公司在业务、资产、财务、人员、机构等方面与实际控制人及其关联人保持独立,符合中国证监会关于上市公司独立性的相关规定;

(七)有利于上市公司形成或者保持健全有效的法人治理结构。

第十二条　上市公司及其控股或者控制的公司购买、出售资产,达到下列标准之一的,构成重大资产重组:

(一)购买、出售的资产总额占上市公司最近一个会计年度经审计的合并财务会计报告期末资产总额的比例达到50%以上;

(二)购买、出售的资产在最近一个会计年度所产生的营业收入占上市公司同期经审计的合并财务会计报告营业收入的比例达到50%以上;

（三）购买、出售的资产净额占上市公司最近一个会计年度经审计的合并财务会计报告期末净资产额的比例达到50%以上，且超过5000万元人民币。

购买、出售资产未达到前款规定标准，但中国证监会发现存在可能损害上市公司或者投资者合法权益的重大问题的，可以根据审慎监管原则，责令上市公司按照本办法的规定补充披露相关信息、暂停交易、聘请独立财务顾问或者其他证券服务机构补充核查并披露专业意见。

第十三条 上市公司自控制权发生变更之日起60个月内，向收购人及其关联人购买资产，导致上市公司发生以下根本变化情形之一的，构成重大资产重组，应当按照本办法的规定报经中国证监会核准：

（一）购买的资产总额占上市公司控制权发生变更的前一个会计年度经审计的合并财务会计报告期末资产总额的比例达到100%以上；

（二）购买的资产在最近一个会计年度所产生的营业收入占上市公司控制权发生变更的前一个会计年度经审计的合并财务会计报告营业收入的比例达到100%以上；

（三）购买的资产在最近一个会计年度所产生的净利润占上市公司控制权发生变更的前一个会计年度经审计的合并财务会计报告净利润的比例达到100%以上；

（四）购买的资产净额占上市公司控制权发生变更的前一个会计年度经审计的合并财务会计报告期末净资产额的比例达到100%以上；

（五）为购买资产发行的股份占上市公司首次向收购人及其关联人购买资产的董事会决议前一个交易日的股份的比例达到100%以上；

（六）上市公司向收购人及其关联人购买资产虽未达到本款第（一）至第（五）项标准，但可能导致上市公司主营业务发生根本变化；

（七）中国证监会认定的可能导致上市公司发生根本变化的其他情形。

上市公司实施前款规定的重大资产重组，应当符合下列规定：

（一）符合本办法第十一条、第四十三条规定的要求；

（二）上市公司购买的资产对应的经营实体应当是股份有限公司或者有限责任公司，且符合《首次公开发行股票并上市管理办法》规定的其他发行条件；

（三）上市公司及其最近3年内的控股股东、实际控制人不存在因涉嫌犯罪正被司法机关立案侦查或涉嫌违法违规正被中国证监会立案调查的情形，但是，涉嫌犯罪或违法违规的行为已经终止满3年，交易方案能够消除该行为可能造成的不良后果，且不影响对相关行为人追究责任的除外；

（四）上市公司及其控股股东、实际控制人最近12个月内未受到证券交易所公开谴责，不存在其他重大失信行为；

（五）本次重大资产重组不存在中国证监会认定的可能损害投资者合法权益，或者违背公开、公平、公正原则的其他情形。

上市公司通过发行股份购买资产进行重大资产重组的，适用《证券法》和中国证监会的相关规定。

本条第一款所称控制权，按照《上市公司收购管理办法》第八十四条的规定进行认定。上市公司股权分散，董事、高级管理人员可以支配公司重大的财务和经营决策的，视为具有上市公司控制权。

创业板上市公司自控制权发生变更之日起，向收购人及其关联人购买资产，不得导致本条第一款规定的任一情形。

上市公司自控制权发生变更之日起，向收购人及其关联人购买的资产属于金融、创业投资等特定行业的，由中国证监会另行规定。

第十四条 计算本办法第十二条、第十三条规定的比例时，应当遵守下列规定：

（一）购买的资产为股权的，其资产总额以被投资企业的资产总额与该项投资所占股权比例的乘积和成交金额二者中的较高者为准，营业收入以被投资企业的营业收入与该项投资所占股权比例的乘积为准，资产净额以被投资企业的净资产额与该项投资所占股权比例的乘积和成交金额二者中的较高者为准；出售的资产为股权的，其资产总额、营业收入以及资产净额分别以被投资企业的资产总额、营业收入以及净资产额与该项投资所占股权比例的乘积为准。

购买股权导致上市公司取得被投资企业控

股权的,其资产总额以被投资企业的资产总额和成交金额二者中的较高者为准,营业收入以被投资企业的营业收入为准,净利润以被投资企业扣除非经常性损益前后的净利润的较高者为准,资产净额以被投资企业的净资产额和成交金额二者中的较高者为准;出售股权导致上市公司丧失被投资企业控股权的,其资产总额、营业收入以及资产净额分别以被投资企业的资产总额、营业收入以及净资产额为准。

(二)购买的资产为非股权资产的,其资产总额以该资产的账面值和成交金额二者中的较高者为准,资产净额以相关资产与负债的账面值差额和成交金额二者中的较高者为准;出售的资产为非股权资产的,其资产总额、资产净额分别以该资产的账面值、相关资产与负债账面值的差额为准;该非股权资产不涉及负债的,不适用第十二条第一款第(三)项规定的资产净额标准。

(三)上市公司同时购买、出售资产的,应当分别计算购买、出售资产的相关比例,并以二者中比例较高者为准。

(四)上市公司在12个月内连续对同一或者相关资产进行购买、出售的,以其累计数分别计算相应数额。已按照本办法的规定编制并披露重大资产重组报告书的资产交易行为,无须纳入累计计算的范围。中国证监会对本办法第十三条第一款规定的重大资产重组的累计期限和范围另有规定的,从其规定。

交易标的资产属于同一交易方所有或者控制,或者属于相同或者相近的业务范围,或者中国证监会认定的其他情形下,可以认定为同一或者相关资产。

第十五条 本办法第二条所称通过其他方式进行资产交易,包括:

(一)与他人新设企业、对已设立的企业增资或者减资;

(二)受托经营、租赁其他企业资产或者将经营性资产委托他人经营、租赁;

(三)接受附义务的资产赠与或者对外捐赠资产;

(四)中国证监会根据审慎监管原则认定的其他情形。

上述资产交易实质上构成购买、出售资产,且按照本办法规定的标准计算的相关比例达到50%以上的,应当按照本办法的规定履行相关义务和程序。

第三章 重大资产重组的程序

第十六条 上市公司与交易对方就重大资产重组事宜进行初步磋商时,应当立即采取必要且充分的保密措施,制定严格有效的保密制度,限定相关敏感信息的知悉范围。上市公司及交易对方聘请证券服务机构的,应当立即与所聘请的证券服务机构签署保密协议。

上市公司关于重大资产重组的董事会决议公告前,相关信息已在媒体上传播或者公司股票交易出现异常波动的,上市公司应当立即将有关计划、方案或者相关事项的现状以及相关进展情况和风险因素等予以公告,并按照有关信息披露规则办理其他相关事宜。

第十七条 上市公司应当聘请独立财务顾问、律师事务所以及具有相关证券业务资格的会计师事务所等证券服务机构就重大资产重组出具意见。

独立财务顾问和律师事务所应当审慎核查重大资产重组是否构成关联交易,并依据核查确认的相关事实发表明确意见。重大资产重组涉及关联交易的,独立财务顾问应当就本次重组对上市公司非关联股东的影响发表明确意见。

资产交易定价以资产评估结果为依据的,上市公司应当聘请具有相关证券业务资格的资产评估机构出具资产评估报告。

证券服务机构在其出具的意见中采用其他证券服务机构或者人员的专业意见的,仍然应当进行尽职调查,审慎核查其采用的专业意见的内容,并对利用其他证券服务机构或者人员的专业意见所形成的结论负责。

第十八条 上市公司及交易对方与证券服务机构签订聘用合同后,非因正当事由不得更换证券服务机构。确有正当事由需要更换证券服务机构的,应当披露更换的具体原因以及证券服务机构的陈述意见。

第十九条 上市公司应当在重大资产重组报告书的管理层讨论与分析部分,就本次交易对上市公司的持续经营能力、未来发展前景、当年每股收益等财务指标和非财务指标的影响进行详细分析。

第二十条 重大资产重组中相关资产以资产评估结果作为定价依据的，资产评估机构应当按照资产评估相关准则和规范开展执业活动；上市公司董事会应当对评估机构的独立性、评估假设前提的合理性、评估方法与评估目的的相关性以及评估定价的公允性发表明确意见。

相关资产不以资产评估结果作为定价依据的，上市公司应当在重大资产重组报告书中详细分析说明相关资产的估值方法、参数及其他影响估值结果的指标和因素。上市公司董事会应当对估值机构的独立性、估值假设前提的合理性、估值方法与估值目的的相关性发表明确意见，并结合相关资产的市场可比交易价格、同行业上市公司的市盈率或者市净率等通行指标，在重大资产重组报告书中详细分析本次交易定价的公允性。

前二款情形中，评估机构、估值机构原则上应当采取两种以上的方法进行评估或者估值；上市公司独立董事应当出席董事会会议，对评估机构或者估值机构的独立性、评估或者估值假设前提的合理性和交易定价的公允性发表独立意见，并单独予以披露。

第二十一条 上市公司进行重大资产重组，应当由董事会依法作出决议，并提交股东大会批准。

上市公司董事会应当就重大资产重组是否构成关联交易作出明确判断，并作为董事会决议事项予以披露。

上市公司独立董事应当在充分了解相关信息的基础上，就重大资产重组发表独立意见。重大资产重组构成关联交易的，独立董事可以另行聘请独立财务顾问就本次交易对上市公司非关联股东的影响发表意见。上市公司应当积极配合独立董事调阅相关材料，并通过安排实地调查、组织证券服务机构汇报等方式，为独立董事履行职责提供必要的支持和便利。

第二十二条 上市公司应当在董事会作出重大资产重组决议后的次一工作日至少披露下列文件：

（一）董事会决议及独立董事的意见；

（二）上市公司重大资产重组预案。

本次重组的重大资产重组报告书、独立财务顾问报告、法律意见书以及重组涉及的审计报告、资产评估报告或者估值报告至迟应当与召开股东大会的通知同时公告。上市公司自愿披露盈利预测报告的，该报告应当经具有相关证券业务资格的会计师事务所审核，与重大资产重组报告书同时公告。

本条第一款第（二）项及第二款规定的信息披露文件的内容与格式另行规定。

上市公司应当在至少一种中国证监会指定的报刊公告董事会决议、独立董事的意见，并应当在证券交易所网站全文披露重大资产重组报告书及其摘要、相关证券服务机构的报告或者意见。

第二十三条 上市公司股东大会就重大资产重组作出的决议，至少应当包括下列事项：

（一）本次重大资产重组的方式、交易标的和交易对方；

（二）交易价格或者价格区间；

（三）定价方式或者定价依据；

（四）相关资产自定价基准日至交割日期间损益的归属；

（五）相关资产办理权属转移的合同义务和违约责任；

（六）决议的有效期；

（七）对董事会办理本次重大资产重组事宜的具体授权；

（八）其他需要明确的事项。

第二十四条 上市公司股东大会就重大资产重组事项作出决议，必须经出席会议的股东所持表决权的2/3以上通过。

上市公司重大资产重组事宜与本公司股东或者其关联人存在关联关系的，股东大会就重大资产重组事项进行表决时，关联股东应当回避表决。

交易对方已经与上市公司控股股东就受让上市公司股权或者向上市公司推荐董事达成协议或者默契，可能导致上市公司的实际控制权发生变化的，上市公司控股股东及其关联人应当回避表决。

上市公司就重大资产重组事宜召开股东大会，应当以现场会议形式召开，并应当提供网络投票和其他合法方式为股东参加股东大会提供便利。除上市公司的董事、监事、高级管理人员、单独或者合计持有上市公司5%以上股份的股东以外,其他股东的投票情况应当单独统计并予以披露。

第二十五条　上市公司应当在股东大会作出重大资产重组决议后的次一工作日公告该决议,以及律师事务所对本次会议的召集程序、召集人和出席人员的资格、表决程序以及表决结果等事项出具的法律意见书。

属于本办法第十三条规定的交易情形的,上市公司还应当按照中国证监会的规定委托独立财务顾问在作出决议后3个工作日内向中国证监会提出申请。

第二十六条　上市公司全体董事、监事、高级管理人员应当公开承诺,保证重大资产重组的信息披露和申请文件不存在虚假记载、误导性陈述或者重大遗漏。

重大资产重组的交易对方应当公开承诺,将及时向上市公司提供本次重组相关信息,并保证所提供的信息真实、准确、完整,如因提供的信息存在虚假记载、误导性陈述或者重大遗漏,给上市公司或者投资者造成损失的,将依法承担赔偿责任。

前二款规定的单位和个人还应当公开承诺,如本次交易因涉嫌所提供或者披露的信息存在虚假记载、误导性陈述或者重大遗漏,被司法机关立案侦查或者被中国证监会立案调查的,在案件调查结论明确之前,将暂停转让其在该上市公司拥有权益的股份。

第二十七条　中国证监会依照法定条件和程序,对上市公司属于本办法第十三条规定情形的交易申请作出予以核准或者不予核准的决定。

中国证监会在审核期间提出反馈意见要求上市公司作出书面解释、说明的,上市公司应当自收到反馈意见之日起30日内提供书面回复意见,独立财务顾问应当配合上市公司提供书面回复意见。逾期未提供的,上市公司应当在到期日的次日就本次交易的进展情况及未能及时提供回复意见的具体原因等予以公告。

第二十八条　股东大会作出重大资产重组的决议后,上市公司拟对交易对象、交易标的、交易价格等作出变更,构成对原交易方案重大调整的,应当在董事会表决通过后重新提交股东大会审议,并及时公告相关文件。

中国证监会审核期间,上市公司按照前款规定对原交易方案作出重大调整的,还应当按照本办法的规定向中国证监会重新提出申请,同时公告相关文件。

中国证监会审核期间,上市公司董事会决议撤回申请的,应当说明原因,予以公告;上市公司董事会决议终止本次交易的,还应当按照公司章程的规定提交股东大会审议。

第二十九条　上市公司重大资产重组属于本办法第十三条规定的交易情形的,应当提交并购重组委审核。

第三十条　上市公司在收到中国证监会关于召开并购重组委工作会议审核其申请的通知后,应当立即予以公告,并申请办理并购重组委工作会议期间直至其表决结果披露前的停牌事宜。

上市公司收到并购重组委关于其申请的表决结果的通知后,应当在次一工作日公告表决结果并申请复牌。公告应当说明,公司在收到中国证监会作出的予以核准或者不予核准的决定后将再行公告。

第三十一条　上市公司收到中国证监会就其申请作出的予以核准或者不予核准的决定后,应当在次一工作日予以公告。

中国证监会予以核准的,上市公司应当在公告核准决定的同时,按照相关信息披露准则的规定补充披露相关文件。

第三十二条　上市公司重大资产重组完成相关批准程序后,应当及时实施重组方案,并于实施完毕之日起3个工作日内编制实施情况报告书,向证券交易所提交书面报告,并予以公告。

上市公司聘请的独立财务顾问和律师事务所应当对重大资产重组的实施过程、资产过户事宜和相关后续事项的合规性及风险进行核查,发表明确的结论性意见。独立财务顾问和律师事务所出具的意见应当与实施情况报告书同时报告、公告。

第三十三条　自完成相关批准程序之日起60日内,本次重大资产重组未实施完毕的,上市公司应当于期满后次一工作日将实施进展情况报告,并予以公告;此后每30日应当公告一次,直至实施完毕。属于本办法第十三条、第四十四条规定的交易情形的,自收到中国证监会核准文件之日起超过12个月未实施完毕的,核准文件失效。

第三十四条　上市公司在实施重大资产重组的过程中,发生法律、法规要求披露的重大事项的,应当及时作出公告;该事项导致本次交易发生实质性变动的,须重新提交股东大会审议,属于本办法第十三条规定的交易情形的,还须重新报经中国证监会核准。

第三十五条　采取收益现值法、假设开发法等基于未来收益预期的方法对拟购买资产进行评估或者估值并作为定价参考依据的,上市公司应当在重大资产重组实施完毕后3年内的年度报告中单独披露相关资产的实际盈利数与利润预测数的差异情况,并由会计师事务所对此出具专项审核意见;交易对方应当与上市公司就相关资产实际盈利数不足利润预测数的情况签订明确可行的补偿协议。

预计本次重大资产重组将摊薄上市公司当年每股收益的,上市公司应当提出填补每股收益的具体措施,并将相关议案提交董事会和股东大会进行表决。负责落实该等具体措施的相关责任主体应当公开承诺,保证切实履行其义务和责任。

上市公司向控股股东、实际控制人或者其控制的关联人之外的特定对象购买资产且未导致控制权发生变更的,不适用本条前二款规定,上市公司与交易对方可以根据市场化原则,自主协商是否采取业绩补偿和每股收益填补措施及相关具体安排。

第三十六条　上市公司重大资产重组发生下列情形的,独立财务顾问应当及时出具核查意见,并予以公告:

(一)上市公司完成相关批准程序前,对交易对象、交易标的、交易价格等作出变更,构成对原重组方案重大调整,或者因发生重大事项导致原重组方案发生实质性变动的;

(二)上市公司完成相关批准程序后,在实施重组过程中发生重大事项,导致原重组方案发生实质性变动的。

第三十七条　独立财务顾问应当按照中国证监会的相关规定,对实施重大资产重组的上市公司履行持续督导职责。持续督导的期限自本次重大资产重组实施完毕之日起,应当不少于一个会计年度。实施本办法第十三条规定的重大资产重组,持续督导的期限自中国证监会核准本次重大资产重组之日起,应当不少于3个会计年度。

第三十八条　独立财务顾问应当结合上市公司重大资产重组当年和实施完毕后的第一个会计年度的年报,自年报披露之日起15日内,对重大资产重组实施的下列事项出具持续督导意见,并予以公告:

(一)交易资产的交付或者过户情况;

(二)交易各方当事人承诺的履行情况;

(三)已公告的盈利预测或者利润预测的实现情况;

(四)管理层讨论与分析部分提及的各项业务的发展现状;

(五)公司治理结构与运行情况;

(六)与已公布的重组方案存在差异的其他事项。

独立财务顾问还应当结合本办法第十三条规定的重大资产重组实施完毕后的第二、三个会计年度的年报,自年报披露之日起15日内,对前款第(二)至(六)项事项出具持续督导意见,并予以公告。

第四章　重大资产重组的信息管理

第三十九条　上市公司筹划、实施重大资产重组,相关信息披露义务人应当公平地向所有投资者披露可能对上市公司股票交易价格产生较大影响的相关信息(以下简称股价敏感信息),不得有选择性地向特定对象提前泄露。

第四十条　上市公司的股东、实际控制人以及参与重大资产重组筹划、论证、决策等环节的其他相关机构和人员,应当及时、准确地向上市公司通报有关信息,并配合上市公司及时、准确、完整地进行披露。上市公司获悉股价敏感信息的,应当及时向证券交易所申请停牌并披露。

第四十一条　上市公司及其董事、监事、高级管理人员,重大资产重组的交易对方及其关联方,交易对方及其关联方的董事、监事、高级管理人员或者主要负责人,交易各方聘请的证券服务机构及其从业人员,参与重大资产重组筹划、论证、决策、审批等环节的相关机构和人员,以及因直系亲属关系、提供服务和业务往来等知悉或者可能知悉股价敏感信息的其他相关机构和人员,在重大资产重组的股价敏感信息依法披露前负有保密义务,禁止利用该信息进行内幕交易。

第四十二条 上市公司筹划重大资产重组事项,应当详细记载筹划过程中每一具体环节的进展情况,包括商议相关方案、形成相关意向、签署相关协议或者意向书的具体时间、地点、参与机构和人员、商议和决议内容等,制作书面的交易进程备忘录并予以妥当保存。参与每一具体环节的所有人员应当即时在备忘录上签名确认。

上市公司预计筹划中的重大资产重组事项难以保密或者已经泄露的,应当及时向证券交易所申请停牌,直至真实、准确、完整地披露相关信息。停牌期间,上市公司应当至少每周发布一次事件进展情况公告。

上市公司股票交易价格因重大资产重组的市场传闻发生异常波动时,上市公司应当及时向证券交易所申请停牌,核实有无影响上市公司股票交易价格的重组事项并予以澄清,不得以相关事项存在不确定性为由不履行信息披露义务。

第五章 发行股份购买资产

第四十三条 上市公司发行股份购买资产,应当符合下列规定:

(一)充分说明并披露本次交易有利于提高上市公司资产质量、改善财务状况和增强持续盈利能力,有利于上市公司减少关联交易、避免同业竞争、增强独立性;

(二)上市公司最近一年及一期财务会计报告被注册会计师出具无保留意见审计报告;被出具保留意见、否定意见或者无法表示意见的审计报告的,须经注册会计师专项核查确认,该保留意见、否定意见或者无法表示意见所涉及事项的重大影响已经消除或者将通过本次交易予以消除;

(三)上市公司及其现任董事、高级管理人员不存在因涉嫌犯罪正被司法机关立案侦查或涉嫌违法违规正被中国证监会立案调查的情形,但是,涉嫌犯罪或违法违规的行为已经终止满3年,交易方案有助于消除该行为可能造成的不良后果,且不影响对相关行为人追究责任的除外;

(四)充分说明并披露上市公司发行股份所购买的资产为权属清晰的经营性资产,并能在约定期限内办理完毕权属转移手续;

(五)中国证监会规定的其他条件。

上市公司为促进行业的整合、转型升级,在其控制权不发生变更的情况下,可以向控股股东、实际控制人或者其控制的关联人之外的特定对象发行股份购买资产。所购买资产与现有主营业务没有显著协同效应的,应当充分说明并披露本次交易后的经营发展战略和业务管理模式,以及业务转型升级可能面临的风险和应对措施。

特定对象以现金或者资产认购上市公司非公开发行的股份后,上市公司用同一次非公开发行所募集的资金向该特定对象购买资产的,视同上市公司发行股份购买资产。

第四十四条 上市公司发行股份购买资产的,除属于本办法第十三条第一款规定的交易情形外,可以同时募集部分配套资金,其定价方式按照现行相关规定办理。

上市公司发行股份购买资产应当遵守本办法关于重大资产重组的规定,编制发行股份购买资产预案、发行股份购买资产报告书,并向中国证监会提出申请。

第四十五条 上市公司发行股份的价格不得低于市场参考价的90%。市场参考价为本次发行股份购买资产的董事会决议公告日前20个交易日、60个交易日或者120个交易日的公司股票交易均价之一。本次发行股份购买资产的董事会决议应当说明市场参考价的选择依据。

前款所称交易均价的计算公式为:董事会决议公告日前若干个交易日公司股票交易均价=决议公告日前若干个交易日公司股票交易总额/决议公告日前若干个交易日公司股票交易总量。

本次发行股份购买资产的董事会决议可以明确,在中国证监会核准前,上市公司的股票价格相比最初确定的发行价格发生重大变化的,董事会可以按照已经设定的调整方案对发行价格进行一次调整。

前款规定的发行价格调整方案应当明确、具体、可操作,详细说明是否相应调整拟购买资产的定价、发行股份数量及其理由,在首次董事会决议公告时充分披露,并按照规定提交股东大会审议。股东大会作出决议后,董事会按照已经设定的方案调整发行价格的,上市公司无需按照本办法第二十八条的规定向中国证监会重新提出申请。

第四十六条　特定对象以资产认购而取得的上市公司股份,自股份发行结束之日起 12 个月内不得转让;属于下列情形之一的,36 个月内不得转让:

(一)特定对象为上市公司控股股东、实际控制人或者其控制的关联人;

(二)特定对象通过认购本次发行的股份取得上市公司的实际控制权;

(三)特定对象取得本次发行的股份时,对其用于认购股份的资产持续拥有权益的时间不足 12 个月。

属于本办法第十三条第一款规定的交易情形的,上市公司原控股股东、原实际控制人及其控制的关联人,以及在交易过程中从该等主体直接或间接受让该上市公司股份的特定对象应当公开承诺,在本次交易完成后 36 个月内不转让其在该上市公司中拥有权益的股份;除收购人及其关联人以外的特定对象应当公开承诺,其以资产认购而取得的上市公司股份自股份发行结束之日起 24 个月内不得转让。

第四十七条　上市公司申请发行股份购买资产,应当提交并购重组委审核。

第四十八条　上市公司发行股份购买资产导致特定对象持有或者控制的股份达到法定比例的,应当按照《上市公司收购管理办法》(证监会令第 108 号)的规定履行相关义务。

上市公司向控股股东、实际控制人或者其控制的关联人发行股份购买资产,或者发行股份购买资产将导致上市公司实际控制权发生变更的,认购股份的特定对象应当在发行股份购买资产报告书中公开承诺:本次交易完成后 6 个月内如上市公司股票连续 20 个交易日的收盘价低于发行价,或者交易完成后 6 个月期末收盘价低于发行价的,其持有公司股票的锁定期自动延长至少 6 个月。

前款规定的特定对象还应当在发行股份购买资产报告书中公开承诺:如本次交易因涉嫌所提供或披露的信息存在虚假记载、误导性陈述或者重大遗漏,被司法机关立案侦查或者被中国证监会立案调查的,在案件调查结论明确以前,不转让其在该上市公司拥有权益的股份。

第四十九条　中国证监会核准上市公司发行股份购买资产的申请后,上市公司应当及时实施。向特定对象购买的相关资产过户至上市公司后,上市公司聘请的独立财务顾问和律师事务所应当对资产过户事宜和相关后续事项的合规性及风险进行核查,并发表明确意见。上市公司应当在相关资产过户完成后 3 个工作日内就过户情况作出公告,公告中应当包括独立财务顾问和律师事务所的结论性意见。

上市公司完成前款规定的公告、报告后,可以到证券交易所、证券登记结算公司为认购股份的特定对象申请办理证券登记手续。

第五十条　换股吸收合并涉及上市公司的,上市公司的股份定价及发行按照本章规定执行。

上市公司发行优先股用于购买资产或者与其他公司合并,中国证监会另有规定的,从其规定。

上市公司可以向特定对象发行可转换为股票的公司债券、定向权证用于购买资产或者与其他公司合并。

第六章　重大资产重组后申请发行新股或者公司债券

第五十一条　经中国证监会审核后获得核准的重大资产重组实施完毕后,上市公司申请公开发行新股或者公司债券,同时符合下列条件的,本次重大资产重组前的业绩在审核时可以模拟计算:

(一)进入上市公司的资产是完整经营实体;

(二)本次重大资产重组实施完毕后,重组方的承诺事项已经如期履行,上市公司经营稳定、运行良好;

(三)本次重大资产重组实施完毕后,上市公司和相关资产实现的利润达到盈利预测水平。

上市公司在本次重大资产重组前不符合中国证监会规定的公开发行证券条件,或者本次重组导致上市公司实际控制人发生变化的,上市公司申请公开发行新股或者公司债券,距本次重组交易完成的时间应当不少于一个完整会计年度。

第五十二条　本办法所称完整经营实体,应当符合下列条件:

(一)经营业务和经营资产独立、完整,且在最近两年未发生重大变化;

(二)在进入上市公司前已在同一实际控制人之下持续经营两年以上;

(三)在进入上市公司之前实行独立核算,或者虽未独立核算,但与其经营业务相关的收入、费用在会计核算上能够清晰划分;

(四)上市公司与该经营实体的主要高级管理人员签订聘用合同或者采取其他方式,就该经营实体在交易完成后的持续经营和管理作出恰当安排。

第七章　监督管理和法律责任

第五十三条　未依照本办法的规定履行相关义务或者程序,擅自实施重大资产重组的,由中国证监会责令改正,并可以采取监管谈话、出具警示函等监管措施;情节严重的,可以责令暂停或者终止重组活动,处以警告、罚款,并可以对有关责任人员采取市场禁入的措施。

未经中国证监会核准擅自实施本办法第十三条第一款规定的重大资产重组,交易尚未完成的,中国证监会责令上市公司补充披露相关信息、暂停交易并按照本办法第十三条的规定报送申请文件;交易已经完成的,可以处以警告、罚款,并对有关责任人员采取市场禁入的措施;涉嫌犯罪的,依法移送司法机关追究刑事责任。

上市公司重大资产重组因定价显失公允、不正当利益输送等问题损害上市公司、投资者合法权益的,由中国证监会责令改正,并可以采取监管谈话、出具警示函等监管措施;情节严重的,可以责令暂停或者终止重组活动,处以警告、罚款,并可以对有关责任人员采取市场禁入的措施。

第五十四条　上市公司或者其他信息披露义务人未按照本办法规定报送重大资产重组有关报告,或者报送的报告有虚假记载、误导性陈述或者重大遗漏的,由中国证监会责令改正,依照《证券法》第一百九十三条予以处罚;情节严重的,可以责令暂停或者终止重组活动,并可以对有关责任人员采取市场禁入的措施;涉嫌犯罪的,依法移送司法机关追究刑事责任。

第五十五条　上市公司或者其他信息披露义务人未按照规定披露重大资产重组信息,或者所披露的信息存在虚假记载、误导性陈述或者重大遗漏的,由中国证监会责令改正,依照《证券法》第一百九十三条规定予以处罚;情节严重的,可以责令暂停或者终止重组活动,并可以对有关责任人员采取市场禁入的措施;涉嫌犯罪的,依法移送司法机关追究刑事责任。

重大资产重组或者发行股份购买资产的交易对方未及时向上市公司或者其他信息披露义务人提供信息,或者提供的信息有虚假记载、误导性陈述或者重大遗漏的,按照前款规定执行。

第五十六条　重大资产重组涉嫌本办法第五十三条、第五十四条、第五十五条规定情形的,中国证监会可以责令上市公司作出公开说明、聘请独立财务顾问或者其他证券服务机构补充核查并披露专业意见,在公开说明、披露专业意见之前,上市公司应当暂停重组;上市公司涉嫌前述情形被司法机关立案侦查或者被中国证监会立案调查的,在案件调查结论明确之前应当暂停重组。

涉嫌本办法第五十四条、第五十五条规定情形,被司法机关立案侦查或者被中国证监会立案调查的,有关单位和个人应当严格遵守其所作的公开承诺,在案件调查结论明确之前,不得转让其在该上市公司拥有权益的股份。

第五十七条　上市公司董事、监事和高级管理人员未履行诚实守信、勤勉尽责义务,或者上市公司的股东、实际控制人及其有关负责人员未按照本办法的规定履行相关义务,导致重组方案损害上市公司利益的,由中国证监会责令改正,并可以采取监管谈话、出具警示函等监管措施;情节严重的,处以警告、罚款,并可以对有关人员采取认定为不适当人选、市场禁入的措施;涉嫌犯罪的,依法移送司法机关追究刑事责任。

第五十八条　为重大资产重组出具财务顾问报告、审计报告、法律意见、资产评估报告、估值报告及其他专业文件的证券服务机构及其从业人员未履行诚实守信、勤勉尽责义务,违反行业规范、业务规则,或者未依法履行报告和公告义务、持续督导义务的,由中国证监会责令改正,并可以采取监管谈话、出具警示函、责令公开说明、责令参加培训、责令定期报告、认定为不适当人选等监管措施;情节严重的,依照《证券法》第二百二十六条予以处罚。

前款规定的证券服务机构及其从业人员所制作、出具的文件存在虚假记载、误导性陈述或者重大遗漏的,由中国证监会责令改正,依照《证券法》第二百二十三条予以处罚;情节严重的,可以采取市场禁入的措施;涉嫌犯罪的,依法移送司法机关追究刑事责任。

存在前二款规定情形的,在按照中国证监会的要求完成整改之前,不得接受新的上市公司并购重组业务。

第五十九条 重大资产重组实施完毕后,凡因不属于上市公司管理层事前无法获知且事后无法控制的原因,上市公司所购买资产实现的利润未达到资产评估报告或者估值报告预测金额的80%,或者实际运营情况与重大资产重组报告书中管理层讨论与分析部分存在较大差距的,上市公司的董事长、总经理以及对此承担相应责任的会计师事务所、财务顾问、资产评估机构、估值机构及其从业人员应当在上市公司披露年度报告的同时,在同一报刊上作出解释,并向投资者公开道歉;实现利润未达到预测金额50%的,中国证监会可以对上市公司、相关机构及其责任人员采取监管谈话、出具警示函、责令定期报告等监管措施。

第六十条 任何知悉重大资产重组信息的人员在相关信息依法公开前,泄露该信息、买卖或者建议他人买卖相关上市公司证券、利用重大资产重组散布虚假信息、操纵证券市场或者进行欺诈活动的,中国证监会依照《证券法》第二百零二条、第二百零三条、第二百零七条予以处罚;涉嫌犯罪的,依法移送司法机关追究刑事责任。

第八章 附 则

第六十一条 本办法自2014年11月23日起施行。2008年4月16日发布并于2011年8月1日修改的《上市公司重大资产重组管理办法》(证监会令第73号)、2008年11月11日发布的《关于破产重整上市公司重大资产重组股份发行定价的补充规定》(证监会公告〔2008〕44号)同时废止。

内地与香港股票市场交易互联互通机制若干规定

(2016年9月30日 证监会令第128号)

第一条 为了规范内地与香港股票市场交易互联互通机制相关活动,保护投资者合法权益,维护证券市场秩序,根据《证券法》和其他相关法律、行政法规,制定本规定。

第二条 本规定所称内地与香港股票市场交易互联互通机制,是指上海证券交易所、深圳证券交易所分别和香港联合交易所有限公司(以下简称香港联合交易所)建立技术连接,使内地和香港投资者可以通过当地证券公司或经纪商买卖规定范围内的对方交易所上市的股票。内地与香港股票市场交易互联互通机制包括沪港股票市场交易互联互通机制(以下简称沪港通)和深港股票市场交易互联互通机制(以下简称深港通)。

沪港通包括沪股通和沪港通下的港股通。沪股通,是指投资者委托香港经纪商,经由香港联合交易所在上海设立的证券交易服务公司,向上海证券交易所进行申报(买卖盘传递),买卖沪港通规定范围内的上海证券交易所上市的股票。沪港通下的港股通,是指投资者委托内地证券公司,经由上海证券交易所在香港设立的证券交易服务公司,向香港联合交易所进行申报(买卖盘传递),买卖沪港通规定范围内的香港联合交易所上市的股票。

深港通包括深股通和深港通下的港股通。深股通,是指投资者委托香港经纪商,经由香港联合交易所在深圳设立的证券交易服务公司,向深圳证券交易所进行申报(买卖盘传递),买卖深港通规定范围内的深圳证券交易所上市的股票。深港通下的港股通,是指投资者委托内地证券公司,经由深圳证券交易所在香港设立的证券交易服务公司,向香港联合交易所进行申报(买卖盘传递),买卖深港通规定范围内的香港联合交易所上市的股票。

沪港通下的港股通和深港通下的港股通统称港股通。

第三条　内地与香港股票市场交易互联互通机制遵循两地市场现行的交易结算法律法规。

相关交易结算活动遵守交易结算发生地的监管规定及业务规则,上市公司遵守上市地的监管规定及业务规则,证券公司或经纪商遵守所在地的监管规定及业务规则,投资者遵守其委托的证券公司或经纪商所在地的投资者适当性监管规定及业务规则,本规定另有规定的除外。

第四条　中国证券监督管理委员会(以下简称中国证监会)对内地与香港股票市场交易互联互通机制相关业务进行监督管理,并通过监管合作安排与香港证券及期货事务监察委员会和其他有关国家或地区的证券监督管理机构,按照公平、公正、对等的原则,维护投资者跨境投资的合法权益。

第五条　上海证券交易所、深圳证券交易所和香港联合交易所开展内地与香港股票市场交易互联互通机制相关业务,应当履行下列职责:

(一)提供必要的场所和设施;

(二)上海证券交易所、深圳证券交易所分别在香港设立证券交易服务公司,香港联合交易所分别在上海和深圳设立证券交易服务公司;对证券交易服务公司业务活动进行管理,督促并协助其履行本规定所赋予的职责;

(三)制定相关业务规则,对市场主体的相关交易及其他活动进行自律管理,并开展跨市场监管合作;

(四)制定证券交易服务公司开展相关业务的技术标准;

(五)对相关交易进行实时监控,并建立相应的信息交换制度和联合监控制度,共同监控跨境的不正当交易行为,防范市场风险;

(六)管理和发布相关市场信息;

(七)中国证监会规定的其他职责。

上海证券交易所、深圳证券交易所应当按照有关监管要求,分别制定港股通投资者适当性管理的具体标准和实施指引,并报中国证监会备案。

上海证券交易所、深圳证券交易所应当制定相关业务规则,要求香港联合交易所及其证券交易服务公司提供有关交易申报涉及的投资者信息。

第六条　证券交易服务公司应当按照证券交易所的相关业务规则或通过证券交易所的相关业务安排履行下列职责:

(一)上海证券交易所证券交易服务公司提供沪港通下的港股通相关服务,深圳证券交易所证券交易服务公司提供深港通下的港股通相关服务;香港联合交易所在上海设立的证券交易服务公司提供沪股通相关服务;香港联合交易所在深圳设立的证券交易服务公司提供深股通相关服务;

(二)提供必要的设施和技术服务;

(三)履行沪股通、深股通或港股通额度管理相关职责;

(四)制定沪股通、深股通或港股通业务的操作流程和风险控制措施,加强内部控制,防范风险;

(五)上海证券交易所、深圳证券交易所设立的证券交易服务公司应当分别制定内地证券公司开展港股通业务的技术标准,并对拟开展业务公司的技术系统进行测试评估;香港联合交易所在上海和深圳设立的证券交易服务公司应当分别制定香港经纪商开展沪股通、深股通业务的技术标准,并对拟开展业务公司的技术系统进行测试评估;

(六)为证券公司或经纪商提供技术服务,并对其接入沪股通、深股通或港股通的技术系统运行情况进行监控;

(七)中国证监会规定的其他职责。

第七条　中国证券登记结算有限责任公司

（以下简称中国证券登记结算公司）、香港中央结算有限公司（以下简称香港中央结算公司）开展内地与香港股票市场交易互联互通机制相关业务，应当履行下列职责：

（一）提供必要的场所和设施；

（二）提供登记、存管、结算服务；

（三）制定相关业务规则；

（四）依法提供名义持有人服务；

（五）对登记结算参与机构的相关活动进行自律管理；

（六）中国证监会规定的其他职责。

第八条　内地证券公司开展港股通业务，应当遵守法律、行政法规、本规定、中国证监会其他规定及相关业务规则的要求，加强内部控制，防范和控制风险，并根据中国证监会及上海证券交易所、深圳证券交易所投资者适当性管理有关规定，制定相应的实施方案，切实维护客户权益。

第九条　因交易异常情况严重影响内地与香港股票市场交易互联互通机制部分或全部交易正常进行的，上海证券交易所、深圳证券交易所和香港联合交易所可以按照业务规则和合同约定，暂停部分或者全部相关业务活动并予以公告。

第十条　上海证券交易所、深圳证券交易所和香港联合交易所开展内地与香港股票市场交易互联互通机制相关业务，限于规定范围内的股票交易业务和中国证监会认可的其他业务。

第十一条　证券交易服务公司和证券公司或经纪商不得自行撮合投资者通过内地与香港股票市场交易互联互通机制买卖股票的订单成交，不得以其他任何形式在证券交易所以外的场所对通过内地与香港股票市场交易互联互通机制买卖的股票提供转让服务，中国证监会另有规定的除外。

第十二条　境外投资者的境内股票投资，应当遵循下列持股比例限制：

（一）单个境外投资者对单个上市公司的持股比例，不得超过该上市公司股份总数的10%；

（二）所有境外投资者对单个上市公司A股的持股比例总和，不得超过该上市公司股份总数的30%。

境外投资者依法对上市公司战略投资的，其战略投资的持股不受上述比例限制。

境内有关法律法规和其他有关监管规则对持股比例的最高限额有更严格规定的，从其规定。

第十三条　投资者依法享有通过内地与香港股票市场交易互联互通机制买入的股票的权益。

投资者通过港股通买入的股票应当记录在中国证券登记结算公司在香港中央结算公司开立的证券账户。中国证券登记结算公司应当以自己的名义，通过香港中央结算公司行使对该股票发行人的权利。中国证券登记结算公司行使对该股票发行人的权利，应当通过内地证券公司、托管银行等机构事先征求投资者的意见，并按照其意见办理。

中国证券登记结算公司出具的股票持有记录，是港股通投资者享有该股票权益的合法证明。投资者不能要求提取纸面股票，中国证监会另有规定的除外。

投资者通过沪股通、深股通买入的股票应当登记在香港中央结算公司名下。投资者通过沪股通、深股通买卖股票达到信息披露要求的，应当依法履行报告和信息披露义务。

第十四条　对于通过港股通达成的交易，由中国证券登记结算公司承担股票和资金的清算交收责任。对于通过沪股通、深股通达成的交易，由香港中央结算公司承担股票和资金的清算交收责任。

中国证券登记结算公司及香港中央结算公司，应当按照两地市场结算风险相对隔离、互不传递的原则，互不参加对方市场互保性质的风险基金安排；其他相关风险管理安排应当遵守交易结算发生地的交易结算风险管理有关规定。

第十五条　投资者通过内地与香港股票市场交易互联互通机制买卖股票，应当以人民币与证券公司或经纪商进行交收。使用其他币种进行交收的，以中国人民银行规定为准。

第十六条　对违反法律法规、本规定以及中国证监会其他有关规定的，中国证监会依法采取监督管理措施；依法应予行政处罚的，依照《证券法》《行政处罚法》等法律法规进行处罚；涉嫌犯罪的，依法移送司法机关，追究刑事责任。

中国证监会与香港证券及期货事务监察委员会和其他有关国家或地区的证券监督管理机构,通过跨境监管合作机制,依法查处内地与香港股票市场交易互联互通机制相关跨境违法违规活动。

第十七条 上海证券交易所、深圳证券交易所和中国证券登记结算公司依照本规定的有关要求,分别制定内地与香港股票市场交易互联互通机制相关业务规则,报中国证监会批准后实施。

第十八条 证券交易所、证券交易服务公司及结算机构应当妥善保存履行本规定所规定的职责形成的各类文件、资料,保存期限不少于20年。

第十九条 本规定自公布之日起施行。《沪港股票市场交易互联互通机制试点若干规定》(证监会令第101号)同时废止。

关于修改《期货投资者保障基金管理暂行办法》的决定

(2016年11月8日 证监会令第129号)

一、标题中删去“暂行”,修改为“期货投资者保障基金管理办法”。

二、将第四条修改为:“保障基金按照取之于市场、用之于市场的原则筹集。保障基金的规模应当与期货市场的发展状况、市场风险水平相适应。”

三、将第九条第二款第(一)项修改为:“期货交易所按其向期货公司会员收取的交易手续费的一定比例缴纳”,第(二)项修改为:“期货公司从其收取的交易手续费中按照代理交易额的一定比例缴纳”。同时新增一款,作为第三款:“保障基金的后续资金缴纳比例,由中国证监会和财政部确定,并可根据期货市场发展状况、市场风险水平等情况进行调整。”

四、将第十条修改为:“期货交易所、期货公司应当按年度缴纳保障基金。期货交易所应当在每年度结束后30个工作日内,缴纳前一年度应当缴纳的保障基金,并按照中国证监会和财政部确定的比例代扣代缴期货公司应当缴纳的保障基金。”

五、将第十一条修改为:“有下列情形之一的,经中国证监会、财政部批准,期货交易所、期货公司可以暂停缴纳保障基金:

“(一)保障基金总额足以覆盖市场风险;

“(二)期货交易所、期货公司遭受重大突发市场风险或者不可抗力。

“当前款情形消除后,经中国证监会、财政部批准,应当恢复缴纳。”

六、增加一条,作为第十二条:“对于新设立的期货公司,应当自产生经纪业务收入后纳入保障基金缴纳范围;公司停止经营的,应当告知期货交易所,对其当年应缴纳的保障基金份额进行扣缴。”

七、将第二十五条改为第二十六条,修改为:“期货公司因严重违法违规或者风险控制不力等导致保证金出现缺口的,中国证监会根据《期货交易管理条例》第六十六条、第六十七条进行处罚,吊销期货业务许可证。涉嫌犯罪的,依法移送司法机关。”

八、将第二十六条改为第二十七条,修改为:“期货交易所、期货公司违反本办法规定,延期缴纳或者拒不缴纳保障基金以及不按规定保存、报送有关信息和资料的,中国证监会根据《期货交易管理条例》第六十四条、第六十六条进行处罚。”

九、本决定自公布之日起30日后施行。

《期货投资者保障基金管理暂行办法》根据本决定作相应修改并对条文顺序作相应调整,重新公布。

期货投资者保障基金管理办法

（2007年4月19日证监会、财政部公布 根据2016年11月8日
中国证券监督管理委员会、财政部《关于修改
〈期货投资者保障基金管理暂行办法〉的决定》修订）

第一章 总 则

第一条 为保护期货投资者的合法权益，根据《期货交易管理条例》，制定本办法。

第二条 期货投资者保障基金（以下简称保障基金）是在期货公司严重违法违规或者风险控制不力等导致保证金出现缺口，可能严重危及社会稳定和期货市场安全时，补偿投资者保证金损失的专项基金。

第三条 期货交易活动实行公开、公平、公正和投资者投资决策自主、投资风险自担的原则。

投资者在期货投资活动中因期货市场波动或者投资品种价值本身发生变化所导致的损失，由投资者自行负担。

第四条 保障基金按照取之于市场、用之于市场的原则筹集。保障基金的规模应当与期货市场的发展状况、市场风险水平相适应。

第五条 保障基金由中国证监会集中管理、统筹使用。

第六条 保障基金的管理和运用遵循公开、合理、有效的原则。

第七条 保障基金的使用遵循保障投资者合法权益和公平救助原则，实行比例补偿。

第二章 保障基金的筹集

第八条 保障基金管理机构应当以保障基金名义设立资金专用账户，专户存储保障基金。

第九条 保障基金的启动资金由期货交易所从其积累的风险准备金中按照截至2006年12月31日风险准备金账户总额的百分之十五缴纳形成。

保障基金的后续资金来源包括：

（一）期货交易所按其向期货公司会员收取的交易手续费的一定比例缴纳；

（二）期货公司从其收取的交易手续费中按照代理交易额的一定比例缴纳；

（三）保障基金管理机构追偿或者接受的其他合法财产。

保障基金的后续资金缴纳比例，由中国证监会和财政部确定，并可根据期货市场发展状况、市场风险水平等情况进行调整。

对于因财务状况恶化、风险控制不力等存在较高风险的期货公司，应当按照较高比例缴纳保障基金，各期货公司的具体缴纳比例由中国证监会根据期货公司风险状况确定。期货交易所、期货公司缴纳的保障基金在其营业成本中列支。

第十条 期货交易所、期货公司应当按年度缴纳保障基金。期货交易所应当在每年度结束后30个工作日内，缴纳前一年度应当缴纳的保障基金，并按照中国证监会和财政部确定的比例代扣代缴期货公司应当缴纳的保障基金。

第十一条 有下列情形之一的，经中国证监会、财政部批准，期货交易所、期货公司可以暂停缴纳保障基金：

（一）保障基金总额足以覆盖市场风险；

（二）期货交易所、期货公司遭受重大突发市场风险或者不可抗力。

当前款情形消除后，经中国证监会、财政部批准，应当恢复缴纳。

第十二条 对于新设立的期货公司，应当自产生经纪业务收入后纳入保障基金缴纳范围；公司停止经营的，应当告知期货交易所，对其当年应缴纳的保障基金份额进行扣缴。

第十三条 鼓励保障基金来源多元化，保障基金可以接受社会捐赠和其他合法财产。

保障基金产生的利息以及运用所产生的各

种收益等孳息归属保障基金。

第三章　保障基金的管理和监管

第十四条　中国证监会、财政部可以指定相关机构作为保障基金管理机构,代为管理保障基金。

第十五条　对保障基金的管理应当遵循安全、稳健的原则,保证保障基金的安全。

保障基金的资金运用限于银行存款、购买国债、中央银行债券(包括中央银行票据)和中央级金融机构发行的金融债券,以及中国证监会和财政部批准的其他资金运用方式。

第十六条　保障基金应当实行独立核算,分别管理,并与保障基金管理机构管理的其他资产有效隔离。

保障基金管理机构应当定期编报保障基金的筹集、管理、使用报告,经会计师事务所审计后,报送中国证监会和财政部。

第十七条　保障基金管理机构、期货交易所及期货公司,应当妥善保存有关保障基金的财务凭证、账簿和报表等资料,确保财务记录和档案完整、真实。

第十八条　财政部负责保障基金财务监管。保障基金的年度收支计划和决算报财政部批准。

第十九条　中国证监会负责保障基金业务监管,对保障基金的筹集、管理和使用等情况进行定期核查。

中国证监会定期向保障基金管理机构通报期货公司总体风险状况。存在较高风险的期货公司应当每月向保障基金管理机构提供财务监管报表。

第四章　保障基金的使用

第二十条　期货公司因严重违法违规或者风险控制不力等导致保证金出现缺口的,中国证监会可以按照本办法规定决定使用保障基金,对不能清偿的投资者保证金损失予以补偿。

第二十一条　对期货投资者的保证金损失,保障基金按照下列原则予以补偿:

(一)对每位个人投资者的保证金损失在10万元以下(含10万元)的部分全额补偿,超过10万元的部分按百分之九十补偿;

(二)对每位机构投资者的保证金损失在10万元以下(含10万元)的部分全额补偿,超过10万元的部分按百分之八十补偿。

现有保障基金不足补偿的,由后续缴纳的保障基金补偿。

第二十二条　使用保障基金前,中国证监会和保障基金管理机构应当监督期货公司核实投资者保证金权益及损失,积极清理资产并变现处置,应当先以自有资金和变现资产弥补保证金缺口。不足弥补或者情况危急的,方能决定使用保障基金。

第二十三条　对投资者因参与非法期货交易而遭受的保证金损失,保障基金不予补偿。

对机构投资者以个人名义参与期货交易的,按照机构投资者补偿规则进行补偿。

第二十四条　动用保障基金对期货投资者的保证金损失进行补偿后,保障基金管理机构依法取得相应的受偿权,可以依法参与期货公司清算。

第二十五条　保障基金管理机构应当及时将保障基金的使用、补偿、追偿等情况报告中国证监会和财政部。

第五章　罚　　则

第二十六条　期货公司因严重违法违规或者风险控制不力等导致保证金出现缺口的,中国证监会根据《期货交易管理条例》第六十六条、第六十七条进行处罚,吊销期货业务许可证。涉嫌犯罪的,依法移送司法机关。

第二十七条　期货交易所、期货公司违反本办法规定,延期缴纳或者拒不缴纳保障基金以及不按规定保存、报送有关信息和资料的,中国证监会根据《期货交易管理条例》第六十四条、第六十六条进行处罚。

第二十八条　对挪用、侵占、骗取保障基金的违法行为,依法查处;对有关失职人员,依法追究法律责任;涉嫌犯罪的,依法移送司法机关。

第六章　附　　则

第二十九条　本办法自2007年8月1日起施行。

证券期货投资者适当性管理办法

（2016年12月12日　证监会令第130号）

第一条　为了规范证券期货投资者适当性管理，维护投资者合法权益，根据《证券法》《证券投资基金法》《证券公司监督管理条例》《期货交易管理条例》及其他相关法律、行政法规，制定本办法。

第二条　向投资者销售公开或者非公开发行的证券、公开或者非公开募集的证券投资基金和股权投资基金（包括创业投资基金，以下简称基金）、公开或者非公开转让的期货及其他衍生产品，或者为投资者提供相关业务服务的，适用本办法。

第三条　向投资者销售证券期货产品或者提供证券期货服务的机构（以下简称经营机构）应当遵守法律、行政法规、本办法及其他有关规定，在销售产品或者提供服务的过程中，勤勉尽责，审慎履职，全面了解投资者情况，深入调查分析产品或者服务信息，科学有效评估，充分揭示风险，基于投资者的不同风险承受能力以及产品或者服务的不同风险等级等因素，提出明确的适当性匹配意见，将适当的产品或者服务销售或者提供给适合的投资者，并对违法违规行为承担法律责任。

第四条　投资者应当在了解产品或者服务情况，听取经营机构适当性意见的基础上，根据自身能力审慎决策，独立承担投资风险。

经营机构的适当性匹配意见不表明其对产品或者服务的风险和收益做出实质性判断或者保证。

第五条　中国证券监督管理委员会（以下简称中国证监会）及其派出机构依照法律、行政法规、本办法及其他相关规定，对经营机构履行适当性义务进行监督管理。

证券期货交易场所、登记结算机构及中国证券业协会、中国期货业协会、中国证券投资基金业协会（以下统称行业协会）等自律组织对经营机构履行适当性义务进行自律管理。

第六条　经营机构向投资者销售产品或者提供服务时，应当了解投资者的下列信息：

（一）自然人的姓名、住址、职业、年龄、联系方式，法人或者其他组织的名称、注册地址、办公地址、性质、资质及经营范围等基本信息；

（二）收入来源和数额、资产、债务等财务状况；

（三）投资相关的学习、工作经历及投资经验；

（四）投资期限、品种、期望收益等投资目标；

（五）风险偏好及可承受的损失；

（六）诚信记录；

（七）实际控制投资者的自然人和交易的实际受益人；

（八）法律法规、自律规则规定的投资者准入要求相关信息；

（九）其他必要信息。

第七条　投资者分为普通投资者与专业投资者。

普通投资者在信息告知、风险警示、适当性匹配等方面享有特别保护。

第八条　符合下列条件之一的是专业投资者：

（一）经有关金融监管部门批准设立的金融机构，包括证券公司、期货公司、基金管理公司及其子公司、商业银行、保险公司、信托公司、财务公司等；经行业协会备案或者登记的证券公司子公司、期货公司子公司、私募基金管理人。

（二）上述机构面向投资者发行的理财产品，包括但不限于证券公司资产管理产品、基金管理公司及其子公司产品、期货公司资产管理产品、银行理财产品、保险产品、信托产品、经行业协会备案的私募基金。

(三)社会保障基金、企业年金等养老基金,慈善基金等社会公益基金,合格境外机构投资者(QFII)、人民币合格境外机构投资者(RQFII)。

(四)同时符合下列条件的法人或者其他组织:

1.最近1年末净资产不低于2000万元;

2.最近1年末金融资产不低于1000万元;

3.具有2年以上证券、基金、期货、黄金、外汇等投资经历。

(五)同时符合下列条件的自然人:

1.金融资产不低于500万元,或者最近3年个人年均收入不低于50万元;

2.具有2年以上证券、基金、期货、黄金、外汇等投资经历,或者具有2年以上金融产品设计、投资、风险管理及相关工作经历,或者属于本条第(一)项规定的专业投资者的高级管理人员、获得职业资格认证的从事金融相关业务的注册会计师和律师。

前款所称金融资产,是指银行存款、股票、债券、基金份额、资产管理计划、银行理财产品、信托计划、保险产品、期货及其他衍生产品等。

第九条　经营机构可以根据专业投资者的业务资格、投资实力、投资经历等因素,对专业投资者进行细化分类和管理。

第十条　专业投资者之外的投资者为普通投资者。

经营机构应当按照有效维护投资者合法权益的要求,综合考虑收入来源、资产状况、债务、投资知识和经验、风险偏好、诚信状况等因素,确定普通投资者的风险承受能力,对其进行细化分类和管理。

第十一条　普通投资者和专业投资者在一定条件下可以互相转化。

符合本办法第八条第(四)、(五)项规定的专业投资者,可以书面告知经营机构选择成为普通投资者,经营机构应当对其履行相应的适当性义务。

符合下列条件之一的普通投资者可以申请转化成为专业投资者,但经营机构有权自主决定是否同意其转化:

(一)最近1年末净资产不低于1000万元,最近1年末金融资产不低于500万元,且具有1年以上证券、基金、期货、黄金、外汇等投资经历的除专业投资者外的法人或其他组织;

(二)金融资产不低于300万元或者最近3年个人年均收入不低于30万元,且具有1年以上证券、基金、期货、黄金、外汇等投资经历或者1年以上金融产品设计、投资、风险管理及相关工作经历的自然人投资者。

第十二条　普通投资者申请成为专业投资者应当以书面形式向经营机构提出申请并确认自主承担可能产生的风险和后果,提供相关证明材料。

经营机构应当通过追加了解信息、投资知识测试或者模拟交易等方式对投资者进行谨慎评估,确认其符合前条要求,说明对不同类别投资者履行适当性义务的差别,警示可能承担的投资风险,告知申请的审查结果及其理由。

第十三条　经营机构应当告知投资者,其根据本办法第六条规定所提供的信息发生重要变化、可能影响分类的,应及时告知经营机构。经营机构应当建立投资者评估数据库并及时更新,充分使用已了解信息和已有评估结果,避免重复采集,提高评估效率。

第十四条　中国证监会、自律组织在针对特定市场、产品或者服务制定规则时,可以考虑风险性、复杂性以及投资者的认知难度等因素,从资产规模、收入水平、风险识别能力和风险承担能力、投资认购最低金额等方面,规定投资者准入要求。投资者准入要求包含资产指标的,应当规定投资者在购买产品或者接受服务前一定时期内符合该指标。

现有市场、产品或者服务规定投资者准入要求的,应当符合前款规定。

第十五条　经营机构应当了解所销售产品或者所提供服务的信息,根据风险特征和程度,对销售的产品或者提供的服务划分风险等级。

第十六条　划分产品或者服务风险等级时应当综合考虑以下因素:

(一)流动性;

(二)到期时限;

(三)杠杆情况;

(四)结构复杂性;

(五)投资单位产品或者相关服务的最低金额;

(六)投资方向和投资范围;

（七）募集方式；

（八）发行人等相关主体的信用状况；

（九）同类产品或者服务过往业绩；

（十）其他因素。

涉及投资组合的产品或者服务，应当按照产品或者服务整体风险等级进行评估。

第十七条　产品或者服务存在下列因素的，应当审慎评估其风险等级：

（一）存在本金损失的可能性，因杠杆交易等因素容易导致本金大部分或者全部损失的产品或者服务；

（二）产品或者服务的流动变现能力，因无公开交易市场、参与投资者少等因素导致难以在短期内以合理价格顺利变现的产品或者服务；

（三）产品或者服务的可理解性，因结构复杂、不易估值等因素导致普通人难以理解其条款和特征的产品或者服务；

（四）产品或者服务的募集方式，涉及面广、影响力大的公募产品或者相关服务；

（五）产品或者服务的跨境因素，存在市场差异、适用境外法律等情形的跨境发行或者交易的产品或者服务；

（六）自律组织认定的高风险产品或者服务；

（七）其他有可能构成投资风险的因素。

第十八条　经营机构应当根据产品或者服务的不同风险等级，对其适合销售产品或者提供服务的投资者类型作出判断，根据投资者的不同分类，对其适合购买的产品或者接受的服务作出判断。

第十九条　经营机构告知投资者不适合购买相关产品或者接受相关服务后，投资者主动要求购买风险等级高于其风险承受能力的产品或者接受相关服务的，经营机构在确认其不属于风险承受能力最低类别的投资者后，应当就产品或者服务风险高于其承受能力进行特别的书面风险警示，投资者仍坚持购买的，可以向其销售相关产品或者提供相关服务。

第二十条　经营机构向普通投资者销售高风险产品或者提供相关服务，应当履行特别的注意义务，包括制定专门的工作程序，追加了解相关信息，告知特别的风险点，给予普通投资者更多的考虑时间，或者增加回访频次等。

第二十一条　经营机构应当根据投资者和产品或者服务的信息变化情况，主动调整投资者分类、产品或者服务分级以及适当性匹配意见，并告知投资者上述情况。

第二十二条　禁止经营机构进行下列销售产品或者提供服务的活动：

（一）向不符合准入要求的投资者销售产品或者提供服务；

（二）向投资者就不确定事项提供确定性的判断，或者告知投资者有可能使其误认为具有确定性的意见；

（三）向普通投资者主动推介风险等级高于其风险承受能力的产品或者服务；

（四）向普通投资者主动推介不符合其投资目标的产品或者服务；

（五）向风险承受能力最低类别的投资者销售或者提供风险等级高于其风险承受能力的产品或者服务；

（六）其他违背适当性要求，损害投资者合法权益的行为。

第二十三条　经营机构向普通投资者销售产品或者提供服务前，应当告知下列信息：

（一）可能直接导致本金亏损的事项；

（二）可能直接导致超过原始本金损失的事项；

（三）因经营机构的业务或者财产状况变化，可能导致本金或者原始本金亏损的事项；

（四）因经营机构的业务或者财产状况变化，影响客户判断的重要事由；

（五）限制销售对象权利行使期限或者可解除合同期限等全部限制内容；

（六）本办法第二十九条规定的适当性匹配意见。

第二十四条　经营机构对投资者进行告知、警示，内容应当真实、准确、完整，不存在虚假记载、误导性陈述或者重大遗漏，语言应当通俗易懂；告知、警示应当采用书面形式送达投资者，并由其确认已充分理解和接受。

第二十五条　经营机构通过营业网点向普通投资者进行本办法第十二条、第二十条、第二十一条和第二十三条规定的告知、警示，应当全过程录音或者录像；通过互联网等非现场方式进行的，经营机构应当完善配套留痕安排，由普通投资者通过符合法律、行政法规要求的电子方式进行确认。

第二十六条 经营机构委托其他机构销售本机构发行的产品或者提供服务,应当审慎选择受托方,确认受托方具备代销相关产品或者提供服务的资格和落实相应适当性义务要求的能力,应当制定并告知代销方所委托产品或者提供服务的适当性管理标准和要求,代销方应当严格执行,但法律、行政法规、中国证监会其他规章另有规定的除外。

第二十七条 经营机构代销其他机构发行的产品或者提供相关服务,应当在合同中约定要求委托方提供的信息,包括本办法第十六条、第十七条规定的产品或者服务分级考虑因素等,自行对该信息进行调查核实,并履行投资者评估、适当性匹配等适当性义务。委托方不提供规定的信息、提供信息不完整的,经营机构应当拒绝代销产品或者提供服务。

第二十八条 对在委托销售中违反适当性义务的行为,委托销售机构和受托销售机构应当依法承担相应法律责任,并在委托销售合同中予以明确。

第二十九条 经营机构应当制定适当性内部管理制度,明确投资者分类、产品或者服务分级、适当性匹配的具体依据、方法、流程等,严格按照内部管理制度进行分类、分级,定期汇总分类、分级结果,并对每名投资者提出匹配意见。

经营机构应当制定并严格落实与适当性内部管理有关的限制不匹配销售行为、客户回访检查、评估与销售隔离等风控制度,以及培训考核、执业规范、监督问责等制度机制,不得采取鼓励不适当销售的考核激励措施,确保从业人员切实履行适当性义务。

第三十条 经营机构应当每半年开展一次适当性自查,形成自查报告。发现违反本办法规定的问题,应当及时处理并主动报告住所地中国证监会派出机构。

第三十一条 鼓励经营机构将投资者分类政策、产品或者服务分级政策、自查报告在公司网站或者指定网站进行披露。

第三十二条 经营机构应当按照相关规定妥善保存其履行适当性义务的相关信息资料,防止泄露或者被不当利用,接受中国证监会及其派出机构和自律组织的检查。对匹配方案、告知警示资料、录音录像资料、自查报告等的保存期限不得少于20年。

第三十三条 投资者购买产品或者接受服务,按规定需要提供信息的,所提供的信息应当真实、准确、完整。投资者根据本办法第六条规定所提供的信息发生重要变化、可能影响其分类的,应当及时告知经营机构。

投资者不按照规定提供相关信息,提供信息不真实、不准确、不完整的,应当依法承担相应法律责任,经营机构应当告知其后果,并拒绝向其销售产品或者提供服务。

第三十四条 经营机构应当妥善处理适当性相关的纠纷,与投资者协商解决争议,采取必要措施支持和配合投资者提出的调解。经营机构履行适当性义务存在过错并造成投资者损失的,应当依法承担相应法律责任。

经营机构与普通投资者发生纠纷的,经营机构应当提供相关资料,证明其已向投资者履行相应义务。

第三十五条 中国证监会及其派出机构在监管中应当审核或者关注产品或者服务的适当性安排,对适当性制度落实情况进行检查,督促经营机构严格落实适当性义务,强化适当性管理。

第三十六条 证券期货交易场所应当制定完善本市场相关产品或者服务的适当性管理自律规则。

行业协会应当制定完善会员落实适当性管理要求的自律规则,制定并定期更新本行业的产品或者服务风险等级名录以及本办法第十九条、第二十二条规定的风险承受能力最低的投资者类别,供经营机构参考。经营机构评估相关产品或者服务的风险等级不得低于名录规定的风险等级。

证券期货交易场所、行业协会应当督促、引导会员履行适当性义务,对备案产品或者相关服务应当重点关注高风险产品或者服务的适当性安排。

第三十七条 经营机构违反本办法规定的,中国证监会及其派出机构可以对经营机构及其直接负责的主管人员和其他直接责任人员,采取责令改正、监管谈话、出具警示函、责令参加培训等监督管理措施。

第三十八条 证券公司、期货公司违反本办法规定,存在较大风险或者风险隐患的,中国证监会及其派出机构可以按照《证券公司监督管理条例》第七十条、《期货交易管理条例》第五十五条的规定，采取监督管理措施。

第三十九条 违反本办法第六条、第十八条、第十九条、第二十条、第二十一条、第二十二条第（三）项至第（六）项、第二十三条、第二十四条、第三十三条规定的，按照《证券投资基金法》第一百三十七条、《证券公司监督管理条例》第八十四条、《期货交易管理条例》第六十七条予以处理。

第四十条 违反本办法第二十二条第（一）项至第（二）项、第二十六条、第二十七条规定的，按照《证券投资基金法》第一百三十五条、《证券公司监督管理条例》第八十三条、《期货交易管理条例》第六十六条予以处理。

第四十一条 经营机构有下列情形之一的，给予警告，并处以3万元以下罚款；对直接负责的主管人员和其他直接责任人员，给予警告，并处以3万元以下罚款：

（一）违反本办法第十条，未按规定对普通投资者进行细化分类和管理的；

（二）违反本办法第十一条、第十二条，未按规定进行投资者类别转化的；

（三）违反本办法第十三条，未建立或者更新投资者评估数据库的；

（四）违反本办法第十五条，未按规定了解所销售产品或者所提供服务信息或者履行分级义务的；

（五）违反本办法第十六条、第十七条，未按规定划分产品或者服务风险等级的；

（六）违反本办法第二十五条，未按规定录音录像或者采取配套留痕安排的；

（七）违反本办法第二十九条，未按规定制定或者落实适当性内部管理制度和相关制度机制的；

（八）违反本办法第三十条，未按规定开展适当性自查的；

（九）违反本办法第三十二条，未按规定妥善保存相关信息资料的；

（十）违反本办法第六条、第十八条至第二十四条、第二十六条、第二十七条、第三十三条规定，未构成《证券投资基金法》第一百三十五条、第一百三十七条，《证券公司监督管理条例》第八十三条、第八十四条，《期货交易管理条例》第六十六条、第六十七条规定情形的。

第四十二条 经营机构从业人员违反相关法律法规和本办法规定，情节严重的，中国证监会可以依法采取市场禁入的措施。

第四十三条 本办法自2017年7月1日起施行。

附件一：

中国证监会规范性文件目录

1 上市公司大股东、董监高减持股份的若干规定（2016年1月7日 证监会公告〔2016〕1号）

2. 关于公布金融行业推荐性标准《证券期货业信息系统托管基本要求》的公告（2016年1月13日 证监会公告〔2016〕2号）

3. 公开发行证券的公司信息披露内容与格式准则第38号——公司债券年度报告的内容与格式（2016年1月17日 证监会公告〔2016〕3号）

4. 关于公开发行公司债券的上市公司年度报告披露的补充规定（2016年1月17日 证监会公告〔2016〕3号）

5. 关于整合证券、基金、期货业务许可证的公告（2016年3月1日 证监会公告〔2016〕4号）

6. 关于取消部分行政审批事项及行政审批中介服务事项的公告（2016年3月25日 证监会公告〔2016〕6号）

7. 关于废止部分证券期货规章的决定（第十四批）（2016年3月31日 证监会公告〔2016〕7号）

8. 关于证券期货基金经营机构做好营业税改征增值税试点工作的意见（2016年4月27

日　证监会公告〔2016〕8 号)

9. 公开发行证券的公司信息披露内容与格式准则第 39 号——公司债券半年度报告的内容与格式(2016 年 5 月 11 日　证监会公告〔2016〕9 号)

10. 关于公开发行公司债券的上市公司半年度报告披露的补充规定(2016 年 5 月 11 日　证监会公告〔2016〕9 号)

11. 证券公司风险控制指标计算标准规定(2016 年 6 月 16 日　证监会公告〔2016〕10 号)

12. 关于进一步强化"三证合一"登记制度改革过渡期内有关工作衔接的公告(2016 年 7 月 12 日　证监会公告〔2016〕12 号)

13. 证券期货经营机构私募资产管理业务运作管理暂行规定(2016 年 7 月 14 日　证监会公告〔2016〕13 号)

14. 关于公布金融行业推荐性标准《资本市场交易结算系统核心技术指标》的公告(2016 年 7 月 20 日　证监会公告〔2016〕14 号)

15. 证券期货业统计指标标准指引(2016 年修订)(2016 年 8 月 2 日　证监会公告〔2016〕15 号)

16. 关于修改《关于加强与上市公司重大资产重组相关股票异常交易监管的暂行规定》的决定(2016 年 9 月 9 日　证监会公告〔2016〕16 号)

17. 关于修改《关于规范上市公司重大资产重组若干问题的规定》的决定(2016 年 9 月 9 日　证监会公告〔2016〕17 号)

18.《上市公司重大资产重组管理办法》第十四条、第四十四条的适用意见——证券期货法律适用意见第 12 号(2016 年 9 月 9 日　证监会公告〔2016〕18 号)

19. 中国证监会关于发挥资本市场作用服务国家脱贫攻坚战略的意见(2016 年 9 月 8 日　证监会公告〔2016〕19 号)

20. 公开募集证券投资基金运作指引第 2 号——基金中基金指引(2016 年 9 月 11 日　证监会公告〔2016〕20 号)

21. 关于港股通下香港上市公司向境内原股东配售股份的备案规定(2016 年修订)(2016 年 9 月 30 日　证监会公告〔2016〕21 号)

22. 上市公司股东大会规则(2016 年修订)(2016 年 9 月 30 日　证监会公告〔2016〕22 号)

23. 上市公司章程指引(2016 年修订)(2016 年 9 月 30 日　证监会公告〔2016〕23 号)

24. 证券基金经营机构参与内地与香港股票市场交易互联互通指引(2016 年 10 月 11 日　证监会公告〔2016〕24 号)

25. 关于公布金融行业推荐性系列标准《证券期货业信息系统审计指南》的公告(2016 年 11 月 8 日　证监会公告〔2016〕25 号)

26. 关于明确期货投资者保障基金缴纳比例有关事项的规定(2016 年 11 月 8 日　证监会公告〔2016〕26 号)

27. 关于修改《期货交易所、期货公司缴纳期货投资者保障基金有关事项的规定》的决定(2016 年 11 月 8 日　证监会公告〔2016〕27 号)

28. 基金管理公司子公司管理规定(2016 年 11 月 29 日　证监会公告〔2016〕29 号)

29. 基金管理公司特定客户资产管理子公司风险控制指标管理暂行规定(2016 年 11 月 29 日　证监会公告〔2016〕30 号)

30. 公开发行证券的公司信息披露内容与格式准则第 2 号——年度报告的内容与格式(2016 年修订)(2016 年 12 月 9 日　证监会公告〔2016〕31 号)

31. 公开发行证券的公司信息披露内容与格式准则第 3 号——半年度报告的内容与格式(2016 年修订)(2016 年 12 月 9 日　证监会公告〔2016〕32 号)

32. 公开发行证券的公司信息披露编报规则第 13 号——季度报告的内容与格式(2016 年修订)(2016 年 12 月 9 日　证监会公告〔2016〕33 号)

33. 关于实施《证券期货投资者适当性管理办法》的规定(2016 年 12 月 12 日　证监会公告〔2016〕34 号)

34. 关于资本市场有关主体实施新审计报告相关准则的公告(2016 年 12 月 20 日　证监会公告〔2016〕35 号)

35. 第二批证券期货投资者教育基地申报工作指引(2016 年 12 月 22 日　证监会公告〔2016〕36 号)

附件二：

其他部委发布的相关部门规章及规范性文件目录

1. 关于印发《对失信被执行人联合惩戒的合作备忘录》的通知（2016 年 1 月 20 日　发改财金〔2016〕141 号）

2. 合格境外机构投资者境内证券投资外汇管理规定（2016 年 2 月 3 日　国家外汇管理局公告 2016 年第 1 号）

3. 中国人民银行、发展改革委、工业和信息化部、财政部、商务部、银监会、证监会、保监会关于金融支持工业稳增长调结构增效益的若干意见（2016 年 2 月 14 日）

4. 关于加强物流短板建设促进有效投资和居民消费的若干意见（2016 年 2 月 29 日　发改经贸〔2016〕433 号）

5. 关于印发《加强信息共享促进产融合作行动方案》的通知（2016 年 3 月 2 日　工信部联财〔2016〕83 号）

6. 关于金融助推脱贫攻坚的实施意见（2016 年 3 月 16 日　银发〔2016〕84 号）

7. 中国人民银行、民政部、银监会、证监会、保监会关于金融支持养老服务业加快发展的指导意见（2016 年 3 月 21 日　银发〔2016〕65 号）

8. 关于公益股权捐赠企业所得税政策问题的通知（2016 年 4 月 20 日　财税〔2016〕45）

9. 中国人民银行关于在全国范围内实施全口径跨境融资宏观审慎管理的通知（2016 年 5 月 3 日　银发〔2016〕132 号）

10. 关于规范商业银行代理销售业务的通知（2016 年 5 月 5 日　银监发〔2016〕24 号）

11. 关于印发《关于对安全生产领域失信生产经营单位及其有关人员开展联合惩戒的合作备忘录》的通知（2016 年 5 月 9 日　发改财金〔2016〕1001 号）

12. 关于加强组合类保险资产管理产品业务监管的通知（2016 年 6 月 13 日　保监资金〔2016〕104 号）

13. 企业国有资产交易监督管理办法（2016 年 6 月 24 日　国务院国有资产监督管理委员会、财政部令第 32 号）

14. 关于进一步加强保险公司关联交易信息披露工作有关问题的通知（2016 年 6 月 30 日　保监发〔2016〕52 号）

15. 发展改革委、人民银行、环保部等《关于印发〈关于对环境保护领域失信生产经营单位及其有关人员开展联合惩戒的合作备忘录〉的通知》（2016 年 7 月 20 日　发改财金〔2016〕1580 号）

16. 中国人民银行、国家外汇管理局关于人民币合格境外机构投资者境内证券投资管理有关问题的通知（2016 年 8 月 30 日　银发〔2016〕227 号）

17. 中国人民银行、财政部、发展改革委、环境保护部、银监会、证监会、保监会关于构建绿色金融体系的指导意见（2016 年 8 月 31 日　银发〔2016〕228 号）

18. 财政部、国家税务总局、证监会关于深港股票市场交易互联互通机制试点有关税收政策的通知（2016 年 11 月 5 日　财税〔2016〕127 号）

19. 中国人民银行、证监会关于内地与香港股票市场交易互联互通机制有关问题的通知（2016 年 11 月 23 日　银发〔2016〕282 号）

20. 关于进一步加强国有金融企业股权管理工作有关问题的通知（2016 年 12 月 7 日　财金〔2016〕122 号）

21. 国家发展改革委办公厅关于印发《市场化银行债权转股权专项债券发行指引》的通知（2016 年 12 月 19 日　发改办财金〔2016〕2735 号）

22. 发展改革委、证监会关于推进传统基础设施领域政府和社会资本合作（PPP）项目资产证券化相关工作的通知（2016 年 12 月 21 日　发改投资〔2016〕2698 号）

二、法规文件说明

关于修改《上市公司重大资产重组管理办法》的起草说明

为进一步规范上市公司重大资产重组行为,促进市场估值体系理性修复,继续支持通过并购重组提升上市公司质量,引导更多资金投向实体经济,我会对《上市公司重大资产重组管理办法》(以下简称《重组办法》)部分条文进行了修改。

一、起草背景

非上市公司反向收购上市公司,市场俗称"借壳"上市(以下规范统称重组上市),是上市公司并购重组的重要交易类型,市场影响大,投资者关注度高。为强化对重组上市的监管,2011 年 8 月,《上市公司重大资产重组管理办法》(证监会令第 73 号,以下简称《重组办法》)首次明确了从严监管重组上市的政策,要求与 IPO 趋同。2013 年 11 月,我会进一步规定了"与 IPO 标准等同"的监管要求。根据本次修改前的《重组办法》,一般理解,判断是否构成借壳需同时满足两个要件:一是上市公司发生"控制权变更",二是上市公司"向收购人及其关联人购买资产总额占比超过 100%"。实践证明,我会出台上述规定,市场总体反应良好,普遍认为严格监管有助于规范市场、遏制内幕交易等伴生的违法行为。但随着并购市场的发展,新的交易模式不断出现,规避监管套利的现象也有所增加,需要进一步完善上市公司并购重组监管政策,优化对重组上市的监管,维护市场正常秩序。鉴此,我会经充分研究、评估,并参考境外成熟市场监管经验,对《重组办法》进行了修改。

二、主要修改内容

(一)完善重组上市认定标准

一是目前界定重组上市交易规模仅有资产总额一个判断指标,容易规避。本次修改完善了交易规模的判断指标。对于所购买资产的规模,从原有的资产总额单项指标调整为资产总额、资产净额、营业收入、净利润、股份等五个指标,只要其中任一达到 100%,就认定符合交易规模要件;除量化指标外,还增设了主营业务根本变化的特殊指标,以及"中国证监会认定的可能导致上市公司发生根本变化的其他情形"的概括性条款。二是为了进一步明确"控制权变更"的判断标准,遏制规避套利,修改后的《重组办法》参照成熟市场经验,主要从"股本比例"、"董事会构成"、"管理层控制"三个维度完善控制权变更的认定标准。三是将首次累计原则的累计期限定为 60 个月,以明确市场预期、增强可操作性。但是,60 个月期限不适用于创业板上市公司重组,也不适用于购买的资产属于金融、创业投资等特定行业的情况,这两类情况仍须按原口径累计。

(二)进一步压缩重组上市的套利空间

一是为遏制收购人及其关联人在重组上市的同时获取高额融资牟利,提高对重组方的实力要求,修改后的《重组办法》取消了重组上市的配套融资安排。二是对上市公司原控股股东、原实际控制人及其控制的关联人,以及通过本次重组上市新产生的上市公司控股股东、实际控制人及其其控制的关联人所持股份一致要求锁定 36 个月,其他新进入的股东从目前的 12 个月延长到 24 个月。同时,考虑到如对上市公司原控股股东、原实际控制人及其关联人在交易过程中向其他特定对象转让股份的锁定期不作明确,容易导致监管漏洞。经研究,为防止上述主体通过向其他特定对象转让股份规避限售义务,修改后的《重组办法》进一步明确:"在交易过程中从该等主体直接或间接受让该上市公司股份的特定对象”也应当公开承诺36个月内不转让。三是为强化对违法或失信相关主体的约束，修改后的《重组办法》要求，上市公司及其最近3年内的控股股东、实际控制人正在被立案调查或侦查的，不能进行重组上市，但有例外情形，即违法行为终止已满3年、本次重组能够消除不良后果且不影响对行为人追责的除外；同时，控股股东、实际控制人被交易所公开谴责，或者存在其他重大失信行为（例如存在因证券期货违法被处以刑罚或行政处罚的行为等情形）的，上市公司12个月内不得进行重组上市。

（三）增加对规避重组上市的追责条款

为防范新类型的规避手法，本次《重组办法》修改，细化了对未经核准实施重组上市的追责要求。其中，交易尚未完成的，中国证监会责令上市公司补充披露相关信息、暂停交易并按照规定报送申请文件；交易已经完成的，可以处以警告、罚款，并对有关责任人员采取市场禁入的措施。构成犯罪的，依法移送司法机关。

《上市公司股权激励管理办法》起草说明

为贯彻落实十八届三中全会《中共中央关于全面深化改革若干重大问题的决定》、《国务院关于进一步促进资本市场健康发展的若干意见》（国发〔2014〕17号）和《国务院办公厅关于进一步加强资本市场中小投资者合法权益保护工作的意见》（国办发〔2013〕110号）关于优化投资者回报的相关要求，结合实践发展及市场需求，我会制定了《上市公司股权激励管理办法》（以下简称《激励办法》）。现将主要情况说明如下：

一、起草背景和原则

2005年底，证监会发布了《上市公司股权激励管理办法（试行）》，规定了上市公司实施股权激励计划的基本要求、实施程序和信息披露等内容。此后，根据股权激励监管的实际需要，证监会又陆续发布了3个股权激励相关事项备忘录和2个监管问答，进一步完善并公开了股权激励备案标准。

近年来，上市公司实施股权激励的积极性不断提高。股权激励在促进形成资本所有者和劳动者的共同利益体、调动公司高管及核心员工积极性、稳定员工队伍、完善公司治理机制等方面发挥了积极效果，但实践中也暴露出现行股权激励制度的不足，例如事前备案影响激励效率，不符合简政放权的要求（目前已取消）；股权激励条件过于刚性，上市公司自主灵活性不强；市场剧烈变化时，行权价格倒挂致使激励对象无法行权；现行的股权激励规则包括规章、备忘录、监管问答等，体系不统一等等。因此，有必要对相关规则进行调整和完善，以适应市场发展的需要。

本次起草工作的总体原则为以信息披露为中心，落实“宽进严管”的监管转型理念，放松管制、加强监管，逐步形成公司自主决定的、市场约束有效的上市公司股权激励制度。此前发布的《上市公司股权激励管理办法（试行）》、备忘录、监管问答等将在《激励办法》发布后予以废止。

二、《激励办法》的基本框架

《激励办法》分为八章共75条。

第一章“总则”明确了办法的立法宗旨、立法依据及适用范围，并对上市公司及其董事、监事、高级管理人员，证券服务机构和人员等相关市场主体在上市公司实行股权激励过程中的责任与义务提出了原则性要求。

第二章“一般规定”对上市公司实行股权激励的条件、上市公司员工参与股权激励的条件、股权激励计划的必备内容与基本要求等作出了规定。

第三章“限制性股票”对采取限制性股票实行股权激励进行了细化规定，包括限制性股票的定义与权利限制、授予价格的定价要求、分期解除限售以及回购安排等。

第四章“股票期权”对采取股票期权形式实行股权激励提出了要求,包括股票期权的定义与权利限制、行权价格的定价要求、分期行权与终止行权等。

第五章“实施程序”对上市公司在实行股权激励过程中决策、授予、执行、变更、终止等各个环节实施程序、决策程序进行了细化规定。

第六章“信息披露”对上市公司实行股权激励过程中相关信息披露的时间、内容及程序等方面进行了规定。

第七章“监督管理”明确了上市公司、上市公司相关责任人员、证券服务机构及人员等相关市场主体有关违法违规行为的规定。

第八章“附则”对办法有关用语进行了释义,并明确了新旧制度衔接安排。

三、《激励办法》的主要内容

(一)对信息披露作专章规定,强化信息披露监管

基于以信息披露为中心的监管理念,为减少股权激励实施过程中的信息不对称,强化市场约束机制,《激励办法》对信息披露做专章规定,细化了对信息披露的时间、内容及程序等方面要求。如,激励方案的首次公告,应披露方案的基本要素设置,旨在让投资者人了解股权激励的目的、对象、业绩条件、合规性等等;在定期报告中要求披露股权激励的执行情况、高管薪酬与公司业绩的对比等,便于投资者了解股权激励实施效果;在执行过程中的临时披露,则突出披露的及时性,如加强对股权激励方案实施失败及取消等异常行为原因的信息披露。此外,对于信息披露的细化规定,拟要求交易所制定配套信息披露指引。

(二)进一步完善实行(参与)股权激励的条件

按照放松管制、加强监管的改革理念,《激励办法》完善了上市公司实行股权激励以及个人参与股权激励的限制性条件。

一是完善不得实行股权激励与不得参与股权激励的负面清单。根据近些年来实践的发展,结合优化投资者回报机制的要求,以及证券期货诚信建设、对违法失信责任主体实施联合惩戒的相关要求,《激励办法》将上市公司规范运作程度、积极回报投资者能力作为重点考量条件,并围绕这些因素明确了上市公司不能实行股权激励(五种情形)和个人不得成为激励对象(六种情形)的负面清单。

二是结合市场各方诉求,进一步明确激励对象的范围。其一,明确监事不得成为激励对象。监事在上市公司实施股权激励的过程中承担着核查激励对象名单的职能,为了有利于监事保持独立性,充分发挥监督职能,《激励办法》明确监事不得成为激励对象。其二,明确境内工作的外籍员工可成为激励对象。随着资本市场的国际化,上市公司对外籍员工的股权激励需求日益凸显,《激励办法》明确境内工作的外籍员工可以依规申请开立专用证券账户参与股权激励。对于实际工作地点在境外的外籍员工,因其实际工作地、居住地、缴税地均在境外,参与股权激励将涉及A股的跨境发行,存在一定障碍,故未纳入办法规定。

(三)深化市场化改革,进一步赋予公司自治和灵活决策空间

针对现有的激励条件、定价等核心因素规定较为刚性,上市公司自主灵活性不足的问题,《激励办法》放宽限制,进一步赋予公司自治和灵活决策空间。

一是放宽了绩效考核指标等授权条件、行权条件要求,完善综合评价机制。实践表明,现行规则对绩效考核体系的要求过于刚性,较为单一,未充分考虑上市公司的差异性和市场变化,难以满足市场主体多元化需求,且过于侧重财务业绩指标,易引发管理层为满足授权条件、行权条件而操纵业绩的道德风险。为鼓励公司自治,充分发挥市场作用,《激励办法》取消公司业绩指标不低于公司历史水平且不得为负的强制性要求,原则性规定相关指标应客观公开,符合公司的实际情况,有利于体现公司竞争力的提升。

二是放宽对授予价格、行权价格的定价要求,完善股票定价机制。在简政放权、市场化改革的大背景下,为鼓励公司自治,充分发挥上市公司、股东、激励对象的主观能动作用,《激励办法》对授予价格、行权价格不作强制性规定,仅作原则性要求,鼓励公司从本身价值出发灵活选取定价方式,给予公司更多的灵活空间。在定价的原则性要求中,适当增加了授予价格、

行权价格的定价时间窗口基准，增加价格弹性，充分发挥市场主体的自主权。同时强化信息披露监管，要求公司在股权激励计划中对授予价格、行权价格的定价依据及定价方式做出详细说明。

三是明确股权激励与其他重大事项不互斥。《激励办法》取消了有关股权激励与其他重大事项30日间隔期的规定，明确上市公司启动及实施增发新股、并购重组、资产注入、发行可转债、发行公司债券等重大事项与股权激励计划不相互排斥。

此外，《激励办法》还放宽了对预留权益的限制。现行规则要求预留权益比例不得超过拟授予权益数量的10%，但很多公司认为比例偏低，不能满足上市公司后续发展引进人才的实际需要。《激励办法》将该比例由10%提高至20%。

（四）基于实践发展需求，完善限制性股票与股票期权相关规定

根据实践中反映的问题，进一步完善了限制性股票与股票期权的规定，增强规范性与可操作性。

一是细化了限制性股票相关规定。现行规则对限制性股票规定的很笼统，仅有三条，导致实践中标准不明确，操作难度加大，《激励办法》细化了规定：其一，完善对限制性股票授予价格的规定，将来源于定向发行的与来源于回购的限制性股票定价原则相统一。其二，进一步规范限售期的相关规定，要求在限制性股票有效期内应当分期解除限售，各期解除限售的比例不得超过激励对象获授限制性股票总额的50%，以体现长期激励效应。其三，对激励对象享有的权益做出明确，规定限制性股票在解除限售前不得转让、用于担保或偿还债务。其四，明确激励对象未达到解除限售条件或上市公司终止股权激励计划时的处理方式，规定上市公司应当回购尚未解除限售的限制性股票，并按照《公司法》的规定进行处理。

二是明确股票期权的行权期和行权比例要求。股票期权是较为成熟的股权激励方式，实践中反映的问题较少。针对实践中个别公司存在各行权期有部分时间段重合，未真正达到分期行权的要求，《激励办法》进一步明确应当分期行权，后一行权期的起算日不得早于前一行权期的届满日，且各行权期的行权比例不得超过激励对象获授股票期权总额的50%，以增加股票期权的长期激励效应。

（五）强化内部监督与市场约束，进一步完善股权激励实施程序、决策程序相关规定

落实“宽进严管”的监管转型理念，在放宽事前准入限制的同时，进一步完善股权激励计划的实施程序、决策程序规定，对决策、授予、执行等各环节提出细化要求，强化程序公正，加强公司内部监督，完善市场约束机制。

一是增加对授予条件、行权条件是否成就评判的规定。实践中，股权激励授予条件、行权条件是否成就由董事会审议决定。当董事、高管人员作为激励对象参与股权激励时，在绩效考核指标多以财务业绩指标为主的情况下，不但容易引发管理层操纵业绩，还易导致董事会对授予条件、行权条件进行自我评判，独立性、公允性不足。《激励办法》要求独立董事、监事会、律师事务所对授予条件、行权条件是否成就明确发表意见并充分披露。

二是细化分次授权、分期行权的考核条件与执行要求。目前有个别上市公司将股权激励作为一种纯粹福利，授权条件、行权条件等设置较为随意，未明确分次授权与分期行权时需分别设置考核条件，或在条件未成就时递延至下期授权或行权，难以有效发挥激励约束机制的作用。《激励办法》明确要求，分次授出权益或分期行使权益的，应当就每次授权、行权分别设定条件；当期条件未成就的，不得授权或行权，也不得递延至下期授权或行权。

三是进一步规范上市公司变更、终止实施股权激励的行为。实践中出现了上市公司推出股权激励计划后，因市场形势变化导致价格倒挂等原因中止实施股权激励，但又不明确终止实施的情形；也有上市公司在实施过程中随意变更股权激励计划。《激励办法》统一规范，明确股权激励计划经股东大会审议前可变更且变更需经董事会审议通过，同时规定了不得变更的情形；规定股权激励计划提交股东大会审议前拟终止实施的须经董事会审议通过，股权激励计划经股东大会审议通过之后终止实施的须由股东大会审议；明确股权激励终止实施后3个月内不得再次审议股权激励计划。

此外，还增加了对实施程序的规范性要求，

强化程序公正。如明确审议股权激励计划时关联董事、关联股东回避表决,增加股权激励计划在上市公司内部公示的规定,突出中小投资者保护、尤其是中小投资者在股权激励中的意愿表达机制和话语权等内容。

(六)加强事后监管,强化内部问责与监督处罚

《激励办法》强化事后监管,增加公司内部问责机制安排,同时细化监督处罚的规定,为事后监管执法提供保障。

一是完善公司内部问责与不当利益回吐机制。在实施股权激励的过程中,对激励对象所获不当利益应依规返还,以维护公司和股东的利益。《激励办法》增加上市公司与激励对象以协议约定,完善相关不当利益的回吐机制;将不得实施(参与)股权激励的负面清单情形与终止实施(参与)股权激励的情形前后衔接一致,增加对股权激励实施过程中违法失信行为的追责机制;明确上市公司对股权激励相关责任追究的程序性规定,为董事、监事、高管人员及股东实现不当利益追偿提供制度保障,降低相关违法违规问题发生的风险。

二是细化对股权激励相关违法违规行为的监管与处罚规定。首先,规定上市公司股权激励不符合相关规定或上市公司未按照《激励办法》、股权激励计划的规定实施股权激励的,上市公司应当终止实施股权激励,中国证监会及其派出机构责令改正。其次,对于上市公司未按规定披露股权激励相关信息或出现虚假陈述的,上市公司独立董事及监事未按照办法及相关规定履行勤勉尽责义务的,证券服务机构和人员未履行勤勉尽责义务、所发表的专业意见存在虚假陈述的,均规定了可以采取监管措施、依法予以处罚或追究刑事责任等。此外,对于利用股权激励进行内幕交易或者操纵证券市场的违法行为,依法予以处罚或追究刑事责任。

《证券期货投资者适当性管理办法》起草说明

投资者适当性管理是现代金融服务的基本原则和要求,也是成熟市场普遍采用的保护投资者权益和管控创新风险的做法。为落实《国务院关于进一步促进资本市场健康发展的若干意见》(国发〔2014〕17 号)和《国务院办公厅关于进一步加强资本市场中小投资者合法权益保护工作的意见》(国办发〔2013〕110 号)关于健全适当性制度的要求,强化经营机构投资者适当性义务,维护投资者合法权益,中国证监会起草了《证券期货投资者适当性管理办法》(以下简称《办法》)。现就有关情况说明如下:

一、起草背景

适当性制度是资本市场的一项基础制度,制定统一的适当性管理规定,规范、落实经营机构的适当性义务,是落实"依法监管、从严监管、全面监管"要求,加强资本市场法制建设、强化投资者保护的重要举措。一是有利于完善投资者适当性管理工作。近几年,创业板、股转系统、金融期货、融资融券、私募基金等市场、业务、产品均建立了适当性制度,起到了积极效果。但相关要求散见于各市场或业务法规和自律规定,市场经营机构适当性义务不明确,缺乏统一清晰的监管底线要求,实践中部分机构对适当性制度执行不到位,导致实际风险承受能力低的投资者参与了较高风险的业务,遭受了损失。通过制定统一的适当性管理规定,规范分类分级标准、明确机构义务,能够有效解决以上问题。二是符合加强创新监管和守住风险底线的要求。当前投资者和市场经营机构尚不成熟,监管法规和工作机制也在逐步完善,强化适当性管理有助于加强对市场创新的监管,防范和化解系统性风险。三是适应我国投资者特征强化投资者保护工作的实际需要。我国资本市场以中小投资者为主,一些投资者的知识储备、投资经验和风险意识不足,有必要通过适当性管理构筑保护投资者的第一道防线。通过督促落实适当性制度可以把监管要求和压力有效传

导到一线经营机构，督促其将适当的产品或服务销售或提供给适当的投资者，增强投资者保护主动性，提高服务质量和水平。

二、《办法》定位与适用范围

（一）《办法》定位

《办法》以严格落实经营机构适当性义务为主线，围绕评估投资者风险承受能力和产品风险等级、充分揭示风险、提出匹配意见等核心内容，通过一系列看得见、抓得着的制度安排，规范经营机构义务，制定一一对应的监督管理措施，同时明确监管机构和自律组织的履职要求，确保各项适当性要求落到实处，保障投资者的合法权益。这也是成熟资本市场建立适当性制度遵循的基本逻辑。

（二）《办法》适用范围

向投资者销售公开或者非公开发行的证券、公开或者非公开募集的证券投资基金和股权投资基金（包括创业投资基金，以下简称基金）、公开或者非公开转让的期货及其他衍生产品，或者为投资者提供相关的业务服务的，适用《办法》。

三、《办法》主要内容

《办法》共 43 条，针对适当性管理中的实际问题，主要规定了以下制度安排：

一是形成了依据多维度指标对投资者进行分类的体系，统一投资者分类标准和管理要求。《办法》将投资者分为普通和专业投资者两类，规定了专业投资者的范围，明确了专业、普通投资者相互转化的条件和程序，规定经营机构可以对投资者进行细化分类且应当制定分类内部管理制度。进一步规范了特定市场、产品、服务的投资者准入要求，明确考虑因素、主要指标、资产指标期间性等基本要求。由此，解决了投资者分类无统一标准、无底线要求和分类职责不明确等问题。

二是明确了产品分级的底线要求和职责分工，建立层层把关、严控风险的产品分级机制。《办法》规定经营机构应当了解产品或服务信息，对产品或服务进行风险分级并制定分级内部管理制度，明确划分风险等级的考虑因素。规定由行业协会制定并定期更新本行业的产品风险等级名录，经营机构可以制定高于名录的实施标准。由此，建立了监管部门确立底线要求、行业协会规定产品名录指引、经营机构制定具体分级标准的产品分级体系，既给予经营机构必要的空间，又有效防止产品风险被低估而侵害投资者权益。

三是规定了经营机构在适当性管理各个环节应当履行的义务，全面从严规范相关行为。《办法》规定经营机构应当了解投资者信息，建立投资者评估数据库并每年更新。提出适当性匹配的底线要求，细化动态管理、告知警示、录音录像等义务。明确经营机构在代销产品或委托销售中了解产品信息、制定适当性标准等义务，规定委托销售机构和受托销售机构依法共同承担责任。要求经营机构制定落实适当性匹配、风险控制、监督问责等内部管理制度，不得采取鼓励从业人员不适当销售的考核激励措施，定期开展自查，妥善保存资料。《办法》突出适当性义务规定的可操作性，细化具体内容、方式和程序，确保经营机构能够据此执行，避免成为原则性的“口号立法”。

四是突出对于普通投资者的特别保护，向投资者提供有针对性的产品及差别化服务。《办法》规定普通投资者在信息告知、风险警示、适当性匹配等方面享有特别保护。经营机构向普通投资者销售高风险产品或者提供相关服务，应当履行特别的注意义务，不得向普通投资者主动推介不符合其投资目标或者风险等级高于其风险承受能力的产品或者服务。经营机构与普通投资者发生纠纷的，经营机构应当提供相关资料，证明其已向投资者履行相应义务。

五是强化了监管自律职责与法律责任，确保适当性义务落到实处。《办法》规定了监管自律机构在审核关注产品或者服务适当性安排、督促适当性制度落实、制定完善适当性规则等方面的职责。本着有义务必有追责的原则，针对每一项义务都制定了相应的违规罚则，要求监管自律机构通过检查督促，采取监督管理措施、行政处罚和市场禁入措施等方式，确保经营机构自觉落实适当性义务，避免《办法》成为无约束力的“豆腐立法”和“没有牙齿的立法”。

《公开发行证券的公司信息披露内容与格式准则第2号——年度报告的内容与格式》(2016年修订)修订说明

本次修订在《公开发行证券的公司信息披露内容与格式准则第2号——年度报告的内容与格式(2015年修订)》(以下简称2015年年报准则)基础上,结合上市公司2015年年报披露实践情况,形成了《公开发行证券的公司信息披露内容与格式准则第2号——年度报告的内容与格式》修订稿(以下简称《年报准则》)。现就修订情况作如下说明:

一、修订背景

2015年,我会对上市公司年报准则进行了系统修订并对外发布。年报准则发布后,我会发布了《关于公开发行公司债券的上市公司年度报告披露的补充规定》(证监会公告〔2016〕3号,以下简称《补充规定》),规定公开发行公司债券的上市公司,应当按照《补充规定》在年度报告中,以专门章节披露"公司债券相关情况"。《补充规定》的形式具有过渡临时性特征,本次修订旨在将公司债券相关情况系统纳入上市公司年报准则,以形成统一、协调的信息披露格式准则。此外,按照依法监管、从严监管、全面监管要求,此次修订对年报准则中承诺事项、商誉减值风险、环境信息等内容一并作出修订,以期进一步突出重点内容,适应监管实践的发展。

二、修订的主要内容

本次修订新增5条,修订15条,删除1条,同时对年报摘要格式进行了修订,主要修订内容包括:

(一)统筹兼顾上市公司其他主管部门的信息披露要求

1. 将公司债券相关情况披露要求纳入年报准则。为做好公司债券年度报告与上市公司年度报告的衔接,本次修订将《补充规定》相关规定纳入年报准则,新增第十节"公司债券相关情况",要求公司披露公开发行的公司债券的相关信息。在条文结构上,《补充规定》披露要求共15条,为保持年报准则条文结构的清晰性,本次修订将15条分为三个层级纳入:即公司债券相关情况、发行人相关情况和保证人相关情况,在年报准则中相应增加四条(第63至第66条)披露要求。

2. 增加信息披露中的保密义务要求。为落实党中央加强和改进保密工作的部署,本次修订在第5条明确上市公司在信息披露中的保密义务,要求公司在编制和披露年度报告时应当严格遵守国家有关保密的法律法规,不得泄露国家保密信息。

3. 完善上市公司环境信息披露制度。为适应近年来不断提高的上市公司环保信息公开披露的要求,本次修订根据《环境保护法》、《企业事业单位环境信息公开办法》相关要求,经商环境保护部相关司局,建立了分层次的上市公司环境信息披露制度:一是对属于环境保护部门公布的重点排污单位的公司采取强制披露原则,即应当按规定披露环境信息;二是对重点排污单位之外的公司可以参照上述要求披露其环境信息;三是鼓励公司自愿披露有利于保护生态、防治污染、履行环境责任的相关信息。

(二)增加体现投资者重点关注的部分内容,突出重点内容和差异化内容

1. 细化主要客户和供应商的披露要求。在2015年上市公司年报披露实践中,部分投资者对上市公司主要客户和供应商的独立性较为关注,考虑到前5名客户销售和前5名客户采购信息反映了公司客户和供应商的集中度,为使投资者更好的了解公司的经营独立性、经营质量及对关联客户和关联供应商的依赖程度,本次修订在第27条第(一)1项下增加"公司对主要客户和供应商中关联销售和关联采购情况"的披露要求。

2. 增加商誉减值风险披露。随着上市公司并购重组的日益活跃，近年来上市公司商誉金额大幅增长，商誉减值准备的计提及其对公司经营成果的影响具有较大不确定性，本次修订在第 28 条第（四）项“可能面对的风险”中增加商誉等资产的减值风险。

3. 将资产所有权受限情况的披露作为上市公司年报披露的一般性要求。资产所有权受到限制的情况原为公开发行公司债券的上市公司的特定披露要求。鉴于资产所有权受到限制的情况不仅影响债权人利益，对投资者对上市公司资产及负债情况的判断也会产生影响，本次修订在第 27 条第（三）项“资产及负债情况”中将资产所有权受到限制的情况作为上市公司年报披露的一般性要求。

（三）完善年报准则体例和内容的一致性和层次性

1. 保持年报摘要和年报全文披露内容的一致性和层次性。本次修订将第 73 条的披露内容从披露普通股股本总数信息调整为披露报告期末及年报披露前一个月末公司普通股股东总数信息，同时第 75 条增加公司披露公司债券主要信息的要求。此外，根据年度报告摘要的披露要求修订了后附的“年度报告摘要格式”内容。

2. 保持年报准则和《证券法》等上位法要求的一致性。将年报准则备查文件表述规范为“将年度报告原件或具有法律效力的复印件同时置备于公司住所、证券交易所，以供社会公众查阅”，与《证券法》要求衔接一致；删除年报准则中监事获得的股权激励披露要求，与新修订的《上市公司股权激励管理办法》“监事不能作为激励对象”的要求衔接一致。

《公开发行证券的公司信息披露内容与格式准则第 3 号——半年度报告的内容与格式》（2016 年修订）修订说明

2015 年 11 月，我会发布了《公开发行证券的公司信息披露内容与格式准则第 2 号——年度报告的内容与格式》（2015 年修订），对上市公司年度报告的内容与格式进行了系统修订，但未同步修订上市公司半年度报告。为规范公开发行证券的公司半年报信息披露行为，实现定期报告之间信息披露内容的有效衔接，我们将《公开发行证券的公司信息披露内容与格式准则第 3 号——半年度报告的内容与格式》、《公开发行证券的公司信息披露内容与格式准则第 31 号——创业板半年度报告的内容与格式》进行了合并和修订，形成了《公开发行证券的公司信息披露内容与格式准则第 3 号——半年度报告的内容与格式》修订稿。现就修订情况作如下说明：

一、修订的基本思路

一是构建分层次统一的信息披露框架，将原有主板和创业板半年报准则进行有机整合，形成统一的半年报准则。二是增加投资者关心的信息，提升信息的“有用”；减少冗余信息，提升信息的“易得”。三是落实依法监管、从严监管、全面监管的要求，根据监管发展，对上市公司半年报准则相应作出修订。

二、修订的主要内容

本次新增 19 条，修订 35 条，删除 3 条，主要修订内容包括：

（一）与年报准则修订同步，贯彻落实分层次披露理念

1. 合并主板和创业板半年报准则。2015 年修订的年报准则，将主板（含中小企业板）、创业板原来单独的两项准则合二为一。按照此原则，本次修订将原有主板和创业板半年报准则进行有机整合，形成统一的半年报准则。

2. 根据年报准则修订，调整半年报准则的章节构成及部分条款表述。将“公司简介”及“会计数据和财务指标摘要”两节合并为“公司

简介和主要财务指标”一节;新增“公司业务概要”一节;并将“董事会报告”一节调整为“经营情况讨论与分析”;摘要部分作相应调整,合计修订表述及调整条文顺序 12 处,实现与年报准则保持体例一致。

3. 根据年报准则修订,调整“重要事项”相关内容的排列顺序,凸显投资者需求。半年度报告主要强调披露业务、资产和重大事项的变化情况,半年度报告摘要进一步聚焦投资者关注的核心经营信息,与年度报告构成不同的披露层次。

(二)新增公司债券、环保、保密等相关披露要求

1. 将公司债券披露要求纳入半年报准则。为明确上市公司公开发行公司债券半年度信息披露的要求,新增“公司债券相关情况”一节,将《关于公开发行公司债券的上市公司半年度报告披露的补充规定》的相关内容并入上市公司半年度报告中,实现债券信息与上市公司半年度报告其他信息有效衔接,满足不同投资者的信息需求。

2. 增加信息披露中的保密义务要求。为落实党中央加强和改进保密工作的部署,明确上市公司在信息披露中的保密义务,要求公司在编制和披露半年度报告时应当严格遵守国家有关保密的法律法规,不得泄露国家保密信息。

3. 完善上市公司环境信息披露制度。为适应近年来不断提高的上市公司环保信息公开披露的要求,本次修订根据《环境保护法》、《企业事业单位环境信息公开办法》相关要求,经商环境保护部相关司局,建立了分层次的上市公司环境信息披露制度:一是对属于环境保护部门公布的重点排污单位的公司采取强制披露原则,即应当按规定披露环境信息;二是重点排污单位之外的公司可以参照上述要求披露其环境信息;三是鼓励公司自愿披露有利于保护生态、防治污染、履行环境责任的相关信息。

4. 将资产所有权受限情况的披露作为上市公司半年报披露的一般性要求。鉴于资产所有权受到限制的情况不仅影响债权人利益,对投资者对上市公司资产及负债情况的判断也会产生影响,本次修订在第 26 条第(三)项“资产及负债情况”中将资产所有权或使用权受到限制的情况作为上市公司半年报披露的一般性要求。

(三)删减部分内容的披露要求,重点突出投资者关注的内容

1. 删除公司注册信息披露要求。为落实“三证合一”登记制度改革工作,减少冗余信息披露,删除营业执照注册号、税务登记号码、组织机构代码等注册信息。

2. 删除公司治理信息披露要求。2015 年修订的年报准则已对公司治理部分的披露要求予以简化,仅要求披露实际治理情况与相关规定存在差异的地方。为体现半年报和年报披露的层级性和差异化,本次修订删除半年报中公司治理信息的披露要求。

3. 删除利润分配方案实施情况的披露要求。前期调研发现,利润分配实施情况不属于投资者关心内容,且实践中基本不存在年度利润分配方案经股东大会审议通过却未能顺利实施的情况,删除利润分配方案实施情况的披露要求。

4. 简化承诺事项披露要求。2015 年年报准则要求公司披露报告期内履行完毕的,以及截至报告期末尚未履行完毕的,相关方作出的承诺事项。为体现半年报和年报披露的层级性和差异化,将半年报需要披露的承诺事项限定于报告期内履行完毕的,以及截至报告期末超期未履行完毕的事项,突出变化情况的披露。

5. 对于部分已通过临时公告披露,且内容篇幅较多的重大事项,明确仅需列明披露相关信息的指定网站查询索引及日期。包括:报告期内证券发行与上市情况、优先股及公司债等相关事项。

6. 简化业务概要的披露。鉴于在年度报告披露至半年度报告披露期间公司主营业务通常不会发生重大变化,简化业务概要的披露,仅要求公司披露发生变化的内容。

7. 规范相关文字表述。将备查文件表述规范为“将半年度报告原件或具有法律效力的复印件同时置备于公司住所、证券交易所,以供社会公众查阅”;增加报告期内召开股东大会有关情况的披露要求,与《证券法》的要求衔接一致。

《公开发行证券的公司信息披露编报规则第13号——季度报告的内容与格式》(2016年修订)修订说明

2015年11月,我会发布了《公开发行证券的公司信息披露内容与格式准则第2号——年度报告的内容与格式》(2015年修订),对上市公司年度报告的内容与格式进行了系统修订,但未同步修订上市公司季度报告准则。为规范公开发行证券的公司季度报告信息披露行为,实现定期报告之间信息披露内容的有效衔接,本次合并和修订的是《公开发行证券的公司信息披露编报规则第13号——季度报告内容与格式特别规定》、《公开发行证券的公司信息披露编报规则第20号——创业板上市公司季度报告的内容与格式》,形成了《公开发行证券的公司信息披露编报规则第13号——季度报告的内容与格式》修订稿(以下简称《季报准则》)。现就修订情况作如下说明:

一、修订思路

一是构建分层次统一的信息披露框架,将原有主板和创业板季度报告准则进行有机整合,形成统一的季度报告准则。二是增加投资者关心的信息,提升信息的"有用";减少冗余信息,提升信息的"易得"。三是落实依法监管、从严监管、全面监管的要求,根据监管发展,对上市公司季度准则相应作出修订。

二、修订的的主要内容

本次新增3条,修订6条,删除1条,主要修订内容包括:

1.增加信息披露中的保密义务要求。为落实党中央加强和改进保密工作的部署,明确上市公司在信息披露中的保密义务,要求公司在编制和披露半年度报告时应当严格遵守国家有关保密的法律法规,不得泄露国家保密信息。同时,根据年报准则的修订,新增国家秘密和商业秘密信息披露豁免规定。

2.鼓励公司自愿性披露。为鼓励公司进行主动披露,在总则中新增"鼓励公司结合自身特点,以简明易懂的方式披露对投资者特别是中小投资者决策有用的信息,但披露的信息应当保持持续性,不得选择性披露"的原则性规定。

3.强调季度报告在其他媒体披露的时间要求。为保障投资者公平获取季报信息,增加"公司可以将季度报告刊登在其他媒体上,但不得早于在中国证监会指定媒体披露的时间"的规定,强调季度报告在其他媒体披露的时间要求。

4.简化年报、半年报已披露信息的披露要求。为体现定期报告之间披露的层级性和差异化,形成在披露内容上依次递减的体系层次,简化年报、半年报中已披露过的承诺履行信息,季度报告中仅需披露报告期内超期尚未履行完毕的承诺。

5.合并主板和创业板季报准则主要财务指标披露要求,确保季报准则指标的统一和连贯。

6.删除创业板公司需进行经营回顾、刊登重大风险提示、披露募集资金使用情况、现金分红政策执行情况的要求。进一步简化创业板公司季报披露内容,与主板要求保持一致。

7.规范相关表述。根据年报准则修订,将披露10名无限售条件的优先股股东的持股情况修改为披露前10名表决权恢复的优先股股东持股情况,为投资者提供更有价值的信息。将季报准则第二节名称修改为"公司基本情况",以和《上市公司信息披露管理办法》中"季度报告应当记载公司基本情况"的要求衔接一致。

《公开发行证券的公司信息披露内容与格式准则第38号——公司债券年度报告的内容与格式》起草说明

2015年1月,《公司债券发行与交易管理办法》(以下简称《公司债办法》)发布实施,根据《公司债办法》第四十三条,公开发行公司债券的发行人应当“在债券存续期内披露中期报告和经具有从事证券服务业务资格的会计师事务所审计的年度报告”。为规范公开发行公司债券的发行人年报信息披露行为,落实以信息披露为中心的监管理念,保护投资者利益,中国证监会起草了《公开发行证券的公司信息披露内容与格式准则第38号——公司债券年度报告的内容与格式》(以下简称《公司债券年报准则》)。起草过程中,中国证监会在北京、上海、深圳共召开了5场专题研讨会,广泛听取了发行人、投资者和相关市场机构意见,并书面征求了系统内45家单位的意见。现就准则的起草思路、主要内容和相关问题说明如下:

一、起草思路

《公司债券年报准则》的起草思路是:力求突出债券特性;实现发行阶段信息披露与持续信息披露的有效衔接。

(一)力求突出债券特性

一是针对债券投资者信息需求,删繁就简,体现决策有用性。债券投资者与股票投资者对公司信息的关注点有所区别,因此,《公司债券年报准则》对一些内容采用了概述或总述的处理方式,一些在财务报表或评级报告、受托管理事务报告中能体现的信息不要求重复披露;同时,对一些与公司偿债能力关联较大的信息或数据,则要求详细披露和分析。具体体现为:对股东情况,不要求披露除控股股东、实际控制人之外的其他股东信息;对公司治理,仅要求概括说明是否存在三种负面情况,包括“不能保证独立性、保持自主经营能力,非经营性往来占款、资金拆借,以及违反《公司法》、《公司章程》规定”的情况,重点关注非经营性往来占款和资金拆借事项;对公司业务,重点披露报告期发生的重大变化,以及影响公司现金流的重要新增投资情况;对公司财务和资产,则要求详细披露能直接体现偿债能力的相关指标,并分析指标产生重大变化的原因,使投资者一目了然。

二是突出公司债券事项。《公司债券年报准则》以专节规定公司债券事项,且放在年报正文靠前的位置,要求详细披露公司债券相关条款的执行、募集资金使用、增信、评级、债券持有人会议的召开等特有事项,体现债券特性。

(二)实现发行阶段信息披露与持续信息披露的有效衔接

为保证发行阶段信息披露与持续信息披露的有效衔接,方便发行人掌握和执行,也方便投资者阅读和理解,《公司债券年报准则》在披露范围上基本与《公开发行证券的公司信息披露内容与格式准则第23号——公开发行公司债券募集说明书》保持一致,行文逻辑也力求前后呼应。同时,考虑到债券投资者主要是机构投资者,为提高信息披露的有效性,着重要求披露相关事项在报告期内的变化情况,除重要的基本信息和影响报告完整性的事项外,其他募集说明书或上一年度报告已披露而报告期内没有发生变化的事项,不再要求重复披露。

二、主要内容

《公司债券年报准则》共四章五十条,由总则、年度报告正文、年度报告摘要和附则四部分构成。

第一章总则,规定了准则的制定依据、适用范围、总体要求等。第二章年度报告正文,规定了年度报告的核心内容和要求,包括公司和相关中介机构简介、公司债券事项、财务和资产情况、业务和公司治理情况、重大事项、财务报告、备查文件等几部分。第三章年度报告摘要，规定了年度报告摘要的内容与格式。第四章附则，对一些概念进行说明，并明确准则的解释权和施行日期。

《公开发行证券的公司信息披露内容与格式准则第 39 号——公司债券半年度报告的内容与格式》起草说明

《公司债券发行与交易管理办法》（以下简称《公司债办法》）于 2015 年 1 月发布实施。根据《公司债办法》第四十三条，公开发行公司债券的发行人应当“在债券存续期内披露中期报告和经具有从事证券服务业务资格的会计师事务所审计的年度报告”。2016 年 1 月，《公开发行证券的公司信息披露内容与格式准则第 38 号——公司债券年度报告的内容与格式》（以下简称《公司债券年报准则》）发布实施，对公司债券年度报告的内容与格式进行了全面规定。为规范公开发行公司债券的发行人半年报信息披露行为，落实以信息披露为中心的监管理念，保护债券持有人合法权益，中国证监会起草了《公开发行证券的公司信息披露内容与格式准则第 39 号——公司债券半年度报告的内容与格式》（以下简称《公司债券半年报准则》）。在起草过程中，中国证监会征求了系统内 46 家单位的意见，并请上交所、深交所代为征求了部分发行人的意见，证券业协会代为征求了部分证券公司（受托管理人代表）的意见，基金业协会代为征求了部分基金公司（投资者代表）的意见。现就准则的起草思路、主要内容和相关问题说明如下：

一、起草思路

一是力求突出债券特性。一方面，债券投资者与股票投资者对公司信息关注的侧重点不同，《公司债券半年报准则》延续《公司债券年报准则》的起草思路，对公司股权情况、经营情况分析等披露要求进行了精简，重点要求披露与公司偿债能力关联度较高的事项和直接体现偿债能力的指标。另一方面，以专节规定公司债券事项，且放在半年报正文靠前的位置，要求详细披露公司债券相关条款的执行、募集资金使用、增信、评级、债券持有人会议的召开等特有事项。

二是适当简化信息披露内容。为保证半年报与年报信息披露的有效衔接，《公司债券半年报准则》在披露范围上基本与《公司债券年报准则》保持一致，行文逻辑也力求前后呼应。同时，按照《公司债办法》的规定，并结合半年报信息披露的期间特性，对部分内容进行了调整或简化：不要求对发行人半年报进行审计；仅要求发行人披露财务报表重要项目的附注，不要求保证人披露财务报表附注；简化对发行人财务指标的披露要求；删除公司发展战略、经营计划、暂停上市及终止上市风险提示等内容。

二、主要内容

《公司债券半年报准则》共四章五十条，由总则、半年度报告正文、半年度报告摘要和附则四部分构成。

第一章总则，规定了准则的制定依据、适用范围、总体要求等。第二章半年度报告正文，规定了半年度报告的核心内容和要求，包括公司和相关中介机构简介、公司债券事项、财务和资产情况、业务和公司治理情况、重大事项、财务报告、备查文件等几部分。第三章半年度报告摘要，规定了半年度报告摘要的内容与格式。第四章附则，对一些概念进行了说明，并明确公司债券以外的其他在交易所上市的公司信用类债券应参照执行。

第三部分　监管执法实践

一、行 政 许 可

（一）2016 年证监会作出的行政许可决定书目录

发文字号	发文标题
证监许可〔2016〕1 号	关于核准华油惠博普科技股份有限公司向合格投资者公开发行公司债券的批复
证监许可〔2016〕2 号	关于中弘控股股份有限公司向合格投资者公开发行公司债券的批复
证监许可〔2016〕3 号	关于核准渤海证券股份有限公司设立资产管理子公司的批复
证监许可〔2016〕4 号	关于核准广东榕泰实业股份有限公司向高大鹏等发行股份购买资产的批复
证监许可〔2016〕5 号	关于核准深圳市瑞丰光电子股份有限公司向王伟权等发行股份购买资产并募集配套资金的批复
证监许可〔2016〕6 号	关于核准广东猛狮新能源科技股份有限公司向屠方魁等发行股份购买资产的批复
证监许可〔2016〕7 号	关于核准中冶美利纸业股份有限公司非公开发行股票的批复
证监许可〔2016〕8 号	关于核准中国东方航空股份有限公司非公开发行股票的批复
证监许可〔2016〕9 号	关于核准山东新北洋信息技术股份有限公司非公开发行股票的批复
证监许可〔2016〕10 号	关于核准杭州滨江房产集团股份有限公司非公开发行股票的批复
证监许可〔2016〕11 号	关于核准九州通医药集团股份有限公司公开发行可转换公司债券的批复
证监许可〔2016〕12 号	关于准予九泰鸿祥服务升级灵活配置混合型证券投资基金注册的批复
证监许可〔2016〕13 号	关于准予易方达裕祥回报债券型证券投资基金注册的批复
证监许可〔2016〕14 号	关于准予融通增利债券型证券投资基金注册的批复
证监许可〔2016〕15 号	关于准予天治创新先锋混合型证券投资基金变更注册的批复
证监许可〔2016〕16 号	关于准予天治创新先锋混合型证券投资基金变更注册的批复
证监许可〔2016〕17 号	关于准予天治创新先锋混合型证券投资基金变更注册的批复
证监许可〔2016〕18 号	关于准予东海祥瑞债券型证券投资基金注册的批复
证监许可〔2016〕19 号	关于准予新疆前海联合国民健康产业灵活配置混合型证券投资基金注册的批复

续表

发文字号	发文标题
证监许可〔2016〕20 号	关于准予国泰中证申万证券行业指数证券投资基金(LOF)注册的批复
证监许可〔2016〕21 号	关于准予华安安华保本混合型证券投资基金注册的批复
证监许可〔2016〕22 号	关于准予华富安福保本混合型证券投资基金注册的批复
证监许可〔2016〕23 号	关于准予富兰克林国海恒瑞债券型证券投资基金注册的批复
证监许可〔2016〕24 号	关于准予光大保德信尊瑞 18 个月定期开放债券型证券投资基金注册的批复
证监许可〔2016〕25 号	关于准予博时安泰 18 个月定期开放债券型证券投资基金注册的批复
证监许可〔2016〕26 号	关于核准德华兔宝宝装饰新材股份有限公司向丁鸿敏等发行股份购买资产的批复
证监许可〔2016〕27 号	关于核准三湘股份有限公司向 Impression Creative Inc. 等发行股份购买资产并募集配套资金的批复
证监许可〔2016〕28 号	关于核准华电福新能源股份有限公司增发境外上市外资股的批复
证监许可〔2016〕29 号	关于核准中国铁建股份有限公司发行可转换为境外上市外资股的公司债券的批复
证监许可〔2016〕30 号	关于核准长江证券(上海)资产管理有限公司公开募集证券投资基金管理业务资格的批复
证监许可〔2016〕31 号	关于核准苏州轴承厂股份有限公司定向发行股票的批复
证监许可〔2016〕32 号	关于核准广联达软件股份有限公司向合格投资者公开发行公司债券的批复
证监许可〔2016〕33 号	关于核准北京碧水源科技股份有限公司向陈桂珍等发行股份购买资产的批复
证监许可〔2016〕34 号	关于核准山东龙泉管道工程股份有限公司向朱全明等发行股份购买资产并募集配套资金的批复
证监许可〔2016〕35 号	关于核准北京金隅股份有限公司向合格投资者公开发行公司债券的批复
证监许可〔2016〕36 号	关于核准中国中车集团公司向合格投资者公开发行公司债券的批复
证监许可〔2016〕37 号	关于核准河南羚锐制药股份有限公司非公开发行股票的批复
证监许可〔2016〕38 号	关于核准浙江万安科技股份有限公司非公开发行股票的批复
证监许可〔2016〕39 号	关于核准天津汽车模具股份有限公司公开发行可转换公司债券的批复
证监许可〔2016〕40 号	关于核准吉林化纤股份有限公司非公开发行股票的批复
证监许可〔2016〕41 号	关于核准岭南园林股份有限公司非公开发行股票的批复
证监许可〔2016〕42 号	关于核准保利房地产(集团)股份有限公司非公开发行股票的批复
证监许可〔2016〕43 号	关于核准华西证券股份有限公司向合格投资者公开发行公司债券的批复
证监许可〔2016〕44 号	关于核准中国中化股份有限公司向合格投资者公开发行公司债券的批复
证监许可〔2016〕45 号	关于核准北京兴竹同智信息技术股份有限公司定向发行股票的批复
证监许可〔2016〕46 号	关于核准广东太安堂药业股份有限公司向合格投资者公开发行公司债券的批复
证监许可〔2016〕47 号	关于核准云南世博旅游控股集团有限公司向合格投资者公开发行公司债券的批复
证监许可〔2016〕48 号	关于核准山西能源交通投资有限公司向合格投资者公开发行公司债券的批复

续表

发文字号	发文标题
证监许可〔2016〕49 号	关于核准山东省商业集团有限公司向合格投资者公开发行公司债券的批复
证监许可〔2016〕50 号	关于核准广州珠江实业集团有限公司向合格投资者公开发行公司债券的批复
证监许可〔2016〕51 号	关于不予核准豁免阳光凯迪新能源集团有限公司要约收购凯迪生态环境科技股份有限公司股份义务的决定
证监许可〔2016〕52 号	关于核准山东隆基机械股份有限公司配股的批复
证监许可〔2016〕53 号	关于核准宁波三星医疗电气股份有限公司非公开发行股票的批复
证监许可〔2016〕54 号	关于核准广州白云国际机场股份有限公司公开发行可转换公司债券的批复
证监许可〔2016〕55 号	关于核准华东医药股份有限公司非公开发行股票的批复
证监许可〔2016〕56 号	关于核准中航工业机电系统股份有限公司非公开发行股票的批复
证监许可〔2016〕57 号	关于核准中国武夷实业股份有限公司配股的批复
证监许可〔2016〕58 号	关于核准广西投资集团有限公司向公众投资者公开发行公司债券的批复
证监许可〔2016〕59 号	关于核准安徽应流机电股份有限公司非公开发行股票的批复
证监许可〔2016〕60 号	关于核准力帆实业(集团)股份有限公司向合格投资者公开发行公司债券的批复
证监许可〔2016〕61 号	关于核准云南白药控股有限公司向合格投资者公开发行公司债券的批复
证监许可〔2016〕62 号	关于核准厦门信达股份有限公司非公开发行股票的批复
证监许可〔2016〕63 号	关于核准深圳市海王生物工程股份有限公司非公开发行股票的批复
证监许可〔2016〕64 号	关于准予华安安康保本混合型证券投资基金注册的批复
证监许可〔2016〕65 号	关于准予新疆前海联合新思路灵活配置混合型证券投资基金注册的批复
证监许可〔2016〕66 号	关于准予国寿安保核心产业灵活配置混合型证券投资基金注册的批复
证监许可〔2016〕67 号	关于准予南方新兴龙头灵活配置混合型证券投资基金注册的批复
证监许可〔2016〕68 号	关于核准湖北江汉石油仪器仪表股份有限公司定向发行股票的批复
证监许可〔2016〕69 号	关于核准正奇安徽金融控股有限公司向合格投资者公开发行公司债券的批复
证监许可〔2016〕70 号	关于准予建信安心保本五号混合型证券投资基金注册的批复
证监许可〔2016〕71 号	关于核准重庆华宇集团有限公司向合格投资者公开发行公司债券的批复
证监许可〔2016〕72 号	关于核准中国中车股份有限公司发行可转换为境外上市外资股的公司债券的批复
证监许可〔2016〕73 号	关于核准福建太尔电子科技股份有限公司定向发行股票的批复
证监许可〔2016〕74 号	关于核准江苏省金陵建工集团有限公司向合格投资者公开发行公司债券的批复
证监许可〔2016〕75 号	关于核准苏州新区高新技术产业股份有限公司向合格投资者公开发行公司债券的批复
证监许可〔2016〕76 号	关于核准信达地产股份有限公司向合格投资者公开发行公司债券的批复
证监许可〔2016〕77 号	关于不予核准金城造纸股份有限公司重大资产重组及发行股份购买资产并募集配套资金的决定

续表

发文字号	发文标题
证监许可〔2016〕78 号	关于核准杭州顺网科技股份有限公司向王雷等发行股份购买资产并募集配套资金的批复
证监许可〔2016〕79 号	关于核准重庆两江新区开发投资集团有限公司向合格投资者公开发行公司债券的批复
证监许可〔2016〕80 号	关于核准山西建设发展有限公司向合格投资者公开发行公司债券的批复
证监许可〔2016〕82 号	关于核准物产中大集团股份有限公司向合格投资者公开发行公司债券的批复
证监许可〔2016〕83 号	关于核准四川新希望房地产开发有限公司向合格投资者公开发行公司债券的批复
证监许可〔2016〕84 号	关于核准隆鑫控股有限公司向合格投资者公开发行公司债券的批复
证监许可〔2016〕85 号	关于核准中交地产有限公司向合格投资者公开发行公司债券的批复
证监许可〔2016〕86 号	关于核准广州天创时尚鞋业股份有限公司首次公开发行股票的批复
证监许可〔2016〕87 号	关于核准南方出版传媒股份有限公司首次公开发行股票的批复
证监许可〔2016〕88 号	关于核准苏州设计研究院股份有限公司首次公开发行股票的批复
证监许可〔2016〕89 号	关于核准鹭燕（福建）药业股份有限公司首次公开发行股票的批复
证监许可〔2016〕90 号	关于核准广州市昊志机电股份有限公司首次公开发行股票的批复
证监许可〔2016〕91 号	关于核准上海海顺新型药用包装材料股份有限公司首次公开发行股票的批复
证监许可〔2016〕92 号	关于核准昆明川金诺化工股份有限公司首次公开发行股票的批复
证监许可〔2016〕93 号	关于核准东方时尚驾驶学校股份有限公司首次公开发行股票的批复
证监许可〔2016〕94 号	关于核准广州高澜节能技术股份有限公司首次公开发行股票的批复
证监许可〔2016〕95 号	关于核准浙江司太立制药股份有限公司首次公开发行股票的批复
证监许可〔2016〕96 号	关于核准金徽酒股份有限公司首次公开发行股票的批复
证监许可〔2016〕97 号	关于核准西安曲江文化产业投资（集团）有限公司向合格投资者公开发行公司债券的批复
证监许可〔2016〕98 号	关于核准华塑控股股份有限公司非公开发行股票的批复
证监许可〔2016〕99 号	关于核准江苏江南水务股份有限公司公开发行可转换公司债券的批复
证监许可〔2016〕100 号	关于核准上海嘉宝实业（集团）股份有限公司非公开发行股票的批复
证监许可〔2016〕101 号	关于核准桐昆集团股份有限公司非公开发行股票的批复
证监许可〔2016〕102 号	关于核准山东魏桥铝电有限公司向合格投资者公开发行公司债券的批复
证监许可〔2016〕103 号	关于准予招商安德保本混合型证券投资基金注册的批复
证监许可〔2016〕104 号	关于核准天安数码城（集团）有限公司向合格投资者公开发行公司债券的批复
证监许可〔2016〕105 号	关于核准泰豪科技股份有限公司向胡健等发行股份购买资产并募集配套资金的批复
证监许可〔2016〕106 号	关于核准融通国际资产管理有限公司合格境外机构投资者资格的批复
证监许可〔2016〕107 号	关于核准浪潮软件股份有限公司非公开发行股票的批复

续表

发文字号	发文标题
证监许可〔2016〕108 号	关于核准新疆有色金属工业(集团)有限责任公司向合格投资者公开发行公司债券的批复
证监许可〔2016〕109 号	关于核准河北以岭医药集团有限公司向合格投资者公开发行可交换公司债券的批复
证监许可〔2016〕110 号	关于核准徐州海伦哲专用车辆股份有限公司向杨娅等发行股份购买资产并募集配套资金的批复
证监许可〔2016〕111 号	关于核准云南沃森生物技术股份有限公司向新余方略知润投资管理中心(有限合伙)发行股份购买资产并募集配套资金的批复
证监许可〔2016〕112 号	关于不予核准江苏法尔胜股份有限公司向江苏华西集团公司等发行股份购买资产并募集配套资金的决定
证监许可〔2016〕113 号	关于准予新疆前海联合全民健康产业灵活配置混合型证券投资基金注册的批复
证监许可〔2016〕114 号	关于核准金谷源控股股份有限公司重大资产重组及向青海藏格投资有限公司等发行股份购买资产并募集配套资金的批复
证监许可〔2016〕115 号	关于核准海航资本集团有限公司向合格投资者公开发行公司债券的批复
证监许可〔2016〕116 号	关于核准苏州高新区经济发展集团总公司向合格投资者公开发行公司债券的批复
证监许可〔2016〕117 号	关于核准巨化集团公司向合格投资者公开发行公司债券的批复
证监许可〔2016〕118 号	关于核准浙商银行股份有限公司发行境外上市外资股的批复
证监许可〔2016〕119 号	关于核准河北翼辰实业集团股份有限公司发行境外上市外资股的批复
证监许可〔2016〕120 号	关于不予核准智度投资股份有限公司向上海易晋网络科技有限公司等发行股份购买资产并募集配套资金的决定
证监许可〔2016〕121 号	关于不予核准民生控股股份有限公司重大资产重组的决定
证监许可〔2016〕122 号	关于核准兴源环境科技股份有限公司向吴劼等发行股份购买资产并募集配套资金的批复
证监许可〔2016〕123 号	关于核准广东宜通世纪科技股份有限公司向樟树市物联天诚投资管理中心(有限合伙)发行股份购买资产并募集配套资金的批复
证监许可〔2016〕124 号	关于不予核准湖南鑫广安农牧股份有限公司首次公开发行股票申请的决定
证监许可〔2016〕125 号	关于核准广东鸿图科技股份有限公司配股的批复
证监许可〔2016〕126 号	关于核准南京新联电子股份有限公司非公开发行股票的批复
证监许可〔2016〕127 号	关于核准上海新阳半导体材料股份有限公司非公开发行股票的批复
证监许可〔2016〕128 号	关于核准江苏常铝铝业股份有限公司非公开发行股票的批复
证监许可〔2016〕129 号	关于核准网宿科技股份有限公司非公开发行股票的批复
证监许可〔2016〕130 号	关于核准国脉科技股份有限公司非公开发行股票的批复
证监许可〔2016〕131 号	关于核准江苏鹿港科技股份有限公司非公开发行股票的批复
证监许可〔2016〕132 号	关于核准中远航运股份有限公司非公开发行股票的批复
证监许可〔2016〕133 号	关于核准山东国瓷功能材料股份有限公司非公开发行股票的批复
证监许可〔2016〕134 号	关于核准襄阳汽车轴承股份有限公司非公开发行股票的批复

续表

发文字号	发文标题
证监许可〔2016〕135号	关于核准阳光电源股份有限公司非公开发行股票的批复
证监许可〔2016〕136号	关于核准豁免招商局集团有限公司要约收购中外运空运发展股份有限公司股份义务的批复
证监许可〔2016〕137号	关于核准豁免合肥市建设投资控股（集团）有限公司要约收购合肥百货大楼集团股份有限公司股份义务的批复
证监许可〔2016〕138号	关于准予华安全球美元收益债券型证券投资基金注册的批复
证监许可〔2016〕139号	关于准予上证10年期国债交易型开放式指数证券投资基金注册的批复
证监许可〔2016〕140号	关于准予中邮增力债券型证券投资基金注册的批复
证监许可〔2016〕141号	关于准予南方亚洲美元收益债券型证券投资基金注册的批复
证监许可〔2016〕142号	关于准予万家品质生活股票型证券投资基金变更注册的批复
证监许可〔2016〕143号	关于准予华安安禧保本混合型证券投资基金注册的批复
证监许可〔2016〕144号	关于准予光大保德信中高等级债券型证券投资基金注册的批复
证监许可〔2016〕145号	关于准予华夏新机遇灵活配置混合型证券投资基金注册的批复
证监许可〔2016〕146号	关于准予华夏新活力灵活配置混合型证券投资基金注册的批复
证监许可〔2016〕147号	关于核准广州友谊集团股份有限公司非公开发行股票的批复
证监许可〔2016〕148号	关于准予汇添富新价值股票型证券投资基金变更注册的批复
证监许可〔2016〕149号	关于准予华安全球美元票息债券型证券投资基金注册的批复
证监许可〔2016〕150号	关于核准邦信资产管理有限公司向合格投资者公开发行公司债券的批复
证监许可〔2016〕151号	关于核准无锡市市政公用产业集团有限公司向合格投资者公开发行公司债券的批复
证监许可〔2016〕152号	关于核准无锡五洲国际装饰城有限公司向合格投资者公开发行公司债券的批复
证监许可〔2016〕153号	关于核准青岛港国际股份有限公司向合格投资者公开发行公司债券的批复
证监许可〔2016〕154号	关于核准南京金鹰国际集团有限公司向合格投资者公开发行公司债券的批复
证监许可〔2016〕155号	关于核准陕西黄河矿业（集团）有限责任公司向合格投资者公开发行公司债券的批复
证监许可〔2016〕156号	关于核准广东鸿图科技股份有限公司向合格投资者公开发行公司债券的批复
证监许可〔2016〕157号	关于准予华泰柏瑞量化对冲稳健收益定期开放混合型发起式证券投资基金注册的批复
证监许可〔2016〕158号	关于核准东方时代网络传媒股份有限公司非公开发行股票的批复
证监许可〔2016〕159号	关于准予前海开源恒远保本混合型证券投资基金注册的批复
证监许可〔2016〕160号	关于核准豁免重庆建设机电有限责任公司要约收购重庆建设摩托车股份有限公司股份义务的批复
证监许可〔2016〕161号	关于核准中房地产股份有限公司向合格投资者公开发行公司债券的批复
证监许可〔2016〕162号	关于核准中交疏浚（集团）股份有限公司向合格投资者公开发行公司债券的批复

续表

发文字号	发文标题
证监许可〔2016〕163 号	关于核准北京三聚环保新材料股份有限公司向合格投资者公开发行公司债券的批复
证监许可〔2016〕164 号	关于核准 MEAG 慕尼黑安顾投资有限公司人民币合格境外机构投资者资格的批复
证监许可〔2016〕165 号	关于核准贝莱德(新加坡)有限公司人民币合格境外机构投资者资格的批复
证监许可〔2016〕166 号	关于准予融通通盈保本混合型证券投资基金注册的批复
证监许可〔2016〕167 号	关于准予中银瑞利灵活配置混合型证券投资基金注册的批复
证监许可〔2016〕168 号	关于准予国泰国证航天军工指数证券投资基金(LOF)注册的批复
证监许可〔2016〕169 号	关于准予信达澳银纯债债券型证券投资基金注册的批复
证监许可〔2016〕170 号	关于准予平安大华睿享文娱灵活配置混合型证券投资基金注册的批复
证监许可〔2016〕171 号	关于准予创金合信尊利纯债债券型证券投资基金注册的批复
证监许可〔2016〕172 号	关于准予中信建投医改灵活配置混合型证券投资基金注册的批复
证监许可〔2016〕173 号	关于准予创金合信尊益纯债债券型证券投资基金注册的批复
证监许可〔2016〕174 号	关于准予鹏华香港美国互联网股票型证券投资基金(LOF)注册的批复
证监许可〔2016〕175 号	关于核准广东奥飞动漫文化股份有限公司向周靖淇等发行股份购买资产并募集配套资金的批复
证监许可〔2016〕176 号	关于核准比亚迪股份有限公司非公开发行股票的批复
证监许可〔2016〕177 号	关于核准新疆啤酒花股份有限公司重大资产重组及向湖北同济堂投资控股有限公司等发行股份购买资产并募集配套资金的批复
证监许可〔2016〕178 号	关于核准广东正业科技股份有限公司向施忠清等发行股份购买资产并募集配套资金的批复
证监许可〔2016〕179 号	关于核准北京立思辰科技股份有限公司向王邦文等发行股份购买资产并募集配套资金的批复
证监许可〔2016〕180 号	关于核准厦门三维丝环保股份有限公司向厦门坤拿商贸有限公司等发行股份购买资产并募集配套资金的批复
证监许可〔2016〕181 号	关于核准北京博雅英杰科技股份有限公司定向发行股票的批复
证监许可〔2016〕182 号	关于核准国药控股股份有限公司向合格投资者公开发行公司债券的批复
证监许可〔2016〕183 号	关于核准泛海控股股份有限公司向合格投资者公开发行公司债券的批复
证监许可〔2016〕184 号	关于核准中国中信有限公司向合格投资者公开发行公司债券的批复
证监许可〔2016〕185 号	关于核准西安高科(集团)公司向合格投资者公开发行公司债券的批复
证监许可〔2016〕186 号	关于核准河南新野纺织股份有限公司非公开发行股票的批复
证监许可〔2016〕187 号	关于核准大连橡胶塑料机械股份有限公司重大资产重组及向恒力集团有限公司等发行股份购买资产并募集配套资金的批复
证监许可〔2016〕188 号	关于核准深圳市铁汉生态环境股份有限公司向李大海等发行股份购买资产并募集配套资金的批复
证监许可〔2016〕189 号	关于核准浙江美欣达印染集团股份有限公司非公开发行股票的批复

续表

发文字号	发文标题
证监许可〔2016〕190 号	关于核准通威股份有限公司向通威集团有限公司等发行股份购买资产并募集配套资金的批复
证监许可〔2016〕191 号	关于核准新疆天业股份有限公司向新疆天业（集团）有限公司发行股份购买资产并募集配套资金的批复
证监许可〔2016〕192 号	关于核准北京北大青鸟环宇科技股份有限公司增发境外上市外资股的批复
证监许可〔2016〕193 号	关于准予天弘乐享保本混合型证券投资基金注册的批复
证监许可〔2016〕194 号	关于准予汇添富盈鑫保本混合型证券投资基金注册的批复
证监许可〔2016〕195 号	关于准予创金合信尊盛纯债债券型证券投资基金注册的批复
证监许可〔2016〕196 号	关于准予长盛同泰债券型证券投资基金注册的批复
证监许可〔2016〕197 号	关于准予创金合信尊泽纯债债券型证券投资基金注册的批复
证监许可〔2016〕198 号	关于准予东吴安鑫量化灵活配置混合型证券投资基金注册的批复
证监许可〔2016〕199 号	关于准予交银施罗德科技创新灵活配置混合型证券投资基金注册的批复
证监许可〔2016〕200 号	关于准予中银宏利灵活配置混合型证券投资基金注册的批复
证监许可〔2016〕201 号	关于准予中银丰利灵活配置混合型证券投资基金注册的批复
证监许可〔2016〕202 号	关于准予汇添富盈安保本混合型证券投资基金注册的批复
证监许可〔2016〕203 号	关于核准无锡顺达智能自动化工程股份有限公司定向发行股票的批复
证监许可〔2016〕204 号	关于核准北京北辰实业股份有限公司非公开发行股票的批复
证监许可〔2016〕205 号	关于核准深圳拓邦股份有限公司非公开发行股票的批复
证监许可〔2016〕206 号	关于核准杭州初灵信息技术股份有限公司向罗卫宇等发行股份购买资产并募集配套资金的批复
证监许可〔2016〕207 号	关于核准北京光环新网科技股份有限公司向中金盛世投资有限公司等发行股份购买资产并募集配套资金的批复
证监许可〔2016〕208 号	关于核准江西特种电机股份有限公司向俞洪泉等发行股份购买资产并募集配套资金的批复
证监许可〔2016〕209 号	关于核准启东市华虹电子有限公司向合格投资者公开发行公司债券的批复
证监许可〔2016〕210 号	关于核准江苏维尔利环保科技股份有限公司向合格投资者公开发行公司债券的批复
证监许可〔2016〕211 号	关于准予中加心安保本混合型证券投资基金注册的批复
证监许可〔2016〕212 号	关于准予前海开源沪港深龙头精选灵活配置混合型证券投资基金注册的批复
证监许可〔2016〕213 号	关于准予国投瑞银全球债券精选证券投资基金注册的批复
证监许可〔2016〕214 号	关于核准西安民生集团股份有限公司向海航商业控股有限公司等发行股份购买资产的批复
证监许可〔2016〕215 号	关于核准特变电工股份有限公司向合格投资者公开发行公司债券的批复
证监许可〔2016〕216 号	关于核准山东胜通集团股份有限公司向合格投资者公开发行公司债券的批复
证监许可〔2016〕217 号	关于核准青岛双星股份有限公司向合格投资者公开发行公司债券的批复

续表

发文字号	发文标题
证监许可〔2016〕218 号	关于核准江苏双星彩塑新材料股份有限公司向合格投资者公开发行公司债券的批复
证监许可〔2016〕219 号	关于核准野村资产管理德国有限公司人民币合格境外机构投资者资格的批复
证监许可〔2016〕220 号	关于准予民生加银和鑫债券型证券投资基金注册的批复
证监许可〔2016〕221 号	关于准予民生加银鑫喜灵活配置混合型证券投资基金注册的批复
证监许可〔2016〕222 号	关于核准富兰克林华美证券投资信托股份有限公司设立上海代表处的批复
证监许可〔2016〕223 号	关于核准豁免中国五矿集团公司要约收购中国冶金科工股份有限公司股份义务的批复
证监许可〔2016〕224 号	关于核准长城国际动漫游戏股份有限公司非公开发行股票的批复
证监许可〔2016〕225 号	关于核准索芙特股份有限公司非公开发行股票的批复
证监许可〔2016〕226 号	关于核准中珠控股股份有限公司向深圳市一体投资控股集团有限公司等发行股份购买资产并募集配套资金的批复
证监许可〔2016〕227 号	关于核准雅本化学股份有限公司向王博等发行股份购买资产并募集配套资金的批复
证监许可〔2016〕228 号	关于核准凯撒(中国)股份有限公司向何啸威等发行股份购买资产并募集配套资金的批复
证监许可〔2016〕229 号	关于核准西安海天天线控股股份有限公司增发境外上市外资股的批复
证监许可〔2016〕230 号	关于核准广东省高速公路发展股份有限公司向广东省高速公路有限公司等发行股份购买资产并募集配套资金的批复
证监许可〔2016〕231 号	关于准予中欧天添 18 个月定期开放债券型证券投资基金注册的批复
证监许可〔2016〕232 号	关于准予博时裕新纯债债券型证券投资基金注册的批复
证监许可〔2016〕233 号	关于准予平安大华惠盈纯债债券型证券投资基金注册的批复
证监许可〔2016〕234 号	关于核准重庆协信远创房地产开发有限公司向合格投资者公开发行公司债券的批复
证监许可〔2016〕235 号	关于核准四川省水电投资经营集团有限公司向合格投资者公开发行公司债券的批复
证监许可〔2016〕236 号	关于核准上海紫江(集团)有限公司向合格投资者公开发行公司债券的批复
证监许可〔2016〕237 号	关于核准奥瑞金包装股份有限公司向合格投资者公开发行公司债券的批复
证监许可〔2016〕238 号	关于核准无锡华东重型机械股份有限公司非公开发行股票的批复
证监许可〔2016〕239 号	关于核准雅戈尔集团股份有限公司非公开发行股票的批复
证监许可〔2016〕240 号	关于核准金龙机电股份有限公司非公开发行股票的批复
证监许可〔2016〕241 号	关于核准东北证券股份有限公司配股的批复
证监许可〔2016〕242 号	关于核准上海海得控制系统股份有限公司非公开发行股票的批复
证监许可〔2016〕243 号	关于核准上海绿新包装材料科技股份有限公司非公开发行股票的批复
证监许可〔2016〕244 号	关于核准格力地产股份有限公司非公开发行股票的批复
证监许可〔2016〕245 号	关于准予上银慧添利债券型证券投资基金注册的批复

续表

发文字号	发文标题
证监许可〔2016〕246 号	关于准予民生加银量化中国灵活配置混合型证券投资基金注册的批复
证监许可〔2016〕247 号	关于准予银华中证成长股债恒定组合 30/70 指数证券投资基金变更注册的批复
证监许可〔2016〕248 号	关于核准上海良信电器股份有限公司非公开发行股票的批复
证监许可〔2016〕249 号	关于核准深圳市长方半导体照明股份有限公司非公开发行股票的批复
证监许可〔2016〕250 号	关于核准长江证券股份有限公司非公开发行股票的批复
证监许可〔2016〕251 号	关于核准深圳市建艺装饰集团股份有限公司首次公开发行股票的批复
证监许可〔2016〕252 号	关于核准西藏华钰矿业股份有限公司首次公开发行股票的批复
证监许可〔2016〕253 号	关于核准湖南天润实业控股股份有限公司非公开发行股票的批复
证监许可〔2016〕254 号	关于核准露笑科技股份有限公司非公开发行股票的批复
证监许可〔2016〕255 号	关于核准成都新易盛通信技术股份有限公司首次公开发行股票的批复
证监许可〔2016〕256 号	关于核准厦门瑞尔特卫浴科技股份有限公司首次公开发行股票的批复
证监许可〔2016〕257 号	关于核准千禾味业食品股份有限公司首次公开发行股票的批复
证监许可〔2016〕258 号	关于准予招商安元保本混合型证券投资基金注册的批复
证监许可〔2016〕259 号	关于准予广发稳鑫保本混合型证券投资基金注册的批复
证监许可〔2016〕260 号	关于准予中邮睿信增强债券型证券投资基金注册的批复
证监许可〔2016〕261 号	关于准予博时安瑞 18 个月定期开放债券型证券投资基金注册的批复
证监许可〔2016〕262 号	关于准予中邮睿利增强债券型证券投资基金注册的批复
证监许可〔2016〕263 号	关于准予国泰民利保本混合型证券投资基金注册的批复
证监许可〔2016〕264 号	关于准予光大保德信尊耀两年定期开放债券型证券投资基金注册的批复
证监许可〔2016〕265 号	关于准予华夏鼎利债券型发起式证券投资基金注册的批复
证监许可〔2016〕266 号	关于准予博时裕安纯债债券型证券投资基金注册的批复
证监许可〔2016〕267 号	关于准予九泰久稳保本混合型证券投资基金注册的批复
证监许可〔2016〕268 号	关于准予东兴众智优选灵活配置混合型证券投资基金注册的批复
证监许可〔2016〕269 号	关于准予中银珍利灵活配置混合型证券投资基金注册的批复
证监许可〔2016〕270 号	关于核准三湘股份有限公司向合格投资者公开发行公司债券的批复
证监许可〔2016〕271 号	关于核准金元顺安基金管理有限公司变更股权的批复
证监许可〔2016〕272 号	关于核准武汉华信高新技术股份有限公司向李晓明、李晓伟等发行股份购买资产的批复
证监许可〔2016〕273 号	关于准予摩根太平洋证券基金注册的批复
证监许可〔2016〕274 号	关于核准太平洋投资管理公司亚洲私营有限公司人民币合格境外机构投资者资格的批复
证监许可〔2016〕275 号	关于核准华融融德资产管理有限公司向合格投资者公开发行公司债券的批复

续表

发文字号	发文标题
证监许可〔2016〕276 号	关于不予核准浙江升华拜克生物股份有限公司发行股份购买资产并募集配套资金的决定
证监许可〔2016〕277 号	关于核准中航地产股份有限公司向合格投资者公开发行公司债券的批复
证监许可〔2016〕278 号	关于核准漳州市漳诏高速公路有限公司向合格投资者公开发行公司债券的批复
证监许可〔2016〕279 号	关于核准新疆生产建设兵团第二师绿原国有资产经营有限公司向合格投资者公开发行公司债券的批复
证监许可〔2016〕280 号	关于核准景瑞地产(集团)有限公司向合格投资者公开发行公司债券的批复
证监许可〔2016〕281 号	关于核准开元旅业集团有限公司向合格投资者公开发行公司债券的批复
证监许可〔2016〕282 号	关于核准广东珠江投资管理集团有限公司向合格投资者公开发行公司债券的批复
证监许可〔2016〕283 号	关于准予建银国际 - 国策主导基金注册的批复
证监许可〔2016〕284 号	关于核准豁免合肥兴泰金融控股(集团)有限公司要约收购合肥城建发展股份有限公司股份义务的批复
证监许可〔2016〕285 号	关于核准紫金矿业集团股份有限公司向合格投资者公开发行公司债券的批复
证监许可〔2016〕286 号	关于核准乌鲁木齐房地产开发(集团)有限公司向合格投资者公开发行公司债券的批复
证监许可〔2016〕287 号	关于核准成商集团股份有限公司重大资产重组及向茂业商厦有限公司等发行股份购买资产的批复
证监许可〔2016〕288 号	关于准予中银香港全天候中国高息债券基金注册的批复
证监许可〔2016〕289 号	关于核准万和证券有限责任公司保荐机构资格的批复
证监许可〔2016〕290 号	关于核准忠利投资卢森堡有限公司人民币合格境外机构投资者资格的批复
证监许可〔2016〕291 号	关于核准法国工商信贷银行有限公司人民币合格境外机构投资者资格的批复
证监许可〔2016〕292 号	关于准予国泰中证国有企业改革指数证券投资基金(LOF)注册的批复
证监许可〔2016〕293 号	关于准予中银腾利灵活配置混合型证券投资基金注册的批复
证监许可〔2016〕294 号	关于准予金鹰元祺保本混合型证券投资基金注册的批复
证监许可〔2016〕295 号	关于核准山东太阳纸业股份有限公司向合格投资者公开发行公司债券的批复
证监许可〔2016〕296 号	关于核准西安隆基硅材料股份有限公司向合格投资者公开发行公司债券的批复
证监许可〔2016〕297 号	关于准予银华添益定期开放债券型证券投资基金注册的批复
证监许可〔2016〕298 号	关于准予宝盈互联网沪港深灵活配置混合型证券投资基金注册的批复
证监许可〔2016〕299 号	关于核准跨境通宝电子商务股份有限公司向合格投资者公开发行公司债券的批复
证监许可〔2016〕300 号	关于准予东方荣家保本混合型证券投资基金注册的批复
证监许可〔2016〕301 号	关于核准安徽省外经建设(集团)有限公司向合格投资者公开发行公司债券的批复
证监许可〔2016〕302 号	关于准予富国泰利定期开放债券型发起式证券投资基金注册的批复

续表

发文字号	发文标题
证监许可〔2016〕303 号	关于准予博时深证成指交易型开放式指数证券投资基金注册的批复
证监许可〔2016〕304 号	关于准予泓德泓益量化混合型证券投资基金注册的批复
证监许可〔2016〕305 号	关于准予汇添富稳健添利定期开放债券型证券投资基金注册的批复
证监许可〔2016〕306 号	关于准予富国中证能源互联网指数证券投资基金(LOF)注册的批复
证监许可〔2016〕307 号	关于准予国泰民福保本混合型证券投资基金注册的批复
证监许可〔2016〕308 号	关于准予博时上证 180 交易型开放式指数证券投资基金注册的批复
证监许可〔2016〕309 号	关于准予博时中证 500 交易型开放式指数证券投资基金注册的批复
证监许可〔2016〕310 号	关于准予上投摩根双债增利债券型证券投资基金变更注册的批复
证监许可〔2016〕311 号	关于准予摩根士丹利华鑫健康产业混合型证券投资基金注册的批复
证监许可〔2016〕312 号	关于准予前海开源量化优选灵活配置混合型证券投资基金注册的批复
证监许可〔2016〕313 号	关于准予融通增鑫债券型证券投资基金注册的批复
证监许可〔2016〕314 号	关于核准北京蓝色光标品牌管理顾问股份有限公司向北京京东世纪贸易有限公司等发行股份购买资产并募集配套资金的批复
证监许可〔2016〕315 号	关于核准宁夏宝丰能源集团股份有限公司向合格投资者公开发行公司债券的批复
证监许可〔2016〕316 号	关于核准新疆生产建设兵团第六师国有资产经营有限责任公司向合格投资者公开发行公司债券的批复
证监许可〔2016〕317 号	关于核准江苏康缘集团有限责任公司向合格投资者公开发行公司债券的批复
证监许可〔2016〕318 号	关于核准万鸿集团股份有限公司重大资产重组及向廊坊百川资产管理有限公司等发行股份购买资产并募集配套资金的批复
证监许可〔2016〕319 号	关于核准深圳市赢时胜信息技术股份有限公司非公开发行股票的批复
证监许可〔2016〕320 号	关于核准东方集团股份有限公司非公开发行股票的批复
证监许可〔2016〕321 号	关于核准江苏云意电气股份有限公司非公开发行股票的批复
证监许可〔2016〕322 号	关于江苏辉丰农化股份有限公司公开发行可转换公司债券的批复
证监许可〔2016〕323 号	关于核准江苏林洋能源股份有限公司非公开发行股票的批复
证监许可〔2016〕324 号	关于核准浙江健盛集团股份有限公司非公开发行股票的批复
证监许可〔2016〕325 号	关于核准西藏矿业发展股份有限公司非公开发行股票的批复
证监许可〔2016〕326 号	关于核准无锡商业大厦大东方股份有限公司非公开发行股票的批复
证监许可〔2016〕327 号	关于核准远东智慧能源股份有限公司公开发行公司债券的批复
证监许可〔2016〕328 号	关于核准北京中关村科技发展(控股)股份有限公司非公开发行股票的批复
证监许可〔2016〕329 号	关于核准湖南博云新材料股份有限公司非公开发行股票的批复
证监许可〔2016〕330 号	关于核准上海吉祥航空股份有限公司非公开发行股票的批复
证监许可〔2016〕331 号	关于核准三胞集团有限公司向合格投资者公开发行公司债券的批复
证监许可〔2016〕332 号	关于核准百隆东方股份有限公司向合格投资者公开发行公司债券的批复

续表

发文字号	发文标题
证监许可〔2016〕333 号	关于核准中国希格玛有限公司向合格投资者公开发行公司债券的批复
证监许可〔2016〕334 号	关于核准老百姓大药房连锁股份有限公司向合格投资者公开发行公司债券的批复
证监许可〔2016〕335 号	关于核准深圳市新国都技术股份有限公司向合格投资者公开发行公司债券的批复
证监许可〔2016〕336 号	关于核准江西华伍制动器股份有限公司非公开发行股票的批复
证监许可〔2016〕337 号	关于核准湖南友谊阿波罗商业股份有限公司非公开发行股票的批复
证监许可〔2016〕338 号	关于核准四川升达林业产业股份有限公司非公开发行股票的批复
证监许可〔2016〕339 号	关于核准上海红星美凯龙企业发展有限公司向合格投资者公开发行公司债券的批复
证监许可〔2016〕340 号	关于核准重庆钢铁集团矿业有限公司向合格投资者公开发行公司债券的批复
证监许可〔2016〕341 号	关于核准平安银行股份有限公司非公开发行优先股的批复
证监许可〔2016〕342 号	关于核准华夏银行股份有限公司非公开发行优先股的批复
证监许可〔2016〕343 号	关于核准成都硅宝科技股份有限公司非公开发行股票的批复
证监许可〔2016〕344 号	关于核准海能达通信股份有限公司向合格投资者公开发行公司债券的批复
证监许可〔2016〕345 号	关于核准宁夏远高实业集团有限公司向合格投资者公开发行公司债券的批复
证监许可〔2016〕346 号	关于核准 TCL 集团股份有限公司向合格投资者公开发行公司债券的批复
证监许可〔2016〕347 号	关于核准棕榈园林股份有限公司向合格投资者公开发行公司债券的批复
证监许可〔2016〕348 号	关于核准三花控股集团有限公司向合格投资者公开发行公司债券的批复
证监许可〔2016〕349 号	关于核准康美药业股份有限公司非公开发行股票的批复
证监许可〔2016〕350 号	关于核准思美传媒股份有限公司向刘申等发行股份购买资产并募集配套资金的批复
证监许可〔2016〕351 号	关于核准上海佳豪船舶工程设计股份有限公司向李露发行股份购买资产并募集配套资金的批复
证监许可〔2016〕352 号	关于核准无锡和晶科技股份有限公司向张惠进等发行股份购买资产并募集配套资金的批复
证监许可〔2016〕353 号	关于核准深圳市得润电子股份有限公司非公开发行股票的批复
证监许可〔2016〕354 号	关于准予博时裕景纯债债券型证券投资基金注册的批复
证监许可〔2016〕355 号	关于准予招商招盈 18 个月定期开放债券型证券投资基金注册的批复
证监许可〔2016〕356 号	关于准予德邦纯债 9 个月定期开放债券型证券投资基金注册的批复
证监许可〔2016〕357 号	关于准予永赢双利债券型证券投资基金注册的批复
证监许可〔2016〕358 号	关于准予泰康安益纯债债券型证券投资基金注册的批复
证监许可〔2016〕359 号	关于准予金鹰添利中长期信用债债券型证券投资基金注册的批复
证监许可〔2016〕360 号	关于准予上投摩根沪港深周期行业优选灵活配置混合型证券投资基金注册的批复
证监许可〔2016〕361 号	关于准予民生加银鑫福灵活配置混合型证券投资基金注册的批复

续表

发文字号	发文标题
证监许可〔2016〕362 号	关于准予光大保德信恒利纯债债券型证券投资基金注册的批复
证监许可〔2016〕363 号	关于准予华宝兴业宝鑫纯债一年定期开放债券型证券投资基金注册的批复
证监许可〔2016〕364 号	关于准予鹏华金鼎保本混合型证券投资基金注册的批复
证监许可〔2016〕365 号	关于准予博时裕发纯债债券型证券投资基金注册的批复
证监许可〔2016〕366 号	关于准予南方中证 1000 交易型开放式指数证券投资基金注册的批复
证监许可〔2016〕367 号	关于准予银华远景债券型证券投资基金注册的批复
证监许可〔2016〕368 号	关于核准天津银行股份有限公司发行境外上市外资股的批复
证监许可〔2016〕369 号	关于核准 OCTO 资产管理公司人民币合格境外机构投资者资格的批复
证监许可〔2016〕370 号	关于核准福建省能源集团有限责任公司向合格投资者公开发行公司债券的批复
证监许可〔2016〕371 号	关于核准河南宏光正商置业有限公司向合格投资者公开发行公司债券的批复
证监许可〔2016〕372 号	关于核准宁波亚洲浆纸业有限公司向合格投资者公开发行公司债券的批复
证监许可〔2016〕373 号	关于核准申万菱信基金管理有限公司合格境内机构投资者资格的批复
证监许可〔2016〕374 号	关于核准辽宁成大生物股份有限公司定向发行股票的批复
证监许可〔2016〕375 号	关于核准云南省投资控股集团有限公司向合格投资者公开发行公司债券的批复
证监许可〔2016〕376 号	关于核准永泰能源股份有限公司向合格投资者公开发行公司债券的批复
证监许可〔2016〕377 号	关于准予光大保德信安富债券型证券投资基金注册的批复
证监许可〔2016〕378 号	关于准予兴业福益债券型证券投资基金注册的批复
证监许可〔2016〕379 号	关于准予国寿安保尊利增强回报债券型证券投资基金注册的批复
证监许可〔2016〕380 号	关于准予长城久润保本混合型证券投资基金注册的批复
证监许可〔2016〕381 号	关于准予建信全球美元债债券型证券投资基金注册的批复
证监许可〔2016〕382 号	关于准予招商丰达灵活配置混合型证券投资基金注册的批复
证监许可〔2016〕383 号	关于核准广东通宇通讯股份有限公司首次公开发行股票的批复
证监许可〔2016〕384 号	关于核准广东坚朗五金制品股份有限公司首次公开发行股票的批复
证监许可〔2016〕385 号	关于核准广州白云电器设备股份有限公司首次公开发行股票的批复
证监许可〔2016〕386 号	关于核准青岛康普顿科技股份有限公司首次公开发行股票的批复
证监许可〔2016〕387 号	关于核准江苏赛福天钢索股份有限公司首次公开发行股票的批复
证监许可〔2016〕388 号	关于核准浙江德宏汽车电子电器股份有限公司首次公开发行股票的批复
证监许可〔2016〕389 号	关于核准深圳市蓝海华腾技术股份有限公司首次公开发行股票的批复
证监许可〔2016〕390 号	关于核准长沙景嘉微电子股份有限公司首次公开发行股票的批复
证监许可〔2016〕391 号	关于核准深圳市名家汇科技股份有限公司首次公开发行股票的批复
证监许可〔2016〕392 号	关于准予上投摩根策略精选灵活配置混合型证券投资基金注册的批复

续表

发文字号	发文标题
证监许可〔2016〕393 号	关于准予交银施罗德优择回报灵活配置混合型证券投资基金注册的批复
证监许可〔2016〕394 号	关于准予新沃通盈灵活配置混合型证券投资基金注册的批复
证监许可〔2016〕395 号	关于准予招商丰益灵活配置混合型证券投资基金注册的批复
证监许可〔2016〕396 号	关于准予中银鑫利灵活配置混合型证券投资基金注册的批复
证监许可〔2016〕397 号	关于准予西部利得景瑞灵活配置混合型证券投资基金注册的批复
证监许可〔2016〕398 号	关于准予中欧强盈定期开放债券型证券投资基金注册的批复
证监许可〔2016〕399 号	关于准予华商万众创新灵活配置混合型证券投资基金注册的批复
证监许可〔2016〕400 号	关于准予交银施罗德优选回报灵活配置混合型证券投资基金注册的批复
证监许可〔2016〕401 号	关于准予博时保泽保本混合型证券投资基金注册的批复
证监许可〔2016〕402 号	关于核准南京新港开发总公司向合格投资者公开发行公司债券的批复
证监许可〔2016〕403 号	关于核准中山证券有限责任公司向合格投资者公开发行公司债券的批复
证监许可〔2016〕404 号	关于核准天顺风能(苏州)股份有限公司向合格投资者公开发行公司债券的批复
证监许可〔2016〕405 号	关于核准浙江荣盛控股集团有限公司向合格投资者公开发行公司债券的批复
证监许可〔2016〕406 号	关于核准上海长峰(集团)有限公司向合格投资者公开发行公司债券的批复
证监许可〔2016〕407 号	关于核准福建省闽中有机食品有限公司向合格投资者公开发行公司债券的批复
证监许可〔2016〕408 号	关于核准广州市天建房地产开发有限公司向合格投资者公开发行公司债券的批复
证监许可〔2016〕409 号	关于核准湖北省宏泰国有资本投资运营集团有限公司向合格投资者公开发行公司债券的批复
证监许可〔2016〕410 号	关于核准新华联不动产股份有限公司向合格投资者公开发行公司债券的批复
证监许可〔2016〕411 号	关于核准中建西部建设股份有限公司非公开发行股票的批复
证监许可〔2016〕412 号	关于核准汉鼎信息科技股份有限公司非公开发行股票的批复
证监许可〔2016〕413 号	关于核准海能达通信股份有限公司非公开发行股票的批复
证监许可〔2016〕414 号	关于核准木林森股份有限公司非公开发行股票的批复
证监许可〔2016〕415 号	关于核准广东长青(集团)股份有限公司非公开发行股票的批复
证监许可〔2016〕416 号	关于核准浙江省交通投资集团有限公司向合格投资者公开发行可续期公司债券的批复
证监许可〔2016〕417 号	关于核准无锡宝通科技股份有限公司向樟树市牛曼投资管理中心(有限合伙)发行股份购买资产并募集配套资金的批复
证监许可〔2016〕418 号	关于核准苏宁云商集团股份有限公司非公开发行股票的批复
证监许可〔2016〕419 号	关于核准安徽中鼎密封件股份有限公司非公开发行股票的批复
证监许可〔2016〕420 号	关于核准北京东方国信科技股份有限公司非公开发行股票的批复
证监许可〔2016〕421 号	关于核准南京科远自动化集团股份有限公司非公开发行股票的批复

续表

发文字号	发文标题
证监许可〔2016〕422 号	关于核准武汉当代科技产业集团股份有限公司向合格投资者公开发行公司债券的批复
证监许可〔2016〕423 号	关于核准厦门经济特区房地产开发集团有限公司向合格投资者公开发行公司债券的批复
证监许可〔2016〕424 号	关于核准四川禾嘉股份有限公司向合格投资者公开发行公司债券的批复
证监许可〔2016〕425 号	关于核准合肥兴泰金融控股(集团)有限公司向合格投资者公开发行公司债券的批复
证监许可〔2016〕426 号	关于核准东辰控股集团有限公司向合格投资者公开发行公司债券的批复
证监许可〔2016〕427 号	关于核准江苏银宝控股集团有限公司向合格投资者公开发行公司债券的批复
证监许可〔2016〕428 号	关于核准广州无线电集团有限公司向合格投资者公开发行公司债券的批复
证监许可〔2016〕429 号	关于核准衣念(上海)时装贸易有限公司向合格投资者公开发行公司债券的批复
证监许可〔2016〕430 号	关于核准马鞍山方圆回转支承股份有限公司向新光控股集团有限公司等发行股份购买资产并募集配套资金的批复
证监许可〔2016〕431 号	关于核准安徽省投资集团控股有限公司向合格投资者公开发行公司债券的批复
证监许可〔2016〕432 号	关于核准国泰租赁有限公司向合格投资者公开发行公司债券的批复
证监许可〔2016〕433 号	关于核准天津天海投资发展股份有限公司向合格投资者公开发行公司债券的批复
证监许可〔2016〕434 号	关于核准北京翠微大厦股份有限公司向合格投资者公开发行公司债券的批复
证监许可〔2016〕435 号	关于核准华灿光电股份有限公司向吴康等发行股份购买资产并募集配套资金的批复
证监许可〔2016〕436 号	关于核准深圳万润科技股份有限公司向苏军等发行股份购买资产并募集配套资金的批复
证监许可〔2016〕437 号	关于核准中材科技股份有限公司向中国中材股份有限公司发行股份购买资产并募集配套资金的批复
证监许可〔2016〕438 号	关于核准河北海伟交通设施集团有限公司向合格投资者公开发行公司债券的批复
证监许可〔2016〕439 号	关于核准新疆生产建设兵团第十二师国有资产经营(集团)有限责任公司向合格投资者公开发行公司债券的批复
证监许可〔2016〕440 号	关于核准山东奥德燃气有限公司向合格投资者公开发行公司债券的批复
证监许可〔2016〕441 号	关于准予招商丰和灵活配置混合型证券投资基金注册的批复
证监许可〔2016〕442 号	关于准予长城久益保本混合型证券投资基金注册的批复
证监许可〔2016〕443 号	关于准予嘉实稳荣债券型证券投资基金注册的批复
证监许可〔2016〕444 号	关于准予民生加银养老服务灵活配置混合型证券投资基金注册的批复
证监许可〔2016〕445 号	关于准予长城久鼎保本混合型证券投资基金注册的批复
证监许可〔2016〕446 号	关于准予华夏恒利 6 个月定期开放债券型证券投资基金金注册的批复
证监许可〔2016〕447 号	关于准予金信新能源汽车灵活配置混合型发起式证券投资基金注册的批复

续表

发文字号	发文标题
证监许可〔2016〕448 号	关于准予嘉实稳泰债券型证券投资基金注册的批复
证监许可〔2016〕449 号	关于准予交银施罗德荣鑫保本混合型证券投资基金注册的批复
证监许可〔2016〕450 号	关于准予嘉实稳祥纯债债券型证券投资基金注册的批复
证监许可〔2016〕451 号	关于准予嘉实稳瑞纯债债券型证券投资基金注册的批复
证监许可〔2016〕452 号	关于准予中银裕利灵活配置混合型证券投资基金注册的批复
证监许可〔2016〕453 号	关于准予招商丰嘉灵活配置混合型证券投资基金注册的批复
证监许可〔2016〕454 号	关于准予国投瑞银标普500红利贵族指数型证券投资基金(LOF)注册的批复
证监许可〔2016〕455 号	关于准予华安安福保本混合型证券投资基金注册的批复
证监许可〔2016〕456 号	关于准予平安大华安盈保本混合型证券投资基金注册的批复
证监许可〔2016〕457 号	关于准予博时裕弘纯债债券型证券投资基金注册的批复
证监许可〔2016〕458 号	关于准予长信海外收益一年定期开放债券型证券投资基金注册的批复
证监许可〔2016〕459 号	关于核准丹化化工科技股份有限公司非公开发行股票的批复
证监许可〔2016〕460 号	关于核准长春高新技术产业(集团)股份有限公司配股的批复
证监许可〔2016〕461 号	关于核准芜湖亚夏汽车股份有限公司非公开发行股票的批复
证监许可〔2016〕462 号	关于核准山东威达机械股份有限公司向黄建中等发行股份购买资产并募集配套资金的批复
证监许可〔2016〕463 号	关于核准恒泰艾普石油天然气技术服务股份有限公司向费春印等发行股份购买资产并募集配套资金的批复
证监许可〔2016〕464 号	关于核准北京东土科技股份有限公司向邱克等发行股份购买资产并募集配套资金的批复
证监许可〔2016〕465 号	关于核准潍坊歌尔集团有限公司向合格投资者公开发行公司债券的批复
证监许可〔2016〕466 号	关于核准厦门海沧投资集团有限公司向合格投资者公开发行公司债券的批复
证监许可〔2016〕467 号	关于核准南京市河西新城区国有资产经营控股(集团)有限责任公司向合格投资者公开发行公司债券的批复
证监许可〔2016〕468 号	关于核准远东国际租赁有限公司面向合格投资者公开发行公司债券的批复
证监许可〔2016〕469 号	关于核准京东方科技集团股份有限公司向合格投资者公开发行公司债券的批复
证监许可〔2016〕470 号	关于河南盛润控股集团有限公司向合格投资者公开发行公司债券的批复
证监许可〔2016〕471 号	关于核准北京昆仑万维科技股份有限公司向合格投资者公开发行公司债券的批复
证监许可〔2016〕472 号	关于准予泓德泓汇灵活配置混合型证券投资基金注册的批复
证监许可〔2016〕473 号	关于准予中银益利灵活配置混合型证券投资基金注册的批复
证监许可〔2016〕474 号	关于核准绵阳市投资控股(集团)有限公司向合格投资者公开发行公司债券的批复
证监许可〔2016〕475 号	关于核准武汉商贸国有控股集团有限公司向合格投资者公开发行公司债券的批复

续表

发文字号	发文标题
证监许可〔2016〕476 号	关于核准四川省峨眉山乐山大佛旅游集团总公司向合格投资者公开发行公司债券的批复
证监许可〔2016〕477 号	关于核准力合股份有限公司向合格投资者公开发行公司债券的批复
证监许可〔2016〕478 号	关于准予嘉实优势成长灵活配置混合型证券投资基金注册的批复
证监许可〔2016〕479 号	关于核准山东汇丰石化集团有限公司向合格投资者公开发行公司债券的批复
证监许可〔2016〕480 号	关于核准三全食品股份有限公司非公开发行股票的批复
证监许可〔2016〕481 号	关于准予博时泰和债券型证券投资基金注册的批复
证监许可〔2016〕482 号	关于准予浦银安盛幸福聚利定期开放债券型证券投资基金注册的批复
证监许可〔2016〕483 号	关于准予诺安和鑫保本混合型证券投资基金注册的批复
证监许可〔2016〕484 号	关于准予建信安心保本六号混合型证券投资基金注册的批复
证监许可〔2016〕485 号	关于核准天津市房地产信托集团有限公司向合格投资者公开发行公司债券的批复
证监许可〔2016〕486 号	关于准予建信安心保本七号混合型证券投资基金注册的批复
证监许可〔2016〕487 号	关于准予国泰融丰定增灵活配置混合型证券投资基金注册的批复
证监许可〔2016〕488 号	关于准予创金合信鑫安保本混合型证券投资基金注册的批复
证监许可〔2016〕489 号	关于准予招商瑞庆灵活配置混合型证券投资基金注册的批复
证监许可〔2016〕490 号	关于准予泰达宏利定宏混合型证券投资基金注册的批复
证监许可〔2016〕491 号	关于准予博时裕泉纯债债券型证券投资基金注册的批复
证监许可〔2016〕492 号	关于核准深圳市新纶科技股份有限公司向合格投资者公开发行公司债券的批复
证监许可〔2016〕493 号	关于核准海航机场控股(集团)有限公司向合格投资者公开发行公司债券的批复
证监许可〔2016〕494 号	关于核准大同煤矿集团铁峰煤业有限公司向合格投资者公开发行公司债券的批复
证监许可〔2016〕495 号	关于准予招商丰睿灵活配置混合型证券投资基金注册的批复
证监许可〔2016〕496 号	关于准予交银施罗德裕兴纯债债券型证券投资基金注册的批复
证监许可〔2016〕497 号	关于核准豁免夏志生、夏鼎、夏兰要约收购浙江美大实业股份有限公司股份义务的批复
证监许可〔2016〕498 号	关于核准中国工艺(集团)公司向合格投资者公开发行公司债券的批复
证监许可〔2016〕499 号	关于核准广东省广业资产经营有限公司向合格投资者公开发行公司债券的批复
证监许可〔2016〕500 号	关于核准广州市鸿利光电股份有限公司非公开发行股票的批复
证监许可〔2016〕501 号	关于核准兰州海默科技股份有限公司非公开发行股票的批复
证监许可〔2016〕502 号	关于核准广东海印集团股份有限公司公开发行可转换公司债券的批复
证监许可〔2016〕503 号	关于核准设立申港证券股份有限公司的批复
证监许可〔2016〕504 号	关于核准浙江巨化股份有限公司非公开发行股票的批复

续表

发文字号	发文标题
证监许可〔2016〕506 号	关于核准武汉凡谷电子技术股份有限公司非公开发行股票的批复
证监许可〔2016〕507 号	关于核准重庆再升科技股份有限公司非公开发行股票的批复
证监许可〔2016〕508 号	关于核准神州数码信息服务股份有限公司非公开发行股票的批复
证监许可〔2016〕509 号	关于核准建业住宅集团(中国)有限公司向合格投资者公开发行公司债券的批复
证监许可〔2016〕510 号	关于核准吉林亚泰(集团)股份有限公司向合格投资者公开发行公司债券的批复
证监许可〔2016〕511 号	关于核准厦门夏商集团有限公司向合格投资者公开发行公司债券的批复
证监许可〔2016〕512 号	关于核准中国宝安集团股份有限公司向合格投资者公开发行公司债券的批复
证监许可〔2016〕513 号	关于核准四川蓝光发展股份有限公司向合格投资者公开发行公司债券的批复
证监许可〔2016〕514 号	关于核准广东恒健投资控股有限公司向合格投资者公开发行公司债券的批复
证监许可〔2016〕515 号	关于核准广西铁路投资集团有限公司向合格投资者公开发行公司债券的批复
证监许可〔2016〕516 号	关于核准瑞银期货有限责任公司变更股权的批复
证监许可〔2016〕517 号	关于核准泰禾集团股份有限公司向合格投资者公开发行公司债券的批复
证监许可〔2016〕518 号	关于核准顺发恒业股份公司向合格投资者公开发行公司债券的批复
证监许可〔2016〕519 号	关于核准南京江宁水务集团有限公司向合格投资者公开发行公司债券的批复
证监许可〔2016〕520 号	关于核准山东银鹰化纤有限公司向合格投资者公开发行公司债券的批复
证监许可〔2016〕521 号	关于核准 Avanda 投资管理私人有限公司人民币合格境外机构投资者资格的批复
证监许可〔2016〕522 号	关于核准越秀交通基建有限公司向合格投资者公开发行公司债券的批复
证监许可〔2016〕523 号	关于核准浙江大东南集团有限公司向合格投资者公开发行公司债券的批复
证监许可〔2016〕524 号	关于核准铜冠金源期货有限公司变更股权的批复
证监许可〔2016〕525 号	关于核准国机汽车股份有限公司非公开发行股票的批复
证监许可〔2016〕526 号	关于核准四川广安爱众股份有限公司非公开发行股票的批复
证监许可〔2016〕527 号	关于核准江苏维尔利环保科技股份有限公司非公开发行股票的批复
证监许可〔2016〕528 号	关于核准通裕重工股份有限公司非公开发行股票的批复
证监许可〔2016〕529 号	关于核准安徽山鹰纸业股份有限公司非公开发行股票的批复
证监许可〔2016〕530 号	关于核准探路者控股集团股份有限公司非公开发行股票的批复
证监许可〔2016〕531 号	关于核准永泰能源股份有限公司非公开发行股票的批复
证监许可〔2016〕532 号	关于核准内蒙古远兴能源股份有限公司非公开发行股票的批复
证监许可〔2016〕533 号	关于核准融侨集团股份有限公司向合格投资者公开发行公司债券的批复
证监许可〔2016〕534 号	关于核准湖南财信投资控股有限责任公司向合格投资者公开发行公司债券的批复
证监许可〔2016〕535 号	关于核准武汉金融控股(集团)有限公司向合格投资者公开发行公司债券的批复

续表

发文字号	发文标题
证监许可〔2016〕536 号	关于核准德盛期货有限公司变更股权的批复
证监许可〔2016〕537 号	关于核准景顺资产管理有限公司人民币合格境外机构投资者资格的批复
证监许可〔2016〕538 号	关于准予融通新消费灵活配置混合型证券投资基金注册的批复
证监许可〔2016〕539 号	关于核准上海雪榕生物科技股份有限公司首次公开发行股票的批复
证监许可〔2016〕540 号	关于核准永和流体智控股份有限公司首次公开发行股票的批复
证监许可〔2016〕541 号	关于核准江苏奥力威传感高科股份有限公司首次公开发行股票的批复
证监许可〔2016〕542 号	关于核准上海飞科电器股份有限公司首次公开发行股票的批复
证监许可〔2016〕543 号	关于核准浙江东音泵业股份有限公司首次公开发行股票的批复
证监许可〔2016〕544 号	关于核准大华（集团）有限公司向合格投资者公开发行公司债券的批复
证监许可〔2016〕545 号	关于核准中国机械工业集团有限公司向合格投资者公开发行公司债券的批复
证监许可〔2016〕546 号	关于核准上海浦东路桥建设股份有限公司向合格投资者公开发行公司债券的批复
证监许可〔2016〕547 号	关于核准北京鸿坤伟业房地产开发有限公司向合格投资者公开发行公司债券的批复
证监许可〔2016〕548 号	关于核准瀚亚投资（新加坡）有限公司人民币合格境外机构投资者资格的批复
证监许可〔2016〕549 号	关于核准国泰全球投资管理有限公司合格境外机构投资者资格的批复
证监许可〔2016〕550 号	关于核准浙江嘉澳环保科技股份有限公司首次公开发行股票的批复
证监许可〔2016〕551 号	关于核准山东天鹅棉业机械股份有限公司首次公开发行股票的批复
证监许可〔2016〕552 号	关于核准浙江朗迪集团股份有限公司首次公开发行股票的批复
证监许可〔2016〕553 号	关于核准上海维宏电子科技股份有限公司首次公开发行股票的批复
证监许可〔2016〕554 号	关于核准江西洪城水业股份有限公司向南昌水业集团有限责任公司等发行股份购买资产并募集配套资金的批复
证监许可〔2016〕555 号	关于核准豁免西藏紫光春华投资有限公司要约收购同方国芯电子股份有限公司股份义务的批复
证监许可〔2016〕556 号	关于核准上海新时达电气股份有限公司向苏崇德等发行股份购买资产并募集配套资金的批复
证监许可〔2016〕557 号	关于核准港中旅华贸国际物流股份有限公司向北京杰讯睿智科技发展有限公司等发行股份购买资产并募集配套资金的批复
证监许可〔2016〕558 号	关于准予山西证券保本混合型证券投资基金注册的批复
证监许可〔2016〕559 号	关于准予南方创业板交易型开放式指数证券投资基金及联接基金注册的批复
证监许可〔2016〕560 号	关于核准国贸地产集团有限公司向合格投资者公开发行公司债券的批复
证监许可〔2016〕561 号	关于准予大成海外中国机会混合型证券投资基金（LOF）注册的批复
证监许可〔2016〕562 号	关于准予银河旺利灵活配置混合型证券投资基金注册的批复
证监许可〔2016〕563 号	关于准予鹏华研究精选灵活配置混合型证券投资基金注册的批复
证监许可〔2016〕564 号	关于准予博时睿益定增灵活配置混合型证券投资基金注册的批复

续表

发文字号	发文标题
证监许可〔2016〕565 号	关于准予华商保本 1 号混合型证券投资基金注册的批复
证监许可〔2016〕566 号	关于准予富安达长盈保本混合型证券投资基金注册的批复
证监许可〔2016〕567 号	关于核准深圳华侨城股份有限公司向合格投资者公开发行公司债券的批复
证监许可〔2016〕568 号	关于核准宁夏晟晏实业集团有限公司向合格投资者公开发行公司债券的批复
证监许可〔2016〕569 号	关于核准常德财鑫投融资担保集团有限公司向合格投资者公开发行公司债券的批复
证监许可〔2016〕570 号	关于核准天地科技股份有限公司向合格投资者公开发行公司债券的批复
证监许可〔2016〕571 号	关于准予易方达裕景添利 6 个月定期开放债券型证券投资基金注册的批复
证监许可〔2016〕572 号	关于准予招商丰凯灵活配置混合型证券投资基金注册的批复
证监许可〔2016〕573 号	关于核准黄山永新股份有限公司向黄山永佳(集团)有限公司发行股份购买资产的批复
证监许可〔2016〕574 号	关于核准上海凯利泰医疗科技股份有限公司向宁波鼎亮翊翔股权投资中心(有限合伙)等发行股份购买资产并募集配套资金的批复
证监许可〔2016〕575 号	关于核准安徽皖江物流(集团)股份有限公司向淮南矿业(集团)有限责任公司发行股份购买资产并募集配套资金的批复
证监许可〔2016〕576 号	关于核准青岛金王应用化学股份有限公司向张立海等发行股份购买资产并募集配套资金的批复
证监许可〔2016〕577 号	关于核准青海明胶股份有限公司向彭聪等发行股份购买资产并募集配套资金的批复
证监许可〔2016〕578 号	关于核准山东联创节能新材料股份有限公司向叶青等发行股份购买资产并募集配套资金的批复
证监许可〔2016〕579 号	关于核准厦门金圆投资集团有限公司向合格投资者公开发行公司债券的批复
证监许可〔2016〕580 号	关于核准福建省投资开发集团有限责任公司向合格投资者公开发行公司债券的批复
证监许可〔2016〕581 号	关于准予南方原油证券投资基金注册的批复
证监许可〔2016〕582 号	关于准予富国美丽中国混合型证券投资基金注册的批复
证监许可〔2016〕583 号	关于准予工银瑞信现代服务业灵活配置混合型证券投资基金注册的批复
证监许可〔2016〕584 号	关于准予前海开源沪港深创新成长灵活配置混合型证券投资基金注册的批复
证监许可〔2016〕585 号	关于核准甘肃上峰水泥股份有限公司向合格投资者公开发行公司债券的批复
证监许可〔2016〕586 号	关于核准国盛证券有限责任公司向合格投资者公开发行公司债券的批复
证监许可〔2016〕587 号	关于核准新湖中宝股份有限公司向合格投资者公开发行公司债券的批复
证监许可〔2016〕588 号	关于核准湖北全洲扬子江建设工程有限公司向合格投资者公开发行公司债券的批复
证监许可〔2016〕589 号	关于核准舟山交通投资集团有限公司向合格投资者公开发行公司债券的批复
证监许可〔2016〕590 号	关于核准聚龙股份有限公司向合格投资者公开发行公司债券的批复
证监许可〔2016〕591 号	关于核准中国长江电力股份有限公司向中国长江三峡集团公司等发行股份购买资产并募集配套资金的批复

续表

发文字号	发文标题
证监许可〔2016〕592号	关于核准泰山玻璃纤维有限公司向合格投资者公开发行公司债券的批复
证监许可〔2016〕593号	关于核准人福医药集团股份公司向合格投资者公开发行公司债券的批复
证监许可〔2016〕594号	关于核准广汇汽车服务有限责任公司向合格投资者公开发行公司债券的批复
证监许可〔2016〕595号	关于核准湖北省联合发展投资集团有限公司向合格投资者公开发行公司债券的批复
证监许可〔2016〕596号	关于核准广东温氏食品集团股份有限公司向合格投资者公开发行公司债券的批复
证监许可〔2016〕597号	关于核准北京国华置业有限公司向合格投资者公开发行公司债券的批复
证监许可〔2016〕598号	关于核准浙江海亮股份有限公司向合格投资者公开发行公司债券的批复
证监许可〔2016〕599号	关于核准北京华美乔戈里实业发展有限公司向合格投资者公开发行公司债券（第二期）的批复
证监许可〔2016〕600号	关于核准华泰汽车集团有限公司向合格投资者公开发行公司债券的批复
证监许可〔2016〕601号	关于核准邹平长城集团有限公司向合格投资者公开发行公司债券的批复
证监许可〔2016〕602号	关于核准宁波经济技术开发区控股有限公司向合格投资者公开发行公司债券的批复
证监许可〔2016〕603号	关于核准中信建投证券股份有限公司向合格投资者公开发行公司债券的批复
证监许可〔2016〕604号	关于核准苏州市吴江交通投资集团有限公司向合格投资者公开发行公司债券的批复
证监许可〔2016〕605号	关于核准湖北宜化化工股份有限公司向合格投资者公开发行公司债券的批复
证监许可〔2016〕606号	关于核准华福证券有限责任公司向合格投资者公开发行公司债券的批复
证监许可〔2016〕607号	关于核准安徽省南翔贸易（集团）有限公司向合格投资者公开发行公司债券的批复
证监许可〔2016〕608号	关于核准苏州工业园区华成房地产开发有限公司向合格投资者公开发行公司债券的批复
证监许可〔2016〕609号	关于准予博时安怡6个月定期开放债券型证券投资基金注册的批复
证监许可〔2016〕610号	关于准予博时安恒18个月定期开放债券型证券投资基金注册的批复
证监许可〔2016〕611号	关于准予光大保德信安宏债券型证券投资基金注册的批复
证监许可〔2016〕612号	关于准予国泰创业板指数证券投资基金（LOF）注册的批复
证监许可〔2016〕613号	关于准予中邮未来新蓝筹灵活配置混合型证券投资基金注册的批复
证监许可〔2016〕614号	关于核准合肥华泰集团股份有限公司向合格投资者公开发行公司债券的批复
证监许可〔2016〕615号	关于准予广发服务业精选灵活配置混合型证券投资基金注册的批复
证监许可〔2016〕616号	关于核准蓝盾信息安全技术股份有限公司向中经汇通有限责任公司发行股份购买资产并募集配套资金的批复
证监许可〔2016〕617号	关于准予华泰柏瑞多策略灵活配置混合型证券投资基金注册的批复
证监许可〔2016〕618号	关于准予景顺长城沪港深领先科技股票型证券投资基金注册的批复
证监许可〔2016〕619号	关于准予兴业天融债券型证券投资基金注册的批复

续表

发文字号	发文标题
证监许可〔2016〕620 号	关于准予华宝兴业中证 500 交易型开放式指数证券投资基金注册的批复
证监许可〔2016〕621 号	关于准予华夏新起点灵活配置混合型证券投资基金注册的批复
证监许可〔2016〕622 号	关于准予融通国企改革新机遇灵活配置混合型证券投资基金注册的批复
证监许可〔2016〕623 号	关于准予中银证券保本 1 号混合型证券投资基金注册的批复
证监许可〔2016〕624 号	关于准予融通增裕债券型证券投资基金注册的批复
证监许可〔2016〕625 号	关于准予易方达丰惠混合型证券投资基金注册的批复
证监许可〔2016〕626 号	关于准予华宝兴业标普香港上市中国中小盘指数证券投资基金(LOF)注册的批复
证监许可〔2016〕627 号	关于准予东吴智慧医疗量化策略灵活配置混合型证券投资基金注册的批复
证监许可〔2016〕628 号	关于核准上海市漕河泾新兴技术开发区发展总公司向合格投资者公开发行公司债券的批复
证监许可〔2016〕629 号	关于核准春秋航空股份有限公司向合格投资者公开发行公司债券的批复
证监许可〔2016〕630 号	关于核准江苏南通三建集团有限公司向合格投资者公开发行公司债券的批复
证监许可〔2016〕631 号	关于准予中欧消费主题股票型证券投资基金注册的批复
证监许可〔2016〕632 号	关于准予博时安润 18 个月定期开放债券型证券投资基金注册的批复
证监许可〔2016〕633 号	关于准予工银瑞信瑞丰纯债半年定期开放债券型证券投资基金注册的批复
证监许可〔2016〕634 号	关于准予广发稳裕保本混合型证券投资基金注册的批复
证监许可〔2016〕635 号	关于准予广发优企精选灵活配置混合型证券投资基金注册的批复
证监许可〔2016〕636 号	关于准予中银颐利灵活配置混合型证券投资基金注册的批复
证监许可〔2016〕637 号	关于准予博时鑫源灵活配置混合型证券投资基金注册的批复
证监许可〔2016〕638 号	关于准予摩根士丹利华鑫科技领先灵活配置混合型证券投资基金注册的批复
证监许可〔2016〕639 号	关于准予广发集裕债券型证券投资基金注册的批复
证监许可〔2016〕640 号	关于准予博时保泰保本混合型证券投资基金注册的批复
证监许可〔2016〕641 号	关于核准上海华鑫股份有限公司向合格投资者公开发行公司债券的批复
证监许可〔2016〕642 号	关于核准四川省乐山市福华通达农药科技有限公司向合格投资者公开发行公司债券的批复
证监许可〔2016〕643 号	关于准予华宝兴业未来主导产业灵活配置混合型证券投资基金注册的批复
证监许可〔2016〕644 号	关于准予招商丰源灵活配置混合型证券投资基金注册的批复
证监许可〔2016〕645 号	关于准予招商安博保本混合型证券投资基金注册的批复
证监许可〔2016〕646 号	关于核准苏州市农业发展集团有限公司向合格投资者公开发行公司债券的批复
证监许可〔2016〕647 号	关于核准海航旅游集团有限公司向合格投资者公开发行公司债券的批复
证监许可〔2016〕648 号	关于核准重庆市涪陵国有资产投资经营集团有限公司向合格投资者公开发行公司债券的批复

续表

发文字号	发文标题
证监许可〔2016〕649号	关于核准中国电子信息产业集团有限公司向合格投资者公开发行公司债券的批复
证监许可〔2016〕650号	关于核准金发科技股份有限公司向合格投资者公开发行公司债券的批复
证监许可〔2016〕651号	关于核准山东高速路桥集团股份有限公司向合格投资者公开发行公司债券的批复
证监许可〔2016〕652号	关于核准北京迪信通商贸股份有限公司向合格投资者公开发行公司债券的批复
证监许可〔2016〕653号	关于核准中原环保股份有限公司向郑州市污水净化有限公司发行股份购买资产并募集配套资金的批复
证监许可〔2016〕654号	关于核准福建三钢闽光股份有限公司向福建省三钢（集团）有限责任公司等发行股份购买资产并募集配套资金的批复
证监许可〔2016〕655号	关于核准常熟市天银机电股份有限公司向朱骏等发行股份购买资产并募集配套资金的批复
证监许可〔2016〕656号	关于准予天治成长精选混合型证券投资基金变更注册的批复
证监许可〔2016〕657号	关于核准广东华声电器股份有限公司向中江国际信托股份有限公司等发行股份购买资产并募集配套资金的批复
证监许可〔2016〕658号	关于核准重庆新世纪游轮股份有限公司重大资产重组及向上海兰麟投资管理有限公司等发行股份购买资产并募集配套资金的批复
证监许可〔2016〕659号	关于核准安盛投资管理有限公司（巴黎）人民币合格境外机构投资者资格的批复
证监许可〔2016〕660号	关于核准广发金融交易（英国）有限公司人民币合格境外机构投资者资格的批复
证监许可〔2016〕661号	关于准予泰康沪港深精选灵活配置混合型证券投资基金注册的批复
证监许可〔2016〕662号	关于核准广东江粉磁材股份有限公司向曹云等发行股份购买资产并募集配套资金的批复
证监许可〔2016〕663号	关于核准深圳香江控股股份有限公司向南方香江集团有限公司等发行股份购买资产并募集配套资金的批复
证监许可〔2016〕664号	关于核准中国中车集团公司向公众投资者公开发行公司债券的批复
证监许可〔2016〕665号	关于准予嘉实文体娱乐股票型证券投资基金注册的批复
证监许可〔2016〕666号	关于准予招商安裕保本混合型证券投资基金注册的批复
证监许可〔2016〕667号	关于准予民生加银智造2025灵活配置混合型证券投资基金注册的批复
证监许可〔2016〕668号	关于准予嘉实物流产业股票型证券投资基金注册的批复
证监许可〔2016〕669号	关于准予东方红稳添利纯债债券型发起式证券投资基金注册的批复
证监许可〔2016〕670号	关于准予天弘价值精选灵活配置混合型发起式证券投资基金注册的批复
证监许可〔2016〕671号	关于准予广发集丰债券型证券投资基金注册的批复
证监许可〔2016〕672号	关于准予中加丰泽纯债债券型证券投资基金注册的批复
证监许可〔2016〕673号	关于准予鹏华兴利定期开放灵活配置混合型证券投资基金注册的批复
证监许可〔2016〕674号	关于准予长盛同泽债券型证券投资基金注册的批复

续表

发文字号	发文标题
证监许可〔2016〕675 号	关于不予核准海南神农基因科技股份有限公司发行股份购买资产的决定
证监许可〔2016〕676 号	关于准予光大保德信铭鑫灵活配置混合型证券投资基金注册的批复
证监许可〔2016〕677 号	关于准予民生加银腾元宝货币市场基金注册的批复
证监许可〔2016〕678 号	关于准予光大保德信产业新动力灵活配置混合型证券投资基金注册的批复
证监许可〔2016〕679 号	关于准予国联安先进产业股票型证券投资基金注册的批复
证监许可〔2016〕680 号	关于准予万家颐和保本混合型证券投资基金注册的批复
证监许可〔2016〕681 号	关于准予上投摩根中国世纪灵活配置混合型证券投资基金(QDII)注册的批复
证监许可〔2016〕682 号	关于准予长盛文化娱乐主题灵活配置混合型证券投资基金注册的批复
证监许可〔2016〕683 号	关于准予鹏华兴华定期开放灵活配置混合型证券投资基金注册的批复
证监许可〔2016〕684 号	关于准予中欧丰泓沪港深灵活配置混合型证券投资基金注册的批复
证监许可〔2016〕685 号	关于准予博时安源 18 个月定期开放债券型证券投资基金注册的批复
证监许可〔2016〕686 号	关于准予中科沃土货币市场基金注册的批复
证监许可〔2016〕687 号	关于准予中信建投稳溢保本混合型证券投资基金注册的批复
证监许可〔2016〕688 号	关于准予东方合家保本混合型证券投资基金注册的批复
证监许可〔2016〕689 号	关于准予红塔红土长益定期开放债券型证券投资基金注册的批复
证监许可〔2016〕690 号	关于准予东方红汇利债券型证券投资基金注册的批复
证监许可〔2016〕691 号	关于准予兴业天禧债券型证券投资基金注册的批复
证监许可〔2016〕692 号	关于准予大成景荣保本混合型证券投资基金注册的批复
证监许可〔2016〕693 号	关于准予民生加银新动力灵活配置定期开放混合型证券投资基金变更注册的批复
证监许可〔2016〕694 号	关于准予前海开源恒泽保本混合型证券投资基金注册的批复
证监许可〔2016〕695 号	关于核准豁免中国北方工业公司要约收购北方国际合作股份有限公司股份义务的批复
证监许可〔2016〕696 号	关于核准北京控股集团有限公司向合格投资者公开发行公司债券的批复
证监许可〔2016〕697 号	关于核准天津市政投资有限公司向合格投资者公开发行公司债券的批复
证监许可〔2016〕698 号	关于核准厦门港务控股集团有限公司向合格投资者公开发行公司债券的批复
证监许可〔2016〕699 号	关于核准山东齐成石油化工有限公司向合格投资者公开发行公司债券的批复
证监许可〔2016〕700 号	关于核准中铝国际工程股份有限公司向合格投资者公开发行公司债券的批复
证监许可〔2016〕701 号	关于核准重庆机电股份有限公司向合格投资者公开发行公司债券的批复
证监许可〔2016〕702 号	关于核准北控水务(中国)投资有限公司向合格投资者公开发行公司债券的批复
证监许可〔2016〕703 号	关于核准厦门路桥建设集团有限公司向合格投资者公开发行公司债券的批复
证监许可〔2016〕704 号	关于核准杭州市商贸旅游集团有限公司向合格投资者公开发行公司债券的批复

续表

发文字号	发文标题
证监许可〔2016〕705号	关于核准上海斐讯数据通信技术有限公司向合格投资者公开发行公司债券的批复
证监许可〔2016〕706号	关于核准上海陆家嘴(集团)有限公司向合格投资者公开发行公司债券的批复
证监许可〔2016〕707号	关于核准南京多伦科技股份有限公司首次公开发行股票的批复
证监许可〔2016〕708号	关于核准江苏新美星包装机械股份有限公司首次公开发行股票的批复
证监许可〔2016〕709号	关于核准吉林省金冠电气股份有限公司首次公开发行股票的批复
证监许可〔2016〕710号	关于核准新疆汇嘉时代百货股份有限公司首次公开发行股票的批复
证监许可〔2016〕711号	关于核准安徽江南化工股份有限公司非公开发行股票的批复
证监许可〔2016〕712号	关于核准江东控股集团有限责任公司向合格投资者公开发行公司债券的批复
证监许可〔2016〕713号	关于核准武汉圣泽捷通物流有限公司向合格投资者公开发行公司债券的批复
证监许可〔2016〕714号	关于核准北京东方园林生态股份有限公司向合格投资者公开发行公司债券的批复
证监许可〔2016〕715号	关于核准新兴铸管股份有限公司向合格投资者公开发行公司债券的批复
证监许可〔2016〕716号	关于核准广西农垦集团有限责任公司向合格投资者公开发行公司债券的批复
证监许可〔2016〕717号	关于核准融科智地房地产股份有限公司向合格投资者公开发行公司债券的批复
证监许可〔2016〕718号	关于核准华润电力投资有限公司向合格投资者公开发行公司债券的批复
证监许可〔2016〕719号	关于准予中银新蓝筹灵活配置混合型证券投资基金注册的批复
证监许可〔2016〕720号	关于准予东兴安盈宝货币市场基金注册的批复
证监许可〔2016〕721号	关于准予华商研究精选灵活配置混合型证券投资基金注册的批复
证监许可〔2016〕722号	关于准予鹏华中证旅游主题指数证券投资基金(LOF)注册的批复
证监许可〔2016〕723号	关于准予民生加银鑫安纯债债券型证券投资基金注册的批复
证监许可〔2016〕724号	关于准予招商增荣灵活配置混合型证券投资基金注册的批复
证监许可〔2016〕725号	关于准予博时裕利纯债债券型证券投资基金注册的批复
证监许可〔2016〕726号	关于准予新华健康生活主题灵活配置混合型证券投资基金注册的批复
证监许可〔2016〕727号	关于准予民生加银前沿科技灵活配置混合型证券投资基金注册的批复
证监许可〔2016〕728号	关于准予诺德货币市场基金注册的批复
证监许可〔2016〕729号	关于准予国泰中证全指证券公司交易型开放式指数证券投资基金注册的批复
证监许可〔2016〕730号	关于准予金鹰元和保本混合型证券投资基金注册的批复
证监许可〔2016〕731号	关于准予新华双利债券型证券投资基金注册的批复
证监许可〔2016〕732号	关于准予国寿安保货币市场基金变更注册的批复
证监许可〔2016〕733号	关于准予国泰中证军工交易型开放式指数证券投资基金注册的批复
证监许可〔2016〕734号	关于准予中融融丰纯债债券型证券投资基金注册的批复
证监许可〔2016〕735号	关于准予鹏华兴益定期开放灵活配置混合型证券投资基金注册的批复

续表

发文字号	发文标题
证监许可〔2016〕736 号	关于准予泓德裕和纯债债券型证券投资基金注册的批复
证监许可〔2016〕737 号	关于准予中银合利债券型证券投资基金注册的批复
证监许可〔2016〕738 号	关于准予东方红汇阳债券型证券投资基金注册的批复
证监许可〔2016〕739 号	关于准予富国创新科技混合型证券投资基金注册的批复
证监许可〔2016〕740 号	关于准予大成通顺大数据混合型证券投资基金注册的批复
证监许可〔2016〕741 号	关于准予长信先锐债券型证券投资基金注册的批复
证监许可〔2016〕742 号	关于准予华宝兴业中证银行交易型开放式指数证券投资基金注册的批复
证监许可〔2016〕743 号	关于准予长城久源保本混合型证券投资基金注册的批复
证监许可〔2016〕744 号	关于准予汇添富盈稳保本混合型证券投资基金注册的批复
证监许可〔2016〕745 号	关于准予泓德裕荣纯债债券型证券投资基金注册的批复
证监许可〔2016〕746 号	关于准予华夏新起航灵活配置混合型证券投资基金注册的批复
证监许可〔2016〕747 号	关于准予工银瑞信安盈货币市场基金注册的批复
证监许可〔2016〕748 号	关于准予鹏华兴润定期开放灵活配置混合型证券投资基金注册的批复
证监许可〔2016〕749 号	关于准予鹏华兴合定期开放灵活配置混合型证券投资基金注册的批复
证监许可〔2016〕750 号	关于准予国投瑞银和安债券型证券投资基金注册的批复
证监许可〔2016〕751 号	关于准予信诚鼎利定增灵活配置混合型证券投资基金注册的批复
证监许可〔2016〕752 号	关于准予博时裕创纯债债券型证券投资基金注册的批复
证监许可〔2016〕753 号	关于准予鹏华兴泽定期开放灵活配置混合型证券投资基金注册的批复
证监许可〔2016〕754 号	关于准予博时裕通纯债债券型证券投资基金注册的批复
证监许可〔2016〕755 号	关于准予融通易支付货币市场证券投资基金变更注册的批复
证监许可〔2016〕756 号	关于核准余姚市城市建设投资发展有限公司向合格投资者公开发行公司债券的批复
证监许可〔2016〕757 号	关于准予红塔红土人人宝货币市场基金注册的批复
证监许可〔2016〕758 号	关于准予红塔红土盛隆保本混合型证券投资基金注册的批复
证监许可〔2016〕759 号	关于准予民生加银现金添利货币市场基金注册的批复
证监许可〔2016〕760 号	关于准予汇添富互联网金融股票型证券投资基金变更注册的批复
证监许可〔2016〕761 号	关于准予博时裕顺纯债债券型证券投资基金注册的批复
证监许可〔2016〕762 号	关于核准长江证券股份有限公司变更持有 5% 以上股权实际控制人的批复
证监许可〔2016〕763 号	关于核准厦门金龙汽车集团股份有限公司配股的批复
证监许可〔2016〕764 号	关于核准浙江赞宇科技股份有限公司非公开发行股票的批复
证监许可〔2016〕765 号	关于核准浙江海翔药业股份有限公司非公开发行股票的批复
证监许可〔2016〕766 号	关于核准武汉高德红外股份有限公司非公开发行股票的批复
证监许可〔2016〕767 号	关于核准深圳市芭田生态工程股份有限公司非公开发行股票的批复

续表

发文字号	发文标题
证监许可〔2016〕768号	关于核准山东华鹏玻璃股份有限公司非公开发行股票的批复
证监许可〔2016〕769号	关于核准深圳市爱施德股份有限公司非公开发行股票的批复
证监许可〔2016〕770号	关于核准上海新世界股份有限公司非公开发行股票的批复
证监许可〔2016〕771号	关于核准上海外高桥集团股份有限公司向合格投资者公开发行公司债券的批复
证监许可〔2016〕772号	关于核准华建国际实业(深圳)有限公司向合格投资者公开发行公司债券的批复
证监许可〔2016〕773号	关于核准南通四方冷链装备股份有限公司首次公开发行股票的批复
证监许可〔2016〕774号	关于不予核准上海锦和商业经营管理股份有限公司首次公开发行股票申请的决定
证监许可〔2016〕775号	关于核准亿阳信通股份有限公司非公开发行股票的批复
证监许可〔2016〕776号	关于核准红宝丽集团股份有限公司非公开发行股票的批复
证监许可〔2016〕777号	关于核准深圳市共进电子股份有限公司非公开发行股票的批复
证监许可〔2016〕778号	关于核准深圳市奋达科技股份有限公司向合格投资者公开发行公司债券的批复
证监许可〔2016〕779号	关于核准乌鲁木齐国有资产经营(集团)有限公司向合格投资者公开发行公司债券的批复
证监许可〔2016〕780号	关于核准北京经济技术投资开发总公司向合格投资者公开发行公司债券的批复
证监许可〔2016〕781号	关于核准上海新眼光医疗器械股份有限公司定向发行股票的批复
证监许可〔2016〕782号	关于核准豁免中车产业投资有限公司要约收购南方汇通股份有限公司股份义务的批复
证监许可〔2016〕783号	关于核准北京广安控股有限公司向合格投资者公开发行公司债券的批复
证监许可〔2016〕784号	关于核准成都金融控股集团有限公司向合格投资者公开发行公司债券的批复
证监许可〔2016〕785号	关于准予国泰国证新能源汽车指数分级证券投资基金变更注册的批复
证监许可〔2016〕786号	关于核准常州强力电子新材料股份有限公司向俞叶晓等发行股份购买资产并募集配套资金的批复
证监许可〔2016〕787号	关于核准紫光股份有限公司非公开发行股票的批复
证监许可〔2016〕788号	关于核准新疆中泰化学股份有限公司向浙江富丽达股份有限公司等发行股份购买资产并募集配套资金的批复
证监许可〔2016〕789号	关于核准宁波鲍斯能源装备股份有限公司向柯亚仕等发行股份购买资产并募集配套资金的批复
证监许可〔2016〕790号	关于核准北京掌趣科技股份有限公司向合格投资者公开发行公司债券的批复
证监许可〔2016〕791号	关于准予泓德裕泽纯债一年定期开放债券型证券投资基金注册的批复
证监许可〔2016〕792号	关于准予鹏华金城保本混合型证券投资基金注册的批复
证监许可〔2016〕793号	关于准予万家颐达保本混合型证券投资基金注册的批复
证监许可〔2016〕794号	关于准予长信创新驱动股票型证券投资基金注册的批复

续表

发文字号	发文标题
证监许可〔2016〕795 号	关于准予招商安荣保本混合型证券投资基金注册的批复
证监许可〔2016〕796 号	关于准予泓德裕康债券型证券投资基金注册的批复
证监许可〔2016〕797 号	关于准予中邮聚力债券型证券投资基金注册的批复
证监许可〔2016〕798 号	关于准予江信祺福债券型证券投资基金注册的批复
证监许可〔2016〕799 号	关于准予德邦纯债一年定期开放债券型证券投资基金注册的批复
证监许可〔2016〕800 号	关于准予广发转型升级灵活配置混合型证券投资基金注册的批复
证监许可〔2016〕801 号	关于准予上银慧盈利货币市场基金注册的批复
证监许可〔2016〕802 号	关于准予博时裕盛纯债债券型证券投资基金注册的批复
证监许可〔2016〕803 号	关于核准伊犁农四师国有资产投资有限责任公司向合格投资者公开发行公司债券的批复
证监许可〔2016〕804 号	关于核准金茂投资管理(上海)有限公司向合格投资者公开发行可续期公司债券的批复
证监许可〔2016〕805 号	关于核准北京东方通科技股份有限公司非公开发行股票的批复
证监许可〔2016〕806 号	关于核准深圳翰宇药业股份有限公司非公开发行股票的批复
证监许可〔2016〕807 号	关于核准上海北特科技股份有限公司非公开发行股票的批复
证监许可〔2016〕808 号	关于核准宝安鸿基地产集团股份有限公司非公开发行股票的批复
证监许可〔2016〕809 号	关于核准江苏中泰桥梁钢构股份有限公司非公开发行股票的批复
证监许可〔2016〕810 号	关于核准天津九安医疗电子股份有限公司非公开发行股票的批复
证监许可〔2016〕811 号	关于核准洲际油气股份有限公司向合格投资者公开发行公司债券的批复
证监许可〔2016〕812 号	关于核准正泰集团股份有限公司向合格投资者公开发行公司债券的批复
证监许可〔2016〕813 号	关于核准申万宏源集团股份有限公司向合格投资者公开发行公司债券的批复
证监许可〔2016〕814 号	关于核准第一创业证券股份有限公司首次公开发行股票的批复
证监许可〔2016〕815 号	关于核准威龙葡萄酒股份有限公司首次公开发行股票的批复
证监许可〔2016〕816 号	关于核准跨境通宝电子商务股份有限公司非公开发行股票的批复
证监许可〔2016〕817 号	关于核准北京华胜天成科技股份有限公司非公开发行股票的批复
证监许可〔2016〕818 号	关于核准成都深冷液化设备股份有限公司首次公开发行股票的批复
证监许可〔2016〕820 号	关于核准中金黄金股份有限公司配股的批复
证监许可〔2016〕822 号	关于核准浙江中国小商品城集团股份有限公司向合格投资者公开发行公司债券的批复
证监许可〔2016〕824 号	关于核准北京超图软件股份有限公司向孙在宏等发行股份购买资产并募集配套资金的批复
证监许可〔2016〕825 号	关于核准方大集团股份有限公司非公开发行股票的批复
证监许可〔2016〕826 号	关于核准广州白云山医药集团股份有限公司非公开发行股票的批复
证监许可〔2016〕827 号	关于核准新华联不动产股份有限公司非公开发行股票的批复

续表

发文字号	发文标题
证监许可〔2016〕828 号	关于核准上海航天汽车机电股份有限公司非公开发行股票的批复
证监许可〔2016〕829 号	关于核准北京北斗星通导航技术股份有限公司非公开发行股票的批复
证监许可〔2016〕830 号	关于核准陕西广电网络传媒(集团)股份有限公司非公开发行股票的批复
证监许可〔2016〕831 号	关于核准江阴中南重工股份有限公司向钟德平等发行股份购买资产并募集配套资金的批复
证监许可〔2016〕832 号	关于核准高盛国际资产管理公司人民币合格境外机构投资者资格的批复
证监许可〔2016〕833 号	关于核准福建雪人股份有限公司向钟剑等发行股份购买资产并募集配套资金的批复
证监许可〔2016〕834 号	关于核准智度投资股份有限公司向北京智度德普股权投资中心(有限合伙)等发行股份购买资产并募集配套资金的批复
证监许可〔2016〕835 号	关于核准山西振东制药股份有限公司向李勋等发行股份购买资产并募集配套资金的批复
证监许可〔2016〕836 号	关于核准科大智能科技股份有限公司向陆颖等发行股份购买资产并募集配套资金的批复
证监许可〔2016〕837 号	关于准予景顺长城顺益回报混合型证券投资基金注册的批复
证监许可〔2016〕838 号	关于准予信达澳银健康中国灵活配置混合型证券投资基金注册的批复
证监许可〔2016〕839 号	关于准予汇添富保鑫保本混合型证券投资基金注册的批复
证监许可〔2016〕840 号	关于准予融通增祥债券型证券投资基金注册的批复
证监许可〔2016〕841 号	关于准予泓德裕祥债券型证券投资基金注册的批复
证监许可〔2016〕842 号	关于准予景顺长城景盈双利债券型证券投资基金注册的批复
证监许可〔2016〕843 号	关于准予鹏华兴实定期开放灵活配置混合型证券投资基金注册的批复
证监许可〔2016〕844 号	关于准予华富诚鑫灵活配置混合型证券投资基金注册的批复
证监许可〔2016〕845 号	关于准予中欧强瑞多策略定期开放债券型证券投资基金注册的批复
证监许可〔2016〕846 号	关于准予北信瑞丰丰利保本混合型证券投资基金注册的批复
证监许可〔2016〕847 号	关于核准网信证券有限责任公司保荐机构资格的批复
证监许可〔2016〕848 号	关于准予泓德裕鑫纯债一年定期开放债券型证券投资基金注册的批复
证监许可〔2016〕849 号	关于核准完美环球娱乐股份有限公司向完美世界(北京)数字科技有限公司等发行股份购买资产并募集配套资金的批复
证监许可〔2016〕850 号	关于核准风帆股份有限公司向中国船舶重工集团公司等发行股份购买资产并募集配套资金的批复
证监许可〔2016〕851 号	关于准予华富华鑫灵活配置混合型证券投资基金注册的批复
证监许可〔2016〕852 号	关于准予华富益鑫灵活配置混合型证券投资基金注册的批复
证监许可〔2016〕853 号	关于准予西部利得天添鑫货币市场基金注册的批复
证监许可〔2016〕854 号	关于核准华远地产股份有限公司配股的批复
证监许可〔2016〕855 号	关于核准广东安居宝数码科技股份有限公司非公开发行股票的批复
证监许可〔2016〕856 号	关于核准会稽山绍兴酒股份有限公司非公开发行股票的批复

续表

发文字号	发文标题
证监许可〔2016〕857 号	关于核准摩登大道时尚集团股份有限公司非公开发行股票的批复
证监许可〔2016〕859 号	关于核准设立先锋基金管理有限公司的批复
证监许可〔2016〕860 号	关于核准设立汇安基金管理有限责任公司的批复
证监许可〔2016〕861 号	关于核准大连万达商业地产股份有限公司向合格投资者公开发行公司债券的批复
证监许可〔2016〕862 号	关于核准湖北稻花香酒业股份有限公司向合格投资者公开发行公司债券的批复
证监许可〔2016〕863 号	关于核准重庆城市交通开发投资(集团)有限公司向合格投资者公开发行公司债券的批复
证监许可〔2016〕864 号	关于准予鹏华兴盛定期开放灵活配置混合型证券投资基金注册的批复
证监许可〔2016〕865 号	关于准予嘉实稳盛债券型证券投资基金注册的批复
证监许可〔2016〕866 号	关于准予招商招兴纯债债券型证券投资基金注册的批复
证监许可〔2016〕867 号	关于准予华安创业板 50 交易型开放式指数证券投资基金注册的批复
证监许可〔2016〕868 号	关于准予华安创业板 50 交易型开放式指数证券投资基金联接基金注册的批复
证监许可〔2016〕869 号	关于准予嘉实稳丰纯债债券型证券投资基金注册的批复
证监许可〔2016〕870 号	关于准予长盛信息经济主题灵活配置混合型证券投资基金注册的批复
证监许可〔2016〕871 号	关于核准深圳市大富科技股份有限公司非公开发行股票的批复
证监许可〔2016〕872 号	关于核准大湖水殖股份有限公司非公开发行股票的批复
证监许可〔2016〕873 号	关于核准浙江友邦集成吊顶股份有限公司非公开发行股票的批复
证监许可〔2016〕874 号	关于核准中文在线数字出版集团股份有限公司非公开发行股票的批复
证监许可〔2016〕875 号	关于核准海南航空股份有限公司非公开发行股票的批复
证监许可〔2016〕876 号	关于核准北京万通地产股份有限公司非公开发行股票的批复
证监许可〔2016〕877 号	关于核准江苏鱼跃医疗设备股份有限公司非公开发行股票的批复
证监许可〔2016〕878 号	关于核准索菲亚家居股份有限公司非公开发行股票的批复
证监许可〔2016〕879 号	关于核准福建省青山纸业股份有限公司非公开发行股票的批复
证监许可〔2016〕881 号	关于核准设立华菁证券有限公司的批复
证监许可〔2016〕882 号	关于核准杭州中亚机械股份有限公司首次公开发行股票的批复
证监许可〔2016〕883 号	关于核准四川帝王洁具股份有限公司首次公开发行股票的批复
证监许可〔2016〕884 号	关于准予鹏华中证影视主题指数证券投资基金(LOF)注册的批复
证监许可〔2016〕885 号	关于准予长盛同享保本混合型证券投资基金注册的批复
证监许可〔2016〕886 号	关于准予长信利发债券型证券投资基金注册的批复
证监许可〔2016〕887 号	关于准予工银瑞信泰享三年理财债券型证券投资基金注册的批复
证监许可〔2016〕888 号	关于准予华安安进保本混合型发起式证券投资基金注册的批复

续表

发文字号	发文标题
证监许可〔2016〕889 号	关于准予融通现金宝货币市场基金注册的批复
证监许可〔2016〕890 号	关于准予汇添富多策略定期开放灵活配置混合型发起式证券投资基金注册的批复
证监许可〔2016〕891 号	关于核准浙江伟星实业发展股份有限公司向侯又森等发行股份购买资产并募集配套资金的批复
证监许可〔2016〕892 号	关于核准黑龙江黑化股份有限公司重大资产重组及向郭东泽等发行股份购买资产并募集配套资金的批复
证监许可〔2016〕893 号	关于核准浙江永贵电器股份有限公司向涂海文等发行股份购买资产并募集配套资金的批复
证监许可〔2016〕894 号	关于核准苏州市世嘉科技股份有限公司首次公开发行股票的批复
证监许可〔2016〕895 号	关于核准苏州禾盛新型材料股份有限公司非公开发行股票的批复
证监许可〔2016〕896 号	关于核准湖南百利工程科技股份有限公司首次公开发行股票的批复
证监许可〔2016〕897 号	关于核准四川大通燃气开发股份有限公司非公开发行股票的批复
证监许可〔2016〕898 号	关于核准深圳市沃尔核材股份有限公司非公开发行股票的批复
证监许可〔2016〕899 号	关于核准河南佰利联化学股份有限公司非公开发行股票的批复
证监许可〔2016〕900 号	关于核准国家电力投资集团公司向公众投资者公开发行公司债券的批复
证监许可〔2016〕901 号	关于准予中加丰润纯债债券型证券投资基金注册的批复
证监许可〔2016〕902 号	关于准予泰康宏泰回报混合型证券投资基金注册的批复
证监许可〔2016〕903 号	关于核准江苏保千里视像科技集团股份有限公司非公开发行股票的批复
证监许可〔2016〕904 号	关于核准腾达建设集团股份有限公司非公开发行股票的批复
证监许可〔2016〕905 号	关于核准上海电气集团股份有限公司向上海电气(集团)总公司发行股份购买资产并募集配套资金的批复
证监许可〔2016〕906 号	关于核准深圳珈伟光伏照明股份有限公司向上海储阳光伏电力有限公司发行股份购买资产并募集配套资金的批复
证监许可〔2016〕907 号	关于核准浙江帝龙新材料股份有限公司向余海峰等发行股份购买资产并募集配套资金的批复
证监许可〔2016〕908 号	关于准予光大保德信尊富 18 个月定期开放债券型证券投资基金注册的批复
证监许可〔2016〕909 号	关于准予光大保德信尊辉 18 个月定期开放债券型证券投资基金注册的批复
证监许可〔2016〕910 号	关于准予广发集安债券型证券投资基金注册的批复
证监许可〔2016〕911 号	关于准予东方红价值精选混合型证券投资基金注册的批复
证监许可〔2016〕912 号	关于准予前海开源交易型货币市场基金注册的批复
证监许可〔2016〕913 号	关于准予南方兴盛先锋灵活配置混合型证券投资基金注册的批复
证监许可〔2016〕914 号	关于准予安信新回报灵活配置混合型证券投资基金注册的批复
证监许可〔2016〕915 号	关于准予广发创新驱动灵活配置混合型证券投资基金注册的批复
证监许可〔2016〕916 号	关于准予博时景兴纯债债券型证券投资基金注册的批复
证监许可〔2016〕917 号	关于核准四川和邦生物科技股份有限公司非公开发行股票的批复

续表

发文字号	发文标题
证监许可〔2016〕918 号	关于核准通化东宝药业股份有限公司非公开发行股票的批复
证监许可〔2016〕919 号	关于核准辽宁曙光汽车集团股份有限公司非公开发行股票的批复
证监许可〔2016〕920 号	关于核准上海龙宇燃油股份有限公司非公开发行股票的批复
证监许可〔2016〕921 号	关于核准铁牛集团有限公司向合格投资者公开发行公司债券的批复
证监许可〔2016〕922 号	关于核准赛摩电气股份有限公司向鹿拥军等发行股份购买资产并募集配套资金的批复
证监许可〔2016〕923 号	关于核准刚泰集团有限公司向合格投资者公开发行公司债券的批复
证监许可〔2016〕924 号	关于核准中海油田服务股份有限公司向合格投资者公开发行公司债券的批复
证监许可〔2016〕925 号	关于准予光大保德信永鑫灵活配置混合型证券投资基金注册的批复
证监许可〔2016〕926 号	关于准予国寿安保尊裕优化回报债券型证券投资基金注册的批复
证监许可〔2016〕927 号	关于核准安联环球投资有限公司人民币合格境外机构投资者资格的批复
证监许可〔2016〕928 号	关于核准辉立资金管理有限公司人民币合格境外机构投资者资格的批复
证监许可〔2016〕929 号	关于核准创维数字股份有限公司向创维液晶科技有限公司发行股份购买资产的批复
证监许可〔2016〕930 号	关于准予博时聚瑞纯债债券型证券投资基金注册的批复
证监许可〔2016〕931 号	关于核准北京首都在线科技股份有限公司向合众投资、宇联投资发行股份购买资产的批复
证监许可〔2016〕932 号	关于准予长盛创新成长灵活配置混合型证券投资基金注册的批复
证监许可〔2016〕933 号	关于准予交银施罗德新生活力灵活配置混合型证券投资基金注册的批复
证监许可〔2016〕934 号	关于准予安信新价值灵活配置混合型证券投资基金注册的批复
证监许可〔2016〕935 号	关于准予富安达消费主题灵活配置混合型证券投资基金注册的批复
证监许可〔2016〕936 号	关于准予富国祥利定期开放债券型发起式证券投资基金注册的批复
证监许可〔2016〕937 号	关于准予万家家享纯债债券型证券投资基金注册的批复
证监许可〔2016〕938 号	关于准予中融融裕双利债券型证券投资基金注册的批复
证监许可〔2016〕939 号	关于准予海富通欣益灵活配置混合型证券投资基金注册的批复
证监许可〔2016〕940 号	关于核准山东高速集团有限公司向公众投资者公开发行可交换公司债券的批复
证监许可〔2016〕941 号	关于核准深圳市联建光电股份有限公司向马伟晋等发行股份购买资产并募集配套资金的批复
证监许可〔2016〕942 号	关于核准福安药业(集团)股份有限公司向山东只楚集团有限公司等发行股份购买资产并募集配套资金的批复
证监许可〔2016〕943 号	关于核准浙江金科过氧化物股份有限公司向王健等发行股份购买资产并募集配套资金的批复
证监许可〔2016〕944 号	关于核准山东龙力生物科技股份有限公司向黄小榕等发行股份购买资产并募集配套资金的批复
证监许可〔2016〕945 号	关于核准内蒙古和信园蒙草抗旱绿化股份有限公司向王再添等发行股份购买资产并募集配套资金的批复

续表

发文字号	发文标题
证监许可〔2016〕946 号	关于核准江苏大港股份有限公司向王刚等发行股份购买资产并募集配套资金的批复
证监许可〔2016〕947 号	关于核准哈尔滨工大高新技术产业开发股份有限公司向彭海帆等发行股份购买资产并募集配套资金的批复
证监许可〔2016〕948 号	关于核准英洛华科技股份有限公司向横店集团东磁有限公司等发行股份购买资产并募集配套资金的批复
证监许可〔2016〕949 号	关于核准湖北鼎龙化学股份有限公司向王敏等发行股份购买资产并募集配套资金的批复
证监许可〔2016〕950 号	关于核准北京安控科技股份有限公司非公开发行股票的批复
证监许可〔2016〕951 号	关于核准吉艾科技(北京)股份公司非公开发行股票的批复
证监许可〔2016〕952 号	关于核准益丰大药房连锁股份有限公司非公开发行股票的批复
证监许可〔2016〕953 号	关于核准美盛文化创意股份有限公司非公开发行股票的批复
证监许可〔2016〕954 号	关于核准河北常山生化药业股份有限公司非公开发行股票的批复
证监许可〔2016〕955 号	关于核准杭州中恒电气股份有限公司非公开发行股票的批复
证监许可〔2016〕957 号	关于核准山东济宁如意毛纺织股份有限公司非公开发行股票的批复
证监许可〔2016〕958 号	关于核准苏州电器科学研究院股份有限公司非公开发行股票的批复
证监许可〔2016〕959 号	关于核准深圳市捷顺科技实业股份有限公司非公开发行股票的批复
证监许可〔2016〕961 号	关于核准韩华投资证券公司人民币合格境外机构投资者资格的批复
证监许可〔2016〕962 号	关于核准第一商业银行股份有限公司合格境外机构投资者资格的批复
证监许可〔2016〕963 号	关于核准重庆财信企业集团有限公司向合格投资者公开发行公司债券的批复
证监许可〔2016〕964 号	关于准予安信新优选灵活配置混合型证券投资基金注册的批复
证监许可〔2016〕965 号	关于准予前海开源沪港深核心资源灵活配置混合型证券投资基金注册的批复
证监许可〔2016〕966 号	关于准予博时聚润纯债债券型证券投资基金注册的批复
证监许可〔2016〕967 号	关于准予泓德泓信灵活配置混合型证券投资基金注册的批复
证监许可〔2016〕968 号	关于准予融通稳利债券型证券投资基金注册的批复
证监许可〔2016〕969 号	关于准予融通通景灵活配置混合型证券投资基金注册的批复
证监许可〔2016〕970 号	关于准予交银施罗德中证环境治理指数分级证券投资基金变更注册的批复
证监许可〔2016〕971 号	关于准予信诚主题轮动灵活配置混合型证券投资基金注册的批复
证监许可〔2016〕972 号	关于准予招商盛达灵活配置混合型证券投资基金注册的批复
证监许可〔2016〕973 号	关于准予鹏华中证教育产业指数证券投资基金(LOF)注册的批复
证监许可〔2016〕974 号	关于准予海富通富祥混合型证券投资基金注册的批复
证监许可〔2016〕975 号	关于准予富国中证医药主题指数增强型证券投资基金(LOF)注册的批复
证监许可〔2016〕976 号	关于准予南方双利定期开放债券型证券投资基金注册的批复
证监许可〔2016〕977 号	关于准予万家家裕债券型证券投资基金注册的批复

续表

发文字号	发文标题
证监许可〔2016〕978 号	关于准予广发东财大数据精选灵活配置混合型证券投资基金注册的批复
证监许可〔2016〕979 号	关于准予银华鑫锐定增灵活配置混合型证券投资基金注册的批复
证监许可〔2016〕980 号	关于准予浙商汇金聚利一年定期开放债券型证券投资基金注册的批复
证监许可〔2016〕981 号	关于准予银华鑫享定增灵活配置混合型证券投资基金注册的批复
证监许可〔2016〕982 号	关于准予安信新目标灵活配置混合型证券投资基金注册的批复
证监许可〔2016〕983 号	关于准予融通通安债券型证券投资基金注册的批复
证监许可〔2016〕984 号	关于准予金鹰中证 500 指数分级证券投资基金变更注册的批复
证监许可〔2016〕985 号	关于核准歌山控股集团有限公司向合格投资者公开发行公司债券的批复
证监许可〔2016〕986 号	关于核准深圳瑞和建筑装饰股份有限公司非公开发行股票的批复
证监许可〔2016〕987 号	关于核准北京北信源软件股份有限公司非公开发行股票的批复
证监许可〔2016〕988 号	关于核准浙江亚太药业股份有限公司非公开发行股票的批复
证监许可〔2016〕989 号	关于核准浙江海利得新材料股份有限公司非公开发行股票的批复
证监许可〔2016〕991 号	关于核准易事特集团股份有限公司非公开发行股票的批复
证监许可〔2016〕992 号	关于核准山东莱芜金雷风电科技股份有限公司非公开发行股票的批复
证监许可〔2016〕993 号	关于核准东华能源股份有限公司非公开发行股票的批复
证监许可〔2016〕994 号	关于核准扬州扬杰电子科技股份有限公司非公开发行股票的批复
证监许可〔2016〕995 号	关于核准深圳天源迪科信息技术股份有限公司非公开发行股票的批复
证监许可〔2016〕996 号	关于核准深圳市洪涛装饰股份有限公司公开发行可转换公司债券的批复
证监许可〔2016〕997 号	关于核准广州凯华城房地产开发有限公司向合格投资者公开发行公司债券的批复
证监许可〔2016〕998 号	关于核准浙江嘉化能源化工股份有限公司向合格投资者公开发行绿色公司债券的批复
证监许可〔2016〕999 号	关于核准迈达思基金管理有限公司人民币合格境外机构投资者资格的批复
证监许可〔2016〕1000 号	关于准予东方红睿满沪港深灵活配置混合型证券投资基金注册的批复
证监许可〔2016〕1001 号	关于核准连云港如意集团股份有限公司向宁波至正投资管理有限公司等发行股份购买资产并募集配套资金的批复
证监许可〔2016〕1002 号	关于核准江苏华地国际控股集团有限公司向合格投资者公开发行公司债券的批复
证监许可〔2016〕1003 号	关于准予南方甑智定期开放混合型发起式证券投资基金注册的批复
证监许可〔2016〕1004 号	关于准予南方品质优选灵活配置混合型证券投资基金注册的批复
证监许可〔2016〕1005 号	关于准予信诚鼎盈定增灵活配置混合型证券投资基金注册的批复
证监许可〔2016〕1006 号	关于准予泓德优势领航灵活配置混合型证券投资基金注册的批复
证监许可〔2016〕1007 号	关于准予金信转型创新成长灵活配置混合型发起式证券投资基金注册的批复
证监许可〔2016〕1008 号	关于准予广发添利交易型货币市场基金注册的批复

续表

发文字号	发文标题
证监许可〔2016〕1009 号	关于核准合肥工投工业科技发展有限公司向合格投资者公开发行公司债券的批复
证监许可〔2016〕1010 号	关于核准国银金融租赁股份有限公司发行境外上市外资股的批复
证监许可〔2016〕1011 号	关于核准中国核工业建设股份有限公司首次公开发行股票的批复
证监许可〔2016〕1012 号	关于核准西安环球印务股份有限公司首次公开发行股票的批复
证监许可〔2016〕1013 号	关于核准郑州天迈科技股份有限公司定向发行股票的批复
证监许可〔2016〕1014 号	关于核准上海百傲科技股份有限公司定向发行股票的批复
证监许可〔2016〕1015 号	关于核准三棵树涂料股份有限公司首次公开发行股票的批复
证监许可〔2016〕1016 号	关于核准北京恒泰实达科技股份有限公司首次公开发行股票的批复
证监许可〔2016〕1017 号	关于核准湖北久之洋红外系统股份有限公司首次公开发行股票的批复
证监许可〔2016〕1018 号	关于核准湖南三德科技股份有限公司首次公开发行股票的批复
证监许可〔2016〕1019 号	关于核准新疆天顺供应链股份有限公司首次公开发行股票的批复
证监许可〔2016〕1020 号	关于核准合诚工程咨询股份有限公司首次公开发行股票的批复
证监许可〔2016〕1021 号	关于核准重庆小康工业集团股份有限公司首次公开发行股票的批复
证监许可〔2016〕1022 号	关于核准上海沪工焊接集团股份有限公司首次公开发行股票的批复
证监许可〔2016〕1023 号	关于不予核准唐人神集团股份有限公司发行股份购买资产并募集配套资金的决定
证监许可〔2016〕1024 号	关于核准天泽信息产业股份有限公司向刘智辉等发行股份购买资产的批复
证监许可〔2016〕1025 号	关于核准中海阳能源集团股份有限公司定向发行股票的批复
证监许可〔2016〕1026 号	关于核准东方证券股份有限公司发行境外上市外资股的批复
证监许可〔2016〕1027 号	关于核准贵州高速公路集团有限公司向合格投资者公开发行公司债券的批复
证监许可〔2016〕1028 号	关于准予金鹰多元策略灵活配置混合型证券投资基金注册的批复
证监许可〔2016〕1029 号	关于准予招商丰乐灵活配置混合型证券投资基金注册的批复
证监许可〔2016〕1030 号	关于准予光大保德信尊享 18 个月定期开放债券型证券投资基金注册的批复
证监许可〔2016〕1031 号	关于准予中欧医疗健康混合型证券投资基金注册的批复
证监许可〔2016〕1032 号	关于准予民生加银鑫瑞债券型证券投资基金注册的批复
证监许可〔2016〕1033 号	关于准予汇添富中证环境治理指数型证券投资基金（LOF）注册的批复
证监许可〔2016〕1034 号	关于准予博时景发纯债债券型证券投资基金注册的批复
证监许可〔2016〕1035 号	关于准予博时聚盈纯债债券型证券投资基金注册的批复
证监许可〔2016〕1036 号	关于准予中银永利半年定期开放债券型证券投资基金注册的批复
证监许可〔2016〕1037 号	关于准予招商招恒纯债债券型证券投资基金注册的批复
证监许可〔2016〕1038 号	关于准予万家家乐债券型证券投资基金注册的批复
证监许可〔2016〕1039 号	关于准予融通通和债券型证券投资基金注册的批复

续表

发文字号	发文标题
证监许可〔2016〕1040 号	关于准予鹏华兴锐定期开放灵活配置混合型证券投资基金注册的批复
证监许可〔2016〕1041 号	关于准予博时安诚 18 个月定期开放债券型证券投资基金注册的批复
证监许可〔2016〕1042 号	关于核准江苏长海复合材料股份有限公司非公开发行股票的批复
证监许可〔2016〕1043 号	关于核准苏州斯莱克精密设备股份有限公司非公开发行股票的批复
证监许可〔2016〕1044 号	关于核准南京埃斯顿自动化股份有限公司非公开发行股票的批复
证监许可〔2016〕1045 号	关于核准申万宏源集团股份有限公司非公开发行股票的批复
证监许可〔2016〕1046 号	关于核准康力电梯股份有限公司非公开发行股票的批复
证监许可〔2016〕1047 号	关于核准搜于特集团股份有限公司非公开发行股票的批复
证监许可〔2016〕1048 号	关于核准深圳市兆驰股份有限公司非公开发行股票的批复
证监许可〔2016〕1049 号	关于核准福建省闽发铝业股份有限公司非公开发行股票的批复
证监许可〔2016〕1050 号	关于核准上海永利带业股份有限公司非公开发行股票的批复
证监许可〔2016〕1051 号	关于核准安徽富煌钢构股份有限公司非公开发行股票的批复
证监许可〔2016〕1052 号	关于核准威海广泰空港设备股份有限公司非公开发行股票的批复
证监许可〔2016〕1053 号	关于核准凯迪生态环境科技股份有限公司非公开发行股票的批复
证监许可〔2016〕1054 号	关于核准北京合纵科技股份有限公司非公开发行股票的批复
证监许可〔2016〕1055 号	关于核准郑州华晶金刚石股份有限公司非公开发行股票的批复
证监许可〔2016〕1056 号	关于核准河南恒星科技股份有限公司非公开发行股票的批复
证监许可〔2016〕1057 号	关于核准鸿博股份有限公司非公开发行股票的批复
证监许可〔2016〕1058 号	关于核准山东瑞康医药股份有限公司非公开发行股票的批复
证监许可〔2016〕1059 号	关于核准西部金属材料股份有限公司非公开发行股票的批复
证监许可〔2016〕1060 号	关于准予交银施罗德数据产业灵活配置混合型证券投资基金注册的批复
证监许可〔2016〕1061 号	关于准予招商招益两年定期开放债券型证券投资基金注册的批复
证监许可〔2016〕1062 号	关于准予华夏新锦泰灵活配置混合型证券投资基金注册的批复
证监许可〔2016〕1063 号	关于准予南方荣欢定期开放混合型发起式证券投资基金注册的批复
证监许可〔2016〕1064 号	关于准予中欧双利债券型证券投资基金注册的批复
证监许可〔2016〕1065 号	关于准予景顺长城景盈金利债券型证券投资基金注册的批复
证监许可〔2016〕1066 号	关于准予英大睿鑫灵活配置混合型证券投资基金注册的批复
证监许可〔2016〕1067 号	关于准予中证兴业中高等级信用债指数证券投资基金注册的批复
证监许可〔2016〕1068 号	关于准予泓德泓华灵活配置混合型证券投资基金注册的批复
证监许可〔2016〕1069 号	关于准予长信富平纯债一年定期开放债券型证券投资基金注册的批复
证监许可〔2016〕1070 号	关于准予光大保德信吉鑫灵活配置混合型证券投资基金注册的批复
证监许可〔2016〕1071 号	关于准予招商财富宝交易型货币市场基金注册的批复

续表

发文字号	发文标题
证监许可〔2016〕1072 号	关于准予华夏新锦绣灵活配置混合型证券投资基金注册的批复
证监许可〔2016〕1073 号	关于准予招商丰美灵活配置混合型证券投资基金注册的批复
证监许可〔2016〕1074 号	关于准予华商瑞鑫定期开放债券型证券投资基金注册的批复
证监许可〔2016〕1075 号	关于核准中化国际(控股)股份有限公司向合格投资者公开发行公司债券的批复
证监许可〔2016〕1076 号	关于准予国投瑞银瑞宁灵活配置混合型证券投资基金注册的批复
证监许可〔2016〕1077 号	关于准予融通中证大农业指数分级证券投资基金变更注册的批复
证监许可〔2016〕1078 号	关于准予华夏网购精选灵活配置混合型证券投资基金注册的批复
证监许可〔2016〕1079 号	关于准予工银瑞信恒享纯债债券型证券投资基金注册的批复
证监许可〔2016〕1080 号	关于准予农银汇理纯债一年定期开放债券型证券投资基金注册的批复
证监许可〔2016〕1081 号	关于准予信诚中证基建工程指数分级证券投资基金变更注册的批复
证监许可〔2016〕1082 号	关于准予九泰久鑫债券型证券投资基金注册的批复
证监许可〔2016〕1083 号	关于准予华富元鑫灵活配置混合型证券投资基金注册的批复
证监许可〔2016〕1084 号	关于准予金信智能中国 2025 灵活配置混合型发起式证券投资基金注册的批复
证监许可〔2016〕1085 号	关于准予交银施罗德沪港深价值精选灵活配置混合型证券投资基金注册的批复
证监许可〔2016〕1086 号	关于准予浙商惠丰定期开放债券型证券投资基金注册的批复
证监许可〔2016〕1087 号	关于准予华夏新锦程灵活配置混合型证券投资基金注册的批复
证监许可〔2016〕1088 号	关于准予华商鑫安灵活配置混合型证券投资基金注册的批复
证监许可〔2016〕1089 号	关于核准乐视网信息技术(北京)股份有限公司非公开发行股票的批复
证监许可〔2016〕1090 号	关于核准上海锦江国际酒店发展股份有限公司非公开发行股票的批复
证监许可〔2016〕1091 号	关于核准商赢环球股份有限公司非公开发行股票的批复
证监许可〔2016〕1092 号	关于核准广东众生药业股份有限公司非公开发行股票的批复
证监许可〔2016〕1093 号	关于核准安徽江淮汽车股份有限公司非公开发行股票的批复
证监许可〔2016〕1094 号	关于核准河南安彩高科股份有限公司非公开发行股票的批复
证监许可〔2016〕1095 号	关于核准安徽新华发行(集团)控股有限公司向合格投资者公开发行可交换公司债券的批复
证监许可〔2016〕1096 号	关于核准广东宏大爆破股份有限公司向郑明钗等发行股份购买资产并募集配套资金的批复
证监许可〔2016〕1097 号	关于不予核准北京世纪瑞尔技术股份有限公司发行股份购买资产的决定
证监许可〔2016〕1098 号	关于核准浙江江山化工股份有限公司向浙江省铁路投资集团有限公司发行股份购买资产并募集配套资金的批复
证监许可〔2016〕1099 号	关于不予核准富春通信股份有限公司发行股份购买资产的决定
证监许可〔2016〕1100 号	关于核准江苏雷科防务科技股份有限公司向刘升等发行股份购买资产并募集配套资金申请的批复

续表

发文字号	发文标题
证监许可〔2016〕1101 号	关于核准航天时代电子技术股份有限公司向中国航天时代电子公司等发行股份购买资产并募集配套资金申请的批复
证监许可〔2016〕1102 号	关于核准杨凌现代农业开发集团有限公司向合格投资者公开发行公司债券的批复
证监许可〔2016〕1103 号	关于核准联美控股股份有限公司向联众新能源有限公司等发行股份购买资产并募集配套资金的批复
证监许可〔2016〕1104 号	关于核准青岛东方铁塔股份有限公司向新余顺成投资合伙企业(有限合伙)发行股份购买资产并募集配套资金的批复
证监许可〔2016〕1105 号	关于核准西部超导材料科技股份有限公司定向发行股票的批复
证监许可〔2016〕1106 号	关于准予交银施罗德天利宝货币市场基金注册的批复
证监许可〔2016〕1107 号	关于准予国投瑞银和顺债券型证券投资基金注册的批复
证监许可〔2016〕1108 号	关于核准西王集团有限公司向合格投资者公开发行公司债券的批复
证监许可〔2016〕1109 号	关于核准青岛中石大控股有限公司向合格投资者公开发行公司债券的批复
证监许可〔2016〕1110 号	关于准予嘉实安益灵活配置混合型证券投资基金注册的批复
证监许可〔2016〕1111 号	关于准予长盛分享经济主题灵活配置混合型证券投资基金注册的批复
证监许可〔2016〕1112 号	关于准予华富弘鑫灵活配置混合型证券投资基金注册的批复
证监许可〔2016〕1113 号	关于准予融通通裕债券型证券投资基金注册的批复
证监许可〔2016〕1114 号	关于准予工银瑞信智能制造股票型证券投资基金注册的批复
证监许可〔2016〕1115 号	关于核准财通基金管理有限公司合格境内机构投资者资格的批复
证监许可〔2016〕1116 号	关于准予博时安祺一年定期开放债券型证券投资基金注册的批复
证监许可〔2016〕1117 号	关于准予东方先进制造灵活配置混合型证券投资基金注册的批复
证监许可〔2016〕1118 号	关于准予金信量化精选灵活配置混合型发起式证券投资基金注册的批复
证监许可〔2016〕1119 号	关于准予南方荣毅定期开放混合型证券投资基金注册的批复
证监许可〔2016〕1120 号	关于准予东方永兴 18 个月定期开放债券型证券投资基金注册的批复
证监许可〔2016〕1121 号	关于准予华夏新锦源灵活配置混合型证券投资基金注册的批复
证监许可〔2016〕1122 号	关于准予鹏华中证医药卫生指数分级证券投资基金变更注册的批复
证监许可〔2016〕1123 号	关于准予融通增丰债券型证券投资基金注册的批复
证监许可〔2016〕1124 号	关于准予大成定增灵活配置混合型证券投资基金注册的批复
证监许可〔2016〕1125 号	关于准予摩根士丹利华鑫万众创新灵活配置混合型证券投资基金注册的批复
证监许可〔2016〕1126 号	关于准予华夏新锦安灵活配置混合型证券投资基金注册的批复
证监许可〔2016〕1127 号	关于准予银华体育文化灵活配置混合型证券投资基金注册的批复
证监许可〔2016〕1128 号	关于准予金鹰创业新兴精选混合型证券投资基金注册的批复
证监许可〔2016〕1129 号	关于准予华润元大现金通货币市场基金注册的批复
证监许可〔2016〕1130 号	关于准予华夏大中华信用精选债券型证券投资基金(QDII)注册的批复

续表

发文字号	发文标题
证监许可〔2016〕1131 号	关于准予南方荣冠定期开放混合型证券投资基金注册的批复
证监许可〔2016〕1132 号	关于准予东方永泽 18 个月定期开放债券型证券投资基金注册的批复
证监许可〔2016〕1133 号	关于准予华夏新锦福灵活配置混合型证券投资基金注册的批复
证监许可〔2016〕1134 号	关于核准大同证券有限责任公司保荐机构资格的批复
证监许可〔2016〕1135 号	关于准予金信深圳成长灵活配置混合型发起式证券投资基金注册的批复
证监许可〔2016〕1136 号	关于准予新华丰盈回报债券型证券投资基金注册的批复
证监许可〔2016〕1137 号	关于准予德邦新添利灵活配置混合型证券投资基金变更注册的批复
证监许可〔2016〕1138 号	关于准予南方中证 500 量化增强股票型发起式证券投资基金注册的批复
证监许可〔2016〕1139 号	关于准予通乾证券投资基金变更注册的批复
证监许可〔2016〕1140 号	关于核准厦门港务发展股份有限公司向合格投资者公开发行公司债券的批复
证监许可〔2016〕1141 号	关于准予民生加银鑫享债券型证券投资基金注册的批复
证监许可〔2016〕1142 号	关于准予前海开源中证大农业指数分级证券投资基金变更注册的批复
证监许可〔2016〕1143 号	关于准予新华恒稳添利债券型证券投资基金注册的批复
证监许可〔2016〕1144 号	关于准予华夏理财 21 天债券型证券投资基金变更注册的批复
证监许可〔2016〕1145 号	关于准予南方甑选定增定期开放灵活配置混合型证券投资基金注册的批复
证监许可〔2016〕1146 号	关于核准豁免中国远洋海运集团有限公司要约收购中远航运股份有限公司股份义务的批复
证监许可〔2016〕1147 号	关于核准豁免中国远洋海运集团有限公司要约收购中海集装箱运输股份有限公司股份义务的批复
证监许可〔2016〕1148 号	关于核准豁免中国远洋海运集团有限公司要约收购中海网络科技股份有限公司股份义务的批复
证监许可〔2016〕1149 号	关于核准豁免中国远洋海运集团有限公司要约收购中海发展股份有限公司股份义务的批复
证监许可〔2016〕1150 号	关于核准豁免中国远洋海运集团有限公司要约收购中国远洋控股股份有限公司股份义务的批复
证监许可〔2016〕1151 号	关于准予平安大华量化成长多策略灵活配置混合型证券投资基金注册的批复
证监许可〔2016〕1152 号	关于准予华宝兴业中证全指证券公司交易型开放式指数证券投资基金注册的批复
证监许可〔2016〕1153 号	关于准予鹏华丰茂债券型证券投资基金注册的批复
证监许可〔2016〕1154 号	关于准予华宝兴业中证军工交易型开放式指数证券投资基金注册的批复
证监许可〔2016〕1155 号	关于准予财通资管积极收益债券型发起式证券投资基金注册的批复
证监许可〔2016〕1156 号	关于准予中原英石日日金货币市场基金注册的批复
证监许可〔2016〕1157 号	关于准予鹏华中证精准医疗主题指数证券投资基金（LOF）注册的批复
证监许可〔2016〕1158 号	关于核准华能国际电力股份有限公司向合格投资者公开发行公司债券的批复
证监许可〔2016〕1159 号	关于核准国家开发投资公司向合格投资者公开发行公司债券的批复

续表

发文字号	发文标题
证监许可〔2016〕1160 号	关于准予南方中证 50 债券指数证券投资基金(LOF)变更注册的批复
证监许可〔2016〕1161 号	关于准予鑫元得利债券型证券投资基金注册的批复
证监许可〔2016〕1162 号	关于核准深圳市飞马国际供应链股份有限公司向合格投资者公开发行公司债券的批复
证监许可〔2016〕1163 号	关于核准祥源控股集团有限责任公司向合格投资者公开发行公司债券的批复
证监许可〔2016〕1164 号	关于核准广东省广新控股集团有限公司向合格投资者公开发行公司债券的批复
证监许可〔2016〕1165 号	关于核准银江股份有限公司向何小军等发行股份购买资产的批复
证监许可〔2016〕1166 号	关于核准中国联合网络通信有限公司向合格投资者公开发行公司债券的批复
证监许可〔2016〕1167 号	关于准予招商招悦纯债债券型证券投资基金注册的批复
证监许可〔2016〕1168 号	关于准予中欧强泽债券型证券投资基金注册的批复
证监许可〔2016〕1169 号	关于准予交银施罗德沪港深创新成长灵活配置混合型证券投资基金注册的批复
证监许可〔2016〕1170 号	关于准予博时弘盈定期开放混合型证券投资基金注册的批复
证监许可〔2016〕1171 号	关于准予万家家泰债券型证券投资基金注册的批复
证监许可〔2016〕1172 号	关于准予创金合信润金增利货币市场基金注册的批复
证监许可〔2016〕1173 号	关于准予海富通富睿混合型证券投资基金注册的批复
证监许可〔2016〕1174 号	关于准予博时安仁一年定期开放债券型证券投资基金注册的批复
证监许可〔2016〕1175 号	关于核准山东玲珑轮胎股份有限公司首次公开发行股票的批复
证监许可〔2016〕1176 号	关于核准无锡新宏泰电器科技股份有限公司首次公开发行股票的批复
证监许可〔2016〕1177 号	关于核准深圳市盛讯达科技股份有限公司首次公开发行股票的批复
证监许可〔2016〕1178 号	关于核准海波重型工程科技股份有限公司首次公开发行股票的批复
证监许可〔2016〕1179 号	关于核准浙江新光药业股份有限公司首次公开发行股票的批复
证监许可〔2016〕1180 号	关于核准哈森商贸(中国)股份有限公司首次公开发行股票的批复
证监许可〔2016〕1181 号	关于核准江苏银行股份有限公司首次公开发行股票的批复
证监许可〔2016〕1182 号	关于核准无锡洪汇新材料科技股份有限公司首次公开发行股票的批复
证监许可〔2016〕1183 号	关于核准杭州微光电子股份有限公司首次公开发行股票的批复
证监许可〔2016〕1184 号	关于准予华夏移动互联灵活配置混合型证券投资基金(QDII)注册的批复
证监许可〔2016〕1185 号	关于准予上投摩根沪港深创新商业模式灵活配置混合型证券投资基金注册的批复
证监许可〔2016〕1186 号	关于准予富国睿利定期开放混合型发起式证券投资基金注册的批复
证监许可〔2016〕1187 号	关于准予国泰价值经典混合型证券投资基金(LOF)变更注册的批复
证监许可〔2016〕1188 号	关于准予长信稳健纯债债券型证券投资基金注册的批复
证监许可〔2016〕1189 号	关于准予东方臻馨债券型证券投资基金注册的批复

续表

发文字号	发文标题
证监许可〔2016〕1190 号	关于准予华安丰利 18 个月定期开放债券型证券投资基金注册的批复
证监许可〔2016〕1191 号	关于准予大成添益交易型货币市场基金注册的批复
证监许可〔2016〕1192 号	关于准予海富通瑞益债券型证券投资基金注册的批复
证监许可〔2016〕1193 号	关于准予南方中证 500 信息技术指数交易型开放式指数证券投资基金发起式联接基金注册的批复
证监许可〔2016〕1194 号	关于准予东方永祥 18 个月定期开放债券型证券投资基金注册的批复
证监许可〔2016〕1195 号	关于准予华夏天利货币市场基金注册的批复
证监许可〔2016〕1196 号	关于准予长信电子信息行业量化灵活配置混合型证券投资基金注册的批复
证监许可〔2016〕1197 号	关于核准农银汇理基金管理有限公司变更股权的批复
证监许可〔2016〕1198 号	关于核准广东潮宏基实业股份有限公司向合格投资者公开发行公司债券的批复
证监许可〔2016〕1199 号	关于准予华富天鑫灵活配置混合型证券投资基金注册的批复
证监许可〔2016〕1200 号	关于准予博时富发纯债债券型证券投资基金注册的批复
证监许可〔2016〕1201 号	关于准予华夏沪港通上证 50AH 优选指数证券投资基金(LOF)注册的批复
证监许可〔2016〕1202 号	关于准予上银鑫达灵活配置混合型证券投资基金注册的批复
证监许可〔2016〕1203 号	关于准予东方臻益纯债债券型证券投资基金注册的批复
证监许可〔2016〕1204 号	关于准予申万菱信中证申万新兴健康产业主题投资指数证券投资基金(LOF)注册的批复
证监许可〔2016〕1205 号	关于准予国泰淘金互联网债券型证券投资基金变更注册的批复
证监许可〔2016〕1206 号	关于准予浦银安盛盛元纯债债券型证券投资基金注册的批复
证监许可〔2016〕1207 号	关于准予安信保证金交易型货币市场基金注册的批复
证监许可〔2016〕1208 号	关于准予平安大华鼎泰灵活配置混合型证券投资基金注册的批复
证监许可〔2016〕1209 号	关于准予交银施罗德裕盈纯债债券型证券投资基金注册的批复
证监许可〔2016〕1210 号	关于准予华宝兴业标普美国科技指数证券投资基金(LOF)注册的批复
证监许可〔2016〕1211 号	关于准予南方睿见定期开放混合型发起式证券投资基金注册的批复
证监许可〔2016〕1212 号	关于准予中银尊享半年定期开放债券型证券投资基金注册的批复
证监许可〔2016〕1213 号	关于准予财通财通宝货币市场基金注册的批复
证监许可〔2016〕1214 号	关于准予招商招裕纯债债券型证券投资基金注册的批复
证监许可〔2016〕1215 号	关于准予华宝兴业标普中国 A 股红利机会指数证券投资基金(LOF)注册的批复
证监许可〔2016〕1216 号	关于准予景顺长城景颐丰利债券型证券投资基金注册的批复
证监许可〔2016〕1217 号	关于准予易方达供给改革灵活配置混合型证券投资基金注册的批复
证监许可〔2016〕1218 号	关于准予招商增福灵活配置混合型证券投资基金注册的批复
证监许可〔2016〕1219 号	关于准予博时弘裕 18 个月定期开放债券型证券投资基金注册的批复

续表

发文字号	发文标题
证监许可〔2016〕1220 号	关于核准富达投资管理(新加坡)有限公司人民币合格境外机构投资者资格的批复
证监许可〔2016〕1221 号	关于核准江苏红豆实业股份有限公司非公开发行股票的批复
证监许可〔2016〕1222 号	关于核准深圳英飞拓科技股份有限公司非公开发行股票的批复
证监许可〔2016〕1223 号	关于核准苏州胜利精密制造科技股份有限公司非公开发行股票的批复
证监许可〔2016〕1224 号	关于核准南通江海电容器股份有限公司非公开发行股票的批复
证监许可〔2016〕1225 号	关于核准美盈森集团股份有限公司非公开发行股票的批复
证监许可〔2016〕1226 号	关于核准张家港保税科技股份有限公司非公开发行股票的批复
证监许可〔2016〕1227 号	关于核准北京华录百纳影视股份有限公司非公开发行股票的批复
证监许可〔2016〕1228 号	关于核准湖北三峡新型建材股份有限公司非公开发行股票的批复
证监许可〔2016〕1229 号	关于核准西宁特殊钢股份有限公司非公开发行股票的批复
证监许可〔2016〕1230 号	关于核准上海复星医药(集团)股份有限公司非公开发行股票的批复
证监许可〔2016〕1231 号	关于核准常州星宇车灯股份有限公司非公开发行股票的批复
证监许可〔2016〕1232 号	关于核准国睿科技股份有限公司非公开发行股票的批复
证监许可〔2016〕1233 号	关于准予平安大华转型创新灵活配置混合型证券投资基金注册的批复
证监许可〔2016〕1234 号	关于准予国开泰富开泰灵活配置混合型证券投资基金注册的批复
证监许可〔2016〕1235 号	关于准予信诚量化阿尔法股票型证券投资基金注册的批复
证监许可〔2016〕1236 号	关于准予英大中证能源互联网等权指数证券投资基金注册的批复
证监许可〔2016〕1237 号	关于准予万家家盛债券型证券投资基金注册的批复
证监许可〔2016〕1238 号	关于准予招商招元纯债债券型证券投资基金注册的批复
证监许可〔2016〕1239 号	关于准予浙商惠享纯债债券型证券投资基金注册的批复
证监许可〔2016〕1240 号	关于准予鑫元裕利债券型证券投资基金注册的批复
证监许可〔2016〕1241 号	关于准予招商增益灵活配置混合型证券投资基金注册的批复
证监许可〔2016〕1242 号	关于准予鹏华兴安定期开放灵活配置混合型证券投资基金注册的批复
证监许可〔2016〕1243 号	关于准予浦银安盛盛鑫定期开放债券型证券投资基金注册的批复
证监许可〔2016〕1244 号	关于准予信诚惠泽债券型证券投资基金注册的批复
证监许可〔2016〕1245 号	关于核准天风证券股份有限公司向合格投资者公开发行公司债券的批复
证监许可〔2016〕1246 号	关于准予广发集源债券型证券投资基金注册的批复
证监许可〔2016〕1247 号	关于核准荷宝卢森堡股份有限公司人民币合格境外机构投资者资格的批复
证监许可〔2016〕1248 号	关于核准爱德蒙得洛希尔资产管理(法国)有限公司人民币合格境外机构投资者资格的批复
证监许可〔2016〕1249 号	关于核准设立中航基金管理有限公司的批复
证监许可〔2016〕1250 号	关于核准中关村发展集团股份有限公司向合格投资者公开发行公司债券的批复

续表

发文字号	发文标题
证监许可〔2016〕1251 号	关于准予嘉实稳鑫纯债债券型证券投资基金注册的批复
证监许可〔2016〕1252 号	关于核准云南黄金矿业集团股份有限公司向合格投资者公开发行公司债券的批复
证监许可〔2016〕1253 号	关于核准信利光电股份有限公司向合格投资者公开发行公司债券的批复
证监许可〔2016〕1254 号	关于准予大成盛世精选灵活配置混合型证券投资基金注册的批复
证监许可〔2016〕1255 号	关于核准华新水泥股份有限公司向合格投资者公开发行公司债券的批复
证监许可〔2016〕1256 号	关于核准融创房地产集团有限公司向合格投资者公开发行公司债券的批复
证监许可〔2016〕1257 号	关于准予长盛盛和纯债债券型证券投资基金注册的批复
证监许可〔2016〕1258 号	关于准予东方红优享红利沪港深灵活配置混合型证券投资基金注册的批复
证监许可〔2016〕1259 号	关于准予中欧强惠债券型证券投资基金注册的批复
证监许可〔2016〕1260 号	关于准予德邦现金宝交易型货币市场基金注册的批复
证监许可〔2016〕1261 号	关于准予万家年年恒荣定期开放债券型证券投资基金注册的批复
证监许可〔2016〕1262 号	关于准予泰康恒泰回报灵活配置混合型证券投资基金注册的批复
证监许可〔2016〕1263 号	关于准予东方红睿华沪港深灵活配置混合型证券投资基金注册的批复
证监许可〔2016〕1264 号	关于准予大成景盛一年定期开放债券型证券投资基金注册的批复
证监许可〔2016〕1265 号	关于准予中证上海国企交易型开放式指数证券投资基金注册的批复
证监许可〔2016〕1266 号	关于核准东吴证券股份有限公司在香港特别行政区设立东吴证券(香港)金融控股有限公司的批复
证监许可〔2016〕1267 号	关于准予南方荣发定期开放混合型发起式证券投资基金注册的批复
证监许可〔2016〕1268 号	关于准予博时聚享纯债债券型证券投资基金注册的批复
证监许可〔2016〕1269 号	关于准予上投摩根岁岁丰定期开放债券型证券投资基金注册的批复
证监许可〔2016〕1270 号	关于准予银河君荣灵活配置混合型证券投资基金注册的批复
证监许可〔2016〕1271 号	关于准予九泰锐益定增灵活配置混合型证券投资基金注册的批复
证监许可〔2016〕1272 号	关于准予招商丰德灵活配置混合型证券投资基金注册的批复
证监许可〔2016〕1273 号	关于准予银河君信灵活配置混合型证券投资基金注册的批复
证监许可〔2016〕1274 号	关于准予平安大华鼎信定期开放债券型证券投资基金注册的批复
证监许可〔2016〕1275 号	关于准予创金合信尊誉纯债债券型证券投资基金注册的批复
证监许可〔2016〕1276 号	关于准予光大保德信诚鑫灵活配置混合型证券投资基金注册的批复
证监许可〔2016〕1277 号	关于核准德州可恩口腔医院股份有限公司定向发行股票的批复
证监许可〔2016〕1278 号	关于准予广发多因子灵活配置混合型证券投资基金注册的批复
证监许可〔2016〕1279 号	关于准予海富通欣盛定期开放混合型证券投资基金注册的批复
证监许可〔2016〕1280 号	关于准予广发创新升级灵活配置混合型证券投资基金注册的批复
证监许可〔2016〕1281 号	关于准予永赢丰益债券型证券投资基金注册的批复

续表

发文字号	发文标题
证监许可〔2016〕1282 号	关于准予万家恒瑞 18 个月定期开放债券型证券投资基金注册的批复
证监许可〔2016〕1283 号	关于准予浙商大数据智选消费灵活配置混合型证券投资基金注册的批复
证监许可〔2016〕1284 号	关于核准深圳市燃气集团股份有限公司向公众投资者公开发行公司债券的批复
证监许可〔2016〕1285 号	关于核准中融基金管理有限公司合格境内机构投资者资格的批复
证监许可〔2016〕1286 号	关于准予广发安瑞回报灵活配置混合型证券投资基金注册的批复
证监许可〔2016〕1287 号	关于准予新疆前海联合添惠纯债债券型证券投资基金注册的批复
证监许可〔2016〕1288 号	关于准予中银证券健康产业灵活配置混合型证券投资基金注册的批复
证监许可〔2016〕1289 号	关于准予万家恒景 18 个月定期开放债券型证券投资基金注册的批复
证监许可〔2016〕1290 号	关于准予新华高端制造灵活配置混合型证券投资基金注册的批复
证监许可〔2016〕1291 号	关于准予圆信永丰强化收益债券型证券投资基金注册的批复
证监许可〔2016〕1292 号	关于准予华安聚利 18 个月定期开放债券型证券投资基金注册的批复
证监许可〔2016〕1293 号	关于准予海富通瑞福一年定期开放债券型证券投资基金注册的批复
证监许可〔2016〕1294 号	关于准予华夏沃利货币市场基金注册的批复
证监许可〔2016〕1295 号	关于准予天治趋势精选灵活配置混合型证券投资基金变更注册的批复
证监许可〔2016〕1296 号	关于核准东营方圆有色金属有限公司向合格投资者公开发行公司债券的批复
证监许可〔2016〕1297 号	关于核准设立恒生前海基金管理有限公司的批复
证监许可〔2016〕1298 号	关于核准惠州中京电子科技股份有限公司非公开发行股票的批复
证监许可〔2016〕1299 号	关于核准海南海汽运输集团股份有限公司首次公开发行股票的批复
证监许可〔2016〕1300 号	关于核准广州市爱司凯科技股份有限公司首次公开发行股票的批复
证监许可〔2016〕1301 号	关于核准中潜股份有限公司首次公开发行股票的批复
证监许可〔2016〕1302 号	关于核准科大国创软件股份有限公司首次公开发行股票的批复
证监许可〔2016〕1303 号	关于核准苏州世名科技股份有限公司首次公开发行股票的批复
证监许可〔2016〕1304 号	关于核准中国电影股份有限公司首次公开发行股票的批复
证监许可〔2016〕1305 号	关于核准湖北华舟重工应急装备股份有限公司首次公开发行股票的批复
证监许可〔2016〕1306 号	关于核准厦门吉宏包装科技股份有限公司首次公开发行股票的批复
证监许可〔2016〕1307 号	关于核准山东丰元化学股份有限公司首次公开发行股票的批复
证监许可〔2016〕1308 号	关于核准宝能地产股份有限公司向合格投资者公开发行公司债券的批复
证监许可〔2016〕1309 号	关于核准设立华泰保兴基金管理有限公司的批复
证监许可〔2016〕1310 号	关于核准浙江迦南科技股份有限公司非公开发行股票的批复
证监许可〔2016〕1311 号	关于核准河南森源电气股份有限公司非公开发行股票的批复
证监许可〔2016〕1312 号	关于核准交通银行股份有限公司非公开发行优先股的批复
证监许可〔2016〕1313 号	关于核准北京电子城投资开发股份有限公司非公开发行股票的批复

续表

发文字号	发文标题
证监许可〔2016〕1314号	关于核准中节能万润股份有限公司非公开发行股票的批复
证监许可〔2016〕1315号	关于核准步步高商业连锁股份有限公司非公开发行股票的批复
证监许可〔2016〕1316号	关于核准利民化工股份有限公司非公开发行股票的批复
证监许可〔2016〕1317号	关于核准金宇生物技术股份有限公司非公开发行股票的批复
证监许可〔2016〕1318号	关于核准永辉超市股份有限公司非公开发行股票的批复
证监许可〔2016〕1319号	关于核准金科地产集团股份有限公司非公开发行股票的批复
证监许可〔2016〕1320号	关于核准恒逸石化股份有限公司非公开发行股票的批复
证监许可〔2016〕1321号	关于核准东睦新材料集团股份有限公司非公开发行股票的批复
证监许可〔2016〕1322号	关于核准东旭光电科技股份有限公司非公开发行股票的批复
证监许可〔2016〕1323号	关于核准立讯精密工业股份有限公司非公开发行股票的批复
证监许可〔2016〕1324号	关于核准新开普电子股份有限公司非公开发行股票的批复
证监许可〔2016〕1325号	关于核准利亚德光电股份有限公司非公开发行股票的批复
证监许可〔2016〕1326号	关于核准山东仙坛股份有限公司非公开发行股票的批复
证监许可〔2016〕1327号	关于核准上海大名城企业股份有限公司非公开发行股票的批复
证监许可〔2016〕1328号	关于核准天津瑞普生物技术股份有限公司非公开发行股票的批复
证监许可〔2016〕1329号	关于核准天水众兴菌业科技股份有限公司非公开发行股票的批复
证监许可〔2016〕1330号	关于核准宁夏共享集团股份有限公司定向发行股票的批复
证监许可〔2016〕1331号	关于核准三祥新材股份有限公司首次公开发行股票的批复
证监许可〔2016〕1332号	关于核准广东超讯通信技术股份有限公司首次公开发行股票的批复
证监许可〔2016〕1333号	关于核准北京长久物流股份有限公司首次公开发行股票的批复
证监许可〔2016〕1334号	关于核准上海电影股份有限公司首次公开发行股票的批复
证监许可〔2016〕1335号	关于准予融通通优债券型证券投资基金注册的批复
证监许可〔2016〕1336号	关于准予兴业18个月定期开放债券型证券投资基金注册的批复
证监许可〔2016〕1337号	关于核准中国铁建股份有限公司向合格投资者公开发行可续期公司债券的批复
证监许可〔2016〕1338号	关于核准无锡市太极实业股份有限公司向无锡产业发展集团有限公司等发行股份购买资产并募集配套资金的批复
证监许可〔2016〕1339号	关于核准盛达矿业股份有限公司向三河华冠资源技术有限公司等发行股份购买资产并募集配套资金的批复
证监许可〔2016〕1340号	关于核准太阳鸟游艇股份有限公司向湖南太阳鸟控股有限公司发行股份购买资产并募集配套资金的批复
证监许可〔2016〕1341号	关于核准青岛海立美达股份有限公司向中国移动通信集团公司等发行股份购买资产并募集配套资金的批复
证监许可〔2016〕1342号	关于核准西安通源石油科技股份有限公司向张春龙等发行股份购买资产并募集配套资金的批复

续表

发文字号	发文标题
证监许可〔2016〕1343 号	关于核准中昌海运股份有限公司向北京科博德奥投资合伙企业(有限合伙)等发行股份购买资产并募集配套资金的批复
证监许可〔2016〕1344 号	关于核准湘潭电机股份有限公司非公开发行股票的批复
证监许可〔2016〕1345 号	关于核准北京银行股份有限公司非公开发行优先股的批复
证监许可〔2016〕1346 号	关于核准河南平高电气股份有限公司非公开发行股票的批复
证监许可〔2016〕1347 号	关于核准浙江晶盛机电股份有限公司非公开发行股票的批复
证监许可〔2016〕1348 号	关于核准深圳市证通电子股份有限公司非公开发行股票的批复
证监许可〔2016〕1349 号	关于核准深圳市雄韬电源科技股份有限公司非公开发行股票的批复
证监许可〔2016〕1350 号	关于不予核准邯郸汉光科技股份有限公司首次公开发行股票并在创业板上市申请的决定
证监许可〔2016〕1351 号	关于核准中衡设计集团股份有限公司非公开发行股票的批复
证监许可〔2016〕1352 号	关于核准东兴证券股份有限公司非公开发行股票的批复
证监许可〔2016〕1353 号	关于核准海南海药股份有限公司非公开发行股票的批复
证监许可〔2016〕1356 号	关于核准新天科技股份有限公司非公开发行股票的批复
证监许可〔2016〕1357 号	关于准予东方消费升级灵活配置混合型证券投资基金注册的批复
证监许可〔2016〕1358 号	关于准予博时利发纯债债券型证券投资基金注册的批复
证监许可〔2016〕1359 号	关于准予广发集瑞债券型证券投资基金注册的批复
证监许可〔2016〕1360 号	关于核准北京同仁堂科技发展股份有限公司向合格投资者公开发行公司债券的批复
证监许可〔2016〕1361 号	关于核准南京丰盛产业控股集团有限公司向合格投资者公开发行公司债券的批复
证监许可〔2016〕1362 号	关于核准东旭集团有限公司向合格投资者公开发行公司债券的批复
证监许可〔2016〕1363 号	关于核准扬州新盛投资发展有限公司向合格投资者公开发行公司债券的批复
证监许可〔2016〕1364 号	关于核准深圳深国投房地产开发有限公司向合格投资者公开发行公司债券的批复
证监许可〔2016〕1365 号	关于核准国家电力投资集团公司向合格投资者公开发行可续期公司债券的批复
证监许可〔2016〕1366 号	关于核准安徽鸿路钢结构(集团)股份有限公司非公开发行股票的批复
证监许可〔2016〕1367 号	关于核准软控股份有限公司非公开发行股票的批复
证监许可〔2016〕1368 号	关于核准北京佳讯飞鸿电气股份有限公司非公开发行股票的批复
证监许可〔2016〕1369 号	关于核准上海百润投资控股集团股份有限公司非公开发行股票的批复
证监许可〔2016〕1370 号	关于核准兴业皮革科技股份有限公司非公开发行股票的批复
证监许可〔2016〕1371 号	关于准予博时合利货币市场基金注册的批复
证监许可〔2016〕1372 号	关于核准北部湾旅游股份有限公司向博康控股集团有限公司等发行股份购买资产并募集配套资金的批复
证监许可〔2016〕1373 号	关于核准广东省广告集团股份有限公司非公开发行股票的批复

续表

发文字号	发文标题
证监许可〔2016〕1374 号	关于准予国投瑞银和泰 6 个月定期开放债券型证券投资基金注册的批复
证监许可〔2016〕1375 号	关于准予国投瑞银顺鑫一年期定期开放债券型证券投资基金注册的批复
证监许可〔2016〕1376 号	关于准予鹏华丰恒债券型证券投资基金注册的批复
证监许可〔2016〕1377 号	关于准予农银汇理金利一年定期开放债券型证券投资基金注册的批复
证监许可〔2016〕1378 号	关于准予长江收益增强债券型证券投资基金注册的批复
证监许可〔2016〕1379 号	关于准予中海合嘉增强收益债券型证券投资基金注册的批复
证监许可〔2016〕1380 号	关于准予平安大华交易型货币市场基金注册的批复
证监许可〔2016〕1381 号	关于准予东方价值挖掘灵活配置混合型证券投资基金注册的批复
证监许可〔2016〕1382 号	关于准予广发集富纯债债券型证券投资基金注册的批复
证监许可〔2016〕1383 号	关于准予招商中国信用机会定期开放债券型证券投资基金（QDII）注册的批复
证监许可〔2016〕1384 号	关于核准上海市北高新股份有限公司非公开发行股票的批复
证监许可〔2016〕1385 号	关于核准正兴隆房地产（深圳）有限公司向合格投资者公开发行公司债券的批复
证监许可〔2016〕1386 号	关于核准中国华电集团公司向合格投资者公开发行公司债券的批复
证监许可〔2016〕1387 号	关于准予中银如意宝货币市场基金注册的批复
证监许可〔2016〕1388 号	关于准予景顺长城景泰汇利定期开放债券型证券投资基金注册的批复
证监许可〔2016〕1389 号	关于准予平安大华医疗健康灵活配置混合型证券投资基金注册的批复
证监许可〔2016〕1390 号	关于准予申万菱信中证旅游主题指数证券投资基金（LOF）注册的批复
证监许可〔2016〕1391 号	关于准予信诚长益定增灵活配置混合型证券投资基金注册的批复
证监许可〔2016〕1392 号	关于准予长信国防军工量化灵活配置混合型证券投资基金注册的批复
证监许可〔2016〕1393 号	关于准予华泰柏瑞新经济沪港深灵活配置混合型证券投资基金注册的批复
证监许可〔2016〕1394 号	关于核准宁德市国有资产投资经营有限公司向合格投资者公开发行公司债券的批复
证监许可〔2016〕1395 号	关于核准太原重工股份有限公司非公开发行股票的批复
证监许可〔2016〕1396 号	关于核准合肥美菱股份有限公司非公开发行股票的批复
证监许可〔2016〕1397 号	关于核准哈尔滨哈投投资股份有限公司向哈尔滨投资集团有限责任公司等发行股份购买资产并募集配套资金的批复
证监许可〔2016〕1398 号	关于核准深圳市洲明科技股份有限公司非公开发行股票的批复
证监许可〔2016〕1399 号	关于核准福建火炬电子科技股份有限公司非公开发行股票的批复
证监许可〔2016〕1401 号	关于准予中银季季红定期开放债券型证券投资基金注册的批复
证监许可〔2016〕1402 号	关于准予华安智增精选灵活配置混合型证券投资基金注册的批复
证监许可〔2016〕1403 号	关于准予工银瑞信瑞享纯债债券型证券投资基金注册的批复
证监许可〔2016〕1404 号	关于核准普洛斯洛华中国海外控股（香港）有限公司向合格投资者公开发行公司债券的批复

续表

发文字号	发文标题
证监许可〔2016〕1405 号	关于核准北京首创股份有限公司向合格投资者公开发行公司债券的批复
证监许可〔2016〕1406 号	关于准予国金纯债债券型证券投资基金注册的批复
证监许可〔2016〕1407 号	关于准予博时合鑫货币市场基金注册的批复
证监许可〔2016〕1408 号	关于核准深圳市沃尔核材股份有限公司向合格投资者公开发行公司债券的批复
证监许可〔2016〕1409 号	关于准予鹏华弘达灵活配置混合型证券投资基金注册的批复
证监许可〔2016〕1410 号	关于准予易方达丰和债券型证券投资基金注册的批复
证监许可〔2016〕1411 号	关于准予泰康丰盈债券型证券投资基金注册的批复
证监许可〔2016〕1412 号	关于准予申万菱信中证 500 指数优选增强型证券投资基金注册的批复
证监许可〔2016〕1413 号	关于准予前海开源鼎安债券型证券投资基金注册的批复
证监许可〔2016〕1414 号	关于准予华夏创业板交易型开放式指数证券投资基金及联接基金注册的批复
证监许可〔2016〕1415 号	关于准予中金量化多策略灵活配置混合型证券投资基金注册的批复
证监许可〔2016〕1416 号	关于准予华夏创新前沿股票型证券投资基金注册的批复
证监许可〔2016〕1417 号	关于准予广发安祥回报灵活配置混合型证券投资基金注册的批复
证监许可〔2016〕1418 号	关于准予中融盈泽债券型证券投资基金注册的批复
证监许可〔2016〕1419 号	关于准予东方臻利债券型证券投资基金注册的批复
证监许可〔2016〕1420 号	关于不予核准三联商社股份有限公司发行股份购买资产并募集配套资金的决定
证监许可〔2016〕1421 号	关于核准中国环球租赁有限公司向合格投资者公开发行公司债券的批复
证监许可〔2016〕1422 号	关于核准鲁能集团有限公司向合格投资者公开发行公司债券的批复
证监许可〔2016〕1423 号	关于核准伟星集团有限公司向合格投资者公开发行公司债券的批复
证监许可〔2016〕1424 号	关于核准华能新能源股份有限公司向合格投资者公开发行绿色公司债券的批复
证监许可〔2016〕1425 号	关于核准武汉市城市建设投资开发集团有限公司向合格投资者公开发行公司债券的批复
证监许可〔2016〕1426 号	关于准予鹏华丰安债券型证券投资基金注册的批复
证监许可〔2016〕1427 号	关于准予中欧强利债券型证券投资基金注册的批复
证监许可〔2016〕1428 号	关于准予融通沪港深智慧生活灵活配置混合型证券投资基金注册的批复
证监许可〔2016〕1429 号	关于核准新加坡科技资产管理有限公司人民币合格境外机构投资者资格的批复
证监许可〔2016〕1430 号	关于核准现代牧业（集团）有限公司向合格投资者公开发行公司债券的批复
证监许可〔2016〕1431 号	关于核准山东万通石油化工集团有限公司向合格投资者公开发行公司债券的批复
证监许可〔2016〕1432 号	关于准予财通多策略福享混合型证券投资基金注册的批复
证监许可〔2016〕1433 号	关于准予德邦德裕 18 个月定期开放债券型证券投资基金注册的批复

续表

发文字号	发文标题
证监许可〔2016〕1434 号	关于准予融通通享定增灵活配置混合型证券投资基金注册的批复
证监许可〔2016〕1435 号	关于准予华商丰利增强定期开放债券型证券投资基金注册的批复
证监许可〔2016〕1436 号	关于准予中融盈润债券型证券投资基金注册的批复
证监许可〔2016〕1437 号	关于准予鹏华增瑞灵活配置混合型证券投资基金注册的批复
证监许可〔2016〕1438 号	关于准予九泰锐丰定增两年定期开放灵活配置混合型证券投资基金注册的批复
证监许可〔2016〕1439 号	关于准予平安大华惠裕债券型证券投资基金注册的批复
证监许可〔2016〕1440 号	关于准予广发中证军工交易型开放式指数证券投资基金及发起式联接基金注册的批复
证监许可〔2016〕1441 号	关于准予鹏华丰盈债券型证券投资基金注册的批复
证监许可〔2016〕1442 号	关于准予银华鑫盛定增灵活配置混合型证券投资基金注册的批复
证监许可〔2016〕1443 号	关于准予东方红战略精选沪港深混合型证券投资基金注册的批复
证监许可〔2016〕1444 号	关于准予银河君尚灵活配置混合型证券投资基金注册的批复
证监许可〔2016〕1445 号	关于准予华安睿享定期开放混合型发起式证券投资基金注册的批复
证监许可〔2016〕1446 号	关于准予建信现金添益交易型货币市场基金注册的批复
证监许可〔2016〕1447 号	关于准予招商睿祥定期开放混合型证券投资基金注册的批复
证监许可〔2016〕1448 号	关于核准江苏吴中实业股份有限公司向毕红芬等发行股份购买资产并募集配套资金的批复
证监许可〔2016〕1449 号	关于核准宁波港股份有限公司向宁波舟山港集团有限公司发行股份购买资产的批复
证监许可〔2016〕1450 号	关于核准北京首都旅游集团有限责任公司向合格投资者公开发行公司债券的批复
证监许可〔2016〕1451 号	关于核准北京七星华创电子股份有限公司向北京电子控股有限责任公司等发行股份购买资产并募集配套资金的批复
证监许可〔2016〕1452 号	关于核准宁波博威合金材料股份有限公司向谢朝春等发行股份购买资产并募集配套资金申请的批复
证监许可〔2016〕1453 号	关于核准设立鹏扬基金管理有限公司的批复
证监许可〔2016〕1454 号	关于核准中邮证券有限责任公司保荐机构资格的批复
证监许可〔2016〕1455 号	关于核准北京辰安科技股份有限公司首次公开发行股票的批复
证监许可〔2016〕1456 号	关于核准幸福蓝海影视文化集团股份有限公司首次公开发行股票的批复
证监许可〔2016〕1457 号	关于核准福建博思软件股份有限公司首次公开发行股票的批复
证监许可〔2016〕1458 号	关于核准江苏花王园艺股份有限公司首次公开发行股票的批复
证监许可〔2016〕1459 号	关于核准肇庆华锋电子铝箔股份有限公司首次公开发行股票的批复
证监许可〔2016〕1460 号	关于核准珠海健帆生物科技股份有限公司首次公开发行股票的批复
证监许可〔2016〕1461 号	关于核准中国能源建设集团有限公司向合格投资者公开发行公司债券的批复
证监许可〔2016〕1462 号	关于核准联想控股股份有限公司向合格投资者公开发行公司债券的批复

续表

发文字号	发文标题
证监许可〔2016〕1463 号	关于核准佳源创盛控股集团有限公司向合格投资者公开发行公司债券的批复
证监许可〔2016〕1464 号	关于核准佳都新太科技股份有限公司向新余卓恩投资管理中心(有限合伙)等发行股份购买资产并募集配套资金的批复
证监许可〔2016〕1465 号	关于核准奥特佳新能源科技股份有限公司向牡丹江华通汽车零部件有限公司等发行股份购买资产并募集配套资金的批复
证监许可〔2016〕1466 号	关于核准利欧集团股份有限公司向迹象信息技术(上海)有限公司等发行股份购买资产并募集配套资金的批复
证监许可〔2016〕1467 号	关于核准中利科技集团股份有限公司向国开金融有限责任公司等发行股份购买资产的批复
证监许可〔2016〕1468 号	关于准予中欧强裕债券型证券投资基金注册的批复
证监许可〔2016〕1469 号	关于准予海富通瑞祥一年定期开放债券型证券投资基金注册的批复
证监许可〔2016〕1470 号	关于准予招商盛合灵活配置混合型证券投资基金注册的批复
证监许可〔2016〕1471 号	关于准予华夏鼎益债券型证券投资基金注册的批复
证监许可〔2016〕1472 号	关于准予招商稳健优选股票型证券投资基金注册的批复
证监许可〔2016〕1473 号	关于准予华安日日鑫货币市场基金变更注册的批复
证监许可〔2016〕1474 号	关于准予交银施罗德经济新动力混合型证券投资基金注册的批复
证监许可〔2016〕1475 号	关于准予银华通利灵活配置混合型证券投资基金注册的批复
证监许可〔2016〕1476 号	关于准予西部利得祥运灵活配置混合型证券投资基金注册的批复
证监许可〔2016〕1477 号	关于准予国泰融信定增灵活配置混合型证券投资基金注册的批复
证监许可〔2016〕1478 号	关于准予广发睿吉定增主题灵活配置混合型证券投资基金注册的批复
证监许可〔2016〕1479 号	关于准予万家年年恒祥定期开放债券型证券投资基金注册的批复
证监许可〔2016〕1480 号	关于准予海富通欣荣灵活配置混合型证券投资基金注册的批复
证监许可〔2016〕1481 号	关于准予博时富瑞纯债债券型证券投资基金注册的批复
证监许可〔2016〕1482 号	关于准予长盛盛裕纯债债券型证券投资基金注册的批复
证监许可〔2016〕1483 号	关于准予新华红利回报混合型证券投资基金注册的批复
证监许可〔2016〕1484 号	关于准予中融恒泰纯债债券型证券投资基金注册的批复
证监许可〔2016〕1485 号	关于准予平安大华量化灵活配置混合型证券投资基金注册的批复
证监许可〔2016〕1486 号	关于准予国泰金鹰增长混合型证券投资基金变更注册的批复
证监许可〔2016〕1487 号	关于准予国金及第七天理财债券型证券投资基金注册的批复
证监许可〔2016〕1488 号	关于准予长盛盛景纯债债券型证券投资基金注册的批复
证监许可〔2016〕1489 号	关于准予中欧瑾通灵活配置混合型证券投资基金变更注册的批复
证监许可〔2016〕1490 号	关于核准河南清水源科技股份有限公司向钟盛等发行股份购买资产并募集配套资金的批复
证监许可〔2016〕1491 号	关于不予核准暴风集团股份有限公司发行股份购买资产并募集配套资金申请的决定

续表

发文字号	发文标题
证监许可〔2016〕1492 号	关于准予中欧弘安一年定期开放债券型证券投资基金注册的批复
证监许可〔2016〕1494 号	关于核准天顺风能（苏州）股份有限公司非公开发行股票的批复
证监许可〔2016〕1495 号	关于核准西安隆基硅材料股份有限公司非公开发行股票的批复
证监许可〔2016〕1496 号	关于核准杭州电缆股份有限公司非公开发行股票的批复
证监许可〔2016〕1497 号	关于核准新乡化纤股份有限公司非公开发行股票的批复
证监许可〔2016〕1498 号	关于不予核准吉林省西点药业科技发展股份有限公司首次公开发行股票申请的决定
证监许可〔2016〕1499 号	关于核准旷达科技集团股份有限公司非公开发行股票的批复
证监许可〔2016〕1500 号	关于核准华测检测认证集团股份有限公司非公开发行股票的批复
证监许可〔2016〕1501 号	关于核准上海全筑建筑装饰集团股份有限公司非公开发行股票的批复
证监许可〔2016〕1502 号	关于核准上海交运集团股份有限公司非公开发行股票的批复
证监许可〔2016〕1503 号	关于核准安徽新华传媒股份有限公司非公开发行股票的批复
证监许可〔2016〕1505 号	关于核准上海巴安水务股份有限公司非公开发行股票的批复
证监许可〔2016〕1506 号	关于核准华映科技（集团）股份有限公司非公开发行股票的批复
证监许可〔2016〕1507 号	关于核准广东明珠集团股份有限公司非公开发行股票的批复
证监许可〔2016〕1508 号	关于准予鹏华弘嘉灵活配置混合型证券投资基金注册的批复
证监许可〔2016〕1509 号	关于准予广发中证环保产业交易型开放式指数证券投资基金注册的批复
证监许可〔2016〕1510 号	关于准予融通中证人工智能主题指数证券投资基金（LOF）注册的批复
证监许可〔2016〕1511 号	关于准予东方支柱产业灵活配置混合型证券投资基金注册的批复
证监许可〔2016〕1512 号	关于准予光大保德信安祺债券型证券投资基金注册的批复
证监许可〔2016〕1513 号	关于准予大成增富混合型证券投资基金注册的批复
证监许可〔2016〕1514 号	关于准予平安大华惠金定期开放债券型证券投资基金注册的批复
证监许可〔2016〕1515 号	关于准予西部利得合赢债券型证券投资基金注册的批复
证监许可〔2016〕1516 号	关于准予中金沪深 300 指数增强型发起式证券投资基金注册的批复
证监许可〔2016〕1517 号	关于准予中金中证 500 指数增强型发起式证券投资基金注册的批复
证监许可〔2016〕1518 号	关于准予南方宏元债券型发起式证券投资基金注册的批复
证监许可〔2016〕1519 号	关于准予中融恒瑞纯债债券型证券投资基金注册的批复
证监许可〔2016〕1520 号	关于核准河钢股份有限公司向合格投资者公开发行公司债券的批复
证监许可〔2016〕1521 号	关于核准吉林省信用担保投资集团有限公司向合格投资者公开发行公司债券的批复
证监许可〔2016〕1522 号	关于核准西安经发集团有限责任公司向合格投资者公开发行公司债券的批复
证监许可〔2016〕1523 号	关于核准齐鲁银行股份有限公司定向发行优先股的批复
证监许可〔2016〕1524 号	关于核准丽珠医药集团股份有限公司非公开发行股票的批复

续表

发文字号	发文标题
证监许可〔2016〕1525 号	关于核准国寿投资控股有限公司向合格投资者公开发行公司债券的批复
证监许可〔2016〕1526 号	关于核准中利腾晖光伏科技有限公司向合格投资者公开发行公司债券的批复
证监许可〔2016〕1527 号	关于核准杭州汽轮动力集团有限公司向合格投资者公开发行公司债券的批复
证监许可〔2016〕1528 号	关于核准苏州工业园区建屋发展集团有限公司向合格投资者公开发行公司债券的批复
证监许可〔2016〕1529 号	关于核准北京京东世纪贸易有限公司向合格投资者公开发行公司债券的批复
证监许可〔2016〕1530 号	关于核准越秀交通基建有限公司向合格投资者公开发行公司债券的批复
证监许可〔2016〕1531 号	关于核准国泰君安证券股份有限公司向合格投资者公开发行公司债券的批复
证监许可〔2016〕1532 号	关于核准东港投资发展集团有限公司向合格投资者公开发行公司债券的批复
证监许可〔2016〕1533 号	关于核准中国国际金融股份有限公司向合格投资者公开发行公司债券的批复
证监许可〔2016〕1534 号	关于核准上海张江高科技园区开发股份有限公司向合格投资者公开发行公司债券的批复
证监许可〔2016〕1535 号	关于核准北新建材集团有限公司向合格投资者公开发行公司债券的批复
证监许可〔2016〕1536 号	关于核准神州租车有限公司向合格投资者公开发行公司债券的批复
证监许可〔2016〕1537 号	关于核准深圳市龙光控股有限公司向合格投资者公开发行公司债券的批复
证监许可〔2016〕1538 号	关于核准上海新华发行集团有限公司向合格投资者公开发行公司债券的批复
证监许可〔2016〕1539 号	关于核准福耀玻璃工业集团股份有限公司向合格投资者公开发行公司债券的批复
证监许可〔2016〕1540 号	关于核准山东美陵化工设备股份有限公司股票在全国中小企业股份转让系统公开转让的批复
证监许可〔2016〕1541 号	关于准予工银瑞信增利债券型证券投资基金(LOF)变更注册的批复
证监许可〔2016〕1542 号	关于核准株洲市国有资产投资控股集团有限公司向合格投资者公开发行公司债券的批复
证监许可〔2016〕1543 号	关于核准中国葛洲坝集团股份有限公司向合格投资者公开发行可续期公司债券的批复
证监许可〔2016〕1544 号	关于核准新华文轩出版传媒股份有限公司首次公开发行股票的批复
证监许可〔2016〕1545 号	关于不予核准深圳九有股份有限公司发行股份购买资产并募集配套资金的决定
证监许可〔2016〕1546 号	关于不予核准常州天晟新材料股份有限公司发行股份购买资产并募集配套资金申请的决定
证监许可〔2016〕1547 号	关于核准光大证券股份有限公司发行境外上市外资股的批复
证监许可〔2016〕1548 号	关于核准深圳市今天国际物流技术股份有限公司首次公开发行股票的批复
证监许可〔2016〕1549 号	关于核准苏州恒久光电科技股份有限公司首次公开发行股票的批复
证监许可〔2016〕1550 号	关于核准无锡农村商业银行股份有限公司首次公开发行股票的批复
证监许可〔2016〕1551 号	关于核准北京路劲隽御房地产开发有限公司向合格投资者公开发行公司债券的批复
证监许可〔2016〕1552 号	关于准予中欧睿诚定期开放混合型证券投资基金注册的批复

续表

发文字号	发文标题
证监许可〔2016〕1553 号	关于准予农银汇理金丰一年定期开放债券型证券投资基金注册的批复
证监许可〔2016〕1554 号	关于准予摩根士丹利华鑫多元兴利 18 个月定期开放债券型证券投资基金注册的批复
证监许可〔2016〕1555 号	关于准予嘉实稳泽纯债债券型证券投资基金注册的批复
证监许可〔2016〕1556 号	关于准予鹏华新能源产业灵活配置混合型证券投资基金注册的批复
证监许可〔2016〕1557 号	关于准予泰康安惠纯债债券型证券投资基金注册的批复
证监许可〔2016〕1558 号	关于准予海富通富源债券型证券投资基金注册的批复
证监许可〔2016〕1559 号	关于核准中国光大控股有限公司向合格投资者公开发行公司债券的批复
证监许可〔2016〕1560 号	关于准予长盛盛琪一年期定期开放债券型证券投资基金注册的批复
证监许可〔2016〕1561 号	关于准予中科沃土沃鑫成长精选灵活配置混合型发起式证券投资基金注册的批复
证监许可〔2016〕1562 号	关于准予长盛可转债债券型证券投资基金注册的批复
证监许可〔2016〕1563 号	关于准予融通通润债券型证券投资基金注册的批复
证监许可〔2016〕1564 号	关于准予兴业启元一年定期开放债券型证券投资基金注册的批复
证监许可〔2016〕1565 号	关于准予信诚稳利债券型证券投资基金注册的批复
证监许可〔2016〕1566 号	关于准予鹏华弘腾灵活配置混合型证券投资基金注册的批复
证监许可〔2016〕1567 号	关于准予九泰泰富定增主题灵活配置混合型证券投资基金注册的批复
证监许可〔2016〕1568 号	关于准予银河君怡纯债债券型证券投资基金注册的批复
证监许可〔2016〕1569 号	关于准予前海开源外向企业股票型证券投资基金注册的批复
证监许可〔2016〕1570 号	关于准予交银施罗德活期通货币市场基金注册的批复
证监许可〔2016〕1571 号	关于准予华商丰利纯债债券型证券投资基金注册的批复
证监许可〔2016〕1572 号	关于准予建信鑫和回报灵活配置混合型证券投资基金变更注册的批复
证监许可〔2016〕1573 号	关于准予中融睿祥一年定期开放债券型证券投资基金注册的批复
证监许可〔2016〕1574 号	关于准予华安稳固收益债券型证券投资基金变更注册的批复
证监许可〔2016〕1575 号	关于准予长信先利半年定期开放混合型证券投资基金注册的批复
证监许可〔2016〕1576 号	关于准予中融上海清算所银行间 0－1 年中高等级信用债指数发起式证券投资基金注册的批复
证监许可〔2016〕1577 号	关于准予中融睿丰一年定期开放债券型证券投资基金注册的批复
证监许可〔2016〕1578 号	关于准予博时富宁纯债债券型证券投资基金注册的批复
证监许可〔2016〕1579 号	关于核准海南海航基础设施投资集团股份有限公司向海航基础控股集团有限公司发行股份购买资产并募集配套资金的批复
证监许可〔2016〕1580 号	关于准予海富通瑞丰一年定期开放债券型证券投资基金注册的批复
证监许可〔2016〕1581 号	关于准予前海开源价值策略股票型证券投资基金注册的批复
证监许可〔2016〕1582 号	关于准予国寿安保强国智造灵活配置混合型证券投资基金注册的批复

续表

发文字号	发文标题
证监许可〔2016〕1583 号	关于准予泰达宏利汇利债券型证券投资基金注册的批复
证监许可〔2016〕1584 号	关于核准北京耐威科技股份有限公司向北京集成电路制造和装备股权投资中心(有限合伙)等发行股份购买资产的批复
证监许可〔2016〕1585 号	关于核准天舟文化股份有限公司向袁雄贵等发行股份购买资产并募集配套资金的批复
证监许可〔2016〕1586 号	关于准予招商招泰 6 个月定期开放债券型证券投资基金注册的批复
证监许可〔2016〕1587 号	关于准予中融上海清算所银行间 1 – 3 年高等级信用债指数发起式证券投资基金注册的批复
证监许可〔2016〕1588 号	关于准予中融上海清算所银行间 3 – 5 年中高等级信用债指数发起式证券投资基金注册的批复
证监许可〔2016〕1589 号	关于准予大成增利混合型证券投资基金注册的批复
证监许可〔2016〕1590 号	关于准予融通通尚灵活配置混合型证券投资基金注册的批复
证监许可〔2016〕1591 号	关于准予安信沪深 300 指数增强型发起式证券投资基金注册的批复
证监许可〔2016〕1592 号	关于准予信诚惠盈债券型证券投资基金注册的批复
证监许可〔2016〕1593 号	关于准予华宝兴业新活力灵活配置混合型证券投资基金注册的批复
证监许可〔2016〕1594 号	关于准予泰达宏利包钱宝货币市场基金注册的批复
证监许可〔2016〕1595 号	关于准予中融上海清算所银行间 1 – 3 年中高等级信用债指数发起式证券投资基金注册的批复
证监许可〔2016〕1596 号	关于准予金鹰添益纯债债券型证券投资基金注册的批复
证监许可〔2016〕1597 号	关于准予招商财经大数据策略股票型证券投资基金注册的批复
证监许可〔2016〕1598 号	关于准予光大保德信安和债券型证券投资基金注册的批复
证监许可〔2016〕1599 号	关于准予新沃通利纯债债券型证券投资基金注册的批复
证监许可〔2016〕1600 号	关于准予东方臻享纯债债券型证券投资基金注册的批复
证监许可〔2016〕1601 号	关于准予海富通瑞利纯债债券型证券投资基金注册的批复
证监许可〔2016〕1602 号	关于准予安信永鑫定期开放债券型证券投资基金注册的批复
证监许可〔2016〕1603 号	关于准予博时裕鹏纯债债券型证券投资基金注册的批复
证监许可〔2016〕1604 号	关于准予民生加银鑫盈债券型证券投资基金注册的批复
证监许可〔2016〕1605 号	关于准予西部利得合享债券型证券投资基金注册的批复
证监许可〔2016〕1606 号	关于核准北京分豆教育科技股份有限公司定向发行股票的批复
证监许可〔2016〕1607 号	关于核准南京银行股份有限公司非公开发行优先股的批复
证监许可〔2016〕1608 号	关于核准江苏万林现代物流股份有限公司非公开发行股票的批复
证监许可〔2016〕1609 号	关于核准三角轮胎股份有限公司首次公开发行股票的批复
证监许可〔2016〕1610 号	关于核准好想你枣业股份有限公司向杭州浩红投资管理有限公司等发行股份购买资产并募集配套资金的批复
证监许可〔2016〕1611 号	关于核准陕西坚瑞消防股份有限公司向李瑶等发行股份购买资产并募集配套资金申请的批复

续表

发文字号	发文标题
证监许可〔2016〕1612 号	关于核准广东文化长城集团股份有限公司向许高镭等发行股份购买资产并募集配套资金的批复
证监许可〔2016〕1613 号	关于核准高升控股股份有限公司向袁佳宁等发行股份购买资产并募集配套资金的批复
证监许可〔2016〕1614 号	关于准予广发鑫盛 18 个月定期开放混合型证券投资基金注册的批复
证监许可〔2016〕1615 号	关于准予易方达裕鑫债券型证券投资基金注册的批复
证监许可〔2016〕1616 号	关于准予长盛盛祥纯债债券型证券投资基金注册的批复
证监许可〔2016〕1617 号	关于准予德邦德焕 9 个月定期开放债券型证券投资基金注册的批复
证监许可〔2016〕1618 号	关于准予长盛盛昌纯债债券型证券投资基金注册的批复
证监许可〔2016〕1619 号	关于准予长信纯债半年债券型证券投资基金注册的批复
证监许可〔2016〕1620 号	关于准予诺德天禧债券型证券投资基金注册的批复
证监许可〔2016〕1621 号	关于核准鸿商产业控股集团有限公司向合格投资者公开发行公司债券的批复
证监许可〔2016〕1622 号	关于核准金地(集团)股份有限公司向合格投资者公开发行公司债券的批复
证监许可〔2016〕1623 号	关于准予信诚至利灵活配置混合型证券投资基金注册的批复
证监许可〔2016〕1624 号	关于准予前海开源祥和债券型证券投资基金注册的批复
证监许可〔2016〕1625 号	关于核准上海四维文化传媒股份有限公司定向发行股票的批复
证监许可〔2016〕1626 号	关于核准元大证券股份有限公司合格境外机构投资者资格的批复
证监许可〔2016〕1627 号	关于核准海汇通资产管理有限公司人民币合格境外机构投资者资格的批复
证监许可〔2016〕1628 号	关于核准工银国际资产管理有限公司合格境外机构投资者资格的批复
证监许可〔2016〕1629 号	关于准予景顺长城景盈汇利债券型证券投资基金注册的批复
证监许可〔2016〕1630 号	关于准予大成动态量化配置策略混合型证券投资基金注册的批复
证监许可〔2016〕1631 号	关于准予鹏华安益增强混合型证券投资基金注册的批复
证监许可〔2016〕1632 号	关于准予嘉实惠泽定增灵活配置混合型证券投资基金注册的批复
证监许可〔2016〕1633 号	关于准予嘉实新能源新材料股票型证券投资基金注册的批复
证监许可〔2016〕1634 号	关于准予浙商汇金鼎盈定增灵活配置混合型证券投资基金注册的批复
证监许可〔2016〕1635 号	关于准予东方红益鑫纯债债券型证券投资基金注册的批复
证监许可〔2016〕1636 号	关于核准国家电网公司面向合格投资者公开发行公司债券的批复
证监许可〔2016〕1637 号	关于核准深圳市优博讯科技股份有限公司首次公开发行股票的批复
证监许可〔2016〕1638 号	关于核准上海银行股份有限公司首次公开发行股票的批复
证监许可〔2016〕1639 号	关于核准上海亚虹模具股份有限公司首次公开发行股票的批复
证监许可〔2016〕1640 号	关于核准正平路桥建设股份有限公司首次公开发行股票的批复
证监许可〔2016〕1641 号	关于核准深圳市崇达电路技术股份有限公司首次公开发行股票的批复
证监许可〔2016〕1642 号	关于核准深圳冰川网络股份有限公司首次公开发行股票的批复

续表

发文字号	发文标题
证监许可〔2016〕1643 号	关于核准北京兆易创新科技股份有限公司首次公开发行股票的批复
证监许可〔2016〕1644 号	关于核准广东达志环保科技股份有限公司首次公开发行股票的批复
证监许可〔2016〕1645 号	关于核准贵阳银行股份有限公司首次公开发行股票的批复
证监许可〔2016〕1646 号	关于核准广西广播电视信息网络股份有限公司首次公开发行股票的批复
证监许可〔2016〕1647 号	关于准予海富通沪港深灵活配置混合型证券投资基金注册的批复
证监许可〔2016〕1648 号	关于准予前海开源瑞和债券型证券投资基金注册的批复
证监许可〔2016〕1649 号	关于准予前海开源鼎裕债券型证券投资基金注册的批复
证监许可〔2016〕1650 号	关于准予金元顺安沣楹债券型证券投资基金注册的批复
证监许可〔2016〕1651 号	关于准予华安慧增优选定期开放灵活配置混合型证券投资基金注册的批复
证监许可〔2016〕1652 号	关于准予天治鑫利半年定期开放债券型证券投资基金注册的批复
证监许可〔2016〕1653 号	关于准予创金合信尊智纯债债券型证券投资基金注册的批复
证监许可〔2016〕1654 号	关于核准凯迪生态环境科技股份有限公司向合格投资者公开发行公司债券的批复
证监许可〔2016〕1655 号	关于核准北控水务集团有限公司向合格投资者公开发行公司债券的批复
证监许可〔2016〕1656 号	关于核准浙江新化化工股份有限公司股票在全国中小企业股份转让系统公开转让的批复
证监许可〔2016〕1657 号	关于核准四川达威科技股份有限公司首次公开发行股票的批复
证监许可〔2016〕1658 号	关于核准欧普照明股份有限公司首次公开发行股票的批复
证监许可〔2016〕1659 号	关于核准江苏江阴农村商业银行股份有限公司首次公开发行股票的批复
证监许可〔2016〕1660 号	关于核准江苏常熟农村商业银行股份有限公司首次公开发行股票的批复
证监许可〔2016〕1661 号	关于准予信诚至优灵活配置混合型证券投资基金注册的批复
证监许可〔2016〕1662 号	关于准予融通通穗债券型证券投资基金注册的批复
证监许可〔2016〕1663 号	关于准予民生加银汇鑫一年定期开放债券型证券投资基金注册的批复
证监许可〔2016〕1664 号	关于准予中融竞争优势股票型证券投资基金注册的批复
证监许可〔2016〕1665 号	关于准予融通通弘债券型证券投资基金注册的批复
证监许可〔2016〕1666 号	关于准予招商沪港深科技创新主题精选灵活配置混合型证券投资基金注册的批复
证监许可〔2016〕1667 号	关于准予中欧瑾悠灵活配置混合型证券投资基金注册的批复
证监许可〔2016〕1668 号	关于准予中加丰尚纯债债券型证券投资基金注册的批复
证监许可〔2016〕1669 号	关于准予建信丰裕定增灵活配置混合型证券投资基金注册的批复
证监许可〔2016〕1670 号	关于准予农银汇理金穗纯债债券型证券投资基金注册的批复
证监许可〔2016〕1671 号	关于核准中国节能环保集团公司向合格投资者公开发行绿色公司债券的批复
证监许可〔2016〕1672 号	关于核准大连融强投资有限公司向合格投资者公开发行公司债券的批复

续表

发文字号	发文标题
证监许可〔2016〕1673 号	关于核准南京安居建设集团有限责任公司向合格投资者公开发行公司债券的批复
证监许可〔2016〕1674 号	关于核准上实环境水务股份有限公司向合格投资者公开发行公司债券的批复
证监许可〔2016〕1675 号	关于核准上海新文化传媒集团股份有限公司向合格投资者公开发行公司债券的批复
证监许可〔2016〕1676 号	关于核准新疆百花村股份有限公司向张孝清等发行股份购买资产并募集配套资金的批复
证监许可〔2016〕1677 号	关于核准北京首旅酒店(集团)股份有限公司向北京首都旅游集团有限责任公司等发行股份购买资产并募集配套资金的批复
证监许可〔2016〕1678 号	关于核准东莞勤上光电股份有限公司向杨勇等发行股份购买资产并募集配套资金的批复
证监许可〔2016〕1679 号	关于核准金城造纸股份有限公司重大资产重组及向北京神雾环境能源科技集团股份有限公司发行股份购买资产的批复
证监许可〔2016〕1680 号	关于核准北京众信国际旅行社股份有限公司向上海携程国际旅行社有限公司等发行股份购买资产并募集配套资金的批复
证监许可〔2016〕1681 号	关于核准中原英石基金管理有限公司变更股权和实际控制人的批复
证监许可〔2016〕1682 号	关于核准华泰证券(上海)资产管理有限公司公开募集证券投资基金管理业务资格的批复
证监许可〔2016〕1683 号	关于核准豁免北京神雾环境能源科技集团股份有限公司要约收购神雾环保技术股份有限公司股份义务的批复
证监许可〔2016〕1684 号	关于核准汇添富基金管理股份有限公司变更股权的批复
证监许可〔2016〕1685 号	关于准予鹏华丰达债券型证券投资基金注册的批复
证监许可〔2016〕1686 号	关于准予博时安弘一年定期开放债券型证券投资基金注册的批复
证监许可〔2016〕1687 号	关于准予德邦量化新锐股票型证券投资基金(LOF)注册的批复
证监许可〔2016〕1688 号	关于准予海富通聚利纯债债券型证券投资基金注册的批复
证监许可〔2016〕1689 号	关于准予华泰柏瑞中国军工主题股票型证券投资基金变更注册的批复
证监许可〔2016〕1690 号	关于准予创金合信尊丰纯债债券型证券投资基金注册的批复
证监许可〔2016〕1691 号	关于准予华商元亨灵活配置混合型证券投资基金注册的批复
证监许可〔2016〕1692 号	关于准予招商睿诚定期开放混合型证券投资基金注册的批复
证监许可〔2016〕1693 号	关于准予长盛盛辉混合型证券投资基金注册的批复
证监许可〔2016〕1694 号	关于准予安信永丰定期开放债券型证券投资基金注册的批复
证监许可〔2016〕1695 号	关于准予南方多元债券型发起式证券投资基金注册的批复
证监许可〔2016〕1696 号	关于准予国投瑞银瑞达混合型证券投资基金注册的批复
证监许可〔2016〕1697 号	关于准予长盛同禧信用增利债券型证券投资基金变更注册的批复
证监许可〔2016〕1698 号	关于准予前海开源周期优选灵活配置混合型证券投资基金注册的批复
证监许可〔2016〕1699 号	关于准予德邦景颐债券型证券投资基金注册的批复
证监许可〔2016〕1700 号	关于准予中加丰裕纯债债券型证券投资基金注册的批复

续表

发文字号	发文标题
证监许可〔2016〕1701 号	关于核准广州市城市建设开发有限公司向合格投资者公开发行公司债券的批复
证监许可〔2016〕1702 号	关于核准中国兵器装备集团公司向合格投资者公开发行公司债券的批复
证监许可〔2016〕1703 号	关于核准唐山三友碱业(集团)有限公司向合格投资者公开发行公司债券的批复
证监许可〔2016〕1704 号	关于核准平安不动产有限公司向合格投资者公开发行公司债券的批复
证监许可〔2016〕1705 号	关于准予鹏华港股通中证香港中小企业投资主题指数证券投资基金(LOF)注册的批复
证监许可〔2016〕1706 号	关于准予南方安泰养老混合型证券投资基金注册的批复
证监许可〔2016〕1707 号	关于准予光大保德信安诚债券型证券投资基金注册的批复
证监许可〔2016〕1708 号	关于准予德邦量化优选股票型证券投资基金(LOF)注册的批复
证监许可〔2016〕1709 号	关于核准广东红墙新材料股份有限公司首次公开发行股票的批复
证监许可〔2016〕1710 号	关于核准武汉农尚环境股份有限公司首次公开发行股票的批复
证监许可〔2016〕1711 号	关于核准深圳市亚泰国际建设股份有限公司首次公开发行股票的批复
证监许可〔2016〕1712 号	关于核准泉州汇鑫小额贷款股份有限公司发行境外上市外资股的批复
证监许可〔2016〕1713 号	关于准予西部利得得尊纯债债券型证券投资基金注册的批复
证监许可〔2016〕1714 号	关于准予信达澳银慧理财货币市场基金注册的批复
证监许可〔2016〕1715 号	关于准予前海开源鼎瑞债券型证券投资基金注册的批复
证监许可〔2016〕1716 号	关于准予永赢添益债券型证券投资基金注册的批复
证监许可〔2016〕1717 号	关于准予南方中证全指证券公司交易型开放式指数证券投资基金及联接基金注册的批复
证监许可〔2016〕1718 号	关于核准新疆天山毛纺织股份有限公司重大资产重组及向美林控股集团有限公司等发行股份购买资产并募集配套资金的批复
证监许可〔2016〕1719 号	关于核准中国国际航空股份有限公司向合格投资者公开发行公司债券的批复
证监许可〔2016〕1720 号	关于核准中海地产集团有限公司向合格投资者公开发行公司债券的批复
证监许可〔2016〕1721 号	关于准予前海开源丰和 6 个月定期开放债券型证券投资基金注册的批复
证监许可〔2016〕1722 号	关于准予国投瑞银瑞泰定增灵活配置混合型证券投资基金注册的批复
证监许可〔2016〕1723 号	关于准予信诚稳健债券型证券投资基金注册的批复
证监许可〔2016〕1724 号	关于准予新华外延增长主题灵活配置混合型证券投资基金注册的批复
证监许可〔2016〕1725 号	关于准予信诚至鑫灵活配置混合型证券投资基金注册的批复
证监许可〔2016〕1726 号	关于核准中泰证券股份有限公司向合格投资者公开发行公司债券的批复
证监许可〔2016〕1727 号	关于核准南京南瑞集团公司向合格投资者公开发行公司债券的批复
证监许可〔2016〕1728 号	关于准予华安睿欣定期开放混合型证券投资基金注册的批复
证监许可〔2016〕1729 号	关于准予长江乐享货币市场基金注册的批复
证监许可〔2016〕1730 号	关于准予民生加银平稳添利定期开放债券型证券投资基金变更注册的批复

续表

发文字号	发文标题
证监许可〔2016〕1731 号	关于准予申万菱信量化小盘股票型证券投资基金(LOF)变更注册的批复
证监许可〔2016〕1732 号	关于准予招商增祥灵活配置混合型证券投资基金注册的批复
证监许可〔2016〕1733 号	关于准予博时裕信纯债债券型证券投资基金注册的批复
证监许可〔2016〕1734 号	关于核准金融街控股股份有限公司向合格投资者公开发行公司债券的批复
证监许可〔2016〕1735 号	关于核准招商证券股份有限公司发行境外上市外资股的批复
证监许可〔2016〕1736 号	关于核准国寿安保基金管理有限公司合格境内机构投资者资格的批复
证监许可〔2016〕1737 号	关于核准中加基金管理有限公司合格境内机构投资者资格的批复
证监许可〔2016〕1738 号	关于核准豁免黄山永佳投资有限公司要约收购黄山永新股份有限公司股份义务的批复
证监许可〔2016〕1739 号	关于核准冠昊生物科技股份有限公司向寇冰发行股份购买资产并募集配套资金的批复
证监许可〔2016〕1740 号	关于核准深圳欧菲光科技股份有限公司非公开发行股票的批复
证监许可〔2016〕1742 号	关于准予广发景盛纯债债券型证券投资基金注册的批复
证监许可〔2016〕1743 号	关于准予新疆前海联合添利债券型发起式证券投资基金注册的批复
证监许可〔2016〕1744 号	关于准予东兴量化多策略灵活配置混合型证券投资基金注册的批复
证监许可〔2016〕1745 号	关于准予长盛同创灵活配置混合型证券投资基金注册的批复
证监许可〔2016〕1746 号	关于准予前海开源沪港深新硬件主题灵活配置混合型证券投资基金注册的批复
证监许可〔2016〕1747 号	关于准予博时聚源纯债债券型证券投资基金注册的批复
证监许可〔2016〕1748 号	关于准予融通通玺债券型证券投资基金注册的批复
证监许可〔2016〕1749 号	关于准予平安大华鼎越定期开放灵活配置混合型证券投资基金注册的批复
证监许可〔2016〕1750 号	关于准予大成智能制造量化灵活配置混合型证券投资基金注册的批复
证监许可〔2016〕1751 号	关于准予山西证券裕利债券型证券投资基金注册的批复
证监许可〔2016〕1752 号	关于核准深圳市科陆电子科技股份有限公司向合格投资者公开发行公司债券的批复
证监许可〔2016〕1753 号	关于核准江苏广信感光新材料股份有限公司首次公开发行股票的批复
证监许可〔2016〕1754 号	关于核准江西国泰民爆集团股份有限公司首次公开发行股票的批复
证监许可〔2016〕1755 号	关于核准海尔施生物医药股份有限公司首次公开发行股票的批复
证监许可〔2016〕1756 号	关于核准无锡宏盛换热器制造股份有限公司首次公开发行股票的批复
证监许可〔2016〕1757 号	关于核准安徽安德利百货股份有限公司首次公开发行股票的批复
证监许可〔2016〕1758 号	关于核准深圳市同益实业股份有限公司首次公开发行股票的批复
证监许可〔2016〕1759 号	关于核准郑州安图生物工程股份有限公司首次公开发行股票的批复
证监许可〔2016〕1760 号	关于核准宁波横河模具股份有限公司首次公开发行股票的批复
证监许可〔2016〕1761 号	关于核准山东赫达股份有限公司首次公开发行股票的批复

续表

发文字号	发文标题
证监许可〔2016〕1762 号	关于核准宁夏建材集团股份有限公司向合格投资者公开发行公司债券的批复
证监许可〔2016〕1763 号	关于核准四川发展(控股)有限责任公司向合格投资者公开发行公司债券的批复
证监许可〔2016〕1764 号	关于核准安徽中电兴发与鑫龙科技股份有限公司非公开发行股票的批复
证监许可〔2016〕1765 号	关于核准山西证券股份有限公司变更 5% 以上股权股东并豁免山西金融投资控股集团有限公司要约收购山西证券股份有限公司股份义务的批复
证监许可〔2016〕1766 号	关于核准湖南友谊阿波罗控股股份有限公司向合格投资者公开发行公司债券的批复
证监许可〔2016〕1767 号	关于核准万达集团股份有限公司向合格投资者公开发行公司债券的批复
证监许可〔2016〕1768 号	关于准予融通通宸债券型证券投资基金注册的批复
证监许可〔2016〕1769 号	关于准予光大保德信永利纯债债券型证券投资基金注册的批复
证监许可〔2016〕1770 号	关于准予国投瑞银瑞明混合型证券投资基金注册的批复
证监许可〔2016〕1771 号	关于准予景顺长城景瑞双利定期开放债券型证券投资基金注册的批复
证监许可〔2016〕1772 号	关于准予浦银安盛日日鑫货币市场基金注册的批复
证监许可〔2016〕1773 号	关于准予广发景丰纯债债券型证券投资基金注册的批复
证监许可〔2016〕1774 号	关于准予汇添富沪港深文体娱乐主题混合型证券投资基金注册的批复
证监许可〔2016〕1775 号	关于准予国联安恒泰纯债债券型证券投资基金注册的批复
证监许可〔2016〕1776 号	关于准予华宝兴业双引擎灵活配置混合型证券投资基金注册的批复
证监许可〔2016〕1777 号	关于准予国联安恒安纯债债券型证券投资基金注册的批复
证监许可〔2016〕1778 号	关于准予中欧天尚 18 个月定期开放债券型证券投资基金注册的批复
证监许可〔2016〕1779 号	关于准予融通中证车联网主题指数证券投资基金(LOF)注册的批复
证监许可〔2016〕1780 号	关于准予中证上海国企交易型开放式指数证券投资基金联接基金注册的批复
证监许可〔2016〕1781 号	关于准予景顺长城中证 500 行业中性低波动指数型证券投资基金注册的批复
证监许可〔2016〕1782 号	关于准予国联安恒鑫纯债债券型证券投资基金注册的批复
证监许可〔2016〕1783 号	关于核准上海润达医疗科技股份有限公司非公开发行股票的批复
证监许可〔2016〕1784 号	关于核准广东柏堡龙股份有限公司非公开发行股票的批复
证监许可〔2016〕1785 号	关于核准广州智光电气股份有限公司非公开发行股票的批复
证监许可〔2016〕1786 号	关于核准喜临门家具股份有限公司非公开发行股票的批复
证监许可〔2016〕1787 号	关于核准厦门金达威集团股份有限公司非公开发行股票的批复
证监许可〔2016〕1788 号	关于核准王府井集团股份有限公司非公开发行股票的批复
证监许可〔2016〕1789 号	关于核准珠海全志科技股份有限公司非公开发行股票的批复
证监许可〔2016〕1790 号	关于核准青岛天华院化学工程股份有限公司非公开发行股票的批复
证监许可〔2016〕1791 号	关于核准江苏康得新复合材料股份有限公司非公开发行股票的批复
证监许可〔2016〕1793 号	关于核准江苏通润装备科技股份有限公司非公开发行股票的批复

续表

发文字号	发文标题
证监许可〔2016〕1794 号	关于核准中国冶金科工股份有限公司非公开发行股票的批复
证监许可〔2016〕1795 号	关于核准云南铝业股份有限公司非公开发行股票的批复
证监许可〔2016〕1796 号	关于核准阳光城集团股份有限公司向合格投资者公开发行公司债券的批复
证监许可〔2016〕1797 号	关于核准清华控股有限公司向合格投资者公开发行公司债券的批复
证监许可〔2016〕1798 号	关于核准华斯控股股份有限公司非公开发行股票的批复
证监许可〔2016〕1799 号	关于核准思创医惠科技股份有限公司非公开发行股票的批复
证监许可〔2016〕1800 号	关于核准浙江天成自控股份有限公司非公开发行股票的批复
证监许可〔2016〕1801 号	关于核准湖南黄金股份有限公司非公开发行股票的批复
证监许可〔2016〕1802 号	关于核准江苏力星通用钢球股份有限公司非公开发行股票的批复
证监许可〔2016〕1803 号	关于核准山西漳泽电力股份有限公司非公开发行股票的批复
证监许可〔2016〕1804 号	关于核准广晟有色金属股份有限公司非公开发行股票的批复
证监许可〔2016〕1805 号	关于核准万华化学集团股份有限公司非公开发行股票的批复
证监许可〔2016〕1806 号	关于核准中新苏州工业园区开发集团股份有限公司向合格投资者公开发行公司债券的批复
证监许可〔2016〕1807 号	关于核准中国普天信息产业股份有限公司向合格投资者公开发行公司债券的批复
证监许可〔2016〕1808 号	关于核准常熟市城市经营投资有限公司向合格投资者公开发行公司债券的批复
证监许可〔2016〕1809 号	关于准予华泰柏瑞季季红债券型证券投资基金变更注册的批复
证监许可〔2016〕1810 号	关于准予新华丰利债券型证券投资基金注册的批复
证监许可〔2016〕1811 号	关于准予大成惠利纯债债券型证券投资基金注册的批复
证监许可〔2016〕1812 号	关于准予交银施罗德境尚收益债券型证券投资基金注册的批复
证监许可〔2016〕1813 号	关于准予中欧天启 18 个月定期开放债券型证券投资基金注册的批复
证监许可〔2016〕1814 号	关于准予交银施罗德裕隆纯债债券型证券投资基金注册的批复
证监许可〔2016〕1815 号	关于准予博时智臻纯债债券型证券投资基金注册的批复
证监许可〔2016〕1816 号	关于准予大成惠益纯债债券型证券投资基金注册的批复
证监许可〔2016〕1817 号	关于准予国联安鑫瑞混合型证券投资基金注册的批复
证监许可〔2016〕1818 号	关于准予泰达宏利多利债券型证券投资基金注册的批复
证监许可〔2016〕1819 号	关于准予前海开源沪港深乐享生活灵活配置混合型证券投资基金注册的批复
证监许可〔2016〕1820 号	关于准予海富通集利纯债债券型证券投资基金注册的批复
证监许可〔2016〕1821 号	关于准予新疆前海联合添鑫债券型证券投资基金注册的批复
证监许可〔2016〕1822 号	关于准予长盛现代服务业灵活配置混合型证券投资基金注册的批复
证监许可〔2016〕1823 号	关于准予前海开源沪港深强国产业灵活配置混合型证券投资基金注册的批复
证监许可〔2016〕1824 号	关于准予华福丰盈灵活配置混合型证券投资基金变更注册的批复

续表

发文字号	发文标题
证监许可〔2016〕1825 号	关于准予兴业裕恒债券型证券投资基金注册的批复
证监许可〔2016〕1826 号	关于准予中银悦享定期开放债券型证券投资基金注册的批复
证监许可〔2016〕1827 号	关于准予永赢瑞益债券型证券投资基金注册的批复
证监许可〔2016〕1828 号	关于核准有进投资证券公司人民币合格境外机构投资者资格的批复
证监许可〔2016〕1829 号	关于核准中国光大证券资产管理有限公司合格境外机构投资者资格的批复
证监许可〔2016〕1830 号	关于核准江苏中南建筑产业集团有限责任公司向合格投资者公开发行公司债券的批复
证监许可〔2016〕1831 号	关于核准招金矿业股份有限公司发行境外上市外资股的批复
证监许可〔2016〕1832 号	关于准予南方智慧精选灵活配置混合型证券投资基金注册的批复
证监许可〔2016〕1833 号	关于准予博时富益纯债债券型证券投资基金注册的批复
证监许可〔2016〕1834 号	关于准予易方达富惠纯债债券型证券投资基金注册的批复
证监许可〔2016〕1835 号	关于准予西部利得新动力灵活配置混合型证券投资基金注册的批复
证监许可〔2016〕1836 号	关于准予泰达宏利启智灵活配置混合型证券投资基金注册的批复
证监许可〔2016〕1837 号	关于准予中邮稳健添利灵活配置混合型证券投资基金变更注册的批复
证监许可〔2016〕1838 号	关于准予华泰柏瑞天添宝货币市场基金注册的批复
证监许可〔2016〕1839 号	关于准予国联安恒利纯债债券型证券投资基金注册的批复
证监许可〔2016〕1840 号	关于准予金鹰周期优选灵活配置混合型证券投资基金注册的批复
证监许可〔2016〕1841 号	关于准予安信活期宝货币市场基金注册的批复
证监许可〔2016〕1842 号	关于准予浙商惠利纯债债券型证券投资基金注册的批复
证监许可〔2016〕1843 号	关于核准北京东方园林生态股份有限公司向邓少林等发行股份购买资产并募集配套资金的批复
证监许可〔2016〕1844 号	关于准予泓德泓富灵活配置混合型证券投资基金变更注册的批复
证监许可〔2016〕1845 号	关于准予博时悦楚纯债债券型证券投资基金注册的批复
证监许可〔2016〕1846 号	关于准予西部利得汇享债券型证券投资基金注册的批复
证监许可〔2016〕1847 号	关于准予博时富祥纯债债券型证券投资基金注册的批复
证监许可〔2016〕1848 号	关于准予信诚至益灵活配置混合型证券投资基金注册的批复
证监许可〔2016〕1849 号	关于核准中国邮政储蓄银行股份有限公司发行境外上市外资股的批复
证监许可〔2016〕1850 号	关于不予核准宁波华翔电子股份有限公司向宁波峰梅实业有限公司等发行股份购买资产并募集配套资金的决定
证监许可〔2016〕1851 号	关于核准广西绿城水务股份有限公司向合格投资者公开发行公司债券的批复
证监许可〔2016〕1852 号	关于核准中国中车股份有限公司向合格投资者公开发行公司债券的批复
证监许可〔2016〕1853 号	关于准予招商招坤纯债债券型证券投资基金注册的批复
证监许可〔2016〕1854 号	关于准予长信稳益纯债债券型证券投资基金注册的批复
证监许可〔2016〕1855 号	关于准予创金合信尊隆纯债债券型证券投资基金注册的批复

续表

发文字号	发文标题
证监许可〔2016〕1856号	关于准予前海开源沪港深裕鑫灵活配置混合型证券投资基金注册的批复
证监许可〔2016〕1857号	关于准予博时富海纯债债券型证券投资基金注册的批复
证监许可〔2016〕1858号	关于准予信诚至裕灵活配置混合型证券投资基金注册的批复
证监许可〔2016〕1859号	关于准予创金合信尊泰纯债债券型证券投资基金注册的批复
证监许可〔2016〕1860号	关于准予博时聚利纯债债券型证券投资基金注册的批复
证监许可〔2016〕1861号	关于准予新疆前海联合沪深300指数型证券投资基金注册的批复
证监许可〔2016〕1862号	关于准予长城久稳债券型证券投资基金注册的批复
证监许可〔2016〕1863号	关于准予民生加银平稳增利定期开放债券型证券投资基金变更注册的批复
证监许可〔2016〕1864号	关于核准广东惠州平海发电厂有限公司向合格投资者公开发行公司债券的批复
证监许可〔2016〕1865号	关于利亚德光电股份有限公司向合格投资者公开发行公司债券的批复
证监许可〔2016〕1866号	关于不予核准电光防爆科技股份有限公司向胡靖等发行股份购买资产并募集配套资金的决定
证监许可〔2016〕1867号	关于不予核准沈阳商业城股份有限公司向易乘汽车产业投资(深圳)有限公司发行股份购买资产并募集配套资金的决定
证监许可〔2016〕1868号	关于不予核准上海新文化传媒集团股份有限公司向倪金马等发行股份购买资产并募集配套资金的决定
证监许可〔2016〕1869号	关于准予海富通瑞合纯债债券型证券投资基金注册的批复
证监许可〔2016〕1870号	关于准予建信恒丰纯债债券型证券投资基金注册的批复
证监许可〔2016〕1871号	关于核准格林美股份有限公司向合格投资者公开发行公司债券的批复
证监许可〔2016〕1872号	关于核准山东魏桥铝电有限公司向合格投资者公开发行公司债券的批复
证监许可〔2016〕1873号	关于核准东北虎药业股份有限公司增发境外上市外资股的批复
证监许可〔2016〕1874号	关于核准吉林九台农村商业银行股份有限公司发行境外上市外资股的批复
证监许可〔2016〕1875号	关于准予招商招乾纯债债券型证券投资基金注册的批复
证监许可〔2016〕1876号	关于准予鹏华港股通中证香港银行投资指数证券投资基金(LOF)注册的批复
证监许可〔2016〕1877号	关于准予西部利得天添富货币市场基金注册的批复
证监许可〔2016〕1878号	关于准予创金合信量化发现灵活配置混合型证券投资基金注册的批复
证监许可〔2016〕1879号	关于准予鹏华丰康债券型证券投资基金注册的批复
证监许可〔2016〕1880号	关于核准深圳市路畅科技股份有限公司首次公开发行股票的批复
证监许可〔2016〕1881号	关于核准顾家家居股份有限公司首次公开发行股票的批复
证监许可〔2016〕1882号	关于核准甘肃陇神戎发药业股份有限公司首次公开发行股票的批复
证监许可〔2016〕1883号	关于核准上海城地建设股份有限公司首次公开发行股票的批复
证监许可〔2016〕1884号	关于核准新疆鑫泰天然气股份有限公司首次公开发行股票的批复
证监许可〔2016〕1885号	关于核准北京先进数通信息技术股份公司首次公开发行股票的批复

续表

发文字号	发文标题
证监许可〔2016〕1886 号	关于核准云南创新新材料股份有限公司首次公开发行股票的批复
证监许可〔2016〕1887 号	关于核准江苏通用科技股份有限公司首次公开发行股票的批复
证监许可〔2016〕1888 号	关于核准深圳市联得自动化装备股份有限公司首次公开发行股票的批复
证监许可〔2016〕1889 号	关于核准博创科技股份有限公司首次公开发行股票的批复
证监许可〔2016〕1890 号	关于核准新晨科技股份有限公司首次公开发行股票的批复
证监许可〔2016〕1891 号	关于核准上海网达软件股份有限公司首次公开发行股票的批复
证监许可〔2016〕1892 号	关于核准深圳市朗科智能电气股份有限公司首次公开发行股票的批复
证监许可〔2016〕1893 号	关于核准湖北振华化学股份有限公司首次公开发行股票的批复
证监许可〔2016〕1894 号	关于不予核准申科滑动轴承股份有限公司发行股份购买资产并募集配套资金申请的决定
证监许可〔2016〕1895 号	关于核准广东康华医疗股份有限公司发行境外上市外资股的批复
证监许可〔2016〕1896 号	关于核准天津创业环保集团股份有限公司向合格投资者公开发行公司债券的批复
证监许可〔2016〕1897 号	关于核准中国长江三峡集团公司向合格投资者公开发行公司债券的批复
证监许可〔2016〕1898 号	关于核准株式会社新韩银行人民币合格境外机构投资者资格的批复
证监许可〔2016〕1899 号	关于准予中银文体娱乐灵活配置混合型证券投资基金注册的批复
证监许可〔2016〕1900 号	关于准予信诚稳益债券型证券投资基金注册的批复
证监许可〔2016〕1901 号	关于准予华安中证定向增发事件指数证券投资基金(LOF)注册的批复
证监许可〔2016〕1902 号	关于准予信诚稳瑞债券型证券投资基金注册的批复
证监许可〔2016〕1903 号	关于准予华泰柏瑞稳健收益债券型证券投资基金变更注册的批复
证监许可〔2016〕1904 号	关于准予大成惠裕定期开放纯债债券型证券投资基金注册的批复
证监许可〔2016〕1905 号	关于准予南方安裕养老混合型证券投资基金注册的批复
证监许可〔2016〕1906 号	关于准予国寿安保安康纯债债券型证券投资基金注册的批复
证监许可〔2016〕1907 号	关于准予国联安鑫盈混合型证券投资基金注册的批复
证监许可〔2016〕1908 号	关于准予中邮医药健康灵活配置混合型证券投资基金注册的批复
证监许可〔2016〕1909 号	关于准予民生加银家盈理财 7 天债券型证券投资基金变更注册的批复
证监许可〔2016〕1910 号	关于准予华福现金收益货币市场基金注册的批复
证监许可〔2016〕1911 号	关于核准陕西西北新技术实业股份有限公司增发境外上市外资股的批复
证监许可〔2016〕1912 号	关于准予博时兴荣货币市场基金注册的批复
证监许可〔2016〕1913 号	关于准予南方颐元债券型发起式证券投资基金注册的批复
证监许可〔2016〕1914 号	关于准予信诚至瑞灵活配置混合型证券投资基金注册的批复
证监许可〔2016〕1915 号	关于准予大成智惠量化多策略灵活配置混合型证券投资基金注册的批复
证监许可〔2016〕1916 号	关于准予摩根士丹利华鑫睿成中小盘弹性股票型证券投资基金注册的批复

续表

发文字号	发文标题
证监许可〔2016〕1917 号	关于准予科瑞证券投资基金变更注册的批复
证监许可〔2016〕1918 号	关于准予创金合信中证 1000 指数增强型发起式证券投资基金注册的批复
证监许可〔2016〕1919 号	关于准予浙商惠南纯债债券型证券投资基金注册的批复
证监许可〔2016〕1920 号	关于准予鹏华弘惠灵活配置混合型证券投资基金注册的批复
证监许可〔2016〕1921 号	关于核准北京亦庄国际投资发展有限公司向合格投资者公开发行公司债券的批复
证监许可〔2016〕1922 号	关于核准上海华信国际集团有限公司向合格投资者公开发行公司债券的批复
证监许可〔2016〕1923 号	关于核准恒安（中国）投资有限公司向合格投资者公开发行公司债券的批复
证监许可〔2016〕1924 号	关于准予交银施罗德裕利纯债债券型证券投资基金注册的批复
证监许可〔2016〕1925 号	关于准予融通通祺债券型证券投资基金注册的批复
证监许可〔2016〕1926 号	关于准予平安大华惠享纯债债券型证券投资基金注册的批复
证监许可〔2016〕1927 号	关于准予平安大华添益债券型证券投资基金注册的批复
证监许可〔2016〕1928 号	关于准予博时兴盛货币市场基金注册的批复
证监许可〔2016〕1929 号	关于准予民生加银鑫益债券型证券投资基金注册的批复
证监许可〔2016〕1930 号	关于准予工银瑞信国债纯债债券型证券投资基金注册的批复
证监许可〔2016〕1931 号	关于核准中国石油天然气股份有限公司向合格投资者公开发行公司债券的批复
证监许可〔2016〕1932 号	关于准予华夏中证全指交易型开放式指数证券投资基金注册的批复
证监许可〔2016〕1933 号	关于准予嘉实现金宝货币市场基金注册的批复
证监许可〔2016〕1934 号	关于核准北控水务（中国）投资有限公司向合格投资者公开发行可续期绿色公司债券的批复
证监许可〔2016〕1935 号	关于准予中欧稳健收益债券型证券投资基金变更注册的批复
证监许可〔2016〕1936 号	关于准予浦银安盛幸福聚益 18 个月定期开放债券型证券投资基金注册的批复
证监许可〔2016〕1937 号	关于准予工银瑞信瑞盈 18 个月定期开放债券型证券投资基金注册的批复
证监许可〔2016〕1938 号	关于准予南方安颐养老混合型证券投资基金注册的批复
证监许可〔2016〕1939 号	关于准予诺德天瑞债券型证券投资基金注册的批复
证监许可〔2016〕1940 号	关于核准豁免北京国有资本经营管理中心要约收购北京城乡贸易中心股份有限公司股份义务的批复
证监许可〔2016〕1941 号	关于准予博时乐臻定期开放混合型证券投资基金注册的批复
证监许可〔2016〕1942 号	关于准予鹏华全球中高等级债债券型证券投资基金（QDII）注册的批复
证监许可〔2016〕1943 号	关于准予中银证券现金管家货币市场基金注册的批复
证监许可〔2016〕1944 号	关于准予中欧增强回报债券型证券投资基金（LOF）变更注册的批复
证监许可〔2016〕1945 号	关于准予兴业 14 天理财债券型证券投资基金注册的批复

续表

发文字号	发文标题
证监许可〔2016〕1946 号	关于核准辽宁科隆精细化工股份有限公司向喀什新兴鸿溢创业投资有限公司等发行股份购买资产并募集配套资金的批复
证监许可〔2016〕1947 号	关于核准豁免中国船舶重工集团公司要约收购中电广通股份有限公司股份义务的批复
证监许可〔2016〕1948 号	关于准予新华鑫锐灵活配置混合型证券投资基金变更注册的批复
证监许可〔2016〕1949 号	关于准予万家鑫享纯债债券型证券投资基金注册的批复
证监许可〔2016〕1950 号	关于准予中银睿享债券型证券投资基金注册的批复
证监许可〔2016〕1951 号	关于准予长盛盛煊纯债债券型证券投资基金注册的批复
证监许可〔2016〕1952 号	关于准予摩根士丹利华鑫睿成大盘弹性股票型证券投资基金注册的批复
证监许可〔2016〕1953 号	关于准予博时富华纯债债券型证券投资基金注册的批复
证监许可〔2016〕1954 号	关于准予华福收益增强债券型证券投资基金注册的批复
证监许可〔2016〕1955 号	关于准予信诚至选灵活配置混合型证券投资基金注册的批复
证监许可〔2016〕1956 号	关于准予融通通旭定增灵活配置混合型证券投资基金注册的批复
证监许可〔2016〕1957 号	关于准予鹏华丰享债券型证券投资基金注册的批复
证监许可〔2016〕1958 号	关于准予泰信智选成长灵活配置混合型证券投资基金注册的批复
证监许可〔2016〕1959 号	关于准予建信瑞丰添利混合型证券投资基金注册的批复
证监许可〔2016〕1960 号	关于准予鹏华丰禄债券型证券投资基金注册的批复
证监许可〔2016〕1961 号	关于准予华夏圆和灵活配置混合型证券投资基金注册的批复
证监许可〔2016〕1962 号	关于准予中信建投睿利灵活配置混合型发起式证券投资基金注册的批复
证监许可〔2016〕1963 号	关于准予华夏鼎融债券型证券投资基金注册的批复
证监许可〔2016〕1964 号	关于准予浙商惠裕纯债债券型证券投资基金注册的批复
证监许可〔2016〕1965 号	关于核准岭南园林股份有限公司向樟树市帮林投资管理中心(有限合伙)发行股份购买资产并募集配套资金的批复
证监许可〔2016〕1966 号	关于核准厦门安妮股份有限公司向杨超等发行股份购买资产并募集配套资金的批复
证监许可〔2016〕1967 号	关于核准上海姚记扑克股份有限公司向浙江万盛达实业有限公司发行股份购买资产并募集配套资金的批复
证监许可〔2016〕1968 号	关于核准中国长城计算机深圳股份有限公司吸收合并长城信息产业股份有限公司及向中国电子信息产业集团有限公司发行股份购买资产并募集配套资金的批复
证监许可〔2016〕1969 号	关于不予核准广东金刚玻璃科技股份有限公司向深圳前海喜诺科技(深圳)有限公司发行股份购买资产并募集配套资金申请的决定
证监许可〔2016〕1970 号	关于核准广西博世科环保科技股份有限公司非公开发行股票的批复
证监许可〔2016〕1971 号	关于核准中信银行股份有限公司非公开发行优先股的批复
证监许可〔2016〕1972 号	关于核准中钢国际工程技术股份有限公司非公开发行股票的批复
证监许可〔2016〕1973 号	关于核准江苏银河电子股份有限公司非公开发行股票的批复

续表

发文字号	发文标题
证监许可〔2016〕1974号	关于准予华夏港股通精选股票型发起式证券投资基金(LOF)注册的批复
证监许可〔2016〕1975号	关于准予万家鑫璟纯债债券型证券投资基金注册的批复
证监许可〔2016〕1976号	关于准予万家鑫安纯债债券型证券投资基金注册的批复
证监许可〔2016〕1977号	关于准予大成景禄灵活配置混合型证券投资基金注册的批复
证监许可〔2016〕1978号	关于准予平安大华中证沪港深高股息精选指数型证券投资基金注册的批复
证监许可〔2016〕1979号	关于准予华泰柏瑞丰盛纯债债券型证券投资基金变更注册的批复
证监许可〔2016〕1980号	关于准予万家宏观择时多策略灵活配置混合型证券投资基金注册的批复
证监许可〔2016〕1981号	关于准予中加丰盈纯债债券型证券投资基金注册的批复
证监许可〔2016〕1982号	关于准予兴业裕丰债券型证券投资基金注册的批复
证监许可〔2016〕1983号	关于准予中融融信双盈债券型证券投资基金注册的批复
证监许可〔2016〕1984号	关于准予博时臻选纯债债券型证券投资基金注册的批复
证监许可〔2016〕1985号	关于准予德邦新动力灵活配置混合型证券投资基金变更注册的批复
证监许可〔2016〕1986号	关于准予博时广利纯债债券型证券投资基金注册的批复
证监许可〔2016〕1987号	关于准予富兰克林国海恒通纯债债券型证券投资基金注册的批复
证监许可〔2016〕1988号	关于准予招商招庆纯债债券型证券投资基金注册的批复
证监许可〔2016〕1989号	关于准予易方达原油证券投资基金(QDII)注册的批复
证监许可〔2016〕1990号	关于准予招商稳祥定期开放灵活配置混合型证券投资基金注册的批复
证监许可〔2016〕1991号	关于准予嘉实稳宏债券型证券投资基金注册的批复
证监许可〔2016〕1992号	关于核准浙江华海药业股份有限公司非公开发行股票的批复
证监许可〔2016〕1993号	关于核准浙江亚太机电股份有限公司非公开发行股票的批复
证监许可〔2016〕1994号	关于核准吉林电力股份有限公司非公开发行股票的批复
证监许可〔2016〕1995号	关于核准深圳金信诺高新技术股份有限公司非公开发行股票的批复
证监许可〔2016〕1996号	关于核准重庆长安汽车股份有限公司非公开发行股票的批复
证监许可〔2016〕1997号	关于核准安徽省皖能股份有限公司非公开发行股票的批复
证监许可〔2016〕1998号	关于核准河北宝硕股份有限公司向贵州省物资集团有限责任公司等发行股份购买资产并募集配套资金的批复
证监许可〔2016〕1999号	关于核准台州市椒江区国有资产经营有限公司向合格投资者公开发行公司债券的批复
证监许可〔2016〕2000号	关于核准领航集团有限公司合格境外机构投资者资格的批复
证监许可〔2016〕2001号	关于核准浙江迪安诊断技术股份有限公司向合格投资者公开发行公司债券的批复
证监许可〔2016〕2002号	关于核准中国东方航空股份有限公司向合格投资者公开发行公司债券的批复
证监许可〔2016〕2003号	关于核准南方汇通股份有限公司向合格投资者公开发行公司债券的批复

续表

发文字号	发文标题
证监许可〔2016〕2004 号	关于核准北京合众思壮科技股份有限公司向靳荣伟等发行股份购买资产并募集配套资金的批复
证监许可〔2016〕2005 号	关于核准贵州赤天化股份有限公司向贵州渔阳贸易有限公司发行股份购买资产并募集配套资金的批复
证监许可〔2016〕2006 号	关于核准山东公用控股有限公司向合格投资者公开发行公司债券的批复
证监许可〔2016〕2007 号	关于核准中铝国际工程股份有限公司向合格投资者公开发行可续期公司债券的批复
证监许可〔2016〕2008 号	关于核准浙江康恩贝制药股份有限公司向合格投资者公开发行公司债券的批复
证监许可〔2016〕2009 号	关于准予财通多策略福瑞定期开放混合型发起式证券投资基金注册的批复
证监许可〔2016〕2010 号	关于准予招商稳荣定期开放灵活配置混合型证券投资基金注册的批复
证监许可〔2016〕2011 号	关于准予国联安睿利定期开放混合型证券投资基金注册的批复
证监许可〔2016〕2012 号	关于准予华商瑞丰混合型证券投资基金注册的批复
证监许可〔2016〕2013 号	关于准予大成惠祥定期开放纯债债券型证券投资基金注册的批复
证监许可〔2016〕2014 号	关于准予景顺长城景颐盛利债券型证券投资基金注册的批复
证监许可〔2016〕2015 号	关于准予中邮消费升级灵活配置混合型发起式证券投资基金注册的批复
证监许可〔2016〕2016 号	关于准予泰达宏利添利债券型证券投资基金注册的批复
证监许可〔2016〕2017 号	关于核准烟台东诚药业集团股份有限公司向辛德芳等发行股份购买资产并募集配套资金的批复
证监许可〔2016〕2018 号	关于核准中国大唐集团公司向合格投资者公开发行公司债券的批复
证监许可〔2016〕2019 号	关于准予工银瑞信全球美元债债券型证券投资基金(QDII)注册的批复
证监许可〔2016〕2020 号	关于准予南方天天利货币市场基金注册的批复
证监许可〔2016〕2021 号	关于准予大成惠明定期开放纯债债券型证券投资基金注册的批复
证监许可〔2016〕2022 号	关于准予东方臻悦纯债债券型证券投资基金注册的批复
证监许可〔2016〕2023 号	关于核准海宁中国皮革城股份有限公司非公开发行股票的批复
证监许可〔2016〕2024 号	关于核准东方网力科技股份有限公司非公开发行股票的批复
证监许可〔2016〕2025 号	关于核准山东丽鹏股份有限公司非公开发行股票的批复
证监许可〔2016〕2026 号	关于核准中国国际航空股份有限公司非公开发行股票的批复
证监许可〔2016〕2027 号	关于核准中国医药健康产业股份有限公司非公开发行股票的批复
证监许可〔2016〕2028 号	关于核准沧州明珠塑料股份有限公司非公开发行股票的批复
证监许可〔2016〕2029 号	关于核准铜陵有色金属集团股份有限公司非公开发行股票的批复
证监许可〔2016〕2030 号	关于核准山东省药用玻璃股份有限公司非公开发行股票的批复
证监许可〔2016〕2032 号	关于核准豁免上海家化(集团)有限公司及一致行动人要约收购上海家化联合股份有限公司股份义务的批复
证监许可〔2016〕2033 号	关于准予鹏华弘康灵活配置混合型证券投资基金注册的批复

续表

发文字号	发文标题
证监许可〔2016〕2034 号	关于准予鹏华永安 18 个月定期开放债券型证券投资基金注册的批复
证监许可〔2016〕2035 号	关于准予西部利得汇逸债券型证券投资基金注册的批复
证监许可〔2016〕2036 号	关于准予安信尊享纯债债券型证券投资基金注册的批复
证监许可〔2016〕2037 号	关于准予招商招益宝货币市场基金注册的批复
证监许可〔2016〕2038 号	关于准予招商招轩纯债债券型证券投资基金注册的批复
证监许可〔2016〕2039 号	关于准予万家鑫瑞纯债债券型证券投资基金注册的批复
证监许可〔2016〕2040 号	关于核准尤洛卡矿业安全工程股份有限公司向李巍屹等发行股份购买资产并募集配套资金的批复
证监许可〔2016〕2041 号	关于核准包头北方创业股份有限公司向内蒙古第一机械集团有限公司等发行股份购买资产并募集配套资金的批复
证监许可〔2016〕2042 号	关于准予大成景尚灵活配置混合型证券投资基金注册的批复
证监许可〔2016〕2043 号	关于准予泰达宏利睿智稳健灵活配置混合型证券投资基金注册的批复
证监许可〔2016〕2044 号	关于准予泰康策略优选灵活配置混合型证券投资基金注册的批复
证监许可〔2016〕2045 号	关于准予大成鼎元定增灵活配置混合型证券投资基金注册的批复
证监许可〔2016〕2046 号	关于准予德邦德景一年定期开放债券型证券投资基金注册的批复
证监许可〔2016〕2047 号	关于核准中国石油化工集团公司向合格投资者公开发行公司债券的批复
证监许可〔2016〕2048 号	关于准予南方现代教育股票型证券投资基金注册的批复
证监许可〔2016〕2049 号	关于准予鹏华普泰债券型证券投资基金注册的批复
证监许可〔2016〕2050 号	关于核准上海易销科技股份有限公司定向发行股票的批复
证监许可〔2016〕2051 号	关于核准国金期货有限责任公司变更股权的批复
证监许可〔2016〕2052 号	关于核准四川创意信息技术股份有限公司向杜广湘等发行股份购买资产并募集配套资金的批复
证监许可〔2016〕2053 号	关于核准安徽乐金健康科技股份有限公司向潘建忠等发行股份购买资产并募集配套资金的批复
证监许可〔2016〕2054 号	关于核准通威股份有限公司向通威集团有限公司发行股份购买资产并募集配套资金的批复
证监许可〔2016〕2055 号	关于核准江苏恒康家居科技股份有限公司首次公开发行股票的批复
证监许可〔2016〕2056 号	关于核准深圳市雄帝科技股份有限公司首次公开发行股票的批复
证监许可〔2016〕2057 号	关于核准优德精密工业(昆山)股份有限公司首次公开发行股票的批复
证监许可〔2016〕2058 号	关于核准杭州银行股份有限公司首次公开发行股票的批复
证监许可〔2016〕2059 号	关于核准湖北泰晶电子科技股份有限公司首次公开发行股票的批复
证监许可〔2016〕2060 号	关于核准深圳市汇顶科技股份有限公司首次公开发行股票的批复
证监许可〔2016〕2061 号	关于核准青岛鼎信通讯股份有限公司首次公开发行股票的批复
证监许可〔2016〕2062 号	关于核准上海来伊份股份有限公司首次公开发行股票的批复
证监许可〔2016〕2063 号	关于准予易方达中债 7 – 10 年期国开行债券指数证券投资基金注册的批复

续表

发文字号	发文标题
证监许可〔2016〕2064 号	关于核准四川川环科技股份有限公司首次公开发行股票的批复
证监许可〔2016〕2065 号	关于准予新疆前海联合添和纯债债券型证券投资基金注册的批复
证监许可〔2016〕2066 号	关于准予金鹰添盈纯债债券型证券投资基金注册的批复
证监许可〔2016〕2067 号	关于准予建信天添益货币市场基金注册的批复
证监许可〔2016〕2068 号	关于准予鹏华丰腾债券型证券投资基金注册的批复
证监许可〔2016〕2069 号	关于准予鹏华丰嘉债券型证券投资基金注册的批复
证监许可〔2016〕2070 号	关于准予工银瑞信可转债债券型证券投资基金注册的批复
证监许可〔2016〕2071 号	关于准予博时睿丰灵活配置定期开放混合型证券投资基金注册的批复
证监许可〔2016〕2072 号	关于准予嘉实稳元纯债债券型证券投资基金注册的批复
证监许可〔2016〕2073 号	关于准予东兴兴利债券型证券投资基金注册的批复
证监许可〔2016〕2074 号	关于准予泰达宏利亚洲债券型证券投资基金注册的批复
证监许可〔2016〕2075 号	关于准予鹏华丰惠债券型证券投资基金注册的批复
证监许可〔2016〕2076 号	关于准予江信一年定期开放债券型证券投资基金注册的批复
证监许可〔2016〕2077 号	关于准予泰达宏利睿选稳健灵活配置混合型证券投资基金注册的批复
证监许可〔2016〕2078 号	关于准予建信恒安一年定期开放债券型证券投资基金注册的批复
证监许可〔2016〕2079 号	关于准予前海开源尊享货币市场基金注册的批复
证监许可〔2016〕2080 号	关于准予广发中债 7－10 年期国开行债券指数证券投资基金注册的批复
证监许可〔2016〕2081 号	关于准予信诚鼎盛多策略灵活配置混合型证券投资基金注册的批复
证监许可〔2016〕2082 号	关于准予长城久盛安稳纯债两年定期开放债券型证券投资基金注册的批复
证监许可〔2016〕2083 号	关于核准上海大宁资产经营(集团)有限公司向合格投资者公开发行公司债券的批复
证监许可〔2016〕2084 号	关于核准中国建材股份有限公司向合格投资者公开发行公司债券的批复
证监许可〔2016〕2085 号	关于核准中国长江电力股份有限公司向合格投资者公开发行公司债券的批复
证监许可〔2016〕2086 号	关于核准中国大唐集团新能源股份有限公司向合格投资者公开发行绿色公司债券的批复
证监许可〔2016〕2087 号	关于核准浙商证券股份有限公司向合格投资者公开发行公司债券的批复
证监许可〔2016〕2088 号	关于核准中国华电集团资本控股有限公司向合格投资者公开发行公司债券的批复
证监许可〔2016〕2089 号	关于核准华电福新能源股份有限公司向合格投资者公开发行公司债券的批复
证监许可〔2016〕2090 号	关于核准深圳市和科达精密清洗设备股份有限公司首次公开发行股票的批复
证监许可〔2016〕2091 号	关于核准能科节能技术股份有限公司首次公开发行股票的批复
证监许可〔2016〕2092 号	关于核准杭州海兴电力科技股份有限公司首次公开发行股票的批复
证监许可〔2016〕2093 号	关于核准大连大杨创世股份有限公司重大资产重组及向上海圆通蛟龙投资发展(集团)有限公司等发行股份购买资产并募集配套资金的批复

续表

发文字号	发文标题
证监许可〔2016〕2094 号	关于核准天津桂发祥十八街麻花食品股份有限公司首次公开发行股票的批复
证监许可〔2016〕2095 号	关于核准中富通股份有限公司首次公开发行股票的批复
证监许可〔2016〕2096 号	关于核准浙江和仁科技股份有限公司首次公开发行股票的批复
证监许可〔2016〕2097 号	关于核准凯恩国际基金管理股份有限公司(卢森堡)人民币合格境外机构投资者资格的批复
证监许可〔2016〕2098 号	关于核准开泰基金管理有限公司人民币合格境外机构投资者资格的批复
证监许可〔2016〕2099 号	关于核准中邮创业国际资产管理有限公司合格境外机构投资者资格的批复
证监许可〔2016〕2100 号	关于核准财通国际资产管理有限公司合格境外机构投资者资格的批复
证监许可〔2016〕2101 号	关于准予华宝兴业丰华灵活配置混合型证券投资基金注册的批复
证监许可〔2016〕2102 号	关于准予西部利得天添金货币市场基金注册的批复
证监许可〔2016〕2103 号	关于准予建信丰利定增灵活配置混合型证券投资基金注册的批复
证监许可〔2016〕2104 号	关于准予建信恒瑞一年定期开放债券型证券投资基金注册的批复
证监许可〔2016〕2105 号	关于准予华福消费新趋势灵活配置混合型证券投资基金注册的批复
证监许可〔2016〕2106 号	关于准予招商稳盛定期开放灵活配置混合型证券投资基金注册的批复
证监许可〔2016〕2107 号	关于核准欣捷投资控股集团有限公司向合格投资者公开发行公司债券的批复
证监许可〔2016〕2108 号	关于深圳市裕同包装科技股份有限公司向合格投资者公开发行公司债券的批复
证监许可〔2016〕2109 号	关于核准陕西燃气集团有限公司向合格投资者公开发行公司债券的批复
证监许可〔2016〕2110 号	关于准予华润元大润鑫债券型证券投资基金注册的批复
证监许可〔2016〕2111 号	关于准予德邦群利债券型证券投资基金注册的批复
证监许可〔2016〕2112 号	关于准予博时富鑫纯债债券型证券投资基金注册的批复
证监许可〔2016〕2113 号	关于准予西部利得久安回报灵活配置混合型证券投资基金注册的批复
证监许可〔2016〕2114 号	关于准予景顺长城景泰丰利纯债债券型证券投资基金注册的批复
证监许可〔2016〕2115 号	关于准予万家玖盛纯债 9 个月定期开放债券型证券投资基金注册的批复
证监许可〔2016〕2116 号	关于核准北京京运通科技股份有限公司向合格投资者公开发行公司债券的批复
证监许可〔2016〕2117 号	关于核准上海国有资产经营有限公司向公众投资者公开发行公司债券的批复
证监许可〔2016〕2118 号	关于准予英大睿盛灵活配置混合型证券投资基金注册的批复
证监许可〔2016〕2119 号	关于准予新华鑫盛灵活配置混合型证券投资基金注册的批复
证监许可〔2016〕2120 号	关于准予九泰锐华定增灵活配置混合型证券投资基金注册的批复
证监许可〔2016〕2121 号	关于准予信诚至泰灵活配置混合型证券投资基金注册的批复
证监许可〔2016〕2122 号	关于核准上海康耐特光学股份有限公司向樟树市和顺投资管理中心(有限合伙)等发行股份购买资产并募集配套资金的批复
证监许可〔2016〕2123 号	关于核准中国信达资产管理股份有限公司境外发行优先股的批复

续表

发文字号	发文标题
证监许可〔2016〕2124 号	关于核准中铁二局股份有限公司向中国中铁股份有限公司发行股份购买资产并募集配套资金的批复
证监许可〔2016〕2125 号	关于核准中船钢构工程股份有限公司向中国船舶工业集团公司等发行股份购买资产并募集配套资金的批复
证监许可〔2016〕2126 号	关于准予招商招华纯债债券型证券投资基金注册的批复
证监许可〔2016〕2127 号	关于准予招商招信纯债债券型证券投资基金注册的批复
证监许可〔2016〕2128 号	关于准予财通资管鑫管家货币市场基金注册的批复
证监许可〔2016〕2129 号	关于核准中国船舶工业集团公司向合格投资者公开发行公司债券的批复
证监许可〔2016〕2130 号	关于核准博天环境集团股份有限公司向合格投资者公开发行绿色公司债券的批复
证监许可〔2016〕2131 号	关于核准中国通用技术（集团）控股有限责任公司向合格投资者公开发行公司债券的批复
证监许可〔2016〕2132 号	关于核准北京安控科技股份有限公司向合格投资者公开发行公司债券的批复
证监许可〔2016〕2133 号	关于核准湘财证券股份有限公司向合格投资者公开发行公司债券的批复
证监许可〔2016〕2134 号	关于核准第七师国有资产经营有限公司向合格投资者公开发行公司债券的批复
证监许可〔2016〕2135 号	关于准予浦银安盛盛泰纯债债券型证券投资基金注册的批复
证监许可〔2016〕2136 号	关于准予平安大华鑫利定期开放灵活配置混合型证券投资基金注册的批复
证监许可〔2016〕2137 号	关于准予平安大华鼎沣定期开放灵活配置混合型证券投资基金注册的批复
证监许可〔2016〕2138 号	关于准予国寿安保添利货币市场基金注册的批复
证监许可〔2016〕2139 号	关于准予中加丰享纯债债券型证券投资基金注册的批复
证监许可〔2016〕2140 号	关于准予泰达宏利创金灵活配置混合型证券投资基金注册的批复
证监许可〔2016〕2141 号	关于准予泰达宏利京元宝货币市场基金注册的批复
证监许可〔2016〕2142 号	关于准予融通通辉债券型证券投资基金注册的批复
证监许可〔2016〕2143 号	关于准予招商招通纯债债券型证券投资基金注册的批复
证监许可〔2016〕2144 号	关于准予南方军工改革灵活配置混合型证券投资基金注册的批复
证监许可〔2016〕2145 号	关于准予招商招怡纯债债券型证券投资基金注册的批复
证监许可〔2016〕2146 号	关于准予建信恒远一年定期开放债券型证券投资基金注册的批复
证监许可〔2016〕2147 号	关于准予鑫元瑞利债券型证券投资基金注册的批复
证监许可〔2016〕2148 号	关于准予德邦锐祺债券型证券投资基金注册的批复
证监许可〔2016〕2149 号	关于准予江信添福债券型证券投资基金注册的批复
证监许可〔2016〕2150 号	关于准予江信洪福纯债债券型证券投资基金注册的批复
证监许可〔2016〕2151 号	关于准予兴业福鑫债券型证券投资基金注册的批复
证监许可〔2016〕2152 号	关于准予平安大华金管家货币市场基金注册的批复
证监许可〔2016〕2153 号	关于准予富荣货币市场基金注册的批复

续表

发文字号	发文标题
证监许可〔2016〕2154 号	关于准予华宝兴业丰盛灵活配置混合型证券投资基金注册的批复
证监许可〔2016〕2155 号	关于准予国泰润泰纯债债券型证券投资基金注册的批复
证监许可〔2016〕2156 号	关于准予华福沪深 300 指数增强证券投资基金注册的批复
证监许可〔2016〕2157 号	关于准予招商招盛纯债债券型证券投资基金注册的批复
证监许可〔2016〕2158 号	关于准予招商招惠纯债债券型证券投资基金注册的批复
证监许可〔2016〕2159 号	关于准予招商招享纯债债券型证券投资基金注册的批复
证监许可〔2016〕2160 号	关于准予长盛盛平灵活配置混合型证券投资基金注册的批复
证监许可〔2016〕2161 号	关于准予民生加银鑫元纯债债券型证券投资基金注册的批复
证监许可〔2016〕2162 号	关于准予华宝兴业丰融灵活配置混合型证券投资基金注册的批复
证监许可〔2016〕2163 号	关于核准天广中茂股份有限公司向合格投资者公开发行公司债券的批复
证监许可〔2016〕2164 号	关于核准北京旋极信息技术股份有限公司向西藏泰豪智能技术有限公司等发行股份购买资产并募集配套资金的批复
证监许可〔2016〕2165 号	关于核准江苏凤凰出版传媒集团有限公司向合格投资者公开发行可交换公司债券的批复
证监许可〔2016〕2166 号	关于准予长盛增鑫宝货币市场基金注册的批复
证监许可〔2016〕2167 号	关于准予国联安睿兴定期开放混合型证券投资基金注册的批复
证监许可〔2016〕2168 号	关于准予嘉实农业产业股票型证券投资基金注册的批复
证监许可〔2016〕2169 号	关于准予华宝兴业智慧产业灵活配置混合型证券投资基金注册的批复
证监许可〔2016〕2170 号	关于准予华安睿安定期开放混合型证券投资基金注册的批复
证监许可〔2016〕2171 号	关于准予鹏华丰源债券型证券投资基金注册的批复
证监许可〔2016〕2172 号	关于准予交银施罗德天鑫宝货币市场基金注册的批复
证监许可〔2016〕2173 号	关于准予鹏华丰瑞债券型证券投资基金注册的批复
证监许可〔2016〕2174 号	关于核准浙江五洲新春集团股份有限公司首次公开发行股票的批复
证监许可〔2016〕2175 号	关于核准新华网股份有限公司首次公开发行股票的批复
证监许可〔2016〕2176 号	关于核准上海古鳌电子科技股份有限公司首次公开发行股票的批复
证监许可〔2016〕2177 号	关于核准无锡路通视信网络股份有限公司首次公开发行股票的批复
证监许可〔2016〕2178 号	关于核准杭州集智机电股份有限公司首次公开发行股票的批复
证监许可〔2016〕2179 号	关于核准安徽黄山胶囊股份有限公司首次公开发行股票的批复
证监许可〔2016〕2180 号	关于核准北京万集科技股份有限公司首次公开发行股票的批复
证监许可〔2016〕2181 号	关于核准杭州电魂网络科技股份有限公司首次公开发行股票的批复
证监许可〔2016〕2182 号	关于核准上海现代制药股份有限公司向国药控股股份有限公司等发行股份购买资产并募集配套资金的批复
证监许可〔2016〕2183 号	关于核准国药集团一致药业股份有限公司向国药控股股份有限公司等发行股份购买资产并募集配套资金的批复

续表

发文字号	发文标题
证监许可〔2016〕2184 号	关于核准黑龙江京蓝科技股份有限公司向乌力吉等发行股份购买资产并募集配套资金的批复
证监许可〔2016〕2185 号	关于不予核准北海国发海洋生物产业股份有限公司向北京德宝恒生贸易有限公司发行股份购买资产的决定
证监许可〔2016〕2186 号	关于滁州嘉美印铁制罐有限公司向合格投资者公开发行公司债券的批复
证监许可〔2016〕2187 号	关于核准聚信国际租赁股份有限公司向合格投资者公开发行公司债券的批复
证监许可〔2016〕2188 号	关于核准瀚蓝环境股份有限公司向合格投资者公开发行公司债券的批复
证监许可〔2016〕2189 号	关于核准广东腾越建筑工程有限公司向合格投资者公开发行公司债券的批复
证监许可〔2016〕2190 号	关于核准中国航空集团公司向合格投资者公开发行公司债券的批复
证监许可〔2016〕2191 号	关于核准安徽军工集团控股有限公司向合格投资者公开发行公司债券的批复
证监许可〔2016〕2192 号	关于核准江苏省海外企业集团有限公司向合格投资者公开发行公司债券的批复
证监许可〔2016〕2193 号	关于准予易方达标普 500 指数证券投资基金(LOF)注册的批复
证监许可〔2016〕2194 号	关于准予鹏华永盛一年定期开放债券型证券投资基金注册的批复
证监许可〔2016〕2195 号	关于准予平安大华惠融纯债债券型证券投资基金注册的批复
证监许可〔2016〕2196 号	关于准予平安大华惠隆纯债债券型证券投资基金注册的批复
证监许可〔2016〕2197 号	关于准予招商招琪纯债债券型证券投资基金注册的批复
证监许可〔2016〕2198 号	关于准予易方达标普生物科技指数证券投资基金(LOF)注册的批复
证监许可〔2016〕2199 号	关于准予鹏华普安债券型证券投资基金注册的批复
证监许可〔2016〕2200 号	关于准予东方永熙 18 个月定期开放债券型证券投资基金注册的批复
证监许可〔2016〕2201 号	关于准予工银瑞信标普全球自然资源指数证券投资基金(LOF)变更注册的批复
证监许可〔2016〕2202 号	关于准予创金合信资源主题精选股票型发起式证券投资基金注册的批复
证监许可〔2016〕2203 号	关于准予博时弘泰定期开放混合型证券投资基金注册的批复
证监许可〔2016〕2204 号	关于准予易方达标普医疗保健指数证券投资基金(LOF)注册的批复
证监许可〔2016〕2205 号	关于准予招商招弘纯债债券型证券投资基金注册的批复
证监许可〔2016〕2206 号	关于准予招商招丰纯债债券型证券投资基金注册的批复
证监许可〔2016〕2207 号	关于准予金鹰鑫益灵活配置混合型证券投资基金注册的批复
证监许可〔2016〕2208 号	关于准予鹏华弘尚灵活配置混合型证券投资基金注册的批复
证监许可〔2016〕2209 号	关于准予博时安慧 18 个月定期开放债券型证券投资基金注册的批复
证监许可〔2016〕2210 号	关于核准宜华企业(集团)有限公司向合格投资者公开发行公司债券的批复
证监许可〔2016〕2211 号	关于准予鹏华全球石油证券投资基金(QDII - LOF)注册的批复
证监许可〔2016〕2212 号	关于核准国投电力控股股份有限公司向合格投资者公开发行公司债券的批复
证监许可〔2016〕2213 号	关于核准远东智慧能源股份有限公司向合格投资者公开发行公司债券的批复

续表

发文字号	发文标题
证监许可〔2016〕2214 号	关于核准湖南景峰医药股份有限公司向合格投资者公开发行公司债券的批复
证监许可〔2016〕2215 号	关于核准中国华阳经贸集团有限公司向合格投资者公开发行公司债券的批复
证监许可〔2016〕2216 号	关于核准常州天合光能有限公司向合格投资者公开发行公司债券的批复
证监许可〔2016〕2217 号	关于准予中欧信用增利债券型证券投资基金（LOF）变更注册的批复
证监许可〔2016〕2218 号	关于准予博时民泽纯债债券型证券投资基金注册的批复
证监许可〔2016〕2219 号	关于准予德邦锐璟债券型证券投资基金注册的批复
证监许可〔2016〕2220 号	关于准予西部利得个股精选股票型证券投资基金注册的批复
证监许可〔2016〕2221 号	关于准予诺德成长精选灵活配置混合型证券投资基金注册的批复
证监许可〔2016〕2222 号	关于准予鹏华永泰 18 个月定期开放债券型证券投资基金注册的批复
证监许可〔2016〕2223 号	关于准予华安鼎丰债券型发起式证券投资基金注册的批复
证监许可〔2016〕2224 号	关于准予嘉实稳康纯债债券型证券投资基金注册的批复
证监许可〔2016〕2225 号	关于准予新疆前海联合智能未来股票型证券投资基金注册的批复
证监许可〔2016〕2226 号	关于准予博时弘信 18 个月定期开放债券型证券投资基金注册的批复
证监许可〔2016〕2227 号	关于准予广发安泽回报灵活配置混合型证券投资基金变更注册的批复
证监许可〔2016〕2228 号	关于准予金信多策略精选灵活配置混合型证券投资基金注册的批复
证监许可〔2016〕2229 号	关于准予银华添泽定期开放债券型证券投资基金注册的批复
证监许可〔2016〕2230 号	关于准予汇添富全球医疗保健混合型证券投资基金注册的批复
证监许可〔2016〕2231 号	关于准予中邮定期开放债券型证券投资基金变更注册的批复
证监许可〔2016〕2232 号	关于准予前海开源多元策略灵活配置混合型证券投资基金注册的批复
证监许可〔2016〕2233 号	关于准予博时泰安债券型证券投资基金注册的批复
证监许可〔2016〕2234 号	关于准予鑫元聚利债券型证券投资基金注册的批复
证监许可〔2016〕2235 号	关于准予上投摩根全球多元配置证券投资基金（QDII）注册的批复
证监许可〔2016〕2236 号	关于准予易方达标普信息科技指数证券投资基金（LOF）注册的批复
证监许可〔2016〕2237 号	关于准予博时安泽 18 个月定期开放债券型证券投资基金注册的批复
证监许可〔2016〕2238 号	关于准予鹏华永泽 18 个月定期开放债券型证券投资基金注册的批复
证监许可〔2016〕2239 号	关于准予长城久信债券型证券投资基金注册的批复
证监许可〔2016〕2240 号	关于准予博时丰达纯债债券型证券投资基金注册的批复
证监许可〔2016〕2241 号	关于核准摩根大通证券股份有限公司合格境外机构投资者资格的批复
证监许可〔2016〕2242 号	关于核准豁免中国旅游集团公司要约收购中国国旅股份有限公司股份义务的批复
证监许可〔2016〕2243 号	关于核准湖北中经资本投资发展有限公司向合格投资者公开发行公司债券的批复
证监许可〔2016〕2244 号	关于核准金卡高科技股份有限公司向陈开云等发行股份购买资产并募集配套资金的批复

续表

发文字号	发文标题
证监许可〔2016〕2245 号	关于核准航天科技控股集团股份有限公司向益圣国际有限公司等发行股份购买资产并募集配套资金的批复
证监许可〔2016〕2246 号	关于核准北京天相财富管理顾问有限公司从事证券投资咨询业务的批复
证监许可〔2016〕2247 号	关于不予核准中国南航集团文化传媒股份有限公司首次公开发行股票申请的决定
证监许可〔2016〕2248 号	关于不予核准云南煤业能源股份有限公司非公开发行股票申请的决定
证监许可〔2016〕2249 号	关于准予长盛盛丰灵活配置混合型证券投资基金注册的批复
证监许可〔2016〕2250 号	关于准予鹏华新科技传媒灵活配置混合型证券投资基金注册的批复
证监许可〔2016〕2251 号	关于准予国联安稳进纯债 18 个月定期开放债券型证券投资基金注册的批复
证监许可〔2016〕2252 号	关于准予金鹰鑫瑞灵活配置混合型证券投资基金注册的批复
证监许可〔2016〕2253 号	关于准予华润元大润泰双鑫债券型证券投资基金注册的批复
证监许可〔2016〕2254 号	关于准予嘉实稳怡债券型证券投资基金注册的批复
证监许可〔2016〕2255 号	关于准予浦银安盛日日丰货币市场基金注册的批复
证监许可〔2016〕2256 号	关于准予国泰润利纯债债券型证券投资基金注册的批复
证监许可〔2016〕2257 号	关于准予国泰融安多策略灵活配置混合型证券投资基金注册的批复
证监许可〔2016〕2258 号	关于准予长盛盛腾灵活配置混合型证券投资基金注册的批复
证监许可〔2016〕2259 号	关于准予万家鑫通纯债债券型证券投资基金注册的批复
证监许可〔2016〕2260 号	关于准予万家鑫稳纯债债券型证券投资基金注册的批复
证监许可〔2016〕2261 号	关于准予博时泰业债券型证券投资基金注册的批复
证监许可〔2016〕2262 号	关于准予东方周期优选灵活配置混合型证券投资基金注册的批复
证监许可〔2016〕2263 号	关于准予招商招利宝货币市场基金注册的批复
证监许可〔2016〕2264 号	关于核准豁免中国建筑材料集团有限公司要约收购中材节能股份有限公司股份义务的批复
证监许可〔2016〕2265 号	关于核准豁免中国建筑材料集团有限公司要约收购宁夏建材集团股份有限公司股份义务的批复
证监许可〔2016〕2266 号	关于核准设立格林基金管理有限公司的批复
证监许可〔2016〕2267 号	关于准予嘉实富时中国 A50 交易型开放式指数证券投资基金注册的批复
证监许可〔2016〕2268 号	关于准予嘉实富时中国 A50 交易型开放式指数证券投资基金联接基金注册的批复
证监许可〔2016〕2269 号	关于准予新疆前海联合泳轩灵活配置混合型发起式证券投资基金注册的批复
证监许可〔2016〕2270 号	关于准予汇添富鑫利债券型证券投资基金注册的批复
证监许可〔2016〕2271 号	关于准予南方卓元债券型证券投资基金注册的批复
证监许可〔2016〕2272 号	关于准予海富通欣悦灵活配置混合型证券投资基金注册的批复
证监许可〔2016〕2273 号	关于准予信诚惠选债券型证券投资基金注册的批复
证监许可〔2016〕2274 号	关于准予长盛盛崇灵活配置混合型证券投资基金注册的批复

续表

发文字号	发文标题
证监许可〔2016〕2275 号	关于准予创金合信优价成长股票型发起式证券投资基金注册的批复
证监许可〔2016〕2276 号	关于准予华宝兴业第三产业灵活配置混合型证券投资基金注册的批复
证监许可〔2016〕2277 号	关于准予海富通全球美元收益债券型证券投资基金(LOF)注册的批复
证监许可〔2016〕2278 号	关于准予国泰利是宝货币市场基金注册的批复
证监许可〔2016〕2279 号	关于准予国寿安保安享纯债债券型证券投资基金注册的批复
证监许可〔2016〕2280 号	关于准予方正富邦睿利纯债债券型证券投资基金注册的批复
证监许可〔2016〕2281 号	关于准予博时锦禄纯债债券型证券投资基金注册的批复
证监许可〔2016〕2282 号	关于核准江苏天目湖(集团)有限公司向合格投资者公开发行公司债券的批复
证监许可〔2016〕2283 号	关于准予九泰锐诚定增灵活配置混合型证券投资基金注册的批复
证监许可〔2016〕2284 号	关于核准上海永达投资控股集团有限公司向合格投资者公开发行公司债券的批复
证监许可〔2016〕2285 号	关于准予国联安睿智定期开放混合型证券投资基金注册的批复
证监许可〔2016〕2286 号	关于准予泓德添利货币市场基金注册的批复
证监许可〔2016〕2287 号	关于准予嘉实丰安 6 个月定期开放债券型证券投资基金注册的批复
证监许可〔2016〕2288 号	关于准予华夏行业景气混合型证券投资基金注册的批复
证监许可〔2016〕2289 号	关于准予国金鑫盛纯债债券型证券投资基金注册的批复
证监许可〔2016〕2290 号	关于准予华夏磐泰定期开放混合型证券投资基金(LOF)注册的批复
证监许可〔2016〕2291 号	关于准予国泰现金宝货币市场基金注册的批复
证监许可〔2016〕2292 号	关于准予东吴增鑫宝货币市场基金注册的批复
证监许可〔2016〕2293 号	关于准予嘉实稳愉债券型证券投资基金注册的批复
证监许可〔2016〕2294 号	关于核准豁免中国建筑材料集团有限公司要约收购新疆天山水泥股份有限公司股份义务的批复
证监许可〔2016〕2295 号	关于核准豁免中国建筑材料集团有限公司要约收购中材科技股份有限公司股份义务的批复
证监许可〔2016〕2296 号	关于核准豁免中国建筑材料集团有限公司要约收购新疆国统管道股份有限公司股份义务的批复
证监许可〔2016〕2297 号	关于不予核准上海世茂股份有限公司非公开发行股票申请的决定
证监许可〔2016〕2298 号	关于核准深圳丝路数字视觉股份有限公司首次公开发行股票的批复
证监许可〔2016〕2299 号	关于核准广西交通投资集团有限公司向合格投资者公开发行公司债券的批复
证监许可〔2016〕2300 号	关于核准万丰奥特控股集团有限公司向合格投资者公开发行公司债券的批复
证监许可〔2016〕2301 号	关于准予易方达深证成指交易型开放式指数证券投资基金注册的批复
证监许可〔2016〕2302 号	关于准予易方达深证成指交易型开放式指数证券投资基金联接基金注册的批复
证监许可〔2016〕2303 号	关于准予博时汇享纯债债券型证券投资基金注册的批复
证监许可〔2016〕2304 号	关于准予泰康沪港深价值优选灵活配置混合型证券投资基金注册的批复

续表

发文字号	发文标题
证监许可〔2016〕2305 号	关于准予东海祥龙定增灵活配置混合型证券投资基金注册的批复
证监许可〔2016〕2306 号	关于准予工银瑞信恒丰纯债债券型证券投资基金注册的批复
证监许可〔2016〕2307 号	关于准予招商招熹纯债债券型证券投资基金注册的批复
证监许可〔2016〕2308 号	关于准予鹏华兴泰定期开放灵活配置混合型证券投资基金注册的批复
证监许可〔2016〕2309 号	关于核准豁免中国建筑材料集团有限公司要约收购中国中材国际工程股份有限公司股份义务的批复
证监许可〔2016〕2310 号	关于准予招商增元灵活配置混合型证券投资基金注册的批复
证监许可〔2016〕2311 号	关于准予景顺长城泰安回报灵活配置混合型证券投资基金注册的批复
证监许可〔2016〕2312 号	关于准予平安大华惠利纯债债券型证券投资基金注册的批复
证监许可〔2016〕2313 号	关于准予融通通颐定期开放债券型证券投资基金注册的批复
证监许可〔2016〕2314 号	关于准予招商招旺纯债债券型证券投资基金注册的批复
证监许可〔2016〕2315 号	关于准予招商增泰灵活配置混合型证券投资基金注册的批复
证监许可〔2016〕2316 号	关于准予浦银安盛盛跃纯债债券型证券投资基金注册的批复
证监许可〔2016〕2317 号	关于准予上证周期产业债交易型开放式指数证券投资基金注册的批复
证监许可〔2016〕2318 号	关于核准北京纳通科技集团有限公司向合格投资者公开发行公司债券的批复
证监许可〔2016〕2319 号	关于准予博时民丰纯债债券型证券投资基金注册的批复
证监许可〔2016〕2320 号	关于准予中加纯债两年定期开放债券型证券投资基金注册的批复
证监许可〔2016〕2321 号	关于准予嘉实稳华纯债债券型证券投资基金注册的批复
证监许可〔2016〕2322 号	关于准予招商稳乾定期开放灵活配置混合型证券投资基金注册的批复
证监许可〔2016〕2323 号	关于准予银河君耀灵活配置混合型证券投资基金注册的批复
证监许可〔2016〕2324 号	关于准予华安新泰利灵活配置混合型证券投资基金注册的批复
证监许可〔2016〕2325 号	关于准予华福长富一年定期开放债券型证券投资基金注册的批复
证监许可〔2016〕2326 号	关于准予中信建投稳裕定期开放债券型证券投资基金注册的批复
证监许可〔2016〕2327 号	关于准予银河君盛灵活配置混合型证券投资基金注册的批复
证监许可〔2016〕2328 号	关于准予中欧尊享定增灵活配置混合型证券投资基金注册的批复
证监许可〔2016〕2329 号	关于准予工银瑞信瑞盈半年定期开放债券型证券投资基金注册的批复
证监许可〔2016〕2330 号	关于准予信诚景瑞债券型证券投资基金注册的批复
证监许可〔2016〕2331 号	关于准予富荣富祥纯债债券型证券投资基金注册的批复
证监许可〔2016〕2332 号	关于核准长江润发机械股份有限公司向长江润发集团有限公司等发行股份购买资产并募集配套资金的批复
证监许可〔2016〕2333 号	关于核准唐山港集团股份有限公司向唐山港口实业集团有限公司发行股份购买资产并募集配套资金的批复
证监许可〔2016〕2334 号	关于核准江苏丰东热技术股份有限公司向徐正军等发行股份购买资产并募集配套资金的批复

续表

发文字号	发文标题
证监许可〔2016〕2335 号	关于核准江西瑞奇期货经纪有限公司变更注册资本和股权的批复
证监许可〔2016〕2336 号	关于准予南方荣安定期开放混合型证券投资基金注册的批复
证监许可〔2016〕2337 号	关于准予新华鑫丰灵活配置混合型证券投资基金注册的批复
证监许可〔2016〕2338 号	关于准予国泰景气行业灵活配置混合型证券投资基金注册的批复
证监许可〔2016〕2339 号	关于准予兴业裕华债券型证券投资基金注册的批复
证监许可〔2016〕2340 号	关于准予招商睿乾混合型证券投资基金注册的批复
证监许可〔2016〕2341 号	关于准予广发鑫瑞混合型证券投资基金注册的批复
证监许可〔2016〕2342 号	关于准予建信睿富纯债债券型证券投资基金注册的批复
证监许可〔2016〕2343 号	关于准予山西证券策略精选灵活配置混合型证券投资基金注册的批复
证监许可〔2016〕2344 号	关于准予先锋现金宝货币市场基金注册的批复
证监许可〔2016〕2345 号	关于核准中国航空技术深圳有限公司向合格投资者公开发行公司债券的批复
证监许可〔2016〕2346 号	关于准予鹏华量化策略灵活配置混合型证券投资基金注册的批复
证监许可〔2016〕2347 号	关于准予金鹰添富纯债债券型证券投资基金注册的批复
证监许可〔2016〕2348 号	关于准予先锋精一灵活配置混合型发起式证券投资基金注册的批复
证监许可〔2016〕2349 号	关于核准深圳市科信通信技术股份有限公司首次公开发行股票的批复
证监许可〔2016〕2350 号	关于核准贝达药业股份有限公司首次公开发行股票的批复
证监许可〔2016〕2351 号	关于核准深圳市中装建设集团股份有限公司首次公开发行股票的批复
证监许可〔2016〕2352 号	关于核准武汉塞力斯医疗科技股份有限公司首次公开发行股票的批复
证监许可〔2016〕2353 号	关于核准成都富森美家居股份有限公司首次公开发行股票的批复
证监许可〔2016〕2354 号	关于核准北京东方中科集成科技股份有限公司首次公开发行股票的批复
证监许可〔2016〕2355 号	关于核准成都佳发安泰科技股份有限公司首次公开发行股票的批复
证监许可〔2016〕2356 号	关于核准宁波海天精工股份有限公司首次公开发行股票的批复
证监许可〔2016〕2357 号	关于核准中国建材检验认证集团股份有限公司首次公开发行股票的批复
证监许可〔2016〕2358 号	关于核准常州快克锡焊股份有限公司首次公开发行股票的批复
证监许可〔2016〕2359 号	关于核准湖南机油泵股份有限公司首次公开发行股票的批复
证监许可〔2016〕2360 号	关于核准江苏吴江农村商业银行股份有限公司首次公开发行股票的批复
证监许可〔2016〕2361 号	关于核准武汉理工光科股份有限公司首次公开发行股票的批复
证监许可〔2016〕2362 号	关于核准西安启源机电装备股份有限公司向中国节能环保集团公司等发行股份购买资产的批复
证监许可〔2016〕2363 号	关于核准美尚生态景观股份有限公司向华夏幸福(嘉兴)投资管理有限公司等发行股份购买资产并募集配套资金的批复
证监许可〔2016〕2364 号	关于核准北新集团建材股份有限公司向泰安市国泰民安投资集团有限公司等发行股份购买资产的批复
证监许可〔2016〕2365 号	关于准予长盛盛康灵活配置混合型证券投资基金注册的批复

续表

发文字号	发文标题
证监许可〔2016〕2366 号	关于准予中融物联网主题灵活配置混合型证券投资基金注册的批复
证监许可〔2016〕2367 号	关于准予华夏睿磐泰盛六个月定期开放混合型证券投资基金注册的批复
证监许可〔2016〕2368 号	关于核准上海城投控股股份有限公司吸收合并上海阳晨投资股份有限公司并分立上市的批复
证监许可〔2016〕2369 号	关于核准常林股份有限公司向中国机械工业集团有限公司等发行股份购买资产并募集配套资金的批复
证监许可〔2016〕2370 号	关于核准中国燃气控股有限公司向合格投资者公开发行公司债券的批复
证监许可〔2016〕2371 号	关于核准设立南华基金管理有限公司的批复
证监许可〔2016〕2372 号	关于核准浙江万里扬股份有限公司向奇瑞汽车股份有限公司发行股份购买资产并募集配套资金的批复
证监许可〔2016〕2373 号	关于核准大唐环境产业集团股份有限公司发行境外上市外资股的批复
证监许可〔2016〕2374 号	关于核准豁免宝钢集团有限公司要约收购武汉钢铁股份有限公司股份义务的批复
证监许可〔2016〕2375 号	关于准予博时富嘉纯债债券型证券投资基金注册的批复
证监许可〔2016〕2376 号	关于准予国泰丰益灵活配置混合型证券投资基金注册的批复
证监许可〔2016〕2377 号	关于准予中银证券安益三年定期开放债券型证券投资基金注册的批复
证监许可〔2016〕2378 号	关于准予鹏华兴悦定期开放灵活配置混合型证券投资基金注册的批复
证监许可〔2016〕2379 号	关于准予建信睿享纯债债券型证券投资基金注册的批复
证监许可〔2016〕2380 号	关于准予国泰鸿益灵活配置混合型证券投资基金注册的批复
证监许可〔2016〕2381 号	关于准予民生加银鑫顺债券型证券投资基金注册的批复
证监许可〔2016〕2382 号	关于准予融通标普中国可转债指数增强型证券投资基金变更注册的批复
证监许可〔2016〕2383 号	关于准予民生加银鑫成纯债债券型证券投资基金注册的批复
证监许可〔2016〕2384 号	关于不予核准深圳万兴信息科技股份有限公司首次公开发行股票并在创业板上市申请的决定
证监许可〔2016〕2385 号	关于核准山东步长制药股份有限公司首次公开发行股票的批复
证监许可〔2016〕2386 号	关于核准徽商银行股份有限公司境外发行优先股的批复
证监许可〔2016〕2387 号	关于核准豁免郑州市人民政府国有资产监督管理委员会要约收购中原环保股份有限公司股份义务的批复
证监许可〔2016〕2388 号	关于核准上海建工集团股份有限公司向合格投资者公开发行可续期公司债券的批复
证监许可〔2016〕2389 号	关于核准山东省鲁信投资控股集团有限公司向合格投资者公开发行公司债券的批复
证监许可〔2016〕2390 号	关于核准中信证券股份有限公司向合格投资者公开发行公司债券的批复
证监许可〔2016〕2391 号	关于核准河南投资集团有限公司向合格投资者公开发行公司债券的批复
证监许可〔2016〕2392 号	关于核准山东玉皇化工有限公司向合格投资者公开发行公司债券的批复
证监许可〔2016〕2393 号	关于核准黄山旅游发展股份有限公司向合格投资者公开发行公司债券的批复

续表

发文字号	发文标题
证监许可〔2016〕2394 号	关于核准南京紫金资产管理有限公司向合格投资者公开发行公司债券的批复
证监许可〔2016〕2395 号	关于核准广州国资发展控股有限公司向合格投资者公开发行公司债券的批复
证监许可〔2016〕2396 号	关于核准赤峰吉隆黄金矿业股份有限公司向合格投资者公开发行公司债券的批复
证监许可〔2016〕2397 号	关于核准中国重型汽车集团有限公司向合格投资者公开发行公司债券的批复
证监许可〔2016〕2398 号	关于核准深圳市海普瑞药业股份有限公司向合格投资者公开发行公司债券的批复
证监许可〔2016〕2399 号	关于核准中安消股份有限公司向合格投资者公开发行公司债券的批复
证监许可〔2016〕2400 号	关于核准广西建工集团有限责任公司向合格投资者公开发行公司债券的批复
证监许可〔2016〕2401 号	关于准予银河君欣纯债债券型证券投资基金注册的批复
证监许可〔2016〕2402 号	关于准予民生加银鑫兴纯债债券型证券投资基金注册的批复
证监许可〔2016〕2403 号	关于准予安信合作创新主题沪港深灵活配置混合型证券投资基金注册的批复
证监许可〔2016〕2404 号	关于准予光大保德信事件驱动灵活配置混合型证券投资基金注册的批复
证监许可〔2016〕2405 号	关于准予国泰景益灵活配置混合型证券投资基金注册的批复
证监许可〔2016〕2406 号	关于准予农银汇理金泰一年定期开放债券型证券投资基金注册的批复
证监许可〔2016〕2407 号	关于准予兴业瑞丰 6 个月定期开放债券型证券投资基金注册的批复
证监许可〔2016〕2408 号	关于准予平安大华惠益纯债债券型证券投资基金注册的批复
证监许可〔2016〕2409 号	关于准予西部利得祥盈债券型证券投资基金注册的批复
证监许可〔2016〕2410 号	关于核准宜昌市交通投资有限公司向合格投资者公开发行公司债券的批复
证监许可〔2016〕2411 号	关于核准山东省再担保集团股份有限公司向合格投资者公开发行公司债券的批复
证监许可〔2016〕2412 号	关于核准中国大连国际合作(集团)股份有限公司向中广核核技术应用有限公司等发行股份购买资产并募集配套资金的批复
证监许可〔2016〕2413 号	关于核准华能新能源股份有限公司增发境外上市外资股的批复
证监许可〔2016〕2414 号	关于核准杉杉品牌运营股份有限公司发行境外上市外资股的批复
证监许可〔2016〕2415 号	关于准予前海开源顺和 6 个月定期开放债券型证券投资基金注册的批复
证监许可〔2016〕2416 号	关于准予前海开源润和 6 个月定期开放债券型证券投资基金注册的批复
证监许可〔2016〕2417 号	关于准予民生加银鑫智纯债债券型证券投资基金注册的批复
证监许可〔2016〕2418 号	关于准予中融现金增利货币市场基金注册的批复
证监许可〔2016〕2419 号	关于准予鹏华丰玺债券型证券投资基金注册的批复
证监许可〔2016〕2420 号	关于准予易方达纳斯达克 100 指数证券投资基金(LOF)注册的批复
证监许可〔2016〕2421 号	关于准予华夏新锦祥灵活配置混合型证券投资基金注册的批复
证监许可〔2016〕2422 号	关于准予工银瑞信恒泰纯债债券型证券投资基金注册的批复
证监许可〔2016〕2423 号	关于准予新沃鑫禧债券型证券投资基金注册的批复

续表

发文字号	发文标题
证监许可〔2016〕2424 号	关于准予长盛盛泽灵活配置混合型证券投资基金注册的批复
证监许可〔2016〕2425 号	关于准予长盛盛泰灵活配置混合型证券投资基金注册的批复
证监许可〔2016〕2426 号	关于准予长盛盛瑞灵活配置混合型证券投资基金注册的批复
证监许可〔2016〕2427 号	关于准予汇安丰融灵活配置混合型证券投资基金注册的批复
证监许可〔2016〕2428 号	关于准予华安新安平灵活配置混合型证券投资基金注册的批复
证监许可〔2016〕2429 号	关于准予国泰润鑫纯债债券型证券投资基金注册的批复
证监许可〔2016〕2430 号	关于准予招商稳阳定期开放灵活配置混合型证券投资基金注册的批复
证监许可〔2016〕2431 号	关于准予信诚鼎泰多策略灵活配置混合型证券投资基金注册的批复
证监许可〔2016〕2432 号	关于核准广东乐心医疗电子股份有限公司首次公开发行股票的批复
证监许可〔2016〕2433 号	关于核准深圳市凯中精密技术股份有限公司首次公开发行股票的批复
证监许可〔2016〕2434 号	关于核准珠海汇金科技股份有限公司首次公开发行股票的批复
证监许可〔2016〕2435 号	关于核准神宇通信科技股份公司首次公开发行股票的批复
证监许可〔2016〕2436 号	关于核准福建天马科技集团股份有限公司首次公开发行股票的批复
证监许可〔2016〕2437 号	关于核准凯莱英医药集团(天津)股份有限公司首次公开发行股票的批复
证监许可〔2016〕2438 号	关于核准上海康德莱企业发展集团股份有限公司首次公开发行股票的批复
证监许可〔2016〕2439 号	关于核准常州神力电机股份有限公司首次公开发行股票的批复
证监许可〔2016〕2440 号	关于核准上海徕木电子股份有限公司首次公开发行股票的批复
证监许可〔2016〕2441 号	关于核准宁波激智科技股份有限公司首次公开发行股票的批复
证监许可〔2016〕2442 号	关于核准武汉精测电子技术股份有限公司首次公开发行股票的批复
证监许可〔2016〕2443 号	关于核准青岛天能重工股份有限公司首次公开发行股票的批复
证监许可〔2016〕2444 号	关于核准宏辉果蔬股份有限公司首次公开发行股票的批复
证监许可〔2016〕2445 号	关于核准通灵珠宝股份有限公司首次公开发行股票的批复
证监许可〔2016〕2446 号	关于核准博迈科海洋工程股份有限公司首次公开发行股票的批复
证监许可〔2016〕2447 号	关于核准罗素投资管理(澳大利亚)有限公司人民币合格境外机构投资者资格的批复
证监许可〔2016〕2448 号	关于核准东吴证券中新(新加坡)有限公司人民币合格境外机构投资者资格的批复
证监许可〔2016〕2449 号	关于核准内蒙古兴业矿业股份有限公司向内蒙古兴业集团股份有限公司等发行股份购买资产并募集配套资金的批复
证监许可〔2016〕2450 号	关于核准珠海欧比特控制工程股份有限公司向范海林等发行股份购买资产并募集配套资金的批复
证监许可〔2016〕2451 号	关于核准豁免中国中煤能源集团有限公司要约收购国投新集能源股份有限公司股份义务的批复
证监许可〔2016〕2452 号	关于核准济南海能仪器股份有限公司定向发行股票的批复
证监许可〔2016〕2453 号	关于准予华福中证 500 指数增强证券投资基金注册的批复

续表

发文字号	发文标题
证监许可〔2016〕2454 号	关于准予南方文旅休闲灵活配置混合型证券投资基金注册的批复
证监许可〔2016〕2455 号	关于准予广发创业板交易型开放式指数证券投资基金注册的批复
证监许可〔2016〕2456 号	关于准予广发创业板交易型开放式指数证券投资基金发起式联接基金注册的批复
证监许可〔2016〕2457 号	关于准予泰达宏利金利债券型证券投资基金注册的批复
证监许可〔2016〕2458 号	关于准予国泰稳益定期开放灵活配置混合型证券投资基金注册的批复
证监许可〔2016〕2459 号	关于准予国泰普益灵活配置混合型证券投资基金注册的批复
证监许可〔2016〕2460 号	关于准予国泰嘉益灵活配置混合型证券投资基金注册的批复
证监许可〔2016〕2461 号	关于准予博时弘康 18 个月定期开放债券型证券投资基金注册的批复
证监许可〔2016〕2462 号	关于准予汇安嘉汇纯债债券型证券投资基金注册的批复
证监许可〔2016〕2463 号	关于准予长盛盛隆纯债债券型证券投资基金注册的批复
证监许可〔2016〕2464 号	关于准予鹏华永润一年定期开放债券型证券投资基金注册的批复
证监许可〔2016〕2465 号	关于准予鹏华兴惠定期开放灵活配置混合型证券投资基金注册的批复
证监许可〔2016〕2466 号	关于准予新华华瑞灵活配置混合型证券投资基金注册的批复
证监许可〔2016〕2467 号	关于准予摩根士丹利华鑫多元安享 18 个月定期开放债券型证券投资基金注册的批复
证监许可〔2016〕2468 号	关于准予万家安利纯债 10 个月定期开放债券型证券投资基金注册的批复
证监许可〔2016〕2469 号	关于准予工银瑞信如意货币市场基金注册的批复
证监许可〔2016〕2470 号	关于准予红土创新定增灵活配置混合型证券投资基金注册的批复
证监许可〔2016〕2471 号	关于准予农银汇理金安 18 个月定期开放债券型证券投资基金注册的批复
证监许可〔2016〕2472 号	关于准予鸿阳证券投资基金变更注册的批复
证监许可〔2016〕2473 号	关于核准江门市科恒实业股份有限公司向陈荣等发行股份购买资产并募集配套资金的批复
证监许可〔2016〕2474 号	关于核准科大讯飞股份有限公司向杨军等发行股份购买资产并募集配套资金的批复
证监许可〔2016〕2475 号	关于准予西部利得祥逸债券型证券投资基金注册的批复
证监许可〔2016〕2476 号	关于准予华夏磐晟定期开放灵活配置混合型证券投资基金（LOF）注册的批复
证监许可〔2016〕2477 号	关于准予广发汇平一年定期开放债券型证券投资基金注册的批复
证监许可〔2016〕2478 号	关于准予华夏磐和定期开放灵活配置混合型证券投资基金（LOF）注册的批复
证监许可〔2016〕2479 号	关于准予西部利得天添益货币市场基金注册的批复
证监许可〔2016〕2480 号	关于准予金鹰添享纯债债券型证券投资基金注册的批复
证监许可〔2016〕2481 号	关于准予金鹰添惠纯债债券型证券投资基金注册的批复
证监许可〔2016〕2482 号	关于准予金鹰添裕纯债债券型证券投资基金注册的批复
证监许可〔2016〕2483 号	关于准予广发多元新兴股票型证券投资基金注册的批复

续表

发文字号	发文标题
证监许可〔2016〕2484 号	关于准予广发道琼斯美国石油开发与生产指数证券投资基金(QDII - LOF)注册的批复
证监许可〔2016〕2485 号	关于准予国泰宁益定期开放灵活配置混合型证券投资基金注册的批复
证监许可〔2016〕2486 号	关于准予招商稳泰定期开放灵活配置混合型证券投资基金注册的批复
证监许可〔2016〕2487 号	关于准予长盛盛端纯债债券型证券投资基金注册的批复
证监许可〔2016〕2488 号	关于准予方正富邦甄选灵活配置混合型证券投资基金注册的批复
证监许可〔2016〕2489 号	关于准予博时富腾纯债债券型证券投资基金注册的批复
证监许可〔2016〕2490 号	关于准予民生加银鑫华债券型证券投资基金注册的批复
证监许可〔2016〕2491 号	关于准予万家鑫丰纯债债券型证券投资基金注册的批复
证监许可〔2016〕2492 号	关于准予银河君辉纯债债券型证券投资基金注册的批复
证监许可〔2016〕2493 号	关于准予方正富邦惠利纯债债券型证券投资基金注册的批复
证监许可〔2016〕2494 号	关于准予农银汇理金禧纯债债券型证券投资基金注册的批复
证监许可〔2016〕2495 号	关于准予长盛盛尊纯债债券型证券投资基金注册的批复
证监许可〔2016〕2496 号	关于准予新华鑫裕灵活配置混合型证券投资基金注册的批复
证监许可〔2016〕2497 号	关于准予博时华盈纯债债券型证券投资基金注册的批复
证监许可〔2016〕2498 号	关于准予中银量化精选灵活配置混合型证券投资基金注册的批复
证监许可〔2016〕2499 号	关于准予上投摩根安通回报混合型证券投资基金注册的批复
证监许可〔2016〕2500 号	关于准予新华鑫弘灵活配置混合型证券投资基金注册的批复
证监许可〔2016〕2501 号	关于准予广发汇瑞一年定期开放债券型证券投资基金注册的批复
证监许可〔2016〕2502 号	关于准予博时慧选纯债债券型证券投资基金注册的批复
证监许可〔2016〕2503 号	关于准予信诚稳悦债券型证券投资基金注册的批复
证监许可〔2016〕2504 号	关于准予前海开源裕和定期开放混合型证券投资基金注册的批复
证监许可〔2016〕2505 号	关于准予长盛盛兴灵活配置混合型证券投资基金注册的批复
证监许可〔2016〕2506 号	关于准予平安大华股息精选沪港深股票型证券投资基金注册的批复
证监许可〔2016〕2507 号	关于准予鹏华兴裕定期开放灵活配置混合型证券投资基金注册的批复
证监许可〔2016〕2508 号	关于准予农银汇理尖端科技灵活配置混合型证券投资基金注册的批复
证监许可〔2016〕2509 号	关于准予博时富诚纯债债券型证券投资基金注册的批复
证监许可〔2016〕2510 号	关于准予新华华荣灵活配置混合型证券投资基金注册的批复
证监许可〔2016〕2511 号	关于准予博时汇智回报灵活配置混合型证券投资基金注册的批复
证监许可〔2016〕2512 号	关于准予新华华盛灵活配置混合型证券投资基金注册的批复
证监许可〔2016〕2513 号	关于准予长安泓泽纯债债券型证券投资基金注册的批复
证监许可〔2016〕2514 号	关于准予长盛盛淳灵活配置混合型证券投资基金注册的批复

续表

发文字号	发文标题
证监许可〔2016〕2515 号	关于不予核准海南神农基因科技股份有限公司向广东塔牌集团股份有限公司等发行股份购买资产的决定
证监许可〔2016〕2516 号	关于核准武汉光谷信息技术股份有限公司定向发行股票的批复
证监许可〔2016〕2517 号	关于核准神州数码信息服务股份有限公司向程艳云等发行股份购买资产并募集配套资金的批复
证监许可〔2016〕2518 号	关于核准重庆乌江实业(集团)股份有限公司向合格投资者公开发行公司债券的批复
证监许可〔2016〕2519 号	关于核准洪业化工集团股份有限公司向合格投资者公开发行公司债券的批复
证监许可〔2016〕2520 号	关于核准合力泰科技股份有限公司向合格投资者公开发行公司债券的批复
证监许可〔2016〕2521 号	关于核准珠海港股份有限公司向合格投资者公开发行公司债券的批复
证监许可〔2016〕2522 号	关于核准日照港股份有限公司向合格投资者公开发行公司债券的批复
证监许可〔2016〕2523 号	关于不予核准南通锻压设备股份有限公司向古予舟等发行股份购买资产并募集配套资金的决定
证监许可〔2016〕2524 号	关于不予核准奥维通信股份有限公司向程雪平等发行股份购买资产并募集配套资金的决定
证监许可〔2016〕2525 号	关于核准杭州远方光电信息股份有限公司向邹建军等发行股份购买资产的批复
证监许可〔2016〕2526 号	关于准予富荣富兴纯债债券型证券投资基金注册的批复
证监许可〔2016〕2527 号	关于核准山东南山铝业股份有限公司向山东怡力电业有限公司发行股份购买资产的批复
证监许可〔2016〕2528 号	关于核准绍兴民生医药股份有限公司股票在全国中小企业股份转让系统公开转让的批复
证监许可〔2016〕2529 号	关于核准中信建投证券股份有限公司发行境外上市外资股的批复
证监许可〔2016〕2530 号	关于核准泸州市兴泸水务(集团)股份有限公司发行境外上市外资股的批复
证监许可〔2016〕2531 号	关于不予核准四川天邑康和通信股份有限公司首次公开发行股票并在创业板上市申请的决定
证监许可〔2016〕2532 号	关于核准上海纳尔数码喷印材料股份有限公司首次公开发行股票的批复
证监许可〔2016〕2533 号	关于核准中通国脉通信股份有限公司首次公开发行股票的批复
证监许可〔2016〕2534 号	关于核准深圳市星源材质科技股份有限公司首次公开发行股票的批复
证监许可〔2016〕2535 号	关于核准苏州科达科技股份有限公司首次公开发行股票的批复
证监许可〔2016〕2536 号	关于核准长江证券股份有限公司变更持有 5% 以上股权的股东的批复
证监许可〔2016〕2537 号	关于核准中国华能集团公司向公众投资者公开发行公司债券的批复
证监许可〔2016〕2538 号	关于核准星美联合股份有限公司向钟君艳等发行股份购买资产并募集配套资金的批复
证监许可〔2016〕2539 号	关于准予民生加银鑫信债券型证券投资基金注册的批复
证监许可〔2016〕2540 号	关于准予华安新恒利灵活配置混合型证券投资基金注册的批复
证监许可〔2016〕2541 号	关于准予上投摩根安瑞回报混合型证券投资基金注册的批复

续表

发文字号	发文标题
证监许可〔2016〕2542 号	关于准予中银品质生活灵活配置混合型证券投资基金注册的批复
证监许可〔2016〕2543 号	关于准予南方宣利定期开放债券型证券投资基金注册的批复
证监许可〔2016〕2544 号	关于准予嘉合睿金定期开放灵活配置混合型证券投资基金注册的批复
证监许可〔2016〕2545 号	关于准予华安睿增多策略定期开放灵活配置混合型证券投资基金注册的批复
证监许可〔2016〕2546 号	关于准予建信中证政策性金融债 1 – 3 年指数证券投资基金(LOF)注册的批复
证监许可〔2016〕2547 号	关于准予建信中证政策性金融债 8 – 10 年指数证券投资基金(LOF)注册的批复
证监许可〔2016〕2548 号	关于准予建信中证政策性金融债 3 – 5 年指数证券投资基金(LOF)注册的批复
证监许可〔2016〕2549 号	关于准予农银汇理金祥一年定期开放债券型证券投资基金注册的批复
证监许可〔2016〕2550 号	关于准予信诚稳鑫债券型证券投资基金注册的批复
证监许可〔2016〕2551 号	关于准予信诚稳丰债券型证券投资基金注册的批复
证监许可〔2016〕2552 号	关于准予信诚稳泰债券型证券投资基金注册的批复
证监许可〔2016〕2553 号	关于准予华泰柏瑞泰利灵活配置混合型证券投资基金注册的批复
证监许可〔2016〕2554 号	关于准予工银瑞信丰益一年定期开放债券型证券投资基金注册的批复
证监许可〔2016〕2555 号	关于准予博时鑫惠灵活配置混合型证券投资基金注册的批复
证监许可〔2016〕2556 号	关于准予银华上证 5 年期国债指数证券投资基金注册的批复
证监许可〔2016〕2557 号	关于准予银华上证 10 年期国债指数证券投资基金注册的批复
证监许可〔2016〕2558 号	关于准予南方和利定期开放债券型证券投资基金注册的批复
证监许可〔2016〕2559 号	关于准予鹏华弘樽灵活配置混合型证券投资基金注册的批复
证监许可〔2016〕2560 号	关于准予汇添富鑫益定期开放债券型证券投资基金注册的批复
证监许可〔2016〕2561 号	关于核准北京京能电力股份有限公司向北京能源集团有限责任公司发行股份购买资产并募集配套资金的批复
证监许可〔2016〕2562 号	关于核准高伟达软件股份有限公司向北京睿韬科技有限责任公司等发行股份购买资产并募集配套资金的批复
证监许可〔2016〕2563 号	关于准予中银丰庆定期开放债券型证券投资基金注册的批复
证监许可〔2016〕2564 号	关于准予华宝兴业新起点灵活配置混合型证券投资基金变更注册的批复
证监许可〔2016〕2565 号	关于准予中融恒信纯债债券型证券投资基金注册的批复
证监许可〔2016〕2566 号	关于准予建信丰盈定增灵活配置混合型证券投资基金注册的批复
证监许可〔2016〕2567 号	关于准予诺德富利纯债债券型证券投资基金注册的批复
证监许可〔2016〕2568 号	关于准予国联安鑫盛混合型证券投资基金注册的批复
证监许可〔2016〕2569 号	关于准予国联安鑫利混合型证券投资基金注册的批复
证监许可〔2016〕2570 号	关于准予融通通达半年定期开放债券型证券投资基金注册的批复
证监许可〔2016〕2571 号	关于准予前海开源沪港深核心驱动灵活配置混合型证券投资基金注册的批复

续表

发文字号	发文标题
证监许可〔2016〕2572 号	关于准予泰达宏利纯利债券型证券投资基金注册的批复
证监许可〔2016〕2573 号	关于核准大连天神娱乐股份有限公司向合格投资者公开发行公司债券的批复
证监许可〔2016〕2574 号	关于北京捷成世纪科技股份有限公司向合格投资者公开发行公司债券的批复
证监许可〔2016〕2575 号	关于核准国电资本控股有限公司向合格投资者公开发行公司债券的批复
证监许可〔2016〕2576 号	关于核准广东省广晟资产经营有限公司向合格投资者公开发行公司债券的批复
证监许可〔2016〕2577 号	关于核准华泰证券股份有限公司向合格投资者公开发行公司债券的批复
证监许可〔2016〕2578 号	关于核准宁波开发投资集团有限公司向合格投资者公开发行公司债券的批复
证监许可〔2016〕2579 号	关于核准宁波开发投资集团有限公司向合格投资者公开发行公司债券的批复
证监许可〔2016〕2580 号	关于核准浙江莎普爱思药业股份有限公司非公开发行股票的批复
证监许可〔2016〕2581 号	关于核准浙江华友钴业股份有限公司非公开发行股票的批复
证监许可〔2016〕2583 号	关于核准渤海水业股份有限公司非公开发行股票的批复
证监许可〔2016〕2584 号	关于核准际华集团股份有限公司非公开发行股票的批复
证监许可〔2016〕2585 号	关于核准深圳市麦捷微电子科技股份有限公司非公开发行股票的批复
证监许可〔2016〕2586 号	关于核准福建漳州发展股份有限公司非公开发行股票的批复
证监许可〔2016〕2587 号	关于核准浙江龙生汽车部件股份有限公司非公开发行股票的批复
证监许可〔2016〕2588 号	关于核准河南科迪乳业股份有限公司非公开发行股票的批复
证监许可〔2016〕2589 号	关于核准上海康达化工新材料股份有限公司非公开发行股票的批复
证监许可〔2016〕2591 号	关于核准深圳市长亮科技股份有限公司非公开发行股票的批复
证监许可〔2016〕2592 号	关于不予核准克拉玛依新科澳石油天然气技术股份有限公司首次公开发行股票申请的决定
证监许可〔2016〕2593 号	关于核准新疆新能源（集团）有限责任公司向合格投资者公开发行公司债券的批复
证监许可〔2016〕2594 号	关于核准新兴际华集团有限公司向合格投资者公开发行可续期公司债券的批复
证监许可〔2016〕2595 号	关于核准江苏雅克科技股份有限公司向李文等发行股份购买资产的批复
证监许可〔2016〕2596 号	关于核准豁免楚昌投资集团有限公司要约收购九州通医药集团股份有限公司股份义务的批复
证监许可〔2016〕2597 号	关于核准苏州苏大维格光电科技股份有限公司向常州市建金投资有限公司等发行股份购买资产并募集配套资金的批复
证监许可〔2016〕2598 号	关于核准中国中材股份有限公司向合格投资者公开发行公司债券的批复
证监许可〔2016〕2599 号	关于核准广东宝丽华新能源股份有限公司向合格投资者公开发行公司债券的批复
证监许可〔2016〕2600 号	关于准予建信鑫悦回报灵活配置混合型证券投资基金注册的批复
证监许可〔2016〕2601 号	关于准予建信鑫瑞回报灵活配置混合型证券投资基金注册的批复
证监许可〔2016〕2602 号	关于准予泰康金泰回报 3 个月定期开放混合型证券投资基金注册的批复

续表

发文字号	发文标题
证监许可〔2016〕2603 号	关于准予金元顺安桉裕纯债债券型证券投资基金注册的批复
证监许可〔2016〕2604 号	关于准予中银丰润定期开放债券型证券投资基金注册的批复
证监许可〔2016〕2605 号	关于准予鑫元招利债券型证券投资基金注册的批复
证监许可〔2016〕2606 号	关于准予华安新丰利灵活配置混合型证券投资基金注册的批复
证监许可〔2016〕2607 号	关于准予华安新瑞利灵活配置混合型证券投资基金注册的批复
证监许可〔2016〕2608 号	关于准予博时鑫润灵活配置混合型证券投资基金注册的批复
证监许可〔2016〕2609 号	关于核准苏州兴业材料科技股份有限公司首次公开发行股票的批复
证监许可〔2016〕2610 号	关于核准苏州麦迪斯顿医疗科技股份有限公司首次公开发行股票的批复
证监许可〔2016〕2611 号	关于核准江苏苏利精细化工股份有限公司首次公开发行股票的批复
证监许可〔2016〕2612 号	关于核准家家悦集团股份有限公司首次公开发行股票的批复
证监许可〔2016〕2613 号	关于核准江苏如通石油机械股份有限公司首次公开发行股票的批复
证监许可〔2016〕2614 号	关于核准新疆贝肯能源工程股份有限公司首次公开发行股票的批复
证监许可〔2016〕2615 号	关于核准百合花集团股份有限公司首次公开发行股票的批复
证监许可〔2016〕2616 号	关于核准西藏高争民爆股份有限公司首次公开发行股票的批复
证监许可〔2016〕2617 号	关于核准深圳太辰光通信股份有限公司首次公开发行股票的批复
证监许可〔2016〕2618 号	关于核准森特士兴集团股份有限公司首次公开发行股票的批复
证监许可〔2016〕2619 号	关于核准深圳市安车检测股份有限公司首次公开发行股票的批复
证监许可〔2016〕2620 号	关于核准杭州平治信息技术股份有限公司首次公开发行股票的批复
证监许可〔2016〕2621 号	关于核准国脉科技股份有限公司非公开发行股票的批复
证监许可〔2016〕2622 号	关于核准紫金矿业集团股份有限公司向合格投资者公开发行可续期公司债券的批复
证监许可〔2016〕2623 号	关于核准东方金钰股份有限公司向合格投资者公开发行公司债券的批复
证监许可〔2016〕2624 号	关于核准西藏易明西雅医药科技股份有限公司首次公开发行股票的批复
证监许可〔2016〕2625 号	关于核准浙江三维橡胶制品股份有限公司首次公开发行股票的批复
证监许可〔2016〕2626 号	关于核准沈阳兴齐眼药股份有限公司首次公开发行股票的批复
证监许可〔2016〕2627 号	关于核准深圳市容大感光科技股份有限公司首次公开发行股票的批复
证监许可〔2016〕2628 号	关于核准深圳市名雕装饰股份有限公司首次公开发行股票的批复
证监许可〔2016〕2629 号	关于核准江苏中旗作物保护股份有限公司首次公开发行股票的批复
证监许可〔2016〕2630 号	关于核准华安证券股份有限公司首次公开发行股票的批复
证监许可〔2016〕2631 号	关于核准贵人鸟股份有限公司非公开发行股票的批复
证监许可〔2016〕2632 号	关于核准浙报传媒集团股份有限公司非公开发行股票的批复
证监许可〔2016〕2633 号	关于核准昆明云内动力股份有限公司非公开发行股票的批复
证监许可〔2016〕2634 号	关于核准内蒙古能源建设投资股份有限公司发行境外上市外资股的批复

续表

发文字号	发文标题
证监许可〔2016〕2635 号	关于准予华夏新锦鸿灵活配置混合型证券投资基金注册的批复
证监许可〔2016〕2636 号	关于准予信诚多策略灵活配置混合型证券投资基金注册的批复
证监许可〔2016〕2637 号	关于准予招商招景纯债债券型证券投资基金注册的批复
证监许可〔2016〕2638 号	关于准予汇添富年年泰定期开放混合型证券投资基金注册的批复
证监许可〔2016〕2639 号	关于准予泰达宏利溢利债券型证券投资基金注册的批复
证监许可〔2016〕2640 号	关于准予广发景华纯债债券型证券投资基金注册的批复
证监许可〔2016〕2641 号	关于准予招商招顺纯债债券型证券投资基金注册的批复
证监许可〔2016〕2642 号	关于准予泰达宏利启富灵活配置混合型证券投资基金注册的批复
证监许可〔2016〕2643 号	关于准予泰达宏利启迪灵活配置混合型证券投资基金注册的批复
证监许可〔2016〕2644 号	关于准予华夏鼎汇债券型证券投资基金注册的批复
证监许可〔2016〕2645 号	关于准予长盛盛享灵活配置混合型证券投资基金注册的批复
证监许可〔2016〕2646 号	关于准予南方荣尊定期开放混合型证券投资基金注册的批复
证监许可〔2016〕2647 号	关于准予金元顺安桉和纯债债券型证券投资基金注册的批复
证监许可〔2016〕2648 号	关于准予富国沪深 300 增强证券投资基金变更注册的批复
证监许可〔2016〕2649 号	关于准予富国中证 500 指数增强型证券投资基金(LOF)变更注册的批复
证监许可〔2016〕2650 号	关于准予浙商日添金货币市场基金注册的批复
证监许可〔2016〕2651 号	关于准予鹏华丰旭债券型证券投资基金注册的批复
证监许可〔2016〕2652 号	关于准予中信建投睿新灵活配置混合型证券投资基金注册的批复
证监许可〔2016〕2653 号	关于准予安信量化多因子灵活配置混合型证券投资基金注册的批复
证监许可〔2016〕2654 号	关于准予建信睿源纯债债券型证券投资基金注册的批复
证监许可〔2016〕2655 号	关于准予国泰鑫益灵活配置混合型证券投资基金注册的批复
证监许可〔2016〕2656 号	关于准予国泰泽益灵活配置混合型证券投资基金注册的批复
证监许可〔2016〕2657 号	关于准予华宝兴业宝裕纯债债券型证券投资基金注册的批复
证监许可〔2016〕2658 号	关于准予前海开源源和 18 个月定期开放债券型证券投资基金注册的批复
证监许可〔2016〕2659 号	关于准予华宝兴业宝泰纯债债券型证券投资基金注册的批复
证监许可〔2016〕2660 号	关于准予博时合惠货币市场基金注册的批复
证监许可〔2016〕2661 号	关于准予海富通欣享灵活配置混合型证券投资基金注册的批复
证监许可〔2016〕2662 号	关于准予中金金利债券型证券投资基金注册的批复
证监许可〔2016〕2663 号	关于准予华宝兴业沪深 300 指数增强型发起式证券投资基金注册的批复
证监许可〔2016〕2664 号	关于准予广发汇安 18 个月定期开放债券型证券投资基金注册的批复
证监许可〔2016〕2665 号	关于准予农银汇理金汇三年定期开放债券型证券投资基金注册的批复
证监许可〔2016〕2666 号	关于准予信达澳银稳定增利债券型证券投资基金(LOF)变更注册的批复

续表

发文字号	发文标题
证监许可〔2016〕2667 号	关于准予博时盈海纯债债券型证券投资基金注册的批复
证监许可〔2016〕2668 号	关于核准华兴电力股份公司向合格投资者公开发行公司债券的批复
证监许可〔2016〕2669 号	关于准予泰达宏利生利债券型证券投资基金注册的批复
证监许可〔2016〕2670 号	关于准予工银瑞信丰实三年定期开放债券型证券投资基金注册的批复
证监许可〔2016〕2671 号	关于准予新疆前海联合永兴纯债债券型证券投资基金注册的批复
证监许可〔2016〕2672 号	关于准予鹏华丰玉债券型证券投资基金注册的批复
证监许可〔2016〕2673 号	关于准予财通福盛定增定期开放灵活配置混合型发起式证券投资基金注册的批复
证监许可〔2016〕2674 号	关于准予中邮景泰灵活配置混合型证券投资基金注册的批复
证监许可〔2016〕2675 号	关于准予天弘信利债券型证券投资基金注册的批复
证监许可〔2016〕2676 号	关于准予南方荣优鑫年享定期开放混合型证券投资基金注册的批复
证监许可〔2016〕2677 号	关于准予国泰民丰回报定期开放灵活配置混合型证券投资基金注册的批复
证监许可〔2016〕2678 号	关于核准昆明滇池水务股份有限公司发行境外上市外资股的批复
证监许可〔2016〕2679 号	关于核准南京中生联合股份有限公司增发境外上市外资股的批复
证监许可〔2016〕2680 号	关于核准上海复星医药(集团)股份有限公司增发境外上市外资股的批复
证监许可〔2016〕2681 号	关于核准江苏南大苏富特科技股份有限公司增发境外上市外资股的批复
证监许可〔2016〕2682 号	关于核准华能国际电力股份有限公司增发境外上市外资股的批复
证监许可〔2016〕2683 号	关于核准广誉远中药股份有限公司向西安东盛集团有限公司等发行股份购买资产并募集配套资金的批复
证监许可〔2016〕2684 号	关于核准大唐高鸿数据网络技术股份有限公司向南京庆亚贸易有限公司发行股份购买资产并募集配套资金的批复
证监许可〔2016〕2685 号	关于核准四川环能德美科技股份有限公司向李华等发行股份购买资产并募集配套资金的批复
证监许可〔2016〕2686 号	关于准予华夏能源革新股票型证券投资基金注册的批复
证监许可〔2016〕2687 号	关于准予中银广利灵活配置混合型证券投资基金注册的批复
证监许可〔2016〕2688 号	关于准予建信中证政策性金融债 5 - 8 年指数证券投资基金(LOF)注册的批复
证监许可〔2016〕2689 号	关于准予易方达瑞通灵活配置混合型证券投资基金注册的批复
证监许可〔2016〕2690 号	关于准予国泰民惠收益定期开放债券型证券投资基金注册的批复
证监许可〔2016〕2691 号	关于准予长信稳势纯债债券型证券投资基金注册的批复
证监许可〔2016〕2692 号	关于准予招商招旭纯债债券型证券投资基金注册的批复
证监许可〔2016〕2693 号	关于准予汇安丰恒灵活配置混合型证券投资基金注册的批复
证监许可〔2016〕2694 号	关于准予泰达宏利启泽灵活配置混合型证券投资基金注册的批复
证监许可〔2016〕2695 号	关于准予银华中证 10 年期地方政府债指数证券投资基金注册的批复
证监许可〔2016〕2696 号	关于准予博时安康 18 个月定期开放债券型证券投资基金(LOF)注册的批复

续表

发文字号	发文标题
证监许可〔2016〕2697 号	关于准予交银施罗德瑞鑫定期开放灵活配置混合型证券投资基金注册的批复
证监许可〔2016〕2698 号	关于准予泰达宏利启明灵活配置混合型证券投资基金注册的批复
证监许可〔2016〕2699 号	关于准予银华中证 5 年期地方政府债指数证券投资基金注册的批复
证监许可〔2016〕2700 号	关于准予新沃鑫盈债券型证券投资基金注册的批复
证监许可〔2016〕2701 号	关于准予招商兴福灵活配置混合型证券投资基金注册的批复
证监许可〔2016〕2702 号	关于准予德邦德瑞 9 个月定期开放债券型证券投资基金注册的批复
证监许可〔2016〕2703 号	关于准予招商招祥纯债债券型证券投资基金注册的批复
证监许可〔2016〕2704 号	关于准予安信新视野灵活配置混合型证券投资基金注册的批复
证监许可〔2016〕2705 号	关于准予长盛盛通纯债债券型证券投资基金注册的批复
证监许可〔2016〕2706 号	关于准予中银锦利灵活配置混合型证券投资基金注册的批复
证监许可〔2016〕2707 号	关于准予上投摩根安丰回报混合型证券投资基金注册的批复
证监许可〔2016〕2708 号	关于准予鹏华中证空天一体军工指数证券投资基金(LOF)注册的批复
证监许可〔2016〕2709 号	关于准予交银施罗德瑞景定期开放灵活配置混合型证券投资基金注册的批复
证监许可〔2016〕2710 号	关于准予广发睿祥定增灵活配置混合型证券投资基金注册的批复
证监许可〔2016〕2711 号	关于准予汇安丰华灵活配置混合型证券投资基金注册的批复
证监许可〔2016〕2712 号	关于准予汇添富睿利定期开放灵活配置混合型发起式证券投资基金注册的批复
证监许可〔2016〕2713 号	关于准予兴业安润货币市场基金注册的批复
证监许可〔2016〕2714 号	关于准予博时沪港深价值优选灵活配置混合型证券投资基金注册的批复
证监许可〔2016〕2715 号	关于核准河南豫光金铅股份有限公司非公开发行股票的批复
证监许可〔2016〕2716 号	关于核准山东中磁视讯股份有限公司定向发行股票的批复
证监许可〔2016〕2717 号	关于核准江西金达莱环保股份有限公司定向发行股票的批复
证监许可〔2016〕2718 号	关于核准金红叶纸业集团有限公司向合格投资者公开发行公司债券的批复
证监许可〔2016〕2719 号	关于准予汇安丰泰灵活配置混合型证券投资基金注册的批复
证监许可〔2016〕2720 号	关于准予九泰锐信定增灵活配置混合型证券投资基金注册的批复
证监许可〔2016〕2721 号	关于准予汇安丰利灵活配置混合型证券投资基金注册的批复
证监许可〔2016〕2722 号	关于准予华夏鼎泽债券型证券投资基金注册的批复
证监许可〔2016〕2723 号	关于准予汇安嘉源纯债债券型证券投资基金注册的批复
证监许可〔2016〕2724 号	关于准予金元顺安桉泰债券型证券投资基金注册的批复
证监许可〔2016〕2725 号	关于准予国都聚鑫定期开放混合型证券投资基金注册的批复
证监许可〔2016〕2726 号	关于准予鹏华丰樽债券型证券投资基金注册的批复
证监许可〔2016〕2727 号	关于准予易方达瑞弘灵活配置混合型证券投资基金注册的批复
证监许可〔2016〕2728 号	关于准予万家安弘纯债一年定期开放债券型证券投资基金注册的批复

续表

发文字号	发文标题
证监许可〔2016〕2729 号	关于准予鹏华丰凯债券型证券投资基金注册的批复
证监许可〔2016〕2730 号	关于准予浦银安盛盛达纯债债券型证券投资基金注册的批复
证监许可〔2016〕2731 号	关于准予富国中证高端制造指数增强型证券投资基金(LOF)注册的批复
证监许可〔2016〕2732 号	关于准予富国久利稳健配置混合型证券投资基金注册的批复
证监许可〔2016〕2733 号	关于准予浦银安盛盛勤纯债债券型证券投资基金注册的批复
证监许可〔2016〕2734 号	关于准予诺德添鑫债券型证券投资基金注册的批复
证监许可〔2016〕2735 号	关于准予博时安享 18 个月定期开放债券型证券投资基金注册的批复
证监许可〔2016〕2736 号	关于准予汇安丰泽灵活配置混合型证券投资基金注册的批复
证监许可〔2016〕2737 号	关于准予富兰克林国海美元债定期开放债券型证券投资基金注册的批复
证监许可〔2016〕2738 号	关于准予银华盛世精选灵活配置混合型发起式证券投资基金注册的批复
证监许可〔2016〕2739 号	关于准予安信新起点灵活配置混合型证券投资基金注册的批复
证监许可〔2016〕2740 号	关于准予汇安嘉裕纯债债券型证券投资基金注册的批复
证监许可〔2016〕2741 号	关于核准广发证券股份有限公司向合格投资者公开发行公司债券的批复
证监许可〔2016〕2742 号	关于准予华夏新锦图灵活配置混合型证券投资基金注册的批复
证监许可〔2016〕2743 号	关于核准泸州市兴泸投资集团有限公司向合格投资者公开发行公司债券的批复
证监许可〔2016〕2744 号	关于核准广东国盛金控集团股份有限公司向合格投资者公开发行公司债券的批复
证监许可〔2016〕2745 号	关于核准江西铜业股份有限公司向合格投资者公开发行公司债券的批复
证监许可〔2016〕2746 号	关于核准安徽开润股份有限公司首次公开发行股票的批复
证监许可〔2016〕2747 号	关于核准浙江仙通橡塑股份有限公司首次公开发行股票的批复
证监许可〔2016〕2748 号	关于核准诚志股份有限公司非公开发行股票及重大资产重组的批复
证监许可〔2016〕2749 号	关于核准江苏武进不锈股份有限公司首次公开发行股票的批复
证监许可〔2016〕2750 号	关于核准北京星网宇达科技股份有限公司首次公开发行股票的批复
证监许可〔2016〕2751 号	关于核准无锡信捷电气股份有限公司首次公开发行股票的批复
证监许可〔2016〕2752 号	关于核准青岛汇金通电力设备股份有限公司首次公开发行股票的批复
证监许可〔2016〕2753 号	关于核准广州弘亚数控机械股份有限公司首次公开发行股票的批复
证监许可〔2016〕2754 号	关于核准贵州永吉印务股份有限公司首次公开发行股票的批复
证监许可〔2016〕2755 号	关于核准上海会畅通讯股份有限公司首次公开发行股票的批复
证监许可〔2016〕2756 号	关于核准亚振家具股份有限公司首次公开发行股票的批复
证监许可〔2016〕2757 号	关于核准深圳市裕同包装科技股份有限公司首次公开发行股票的批复
证监许可〔2016〕2758 号	关于核准陕西兴化化学股份有限公司向陕西延长石油(集团)有限责任公司等发行股份购买资产的批复

续表

发文字号	发文标题
证监许可〔2016〕2759 号	关于核准广东天际电器股份有限公司向常熟市新华化工有限公司等发行股份购买资产并募集配套资金的批复
证监许可〔2016〕2760 号	关于准予前海开源港股通股息率 50 强股票型证券投资基金注册的批复
证监许可〔2016〕2761 号	关于准予金信民兴债券型证券投资基金注册的批复
证监许可〔2016〕2762 号	关于准予华夏新锦略灵活配置混合型证券投资基金注册的批复
证监许可〔2016〕2763 号	关于准予国泰众益灵活配置混合型证券投资基金注册的批复
证监许可〔2016〕2764 号	关于准予金鹰鑫富灵活配置混合型证券投资基金注册的批复
证监许可〔2016〕2765 号	关于准予银河君润灵活配置混合型证券投资基金注册的批复
证监许可〔2016〕2766 号	关于准予嘉实致博纯债债券型证券投资基金注册的批复
证监许可〔2016〕2767 号	关于准予长盛盛弘灵活配置混合型证券投资基金注册的批复
证监许可〔2016〕2768 号	关于不予核准长城国际动漫游戏股份有限公司向徐建荣等发行股份购买资产并募集配套资金的决定
证监许可〔2016〕2769 号	关于核准金诚信矿业管理股份有限公司向合格投资者公开发行公司债券的批复
证监许可〔2016〕2770 号	关于核准中国广核集团有限公司向合格投资者公开发行公司债券的批复
证监许可〔2016〕2771 号	关于核准鑫鹏源智能装备集团有限公司向合格投资者公开发行公司债券的批复
证监许可〔2016〕2772 号	关于核准贵州益佰制药股份有限公司向合格投资者公开发行公司债券的批复
证监许可〔2016〕2773 号	关于准予富国富利稳健配置混合型证券投资基金注册的批复
证监许可〔2016〕2774 号	关于准予中银证券安进债券型证券投资基金注册的批复
证监许可〔2016〕2775 号	关于准予民生加银鑫弘债券型证券投资基金注册的批复
证监许可〔2016〕2776 号	关于准予交银施罗德天益宝货币市场基金注册的批复
证监许可〔2016〕2777 号	关于准予华泰柏瑞兴利灵活配置混合型证券投资基金注册的批复
证监许可〔2016〕2778 号	关于准予民生加银鑫丰债券型证券投资基金注册的批复
证监许可〔2016〕2779 号	关于准予嘉实新添程灵活配置混合型证券投资基金注册的批复
证监许可〔2016〕2780 号	关于核准扬州市广陵区泰和农村小额贷款股份有限公司发行境外上市外资股的批复
证监许可〔2016〕2781 号	关于核准西安海天天线控股股份有限公司增发境外上市外资股的批复
证监许可〔2016〕2782 号	关于核准联储证券有限责任公司保荐机构资格的批复
证监许可〔2016〕2783 号	关于核准豁免浙江省交通投资集团有限公司要约收购浙江江山化工股份有限公司股份义务的批复
证监许可〔2016〕2784 号	关于准予银华中债 -10 年期国债期货期限匹配金融债指数证券投资基金注册的批复
证监许可〔2016〕2785 号	关于准予银华中债 -5 年期国债期货期限匹配金融债指数证券投资基金注册的批复
证监许可〔2016〕2786 号	关于准予银华中债 AAA 信用债指数证券投资基金注册的批复

续表

发文字号	发文标题
证监许可〔2016〕2787 号	关于准予中银证券瑞益定期开放灵活配置混合型证券投资基金注册的批复
证监许可〔2016〕2788 号	关于准予中银润利灵活配置混合型证券投资基金注册的批复
证监许可〔2016〕2789 号	关于准予申万菱信安泰添利纯债一年定期开放债券型证券投资基金注册的批复
证监许可〔2016〕2790 号	关于准予富兰克林国海安享货币市场基金注册的批复
证监许可〔2016〕2791 号	关于准予前海开源沪港深景气行业精选灵活配置混合型证券投资基金注册的批复
证监许可〔2016〕2792 号	关于准予博时丰庆纯债债券型证券投资基金注册的批复
证监许可〔2016〕2793 号	关于准予华宝兴业宝润纯债一年定期开放债券型证券投资基金注册的批复
证监许可〔2016〕2794 号	关于准予中信建投睿泰灵活配置混合型证券投资基金注册的批复
证监许可〔2016〕2795 号	关于核准内蒙古阜丰生物科技有限公司向合格投资者公开发行公司债券的批复
证监许可〔2016〕2796 号	关于核准中节能风力发电股份有限公司向合格投资者公开发行绿色公司债券的批复
证监许可〔2016〕2797 号	关于准予嘉实稳悦纯债债券型证券投资基金注册的批复
证监许可〔2016〕2798 号	关于准予国投瑞银顺益纯债债券型证券投资基金注册的批复
证监许可〔2016〕2799 号	关于准予中信建投稳惠债券型证券投资基金注册的批复
证监许可〔2016〕2800 号	关于准予鑫元添利债券型证券投资基金注册的批复
证监许可〔2016〕2801 号	关于准予易方达瑞程灵活配置混合型证券投资基金注册的批复
证监许可〔2016〕2802 号	关于准予中信建投稳祥债券型证券投资基金注册的批复
证监许可〔2016〕2803 号	关于准予兴全稳泰债券型证券投资基金注册的批复
证监许可〔2016〕2804 号	关于准予招商兴华灵活配置混合型证券投资基金注册的批复
证监许可〔2016〕2805 号	关于核准合盛硅业股份有限公司向合格投资者公开发行公司债券的批复
证监许可〔2016〕2806 号	关于准予金鹰添润纯债债券型证券投资基金注册的批复
证监许可〔2016〕2807 号	关于核准四川省投资集团有限责任公司向合格投资者公开发行公司债券的批复
证监许可〔2016〕2808 号	关于准予德邦多策略灵活配置混合型证券投资基金注册的批复
证监许可〔2016〕2809 号	关于准予华宝兴业新优选一年定期开放灵活配置混合型证券投资基金注册的批复
证监许可〔2016〕2810 号	关于准予华泰柏瑞鼎利灵活配置混合型证券投资基金注册的批复
证监许可〔2016〕2811 号	关于核准无锡产业发展集团有限公司向合格投资者公开发行可续期公司债券的批复
证监许可〔2016〕2812 号	关于核准杉杉集团有限公司向合格投资者公开发行公司债券的批复
证监许可〔2016〕2813 号	关于准予金鹰添荣纯债债券型证券投资基金注册的批复
证监许可〔2016〕2814 号	关于准予华夏新锦顺灵活配置混合型证券投资基金注册的批复
证监许可〔2016〕2815 号	关于准予中融鑫思路灵活配置混合型证券投资基金注册的批复

续表

发文字号	发文标题
证监许可〔2016〕2816 号	关于准予招商瑞和灵活配置混合型证券投资基金注册的批复
证监许可〔2016〕2817 号	关于核准东莞证券股份有限公司向合格投资者公开发行公司债券的批复
证监许可〔2016〕2818 号	关于核准山东齐鲁华信实业股份有限公司定向发行股票的批复
证监许可〔2016〕2819 号	关于准予汇添富鑫瑞债券型证券投资基金注册的批复
证监许可〔2016〕2820 号	关于准予南方荣知定期开放混合型证券投资基金注册的批复
证监许可〔2016〕2821 号	关于准予华泰柏瑞锦利灵活配置混合型证券投资基金注册的批复
证监许可〔2016〕2822 号	关于核准中国中煤能源股份有限公司向合格投资者公开发行公司债券的批复
证监许可〔2016〕2823 号	关于核准辽宁能源投资(集团)有限责任公司向合格投资者公开发行公司债券的批复
证监许可〔2016〕2824 号	关于准予华夏快线交易型货币市场基金注册的批复
证监许可〔2016〕2825 号	关于准予华夏新锦汇灵活配置混合型证券投资基金注册的批复
证监许可〔2016〕2826 号	关于准予中欧电子信息产业沪港深股票型证券投资基金注册的批复
证监许可〔2016〕2827 号	关于准予金鹰现金增益交易型货币市场基金注册的批复
证监许可〔2016〕2828 号	关于准予工银瑞信丰淳半年定期开放债券型证券投资基金注册的批复
证监许可〔2016〕2829 号	关于准予华宝兴业新动力一年定期开放灵活配置混合型证券投资基金注册的批复
证监许可〔2016〕2830 号	关于准予丰和价值证券投资基金变更注册的批复
证监许可〔2016〕2831 号	关于准予南方荣年定期开放混合型证券投资基金注册的批复
证监许可〔2016〕2832 号	关于准予长盛盛乾灵活配置混合型证券投资基金注册的批复
证监许可〔2016〕2833 号	关于准予农银汇理金瑞两年定期开放债券型证券投资基金注册的批复
证监许可〔2016〕2834 号	关于准予国泰民安增益定期开放灵活配置混合型证券投资基金注册的批复
证监许可〔2016〕2835 号	关于准予金元顺安金通宝货币市场基金注册的批复
证监许可〔2016〕2836 号	关于准予华泰保兴尊诚一年定期开放债券型证券投资基金注册的批复
证监许可〔2016〕2837 号	关于准予中欧骏泰货币市场基金注册的批复
证监许可〔2016〕2838 号	关于准予汇添富鑫汇定期开放债券型证券投资基金注册的批复
证监许可〔2016〕2839 号	关于准予东吴新创业混合型证券投资基金变更注册的批复
证监许可〔2016〕2840 号	关于准予德邦弘利货币市场基金注册的批复
证监许可〔2016〕2841 号	关于准予华宝兴业新优享灵活配置混合型证券投资基金注册的批复
证监许可〔2016〕2842 号	关于核准武汉华中数控股份有限公司向张英等发行股份购买资产并募集配套资金的批复
证监许可〔2016〕2843 号	关于核准中化岩土工程股份有限公司向王健等发行股份购买资产的批复
证监许可〔2016〕2844 号	关于核准北方国际合作股份有限公司向北方工业科技有限公司等发行股份购买资产并募集配套资金的批复
证监许可〔2016〕2845 号	关于核准恒信移动商务股份有限公司向孟宪民等发行股份购买资产并募集配套资金的批复

续表

发文字号	发文标题
证监许可〔2016〕2846 号	关于核准南京港股份有限公司向南京港(集团)有限公司等发行股份购买资产并募集配套资金的批复
证监许可〔2016〕2847 号	关于核准浙江富润股份有限公司向江有归等发行股份购买资产并募集配套资金的批复
证监许可〔2016〕2848 号	关于核准绵阳富临精工机械股份有限公司向彭澎等发行股份购买资产并募集配套资金的批复
证监许可〔2016〕2849 号	关于准予泰达宏利启惠灵活配置混合型证券投资基金注册的批复
证监许可〔2016〕2850 号	关于核准南京证券股份有限公司向合格投资者公开发行公司债券的批复
证监许可〔2016〕2851 号	关于核准北京颖泰嘉和生物科技股份有限公司向合格投资者公开发行公司债券的批复
证监许可〔2016〕2852 号	关于核准国开证券有限责任公司向合格投资者公开发行公司债券的批复
证监许可〔2016〕2853 号	关于核准山东富宇化工有限公司向合格投资者公开发行公司债券的批复
证监许可〔2016〕2854 号	关于核准联讯证券股份有限公司向合格投资者公开发行公司债券的批复
证监许可〔2016〕2855 号	关于核准兴源轮胎集团有限公司向合格投资者公开发行公司债券的批复
证监许可〔2016〕2856 号	关于核准南京高精传动设备制造集团有限公司向合格投资者公开发行公司债券的批复
证监许可〔2016〕2857 号	关于核准贵州省广播电视信息网络股份有限公司首次公开发行股票的批复
证监许可〔2016〕2858 号	关于核准浙江华正新材料股份有限公司首次公开发行股票的批复
证监许可〔2016〕2859 号	关于核准杭叉集团股份有限公司首次公开发行股票的批复
证监许可〔2016〕2860 号	关于核准比音勒芬服饰股份有限公司首次公开发行股票的批复
证监许可〔2016〕2861 号	关于核准日月重工股份有限公司首次公开发行股票的批复
证监许可〔2016〕2862 号	关于核准无锡贝斯特精机股份有限公司首次公开发行股票的批复
证监许可〔2016〕2863 号	关于核准北京数字认证股份有限公司首次公开发行股票的批复
证监许可〔2016〕2864 号	关于核准深圳市同为数码科技股份有限公司首次公开发行股票的批复
证监许可〔2016〕2865 号	关于核准广东美联新材料股份有限公司首次公开发行股票的批复
证监许可〔2016〕2866 号	关于核准亚翔系统集成科技(苏州)股份有限公司首次公开发行股票的批复
证监许可〔2016〕2867 号	关于核准上海元祖梦果子股份有限公司首次公开发行股票的批复
证监许可〔2016〕2868 号	关于核准中原证券股份有限公司首次公开发行股票的批复
证监许可〔2016〕2869 号	关于核准西安晨曦航空科技股份有限公司首次公开发行股票的批复
证监许可〔2016〕2870 号	关于核准英飞特电子(杭州)股份有限公司首次公开发行股票的批复
证监许可〔2016〕2871 号	关于核准浙江永太科技股份有限公司向中国医化产业发展集团有限公司发行股份购买资产并募集配套资金的批复
证监许可〔2016〕2872 号	关于核准贝莱德基金顾问公司人民币合格境外机构投资者资格的批复
证监许可〔2016〕2873 号	关于核准 Lemanik 资产管理股份有限公司人民币合格境外机构投资者资格的批复
证监许可〔2016〕2874 号	关于准予鹏华兴康定期开放灵活配置混合型证券投资基金注册的批复

续表

发文字号	发文标题
证监许可〔2016〕2875 号	关于准予广发汇富一年定期开放债券型证券投资基金注册的批复
证监许可〔2016〕2876 号	关于准予平安大华鼎华定期开放灵活配置混合型证券投资基金注册的批复
证监许可〔2016〕2877 号	关于准予广发量化稳健混合型证券投资基金注册的批复
证监许可〔2016〕2878 号	关于准予华泰柏瑞裕利灵活配置混合型证券投资基金注册的批复
证监许可〔2016〕2879 号	关于准予富国中证娱乐主题指数增强型证券投资基金(LOF)注册的批复
证监许可〔2016〕2880 号	关于准予泰达宏利恒利债券型证券投资基金注册的批复
证监许可〔2016〕2881 号	关于准予民生加银鑫利纯债债券型证券投资基金注册的批复
证监许可〔2016〕2882 号	关于准予民生加银鑫升纯债债券型证券投资基金注册的批复
证监许可〔2016〕2883 号	关于准予华夏新锦升灵活配置混合型证券投资基金注册的批复
证监许可〔2016〕2884 号	关于准予博时富和纯债债券型证券投资基金注册的批复
证监许可〔2016〕2885 号	关于准予交银施罗德启通灵活配置混合型证券投资基金注册的请示
证监许可〔2016〕2886 号	关于准予广发景祥纯债债券型证券投资基金注册的批复
证监许可〔2016〕2887 号	关于准予融通收益增强债券型证券投资基金注册的批复
证监许可〔2016〕2888 号	关于准予申万菱信安泰增利纯债一年定期开放债券型证券投资基金注册的批复
证监许可〔2016〕2889 号	关于准予华宝兴业宝盛纯债一年定期开放债券型证券投资基金注册的批复
证监许可〔2016〕2890 号	关于准予信诚至盛灵活配置混合型证券投资基金注册的批复
证监许可〔2016〕2891 号	关于准予华夏鼎智债券型证券投资基金注册的批复
证监许可〔2016〕2892 号	关于准予华夏鼎实债券型证券投资基金注册的批复
证监许可〔2016〕2893 号	关于核准南昌工业控股集团有限公司向合格投资者公开发行公司债券的批复
证监许可〔2016〕2894 号	关于核准中国兵器工业集团公司向合格投资者公开发行公司债券的批复
证监许可〔2016〕2895 号	关于准予南方高元债券型发起式证券投资基金注册的批复
证监许可〔2016〕2896 号	关于准予广发景源纯债债券型证券投资基金注册的批复
证监许可〔2016〕2897 号	关于准予中邮军民融合灵活配置混合型证券投资基金注册的批复
证监许可〔2016〕2898 号	关于准予华夏惠利货币市场基金注册的批复
证监许可〔2016〕2899 号	关于准予博时鑫泰灵活配置混合型证券投资基金注册的批复
证监许可〔2016〕2900 号	关于准予光大保德信多策略智选 18 个月定期开放混合型证券投资基金注册的批复
证监许可〔2016〕2901 号	关于准予博时富元纯债债券型证券投资基金注册的批复
证监许可〔2016〕2902 号	关于准予交银施罗德瑞利定期开放灵活配置混合型证券投资基金注册的批复
证监许可〔2016〕2903 号	关于准予民生加银鑫泰纯债债券型证券投资基金注册的批复
证监许可〔2016〕2904 号	关于准予金鹰转型动力灵活配置混合型证券投资基金注册的批复
证监许可〔2016〕2905 号	关于准予东方民丰回报赢安定期开放混合型证券投资基金注册的批复

续表

发文字号	发文标题
证监许可〔2016〕2906 号	关于准予中银富享债券型证券投资基金注册的批复
证监许可〔2016〕2907 号	关于准予招商丰诚灵活配置混合型证券投资基金注册的批复
证监许可〔2016〕2908 号	关于准予金信民旺债券型证券投资基金注册的批复
证监许可〔2016〕2909 号	关于准予华宝兴业新飞跃灵活配置混合型证券投资基金注册的批复
证监许可〔2016〕2910 号	关于准予新华安享惠钰定期开放债券型证券投资基金注册的批复
证监许可〔2016〕2911 号	关于准予长盛盛禧灵活配置混合型证券投资基金注册的批复
证监许可〔2016〕2912 号	关于准予富国新兴成长量化精选混合型证券投资基金(LOF)注册的批复
证监许可〔2016〕2913 号	关于核准重庆国信投资控股有限公司向合格投资者公开发行可续期公司债券的批复
证监许可〔2016〕2914 号	关于核准广西劲达兴纸业有限公司向合格投资者公开发行公司债券的批复
证监许可〔2016〕2915 号	关于核准华能资本服务有限公司向合格投资者公开发行公司债券的批复
证监许可〔2016〕2916 号	关于核准河南瑞贝卡控股有限责任公司向合格投资者公开发行公司债券的批复
证监许可〔2016〕2917 号	关于核准宿迁产业发展集团有限公司向合格投资者公开发行公司债券的批复
证监许可〔2016〕2918 号	关于核准协合风电投资有限公司向合格投资者公开发行绿色公司债券的批复
证监许可〔2016〕2919 号	关于核准河南中原高速公路股份有限公司向合格投资者公开发行公司债券的批复
证监许可〔2016〕2920 号	关于准予信诚永丰一年定期开放混合型证券投资基金注册的批复
证监许可〔2016〕2921 号	关于准予富国产业升级混合型证券投资基金注册的批复
证监许可〔2016〕2922 号	关于准予嘉实稳熙纯债债券型证券投资基金注册的批复
证监许可〔2016〕2923 号	关于准予金元顺安桉盛债券型证券投资基金注册的批复
证监许可〔2016〕2924 号	关于准予华泰保兴货币市场基金注册的批复
证监许可〔2016〕2925 号	关于准予嘉实中关村 A 股交易型开放式指数证券投资基金注册的批复
证监许可〔2016〕2926 号	关于准予汇添富添福吉祥混合型证券投资基金注册的批复
证监许可〔2016〕2927 号	关于准予交银施罗德瑞安定期开放灵活配置混合型证券投资基金注册的批复
证监许可〔2016〕2928 号	关于准予德邦锐乾债券型证券投资基金注册的批复
证监许可〔2016〕2929 号	关于准予长盛盛达纯债债券型证券投资基金注册的批复
证监许可〔2016〕2930 号	关于准予南方安康混合型证券投资基金注册的批复
证监许可〔2016〕2931 号	关于准予长盛创新驱动灵活配置混合型证券投资基金注册的批复
证监许可〔2016〕2932 号	关于准予上投摩根岁岁金定期开放债券型证券投资基金注册的批复
证监许可〔2016〕2933 号	关于准予长盛盛德灵活配置混合型证券投资基金注册的批复
证监许可〔2016〕2934 号	关于准予国联安锐意成长混合型证券投资基金注册的批复
证监许可〔2016〕2935 号	关于准予汇添富民丰回报混合型证券投资基金注册的请示
证监许可〔2016〕2936 号	关于准予上投摩根安泽回报混合型证券投资基金注册的批复

续表

发文字号	发文标题
证监许可〔2016〕2937 号	关于准予华夏新锦康一年定期开放混合型证券投资基金注册的批复
证监许可〔2016〕2938 号	关于准予华夏鼎茂债券型证券投资基金注册的批复
证监许可〔2016〕2939 号	关于准予中融鑫回报灵活配置混合型证券投资基金注册的批复
证监许可〔2016〕2940 号	关于准予银华添润定期开放债券型证券投资基金注册的批复
证监许可〔2016〕2941 号	关于准予新疆前海联合泳隆灵活配置混合型证券投资基金注册的批复
证监许可〔2016〕2942 号	关于准予华夏鼎隆债券型证券投资基金注册的批复
证监许可〔2016〕2943 号	关于准予嘉实新添瑞灵活配置混合型证券投资基金注册的批复
证监许可〔2016〕2944 号	关于准予新疆前海联合泳祥纯债债券型证券投资基金注册的批复
证监许可〔2016〕2945 号	关于准予华夏恒融一年定期开放债券型证券投资基金注册的批复
证监许可〔2016〕2946 号	关于准予前海开源聚财宝货币市场基金注册的批复
证监许可〔2016〕2947 号	关于准予银河君腾灵活配置混合型证券投资基金注册的批复
证监许可〔2016〕2948 号	关于核准天津长荣印刷设备股份有限公司非公开发行股票的批复
证监许可〔2016〕2949 号	关于核准豁免立骏科技有限公司、本骏科技有限公司及其一致行动人要约收购好利来（中国）电子科技股份有限公司股份义务的批复
证监许可〔2016〕2950 号	关于核准江苏国泰国际集团国贸股份有限公司向江苏国泰国际集团有限公司等发行股份购买资产并募集配套资金的批复
证监许可〔2016〕2951 号	关于核准山东滨州渤海活塞股份有限公司向北京海纳川汽车部件股份有限公司等发行股份购买资产并募集配套资金的批复
证监许可〔2016〕2952 号	关于核准金发科技股份有限公司非公开发行股票的批复
证监许可〔2016〕2953 号	关于核准合力泰科技股份有限公司非公开发行股票的批复
证监许可〔2016〕2954 号	关于核准苏州春兴精工股份有限公司非公开发行股票的批复
证监许可〔2016〕2955 号	关于核准宁夏银星能源股份有限公司非公开发行股票的批复
证监许可〔2016〕2956 号	关于核准安信信托股份有限公司非公开发行股票的批复
证监许可〔2016〕2957 号	关于核准亿利洁能股份有限公司非公开发行股票的批复
证监许可〔2016〕2958 号	关于核准澳柯玛股份有限公司非公开发行股票的批复
证监许可〔2016〕2959 号	关于核准安徽皖维高新材料股份有限公司非公开发行股票的批复
证监许可〔2016〕2960 号	关于不予核准吉林科龙建筑节能科技股份有限公司首次公开发行股票并在创业板上市申请的决定
证监许可〔2016〕2961 号	关于核准东方日升新能源股份有限公司非公开发行股票的批复
证监许可〔2016〕2962 号	关于核准深圳市新纶科技股份有限公司非公开发行股票的批复
证监许可〔2016〕2963 号	关于核准安徽楚江科技新材料股份有限公司非公开发行股票的批复
证监许可〔2016〕2964 号	关于核准乐普（北京）医疗器械股份有限公司非公开发行股票的批复
证监许可〔2016〕2965 号	关于核准吉林利源精制股份有限公司非公开发行股票的批复
证监许可〔2016〕2966 号	关于核准数源科技股份有限公司非公开发行股票的批复

续表

发文字号	发文标题
证监许可〔2016〕2968 号	关于核准联化科技股份有限公司非公开发行股票的批复
证监许可〔2016〕2969 号	关于核准江西正邦科技股份有限公司非公开发行股票的批复
证监许可〔2016〕2970 号	关于不予核准江苏中超控股股份有限公司非公开发行股票申请的决定
证监许可〔2016〕2971 号	关于核准中国民生银行股份有限公司境外发行优先股的批复
证监许可〔2016〕2972 号	关于核准安徽省天然气开发股份有限公司首次公开发行股票的批复
证监许可〔2016〕2973 号	关于核准深圳市英维克科技股份有限公司首次公开发行股票的批复
证监许可〔2016〕2974 号	关于核准常熟市汽车饰件股份有限公司首次公开发行股票的批复
证监许可〔2016〕2975 号	关于核准厦门吉比特网络技术股份有限公司首次公开发行股票的批复
证监许可〔2016〕2976 号	关于核准宁波太平鸟时尚服饰股份有限公司首次公开发行股票的批复
证监许可〔2016〕2977 号	关于核准上海汽车集团股份有限公司非公开发行股票的批复
证监许可〔2016〕2978 号	关于核准深圳市爱迪尔珠宝股份有限公司非公开发行股票的批复
证监许可〔2016〕2979 号	关于核准北京中关村科技发展(控股)股份有限公司非公开发行股票的批复
证监许可〔2016〕2980 号	关于核准海南矿业股份有限公司非公开发行股票的批复
证监许可〔2016〕2981 号	关于核准深圳欧菲光科技股份有限公司向合格投资者公开发行公司债券的批复
证监许可〔2016〕2982 号	关于准予南方中证全指房地产交易型开放式指数证券投资基金注册的批复
证监许可〔2016〕2983 号	关于准予南方中证全指房地产交易型开放式指数证券投资基金发起式联接基金注册的批复
证监许可〔2016〕2984 号	关于准予南方中证银行交易型开放式指数证券投资基金注册的批复
证监许可〔2016〕2985 号	关于准予南方中证银行交易型开放式指数证券投资基金发起式联接基金注册的批复
证监许可〔2016〕2986 号	关于核准浙江天铁实业股份有限公司首次公开发行股票的批复
证监许可〔2016〕2987 号	关于核准山东赛托生物科技股份有限公司首次公开发行股票的批复
证监许可〔2016〕2988 号	关于核准江龙船艇科技股份有限公司首次公开发行股票的批复
证监许可〔2016〕2989 号	关于核准山东道恩高分子材料股份有限公司首次公开发行股票的批复
证监许可〔2016〕2990 号	关于核准南京奥联汽车电子电器股份有限公司首次公开发行股票的批复
证监许可〔2016〕2991 号	关于核准浙江华统肉制品股份有限公司首次公开发行股票的批复
证监许可〔2016〕2992 号	关于核准新疆熙菱信息技术股份有限公司首次公开发行股票的批复
证监许可〔2016〕2993 号	关于核准深圳市景旺电子股份有限公司首次公开发行股票的批复
证监许可〔2016〕2994 号	关于核准广东新宏泽包装股份有限公司首次公开发行股票的批复
证监许可〔2016〕2995 号	关于核准山东大海集团有限公司向合格投资者公开发行公司债券的批复
证监许可〔2016〕2996 号	关于核准广东顺控发展股份有限公司向合格投资者公开发行公司债券的批复
证监许可〔2016〕2997 号	关于核准中国航天科工集团公司向合格投资者公开发行公司债券的批复
证监许可〔2016〕2998 号	关于核准维维集团股份有限公司向合格投资者公开发行公司债券的批复

续表

发文字号	发文标题
证监许可〔2016〕2999 号	关于准予德邦海利货币市场基金注册的批复
证监许可〔2016〕3000 号	关于准予中融量化多因子混合型发起式证券投资基金注册的批复
证监许可〔2016〕3001 号	关于准予信诚永益一年定期开放混合型证券投资基金注册的批复
证监许可〔2016〕3002 号	关于准予信诚永利一年定期开放混合型证券投资基金注册的批复
证监许可〔2016〕3003 号	关于准予圆信永丰多策略精选混合型证券投资基金注册的批复
证监许可〔2016〕3004 号	关于准予金信民发货币市场基金注册的批复
证监许可〔2016〕3005 号	关于准予工银瑞信中债－国债(7－10 年)总指数证券投资基金注册的批复
证监许可〔2016〕3006 号	关于准予国联安鑫隆混合型证券投资基金注册的批复
证监许可〔2016〕3007 号	关于准予国联安鑫乾混合型证券投资基金注册的批复
证监许可〔2016〕3008 号	关于准予农银汇理日日鑫交易型货币市场基金注册的批复
证监许可〔2016〕3009 号	关于核准北京首都旅游集团有限责任公司向合格投资者公开发行可续期公司债券的批复
证监许可〔2016〕3010 号	关于核准泰州三福重工集团有限公司向合格投资者公开发行公司债券的批复
证监许可〔2016〕3011 号	关于准予中欧骏益货币市场基金注册的批复
证监许可〔2016〕3012 号	关于准予南方中证申万有色金属交易型开放式指数证券投资基金注册的批复
证监许可〔2016〕3013 号	关于准予南方中证申万有色金属交易型开放式指数证券投资基金发起式联接基金注册的批复
证监许可〔2016〕3014 号	关于核准豁免郑州公用事业投资发展集团有限公司要约收购中原环保股份有限公司股份义务的批复
证监许可〔2016〕3015 号	关于不予核准浙江巨龙管业股份有限公司向上海哲安投资管理有限公司等发行股份购买资产并募集配套资金申请的决定
证监许可〔2016〕3016 号	关于核准马鞍山鼎泰稀土新材料股份有限公司重大资产重组及向深圳明德控股发展有限公司等发行股份购买资产并募集配套资金的批复
证监许可〔2016〕3017 号	关于核准河南心连心化肥有限公司向合格投资者公开发行公司债券的批复
证监许可〔2016〕3018 号	关于核准茂业商业股份有限公司向合格投资者公开发行公司债券的批复
证监许可〔2016〕3019 号	关于核准大成国际资产管理有限公司合格境外机构投资者资格的批复
证监许可〔2016〕3020 号	关于准予国联安鑫汇混合型证券投资基金注册的批复
证监许可〔2016〕3021 号	关于准予国联安鑫发混合型证券投资基金注册的批复
证监许可〔2016〕3022 号	关于准予申万菱信量化成长混合型证券投资基金注册的批复
证监许可〔2016〕3023 号	关于核准鲁西化工集团股份有限公司向合格投资者公开发行公司债券的批复
证监许可〔2016〕3024 号	关于核准上海国际集团资产管理有限公司向合格投资者公开发行公司债券的批复
证监许可〔2016〕3025 号	关于核准广州证券股份有限公司向合格投资者公开发行公司债券的批复
证监许可〔2016〕3026 号	关于核准蓝思科技股份有限公司向合格投资者公开发行公司债券的批复
证监许可〔2016〕3027 号	关于核准豁免北京国有资本经营管理中心及其一致行动人要约收购北京金隅股份有限公司股份义务的批复

续表

发文字号	发文标题
证监许可〔2016〕3028 号	关于核准锦州银行股份有限公司增发境外上市外资股的批复
证监许可〔2016〕3029 号	关于核准北京北大青鸟环宇科技股份有限公司增发境外上市外资股的批复
证监许可〔2016〕3030 号	关于核准文峰期货有限公司变更股权的批复
证监许可〔2016〕3031 号	关于核准浙江正泰电器股份有限公司向正泰集团股份有限公司等发行股份购买资产并募集配套资金的批复
证监许可〔2016〕3032 号	关于不予核准广东丸美生物技术股份有限公司首次公开发行股票申请的决定
证监许可〔2016〕3033 号	关于不予核准南京中油恒燃石油燃气股份有限公司首次公开发行股票申请的决定
证监许可〔2016〕3034 号	关于核准南京雨花国资投资管理有限公司向合格投资者公开发行公司债券的批复
证监许可〔2016〕3035 号	关于核准湖南泰谷生物科技股份有限公司定向发行股票的批复
证监许可〔2016〕3036 号	关于核准协鑫智慧能源(苏州)有限公司向合格投资者公开发行绿色公司债券的批复
证监许可〔2016〕3037 号	关于核准东江环保股份有限公司向合格投资者公开发行绿色公司债券的批复
证监许可〔2016〕3038 号	关于核准宁波均胜电子股份有限公司非公开发行股票的批复
证监许可〔2016〕3039 号	关于核准云南罗平锌电股份有限公司非公开发行股票的批复
证监许可〔2016〕3040 号	关于核准广州鹏辉能源科技股份有限公司非公开发行股票的批复
证监许可〔2016〕3041 号	关于准予中航航行宝货币市场基金注册的批复
证监许可〔2016〕3042 号	关于准予泰达宏利京天宝货币市场基金注册的批复
证监许可〔2016〕3043 号	关于准予北信瑞丰增强回报定期开放混合型证券投资基金注册的批复
证监许可〔2016〕3044 号	关于准予银华惠安定期开放混合型证券投资基金注册的批复
证监许可〔2016〕3045 号	关于准予博时量化平衡混合型证券投资基金注册的批复
证监许可〔2016〕3046 号	关于准予嘉实原油证券投资基金(QDII - LOF)注册的批复
证监许可〔2016〕3047 号	关于准予汇添富年年丰定期开放混合型证券投资基金注册的批复
证监许可〔2016〕3048 号	关于核准德力西新疆交通运输集团股份有限公司首次公开发行股票的批复
证监许可〔2016〕3049 号	关于核准广东万里马实业股份有限公司首次公开发行股票的批复
证监许可〔2016〕3050 号	关于核准江苏张家港农村商业银行股份有限公司首次公开发行股票的批复
证监许可〔2016〕3051 号	关于核准广东和胜工业铝材股份有限公司首次公开发行股票的批复
证监许可〔2016〕3052 号	关于核准清源科技(厦门)股份有限公司首次公开发行股票的批复
证监许可〔2016〕3053 号	关于核准上海荣泰健康科技股份有限公司首次公开发行股票的批复
证监许可〔2016〕3054 号	关于核准上海移为通信技术股份有限公司首次公开发行股票的批复
证监许可〔2016〕3055 号	关于核准南京海辰药业股份有限公司首次公开发行股票的批复
证监许可〔2016〕3056 号	关于核准上海凯众材料科技股份有限公司首次公开发行股票的批复
证监许可〔2016〕3057 号	关于核准上海泛微网络科技股份有限公司首次公开发行股票的批复

续表

发文字号	发文标题
证监许可〔2016〕3058 号	关于核准上海至纯洁净系统科技股份有限公司首次公开发行股票的批复
证监许可〔2016〕3059 号	关于核准海利尔药业集团股份有限公司首次公开发行股票的批复
证监许可〔2016〕3060 号	关于核准宁波天龙电子股份有限公司首次公开发行股票的批复
证监许可〔2016〕3061 号	关于核准浙江艾迪西流体控制股份有限公司重大资产重组及向上海德殷投资控股有限公司等发行股份购买资产并募集配套资金的批复
证监许可〔2016〕3062 号	关于核准天壕环境股份有限公司向西藏君升恒齐电子科技有限公司等发行股份购买资产并募集配套资金的批复
证监许可〔2016〕3063 号	关于核准宁波新海电气股份有限公司重大资产重组及向上海罗颉思投资管理有限公司等发行股份购买资产的批复
证监许可〔2016〕3064 号	关于核准花园集团有限公司向合格投资者公开发行公司债券的批复
证监许可〔2016〕3065 号	关于核准天津泰达投资控股有限公司向合格投资者公开发行公司债券的批复
证监许可〔2016〕3066 号	关于核准贵州信邦制药股份有限公司向合格投资者公开发行公司债券的批复
证监许可〔2016〕3067 号	关于核准中国投融资担保股份有限公司向合格投资者公开发行公司债券的批复
证监许可〔2016〕3068 号	关于不予核准广东明家联合移动科技股份有限公司向李怀状等发行股份购买资产并募集配套资金申请的决定
证监许可〔2016〕3069 号	关于准予国泰中国企业信用精选债券型证券投资基金(QDII)注册的批复
证监许可〔2016〕3070 号	关于准予圆信永丰丰润货币市场基金注册的批复
证监许可〔2016〕3071 号	关于准予太平日日鑫货币市场基金注册的批复
证监许可〔2016〕3072 号	关于准予先锋日添利货币市场基金注册的批复
证监许可〔2016〕3073 号	关于核准中国冶金科工股份有限公司向合格投资者公开发行可续期公司债券的批复
证监许可〔2016〕3074 号	关于核准中国冶金科工股份有限公司向合格投资者公开发行公司债券的批复
证监许可〔2016〕3075 号	关于核准大连港股份有限公司向合格投资者公开发行公司债券的批复
证监许可〔2016〕3076 号	关于核准四川科伦药业股份有限公司向合格投资者公开发行公司债券的批复
证监许可〔2016〕3077 号	关于核准北京汇冠新技术股份有限公司向刘胜坤等发行股份购买资产并募集配套资金的批复
证监许可〔2016〕3078 号	关于核准湖南江南红箭股份有限公司向豫西工业集团有限公司等发行股份购买资产并募集配套资金的批复
证监许可〔2016〕3079 号	关于核准深圳市奥拓电子股份有限公司向沈永健等发行股份购买资产并募集配套资金的批复
证监许可〔2016〕3080 号	关于核准大连天神娱乐股份有限公司向王玉辉等发行股份购买资产并募集配套资金的批复
证监许可〔2016〕3081 号	关于核准北京昆仑万维科技股份有限公司非公开发行股票的批复
证监许可〔2016〕3082 号	关于核准广东奥马电器股份有限公司非公开发行股票的批复
证监许可〔2016〕3083 号	关于核准富银融资租赁(深圳)股份有限公司发行境外上市外资股的批复
证监许可〔2016〕3084 号	关于准予汇添富年年瑞定期开放混合型证券投资基金注册的批复

续表

发文字号	发文标题
证监许可〔2016〕3085 号	关于准予汇添富民安增益定期开放混合型证券投资基金注册的批复
证监许可〔2016〕3086 号	关于准予交银施罗德医药创新股票型证券投资基金注册的批复
证监许可〔2016〕3087 号	关于准予嘉实增益宝货币市场基金注册的批复
证监许可〔2016〕3088 号	关于准予易方达中证军工交易型开放式指数证券投资基金注册的批复
证监许可〔2016〕3089 号	关于准予银河量化优选混合型证券投资基金注册的批复
证监许可〔2016〕3090 号	关于准予益民中证智能消费主题指数证券投资基金注册的批复
证监许可〔2016〕3091 号	关于准予南方安睿混合型证券投资基金注册的批复
证监许可〔2016〕3092 号	关于准予江信增利货币市场基金注册的批复
证监许可〔2016〕3093 号	关于准予万家现金增利货币市场基金注册的批复
证监许可〔2016〕3094 号	关于核准长江经济联合发展(集团)股份有限公司向合格投资者公开发行公司债券的批复
证监许可〔2016〕3095 号	关于核准重庆市中科控股有限公司向合格投资者公开发行公司债券的批复
证监许可〔2016〕3096 号	关于核准北京千方科技股份有限公司向合格投资者公开发行公司债券的批复
证监许可〔2016〕3097 号	关于核准蚌埠投资集团有限公司向合格投资者公开发行公司债券的批复
证监许可〔2016〕3098 号	关于核准北京首都农业集团有限公司向合格投资者公开发行公司债券的批复
证监许可〔2016〕3099 号	关于核准重庆力帆控股有限公司向合格投资者公开发行公司债券的批复
证监许可〔2016〕3100 号	关于核准中国信达资产管理股份有限公司增发境外上市外资股的批复
证监许可〔2016〕3101 号	关于不予核准方大锦化化工科技股份有限公司向刘国庆等发行股份购买资产并募集配套资金的决定
证监许可〔2016〕3102 号	关于核准江苏舜天船舶股份有限公司向江苏省国信资产管理集团有限公司发行股份购买资产的批复
证监许可〔2016〕3103 号	关于核准招商局公路网络科技控股股份有限公司向合格投资者公开发行公司债券的批复
证监许可〔2016〕3104 号	关于核准天津利安隆新材料股份有限公司首次公开发行股票的批复
证监许可〔2016〕3105 号	关于核准浙江荣晟环保纸业股份有限公司首次公开发行股票的批复
证监许可〔2016〕3106 号	关于核准广东翔鹭钨业股份有限公司首次公开发行股票的批复
证监许可〔2016〕3107 号	关于核准广州视源电子科技股份有限公司首次公开发行股票的批复
证监许可〔2016〕3108 号	关于核准北京新雷能科技股份有限公司首次公开发行股票的批复
证监许可〔2016〕3109 号	关于核准欧普康视科技股份有限公司首次公开发行股票的批复
证监许可〔2016〕3110 号	关于核准湖南华凯文化创意股份有限公司首次公开发行股票的批复
证监许可〔2016〕3111 号	关于核准中国科技出版传媒股份有限公司首次公开发行股票的批复
证监许可〔2016〕3112 号	关于核准东莞市华立实业股份有限公司首次公开发行股票的批复
证监许可〔2016〕3113 号	关于核准杰克缝纫机股份有限公司首次公开发行股票的批复
证监许可〔2016〕3114 号	关于准予招商中证 500 指数增强型证券投资基金注册的批复

续表

发文字号	发文标题
证监许可〔2016〕3115 号	关于准予建信瑞福添利混合型证券投资基金注册的批复
证监许可〔2016〕3116 号	关于准予东方红智逸沪港深定期开放混合型发起式证券投资基金注册的批复
证监许可〔2016〕3117 号	关于准予招商中证 1000 指数增强型证券投资基金注册的批复
证监许可〔2016〕3118 号	关于核准厦门国贸控股有限公司向合格投资者公开发行可续期公司债券的批复
证监许可〔2016〕3119 号	关于核准诺力机械股份有限公司向张科等发行股份购买资产并募集配套资金的批复
证监许可〔2016〕3120 号	关于核准启明星辰信息技术集团股份有限公司向王晓辉等发行股份购买资产并募集配套资金的批复
证监许可〔2016〕3121 号	关于核准福建实达集团股份有限公司向王江等发行股份购买资产并募集配套资金的批复
证监许可〔2016〕3122 号	关于核准创业软件股份有限公司向杭州鑫粟投资管理有限公司等发行股份购买资产并募集配套资金的批复
证监许可〔2016〕3123 号	关于核准广东南洋电缆集团股份有限公司向百荣明泰资本投资有限公司等发行股份购买资产并募集配套资金的批复
证监许可〔2016〕3124 号	关于准予华夏睿磐泰兴混合型证券投资基金注册的批复
证监许可〔2016〕3125 号	关于准予招商沪深 300 指数增强型证券投资基金注册的批复
证监许可〔2016〕3126 号	关于准予广发中证传媒交易型开放式指数证券投资基金注册的批复
证监许可〔2016〕3127 号	关于准予广发中证传媒交易型开放式指数证券投资基金发起式联接基金注册的批复
证监许可〔2016〕3128 号	关于核准申万宏源证券有限公司向合格投资者公开发行公司债券的批复
证监许可〔2016〕3129 号	关于核准汇添富基金管理股份有限公司变更股权的批复
证监许可〔2016〕3130 号	关于核准锋裕资产管理公司人民币合格境外机构投资者资格的批复
证监许可〔2016〕3131 号	关于核准鹏欣环球资源股份有限公司向上海鹏欣(集团)有限公司等发行股份购买资产并募集配套资金的批复
证监许可〔2016〕3132 号	关于准予信诚永鑫一年定期开放混合型证券投资基金注册的批复
证监许可〔2016〕3133 号	关于准予招商招禧宝货币市场基金注册的批复
证监许可〔2016〕3134 号	关于准予汇添富年年益定期开放混合型证券投资基金注册的批复
证监许可〔2016〕3135 号	关于准予泰信鑫利混合型证券投资基金注册的批复
证监许可〔2016〕3136 号	关于准予华富天益货币市场基金注册的批复
证监许可〔2016〕3137 号	关于准予易方达中证全指证券公司交易型开放式指数证券投资基金注册的批复
证监许可〔2016〕3138 号	关于准予银河中证有色金属交易型开放式指数证券投资基金注册的批复
证监许可〔2016〕3139 号	关于准予银河中证银行交易型开放式指数证券投资基金注册的批复
证监许可〔2016〕3140 号	关于准予平安大华鼎弘混合型证券投资基金注册的批复
证监许可〔2016〕3141 号	关于准予国联安鑫旺混合型证券投资基金注册的批复

续表

发文字号	发文标题
证监许可〔2016〕3142 号	关于核准徐工集团工程机械股份有限公司向合格投资者公开发行可续期公司债券的批复
证监许可〔2016〕3143 号	关于核准山东省国有资产投资控股有限公司向合格投资者公开发行公司债券的批复
证监许可〔2016〕3144 号	关于核准安徽省盐业总公司向合格投资者公开发行公司债券的批复
证监许可〔2016〕3145 号	关于核准北京汽车集团有限公司向合格投资者公开发行公司债券的批复
证监许可〔2016〕3146 号	关于核准北京汽车投资有限公司向合格投资者公开发行公司债券的批复
证监许可〔2016〕3147 号	关于核准重庆国信投资控股有限公司向合格投资者公开发行公司债券的批复
证监许可〔2016〕3148 号	关于核准绍兴市城市建设投资集团有限公司向合格投资者公开发行公司债券的批复
证监许可〔2016〕3149 号	关于核准珠海联邦制药股份有限公司向合格投资者公开发行公司债券的批复
证监许可〔2016〕3150 号	关于核准江苏省建工集团有限公司向合格投资者公开发行公司债券的批复
证监许可〔2016〕3151 号	关于核准中升(大连)集团有限公司向合格投资者公开发行公司债券的批复
证监许可〔2016〕3152 号	关于核准曹妃甸港矿石码头股份有限公司向合格投资者公开发行公司债券的批复
证监许可〔2016〕3153 号	关于核准东港投资发展集团有限公司向合格投资者公开发行公司债券的批复
证监许可〔2016〕3154 号	关于核准游族网络股份有限公司向合格投资者公开发行公司债券的批复
证监许可〔2016〕3155 号	关于核准杭州天丰电源股份有限公司定向发行股票的批复
证监许可〔2016〕3156 号	关于核准济南柴油机股份有限公司向中国石油天然气集团公司发行股份购买资产并募集配套资金的批复
证监许可〔2016〕3157 号	关于核准北京中科联众科技股份有限公司定向发行股票的批复
证监许可〔2016〕3158 号	关于北京四维图新科技股份有限公司向合格投资者公开发行公司债券的批复
证监许可〔2016〕3159 号	关于核准金瑞新材料科技股份有限公司向中国五矿股份有限公司等发行股份购买资产并募集配套资金的批复
证监许可〔2016〕3160 号	关于核准太原煤气化股份有限公司向山西晋城无烟煤矿业集团有限责任公司发行股份购买资产并募集配套资金的批复
证监许可〔2016〕3161 号	关于核准新疆独山子天利高新技术股份有限公司向中国石油天然气集团公司发行股份购买资产并募集配套资金的批复
证监许可〔2016〕3162 号	关于核准大洲兴业控股股份有限公司重大资产重组及向新疆广汇实业投资(集团)有限责任公司等发行股份购买资产并募集配套资金的批复
证监许可〔2016〕3163 号	关于核准湖南泰嘉新材料科技股份有限公司首次公开发行股票的批复
证监许可〔2016〕3164 号	关于核准安徽集友新材料股份有限公司首次公开发行股票的批复
证监许可〔2016〕3165 号	关于核准广东雄塑科技集团股份有限公司首次公开发行股票的批复
证监许可〔2016〕3166 号	关于核准中国银河证券股份有限公司首次公开发行股票的批复
证监许可〔2016〕3167 号	关于核准白银有色集团股份有限公司首次公开发行股票的批复
证监许可〔2016〕3168 号	关于核准烟台艾迪精密机械股份有限公司首次公开发行股票的批复
证监许可〔2016〕3169 号	关于核准吉林吉大通信设计院股份有限公司首次公开发行股票的批复

续表

发文字号	发文标题
证监许可〔2016〕3170 号	关于核准诚迈科技（南京）股份有限公司首次公开发行股票的批复
证监许可〔2016〕3171 号	关于准予浦银安盛安恒回报定期开放混合型证券投资基金注册的批复
证监许可〔2016〕3172 号	关于准予中海添顺定期开放混合型证券投资基金注册的批复
证监许可〔2016〕3173 号	关于准予中融量化小盘股票型发起式证券投资基金注册的批复
证监许可〔2016〕3174 号	关于准予国联安鑫怡混合型证券投资基金注册的批复
证监许可〔2016〕3175 号	关于准予国投瑞银安颐多策略混合型证券投资基金注册的批复
证监许可〔2016〕3176 号	关于准予银河中证全指证券公司交易型开放式指数证券投资基金注册的批复
证监许可〔2016〕3177 号	关于准予国寿安保稳诚混合型证券投资基金注册的批复
证监许可〔2016〕3178 号	关于准予方正富邦鑫利宝货币市场基金注册的批复
证监许可〔2016〕3179 号	关于准予浦银安盛安和回报定期开放混合型证券投资基金注册的批复
证监许可〔2016〕3180 号	关于核准江苏万企达股份有限公司定向发行股票的批复
证监许可〔2016〕3181 号	关于核准杭州市金融投资集团有限公司向合格投资者公开发行公司债券的批复
证监许可〔2016〕3182 号	关于核准上海市信息投资股份有限公司向合格投资者公开发行公司债券的批复
证监许可〔2016〕3183 号	关于核准华北制药股份有限公司向合格投资者公开发行公司债券的批复
证监许可〔2016〕3184 号	关于核准中国牧工商（集团）总公司向合格投资者公开发行可续期公司债券的批复
证监许可〔2016〕3185 号	关于核准昌润投资控股集团有限公司向合格投资者公开发行公司债券的批复
证监许可〔2016〕3186 号	关于核准财通证券股份有限公司向合格投资者公开发行公司债券的批复
证监许可〔2016〕3187 号	关于核准新希望六和股份有限公司向燕君芳等发行股份购买资产的批复
证监许可〔2016〕3188 号	关于核准上海临港控股股份有限公司向上海漕河泾开发区经济技术发展有限公司发行股份购买资产并募集配套资金的批复
证监许可〔2016〕3189 号	关于核准云南西仪工业股份有限公司向江苏省农垦集团有限公司等发行股份购买资产并募集配套资金的批复
证监许可〔2016〕3190 号	关于核准郑州煤矿机械集团股份有限公司向亚新科（中国）投资有限公司发行股份购买资产并募集配套资金的批复
证监许可〔2016〕3191 号	关于核准安徽水利开发股份有限公司吸收合并安徽建工集团有限公司并募集配套资金的批复
证监许可〔2016〕3192 号	关于核准冠福控股股份有限公司向余江县金创盈投资中心（有限合伙）等发行股份购买资产并募集配套资金的批复
证监许可〔2016〕3193 号	关于核准山东金城医药股份有限公司向北京锦圣投资中心（有限合伙）等发行股份购买资产并募集配套资金的批复
证监许可〔2016〕3194 号	关于核准北京盛通印刷股份有限公司向侯景刚等发行股份购买资产并募集配套资金的批复
证监许可〔2016〕3195 号	关于核准欣旺达电子股份有限公司向合格投资者公开发行公司债券的批复
证监许可〔2016〕3196 号	关于核准山西国际电力集团有限公司向合格投资者公开发行公司债券的批复

续表

发文字号	发文标题
证监许可〔2016〕3197 号	关于核准湖北省宏泰国有资本投资运营集团有限公司向合格投资者公开发行公司债券的批复
证监许可〔2016〕3198 号	关于核准安徽盛运环保(集团)股份有限公司向合格投资者公开发行公司债券的批复
证监许可〔2016〕3199 号	关于核准宝山钢铁股份有限公司吸收合并武汉钢铁股份有限公司的批复
证监许可〔2016〕3200 号	关于核准北京华联商厦股份有限公司向上海镕尚投资管理中心(有限合伙)等发行股份购买资产并募集配套资金的批复
证监许可〔2016〕3201 号	关于核准福建省能源集团有限责任公司向合格投资者公开发行公司债券的批复
证监许可〔2016〕3202 号	关于核准中国电信股份有限公司向合格投资者公开发行公司债券的批复
证监许可〔2016〕3203 号	关于核准中国中车股份有限公司非公开发行股票的批复
证监许可〔2016〕3204 号	关于核准山东齐星铁塔科技股份有限公司非公开发行股票的批复
证监许可〔2016〕3205 号	关于核准华达汽车科技股份有限公司首次公开发行股票的批复
证监许可〔2016〕3206 号	关于核准法兰泰克重工股份有限公司首次公开发行股票的批复
证监许可〔2016〕3207 号	关于核准浙江德创环保科技股份有限公司首次公开发行股票的批复
证监许可〔2016〕3208 号	关于核准奇精机械股份有限公司首次公开发行股票的批复
证监许可〔2016〕3209 号	关于核准浙江正裕工业股份有限公司首次公开发行股票的批复
证监许可〔2016〕3210 号	关于核准深圳市飞荣达科技股份有限公司首次公开发行股票的批复
证监许可〔2016〕3211 号	关于核准昆山科森科技股份有限公司首次公开发行股票的批复
证监许可〔2016〕3212 号	关于核准烟台正海磁性材料股份有限公司非公开发行股票的批复
证监许可〔2016〕3213 号	关于核准深圳市卓翼科技股份有限公司非公开发行股票的批复
证监许可〔2016〕3214 号	关于核准成都卫士通信息产业股份有限公司非公开发行股票的批复
证监许可〔2016〕3215 号	关于核准新兴铸管股份有限公司非公开发行股票的批复
证监许可〔2016〕3216 号	关于核准深圳齐心集团股份有限公司非公开发行股票的批复
证监许可〔2016〕3217 号	关于核准上海建工集团股份有限公司非公开发行股票的批复
证监许可〔2016〕3219 号	关于核准河南同力水泥股份有限公司非公开发行股票的批复
证监许可〔2016〕3220 号	关于核准黑龙江国中水务股份有限公司非公开发行股票的批复
证监许可〔2016〕3221 号	关于核准华孚色纺股份有限公司非公开发行股票的批复
证监许可〔2016〕3222 号	关于核准江苏中天科技股份有限公司非公开发行股票的批复
证监许可〔2016〕3223 号	关于不予核准筑博设计股份有限公司首次公开发行股票并在创业板上市申请的决定
证监许可〔2016〕3225 号	关于核准北京三联虹普新合纤技术服务股份有限公司非公开发行股票的批复
证监许可〔2016〕3226 号	关于核准深圳市兴森快捷电路科技股份有限公司向合格投资者公开发行公司债券的批复
证监许可〔2016〕3227 号	关于核准龙源电力集团股份有限公司向合格投资者公开发行绿色公司债券的批复

续表

发文字号	发文标题
证监许可〔2016〕3228 号	关于核准北京维珍创意科技股份有限公司定向发行股票的批复
证监许可〔2016〕3229 号	关于核准深圳市科陆电子科技股份有限公司非公开发行股票的批复
证监许可〔2016〕3230 号	关于核准广东猛狮新能源科技股份有限公司非公开发行股票的批复
证监许可〔2016〕3231 号	关于核准广州珠江啤酒股份有限公司非公开发行股票的批复
证监许可〔2016〕3232 号	关于核准浙江省围海建设集团股份有限公司非公开发行股票的批复
证监许可〔2016〕3233 号	关于核准东莞金太阳研磨股份有限公司首次公开发行股票的批复
证监许可〔2016〕3234 号	关于核准深圳同兴达科技股份有限公司首次公开发行股票的批复
证监许可〔2016〕3235 号	关于核准常熟瑞特电气股份有限公司首次公开发行股票的批复
证监许可〔2016〕3236 号	关于核准广东英联包装股份有限公司首次公开发行股票的批复

(二)2016 年派出机构作出的行政许可决定书目录

发文字号	发文标题
京证监许可〔2016〕1 号	关于核准华融证券股份有限公司设立 2 家分支机构的批复 2
京证监许可〔2016〕2 号	关于核准北京蒽次方资产管理有限公司证券投资基金销售业务资格的批复
京证监许可〔2016〕3 号	关于核准首创证券有限责任公司设立 10 家分支机构的批复
京证监许可〔2016〕4 号	关于李玉萍证券公司董事任职资格的批复
京证监许可〔2016〕5 号	关于核准印建民证券公司董事任职资格的批复
京证监许可〔2016〕 6 号	关于核准秦斌证券公司董事任职资格的批复
京证监许可〔2016〕7 号	关于核准北京格上富信投资顾问有限公司证券投资基金销售业务资格的批复
京证监许可〔2016〕8 号	关于谭世豪证券公司经理层高级管理人员任职资格的批复
京证监许可〔2016〕9 号	关于核准乾道金融信息服务(北京)有限公司证券投资基金销售业务资格的批复
京证监许可〔2016〕10 号	关于翁振杰证券公司董事任职资格的批复
京证监许可〔2016〕11 号	关于核准金惠家保险代理有限公司证券投资基金销售业务资格的批复
京证监许可〔2016〕12 号	关于核准民生证券股份有限公司变更章程重要条款的批复
京证监许可〔2016〕13 号	关于核准北京汇成世纪投资管理有限公司证券投资基金销售业务资格的批复
京证监许可〔2016〕14 号	关于核准周笑予证券公司经理层高级管理人员任职资格的批复
京证监许可〔2016〕15 号	关于核准张宝荣证券公司董事长类人员任职资格的批复
京证监许可〔2016〕16 号	关于核准姚长辉证券公司独立董事任职资格的批复

续表

发文字号	发文标题
京证监许可〔2016〕17 号	关于核准潘飞证券公司独立董事任职资格的批复 2
京证监许可〔2016〕18 号	关于核准北京广源达信投资管理有限公司证券投资基金销售业务资格的批复
京证监许可〔2016〕19 号	关于核准高洁证券公司董事任职资格的批复
京证监许可〔2016〕20 号	关于核准刘浩证券公司董事任职资格的批复
京证监许可〔2016〕21 号	关于核准王沅证券公司独立董事任职资格的批复
京证监许可〔2016〕22 号	关于核准张锋证券公司经理层高级管理人员任职资格的批复
京证监许可〔2016〕23 号	关于核准陈海证券公司经理层高级管理人员任职资格的批复
京证监许可〔2016〕24 号	关于核准刘萍证券公司监事任职资格的批复
京证监许可〔2016〕25 号	关于核准新时代证券股份有限公司设立 5 家分支机构的批复
京证监许可〔2016〕26 号	关于刘力证券公司独立董事任职资格的批复
京证监许可〔2016〕27 号	关于核准肖燕明证券公司经理层高级管理人员任职资格的批复
京证监许可〔2016〕28 号	关于核准管清友证券公司经理层高级管理人员任职资格的批复
京证监许可〔2016〕29 号	关于核准陆婉冰证券公司经理层高级管理人员任职资格的批复
京证监许可〔2016〕30 号	关于核准刘灏证券公司经理层高级管理人员任职资格的批复
京证监许可〔2016〕31 号	关于核准李杰证券公司监事任职资格的批复
京证监许可〔2016〕32 号	关于核准民生证券股份有限公司变更公司章程重要条款的批复 3
京证监许可〔2016〕33 号	关于核准华融证券股份有限公司设立 3 家分支机构的批复
京证监许可〔2016〕34 号	关于核准信达证券股份有限公司设立 2 家分支机构的批复 1
京证监许可〔2016〕35 号	关于核准陈刚证券公司经理层高级管理人员任职资格的批复
京证监许可〔2016〕36 号	关于核准李敬伟证券公司独立董事任职资格的批复
京证监许可〔2016〕37 号	关于核准首创证券有限责任公司变更公司章程重要条款的批复 1
京证监许可〔2016〕38 号	关于核准朴学谦证券公司董事任职资格的批复
京证监许可〔2016〕39 号	关于核准杨林波证券公司董事任职资格的批复
京证监许可〔2016〕40 号	关于核准郑文杰证券公司经理层高级管理人员任职资格的批复
京证监许可〔2016〕41 号	关于核准王水洋证券公司董事长类人员任职资格的批复
京证监许可〔2016〕42 号	关于核准胡斌证券公司经理层高级管理人员任职资格的批复
京证监许可〔2016〕43 号	关于核准马广晖证券公司监事任职资格的批复
京证监许可〔2016〕44 号	关于核准刘晓峰证券公司独立董事任职资格的批复
京证监许可〔2016〕45 号	关于核准 Syed Ali Raza NAQVI 证券公司董事任职资格的批复
京证监许可〔2016〕46 号	关于核准国开证券有限责任公司变更公司章程重要条款的批复
京证监许可〔2016〕47 号	关于核准信达证券股份有限公司设立 14 家分支机构的批复
京证监许可〔2016〕48 号	关于核准陈共炎证券公司董事长类人员任职资格的批复

续表

发文字号	发文标题
京证监许可〔2016〕49 号	关于核准曹力证券公司董事任职资格的批复
京证监许可〔2016〕50 号	关于核准庞月英证券公司董事任职资格的批复
京证监许可〔2016〕51 号	关于核准陶利斌证券公司监事任职资格的批复
京证监许可〔2016〕52 号	关于核准第一创业期货有限责任公司期货投资咨询业务资格的批复
京证监许可〔2016〕53 号	关于核准新时代证券股份有限公司设立 1 家分支机构的批复
京证监许可〔2016〕54 号	关于核准中信建投证券股份有限公司变更公司章程重要条款的批复 1
京证监许可〔2016〕55 号	关于核准国都证券股份有限公司变更公司章程重要条款的批复
京证监许可〔2016〕56 号	关于核准黄劲峰证券公司经理层高级管理人员任职资格的批复
京证监许可〔2016〕57 号	关于核准中信建投证券股份有限公司变更公司章程重要条款的批复 4
京证监许可〔2016〕58 号	关于核准张博证券公司董事任职资格的批复
京证监许可〔2016〕59 号	关于核准白建军证券公司独立董事任职资格的批复
京证监许可〔2016〕60 号	关于核准戴德明证券公司独立董事任职资格的批复
京证监许可〔2016〕61 号	关于核准刘俏证券公司独立董事任职资格的批复
京证监许可〔2016〕62 号	关于核准于仲福证券公司董事长类人员任职资格的批复
京证监许可〔2016〕63 号	关于核准王京证券公司监事任职资格的批复
京证监许可〔2016〕64 号	关于核准胡冬辉证券公司董事任职资格的批复
京证监许可〔2016〕65 号	关于核准华融证券股份有限公司设立 3 家分支机构的批复 1
京证监许可〔2016〕66 号	关于核准艾波证券公司监事任职资格的批复
京证监许可〔2016〕67 号	关于核准中国国际金融股份有限公司设立 1 家分支机构的批复 1
京证监许可〔2016〕68 号	关于核准马婧证券公司监事任职资格的批复
京证监许可〔2016〕69 号	关于核准王晓斌证券公司监事任职资格的批复
京证监许可〔2016〕70 号	关于核准胡冬辉证券公司董事长类人员任职资格的批复
京证监许可〔2016〕71 号	关于核准陈怀东证券公司董事任职资格的批复
京证监许可〔2016〕72 号	关于核准王秀丽证券公司独立董事任职资格的批复
京证监许可〔2016〕73 号	关于核准钱于军证券公司董事任职资格的批复
京证监许可〔2016〕74 号	关于准予中衍期货有限公司公开募集证券投资基金销售业务资格注册的批复
京证监许可〔2016〕75 号	关于核准孙健证券公司独立董事任职资格的批复
京证监许可〔2016〕76 号	关于核准张喜芳证券公司董事任职资格的批复
京证监许可〔2016〕77 号	关于核准国都证券股份有限公司设立 1 家分支机构的批复
京证监许可〔2016〕78 号	关于核准蒋湘滨证券公司监事任职资格的批复
京证监许可〔2016〕79 号	关于核准中国银河证券股份有限公司设立 67 家分支机构的批复
京证监许可〔2016〕80 号	关于核准中信建投证券股份有限公司设立 76 家分支机构的批复

续表

发文字号	发文标题
京证监许可〔2016〕81 号	关于核准徐华证券公司独立董事任职资格的批复
京证监许可〔2016〕82 号	关于张建平证券公司独立董事任职资格的批复
京证监许可〔2016〕83 号	关于核准王志诚证券公司独立董事任职资格的批复
京证监许可〔2016〕84 号	关于核准吴穷证券公司董事任职资格的批复
京证监许可〔2016〕85 号	关于核准江月明证券公司董事任职资格的批复
京证监许可〔2016〕86 号	关于核准张洁证券公司经理层高级管理人员任职资格的批复
京证监许可〔2016〕87 号	关于核准张震证券公司董事任职资格的批复
京证监许可〔2016〕88 号	关于核准国都证券股份有限公司设立 1 家分支机构的批复 1
京证监许可〔2016〕89 号	关于核准郑振龙证券公司独立董事任职资格的批复
京证监许可〔2016〕90 号	关于核准国开证券有限责任公司变更注册资本的批复 1
京证监许可〔2016〕91 号	关于核准冯鹤年证券公司董事长类人员任职资格的批复
京证监许可〔2016〕92 号	关于核准华融证券股份有限公司设立 3 家分支机构的批复 2
京证监许可〔2016〕93 号	关于核准国开证券有限责任公司变更公司章程重要条款的批复 1
京证监许可〔2016〕94 号	关于核准国开证券有限责任公司设立 2 家分支机构的批复
京证监许可〔2016〕95 号	关于核准张伟证券公司独立董事任职资格的批复
津证监许可字〔2016〕1 号	关于王艳证券公司监事任职资格的批复
津证监许可字〔2016〕2 号	关于核准渤海证券股份有限公司撤销天津祥辰路证券营业部的批复
津证监许可字〔2016〕3 号	关于核准天津国美电子商务有限公司证券投资基金销售业务资格的批复
津证监许可字〔2016〕4 号	关于才华证券公司独立董事任职资格的批复
津证监许可字〔2016〕5 号	关于核准渤海证券股份有限公司变更注册资本的批复
津证监许可字〔2016〕6 号	关于准予嘉晟瑞信(天津)科技有限公司公开募集证券投资基金销售业务资格注册的批复
津证监许可字〔2016〕7 号	关于核准渤海证券股份有限公司设立 1 家分支机构的批复
沪证监许可〔2016〕1 号	关于核准李雪飞证券公司董事任职资格的批复
沪证监许可〔2016〕2 号	关于核准唐吟波证券公司经理层高级管理人员任职资格的批复
沪证监许可〔2016〕3 号	关于核准陈健证券公司董事长类人员任职资格的批复
沪证监许可〔2016〕4 号	关于核准张文础证券公司监事任职资格的批复
沪证监许可〔2016〕5 号	关于核准中民财富管理(上海)有限公司证券投资基金销售业务资格的批复
沪证监许可〔2016〕6 号	关于核准上海云湾投资管理有限公司证券投资基金销售业务资格的批复
沪证监许可〔2016〕7 号	关于核准华宝证券有限责任公司设立 1 家证券分支机构的批复
沪证监许可〔2016〕8 号	关于核准陈航标证券公司董事任职资格的批复
沪证监许可〔2016〕9 号	关于核准杨嫣证券公司监事任职资格的批复
沪证监许可〔2016〕10 号	关于核准杨浩生证券公司经理层高级管理人员任职资格的批复

续表

发文字号	发文标题
沪证监许可〔2016〕11 号	关于核准东方证券股份有限公司变更公司章程重要条款的批复
沪证监许可〔2016〕12 号	关于核准苏立证券公司董事任职资格的批复
沪证监许可〔2016〕13 号	关于核准徐建东证券公司经理层高级管理人员任职资格的批复
沪证监许可〔2016〕14 号	关于核准王宏宝证券公司经理层高级管理人员任职资格的批复
沪证监许可〔2016〕15 号	关于核准朱宁证券公司董事长类人员任职资格的批复
沪证监许可〔2016〕16 号	关于核准华泰证券(上海)资产管理有限公司章程的批复
沪证监许可〔2016〕17 号	关于核准何仁科证券公司经理层高级管理人员任职资格的批复
沪证监许可〔2016〕18 号	关于核准华金证券有限责任公司变更注册资本的批复
沪证监许可〔2016〕19 号	关于核准钱昊萌证券公司董事任职资格的批复
沪证监许可〔2016〕20 号	关于核准聂廷铭证券公司监事任职资格的批复
沪证监许可〔2016〕21 号	关于核准国泰君安证券股份有限公司 设立 62 家证券营业部的批复
沪证监许可〔2016〕22 号	关于核准东证融汇证券资产管理有限公司章程的批复
沪证监许可〔2016〕23 号	关于核准海际证券有限责任公司 变更持有 5% 以上股权股东的批复
沪证监许可〔2016〕24 号	关于核准长江证券承销保荐有限公司 变更公司章程重要条款的批复
沪证监许可〔2016〕25 号	关于核准上海证券有限责任公司变更公司章程重要条款的批复
沪证监许可〔2016〕26 号	关于核准长江证券(上海)资产管理有限公司章程的批复
沪证监许可〔2016〕27 号	关于核准华金证券有限责任公司监事任职资格的批复
沪证监许可〔2016〕28 号	关于核准王晋勇证券公司独立董事任职资格的批复
沪证监许可〔2016〕29 号	关于核准光大证券股份有限公司变更 公司章程重要条款的批复
沪证监许可〔2016〕30 号	关于核准区胜勤证券公司独立董事 任职资格的批复
沪证监许可〔2016〕31 号	关于核准齐鲁证券(上海)资产管理有限公司变更公司章程重要条款的批复
沪证监许可〔2016〕32 号	关于核准刘玉生证券公司经理层高级管理人员任职资格的批复
沪证监许可〔2016〕33 号	关于核准海际证券有限责任公司变更公司章程重要条款的批复
沪证监许可〔2016〕34 号	关于核准苏鹏证券公司经理层高级管理人员任职资格的批复
沪证监许可〔2016〕35 号	关于核准光大证券股份有限公司设立 57 家分支机构的批复
沪证监许可〔2016〕36 号	关于核准夏大慰证券公司独立董事任职资格的批复
沪证监许可〔2016〕37 号	关于核准向东证券公司董事任职资格的批复
沪证监许可〔2016〕38 号	关于核准华闻期货有限公司期货投资咨询业务资格的批复
沪证监许可〔2016〕39 号	关于核准陶耿证券公司经理层高级管理人员任职资格的批复
沪证监许可〔2016〕40 号	关于核准上海万得投资顾问有限公司证券投资基金销售业务资格的批复
沪证监许可〔2016〕41 号	关于核准龚俊涛证券公司经理层高级管理人员任职资格的批复
沪证监许可〔2016〕42 号	关于核准王小练证券公司经理层高级管理人员任职资格的批复

续表

发文字号	发文标题
沪证监许可〔2016〕43 号	关于核准陈灿辉证券公司经理层高级管理人员任职资格的批复
沪证监许可〔2016〕44 号	关于核准尹璐证券公司经理层高级管理人员任职资格的批复
沪证监许可〔2016〕45 号	关于核准徐朝莹证券公司董事长类人员任职资格的批复
沪证监许可〔2016〕46 号	关于核准盖文国证券公司经理层高级管理人员任职资格的批复
沪证监许可〔2016〕47 号	关于核准饶刚证券公司经理层高级管理人员任职资格的批复
沪证监许可〔2016〕48 号	关于核准崔远洪证券公司经理层高级管理人员任职资格的批复
沪证监许可〔2016〕49 号	关于核准德邦证券股份有限公司设立 1 家证券分支机构的批复
沪证监许可〔2016〕50 号	关于核准上海华信证券有限责任公司变更公司章程重要条款的批复
沪证监许可〔2016〕51 号	关于核准沈锋证券公司经理层高级管理人员任职资格的批复
沪证监许可〔2016〕52 号	关于核准李显志证券公司监事 任职资格的批复
沪证监许可〔2016〕53 号	关于核准洪毅恺证券公司经理层高级管理人员任职资格的批复
沪证监许可〔2016〕54 号	关于核准张鸣证券公司独立董事任职资格的批复
沪证监许可〔2016〕55 号	关于不予核准平安财富理财管理有限公司基金销售业务资格的决定
沪证监许可〔2016〕56 号	关于核准许志明证券公司独立董事任职资格的批复
沪证监许可〔2016〕57 号	关于核准李剑铭证券公司经理层高级管理人员任职资格的批复
沪证监许可〔2016〕58 号	关于核准国富期货有限公司期货投资咨询业务资格的批复
沪证监许可〔2016〕59 号	关于核准海际证券有限责任公司变更公司章程重要条款的批复
沪证监许可〔2016〕60 号	关于核准杨浩英证券公司董事任职资格的批复
沪证监许可〔2016〕61 号	关于核准方华生证券公司董事任职资格的批复
沪证监许可〔2016〕62 号	关于核准左志鹏证券公司监事任职资格的批复
沪证监许可〔2016〕63 号	关于核准黄来芳证券公司董事任职资格的批复
沪证监许可〔2016〕64 号	关于核准上海陆享投资管理有限公司证券投资基金销售业务资格的批复
沪证监许可〔2016〕65 号	关于核准宋春风证券公司监事任职资格的批复
沪证监许可〔2016〕66 号	关于核准刘剑证券公司董事任职资格的批复
沪证监许可〔2016〕67 号	关于核准陈涛证券公司经理层高级管理人员任职资格的批复
沪证监许可〔2016〕68 号	关于核准楼小飞证券公司经理层高级管理人员任职资格的批复
沪证监许可〔2016〕69 号	关于核准赵长甲证券公司董事任职资格的批复
沪证监许可〔2016〕70 号	关于核准黎作强证券公司经理层高级管理人员任职资格的批复
沪证监许可〔2016〕71 号	关于核准唐国平证券公司独立董事任职资格的批复
沪证监许可〔2016〕72 号	关于核准许广熙证券公司董事任职资格的批复
沪证监许可〔2016〕73 号	关于核准毛振华证券公司董事任职资格的批复
沪证监许可〔2016〕74 号	关于核准东方证券股份有限公司设立 33 家证券营业部的批复

续表

发文字号	发文标题
沪证监许可〔2016〕75 号	关于核准聂蔚证券公司监事任职资格的批复
沪证监许可〔2016〕76 号	关于核准邵亚良证券公司董事任职资格的批复
沪证监许可〔2016〕77 号	关于核准吕红兵证券公司独立董事 任职资格的批复
沪证监许可〔2016〕78 号	关于核准卫平证券公司监事任职资格的批复
沪证监许可〔2016〕79 号	关于核准何霆珊证券公司监事任职资格的批复
沪证监许可〔2016〕80 号	关于核准钱菁证券公司经理层高级管理人员任职资格的批复
沪证监许可〔2016〕81 号	关于核准黄亚钧证券公司独立董事任职资格的批复
沪证监许可〔2016〕82 号	关于核准项威证券公司经理层高级管理人员任职资格的批复
沪证监许可〔2016〕83 号	关于核准罗国举证券公司董事长任职资格的批复
沪证监许可〔2016〕84 号	关于核准德邦证券股份有限公司作为合格境内机构投资者从事境外证券投资管理业务的批复
沪证监许可〔2016〕85 号	关于核准上海华信证券有限责任公司设立 12 家证券分支机构的批复
沪证监许可〔2016〕86 号	关于核准林汉川证券公司独立董事任职资格的批复
沪证监许可〔2016〕87 号	关于核准郭永清证券公司独立董事任职资格的批复
沪证监许可〔2016〕88 号	关于核准庄海燕证券公司监事任职资格的批复
沪证监许可〔2016〕89 号	关于核准叶烨证券公司经理层高级管理人员任职资格的批复
沪证监许可〔2016〕90 号	关于核准马宁证券公司独立董事任职资格的批复
沪证监许可〔2016〕91 号	关于核准侯俊证券公司 董事长类人员任职资格的批复
沪证监许可〔2016〕92 号	关于核准中银国际证券有限责任公司变更持有 5% 以上股权股东的批复
沪证监许可〔2016〕93 号	关于核准王长田证券公司董事任职资格的批复
沪证监许可〔2016〕94 号	关于核准中银国际证券有限责任公司设立 46 家证券营业部的批复
沪证监许可〔2016〕95 号	关于核准申港证券股份有限公司章程的批复
沪证监许可〔2016〕96 号	关于核准上海挖财金融信息服务有限公司证券投资基金销售业务资格的批复
沪证监许可〔2016〕97 号	关于核准上海真者投资咨询有限公司证券投资基金销售业务资格的批复
沪证监许可〔2016〕98 号	关于核准王徽证券公司独立董事任职资格的批复
沪证监许可〔2016〕99 号	关于核准李雪证券公司经理层高级管理人员任职资格的批复
沪证监许可〔2016〕100 号	关于核准穆启国证券公司经理层高级管理人员任职资格的批复
沪证监许可〔2016〕101 号	关于核准董建瑾证券公司监事任职资格的批复
沪证监许可〔2016〕102 号	关于核准贺意证券公司经理层高级管理人员任职资格的批复
沪证监许可〔2016〕103 号	关于核准卢强证券公司经理层高级管理人员任职资格的批复
沪证监许可〔2016〕104 号	关于核准魏山巍证券公司经理层高级管理人员任职资格的批复
沪证监许可〔2016〕105 号	关于核准毛宇星证券公司经理层高级管理人员任职资格的批复
沪证监许可〔2016〕106 号	关于核准庹军民证券公司 经理层高级管理人员任职资格的批复

续表

发文字号	发文标题
沪证监许可〔2016〕107 号	关于核准高迎欣证券公司董事长类人员 任职资格的批复
沪证监许可〔2016〕108 号	关于核准李立证券公司经理层高级管理人员任职资格的批复
沪证监许可〔2016〕109 号	关于核准郭峰证券公司监事任职资格的批复
沪证监许可〔2016〕110 号	关于核准包凡证券公司董事长类人员任职资格的批复
沪证监许可〔2016〕111 号	关于核准邵亚良证券公司董事长类人员任职资格的批复
沪证监许可〔2016〕112 号	关于核准夏则炎证券公司董事任职资格的批复
沪证监许可〔2016〕113 号	关于核准华泰证券(上海)资产管理有限公司变更公司章程重要条款的批复
沪证监许可〔2016〕114 号	关于核准中银国际证券有限责任公司变更公司章程重要条款的批复
沪证监许可〔2016〕115 号	关于核准谢晨证券公司经理层高级管理人员任职资格的批复
沪证监许可〔2016〕116 号	关于核准王锦海证券公司经理层高级管理人员任职资格的批复
沪证监许可〔2016〕117 号	关于核准刘泉证券公司经理层高级管理人员任职资格的批复
沪证监许可〔2016〕118 号	关于核准许建国证券公司董事任职资格的批复
沪证监许可〔2016〕119 号	关于核准华金证券有限责任公司设立 18 家证券分支机构的批复
沪证监许可〔2016〕120 号	关于核准华菁证券有限公司章程的批复
沪证监许可〔2016〕121 号	关于核准周杰证券公司董事长类人员任职资格的批复
沪证监许可〔2016〕122 号	关于核准爱建证券有限责任公司变更间接持有 5% 以上股权股东的批复
沪证监许可〔2016〕123 号	关于核准苏森证券公司监事任职资格的批复
沪证监许可〔2016〕124 号	关于核准毕玥证券公司独立董事 任职资格的批复
沪证监许可〔2016〕125 号	关于核准长江证券(上海)资产管理有限公司变更公司章程重要条款的批复
沪证监许可〔2016〕126 号	关于核准杨南昌证券公司董事任职资格的批复
沪证监许可〔2016〕127 号	关于核准梁永明证券公司独立董事任职资格的批复
沪证监许可〔2016〕128 号	关于核准胡茂刚证券公司监事任职资格的批复
沪证监许可〔2016〕129 号	关于核准许建国证券公司董事任职资格的批复
沪证监许可〔2016〕130 号	关于核准郭瑾证券公司董事任职资格的批复
沪证监许可〔2016〕131 号	关于核准陈少晦证券公司独立董事任职资格的批复
沪证监许可〔2016〕132 号	关于核准爱建证券有限责任公司设立 2 家分公司和 10 家证券营业部的批复
沪证监许可〔2016〕133 号	关于核准刘樱证券公司董事任职资格的批复
沪证监许可〔2016〕134 号	关于对中银国际证券有限责任公司变更间接持有 5% 以上股权股东的意见
沪证监许可〔2016〕135 号	关于核准张克均证券公司 经理层高级管理人员任职资格的批复
沪证监许可〔2016〕136 号	关于核准王如富证券公司经理层高级管理人员任职资格的批复
沪证监许可〔2016〕137 号	关于核准华金证券有限责任公司 变更公司章程重要条款的批复
沪证监许可〔2016〕138 号	关于核准申港证券股份有限公司设立 6 家证券分支机构的批复

续表

发文字号	发文标题
沪证监许可〔2016〕139 号	关于核准高尚发证券公司经理层高级管理人员任职资格的批复
沪证监许可〔2016〕140 号	关于核准李港卫证券公司独立董事 任职资格的批复
沪证监许可〔2016〕141 号	关于核准王峰证券公司经理层高级管理人员任职资格的批复
沪证监许可〔2016〕142 号	关于核准上海国泰君安证券资产管理有限公司变更公司章程重要条款的批复
沪证监许可〔2016〕143 号	关于核准胡习证券公司董事任职资格的批复
沪证监许可〔2016〕144 号	关于核准爱建证券有限责任公司变更持有 5% 以上股权的股东的批复
沪证监许可〔2016〕145 号	关于核准杨南昌证券公司董事长类人员任职资格的批复
沪证监许可〔2016〕146 号	关于核准朱健证券公司经理层高级管理人员任职资格的批复
沪证监许可〔2016〕147 号	关于核准华金证券有限责任公司变更公司章程重要条款的批复
沪证监许可〔2016〕148 号	关于核准德邦证券股份有限公司 设立 1 家证券营业部的批复
沪证监许可〔2016〕149 号	关于核准海通证券股份有限公司变更公司章程重要条款的批复
沪证监许可〔2016〕150 号	关于核准东方证券股份有限公司变更公司章程重要条款的批复
沪证监许可〔2016〕151 号	关于核准杨树勋证券公司董事任职资格的批复
沪证监许可〔2016〕152 号	关于核准国泰君安证券股份有限公司变更公司章程重要条款的批复
浙证监许可〔2016〕1 号	关于核准王青山证券公司监事会主席任职资格的批复
浙证监许可〔2016〕2 号	关于核准南华期货股份有限公司证券投资基金销售业务资格的批复
浙证监许可〔2016〕3 号	关于核准浙商证券股份有限公司设立 1 家分支机构的批复
浙证监许可〔2016〕4 号	关于核准浙江瑞发农村商业银行股份有限公司证券投资基金销售业务资格的批复
浙证监许可〔2016〕5 号	关于核准浙江富阳农村商业银行股份有限公司证券投资基金销售业务资格的批复
浙证监许可〔2016〕6 号	关于核准浙商证券股份有限公司设立 1 家分支机构的批复
浙证监许可〔2016〕7 号	关于核准财通证券股份有限公司在杭州市设立 2 家分支机构的批复
浙证监许可〔2016〕8 号	关于核准财通证券股份有限公司在江苏省设立 1 家分支机构的批复
浙证监许可〔2016〕9 号	关于核准浙江科地财富管理有限公司证券投资基金销售业务资格的批复
浙证监许可〔2016〕10 号	关于核准浙商证券股份有限公司设立 1 家分支机构的批复
浙证监许可〔2016〕11 号	关于核准财通证券股份有限公司设立 7 家分支机构的批复
浙证监许可〔2016〕12 号	关于核准冯建兰证券公司监事职资格的批复
浙证监许可〔2016〕13 号	关于核准王跃军证券公司经理层高级管理人员任职资格的批复
浙证监许可〔2016〕14 号	关于核准浙江浙商证券资产管理有限公司变更公司章程重要条款的批复
浙证监许可〔2016〕15 号	关于核准浙商证券股份有限公司设立 2 家分支机构的批复
浙证监许可〔2016〕16 号	关于核准财通证券股份有限公司设立 6 家分支机构的批复
浙证监许可〔2016〕17 号	关于核准财通证券股份有限公司设立 1 家分支机构的批复

续表

发文字号	发文标题
浙证监许可〔2016〕18 号	关于核准浙江温州瓯海农村商业银行股份有限公司证券投资基金销售业务资格的批复
浙证监许可〔2016〕19 号	关于核准财通证券股份有限公司设立 1 家分支机构的批复
浙证监许可〔2016〕20 号	关于核准浙商证券股份有限公司设立 2 家分支机构的批复
浙证监许可〔2016〕21 号	关于核准财通证券股份有限公司设立 1 家分支机构的批复
浙证监许可〔2016〕22 号	关于核准蒋洪证券公司监事任职资格的批复
浙证监许可〔2016〕23 号	关于核准财通证券股份有限公司设立 3 家分支机构的批复
浙证监许可〔2016〕24 号	关于核准李媛证券公司监事任职资格的批复
赣证监许可〔2016〕1 号	关于核准中航证券有限公司设立 6 家分支机构的批复
赣证监许可〔2016〕2 号	关于核准国盛证券有限责任公司设立 20 家分支机构的批复
赣证监许可〔2016〕3 号	关于核准九江银行股份有限公司证券投资基金销售业务资格的批复
赣证监许可〔2016〕4 号	关于核准魏蕊辉、喻辉证券公司监事任职资格的批复
赣证监许可〔2016〕5 号	关于核准中航证券有限公司设立 2 家分支机构的批复
赣证监许可〔2016〕6 号	关于核准国盛证券有限责任公司设立 49 家分支机构的批复
赣证监许可〔2016〕7 号	关于核准中航证券有限公司变更公司章程重要条款的批复
赣证监许可〔2016〕8 号	关于核准杜力证券公司董事长类人员任职资格的批复
赣证监许可〔2016〕9 号	关于核准胡晓宁证券公司经理层高级管理人员任职资格的批复
赣证监许可〔2016〕10 号	关于核准中航证券有限公司设立 2 家分支机构的批复
鲁证监许可〔2016〕1 号	关于核准中泰证券股份有限公司在广西壮族自治区南宁市设立分公司的决定
鲁证监许可〔2016〕2 号	关于核准中泰证券股份有限公司设立 2 家分公司的批复
鲁证监许可〔2016〕3 号	关于核准中泰证券股份有限公司设立 2 家证券营业部的批复
鲁证监许可〔2016〕4 号	关于核准崔建忠证券公司监事任职资格的批复
鲁证监许可〔2016〕5 号	关于核准李恒第证券公司经理层高级管理人员任职资格的批复
鲁证监许可〔2016〕6 号	关于核准中泰证券股份有限公司设立 8 家证券营业部的批复
鲁证监许可〔2016〕7 号	关于核准中泰证券股份有限公司撤销寿光正阳路证券营业部的批复
豫证监发〔2016〕8 号	关于核准焦作中旅银行股份有限公司证券投资基金销售业务资格的批复
豫证监发〔2016〕87 号	关于核准中原证券股份有限公司变更公司章程重要条款的批复
豫证监发〔2016〕93 号	关于核准中原证券股份有限公司设立 1 家分支机构的批复
豫证监发〔2016〕101 号	关于核准夏晓宁证券公司监事任职资格的批复
豫证监发〔2016〕135 号	关于核准中原证券股份有限公司设立 9 家分支机构的批复
豫证监发〔2016〕200 号	关于核准华信万达期货股份有限公司证券投资基金销售业务资格的批复
豫证监发〔2016〕211 号	关于核准河南和信证券投资顾问有限公司证券投资基金销售业务资格的批复
豫证监发〔2016〕212 号	关于核准中原期货股份有限公司变更股权的批复

续表

发文字号	发文标题
豫证监发〔2016〕226 号	关于核准谢俊生证券公司监事任职资格的批复
豫证监发〔2016〕264 号	关于核准中原证券股份有限公司设立 4 家分支机构的批复
豫证监发〔2016〕285 号	关于核准华信万达期货股份有限公司变更注册资本和股权的批复
豫证监发〔2016〕310 号	关于核准河南安存企业管理咨询有限公司证券投资基金销售业务资格的批复
湘证监机构字〔2016〕55 号	关于核准雍苹证券公司董事长类人员任职资格的批复
湘证监机构字〔2016〕4 号	关于车莉丽同志证券公司董事任职资格的批复
湘证监机构字〔2016〕22 号	关于核准董文华同志证券公司董事任职资格的批复
湘证监机构字〔2016〕51 号	关于廖航证券公司董事任职资格的批复
湘证监机构字〔2016〕48 号	关于徐昂杨证券公司董事任职资格的批复
湘证监机构字〔2016〕54 号	关于核准许长安证券公司董事任职资格的批复
湘证监机构字〔2016〕5 号	关于胡颖同志证券公司监事任职资格的批复
湘证监机构字〔2016〕6 号	关于徐建伟同志证券公司监事任职资格的批复
湘证监机构字〔2016〕38 号	关于吴固林同志证券公司监事任职资格的批复
湘证监机构字〔2016〕52 号	关于马楠证券公司监事任职资格的批复
湘证监机构字〔2016〕50 号	关于雍苹证券公司监事任职资格的批复
湘证监机构字〔2016〕18 号	关于核准杨朝军同志证券公司独立董事
湘证监机构字〔2016〕49 号	关于李明高证券公司独立董事任职资格的批复
湘证监机构字〔2016〕47 号	关于胡廷华证券公司独立董事任职资格的批复
湘证监机构字〔2016〕53 号	关于核准孙志鸿证券公司独立董事任职资格的批复
湘证监机构字〔2016〕27 号	关于核准姜志军同志证券公司经理层高级管理人员任职资格的批复
湘证监机构字〔2016〕7 号	关于核准财富证券有限责任公司设立 1 家分支机构的批复
湘证监机构字〔2016〕16 号	关于核准财富证券有限责任公司设立 3 家分支机构的批复
湘证监机构字〔2016〕32 号	关于核准财富证券有限责任公司设立 4 家分支机构的批复〔2016〕 32 号
湘证监机构字〔2016〕24 号	关于核准财富证券有限责任公司变更注册资本的批复
湘证监机构字〔2016〕36 号	关于核准财富证券有限责任公司变更注册资本的批复〔2016〕36 号
湘证监机构字〔2016〕26 号	关于核准财富证券有限责任公司变更持有 5% 以上股权的股东的批复
湘证监字〔2016〕20 号	关于核准大有期货有限公司证券投资基金销售业务资格的批复
湘证监机构字〔2016〕56 号	关于核准方正证券股份有限公司变更公司章程重要条款的批复
桂证监许可〔2016〕1 号	关于核准谢胜修证券公司董事任职资格的批复
桂证监许可〔2016〕2 号	关于核准吴增琳证券公司董事任职资格的批复
桂证监许可〔2016〕3 号	关于核准国海证券股份有限公司新设 1 家分支机构的批复
桂证监许可〔2016〕4 号	关于核准国海证券股份有限公司新设 17 家分支机构的批复

续表

发文字号	发文标题
桂证监许可〔2016〕5 号	关于核准国海证券股份有限公司卢凯经理层高级管理人员任职资格的批复
桂证监许可〔2016〕6 号	关于核准西部证券股份有限公司撤销 1 家分支机构的批复
桂证监许可〔2016〕7 号	关于核准国海证券股份有限公司新设 15 家分支机构的批复
桂证监许可〔2016〕8 号	关于核准国海证券股份有限公司新设 5 家分公司和 9 家非现场交易证券营业部的批复
渝证监许可〔2016〕1 号	关于核准廖庆轩证券公司董事长类人员任职资格的批复
陕证监许可字〔2016〕1 号	关于核准开源证券股份有限公司设立 4 家分支机构的批复
陕证监许可字〔2016〕2 号	关于陈桂平证券公司经理层高级管理人员任职资格的批复
陕证监许可字〔2016〕3 号	关于巩宝生证券公司董事任职资格的批复
陕证监许可字〔2016〕4 号	关于核准西部证券股份有限公司在湖北、山东设立 4 家营业部的批复
陕证监许可字〔2016〕5 号	关于段亚林证券公司独立董事任职资格的批复
陕证监许可字〔2016〕6 号	关于邱哲证券公司董事任职资格的批复
陕证监许可字〔2016〕7 号	关于邓莹证券公司董事任职资格的批复
陕证监许可字〔2016〕8 号	关于核准开源证券股份有限公司设立 3 家分支机构的批复
陕证监许可字〔2016〕9 号	关于王博证券公司经理层高级管理人员任职资格的批复
陕证监许可字〔2016〕10 号	关于核准西部证券股份有限公司在陕西设立 5 家营业部的批复
陕证监许可字〔2016〕11 号	关于郑建明证券公司独立董事任职资格的批复
陕证监许可字〔2016〕12 号	关于吉达珠证券公司独立董事任职资格的批复
陕证监许可字〔2016〕13 号	关于核准开源证券股份有限公司变更持有 5% 以上股权实际控制人的批复
陕证监许可字〔2016〕14 号	关于核准中邮证券有限责任公司在贵州、新疆设立 2 家分公司的批复
陕证监许可字〔2016〕15 号	关于冯融证券公司经理层高级管理人员任职资格的批复
陕证监许可字〔2016〕16 号	关于核准西部证券股份有限公司在云南、广西等地设立 10 家分支机构的批复
陕证监许可字〔2016〕17 号	关于核准开源证券股份有限公司设立 18 家分支机构的批复
陕证监许可字〔2016〕18 号	关于核准胡海磊证券公司经理层高级管理人员任职资格的批复
陕证监许可字〔2016〕19 号	关于核准中邮证券有限责任公司在河南设立 1 家分公司的批复
陕证监许可字〔2016〕20 号	关于核准西部证券股份有限公司在青海西宁、重庆设立 2 家证券营业部的批复
陕证监许可字〔2016〕21 号	关于核准开源证券股份有限公司设立 5 家分支机构的批复
新证监局〔2016〕18 号	关于核准李艳证券公司高级管理人员任职资格的批复
新证监局〔2016〕218 号	关于核准申万宏源西部证券有限公司设立 1 家证券营业部的批复
深证局许可字〔2016〕1 号	深圳证监局关于核准易曙光证券公司监事任职资格的批复
深证局许可字〔2016〕2 号	深圳证监局关于核准孙艳芳证券公司监事任职资格的批复
深证局许可字〔2016〕3 号	深圳证监局关于核准郭永峰证券公司董事任职资格的批复

续表

发文字号	发文标题
深证局许可字〔2016〕4 号	深圳证监局关于核准宋室彤证券公司董事任职资格的批复
深证局许可字〔2016〕5 号	深圳证监局关于核准盛赟证券公司监事任职资格的批复
深证局许可字〔2016〕6 号	深圳证监局关于核准刘伟文证券公司董事任职资格的批复
深证局许可字〔2016〕7 号	深圳证监局关于核准刘斌证券公司独立董事任职资格的批复
深证局许可字〔2016〕8 号	深圳证监局关于核准郭鉴旻证券公司独立董事任职资格的批复
深证局许可字〔2016〕9 号	深圳证监局关于核准袁超证券公司经理层高级管理人员任职资格的批复
深证局许可字〔2016〕10 号	深圳证监局关于核准赵波证券公司经理层高级管理人员任职资格的批复
深证局许可字〔2016〕11 号	深圳证监局关于核准五矿证券有限公司设立 1 家分支机构的批复
深证局许可字〔2016〕12 号	深圳证监局关于核准蔡坚证券公司经理层高级管理人员任职资格的批复
深证局许可字〔2016〕13 号	深圳证监局关于核准张佑君证券公司经理层高级管理人员任职资格的批复
深证局许可字〔2016〕14 号	深圳证监局关于核准李放证券公司监事任职资格的批复
深证局许可字〔2016〕15 号	深圳证监局关于核准刘克证券公司独立董事任职资格的批复
深证局许可字〔2016〕16 号	深圳证监局关于核准深圳市金斧子投资咨询有限公司证券投资基金销售业务资格的批复
深证局许可字〔2016〕17 号	深圳证监局关于核准深圳前海财厚资产管理有限公司证券投资基金销售业务资格的批复
深证局许可字〔2016〕18 号	深圳证监局关于核准深圳前海凯恩斯资产管理有限公司证券投资基金销售业务资格的批复
深证局许可字〔2016〕19 号	深圳证监局关于核准深圳市华融金融服务有限公司证券投资基金销售业务资格的批复
深证局许可字〔2016〕20 号	深圳证监局关于核准深圳前海欧中联合投资管理有限公司证券投资基金销售业务资格的批复
深证局许可字〔2016〕21 号	深圳证监局关于核准深圳市前海排排网投资管理有限责任公司证券投资基金销售业务资格的批复
深证局许可字〔2016〕22 号	深圳证监局关于核准众成证券有限责任公司变更公司章程重要条款的批复
深证局许可字〔2016〕23 号	深圳证监局关于核准万赢证券有限公司从事外资股业务资格的批复
深证局许可字〔2016〕24 号	深圳证监局关于核准第一创业证券股份有限公司设立 1 家分支机构的批复
深证局许可字〔2016〕25 号	深圳证监局关于核准李新建证券公司董事任职资格的批复
深证局许可字〔2016〕26 号	深圳证监局关于核准徐美云证券公司监事任职资格的批复
深证局许可字〔2016〕27 号	深圳证监局关于核准中国中投证券有限责任公司变更公司章程重要条款的批复
深证局许可字〔2016〕28 号	深圳证监局关于核准深圳盈煜资产管理有限公司证券投资基金销售业务资格的批复
深证局许可字〔2016〕29 号	深圳证监局关于核准刘俊海证券公司独立董事任职资格的批复
深证局许可字〔2016〕30 号	深圳证监局关于核准招商证券股份有限公司变更公司章程重要条款的批复（招商证券股份有限公司）
深证局许可字〔2016〕31 号	深圳证监局关于核准联储证券有限责任公司设立 22 家分支机构的批复

续表

发文字号	发文标题
深证局许可字〔2016〕32 号	深圳证监局关于核准安信证券股份有限公司设立 79 家分支机构的批复
深证局许可字〔2016〕33 号	深圳证监局关于核准何佳证券公司独立董事任职资格的批复
深证局许可字〔2016〕34 号	深圳证监局关于核准中山证券有限责任公司在深圳撤销 1 家分支机构的批复
深证局许可字〔2016〕35 号	深圳证监局关于核准刘纯亮证券公司监事任职资格的批复
深证局许可字〔2016〕36 号	深圳证监局关于核准刘纯亮证券公司监事会主席任职资格的批复
深证局许可字〔2016〕37 号	深圳证监局关于核准中国中投证券有限责任公司设立 15 家分支机构的批复
深证局许可字〔2016〕38 号	深圳证监局关于核准中山证券有限责任公司设立 3 家分支机构的批复
深证局许可字〔2016〕39 号	深圳证监局关于核准中信证券股份有限公司设立 33 家分支机构的批复
深证局许可字〔2016〕40 号	深圳证监局关于核准田明证券公司经理层高级管理人员任职资格的批复
深证局许可字〔2016〕41 号	深圳证监局关于核准陈尚伟证券公司独立董事任职资格的批复
深证局许可字〔2016〕42 号	深圳证监局关于核准联储证券有限责任公司证券自营业务、证券承销业务资格的批复
深证局许可字〔2016〕43 号	深圳证监局关于核准丑建忠证券公司独立董事任职资格的批复
深证局许可字〔2016〕44 号	深圳证监局关于核准中山证券有限责任公司设立 45 家分支机构的批复
深证局许可字〔2016〕45 号	深圳证监局关于核准曹克证券公司监事任职资格的批复
深证局许可字〔2016〕46 号	深圳证监局关于核准苏敏证券公司董事任职资格的批复
深证局许可字〔2016〕47 号	深圳证监局关于核准银泰证券有限责任公司设立 10 家分支机构的批复
深证局许可字〔2016〕48 号	深圳证监局关于核准刘红霞证券公司经理层高级管理人员任职资格的批复
深证局许可字〔2016〕49 号	深圳证监局关于核准五矿证券有限公司设立 1 家分支机构的批复
深证局许可字〔2016〕50 号	深圳证监局关于核准华鑫证券有限责任公司设立 1 家分支机构的批复
深证局许可字〔2016〕51 号	深圳证监局关于核准谢颖证券公司董事任职资格的批复
深证局许可字〔2016〕52 号	深圳证监局关于核准马庆泉证券公司独立董事任职资格的批复
深证局许可字〔2016〕53 号	深圳证监局关于核准马明涛证券公司经理层高级管理人员任职资格的批复
深证局许可字〔2016〕54 号	深圳证监局关于核准王化成证券公司独立董事任职资格的批复
深证局许可字〔2016〕55 号	深圳证监局关于核准杨健证券公司经理层高级管理人员任职资格的批复
深证局许可字〔2016〕56 号	深圳证监局关于核准神华期货有限公司变更股权和注册资本的批复
深证局许可字〔2016〕57 号	深圳证监局关于核准刘嫣证券公司董事任职资格的批复
深证局许可字〔2016〕58 号	深圳证监局关于核准陈文旭证券公司董事任职资格的批复
深证局许可字〔2016〕59 号	深圳证监局关于核准周磊证券公司经理层高级管理人员任职资格的批复
深证局许可字〔2016〕60 号	深圳证监局关于核准屈艳霞证券公司经理层高级管理人员任职资格的批复
深证局许可字〔2016〕61 号	深圳证监局关于核准黄美玲证券公司董事任职资格的批复
深证局许可字〔2016〕62 号	深圳证监局关于核准李放证券公司监事会主席任职资格的批复
深证局许可字〔2016〕63 号	深圳证监局关于核准赵颖证券公司董事任职资格的批复

续表

发文字号	发文标题
深证局许可字〔2016〕64 号	深圳证监局关于核准朱海武证券公司独立董事任职资格的批复
深证局许可字〔2016〕65 号	深圳证监局关于核准周里勇证券公司经理层高级管理人员任职资格的批复
深证局许可字〔2016〕66 号	深圳证监局关于核准梁学来证券公司经理层高级管理人员任职资格的批复
深证局许可字〔2016〕67 号	深圳证监局关于核准屈婳证券公司监事任职资格的批复
深证局许可字〔2016〕68 号	深圳证监局关于核准许森源证券公司经理层高级管理人员任职资格的批复
深证局许可字〔2016〕69 号	深圳证监局关于核准丁益证券公司董事长类人员任职资格的批复
深证局许可字〔2016〕70 号	深圳证监局关于核准招商证券股份有限公司设立 26 家分支机构的批复
深证局许可字〔2016〕71 号	深圳证监局关于核准国信证券股份有限公司变更公司章程重要条款的批复
深证局许可字〔2016〕72 号	深圳证监局关于核准第一创业证券股份有限公司变更公司章程重要条款的批复
深证局许可字〔2016〕73 号	深圳证监局关于核准李志涛证券公司经理层高级管理人员任职资格的批复
深证局许可字〔2016〕74 号	深圳证监局关于核准臧晓松证券公司董事任职资格的批复
深证局许可字〔2016〕75 号	深圳证监局关于核准杨润莲证券公司监事任职资格的批复
深证局许可字〔2016〕76 号	深圳证监局关于核准王芊证券公司董事任职资格的批复
深证局许可字〔2016〕77 号	深圳证监局关于核准郑华证券公司经理层高级管理人员任职资格的批复
深证局许可字〔2016〕78 号	深圳证监局关于核准高鹏证券公司董事任职资格的批复
深证局许可字〔2016〕79 号	深圳证监局关于核准国海证券股份有限公司在深圳撤销 1 家分支机构的批复
深证局许可字〔2016〕80 号	深圳证监局关于核准安信证券股份有限公司变更公司章程重要条款的批复
深证局许可字〔2016〕81 号	深圳证监局关于核准国盛证券资产管理有限公司变更公司章程重要条款的批复
深证局许可字〔2016〕82 号	深圳证监局关于核准何青证券公司经理层高级管理人员任职资格的批复
深证局许可字〔2016〕83 号	深圳证监局关于核准谢德春证券公司董事任职资格的批复
深证局许可字〔2016〕84 号	深圳证监局关于核准田晔证券公司监事任职资格的批复
深证局许可字〔2016〕85 号	深圳证监局关于核准赵秀峰证券公司经理层高级管理人员任职资格的批复
深证局许可字〔2016〕86 号	深圳证监局关于核准李章证券公司监事任职资格的批复
深证局许可字〔2016〕87 号	深圳证监局关于核准李伟东证券公司独立董事任职资格的批复
深证局许可字〔2016〕88 号	深圳证监局关于核准联储证券有限责任公司设立 27 家分支机构的批复
深证局许可字〔2016〕89 号	深圳证监局关于核准第一创业证券股份有限公司设立 5 家分支机构的批复
深证局许可字〔2016〕90 号	深圳证监局关于核准中山证券有限责任公司设立 18 家分支机构的批复
深证局许可字〔2016〕91 号	深圳证监局关于核准长城证券股份有限公司设立 12 家分支机构的批复
深证局许可字〔2016〕92 号	深圳证监局关于核准吕春卫证券公司董事任职资格的批复
深证局许可字〔2016〕93 号	深圳证监局关于核准苏志敏证券公司董事任职资格的批复
深证局许可字〔2016〕94 号	深圳证监局关于核准祝要斌证券公司董事任职资格的批复

续表

发文字号	发文标题
深证局许可字〔2016〕95 号	深圳证监局关于核准赵敏证券公司监事任职资格的批复
深证局许可字〔2016〕96 号	深圳证监局关于核准华商银行证券投资基金销售业务资格的批复
深证局许可字〔2016〕97 号	深圳证监局关于核准平安证券有限责任公司变更公司章程重要条款的批复
深证局许可字〔2016〕98 号	深圳证监局关于核准蔡启孝证券公司董事任职资格的批复
深证局许可字〔2016〕99 号	深圳证监局关于核准王大雄证券公司董事任职资格的批复
深证局许可字〔2016〕100 号	深圳证监局关于核准吴钧证券公司经理层高级管理人员任职资格的批复
深证局许可字〔2016〕101 号	深圳证监局关于核准杨鸿证券公司监事任职资格的批复
深证局许可字〔2016〕102 号	深圳证监局关于核准安信证券股份有限公司设立 42 家分支机构的批复
深证局许可字〔2016〕103 号	深圳证监局关于核准崔利国证券公司独立董事任职资格的批复
深证局许可字〔2016〕104 号	深圳证监局关于核准李建辉证券公司独立董事任职资格的批复
深证局许可字〔2016〕105 号	深圳证监局关于核准招商证券股份有限公司设立 1 家分支机构的批复
深证局许可字〔2016〕106 号	深圳证监局关于核准陈忠证券公司董事任职资格的批复
深证局许可字〔2016〕107 号	深圳证监局关于核准万长平证券公司经理层高级管理人员任职资格的批复
深证局许可字〔2016〕108 号	深圳证监局关于核准范世森证券公司经理层高级管理人员任职资格的批复
深证局许可字〔2016〕109 号	深圳证监局关于核准白涛证券公司独立董事任职资格的批复
深证局许可字〔2016〕110 号	深圳证监局关于核准易卫东证券公司经理层高级管理人员任职资格的批复
深证局许可字〔2016〕111 号	深圳证监局关于核准香港万银证券有限公司深圳代表处更名的批复
深证局许可字〔2016〕112 号	深圳证监局关于核准华鑫证券有限责任公司设立 2 家分支机构的批复
深证局许可字〔2016〕113 号	深圳证监局关于核准世纪证券有限责任公司设立 8 家分支机构的批复
深证局许可字〔2016〕114 号	深圳证监局关于核准马骁证券公司经理层高级管理人员任职资格的批复
深证局许可字〔2016〕115 号	深圳证监局关于核准国盛证券资产管理有限公司变更公司章程重要条款的批复
深证局许可字〔2016〕116 号	深圳证监局关于核准英大证券有限责任公司设立 4 家分支机构的批复
深证局许可字〔2016〕117 号	深圳证监局关于核准联储证券有限责任公司与证券交易、证券投资活动有关的财务顾问业务、代销金融产品业务资格的批复
深证局许可字〔2016〕118 号	深圳证监局关于核准银河金汇证券资产管理有限公司作为合格境机构投资者从事境外证券投资管理业务的批复
深证局许可字〔2016〕119 号	深圳证监局关于核准宗兆昌证券公司经理层高级管理人员任职资格的批复
深证局许可字〔2016〕120 号	深圳证监局关于核准姚珏证券公司监事任职资格的批复
深证局许可字〔2016〕121 号	深圳证监局关于核准张旭东证券公司独立董事任职资格的批复
深证局许可字〔2016〕122 号	深圳证监局关于核准安琪证券公司经理层高级管理人员任职资格的批复
深证局许可字〔2016〕123 号	深圳证监局关于核准王建力证券公司经理层高级管理人员任职资格的批复
深证局许可字〔2016〕124 号	深圳证监局关于核准胡益民证券公司经理层高级管理人员任职资格的批复
深证局许可字〔2016〕125 号	深圳证监局关于核准王国华证券公司经理层高级管理人员任职资格的批复

续表

发文字号	发文标题
深证局许可字〔2016〕126 号	深圳证监局关于核准联储证券有限责任公司变更持有 5% 以上股权的实际控制人资格的批复
深证局许可字〔2016〕127 号	深圳证监局关于核准傅振刚证券公司监事会主席任职资格的批复

二、行 政 处 罚

(一)2016 年作出的行政处罚决定书目录

1. 2016 年处罚委作出的行政处罚决定书目录

关于辽宁省机械(集团)股份有限公司、吴岩违反证券法规的行政处罚决定书(〔2016〕1 号)
关于虞凌云违反证券法规的行政处罚决定书(〔2016〕2 号)
关于胡捷违反证券法规的行政处罚决定书(〔2016〕3 号)
关于刘钦涛违反证券法规的行政处罚决定书(〔2016〕4 号)
关于陶晹、傅湘南违反证券法规的行政处罚决定书(〔2016〕5 号)
关于广东东方锆业科技股份有限公司、陈潮钿等违反证券法规的行政处罚决定书(〔2016〕6 号)
关于科泰控股有限公司违反证券法规的行政处罚决定书(〔2016〕7 号)
关于张海光违反证券法规的行政处罚决定书(〔2016〕8 号)
关于黄芝颢违反证券法规的行政处罚决定书(〔2016〕9 号)
关于陈明贤违反证券法规的行政处罚决定书(〔2016〕10 号)
关于陈悦婷违反证券法规的行政处罚决定书(〔2016〕11 号)
关于海南亚太实业发展股份有限公司、梁德根等违反证券法规的行政处罚决定书(〔2016〕12 号)
关于贾宏林违反证券法规的行政处罚决定书(〔2016〕13 号)
关于周广鹏违反证券法规的行政处罚决定书(〔2016〕14 号)
关于岳子微违反证券法规的行政处罚决定书(〔2016〕15 号)
关于姚军违反证券法规的行政处罚决定书(〔2016〕16 号)
关于张兆祯违反证券法规的行政处罚决定书(〔2016〕17 号)
关于王智元违反证券法规的行政处罚决定书(〔2016〕18 号)
关于王敏违反证券法规的行政处罚决定书(〔2016〕19 号)
关于利安达会计师事务所、汪应华等违反证券法规的行政处罚决定书(〔2016〕20 号)
关于广西康华农业股份有限公司、李艳等违反证券法规的行政处罚决定书(〔2016〕21 号)

续表

关于浙江步森服饰股份有限公司、王建军等违反证券法规的行政处罚决定书(〔2016〕22 号)
关于开元资产评估有限公司、孟庆民等违反证券法规的行政处罚决定书(〔2016〕23 号)
关于王靖违反证券法规的行政处罚决定书(〔2016〕24 号)
关于袁灵斌、李军违反证券法规的行政处罚决定书(〔2016〕25 号)
关于王如增、钟仁志、任斌海违反证券法规的行政处罚决定书(〔2016〕26 号)
关于李彩霞违反证券法规的行政处罚决定书(〔2016〕27 号)
关于刘如宝违反证券法规的行政处罚决定书(〔2016〕28 号)
关于邵东平违反证券法规的行政处罚决定书(〔2016〕29 号)
关于李云岗违反证券法规的行政处罚决定书(〔2016〕30 号)
关于谢庆华违反证券法规的行政处罚决定书(〔2016〕31 号)
关于上海永邦投资有限公司、朱德洪等违反证券法规的行政处罚决定书(〔2016〕32 号)
关于上海金力方股权投资合伙企业、朱德洪等违反证券法规的行政处罚决定书(〔2016〕33 号)
关于上海精熙投资发展中心、夏宁等违反证券法规的行政处罚决定书(〔2016〕34 号)
关于李正雪违反证券法规的行政处罚决定书(〔2016〕35 号)
关于王强彬违反证券法规的行政处罚决定书(〔2016〕36 号)
关于杨剑波违反证券法规的行政处罚决定书(〔2016〕37 号)
关于唐政斌违反证券法规的行政处罚决定书(〔2016〕38 号)
关于李宁违反证券法规的行政处罚决定书(〔2016〕39 号)
关于中航投资控股有限公司、杨圣军等违反证券法规的行政处罚决定书(〔2016〕40 号)
关于深圳市中鑫富盈基金管理有限公司、李建林等违反证券法规的行政处罚决定书(〔2016〕41 号)
关于叶兆平违反证券法规的行政处罚决定书(〔2016〕42 号)
关于朱岩违反证券法规的行政处罚决定书(〔2016〕43 号)
关于徐英违反证券法规的行政处罚决定书(〔2016〕44 号)
关于孟庆虹违反证券法规的行政处罚决定书(〔2016〕45 号)
关于李俊违反证券法规的行政处罚决定书(〔2016〕46 号)
关于夏雪违反证券法规的行政处罚决定书(〔2016〕47 号)
关于石乃珊违反证券法规的行政处罚决定书(〔2016〕48 号)
关于刘峰违反证券法规的行政处罚决定书(〔2016〕49 号)
关于陈勇违反证券法规的行政处罚决定书(〔2016〕50 号)
关于唐隆违反证券法规的行政处罚决定书(〔2016〕51 号)
关于潘荣伟违反证券法规的行政处罚决定书(〔2016〕52 号)
关于叶书违反证券法规的行政处罚决定书(〔2016〕53 号)
关于张为杰违反证券法规的行政处罚决定书(〔2016〕54 号)

续表

关于黄超明违反证券法规的行政处罚决定书(〔2016〕55 号)
关于苏嘉鸿违反证券法规的行政处罚决定书(〔2016〕56 号)
关于重庆云锦广告传媒有限责任公司违反证券法规的行政处罚决定书(〔2016〕57 号)
关于广州嬴石网络科技有限公司违反证券法规的行政处罚决定书(〔2016〕58 号)
关于中国连锁杂志社、姜海峰违反证券法规的行政处罚决定书(〔2016〕59 号)
关于罗先进违反证券法规的行政处罚决定书(〔2016〕60 号)
关于黄信铭等违反证券法规的行政处罚决定书(〔2016〕61 号)
关于庄丹明违反证券法规的行政处罚决定书(〔2016〕62 号)
关于卫强违反证券法规的行政处罚决定书(〔2016〕63 号)
关于李文龙等违反证券法规的行政处罚决定书(〔2016〕64 号)
关于欧阳俊东违反证券法规的行政处罚决定书(〔2016〕65 号)
关于陆小萍违反证券法规的行政处罚决定书(〔2016〕66 号)
关于张琴违反证券法规的行政处罚决定书(〔2016〕67 号)
关于胡坤明违反证券法规的行政处罚决定书(〔2016〕68 号)
关于陈贇违反证券法规的行政处罚决定书(〔2016〕69 号)
关于陈岑宇违反证券法规的行政处罚决定书(〔2016〕70 号)
关于江泉违反证券法规的行政处罚决定书(〔2016〕71 号)
关于史波、沈延军违反证券法规的行政处罚决定书(〔2016〕72 号)
关于刘俊峰违反证券法规的行政处罚决定书(〔2016〕73 号)
关于申启永违反证券法规的行政处罚决定书(〔2016〕74 号)
关于瞿明淑违反证券法规的行政处罚决定书(〔2016〕75 号)
关于彭旭违反证券法规的行政处罚决定书(〔2016〕76 号)
关于广州穗富投资管理有限公司、易向军等违反证券法规的行政处罚决定书(〔2016〕77 号)
关于吴伟钢、蒋明、杨曲凭违反证券法规的行政处罚决定书(〔2016〕78 号)
关于颜玲明违反证券法规的行政处罚决定书(〔2016〕79 号)
关于朱彬元违反证券法规的行政处罚决定书(〔2016〕80 号)
关于北京无线天利移动信息技术股份有限公司、钱永耀违反证券法规的行政处罚决定书(〔2016〕81 号)
关于内蒙古敕勒川科技发展股份有限公司、赵伟等违反证券法规的行政处罚决定书(〔2016〕82 号)
关于参仙源参业股份有限公司、于成波等违反证券法规的行政处罚决定书(〔2016〕83 号)
关于丹东欣泰电气股份有限公司、温德乙等违反证券法规的行政处罚决定书(〔2016〕84 号)
关于刘丹违反证券法规的行政处罚决定书(〔2016〕85 号)
关于罗向阳、罗杨颖违反证券法规的行政处罚决定书(〔2016〕86 号)
关于朱炜明违反证券法规的行政处罚决定书(〔2016〕87 号)

续表

关于上海大智慧股份有限公司、张长虹等违反证券法规的行政处罚决定书(〔2016〕88 号)
关于立信会计师事务所、姜维杰等违反证券法规的行政处罚决定书(〔2016〕89 号)
关于北京中同华资产评估有限公司、徐建福等违反证券法规的行政处罚决定书(〔2016〕90 号)
关于兴业证券股份有限公司、兰翔等违反证券法规的行政处罚决定书(〔2016〕91 号)
关于北京兴华会计师事务所、王全洲等违反证券法规的行政处罚决定书(〔2016〕92 号)
关于福建金森林业股份有限公司、王国熙等违反证券法规的行政处罚决定书(〔2016〕93 号)
关于福建连城兰花股份有限公司、饶春荣等违反证券法规的行政处罚决定书(〔2016〕94 号)
关于满善平等违反证券法规的行政处罚决定书(〔2016〕95 号)
关于马祥峰违反证券法规的行政处罚决定书(〔2016〕96 号)(注:部分变更,见行政复议决定书〔2016〕139 号)
关于高扬瑜违反证券法规的行政处罚决定书(〔2016〕97 号)
关于谢暄违反证券法规的行政处罚决定书(〔2016〕98 号)
关于李文捷违反证券法规的行政处罚决定书(〔2016〕99 号)
关于湖北洋丰股份有限公司、杨才学等违反证券法规的行政处罚决定书(〔2016〕100 号)
关于周继和违反证券法规的行政处罚决定书(〔2016〕101 号)
关于黑龙江北大荒农业股份有限公司、杨忠诚等违反证券法规的行政处罚决定书(〔2016〕102 号)
关于北京市大地科技实业总公司、于洋违反证券法规的行政处罚决定书(〔2016〕103 号)
关于李洪、刘涛违反证券法规的行政处罚决定书(〔2016〕104 号)
关于利安达会计师事务所、王晶等违反证券法规的行政处罚决定书(〔2016〕105 号)
关于管祖庆违反证券法规的行政处罚决定书(〔2016〕106 号)
关于辽宁振隆特产股份有限公司、黄跃等违反证券法规的行政处罚决定书(〔2016〕107 号)
关于北京市中银律师事务所、唐金龙等违反证券法规的行政处罚决定书(〔2016〕108 号)
关于信达证券股份有限公司、寻源等违反证券法规的行政处罚决定书(〔2016〕109 号)
关于肖海东违反证券法规的行政处罚决定书(〔2016〕110 号)
关于赵晨违反证券法规的行政处罚决定书(〔2016〕111 号)
关于中德证券有限责任公司、李庆中等违反证券法规的行政处罚决定书(〔2016〕112 号)
关于中融汇智金融服务(上海)有限公司、李辉等违反证券法规的行政处罚决定书(〔2016〕113 号)
关于成都每日经济新闻报社有限公司、李智违反证券法规的行政处罚决定书(〔2016〕114 号)
关于王先春违反证券法规的行政处罚决定书(〔2016〕115 号)
关于江苏舜天船舶股份有限公司、王军民等违反证券法规的行政处罚决定书(〔2016〕116 号)
关于曹玉彬、曹玉军、栾玲违反证券法规的行政处罚决定书(〔2016〕117 号)
关于现代农装科技股份有限公司、李树君等违反证券法规的行政处罚决定书(〔2016〕118 号)
关于刘增铖违反证券法规的行政处罚决定书(〔2016〕119 号)
关于广州市创势翔投资有限公司、黄平等违反证券法规的行政处罚决定书(〔2016〕120 号)

续表

关于任良成违反证券法规的行政处罚决定书(〔2016〕121 号)
关于中国中投证券有限责任公司、曾新胜等违反证券法规的行政处罚决定书(〔2016〕122 号)
关于杭州恒生网络技术服务有限公司、刘曙峰等违反证券法规的行政处罚决定书(〔2016〕123 号)
关于浙江核新同花顺网络信息股份有限公司、朱志峰等违反证券法规的行政处罚决定书(〔2016〕124 号)
关于上海铭创软件技术有限公司、刘照波等违反证券法规的行政处罚决定书(〔2016〕125 号)
关于华泰证券股份有限公司违反证券法规的行政处罚决定书(〔2016〕126 号)
关于海通证券股份有限公司违反证券法规的行政处罚决定书(〔2016〕127 号)
关于广发证券股份有限公司违反证券法规的行政处罚决定书(〔2016〕128 号)
关于方正证券股份有限公司违反证券法规的行政处罚决定书(〔2016〕129 号)
关于湖北福诚澜海资产管理有限公司、丁凯等违反证券法规的行政处罚决定书(〔2016〕130 号)
关于南京致臻达资产管理有限公司、马强违反证券法规的行政处罚决定书(〔2016〕131 号)
关于浙江丰范资本管理有限公司、石敏军等违反证券法规的行政处罚决定书(〔2016〕132 号)
关于臣乾金融信息服务(上海)有限公司、孙肖违反证券法规的行政处罚决定书(〔2016〕133 号)
关于黄辰爽违反证券法规的行政处罚决定书(〔2016〕134 号)
关于杭州米云科技有限公司、柳阳违反证券法规的行政处罚决定书(〔2016〕135 号)
关于陆婷婷违反证券法规的行政处罚决定书(〔2016〕136 号)
关于赵哲民违反证券法规的行政处罚决定书(〔2016〕137 号)
关于上海安硕信息技术股份有限公司、高鸣等违反证券法规的行政处罚决定书(〔2016〕138 号)
关于浦俊懿、郑奇威违反证券法规的行政处罚决定书(〔2016〕139 号)

2. 地方局作出的处罚决定书目录

序号	单位	名称	文号
1	北京证监局	关于王向远违反证券法规的行政处罚决定书	(〔2016〕)1 号
		关于姜艳杰违反证券法规的行政处罚决定书	(〔2016〕)2 号
		关于秦宏伟违反证券法规的行政处罚决定书	(〔2016〕)3 号
		关于洪卓奇违反证券法规的行政处罚决定书	(〔2016〕)4 号
		关于马彦文违反证券法规的行政处罚决定书	(〔2016〕)5 号
		关于曲乐违反证券法规的行政处罚决定书	(〔2016〕)6 号
2	天津证监局	关于赵文源违反证券法规的行政处罚决定书	(〔2016〕)1 号
		关于辛其兴违反证券法规的行政处罚决定书	(〔2016〕)2 号
		关于李谦违反证券法规的行政处罚决定书	(〔2016〕)3 号
3	河北证监局	中国证券监督管理委员会河北监管局行政处罚决定书(户玉倩)	(〔2016〕)1 号

续表

序号	单位	名称	文号
4	上海证监局	关于对荣丰控股集团股份有限公司、王征等22名责任人违反证券法规的行政处罚决定书	(〔2016〕)1号
		关于对匹凸匹金融信息服务(上海)股份有限公司、鲜言等9名责任人违反证券法规的行政处罚决定书	(〔2016〕)2号
		关于对上海喆麟股权投资基金管理有限公司、黄琳、陈社乐违反证券法规的行政处罚决定书	(〔2016〕)3号
		关于对上海格林兰投资企业(有限合伙)违反证券法规的行政处罚决定书	(〔2016〕)4号
		关于对上海绿新包装材料科技股份有限公司、王丹等5名责任人违反证券法规的行政处罚决定书	(〔2016〕)5号
		关于对锐奇控股股份有限公司、吴明厅、吴霞钦违反证券法规的行政处罚决定书	(〔2016〕)6号
		关于对董荣亭违反证券法规的行政处罚决定书	(〔2016〕)7号
		关于对孟洁违反证券法规的行政处罚决定书	(〔2016〕)8号
5	江苏证监局	关于刘庆涛违反证券法规的行政处罚决定书	(〔2016〕)1号
		关于姚启强违反证券法规的行政处罚决定书	(〔2016〕)2号
6	浙江证监局	关于陈大魁违反证券法规的行政处罚决定书	(〔2016〕)1号
		关于苏泊尔集团有限公司违反证券法规的行政处罚决定书	(〔2016〕)2号
		关于王智斌违反证券法规的行政处罚决定书	(〔2016〕)3号
		关于蔡福益违反证券法规的行政处罚决定书	(〔2016〕)4号
7	安徽证监局	关于艾强违反证券法规的行政处罚决定书	(〔2016〕)1号
		关于任向敏等人违反证券法规的行政处罚决定书	(〔2016〕)2号
		关于袁福祥违反证券法规的行政处罚决定书	(〔2016〕)3号
8	河南证监局	关于神马实业股份有限公司违反证券法规的行政处罚决定书	(〔2016〕)1号
		关于赵天琦、王智焕违反证券法规的行政处罚决定书	(〔2016〕)2号
9	湖南证监局	关于朱勇违反证券法规的行政处罚决定书	(〔2016〕)1号
		关于周金明违反证券法规的行政处罚决定书	(〔2016〕)2号
10	广东证监局	关于钟迅违反证券法规的行政处罚决定书	(〔2016〕)1号
		关于宋海龙违反证券法规的行政处罚决定书	(〔2016〕)2号
		关于肖学进违反证券法规的行政处罚决定书	(〔2016〕)3号
		关于朱康军违反证券法规的行政处罚决定书	(〔2016〕)4号
		关于林木治违反证券法规的行政处罚决定书	(〔2016〕)5号
		关于广州穗富投资管理有限公司、易向军、欧阳晓辉等3名责任人违反证券法规的行政处罚决定书	(〔2016〕)6号
		关于郭亚峰违反证券法规的行政处罚决定书	(〔2016〕)7号
		关于施建刚违反证券法规的行政处罚决定书	(〔2016〕)8号

续表

序号	单位	名称	文号
		关于周毅违反证券法规的行政处罚决定书	(〔2016〕)9号
		关于广东青原信息科技投资管理有限公司、郝朝旭违反证券法规的行政处罚决定书	(〔2016〕)10号
		关于广州云系股权投资有限公司、黄友鑫、刘毅刚、刘杰等4名责任人违反证券法规的行政处罚决定书	(〔2016〕)11号
		关于柯建斌违反证券法规的行政处罚决定书	(〔2016〕)12号
		关于陈建政、王芳违反证券法规的行政处罚决定书	(〔2016〕)13号
		关于蔡伟、蔡建伟违反证券法规的行政处罚决定书	(〔2016〕)14号
11	重庆证监局	关于重庆同德投资集团有限公司、彭超、张强、张丹等4名责任人违反证券法规的行政处罚决定书	(〔2016〕)1号
12	四川证监局	关于前锋股份、杨晓斌等违反证券法规的行政处罚决定书	(〔2016〕)1号
13	深圳证监局	关于深圳奥特迅电力设备股份有限公司、廖晓东违反证券法规的行政处罚决定书	(〔2016〕)1号
		关于深圳市零七股份有限公司、广州博融投资有限公司、练卫飞、叶健勇违反证券法规的行政处罚决定书	(〔2016〕)2号
		关于深圳市海格物流股份有限公司、梅春雷、赵积虎、阮继红违反证券法规的行政处罚决定书	(〔2016〕)3号
		关于陈焱违反证券法规的行政处罚决定书	(〔2016〕)4号
		关于中科汇通(深圳)股权投资基金有限公司、单祥双违反证券法规的行政处罚决定书	(〔2016〕)5号
		关于陈述违反证券法规的行政处罚决定书	(〔2016〕)6号
		关于深圳中恒华发股份有限公司、李中秋、陈志刚、唐敢于、翁小珏、曹丽违反证券法规的行政处罚决定书	(〔2016〕)7号
		关于国富浩华会计师事务所、支梓、陈满薇违反证券法规的行政处罚决定书	(〔2016〕)8号
14	大连证监局	关于时空客集团股份有限公司违反证券法规的行政处罚决定书	(〔2016〕)1号
		关于王学锋违反证券法规的行政处罚决定书	(〔2016〕)2号
15	宁波证监局	关于成迪龙违反证券法规的行政处罚决定书	(〔2016〕)1号
16	吉林证监局	关于杨帆违反证券法规的行政处罚决定书	(〔2016〕)1号
		关于于欣薇违反证券法规的行政处罚决定书	(〔2016〕)2号
17	山西证监局	关于李坚文违反证券法规的行政处罚决定书	(〔2016〕)1号
		关于山西安泰集团股份有限公司违反证券法规的行政处罚决定书	(〔2016〕)2号
		关于东营国际金融贸易港有限公司违反证券法规的行政处罚决定书	(〔2016〕)3号
		关于中融金城投资担保有限公司违反证券法规的行政处罚决定书	(〔2016〕)4号
		关于李育勤违反证券法规的行政处罚决定书	(〔2016〕)5号
18	新疆证监局	关于雪峰科技违反证券法规的行政处罚决定书	(〔2016〕)1号

(二)典 型 案 例

陈某不服证监会行政处罚决定行政诉讼案

一、基本案情

原告:陈某

被告:中国证监会

2015 年 5 月 21 日 9 点 04 分,原告陈某使用名为“三一巨人”的新浪微博账户发布了有关三一重工股份有限公司(以下简称“三一重工”)获得军工准入证的涉案微博,称“三一拿到了军工准入证,这是实力的象征,是党和国家的信任”,并配有《关于成立三一军工部的决定》的文件截图,同时还通过“@”的方式,将涉案微博抄送给一些媒体账户。

一方面,原告编造的虚假信息广泛传播、混淆视听,引起了媒体及市场基于虚假信息对三一重工的过度关注和追捧。该信息及微博截图还被诸多官方媒体、门户网站财经频道、专业财经网站及其他媒体渠道转发、评论,受到广泛关注和传播。

另一方面,原告编造传播虚假信息,扰乱了三一重工正常的经营管理秩序,干扰了三一重工信息披露行为。涉案微博发布后,很多人打电话给三一重工求证,影响了其正常工作秩序。同时,根据上市公司信息披露有关规定,三一重工不得不在 2015 年 5 月 21 日股市收盘以后发布公告,澄清涉案微博信息为虚假信息。

尤为严重的是,原告编造传播虚假信息后,三一重工股票价格和交易量发生异常波动,股票价格大幅上涨,既偏离当日上证综指和所属板块的走势,也偏离该股 5 月 21 日之前的历史走势。故我会于 2015 年 11 月 3 日作出《行政处罚决定书》(〔2015〕59 号,以下简称《处罚决定》),认定原告的行为构成《证券法》第七十八条第一款规定的编造、传播虚假信息的违法行为,并依据《证券法》第二百零六条的规定,责令其予以改正,处以 15 万元罚款。

2016 年 5 月 12 日,原告因不服我会《处罚决定》,向北京市一中院提起行政诉讼,请求撤销《处罚决定》。2017 年 1 月 16 日,北京市一中院就本案作出判决,认为原告的行为构成编造、传播虚假信息违法行为,我会处罚决定考虑到原告违法行为的性质、情节及社会危害程度,罚款数额并未超出我会裁量范围。原告的诉讼理由均不成立,对其诉讼请求不予支持。

二、焦点问题评析

本案争议焦点为原告发送涉案微博的行为是否构成《证券法》规定的编造、传播虚假信息违法行为,具体可分为四个问题:一是涉案微博是否属于虚假信息;二是原告是否具有主观故意;三是原告是否为该违法行为的适格主体;四是原告行为是否构成扰乱证券市场。

原告认为:1. 原告并无编造故意,涉案微博截图系经过与三一重工核实后发布,文字表述不实属于认知理解错误,且具有一定事实基础,也未参与证券市场获利。2. 传播虚假信息的是未履行审核义务的相关网络媒体。3. 原告并非《证券法》第七十八条规定的“有关人员”,不应成为规制、处罚对象。4. 涉案微博信息并非三一重工股票涨停的原因,原告的行为并未扰乱证券市场。

法院认为,本案主要争议焦点是对原告行为是否构成编造传播虚假信息违法行为的认定问题。第一,涉案微博构成虚假信息,文字部分无信息来源且被三一重工予以澄清,构成虚假信息。涉案微博中文件截图的真实性,不影响虚假信息的认定。第二,原告具有编造、传播虚假信息的主观故意,表现为明知信息内容不实仍发布传播,行为人主观是否具有获利动机及有关认知背景等因素并非认定故意时的考量因素。第三，原告是编造、传播虚假信息违法行为的适格主体，《证券法》第七十八条规定的“有关人员”系指以其编造、传播虚假信息行为破坏证券市场信息发布与传播秩序，进而扰乱证券市场的人员。自媒体时代网络信息传播具有发散性、持续性等特点，具备一定影响力的网络信息发布者与传播者均可以归入“有关人员”范围。第四，原告的行为构成扰乱证券市场。扰乱证券市场既包括对证券市场有关信息披露秩序及上市公司管理秩序的扰乱，也包括对股票价格正常发现机制的扰乱。原告行为破坏了信息的正常发布与传播秩序，对三一重工的管理造成一定影响，且与股价异常波动具有相关性，原告主张的其他利好因素的影响，不能否定原告行为与股价异常之间的相关性。

三、办案体会

本案司法判决支持了我会关于编造、传播虚假信息案件的认定标准和执法原则，简明直接地对《证券法》第七十八条第一款规定中的“有关人员”范围、主观故意的判断、虚假信息的认定及“扰乱证券市场”的表现这四个方面的问题予以阐明，为我会监管执法工作提供强有力的支持，为此后的类案办理提供更为明晰的标准。

DYZK不服证监会行政处罚决定行政诉讼案

一、基本案情

原告：DYZK电镀厂有限公司

被告：中国证监会

我会《行政处罚决定书》(〔2015〕96号，以下简称《处罚决定》)认定，在2014年11月10日减持前，原告为持股达芜湖长信科技股份有限公司(以下简称长信科技)已发行股份比例18.485%的股东。原告通过深圳证券交易所大宗交易系统分别于2014年11月10日减持“长信科技”2,260万股，占当时长信科技已发行股份的4.3994%，于2014年11月13日减持“长信科技”520万股，占当时长信科技已发行股份的1.0123%，于2015年4月13日减持“长信科技”735万股，占当时长信科技已发行股份的1.2738%，于2015年4月15日减持“长信科技”535万股，占当时长信科技已发行股份的0.9272%，于2015年4月16日减持“长信科技”1,000万股，占当时长信科技已发行股份的1.733%，于2015年4月22日减持“长信科技”2,000万股，占当时长信科技已发行股份的3.4662%。

上述交易累计减持股份7,050万股，占已发行股份的比例达到12.8121%。其中，在2014年11月13日15时06分31秒减持220万股后，原告累计减持比例超过长信科技已发行股份的5%。原告减持“长信科技”两次累计达到5%后，未及时向中国证监会和深圳证券交易所提交书面报告，也未通知上市公司并予以公告。在没有报告、公告的情况下，原告于2014年11月13日继续通过大宗交易减持“长信科技”，累计减持股份占长信科技已发行股份的12.8121%，原告减持“长信科技”5%以后，违法减持的股份数为44,814,897股，违法减持金额为956,590,452.05元。

我会于2015年12月24日作出《处罚决定》，认为原告的上述行为违反了《证券法》第三十八条“依法发行的股票、公司债券及其他证券，法律对其转让期限有限制性规定的，在限定的期限内不得买卖”及第八十六条第二款“投资者持有或者通过协议、其他安排与他人共同持有一个上市公司已发行的股份达到百分之五后，其所持该上市公司已发行的股份比例每增加或者减少百分之五，应当依照前款规定进行报告和公告。在报告期限内和作出报告、公告后二日内，不得再行买卖该上市公司的股票”的规定，构成《证券法》第一百九十三条第二款“发行人、上市公司或者其他信息披露义务人未按照规定报送有关报告”和第二百零四条“违反法律规定,在限制转让期限内买卖证券”所述违法行为,依法责令原告改正,就超比例减持行为公开致歉,对原告予以警告,并合计罚款 3040 万元。

原告因不服我会《处罚决定》,向北京市第一中级人民法院(以下简称北京市一中院)提起行政诉讼,请求撤销《处罚决定》。2016 年 10 月 18 日,北京市一中院就本案作出判决,认为我会处罚决定认定事实清楚、适用法律正确,法院予以支持,驳回原告诉讼请求。

二、焦点问题评析

本案争议焦点为:一是《证券法》第八十六条第二款规定的持有或者通过协议、其他安排与他人共同持有一个上市公司已发行的股份达到 5% 的投资者(以下简称大股东),是否必须在增持或者减持上市公司已发行股份的比例刚好达到 5% 时履行信息披露义务。二是被诉处罚决定将原告 2014 年 11 月 13 日 15 时 06 分 31 秒之后至 2015 年的历次减持行为均认定为违法行为,并进而累计其违法减持数额是否符合法律规定。三是本案中原告是否具有法定从轻或者减轻情节。

原告认为:1. 原告已就被诉处罚决定中涉及的历次股份减持行为,依法履行了书面通知和公告义务。2. 原告按规定发布股东减持股份公告以及减持比例接近 5% 时即发布权益变动报告书的行为符合《证券法》的立法本意,保障了上市公司和中小股东的利益。3. 被诉处罚决定中认定的处罚金额过重,原告在股灾发生后曾积极申请增持长信科技股票,但后因现行政策限制未能实现增持。

法院认为:1.《证券法》第八十六条第二款所规定的大股东在增持或者减持上市公司已发行股份的比例刚好达到 5% 时应当履行其法定的信息披露义务,其在增持或者减持比例不达 5% 时的信息披露行为,不能豁免其法定信息披露义务。同时,法院同意我会在认定增持或者减持比例时,结合交易规则综合考虑最小交易单位等合理因素的观点,大股东在增持或者减持比例刚好达到 5% 时进行信息披露并非不可操作,本案中原告的减持比例显然已经远远超出这一合理范围。2. 被诉处罚决定将原告 2014 年 11 月 13 日 15 时 06 分 31 秒减持 220 万股之后,即其累计减持比例超过长信科技已发行股份的 5% 之后的减持行为均认定为违法行为,并累计违法减持数额不违反法律规定。大股东履行其信息披露义务应是解除其买卖股票限制的前提条件。在大股东未履行法定报告、公告义务以消除违法状态的情况下,其违反信息披露义务处于持续状态,进而其所负的限制买卖义务也应处于持续状态,不能发生所谓“清零”的效果。3. 原告虽然主观上有通过反向增持以减轻违法行为危害后果的意图,但客观上并未实施,因此不能作为认定其具有从轻或者减轻处罚情形的依据。至于原告认为其为境外企业,因受到国家相关规定的限制导致其无法反向增持,不足以作为抗辩理由。

三、办案体会

本案中,法院支持了我会关于上市公司股东不能以减持比例未达 5% 的自愿披露代替达到 5% 时法定披露义务的观点,同时支持了我会关于上市公司股东在减持比例达 5% 未履行信息披露义务后的所有减持行为均属于“在限制转让期限内买卖证券”的观点,对办理此类案件具有一定的指导意义。

三、行 政 复 议

(一)2016 年作出的行政复议决定书目录

关于檀小强不服举报投诉答复的行政复议决定书(〔2016〕1 号)
关于钱宗南不服举报投诉答复的行政复议决定书(〔2016〕2 号)
关于刘冬成不服举报投诉答复的行政复议决定书(〔2016〕3 号)
关于杨华楼不服举报投诉答复的行政复议决定书(〔2016〕4 号)
关于严云不服举报投诉答复的行政复议决定书(〔2016〕5 号)
关于韩红苓不服举报投诉答复的行政复议决定书(〔2016〕6 号)
关于郭民岗不服行政处罚的行政复议决定书(〔2016〕7 号)
关于吕宇慧不服举报投诉答复的行政复议决定书(〔2016〕8 号)
关于倪春香不服举报投诉答复的行政复议决定书(〔2016〕9 号)
关于利安达会计师事务所有限责任公司不服行政处罚的行政复议决定书(〔2016〕10 号)
关于华仁世纪集团有限公司不服行政处罚的行政复议决定书(〔2016〕11 号)
关于董传文不服行政处罚的行政复议决定书(〔2016〕12 号)
关于王咏梅不服举报投诉答复的行政复议决定书(〔2016〕13 号)
关于张长安不服举报投诉答复的行政复议决定书(〔2016〕14 号)
关于上海宝银创赢投资管理有限公司等不服行政处罚的行政复议决定书(〔2016〕15 号)
关于刘征奇不服行政处罚的行政复议决定书(〔2016〕16 号)
关于刘征奇不服市场禁入的行政复议决定书(〔2016〕17 号)
关于闵晓艳不服信息公开答复的行政复议决定书(〔2016〕18 号)
关于杨期能不服信息公开答复的行政复议决定书(〔2016〕19 号)
关于杨华楼不服举报投诉答复的行政复议决定书(〔2016〕20 号)
关于太原兴四达机电技术有限公司不服举报投诉答复的行政复议决定书(〔2016〕21 号)
关于陶暘不服行政处罚的行政复议决定书(〔2016〕22 号)
关于陶暘不服市场禁入的行政复议决定书(〔2016〕23 号)
关于李曙堃不服举报投诉答复的行政复议决定书(〔2016〕24 号)
关于常运东不服行政处罚的行政复议决定书(〔2016〕25 号)
关于薛文聪不服行政处罚的行政复议决定书(〔2016〕26 号)

续表

关于闫振兴不服举报投诉答复的行政复议决定书(〔2016〕27 号)
关于张智军不服行政处罚的行政复议决定书(〔2016〕28 号)
关于蒋波不服举报投诉答复的行政复议决定书(〔2016〕29 号)
关于罗建伟不服举报投诉答复的行政复议决定书(〔2016〕30 号)
关于虞凌云不服行政处罚的行政复议决定书(〔2016〕31 号)
关于吴婷婷不服信息公开答复的行政复议决定书(〔2016〕32 号)
关于上海宝银创赢投资管理有限公司不服监管措施的行政复议决定书(〔2016〕33 号)
关于深圳市投资控股有限公司不服行政处罚的行政复议决定书(〔2016〕34 号)
关于张海光不服行政处罚的行政复议决定书(〔2016〕36 号)
关于杨期能不服信息公开答复的行政复议决定书(〔2016〕37 号)
关于龙静文不服监管措施的行政复议决定书(〔2016〕38 号)
关于刘钦涛不服行政处罚的行政复议决定书(〔2016〕39 号)
关于杨华楼不服举报投诉答复的行政复议决定书(〔2016〕40 号)
关于龙静文不服信息公开答复的行政复议决定书(〔2016〕41 号)
关于杨金柱不服举报投诉答复的行政复议决定书(〔2016〕42 号)
关于杨金柱不服举报投诉答复的行政复议决定书(〔2016〕43 号)
关于张淑欣不服举报投诉答复的行政复议决定书(〔2016〕44 号)
关于海南亚太实业发展股份有限公司不服行政处罚的行政复议决定书(〔2016〕45 号)
关于安双荣不服行政处罚的行政复议决定书(〔2016〕46 号)
关于龙静文不服举报投诉答复的行政复议决定书(〔2016〕47 号)
关于王敏不服行政处罚的行政复议决定书(〔2016〕48 号)
关于田亚斌不服行政处罚的行政复议决定书(〔2016〕49 号)
关于章宝珍、詹水潮不服举报投诉答复的行政复议决定书(〔2016〕50 号)
关于谢庆华不服行政处罚的行政复议决定书(〔2016〕51 号)
关于吴慧群不服信息公开答复的行政复议决定书(〔2016〕52 号)
关于常清不服行政处罚的行政复议决定书(〔2016〕53 号)
关于丁强不服行政处罚的行政复议决定书(〔2016〕54 号)
关于邵九林不服行政处罚的行政复议决定书(〔2016〕55 号)
关于姜海锋不服行政处罚的行政复议决定书(〔2016〕56 号)
关于申启永不服行政处罚的行政复议决定书(〔2016〕57 号)
关于杨新红不服监管措施的行政复议决定书(〔2016〕58 号)
关于龙静文不服信息公开答复的行政复议决定书(〔2016〕59 号)
关于唐隆不服行政处罚的行政复议决定书(〔2016〕60 号)

续表

关于胡晓不服举报投诉答复的行政复议决定书(〔2016〕61 号)
关于王云不服举报投诉答复的行政复议决定书(〔2016〕62 号)
关于刘晓蓉不服举报投诉答复的行政复议决定书(〔2016〕63 号)
关于刘志清不服举报投诉的行政复议决定书(〔2016〕64 号)
关于刘志清不服举报投诉的行政复议决定书(〔2016〕65 号)
关于龙静文不服信息公开答复的行政复议决定书(〔2016〕66 号)
关于姚雪萍不服信息公开答复的行政复议决定书(〔2016〕67 号)
关于龙静文不服信息公开答复的行政复议决定书(〔2016〕68 号)
关于龙静文不服信息公开答复的行政复议决定书(〔2016〕69 号)
关于励永法不服举报投诉答复的行政复议决定书(〔2016〕70 号)
关于王云不服举报投诉答复的行政复议决定书(〔2016〕71 号)
关于朱乔春不服举报投诉答复的行政复议决定书(〔2016〕72 号)
关于庄德智不服行政处罚的行政复议决定书(〔2016〕73 号)
关于朱炜明不服行政处罚的行政复议决定书(〔2016〕74 号)
关于朱炜明不服市场禁入的行政复议决定书(〔2016〕75 号)
关于陈勇不服行政处罚的行政复议决定书(〔2016〕76 号)
关于杨洋不服信息公开答复的行政复议决定书(〔2016〕77 号)
关于夏雪不服行政处罚的行政复议决定书(〔2016〕78 号)
关于参仙源参业股份有限公司不服行政处罚的行政复议决定书(〔2016〕79 号)
关于于成波不服行政处罚的行政复议决定书(〔2016〕80 号)
关于李殿文不服行政处罚的行政复议决定书(〔2016〕81 号)
关于赵冬颖不服行政处罚的行政复议决定书(〔2016〕82 号)
关于肖林不服行政处罚的行政复议决定书(〔2016〕83 号)
关于吴文莉不服行政处罚的行政复议决定书(〔2016〕84 号)
关于蒋群不服行政处罚的行政复议决定书(〔2016〕85 号)
关于刘晓蓉不服举报投诉答复的行政复议决定书(〔2016〕86 号)
关于瞿明淑不服行政处罚的行政复议决定书(〔2016〕87 号)
关于王玲不服信息公开答复的行政复议决定书(〔2016〕88 号)
关于张恩民不服举报投诉答复的行政复议决定书(〔2016〕89 号)
关于胡晓勇不服行政处罚的行政复议决定书(〔2016〕90 号)
关于杨金柱不服举报投诉答复的行政复议决定书(〔2016〕91 号)
关于张建敏不服举报投诉答复的行政复议决定书(〔2016〕92 号)
关于杨洋不服信息公开答复的行政复议决定书(〔2016〕93 号)

续表

关于杨洋不服信息公开答复的行政复议决定书(〔2016〕94 号)
关于杨洋不服信息公开答复的行政复议决定书(〔2016〕95 号)
关于杨洋不服信息公开答复的行政复议决定书(〔2016〕96 号)
关于杨洋不服信息公开答复的行政复议决定书(〔2016〕97 号)
关于杨洋不服信息公开答复的行政复议决定书(〔2016〕98 号)
关于杨洋不服信息公开答复的行政复议决定书(〔2016〕99 号)
关于杨洋不服信息公开答复的行政复议决定书(〔2016〕100 号)
关于杨洋不服信息公开答复的行政复议决定书(〔2016〕101 号)
关于杨洋不服信息公开答复的行政复议决定书(〔2016〕102 号)
关于杨洋不服信息公开答复的行政复议决定书(〔2016〕103 号)
关于杨洋不服信息公开答复的行政复议决定书(〔2016〕104 号)
关于杨洋不服信息公开答复的行政复议决定书(〔2016〕105 号)
关于杨洋不服信息公开答复的行政复议决定书(〔2016〕106 号)
关于杨洋不服信息公开答复的行政复议决定书(〔2016〕107 号)
关于杨洋不服信息公开答复的行政复议决定书(〔2016〕108 号)
关于杨洋不服信息公开答复的行政复议决定书(〔2016〕109 号)
关于杨洋不服信息公开答复的行政复议决定书(〔2016〕110 号)
关于杨洋不服信息公开答复的行政复议决定书(〔2016〕111 号)
关于杨洋不服信息公开答复的行政复议决定书(〔2016〕112 号)
关于华雪不服信息公开答复的行政复议决定书(〔2016〕113 号)
关于立信会计师事务所不服行政处罚的行政复议决定书(〔2016〕114 号)
关于顾元成不服举报投诉答复的行政复议决定书(〔2016〕115 号)
关于郭卫不服举报投诉答复的行政复议决定书(〔2016〕116 号)
关于甄军不服举报投诉答复的行政复议决定书(〔2016〕117 号)
关于张建敏不服举报投诉答复的行政复议决定书(〔2016〕118 号)
关于周玲松不服行政处罚的行政复议决定书(〔2016〕119 号)
关于易向军不服行政处罚的行政复议决定书(〔2016〕120 号)
关于广州穗富投资有限公司不服行政处罚的行政复议决定书(〔2016〕121 号)
关于朱勇不服行政处罚的行政复议决定书(〔2016〕122 号)
关于深圳市康达尔(集团)股份有限公司不服监管措施的行政复议决定书(〔2016〕123 号)
关于温德乙不服市场禁入的行政复议决定书(〔2016〕124 号)
关于温德乙不服行政处罚的行政复议决定书(〔2016〕125 号)
关于丹东欣泰电气股份有限公司不服行政处罚的行政复议决定书(〔2016〕126 号)

续表

关于林俊波不服行政处罚的行政复议决定书(〔2016〕127 号)
关于刘志清不服信息公开答复的行政复议决定书(〔2016〕128 号)
关于励永法不服信息公开答复的行政复议决定书(〔2016〕129 号)
关于赵亚光不服行政处罚的行政复议决定书(〔2016〕130 号)
关于刘长友不服行政处罚的行政复议决定书(〔2016〕131 号)
关于王贵不服行政处罚的行政复议决定书(〔2016〕132 号)
关于陶喜军不服行政处罚的行政复议决定书(〔2016〕133 号)
关于宋顾年不服行政处罚的行政复议决定书(〔2016〕134 号)
关于朱小平不服行政处罚的行政复议决定书(〔2016〕135 号)
关于于逸生不服行政处罚的行政复议决定书(〔2016〕136 号)
关于赵世君不服行政处罚的行政复议决定书(〔2016〕137 号)
关于杨金柱不服举报投诉答复的行政复议决定书(〔2016〕138 号)
关于马祥峰不服行政处罚的行政复议决定书(〔2016〕139 号)
关于马祥峰不服市场禁入的行政复议决定书(〔2016〕140 号)
关于宋君燕不服行政处罚的行政复议决定书(〔2016〕141 号)
关于刘树芬不服行政处罚的行政复议决定书(〔2016〕142 号)
关于李亮不服行政处罚的行政复议决定书(〔2016〕143 号)
关于朱乔春不服举报投诉答复的行政复议决定书(〔2016〕144 号)
关于李文捷不服行政处罚的行政复议决定书(〔2016〕145 号)
关于李文捷不服市场禁入的行政复议决定书(〔2016〕146 号)
关于邝平福不服举报投诉答复的行政复议决定书(〔2016〕147 号)
关于周小平不服信息公开答复的行政复议决定书(〔2016〕148 号)
关于周小军不服信息公开答复的行政复议决定书(〔2016〕149 号)
关于顾元成不服举报投诉答复的行政复议决定书(〔2016〕150 号)
关于朱乔春不服举报投诉答复的行政复议决定书(〔2016〕151 号)
关于朱乔春不服举报投诉答复的行政复议决定书(〔2016〕152 号)
关于金松不服举报投诉答复的行政复议决定书(〔2016〕153 号)
关于朱乔春不服信息公开答复的行政复议决定书(〔2016〕154 号)

(二)典 型 案 例

葛某某等人不服上海证监局行政处罚行政诉讼案

一、基本案情

原告:葛某某、周某某、管某某、张某、苏某

被告:中国证监会、上海证监局

上海证监局《行政处罚决定书》(沪〔2015〕4号,以下简称《处罚决定》)认定,2008年,上海家化时任董事长葛某某,安排上海家化退休职工管理委员会(以下简称上海家化退管会)等单位和个人投资吴江市黎里沪江日用化学品厂(以下简称沪江日化),并约定成立沪江日化管委会行使董事会职能。2009年2月至2012年12月期间,上海家化时任副总经理宣某兼任沪江日化管委会成员。根据《上市公司信息披露管理办法》(以下简称《信批办法》)第七十一条,并参照《上海证券交易所股票上市规则》第10.1.3条第(三)项、第10.1.5条第(二)项规定,上海家化与沪江日化构成关联关系,二者之间的交易属于关联交易。但上海家化对上述关联关系及关联交易情况均未披露,构成信息披露违法。上海证监局对上海家化及17名责任人员给予行政处罚。时任董事长葛某某是对上海家化信息披露违法直接负责的主管人员,给予警告,并处以15万元罚款;时任副总经理王某、方某、时任董事童某、时任独立董事周某某、苏某、管某某、张某是信息披露违法其他直接责任人员,分别给予警告,并处以3万元罚款。

2015年8月,葛某某、王某、方某、童某、周某某、苏某、管某某、张某等8人不服《处罚决定》,向我会申请行政复议。我会组织召开行政复议听证会,听取申请人陈述申辩意见。根据审查情况,并经第十二次稽查执法专题会研究决定,我会作出《行政复议决定书》(〔2015〕46号、48-51号,以下简称《复议决定》),依法维持上海证监局《处罚决定》。

2015年12月,葛某某、周某某、管某某、张某、苏某等5人因不服上海证监局《处罚决定》及我会《复议决定》,以上海证监局和我会为共同被告,提起行政诉讼。2016年8月29日,上海市浦东新区人民法院判决驳回原告的全部诉讼请求。

二、焦点问题评析

2016年7月20日,法院开庭审理了本案。庭审中,原被告双方主要围绕以下问题展开辩论:1.上海家化与沪江日化是否构成关联关系;2.独立董事是否履行勤勉尽责义务,应否对上海家化信息披露违法承担责任。

(一)法院判决支持我会适用《信批办法》等有关规定认定上市公司关联方

原告主张:1.沪江日化管委会并未实际成立,所谓管委会会议纪要均系上海家化时任资产管理部总监王某某为上海家化退管会分取投资收益擅自编制的《分红纪要》。上海家化及时任董事长葛某某并未委派副总经理宣某兼任沪江日化管委会成员,宣某亦未实际参与沪江日化的经营管理。2.本案应适用《公司法》、财政部企业会计准则、税务总局《特别纳税调整实施办法(试行)》认定上海家化与沪江日化构成关联关系,不应根据我会《信批办法》仅凭两个企业共用一名管理人员,就认定构成关联关系。

法院判决认定,2009年至2012年期间,上海家化时任副总经理宣某在历次沪江日化管委会会议纪要上均签字确认,足以证明其实际参与沪江日化经营管理工作。《信披办法》作为规范上市公司信息披露行为的专门法律规范,与《公司法》并不冲突。我会及上海证监局依据《信披办法》,并参照《上海证券交易所股票上市规则》有关规定,以上海家化时任副总经

理宣某兼任沪江日化管委会成员，认定上海家化与沪江日化构成关联关系，符合法律规定及立法精神。

（二）法院判决认定无证据证明勤勉尽责的，独立董事应对上市公司信息披露违法承担法律责任

原告周某某等4名独立董事主张，其担任上海家化独立董事期间已履行勤勉尽责义务，上海证监局以上海家化与沪江日化构成关联关系倒推原告未勤勉尽责，属于本末倒置。

法院判决认定，根据《证券法》第六十三条、六十八条及《信批办法》第五十八条规定，上市公司信息披露的真实、准确、完整有赖于全体董事、监事和高级管理人员勤勉尽责，通过履职、检查和督导工作促进上市公司切实加强信息披露管理，保护投资者合法权益。本案中，上海家化未依法披露关联关系及关联交易情况，原告时任上海家化独立董事，在相应年报上签署确认意见，且未有证据证明其已勤勉尽责，应属于上海家化信息披露违法的其他直接责任人员。

三、办案体会

证券市场是高度依赖信息的市场，上市公司信息披露的真实、准确、完整是证券市场正常运行的基础，也是证券市场监管的重点。本案司法判决进一步明确了上市公司信息披露监管的法律适用依据与责任认定标准，为我会不断加强上市公司信息披露监管提供了有力支持。

刘某某不服证监会举报答复行政诉讼案

一、基本案情

原告：刘某某

被告：中国证监会

原告刘某某系康美药业投资者，自2014年起先后多次来访、来信，举报康美药业回购股份信息披露违规、虚增土地资产、土地资产流失以及广发证券出具核查意见涉嫌包庇康美药业财务造假等问题。我会及广东证监局均按程序予以办理，并书面答复原告。原告认为，其多次向我会反映投诉，我会不作为、信息不公开，致使其遭受重大损失，向北京市第一中级人民法院（以下简称北京市一中院）提起行政诉讼，请求判令我会依法行政、信息公开，并赔偿行政不作为、信息不公开给原告造成的损失。

2016年10月24日，北京市一中院就本案作出裁定，驳回原告刘某某的起诉。原告不服，提起上诉，请求北京市高院撤销一审裁定，并判令我会履行法定职责，对其针对康美药业违法行为向我会提出的举报进行查处。

二、焦点问题评析

本案争议焦点为原告作为投资者与我会是否履行对上市公司进行查处的职责之间是否具有法律上的利害关系，即原告是否具备提起本案诉讼的原告主体资格。

法院认为，根据《证券法》第一条规定，为了规范证券发行和交易行为，保护投资者的合法权益，维护社会经济秩序和社会公共利益，促进社会主义市场经济的发展，制定本法。被告作为证券市场监管部门应在上述立法本意下履行职责，其对投资者权益的保护并不具体到不特定的股民个人，股民个人的合法权益应通过被告对整体证券交易市场秩序的维护监督予以实现。本案中，原告主张康美药业虚假回购，财务造假等违法行为，要求被告予以查处。根据相关法律规定，被告针对康美药业履行证券市场的监管职责，对康美药业是否存在违法行为进行调查处理的结果并不直接对原告的权利义务产生影响。因此，原告作为股民与被告是否履行对康美药业进行查处的职责之间不具有法律上的利害关系，不具备提请本案诉讼的原告主体资格，对其起诉应予驳回。

三、办案体会

随着中小投资者维权意识的不断提升，实

践中也有个别投资者滥用举报权利,向行政机关提出大量同质性的举报请求,或者就同一事项反复举报投诉的情况,致使行政机关陷入反复的答复和应诉之中,不仅严重挤占有限的行政资源,也与举报投诉机制的制度初衷背道而驰。目前,《行政诉讼法》及相关司法解释未明确证券市场举报投诉类行政诉讼的原告资格标准。本案明确了原告作为投资者与我会是否履行对上市公司进行查处的职责之间不具有法律上的利害关系,投资者就此提起行政诉讼不符合原告起诉资格,为我会日后应对此类"职业举报人"的无理诉求提供更为明确有力的依据。

龙某某不服湖南证监局信息公开答复行政诉讼案

一、基本案情

原告:龙某某

被告:中国证监会、湖南证监局

原告系湖南拓维信息股份有限公司(以下简称拓维信息)投资者。2014 年 6 月,原告向湖南证监局举报拓维信息存在虚假信息披露嫌疑,要求湖南证监局予以查处。经核查,湖南证监局未发现拓维信息存在原告反映的虚假陈述情况,遂于 2014 年 8 月向原告出具了《关于反映拓维信息相关年度财务报告虚假陈述的回复》(湘证监函〔2014〕289 号,以下简称《回复》),书面告知其核查结果。2016 年 5 月 16 日,原告提交信息公开申请,要求公开湖南证监局对拓维信息现场核查过程中收集、制作的事实证据、笔录材料等信息。2016 年 6 月 27 日,湖南证监局作出《关于龙某某申请信息公开事项的答复函》(湘证监函〔2016〕350 号,以下简称《答复函》),告知原告核查过程中获取的相关财务报表、原始凭证等资料涉及商业秘密,经征求权利人意见后不予公开;核查过程中未制作谈话笔录,未调取相关审计工作底稿;工作日志等信息属于内部管理信息及过程性信息,不属于应予公开的政府信息。2016 年 7 月,原告不服湖南证监局《答复函》,向我会申请行政复议。经审查,我会作出《行政复议决定书》(〔2016〕66 号,以下简称《复议决定》),依法维持湖南证监局《答复函》。

2016 年 11 月,原告因不服湖南证监局《答复函》及我会《复议决定》,以湖南证监局和我会为共同被告,向芙蓉区法院提起行政诉讼,请求撤销《答复函》与《复议决定》,判决湖南证监局根据其信息公开申请的内容重新答复,并承担其损失赔偿及相关诉讼费用。2017 年 1 月 3 日,芙蓉区法院就本案作出判决,认为湖南证监局作出的《答复函》和我会作出的《复议决定》认定事实清楚,证据确凿充分,行政程序合法,适用法律、行政法规正确。原告的诉称理由不成立,对其诉讼请求不予支持。

二、焦点问题评析

2016 年 12 月 20 日,法院开庭审理了本案。本案争议焦点为:一是湖南证监局在核查过程中取得的相关财务报表、原始凭证等材料是否属于商业秘密;二是湖南证监局在核查过程形成的工作日记、讨论记录等是否属于内部管理信息或过程性信息。

原告认为:1. 拓维信息或湖南证监局针对原告举报材料作出的详尽、具体的说明或反驳的书面材料,不属于商业秘密、过程性信息或内部管理信息,应予公开。2. 除《答复函》中涉及材料外,其他调查认定过程中的信息均未进行信息公开,违背法律规定。3. 询问笔录、检查工作报告等不属于内部信息和过程性信息,依法应予公开。

法院认为,本案系对《答复函》和《复议决定》进行合法性审查。第一,根据《政府信息公开条例》第二十三条规定,由于湖南证监局在核查过程中取得的相关财务报表、原始凭证等材料涉及拓维信息的商业秘密,在书面征询拓维信息意见后决定不予公开,并将理由告知原告而作出的答复符合法律规定；根据《反不正当竞争法》第十条规定，拓维信息的财务报表、原始凭证等资料应当认定为商业秘密；根据《会计法》第三十四条规定，会计资料与商业秘密具有较强的紧密联系性，原告关于上述信息不属于商业秘密的诉称意见不予采纳。第二，湖南证监局未制作谈话笔录，也未向拓维信息的年报审计会计师事务所调取相关审计工作底稿，原告也未能提供相关案件线索或证据材料证实湖南证监局已制作或保存上述信息，故根据《政府信息公开条例》第二十一条规定，湖南证监局作出的答复合法。第三，根据《政府信息公开条例》第二十一条及《国务院办公厅关于做好政府信息依申请公开工作的意见》第二条规定，原告申请公开的工作日记及讨论记录等信息属于湖南证监局在日常工作中形成的内部管理信息及过程性信息，对原告没有约束力，也不对其权利义务产生直接影响，湖南证监局对前述资料不予公开符合法律规定。

三、办案体会

当前，以原告为代表的"职业举报人"围绕同一或同类事项穷尽各类救济手段重复反映诉求，滥用行政诉讼权获取不正当利益的情况日益突出，并形成了"举报投诉、得到答复后申请信息公开、对举报答复与信息公开答复分别提起复议、复议后再行诉讼"的流程化模式，甚至开始联合广州、上海、湖南等地的其他律所复制该模式。其中，对举报核查过程中涉及的相关信息申请公开并进而提出复议及诉讼请求是其缠访、缠讼的重要手段。本案司法判决支持了我会关于举报核查相关信息公开申请的答复与法律适用，确认了龙某某等此类案件申请公开的信息属于商业秘密、过程性信息或内部管理信息，能够为我会日后加强监管执法、应对此类"职业举报人"的无理诉求提供更为明确有力的依据，进而提高依申请信息公开的效率和效果。

罗某不服证监会信息公开答复行政诉讼案

一、基本案情

原告：罗某

被告：中国证监会

2015年11月20日，我会收到原告提出的信息公开申请196件，要求我会公开证监信息公开〔2015〕1号至196号信息公开答复以及相应的信息公开申请表。2015年12月29日，我会作出《监管信息告知书》（证监信息公开〔2015〕179号，以下简称《告知书》），以原告要求公开的信息与其自身生产、生活、科研等特殊需要无关为由，我会不予提供。

原告不服，向北京市一中院提起行政诉讼，请求确认《告知书》违法，并责令我会重新针对其信息公开申请作出答复，主要理由为：1.原告已在信息公开申请表中注明申请目的为"准备股市投资"，属于与原告自身生产、生活、科研等特殊需要有关的申请目的。而被告未经研判就认定申请人要求公开的信息与自身特殊需要无关而不予提供，侵犯了原告的知情权。2.原告从证监信息公开〔2015〕1号至196号逐一申请公开，而《告知书》编号仅为179，说明截至答复日，被告依申请政府信息公开答复数量应为179件，与原告申请的"证监信息公开〔2015〕1号至196号"情况差距较大，被告未如实答复且未作任何解释说明。

2016年5月6日，北京市一中院就本案作出判决。北京市一中院认为，本案中，原告不能合理说明其向被告申请的信息系根据自身生产、生活、科研等特殊需要，被告决定不予公开并无不当。虽然被诉《告知书》系针对原告的申请作出，但是该《告知书》对应的申请表实际为原告提交，且其已经实际获取了该《告知书》，被告作出被诉《告知书》并未对原告获取信息的权利造成损害，原告要求撤销被诉告知书的诉讼请求，法院不予支持。

二、焦点问题评析

本案争议焦点为原告申请公开的信息是否与其自身生产、生活、科研等特殊需要相关。

《政府信息公开条例》第十三条规定，公民、法人或者其他组织可以根据自身生产、生活、科研等特殊需要，向国务院部门、地方各级人民政府及县级以上人民政府部门申请获取相关信息。国务院办公厅《关于做好政府信息依申请公开工作的意见》第一条第二款规定，行政机关对申请人要求公开与本人生产、生活、科研等特殊需要无关的政府信息，可以不予提供。最高人民法院《关于审理政府信息公开行政案件若干问题的规定》第十二条规定，有下列情形之一的，被告已经履行告知或者说明义务的，人民法院应当判决驳回原告的诉讼请求：（六）不能合理说明申请获取的政府信息系根据自身生产、生活、科研等特殊需要，且被告据此不予提供的。本案中，原告申请公开的信息为其他公民、法人或者组织向我会提出的申请以及我会作出的答复，与原告自身生产、生活、科研等特殊需要无关，原告亦不能提供证据证明上述信息与其自身特殊需要相关。据此，我会决定不予提供，符合法律规定。

三、办案体会

依申请政府信息公开制度对提高行政机关运行透明度、保障人民群众对行政执法的知情权、监督权，发挥了重要作用。但因政府信息依申请公开门槛较低，实践中出现部分当事人，滥用政府信息依申请公开权利，向行政机关提出大量同质性信息公开申请，或者就同一事项反复申请信息公开，不仅严重挤占行政资源，引发行政争议，而且也与政府信息公开制度的立法原意相背离。本案司法判决，重申了依申请公开政府信息，应当满足“三需要”的基本原则，进而过滤不适当的政府信息公开申请，进一步提高依申请政府信息公开的效率和效果。

聂某某不服证监会行政许可行政复议案

一、基本案情

原告：聂某某

被告：中国证监会

2013年9月27日，我会作出《关于核准浙江浙能电力股份有限公司发行股份吸收合并浙江东南发电股份有限公司的批复》（证监许可〔2013〕1253号，以下简称《批复》），核准浙江浙能电力股份有限公司（以下简称浙能电力）发行股份吸收合并上市公司浙江东南发电股份有限公司（以下简称东南发电）。2013年10月7日，东南电力普通投资者聂某某不服《批复》，认为浙能电力吸收合并东南发电不符合法律规定，向我会申请行政复议。

经审查，我会认为，原告作为东南发电普通投资者，并非被我会核准浙能电力吸收合并东南发电批复的相对人，与我会作出的《批复》不具有利害关系，不符合行政复议受理条件，遂作出《行政复议决定书》（〔2015〕34号，以下简称《复议决定》），依法决定驳回原告的行政复议申请。

原告不服我会《复议决定》，于2015年8月11日向北京市第一中级人民法院（以下简称北京市一中院）提起行政诉讼。2016年1月28日，北京市一中院判决驳回了原告的诉讼请求。原告对一审判决不服，向北京高院提起上诉。2016年6月8日，北京高院作出二审判决，驳回上诉，维持原判。

二、焦点问题评析

本案争议焦点为：原告与我会《批复》是否具有利害关系，原告是否具备申请行政复议的资格。

法院认为，根据《行政复议法》第二条、《行政复议法实施条例》第二十八条第（二）项、第四十八条第一款第（二）项的规定，行政复议申请人应与具体行政行为有利害关系，受理后发行该行政复议申请不符合受理条件的，应予驳回。本案中，我会就核准浙能电力发行股份吸收合并东南发电作出的《批复》，原告并非该批复的相对人，与被复议行为之间没有法律上的利害关系。我会作出驳回原告行政复议申请的决定正确。原告以其系投资人、购买了相关股票为由，主张其与被复议行为之间存在法律上的利害关系，缺乏法律依据，不予支持。

三、办案体会

上市公司的普通投资者人数众多、流动性强，若任一普通投资者对公司治理存在异议，即将本应通过民事诉讼途径解决的争议，以不服举报答复的形式诉诸行政复议、行政诉讼程序，不仅与举报投诉制度设置的主旨相悖，还对我会日常监管执法工作产生不利影响。法院对我会办理此类复议案件的法律适用及思路的认可，有助于我们充分有效地配置行政资源、提高监管工作效率。

隋某某不服福建证监局行政处罚决定行政诉讼案

一、基本案情

原告：隋某某

被告：福建证监局

福建证监局2015年4月23日作出的《行政处罚决定书》（〔2015〕2号）认定，大唐高鸿数据网络技术股份有限公司（以下简称高鸿股份）拟收购北京高阳捷迅信息技术有限公司（以下简称高阳捷迅）的重大资产重组事项为内幕信息，信息敏感期为2013年1月28日至5月31日。姚某是“高鸿股份”重大资产重组居间人，知晓内幕信息。在内幕信息敏感期内，隋某某和姚某联系频繁，并操作妻子赵某账户多次买入“高鸿股份”。2013年10月23日至2014年4月9日，隋某某卖出全部上述股票，获利105.44万元。隋某某的行为违反了《证券法》第七十三条、七十六条的规定，构成了《证券法》第二百零二条规定的行为，决定没收隋某某违法所得1,054,426.63元，并处以1,054,426.63元罚款。

隋某某不服福建证监局行政处罚决定，向福州市鼓楼区法院提起诉讼，法院判决认定行政处罚事实清楚、证据充分、适用法律正确，驳回隋某某的全部诉求。隋某某不服一审判决，向二审法院即福州市中级法院提起上诉。2016年6月2日，福州市中级法院作出二审判决，驳回上诉，维持原判。

二、焦点问题评析

本案有四个争议焦点：一是福建证监局对隋某某内幕交易案是否具有管辖权；二是内幕信息及敏感期的认定；三是原告交易行为是否存在异常；四是案件移送问题。

（一）福建证监局对隋某某内幕交易案是否具有管辖权的问题

法院认为，依据《证券法》第七条第二款规定，我会根据需要可以设立派出机构，按照授权履行监督管理职责，以及证监发〔2013〕45号《关于印发〈中国证监会派出机构行政处罚工作规定〉的通知》“中国证监会各监管局：……依据《证券法》和《行政处罚法》等规定，决定授权证监会各监管局（以下统称派出机构）开展行政处罚工作，派出机构按照授权对管辖范围内的案件进行审理，实施行政处罚。……”的规定，福建监管局是我会设立的派出机构，履行监督管理职责，根据授权管辖原告涉嫌内幕交易案件，符合法律规定。

（二）内幕信息及敏感期认定的问题

法院认定，《证券法》第六十七条规定“公司的重大投资行为和重大的购置财产的行为”属于“可能对上市公司股票交易价格产生较大影响的重大事件”。2013年1月28日，大唐投资、“高鸿股份”与高阳捷迅签订《保密协议》,约定大唐投资、“高鸿股份”对高阳捷迅进行尽职调查,结合 2013 年 1 月 14 日姚某与高阳捷迅董事长曾某某签订的《并购居间合同》、姚某的笔录,表明 2013 年 1 月 28 日“高鸿股份”和高阳捷迅同意为收购事宜对高阳捷迅进行尽职调查,福建证监局认定内幕信息形成不晚于当日并无不当。

(三)隋某某交易行为是否存在异常的问题

法院认定,隋某某将持有的“海亮股份”全部卖出转而买入“高鸿股份”,且大额亏损卖出 4 只股票与买入“高鸿股份”后所得分红仅万余元相比,交易行为明显异常。隋某某提出的亏损不大且股票交易为非理性的辩解理由,不能作为其当日购买“高鸿股份”的合理理由。隋某某提出其在 2015 年 5 月与姚某通话仅是为了共同出资的公司减资事务,但提供的证据无法证实这一主张,不足以排除其存在利用内幕信息从事相关证券交易活动。

(四)案件移送公安机关的相关问题

法院认定,依照《行政执法机关移送涉嫌犯罪案件的规定》第十一条的规定,行政执法机关在移送公安机关之前可以依法作出行政处罚决定,隋某某以公安机关未接收本案为由倒推认为本案不符合行政处罚的情形,没有法律依据。

三、办案体会

隋某某内幕交易案既是福建证监局成立以来的第一起行政诉讼案,也是派出机构首例适用推定方式认定内幕交易被诉的案件。该案相关争议焦点问题不仅在内幕交易案件中具有典型性,还涉及到派出机构行使处罚权的合法性与正当性问题,本案法院判决结果对今后同类型案件会产生一定的示范作用。

徐某某不服证监会信息公开答复行政诉讼案

一、基本案情

原告:徐某某

被告:中国证监会

2016 年 3 月 18 日,徐某某向我会提出信息公开申请,申请公开的信息内容为:“中国证券监督管理委员会公告〔2015〕21 号发布的背景、依据及涉及到的今后若干年,中国证券金融股份有限公司不会退出、当市场剧烈异常波动、可能引发系统性风险时,仍将继续以多种形式发挥维稳作用的执行(含证券持仓量)效力。” 2016 年 4 月 19 日,我会作出《监管信息告知书》(证监信息公开〔2016〕80 号),告知其申请的事项均是就相关问题进行咨询,并非《政府信息公开条例》(以下简称《条例》)所规定的政府信息公开申请,不属于《条例》调整范围。

徐某某对《监管信息告知书》不服,向北京市第一中级人民法院(以下简称北京市一中院)提起行政诉讼,请求法院撤销《告知书》,判令我会公开其申请的政府信息。2016 年11 月1 日,北京市一中院就本案作出裁定,驳回原告诉讼请求。

二、焦点问题评析

本案争议焦点为徐某某提出的申请是否属于《条例》所规定的政府信息公开范畴。

法院认为,根据《条例》第二条之规定,本条例所称政府信息,是指行政机关在履行职责过程中制作或者获取的,以一定形式记录、保存的信息。在政府信息公开制度中,行政机关的审查职责在于对以一定形式记录、保存的政府信息是否应当公开进行审查,并不涉及对信息所依据的相关事实或者法律规范等问题的审查、分析和判断。本案中徐某某提出的申请,实际上是以政府信息公开申请的形式,就我会发布的〔2015〕21 号公告的背景、依据以及相关执行效力等问题向我会提出咨询,已经超出政府信息公开制度的调整范畴。因此,徐某某的申请并非《条例》所规定的政府信息公开申请,我会对徐某某的申请作出的《监管信息告知书》,属于对徐某某的合法权益明显不产生实际影响的行为,不属于行政诉讼的受案范围。徐某某针对监管信息告知书提起本案诉讼,不符合法定起诉条件,其起诉依法应予裁定驳回。

三、办案体会

近年来,我会收到大量要求回答"是否"、"是什么"、"事实依据"、"法律依据"等属于以信息公开名义进行法律、政策或业务咨询等的申请。本案明确了何种情形属于咨询事项而非《条例》的调整范围,对于我会处理以信息公开申请的形式提出咨询的情况具有较强的指导意义。

杨某某不服江苏证监局举报答复行政诉讼案

一、基本案情

原告:杨某某

被告:中国证监会、江苏证监局

原告属于江苏亚邦股份有限公司(以下简称亚邦股份)普通投资者。2016 年 2 月 5 日,原告向江苏证监局举报亚邦股份违规不披露重大行政处罚,要求江苏证监局予以查处。接到原告举报材料后,江苏证监局进行了核查。经核查,亚邦股份连云港分公司因违反《环境影响评价法》和《建设项目环境保护管理条例》的规定,于 2015 年 11 月被灌南县环保局罚款 12 万元,并被责令停止综合利用废硫酸制硫酸铵项目、废盐酸(1000 吨/年)用于替代紫 26#产品中 98% 硫酸酸析分离项目和废活性炭再生项目的生产和使用。上述三项目均为环保项目,并非亚邦股份主营生产线,资产总额占亚邦股份近一期经审计总资产比例不足 1%。2016 年 3 月 10 日,江苏证监局答复原告称,原告举报的亚邦股份被灌篮县环保局所作的行政处罚,不属于《上市公司信息披露管理办法》第三十条规定的应当披露的重大事件。

2016 年 3 月 31 日,原告不服江苏证监局《关于杨某某举报材料的复函》(苏证监信复字〔2016〕34 号,以下简称《举报答复》),向我会申请行政复议。为妥善办理本案,我会就有关重大行政处罚认定标准法律适用问题书面征求了环保局政策法规司及江苏省法制办意见,并召开第五届行政复议委员会第三次会议对本案进行了审议。经审查,我会作出《行政复议决定书》(〔2016〕40 号,以下简称《复议决定》),依法维持江苏证监局《举报答复》。2016 年 7 月,原告因不服江苏证监局《举报答复》及我会《复议决定》,以江苏证监局和我会为共同被告,提起行政诉讼。法院判决驳回了原告的诉讼请求。

二、焦点问题评析

2016 年 10 月 20 日,法院开庭审理本案。庭审中,原被告双方主要围绕灌南县环保局对亚邦股份作出的 12 万元罚款,是否属于应予披露的重大行政处罚。

原告主张:1. 江苏证监局未查清亚邦股份停止生产和使用的三个项目涉及的资产、利润等具体金额是否符合《上海证券交易所股票上市规则》第 9.2 条的规定,仅以罚款金额 12 万元为由认定相关行政处罚不属于重大行政处罚,依据不足。2. 根据《江苏省行政处罚监督办法》第十条规定,没收违法所得或者非法财物价值超过 2 万元的行政处罚属于应报送备案的重大行政处罚,因此本案涉及的行政处罚属于重大行政处罚。3.《上市公司信息披露管理办法》第三十条、《上海证券交易所股票上市规则》第 11.12.5 条规定,上市公司因涉嫌违法违规被有权机关调查,应当予以披露。亚邦股份连云港分公司因违法被灌南县环保局调查,亚邦股份未予披露构成信息披露违法。

法院判决认定,《上市公司信息披露管理办法》第三十条规定,发生可能对上市公司证券及其衍生品交易价格产生较大影响的重大事件,投资者尚未得知时,上市公司应予披露:(十一)公司涉嫌违法违规被有权机构调查,或者受到刑事处罚、重大行政处罚。《上海证券交易所股票上市规则》第 11.12.5 条规定,上市公司出现下列使公司面临重大风险的情形之一是,应当及时披露:(十)公司涉嫌违法违规被有权机构调查,或者受到刑事处罚、重大行政处罚。上述事项涉及具体金额的,比照适用第9.2条规定和本所其他规定。本案中被告针对原告举报事项进行了核查处理,结合亚邦股份经营范围及资产情况,认定灌南县环保局作出的行政处罚不属于法定应当披露的重大事件,行政裁量合理。虽然根据《江苏省行政处罚监督办法》第十条、《江苏省行政处罚听证程序(试行)》第二条规定,对相对人处于2万元罚款适用听证程序的行政处罚属于重大行政处罚,但上述规定的目的在于规范江苏省内行政机关行政处罚的程序,与《上市公司信息披露管理办法》规定的"发生可能对上市公司证券及其衍生品交易价格产生较大影响的重大事件"及《上海证券交易所股票上市规则》第 11.12.5 条规定的"上市公司出现下列使公司面临重大风险的情形"并不相符,对原告相关主张不予支持。此外,因原告在举报中未主张亚邦股份未披露被有权机关调查情况,相关争议内容不属于法院审查范围。

三、办案体会

重大行政处罚属于上市公司信息披露的重要内容,本案反映出我会《上市公司信息披露管理办法》存在一些不完备之处,关于"重大行政处罚"、"公司涉嫌违法违规被有权机关调查"等需要立即披露的事项的含义不够明确,需要进一步研究完善,以便为监管执法提供更为明确有力的依据。

四、监管措施

(一)2016年证监会作出的监管措施决定书目录

监管措施决定书文号	标题
行政监管措施决定书〔2016〕1 号	关于对中勤万信会计师事务所(特殊普通合伙)采取出具警示函措施的决定
行政监管措施决定书〔2016〕2 号	关于对注册会计师龙哲、黄建军采取出具警示函措施的决定
行政监管措施决定书〔2016〕3 号	关于对注册会计师肖逸、龙哲采取出具警示函措施的决定
行政监管措施决定书〔2016〕4 号	关于对中和资产评估有限公司采取出具警示函措施的决定
行政监管措施决定书〔2016〕5 号	关于对注册资产评估师冯道祥、何俊采取出具警示函措施的决定
行政监管措施决定书〔2016〕6 号	关于对注册资产评估师牛东政、何俊采取出具警示函措施的决定
行政监管措施决定书〔2016〕7 号	关于对注册资产评估师石少波、何俊采取出具警示函措施的决定
行政监管措施决定书〔2016〕8 号	关于对注册资产评估师赵志银、徐敬旗采取出具警示函措施的决定
行政监管措施决定书〔2016〕9 号	关于对银信资产评估有限公司采取出具警示函措施的决定
行政监管措施决定书〔2016〕10 号	关于对资产评估师张和平、夏天、李琦采取出具警示函措施的决定
行政监管措施决定书〔2016〕11 号	关于对资产评估师尹鹏、魏波采取出具警示函措施的决定

续表

监管措施决定书文号	标题
行政监管措施决定书〔2016〕12 号	关于对江苏银信资产评估房地产估价有限公司及资产评估师王顺林、夏秋芳、史晓宁采取出具警示函措施的决定
行政监管措施决定书〔2016〕13 号	关于对资产评估师杨建平、张萍采取出具警示函措施的决定
行政监管措施决定书〔2016〕14 号	关于对天职国际会计师事务所（特殊普通合伙）采取出具警示函措施的决定
行政监管措施决定书〔2016〕15 号	关于对汪吉军、乔国刚、王亚彬采取出具警示函措施的决定
行政监管措施决定书〔2016〕16 号	关于对邱靖之、乔国刚采取出具警示函措施的决定
行政监管措施决定书〔2016〕17 号	关于对王玥、张琼采取出具警示函措施的决定
行政监管措施决定书〔2016〕18 号	关于对刘宇科、李明、贺艳峰采取出具警示函措施的决定
行政监管措施决定书〔2016〕19 号	关于对大华会计师事务所（特殊普通合伙）采取出具警示函措施的决定
行政监管措施决定书〔2016〕20 号	关于敖都吉雅、范鹏飞采取出具警示函措施的决定
行政监管措施决定书〔2016〕21 号	关于对张乾明、司马湘卿采取出具警示函措施的决定
行政监管措施决定书〔2016〕22 号	关于对范荣、韩军民采取出具警示函措施的决定
行政监管措施决定书〔2016〕23 号	关于对众华会计师事务所（特殊普通合伙）采取责令改正措施的决定
行政监管措施决定书〔2016〕24 号	关于对李文祥、王丽芳采取出具警示函措施的决定
行政监管措施决定书〔2016〕25 号	关于对楼光华、温如春采取出具警示函措施的决定
行政监管措施决定书〔2016〕26 号	关于对广东正中珠江会计师事务所（特殊普通合伙）采取监管谈话措施的决定
行政监管措施决定书〔2016〕27 号	关于对冼宏飞、关文源采取监管谈话措施的决定
行政监管措施决定书〔2016〕28 号	关于对何国栓、刘清采取监管谈话措施的决定
行政监管措施决定书〔2016〕29 号	关于对利安达会计师事务所（特殊普通合伙）及蒋淑霞、王兴杰采取出具警示函措施的决定
行政监管措施决定书〔2016〕30 号	关于对立信会计师事务所（特殊普通合伙）及李长照、王志勇采取出具警示函措施的决定
行政监管措施决定书〔2016〕31 号	关于对坤元资产评估有限公司及闵诗阳、王夕、章陈秋、白植亮、马挺采取出具警示函措施的决定
行政监管措施决定书〔2016〕32 号	关于对水耀东、孙小中采取暂不受理与行政许可有关文件 6 个月措施的决定
行政监管措施决定书〔2016〕33 号	关于对渤海证券股份有限公司采取责令改正措施的决定
行政监管措施决定书〔2016〕34 号	关于对广发基金管理有限公司采取责令改正措施的决定
行政监管措施决定书〔2016〕35 号	关于对杭州数米基金销售有限公司采取责令改正措施的决定
行政监管措施决定书〔2016〕36 号	关于对陈柏青采取出具警示函措施的决定
行政监管措施决定书〔2016〕37 号	关于对嘉实财富管理有限公司采取责令改正措施的决定
行政监管措施决定书〔2016〕38 号	关于对国联期货股份有限公司采取责令改正措施的决定
行政监管措施决定书〔2016〕39 号	关于对山东神光咨询服务有限责任公司采取责令改正措施的决定
行政监管措施决定书〔2016〕40 号	关于对汇添富基金管理股份有限公司采取责令改正措施的决定

续表

监管措施决定书文号	标题
行政监管措施决定书〔2016〕41 号	关于对张晖采取出具警示函措施的决定
行政监管措施决定书〔2016〕42 号	关于对海际证券有限责任公司采取出具警示函措施的决定
行政监管措施决定书〔2016〕43 号	关于对李罡、王帅采取出具警示函措施的决定
行政监管措施决定书〔2016〕44 号	关于对国信证券股份有限公司相关人员采取监管谈话等监管措施的决定
行政监管措施决定书〔2016〕45 号	关于对张瑾采取出具警示函措施的决定
行政监管措施决定书〔2016〕46 号	关于对平安证券有限责任公司采取责令增加内部合规检查次数并提交合规检查报告措施的决定
行政监管措施决定书〔2016〕47 号	关于对宝盈基金管理有限公司采取暂停办理相关业务措施的决定
行政监管措施决定书〔2016〕48 号	关于对东方汇智资产管理有限公司采取暂停办理相关业务措施的决定
行政监管措施决定书〔2016〕49 号	关于对民生加银资产管理有限公司采取暂停办理相关业务措施的决定
行政监管措施决定书〔2016〕50 号	关于对上海锐懿资产管理有限公司采取暂停办理相关业务措施的决定
行政监管措施决定书〔2016〕51 号	关于对黑龙江省容维投资顾问有限责任公司采取责令暂停新增客户措施的决定
行政监管措施决定书〔2016〕52 号	关于对美都能源股份有限公司采取责令改正、监管谈话监管措施的决定
行政监管措施决定书〔2016〕53 号	关于对金徽酒股份有限公司采取出具警示函监管措施的决定
行政监管措施决定书〔2016〕54 号	关于对赵麟、胡旭采取暂不受理与行政许可有关文件 6 个月措施的决定
行政监管措施决定书〔2016〕55 号	关于对尹清余、王静波采取暂不受理与行政许可有关文件 3 个月措施的决定
行政监管措施决定书〔2016〕56 号	关于对国泰君安证券股份有限公司采取出具警示函措施的决定
行政监管措施决定书〔2016〕57 号	关于对郝彦辉、张斌采取暂不受理与行政许可有关文件 6 个月措施的决定
行政监管措施决定书〔2016〕58 号	关于对宏信证券有限责任公司采取责令限期改正并暂停在全国中小企业股份转让系统新开客户交易权限业务 6 个月行政监管措施的决定
行政监管措施决定书〔2016〕59 号	关于对财富证券有限责任公司采取责令限期改正并暂停在全国中小企业股份转让系统新开客户交易权限业务 6 个月行政监管措施的决定
行政监管措施决定书〔2016〕60 号	关于对西南证券股份有限公司采取监管谈话措施的决定
行政监管措施决定书〔2016〕61 号	关于对侯力、何燕采取暂不受理与行政许可有关文件 6 个月措施的决定
行政监管措施决定书〔2016〕62 号	关于对高贵雄、赵菲采取监管谈话措施的决定
行政监管措施决定书〔2016〕63 号	关于对中泰证券股份有限公司采取出具警示函措施的决定
行政监管措施决定书〔2016〕64 号	关于对东莞证券股份有限公司采取出示警示函措施的决定
行政监管措施决定书〔2016〕65 号	关于对喻建杰、王承军采取出示警示函措施的决定
行政监管措施决定书〔2016〕66 号	关于对樊海东、战肖华、陈胜可采取出具警示函措施的决定
行政监管措施决定书〔2016〕67 号	关于对邱添敏、郭天顺采取出具警示函措施的决定
行政监管措施决定书〔2016〕68 号	关于对李志杰、毕杰采取出具警示函措施的决定
行政监管措施决定书〔2016〕69 号	关于对海通证券股份有限公司及臧黎明、朱玉峰采取出具警示函监管措施的决定
行政监管措施决定书〔2016〕70 号	关于对广东梅雁吉祥水电股份有限公司采取出具警示函措施的决定

(二)2016年派出机构作出的监管措施决定书目录

监管措施决定书文号	标题
北京监管局行政监管措施决定书〔2016〕1号	关于对瑞泰科技股份有限公司采取监管谈话措施的决定
北京监管局行政监管措施决定书〔2016〕2号	关于对北京首航艾启威节能技术股份有限公司采取监管谈话行政监管措施的决定书
北京监管局行政监管措施决定书〔2016〕3号	关于对北京利尔高温材料股份有限公司采取监管谈话措施的决定
北京监管局行政监管措施决定书〔2016〕4号	关于对北京四方继保自动化股份有限公司出具警示函的决定
北京监管局行政监管措施决定书〔2016〕5号	关于对新希望投资有限公司采取出具警示函措施的决定
北京监管局行政监管措施决定书〔2016〕6号	关于对南方希望实业有限公司采取出具警示函措施的决定
北京监管局行政监管措施决定书〔2016〕7号	关于对中国农业发展集团有限公司采取责令改正措施的决定
北京监管局行政监管措施决定书〔2016〕8号	关于对大公国际资信评估有限公司采取出具警示函措施的决定
北京监管局行政监管措施决定书〔2016〕9号	关于对东方金诚国际信用评估有限公司采取出具警示函措施的决定
北京监管局行政监管措施决定书〔2016〕10号	关于对北京金一文化发展股份有限公司采取监管谈话措施的决定
北京监管局行政监管措施决定书〔2016〕11号	关于对民生证券股份有限公司采取责令增加内部合规检查次数监管措施的决定
北京监管局行政监管措施决定书〔2016〕12号	关于对国华人寿保险股份有限公司采取出具警示函措施的决定
北京监管局行政监管措施决定书〔2016〕13号	关于对李力采取监管谈话的行政监管措施的决定
北京监管局行政监管措施决定书〔2016〕14号	关于对尹坤、张坤采取出具警示函措施的决定
北京监管局行政监管措施决定书〔2016〕15号	关于对中水集团远洋股份有限公司采取责令改正措施的决定
北京监管局行政监管措施决定书〔2016〕16号	关于对张福赐采取责令改正措施的决定
北京监管局行政监管措施决定书〔2016〕17号	关于对中国恒天集团有限公司出具警示函的决定
北京监管局行政监管措施决定书〔2016〕18号	关于对注册资产评估师管伯渊、詹寿土采取出具警示函措施的决定
北京监管局行政监管措施决定书〔2016〕19号	关于对中电广通股份有限公司采取出具警示函措施的决定
北京监管局行政监管措施决定书〔2016〕20号	关于对国信证券股份有限公司北京分公司采取责令增加内部合规检查次数措施的决定

续表

监管措施决定书文号	标题
北京监管局行政监管措施决定书〔2016〕21 号	关于对北京飞扬天下网络科技股份有限公司采取出具警示函措施的决定
北京监管局行政监管措施决定书〔2016〕22 号	关于对双鹭药业董事兼董事会秘书梁淑洁采取监管谈话行政监管措施的决定
北京监管局行政监管措施决定书〔2016〕23 号	关于对长城证券股份有限公司北京中关村大街证券营业部采取责令增加内部合规检查次数措施的决定
北京监管局行政监管措施决定书〔2016〕24 号	关于对方正富邦基金管理有限公司采取责令改正的行政监管措施的决定
北京监管局行政监管措施决定书〔2016〕25 号	关于对申万宏源证券有限公司北京分公司采取责令增加内部合规检查次数措施的决定
北京监管局行政监管措施决定书〔2016〕26 号	对注册会计师密惠红、于曙光采取出具警示函的决定
北京监管局行政监管措施决定书〔2016〕27 号	关于对北京盛世光明软件股份有限公司采取责令公开说明措施的决定
北京监管局行政监管措施决定书〔2016〕28 号	关于对北京志能祥赢节能环保科技股份有限公司采取出具警示函措施的决定
北京监管局行政监管措施决定书〔2016〕29 号	关于对北京国顺投资股份有限公司采取出具警示函措施的决定
北京监管局行政监管措施决定书〔2016〕30 号	关于对江河创建集团股份有限公司原董事张升采取出具警示函措施的决定
北京监管局行政监管措施决定书〔2016〕31 号	关于对国泰君安证券股份有限公司采取出具警示函措施的决定
北京监管局行政监管措施决定书〔2016〕32 号	对北京中天衡平国际资产评估有限公司及注册评估师辛宝柱、吕健采取出具警示函的决定
北京监管局行政监管措施决定书〔2016〕33 号	关于对天津中维商贸集团有限公司采取出具警示函措施的决定
北京监管局行政监管措施决定书〔2016〕34 号	关于对谢晴采取出具警示函措施的决定
北京监管局行政监管措施决定书〔2016〕35 号	关于对宫俊林采取出具警示函措施的决定
北京监管局行政监管措施决定书〔2016〕36 号	关于对中成新星油田工程技术服务股份有限公司采取责令公开说明和责令改正措施的决定
北京监管局行政监管措施决定书〔2016〕37 号	对北京中和谊资产评估有限公司及注册资产评估师牛从然、孙珍果采取出具警示函的决定
北京监管局行政监管措施决定书〔2016〕38 号	关于对有研新材股份有限公司采取出具警示函措施的决定
北京监管局行政监管措施决定书〔2016〕39 号	关于对北京清畅电力技术股份有限公司采取出具警示函措施的决定
北京监管局行政监管措施决定书〔2016〕40 号	关于对一路财富（北京）信息科技有限公司采取责令改正的行政监管措施的决定
北京监管局行政监管措施决定书〔2016〕41 号	关于对中科云网科技集团股份有限公司董事长兼总经理王禹皓采取责令改正行政监管措施的决定
北京监管局行政监管措施决定书〔2016〕42 号	关于对北京格上理财顾问有限公司采取责令改正的行政监管措施的决定

续表

监管措施决定书文号	标题
北京监管局行政监管措施决定书〔2016〕43 号	关于对北京首证投资顾问有限公司采取责令改正监管措施的决定
北京监管局行政监管措施决定书〔2016〕44 号	关于对品今(北京)资产管理有限公司采取责令改正的行政监管措施的决定
北京监管局行政监管措施决定书〔2016〕45 号	关于对中科云网科技集团股份有限公司采取责令改正行政监管措施的决定
北京监管局行政监管措施决定书〔2016〕46 号	关于对北京梅泰诺通信技术股份有限公司采取警示函措施的决定
北京监管局行政监管措施决定书〔2016〕47 号	关于对中衍期货有限公司采取出具监管警示函措施的决定
北京监管局行政监管措施决定书〔2016〕48 号	关于对光大创业投资江阴有限公司采取出具警示函措施的决定
北京监管局行政监管措施决定书〔2016〕49 号	关于对光控安心投资江阴有限公司采取出具警示函措施的决定
北京监管局行政监管措施决定书〔2016〕50 号	关于对范文娟采取出具警示函措施的决定
北京监管局行政监管措施决定书〔2016〕51 号	关于对北京梅泰诺通信技术股份有限公司董事会秘书陈鹏采取监管谈话措施的决定
北京监管局行政监管措施决定书〔2016〕52 号	关于对北京梅泰诺通信技术股份有限公司董事长兼总经理张志勇采取监管谈话措施的决定
北京监管局行政监管措施决定书〔2016〕53 号	关于对首创证券有限责任公司采取责令增加内部合规检查次数措施的决定
北京监管局行政监管措施决定书〔2016〕54 号	关于对文细棠采取出具警示函监管措施的决定
北京监管局行政监管措施决定书〔2016〕55 号	关于对红塔证券股份有限公司北京板井路证券营业部采取责令增加内部合规检查次数措施的决定
北京监管局行政监管措施决定书〔2016〕56 号	关于对姚军采取出具警示函措施的决定 2
北京监管局行政监管措施决定书〔2016〕57 号	关于对微网信通(北京)通信技术股份有限公司采取责令改正措施的决定
北京监管局行政监管措施决定书〔2016〕58 号	关于对连仁广采取出具警示函措施的决定
北京监管局行政监管措施决定书〔2016〕59 号	关于对嘉实资本管理有限公司采取责令改正的行政监管措施的决定
北京监管局行政监管措施决定书〔2016〕61 号	关于对中融(北京)资产管理有限公司采取责令改正的行政监管措施的决定
北京监管局行政监管措施决定书〔2016〕62 号	关于对飞天诚信科技股份有限公司采取出具警示函监管措施的决定
北京监管局行政监管措施决定书〔2016〕63 号	关于对国都证券股份有限公司采取出具警示函措施的决定
北京监管局行政监管措施决定书〔2016〕64 号	关于对中国国际金融股份有限公司采取责令增加内部合规检查次数措施的决定
北京监管局行政监管措施决定书〔2016〕65 号	关于对北京东土科技股份有限公司总经理宛晨采取监管谈话措施的决定
北京监管局行政监管措施决定书〔2016〕66 号	关于对中文在线数字出版集团股份有限公司宋洁采取出具警示函行政监管措施的决定

续表

监管措施决定书文号	标题
北京监管局行政监管措施决定书〔2016〕67 号	关于对九泰基金管理有限公司采取责令改正的行政监管措施的决定 1
北京监管局行政监管措施决定书〔2016〕68 号	关于对徐静、王亚新出具警示函的决定
北京监管局行政监管措施决定书〔2016〕69 号	关于对孟凯采取责令公开说明措施的决定
北京监管局行政监管措施决定书〔2016〕70 号	关于对叶海涛采取出具警示函监管措施的决定书
北京监管局行政监管措施决定书〔2016〕71 号	关于对程远采取出具警示函措施的决定
北京监管局行政监管措施决定书〔2016〕72 号	关于对百拓商旅(北京)网络科技股份有限公司采取出具警示函措施的决定
北京监管局行政监管措施决定书〔2016〕73 号	关于对香草香草(北京)科技股份有限公司采取出具警示函措施的决定
北京监管局行政监管措施决定书〔2016〕74 号	关于对北京环球拓业教育咨询股份有限公司采取出具警示函措施的决定
北京监管局行政监管措施决定书〔2016〕75 号	关于对北京昊华能源股份有限公司采取责令改正措施的决定
北京监管局行政监管措施决定书〔2016〕76 号	关于对西藏东方财富证券股份有限公司北京陶然亭路证券营业部采取责令增加内部合规检查次数措施的决定
津证监措施字〔2016〕1 号	关于对天津市医药集团有限公司采取出具警示函措施的决定
津证监措施字〔2016〕2 号	关于对联合信用评级有限公司采取出具警示函措施的决定
津证监措施字〔2016〕3 号	关于对联合信用评级有限公司总经理张志军、副总经理(评级总监)万华伟采取监管谈话措施的决定
津证监措施字〔2016〕4 号	关于对郭锐采取监管谈话措施的决定
津证监措施字〔2016〕5 号	关于对沈志刚采取出具警示函措施的决定
津证监措施字〔2016〕6 号	关于对陈德强采取出具警示函措施的决定
津证监措施字〔2016〕7 号	关于对天津滨海能源发展股份有限公司采取出具警示函措施的决定
津证监措施字〔2016〕8 号	关于对天津伟力盛世节能科技股份有限公司采取出具警示函措施的决定
津证监措施字〔2016〕9 号	关于对路海涛采取出具警示函措施的决定(伟力盛世)
津证监措施字〔2016〕10 号	关于对环渤海金岸(天津)集团股份有限公司采取出具警示函措施的决定
津证监措施字〔2016〕11 号	关于对天津鑫茂科技股份有限公司采取责令改正措施的决定
津证监措施字〔2016〕12 号	关于对刘金玲采取出具警示函措施的决定
津证监措施字〔2016〕13 号	关于对天津枫盛阳医疗器械技术股份有限公司采取出具警示函措施的决定

续表

监管措施决定书文号	标题
津证监措施字〔2016〕14 号	关于对国信证券天津湘江道证券营业部采取责令改正措施的决定
津证监措施字〔2016〕15 号	关于对万联证券有限责任公司采取出具警示函措施的决定
津证监措施字〔2016〕16 号	关于对中国第一汽车股份有限公司采取出具警示函措施的决定
津证监措施字〔2016〕17 号	关于对红杉资本股权投资管理(天津)有限公司采取责令改正措施的决定
津证监措施字〔2016〕18 号	关于对中审华寅五洲会计师事务所(特殊普通合伙)及注册会计师黄庆林、吴疆采取出具警示函措施的决定
津证监措施字〔2016〕19 号	关于对熊光宇采取监管谈话措施的决定
津证监措施字〔2016〕20 号	关于对毛铁采取监管谈话措施的决定
津证监措施字〔2016〕21 号	关于对杨新喆采取监管谈话措施的决定
津证监措施字〔2016〕22 号	关于对天津市房地产发展(集团)股份有限公司采取出具警示函措施的决定
津证监措施字〔2016〕23 号	关于对天津滨海发展投资控股有限公司采取责令改正措施的决定
津证监措施字〔2016〕24 号	关于对天津唐邦科技股份有限公司采取责令改正措施的决定
津证监措施字〔2016〕25 号	关于对天津市赛诺达智能技术股份有限公司采取责令改正措施的决定
津证监措施字〔2016〕26 号	关于对北京兴华会计师事务所(特殊普通合伙)及注册会计师傅映红、时彦禄采取出具警示函措施的决定
津证监措施字〔2016〕27 号	关于对刘志军采取出具警示函监管措施的决定
津证监措施字〔2016〕28 号	关于对天津泰瑞资产管理有限公司采取出具警示函监管措施的决定
津证监措施字〔2016〕29 号	关于对吴佐任采取出具警示函监管措施的决定
津证监措施字〔2016〕30 号	关于对李晨溪采取出具警示函监管措施的决定
津证监措施字〔2016〕31 号	关于对王克萌采取出具警示函监管措施的决定
津证监措施字〔2016〕32 号	关于对新时代证券股份有限公司天津长江道证券营业部采取增加内部合规检查次数监管措施的决定
津证监措施字〔2016〕33 号	关于对天弘基金管理有限公司互联网金融业务部负责人张牡霞、监察稽核部负责人付颖采取监管谈话措施的决定
津证监措施字〔2016〕34 号	关于对北京兴华会计师事务所(特殊普通合伙)及注册会计师吴亦忻、张燕飞采取出具警示函措施的决定
津证监措施字〔2016〕35 号	关于对弘业期货股份有限公司天津营业部采取出具警示函措施的决定

续表

监管措施决定书文号	标题
河北监管局行政监管措施决定书〔2016〕1 号	《关于对河北建新化工股份有限公司采取出具警示函行政监管措施的决定》
河北监管局行政监管措施决定书〔2016〕2 号	《关于对河北风博股权投资基金管理有限责任公司采取责令改正措施的决定》
河北监管局行政监管措施决定书〔2016〕3 号	《关于对河北建融股权投资基金管理有限公司采取责令改正措施的决定》
河北监管局行政监管措施决定书〔2016〕8 号	《关于对石家庄常山纺织股份有限公司采取出具警示函行政监管措施的决定》
河北监管局行政监管措施决定书〔2016〕9 号	《关于对汤彰明、池俊平采取监管谈话措施的决定》
河北监管局行政监管措施决定书〔2016〕12 号	《关于对常战芳、辛丽建采取监管谈话行政监管措施的决定》
河北监管局行政监管措施决定书〔2016〕13 号	关于对河北宣化工程机械股份有限公司采取出具警示函行政监管措施的决定
山西监管局行政监管措施决定书山西监管局行政监管措施决定书〔2016〕1 号	关于对钟安升采取出具警示函措施的决定
山西监管局行政监管措施决定书〔2016〕2 号	关于对张培林采取出具警示函措施的决定
山西监管局行政监管措施决定书〔2016〕3 号	关于对临汾益通天然气股份有限公司采取出具警示函措施的决定
山西监管局行政监管措施决定书〔2016〕4 号	关于对侯马市宽广贸易有限公司采取警示函措施的决定
山西监管局行政监管措施决定书〔2016〕5 号	关于对振兴生化股份有限公司采取责令改正措施的决定
山西监管局行政监管措施决定书〔2016〕6 号	关于对山西三立期货经纪有限公司采取责令改正措施的决定
山西监管局行政监管措施决定书〔2016〕7 号	关于对白志华采取出具警示函措施的决定
山西监管局行政监管措施决定书〔2016〕8 号	关于对杨静采取出具警示函措施的决定
山西监管局行政监管措施决定书〔2016〕9 号	关于对太原狮头水泥股份有限公司采取出具警示函措施的决定
山西监管局行政监管措施决定书〔2016〕10 号	关于对刘毅采取认定为不适当人选措施的决定
山西监管局行政监管措施决定书〔2016〕11 号	关于对晋商世纪山西股权投资管理有限公司采取出具警示函措施的决定
山西监管局行政监管措施决定书〔2016〕12 号	关于对山西长荣农业科技股份有限公司采取出具警示函措施的决定
山西监管局行政监管措施决定书〔2016〕13 号	关于对姚军采取出具警示函措施的决定
山西监管局行政监管措施决定书〔2016〕14 号	关于对中粮期货有限公司太原营业部采取责令改正措施的决定
山西监管局行政监管措施决定书〔2016〕15 号	关于对和合期货经纪有限公司采取责令改正措施的决定
山西监管局行政监管措施决定书〔2016〕16 号	关于对山西漳泽电力股份有限公司采取责令改正措施的决定
山西监管局行政监管措施决定书〔2016〕17 号	关于对王一峰、刘畅采取监管谈话措施的决定

续表

监管措施决定书文号	标题
山西监管局行政监管措施决定书〔2016〕18 号	关于对山西东杰智能物流装备股份有限公司采取责令改正措施的决定
山西监管局行政监管措施决定书〔2016〕19 号	关于对五矿稀土股份有限公司采取责令改正措施的决定
山西监管局行政监管措施决定书〔2016〕20 号	关于对美锦能源集团有限公司采取责令改正措施的决
山西监管局行政监管措施决定书〔2016〕21 号	关于对南风化工集团股份有限公司采取出具警示函措施的决定
山西监管局行政监管措施决定书〔2016〕22 号	关于对山西兰花科技创业股份有限公司采取责令改正措施的决定
辽宁监管局行政监管措施决定书〔2016〕1 号	关于对网信证券有限责任公司营口证券营业部采取责令增加内部合规检查次数措施的决定
辽宁监管局行政监管措施决定书〔2016〕2 号	关于对沈阳麟龙投资咨询有限公司采取责令改正措施的决定
辽宁监管局行政监管措施决定书〔2016〕3 号	关于对深圳市琪创能贸易有限公司采取出具警示函措施的决定
辽宁监管局行政监管措施决定书〔2016〕4 号	关于对沈阳合金投资股份有限公司及相关当事人采取出具警示函措施的决定
辽宁监管局行政监管措施决定书〔2016〕5 号	关于对丹东欣泰电气股份有限公司采取出具警示函措施的决定
辽宁监管局行政监管措施决定书〔2016〕6 号	关于对东北特殊钢集团有限责任公司采取出具警示函措施的决定
辽宁监管局行政监管措施决定书〔2016〕7 号	关于对银基烯碳新材料股份有限公司采取出具警示函措施的决定
辽宁监管局行政监管措施决定书〔2016〕8 号	关于对银基烯碳新材料股份有限公司采取出具警示函措施的决定
辽宁监管局行政监管措施决定书〔2016〕9 号	关于对张宝田采取出具警示函措施的决定
辽宁监管局行政监管措施决定书〔2016〕10 号	关于对广发证券股份有限公司营口学府路证券营业部采取责令改正措施的决定
吉证监决〔2016〕001 号	关于对招商银行股份有限公司长春分行采取责令改正措施的决定
吉证监决〔2016〕002 号	关于对中国工商银行股份有限公司吉林省分行采取责令改正措施的决定
吉证监决〔2016〕003 号	关于对天富期货有限公司采取责令改正措施的决定
吉证监决〔2016〕004 号	关于对亚太会计师事务所采取出具警示函措施的决定
吉证监决〔2016〕005 号	关于对东北证券吉林双辽辽河路营业部出具警示函的决定
吉证监决〔2016〕006 号	关于对中国第一汽车股份有限公司采取出具警示函措施的决定
吉证监决〔2016〕007 号	关于对吉林省时代富通股权投资基金管理有限责任公司采取责令改正措施的决定

续表

监管措施决定书文号	标题
吉证监决〔2016〕008 号	关于对吉林晋吉股权投资基金合伙企业(有限合伙)采取责令改正措施的决定
吉证监决〔2016〕009 号	关于对吉林省吉投基金管理中心有限公司采取责令改正措施的决定
吉证监决〔2016〕010 号	关于对长春市新兴产业股权投资基金有限公司采取责令改正措施的决定
吉证监决〔2016〕011 号	关于对吉林赛伯乐绿科投资管理有限公司采取责令改正措施的决定
吉证监决〔2016〕012 号	关于对东方汇金期货实施责令改正监管措施的决定
吉证监决〔2016〕013 号	关于对吉林吉恩镍业股份有限公司采取出具警示函措施的决定
吉证监决〔2016〕014 号	关于对吉林森东电力设备股份有限公司采取责任改正措施的决定
吉证监决〔2016〕015 号	关于对吉林金洪汽车部件股份有限公司采取出具警示函措施的决定
吉证监决〔2016〕016 号	关于对吉林黑尊生物科技股份有限公司采取出具警示函措施的决定
吉证监决〔2016〕017 号	关于对西部证券股份有限公司采取出具警示函措施的决定
吉证监决〔2016〕018 号	关于对中兴华会计师事务所(特殊普通合伙)及注册会计师王青、贾颖红采取出具警示函措施的决定
吉证监决〔2016〕019 号	关于对注册会计师韩波、刘昆采取监管谈话措施的决定
沪证监决〔2016〕9 号	关于对中诚信证券评估有限公司采取出具警示函措施的决定
沪证监决〔2016〕98 号	关于对上海绿庭投资控股集团股份有限公司采取责令改正措施的决定
沪证监决〔2016〕97 号	关于对上海卡姆南洋医疗器械股份有限公司采取出具警示函措施的决定
沪证监决〔2016〕96 号	关于对上海杰隆生物制品股份有限公司采取责令改正措施的决定
沪证监决〔2016〕95 号	关于对上海华虹计通智能系统股份有限公司采取出具警示函措施的决定
沪证监决〔2016〕94 号	关于对望湘园(上海)餐饮管理股份有限公司采取出具警示函措施的决定
沪证监决〔2016〕93 号	关于对祺景(上海)光电科技股份有限公司采取出具警示函措施的决定
沪证监决〔2016〕92 号	关于对上海丰汇医学科技股份有限公司采取责令改正措施的决定
沪证监决〔2016〕88 号	关于对浙江福特资产管理股份有限公司采取出具警示函措施的决定

续表

监管措施决定书文号	标题
沪证监决〔2016〕87号	关于对华金证券有限责任公司采取暂不受理其与行政许可有关的公司债券承销业务申请文件监管措施的决定
沪证监决〔2016〕86号	行政监管措施决定书（东兴证券上海广灵二路证券营业部）
沪证监决〔2016〕85号	行政监管措施决定书（华创证券上海三元路证券营业部）
沪证监决〔2016〕83号	关于对上海南江（集团）有限公司采取出具警示函措施的决定
沪证监决〔2016〕82号	关于对云赛智联股份有限公司采取出具警示函措施的决定
沪证监决〔2016〕81号	关于对上海神开石油化工装备股份有限公司出具警示函措施的决定
沪证监决〔2016〕80号	关于对上海业祥投资管理有限公司采取出具警示函措施的决定
沪证监决〔2016〕79号	关于对顾正、王祥伟、袁建新、顾冰采取出具警示函措施的决定
沪证监决〔2016〕78号	关于对上海神开石油化工装备股份有限公司采取责令改正措施的决定
沪证监决〔2016〕77号	关于对上海易所试网络信息技术股份有限公司采取出具警示函措施的决定
沪证监决〔2016〕76号	关于对上海东方明珠新媒体股份有限公司采取出具警示函措施的决定
沪证监决〔2016〕75号	关于对上海宇昂水性新材料科技股份有限公司采取出具警示函措施的决定
沪证监决〔2016〕74号	关于对上海传诚时装股份有限公司采取出具警示函措施的决定
沪证监决〔2016〕73号	关于对王凤林采取出具警示函措施的决定
沪证监决〔2016〕69号	关于对上海证券通投资资讯科技有限公司采取责令改正措施的决定
沪证监决〔2016〕67号	关于对曹文法采取监管谈话措施的决定
沪证监决〔2016〕62号	关于对中国中投证券有限责任公司上海杨浦区黄兴路证券营业部采取责令改正措施的决定
沪证监决〔2016〕54号	关于对爱建证券有限责任公司采取责令改正措施的决定
沪证监决〔2016〕45号	关于对曹刚采取出具警示函措施的决定
沪证监决〔2016〕43号	关于对上海新梅置业股份有限公司采取出具警示函措施的决定
沪证监决〔2016〕42号	关于对展唐通讯科技（上海）股份有限公司采取出具警示函措施的决定
沪证监决〔2016〕34号	关于对上海普天邮通科技股份有限公司采取责令改正措施的决定

续表

监管措施决定书文号	标题
沪证监决〔2016〕22 号	关于对上海艾录包装股份有限公司采取出具警示函措施的决定
沪证监决〔2016〕18 号	关于对周浩采取监管谈话措施的决定
沪证监决〔2016〕17 号	关于对丁豪樑采取监管谈话措施的决定
沪证监决〔2016〕16 号	关于对邵津宏采取监管谈话措施的决定
沪证监决〔2016〕15 号	关于对国泰君安证券股份有限公司采取限制新增做市业务等监管措施的决定
沪证监决〔2016〕10 号	关于对上海新世纪资信评估投资服务有限公司采取出具警示函措施的决定
沪证监决〔2016〕108 号	关于对李昊采取监管谈话措施的决定
沪证监决〔2016〕105 号	关于对联合信用评级有限公司采取责令改正监管措施的决定
沪证监决〔2016〕103 号	关于对上海新虹伟信息科技股份有限公司采取出具警示函措施的决定
沪证监决〔2016〕100 号	关于对匹凸匹金融信息服务(上海)股份有限公司采取出具警示函措施的决定
江苏监管局行政监管措施决定书〔2016〕8 号	关于对江苏华宏医药股份有限公司采取出具警示函措施的决定
江苏监管局行政监管措施决定书〔2016〕9 号	关于对扬州中天利新材料股份有限公司采取出具警示函措施的决定
江苏监管局行政监管措施决定书〔2016〕10 号	关于对江苏海特服饰股份有限公司采取出具警示函措施的决定
江苏监管局行政监管措施决定书〔2016〕13 号	关于对江苏苏豪国际集团股份有限公司采取出具警示函措施的决定
江苏监管局行政监管措施决定书〔2016〕21 号	关于对润泰化学股份有限公司采取责令改正措施的决定
江苏监管局行政监管措施决定书〔2016〕24 号	关于对石亚君采取出具警示函措施的决定
江苏监管局行政监管措施决定书〔2016〕27 号	关于对苏州玖隆再生科技股份有限公司采取出具警示函措施的决定
江苏监管局行政监管措施决定书〔2016〕28 号	关于对江苏舜天船舶股份有限公司采取责令改正措施的决定
江苏监管局行政监管措施决定书〔2016〕29 号	关于对江苏吉鑫风能科技股份有限公司采取出具警示函措施的决定
江苏监管局行政监管措施决定书〔2016〕30 号	关于对江苏华生基因数据科技股份有限公司采取出具警示函措施的决定
江苏监管局行政监管措施决定书〔2016〕31 号	关于对江苏康生医疗股份有限公司采取出具警示函措施的决定
江苏监管局行政监管措施决定书〔2016〕32 号	关于对江苏利特尔绿色包装股份有限公司采取出具警示函措施的决定
江苏监管局行政监管措施决定书〔2016〕33 号	关于对江苏标榜装饰新材料股份有限公司采取出具警示函措施的决定

续表

监管措施决定书文号	标题
江苏监管局行政监管措施决定书〔2016〕34号	关于对江苏鼎阳绿能电力股份有限公司采取出具警示函措施的决定
江苏监管局行政监管措施决定书〔2016〕35号	关于对江苏永创医药科技股份有限公司采取出具警示函措施的决定
江苏监管局行政监管措施决定书〔2016〕36号	关于对扬州市德运塑业科技股份有限公司采取出具警示函措施的决定
江苏监管局行政监管措施决定书〔2016〕37号	关于对江苏金马扬名信息技术股份有限公司、吕江采取责令改正措施的决定
江苏监管局行政监管措施决定书〔2016〕44号	关于对靖江华宇采取出具警示函措施的决定
江苏监管局行政监管措施决定书〔2016〕2号	关于对国信证券无锡梁溪路证券营业部采取责令改正措施的决定
江苏监管局行政监管措施决定书〔2016〕11号	关于对国信证券无锡梁溪路证券营业部采取出具警示函措施的决定
江苏监管局行政监管措施决定书〔2016〕14号	关于对华金证券南京汉中路营业部采取责令改正措施的决定
江苏监管局行政监管措施决定书〔2016〕38号	关于对国信证券无锡梁溪路证券营业部采取暂停开展代销金融产品业务的决定
江苏监管局行政监管措施决定书〔2016〕40号	关于对东吴证券股份有限公司采取责令限期改正措施的决定
江苏监管局行政监管措施决定书〔2016〕41号	关于对丁文韬、马浩博、汤玮亮采取监管谈话措施的决定
江苏监管局行政监管措施决定书〔2016〕42号	关于对马群星、张河生采取监管谈话措施的决定
江苏监管局行政监管措施决定书〔2016〕26号	关于对江苏百瑞赢证券咨询有限公司采取责令改正措施的决定
江苏监管局行政监管措施决定书〔2016〕4号	关于对国联期货股份有限公司采取出具警示函措施的决定
江苏监管局行政监管措施决定书〔2016〕5号	关于对国联期货股份有限公司董事长马海疆采取监管谈话措施的决定
江苏监管局行政监管措施决定书〔2016〕6号	关于对国联期货股份有限公司首席风险官左建宏采取监管谈话措施的决定
江苏监管局行政监管措施决定书〔2016〕7号	关于对国联期货股份有限公司总经理陈康采取监管谈话措施的决定
江苏监管局行政监管措施决定书〔2016〕12号	关于对国联期货股份有限公司采取暂停开展新的资产管理业务措施的决定
江苏监管局行政监管措施决定书〔2016〕3号	关于对南京银行股份有限公司采取责令改正措施的决定
江苏监管局行政监管措施决定书〔2016〕15号	关于对大泰金石投资管理公司采取责令改正监管措施的决定
江苏监管局行政监管措施决定书〔2016〕17号	关于对江苏兴佳利业股权投资基金管理有限公司采取出具警示函措施的决定
江苏监管局行政监管措施决定书〔2016〕18号	关于对苏州国发融富创业投资管理企业（有限合伙）采取责令改正措施的决定

续表

监管措施决定书文号	标题
江苏监管局行政监管措施决定书〔2016〕19 号	关于对江苏易元鑫资产管理有限公司采取出具警示函措施的决定
江苏监管局行政监管措施决定书〔2016〕20 号	关于对无锡国联资本管理有限公司采取责令改正措施的决定
江苏监管局行政监管措施决定书〔2016〕22 号	关于对中植资本管理有限公司采取责令改正措施的决定
江苏监管局行政监管措施决定书〔2016〕23 号	关于对南京双安资产管理有限公司采取出具警示函措施的决定
江苏监管局行政监管措施决定书〔2016〕25 号	关于对徐州国盛富瑞资产管理有限公司采取责令改正措施的决定
江苏监管局行政监管措施决定书〔2016〕43 号	关于对江苏齐盈投资管理有限公司采取责令改正措施的决定
江苏监管局行政监管措施决定书〔2016〕45 号	关于对元融财富管理有限公司采取责令改正措施的决定
江苏监管局行政监管措施决定书〔2016〕46 号	关于对南京持赢投资管理有限公司采取责令改正措施的决定
江苏监管局行政监管措施决定书〔2016〕47 号	关于对江苏仟汇基金管理有限公司采取出具警示函措施的决定
江苏监管局行政监管措施决定书〔2016〕1 号	关于对立信会计师事务所(特殊普通合伙)及注册会计师祁涛、汪开明采取出具警示函措施的决定
江苏监管局行政监管措施决定书〔2016〕16 号	关于对瑞华会计师事务所(特殊普通合伙)及注册会计师陈葆华采取出具警示函措施的决定
江苏监管局行政监管措施决定书〔2016〕39 号	关于对北京兴华会计师事务所(特殊普通合伙)及注册会计师刘会林、陈跃华采取出具警示函措施的决定
浙证监措施〔2016〕1 号	关于对五洋建设集团股份有限公司采取责令改正措施的决定
浙证监措施〔2016〕2 号	关于对金字火腿月份有限公司采取出具警示函措施的决定
浙证监措施〔2016〕3 号	关于对施延军采取出具警示函措施的决定
浙证监措施〔2016〕4 号	关于对浙江东方集团股份有限公司采取责令改正措施的决定
浙证监措施〔2016〕5 号	关于对浙江省国际贸易集团有限公司采取责令改正措施的决定
浙证监措施〔2016〕6 号	关于对浙商证券股份有限公司采取责令改正措施的决定
浙证监措施〔2016〕7 号	关于对浙江闰土股份有限公司采取出具警示函措施的决定
浙证监措施〔2016〕8 号	关于对杭州昌健投资合伙企业(有限合伙)采取出具警示函措施的决定
浙证监措施〔2016〕9 号	关于对星星集团有限公司采取出具警示函措施的决定

续表

监管措施决定书文号	标题
浙证监措施〔2016〕10号	关于对浙江精雷电器股份有限公司采取出具警示函措施的决定
浙证监措施〔2016〕11号	关于对章笠中采取出具警示函措施的决定
浙证监措施〔2016〕12号	关于对浙江金观诚财富管理有限公司采取责令改正监管措施的决定
浙证监措施〔2016〕13号	关于对王燎原采取出具警示函监管措施的决定
浙证监措施〔2016〕14号	关于对赵中海采取出具警示函监管措施的决定
浙证监措施〔2016〕15号	关于对浙江帝龙控股有限公司采取出具警示函措施的决定
浙证监措施〔2016〕16号	关于对德邦证券股份有限公司采取出具警示函措施的决定
浙证监措施〔2016〕17号	关于对凯银投资管理有限公司采取责令改正监管措施的决定
浙证监措施〔2016〕18号	关于对浙江紫润投资管理有限公司采取出具警示函监管措施的决定
浙证监措施〔2016〕19号	关于对申科滑动轴承股份有限公司采取出具警示函措施的决定
浙证监措施〔2016〕20号	关于对何全波、何建东、陈兰燕采取出具警示函措施的决定
浙证监措施〔2016〕21号	关于对长兴南太湖投资开发有限公司采取出具警示函措施的决定
浙证监措施〔2016〕22号	关于对浙江中南卡通股份有限公司及相关人员采取出具警示函措施的决定
浙证监措施〔2016〕23号	关于对浙江双林机械股份有限公司及相关人员采取出具警示函措施的决定
浙证监措施〔2016〕24号	关于对浙江中林勘察研究股份有限公司及相关人员采取出具警示函措施的决定
浙证监措施〔2016〕25号	关于对浙江国祥股份有限公司及相关人员采取出具警示函措施的决定
浙证监措施〔2016〕26号	关于对浙江曼克斯缝纫机股份有限公司及相关人员采取出具警示函措施的决定
浙证监措施〔2016〕27号	关于对浙江田歌实业股份有限公司及相关人员采取出具警示函措施的决定
浙证监措施〔2016〕28号	关于对杭州环申包装新材料股份有限公司及相关人员采取出具警示函措施的决定
浙证监措施〔2016〕29号	关于对恒勃控股股份有限公司采取出具警示函措施的决定
浙证监措施〔2016〕30号	关于对浙江宝威纺织股份有限公司及其相关人员采取出具警示函措施的决定
浙证监措施〔2016〕31号	关于对浙江宏磊铜业股份有限公司出具警示函措施的决定

续表

监管措施决定书文号	标题
浙证监措施〔2016〕32 号	关于对银江股份有限公司采取出具警示函措施的决定
浙证监措施〔2016〕33 号	关于对李欣采取出具警示函措施的决定
浙证监措施〔2016〕34 号	关于对浙江佳乐科仪股份有限公司及相关人员采取出具警示函措施的决定
浙证监措施〔2016〕35 号	关于对浙江三星特种纺织股份有限公司及相关人员采取出具警示函措施的决定
浙证监措施〔2016〕36 号	关于对慈文传媒股份有限公司采取责令改正措施的决定
浙证监措施〔2016〕37 号	关于对浙江华策影视股份有限公司采取出具警示函措施的决定
浙证监措施〔2016〕38 号	关于对程圣德采取出具警示函措施的决定
浙证监措施〔2016〕39 号	关于对浙江牧容资产管理有限公司采取责令改正监管措施的决定
福建监管局福建监管局行政监管措施决定书〔2016〕1 号	关于对建信期货有限责任公司泉州营业部采取出具警示函措施的决定
福建监管局行政监管措施决定书〔2016〕2 号	关于对兴业证券股份有限公司采取责令增加内部合规检查次数措施的决定
福建监管局行政监管措施决定书〔2016〕3 号	关于对中信证券股份有限公司泉州宝洲路 证券营业部采取出具警示函措施的决定
福建监管局行政监管措施决定书〔2016〕4 号	关于对兴业证券股份有限公司莆田学园中街 证券营业部采取出具警示函措施的决定
福建监管局行政监管措施决定书〔2016〕5 号	关于对郑赛芳采取出具警示函措施的决定
福建监管局行政监管措施决定书〔2016〕6 号	关于对祁冰采取出具警示函措施的决定
福建监管局行政监管措施决定书〔2016〕7 号	关于对中能电气股份有限公司采取出具警示函措施的决定
福建监管局行政监管措施决定书〔2016〕8 号	关于对注册资产评估师方明、於隽蓉采取监管谈话措施的决定
福建监管局行政监管措施决定书〔2016〕9 号	关于对帅金高采取出具警示函措施的决定
福建监管局行政监管措施决定书〔2016〕10 号	关于对福建文鑫莲业股份有限公司采取责令改正措施的决定
福建监管局行政监管措施决定书〔2016〕11 号	关于对福建省皇品文化传播股份有限公司、黄灿明采取出具警示函措施的决定
福建监管局行政监管措施决定书〔2016〕12 号	关于对福建滚雪球投资管理有限公司 采取责令改正措施的决定
福建监管局行政监管措施决定书〔2016〕13 号	关于对海峡汇富产业投资基金管理有限公司 采取责令改正措施的决定
福建监管局行政监管措施决定书〔2016〕14 号	关于对天鸿期货经纪有限公司采取责令改正措施的决定
福建监管局行政监管措施决定书〔2016〕15 号	关于对中福海峡(平潭)发展股份有限公司采取出具警示函措施的决定

续表

监管措施决定书文号	标题
福建监管局行政监管措施决定书〔2016〕16 号	关于对福建旭诚资产管理有限公司 采取责令改正措施的决定
福建监管局行政监管措施决定书〔2016〕17 号	关于对福建天之成投资管理有限公司 采取责令改正措施的决定
福建监管局行政监管措施决定书〔2016〕18 号	关于对傅志昌采取出具警示函措施的决定
福建监管局行政监管措施决定书〔2016〕19 号	关于对福建卓越鸿昌环保智能装备股份有限公司采取出具警示函措施的决定
福建监管局行政监管措施决定书〔2016〕20 号	关于对福建亿力集团有限公司采取出具警示函措施的决定
福建监管局行政监管措施决定书〔2016〕21 号	关于对福建龙溪轴承(集团)股份有限公司采取出具警示函措施的决定
福建监管局行政监管措施决定书〔2016〕22 号	关于对福建东百集团股份有限公司采取责令改正措施的决定
福建监管局行政监管措施决定书〔2016〕23 号	关于对福建中讯证券研究有限责任公司采取责令改正措施的决定
福建监管局行政监管措施决定书〔2016〕24 号	关于对朱红志、刘夷采取监管谈话措施的决定
福建监管局行政监管措施决定书〔2016〕25 号	关于对福建水泥股份有限公司采取责令改正措施的决定
福建监管局行政监管措施决定书〔2016〕26 号	关于对福州紫荆动漫游戏股份有限公司采取出具警示函措施的决定
福建监管局行政监管措施决定书〔2016〕27 号	关于对福建中通汇银投资管理有限公司 采取责令改正措施的决定
福建监管局行政监管措施决定书〔2016〕28 号	关于对游族网络股份有限公司采取责令改正措施的决定
福建监管局行政监管措施决定书〔2016〕29 号	关于对闽西兴杭国有资产投资经营有限公司采取出具警示函措施的决定
福建监管局行政监管措施决定书〔2016〕30 号	关于对林怡采取出具警示函措施的决定
福建监管局行政监管措施决定书〔2016〕31 号	关于对银河期货有限公司福州营业部 采取出具警示函措施的决定
福建监管局行政监管措施决定书〔2016〕32 号	关于对林汝捷采取出具警示函措施的决定
江西局行政监管措施决定书〔2016〕1 号	关于对江西省广蓝传动科技股份有限公司及相关人员采取出具警示函措施的决定
江西局行政监管措施决定书〔2016〕2 号	关于对赣州圣尼特遮阳科技股份有限公司相关人员采取监管谈话措施的决定
江西局行政监管措施决定书〔2016〕3 号	关于对唐人通信技术服务股份有限公司及相关人员采取出具警示函措施的决定
江西局行政监管措施决定书〔2016〕4 号	关于对江西金达莱环保股份有限公司相关人员采取监管谈话措施的决定
江西局行政监管措施决定书〔2016〕5 号	关于对中航证券有限公司采取责令改正措施的决定
江西局行政监管措施决定书〔2016〕6 号	关于对江西洪都航空工业股份有限公司采取责令改正措施的决定

续表

监管措施决定书文号	标题
江西局行政监管措施决定书〔2016〕7 号	关于对江西大管家理财顾问有限公司采取责令改正措施的决定
江西局行政监管措施决定书〔2016〕8 号	关于对江西远泉林业股份有限公司采取出具警示函措施的决定
山东监管局行政监管措施决定书〔2016〕1 号	关于对大华会计师事务所(特殊普通合伙)采取出具警示函措施的决定
山东监管局行政监管措施决定书〔2016〕2 号	关于对胜利油田长安控股集团有限公司、石河子康乾股权投资有限合伙企业、夏春良、吴时军、刘皓采取出具警示函措施的决定
山东监管局行政监管措施决定书〔2016〕3 号	关于对凯瑞德控股股份有限公司采取出具警示函措施的决定
山东监管局行政监管措施决定书〔2016〕4 号	关于对滨化集团股份有限公司采取出具警示函措施的决定
山东监管局行政监管措施决定书〔2016〕5 号	关于对张忠正采取监管谈话措施的决定
山东监管局行政监管措施决定书〔2016〕6 号	关于对临沂千诺资产管理有限公司采取责令改正措施的决定
山东监管局行政监管措施决定书〔2016〕7 号	关于对山东瑞丰高分子材料股份有限公司采取出具警示函措施的决定
山东监管局行政监管措施决定书〔2016〕8 号	关于对山东省巨能投资有限公司采取出具警示函措施的决定
山东监管局行政监管措施决定书〔2016〕9 号	关于对威海华东数控股份有限公司采取出具警示函措施的决定
山东监管局行政监管措施决定书〔2016〕10 号	关于对山东宝莫生物化工股份有限公司采取责令改正措施的决定
山东监管局行政监管措施决定书〔2016〕11 号	关于对淄博宏达矿业有限公司采取出具警示函措施的决定
山东监管局行政监管措施决定书〔2016〕12 号	关于对山东宏达矿业股份有限公司采取出具警示函措施的决定
山东监管局行政监管措施决定书〔2016〕13 号	关于对段连文采取出具警示函措施的决定
山东监管局行政监管措施决定书〔2016〕14 号	关于对于晓兵采取出具警示函措施的决定
山东监管局行政监管措施决定书〔2016〕15 号	关于对崔之火采取出具警示函措施的决定
山东监管局行政监管措施决定书〔2016〕16 号	关于对郑金采取出具警示函措施的决定
山东监管局行政监管措施决定书〔2016〕17 号	关于对山东鲁亿通智能电气股份有限公司采取责令改正措施的决定
山东监管局行政监管措施决定书〔2016〕18 号	关于对山东法因数控机械股份有限公司采取出具警示函措施的决定
山东监管局行政监管措施决定书〔2016〕19 号	关于对山东省药用玻璃股份有限公司采取出具警示函措施的决定
山东监管局行政监管措施决定书〔2016〕20 号	关于对山东同创汽车散热装置股份有限公司采取出具警示函的决定

续表

监管措施决定书文号	标题
山东监管局行政监管措施决定书〔2016〕21 号	关于对山东路斯宠物食品股份有限公司采取出具警示函的决定
山东监管局行政监管措施决定书〔2016〕22 号	关于对蓝帆医疗股份有限公司采取出具警示函措施的决定
山东监管局行政监管措施决定书〔2016〕23 号	关于对山东矿机集团股份有限公司采取出具警示函措施的决定
山东监管局行政监管措施决定书〔2016〕24 号	关于对吴联模采取出具警示函措施的决定
山东监管局行政监管措施决定书〔2016〕25 号	关于对张彬采取出具警示函措施的决定
山东监管局行政监管措施决定书〔2016〕26 号	关于对潍柴重机股份有限公司采取出具警示函措施的决定
山东监管局行政监管措施决定书〔2016〕27 号	关于对山东和信会计师事务所（特殊普通合伙）及注册会计师迟慰、王丽敏采取出具警示函措施的决定
山东监管局行政监管措施决定书〔2016〕28 号	关于对山东飞达集团生物科技股份有限公司采取出具警示函措施的决定
山东监管局行政监管措施决定书〔2016〕29 号	关于对刘立江采取出具警示函措施的决定
山东监管局行政监管措施决定书〔2016〕30 号	关于对山东首信高分子材料股份有限公司采取出具警示函措施的决定
山东监管局行政监管措施决定书〔2016〕31 号	关于对山东美晨科技股份有限公司采取责令改正措施的决定
山东监管局行政监管措施决定书〔2016〕32 号	关于对歌尔股份有限公司采取责令改正措施的决定
山东监管局行政监管措施决定书〔2016〕33 号	关于对大华会计师事务所（特殊普通合伙）及注册会计师殷宪锋、李莉采取出具警示函措施的决定
山东监管局行政监管措施决定书〔2016〕34 号	关于对鲁银投资集团股份有限公司采取出具警示函措施的决定
山东监管局行政监管措施决定书〔2016〕35 号	关于对山东兴民钢圈股份有限公司采取责令改正措施的决定
山东监管局行政监管措施决定书〔2016〕36 号	关于对山东神光咨询服务有限责任公司采取出具警示函措施的决定
山东监管局行政监管措施决定书〔2016〕37 号	关于对山东蓝色云海信息基金管理有限公司采取责令改正措施的决定
山东监管局行政监管措施决定书〔2016〕38 号	关于对山东蓝色杰明能源投资管理有限公司采取责令改正措施的决定
山东监管局行政监管措施决定书〔2016〕39 号	关于对黄河三角洲股权管理有限公司采取责令改正措施的决定
山东监管局行政监管措施决定书〔2016〕40 号	关于对山推工程机械股份有限公司采取出具警示函措施的决定
山东监管局行政监管措施决定书〔2016〕41 号	关于对山东肯雅隆股权投资基金管理有限公司采取出具警示函措施的决定
山东监管局行政监管措施决定书〔2016〕42 号	关于对黄河三角洲产业投资基金管理有限公司采取出具警示函措施的决定
山东监管局行政监管措施决定书〔2016〕43 号	关于对山东海中湾投资管理有限公司采取责令改正措施的决定

续表

监管措施决定书文号	标题
山东监管局行政监管措施决定书〔2016〕44号	关于对亚太(集团)会计师事务所(特殊普通合伙)及注册会计师马明、陈博采取出具警示函措施的决定
山东监管局行政监管措施决定书〔2016〕45号	关于对山东墨龙石油机械股份有限公司采取出具警示函措施的决定
山东监管局行政监管措施决定书〔2016〕46号	关于对鲁丰环保科技股份有限公司采取出具警示函措施的决定
山东监管局行政监管措施决定书〔2016〕47号	关于对山东鲁北化工股份有限公司采取出具警示函措施的决定
山东监管局行政监管措施决定书〔2016〕48号	关于对陈树常采取出具警示函措施的决定
山东监管局行政监管措施决定书〔2016〕49号	关于对康欣新材料股份有限公司采取出具警示函措施的决定
山东监管局行政监管措施决定书〔2016〕50号	关于对山东鼎泰盛食品工业装备股份有限公司采取出具警示函措施的决定
山东监管局行政监管措施决定书〔2016〕51号	关于对山东雷帕得汽车技术股份有限公司采取出具警示函措施的决定
山东监管局行政监管措施决定书〔2016〕52号	关于对丁烨采取出具警示函措施的决定
山东监管局行政监管措施决定书〔2016〕53号	关于对中通汽车工业集团有限责任公司采取出具警示函措施的决定
山东监管局行政监管措施决定书〔2016〕54号	关于对山东滨州新天阳化工有限责任公司采取责令改正措施的决定
山东监管局行政监管措施决定书〔2016〕55号	关于对华夏人寿保险股份有限公司采取出具警示函措施的决定
山东监管局行政监管措施决定书〔2016〕56号	关于对天职国际会计师事务所(特殊普通合伙)及注册会计师张居忠、周春阳采取监管谈话措施的决定
山东监管局行政监管措施决定书〔2016〕57号	关于对亚太(集团)会计师事务所(特殊普通合伙)及注册会计师马明、魏彩虹采取监管谈话措施的决定
山东监管局行政监管措施决定书〔2016〕58号	关于对山东东方誉源农资连锁股份有限公司采取出具警示函措施的决定
山东监管局行政监管措施决定书〔2016〕59号	关于对山东飞达集团生物科技股份有限公司采取责令改正措施的决定
山东监管局行政监管措施决定书〔2016〕60号	关于对众信易诚保险代理股份有限公司采取监管谈话措施的决定
山东监管局行政监管措施决定书〔2016〕61号	关于对山东新绿食品股份有限公司采取责令改正措施的决定
山东监管局行政监管措施决定书〔2016〕62号	关于对中泰证券股份有限公司采取责令改正措施的决定
山东监管局行政监管措施决定书〔2016〕63号	关于对山东滕建投资集团有限公司采取出具警示函措施的决定
山东监管局行政监管措施决定书〔2016〕64号	关于对山东北汽海华汽车部件股份有限公司采取出具警示函的决定

续表

监管措施决定书文号	标题
山东监管局行政监管措施决定书〔2016〕65号	关于对山东科汇电力自动化股份有限公司采取出具警示函措施的决定
山东监管局行政监管措施决定书〔2016〕66号	关于对山东宏达矿业股份有限公司采取出具警示函措施的决定
山东监管局行政监管措施决定书〔2016〕67号	关于对邑山集团有限公司采取责令改正措施的决定
山东监管局行政监管措施决定书〔2016〕68号	关于对中泰证券股份有限公司采取责令定期报告措施的决定
河南监管局行政监管措施决定书〔2016〕1号	关于对迈科期货经纪有限公司郑州营业部实施出具警示函措施的决定
河南监管局行政监管措施决定书〔2016〕2号	关于对平顶山佳瑞高科实业股份有限公司实施责令改正措施的决定
河南监管局行政监管措施决定书〔2016〕3号	关于对河南民正农牧股份有限公司实施出具警示函措施的决定
河南监管局行政监管措施决定书〔2016〕4号	关于对河南乐晟投资管理有限公司实施出具警示函措施的决定
河南监管局行政监管措施决定书〔2016〕5号	关于对武小红实施出具警示函措施的决定
河南监管局行政监管措施决定书〔2016〕6号	关于对郑州百盛投资管理有限公司实施出具警示函措施的决定
河南监管局行政监管措施决定书〔2016〕7号	关于对河南省宛西控股股份有限公司、孙耀忠实施出具警示函措施的决定
河南监管局行政监管措施决定书〔2016〕8号	关于对河南华丽纸业包装股份有限公司实施责令改正措施的决定
河南监管局行政监管措施决定书〔2016〕9号	关于对河南天祥新材料股份有限公司实施出具警示函措施的决定
河南监管局行政监管措施决定书〔2016〕10号	关于对郑州凯雪冷链股份有限公司实施出具警示函措施的决定
河南监管局行政监管措施决定书〔2016〕11号	关于对河南百逸达实业股份有限公司实施出具警示函措施的决定
河南监管局行政监管措施决定书〔2016〕12号	关于对河南特耐工程材料股份有限公司实施出具警示函措施的决定
河南监管局行政监管措施决定书〔2016〕13号	关于对河南农开产业基金投资有限责任公司实施责令改正措施的决定
河南监管局行政监管措施决定书〔2016〕14号	关于对河南省国控基金管理有限公司实施责令改正措施的决定
河南监管局行政监管措施决定书〔2016〕15号	关于对河南伊洛投资管理有限公司实施责令改正措施的决定
河南监管局行政监管措施决定书〔2016〕16号	关于对郑州民安资产管理有限公司实施责令改正措施的决定
河南监管局行政监管措施决定书〔2016〕17号	关于对辅仁药业集团实业股份有限公司董事长朱文臣及董事会秘书张海杰实施监管谈话措施的决定
河南监管局行政监管措施决定书〔2016〕18号	关于对辅仁药业集团实业股份有限公司实施出具警示函措施的决定

续表

监管措施决定书文号	标题
河南监管局行政监管措施决定书〔2016〕19 号	关于对注册会计师乔冠芳 汪海洲实施监管谈话措施的决定
河南监管局行政监管措施决定书〔2016〕20 号	关于对大信会计师事务所(特殊普通合伙)实施出具警示函措施的决定
河南监管局行政监管措施决定书〔2016〕21 号	关于对张冲 孙蕾实施监管谈话措施的决定
河南监管局行政监管措施决定书〔2016〕22 号	关于对洛阳玻璃股份有限公司实施出具警示函措施的决定
河南监管局行政监管措施决定书〔2016〕23 号	关于对河南经纬电力科技股份有限公司实施出具警示函措施的决定
河南监管局行政监管措施决定书〔2016〕24 号	关于对亚太(集团)会计师事务所(特殊普通合伙)实施出具警示函措施的决定
河南监管局行政监管措施决定书〔2016〕25 号	关于对智度科技股份有限公司实施责令改正措施的决定
河南监管局行政监管措施决定书〔2016〕26 号	关于对漯河众益达食品股份有限公司实施出具警示函措施的决定
湖南监管局行政监管措施决定书〔2016〕1 号	关于对陈瑜、罗山东采取出具警示函措施的决定
湖南监管局行政监管措施决定书〔2016〕4 号	关于对君毅(湖南)投资管理有限公司采取出具警示函措施的决定
湖南监管局行政监管措施决定书〔2016〕3 号	关于对中诚卓锐(湖南)资产管理有限公司采取出具警示函措施的决定
湖南监管局行政监管措施决定书〔2016〕5 号	关于对李桂华采取出具警示函措施的决定
湖南监管局行政监管措施决定书〔2016〕6 号	关于对马孝武采取出具警示函措施的决定
湖南监管局行政监管措施决定书〔2016〕7 号	关于对湖南百利工程科技股份有限公司采取出具警示函措施的决定
湖南监管局行政监管措施决定书〔2016〕8 号	关于对方正证券股份有限公司采取出具警示函措施的决定
湖南监管局行政监管措施决定书〔2016〕9 号	关于对湖南长炼兴长集团有限责任公司采取出具警示函措施的决定
湖南监管局行政监管措施决定书〔2016〕11 号	关于对谭贤奇采取出具警示函措施的决定
湖南监管局行政监管措施决定书〔2016〕10 号	关于对湖南雀石投资管理有限公司采取责令改正措施的决定
湖南监管局行政监管措施决定书〔2016〕2 号	关于对方正证券股份有限公司采取责令增加内部合规检查次数措施的决定
湖南监管局出具警示函措施的决定〔2016〕12 号	关于对方正证券邵阳邵水西路证券营业部采取责令增加内部合规检查次数措施的决定
湖南监管局出具警示函措施的决定〔2016〕13 号	关于对方正证券岳阳巴陵东路证券营业部采取责令增加内部合规检查次数措施的决定
湖南监管局行政监管措施决定书〔2016〕14 号	关于对东北证券股份有限公司长沙芙蓉中路证券营业部采取责令改正并暂停开展代销金融产品业务行政监管措施的决定

续表

监管措施决定书文号	标题
湖南监管局行政监管措施决定书〔2016〕15 号	关于对方正证券股份有限公司采取责令改正以及遣责措施的决定
湖南监管局行政监管措施决定书〔2016〕17 号	关于对何亚刚采取监管谈话措施的决定
湖南监管局行政监管措施决定书〔2016〕16 号	关于对孙斌采取监管谈话措施的决定
广东监管局行政监管措施决定书〔2016〕1 号	关于对广州东华实业股份有限公司及杨树坪、蔡锦鹭采取出具警示函措施的决定
广东监管局行政监管措施决定书〔2016〕2 号	关于对广东省电子信息产业集团有限公司采取出具警示函措施的决定
广东监管局行政监管措施决定书〔2016〕3 号	关于对广东万家乐股份有限公司采取责令改正措施的决定
广东监管局行政监管措施决定书〔2016〕4 号	关于对深圳市南海成长创业投资合伙企业（有限合伙）采取出具警示函措施的决定
广东监管局行政监管措施决定书〔2016〕5 号	关于对广东威创视讯科技股份有限公司采取出具警示函措施的决定
广东监管局行政监管措施决定书〔2016〕6 号	关于对江玉兰采取出具警示函措施的决定
广东监管局行政监管措施决定书〔2016〕7 号	关于对茂名石化实华股份有限公司及刘华、余智谋采取出具警示函措施的决定
广东监管局行政监管措施决定书〔2016〕8 号	关于对王红兵采取出具警示函措施的决定
广东监管局行政监管措施决定书〔2016〕9 号	关于对郭威力采取出具警示函措施的决定
广东监管局行政监管措施决定书〔2016〕10 号	关于对广东科海信息科技股份有限公司采取出具警示函措施的决定
广东监管局行政监管措施决定书〔2016〕11 号	关于对广东粤林电气科技股份有限公司采取出具警示函措施的决定
广东监管局行政监管措施决定书〔2016〕12 号	关于对东莞市百大新能源股份有限公司采取出具警示函措施的决定
广东监管局行政监管措施决定书〔2016〕13 号	关于对广东雅达电子股份有限公司采取出具警示函措施的决定
广东监管局行政监管措施决定书〔2016〕14 号	关于对联讯证券股份有限公司采取责令改正措施的决定
广东监管局行政监管措施决定书〔2016〕15 号	关于对文细棠采取出具警示函措施的决定
广东监管局行政监管措施决定书〔2016〕16 号	关于对广东宝莱特医用科技股份有限公司采取出具警示函措施的决定
广东监管局行政监管措施决定书〔2016〕17 号	关于对王旭彬、熊永忠、张腾采取出具警示函措施的决定
广东监管局行政监管措施决定书〔2016〕18 号	关于对程宇采取出具警示函措施的决定
广东监管局行政监管措施决定书〔2016〕19 号	关于对广州市浪奇实业股份有限公司采取出具警示函措施的决定
广东监管局行政监管措施决定书〔2016〕20 号	关于对郑明略采取出具警示函措施的决定
广东监管局行政监管措施决定书〔2016〕21 号	关于对广东青原信息科技投资管理有限公司采取责令改正措施的决定

续表

监管措施决定书文号	标题
广东监管局行政监管措施决定书〔2016〕22 号	关于对深圳前海金鹰资产管理有限公司采取责令改正措施的决定
广东监管局行政监管措施决定书〔2016〕23 号	关于对宋宏宇、钟宁、管斌采取出具警示函措施的决定
广东监管局行政监管措施决定书〔2016〕24 号	关于对广东竣弘投资管理有限责任公司采取责令改正措施的决定
广东监管局行政监管措施决定书〔2016〕25 号	关于对广州市艺蓝投资管理有限公司采取责令改正措施的决定
广东监管局行政监管措施决定书〔2016〕26 号	关于对广州市中卓投资有限公司取责令改正措施的决定
广东监管局行政监管措施决定书〔2016〕27 号	关于对广东新价值投资有限公司采取责令改正措施的决定
广东监管局行政监管措施决定书〔2016〕28 号	关于对广东融宏投资有限公司采取责令改正措施的决定
广东监管局行政监管措施决定书〔2016〕29 号	关于对广州积米尊尚投资有限公司采取责令改正措施的决定
广东监管局行政监管措施决定书〔2016〕30 号	关于对广州恒瑞资产管理有限公司采取责令改正措施的决定
广东监管局行政监管措施决定书〔2016〕31 号	关于对广东德沁资产管理有限公司采取责令改正措施的决定
广东监管局行政监管措施决定书〔2016〕32 号	关于对广州市创势翔投资有限公司采取责令改正措施的决定
广东监管局行政监管措施决定书〔2016〕33 号	关于对广州云系股权投资有限公司采取责令改正措施的决定
广东监管局行政监管措施决定书〔2016〕34 号	关于对广东博信投资控股股份有限公司及朱凤廉、禤振生采取出具警示函措施的决定
广东监管局行政监管措施决定书〔2016〕35 号	关于对广东省广新控股集团有限公司采取出具警示函措施的决定
广东监管局行政监管措施决定书〔2016〕36 号	关于对东莞劲胜精密组件股份有限公司、王九全、王琼采取出具警示函措施的决定
广东监管局行政监管措施决定书〔2016〕37 号	关于对融捷股份有限公司采取责令改正措施的决定
广东监管局行政监管措施决定书〔2016〕38 号	关于对广东新会美达锦纶股份有限公司、梁柏松、朱明辉采取出具警示函措施的决定
广东监管局行政监管措施决定书〔2016〕39 号	关于对广东顺德顺炎新材料股份有限公司采取出具警示函措施的决定
广东监管局行政监管措施决定书〔2016〕40 号	关于对广东天富电气股份有限公司采取出具警示函措施的决定
广东监管局行政监管措施决定书〔2016〕41 号	关于对广东九九华立新材料股份有限公司采取出具警示函措施的决定
广东监管局行政监管措施决定书〔2016〕42 号	关于对德奥通用航空股份有限公司采取责令改正措施的决定
广东监管局行政监管措施决定书〔2016〕43 号	关于对远光软件股份有限公司采取责令改正措施的决定

续表

监管措施决定书文号	标题
广东监管局行政监管措施决定书〔2016〕44号	关于对陈俊岭采取出具警示函措施的决定
广东监管局行政监管措施决定书〔2016〕45号	关于对文细棠采取出具警示函措施的决定
广东监管局行政监管措施决定书〔2016〕46号	关于对湛江国联水产开发股份有限公司采取责令改正措施的决定
广东监管局行政监管措施决定书〔2016〕47号	关于对曹铁波、崔鹤鸣、梁效礼采取出具警示函措施的决定
广东监管局行政监管措施决定书〔2016〕48号	关于对广州点动信息科技股份有限公司采取出具警示函措施的决定
广东监管局行政监管措施决定书〔2016〕49号	关于对广东明朗智能科技股份有限公司采取出具警示函措施的决定
广东监管局行政监管措施决定书〔2016〕50号	关于对广东大众农业科技股份有限公司采取出具警示函措施的决定
广东监管局行政监管措施决定书〔2016〕51号	关于对广州银闰投资顾问有限公司采取责令改正措施的决定
广东监管局行政监管措施决定书〔2016〕52号	关于对广州诚信创业投资有限公司采取责令改正措施的决定
广东监管局行政监管措施决定书〔2016〕53号	关于对广东广弘控股股份有限公司采取责令改正措施的决定
广东监管局行政监管措施决定书〔2016〕54号	关于对广州市鑫懿和投资管理有限公司采取责令改正措施的决定
广东监管局行政监管措施决定书〔2016〕55号	关于对东莞市清大基金管理有限公司采取责令改正措施的决定
广东监管局行政监管措施决定书〔2016〕56号	关于对广东把脉投资股管理有限公司采取责令改正措施的决定
广东监管局行政监管措施决定书〔2016〕57号	关于对东莞市聚信投资顾问有限公司采取责令改正措施的决定
广东监管局行政监管措施决定书〔2016〕58号	关于对珠海源达股权投资基金管理有限公司采取责令改正措施的决定
广东监管局行政监管措施决定书〔2016〕59号	关于对广东盈隆汇股权投资基金管理有限公司采取责令改正措施的决定
广东监管局行政监管措施决定书〔2016〕60号	关于对东莞市骏胜资产管理有限公司采取责令改正措施的决定
广东监管局行政监管措施决定书〔2016〕61号	关于对广东中大创业投资管理有限公司采取责令改正措施的决定
广东监管局行政监管措施决定书〔2016〕62号	关于对广东盖亚投资管理有限公司采取责令改正措施的决定
广东监管局行政监管措施决定书〔2016〕63号	关于对广东华辉创富投资管理有限公司采取责令改正措施的决定
广东监管局行政监管措施决定书〔2016〕64号	关于对惠州市汇智邦投资有限公司采取责令改正措施的决定
广东监管局行政监管措施决定书〔2016〕65号	关于对汕头市合隆包装制品有限公司采取出具警示函措施的决定

续表

监管措施决定书文号	标题
广东监管局行政监管措施决定书〔2016〕66 号	关于对珠海艾派克科技股份有限公司采取责令改正措施的决定
广东监管局行政监管措施决定书〔2016〕67 号	关于对易方达资产管理有限公司采取责令改正措施的决定
广东监管局行政监管措施决定书〔2016〕68 号	关于对李力、马燕采取出具警示函措施的决定
广东监管局行政监管措施决定书〔2016〕69 号	关于对刘宏、郑铭采取出具警示函措施的决定
广东监管局行政监管措施决定书〔2016〕70 号	关于对广东梅雁吉祥水电股份有限公司采取出具警示函措施的决定
广东监管局行政监管措施决定书〔2016〕71 号	关于对广东千竹资产管理有限公司采取责令改正措施的决定
广东监管局行政监管措施决定书〔2016〕72 号	关于对中山城市建设集团有限公司采取出具警示函措施的决定
广西监管局行政监管措施决定书〔2016〕1 号	关于对南宁八菱科技股份有限公司采取出具警示函措施的决定
广西监管局行政监管措施决定书〔2016〕2 号	关于对南宁八菱科技股份有限公司顾瑜采取出具警示函措施的决定
广西监管局行政监管措施决定书〔2016〕3 号	关于对南宁八菱科技股份有限公司黄生田采取责令参加培训措施的决定
广西监管局行政监管措施决定书〔2016〕4 号	关于对洪琬玲采取出具警示函措施的决定
广西监管局行政监管措施决定书〔2016〕5 号	广西证监局关于对广西广合律师事务所采取监管谈话措施的决定
广西监管局行政监管措施决定书〔2016〕6 号	广西证监局关于对广西汇豪律师事务所采取监管谈话措施的决定
广西监管局行政监管措施决定书〔2016〕7 号	广西证监局关于对招商证券股份有限公司南宁民族大道证券营业部采取责令改正措施的决定
广西监管局行政监管措施决定书〔2016〕8 号	关于对广西明利创新实业股份有限公司采取出具警示函措施的决定
广西监管局行政监管措施决定书〔2016〕9 号	关于对顾国平采取出具警示函措施的决定
广西监管局行政监管措施决定书〔2016〕10 号	关于对广西贵糖(集团)股份有限公司采取监管谈话措施的决定
广西监管局行政监管措施决定书〔2016〕12 号	广西证监局关于对魏刚采取认定为不适当人选的决定
广西监管局行政监管措施决定书〔2016〕13 号	关于对亚太(集团)会计师事务所采取监管谈话措施的决定
重庆监管局行政监管措施决定书〔2016〕2 号	关于对重庆欧萌资产管理有限公司采取责令改正措施的决定
重庆监管局行政监管措施决定书〔2016〕4 号	关于对重庆三峡油漆股份有限公司采取责令改正行政监管措施的决定
重庆监管局行政监管措施决定书〔2016〕5 号	关于对重庆广建装饰股份有限公司采取出具警示函措施的决定
重庆监管局行政监管措施决定书〔2016〕6 号	关于对重庆瑞丰包装股份有限公司采取出具警示函措施的决定

续表

监管措施决定书文号	标题
重庆监管局行政监管措施决定书〔2016〕7 号	关于对重庆天开园林股份有限公司采取出具警示函措施的决定
重庆监管局行政监管措施决定书〔2016〕8 号	关于对重庆大方生态环境治理股份有限公司采取出具警示函措施的决定
重庆监管局行政监管措施决定书〔2016〕9 号	关于对力帆实业(集团)股份有限公司采取出具警示函的决定
重庆监管局行政监管措施决定书〔2016〕11 号	关于对西南证券股份有限公司采取责令改正措施的决定
重庆监管局行政监管措施决定书〔2016〕12 号	关于对永鹏科技采取出具警示函措施的决定
重庆监管局行政监管措施决定书〔2016〕13 号	关于对重庆联权股权投资基金管理有限公司采取出具警示函措施的决定
重庆监管局行政监管措施决定书〔2016〕15 号	关于对重庆太极实业(集团)股份有限公司采取出具警示函措施的决定
重庆监管局行政监管措施决定书〔2016〕16 号	关于对重庆太极实业(集团)股份有限公司白礼西、蒋茜采取监管谈话措施的决定
重庆监管局行政监管措施决定书〔2016〕17 号	关于对西南证券股份有限公司采取责令增加内部合规检查次数措施的决定
重庆监管局行政监管措施决定书〔2016〕18 号	关于对重庆睿安特盾构技术股份有限公司采取出具警示函措施的决定
重庆监管局行政监管措施决定书〔2016〕19 号	关于对重庆睿安特盾构技术股份有限公司王彬、彭维德、贾春梅采取监管谈话的决定
重庆监管局行政监管措施决定书〔2016〕22 号	关于对重庆东方恒益股权投资基金管理有限公司采取出具警示函措施的决定
重庆监管局行政监管措施决定书〔2016〕23 号	关于对重庆智玺股权投资管理中心(有限合伙)采取出具警示函措施的决定
重庆监管局行政监管措施决定书〔2016〕24 号	关于对重庆华夏博大股权投资基金管理有限公司采取出具警示函措施的决定
重庆监管局行政监管措施决定书〔2016〕25 号	关于对重庆中冶泊达股权投资基金管理有限公司采取出具警示函措施的决定
重庆监管局行政监管措施决定书〔2016〕26 号	关于对重庆稷宏金融服务有限公司采取出具警示函措施的决定
重庆监管局行政监管措施决定书〔2016〕27 号	关于对重庆顺势创行股权投资基金管理有限公司采取出具警示函措施的决定
重庆监管局行政监管措施决定书〔2016〕28 号	关于对重庆皓顺股权投资基金管理有限公司采取出具警示函措施的决定
重庆监管局行政监管措施决定书〔2016〕29 号	关于对重庆国鑫睿诚股权投资基金管理有限公司采取出具警示函措施的决定
重庆监管局行政监管措施决定书〔2016〕30 号	关于对奥瑞德光电股份有限公司采取责令改正措施的决定
重庆监管局行政监管措施决定书〔2016〕31 号	关于对奥瑞德光电股份有限公司张世铭采取监管谈话措施的决定
四川监管局行政监管措施决定书〔2016〕1 号	关于对成都华泽钴镍材料股份有限公司控股股东王辉、王涛采取监管谈话措施的决定

续表

监管措施决定书文号	标题
四川监管局行政监管措施决定书〔2016〕2 号	关于对成都龙泉现代农业投资有限公司采取监管谈话措施的决定
四川监管局行政监管措施决定书〔2016〕3 号	关于对东兴证券股份有限公司采取监管谈话措施的决定
四川监管局行政监管措施决定书〔2016〕4 号	关于对开源证券成都天府大道营业部采取出具警示函措施的决定
四川监管局行政监管措施决定书〔2016〕5 号	关于对李勤采取出具警示函措施的决定
四川监管局行政监管措施决定书〔2016〕6 号	关于对李勤采取责令改正措施的决定
四川监管局行政监管措施决定书〔2016〕7 号	关于对国金证券股份有限公司上海证券资产管理分公司采取责令增加内部合规检查次数措施的决定
四川监管局行政监管措施决定书〔2016〕8 号	关于对杨宁恩采取出具警示函措施的决定
四川监管局行政监管措施决定书〔2016〕9 号	关于对四川禾嘉股份有限公司采取出具警示函措施的决定
四川监管局行政监管措施决定书〔2016〕10 号	关于对四川智胜视科航空航天有限公司采取出具警示函措施的决定
四川监管局行政监管措施决定书〔2016〕11 号	关于对成都华泽钴镍材料股份有限公司采取责令改正措施的决定
四川监管局行政监管措施决定书〔2016〕12 号	关于对王涛、王应虎采取监管谈话措施的决定
四川监管局行政监管措施决定书〔2016〕13 号	关于对王涛、王辉采取责令改正措施的决定
四川监管局行政监管措施决定书〔2016〕14 号	关于对四川三新创业投资有限公司采取出具警示函措施的决定
四川监管局行政监管措施决定书〔2016〕15 号	关于对曹世如采取出具警示函措施的决定
四川监管局行政监管措施决定书〔2016〕16 号	关于对成都嘉尚广告传媒股份有限公司采取出具警示函措施的决定
四川监管局行政监管措施决定书〔2016〕17 号	关于对四川创意信息技术股份有限公司采取出具警示函措施的决定
四川监管局行政监管措施决定书〔2016〕18 号	关于对成都爱林至善贸易股份有限公司采取责令改正措施的决定
四川监管局行政监管措施决定书〔2016〕19 号	关于对成都米米乐电子商务股份有限公司采取出具警示函措施的决定
四川监管局行政监管措施决定书〔2016〕20 号	关于对湖南巨景证券投资顾问有限公司四川分公司采取责令改正措施的决定
四川监管局行政监管措施决定书〔2016〕21 号	关于对四川光华上智资产管理有限公司采取出具警示函措施的决定
四川监管局行政监管措施决定书〔2016〕22 号	关于对四川中兴汇金投资有限公司采取出具警示函措施的决定
四川监管局行政监管措施决定书〔2016〕23 号	关于对张其忠采取出具警示函措施的决定
四川监管局行政监管措施决定书〔2016〕24 号	关于对绵阳众工机械股份有限公司采取出具警示函措施的决定
四川监管局行政监管措施决定书〔2016〕25 号	关于对成都华羿恒信财富投资管理有限公司采取暂停公募基金销售业务 6 个月措施的决定

续表

监管措施决定书文号	标题
四川监管局行政监管措施决定书〔2016〕26 号	关于对成都华泽钴镍材料股份有限公司采取责令改正措施的决定
四川监管局行政监管措施决定书〔2016〕27 号	关于对四川成发航空科技股份有限公司采取责令改正措施的决定
四川监管局行政监管措施决定书〔2016〕28 号	关于对都江堰兴市水业有限公司采取出具警示函的决定
四川监管局行政监管措施决定书〔2016〕29 号	关于对长城国际动漫游戏股份有限公司采取责令改正措施的决定
云南监管局行政监管措施决定书〔2016〕1 号	关于对太平洋证券股份有限公司采取暂停新开证券账户 1 个月措施的决定
云南监管局行政监管措施决定书〔2016〕2 号	关于对红塔证券股份有限公司采取出具警示函措施的决定
云南监管局行政监管措施决定书〔2016〕3 号	关于对云南道恒中天股权投资基金管理有限公司采取责令改正措施的决定
云南监管局行政监管措施决定书〔2016〕4 号	关于对代文娟采取出具警示函措施的决定
云南监管局行政监管措施决定书〔2016〕5 号	关于对刘道明采取出具警示函措施的决定
云南监管局行政监管措施决定书〔2016〕6 号	关于对云南中裕股权投资基金管理有限公司采取责令改正措施的决定
陕证监措施字〔2016〕1 号	关于宝信国际融资租赁有限公司采取出具警示函措施的决定
陕证监措施字〔2016〕2 号	关于对西安饮食股份有限公司采取出具警示函措施的决定
陕证监措施字〔2016〕3 号	关于对海航凯撒旅游集团股份有限公司采取监管谈话措施的决定
陕证监措施字〔2016〕4 号	关于对彩虹显示器件股份有限公司采取监管谈话措施的决定
陕证监措施字〔2016〕5 号	关于对陕西金控财富管理有限公司采取出具警示函监管措施的决定
陕证监措施字〔2016〕6 号	关于对陕西建设机械股份有限公司及王志荣采取出具警示函措施的决定
陕证监措施字〔2016〕7 号	关于对杨宏军、李长安、柴昭一、白海红采取监管谈话措施的决定
陕证监措施字〔2016〕8 号	关于对西部证券股份有限公司采取出具警示函措施的决定
陕证监措施字〔2016〕9 号	关于对杨天夫采取监管谈话措施的决定
陕证监措施字〔2016〕10 号	关于对陕西宝光真空电器股份有限公司采取出具警示函措施的决定(2016)
陕证监措施字〔2016〕11 号	关于对万隆(上海)资产评估有限公司及资产评估师蒋霞、汪爱红采取出具警示函措施的决定
陕证监措施字〔2016〕12 号	关于对西安建工(集团)有限责任公司采取出具警示函措施的决定

续表

监管措施决定书文号	标题
陕证监措施字〔2016〕13 号	关于对西安思坦仪器股份有限公司采取出具警示函措施的决定
新疆监管局行政监管措施决定书〔2016〕1 号	关于对伊宁市国有资产投资经营有限责任公司采取出具警示函措施的决定
新疆监管局行政监管措施决定书〔2016〕2 号	关于对新疆华凌工贸(集团)有限公司采取出具警示函措施的决定
新疆监管局行政监管措施决定书〔2016〕3 号	关于对天利高新董事长等人采取监管谈话措施的决定
新疆监管局行政监管措施决定书〔2016〕4 号	关于对天利高新采取出具警示函措施的决定
新疆监管局行政监管措施决定书〔2016〕5 号	关于对新疆紫罗兰餐饮管理股份有限公司采取监管谈话措施的决定
新疆监管局行政监管措施决定书〔2016〕6 号	关于对新疆吉瑞祥科技股份有限公司采取监管谈话措施的决定
新疆监管局行政监管措施决定书〔2016〕7 号	关于对新疆生产建设兵团投资有限责任公司采取出具警示函措施的决定
深圳监管局行政监管措施决定书〔2016〕1 号	深圳证监局关于对万润科技采取责令改正措施的决定
深圳监管局行政监管措施决定书〔2016〕12 号	深圳证监局关于对鹏元资信评估有限公司采取出具警示函措施的决定
深圳监管局行政监管措施决定书〔2016〕13 号	深圳证监局关于对彭令君采取监管谈话措施的决定
深圳监管局行政监管措施决定书〔2016〕16 号	深圳证监局关于对国信证券股份有限公司采取责令增加内部合规检查次数措施的决定
深圳监管局行政监管措施决定书〔2016〕18 号	深圳证监局关于对范肇平采取出具警示函措施的决定
深圳监管局行政监管措施决定书〔2016〕36 号	深圳证监局关于对长城证券股份有限公司采取出具警示函措施的决定
深圳监管局行政监管措施决定书〔2016〕38 号	深圳证监局关于对深圳市康达尔(集团)股份有限公司采取责令改正措施的决定
深圳监管局行政监管措施决定书〔2016〕39 号	深圳证监局关于对深圳雷柏科技股份有限公司采取出具警示函措施的决定
深圳监管局行政监管措施决定书〔2016〕40 号	深圳证监局关于对王雪梅采取出具警示函措施的决定
深圳监管局行政监管措施决定书〔2016〕55 号	深圳证监局关于对国信证券股份有限公司采取责令改正措施的决定
深圳监管局行政监管措施决定书〔2016〕57 号	深圳证监局关于对古远东采取出具警示函措施的决定
深圳监管局行政监管措施决定书〔2016〕58 号	深圳证监局关于对谢晓宾采取出具警示函措施的决定
深圳监管局行政监管措施决定书〔2016〕59 号	深圳证监局关于对郑汉辉采取出具警示函措施的决定

续表

监管措施决定书文号	标题
深圳监管局行政监管措施决定书〔2016〕60号	深圳证监局关于对瑞华会计师事务所(特殊普通合伙)及注册会计师李细辉、吴亚亚采取出具警示函措施的决定
深圳监管局行政监管措施决定书〔2016〕62号	深圳证监局关于对深圳市宇顺电子股份有限公司采取责令改正措施的决定
深圳监管局行政监管措施决定书〔2016〕63号	深圳证监局关于对林萌采取责令改正措施的决定
深圳监管局行政监管措施决定书〔2016〕64号	深圳证监局关于对深圳市兆驰股份有限公司采取出具警示函措施的决定
深圳监管局行政监管措施决定书〔2016〕65号	深圳证监局关于对顾伟采取监管谈话措施的决定
深圳监管局行政监管措施决定书〔2016〕66号	深圳证监局关于对严志荣采取监管谈话措施的决定
大证监发〔2016〕28号	关于对大连热电股份有限公司采取出具警示函措施的决定
大证监发〔2016〕2号	关于对大连华阳密封股份有限公司采取出具警示函措施的决定
大证监发〔2016〕3号	关于对大连大显控股股份有限公司采取责令改正监管措施的决定
大证监发〔2016〕4号	关于对时空客集团股份有限公司采取责令改正措施的决定
大证监发〔2016〕5号	关于对大连大福控股股份有限公司采取责令改正监管措施的决定
大证监发〔2016〕6号	关于对大连大福控股股份有限公司采取出具警示函措施的决定
大证监发〔2016〕7号	关于对致同会计师事务所(特殊普通合伙)采取出具警示函措施的决定
大证监发〔2016〕8号	关于对大连承运投资集团有限公司采取出具警示函措施的决定
大证监发〔2016〕9号	关于对源渤科技发展(大连)股份有限公司采取责令改正措施的决定
大证监发〔2016〕10号	关于对中兴财光华会计师事务所(特殊普通合伙)采取出具警示函措施的决定

第四部分　市场自律法治

一、上海证券交易所

（一）2016 年纪律处分决定书目录

1. 股票类

序号	文件标题	文号	发文日期
1	关于对兴业国际信托有限公司－耀汇金 1 号集合资金信托计划（1 期）证券账户实施限制交易纪律处分的决定	纪律处分决定书〔2016〕1 号	2016－01－06
2	关于对兴业国际信托有限公司－耀汇金 1 号集合资金信托计划（3 期）证券账户实施限制交易纪律处分的决定	纪律处分决定书〔2016〕2 号	2016－01－06
3	关于对常林股份有限公司及有关责任人予以通报批评的决定	纪律处分决定书〔2016〕3 号	2016－01－19
4	关于对潍坊亚星化学股份有限公司及其实际控制人、董事会秘书予以通报批评的决定	纪律处分决定书〔2016〕4 号	2016－02－02
5	关于对腾达建设集团股份有限公司监事林欢予以通报批评的决定	纪律处分决定书〔2016〕5 号	2016－02－03
6	关于对广东肇庆星湖生物科技股份有限公司及有关责任人予以通报批评的决定	纪律处分决定书〔2016〕6 号	2016－02－03
7	关于对丹化化工科技股份有限公司股东董荣亭予以公开谴责的决定	纪律处分决定书〔2016〕7 号	2016－02－03
8	关于对山西广和山水文化传播股份有限公司股东东营国际金融贸易港有限公司及其一致行动人孙承飞予以公开谴责的决定	纪律处分决定书〔2016〕8 号	2016－02－03
9	关于对缪水妹名下证券账户限制交易的决定	纪律处分决定书〔2016〕9 号	2016－02－04
10	关于对浙江升华拜克生物股份有限公司实际控制人沈培今予以通报批评的决定	纪律处分决定书〔2016〕10 号	2016－02－05
11	关于对安徽皖江物流（集团）股份有限公司时任监事艾强予以公开谴责的决定 纪律处分决定书	纪律处分决定书〔2016〕11 号	2016－02－05
12	关于对广西慧球科技股份有限公司股东顾国平和资产管理人华安未来资产管理（上海）有限公司予以通报批评的决定	纪律处分决定书〔2016〕12 号	2016－02－05
13	关于对长城汽车股份有限公司董事兼副总经理胡克刚予以通报批评的决定	纪律处分决定书〔2016〕13 号	2016－02－05

续表

序号	文件标题	文号	发文日期
14	关于对江苏省苏豪控股集团有限公司及其一致行动人江苏省苏豪国际集团股份有限公司予以公开谴责的决定	纪律处分决定书〔2016〕14 号	2016－02－05
15	关于对黄长富名下证券账户实施限制交易纪律处分的决定 纪律处分决定书	纪律处分决定书〔2016〕15 号	2016－02－05
16	关于对黄长富名下证券账户实施限制交易纪律处分的决定 纪律处分决定书	纪律处分决定书〔2016〕16 号	2016－03－16
17	关于对上海三毛企业（集团）股份有限公司和控股股东重庆轻纺控股（集团）公司以及有关责任人予以通报批评的决定	纪律处分决定书〔2016〕17 号	2016－03－29
18	关于对深圳市琪创能贸易有限公司予以通报批评的决定	纪律处分决定书〔2016〕18 号	2016－03－31
19	关于对西安博通资讯股份有限公司股东黄永飞及其一致行动人予以纪律处分的决定	纪律处分决定书〔2016〕19 号	2016－03－31
20	关于对内蒙古西水创业股份有限公司及有关责任人予以通报批评的决定	纪律处分决定书〔2016〕20 号	2016－04－07
21	关于对中国冶金科工股份有限公司及董事会秘书肖学文予以通报批评的决定	纪律处分决定书〔2016〕21 号	2016－04－13
22	关于对上海游久游戏股份有限公司股东刘亮、代琳予以通报批评的决定	纪律处分决定书〔2016〕26 号	2016－05－19
23	关于对北京京煤集团有限责任公司及其董事长付合年予以通报批评的决定	纪律处分决定书〔2016〕27 号	2016－05－23
24	关于对匹凸匹金融信息服务（上海）股份有限公司及有关责任人予以通报批评的决定	纪律处分决定书〔2016〕28 号	2016－05－30
25	关于对喜临门家具股份有限公司副总裁何劲松予以通报批评的决定	纪律处分决定书〔2016〕29 号	2016－06－03
26	关于对新疆雪峰科技（集团）股份有限公司、新疆雪峰投资控股有限责任公司和有关责任人予以通报批评的决定	纪律处分决定书〔2016〕30 号	2016－07－04
27	关于对江苏吉鑫风能科技股份有限公司副总经理陆卫忠予以通报批评的决定	纪律处分决定书〔2016〕31 号	2016－07－04
28	关于对林海股份有限公司、控股股东中国福马机械集团有限公司及有关责任人予以通报批评的决定	纪律处分决定书〔2016〕32 号	2016－07－04
29	关于对四川西部资源控股股份有限公司及有关责任人予以通报批评的决定	纪律处分决定书〔2016〕33 号	2016－07－04
30	关于对沈机集团昆明机床股份有限公司及控股股东沈阳机床（集团）有限责任公司、股权受让方西藏紫光卓远股权投资有限公司及有关责任人予以纪律处分的决定	纪律处分决定书〔2016〕34 号	2016－07－04
31	关于对山煤国际能源集团股份有限公司及有关责任人予以通报批评的决定	纪律处分决定书〔2016〕38 号	2016－09－07
32	关于对中房置业股份有限公司股东天津中维商贸集团有限公司予以通报批评的决定	纪律处分决定书〔2016〕39 号	2016－09－09
33	关于对太原化工股份有限公司及有关责任人予以通报批评的决定	纪律处分决定书〔2016〕40 号	2016－09－09
34	关于对辅仁药业集团实业股份有限公司及董事会秘书张海杰予以通报批评的决定	纪律处分决定书〔2016〕41 号	2016－09－09

续表

序号	文件标题	文号	发文日期
35	关于对吉林成城集团股份有限公司及有关责任人予以通报批评的决定	纪律处分决定书〔2016〕42 号	2016－09－13
36	关于对鹏欣环球资源股份有限公司的股东张华伟予以通报批评的决定	纪律处分决定书〔2016〕43 号	2016－09－21
37	关于对上海广泽食品科技股份有限公司及有关责任人予以通报批评的决定	纪律处分决定书〔2016〕44 号	2016－09－27
38	关于对四川国栋建设股份有限公司及有关责任人予以通报批评的决定	纪律处分决定书〔2016〕45 号	2016－10－13
39	关于对沈机集团昆明机床股份有限公司及有关责任人予以通报批评的决定	纪律处分决定书〔2016〕46 号	2016－11－02
40	关于对重庆钢铁股份有限公司及有关责任人予以通报批评的决定	纪律处分决定书〔2016〕47 号	2016－11－03
41	关于对上海鼎立科技发展(集团)股份有限公司董事曹文法予以通报批评的决定	纪律处分决定书〔2016〕48 号	2016－11－03
42	关于对浙江东方集团股份有限公司及有关责任人予以通报批评的决定	纪律处分决定书〔2016〕49 号	2016－11－03
43	关于对浙江万好万家文化股份有限公司及有关责任人予以通报批评的决定	纪律处分决定书〔2016〕50 号	2016－11－10
44	关于对上海新梅置业股份有限公司和有关责任人予以通报批评的决定	纪律处分决定书〔2016〕51 号	2016－11－11
45	关于对上海新梅置业股份有限公司相关股东予以公开谴责的决定 纪律处分决定书	纪律处分决定书〔2016〕52 号	2016－11－11
46	关于对大晟时代文化投资股份有限公司及有关责任人予以通报批评的决定	纪律处分决定书〔2016〕53 号	2016－11－11
47	关于对通化葡萄酒股份有限公司及有关责任人予以通报批评的决定	纪律处分决定书〔2016〕54 号	2016－11－11
48	关于对哈尔滨工大高新技术产业开发股份有限公司及有关责任人予以纪律处分的决定	纪律处分决定书〔2016〕55 号	2016－11－16
49	关于对远东智慧能源股份有限公司及有关责任人予以纪律处分的决定	纪律处分决定书〔2016〕56 号	2016－11－23
50	关于对杭州电缆股份有限公司及有关责任人予以通报批评的决定	纪律处分决定书〔2016〕57 号	2016－11－23
51	关于对江西昌九生物化工股份有限公司间接控股股东赣州工业投资集团有限公司及其董事长叶扬焕予以通报批评的决定	纪律处分决定书〔2016〕58 号	2016－11－24
52	关于对华菱星马汽车(集团)股份有限公司股东车路运腾创业投资股份有限公司有关责任人予以通报批评的决定	纪律处分决定书〔2016〕59 号	2016－11－24
53	关于对山西广和山水文化传播股份有限公司股东钟安升及其一致行动人予以纪律处分的决定	纪律处分决定书〔2016〕60 号	2016－11－29
54	关于对青海春天药用资源科技股份有限公司及董事会秘书陈定予以通报批评的决定	纪律处分决定书〔2016〕61 号	2016－11－29

续表

序号	文件标题	文号	发文日期
55	关于对上海申华控股股份有限公司及董事会秘书翟锋予以通报批评的决定	纪律处分决定书〔2016〕62 号	2016－12－01
56	关于对天津市房地产发展（集团）股份有限公司及有关责任人予以通报批评的决定 纪律处分决定书	纪律处分决定书〔2016〕64 号	2016－12－20

2. 债券类

序号	文件标题	文号	发文日期
1	关于对伊宁市国有资产投资经营有限责任公司予以通报评批的决定	纪律处分决定书〔2016〕22 号	2016－04－27
2	关于对五洋建设集团股份有限公司予以通报评批的决定	纪律处分决定书〔2016〕23 号	2016－04－27
3	关于对天津东丽湖能源科技有限公司予以通报批评的决定	纪律处分决定书〔2016〕24 号	2016－04－27
4	关于对九江市北门旅游开发建设有限公司予以通报评批的决定	纪律处分决定书〔2016〕25 号	2016－04－27
5	关于对靖江市华宇投资建设有限公司予以通报批评的决定	纪律处分决定书〔2016〕35 号	2016－08－23
6	关于对长兴南太湖投资开发有限公司予以通报评批的决定	纪律处分决定书〔2016〕36 号	2016－08－23
7	关于对都江堰兴市水业有限公司予以通报批评的决定	纪律处分决定书〔2016〕37 号	2016－08－23
8	关于对淮安民用机场有限责任公司予以通报批评的决定	纪律处分决定书〔2016〕63 号	2016－12－13

（二）2016 年制定、修改的主要自律规则目录

编号	发文文号	规则标题	发文机构	发布时间
1	上证发〔2016〕1 号	关于发布《上海市场首次公开发行股票网上发行实施细则》的通知	上海证券交易所	2016－01－05
2	上证发〔2016〕2 号	关于发布《上海市场首次公开发行股票网下发行实施细则》的通知	上海证券交易所	2016－01－05
3	上证发〔2016〕4 号	关于暂停实施指数熔断机制的通知	上海证券交易所	2016－01－07
4	上证发〔2016〕5 号	关于落实《上市公司大股东、董监高减持股份的若干规定》相关事项的通知	上海证券交易所	2016－01－09
5	上证函〔2016〕105 号	关于发布《上海证券交易所信息披露公告类别登记指南》和修订《上海证券交易所信息披露公告类别索引表》的通知	上海证券交易所	2016－01－21
6	上证发〔2016〕9 号	关于加强上市公司业务操作管理相关事项的通知	上海证券交易所	2016－01－21
7	上证发〔2016〕13 号	关于开展绿色公司债券试点的通知	上海证券交易所	2016－03－16

续表

编号	发文文号	规则标题	发文机构	发布时间
8	上证发〔2016〕14 号	关于进一步做好珠海市博元投资股份有限公司股票终止上市及进入退市整理期交易有关事项的通知	上海证券交易所	2016－03－22
9	上证发〔2016〕19 号	关于发布《上市公司筹划重大事项停复牌业务指引》的通知	上海证券交易所	2016－05－27
10	上证发〔2016〕20 号	关于发布《上市公司信息披露暂缓与豁免业务指引》的通知	上海证券交易所	2016－05－30
11	上证函〔2016〕1209 号	上海证券交易所有关营改增事宜的通知	上海证券交易所	2016－06－14
12	上证发〔2016〕27 号	上海证券交易所上市公司重组上市媒体说明会指引	上海证券交易所	2016－07－01
13	上证发〔2016〕30 号	关于修订《上海证券交易所沪港通试点办法》的通知	上海证券交易所	2016－07－18
14	上证发〔2016〕32 号	关于修订《港股通交易风险揭示书必备条款》的通知	上海证券交易所	2016－07－22
15	上证发〔2016〕33 号	关于实施上市公司证券停复牌业务操作闭环及加强停复牌业务管理有关事项的通知	上海证券交易所	2016－07－25
16	上证发〔2016〕35 号	关于进一步调整上证 50ETF 期权持仓限额管理有关事项的通知	上海证券交易所	2016－08－05
17	上证发〔2016〕38 号	关于股权激励计划股票期权自主行权相关事项的通知	上海证券交易所	2016－08－12
18	上证发〔2016〕40 号	关于停止执行沪港通总额度限制规定的通知	上海证券交易所	2016－08－17
19	上证发〔2016〕49 号	关于发布《上市公司变更证券简称业务指引》的通知	上海证券交易所	2016－09－30
20	上证发〔2016〕48 号	关于修订《上海证券交易所上市公司独立董事备案及培训工作指引》的通知	上海证券交易所	2016－09－30
21	上证发〔2016〕60 号	上海证券交易所沪港通业务实施办法(2016 年第二次修订)	上海证券交易所	2016－09－30
22	上证发〔2016〕60 号	上海证券交易所港股通投资者适当性管理指引(2016 年修订)	上海证券交易所	2016－09－30
23	上证发〔2016〕61 号	上海证券交易所港股通委托协议必备条款(2016 年修订)	上海证券交易所	2016－09－30
24	上证发〔2016〕61 号	上海证券交易所港股通交易风险揭示书必备条款(2016 年第二次修订)	上海证券交易所	2016－09－30
25	上证发〔2016〕47 号	关于发布《上海证券交易所公司债券簿记建档发行业务指引》的通知	上海证券交易所	2016－09－30
26	上证发〔2016〕54 号	关于进一步做好非公开发行公司债券信息披露相关工作的通知	上海证券交易所	2016－10－11
27	上证发〔2016〕63 号	关于调整上证 50ETF 期权交易经手费的通知	上海证券交易所	2016－10－28
28	上证发〔2016〕68 号	关于通过固定收益证券综合电子平台办理债券回售业务有关事项的通知	上海证券交易所	2016－11－07
29	上证发〔2016〕67 号	关于实施上市公司权益分派业务操作闭环有关事项的通知	上海证券交易所	2016－11－07

续表

编号	发文文号	规则标题	发文机构	发布时间
30	上证发〔2016〕69 号	关于发布《上海证券交易所章程》的通知	上海证券交易所	2016－11－11
31	上证发〔2016〕71 号	关于发布《上海证券交易所复核实施办法》的通知	上海证券交易所	2016－11－18
32	上证发〔2016〕74 号	关于发布《上海证券交易所分级基金业务管理指引》的通知	上海证券交易所	2016－11－25
33	上证发〔2016〕77 号	关于修改《上海证券交易所融资融券交易实施细则》第三十五条、第六十五条的通知	上海证券交易所	2016－12－02
34	上证发〔2016〕76 号	关于扩大融资融券标的股票范围相关事项的通知	上海证券交易所	2016－12－02
35	上证发〔2016〕73 号	上市公司行业信息披露指引第十四号——酒制造	上海证券交易所	2016－12－02
36	上证发〔2016〕73 号	上市公司行业信息披露指引第十五号——广播电视传输服务	上海证券交易所	2016－12－02
37	上证发〔2016〕73 号	上市公司行业信息披露指引第十六号——环保服务	上海证券交易所	2016－12－02
38	上证发〔2016〕73 号	上市公司行业信息披露指引第十七号——水的生产与供应	上海证券交易所	2016－12－02
39	上证发〔2016〕73 号	上市公司行业信息披露指引第十八号——化工	上海证券交易所	2016－12－02
40	上证发〔2016〕73 号	上市公司行业信息披露指引第十九号——航空运输	上海证券交易所	2016－12－02
41	上证发〔2016〕73 号	上市公司行业信息披露指引第二十号——农林牧渔	上海证券交易所	2016－12－02
42		关于发布《中国证券登记结算有限责任公司、上海证券交易所、深圳证券交易所债券质押式回购交易结算风险控制指引》的通知	上海证券交易所	2016－12－09
43	上证发〔2016〕79 号	关于发布《公司债券临时报告信息披露格式指引》的通知	上海证券交易所	2016－12－16

（三）2016 年同意上市通知、暂停上市决定书以及终止上市决定书

1. 股票类

同意上市通知书目录		
序号	标题	文号
1	关于东方时尚驾驶学校股份有限公司人民币普通股股票上市交易的通知	自律监管决定书〔2016〕35 号
2	关于南方出版传媒股份有限公司人民币普通股股票上市交易的通知	自律监管决定书〔2016〕36 号

续表

序号	标题	文号
3	关于广州天创时尚鞋业股份有限公司人民币普通股股票上市交易的通知	自律监管决定书〔2016〕40 号
4	关于千禾味业食品股份有限公司人民币普通股股票上市交易的通知	自律监管决定书〔2016〕56 号
5	关于浙江司太立制药股份有限公司人民币普通股股票上市交易的通知	自律监管决定书〔2016〕60 号
6	关于金徽酒股份有限公司人民币普通股股票上市交易的通知	自律监管决定书〔2016〕61 号
7	关于西藏华钰矿业股份有限公司人民币普通股股票上市交易的通知	自律监管决定书〔2016〕68 号
8	关于广州白云电器设备股份有限公司人民币普通股股票上市交易的通知	自律监管决定书〔2016〕75 号
9	关于江苏赛福天钢索股份有限公司人民币普通股股票上市交易的通知	自律监管决定书〔2016〕82 号
10	关于青岛康普顿科技股份有限公司人民币普通股股票上市交易的通知	自律监管决定书〔2016〕88 号
11	关于浙江德宏汽车电子电器股份有限公司人民币普通股股票上市交易的通知	自律监管决定书〔2016〕102 号
12	关于浙江朗迪集团股份有限公司人民币普通股股票上市交易的通知	自律监管决定书〔2016〕113 号
13	关于山东天鹅棉业机械股份有限公司人民币普通股股票上市交易的通知	自律监管决定书〔2016〕114 号
14	关于浙江嘉澳环保科技股份有限公司人民币普通股股票上市交易的通知	自律监管决定书〔2016〕115 号
15	关于新疆汇嘉时代百货股份有限公司人民币普通股股票上市交易的通知	自律监管决定书〔2016〕122 号
16	关于威龙葡萄酒股份有限公司人民币普通股股票上市交易的通知	自律监管决定书〔2016〕139 号
17	关于湖南百利工程科技股份有限公司人民币普通股股票上市交易的通知	自律监管决定书〔2016〕140 号
18	关于南通四方冷链装备股份有限公司人民币普通股股票上市交易的通知	自律监管决定书〔2016〕148 号
19	关于三棵树涂料股份有限公司人民币普通股股票上市交易的通知	自律监管决定书〔2016〕156 号
20	关于中国核工业建设股份有限公司人民币普通股股票上市交易的通知	自律监管决定书〔2016〕157 号
21	关于上海沪工焊接集团股份有限公司人民币普通股股票上市交易的通知	自律监管决定书〔2016〕158 号
22	关于重庆小康工业集团股份有限公司人民币普通股股票上市交易的通知	自律监管决定书〔2016〕159 号
23	关于合诚工程咨询股份有限公司人民币普通股股票上市交易的通知	自律监管决定书〔2016〕168 号
24	关于哈森商贸(中国)股份有限公司人民币普通股股票上市交易的通知	自律监管决定书〔2016〕169 号
25	关于无锡新宏泰电器科技股份有限公司人民币普通股股票上市交易的通知	自律监管决定书〔2016〕174 号
26	关于山东玲珑轮胎股份有限公司人民币普通股股票上市交易的通知	自律监管决定书〔2016〕176 号
27	关于海南海汽运输集团股份有限公司人民币普通股股票上市交易的通知	自律监管决定书〔2016〕181 号
28	关于广东超讯通信技术股份有限公司人民币普通股股票上市交易的通知	自律监管决定书〔2016〕191 号

续表

序号	标题	文号
29	关于三祥新材股份有限公司人民币普通股股票上市交易的通知	自律监管决定书〔2016〕194号
30	关于江苏银行股份有限公司人民币普通股股票上市交易的通知	自律监管决定书〔2016〕197号
31	关于新华文轩出版传媒股份有限公司人民币普通股股票上市交易的通知	自律监管决定书〔2016〕203号
32	关于中国电影股份有限公司人民币普通股股票上市交易的通知	自律监管决定书〔2016〕204号
33	关于北京长久物流股份有限公司人民币普通股股票上市交易的通知	自律监管决定书〔2016〕208号
34	关于上海亚虹模具股份有限公司人民币普通股股票上市交易的通知	自律监管决定书〔2016〕209号
35	关于广西广播电视信息网络股份有限公司人民币普通股股票上市交易的通知	自律监管决定书〔2016〕210号
36	关于贵阳银行股份有限公司人民币普通股股票上市交易的通知	自律监管决定书〔2016〕212号
37	关于上海电影股份有限公司人民币普通股股票上市交易的通知	自律监管决定书〔2016〕214号
38	关于北京兆易创新科技股份有限公司人民币普通股股票上市交易的通知	自律监管决定书〔2016〕215号
39	关于欧普照明股份有限公司人民币普通股股票上市交易的通知	自律监管决定书〔2016〕216号
40	关于安徽安德利百货股份有限公司人民币普通股股票上市交易的通知	自律监管决定书〔2016〕218号
41	关于江苏花王园艺股份有限公司人民币普通股股票上市交易的通知	自律监管决定书〔2016〕223号
42	关于无锡宏盛换热器制造股份有限公司人民币普通股股票上市交易的通知	自律监管决定书〔2016〕226号
43	关于郑州安图生物工程股份有限公司人民币普通股股票上市交易的通知	自律监管决定书〔2016〕227号
44	关于正平路桥建设股份有限公司人民币普通股股票上市交易的通知	自律监管决定书〔2016〕229号
45	关于三角轮胎股份有限公司人民币普通股股票上市交易的通知	自律监管决定书〔2016〕231号
46	关于湖北振华化学股份有限公司人民币普通股股票上市交易的通知	自律监管决定书〔2016〕233号
47	关于新疆鑫泰天然气股份有限公司人民币普通股股票上市交易的通知	自律监管决定书〔2016〕234号
48	关于上海网达软件股份有限公司人民币普通股股票上市交易的通知	自律监管决定书〔2016〕235号
49	关于江苏通用科技股份有限公司人民币普通股股票上市交易的通知	自律监管决定书〔2016〕237号
50	关于无锡农村商业银行股份有限公司人民币普通股股票上市交易的通知	自律监管决定书〔2016〕240号
51	关于湖北泰晶电子科技股份有限公司人民币普通股股票上市交易的通知	自律监管决定书〔2016〕242号
52	关于江苏常熟农村商业银行股份有限公司人民币普通股股票上市交易的通知	自律监管决定书〔2016〕244号
53	关于上海城地建设股份有限公司人民币普通股股票上市交易的通知	自律监管决定书〔2016〕245号
54	关于青岛鼎信通讯股份有限公司人民币普通股股票上市交易的通知	自律监管决定书〔2016〕247号
55	关于上海来伊份股份有限公司人民币普通股股票上市交易的通知	自律监管决定书〔2016〕251号
56	关于江苏恒康家居科技股份有限公司人民币普通股股票上市交易的通知	自律监管决定书〔2016〕252号

续表

序号	标题	文号
57	关于顾家家居股份有限公司人民币普通股股票上市交易的通知	自律监管决定书〔2016〕253 号
58	关于深圳市汇顶科技股份有限公司人民币普通股股票上市交易的通知	自律监管决定书〔2016〕255 号
59	关于能科节能技术股份有限公司人民币普通股股票上市交易的通知	自律监管决定书〔2016〕259 号
60	关于浙江五洲新春集团股份有限公司人民币普通股股票上市交易的通知	自律监管决定书〔2016〕260 号
61	关于杭州电魂网络科技股份有限公司人民币普通股股票上市交易的通知	自律监管决定书〔2016〕262 号
62	关于杭州银行股份有限公司人民币普通股股票上市交易的通知	自律监管决定书〔2016〕263 号
63	关于新华网股份有限公司人民币普通股股票上市交易的通知	自律监管决定书〔2016〕265 号
64	关于武汉塞力斯医疗科技股份有限公司人民币普通股股票上市交易的通知	自律监管决定书〔2016〕266 号
65	关于宁波海天精工股份有限公司人民币普通股股票上市交易的通知	自律监管决定书〔2016〕270 号
66	关于常州快克锡焊股份有限公司人民币普通股股票上市交易的通知	自律监管决定书〔2016〕271 号
67	关于中国建材检验认证集团股份有限公司人民币普通股股票上市交易的通知	自律监管决定书〔2016〕272 号
68	关于杭州海兴电力科技股份有限公司人民币普通股股票上市交易的通知	自律监管决定书〔2016〕273 号
69	关于江西国泰民爆集团股份有限公司人民币普通股股票上市交易的通知	自律监管决定书〔2016〕275 号
70	关于上海银行股份有限公司人民币普通股股票上市交易的通知	自律监管决定书〔2016〕276 号
71	关于上海徕木电子股份有限公司人民币普通股股票上市交易的通知	自律监管决定书〔2016〕277 号
72	关于山东步长制药股份有限公司人民币普通股股票上市交易的通知	自律监管决定书〔2016〕278 号
73	关于上海康德莱企业发展集团股份有限公司人民币普通股股票上市交易的通知	自律监管决定书〔2016〕281 号
74	关于博迈科海洋工程股份有限公司人民币普通股股票上市交易的通知	自律监管决定书〔2016〕284 号
75	关于宏辉果蔬股份有限公司人民币普通股股票上市交易的通知	自律监管决定书〔2016〕286 号
76	关于通灵珠宝股份有限公司人民币普通股股票上市交易的通知	自律监管决定书〔2016〕285 号
77	关于常州神力电机股份有限公司人民币普通股股票上市交易的通知	自律监管决定书〔2016〕287 号
78	关于江苏吴江农村商业银行股份有限公司人民币普通股股票上市交易的通知	自律监管决定书〔2016〕288 号
79	关于湖南机油泵股份有限公司人民币普通股股票上市交易的通知	自律监管决定书〔2016〕289 号
80	关于苏州科达科技股份有限公司人民币普通股股票上市交易的通知	自律监管决定书〔2016〕291 号
81	关于中通国脉通信股份有限公司人民币普通股股票上市交易的通知	自律监管决定书〔2016〕292 号
82	关于华安证券股份有限公司人民币普通股股票上市交易的通知	自律监管决定书〔2016〕294 号
83	关于浙江三维橡胶制品股份有限公司人民币普通股股票上市交易的通知	自律监管决定书〔2016〕296 号

续表

序号	标题	文号
84	关于苏州麦迪斯顿医疗科技股份有限公司人民币普通股股票上市交易的通知	自律监管决定书〔2016〕297 号
85	关于苏州兴业材料科技股份有限公司人民币普通股股票上市交易的通知	自律监管决定书〔2016〕301 号
86	关于江苏如通石油机械股份有限公司人民币普通股股票上市交易的通知	自律监管决定书〔2016〕298 号
87	关于家家悦集团股份有限公司人民币普通股股票上市交易的通知	自律监管决定书〔2016〕302 号
88	关于江苏苏利精细化工股份有限公司人民币普通股股票上市交易的通知	自律监管决定书〔2016〕303 号
89	关于亚振家具股份有限公司人民币普通股股票上市交易的通知	自律监管决定书〔2016〕307 号
90	关于森特士兴集团股份有限公司人民币普通股股票上市交易的通知	自律监管决定书〔2016〕308 号
91	关于江苏武进不锈股份有限公司人民币普通股股票上市交易的通知	自律监管决定书〔2016〕310 号
92	关于百合花集团股份有限公司人民币普通股股票上市交易的通知	自律监管决定书〔2016〕312 号
93	关于无锡信捷电气股份有限公司人民币普通股股票上市交易的通知	自律监管决定书〔2016〕313 号
94	关于青岛汇金通电力设备股份有限公司人民币普通股股票上市交易的通知	自律监管决定书〔2016〕314 号
95	关于贵州永吉印务股份有限公司人民币普通股股票上市交易的通知	自律监管决定书〔2016〕315 号
96	关于杭叉集团股份有限公司人民币普通股股票上市交易的通知	自律监管决定书〔2016〕316 号
97	关于贵州省广播电视信息网络股份有限公司人民币普通股股票上市交易的通知	自律监管决定书〔2016〕317 号
98	关于上海元祖梦果子股份有限公司人民币普通股股票上市交易的通知	自律监管决定书〔2016〕319 号
99	关于日月重工股份有限公司人民币普通股股票上市交易的通知	自律监管决定书〔2016〕318 号
100	关于亚翔系统集成科技（苏州）股份有限公司人民币普通股股票上市交易的通知	自律监管决定书〔2016〕321 号
101	关于浙江仙通橡塑股份有限公司人民币普通股股票上市交易的通知	自律监管决定书〔2016〕322 号
102	关于中原证券股份有限公司人民币普通股股票上市交易的通知	自律监管决定书〔2016〕323 号
103	关于浙江华正新材料股份有限公司人民币普通股股票上市交易的通知	自律监管决定书〔2016〕324 号
104	关于厦门吉比特网络技术股份有限公司人民币普通股股票上市交易的通知	自律监管决定书〔2016〕325 号
暂停上市决定书目录		
序号	标题	文号
1	关于对上海新梅置业股份有限公司股票实施暂停上市的决定	自律监管决定书〔2016〕106 号
2	关于对常林股份有限公司股票实施暂停上市的决定	自律监管决定书〔2016〕84 号
终止上市决定书目录		
序号	标题	文号
1	关于对珠海市博元投资股份有限公司股票实施终止上市的决定	自律监管决定书〔2016〕77 号
2	关于对上海阳晨投资股份有限公司股票实施终止上市的决定	自律监管决定书〔2016〕309 号

2. 债券类

同意上市通知目录		
序号	标题	文号
1	关于2015年威海蓝创建设投资有限公司公司债券上市交易的通知	自律监管决定书〔2016〕1号
2	关于2015年黔东南州畅达交通建设投资集团有限公司停车场专项债券上市交易的通知	自律监管决定书〔2016〕2号
3	关于2015年昌乐县新城发展有限公司公司债券上市交易的通知	自律监管决定书〔2016〕3号
4	关于2015年浙江滨海新城开发投资股份有限公司公司债券上市交易的通知	自律监管决定书〔2016〕4号
5	关于2015年七台河市城市建设投资发展有限公司小微企业增信集合债券上市交易的通知	自律监管决定书〔2016〕5号
6	关于2015年响水县水务投资有限责任公司公司债券上市交易的通知	自律监管决定书〔2016〕7号
7	关于2015年徐州市铜山区城市建设投资有限责任公司公司债券上市交易的通知	自律监管决定书〔2016〕8号
8	关于2015年伊犁哈萨克自治州财通国有资产经营有限责任公司小微企业增信	自律监管决定书〔2016〕10号
9	关于2015年江西和济投资有限公司公司债券上市交易的通知	自律监管决定书〔2016〕11号
10	关于2015年无锡创业投资集团有限公司公司债券上市交易的通知	自律监管决定书〔2016〕12号
11	关于2016年常德市城市建设投资集团有限公司公司债券上市交易的通知	自律监管决定书〔2016〕13号
12	关于2015年陕西省西咸新区秦汉新城开发建设集团有限责任公司公司债券上市交易的通知	自律监管决定书〔2016〕14号
13	关于2015年昆明滇池水务股份有限公司公司债券上市交易的通知	自律监管决定书〔2016〕18号
14	关于2016年永州市经济建设投资发展集团有限责任公司公司债券上市交易的通知	自律监管决定书〔2016〕19号
15	关于2015年荆门高新技术产业开发有限责任公司公司债券上市交易的通知	自律监管决定书〔2016〕20号
16	关于2015年内江建工集团有限责任公司双创孵化专项债券上市交易的通知	自律监管决定书〔2016〕21号
17	关于2016年第一期福建省投资开发集团有限责任公司公司债券上市交易的通知	自律监管决定书〔2016〕22号
18	关于2015年芜湖新马投资有限公司公司债券上市交易的通知	自律监管决定书〔2016〕23号
19	关于2016年平阳县国资发展有限公司公司债券上市交易的通知	自律监管决定书〔2016〕24号
20	关于2016年仪征市城市建设发展有限公司公司债券上市交易的通知	自律监管决定书〔2016〕25号
21	关于2015年石家庄正定新区棚户区改造常山社区一期项目收益债券上市交易的通知	自律监管决定书〔2016〕27号
22	关于2015年凤城市现代产业园区开发建设投资有限公司公司债券上市交易的通知	自律监管决定书〔2016〕28号
23	关于2015年贵州省凯里城镇建设投资有限公司公司债券上市交易的通知	自律监管决定书〔2016〕30号
24	关于2015年甘肃平凉崆峒旅游集团有限责任公司公司债券上市交易的通知	自律监管决定书〔2016〕31号

续表

序号	标题	文号
25	关于2015年重庆缙云资产经营(集团)有限公司公司债券上市交易的通知	自律监管决定书〔2016〕32号
26	关于2015年第二期河北广电信息网络集团股份有限公司公司债券上市交易的通知	自律监管决定书〔2016〕33号
27	关于2015年宜昌高新投资开发有限公司公司债券上市交易的通知	自律监管决定书〔2016〕34号
28	关于2016年宁乡经济技术开发区建设投资有限公司公司债券上市交易的通知	自律监管决定书〔2016〕37号
29	关于2015年睢宁县润企投资有限公司公司债券上市交易的通知	自律监管决定书〔2016〕38号
30	关于2016年长沙市雨花城市建设投资集团有限公司公司债券上市交易的通知	自律监管决定书〔2016〕39号
31	关于2015年盐城高新区投资集团有限公司公司债券上市交易的通知	自律监管决定书〔2016〕41号
32	关于2016年遵义经济技术开发区投资建设有限公司公司债券上市交易的通知	自律监管决定书〔2016〕42号
33	关于2016年第一期诸暨市经济开发总公司小微企业增信集合债券上市交易的通知	自律监管决定书〔2016〕43号
34	关于2016年资中县兴资投资开发集团有限责任公司公司债券上市交易的通知	自律监管决定书〔2016〕44号
35	关于2016年普兰店市建设投资有限公司公司债券上市交易的通知	自律监管决定书〔2016〕45号
36	关于2015年兴义市信恒城市建设投资有限公司公司债券上市交易的通知	自律监管决定书〔2016〕46号
37	关于2016年长沙市芙蓉城市建设投资有限责任公司公司债券上市交易的通知	自律监管决定书〔2016〕47号
38	关于2016年第一期长沙开福城市建设投资有限公司公司债券上市交易的通知	自律监管决定书〔2016〕48号
39	关于2016年贵州省红果经济开发区开发有限责任公司小微企业增信集合债券上市交易的通知	自律监管决定书〔2016〕49号
40	关于2015年金昌市建设投资开发(集团)有限责任公司公司债券上市交易的通知	自律监管决定书〔2016〕50号
41	关于2015年上海城建(集团)公司企业债券上市交易的通知	自律监管决定书〔2016〕51号
42	关于2016年新沂市城市投资发展有限公司公司债券上市交易的通知	自律监管决定书〔2016〕52号
43	关于2016年广州金融控股集团有限公司城市停车场建设专项债券上市交易的通知	自律监管决定书〔2016〕53号
44	关于2016年黄冈市城市建设投资有限公司公司债券上市交易的通知	自律监管决定书〔2016〕57号
45	关于2016年阿勒泰地区国有资产投资经营有限公司公司债券上市交易的通知	自律监管决定书〔2016〕58号
46	关于2016年湖南邵东创新创业示范基地建设专项债券上市交易的通知	自律监管决定书〔2016〕59号
47	关于2015年梅县伟业基础设施建设投资有限公司公司债券上市交易的通知	自律监管决定书〔2016〕62号
48	关于2016年山东奥德燃气有限公司公司债券(第一期)上市交易的通知	自律监管决定书〔2016〕63号
49	关于2016年丹阳投资集团有限公司公司债券上市交易的通知	自律监管决定书〔2016〕64号

续表

序号	标题	文号
50	关于2016年第二期福建省投资开发集团有限责任公司公司债券上市交易的通知	自律监管决定书〔2016〕65号
51	关于2015年高邮市建设投资发展有限公司公司债券上市交易的通知	自律监管决定书〔2016〕66号
52	关于2016年六盘水市开发投资有限公司公司债券上市交易的通知	自律监管决定书〔2016〕69号
53	关于2015年乌鲁木齐高新投资发展集团有限公司小微企业增信集合债券上市交易的通知	自律监管决定书〔2016〕70号
54	关于2016年瓦房店沿海项目开发有限公司公司债券上市交易的通知	自律监管决定书〔2016〕71号
55	关于2016年威海市城市开发投资有限公司公司债券上市交易的通知	自律监管决定书〔2016〕72号
56	关于2016年大理海东开发投资有限公司公司债券上市交易的通知	自律监管决定书〔2016〕73号
57	关于2015年第二期西安投资控股有限公司小微企业增信集合债券上市交易的通知	自律监管决定书〔2016〕74号
58	关于2015年重庆市潼南区城市建设投资(集团)有限公司公司债券上市交易的通知	自律监管决定书〔2016〕76号
59	关于2016年吉林市城市建设控股集团有限公司公司债券上市交易的通知	自律监管决定书〔2016〕78号
60	关于2016年平潭综合实验区交通投资集团有限公司公司债券上市交易的通知	自律监管决定书〔2016〕79号
61	关于2015年潜江市城市建设投资开发有限公司公司债券上市交易的通知	自律监管决定书〔2016〕80号
62	关于2016年第一期广东省广晟资产经营有限公司公司债券上市交易的通知	自律监管决定书〔2016〕85号
63	关于2016年山东省鲁信投资控股集团有限公司公司债券上市交易的通知	自律监管决定书〔2016〕86号
64	关于2016年第一期枝江市国有资产经营中心企业债券上市交易的通知	自律监管决定书〔2016〕87号
65	关于2016年禹州市投资总公司企业债券上市交易的通知	自律监管决定书〔2016〕89号
66	关于2016年重庆市地产集团有限公司公司债券上市交易的通知	自律监管决定书〔2016〕90号
67	关于2015年湖南省铁路投资集团有限公司公司债券上市交易的通知	自律监管决定书〔2016〕91号
68	关于2016年江苏省张家港经济开发区实业总公司企业债券上市交易的通知	自律监管决定书〔2016〕92号
69	关于重庆市合川工业投资(集团)有限公司2016年小微企业增信集合债券上市交易的通知	自律监管决定书〔2016〕93号
70	关于2016年神木县国有资产运营公司小微企业增信集合债券上市交易的通知	自律监管决定书〔2016〕94号
71	关于2015年寿光市金财公有资产经营有限公司小微企业增信集合债券上市交易的通知	自律监管决定书〔2016〕95号
72	关于2016年铜陵市建设投资控股有限责任公司城市停车场和地下综合管廊专项债券上市交易的通知	自律监管决定书〔2016〕96号
73	关于2016年启东江海交通发展有限公司公司债券上市交易的通知	自律监管决定书〔2016〕97号
74	关于2016年芜湖市鸠江建设投资有限公司公司债券上市交易的通知	自律监管决定书〔2016〕98号

续表

序号	标题	文号
75	关于2016年陕西旅游集团公司企业债券上市交易的通知	自律监管决定书〔2016〕99号
76	关于2016年北京市朝阳区国有资本经营管理中心企业债券上市交易的通知	自律监管决定书〔2016〕100号
77	关于2016年广西来宾城建投资集团有限公司小微企业扶持债券上市交易的通知	自律监管决定书〔2016〕101号
78	关于2016年杭州市下城区城市建设发展有限公司公司债券上市交易的通知	自律监管决定书〔2016〕103号
79	关于2015年阳江市恒财城市投资控股有限公司公司债券上市交易的通知	自律监管决定书〔2016〕105号
80	关于2016年衡阳市交通建设投资有限公司公司债券上市交易的通知	自律监管决定书〔2016〕108号
81	关于2016年盐城市盐都区国有资产投资经营有限公司公司债券上市交易的通知	自律监管决定书〔2016〕109号
82	关于2016年新疆五家渠城市建设投资经营有限公司公司债券上市交易的通知	自律监管决定书〔2016〕110号
83	关于2016年第一期南宁新技术产业建设开发总公司企业债券上市交易的通知	自律监管决定书〔2016〕111号
84	关于2016年滁州市同创建设投资有限责任公司小微企业增信集合债券上市交易的通知	自律监管决定书〔2016〕112号
85	关于2016年唐山金融控股集团有限公司公司债券上市交易的通知	自律监管决定书〔2016〕116号
86	关于2016年浙江瓯海城市建设投资有限公司城市停车场建设专项债券上市交易的通知	自律监管决定书〔2016〕117号
87	关于2016年三明市交通建设投资有限公司公司债券上市交易的通知	自律监管决定书〔2016〕119号
88	关于2016年德兴市城市建设经营总公司企业债券上市交易的通知	自律监管决定书〔2016〕120号
89	关于2016年无锡惠开经济发展集团有限公司公司债券上市交易的通知	自律监管决定书〔2016〕135号
90	关于2016年启东国有资产投资控股有限公司公司债券上市交易的通知	自律监管决定书〔2016〕136号
91	关于2016年第一期重庆两江新区开发投资集团有限公司专项债券上市交易的通知	自律监管决定书〔2016〕137号
92	关于2015年耒阳市国有资产投资经营有限公司专项债券上市交易的通知	自律监管决定书〔2016〕138号
93	关于2016年江苏瀚瑞投资控股有限公司公司债券(第一期)上市交易的通知	自律监管决定书〔2016〕141号
94	关于2016年浙江汇盛投资集团有限公司公司债券上市交易的通知	自律监管决定书〔2016〕142号
95	关于2016年第一期广州港集团有限公司城市停车场建设专项债券上市交易的通知	自律监管决定书〔2016〕143号
96	关于2016年黔西南州宏升资本营运公司小微企业增信集合债券上市交易的通知	自律监管决定书〔2016〕144号
97	关于2016年重庆市兴荣控股集团有限公司公司债券上市交易的通知	自律监管决定书〔2016〕145号
98	关于2016年天津渤海国有资产经营管理有限公司公司债券上市交易的通知	自律监管决定书〔2016〕146号

续表

序号	标题	文号
99	关于2016年第一期山西晋城无烟煤矿业集团有限责任公司公司债券上市交易的通知	自律监管决定书〔2016〕147号
100	关于2016年洛阳市新区建设投资有限责任公司公司债券上市交易的通知	自律监管决定书〔2016〕149号
101	关于2016年泗阳县民康农村经济发展有限公司公司债券上市交易的通知	自律监管决定书〔2016〕150号
102	关于2015年伊宁市国有资产投资经营有限责任公司公司债券上市交易的通知	自律监管决定书〔2016〕152号
103	关于2016年第一期广东恒健投资控股有限公司项目集合公司债券上市交易的通知	自律监管决定书〔2016〕153号
104	关于2016年重庆经开区开发投资集团有限责任公司公司债券上市交易的通知	自律监管决定书〔2016〕155号
105	关于2016年如皋市交通投资发展有限公司公司债券上市交易的通知	自律监管决定书〔2016〕162号
106	关于2016年淮安市淮安区城市资产经营有限公司公司债券上市交易的通知	自律监管决定书〔2016〕163号
107	关于2016年第一期北京汽车股份有限公司绿色债券上市交易的通知	自律监管决定书〔2016〕164号
108	关于2016年江西省投资集团公司企业债券上市交易的通知	自律监管决定书〔2016〕165号
109	关于2016年重庆经开区开发投资集团有限责任公司公司债券上市交易的通知	自律监管决定书〔2016〕171号
110	关于2015年第二期营口市老边区城市建设投资发展有限公司公司债券上市交易的通知	自律监管决定书〔2016〕172号
111	关于2016年杭州余杭金融控股集团有限公司小微企业增信集合债券上市交易的通知	自律监管决定书〔2016〕173号
112	关于2016年沪宁城铁惠山站区棚户区改造项目收益债券上市交易的通知	自律监管决定书〔2016〕177号
113	关于2016年福州高新区投资控股有限公司公司债券上市交易的通知	自律监管决定书〔2016〕183号
114	关于2016年青州市宏源公有资产经营有限公司小微企业增信集合债券上市交易的通知	自律监管决定书〔2016〕184号
115	关于2016年徐州市贾汪城市建设投资有限公司公司债券上市交易的通知	自律监管决定书〔2016〕185号
116	关于2016年第二期枝江市国有资产经营中心企业债券上市交易的通知	自律监管决定书〔2016〕186号
117	关于2016年牡丹江新区城市投资有限公司小微企业增信集合债券上市交易的通知	自律监管决定书〔2016〕187号
118	关于2013年天津市房地产开发经营集团有限公司公司债券恢复上市的通知	自律监管决定书〔2016〕188号
119	关于2015年泸州市兴泸投资集团有限公司公司债券上市交易的通知	自律监管决定书〔2016〕189号
120	关于2016年黄石磁湖高新科技发展公司企业债券(品种一)上市交易的通知	自律监管决定书〔2016〕190号
121	关于2016年江苏海州发展集团有限公司公司债券上市交易的通知	自律监管决定书〔2016〕192号
122	关于2016年江苏筑富实业投资有限公司公司债券上市交易的通知	自律监管决定书〔2016〕199号

续表

序号	标题	文号
123	关于2016年第一期无锡市太湖新城发展集团有限公司公司债券上市交易的通知	自律监管决定书〔2016〕200号
124	关于国家电力投资集团公司公开发行2016年公司债券(第三期)上市交易的通知	自律监管决定书〔2016〕201号
125	关于2013年黑牡丹(集团)股份有限公司公司债券(第二期)上市交易的通知	自律监管决定书〔2016〕202号
126	关于深圳市燃气集团股份有限公司公开发行2016年公司债券(第一期)上市交易的通知	自律监管决定书〔2016〕205号
127	关于2016年南通市通州区惠通投资有限责任公司公司债券(第一期)上市交易的通知	自律监管决定书〔2016〕206号
128	关于2016年扬中市城市建设投资发展总公司企业债券上市交易的通知	自律监管决定书〔2016〕207号
129	关于2016年第一期广州市城市建设投资集团有限公司城市停车场建设专项债券上市交易的通知	自律监管决定书〔2016〕220号
130	关于2016年湘潭市城市建设投资经营有限责任公司城市停车场建设专项债券上市交易的通知	自律监管决定书〔2016〕221号
131	关于云南省工业投资控股集团有限责任公司2016年公开发行公司债券(第一期)上市交易的通知	自律监管决定书〔2016〕222号
132	关于2015年桐城市建设投资发展有限责任公司公司债券上市交易的通知	自律监管决定书〔2016〕224号
133	关于2016年第二期广东省广晟资产经营有限公司公司债券上市交易的通知	自律监管决定书〔2016〕225号
134	关于2016年第二期重庆两江新区开发投资集团有限公司专项债券上市交易的通知	自律监管决定书〔2016〕239号
135	关于2016年第二期无锡市太湖新城发展集团有限公司公司债券上市交易的通知	自律监管决定书〔2016〕241号
136	关于2016年建安投资控股集团有限公司公司债券上市交易的通知	自律监管决定书〔2016〕248号
137	关于2015年第二期长沙天心城市建设投资开发集团有限公司公司债券上市交易的通知	自律监管决定书〔2016〕249号
138	关于2016年济宁市市中区城建投资有限公司地下综合管廊专项债券上市交易的通知	自律监管决定书〔2016〕250号
139	关于2016年广饶县经济发展投资有限公司公司债券上市交易的通知	自律监管决定书〔2016〕256号
140	关于2016年南昌城市建设投资发展有限公司管廊专项债券上市交易的通知	自律监管决定书〔2016〕257号
141	关于2016年扬州市广陵新城投资发展有限公司公司债券上市交易的通知	自律监管决定书〔2016〕261号
142	关于2016年第一期国家电网公司绿色债券(三年期)上市交易的通知	自律监管决定书〔2016〕268号
143	关于2016年第一期国家电网公司绿色债券(五年期)上市交易的通知	自律监管决定书〔2016〕269号
144	关于2016年南京地铁集团有限公司公司债券上市交易的通知	自律监管决定书〔2016〕274号
145	关于2016年第二期广州港集团有限公司城市停车场建设专项债券上市交易的通知	自律监管决定书〔2016〕282号

续表

序号	标题	文号
146	关于2016年第一期北京市基础设施投资有限公司公司债券上市交易的通知	自律监管决定书〔2016〕283号
147	关于2016年第三期广东省广晟资产经营有限公司公司债券上市交易的通知	自律监管决定书〔2016〕290号
148	关于2016年武汉市硚口国有资产经营有限公司公司债券上市交易的通知	自律监管决定书〔2016〕295号
149	关于深圳市燃气集团股份有限公司公开发行2016年公司债券(第二期)上市交易的通知	自律监管决定书〔2016〕304号
150	关于中国华能集团公司公开发行2016年公司债券上市交易的通知	自律监管决定书〔2016〕305号
151	关于2016年第三期广州港集团有限公司城市停车场建设专项债券上市交易的通知	自律监管决定书〔2016〕306号
152	关于2016年马鞍山慈湖高新技术产业开发区投资发展有限公司公司债券上市交易的通知	自律监管决定书〔2016〕326号
153	关于2016年建湖县城市建设投资有限公司项目收益债券上市交易的通知	自律监管决定书〔2016〕327号
暂停上市决定书目录		
序号	标题	文号
1	关于对2010年新疆天业(集团)有限公司公司债券实施暂停上市的决定	自律监管决定书〔2016〕123号
2	关于对2014年第二期中国有色矿业集团有限公司公司债券实施暂停上市的决定	自律监管决定书〔2016〕124号
3	关于对2012年阿拉尔统众国有资产经营有限责任公司公司债券实施暂停上市的决定	自律监管决定书〔2016〕125号
4	关于对2012年昆明钢铁控股有限公司公司债券实施暂停上市的决定	自律监管决定书〔2016〕126号
5	关于对2012年宁波交通投资控股有限公司公司债券实施暂停上市的决定	自律监管决定书〔2016〕127号
6	关于对2013年陕西有色金属控股集团有限责任公司公司债券实施暂停上市的决定	自律监管决定书〔2016〕128号
7	关于对国电科技环保集团股份有限公司2012年公司债券实施暂停上市的决定	自律监管决定书〔2016〕129号
8	关于对2011年宁波交通投资控股有限公司公司债券实施暂停上市的决定	自律监管决定书〔2016〕130号
9	关于对2012年国奥投资发展有限公司公司债券实施暂停上市的决定	自律监管决定书〔2016〕131号
10	关于对2009年重庆市能源投资集团公司企业债券实施暂停上市的决定	自律监管决定书〔2016〕132号
11	关于对2012年山东新查庄矿业有限责任公司公司债券实施暂停上市的决定	自律监管决定书〔2016〕151号
12	关于对2012年内蒙古高等级公路建设开发有限责任公司公司债券实施暂停上市的决定	自律监管决定书〔2016〕160号
13	关于对2012年江苏飞达控股集团有限公司公司债券实施暂停上市的决定	自律监管决定书〔2016〕178号
14	关于对2011年河南万基铝业股份有限公司公司债券实施暂停上市的决定	自律监管决定书〔2016〕179号
15	关于对2011年龙口煤电有限公司公司债券实施暂停上市的决定	自律监管决定书〔2016〕180号

（四）2016年自律管理案例

监管典型案例决定书

1. 交易监管类

关于对XYGJ信托有限公司－耀汇金1号集合资金信托计划(1期)证券账户实施限制交易纪律处分的决定

当事人：

XYGJ信托有限公司，证券账户名称：XYGJ信托有限公司－耀汇金1号集合资金信托计划(1期)。

经查明，你公司指定在中国国际金融股份有限公司广州天河路证券营业部，账户名称为XYGJ信托有限公司－耀汇金1号集合资金信托计划(1期)的证券账户，2015年9月份以来在云煤能源、新钢股份和郑州煤电等多只股票的交易过程中，通过区间时间段内集中大额申报买入或卖出等方式，严重影响相关证券交易价格及证券交易量，干扰市场价格发现机制，扰乱正常的市场交易秩序。最近半年内，经上海证券交易所(以下简称"本所")多次出具监管警示函后仍不改正，违规情节严重。

你公司的上述交易行为属于《上海证券交易所交易规则》6.1条第(五)项和《上海证券交易所证券异常交易实时监控细则》第八条第(三)项所述的异常交易行为。为维护证券市场交易秩序，保护投资者合法权益，根据《上海证券交易所交易规则》6.5条、《上海证券交易所证券异常交易实时监控细则》第八条和《上海证券交易所纪律处分和监管措施实施办法》第八条的规定，经本所纪律处分委员会审核，决定对XYGJ信托有限公司－耀汇金1号集合资金信托计划(1期)证券账户实施限制账户买入1个月的纪律处分，即你公司名下的该证券账户自2016年1月7日至2016年2月6日不得买入在本所挂牌交易的所有证券。

对于上述纪律处分，本所将通报中国证监会，并记入证券期货市场诚信档案数据库。

如对上述纪律处分决定不服，你公司可自收到本决定之日起15个交易日内向本所申请复核，复核期间不停止本决定的执行。

本所重申，投资者从事证券交易活动，应严格遵守法律、行政法规和本所业务规则，自觉维护证券市场秩序。

上海证券交易所

二〇一六年一月六日

关于对XYGJ信托有限公司－耀汇金1号集合资金信托计划(3期)证券账户实施限制交易纪律处分的决定

当事人：

XYGJ信托有限公司，证券账户名称：XYGJ信托有限公司－耀汇金1号集合资金信托计划(3期)。

经查明,你公司指定在中国国际金融股份有限公司广州天河路证券营业部,账户名称为XYGJ信托有限公司-耀汇金1号集合资金信托计划(3期)的证券账户,2015年9月份以来在云煤能源、新钢股份和郑州煤电等多只股票的交易过程中,通过区间时间段内集中大额申报买入或卖出等方式,严重影响相关证券交易价格及证券交易量,干扰市场价格发现机制,扰乱正常的市场交易秩序。最近半年内,经上海证券交易所(以下简称"本所")多次出具监管警示函后仍不改正,违规情节严重。

你公司的上述交易行为属于《上海证券交易所交易规则》6.1条第(五)项和《上海证券交易所证券异常交易实时监控细则》第八条第(三)项所述的异常交易行为。为维护证券市场交易秩序,保护投资者合法权益,根据《上海证券交易所交易规则》6.5条、《上海证券交易所证券异常交易实时监控细则》第八条和《上海证券交易所纪律处分和监管措施实施办法》第八条的规定,经本所纪律处分委员会审核,决定对XYGJ信托有限公司-耀汇金1号集合资金信托计划(3期)证券账户实施限制账户买入1个月的纪律处分,即你公司名下的该证券账户自2016年1月7日至2016年2月6日不得买入在本所挂牌交易的所有证券。

对于上述纪律处分,本所将通报中国证监会,并记入证券期货市场诚信档案数据库。

如对上述纪律处分决定不服,你公司可自收到本决定之日起15个交易日内向本所申请复核,复核期间不停止本决定的执行。

本所重申,投资者从事证券交易活动,应严格遵守法律、行政法规和本所业务规则,自觉维护证券市场秩序。

上海证券交易所

二○一六年一月六日

关于对缪某某名下证券账户限制交易的决定

当事人:

缪某某。

经查明,你指定在浙商证券股份有限公司杭州萧山恒隆广场证券营业部的证券账户A736103037,2015年9月份以来,在梅雁吉祥、楚天高速、和邦生物等多只股票的交易过程中,多次出现以涨停板价格大额申报、频繁申报并频繁撤销申报等交易行为。

你的上述交易行为属于《上海证券交易所交易规则》第6.1条和《上海证券交易所证券异常交易实时监控细则》第八条所述的异常交易行为,影响了其他投资者的投资决策和上海证券交易所(以下简称"本所")市场的正常交易秩序,且你在被本所多次采取自律监管措施后,仍不改正,违规情节严重。为维护证券市场交易秩序,保护投资者合法权益,根据《上海证券交易所交易规则》第6.5条、《证券异常交易实时监控细则》第八条和《上海证券交易所纪律处分和监管措施实施办法》第八条的规定,经本所纪律处分委员会审核,决定对你名下的所有证券账户采取限制交易1个月的纪律处分,即你名下的所有证券账户自2016年2月5日至2016年3月4日不得买卖在本所上市及挂牌的所有证券。

对于上述纪律处分,本所将通报中国证监会,并记入证券期货市场诚信档案数据库。

如对上述纪律处分决定不服,你可向本所申请复核,复核期间不停止本决定的执行。

本所重申,投资者从事证券交易活动,应严格遵守法律、行政法规和本所业务规则,自觉维护证券市场秩序。

上海证券交易所

二○一六年二月四日

关于对黄某某名下证券账户实施限制交易纪律处分的决定

当事人：

黄某某。

经查明，2015 年 9 月份以来，你指定在华泰证券股份有限公司厦门厦禾路证券营业部的证券账户 A482929873，在中国建筑、梅雁吉祥、际华集团、中国重工等股票的交易中，多次出现涨（跌）幅限制价格大量申报、频繁申报并频繁撤销申报、大额申报、密集申报、连续申报等影响证券交易价格或证券交易量的异常交易行为。

你的上述交易行为属于《上海证券交易所交易规则》第 6.1 条和《上海证券交易所证券异常交易实时监控细则》第八条所述的异常交易行为，影响了其他投资者的投资决策和上海证券交易所（以下简称“本所”）市场的正常交易秩序，且你在多次被本所采取自律监管措施后，仍不改正，违规情节严重。为维护证券市场交易秩序，保护投资者合法权益，根据《上海证券交易所交易规则》第 6.5 条、《上海证券交易所证券异常交易实时监控细则》第八条和《上海证券交易所纪律处分和监管措施实施办法》第八条的规定，经本所纪律处分委员会审核，决定对你名下的所有证券账户实施限制交易 3 个月的纪律处分，期间为 2016 年 3 月 17 日至 2016 年 6 月 16 日。

对于上述纪律处分，本所将通报中国证监会，并记入证券期货市场诚信档案数据库。

如对上述纪律处分决定不服，你可于 5 个交易日内向本所申请复核，复核期间不停止本决定的执行。

本所重申，投资者从事证券交易活动，应严格遵守法律、行政法规和本所业务规则，自觉维护证券市场秩序。

上海证券交易所

二〇一六年三月十六日

2. 债券监管类

关于对 YN 市国有资产投资经营有限责任公司予以通报评批的决定

纪律处分决定书〔2016〕22 号

当事人：

YN 市国有资产投资经营有限责任公司。

YN 市国有资产投资经营有限责任公司（以下简称“公司”）分两期面向合格投资者非公开发行 22 亿元公司债券（证券简称“15 伊资 01”、“15 伊资 02”）并于 2015 年 11 月 24 日在上海证券交易所（以下简称“本所”）挂牌转让，本次债券由光大证券股份有限公司承销并担任受托管理人。

公司在本次债券存续过程中，存在募集资金转借他人，未按约定用途使用募集资金的违规行为。根据募集说明书的约定，本次募集资金在扣除发行费用后用应于补充流动资金，但第一期 10 亿元募集资金到账后，公司将其中 4 亿元转借给了 YN 市财政局并签订了借款合同，约定了借款期限和利息支付。公司的上述行为违反了《公司债券发行与交易管理办法》第十五条、《上海证券交易所非公开发行公司债券业务管理暂行办法》（以下简称“《暂行办法》")第 1.7 条、第 7.1 条的规定。此外,公司还存在本次债券存续期内未及时建立信息披露事务管理制度的问题,违反了《暂行办法》第 4.1 条的规定。

鉴于上述行为的性质及情节,经本所纪律处分委员会审核通过,根据《暂行办法》第 7.1 条、第 7.3 条和《上海证券交易所纪律处分和监管措施实施办法》的有关规定,本所做出如下纪律处分决定:对 YN 市国有资产投资经营有限责任公司予以通报批评。

对于上述纪律处分,本所将通报中国证监会,并记入诚信档案。

公司应当引以为戒,严格按照法律、法规和《暂行办法》的规定,完善公司募集资金使用和信息披露事务管理制度,保护债券持有人的合法权益。

上海证券交易所
二〇一六年四月二十七日

关于 WYJS 集团股份有限公司予以通报批评的决定

纪律处分决定书〔2016〕23 号

当事人:

WYJS 集团股份有限公司。

WYJS 集团股份有限公司(以下简称"公司")分两期面向合格投资者公开发行 13.6 亿元公司债券(证券简称"15 五洋债"、"15 五洋 02")并分别于 2015 年 9 月 10 日和 11 月 2 日在上海证券交易所(以下简称"本所")上市交易,本次债券由德邦证券股份有限公司承销并担任受托管理人。

公司在本次债券存续过程中,存在募集资金使用管理不规范,募集资金专户管理不到位的违规行为。根据募集说明书约定,本次债券募集资金用途为偿还银行贷款和补充营运资金,但公司在实际收到募集资金后,将其中的 10.48 亿元划往非关联公司浙江国通物资有限公司进行过账,之后上述款项中的 3.58 亿元和 4.01 亿元先后划入公司实际控制人陈志樟控制的企业五洋控股有限公司的银行账户。上述款项未严格存入募集资金专项账户进行管理,也未直接用于核准的用途。公司的上述行为违反了《公司债券发行与交易管理办法》(以下简称"《管理办法》")第十五条、《上海证券交易所公司债券上市规则(2015 年修订)》(以下简称"《上市规则》")第 1.7 条、第 7.1 条的规定。

此外,公司还存在募集说明书中未决诉讼披露不完整的问题。根据公司 2012 - 2014 年审计报告(大信审字〔2015〕第 4 - 00220 号),其子公司沈阳五洲商业广场发展有限公司因未决诉讼导致的预计负债为 1.4 亿元,但公司在募集说明书第 101 页"发行人资产受限情况及或有事项"部分披露的未决诉讼金额为 3756.42 万元,二者存在差异,违反了《上市规则》第 1.5 条的规定。

鉴于上述行为的性质及情节,经本所纪律处分委员会审核通过,根据《上市规则》第 7.1 条、第 7.3 条和《上海证券交易所纪律处分和监管措施实施办法》的有关规定,本所做出如下纪律处分决定:对 WYJS 集团股份有限公司予以通报批评。

对于上述纪律处分,本所将通报中国证监会,并记入诚信档案。

公司应当引以为戒,严格按照法律、法规和《上市规则》的规定,完善公司募集资金使用管理制度,保护债券持有人的合法权益。

上海证券交易所
二〇一六年四月二十七日

关于对 TJDLH 能源科技有限公司予以通报批评的决定

纪律处分决定书〔2016〕24 号

当事人：

TJDLH 能源科技有限公司。

TJDLH 能源科技有限公司(以下简称“公司”)面向合格投资者非公开发行 2.5 亿元公司债券(证券简称“15 东丽债”)并于 2015 年 9 月 25 日在上海证券交易所(以下简称“本所”)挂牌转让,本次债券由万联证券有限责任公司承销并担任受托管理人。

公司在本次债券存续过程中,存在募集资金转借他人,未按约定用途使用募集资金的违规行为。根据募集说明书的约定,本次募集资金拟用于补充营运资金和偿还债务,但募集资金到账后,公司将其中 1.2 亿元转借给天津市东丽湖温泉度假旅游区管理委员会并签订了借款合同,约定了借款期限和借款利率。公司的上述行为违反了《公司债券交易与管理办法》第十五条、《上海证券交易所非公开发行公司债券业务管理暂行办法》(以下简称“《暂行办法》”)第 1.7 条、第 7.1 条的规定。

鉴于上述行为的性质及情节,经本所纪律处分委员会审核通过,根据《暂行办法》第 7.1 条、第 7.3 条和《上海证券交易所纪律处分和监管措施实施办法》的有关规定,本所做出如下纪律处分决定:对 TJDLH 能源科技有限公司予以通报批评。

对于上述纪律处分,本所将通报中国证监会,并记入诚信档案。

公司应当引以为戒,严格按照法律、法规和《暂行办法》的规定,完善公司募集资金使用管理制度,保护债券持有人的合法权益。

上海证券交易所

二〇一六年四月二十七日

关于对 JJSBM 旅游开发建设有限公司予以通报批评的决定

纪律处分决定书〔2016〕25 号

当事人：

JJSBM 旅游开发建设有限公司。

JJSBM 旅游开发建设有限公司(以下简称“公司”)分两期非公开发行 3 亿元中小企业私募债券(证券简称“14 北门 01”、“14 北门 02”)并于 2015 年 7 月 17 日在上海证券交易所(以下简称“本所”)挂牌转让,本次债券由天风证券股份有限公司承销并担任受托管理人。

公司在本次债券存续过程中,存在募集资金转借他人,未按约定用途使用募集资金的违规行为。根据募集说明书的约定,本次债券募集资金在扣除发行费用后应全部用于补充流动资金,但公司在募集资金到账后,先后将资金划转至庐山区财政局账户。上述款项均未用于公司的日常经营,与募集说明书的约定用途不符。公司的上述行为违反了《公司债券发行与交易管理办法》第十五条、《上海证券交易所非公开发行公司债券业务管理暂行办法》(以下简称“《暂行办法》”)第 1.7 条、第 7.1 条的规定。

此外,公司董事长兼总经理于 2015 年 7 月 15 日进行了变更,但公司未及时披露该事项,违反了《暂行办法》第 4.9 条的规定。在本次债券存续期内,公司还存在未及时建立信息披露事务管理制度的问题,违反了《暂行办法》第 4.1 条的规定。

鉴于上述行为的性质及情节,经本所纪律处分委员会审核通过,根据《暂行办法》第 7.1

条、第7.3条和《上海证券交易所纪律处分和监管措施实施办法》的有关规定,本所做出如下纪律处分决定:对JJSBM旅游开发建设有限公司予以通报批评。

对于上述纪律处分,本所将通报中国证监会,并记入诚信档案。

公司应当引以为戒,严格按照法律、法规和《暂行办法》的规定,完善公司募集资金使用和信息披露事务管理制度,保护债券持有人的合法权益。

上海证券交易所
二〇一六年四月二十七日

关于对JJSHY投资建设有限公司予以通报批评的决定

纪律处分决定书〔2016〕35号

当事人:

JJSHY投资建设有限公司。

JJSHY投资建设有限公司(以下简称“公司”)面向合格投资者非公开发行10亿元公司债券(证券简称“15华宇01”)并于2016年1月11日在本所挂牌转让,本次债券由德邦证券股份有限公司承销并担任受托管理人。

公司在本次债券存续过程中,存在违反募集说明书相关承诺使用募集资金的违规行为。根据募集说明书约定,公司承诺募集资金将不用于在地方政府融资平台名单内的子公司。但公司在实际收到募集资金后将资金划往在地方政府融资平台名单内的子公司靖江市华鼎投资建设有限公司。公司的上述行为违反了《公司债券发行与交易管理办法》(以下简称“《管理办法》”)第十五条、《上海证券交易所非公开发行公司债券业务管理暂行办法》(以下简称“《暂行办法》”)第7.1条的规定。公司在收到受托管理人的整改通知后,已纠正相关违规行为。

鉴于上述行为的性质及情节,经本所纪律处分委员会审核通过,根据《暂行办法》第1.7条、第7.1条、第7.3条和《上海证券交易所纪律处分和监管措施实施办法》的有关规定,本所做出如下纪律处分决定:对JJSHY投资建设有限公司予以通报批评。

对于上述纪律处分,本所将通报中国证监会,并记入诚信档案。

公司应当引以为戒,严格按照法律、法规和《暂行办法》的规定,完善公司募集资金使用管理制度,保护债券持有人的合法权益。

上海证券交易所
二〇一六年八月二十三日

关于CXNTH投资开发有限公司予以通报批评的决定

纪律处分决定书〔2016〕36号

当事人:

CXNTH投资开发有限公司。

CXNTH投资开发有限公司面向合格投资者首期非公开发行5亿元公司债券(证券简称“15太湖01”)并于2015年12月10日在本所挂牌转让,本期债券由川财证券有限责任公司承销并担任受托管理人。

公司在本期债券存续过程中,存在募集资金转借他人,未按约定用途使用募集资金的违规行为。根据募集说明书的约定,本期债券募集资金拟全部用于补充营运资金。但募集资金到账后，公司将其中的0.8亿元转借给湖州南太湖产业集聚区长兴分区管理委员会，将其中的0.3亿元转借给长兴县永兴建设开发有限公司。公司的行为违反了《公司债券交易与管理办法》第十五条、《上海证券交易所非公开发行公司债券业务管理暂行办法》（以下简称"《暂行办法》"）第7.1条的规定。目前，相关违规行为已经纠正。

鉴于上述行为的性质及情节，经本所纪律处分委员会审核通过，根据《暂行办法》第1.7条、第7.1条、第7.3条和《上海证券交易所纪律处分和监管措施实施办法》的有关规定，本所做出如下纪律处分决定：对CXNTH投资开发有限公司予以通报批评。

对于上述纪律处分，本所将通报中国证监会，并记入诚信档案。

公司应当引以为戒，严格按照法律、法规和《暂行办法》的规定，完善公司募集资金使用管理制度，保护债券持有人的合法权益。

上海证券交易所
二〇一六年八月二十三日

关于对DJYXS水业有限公司予以通报批评的决定

纪律处分决定书〔2016〕37号

当事人：

DJYXS水业有限公司。

DJYXS水业有限公司面向合格投资者非公开发行6亿元公司债券（证券简称"15兴市债"）并于2015年11月2日在本所挂牌转让，本次债券由德邦证券股份有限公司承销并担任受托管理人。

公司在本次债券存续过程中，存在募集资金转借他人，未按约定用途使用募集资金的违规行为。根据募集说明书约定，本次债券募集资金用途为偿还金融机构借款3亿元，补充公司营运资金3亿元。公司在实际收到募集资金后，将合计5.3635亿元转借他人，其中2.22亿元划往控股股东都江堰兴市投资发展有限公司，3亿元划往关联方都江堰市天府源建筑材料有限公司，0.1亿元划往关联方都江堰兴市旅游发展有限公司，435万元划往第三方都江堰市集聚农业有限公司。公司的上述行为违反了《公司债券发行与交易管理办法》（以下简称"《管理办法》"）第十五条、《上海证券交易所非公开发行公司债券业务管理暂行办法》（以下简称"《暂行办法》"）第7.1条的规定。目前，相关违规行为已经纠正。

鉴于上述行为的性质及情节，经本所纪律处分委员会审核通过，根据《暂行办法》第1.7条、第7.1条、第7.3条和《上海证券交易所纪律处分和监管措施实施办法》的有关规定，本所做出如下纪律处分决定：对DJYXS水业有限公司予以通报批评。

对于上述纪律处分，本所将通报中国证监会，并记入诚信档案。

公司应当引以为戒，严格按照法律、法规和《暂行办法》的规定，完善公司募集资金使用管理制度，保护债券持有人的合法权益。

上海证券交易所
二〇一六年八月二十三日

关于对 HA 民用机场有限责任公司予以通报批评的决定

纪律处分决定书〔2016〕63 号

当事人:

HA 民用机场有限责任公司。

HA 民用机场有限责任公司于 2014 年 5 月 7 日发行了 HA 民用机场有限责任公司 2014 年中小企业私募债券(以下简称“14 淮机债”,债券代码 125278),发行规模 3 亿元。该债券由长城证券股份有限公司承销,由中国民生银行股份有限公司盱眙支行担任受托管理人,并由淮安市交通控股有限公司提供不可撤销连带责任担保。经查明,该公司在本次债券存续过程中,存在募集资金转借担保人,未按约定用途使用募集资金的违规行为。

根据 14 淮机债募集说明书约定,本次债券募集资金用途为“扣除发行费用后全部用于淮安涟水机场二期扩建工程”,但募集资金到账后,公司将该债券的募集资金 2.91 亿元,一次性转借给了担保人淮安市交通控股有限公司,并由其实际承担了 2015 年及 2016 年的债券利息。

公司的上述行为违反了《公司债券发行与交易管理办法》第十五条、《上海证券交易所非公开发行公司债券业务管理暂行办法》(以下简称《暂行办法》)第 7.1 条的规定。公司于 2016 年 9 月 20 日纠正相关违规行为。

鉴于上述行为的性质及情节,经上海证券交易所(以下简称本所)纪律处分委员会审核通过,根据《暂行办法》第 1.7 条、第 7.1 条、第 7.3 条和《上海证券交易所纪律处分和监管措施实施办法》的有关规定,本所做出如下纪律处分决定:对淮安民用机场有限责任公司予以通报批评。

对于上述纪律处分,本所将通报中国证监会,并记入诚信档案。

公司应当引以为戒,严格按照法律、法规和《暂行办法》的规定,完善公司募集资金使用管理制度,保护债券持有人的合法权益。

上海证券交易所

二〇一六年十二月十三日

典型监管案例解析

上市公司修改章程不当设置反收购条款监管思考与建议
——基于 YLGF、SDJT 等监管案例分析

左 迪 刘雄飞*

前期,沪市公司 YLGF、SDJT 等在章程中设置反收购条款案件,其中部分条款违反了法律的强制性规定,对股东权利造成限制,对现任管理层利益严重倾斜。此类案例对市场产生重

* 上海证券交易所上市公司监管一部员工。

大影响、引起市场广泛讨论。监管过程中，上交所积极采取自律监管措施，运用快速反应机制，通过监管问询，要求公司通过信息披露，充分、有针对性地解释相关条款设置的合法性、正当性和必要性；同时，及时启动“三点一线”监管协作，将相关情报通报证监会公司部和公司所在派出机构。收购与反收购，涉及复杂的专业和实务问题。其中，如何认识反收购条款的性质，如何界定公司章程自治与公司法强制性规定的边界，如何在监管中兴利除弊，直接关系到上市公司收购秩序和未来走向、关系到股东权利和公司利益的维护，亟需在监管层面形成共识、妥善回应。

一、上市公司设置反收购条款的主要情况

一是引入反收购条款的公司明显增多。前两年，上市公司引入反收购条款尚属个别现象。2016年以来，尤其是“万宝之争”后，这一情况明显增加。初步统计，沪深两市有十多家公司引入反收购条款，典型如雅化集团、YLGF、世联行、隆平高科、廊坊发展、玉龙股份、SDJT等。这些公司中，既有已处在控制权争夺过程中的，也有刚被举牌的，还有不少尚未出现举牌、公司未雨绸缪先行预防的。其中较为典型的，有前期深市的雅化集团，近期沪市的YLGF。

二是反收购条款的类型明显增加。前两年，公司反收购条款的类型主要集中于对举牌股东提案权和股东大会提议召开权的限制。2016年以来，反收购条款的类型更加全面、立体、多元，明显增加，如雅化集团、YLGF的公司章程中，增加了举牌方信息披露义务、董事利益保护、改选董事任职期限限制、股东大会决议通过比例要求等条款，可谓集反收购条款之大成。

三是反收购条款的限制力度显著增强。早期，公司章程反收购条款的限制力度相对缓和，如将有提案权股东的持股期限从90天延长至270天。但近期上市公司的反收购条款对收购方的限制力度明显增强，典型如要求股东须连续两年以上单独或合计持股15%，才有权提出更改董监高人选的提案，远高于公司法规定的3%持股比例。

四是对反收购条款的性质存在认识分歧。上市公司在章程中大量引入反收购条款，已引起市场广泛讨论，但对于其性质仍缺乏统一认识。赞成的意见认为，反收购条款有利于防止“野蛮人”举牌，保持公司治理的稳定性；反对的意见认为，反收购条款突破了公司法和证券法的规定，损害了公司股东权利，妨碍了正常的上市公司收购市场秩序。

二、对反收购条款性质的几点认识

收购与反收购是证券市场永恒的命题。反收购条款合法与否，其边界在哪，取决于对上市公司收购制度的功能、股东基本权利的保护、董监高在维护控制权中的基本行为准则等基础问题的认识。

其一，证券市场正常的收购秩序需要得到维护。《证券法》专章对上市公司收购作出规定，对公司收购总体上采取了开放的态度。其制度功能，一方面在于促进资本合理流动，推动企业转型升级，另一方面也在于引入外部制约，督促公司现任管理层勤勉尽责，提高公司绩效。在此意义上，收购制度是形成控制权市场，提高市场活力的重要基础制度。反收购条款的设置，难免会增加了收购人进入目标公司的难度，但不应使收购制度内在功能以及与之对应的控制权市场外部约束被架空，流于形式。

其二，上市公司股东基本股东权利应当得到保护。上市公司收购主要是通过股东权利的行使得以实施。股东权利的合法保护是公司制度赖以存在的基石之一。《公司法》对股东的知情权、提案权和股东大会提议召开权利作了明确要求，这些规定属于具有强制约束力的赋权性规则。如果公司章程以自治名义，通过大幅度提高股东行使权利的门槛，随意限制乃至取消公司法赋予股东的权利，将进一步强化我国上市公司普遍存在的大股东控制上市公司的股权格局，机构投资者和中小股东参与公司治理的积极性也将进一步丧失。

其三，上市公司董监高不得仅为其特定利益设置反收购条款。董监高作为上市公司的管理层，对公司负有忠实、勤勉义务，在抵御和反对上市公司收购中，应当遵守基本的行为准则。对于有利于公司或者股东整体利益的收购，目标公司的经营者不仅不应该反对，反而应当支持。英美资本市场，普遍根据目标公司经营管理者的信托义务原则，要求目标公司经营者不得出于自身利益对收购一概进行抵御。换言

之,目标公司的经营者只有对一个不利于维护公司整体利益的收购进行抵制,才是正当的。如果董监高出于自身利益,在公司章程中设置诸如高薪补偿、改选人数和任期限制等条款,甚至因此类条款的存在客观上造成公司的内部人控制,这一安排的正当性和合理性就非常值得疑问。

其四,适度、正当的反收购条款有利于维护公司治理的安定性。上市公司收购是把双刃剑,过于具有侵略性、着眼短期利益的收购行为,也可能挫伤管理团队的积极性,不利于维护公司经营的稳定性和连续性。基于这一认识,诸如对收购人持股期限、其收购资金来源、公司战略经营方向等反收购条款在实践中具有其合理性,如不与现行法律冲突,可以在一定程度上予以支持。

三、对实践中几类典型反收购条款正当性的基本判断

(一)关于限制股东行使权利的条款

公司在章程中提高了《公司法》规定的股东行使改选董监高提案权、自行召集股东大会所需的持股比例、持股时间要求,成为预防和反对收购的普遍做法。例如,龙宇燃油要求股东连续持股时间为270日以上,雅化集团要求连续持股12个月以上,而YLGF更是要求连续两年以上、持股15%以上股份的股东才有权提出改选提案。上述反收购条款的内容,明显违反现行法律强制性规定。《公司法》第101条第2款规定,连续90日以上单独或者合计持有公司10%以上股份的股东可以自行召集和主持股东大会;第102条第2款规定,单独或者合计持有公司3%以上股份的股东,可以在股东大会召开10日前提出临时提案。这些条款为赋权性条款。公司章程提高股东提案权、提名权等固有权利的持股比例要求,不当限制了本应享有该等权利的股东行使权利的可能,是否违反了法律的强制性规定,理论上和实践中存在认识分歧。我们认为,对此类条款的效力,不宜一概否定,但对其生效程序和条件,须要作出严格限定。如公司董事会提出相关议案时,独立董事对其合理性和必要性,必须单独发表意见;股东大会审议时严格执行回避制度;引入超级多数条款,可考虑此类条款,在出席会议的股东三分之二表决通过的同时,须经公众股股东四分之三表决通过。

(二)关于设置董监高改选人数、任期或者决策程序限制的条款

有的公司章程规定,每年或每次改选时,董事、监事和高级管理人员可更换的比例,不得超过一定限制;有公司对董事、监事及高管的任职资格作出特别限制,如要求执行董事的任职条件包括"在公司任职10年以上"。此外,还有公司将提名更换公司董事、监事的议案列为股东大会特殊决议事项,规定需经股东大会四分之三表决通过。基于这些章程条款,股东符合持股比例要求后,通过股东大会推选符合属意的管理人选将极为不便,但并不直接等同于无效条款。我们认为,对此类条款的效力,不宜一概否定,但对其生效程序和条件,需要作出严格限定,可以采取上述第一项做法。对于公司改选董事任职资格限制的要求,事实变相锁定了内部人,排除了外部人在公司担任上述职务的可能,将造成公司实际的内部人控制。对于这类条款,可以考虑认定无效。

(三)关于涉及管理层利益的"金色降落伞"条款

部分公司在章程中规定,发生恶意收购时,董监高、核心技术人员等在任期尚未届满而任职终止时,不论其主动离任还是被动解职,公司都必须支付高额补偿金,此即为市场所称"金色降落伞"条款。如有条款规定,在发生公司被恶意收购时,公司须一次性向董监高按其上一年度应得税前全部薪酬和福利待遇总额的10倍支付现金经济补偿金。"金色降落伞"条款本身具有一定合理性。在面对敌意收购时,可以通过增加新进股东更换董事、监事和高管的成本,来保证经营的稳定性和连续性。但该类条款的实施,很可能变相沦为公司内部控制人取得不当利益的工具。因此,在相关条款的引入上,可考虑设置必要的条件:一是敌意收购应具有明显的违法性或损害性;二是可受补偿的人员,应属于能给公司创造巨大价值的人才;三是经济补偿不应超出公司经营业绩和支付能力合理范围;四是相关条款须经现任控股股东之外的中小股东分类表决通过;五是公司薪酬委员会和独立董事应当对相关薪酬补偿安排的合理性发表独立意见。

（四）关于董事会自我授权实施反收购的条款

有部分公司章程赋予董事会自行认定“恶意收购”的权利，并规定董事会可不经股东大会审议，自行决定采取何种反收购措施。例如，有条款规定，董事会可采取章程规定的以及虽未规定，但法律、行政法规未予禁止的且不损害公司和股东合法权益的反收购措施，而无须另行单独获得股东大会的决议授权，甚至包括为公司选择其他收购方，以阻止他人收购。就此，证监会《上市公司收购管理办法》第 8 条规定，被收购公司董事会针对收购所做出的决策及采取的措施，应当有利于维护公司及其股东的利益，不得滥用职权对收购设置不适当的障碍。实践中，一些公司章程设置这类条款，采取概括性授权，董事会反收购的权限比较宽泛。建议在认可上市公司通过章程赋予董事会采取反收购措施的同时，对这些措施的类型具体化、明确化，重点是不得将需经过股东大会审议的事项作为反收购措施，交由董事会直接决定。而应当在充分履行信息披露义务，向投资者作出合理解释的基础上，按照法律规定提交公司股东大会审议。在境外市场，大多采取了与此类似的做法。典型的如英国，其《收购和合并条例》规定，当一项真正的收购要约已经通知目标公司董事会或者目标公司董事会有理由相信收购已经或者即将发生，目标公司董事会在未经股东大会批准的情况下，采取行动阻挠收购，将使目标公司股东失去对该收购利弊进行评判的机会。

（五）关于增加股东权益变动信息披露义务的条款

有公司通过章程条款，降低收购人触发持股变动报告或披露义务的法定最低比例，并规定如有违反则不得行使股东权利。例如，世联行、雅化集团、YLGF 的相关章程条款规定，持有公司股份达到 3% 时，即触发报告或披露义务，期间不得继续买卖公司股票，此后持股比例每增加或者减少 3%，即触发报告或披露义务。而《证券法》第 86 条规定，通过证券交易所的证券交易，投资者持有或者通过协议、其他安排与他人共同持有一家上市公司已发行的股份达到 5% 时，才触发报告及披露义务，此后每增加或减少 5%，需履行报告或披露义务。这一规定，直接涉及上市公司收购和信息披露秩序，属于强制性、管理性条款，公司在章程中自行降低投资者触及信息披露或持股变动的标准，增加其信息披露义务，可能扰乱正常的市场收购及披露秩序，对其不应予以支持。

四、加强对反收购条款有效监管的建议

采取修改章程、制定反收购措施、预防和抵制收购，是前期上市公司监管领域热点问题之一，还有一些公司尚在观望，不排除后续有蔓延可能。建议从如下三方面，采取针对性监管措施。

一是公开监管立场，引导市场预期。建议及时通过证监会新闻发布会等形式，对反收购监管的逻辑原理、政策导向进行表态，对违反法律法规的反收购条款明确监管态度，引导市场规范发展。如何认识和监管收购与反收购行为，专业性、实务性、法制性强，可以考虑组织召开研讨会，集思广益，形成共识。

二是加大监管力度，强化监管协作。在证监会统一指导协调下，交易所的自律监管应与派出机构的行政监管进一步有效结合，形成合力，及时制止明显违法的、不正当的反收购条款。交易所应当以信披监管问询为重点，加强事中信披监管力度，发现反收购条款明显违反法律规定的，及时开展“刨根问底”式问询，要求公司明确披露相关条款设置的原因、目的，是否符合法律规定，是否损害了中小股东利益等。同时，将有关情况及时汇报、通报会上市部和派出机关，形成统一的监管立场。派出机构可以发挥在地优势，约谈相关人员，传递监管导向和要求，主动对公司章程明显违法的反收购条款事宜进行监管，视情况采取责令改正、监管谈话、出具警示函、责令公开说明、限制股东权利等监管措施。

三是强化中介机构监管，督促归位尽责。近期几起反收购条款案例中，交易所发出监管问询函后，律师多数以相关条款的设置未违反法律法规的禁止性规定为由，对章程的修订出具合法意见。从实践情况看，律师未能从专业、独立的角度发表意见，相关意见法律依据不充分、缺乏客观基础，不仅未能起到促进市场规范发展的作用，反而造成市场认识混乱，有必要加大对其监管力度。具体可考虑两个方面：一方

面,加强事中监管,采取约见谈话、出具工作函等形式,督促其勤勉尽职,恪守执行准则和职业道德;另一方面,与司法局、律师协会保持沟通,提请其督促律师依法、客观发表专业意见,对涉嫌违规的,予以一定的处分,并纳入律师诚信档案。

除了采取上述三方面监管措施,还需要统筹考虑如何完善上市公司收购和监管的配套制度。建议正在制定的《上市公司监督管理条例》,明确规定上市公司在公司章程中设置反收购条款,不得违反法律法规的强制性规定,侵害上市公司、中小股东的合法权益,影响正常的市场收购秩序;同时,赋予证监会对违反法律法规强制性规定的反收购条款进行认定和责令改正的权力,提高监管的及时性和有效性。另外,将如何规范上市公司收购行为,引导上市公司依法采取正当的反收购措施,纳入正在修改的《上市公司治理准则》重点考虑事项。适时启动《上市公司收购管理办法》的修改,回应上市公司收购和反收购中的基础性、难点性问题。

对隐瞒一致行动关系举牌的监管思考
——基于 CJSH 等监管案例的分析

陶　琦　刘雄飞*

近年来,股东举牌上市公司已渐成市场常态。其间,举牌方能否如实披露权益变动及一致行动人情况,对投资者决策有重大影响。前期,沪市出现 CJSH、MGGF、SSWH 等多个隐瞒一致行动人关系的典型案例,引起市场广为关注。就此,上交所认真落实全面、从严、依法监管的要求,快速反应,采取多项措施综合监管,及时向市场还原相关股东一致行动的事实原貌,取得一定监管成效。同时,经梳理、总结发现,实践中此类违规情形为数不少、时有发生、危害不小,亟待加强监管和查处,需要从及时认定、明确标准、加大监管力度等方面提出更有针对性的监管举措,以更有效地予以抑制和打击。

一、隐瞒一致行动关系典型案例的基本情况

实践中,大部分举牌方能按规定及时公告,并披露股东之间存在的一致行动关系。但也出现举牌方通过"马甲持股"、"亲属持股"等方式,刻意隐瞒一致行动关系,不按规定履行信息披露义务的典型案例。主要情况如下。

一是 BTGF 股东通过亲属持股隐瞒一致行动关系。2015 年 9 月 9 日,黄某、顾某、黄某"举牌"BTGF,披露 3 人合计持有公司股份超过 5%,并未披露还有其他一致行动人。在二级市场交易核查中发现,另有 4 名股东在开户交易情况上与前 3 人具有关联。经进一步问询查明,该 4 名股东与黄某、顾某存在近亲属关系。2015 年 12 月 17 日,上述 7 名股东披露承认存在一致行动关系。

二是 MGGF 股东隐瞒存在的共同投资、任职等一致行动关系。2016 年 5 月 4 日,JLKG 及其一致行动人 XZHF 披露"举牌"公司,合计持股比例达到 5.1%,随后增加提名的 3 名公司董事均获得当选。经二级市场核查发现,另有 6 名股东与举牌方在上述增选董事议案投票一致,且部分与举牌方存在交易账户关联。此外,6 名股东中,部分与 JLKG 实际控制人曾担任同一家公司高管,或直接、间接持有同一公司股权。经多次发函问询后,交易 IP 地址一致的两方承认存在一致行动关系,公司公告认定前述 8 名股东可能存在一致行动关系。

三是 SSWH 股东通过"马甲"账户隐瞒一致行动关系。自 2016 年 1 月 29 日至 2 月 17 日,公司股价大幅上涨,由 10.50 元涨至 22.22 元,涨幅达 111.62%。经二级市场核查发现,

* 上市公司监管一部员工。

公司前10大股东发生重大变动。其中,自然人股东钟某的持股比例已超5%,且与另5名股东在账户开户与交易方面存在关系,部分交易的IP地址和MAC地址完全一致,疑似存在一致行动人关系,6人合计持股达到22.34%,已成为公司第一大股东。后经多次发函问询,钟某与另4名股东公告承认存在一致行动关系。

四是CJSH股东隐瞒"一家三口"一致行动关系。公司终止重大资产重组复牌后,2016年7月19日、20日股价连续涨停,构成股价异常波动。经交易核查发现,有3组自然人股东存在开户和交易信息的关联性,疑似一致行动人。经问询,公司第二大股东周某与股东赵某、赵某公告承认,3人系"一家三口",从2015年8月起,3人合计持股已超5%,但一直未按规定披露。后续,3人连续多次大额买卖公司股票,截至目前持有公司6.35%的股份。

五是YJYX股东隐瞒"恋人"一致行动关系。2014年,公司发行股份购买刘某、代某所持YJSD(北京)科技有限公司100%股权。重组完成后,刘某和代某分别持有公司10.28%和9.31%股份,为公司第二及第三大股东,两人合计持股比例已经超过第一大股东天天科技17.11%的持股比例。但在重组报告书中,刘某、代某隐瞒两人的恋人关系,并公开承诺不存在任何关联关系,不会谋求一致行动等,成功规避构成借壳上市。但公司重组完成2个月后,刘某、代某登记结婚,构成了一致行动关系,经发函问询后才披露相关事实。

二、隐瞒一致行动关系的不良影响

隐瞒一致行动关系的行为,严重影响投资者知情权。同时,部分股东借此逃避第一大股东、实际控制人义务,非法获取二级市场利益,或者规避重组上市监管,造成了不良市场影响。

一是严重影响投资者知情权。持有公司5%以上股份的股东或者实际控制人,其持有股份或者控制公司的情况发生重大变化对公司股价有重大影响。公司及相关股东应及时履行信息披露义务,以维护投资者的知情权,便于其做出理性的投资决策。近期发生的一系列隐瞒一致行动关系的违规行为,严重影响了投资者的知情权,市场反响强烈。

二是逃避第一大股东、实际控制人义务。部分投资者通过隐瞒一致行动人关系,以掩盖其与一致行动人合计持股比例已超过第一大股东的事实,从而逃避成为上市公司控股股东、实际控制人的义务要求,大幅减少了增持成本,甚至在争夺公司控制权上获得便利。以SSWH案为例,钟某的持股比例已达5.45%,但隐瞒与其他5名股东存在的一致行动关系。6人合计持股比例已达22.34%,超过现任第一大股东18.82%的持股比例。

三是非法获取二级市场利益。根据现行证券法律,短线交易的规制主体为上市公司董监及持股5%以上的股东。同时,公司控股股东及持股5%以上的股东,在减持股份、关联交易、资金占用等方面均受严格约束。因此,相关股东隐瞒一致行动关系,即可免受上述限制和约束,并通过设置"暗庄"等方式相互配合炒作、操纵公司股价,获取二级市场不法利益。以BTGF案为例,黄某等4人作为一致行动人,在其共同持股达到5%以上后,在2015年下半年多次减持公司股票的行为,明显违反了中国证监会当时关于5%以上股东6个月内不得减持等规定。

四是规避重组上市监管。由于重组上市监管趋严,部分投资者在重大资产重组前后,隐瞒一致行动关系,从而在表面上维持公司控制权不变,以规避构成重组上市,实现监管套利。在YJYX案中,因刘某、代某隐瞒两人系恋人关系,且不久将登记结婚等事实,使本次重组未被认定构成重组上市,规避动机明显。

三、交易所对隐瞒一致行动关系的监管过程

针对近期出现的隐瞒一致行动关系案例,上交所强化主动担当意识,履行一线监管职责,加强所内、所外协同监管,有效发现违规线索。同时,综合运用"刨根问底"式发函问询、适度停牌核查、加大事后处罚力度等监管措施,取得了较好的监管效果。

(一)加强协同监管,有效发现违规线索

股东隐瞒一致行动关系动机复杂,手段多样,较为隐蔽,依靠传统监管手段,较难发现相关违规线索。因此,在日常监管中,注重所内、所外协同监管,形成监管合力,并通过运用多种

措施和监管手段,大幅提高发现此类违规行为的效率。

一是在所内协同监管方面,加强股价联动监管。其一,在加大二级市场交易核查中发现违规线索。在上市公司披露重大信息或股价发生异动时,所内公司监管部门及时提请市场监察部门进行二级市场交易核查,从中发现相关违规线索。上述 SSWH、CJSH、BTGF 即为此例。其二,依据公司监管经验,在密切关注公司控制权和内部治理的动态中发现违规线索。部分股东隐瞒一致行动关系,掩盖成为公司第一大股东的事实,但却积极参与公司经营管理,甚至进行公司控制权争夺。如 MGGF 的举牌方持股 5.1%,却提名 3 名董事,并在股东大会"逆转"通过。在日常监管中,密切关注这类反常现象,并及时通过发函及二级市场核查,获得相关股东隐瞒一致行动关系的有力证据。

二是在所外协同监管方面,与各地证监局联动监管,快速反应,形成监管合力。在多起隐瞒一致行动人关系的案例中,均于第一时间将发现的线索通报相关证监局,及时提请关注或进行现场核查,并保持持续沟通,对违规事实的进一步查实和事后处分起到了积极的推动作用。例如,山西证监局根据上交所提供的违规线索,立即对 SSWH 股东进行现场核查并予以立案调查。在公司披露被立案调查情况后,公司股票才复牌交易,有效避免股价继续大幅波动。在 MGGF 等其他案例中,上交所也与相关证监局进行了类似的监管协作。

(二)加强事中事后综合监管,及时保护投资者权益

一是刨根问底式发函问询,督促公司及时充分披露。SSWH 案例中,前后向公司发出 3 份监管工作函,督促公司核实股东是否存在一致行动人关系;MGGF 案例中,在相关股东对第一次问询予以否认后,通过主动核查全国企业信用信息系统等方式,进一步发现股东关联关系线索并再次发函问询。

二是适度使用停牌自查手段,向投资者揭示交易风险。在发现 SSWH 股价短期内大幅异动后,要求公司停牌自查并披露股价异动的原因;在 MGGF 部分股东签署一致行动人协议后,要求公司停牌,成立核查小组,进行自查并充分提示风险。适度停牌自查,除披露信息并揭示风险外,意在给予市场一定的冷却期。

三是加大违规行为处置力度,警示市场同类行为。在查明违规行为事实及情节后,及时对隐瞒一致行动人关系股东予以事后处分。在 YJYX 案例中,对公司股东刘某、代某予以通报批评;在 BTGF 案例中,对相关股东分别予以公开谴责、通报批评;其他案例仍在进一步核查中,待查明相关事实和情节之后也将给予相应的处分。

四、进一步强化对隐瞒一致行动关系监管的思考与建议

二级市场资本增持、举牌,有价值投资的主动发掘和把握,有市场自身动力,有利于促进资源优化整合。但在增持、举牌过程中,也频繁出现隐瞒一致行动关系等违规行为,亟待进一步加强监管。结合前述典型案例、不良影响及监管实践,建议从以下三个方面强化对隐瞒一致行动关系行为的监管。

(一)对隐瞒一致行动关系违规行为及时做出认定

依据《收购办法》的规定,证监会为一致行动关系的有权认定主体,投资者可以向证监会提出反证证明不存在一致行动人关系。存在有明确线索和证据,但相关股东拒不承认并披露一致行动关系的,建议依法及时做出认定,并可以考虑在其披露前适度限制表决权。同时,根据《上市公司监督管理措施实施工作指引》的有关规定,派出机构可以通过现场检查、约谈相关责任人等方式,主动对隐瞒一致行动关系的相关股东进行监管,视情况采取监管谈话、责令改正、限制股东权利等监管措施,以有力打击此类违规行为。

(二)进一步明确一致行动关系的认定标准

目前,关于一致行动关系的认定标准,由《收购办法》作出规定。《收购办法》第 83 条以概括性方式规定了一致行动人基本概念,并列举了 12 类构成一致行动关系的具体推定情形。但是,该条规定的认定标准不够周延、明确,存在多种实际构成一致行动关系而未被纳入其中的情形,以及部分标准含糊不清等问题。实践中,对此类一致行动关系情形,因缺乏规则支持,无法予以认定,或者认定难度较大。例如,

近亲属股东并不在第83条列举的一致行动关系情形之列。一般而言，这类股东明显应当构成一致行动人，实践中也较为多发；又如，共同投资、任职关系的认定标准不够清晰，实践中相关股东存在各种错综复杂的投资、任职等利益关系，能否均依据第83条第二款第（六）项规定的“投资者之间存在合伙、合作、联营及其他经济利益关系”情形做出推定认定存在疑问；此外，一致行动人相关规则层级较低，“相反证据”等也无明确规定等。建议在修订《收购办法》时，进一步明确一致行动关系的认定标准、内涵外延，完善一致行动人的推定情形。

（三）加大对违规交易的监管力度

隐瞒一致行动关系多发于各类资本增持、举牌过程中，且往往伴随着二级市场违规交易股票行为，辅以“明仓”、“暗仓”资金配合，部分甚至存在操纵股价等违规行为。隐瞒一致行动关系的股东，集中了资金优势、持股优势，在未如实披露信息前具有信息优势，极易影响上市公司的股价和交易量，再加上投资者的跟风追涨心理，更是在一定程度上助长了股价操纵。同时，相关股东隐匿一致行动关系的程度不尽相同，部分股东利用表面上完全不存在关系的账户组增持、举牌，常规的监管手段可能难以查清相关股东背后实际存在的关联关系，客观上增加了监管查处难度。对此，有必要加大对二级市场违规交易的监管力度，可以考虑从两个方面着手。其一，从二级市场交易入手，进一步增强大数据监管技术的运用。提升技术手段和数据处理能力，实时监控交易并对可疑账户比对分析，深入挖掘并分析涉嫌股东可能存在的交易及身份关联。通过将相关股东账户组在交易过程中留下的、彼此分散的蛛丝马迹汇总形成大数据，找出其中的规律性、关联性，增加“马甲”账户遁形的难度。其二，加强信息披露与股价表现的联动监管。关注重大信息披露前后公司股价表现以及二级市场单边股价异动情况，对存在可疑情况的，及时提交核查，以有效发现并固定违规线索。

对券商发布上市公司研究报告的监管思考
——以XY证券发布HDJ研究报告等案例为视角

范广茂　郭腾飞　原青青　成毅娟　金中祎　刘雄飞*

证券分析师发布研究报告，向投资者提供专业研究服务，是资本市场的基本业务和服务产品。发布研究报告，对于投资者准确、深入了解上市公司基本价值，更好地进行投资决策有积极意义。但另一方面，也产生了一些负面效应，其中，研究报告质量、合规审查等问题，已经引起证券监管机构的关注，而对通过发布研究报告传播误导性信息，甚至进行信息合谋类市场操纵、参与内幕交易等违规问题，尚未受到足够重视。

前期，XY证券发布HDJ研究报告、GF证券发布XF集团研究报告等案件，成为券商与上市公司互相配合发布对市场有重大影响的研究报告，协助相关利益人获取收益的典型案例。公司及相关券商分析师的行为引起了市场的广泛关注和质疑。监管过程中，上交所积极采取自律监管措施，运用快速反应机制，发挥监管协作的作用，并从扩展公司信息披露监管的监管范围，以及加强对发布研究报告的会员监管等方面，妥善处理了此类对证券市场有重大影响的案件。此外，上交所结合监管实践，对上市公司研报存在的相关问题，形成了监管建议，供决策参考。

一、案例基本情况

（一）XY证券发布HDJ研究报告案例情况

2016年7月6日，XY证券邀请HDJ董事

* 上海证券交易所上市公司监管一部员工。

会秘书李某参加独家电话会议,分析师李某、陈某和研究助理刘某于当日发布题为《HDJ 电话会议纪要整理》的研究报告。会议纪要主要介绍了公司与 QX 国际医院的合作内容、即将设立的医院的定位、HDJ 的经营近况及医院的主要客户及营销渠道等情况,并建议增持公司股票。同日,HDJ 披露了关于签订战略合作协议的公告,称拟与韩国 QX 国际医院进行深度战略合作。公司股票 7 月 6 日和 7 日涨停。

监管中发现,相关内容客观依据不足、风险揭示不够充分、可能对投资者产生误导。研究报告称,QX 国际医院 2015 年营收达 300 亿韩元(1.74 亿人民币),医院建成后主要客户群体是威海、荣成地区客户及公司的直销客户。但公司在回复公告中称,上述内容均不属实。针对公司与 QX 国际医院的合作,研究报告称,HDJ 后续通过医院的处方权推出医疗级美妆保养品、公司会考虑邀请 QX 国际医院投资国内合作成立的医院。但公司在回复公告中称,在接受采访时,公司董事会秘书仅提及国内外的很多医疗整形医院都销售一些化妆品,并未表明公司将通过医院的处方权推出医疗级美妆保养品,公司目前也未有建设智慧型高端医院的后续具体计划。此外,研究报告重点介绍了公司与 QX 国际医院的合作,但风险部分,仅有"公司医美布局不及预期"的表述,相关风险揭示不全面、不充分。根据上述事实依据,我们认为,XY 证券针对山东 HDJ 海洋发展股份有限公司签订战略合作协议事项发布的相关研究报告与上市公司信息披露以及公司董事会秘书接受电话会议采访所披露的信息存在不一致,可能对投资者产生误导。

(二)GF 证券发布 XF 集团研究报告案例情况

2016 年 6 月 20 日中午,相关媒体发布了 GF 证券分析师王某、郭某撰写的研究报告《XF 集团点评:市值处历史底部电子化学品业务有待重估》,称 XF 集团是被忽视的电子化学品集大成者,控股子公司 XFDZ 客户结构高端,电子级磷酸生产规模全球第一,公司 PB、PS 估值位于化工上市公司及自身历史低部,若磷矿石、草甘膦等业务反转,向上业绩弹性极大,公司资本开支接近尾声,进入经营改善期,投资建议为维持"买入"评级。上述报告发布后,诸多媒体对此进行了转载。当日下午开盘后,公司股价直接拉至涨停。公司 6 月 21 日披露澄清公告,经事后审核,初步认为 GF 证券研报存在以下问题:一是,相关内容客观依据不足。研报中称,"若磷矿石、草甘膦、肥料等行业反转,公司具有极大的向上业绩弹性"。但公司在澄清公告中称,目前磷石市场和价格总体稳定,草甘膦受市场供大于求、下游客户库存过剩、国内产能集中释放等多种因素影响,市场竞争激烈,产品价格较同期大幅下降;磷肥受农产品价格下降、国际市场库存逐步饱和等因素影响,未来磷肥市场可能面临价格下滑的风险。研报虽对公司业绩反弹设置了假设前提,但根据公司披露的实际情况,前述假设实现的可能性较小。此外,研报中称,"公司资本开支接近尾声,进入经营改善期",但公司公告称,根据未来公司发展战略,未来资本性投入仍然具有不确定性。研报在未对公司进行实际调研的情况下,对公司主营产品业绩反弹的可能性、资本投入进度进行利好性预测,客观依据不足。二是,可能对投资者产生误导。研报中称,XF 集团是被忽视的电子化学品集大成者,子公司 XFDZ 客户结构高端,电子级磷酸生产规模全球第一。但公司澄清公告中称,现主营业务为磷矿石及精细化工产品生产销售,主要产品包括磷矿石、精细磷酸盐及下游产品、草甘膦和肥料等。子公司 XFDZ 虽生产电子级磷酸,但 2015 年营收为 1.8亿元,仅占公司 2015 年度合并营业收入的 1.45%,实现净利润 -648.66 万元;2016 年一季度电子级磷酸实现营收 3935.6 万元,占公司 2016 年一季度合并营业收入的 1.28%,实现净利润 -37.74 万元。目前 XFDZ 化学品业务占公司主营业务比例较小,且处于亏损状态。研报过度强调公司电子化学品的生产规模及客户结构,但未结合公司主营业务构成、电子化学品业务占主营的比例,以及电子化学品一年一期的亏损状态,客观地分析公司的整体盈利水平、电子化学品业务对公司的实际影响,容易误导投资者。三是,风险揭示不够充分。研报用较大篇幅描述公司电子化学品的优势、公司目前估值过低、未来业绩反弹可能性大,但风险部分,仅用"主导产品价格下行,期间费用上升"提示风险,相关风险揭示不全面、不充分。

二、主要监管过程

针对上述问题，上交所主要从扩展公司信息披露监管的监管范围，以及发函问询并与所内部门互相配合协同监管等方面开展监管。在HDJ案例中，快速反应，针对公司披露的公告中存在的合作模式披露不清晰以及未进行风险揭示等问题，本所于当日要求公司补充披露；针对公司在公告中提到的大健康战略、与QX国际医院的合作内容以及建设智慧型高端医院的具体计划等问题，于7月7日向公司发送监管工作函，要求公司核实并回复；提请本所市场监察部协助核查公司近期股票交易情况；此外，针对部分券商机构发布的相关研究报告，于7月8日再次向公司发送监管问询函，要求公司回复说明是否接受过相关机构的调研并且核实研报内容是否属实。

在XF集团一案中，上交所快速反应在研究报告发布当日中午，电话向公司问询是否接受了相关机构调研、是否有应披露而未披露的事项；另外，督促公司针对GF证券的研报内容，进行有针对性的澄清，并充分说明公司经营业绩的整体情况，充分揭示相关风险；提请本所市场监察部协助核查公司近期股票交易情况，以及前10大股东变动情况。通过上述监管手段，取得了较好的监管效果。总的来看，此类案件监管中所遇到的监管难点、监管盲区以及如何在今后进一步改进，值得我们进一步思考。

三、上市公司研报存在的主要问题

通过对上市公司研报监管实践中的分析总结，我们发现上市公司研报主要存在以下一些问题：

（一）研究报告夸大误导现象具有一定的普遍性

券商研究报告对判断上市公司投资价值有积极作用，经过传播后也会对股价产生直接或间接影响。但实践中也发现，一些公开发布的研究报告，存在缺乏客观依据、结论主观草率、内容捕风捉影甚至制造“噱头”等问题。带有夸大内容的券商研报经由自身经纪业务渠道或者媒体转载广泛传播之后，容易误导中小投资者跟风交易。这一情况，已具有一定普遍性，对其影响不可忽视。例如，沪市近期即有券商发布XF集团、HDJ和RFYY等3家公司研报后，公司股价大幅上涨，但经公司核实后发现研报披露的事实客观依据不足，带有一定选择性，风险揭示也明显不够充分。

（二）利用发布研究报告进行信息合谋类市场操纵

部分证券分析师在与上市公司、买方机构和游资大户长期合作的过程中，为满足自身及相关方的利益诉求，发布夸大、不实的研究报告影响股价，成为信息合谋类市场操纵的重要一环。例如，上市公司在定向增发、股权激励、限售股的解禁等过程中，往往具有强烈的提升股价诉求和“市值管理”动机，主动与证券分析师合作，吸引买方机构和中小投资者进场推高股价。再如，买方机构或者游资大户出于吸筹或者套现等动机，也会联合分析师协助传播甚至制造利好信息影响公司股价波动。证监会前期查处的安硕信息即为典型案例。从实践情况看，此类信息合谋类市场操纵并非个案。

（三）证券分析师参与内幕信息传播

证券分析师在调研过程中能够频繁接触到上市公司高管，有较多的机会了解到内幕信息和未公开信息，不少情况下甚至主动挖掘获得内幕信息。从实践情况看，部分分析师对内幕信息的依法保密意识不强，出于提高行业排名、吸引客户甚至获取非法利益等动机，还可能通过不同途径参与内幕信息传播，危害不小。实践中，部分个案已经受到查处和公开。例如，2014年，证券分析师张某某致电丽珠集团董秘李某某，求证股权激励事项，并在获悉推出的时间、形式和行权条件等信息后，通过微信等途径向机构投资者进行传播，构成泄露内幕信息，受到证监会的行政处罚。

四、证券分析师业务模式中的利益驱动关系是上述违规问题产生的主要原因

证券分析师的业务模式带有明显的行业特性，主要通过对市场、行业和公司信息的挖掘和分析，形成证券估值、投资评级等投资分析意见，并通过向其客户提供研究服务以获取交易佣金分仓收入。在这一业务模式下，利益驱动关系对分析师撰写研报的内容和观点具有重大影响，主要体现在以下3个方面。

一是证券分析师与上市公司之间的利益驱

动关系。上市公司是分析师的研究对象,公司的配合程度在很大程度上决定了证券分析师的研究深度。事实上,分析师如果不与上市公司和利益相关方建立良好关系,可能连基本的信息都很难搞清楚,面临被边缘化的尴尬。同时,上市公司在定向增发等重要融资事件时也有其市值管理的需求,希望证券分析师对公司给予正面的评价甚至配合参与资本运作。由此,二者很容易形成互相配合、各取所需的利益关系。

二是证券分析师与机构投资者之间的利益驱动关系。机构投资者作为证券公司的客户,享受分析师提供的研究服务,同时又对分析师的服务进行投票和打分。业界颇为重视的"新财富最佳分析师"评选往往决定着分析师的名望与薪酬。此外,与机构投资者的关系,也决定了证券分析师的核心竞争力。由此,在与基金经理的关系中,分析师处于相对弱势的地位。不少情况下,证券分析师为迎合机构投资者诉求,投其所好,发布夸大、误导性研报,甚至在缺乏事实依据的情况下,极力美化公司前景。

三是证券分析师与证券公司其他部门之间的利益驱动关系。券商分析师在执业过程中应当秉持独立性原则,并且通过"防火墙"与其他利益相关部门进行隔离。但实践中,共同的利益诉求可能也难免对证券分析师的行为造成不当影响。例如,分析师在发布研究报告之前,向自营和资管部门泄漏相关信息,提示先行建仓。再如,自营或者资管部门的重仓股发生负面事件时,同属一家公司的分析师往往并不会主动及时发布提示风险的研报。又如,对于投行部门参与的定增和重组项目,分析师还可能发布夸大不实的研究报告。对于这些情况,《发布证券研究报告暂行规定》已明确要求证券公司建立利益冲突防范机制,但是现实中并没有得到有效执行。

五、强化证券分析师执业及研报监管的建议

近期,针对研究报告传播不实、误导性信息,证监会机构部、相关证监局、证券业协会分别发文对研究报告的质量、依据、内控规范等提出了监管要求。上交所也从信息披露的角度,督促上市公司对误导性研报及时澄清。后续,建议考虑从如下4个方面,继续加大监管力度。

(一)完善证券分析师执业行为的制度规范

2011年,证监会《发布证券研究报告暂行规定》已明确证券分析师在发布研究报告时应当遵循的主要规范,建议在此基础上考虑增设两项制度:其一,建立证券研究报告和投资咨询资料集中备案制度。构建集中统一的官方数据库,要求证券公司及时通过网络渠道提交数据库备案,并开放证券监管机构使用。其二,建立证券研究报告跟踪评级制度。借鉴《证券市场资信评级业务管理暂行办法》第十九条的规定,要求证券公司在首次发布某家上市公司研报之后,应当持续跟踪研究该公司,出具定期与不定期的研究评级,直至发布报告明确停止跟踪。

(二)加强证券分析师执业行为的日常监督

建议从证券公司内部监督、监管机构定期抽查、分析师评价活动等3个环节,进一步加强对证券分析师职业行为的日常监督:

一是严格执行发布研究报告的内部监督流程。首先,强化隔离墙制度,防止存在利益冲突的部门及人员利用研报谋取不当利益。其次,明确审阅流程,安排专门人员,做好证券研究报告发布前的质量控制和合规审查。

二是加强研报发布行为的外部监督。建议监管机构定期抽查券商的研报发布行为,重点关注证券公司是否根据《证券、期货投资咨询管理暂行办法》《发布证券研究报告暂行规定》等法律法规的要求,建立了有效的内部监督机制并且在实践中予以严格执行。

三是将"新财富"等分析师评价活动纳入自律监管。由于"新财富""水晶球""金牛奖"等相关奖项具有一定的权威性。可以考虑要求"新财富""水晶球""金牛奖"等分析师评价活动在遴选阶段,征询行业协会的意见,剔除部分在执业过程中出现违法违规或者从事不当行为的证券分析师。

(三)将对股价有不当影响的研报纳入信披监管

近期,上交所针对个别券商分析师发布的XF集团、HDJ和RFYY研究报告存在的夸大误导现象,以信息披露监管为切入点,将可能导致公司股价异常波动的研究报告纳入常规监管

范围，重点关注研报中涉及上市公司信息披露内容的真实性、准确性和完整性，综合采取及时督促公司澄清、核查股票交易以及要求会员单位加强管理等监管措施，取得了一定效果。考虑到研究报告夸大误导现象具有一定的普遍性，建议在试点基础之上，可总结实践中的经验和不足，进一步在监管工作中予以推广。

（四）进一步加大对证券分析师违法行为的查处力度

从目前券商发布研报的总体情况看，其独立客观性亟待提升，对于可能存在的违法违规行为还需要进一步加大查处力度。根据《和讯研报》的统计，2015年5月27日至2016年5月27日一年间，市场共发布23万篇正面评级的公司研究报告，仅有45篇出具“卖出”“减持”或“观望”意见的负面评级报告。这与当前经济处于“L”型底部的背景下，不少行业与公司经营风险加剧，面临业绩下滑、亏损的情况明显不符，券商研报的质量和合规情况不容乐观。建议证监会考虑开展专项执法行动，集中优势执法资源查处打击一批典型案件，持续保持高压态势，通过执法震慑彻底净化市场环境。

公司遗漏披露股权转让协议关键生效条款的监管判断与处理——基于＊STKJ案例分析

余菲露　李祎璐[*]

SJ集团KMJC股份有限公司（以下简称＊STKJ或公司）案件，是公司违规遗漏披露股权转让协议的关键生效条款，配合二级市场股价炒作而被处罚和立案调查的典型案例。本案中，因股权转让事项涉及控制权变更和新股东方的入主，公司在发布股权转让公告和因生效条款未满足而终止转让事项的公告后，均引起股价大幅波动，投资者反响强烈，市场及舆论也高度质疑。对此，上交所积极强化一线监管职责，根据事项进展及时采取多项监管措施，赢得了监管主动权，取得了良好的监管效果。在上交所对公司和有关责任人予以纪律处分后，证监也做出了对有关违规主体的行政处罚决定。此外，投资者起诉公司股权转让相关的证券虚假陈述责任纠纷案也已获得法院的正式受理。

一、案例基本情况

2015年11月11日，公司公告控股股东SYJC（集团）有限责任公司（以下简称SJ集团）拟将持有的25.08%公司股份全部转让给XZ紫光卓远股权投资有限公司（以下简称ZGZY），ZGZY将成为公司的第一大股东。11月13日，SJ集团和ZGZY分别发布了《简式权益变动报告书》和《详式权益变动报告书》。同日，公司又披露非公开发行方案，与ZGZY同属QH控股的关联方QDKF投资管理（北京）有限公司拟参与认购发行股份。受让前述公司股份和认购公司非公开发行股份后，清华控股将间接持有公司29.96%的股份，成为公司的实际控制人。

2016年2月5日，公司发布提示性公告，如果前述股权转让事项在协议约定的三个月内未完成国务院国资委的审批程序，股权转让协议将在2月8日自动解除。2月15日午间，公司以重大事项未公告为由申请股票紧急停牌。2016年2月17日，公司发布终止股权转让事项的公告，相关方正式确认前述股权转让协议自动解除，非公开发行方案也一并终止。

经核实，前述股权转让协议包含特定关键生效条款，如三个月内未完成国资审批程序则协议自动解除、ZGZY成为第一大股东需获得云南省政府书面支持等。但监管发现，公司及股权转让双方均未及时披露上述对股权转让事

＊　上海证券交易所上市公司监管一部员工。

项具有重大影响的关键性合同生效条款,直至协议约定三个月期限届满前的最后一交易日,才发布了股权转让协议将自动解除的提示性公告。

二、案例特点和相应监管判断

控股股东股权转让涉及公司控制权变化,对上市公司影响重大,市场对公司控制权转让后的重大资产重组也会存在强烈预期,其披露充分与否将对公司股价及投资者的决策产生重大影响。因受市场氛围和投资习惯影响,投资者实际上更热衷于该类事项对股价的短期刺激效果,上市公司也经常仅重视涉及权利业务的合同主条款的披露,而忽略了一些有关合同生效条件的附加条款的重要性及其影响。

实践中,不排除个别公司存在利用该种行为不易被发现的特点,通过遗漏披露的隐蔽方式配合市场炒作的情况,在监管中应予以高度关注。＊STKJ案即是公司违规遗漏披露重大合同生效条款而被处理的典型案例,监管实践中可作为参考。从具体情况来看,该案例有三个突出特点:

一是信息披露存在明显违规,风险揭示不充分。因涉及控制权变更,＊STKJ的股权转让事项本身对投资者预期和二级市场股价影响重大。协议中的关键生效条款,如以国资审批为前提、ZGZY成为第一大股东需获得云南省政府支持等存在重大不确定性,直接影响股权转让协议的生效与否,并可能间接影响公司同时筹划的非公开发行事项进程,属于股价敏感信息。按照《股票上市规则》的相关规定,公司应当完整、及时地披露上述关键条款,并充分揭示本次股权转让可能因生效条款未满足而终止的重大风险。但公司在股权转让公告中,SJ集团和ZGZY在相关权益变动报告书中,均未披露前述股权转让事项的关键条款和重要信息,三方信息披露均存在重大遗漏。此外,公司及转让双方在公告股权转让及其相关的权益变动事项后,一直未就上述重大遗漏发布补充公告,直至协议约定三个月期限的最后一日才发布了股权转让协议将自动解除的提示性公告,并导致非公开发行方案终止,其对终止风险的提示也不及时、不充分。

二是违规行为的市场影响重大。从股价反应来看,由于市场对清华系入主上市公司存在利好预期,公司股价在事件期间出现暴涨暴跌。公司于2015年11月11日发布股权转让公告并于11月19日复牌后,截至11月27日的6个交易日内股价最高涨至17.66元,涨幅高达51.98%。而在2016年2月17日,公司披露股权转让事项终止公告后,当天股价一度触及跌停,足以证明股权转让协议关键生效条款的披露与否直接影响市场预期。

三是公司涉嫌蓄意隐瞒,主观恶性较强。公司、SJ集团和ZGZY三方在披露公告及权益变动报告书时,均不约而同地遗漏同一关键条款,且在发布股权转让公告至终止的三个月内,但三方均一直未予以补充公告并对终止风险予以提示,直至协议约定期限的最后一天公司才发布提示性公告。此外,根据公告,公司遗漏披露的原因是因复核工作疏漏,未根据正式版协议修订公告就上传披露,而股权转让双方在权益变动报告书遗漏披露,也是因为疏忽所致。该等说辞引起了市场的广泛质疑,结合上述期间公司股价的异常波动走势,不排除相关方存在蓄意隐瞒关键条款及其不确定性,拖延披露终止风险,配合二级市场股价炒作的嫌疑。

三、上交所采取的监管措施

基于前述对案件情况的分析和相应监管判断,上交所根据实际进展,综合采取多项监管措施,取得了较好的监管效果。

一是及时发现,要求公司停牌核查并披露。在公司发布股权转让协议将自动解除的提示性公告后,即启动快速反应机制,在次一交易日要求公司申请停牌核查,以免造成股价异动。同时,向公司发出监管工作函,督促公司如实、完整披露遗漏的关键生效条款内容,以及说明遗漏和拖延披露的原因,股权转让及非公开发行事项的后续安排,并充分揭示相关风险,以保障投资者知情权。同时,鉴于公司股价的二级市场异常表现,提请市场监察部进行内幕交易核查。

二是加强监管协作,提请证监局关注违规线索。公司终止股权转让事项后,立即梳理总结案件情况、监管过程和公司存在的主要问题,同时向云南证监局发出提请核查函。相关证监局也及时介入处理,并对公司、控股股东、股权受让方及中介机构的违规行为进行了立案调查，目前已对公司和主要责任人做出了警告、罚款的行政处罚决定，并对股权转让的财务顾问没收业务收入并处以罚款。

三是启动纪律处分，强化对违规行为事后问责。公司及相关股东方公告刻意遗漏关键条款，信息披露不充分、风险揭示不到位已明显违反《股票上市规则》等有关规定，上交所通过全面核实事件过程及有关责任人行为，启动对公司及责任人的纪律处分程序，并区分不同主体的作用大小、职责轻重等采取不同类型的纪律处分措施：对公司和时任董事长及董秘、控股股东、股权受让方予以公开谴责，对控股股东董事长予以通报批评。通过对违规行为的事后问责，进一步维护证券市场秩序和信息披露的合规性及严肃性。

公司主要产品生产经营环境发生重大变化的监管处理与思考——基于 QHCT 案例分析

易　琦　李祎璐*

QHCTYY 资源科技股份有限公司（以下简称 QHCT 或公司）案件，是公司主要产品所涉行业政策发生重大变化，导致公司生产经营活动受到严重影响，投资者无法判断公司经营前景，公司股票被实施 ST 处理的典型案例。本案发生后，公司《药品生产许可证》能否及时换发、主营产品可否继续合法生产销售等问题，引起了市场及舆论的广泛关注和质疑，并牵涉了医药行业监管、青海省地方利益等诸多复杂问题。监管过程中，上交所积极强化一线监管职责，综合采取多项监管手段，并合理运用 ST 机制，妥善处理了这起对证券市场有重大影响的敏感案件。本文在梳理案件基本事实情况的基础上，总结了上交所采取的主要监管措施，并对于此类公司生产经营环境发生重大变化的监管案例的处理，形成了相应的监管思考。

一、案例基本情况

（一）公司因《药品生产许可证》到期未能换发事项申请股票停牌

2016 年 2 月 1 日中午，本所接证监会上市部电话通知，公司主要产品冬虫夏草纯粉片的《药品生产许可证》可能存在到期无法续期的情况。本所立即联系公司，要求公司核实。因该重大事项存在不确定性，公司申请股票当日下午紧急停牌。当日晚间，公司披露《重大事项待核查停牌的提示性公告》，称控股子公司 CTYY 的《药品生产许可证》已于 2015 年 12 月 31 日到期。因公司《药品生产许可证》是否换发存在不确定性，公司申请股票自 2016 年 2 月 2 日开始停牌。同月 6 日，公司获发延期的《药品生产许可证》，但仅延期至 2016 年 3 月 31 日。

（二）公司主要产品冬虫夏草纯粉片停产

2016 年 4 月 1 日，公司披露收到青海省食药监局发出的《关于停止冬虫夏草纯粉片产品停止试点有关事宜的通知》（以下简称《通知》）和《关于 CTYY 换发〈药品生产许可证〉的批复》（以下简称《批复》）。《通知》载明，停止 CTYY 的冬虫夏草纯粉片产品试点，停止相关产品生产经营，新研发的含冬虫夏草保健食品的产品申报注册工作按《保健品食品注册与备案管理办法》有关规定执行。《批复》则同意 CTYY 换发《药品生产许可证》。

（三）公司终止筹划重大资产重组

2016 年 4 月 16 日，公司以筹划重大资产重组事项为由，申请股票自 4 月 18 日起停牌不超过一个月。根据公司披露的公告，本次重组拟以现金方式购买独立第三方医药类行业、投资类行业资产。2016 年 6 月 18 日，公司披露《终止重大资产重组的公告》，称因在计划的时间内未就交易方式、交易作价等相关细节与交易

* 上海证券交易所上市公司监管一部员工。

对方达成一致，本次重大资产重组的条件尚不成熟，公司终止筹划本次重组事项。

二、上交所采取的监管措施

监管关注到，公司控股子公司 CTYY 的《药品生产许可证》涉及的产品为冬虫夏草纯粉片，该产品上市后身份经历了诸多演变，自 2014 年 7 月 18 日起作为青海省综合开发利用优势资源的试点产品生产、销售。2015 年，冬虫夏草纯粉片营业收入占公司总营业收入的比例高达 79.2%，系公司主营产品。若《药品生产许可证》未能及时换发，公司主营产品可能无法继续生产和销售，将对公司正常生产经营产生重大不利影响，甚至导致公司触发本所《股票上市规则》（以下简称《上市规则》）第 13.3.1 条规定的其他风险警示的情形。鉴于相关事项性质重大、影响深远、市场关注度高，本所在监管过程中高度重视，并做了大量工作，主要有以下几方面。

一是快速反应，第一时间要求公司停牌核查。考虑到《药品生产许可证》的换发存在重大不确定性，为避免造成股价波动、保证公平信息披露，本所在 2 月 1 日午间接到证监会电话通知后即启动快速反应机制，要求公司立即申请停牌核查，并督促公司尽快披露核查情况公告。

二是以信息披露监管为抓手，强化事中事后问询。针对 QHCT《药品生产许可证》换发及重大资产重组事项，上交所先后五次向公司发出问询函和监管工作函，要求公司尽快核实《药品生产许可证》涉及产品的情况、是否停产、未能换发新证的原因、对公司产生的影响和风险，同时督促公司每五个交易日披露核实情况及重大资产重组相关进展情况，以充分保障投资者知情权。根据监管要求，公司已多次在公告中揭示公司股票存在可能被实施其他风险警示的风险。

三是提前预判，及时对公司股票实施其他风险警示。如前所述，冬虫夏草纯粉片为公司主营产品，公司于 2016 年 4 月 1 日披露停止试点生产相关信息后，本所提前预判其对公司生产经营活动的具体影响、三个月内是否能恢复正常等情况，并做好了实施其他风险警示的沟通汇报及业务准备工作。2016 年 6 月 29 日，由于主营产品停产已严重影响到公司的生产经营且预计三个月内不能恢复正常，本所根据《上市规则》的相关要求，及时对公司股票实施 ST，向市场揭示公司的经营现状及投资风险。

四是加强监管协作，形成监管合力。鉴于 QHCT 药品许可证换发、主营产品停产事项涉及国务院与青海省、医药行业监管与上市公司监管的协调，牵涉面广、利益关联多，后又涉及终止重组等事项，在监管过程中，上交所同步保持与青海证监局的及时、充分沟通，以进一步强化监管协作，克服非现场监管的局限性。此外，共四次向会里报告事项进展及相关情况。

三、监管思考与建议

在 QHCT 案件的处理过程中，交易所充分运用自律监管措施，并与证监会、证监局密切开展监管协作，通过快速反应、信息披露问询以及风险警示，取得了一定的监管效果，基本赢得了市场和投资者认可。其中的监管经验，值得进一步总结思考。

第一，加强对分管行业的研究了解，妥善运用上市规则赋予的监管工具。QHCT 案中，本所通过对公司股票及时实施其他风险警示，向市场充分揭示了公司实际经营情况及相关风险，有助于投资者做出理性的投资决策，此乃本案最大的监管亮点。实施其他风险警示的规范依据在于《上市规则》第 13.3.1 条第二款“生产经营活动受到严重影响且预计在三个月内不能恢复正常”。对于何为公司主要生产经营活动、是否受到严重影响以及如何认定能否在三个月内恢复正常，《上市规则》没有做出直接明确的规定，需要分管人员结合行业发展现状及公司经营模式等做出综合判断，这对监管人员熟悉行业的要求较高。在目前分行业监管的大背景下，监管人员只有不断加强对分管行业的学习了解，持续关注相关行业政策变化，才能提前做好监管预判，妥善运用上市规则赋予的监管手段。

第二，对于市场广泛关注的敏感案件，做好舆情引导，防范维稳风险。QHCT 案涉及到公司因主营产品停产、生产经营活动受到严重影响而触及 ST 指标，且公司停牌时间长，后又终止重组事项，市场影响极其重大，投资者及舆论密切关注，在处理时要保持高度的警惕性和敏感性,并做好舆情引导及风险防范工作。在实施其他风险警示前,上交所已多次通过书面与口头方式,与公司主要负责人进行充分沟通、释疑,要求公司董事会就是否实施 ST 事项勤勉尽责、审慎判断,并提前安排好若公司不配合情况下,强制实施 ST 处理的紧急预案。在公司股票实施其他风险警示后,要求公司召开投资者说明会,积极回应中小股东质疑,主动做好沟通解释工作,以明确市场预期,并对可能引发的信访投诉等做好相关准备。

第三,在严格执行 ST 标准的同时,把握好监管尺度,避免给公司正常生产经营形成过度压力。QHCT 的生产经营活动严重依赖行业许可,公司药品许可证不能按期换发、主营产品无法继续生产销售,也在很大程度上受到行业政策因素的外部影响,非公司主观上可以预见和控制。在根据公司的经营现状严格执行 ST 标准的同时,也应充分考虑前述客观情况,并合理把握监管尺度,以避免长期戴帽影响公司的持续经营活动。2016 年 11 月,公司主业恢复并产生利润后,本所即对其撤销其他风险警示。

二、深圳证券交易所

(一)2016 年纪律处分决定书目录

编号	印发日期	文号	文件名称
1	2016-01-19	深证上〔2016〕24 号	关于对江苏舜天船舶股份有限公司及相关当事人给予通报批评处分的决定
2	2016-01-29	深证上〔2016〕37 号	关于对中文在线数字出版集团股份有限公司副总经理宋洁给予通报批评处分的决定
3	2016-02-01	深证上〔2016〕39 号	关于对深圳赤湾石油基地股份有限公司时任董事范肇平给予通报批评处分的决定
4	2016-02-01	深证上〔2016〕41 号	关于对北京东土科技股份有限公司总经理宛晨给予通报批评处分的决定
5	2016-02-01	深证上〔2016〕43 号	关于对华孚色纺股份有限公司时任国内营销副总监陈亮给予通报批评处分的决定
6	2016-02-01	深证上〔2016〕44 号	关于对北京梅泰诺通信技术股份有限公司时任财务总监赵俊山给予公开谴责处分的决定
7	2016-02-02	深证上〔2016〕45 号	关于对中颖电子股份有限公司董事会秘书潘一德给予通报批评处分的决定
8	2016-02-02	深证上〔2016〕46 号	关于对海南神农基因科技股份 9 限公司时任董事兼副总经理张雄飞给予公开谴责处分的决定
9	2016-02-02	深证上〔2016〕49 号	关于对徐文建、吴桂龙、温树宏、常永茂给予公开谴责处分的决定
10	2013-02-04	深证上〔2016〕60 号	关于对南宁八菱科技股份有限公司及相关当事人给予通报批评处分的决定
11	2016-02-04	深证上〔2016〕61 号	关于对上海超日太阳能科技股份有限公司及相关当事人给予纪律处分的决定

续表

编号	印发日期	文号	文件名称
12	2016－03－16	深证上〔2016〕123 号	关于对深圳市昌红科技股份有限公司监事管逢兴给予通报批评处分的决定
13	2016－03－16	深证上〔2016〕124 号	关于对斯太尔动力股份有限公司及相关当事人给予通报批评处分的决定
14	2016－03－16	深证上〔2016〕126 号	关于对广西贵糖(集团)股份有限公司股东方少瑜、梁淑莲、列凤媚给予通报批评处分的决定
15	2016－03－17	深证上〔2016〕127 号	关于对新疆西部牧业股份有限公司副总经理陈建防给予公开谴责处分的决定
16	2016－03－17	深证上〔2016〕130 号	关于对攀钢集团钒钛资源股份有限公司及相关当事人给予通报批评处分的决定
17	2016－03－17	深证上〔2016〕131 号	关于对河北先河环保科技股份有限公司监事张文给予通报批评处分的决定
18	2016－03－17	深证上〔2016〕132 号	关于对沈阳合金投资股份有限公司及有关当事人给予通报批评处分的决定
19	2016－03－18	深证上〔2016〕135 号	关于对中水集团远洋股份有限公司及相关当事人给予纪律处分的决定
20	2016－03－21	深证上〔2016〕144 号	关于对海能达通信股份有限公司董事兼副总经理武美给予通报批评处分的决定
21	2016－03－22	深证上〔2016〕145 号	关于对深圳奥特迅电力设备股份有限公司及相关当事人给予通报批评处分的决定
22	2016－03－22	深证上〔2016〕148 号	关于对浙江宏磊铜业股份有限公司及相关当事人给予公开谴责处分的决定
23	2016－04－27	深证上〔2016〕249 号	关于对辽宁省机械(集团)股份有限公司和吴岩给予通报批评处分的决定
24	2016－05－03	深证上〔2016〕255 号	关于对广东东方锆业科技股份有限公司及相关当事人给予通报批评处分的决定
25	2013－04－29	深证上〔2016〕256 号	关于对无锡双象超纤材料股份有限公司时任董事王春龙给予通报批评处分的决定
26	2016－05－03	深证上〔2016〕257 号	关于对马鞍山鼎泰稀土新材料股份有限公司副总经理袁福祥给予通报批评处分的决定
27	2016－05－09	深证上〔2016〕281 号	关于对江苏华盛天龙光电设备股份有限公司及相关当事人给予公开谴责处分的决定
28	2016－05－09	深证上〔2016〕285 号	关于对深圳市零七股份有限公司及相关当事人给予处分的决定
29	2016－05－11	深证上〔2016〕287 号	关于对成都市路桥工程股份有限公司股东李勤给予通报批评处分的决定
30	2016－05－11	深证上〔2016〕288 号	关于对恒宝股份有限公司董事兼副总裁曹志新给予通报批评处分的决定
31	2016－05－17	深证上〔2016〕303 号	关于对金亚科技股份有限公司及相关当事人给予纪律处分的决定
32	2016－05－18	深证上〔2016〕304 号	关于对丹东欣泰电气股份有限公司及相关当事人给予公开谴责处分的决定
33	2016－05－18	深证上〔2016〕305 号	关于对南宁八菱科技股份有限公司及相关当事人给予公开谴责处分的决定

续表

编号	印发日期	文号	文件名称
34	2016－05－18	深证会〔2016〕158 号	关于对兴业证券股份有限公司保荐代表人兰翔、伍文祥给予公开谴责处分的决定
35	2016－05－18	深证会〔2016〕159 号	关于对民生证券股份有限公司保荐代表人金亚平、李凯给予通报批评处分的决定
36	2016－05－20	深证上〔2016〕318 号	关于对重庆中新融泽投资中心（有限合伙）、西藏中新睿银投资管理有限公司、重庆中新融鑫投资中心（有限合伙）给予通报批评处分的决定
37	2016－05－24	深证上〔2016〕323 号	关于对朱杰给予公开谴责纪律处分的决定
38	2016－07－01	深证上〔2016〕425 号	关于对鲁丰环保科技股份有限公司及相关当事人给予通报批评处分的决定
39	2016－07－07	深证上〔2016〕429 号	关于对瓦房店轴承股份有限公司及相关当事人给予通报批评处分的决定
40	2016－07－07	深证上〔2016〕430 号	关于对荣丰控股集团股份有限公司和相关当事人给予纪律处分的决定
41	2016－07－07	深证上〔2016〕431 号	关于对北京利尔高温材料股份有限公司及相关当事人给予通报批评处分的决定
42	2016－07－08	深证上〔2016〕433 号	关于对成都华泽钴镍材料股份有限公司及相关当事人给予公开谴责处分的决定
43	2016－07－08	深证会〔2016〕194 号	关于对瑞华会计师事务所（特殊普通合伙）注册会计师刘少锋、王晓江、张富平给予通报批评处分的决定
44	2016－07－08	深证会〔2016〕195 号	关于对国信证券股份有限公司龙飞虎、王晓娟、张苗、曹仲原给予通报批评处分的决定
45	2016－07－11	深证上〔2016〕441 号	关于对水晶光电控股股东星星集团有限公司给予通报批评处分的决定
46	2016－07－14	深证上〔2016〕459 号	关于对福建冠福现代家用股份有限公司及相关当事人给予通报批评处分的决定
47	2016－07－25	深证上〔2016〕478 号	关于对申科滑动轴承股份有限公司及相关当事人给予通报批评处分的决定
48	2016－08－05	深证上〔2016〕511 号	关于对中国第一汽车股份有限公司给予通报批评处分的决定
49	2016－08－05	深证上〔2016〕512 号	关于对中通汽车工业集团有限责任公司给予通报批评处分的决定
50	2016－08－09	深证上〔2016〕518 号	关于对北海银河生物产业投资股份有限公司及相关当事人给予通报批评处分的决定
51	2016－08－11	深证上〔2016〕531 号	关于对海南亚太实业发展股份有限公司及相关当事人给予纪律处分的决定
52	2016－08－18	深证上〔2016〕552 号	关于对北京昆仑万维科技股份有限公司时任副总经理方汉给予通报批评的决定
53	2016－08－18	深证上〔2016〕553 号	关于对獐子岛集团股份有限公司及相关当事人给予通报批评处分的决定
54	2016－08－18	深证上〔2016〕554 号	关于对台海玛努尔核电设备股份有限公司及相关当事人给予通报批评处分的决定
55	2016－08－18	深证上〔2016〕555 号	关于对恒信移动商务股份有限公司及相关当事人给予通报批评处分的决定

续表

编号	印发日期	文号	文件名称
56	2016－08－18	深证上〔2016〕556 号	关于对山东恒邦冶炼股份有限公司及相关当事人给予处分的决定
57	2016－08－18	深证上〔2016〕557 号	关于对河北汇金机电股份有限公司相关当事人给予纪律处分的决定
58	2016－08－19	深证上〔2016〕558 号	关于对上海永邦投资有限公司及杨绍东给予公开谴责处分的决定
59	2016－08－19	深证上〔2016〕559 号	关于对江苏宏达新材料股份有限公司实际控制人朱德洪给予公开谴责处分的决定
60	2016－08－23	深证上〔2016〕572 号	关于对天夏智慧城市科技股份有限公司及相关当事人给予通报批评纪律处分的决定
61	2016－09－06	深证上〔2016〕605 号	关于对鞍山重型矿山机器股份有限公司副总经理兼董事会秘书张宝田给予通报批评处分的决定
62	2016－09－08	深证上〔2016〕608 号	关于对新华都购物广场股份有限公司及相关当事人给予通报批评处分的决定
63	2016－09－12	深证上〔2016〕620 号	关于对西藏吉奥高投资控股有限公司及相关当事人给予通报批评处分的决定
64	2016－09－13	深证上〔2016〕621 号	关于对徐州五洋科技股份有限公司及相关当事人给予通报批评处分的决定
65	2016－09－13	深证上〔2016〕622 号	关于对宁波 GQY 视讯股份有限公司股东姚国际给予公开谴责处分的决定
66	2016－09－13	深证上〔2016〕623 号	关于对甘肃皇台酒业股份有限公司及相关当事人给予通报批评纪律处分的决定
67	2016－09－19	深证上〔2016〕638 号	关于对北京无线天利移动信息技术股份有限公司及相关当事人给予通报批评处分的决定
68	2016－09－26	深证上〔2016〕661 号	关于对华夏人寿保险股份有限公司给予公开谴责处分的决定
69	2016－09－26	深证上〔2016〕664 号	关于对银基烯碳新材料股份有限公司及相关当事人给予通报批评处分的决定
70	2016－09－27	深证上〔2016〕674 号	关于对上海神开石油化工装备股份有限公司相关当事人给予通报批评处分的决定
71	2016－09－30	深证上〔2016〕681 号	关于对江苏舜天船舶股份有限公司及相关当事人给予通报批评处分的决定
72	2016－09－29	深证上〔2016〕684 号	关于对浙江宏磊铜业股份有限公司及相关当事人给予通报批评处分的决定
73	2016－09－30	深证会〔2016〕288 号	关于对瑞华会计师事务所(特殊普通合伙)注册会计师陈葆华给予通报批评处分的决定
74	2016－10－10	深证上〔2016〕693 号	关于对北京昆仑万维科技股份有限公司及相关当事人给予通报批评处分的决定
75	2016－10－10	深证上〔2016〕694 号	关于对上海华虹计通智能系统股份有限公司及相关当事人给予通报批评处分的决定
76	2016－10－12	深证上〔2016〕695 号	关于对广东顾地塑胶有限公司给予公开谴责处分的决定
77	2016－10－14	深证上〔2016〕697 号	关于对成都红旗连锁股份有限公司相关当事人给予公开谴责处分的决定
78	2016－11－02	深证上〔2016〕764 号	关于对王利峰给予公开谴责处分的决定

续表

编号	印发日期	文号	文件名称
79	2016－11－03	深证上〔2016〕765 号	关于对盈方微电子股份有限公司及相关当事人给予通报批评处分的决定
80	2016－11－03	深证上〔2016〕771 号	关于对浙江大东南股份有限公司及相关当事人给予通报批评处分的决定
81	2016－11－03	深证上〔2016〕772 号	关于对奥特佳新能源科技股份有限公司董事王强 8 给予通报批评处分的决定
82	2016－11－03	深证上〔2016〕773 号	关于对安徽盛运环保（集团）股份有限公司及相关当事人给予通报批评处分的决定
83	2016－11－07	深证上〔2016〕782 号	关于对深圳中青宝互动网络股份有限公司及相关当事人给予纪律处分的决定
84	2016－11－11	深证上〔2016〕788 号	关于对广州市创势翔投资有限公司给予通报批评处分的决定
85	2016－11－14	深证上〔2016〕789 号	关于对广东广州日报传媒股份有限公司及相关当事人给予通报批评处分的决定
86	2016－11－11	深证上〔2016〕790 号	关于对广东顺威精密塑料股份有限公司股东文细棠给予公开谴责处分的决定
87	2016－11－14	深证上〔2016〕801 号	关于对北京无线天利移动信息技术股份有限公司董事兼总经理邝青给予通报批评处分的决定
88	2016－11－29	深证上〔2016〕840 号	关于对湖北洋丰集团股份有限公司及相关当事人给予公开谴责处分的决定
89	2016－11－29	深证上〔2016〕849 号	关于对三环集团有限公司给予通报批评处分的决定
90	2016－12－02	深证上〔2016〕859 号	关于对天奇自动化工程股份有限公司董事会秘书给予通报批评处分的决定
91	2016－12－06	深证上〔2016〕879 号	关于对新疆准东石油技术股份有限公司控股股东和实际控制人给予公开谴责处分的决定
92	2016－12－06	深证上〔2016〕880 号	关于对创新医疗管理股份有限公司副总经理梁喜才给予通报批评处分的决定
93	2016－12－06	深证上〔2016〕881 号	关于对盛达矿业股份有限公司时任监事王海给予通报批评处分的决定
94	2016－12－06	深证上〔2016〕882 号	关于对深圳市权策管理咨询有限公司、深圳市安雅管理咨询有限公司给予通报批评处分的决定
95	2016－12－07	深证上〔2016〕886 号	关于对海南珠江控股股份有限公司及相关当事人给予通报批评的决定
96	2016－12－09	深证上〔2016〕894 号	关于对武汉四方交通物流有限责任公司给予通报批评处分的决定
97	2016－12－09	深证上〔2016〕895 号	关于对安顺市城市建设投资有限责任公司给予通报批评处分的决定
98	2016－12－12	深证上〔2016〕908 号	关于对江苏新宁现代物流股份有限公司及相关当事人给予通报批评处分的决定
99	2016－12－12	深证上〔2016〕942 号	关于对浙江东晶电子股份有限公司及相关当事人给予通报批评处分的决定
100	2016－12－26	深证上〔2016〕972 号	关于对山东滨州新天阳化工有限责任公司及相关当事人给予通报批评处分的决定

续表

编号	印发日期	文号	文件名称
101	2016－12－26	深证上〔2016〕978 号	关于对新余雅本投资管理有限公司及相关当事人给予通报批评处分的决定
102	2016－12－27	深证上〔2016〕987 号	关于对力合科创集团有限公司给予公开谴责处分的决定
103	2016－12－28	深证会〔2016〕396 号	关于对大华会计师事务所(特殊普通合伙)注册会计师殷宪锋、徐利君给予通报批评处分的决定
104	2016－12－29	深证上〔2016〕999 号	关于对深圳大通实业股份有限公司及相关当事人给予通报批评处分的决定
105	2016－12－28	深证上〔2016〕1000 号	关于对上海神开石油化工装备股份有限公司相关当事人给予处分的决定
106	2016－12－28	深证上〔2016〕1001 号	关于对山东得利斯食品股份有限公司及相关当事人给予处分的决定

(二)2016 年限制交易措施目录

编号	发文时间	文号	限制对象
1	2016－01－08	深圳证券交易所限制交易决定书〔2016〕1 号	广州穗富投资管理有限公司
2	2016－01－15	深圳证券交易所限制交易决定书〔2016〕2 号	万向信托有限公司
3	2016－01－26	深圳证券交易所限制交易决定书〔2016〕3 号	胜利油田长安控股集团有限公司、石河子康乾股权投资有限合伙企业、夏春良、吴时军、刘皓
4	2016－01－26	深圳证券交易所限制交易决定书〔2016〕4 号	百年人寿保险股份有限公司
5	2016－01－28	深圳证券交易所限制交易决定书〔2016〕5 号	浙江围海控股集团有限公司、张子和、王掌权、邱春方、罗全民、陈美秋
6	2016－02－03	深圳证券交易所限制交易决定书〔2016〕6 号	奥瑞金包装股份有限公司、北京奥瑞金包装容器有限公司、湖北奥瑞金制罐有限公司、五道口创新(天津)股权投资基金合伙企业(有限合伙)、嘉华原龙(天津)股权投资基金合伙企业(有限合伙)、蔚然(天津)股权投资基金合伙企业(有限合伙)、嘉华成美(天津)股权投资基金合伙企业(有限合伙)、合兴(天津)股权投资基金合伙企业(有限合伙)
7	2016－03－02	深圳证券交易所限制交易决定书〔2016〕7 号	杜佳林
8	2016－03－02	深圳证券交易所限制交易决定书〔2016〕8 号	司度(上海)贸易有限公司
9	2016－03－08	深圳证券交易所限制交易决定书〔2016〕9 号	褚连江

续表

编号	发文时间	文号	限制对象
10	2016－03－09	深圳证券交易所限制交易决定书〔2016〕10号	山东省国有资产投资控股有限公司、山东省巨能投资有限公司
11	2016－03－18	深圳证券交易所限制交易决定书〔2016〕11号	重庆中新融泽投资中心（有限合伙）、西藏中新睿银投资管理有限公司、重庆中新融鑫投资中心（有限合伙）
12	2016－03－30	深圳证券交易所限制交易决定书〔2016〕12号	河南省宛西控股股份有限公司、孙耀忠
13	2016－04－19	深圳证券交易所限制交易决定书〔2016〕13号	褚连江
14	2016－04－21	深圳证券交易所限制交易决定书〔2016〕14号	郑明略
15	2016－05－26	深圳证券交易所限制交易决定书〔2016〕15号	重庆信三威投资咨询中心（有限合伙）
16	2016－05－31	深圳证券交易所限制交易决定书〔2016〕16号	蒋丽娜、张晓泽
17	2016－06－22	深圳证券交易所限制交易决定书〔2016〕17号	四川三新创业投资有限责任公司
18	2016－06－22	深圳证券交易所限制交易决定书〔2016〕18号	曹世如、曹曾俊
19	2016－06－24	深圳证券交易所限制交易决定书〔2016〕19号	姚国际
20	2016－06－29	深圳证券交易所限制交易决定书〔2016〕20号	石亚君
21	2016－07－14	深圳证券交易所限制交易决定书〔2016〕21号	新疆成农远大股权投资有限合伙企业
22	2016－07－19	深圳证券交易所限制交易决定书〔2016〕22号	李桂华
23	2016－07－22	深圳证券交易所限制交易决定书〔2016〕23号	广州市创势翔投资有限公司
24	2016－07－25	深圳证券交易所限制交易决定书〔2016〕24号	江阴中基矿业投资有限公司
25	2016－07－26	深圳证券交易所限制交易决定书〔2016〕25号	广东顾地塑胶有限公司
26	2016－08－02	深圳证券交易所限制交易决定书〔2016〕26号	马孝武、马晓
27	2016－08－24	深圳证券交易所限制交易决定书〔2016〕27号	文细棠
28	2016－09－09	深圳证券交易所限制交易决定书〔2016〕28号	大连承运投资集团有限公司、黄作庆
29	2016－09－29	深圳证券交易所限制交易决定书〔2016〕29号	上海舜元企业投资发展有限公司
30	2016－09－30	深圳证券交易所限制交易决定书〔2016〕30号	周信钢、李欣、周晨、南京雷奥投资管理有限公司
31	2016－10－28	深圳证券交易所限制交易决定书〔2016〕31号	阮克荣
32	2016－11－14	深圳证券交易所限制交易决定书〔2016〕32号	李奎东
33	2016－11－18	深圳证券交易所限制交易决定书〔2016〕33号	天津百利机械装备集团有限公司
34	2016－12－07	深圳证券交易所限制交易决定书〔2016〕34号	李奎东
35	2016－12－09	深圳证券交易所限制交易决定书〔2016〕35号	侯仁峰
36	2016－12－13	深圳证券交易所限制交易决定书〔2016〕36号	罗平县锌电公司
37	2016－12－20	深圳证券交易所限制交易决定书〔2016〕37号	浙江国大集团有限责任公司
38	2016－12－26	深圳证券交易所限制交易决定书〔2016〕38号	周信钢、李欣、周晨

(三)2016年制定、修改的主要自律规则目录

序号	发布时间	文号	业务规则名称
1	2016－01－05	深证上〔2016〕3号	深圳市场首次公开发行股票网下发行实施细则(2016年1月修订)
2	2016－01－05	深证上〔2016〕3号	深圳市场首次公开发行股票网上发行实施细则(2016年1月修订)
3	2016－01－05	深证上〔2016〕1号	深圳证券交易所会员持续开展创业板市场投资者适当性管理业务指引(2016年修订)
4	2016－01－07	深证会〔2016〕8号	关于暂停实施指数熔断机制的通知
5	2016－01－09	深证上〔2016〕11号	关于落实《上市公司大股东、董监高减持股份的若干规定》相关事项的通知
6	2016－01－14	深证会〔2016〕24号	关于做好创业板上市公司可转换公司债券适当性管理工作的通知
7	2016－01－22	深证会〔2016〕28号	深圳证券交易所会员客户高风险证券交易风险警示业务指引(2016年修订)
8	2016－02－19	深证上〔2016〕68号	上市公司要约收购业务指引(2016年修订)(与中国证券登记结算有限责任公司深圳分公司联合发文)
9	2016－02－29	深证上〔2016〕83号	深圳证券交易所自律监管措施和纪律处分程序细则
10	2016－04－22	深证上〔2016〕206号	深圳证券交易所关于开展绿色公司债券业务试点的通知
11	2016－04－28	深证会〔2016〕136号	深圳证券交易所投资者网络服务身份认证业务指引(2016年修订)
12	2016－04－28	深证会〔2016〕138号	关于修改《深圳证券交易所交易规则》的通知
13	2016－04－28	深证会〔2016〕139号	深圳证券交易所证券投资基金交易和申购赎回实施细则(2016年修订)
14	2016－04－28	深证会〔2016〕140号	深圳证券交易所债券交易实施细则(2016年修订)
15	2016－04－28	深证会〔2016〕141号	关于修改《深圳证券交易所转融通证券出借交易实施办法(试行)》第二十七条的通知
16	2016－04－28	深证会〔2016〕142号	深圳证券交易所交易终端管理指引
17	2016－06－30	深证会〔2016〕188号	关于实施《深圳证券交易所债券交易实施细则(2016年修订)》第六条、第三十二条有关事项的通知
18	2016－07－11	深证上〔2016〕432号	深圳证券交易所上市委员会工作细则(2016年修订)
19	2016－07－13	深证上〔2016〕442号	深圳证券交易所创业板行业信息披露指引第1号——上市公司从事广播电影电视业务(2016年修订)
20	2016－09－19	深证上〔2016〕637号	深圳证券交易所创业板行业信息披露指引第8号——上市公司从事互联网营销业务
21	2016－09－19	深证上〔2016〕639号	关于进一步加强与上市公司重大资产重组相关股票异常交易监管的通知

续表

序号	发布时间	文号	业务规则名称
22	2016－09－30	深证会〔2016〕289 号	深圳证券交易所公司债券簿记建档发行业务指引
23	2016－09－30	深证会〔2016〕291 号	关于修改《深圳证券交易所交易规则》涉及交易参与人若干条款的通知
24	2016－09－30	深证会〔2016〕292 号	深圳证券交易所深港通业务实施办法
25	2016－09－30	深证会〔2016〕293 号	深圳证券交易所港股通投资者适当性管理指引
26	2016－09－30	深证会〔2016〕294 号	深圳证券交易所港股通交易风险揭示书必备条款（与中国证券登记结算有限责任公司联合发文）
27	2016－09－30	深证会〔2016〕294 号	深圳证券交易所港股通委托协议必备条款（与中国证券登记结算有限责任公司联合发文）
28	2016－09－30	深证上〔2016〕680 号	关于深港通业务中上市公司信息披露及相关事项的通知
29	2016－09－30	深证上〔2016〕683 号	香港中央结算有限公司参与深股通上市公司网络投票实施指引
30	2016－09－30	深证上〔2016〕682 号	深圳证券交易所上市公司股东大会网络投票实施细则
31	2016－11－04	深证上〔2016〕769 号	深圳证券交易所上市公司股份协议转让业务办理指引（2016 年 11 月修订）
32	2016－11－14	深证上〔2016〕792 号	深圳证券交易所行业信息披露指引第 4 号—上市公司从事种业、种植业务
33	2016－11－14	深证上〔2016〕792 号	深圳证券交易所行业信息披露指引第 5 号—上市公司从事工程机械相关业务
34	2016－11－14	深证上〔2016〕792 号	深圳证券交易所行业信息披露指引第 6 号－上市公司从事装修装饰业务
35	2016－11－25	深证会〔2016〕360 号	深圳证券交易所分级基金业务管理指引
36	2016－12－02	深证办函〔2016〕335 号	关于修改《深圳证券交易所融资融券交易实施细则》第 4.2 条、第 8.1 条的通知
37	2016－12－02	深证会〔2016〕371 号	关于扩大融资融券标的股票范围的通知
38	2016－12－02	深证会〔2016〕371 号	关于做好可充抵保证金证券折算率调整相关准备工作的通知
39	2016－12－09	中国结算发字〔2016〕171 号	深圳证券交易所债券质押式回购交易结算风险控制风控指引（与中国证券登记结算有限责任公司、上海证券交易所联合发文）
40	2016－12－16	深证上〔2016〕941 号	深圳证券交易所公司债券临时报告信息披露格式指引

(四)2016 年同意上市通知、暂停上市决定书以及终止上市决定书

1. 股票类

同意上市通知书		
序号	文件标题	文号
1	关于江苏高科石化股份有限公司人民币普通股股票在创业板上市的通知	深证上〔2016〕1 号
2	关于上海海顺新型药用包装材料股份有限公司人民币普通股股票在创业板上市的通知	深证上〔2016〕47 号
3	关于广州高澜节能技术股份有限公司人民币普通股股票在创业板上市的通知	深证上〔2016〕38 号
4	关于苏州设计研究院股份有限公司人民币普通股股票在创业板上市的通知	深证上〔2016〕48 号
5	关于鹭燕(福建)药业股份有限公司人民币普通股股票上市的通知	深证上〔2016〕65 号
6	关于成都新易盛通信技术股份有限公司人民币普通股股票在创业板上市的通知	深证上〔2016〕96 号
7	关于厦门瑞尔特卫浴科技股份有限公司人民币普通股股票上市的通知	深证上〔2016〕101 号
8	关于广州市昊志机电股份有限公司人民币普通股股票在创业板上市的通知	深证上〔2016〕104 号
9	关于深圳市建艺装饰集团股份有限公司人民币普通股股票上市的通知	深证上〔2016〕115 号
10	关于昆明川金诺化工股份有限公司人民币普通股股票在创业板上市的通知	深证上〔2016〕118 号
11	关于深圳市蓝海华腾技术股份有限公司人民币普通股股票在创业板上市的通知	深证上〔2016〕133 号
12	关于深圳市名家汇科技股份有限公司人民币普通股股票在创业板上市的通知	深证上〔2016〕147 号
13	关于广东通宇通讯股份有限公司人民币普通股股票上市的通知	深证上〔2016〕153 号
14	关于广东坚朗五金制品股份有限公司人民币普通股股票上市的通知	深证上〔2016〕155 号
15	关于长沙景嘉微电子股份有限公司人民币普通股股票在创业板上市的通知	深证上〔2016〕156 号
16	关于浙江东音泵业股份有限公司人民币普通股股票上市的通知	深证上〔2016〕203 号
17	关于上海维宏电子科技股份有限公司人民币普通股股票在创业板上市的通知	深证上〔2016〕208 号
18	关于江苏新美星包装机械股份有限公司人民币普通股股票在创业板上市的通知	深证上〔2016〕224 号
19	关于永和流体智控股份有限公司人民币普通股股票上市的通知	深证上〔2016〕239 号
20	关于江苏奥力威传感高科股份有限公司人民币普通股股票在创业板上市的通知	深证上〔2016〕250 号
21	关于上海雪榕生物科技股份有限公司人民币普通股股票在创业板上市的通知	深证上〔2016〕252 号
22	关于吉林省金冠电气股份有限公司人民币普通股股票在创业板上市的通知	深证上〔2016〕266 号
23	关于苏州市世嘉科技股份有限公司人民币普通股股票上市的通知	深证上〔2016〕279 号
24	关于第一创业证券股份有限公司人民币普通股股票上市的通知	深证上〔2016〕282 号

续表

序号	文件标题	文号
25	关于四川帝王洁具股份有限公司人民币普通股股票上市的通知	深证上〔2016〕321 号
26	关于杭州中亚机械股份有限公司人民币普通股股票在创业板上市的通知	深证上〔2016〕324 号
27	关于北京恒泰实达科技股份有限公司人民币普通股股票在创业板上市的通知	深证上〔2016〕335 号
28	关于新疆天顺供应链股份有限公司人民币普通股股票上市的通知	深证上〔2016〕336 号
29	关于湖北久之洋红外系统股份有限公司人民币普通股股票在创业板上市的通知	深证上〔2016〕346 号
30	关于西安环球印务股份有限公司人民币普通股股票上市的通知	深证上〔2016〕357 号
31	关于湖南三德科技股份有限公司人民币普通股股票在创业板上市的通知	深证上〔2016〕358 号
32	关于杭州微光电子股份有限公司人民币普通股股票上市的通知	深证上〔2016〕386 号
33	关于深圳市盛讯达科技股份有限公司人民币普通股股票在创业板上市的通知	深证上〔2016〕389 号
34	关于浙江新光药业股份有限公司人民币普通股股票在创业板上市的通知	深证上〔2016〕390 号
35	关于无锡洪汇新材料科技股份有限公司人民币普通股股票上市的通知	深证上〔2016〕405 号
36	关于广州市爱司凯科技股份有限公司人民币普通股股票在创业板上市的通知	深证上〔2016〕422 号
37	关于苏州世名科技股份有限公司人民币普通股股票在创业板上市的通知	深证上〔2016〕423 号
38	关于山东丰元化学股份有限公司人民币普通股股票上市的通知	深证上〔2016〕426 号
39	关于科大国创软件股份有限公司人民币普通股股票在创业板上市的通知	深证上〔2016〕428 号
40	关于厦门吉宏包装科技股份有限公司人民币普通股股票上市的通知	深证上〔2016〕440 号
41	关于海波重型工程科技股份有限公司人民币普通股股票在创业板上市的通知	深证上〔2016〕462 号
42	关于肇庆华锋电子铝箔股份有限公司人民币普通股股票上市的通知	深证上〔2016〕474 号
43	关于北京辰安科技股份有限公司人民币普通股股票在创业板上市的通知	深证上〔2016〕475 号
44	关于福建博思软件股份有限公司人民币普通股股票在创业板上市的通知	深证上〔2016〕476 号
45	关于中潜股份有限公司人民币普通股股票在创业板上市的通知	深证上〔2016〕489 号
46	关于珠海健帆生物科技股份有限公司人民币普通股股票在创业板上市的通知	深证上〔2016〕490 号
47	关于湖北华舟重工应急装备股份有限公司人民币普通股股票在创业板上市的通知	深证上〔2016〕500 号
48	关于幸福蓝海影视文化集团股份有限公司人民币普通股股票在创业板上市的通知	深证上〔2016〕510 号
49	关于深圳市优博讯科技股份有限公司人民币普通股股票在创业板上市的通知	深证上〔2016〕513 号
50	关于广东达志环保科技股份有限公司人民币普通股股票在创业板上市的通知	深证上〔2016〕514 号
51	关于四川达威科技股份有限公司人民币普通股股票在创业板上市的通知	深证上〔2016〕528 号
52	关于苏州恒久光电科技股份有限公司人民币普通股股票上市的通知	深证上〔2016〕529 号
53	关于深圳冰川网络股份有限公司人民币普通股股票在创业板上市的通知	深证上〔2016〕538 号
54	关于深圳市今天国际物流技术股份有限公司人民币普通股股票在创业板上市的通知	深证上〔2016〕539 号
55	关于广东红墙新材料股份有限公司人民币普通股股票上市的通知	深证上〔2016〕560 号

续表

序号	文件标题	文号
56	关于成都深冷液化设备股份有限公司人民币普通股股票在创业板上市的通知	深证上〔2016〕561 号
57	关于深圳市同益实业股份有限公司人民币普通股股票在创业板上市的通知	深证上〔2016〕575 号
58	关于山东赫达股份有限公司人民币普通股股票上市的通知	深证上〔2016〕576 号
59	关于江苏广信感光新材料股份有限公司人民币普通股股票在创业板上市的通知	深证上〔2016〕577 号
60	关于宁波横河模具股份有限公司人民币普通股股票在创业板上市的通知	深证上〔2016〕578 号
61	关于江苏江阴农村商业银行股份有限公司人民币普通股股票上市的通知	深证上〔2016〕590 号
62	关于深圳市亚泰国际建设股份有限公司人民币普通股股票上市的通知	深证上〔2016〕603 号
63	关于深圳市朗科智能电气股份有限公司人民币普通股股票在创业板上市的通知	深证上〔2016〕604 号
64	关于北京先进数通信息技术股份公司人民币普通股股票在创业板上市的通知	深证上〔2016〕617 号
65	关于甘肃陇神戎发药业股份有限公司人民币普通股股票在创业板上市的通知	深证上〔2016〕619 号
66	关于云南创新新材料股份有限公司人民币普通股股票上市的通知	深证上〔2016〕618 号
67	关于武汉农尚环境股份有限公司人民币普通股股票在创业板上市的通知	深证上〔2016〕632 号
68	关于新晨科技股份有限公司人民币普通股股票在创业板上市的通知	深证上〔2016〕633 号
69	关于深圳市联得自动化装备股份有限公司人民币普通股股票在创业板上市的通知	深证上〔2016〕662 号
70	关于深圳市雄帝科技股份有限公司人民币普通股股票在创业板上市的通知	深证上〔2016〕663 号
71	关于四川川环科技股份有限公司人民币普通股股票在创业板上市的通知	深证上〔2016〕675 号
72	关于优德精密工业(昆山)股份有限公司人民币普通股股票在创业板上市的通知	深证上〔2016〕676 号
73	关于博创科技股份有限公司人民币普通股股票上市的通知	深证上〔2016〕692 号
74	关于深圳市崇达电路技术股份有限公司人民币普通股股票上市的通知	深证上〔2016〕691 号
75	关于深圳市路畅科技股份有限公司人民币普通股股票上市的通知	深证上〔2016〕690 号
76	关于浙江和仁科技股份有限公司人民币普通股股票在创业板上市的通知	深证上〔2016〕707 号
77	关于上海古鳌电子科技股份有限公司人民币普通股股票在创业板上市的通知	深证上〔2016〕708 号
78	关于无锡路通视信网络股份有限公司人民币普通股股票在创业板上市的通知	深证上〔2016〕709 号
79	关于北京万集科技股份有限公司人民币普通股股票在创业板上市的通知	深证上〔2016〕717 号
80	关于杭州集智机电股份有限公司人民币普通股股票在创业板上市的通知	深证上〔2016〕718 号
81	关于深圳市和科达精密清洗设备股份有限公司人民币普通股股票上市的通知	深证上〔2016〕730 号
82	关于安徽黄山胶囊股份有限公司人民币普通股股票上市的通知	深证上〔2016〕731 号
83	关于武汉理工光科股份有限公司人民币普通股股票在创业板上市的通知	深证上〔2016〕756 号
84	关于成都佳发安泰科技股份有限公司人民币普通股股票在创业板上市的通知	深证上〔2016〕757 号
85	关于中富通股份有限公司人民币普通股股票在创业板上市的通知	深证上〔2016〕758 号
86	关于深圳丝路数字视觉股份有限公司人民币普通股股票在创业板上市的通知	深证上〔2016〕763 号

续表

序号	文件标题	文号
87	关于贝达药业股份有限公司人民币普通股股票在创业板上市的通知	深证上〔2016〕770 号
88	关于成都富森美家居股份有限公司人民币普通股股票上市的通知	深证上〔2016〕781 号
89	关于北京东方中科集成科技股份有限公司人民币普通股股票上市的通知	深证上〔2016〕783 号
90	关于神宇通信科技股份公司人民币普通股股票在创业板上市的通知	深证上〔2016〕787 号
91	关于宁波激智科技股份有限公司人民币普通股股票在创业板上市的通知	深证上〔2016〕791 号
92	关于广东乐心医疗电子股份有限公司人民币普通股股票在创业板上市的通知	深证上〔2016〕800 号
93	关于珠海汇金科技股份有限公司人民币普通股股票在创业板上市的通知	深证上〔2016〕807 号
94	关于天津桂发祥十八街麻花食品股份有限公司人民币普通股股票上市的通知	深证上〔2016〕808 号
95	关于凯莱英医药集团(天津)股份有限公司人民币普通股股票上市的通知	深证上〔2016〕809 号
96	关于深圳市科信通信技术股份有限公司人民币普通股股票在创业板上市的通知	深证上〔2016〕817 号
97	关于武汉精测电子技术股份有限公司人民币普通股股票在创业板上市的通知	深证上〔2016〕818 号
98	关于深圳市凯中精密技术股份有限公司人民币普通股股票上市的通知	深证上〔2016〕829 号
99	关于青岛天能重工股份有限公司人民币普通股股票在创业板上市的通知	深证上〔2016〕831 号
100	关于深圳市中装建设集团股份有限公司人民币普通股股票上市的通知	深证上〔2016〕837 号
101	关于上海纳尔数码喷印材料股份有限公司人民币普通股股票上市的通知	深证上〔2016〕838 号
102	关于深圳市星源材质科技股份有限公司人民币普通股股票在创业板上市的通知	深证上〔2016〕848 号
103	关于深圳太辰光通信股份有限公司人民币普通股股票在创业板上市的通知	深证上〔2016〕860 号
104	关于深圳市安车检测股份有限公司人民币普通股股票在创业板上市的通知	深证上〔2016〕861 号
105	关于新疆贝肯能源工程股份有限公司人民币普通股股票上市的通知	深证上〔2016〕876 号
106	关于沈阳兴齐眼药股份有限公司人民币普通股股票在创业板上市的通知	深证上〔2016〕877 号
107	关于西藏易明西雅医药科技股份有限公司人民币普通股股票上市的通知	深证上〔2016〕884 号
108	关于西藏高争民爆股份有限公司人民币普通股股票上市的通知	深证上〔2016〕885 号
109	关于北京星网宇达科技股份有限公司人民币普通股股票上市的通知	深证上〔2016〕896 号
110	关于深圳市名雕装饰股份有限公司人民币普通股股票上市的通知	深证上〔2016〕897 号
111	关于杭州平治信息技术股份有限公司人民币普通股股票在创业板上市的通知	深证上〔2016〕898 号
112	关于深圳市裕同包装科技股份有限公司人民币普通股股票上市的通知	深证上〔2016〕923 号
113	关于西安晨曦航空科技股份有限公司人民币普通股股票在创业板上市的通知	深证上〔2016〕938 号
114	关于江苏中旗作物保护股份有限公司人民币普通股股票在创业板上市的通知	深证上〔2016〕939 号
115	关于深圳市容大感光科技股份有限公司人民币普通股股票在创业板上市的通知	深证上〔2016〕940 号
116	关于安徽开润股份有限公司人民币普通股股票在创业板上市的通知	深证上〔2016〕943 号
117	关于比音勒芬服饰股份有限公司人民币普通股股票上市的通知	深证上〔2016〕959 号
118	关于北京数字认证股份有限公司人民币普通股股票在创业板上市的通知	深证上〔2016〕960 号

续表

序号	文件标题	文号
119	关于广州弘亚数控机械股份有限公司人民币普通股股票上市的通知	深证上〔2016〕975 号
120	关于英飞特电子(杭州)股份有限公司人民币普通股股票在创业板上市的通知	深证上〔2016〕977 号
121	关于深圳市同为数码科技股份有限公司人民币普通股股票上市的通知	深证上〔2016〕976 号
122	关于深圳市英维克科技股份有限公司人民币普通股股票上市的通知	深证上〔2016〕984 号
123	关于广东新宏泽包装股份有限公司人民币普通股股票上市的通知	深证上〔2016〕985 号
124	关于南京奥联汽车电子电器股份有限公司人民币普通股股票在创业板上市的通知	深证上〔2016〕986 号
125	关于广东美联新材料股份有限公司人民币普通股股票在创业板上市的通知	深证上〔2016〕1002 号
暂停上市通知书		
126	关于川化股份有限公司股票暂停上市的决定	深证上〔2016〕268 号

2. 债券类

公开发行公司债券同意上市通知书		
序号	标题	文号
1	关于远大医药(中国)有限公司 2016 年面向合格投资者公开发行公司债券(第一期)上市的通知	深证上〔2016〕1004 号
2	关于深圳市宝德投资控股有限公司 2016 年面向合格投资者公开发行公司债券(第二期)上市的通知	深证上〔2016〕1003 号
3	关于万达集团股份有限公司 2016 年面向合格投资者公开发行公司债券(第一期)上市的通知	深证上〔2016〕974 号
4	关于广东宝丽华新能源股份有限公司 2016 年面向合格投资者公开发行公司债券(第一期)上市的通知	深证上〔2016〕973 号
5	关于广东国盛金控集团股份有限公司 2016 年面向合格投资者公开发行公司债券上市的通知	深证上〔2016〕951 号
6	关于广联达科技股份有限公司 2016 年面向合格投资者公开发行公司债券(第一期)上市的通知	深证上〔2016〕950 号
7	关于珠海港股份有限公司 2016 年面向合格投资者公开发行公司债券上市的通知	深证上〔2016〕949 号
8	关于天广中茂股份有限公司 2016 年面向合格投资者公开发行公司债券(第一期)上市的通知	深证上〔2016〕927 号
9	关于浙富控股集团有限公司 2016 年面向合格投资者公开发行公司债券(第一期)上市的通知	深证上〔2016〕926 号
10	关于湖南景峰医药股份有限公司 2016 年面向合格投资者公开发行公司债券(第一期)上市的通知	深证上〔2016〕925 号
11	关于深圳市龙光控股有限公司 2016 年面向合格投资者公开发行公司债券(第一期)上市的通知	深证上〔2016〕924 号
12	关于万丰奥特控股集团有限公司 2016 年面向合格投资者公开发行公司债券(第一期)上市的通知	深证上〔2016〕917 号

续表

序号	标题	文号
13	关于江东控股集团有限责任公司2016年面向合格投资者公开发行公司债券（第一期）上市的通知	深证上〔2016〕916号
14	关于合肥华泰集团股份有限公司2016年面向合格投资者公开发行公司债券（第一期）上市的通知	深证上〔2016〕915号
15	关于山东胜通集团股份有限公司2016年面向合格投资者公开发行公司债券（第二期）上市的通知	深证上〔2016〕914号
16	关于浙江迪安诊断技术股份有限公司2016年面向合格投资者公开发行公司债券（第一期）上市的通知	深证上〔2016〕902号
17	关于深圳市海普瑞药业股份有限公司2016年面向合格投资者公开发行公司债券上市的通知	深证上〔2016〕901号
18	关于宜华企业（集团）有限公司2016年面向合格投资者公开发行公司债券（第一期）上市的通知	深证上〔2016〕893号
19	关于江苏双星彩塑新材料股份有限公司2016年面向合格投资者公开发行公司债券（第一期）上市的通知	深证上〔2016〕892号
20	关于湖北能源集团股份有限公司公开发行2016年公司债券（第一期）上市的通知	深证上〔2016〕891号
21	关于山东魏桥铝电有限公司2016年面向合格投资者公开发行公司债券（第三期）上市的通知	深证上〔2016〕883号
22	关于深圳市盐田港股份有限公司2016年面向合格投资者公开发行公司债券（第一期）上市的通知	深证上〔2016〕864号
23	关于深圳市裕同包装科技股份有限公司2016年面向合格投资者公开发行公司债券（第一期）上市的通知	深证上〔2016〕858号
24	关于北京东方园林环境股份有限公司2016年面向合格投资者公开发行公司债券（第三期）上市的通知	深证上〔2016〕841号
25	关于金融街控股股份有限公司2016年面向合格投资者公开发行公司债券（第一期）上市的通知	深证上〔2016〕832号
26	关于深圳国投房地产开发有限公司2016年面向合格投资者公开发行公司债券（第一期）上市的通知	深证上〔2016〕822号
27	关于吉林省信用担保投资集团有限公司2016年面向合格投资者公开发行公司债券（第一期）上市的通知	深证上〔2016〕821号
28	关于利亚德光电股份有限公司2016年面向合格投资者公开发行公司债券（第一期）上市的通知	深证上〔2016〕820号
29	关于北京安控科技股份有限公司2016年面向合格投资者公开发行公司债券上市的通知	深证上〔2016〕806号
30	关于天津天保基建股份有限公司2016年面向合格投资者公开发行公司债券（第一期）上市的通知	深证上〔2016〕805号
31	关于徐工集团工程机械股份有限公司2016年面向合格投资者公开发行公司债券（第二期）上市的通知	深证上〔2016〕804号
32	关于上海宝龙实业发展有限公司2016年面向合格投资者公开发行公司债券（第三期）上市的通知	深证上〔2016〕803号
33	关于棕榈生态城镇发展股份有限公司2016年面向合格投资者公开发行公司债券（第二期）上市的通知	深证上〔2016〕786号

续表

序号	标题	文号
34	关于上海新文化传媒集团股份有限公司 2016 年面向合格投资者公开发行公司债券(第一期)上市的通知	深证上〔2016〕785 号
35	关于湖北宜化化工股份有限公司 2016 年面向合格投资者公开发行公司债券上市的通知	深证上〔2016〕774 号
36	关于江苏康缘集团有限责任公司 2016 年面向合格投资者公开发行公司债券(第一期)上市的通知	深证上〔2016〕768 号
37	关于正兴隆房地产(深圳)有限公司 2016 年面向合格投资者公开发行公司债券(第一期)上市的通知	深证上〔2016〕767 号
38	关于株洲市国有资产投资控股集团有限公司 2016 年面向合格投资者公开发行公司债券上市的通知	深证上〔2016〕766 号
39	关于广西投资集团有限公司 2016 年公司债券(第二期)(品种一)上市的通知	深证上〔2016〕760 号
40	关于阳光城集团股份有限公司 2016 年面向合格投资者公开发行公司债券(第二期)上市的通知	深证上〔2016〕759 号
41	关于顺发恒业股份公司 2016 年面向合格投资者公开发行公司债券上市的通知	深证上〔2016〕739 号
42	关于凯迪生态环境科技股份有限公司 2016 年面向合格投资者公开发行公司债券(第一期)上市的通知	深证上〔2016〕729 号
43	关于申万宏源集团股份有限公司 2016 年面向合格投资者公开发行公司债券(第二期)上市的通知	深证上〔2016〕728 号
44	关于杭州滨江房产集团股份有限公司 2016 年面向合格投资者公开发行公司债券(第一期)上市的通知	深证上〔2016〕726 号
45	关于银亿房地产股份有限公司 2016 年面向合格投资者公开发行公司债券(第三期)上市的通知	深证上〔2016〕710 号
46	关于国购投资有限公司 2016 年面向合格投资者公开发行公司债券(第三期)上市的通知	深证上〔2016〕706 号
47	关于格林美股份有限公司 2016 年面向合格投资者公开发行公司债券(第一期)上市的通知	深证上〔2016〕705 号
48	关于华油惠博普科技股份有限公司 2016 年面向合格投资者公开发行公司债券(第一期)上市的通知	深证上〔2016〕689 号
49	关于广宇集团股份有限公司 2016 年面向合格投资者公开发行公司债券(第一期)上市的通知	深证上〔2016〕688 号
50	关于深圳市铁汉生态环境股份有限公司 2016 年面向合格投资者公开发行公司债券(第二期)上市的通知	深证上〔2016〕686 号
51	关于阳光城集团股份有限公司 2016 年面向合格投资者公开发行公司债券(第一期)上市的通知	深证上〔2016〕685 号
52	关于信利光电股份有限公司 2016 年面向合格投资者公开发行公司债券(第一期)上市的通知	深证上〔2016〕673 号
53	关于河南宏光正商置业有限公司 2016 年面向合格投资者公开发行公司债券(第一期)上市的通知	深证上〔2016〕672 号
54	关于山东奥德燃气有限公司 2016 年面向合格投资者公开发行公司债券(第二期)上市的通知	深证上〔2016〕660 号
55	关于步步高投资集团股份有限公司 2016 年面向合格投资者公开发行公司债券(第二期)上市的通知	深证上〔2016〕649 号

续表

序号	标题	文号
56	关于深圳市奋达科技股份有限公司 2016 年面向合格投资者公开发行公司债券(第一期)上市的通知	深证上〔2016〕648 号
57	关于北京东方园林生态股份有限公司 2016 年面向合格投资者公开发行公司债券(第二期)上市的通知	深证上〔2016〕602 号
58	关于冀中能源股份有限公司 2016 年面向合格投资者公开发行公司债券(第二期)上市的通知	深证上〔2016〕600 号
59	关于新兴铸管股份有限公司 2016 年面向合格投资者公开发行公司债券(第一期)上市的通知	深证上〔2016〕591 号
60	关于江苏中南建设集团股份有限公司 2016 年面向合格投资者公开发行公司债券(第二期)上市的通知	深证上〔2016〕589 号
61	关于龙光基业集团有限公司 2016 年面向合格投资者公开发行公司债券(第二期)上市的通知	深证上〔2016〕588 号
62	关于成都市兴蓉环境股份有限公司 2016 年公司债券(第一期)上市的通知	深证上〔2016〕579 号
63	关于河钢股份有限公司 2016 年面向合格投资者公开发行公司债券(第二期)上市的通知	深证上〔2016〕574 号
64	关于深圳市沃尔核材料股份有限公司 2016 年面向合格投资者公开发行公司债券(第一期)上市的通知	深证上〔2016〕571 号
65	关于河南新野纺织股份有限公司 2016 年面向合格投资者公开发行公司债券上市的通知	深证上〔2016〕562 号
66	关于深圳市飞马国际供应链股份有限公司 2016 年面向合格投资者公开发行公司债券上市的通知	深证上〔2016〕543 号
67	关于北京光线传媒股份有限公司 2016 年面向合格投资者公开发行公司债券(第一期)上市的通知	深证上〔2016〕540 号
68	关于河钢股份有限公司 2016 年面向合格投资者公开发行公司债券(第一期)上市的通知	深证上〔2016〕536 号
69	关于中房地产股份有限公司 2016 年面向合格投资者公开发行公司债券上市的通知	深证上〔2016〕534 号
70	关于广东潮宏基实业股份有限公司 2016 年面向合格投资者公开发行公司债券(第一期)上市的通知	深证上〔2016〕533 号
71	关于厦门港务发展股份有限公司 2016 年面向合格投资者公开发行公司债券(第一期)上市的通知	深证上〔2016〕530 号
72	关于银亿房地产股份有限公司 2016 年面向合格投资者公开发行公司债券(第二期)上市的通知	深证上〔2016〕519 号
73	关于 TCL 集团股份有限公司 2016 年面向合格投资者公开发行公司债券(第二期)上市的通知	深证上〔2016〕515 号
74	关于银亿房地产股份有限公司 2016 年面向合格投资者公开发行公司债券(第一期)上市的通知	深证上〔2016〕501 号
75	关于天顺风能(苏州)股份有限公司 2016 年面向合格投资者公开发行公司债券(第一期)上市的通知	深证上〔2016〕492 号
76	关于北京华美乔戈里实业发展有限公司 2016 年面向合格投资者公开发行公司债券(第二期)上市的通知	深证上〔2016〕491 号
77	关于力合股份有限公司 2016 年面向合格投资者公开发行公司债券上市的通知	深证上〔2016〕488 号

续表

序号	标题	文号
78	关于阳光凯迪新能源集团2016年面向合格投资者公开发行公司债券上市的通知	深证上〔2016〕487号
79	关于中南红文化集团股份有限公司2016年面向合格投资者公开发行公司债券上市的通知	深证上〔2016〕473号
80	关于华西证券股份有限公司2016年面向合格投资者公开发行公司债券(第一期)上市的通知	深证上〔2016〕470号
81	关于山东胜通集团股份有限公司2016年面向合格投资者公开发行公司债券(第一期)(品种一)上市的通知	深证上〔2016〕458号
82	关于北京东方园林生态股份有限公司2016年面向合格投资者公开发行公司债券(第一期)上市的通知	深证上〔2016〕421号
83	关于江苏华西村股份有限公司2016年面向合格投资者公开发行公司债券(第二期)上市的通知	深证上〔2016〕420号
84	关于泰禾集团股份有限公司2016年面向合格投资者公开发行公司债券上市的通知	深证上〔2016〕419号
85	关于伊犁农四师国有资产投资有限责任公司2016年面向合格投资者公开发行公司债券(第一期)上市的通知	深证上〔2016〕410号
86	关于2016年云南白药集团股份有限公司公司债券(第一期)上市的通知	深证上〔2016〕408号
87	关于北京三聚环保新材料股份有限公司2016年面向合格投资者公开发行公司债券上市的通知	深证上〔2016〕407号
88	关于华南国际工业原料城(深圳)有限公司2016年面向合格投资者公开发行公司债券(第二期)上市的通知	深证上〔2016〕406号
89	关于潍坊歌尔集团有限公司2016年面向合格投资者公开发行公司债券(第一期)上市的通知	深证上〔2016〕395号
90	关于北京昆仑万维科技股份有限公司2016年面向合格投资者公开发行公司债券(第一期)上市的通知	深证上〔2016〕394号
91	关于昆明产业开发投资有限责任公司2016年面向合格投资者公开发行公司债券(第一期)上市的通知	深证上〔2016〕392号
92	关于新华联不动产股份有限公司2016年面向合格投资者公开发行公司债券上市的通知	深证上〔2016〕388号
93	关于四川省峨眉山乐山大佛旅游集团总公司2016年面向合格投资者公开发行公司债券(第一期)上市的通知	深证上〔2016〕387号
94	关于当代节能置业股份有限公司2016年面向合格投资者公开发行公司债券上市的通知	深证上〔2016〕378号
95	关于红楼集团有限公司2016年面向合格投资者公开发行公司债券上市的通知	深证上〔2016〕377号
96	关于海航资本集团有限公司2016年面向合格投资者公开发行公司债券(第二期)上市的通知	深证上〔2016〕376号
97	关于北京掌趣科技股份有限公司2016年面向合格投资者公开发行公司债券(第一期)上市的通知	深证上〔2016〕361号
98	关于海航资本集团有限公司2016年面向合格投资者公开发行公司债券(第一期)上市的通知	深证上〔2016〕359号
99	关于河北以岭医药集团有限公司2016年面向合格投资者公开发行可交换公司债券上市的通知	深证上〔2016〕356号

续表

序号	标题	文号
100	关于聚龙股份有限公司2016年面向合格投资者公开发行公司债券上市的通知	深证上〔2016〕347号
101	关于山东奥德燃气有限公司2016年面向合格投资者公开发行公司债券（第一期）上市的通知	深证上〔2016〕334号
102	关于厦门国贸控股有限公司2016年面向合格投资者公开发行公司债券（第一期）上市的通知	深证上〔2016〕322号
103	关于浙江南都电源动力股份有限公司2016年面向合格投资者公开发行公司债券（第一期）上市的通知	深证上〔2016〕320号
104	关于广东省粤科金融集团有限公司2015年面向合格投资者公开发行公司债券上市的通知	深证上〔2016〕316号
105	关于国购投资有限公司2016年面向合格投资者公开发行公司债券（第二期）上市的通知	深证上〔2016〕314号
106	关于奥瑞金包装股份有限公司2016年面向合格投资者公开发行公司债券上市的通知	深证上〔2016〕302号
107	关于太安堂集团有限公司2016年面向合格投资者公开发行公司债券（第二期）上市的通知	深证上〔2016〕301号
108	关于北京华美乔戈里实业发展有限公司2016年面向合格投资者公开发行公司债券（第一期）上市的通知	深证上〔2016〕300号
109	关于中融新大集团有限公司2016年面向合格投资者公开发行公司债券（第二期）上市的通知	深证上〔2016〕299号
110	关于山东魏桥铝电有限公司2016年面向合格投资者公开发行公司债券（第一期）等三只债券上市的通知	深证上〔2016〕298号
111	关于广西投资集团有限公司2016年公司债券（第一期）上市的通知	深证上〔2016〕283号
112	关于深圳市新国都技术股份有限公司2016年面向合格投资者公开发行公司债券上市的通知	深证上〔2016〕280号
113	关于深圳华侨城股份有限公司2016年面向合格投资者公开发行公司债券（第一期）（品种一）和（品种二）上市的通知	深证上〔2016〕270号
114	关于棕榈园林股份有限公司2016年面向合格投资者公开发行公司债券（第一期）上市的通知	深证上〔2016〕269号
115	关于太安堂集团有限公司2016年面向合格投资者公开发行公司债券（第一期）上市的通知	深证上〔2016〕267号
116	关于河南盛润控股集团有限公司2016年面向合格投资者公开发行公司债券上市的通知	深证上〔2016〕253号
117	关于泛海控股股份有限公司2016年面向合格投资者公开发行公司债券（第一期）等两只债券上市的通知	深证上〔2016〕238号
118	关于江苏华西村股份有限公司2016年面向合格投资者公开发行公司债券（第一期）上市的通知	深证上〔2016〕236号
119	关于福星惠誉房地产有限公司2016年面向合格投资者公开发行公司债券（第一期）上市的通知	深证上〔2016〕227号
120	关于山东太阳纸业股份有限公司2016年面向合格投资者公开发行公司债券（第一期）上市的通知	深证上〔2016〕226号
121	关于广东省广业资产经营有限公司2016年面向合格投资者公开发行公司债券（第一期）上市的通知	深证上〔2016〕225号

续表

序号	标题	文号
122	关于京东方科技集团股份有限公司2016年面向合格投资者公开发行公司债券(第一期)上市的通知	深证上〔2016〕223号
123	关于中国宝安集团股份有限公司2016年面向合格投资者公开发行公司债券(第一期)上市的通知	深证上〔2016〕222号
124	关于深圳市宝德投资控股有限公司2016年面向合格投资者公开发行公司债券(第一期)上市的通知	深证上〔2016〕213号
125	关于深圳市劲嘉创业投资有限公司2016年面向合格投资者公开发行公司债券(第二期)上市的通知	深证上〔2016〕212号
126	关于国购投资有限公司2016年面向合格投资者公开发行公司债券(第一期)上市的通知	深证上〔2016〕210号
127	关于深圳市新纶科技股份有限公司2016年面向合格投资者公开发行公司债券上市的通知	深证上〔2016〕209号
128	关于TCL集团股份有限公司2016年面向合格投资者公开发行公司债券(第一期)上市的通知	深证上〔2016〕205号
129	关于长影集团有限责任公司2015年面向合格投资者公开发行公司债券(第一期)等两只债券上市的通知	深证上〔2016〕204号
130	关于龙光基业集团有限公司2016年面向合格投资者公开发行公司债券(第一期)上市的通知	深证上〔2016〕202号
131	关于步步高投资集团股份有限公司2016年面向合格投资者公开发行公司债券(第一期)上市的通知	深证上〔2016〕201号
132	关于中航地产股份有限公司2016年面向合格投资者公开发行公司债券上市的通知	深证上〔2016〕200号
133	关于第一创业证券股份有限公司2016年面向合格投资者公开发行公司债券(第一期)上市的通知	深证上〔2016〕199号
134	关于广东美的置业有限公司2016年面向合格投资者公开发行公司债券上市的通知	深证上〔2016〕198号
135	关于上海宝龙实业发展有限公司2016年面向合格投资者公开发行公司债券(第二期)上市的通知	深证上〔2016〕190号
136	关于三湘股份有限公司2016年面向合格投资者公开发行公司债券上市的通知	深证上〔2016〕183号
137	关于软控股份有限公司2016年面向合格投资者公开发行公司债券(第一期)上市的通知	深证上〔2016〕182号
138	关于冀中能源股份有限公司2016年面向合格投资者公开发行公司债券(第一期)上市的通知	深证上〔2016〕181号
139	关于深圳天源迪科信息技术股份有限公司2016年面向合格投资者公开发行公司债券(第一期)上市的通知	深证上〔2016〕180号
140	关于北京蓝色光标品牌管理顾问股份有限公司2016年面向合格投资者公开发行公司债券上市的通知	深证上〔2016〕178号
141	关于信达投资有限公司2016年面向合格投资者公开发行公司债券(第一期)上市的通知	深证上〔2016〕170号
142	关于华南国际工业原料城(深圳)有限公司2016年面向合格投资者公开发行公司债券(第一期)上市的通知	深证上〔2016〕169号
143	关于深圳市劲嘉创业投资有限公司2016年面向合格投资者公开发行公司债券(第一期)上市的通知	深证上〔2016〕168号

续表

序号	标题	文号
144	关于重庆市涪陵国有资产投资经营集团有限公司 2016 年面向合格投资者公开发行公司债券(第一期)上市的通知	深证上〔2016〕167 号
145	关于广东太安堂药业股份有限公司 2016 年面向合格投资者公开发行公司债券上市的通知	深证上〔2016〕166 号
146	关于江苏中南建设集团股份有限公司 2016 年面向合格投资者公开发行公司债券(第一期)上市的通知	深证上〔2016〕165 号
147	关于西安曲江文化产业投资(集团)有限公司 2016 年面向合格投资者公开发行公司债券(第一期)上市的通知	深证上〔2016〕154 号
148	关于银亿房地产股份有限公司 2015 年面向合格投资者公开发行公司债券(第一期)上市的通知	深证上〔2016〕146 号
149	关于山东焦化集团有限公司 2016 年面向合格投资者公开发行公司债券(第一期)上市的通知	深证上〔2016〕136 号
150	关于上海宝龙实业发展有限公司 2016 年面向合格投资者公开发行公司债券上市的通知	深证上〔2016〕129 号
151	关于青岛双星股份有限公司 2016 年面向合格投资者公开发行公司债券(第一期)上市的通知	深证上〔2016〕125 号
152	关于云南白药控股有限公司 2016 年面向合格投资者公开发行公司债券(第一期)上市的通知	深证上〔2016〕119 号
153	关于浙江昆仑控股集团有限公司 2016 年面向合格投资者公开发行公司债券(第一期)上市的通知	深证上〔2016〕106 号
154	关于海航航空集团有限公司 2016 年面向合格投资者公开发行公司债券上市的通知	深证上〔2016〕103 号
155	关于深圳市立业集团有限公司 2015 年面向合格投资者公开发行公司债券上市的通知	深证上〔2016〕102 号
156	关于大唐高鸿数据网络技术股份有限公司 2016 年面向合格投资者公开发行公司债券上市的通知	深证上〔2016〕84 号
157	关于深圳市铁汉生态环境股份有限公司 2016 年面向合格投资者公开发行公司债券(第一期)上市的通知	深证上〔2016〕79 号
158	关于巨轮智能装备股份有限公司 2016 年面向合格投资者公开发行公司债券(第一期)上市的通知	深证上〔2016〕69 号
159	关于徐工集团工程机械股份有限公司 2016 年面向合格投资者公开发行公司债券(第一期)上市的通知	深证上〔2016〕67 号
160	关于信达投资有限公司 2015 年面向合格投资者公开发行公司债券(第一期)上市的通知	深证上〔2016〕66 号
161	关于东方网力科技股份有限公司 2015 年面向合格投资者公开发行公司债券上市的通知	深证上〔2016〕42 号
162	关于泛海控股股份有限公司 2015 年面向合格投资者公开发行公司债券(第一期)上市的通知	深证上〔2016〕40 号
163	关于中国武夷实业股份有限公司 2015 年面向合格投资者公开发行公司债券上市的通知	深证上〔2016〕23 号
164	关于深圳市证通电子股份有限公司 2015 年面向合格投资者公开发行公司债券(第二期)上市的通知	深证上〔2016〕15 号

续表

序号	标题	文号
165	关于深圳市证通电子股份有限公司 2015 年面向合格投资者公开发行公司债券(第一期)上市的通知	深证上〔2016〕4 号
公开发行公司债券暂停、恢复上市决定		
1	关于太原煤气化股份有限公司 2010 年公司债券(7 年期)暂停上市的决定	深证上〔2016〕171 号
2	关于重庆建峰化工股份有限公司 2012 年公司债券暂停上市的决定	深证上〔2016〕240 号
3	关于北方华锦化学工业股份有限公司 2012 年公司债券恢复上市的决定	深证上〔2016〕214 号
非公开发行公司债券无异议函		
1	关于中房地产股份有限公司 2015 年非公开发行公司债券符合深交所转让条件的无异议函	深证函〔2016〕1 号
2	关于湖北福星科技股份有限公司 2015 年非公开发行公司债券符合深交所转让条件的无异议函	深证函〔2016〕2 号
3	关于深圳市怡亚通供应链股份有限公司 2015 年非公开发行公司债券符合深交所转让条件的无异议函	深证函〔2016〕3 号
4	关于泰州市新滨江开发有限责任公司 2015 年非公开发行公司债券符合深交所转让条件的无异议函	深证函〔2016〕4 号
5	关于国美控股集团有限公司 2015 年非公开发行公司债券符合深交所转让条件的无异议函	深证函〔2016〕6 号
6	关于海航物流集团有限公司 2015 年非公开发行公司债券(第二期)符合深交所转让条件的无异议函	深证函〔2016〕7 号
7	关于海航资本集团有限公司 2015 年非公开发行公司债券符合深交所转让条件的无异议函	深证函〔2016〕8 号
8	关于昆明钢铁控股有限公司 2015 年非公开发行公司债券符合深交所转让条件的无异议函	深证函〔2016〕9 号
9	关于益阳市城市建设投资开发有限责任公司 2016 年非公开发行公司债券符合深交所转让条件的无异议函	深证函〔2016〕18 号
10	关于天津渤海租赁有限公司 2016 年非公开发行公司债券符合深交所转让条件的无异议函	深证函〔2016〕19 号
11	关于毕节洪山国际大酒店置业有限公司 2016 年非公开发行公司债券符合深交所转让条件的无异议函	深证函〔2016〕20 号
12	关于佛山星期六鞋业股份有限公司 2016 年非公开发行公司债券符合深交所转让条件的无异议函	深证函〔2016〕21 号
13	关于绵阳科技城发展投资(集团)有限公司 2016 年非公开发行公司债券符合深交所转让条件的无异议函	深证函〔2016〕22 号
14	关于山东宝城旅游发展有限 公司 2016 年非公开发行公司债券符合深交所转让条件的无异议函	深证函〔2016〕23 号
15	关于深圳市彩生活服务集团有限公司 2016 年非公开发行公司债券符合深交所转让条件的无异议函	深证函〔2016〕24 号
16	关于株洲高科发展有限公司 2016 年非公开发行公司债券符合深交所转让条件的无异议函	深证函〔2016〕25 号
17	关于合肥华泰集团股份有限公司 2016 年非公开发行可交换公司债券符合深交所转让条件的无异议函	深证函〔2016〕26 号

续表

序号	标题	文号
18	关于湖南卓越投资有限公司2016年非公开发行可交换公司债券符合深交所转让条件的无异议函	深证函〔2016〕27号
19	关于丹东港集团有限公司2016年非公开发行公司债券符合深交所转让条件的无异议函	深证函〔2016〕32号
20	关于广西柳州市建设投资开发有限责任公司2016年非公开发行公司债券符合深交所转让条件的无异议函	深证函〔2016〕33号
21	关于娄底市城市建设投资集团有限公司2016年非公开发行公司债券符合深交所转让条件的无异议函	深证函〔2016〕34号
22	关于邳州市润城资产经营集团有限公司2016年非公开发行公司债券符合深交所转让条件的无异议函	深证函〔2016〕35号
23	关于绍兴袍江工业区投资开发有限公司2016年非公开发行公司债券符合深交所转让条件的无异议函	深证函〔2016〕36号
24	关于天津市天泰置业发展有限公司2016年非公开发行公司债券符合深交所转让条件的无异议函	深证函〔2016〕37号
25	关于绍兴市柯桥区中心城建设投资开发有限公司2016年非公开发行公司债券符合深交所转让条件的无异议函	深证函〔2016〕38号
26	关于绍兴市柯桥区城建投资开发有限公司2016年非公开发行公司债券符合深交所转让条件的无异议函	深证函〔2016〕39号
27	关于云南国资昆明经开区产业开发有限公司2016年非公开发行公司债券符合深交所转让条件的无异议函	深证函〔2016〕40号
28	关于浙江省临安经济开发区投资建设有限公司2016年非公开发行公司债券符合深交所转让条件的无异议函	深证函〔2016〕41号
29	关于广西钦州临海工业投资有限责任公司2016年非公开发行公司债券符合深交所转让条件的无异议函	深证函〔2016〕42号
30	关于泗洪县苏展实业有限公司2016年非公开发行公司债券符合深交所转让条件的无异议函	深证函〔2016〕43号
31	关于中国光大实业（集团）有限责任公司2016年非公开发行公司债券符合深交所转让条件的无异议函	深证函〔2016〕44号
32	关于保定隆远房地产开发有限公司2016年非公开发行公司债券符合深交所转让条件的无异议函	深证函〔2016〕54号
33	关于积水置业（无锡）有限公司2016年非公开发行公司债券符合深交所转让条件的无异议函	深证函〔2016〕55号
34	关于天瑞集团水泥有限公司2016年非公开发行公司债券符合深交所转让条件的无异议函	深证函〔2016〕56号
35	关于宿迁市开源置业有限公司2016年非公开发行公司债券符合深交所转让条件的无异议函	深证函〔2016〕57号
36	关于宜华企业（集团）有限公司2016年非公开发行公司债券符合深交所转让条件的无异议函	深证函〔2016〕58号
37	关于遵义经济技术开发区投资建设有限公司2016年非公开发行公司债券符合深交所转让条件的无异议函	深证函〔2016〕59号
38	关于华南城控股有限公司2016年非公开发行公司债券符合深交所转让条件的无异议函	深证函〔2016〕60号

续表

序号	标题	文号
39	关于南京市科技创新投资有限责任公司2016年非公开发行公司债券符合深交所转让条件的无异议函	深证函〔2016〕65号
40	关于成都三联花木投资有限责任公司2016年非公开发行公司债券符合深交所转让条件的无异议函	深证函〔2016〕72号
41	关于广东德豪润达电气股份有限公司2016年非公开发行公司债券符合深交所转让条件的无异议函	深证函〔2016〕73号
42	关于贵阳铁路建设投资有限公司2016年非公开发行公司债券符合深交所转让条件的无异议函	深证函〔2016〕74号
43	关于南宁绿港建设投资集团有限公司2016年非公开发行公司债券符合深交所转让条件的无异议函	深证函〔2016〕75号
44	关于启东新湖投资开发有限公司2016年非公开发行公司债券符合深交所转让条件的无异议函	深证函〔2016〕76号
45	关于新疆中瑞恒远商贸集团有限公司2016年非公开发行公司债券符合深交所转让条件的无异议函	深证函〔2016〕77号
46	关于桐庐县国有资产投资经营有限公司2016年非公开发行公司债券符合深交所转让条件的无异议函	深证函〔2016〕78号
47	关于福建阳光集团有限公司2016年非公开发行公司债券符合深交所转让条件的无异议函	深证函〔2016〕81号
48	关于广西农垦集团有限责任公司2016年非公开发行公司债券符合深交所转让条件的无异议函	深证函〔2016〕82号
49	关于陕西必康制药集团控股有限公司2016年非公开发行公司债券符合深交所转让条件的无异议函	深证函〔2016〕83号
50	关于重庆市地产集团有限公司2016年非公开发行公司债券符合深交所转让条件的无异议函	深证函〔2016〕84号
51	关于杭州西湖投资有限公司2016年非公开发行公司债券符合深交所转让条件的无异议函	深证函〔2016〕95号
52	关于内蒙古矿业(集团)有限责任公司2016年非公开发行公司债券符合深交所转让条件的无异议函	深证函〔2016〕96号
53	关于武汉中民置业有限公司2016年非公开发行公司债券符合深交所转让条件的无异议函	深证函〔2016〕97号
54	关于云南路桥股份有限公司2016年非公开发行公司债券符合深交所转让条件的无异议函	深证函〔2016〕98号
55	关于北京国华置业有限公司2016年非公开发行公司债券符合深交所转让条件的无异议函	深证函〔2016〕99号
56	关于怀化市城市建设投资有限公司2016年非公开发行公司债券符合深交所转让条件的无异议函	深证函〔2016〕100号
57	关于连云港房政置业有限公司2016年非公开发行公司债券符合深交所转让条件的无异议函	深证函〔2016〕101号
58	关于深圳市东部投资发展股份有限公司2016年非公开发行公司债券符合深交所转让条件的无异议函	深证函〔2016〕102号
59	关于潍坊滨海旅游集团有限公司2016年非公开发行公司债券符合深交所转让条件的无异议函	深证函〔2016〕103号

续表

序号	标题	文号
60	关于云南省铁路投资有限公司2016年非公开发行公司债券符合深交所转让条件的无异议函	深证函〔2016〕104号
61	关于重庆市万盛经济技术开发区开发投资集团有限公司2016年非公开发行公司债券符合深交所转让条件的无异议函	深证函〔2016〕105号
62	关于山田林业开发(福建)有限公司2016年非公开发行可交换公司债券符合深交所转让条件的无异议函	深证函〔2016〕106号
63	关于湖南劲风医药股份有限公司2016年非公开发行公司债券符合深交所转让条件的无异议函	深证函〔2016〕107号
64	关于扬州市江都沿江开发有限公司2016年非公开发行公司债券符合深交所转让条件的无异议函	深证函〔2016〕108号
65	关于广州富力地产股份有限公司2016年非公开发行公司债券符合深交所转让条件的无异议函	深证函〔2016〕118号
66	关于海航基础股份有限公司2016年非公开发行公司债券符合深交所转让条件的无异议函	深证函〔2016〕119号
67	关于江苏句容福地生态科技有限公司2016年非公开发行公司(第一期)债券符合深交所转让条件的无异议函	深证函〔2016〕120号
68	关于内江投资控股集团有限公司2016年非公开发行公司债券符合深交所转让条件的无异议函	深证函〔2016〕121号
69	关于遵义市道路桥梁工程有限责任公司2016年非公开发行公司债券符合深交所转让条件的无异议函	深证函〔2016〕122号
70	关于镇江文化旅游产业集团有限责任公司2016年非公开发行公司债券符合深交所转让条件的无异议函	深证函〔2016〕124号
71	关于成都天翔环境股份有限公司2016年非公开发行公司债券符合深交所转让条件的无异议函	深证函〔2016〕147号
72	关于江苏望涛投资建设有限公司2016年非公开发行公司债券符合深交所转让条件的无异议函	深证函〔2016〕161号
73	关于广西铁路投资集团有限公司2016年非公开发行公司债券符合深交所转让条件的无异议函	深证函〔2016〕148号
74	关于吉林化纤集团有限责任公司2016年非公开发行公司债券符合深交所转让条件的无异议函	深证函〔2016〕149号
75	关于新疆有色金属工业(集团)有限责任公司2016年非公开发行公司债券符合深交所转让条件的无异议函	深证函〔2016〕150号
76	关于重庆迈瑞城市建设投资有限责任公司2016年非公开发行公司债券符合深交所转让条件的无异议函	深证函〔2016〕151号
77	关于江苏瀚瑞投资控股有限公司2016年非公开发行公司债券符合深交所转让条件的无异议函	深证函〔2016〕152号
78	关于安信证券股份有限公司2016年证券公司短期公司债券符合深交所转让条件的无异议函	深证函〔2016〕167号
79	关于郑州公用事业投资发展集团有限公司2016年非公开发行公司债券符合深交所转让条件的无异议函	深证函〔2016〕169号
80	关于常德市经济建设投资集团有限公司2016年非公开发行公司债券符合深交所转让条件的无异议函	深证函〔2016〕170号

续表

序号	标题	文号
81	关于精功集团有限公司2016年非公开发行公司债券符合深交所转让条件的无异议函	深证函〔2016〕171号
82	关于仁怀市保障性住房建设投资开发有限责任公司2016年非公开发行公司债券符合深交所转让条件的无异议函	深证函〔2016〕172号
83	关于陕西旅游集团公司2016年非公开发行公司债券符合深交所转让条件的无异议函	深证函〔2016〕173号
84	关于星星集团有限公司2016年非公开发行可交换公司债券符合深交所转让条件的无异议函	深证函〔2016〕184号
85	关于江苏南通三建集团有限公司2016年非公开发行公司债券符合深交所转让条件的无异议函	深证函〔2016〕185号
86	关于厦门市杏林建设开发有限公司2016年非公开发行公司债券符合深交所转让条件的无异议函	深证函〔2016〕186号
87	关于威海蓝创建设投资有限公司2016年非公开发行公司债券符合深交所转让条件的无异议函	深证函〔2016〕187号
88	关于中国华阳经贸集团有限公司2016年非公开发行公司债券符合深交所转让条件的无异议函	深证函〔2016〕188号
89	关于广西投资集团有限公司2016年非公开发行可续期公司债券符合深交所转让条件的无异议函	深证函〔2016〕189号
90	关于内蒙古兴业矿业股份有限公司2016年非公开发行公司债券符合深交所转让条件的无异议函	深证函〔2016〕198号
91	关于丰县城市投资发展有限公司2016年非公开发行公司债券符合深交所转让条件的无异议函	深证函〔2016〕204号
92	关于湖北省宏泰国有资本投资运营集团有限公司2016年非公开发行公司债券符合深交所转让条件的无异议函	深证函〔2016〕205号
93	关于陕西省西咸新区泾河新城开发建设(集团)有限公司2016年非公开发行公司债券符合深交所转让条件的无异议函	深证函〔2016〕206号
94	关于湘潭九华经济建设投资有限公司2016年非公开发行公司债券符合深交所转让条件的无异议函	深证函〔2016〕207号
95	关于湖南华菱钢铁集团有限责任公司2016年非公开发行公司债券符合深交所转让条件的无异议函	深证函〔2016〕208号
96	关于济钢集团有限公司2016年非公开发行公司债券符合深交所转让条件的无异议函	深证函〔2016〕209号
97	关于江油鸿飞投资(集团)有限公司2016年非公开发行公司债券符合深交所转让条件的无异议函	深证函〔2016〕210号
98	关于南京新城科技园建设发展有限责任公司2016年非公开发行公司债券符合深交所转让条件的无异议函	深证函〔2016〕211号
99	关于延安城市建设投资开发有限责任公司2016年非公开发行公司债券符合深交所转让条件的无异议函	深证函〔2016〕222号
100	关于中国汇源果汁集团有限公司2016年非公开发行公司债券符合深交所转让条件的无异议函	深证函〔2016〕223号
101	关于郴州高科技投资控股有限公司2016年非公开发行公司债券符合深交所转让条件的无异议函	深证函〔2016〕230号

续表

序号	标题	文号
102	关于登封电厂集团有限公司2016年非公开发行公司债券符合深交所转让条件的无异议函	深证函〔2016〕231号
103	关于汝州市鑫源投资有限公司2016年非公开发行公司债券符合深交所转让条件的无异议函	深证函〔2016〕232号
104	关于阳光城集团股份有限公司2016年非公开发行公司债券符合深交所转让条件的无异议函	深证函〔2016〕233号
105	关于益阳市城市建设投资开发有限责任公司2016年非公开发行公司债券符合深交所转让条件的无异议函	深证函〔2016〕234号
106	关于深圳广田投资控股有限公司2016年非公开发行公司债券符合深交所转让条件的无异议函	深证函〔2016〕236号
107	关于河南盛润控股集团有限公司2016年非公开发行公司债券符合深交所转让条件的无异议函	深证函〔2016〕237号
108	关于厦门禹州鸿图地产开发有限公司2016年非公开发行公司债券符合深交所转让条件的无异议函	深证函〔2016〕239号
109	关于商丘市发展投资有限公司2016年非公开发行公司债券符合深交所转让条件的无异议函	深证函〔2016〕240号
110	关于潍坊东兴建设发展有限公司2016年非公开发行公司债券符合深交所转让条件的无异议函	深证函〔2016〕241号
111	关于武汉市江岸国有资产经营管理有限责任公司2016年非公开发行公司债券符合深交所转让条件的无异议函	深证函〔2016〕242号
112	关于信达投资有限公司2016年非公开发行公司债券符合深交所转让条件的无异议函	深证函〔2016〕243号
113	关于长兴交通投资集团有限公司2016年非公开发行公司债券符合深交所转让条件的无异议函	深证函〔2016〕244号
114	关于湖州春语建设有限公司2016年非公开发行公司债券符合深交所转让条件的无异议函	深证函〔2016〕262号
115	关于金科地产集团股份有限公司2016年非公开发行公司债券符合深交所转让条件的无异议函	深证函〔2016〕263号
116	关于天津蓟州新城建设投资有限公司2016年非公开发行公司债券符合深交所转让条件的无异议函	深证函〔2016〕264号
117	关于株洲新芦淞产业发展集团有限公司2016年非公开发行公司债券符合深交所转让条件的无异议函	深证函〔2016〕265号
118	关于广州市天建房地产开发有限公司2016年非公开发行公司债券符合深交所转让条件的无异议函	深证函〔2016〕266号
119	关于贵阳市城市发展投资（集团）股份有限公司2016年非公开发行公司债券符合深交所转让条件的无异议函	深证函〔2016〕267号
120	关于海能达通信股份有限公司2016年非公开发行公司债券符合深交所转让条件的无异议函	深证函〔2016〕268号
121	关于华夏幸福基业控股股份公司2016年非公开发行公司债券（第三期）符合深交所转让条件的无异议函	深证函〔2016〕269号
122	关于深圳市劲嘉创业投资有限公司2016年非公开发行公司债券符合深交所转让条件的无异议函	深证函〔2016〕270号

续表

序号	标题	文号
123	关于靖江市城投基础设施发展有限公司 2016 年非公开发行公司债券符合深交所转让条件的无异议函	深证函〔2016〕277 号
124	关于沈阳合金投资股份有限公司 2016 年非公开发行公司债券符合深交所转让条件的无异议函	深证函〔2016〕282 号
125	关于启东市城市建设投资开发总公司 2016 年非公开发行公司债券符合深交所转让条件的无异议函	深证函〔2016〕283 号
126	关于青山控股集团有限公司 2016 年非公开发行公司债券符合深交所转让条件的无异议函	深证函〔2016〕284 号
127	关于深圳市宝鹰建设控股集团股份有限公司 2016 年非公开发行公司债券符合深交所转让条件的无异议函	深证函〔2016〕287 号
128	关于江苏金坛国发国际投资发展有限公司 2016 年非公开发行公司债券符合深交所转让条件的无异议函	深证函〔2016〕290 号
129	关于上海新湖房地产开发有限公司 2016 年非公开发行公司债券符合深交所转让条件的无异议函	深证函〔2016〕291 号
130	关于赣州毅德商贸物流园开发有限公司 2016 年非公开发行公司债券符合深交所转让条件的无异议函	深证函〔2016〕292 号
131	关于广州广电房地产开发集团股份有限公司 2016 年非公开发行公司债券符合深交所转让条件的无异议函	深证函〔2016〕298 号
132	关于天津滨海发展投资控股有限公司 2016 年非公开发行公司债券符合深交所转让条件的无异议函	深证函〔2016〕301 号
133	关于本溪钢铁(集团)有限责任公司 2016 年非公开发行可交换公司债券符合深交所转让条件的无异议函	深证函〔2016〕302 号
134	关于深圳市金立通信设备有限公司 2016 年非公开发行公司债券符合深交所转让条件的无异议函	深证函〔2016〕304 号
135	关于周口市综合投资有限公司 2016 年非公开发行公司债券符合深交所转让条件的无异议函	深证函〔2016〕305 号
136	关于寿光晨鸣控股有限公司 2016 年非公开发行公司债券符合深交所转让条件的无异议函	深证函〔2016〕306 号
137	关于遵义市汇川区城市建设投资经营有限公司 2016 年非公开发行公司债券符合深交所转让条件的无异议函	深证函〔2016〕312 号
138	关于安吉交通运输发展有限公司 2016 年非公开发行公司债券符合深交所转让条件的无异议函	深证函〔2016〕313 号
139	关于东方资产管理(中国)有限公司 2016 年非公开发行公司债券符合深交所转让条件的无异议函	深证函〔2016〕318 号
140	关于东莞宜安科技股份有限公司 2016 年非公开发行公司债券符合深交所转让条件的无异议函	深证函〔2016〕319 号
141	关于东华能源股份有限公司 2016 年非公开发行公司债券符合深交所转让条件的无异议函	深证函〔2016〕320 号
142	关于南通开元建设开发有限公司 2016 年非公开发行公司债券符合深交所转让条件的无异议函	深证函〔2016〕321 号
143	关于苏州市相城城市建设有限责任公司 2016 年非公开发行公司债券符合深交所转让条件的无异议函	深证函〔2016〕322 号

续表

序号	标题	文号
144	关于瓮安县物资供应有限公司2016年非公开发行公司债券符合深交所转让条件的无异议函	深证函〔2016〕323号
145	关于株洲市国有资产投资控股集团有限公司2016年非公开发行公司债券符合深交所转让条件的无异议函	深证函〔2016〕324号
146	关于紫光集团有限公司2016年非公开发行公司债券符合深交所转让条件的无异议函	深证函〔2016〕325号
147	关于国开东方城镇发展投资有限公司2016年非公开发行公司债券符合深交所转让条件的无异议函	深证函〔2016〕326号
148	关于上饶投资控股集团有限公司2016年非公开发行公司债券符合深交所转让条件的无异议函	深证函〔2016〕342号
149	关于江苏金智科技股份有限公司2016年非公开发行公司债券符合深交所转让条件的无异议函	深证函〔2016〕344号
150	关于杭州高新技术产业开发区资产经营有限公司2016年非公开发行公司债券符合深交所转让条件的无异议函	深证函〔2016〕347号
151	关于福州市建设发展集团有限公司2016年非公开发行公司债券符合深交所转让条件的无异议函	深证函〔2016〕348号
152	关于南京大厂投资发展有限公司2016年非公开发行公司债券（第二期）符合深交所转让条件的无异议函	深证函〔2016〕349号
153	关于南京东南国资投资集团有限责任公司2016年非公开发行公司债券符合深交所转让条件的无异议函	深证函〔2016〕350号
154	关于深圳深国投房地产开发有限公司2016年非公开发行公司债券符合深交所转让条件的无异议函	深证函〔2016〕351号
155	关于镇远县名城旅游开发经营有限责任公司2016年非公开发行公司债券符合深交所转让条件的无异议函	深证函〔2016〕352号
156	关于富贵鸟股份有限公司2016年非公开发行公司债券符合深交所转让条件的无异议函	深证函〔2016〕374号
157	关于深圳市科陆电子科技股份有限公司2016年非公开发行公司债券符合深交所转让条件的无异议函	深证函〔2016〕375号
158	关于正邦集团有限公司2016年非公开发行可交换公司债券符合深交所转让条件的无异议函	深证函〔2016〕376号
159	关于南京国资投资置业有限公司2016年非公开发行公司债券符合深交所转让条件的无异议函	深证函〔2016〕381号
160	关于云南省工业投资控股集团有限责任公司2016年非公开发行公司债券符合深交所转让条件的无异议函	深证函〔2016〕382号
161	关于西部证券股份有限公司2016年证券公司短期公司债券符合深交所转让条件的无异议函	深证函〔2016〕387号
162	关于广发证券股份有限公司2016年证券公司次级债券符合深交所转让条件的无异议函	深证函〔2016〕386号
163	关于江苏中关村科技产业园控股集团有限公司2016年非公开发行公司债券符合深交所转让条件的无异议函	深证函〔2016〕391号
164	关于江阴城市建设投资有限公司2016年非公开发行公司债券符合深交所转让条件的无异议函	深证函〔2016〕392号

续表

序号	标题	文号
165	关于锦州华信资产经营(集团)有限公司2016年非公开发行公司债券符合深交所转让条件的无异议函	深证函〔2016〕399号
166	关于深圳市龙光控股有限公司2016年非公开发行公司债券符合深交所转让条件的无异议函	深证函〔2016〕400号
167	关于威海市国有资本运营有限公司2016年非公开发行公司债券符合深交所转让条件的无异议函	深证函〔2016〕401号
168	关于天津名轩投资有限公司2016年非公开发行可交换公司债券符合深交所转让条件的无异议函	深证函〔2016〕403号
169	关于广西西江开发投资集团有限公司2016年非公开发行公司债券符合深交所转让条件的无异议函	深证函〔2016〕406号
170	关于深圳市宝安宝利来实业有限公司2016年非公开发行可交换公司债券(第一期)符合深交所转让条件的无异议函	深证函〔2016〕407号
171	关于淮安市国有联合投资发展集团有限公司2016年非公开发行公司债券符合深交所转让条件的无异议函	深证函〔2016〕428号
172	关于阳关新业地产股份有限公司2016年非公开发行公司债券符合深交所转让条件的无异议函	深证函〔2016〕429号
173	关于吉林亚东投资管理有限公司2016年非公开发行公司债券符合深交所转让条件的无异议函	深证函〔2016〕432号
174	关于万泽集团有限公司2016年非公开发行可交换公司债券符合深交所转让条件的无异议函	深证函〔2016〕433号
175	关于温州经济技术开发区国有资产经营有限公司2016年非公开发行公司债券符合深交所转让条件的无异议函	深证函〔2016〕434号
176	关于安徽金瑞投资集团有限公司2016年非公开发行可交换公司债券符合深交所转让条件的无异议函	深证函〔2016〕435号
177	关于贵州剑江控股集团有限公司2016年非公开发行公司债券符合深交所转让条件的无异议函	深证函〔2016〕436号
178	关于苏州高铁新城经济发展有限公司2016年非公开发行公司债券符合深交所转让条件的无异议函	深证函〔2016〕437号
179	关于广西德保铜矿有限责任公司2016年非公开发行公司债券符合深交所转让条件的无异议函	深证函〔2016〕441号
180	关于台州市路桥公共资产投资管理有限公司2016年非公开发行公司债券符合深交所转让条件的无异议函	深证函〔2016〕461号
181	关于北京威卡威汽车零部件股份有限公司2016年非公开发行公司债券符合深交所转让条件的无异议函	深证函〔2016〕462号
182	关于株洲市城市建设发展集团有限公司2016年非公开发行公司债券符合深交所转让条件的无异议函	深证函〔2016〕463号
183	关于国元证券股份有限公司2016年证券公司短期公司债券符合深交所转让条件的无异议函	深证函〔2016〕465号
184	关于海南瑞泽新型建材股份有限公司2016年非公开发行公司债券符合深交所转让条件的无异议函	深证函〔2016〕469号
185	关于靖江市滨江新城投资开发有限公司2016年非公开发行公司债券符合深交所转让条件的无异议函	深证函〔2016〕470号

续表

序号	标题	文号
186	关于唐山冀东水泥股份有限公司2016年非公开发行公司债券符合深交所转让条件的无异议函	深证函〔2016〕471号
187	关于常德市城市建设投资集团有限公司2016年非公开发行公司债券符合深交所转让条件的无异议函	深证函〔2016〕472号
188	关于华西能源工业股份有限公司2016年非公开发行公司债券符合深交所转让条件的无异议函	深证函〔2016〕473号
189	关于深圳赛格股份有限公司2016年非公开发行公司债券符合深交所转让条件的无异议函	深证函〔2016〕474号
190	关于天津泰达建设集团有限公司2016年非公开发行公司债券符合深交所转让条件的无异议函	深证函〔2016〕475号
191	关于印力集团控股有限公司2016年非公开发行公司债券符合深交所转让条件的无异议函	深证函〔2016〕476号
192	关于中天城投集团股份有限公司2016年非公开发行公司债券符合深交所转让条件的无异议函	深证函〔2016〕477号
193	关于珠海塞纳打印科技股份有限公司2016年非公开发行可交换公司债券符合深交所转让条件的无异议函	深证函〔2016〕478号
194	关于连云港市城建控股集团有限公司2016年非公开发行公司债券符合深交所转让条件的无异议函	深证函〔2016〕493号
195	关于中证信用增进股份有限公司2016年非公开发行公司债券符合深交所转让条件的无异议函	深证函〔2016〕494号
196	关于广东锦龙发展股份有限公司2016年非公开发行公司债券符合深交所转让条件的无异议函	深证函〔2016〕497号
197	关于贵阳市工业投资(集团)有限公司2016年非公开发行公司债券符合深交所转让条件的无异议函	深证函〔2016〕502号
198	关于华讯方舟股份有限公司2016年非公开发行公司债券符合深交所转让条件的无异议函	深证函〔2016〕503号
199	关于东旭集团有限公司2016年非公开发行可交换公司债券符合深交所转让条件的无异议函	深证函〔2016〕505号
200	关于江苏必康制药股份有限公司2016年非公开发行公司债券符合深交所转让条件的无异议函	深证函〔2016〕506号
201	关于新疆长盈粤富股权投资有限公司2016年非公开发行可交换公司债券符合深交所转让条件的无异议函	深证函〔2016〕507号
202	关于中铁十六局集团有限公司2016年非公开发行公司债券符合深交所转让条件的无异议函	深证函〔2016〕508号
203	关于河南省济源市建设投资公司2016年非公开发行公司债券符合深交所转让条件的无异议函	深证函〔2016〕511号
204	关于江苏华西村股份有限公司2016年非公开发行公司债券符合深交所转让条件的无异议函	深证函〔2016〕512号
205	关于江苏润和科技投资集团有限公司2016年非公开发行可交换公司债券符合深交所转让条件的无异议函	深证函〔2016〕513号
206	关于六盘水市水利开发投资有限责任公司2016年非公开发行公司债券符合深交所转让条件的无异议函	深证函〔2016〕514号

续表

序号	标题	文号
207	关于普定县润民水务发展投资有限责任公司 2016 年非公开发行公司债券符合深交所转让条件的无异议函	深证函〔2016〕515 号
208	关于山东阳谷华泰化工股份有限公司 2016 年非公开发行公司债券符合深交所转让条件的无异议函	深证函〔2016〕516 号
209	关于禹州地产股份有限公司 2016 年非公开发行公司债券符合深交所转让条件的无异议函	深证函〔2016〕517 号
210	关于利辛县春蕾农业发展有限责任公司 2016 年非公开发行公司债券符合深交所转让条件的无异议函	深证函〔2016〕524 号
211	关于飞马投资控股有限公司 2016 年非公开发行可交换公司债券符合深交所转让条件的无异议函	深证函〔2016〕527 号
212	关于江苏中南建设集团股份有限公司 2016 年非公开发行公司债券符合深交所转让条件的无异议函	深证函〔2016〕528 号
213	关于泰州华信药业投资有限公司 2016 年非公开发行公司债券符合深交所转让条件的无异议函	深证函〔2016〕529 号
214	关于武汉地产控股有限公司 2016 年非公开发行公司债券符合深交所转让条件的无异议函	深证函〔2016〕530 号
215	关于东莞市新世纪科教拓展有限公司 2016 年非公开发行可交换公司债券符合深交所转让条件的无异议函	深证函〔2016〕532 号
216	关于天津中环半导体股份有限公司 2016 年非公开发行公司债券符合深交所转让条件的无异议函	深证函〔2016〕533 号
217	关于新疆中泰(集团)有限责任公司 2016 年非公开发行可交换公司债券符合深交所转让条件的无异议函	深证函〔2016〕534 号
218	关于东营市亚通石化有限公司 2016 年非公开发行公司债券符合深交所转让条件的无异议函	深证函〔2016〕560 号
219	关于中国吉林森林工业集团有限责任公司 2016 年非公开发行公司债券符合深交所转让条件的无异议函	深证函〔2016〕561 号
220	关于金融街控股股份有限公司 2016 年非公开发行公司债券符合深交所转让条件的无异议函	深证函〔2016〕571 号
221	关于牧原实业集团有限公司 2016 年非公开发行可交换公司债券符合深交所转让条件的无异议函	深证函〔2016〕572 号
222	关于云南省滇中产业发展集团有限责任公司 2016 年非公开发行公司债券符合深交所转让条件的无异议函	深证函〔2016〕574 号
223	关于天津市宁河区兴宁建设投资集团有限公司 2016 年非公开发行公司债券符合深交所转让条件的无异议函	深证函〔2016〕575 号
224	关于东旭集团有限公司 2016 年非公开发行公司债券符合深交所转让条件的无异议函	深证函〔2016〕577 号
225	关于浙江恒逸集团有限公司 2016 年非公开发行可交换公司债券符合深交所转让条件的无异议函	深证函〔2016〕578 号
226	关于中房地产股份有限公司 2016 年非公开发行公司债券符合深交所转让条件的无异议函	深证函〔2016〕579 号
227	关于中民国际融资租赁股份有限公司 2016 年非公开发行公司债券符合深交所转让条件的无异议函	深证函〔2016〕580 号

续表

序号	标题	文号
228	关于云南省房地产开发经营（集团）有限公司2016年非公开发行公司债券符合深交所转让条件的无异议函	深证函〔2016〕585号
229	关于海安县城建开发投资有限责任公司2016年非公开发行公司债券符合深交所转让条件的无异议函	深证函〔2016〕586号
230	关于湖北农谷实业股份有限公司2016年非公开发行公司债券符合深交所转让条件的无异议函	深证函〔2016〕587号
231	关于江苏叠石桥投资有限公司2016年非公开发行公司债券符合深交所转让条件的无异议函	深证函〔2016〕588号
232	关于济南高新控股集团有限公司2016年非公开发行公司债券符合深交所转让条件的无异议函	深证函〔2016〕595号
233	关于浙江佐力药业股份有限公司2016年非公开发行公司债券符合深交所转让条件的无异议函	深证函〔2016〕596号
234	关于淮安市交通控股有限公司2016年非公开发行公司债券符合深交所转让条件的无异议函	深证函〔2016〕597号
235	关于上海原龙投资有限公司2016年非公开发行可交换公司债券符合深交所转让条件的无异议函	深证函〔2016〕598号
236	关于新疆青格达生态区投资开发集团有限公司2016年非公开发行公司债券符合深交所转让条件的无异议函	深证函〔2016〕599号
237	关于长沙麓谷实业投资有限公司2016年非公开发行公司债券符合深交所转让条件的无异议函	深证函〔2016〕600号
238	关于浙江康盛股份有限公司2016年非公开发行公司债券符合深交所转让条件的无异议函	深证函〔2016〕601号
239	关于中航国际投资有限公司2016年非公开发行公司债券符合深交所转让条件的无异议函	深证函〔2016〕602号
240	关于国信证券股份有限公司2016年证券公司短期公司债券符合深交所转让条件的无异议函	深证函〔2016〕622号
241	关于国信证券股份有限公司2016年证券公司次级债券符合深交所转让条件的无异议函	深证函〔2016〕621号
242	关于昌吉州国有资产投资经营有限责任公司2016年非公开发行公司债券符合深交所转让条件的无异议函	深证函〔2016〕627号
243	关于郴州市百福投资集团有限公司2016年非公开发行公司债券符合深交所转让条件的无异议函	深证函〔2016〕628号
244	关于滕州市房地产综合开发有限公司2016年非公开发行公司债券符合深交所转让条件的无异议函	深证函〔2016〕629号
245	关于第一创业证券股份有限公司2016年证券公司次级债券符合深交所转让条件的无异议函	深证函〔2016〕632号
246	关于水城县城市投资开发有限责任公司2016年非公开发行公司债券符合深交所转让条件的无异议函	深证函〔2016〕636号
247	关于广西铁路投资集团有限公司2016年非公开发行公司债券（第二期）符合深交所转让条件的无异议函	深证函〔2016〕637号
248	关于河南华英农业发展股份有限公司2016年非公开发行公司债券符合深交所转让条件的无异议函	深证函〔2016〕638号

续表

序号	标题	文号
249	关于云南冶金集团股份有限公司2016年非公开发行公司债券符合深交所转让条件的无异议函	深证函〔2016〕639号
250	关于重庆市綦江区东部新城开发建设有限公司2016年非公开发行公司债券符合深交所转让条件的无异议函	深证函〔2016〕640号
251	关于江苏协鑫能源有限公司2016年非公开发行可交换公司债券符合深交所转让条件的无异议函	深证函〔2016〕641号
252	关于山东东方海洋集团有限公司2016年非公开发行可交换公司债券符合深交所转让条件的无异议函	深证函〔2016〕653号
253	关于上海海航海运有限公司2016年非公开发行公司债券符合深交所转让条件的无异议函	深证函〔2016〕654号
254	关于东北证券股份有限公司2016年证券公司次级债券符合深交所转让条件的无异议函	深证函(2016)662号
255	关于第一创业证券股份有限公司2016年证券公司次级债券(第二期)符合深交所转让条件的无异议函	深证函〔2016〕671号
256	关于华西证券股份有限公司2016年证券公司次级债务符合深交所转让条件的无异议函	深证函〔2016〕676号
257	关于澳洋集团有限公司2016年非公开发行公司可交换债券符合深交所转让条件的无异议函	深证函〔2016〕680号
258	关于江苏协鑫能源有限公司2016年非公开发行公司债券符合深交所转让条件的无异议函	深证函〔2016〕681号
259	关于鲁西化工集团股份有限公司2016年非公开发行公司债券符合深交所转让条件的无异议函	深证函〔2016〕682号
260	关于新疆润盛投资发展有限公司2016年非公开发行公司债券符合深交所转让条件的无异议函	深证函〔2016〕683号
261	关于佛山市中基投资有限公司2016年非公开发行可交换公司债券符合深交所转让条件的无异议函	深证函〔2016〕677号
262	关于武汉蔡甸生态发展集团有限公司2016年非公开发行公司债券符合深交所转让条件的无异议函	深证函〔2016〕678号
263	关于宜华企业(集团)有限公司2016年非公开发行可交换公司债券符合深交所转让条件的无异议函	深证函〔2016〕679号
264	关于广州合景房地产开发有限公司2016年非公开发行公司债券符合深交所转让条件的无异议函	深证函〔2016〕689号
265	关于泰禾集团股份有限公司2016年非公开发行公司债券符合深交所转让条件的无异议函	深证函〔2016〕690号
266	关于云南报业传媒(集团)有限责任公司2016年非公开发行公司债券符合深交所转让条件的无异议函	深证函〔2016〕691号
267	关于广发证券股份有限公司2016年非公开发行公司债券符合深交所转让条件的无异议函	深证函〔2016〕687号
268	关于协鑫集成科技股份有限公司2016年非公开发行公司债券符合深交所转让条件的无异议函	深证函〔2016〕688号
269	关于鞍山钢铁集团公司2016年非公开发行公司债券符合深交所转让条件的无异议函	深证函〔2016〕698号

续表

序号	标题	文号
270	关于邦信资产管理有限公司2016年非公开发行公司债券符合深交所转让条件的无异议函	深证函〔2016〕699号
271	关于江苏大行临港产业投资有限公司2016年非公开发行公司债券符合深交所转让条件的无异议函	深证函〔2016〕700号
272	关于上海沃金石油天然气有限公司2016年非公开发行可交换公司债券符合深交所转让条件的无异议函	深证函〔2016〕701号
273	关于长影集团有限责任公司2016年非公开发行公司债券符合深交所转让条件的无异议函	深证函〔2016〕702号
274	关于武汉市江夏农业集团有限公司2016年非公开发行公司债券符合深交所转让条件的无异议函	深证函〔2016〕703号
275	关于苏州传视影视传媒股份有限公司2016年非公开发行创新创业公司债券符合深交所转让条件的无异议函	深证函〔2016〕694号
276	关于海南宏氏投资有限公司2016年非公开发行可交换公司债券符合深交所转让条件的无异议函	深证函〔2016〕704号
277	关于杭州宋城集团控股有限公司2016年非公开发行可交换公司债券符合深交所转让条件的无异议函	深证函〔2016〕705号
278	关于江苏省长荡湖文化旅游发展有限公司2016年非公开发行公司债券符合深交所转让条件的无异议函	深证函〔2016〕706号
279	关于江西华伍电力有限公司2016年非公开发行公司债券符合深交所转让条件的无异议函	深证函〔2016〕707号
280	关于苏州永福投资有限公司2016年非公开发行可交换公司债券符合深交所转让条件的无异议函	深证函〔2016〕708号
281	关于山东泰丰控股集团有限公司2016年非公开发行公司债券符合深交所转让条件的无异议函	深证函〔2016〕718号
282	关于深圳市彩虹创业投资集团有限公司2016年非公开发行可交换公司债券符合深交所转让条件的无异议函	深证函〔2016〕719号
283	关于安信证券股份有限公司2016年非公开发行公司债券符合深交所转让条件的无异议函	深证函〔2016〕734号
284	关于海安城市动迁改造有限公司2016年非公开发行公司债券符合深交所转让条件的无异议函	深证函〔2016〕735号
285	关于江苏中超投资集团有限公司2016年非公开发行可交换公司债券符合深交所转让条件的无异议函	深证函〔2016〕736号
286	关于平凉市城乡建设投资有限责任公司2016年非公开发行公司债券符合深交所转让条件的无异议函	深证函〔2016〕737号
287	关于广东奥马电器股份有限公司2016年非公开发行公司债券符合深交所转让条件的无异议函	深证函〔2016〕722号
288	关于广东国盛金控集团股份2016年非公开发行公司债券符合深交所转让条件的无异议函	深证函〔2016〕738号
289	关于湖南省高速公路建设开发总公司2016年非公开发行公司债券符合深交所转让条件的无异议函	深证函〔2016〕739号
290	关于新密财源城市开发建设有限公司2016年非公开发行公司债券符合深交所转让条件的无异议函	深证函〔2016〕740号

续表

序号	标题	文号
291	关于重庆福冠投资集团有限公司 2016 年非公开发行公司债券符合深交所转让条件的无异议函	深证函〔2016〕741 号
292	关于云南力帆骏马车辆有限公司 2016 年非公开发行公司债券符合深交所转让条件的无异议函	深证函〔2016〕743 号
293	关于云南水务投资股份有限公司 2016 年非公开发行公司债券符合深交所转让条件的无异议函	深证函〔2016〕744 号
294	关于银河电子集团投资有限公司 2016 年非公开发行可交换公司债券符合深交所转让条件的无异议函	深证函〔2016〕745 号
295	关于大连天宝绿色食品股份有限公司 2016 年非公开发行公司债券符合深交所转让条件的无异议函	深证函〔2016〕748 号
296	关于北京神雾环境能源科技集团股份有限公司 2016 年非公开发行可交换公司债券符合深交所转让条件的无异议函	深证函〔2016〕749 号
297	关于杭州联络互动信息科技股份有限公司 2016 年非公开发行公司债券符合深交所转让条件的无异议函	深证函〔2016〕750 号
298	关于南京西部路桥集团有限公司 2016 年非公开发行公司债券符合深交所转让条件的无异议函	深证函〔2016〕751 号
299	关于广发证券股份有限公司 2016 年证券公司短期公司债券符合深交所转让条件的无异议函	深证函〔2016〕762 号
300	关于鹰潭市当代投资集团有限公司 2016 年非公开发行可交换公司债务符合深交所转让条件的无异议函	深证函〔2016〕763 号
301	关于广东文化长城集团股份有限公司 2016 年非公开发行公司债券符合深交所转让条件的无异议函	深证函〔2016〕772 号
302	关于江苏徐工工程机械租赁有限公司 2016 年非公开发行公司债券符合深交所转让条件的无异议函	深证函〔2016〕782 号
303	关于三胞集团有限公司 2016 年非公开发行公司债券符合深交所转让条件的无异议函	深证函〔2016〕783 号
304	关于青州市瑞通投资发展有限公司 2016 年非公开发行公司债券符合深交所转让条件的无异议函	深证函〔2016〕791 号
305	关于西安市浐灞河发展有限公司 2016 年非公开发行公司债券符合深交所转让条件的无异议函	深证函〔2016〕792 号
306	关于东北证券股份有限公司 2016 年证券公司短期公司债券符合深交所转让条件的无异议函	深证函〔2016〕798 号
307	关于东旭集团有限公司 2016 年非公开发行公司债券符合深交所转让条件的无异议函	深证函〔2016〕803 号
308	关于惠州亿纬控股有限公司 2016 年非公开发行可交换公司债券符合深交所转让条件的无异议函	深证函〔2016〕823 号
309	关于新和成控股集团有限公司 2016 年非公开发行公司可交换债券符合深交所转让条件的无异议函	深证函〔2016〕824 号
310	关于诸城同路人投资有限公司 2016 年非公开发行可交换公司债券符合深交所转让条件的无异议函	深证函〔2016〕825 号
311	关于招商证券股份有限公司 2016 年证券公司短期公司债务符合深交所转让条件的无异议函	深证函〔2016〕836 号

续表

序号	标题	文号
312	关于英大证券有限责任公司2016年证券公司次级债务符合深交所转让条件的无异议函	深证函〔2016〕837号
313	关于长江证券股份有限公司2016年证券公司次级债务符合深交所转让条件的无异议函	深证函〔2016〕841号
314	关于安信证券股份有限公司2016年证券公司次级债务符合深交所转让条件的无异议函	深证函〔2016〕850号
315	关于金龙控股集团有限公司2016年非公开发行可交换公司债券符合深交所转让条件的无异议函	深证函〔2016〕855号
316	关于山东新兴置业有限公司2016年非公开发行公司债券符合深交所转让条件的无异议函	深证函〔2016〕856号
317	关于广厦控股集团有限公司2016年第二次非公开发行公司债券符合深交所转让条件的无异议函	深证函〔2016〕863号
318	关于珠海和佳医疗设备股份有限公司2016年非公开发行公司债券符合深交所转让条件的无异议函	深证函〔2016〕868号
319	关于金元证券股份有限公司2016年证券公司次级债务符合深交所转让条件的无异议函	深证函〔2016〕869号
320	关于简阳市水务投资发展有限公司2016年非公开发行公司债券符合深交所转让条件的无异议函	深证函〔2016〕870号
321	关于浙江东港投资有限公司2016年非公开发行可交换公司债券符合深交所转让条件的无异议函	深证函〔2016〕871号
322	关于临海市永强投资有限公司2016年非公开发行可交换公司债券符合深交所转让条件的无异议函	深证函〔2016〕875号
323	关于宁波裕人投资有限公司2016年非公开发行可交换公司债券符合深交所转让条件的无异议函	深证函〔2016〕876号

非公开发行公司债券提供转让服务通知		
序号	标题	文号
1	关于为株洲高科发展有限公司2016年非公开发行公司债券（第二期）提供转让服务的通知	深证上〔2016〕276号
2	关于为遵义市汇川区城市建设投资经营有限公司2016年非公开发行公司债券（第一期）提供转让服务的通知	深证上〔2016〕342号
3	关于为遵义市汇川区城市建设投资经营有限公司2016年非公开发行公司债券（第二期）提供转让服务的通知	深证上〔2016〕581号
4	关于为遵义市道路桥梁工程有限责任公司2015年非公开发行公司债券提供转让服务的通知	深证上〔2016〕52号
5	关于为遵义经济技术开发区投资建设有限公司2016年非公开发行公司债券提供转让服务的通知	深证上〔2016〕243号
6	关于为紫光集团有限公司2016年非公开发行公司债券提供转让服务的通知	深证上〔2016〕175号
7	关于为紫光集团有限公司2016年非公开发行公司债券（第二期）提供转让服务的通知	深证上〔2016〕400号
8	关于为株洲新芦淞产业发展集团有限公司2016年非公开发行公司债券提供转让服务的通知	深证上〔2016〕586号

续表

序号	标题	文号
9	关于为株洲市国有资产投资控股集团有限公司 2016 年非公开发行公司债券提供转让服务的通知	深证上〔2016〕545 号
10	关于为株洲市国有资产投资控股集团有限公司 2015 年非公开发行公司债券(第三期)提供转让服务的通知	深证上〔2016〕16 号
11	关于为株洲市城市建设发展集团有限公司 2016 年非公开发行公司债券(第一期)提供转让服务的通知	深证上〔2016〕564 号
12	关于为株洲高科集团有限公司 2016 年非公开发行公司债券(第一期)提供转让服务的通知	深证上〔2016〕138 号
13	关于为株洲高科集团有限公司 2016 年非公开发行公司债券(第二期)提供转让服务的通知	深证上〔2016〕522 号
14	关于为株洲高科发展有限公司 2016 年非公开发行公司债券(第一期)提供转让服务的通知	深证上〔2016〕264 号
15	关于为珠海赛纳打印科技股份有限公司 2016 年非公开发行可交换公司债券(第一期)提供转让服务的通知	深证上〔2016〕793 号
16	关于为珠海赛纳打印科技股份有限公司 2016 年非公开发行可交换公司债券(第二期)提供转让服务的通知	深证上〔2016〕852 号
17	关于为珠海九洲控股集团有限公司 2015 年非公开发行公司债券提供转让服务的通知	深证上〔2016〕18 号
18	关于为周口市综合投资有限公司 2016 年非公开发行公司债券(第一期)提供转让服务的通知	深证上〔2016〕628 号
19	关于为舟山市普陀区国有资产投资经营有限公司 2016 年非公开发行公司债券(第一期)提供转让服务的通知	深证上〔2016〕587 号
20	关于为舟山群岛新区蓬莱国有资产投资集团有限公司 2016 年非公开发行公司债券(第一期)提供转让服务的通知	深证上〔2016〕994 号
21	关于为重庆西彭铝产业区开发投资有限公司 2016 年非公开发行公司债券提供转让服务的通知	深证上〔2016〕341 号
22	关于为重庆西彭铝产业区开发投资有限公司 2016 年非公开发行公司债券(第二期)提供转让服务的通知	深证上〔2016〕596 号
23	关于为重庆市万盛经济技术开发区开发投资集团有限公司 2016 年非公开发行公司债券提供转让服务的通知	深证上〔2016〕374 号
24	关于为重庆市地产集团有限公司 2016 年非公开发行公司债券提供转让服务的通知	深证上〔2016〕612 号
25	关于为重庆迈瑞城市建设投资有限责任公司 2016 年非公开发行公司债券(第一期)提供转让服务的通知	深证上〔2016〕384 号
26	关于为重庆迈瑞城市建设投资有限责任公司 2016 年非公开发行公司债券(第二期)提供转让服务的通知	深证上〔2016〕655 号
27	关于为重庆隆鑫地产(集团)有限公司 2016 年非公开发行公司债券(第一期)提供转让服务的通知	深证上〔2016〕414 号
28	关于为重庆隆鑫地产(集团)有限公司 2016 年非公开发行公司债券(第二期)提供转让服务的通知	深证上〔2016〕494 号
29	关于为重庆聚丰房地产开发(集团)有限公司 2016 年非公开发行公司债券(第一期)提供转让服务的通知	深证上〔2016〕292 号

续表

序号	标题	文号
30	关于为重庆聚丰房地产开发(集团)有限公司 2015 年非公开发行公司债券(第一期)提供转让服务的通知	深证上〔2016〕33 号
31	关于为重庆建峰化工股份有限公司 2012 年公司债券提供转让服务的通知	深证上〔2016〕460 号
32	关于为重庆恒利盛商贸有限公司 2015 年非公开发行公司债券(第一期)提供转让服务的通知	深证上〔2016〕12 号
33	关于为重庆恒利盛商贸有限公司 2015 年非公开发行公司债券(第二期)提供转让服务的通知	深证上〔2016〕32 号
34	关于为中证信用增进股份有限公司 2016 年非公开发行公司债券(第一期)提供转让服务的通知	深证上〔2016〕699 号
35	关于为中冶置业集团有限公司 2016 年非公开发行公司债券(第一期)提供转让服务的通知	深证上〔2016〕307 号
36	关于为中冶置业集团有限公司 2015 年非公开发行公司债券(第一期)提供转让服务的通知	深证上〔2016〕36 号
37	关于为中信富通融资租赁有限公司 2015 年非公开发行公司债券(第一期)提供转让服务的通知	深证上〔2016〕185 号
38	关于为中天城投集团股份有限公司 2016 年非公开发行公司债券(第一期)提供转让服务的通知	深证上〔2016〕163 号
39	关于为中天城投集团股份有限公司 2016 年非公开发行公司债券(第四期)提供转让服务的通知	深证上〔2016〕935 号
40	关于为中天城投集团股份有限公司 2016 年非公开发行公司债券(第三期)提供转让服务的通知	深证上〔2016〕715 号
41	关于为中天城投集团股份有限公司 2015 年非公开发行公司债券(第二期)提供转让服务的通知	深证上〔2016〕10 号
42	关于为中民国际融资租赁股份有限公司 2016 年非公开发行公司债券(第一期)提供转让服务的通知	深证上〔2016〕799 号
43	关于为中科招商投资管理集团股份有限公司 2016 年非公开发行公司债券提供转让服务的通知	深证上〔2016〕293 号
44	关于为中科招商投资管理集团股份有限公司 2016 年非公开发行公司债券(第二期)(品种一)提供转让服务的通知	深证上〔2016〕481 号
45	关于为中科招商投资管理集团股份有限公司 2015 年非公开发行公司债券(第一期)(品种一)等两只债券提供转让服务的通知	深证上〔2016〕174 号
46	关于为中弘控股股份有限公司 2016 年非公开发行公司债券(第一期)提供转让服务的通知	深证上〔2016〕325 号
47	关于为中弘控股股份有限公司 2016 年非公开发行公司债券(第三期)提供转让服务的通知	深证上〔2016〕871 号
48	关于为中弘控股股份有限公司 2016 年非公开发行公司债券(第二期)提供转让服务的通知	深证上〔2016〕593 号
49	关于为中国汇源果汁集团有限公司 2016 年非公开发行公司债券(第一期)提供转让服务的通知	深证上〔2016〕403 号
50	关于为中国汇源果汁集团有限公司 2016 年非公开发行公司债券(第二期)提供转让服务的通知	深证上〔2016〕734 号
51	关于为中国光大实业(集团)有限责任公司 2016 年非公开发行公司债券提供转让服务的通知	深证上〔2016〕496 号

续表

序号	标题	文号
52	关于为中国泛海控股集团有限公司2016年非公开发行公司债券(第一期)提供转让服务的通知	深证上〔2016〕309号
53	关于为中国泛海控股集团有限公司2016年非公开发行公司债券(第四期)提供转让服务的通知	深证上〔2016〕873号
54	关于为中国泛海控股集团有限公司2016年非公开发行公司债券(第三期)提供转让服务的通知	深证上〔2016〕796号
55	关于为中国泛海控股集团有限公司2015年非公开发行公司债券(第二期)提供转让服务的通知	深证上〔2016〕160号
56	关于为中房地产股份有限公司2016年非公开发行公司债券提供转让服务的通知	深证上〔2016〕348号
57	关于为中房地产股份有限公司2016年非公开发行公司债券(第二期)提供转让服务的通知	深证上〔2016〕845号
58	关于为郑州公用事业投资发展集团有限公司2016年非公开发行公司债券(第一期)提供转让服务的通知	深证上〔2016〕366号
59	关于为郑州公用事业投资发展集团有限公司2016年非公开发行公司债券(第二期)提供转让服务的通知	深证上〔2016〕415号
60	关于为正邦集团有限公司2015年非公开发行可交换公司债券提供转让服务的通知	深证上〔2016〕319号
61	关于为镇江新区城市建设投资有限公司2016年非公开发行公司债券提供转让服务的通知	深证上〔2016〕656号
62	关于为镇江文化旅游产业集团有限责任公司2016年非公开发行公司债券(第二期)提供转让服务的通知	深证上〔2016〕856号
63	关于为镇江城市建设产业集团有限公司2016年非公开发行公司债券(第一期)提供转让服务的通知	深证上〔2016〕352号
64	关于为镇江城市建设产业集团有限公司2016年非公开发行公司债券(第二期)提供转让服务的通知	深证上〔2016〕716号
65	关于为浙江太湖新城实业投资有限公司2016年非公开发行公司债券提供转让服务的通知	深证上〔2016〕566号
66	关于为浙江太湖新城实业投资有限公司2015年非公开发行公司债券(第一期)提供转让服务的通知	深证上〔2016〕13号
67	关于为浙江世宝控股集团有限公司2016年非公开发行可交换公司债券提供转让服务的通知	深证上〔2016〕823号
68	关于为浙江世宝控股集团有限公司2015年非公开发行可交换公司债券(第一期)提供转让服务的通知	深证上〔2016〕25号
69	关于为浙江省临安经济开发区投资建设有限公司2016年非公开发行公司债券提供转让服务的通知	深证上〔2016〕373号
70	关于为浙江恒逸集团有限公司2016年非公开发行可交换公司债券(第一期)提供转让服务的通知	深证上〔2016〕905号
71	关于为长沙麓谷实业投资有限公司2016年非公开发行公司债券提供转让服务的通知	深证上〔2016〕928号
72	关于为长江租赁有限公司2016年非公开发行公司债券(第一期)提供转让服务的通知	深证上〔2016〕248号

续表

序号	标题	文号
73	关于为长江租赁有限公司2016年非公开发行公司债券(第二期)提供转让服务的通知	深证上〔2016〕611号
74	关于为长江租赁有限公司2015年非公开发行公司债券(第一期)提供转让服务的通知	深证上〔2016〕111号
75	关于为云南圣乙投资有限公司2016年非公开发行公司债券提供转让服务的通知	深证上〔2016〕231号
76	关于为云南省铁路投资有限公司2016年非公开发行公司债券(第一期)提供转让服务的通知	深证上〔2016〕665号
77	关于为云南省工业投资控股集团有限责任公司2016年非公开发行公司债券(第一期)提供转让服务的通知	深证上〔2016〕813号
78	关于为云南省房地产开发经营(集团)有限公司2016年非公开发行公司债券(第一期)提供转让服务的通知	深证上〔2016〕775号
79	关于为云南省滇中产业发展集团有限责任公司2016年非公开发行公司债券(第三期)提供转让服务的通知	深证上〔2016〕944号
80	关于为云南路桥股份有限公司2016年非公开发行公司债券(第一期)提供转让服务的通知	深证上〔2016〕483号
81	关于为云南路桥股份有限公司2016年非公开发行公司债券(第二期)提供转让服务的通知	深证上〔2016〕843号
82	关于为云南国资昆明经开区产业开发有限公司2016年非公开发行公司债券(第一期)提供转让服务的通知	深证上〔2016〕597号
83	关于为余姚市城市建设投资发展有限公司2016年非公开发行公司债券(第一期)提供转让服务的通知	深证上〔2016〕339号
84	关于为银亿房地产股份有限公司2016年非公开发行公司债券(第一期)提供转让服务的通知	深证上〔2016〕271号
85	关于为银亿房地产股份有限公司2016年非公开发行公司债券(第三期)提供转让服务的通知	深证上〔2016〕654号
86	关于为银亿房地产股份有限公司2016年非公开发行公司债券(第二期)(品种一)提供转让服务的通知	深证上〔2016〕397号
87	关于为益阳市城市建设投资开发有限责任公司2016年非公开发行公司债券(第一期)提供转让服务的通知	深证上〔2016〕338号
88	关于为益阳市城市建设投资开发有限责任公司2016年非公开发行公司债券(第三期)提供转让服务的通知	深证上〔2016〕753号
89	关于为益阳市城市建设投资开发有限责任公司2016年非公开发行公司债券(第二期)提供转让服务的通知	深证上〔2016〕647号
90	关于为亿阳集团股份有限公司2015年非公开发行公司债券(第一期)提供转让服务的通知	深证上〔2016〕53号
91	关于为宜华企业(集团)有限公司2016年非公开发行公司债券(第一期)提供转让服务的通知	深证上〔2016〕219号
92	关于为宜华企业(集团)有限公司2016年非公开发行公司债券(第二期)提供转让服务的通知	深证上〔2016〕372号
93	关于为仪征城乡水务有限公司2016年非公开发行公司债券提供转让服务的通知	深证上〔2016〕193号

续表

序号	标题	文号
94	关于为阳光新业地产股份有限公司 2016 年非公开发行公司债券(第一期)提供转让服务的通知	深证上〔2016〕631 号
95	关于为阳光城集团股份有限公司 2016 年非公开发行公司债券(第一期)提供转让服务的通知	深证上〔2016〕544 号
96	关于为阳光城集团股份有限公司 2016 年非公开发行公司债券(第三期)提供转让服务的通知	深证上〔2016〕748 号
97	关于为阳光城集团股份有限公司 2016 年非公开发行公司债券(第二期)提供转让服务的通知	深证上〔2016〕720 号
98	关于为阳光城集团股份有限公司 2015 年非公开发行公司债券(第四期)提供转让服务的通知	深证上〔2016〕50 号
99	关于为阳光城集团股份有限公司 2015 年非公开发行公司债券(第五期)提供转让服务的通知	深证上〔2016〕216 号
100	关于为扬州化工产业投资发展有限公司 2016 年非公开发行公司债券(第一期)提供转让服务的通知	深证上〔2016〕677 号
101	关于为盐城市大纵湖湖区资源开发有限公司 2016 年非公开发行公司债券提供转让服务的通知	深证上〔2016〕712 号
102	关于为盐城东方投资开发集团有限公司 2016 年非公开发行公司债券(第一期)提供转让服务的通知	深证上〔2016〕413 号
103	关于为盐城东方投资开发集团有限公司 2016 年非公开发行公司债券(第三期)提供转让服务的通知	深证上〔2016〕990 号
104	关于为盐城东方投资开发集团有限公司 2016 年非公开发行公司债券(第二期)提供转让服务的通知	深证上〔2016〕636 号
105	关于为盐城东方投资开发集团有限公司 2015 年非公开发行公司债券(第一期)提供转让服务的通知	深证上〔2016〕7 号
106	关于为盐城东方投资开发集团有限公司 2015 年非公开发行公司债券(第二期)提供转让服务的通知	深证上〔2016〕108 号
107	关于为延安城市建设投资开发有限责任公司 2016 年非公开发行公司债券提供转让服务的通知	深证上〔2016〕446 号
108	关于为徐州市新城区国有资产经营有限责任公司 2016 年非公开发行公司债券提供转让服务的通知	深证上〔2016〕670 号
109	关于为信达投资有限公司 2016 年非公开发行公司债券(第一期)提供转让服务的通知	深证上〔2016〕795 号
110	关于为信达投资有限公司 2016 年非公开发行公司债券(第二期)提供转让服务的通知	深证上〔2016〕934 号
111	关于为新余雅本投资管理有限公司 2015 年非公开发行可交换公司债券(第一期)提供转让服务的通知	深证上〔2016〕380 号
112	关于为新余市纳海贸易有限公司 2015 年非公开发行可交换公司债券提供转让服务的通知	深证上〔2016〕59 号
113	关于为新沂市交通投资有限公司 2016 年非公开发行公司债券提供转让服务的通知	深证上〔2016〕438 号
114	关于为新疆中泰(集团)有限责任公司 2016 年非公开发行可交换公司债券提供转让服务的通知	深证上〔2016〕743 号

续表

序号	标题	文号
115	关于为新疆中瑞恒远商贸集团有限公司2016年非公开发行公司债券(第一期)提供转让服务的通知	深证上〔2016〕737号
116	关于为新疆长盈粤富股权投资有限公司2016年非公开发行可交换公司债券提供转让服务的通知	深证上〔2016〕629号
117	关于为新疆五家渠蔡家湖国有资产投资经营有限公司2016年非公开发行公司债券(第一期)提供转让服务的通知	深证上〔2016〕150号
118	关于为新疆五家渠蔡家湖国有资产投资经营有限公司2016年非公开发行公司债券(第二期)提供转让服务的通知	深证上〔2016〕906号
119	关于为新疆生产建设兵团第六师国有资产经营有限责任公司2016年非公开发行公司债券提供转让服务的通知	深证上〔2016〕295号
120	关于为新华联控股有限公司2016年非公开发行公司债券(第一期)提供转让服务的通知	深证上〔2016〕337号
121	关于为新华联控股有限公司2016年非公开发行公司债券(第三期)提供转让服务的通知	深证上〔2016〕798号
122	关于为新华联控股有限公司2016年非公开发行公司债券(第二期)提供转让服务的通知	深证上〔2016〕678号
123	关于为新华联控股有限公司2015年非公开发行公司债券(第一期)提供转让服务的通知	深证上〔2016〕6号
124	关于为新光控股集团有限公司2016年非公开发行公司债券(第一期)提供转让服务的通知	深证上〔2016〕140号
125	关于为新光控股集团有限公司2016年非公开发行公司债券(第二期)提供转让服务的通知	深证上〔2016〕308号
126	关于为湘潭市万楼新城开发建设投资有限公司2016年非公开发行公司债券(第一期)提供转让服务的通知	深证上〔2016〕191号
127	关于为湘潭市万楼新城开发建设投资有限公司2016年非公开发行公司债券(第二期)提供转让服务的通知	深证上〔2016〕465号
128	关于为西部证券股份有限公司2015年证券公司次级债券(第一期)提供转让服务的通知	深证上〔2016〕87号
129	关于为武汉市江岸国有资产经营管理有限责任公司2016年非公开发行公司债券(第一期)提供转让服务的通知	深证上〔2016〕850号
130	关于为武汉南国置业股份有限公司2015年非公开发行公司债券(第一期)提供转让服务的通知	深证上〔2016〕74号
131	关于为武汉南国置业股份有限公司2015年非公开发行公司债券(第二期)提供转让服务的通知	深证上〔2016〕296号
132	关于为五洋建设集团股份有限公司2016年非公开发行公司债券(第一期)提供转让服务的通知	深证上〔2016〕437号
133	关于为瓮安县物资供应有限公司2016年非公开发行公司债券提供转让服务的通知	深证上〔2016〕642号
134	关于为文山城市建设投资(集团)有限公司2015年非公开发行公司债券提供转让服务的通知	深证上〔2016〕75号
135	关于为温州经济技术开发区国有资产经营有限公司2016年非公开发行公司债券提供转让服务的通知	深证上〔2016〕598号

续表

序号	标题	文号
136	关于为潍坊东兴建设发展有限公司 2016 年非公开发行公司债券提供转让服务的通知	深证上〔2016〕455 号
137	关于为潍坊滨海旅游集团有限公司 2016 年非公开发行公司债券(第一期)提供转让服务的通知	深证上〔2016〕933 号
138	关于为威海市国有资本运营有限公司 2016 年非公开发行公司债券(第一期)提供转让服务的通知	深证上〔2016〕724 号
139	关于为威海蓝创建设投资有限公司 2016 年非公开发行公司债券(第一期)提供转让服务的通知	深证上〔2016〕495 号
140	关于为威海蓝创建设投资有限公司 2016 年非公开发行公司债券(第二期)提供转让服务的通知	深证上〔2016〕745 号
141	关于为铜仁旅游投资有限公司 2016 年非公开发行公司债券(第一期)提供转让服务的通知	深证上〔2016〕99 号
142	关于为铜仁旅游投资有限公司 2016 年非公开发行公司债券(第二期)提供转让服务的通知	深证上〔2016〕230 号
143	关于为铜仁旅游投资有限公司 2015 年非公开发行公司债券(第一期)提供转让服务的通知	深证上〔2016〕21 号
144	关于为铜陵发展投资集团有限公司 2016 年非公开发行公司债券(第一期)提供转让服务的通知	深证上〔2016〕594 号
145	关于为铜陵发展投资集团有限公司 2015 年非公开发行公司债券(第一期)提供转让服务的通知	深证上〔2016〕22 号
146	关于为桐庐县国有资产投资经营有限公司 2016 年非公开发行公司债券(第一期)提供转让服务的通知	深证上〔2016〕484 号
147	关于为桐庐县国有资产投资经营有限公司 2016 年非公开发行公司债券(第二期)提供转让服务的通知	深证上〔2016〕595 号
148	关于为铁岭新城投资控股股份有限公司 2016 年非公开发行公司债(第一期)提供转让服务的通知	深证上〔2016〕306 号
149	关于为天瑞集团水泥有限公司 2016 年非公开发行公司债券(第三期)提供转让服务的通知	深证上〔2016〕1005 号
150	关于为天瑞集团水泥有限公司 2015 年非公开发行公司债券(第二期)提供转让服务的通知	深证上〔2016〕9 号
151	关于为天津新金融投资有限责任公司 2016 年非公开发行公司债券(第二期)提供转让服务的通知	深证上〔2016〕945 号
152	关于为天津新金融投资有限责任公司 2016 年非公开发行公司(第一期)提供转让服务的通知	深证上〔2016〕383 号
153	关于为天津泰达集团有限公司 2016 年非公开发行公司债券(品种一)等两只债券提供转让服务的通知	深证上〔2016〕141 号
154	关于为天津市房地产信托集团有限公司 2016 年非公开发行公司债券(第一期)提供转让服务的通知	深证上〔2016〕504 号
155	关于为天津市房地产信托集团有限公司 2016 年非公开发行公司债券(第二期)提供转让服务的通知	深证上〔2016〕646 号
156	关于为天津蓟州新城建设投资有限公司 2016 年非公开发行公司债券(第一期)提供转让服务的通知	深证上〔2016〕195 号

续表

序号	标题	文号
157	关于为天津蓟州新城建设投资有限公司2016年非公开发行公司债券（第三期）提供转让服务的通知	深证上〔2016〕777号
158	关于为天津蓟州新城建设投资有限公司2016年非公开发行公司债券（第二期）（品种二）提供转让服务的通知	深证上〔2016〕525号
159	关于为天津环城城市基础设施投资有限公司2016年非公开发行公司债券（第一期）提供转让服务的通知	深证上〔2016〕435号
160	关于为天津房地产集团有限公司2016年非公开发行公司债券（第一期）提供转让服务的通知	深证上〔2016〕194号
161	关于为天津房地产集团有限公司2016年非公开发行公司债券（第二期）提供转让服务的通知	深证上〔2016〕331号
162	关于为天津东丽湖建设发展有限公司2016年非公开发行公司债券提供转让服务的通知	深证上〔2016〕363号
163	关于为滕州市房地产综合开发有限公司2016年非公开发行公司债券（第一期）提供转让服务的通知	深证上〔2016〕875号
164	关于为泰州市新滨江开发有限责任公司2016年非公开发行公司债券（第三期）提供转让服务的通知	深证上〔2016〕846号
165	关于为泰州市新滨江开发有限责任公司2016年非公开发行公司债券（第二期）提供转让服务的通知	深证上〔2016〕499号
166	关于为泰州华信药业有限责任公司2016年非公开发行公司债券（第一期）提供转让服务的通知	深证上〔2016〕754号
167	关于为泰禾集团股份有限公司2016年非公开发行公司债券（第一期）提供转让服务的通知	深证上〔2016〕272号
168	关于为泰禾集团股份有限公司2015年非公开发行公司债券（第四期）（品种一）提供转让服务的通知	深证上〔2016〕76号
169	关于为泰禾集团股份有限公司2015年非公开发行公司债券（第四期）（品种二）提供转让服务的通知	深证上〔2016〕88号
170	关于为太原煤气化股份有限公司2010年公司债券提供转让服务的通知	深证上〔2016〕471号
171	关于为台州市路桥公共资产投资管理有限公司2016年非公开发行公司债券提供转让服务的通知	深证上〔2016〕752号
172	关于为苏州高铁新城经济发展有限公司2016年非公开发行公司债券提供转让服务的通知	深证上〔2016〕778号
173	关于为苏州传视影视传媒股份有限公司2016年非公开发行创新创业公司债券提供转让服务的通知	深证上〔2016〕842号
174	关于为苏宁电器集团有限公司2016年非公开发行公司债券（第一期）提供转让服务的通知	深证上〔2016〕161号
175	关于为苏宁电器集团有限公司2016年非公开发行公司债券（第二期）提供转让服务的通知	深证上〔2016〕580号
176	关于为泗洪县苏展实业有限公司2016年非公开发行公司债券（第一期）提供转让服务的通知	深证上〔2016〕192号
177	关于为水城县玉舍森林旅游开发有限公司2015年非公开发行公司债券提供转让服务的通知	深证上〔2016〕58号
178	关于为十四冶建设集团有限公司2016年非公开发行公司债券（第一期）提供转让服务的通知	深证上〔2016〕159号

续表

序号	标题	文号
179	关于为沈阳市和平区国有资产经营有限公司2015年非公开发行公司债券提供转让服务的通知	深证上〔2016〕110号
180	关于为神雾环保技术股份有限公司2016年非公开发行公司债券提供转让服务的通知	深证上〔2016〕215号
181	关于为深圳正威(集团)有限公司2016年非公开发行公司债券(第一期)提供转让服务的通知	深证上〔2016〕910号
182	关于为深圳市科陆电子科技股份有限公司2016年非公开发行公司债(第一期)提供转让服务的通知	深证上〔2016〕615号
183	关于为深圳市劲嘉创业投资有限公司2016年非公开发行公司债券(第一期)提供转让服务的通知	深证上〔2016〕952号
184	关于为深圳市金立通信设备有限公司2016年非公开发行公司债券提供转让服务的通知	深证上〔2016〕988号
185	关于为深圳市东部投资发展股份有限公司2016年非公开发行公司债券(第一期)提供转让服务的通知	深证上〔2016〕355号
186	关于为深圳市东部投资发展股份有限公司2016年非公开发行公司债券(第二期)提供转让服务的通知	深证上〔2016〕626号
187	关于为深圳市大富配天投资有限公司2016年非公开发行可交换公司债券(第一期)提供转让服务的通知	深证上〔2016〕456号
188	关于为深圳市大富配天投资有限公司2016年非公开发行可交换公司债券(第三期)提供转让服务的通知	深证上〔2016〕744号
189	关于为深圳市大富配天投资有限公司2016年非公开发行可交换公司债券(第二期)提供转让服务的通知	深证上〔2016〕634号
190	关于为深圳市彩生活服务集团有限公司2016年非公开发行公司债券(第一期)提供转让服务的通知	深证上〔2016〕245号
191	关于为深圳市彩生活服务集团有限公司2016年非公开发行公司债券(第二期)提供转让服务的通知	深证上〔2016〕956号
192	关于为深圳市宝鹰建设控股集团股份有限公司2016年非公开发行公司债券(第一期)提供转让服务的通知	深证上〔2016〕725号
193	关于为深圳市宝安宝利来实业有限公司2015年非公开发行可交换公司债券(第一期)提供转让服务的通知	深证上〔2016〕457号
194	关于为深圳广田投资控股有限公司2016年非公开发行公司债券提供转让服务的通知	深证上〔2016〕454号
195	关于为绍兴袍江工业区投资开发有限公司2016年非公开发行公司债券(第三期)提供转让服务的通知	深证上〔2016〕970号
196	关于为绍兴袍江工业区投资开发有限公司2016年非公开发行公司债券(第二期)提供转让服务的通知	深证上〔2016〕826号
197	关于为上饶投资控股集团有限公司2016年非公开发行公司债券提供转让服务的通知	深证上〔2016〕714号
198	关于为上海原龙投资有限公司2016年非公开发行可交换公司债券(第一期)提供转让服务的通知	深证上〔2016〕965号
199	关于为上海沃金石油天然气有限公司2016年非公开发行可交换公司债券提供转让服务的通知	深证上〔2016〕930号

续表

序号	标题	文号
200	关于为上海红星美凯龙企业发展有限公司 2016 年非公开发行公司债券(第一期)提供转让服务的通知	深证上〔2016〕275 号
201	关于为上海红星美凯龙企业发展有限公司 2016 年非公开发行公司债券(第三期)提供转让服务的通知	深证上〔2016〕650 号
202	关于为上海红星美凯龙企业发展有限公司 2016 年非公开发行公司债券(第二期)提供转让服务的通知	深证上〔2016〕524 号
203	关于为上海宝龙实业发展有限公司 2015 年非公开发行公司债券(第一期)提供转让服务的通知	深证上〔2016〕54 号
204	关于为商丘市发展投资有限公司 2016 年非公开发行公司债券(第一期)提供转让服务的通知	深证上〔2016〕583 号
205	关于为商丘市发展投资有限公司 2016 年非公开发行公司债券(第二期)提供转让服务的通知	深证上〔2016〕997 号
206	关于为陕西省西咸新区泾河新城开发建设(集团)有限公司 2016 年非公开发行公司债券(第一期)提供转让服务的通知	深证上〔2016〕468 号
207	关于为陕西必康制药集团控股有限公司 2016 年非公开发行公司债券提供转让服务的通知	深证上〔2016〕151 号
208	关于为山西省投资集团有限公司 2016 年非公开发行公司债券(第一期)提供转让服务的通知	深证上〔2016〕565 号
209	关于为山西省投资集团有限公司 2015 年非公开发行公司债券(第一期)提供转让服务的通知	深证上〔2016〕17 号
210	关于为山西能源交通投资有限公司 2015 年非公开发行公司债券(第二期)提供转让服务的通知	深证上〔2016〕217 号
211	关于为山田林业开发(福建)有限公司 2016 年非公开发行可交换公司债券(第一期)提供转让服务的通知	深证上〔2016〕416 号
212	关于为山东阳谷华泰化工股份有限公司 2016 年非公开发行公司债券提供转让服务的通知	深证上〔2016〕903 号
213	关于为山东润银生物化工股份有限公司 2016 年非公开发行公司债券(第一期)提供转让服务的通知	深证上〔2016〕367 号
214	关于为山东金鲁班集团有限公司 2016 年非公开发行公司债券提供转让服务的通知	深证上〔2016〕749 号
215	关于为山东高创建设投资集团有限公司 2016 年非公开发行公司债券(品种一)等两只债券提供转让服务的通知	深证上〔2016〕92 号
216	关于为山东宝城旅游发展有限公司 2016 年非公开发行公司债券提供转让服务的通知	深证上〔2016〕142 号
217	关于为厦门禹洲鸿图地产开发有限公司 2016 年非公开发行公司债券提供转让服务的通知	深证上〔2016〕469 号
218	关于为三鼎控股集团有限公司 2016 年非公开发行公司债券(第一期)提供转让服务的通知	深证上〔2016〕340 号
219	关于为三鼎控股集团有限公司 2016 年非公开发行公司债券(第二期)提供转让服务的通知	深证上〔2016〕779 号
220	关于为三胞集团有限公司 2016 年非公开发行公司债券(第四期)提供转让服务的通知	深证上〔2016〕669 号

续表

序号	标题	文号
221	关于为三胞集团有限公司2016年非公开发行公司债券(第三期)提供转让服务的通知	深证上〔2016〕508号
222	关于为汝州市鑫源投资有限公司2016年非公开发行公司债券(第一期)提供转让服务的通知	深证上〔2016〕569号
223	关于为汝州市鑫源投资有限公司2016年非公开发行公司债券(第二期)提供转让服务的通知	深证上〔2016〕700号
224	关于为如皋沿江开发投资有限公司2016年非公开发行公司债券(第二期)提供转让服务的通知	深证上〔2016〕382号
225	关于为如东县东泰社会发展投资有限责任公司2016年非公开发行公司债券提供转让服务的通知	深证上〔2016〕94号
226	关于为融创房地产集团有限公司2016年非公开发行公司债券(第一期)提供转让服务的通知	深证上〔2016〕112号
227	关于为荣盛房地产发展股份有限公司2016年非公开发行公司债券(第一期)提供转让服务的通知	深证上〔2016〕265号
228	关于为荣盛房地产发展股份有限公司2016年非公开发行公司债券(第三期)提供转让服务的通知	深证上〔2016〕599号
229	关于为荣盛房地产发展股份有限公司2016年非公开发行公司债券(第二期)提供转让服务的通知	深证上〔2016〕369号
230	关于为仁怀市保障性住房建设投资开发有限责任公司2016年非公开发行公司债券提供转让服务的通知	深证上〔2016〕354号
231	关于为启东市城市建设投资开发总公司2016年非公开发行公司债券(第一期)提供转让服务的通知	深证上〔2016〕567号
232	关于为启东市城市建设投资开发总公司2016年非公开发行公司债券(第二期)提供转让服务的通知	深证上〔2016〕932号
233	关于为普定县润民水务发展投资有限责任公司2016年非公开发行公司债券提供转让服务的通知	深证上〔2016〕955号
234	关于为平阳县利得海涂围垦开发有限公司2015年非公开发行公司债券(第二期)提供转让服务的通知	深证上〔2016〕824号
235	关于为邳州市水利建筑安装工程有限公司2015年非公开发行公司债券提供转让服务的通知	深证上〔2016〕90号
236	关于为邳州市润城资产经营集团有限公司2016年非公开发行公司债券提供转让服务的通知	深证上〔2016〕177号
237	关于为内江投资控股集团有限公司2016年非公开发行公司债券(第一期)提供转让服务的通知	深证上〔2016〕278号
238	关于为南通开元建设开发有限公司2016年非公开发行公司债券(第一期)提供转让服务的通知	深证上〔2016〕509号
239	关于为南宁绿港建设投资集团有限公司2016年非公开发行公司债券提供转让服务的通知	深证上〔2016〕453号
240	关于为南京新城科技园建设发展有限责任公司2016年非公开发行公司债券(第二期)提供转让服务的通知	深证上〔2016〕497号
241	关于为南京汤山温泉资源管理有限公司2015年非公开发行公司债券提供转让服务的通知	深证上〔2016〕72号

续表

序号	标题	文号
242	关于为南京市科技创新投资有限责任公司2016年非公开发行公司债券(第一期)提供转让服务的通知	深证上〔2016〕187号
243	关于为南京国资投资置业有限公司2016年非公开发行公司债券提供转让服务的通知	深证上〔2016〕527号
244	关于为南京东南国资投资集团有限责任公司2016年非公开发行公司债券(第一期)提供转让服务的通知	深证上〔2016〕911号
245	关于为南京大厂投资发展有限公司2016年非公开发行公司债券提供转让服务的通知	深证上〔2016〕259号
246	关于为南京大厂投资发展有限公司2016年非公开发行公司债券(第二期)提供转让服务的通知	深证上〔2016〕993号
247	关于为绵阳科技城发展投资(集团)有限公司2016年非公开发行公司债券提供转让服务的通知	深证上〔2016〕627号
248	关于为娄底市城市建设投资集团有限公司2016年非公开发行公司债券提供转让服务的通知	深证上〔2016〕95号
249	关于为龙翔投资控股集团有限公司2015年非公开发行公司债券(第三期)(品种一)等两只债券提供转让服务的通知	深证上〔2016〕73号
250	关于为六盘水市水利开发投资有限责任公司2016年非公开发行公司债券提供转让服务的通知	深证上〔2016〕738号
251	关于为柳州市房地产开发有限责任公司2016年非公开发行公司债券(第一期)提供转让服务的通知	深证上〔2016〕550号
252	关于为柳州市房地产开发有限责任公司2016年非公开发行公司债券(第三期)提供转让服务的通知	深证上〔2016〕747号
253	关于为柳州市房地产开发有限责任公司2016年非公开发行公司债券(第二期)提供转让服务的通知	深证上〔2016〕614号
254	关于为临汾市投资集团有限公司2016年非公开发行公司债券(第一期)提供转让服务的通知	深证上〔2016〕503号
255	关于为临汾市投资集团有限公司2016年非公开发行公司债券(第三期)提供转让服务的通知	深证上〔2016〕991号
256	关于为临安市城建发展有限公司2016年非公开发行公司债券(第一期)提供转让服务的通知	深证上〔2016〕464号
257	关于为临安市城建发展有限公司2015年非公开发行公司债券(第二期)提供转让服务的通知	深证上〔2016〕51号
258	关于为辽宁方大集团实业有限公司2016年非公开发行公司债券(第一期)提供转让服务的通知	深证上〔2016〕507号
259	关于为连云港房政置业有限公司2016年非公开发行公司债券提供转让服务的通知	深证上〔2016〕401号
260	关于为利辛县春蕾农业发展有限责任公司2016年非公开发行公司债券提供转让服务的通知	深证上〔2016〕704号
261	关于为蓝盾信息安全技术股份有限公司2016年非公开发行公司债券提供转让服务的通知	深证上〔2016〕86号
262	关于为莱芜钢铁集团有限公司2016年非公开发行公司债券(第一期)提供转让服务的通知	深证上〔2016〕330号

续表

序号	标题	文号
263	关于为昆山经济技术开发区资产经营有限公司2015年非公开发行公司债券(第一期)提供转让服务的通知	深证上〔2016〕121号
264	关于为昆山国创投资集团有限公司2016年非公开发行公司债券(第一期)提供转让服务的通知	深证上〔2016〕234号
265	关于为昆山国创投资集团有限公司2016年非公开发行公司债券(第三期)提供转让服务的通知	深证上〔2016〕992号
266	关于为昆山国创投资集团有限公司2016年非公开发行公司债券(第二期)提供转让服务的通知	深证上〔2016〕350号
267	关于为昆明交通产业股份有限公司2016年非公开发行公司债券(第一期)提供转让服务的通知	深证上〔2016〕260号
268	关于为昆明交通产业股份有限公司2016年非公开发行公司债券(第三期)提供转让服务的通知	深证上〔2016〕919号
269	关于为昆明交通产业股份有限公司2016年非公开发行公司债券(第二期)提供转让服务的通知	深证上〔2016〕445号
270	关于为昆明高新技术产业开发区国有资产经营有限公司2016年非公开发行公司债券提供转让服务的通知	深证上〔2016〕328号
271	关于为昆明钢铁控股有限公司2015年非公开发行公司债券提供转让服务的通知	深证上〔2016〕19号
272	关于为昆明发展投资集团有限公司2016年非公开发行公司债券(第一期)提供转让服务的通知	深证上〔2016〕732号
273	关于为昆明发展投资集团有限公司2016年非公开发行公司债券(第二期)提供转让服务的通知	深证上〔2016〕851号
274	关于为靖江市城投基础设施发展有限公司2016年非公开发行公司债券提供转让服务的通知	深证上〔2016〕698号
275	关于为靖江市滨江新城投资开发有限公司2016年非公开发行公司债券(第二期)提供转让服务的通知	深证上〔2016〕836号
276	关于为精功集团有限公司2016年非公开发行公司债券(第一期)提供转让服务的通知	深证上〔2016〕312号
277	关于为金圆水泥股份有限公司2016年非公开发行公司债券(第一期)提供转让服务的通知	深证上〔2016〕196号
278	关于为金融街控股股份有限公司2016年非公开发行公司债券(第一期)提供转让服务的通知	深证上〔2016〕343号
279	关于为金融街控股股份有限公司2016年非公开发行公司债券(第四期)提供转让服务的通知	深证上〔2016〕630号
280	关于为金融街控股股份有限公司2016年非公开发行公司债券(第三期)提供转让服务的通知	深证上〔2016〕585号
281	关于为金融街控股股份有限公司2016年非公开发行公司债券(第二期)提供转让服务的通知	深证上〔2016〕449号
282	关于为金科地产集团股份有限公司2015年非公开发行公司债券(第一期)提供转让服务的通知	深证上〔2016〕89号
283	关于为江油鸿飞投资(集团)有限公司2016年非公开发行公司债券(第一期)提供转让服务的通知	深证上〔2016〕247号

续表

序号	标题	文号
284	关于为江油鸿飞投资(集团)有限公司2016年非公开发行公司债券(第二期)提供转让服务的通知	深证上〔2016〕547号
285	关于为江苏中南建设集团股份有限公司2016年非公开发行公司债券(第一期)提供转让服务的通知	深证上〔2016〕370号
286	关于为江苏中南建设集团股份有限公司2015年非公开发行公司债券(第三期)提供转让服务的通知	深证上〔2016〕157号
287	关于为江苏中关村科技产业园控股集团有限公司2016年非公开发行公司债券提供转让服务的通知	深证上〔2016〕568号
288	关于为江苏银宝控股集团有限公司2016年非公开发行公司债券提供转让服务的通知	深证上〔2016〕176号
289	关于为江苏协鑫能源有限公司2016年非公开发行公司债券提供转让服务的通知	深证上〔2016〕980号
290	关于为江苏维尔利环保科技股份有限公司2016年非公开发行公司债券(第一期)提供转让服务的通知	深证上〔2016〕379号
291	关于为江苏望涛投资建设有限公司2016年非公开发行公司债券(第一期)提供转让服务的通知	深证上〔2016〕613号
292	关于为江苏润和科技投资集团有限公司2016年非公开发行可交换债券提供转让服务的通知	深证上〔2016〕750号
293	关于为江苏句容福地生态科技有限公司2016年非公开发行公司债券(第一期)提供转让服务的通知	深证上〔2016〕351号
294	关于为江苏金智科技股份有限公司2016年非公开发行公司债券提供转让服务的通知	深证上〔2016〕439号
295	关于为江苏金坛国发国际投资发展有限公司2016年非公开发行公司债券(第三期)提供转让服务的通知	深证上〔2016〕912号
296	关于为江苏华西村股份有限公司2016年非公开发行公司债券(第一期)提供转让服务的通知	深证上〔2016〕855号
297	关于为江苏瀚瑞投资控股有限公司2016年非公开发行公司债券(第二期)提供转让服务的通知	深证上〔2016〕948号
298	关于为江苏国泰国际集团有限公司2016年非公开发行公司债券(第一期)提供转让服务的通知	深证上〔2016〕246号
299	关于为江苏国泰国际集团有限公司2016年非公开发行公司债券(第二期)提供转让服务的通知	深证上〔2016〕679号
300	关于为江苏叠石桥投资有限公司2016年非公开发行公司债券提供转让服务的通知	深证上〔2016〕830号
301	关于为江苏叠石桥投资有限公司2015年非公开发行公司债券提供转让服务的通知	深证上〔2016〕184号
302	关于为江苏必康制药股份有限公司2016年非公开发行公司债券(第一期)提供转让服务的通知	深证上〔2016〕797号
303	关于为嘉兴市乍浦建设投资有限公司2016年非公开发行公司债券(第一期)提供转让服务的通知	深证上〔2016〕262号
304	关于为嘉兴市乍浦建设投资有限公司2016年非公开发行公司债券(第一期)提供转让服务的通知	深证上〔2016〕713号

续表

序号	标题	文号
305	关于为嘉兴市高等级公路投资有限公司2016年非公开发行公司债券(第三期)提供转让服务的通知	深证上〔2016〕929号
306	关于为嘉兴市高等级公路投资有限公司2016年非公开发行公司债券(第二期)提供转让服务的通知	深证上〔2016〕847号
307	关于为吉林省亚东投资管理有限公司2016年非公开发行公司债券(第一期)提供转让服务的通知	深证上〔2016〕776号
308	关于为吉林化纤集团有限责任公司2016年非公开发行公司债券提供转让服务的通知	深证上〔2016〕221号
309	关于为积水置业(无锡)有限公司2016年非公开发行公司债券(第一期)提供转让服务的通知	深证上〔2016〕482号
310	关于为淮安新城投资开发有限公司2016年非公开发行公司债券(第三期)提供转让服务的通知	深证上〔2016〕668号
311	关于为淮安新城投资开发有限公司2016年非公开发行公司债券(第二期)提供转让服务的通知	深证上〔2016〕610号
312	关于为淮安市水利资产经营有限公司2016年非公开发行公司债券(第一期)提供转让服务的通知	深证上〔2016〕417号
313	关于为怀化市城市建设投资有限公司2016年非公开发行公司债券提供转让服务的通知	深证上〔2016〕228号
314	关于为华讯方舟股份有限公司2016年非公开发行公司债券(第一期)提供转让服务的通知	深证上〔2016〕996号
315	关于为华夏幸福基业控股股份公司2016年非公开发行公司债券(第四期)提供转让服务的通知	深证上〔2016〕721号
316	关于为华夏幸福基业控股股份公司2016年非公开发行公司债券(第三期)提供转让服务的通知	深证上〔2016〕444号
317	关于为华泰汽车集团有限公司2016年非公开发行公司债券(第一期)提供转让服务的通知	深证上〔2016〕436号
318	关于为华泰汽车集团有限公司2016年非公开发行公司债券(第二期)提供转让服务的通知	深证上〔2016〕867号
319	关于为花样年集团(中国)有限公司2016年非公开发行公司债券(第一期)提供转让服务的通知	深证上〔2016〕625号
320	关于为湖州春语建设有限公司2016年非公开发行公司债券(第一期)提供转让服务的通知	深证上〔2016〕402号
321	关于为湖南卓越投资有限公司2016年非公开发行可交换公司债券提供转让服务的通知	深证上〔2016〕345号
322	关于为湖南湘江新区投资集团有限公司2016年非公开发行公司债券提供转让服务的通知	深证上〔2016〕983号
323	关于为湖南天易集团有限公司2015年非公开发行公司债券提供转让服务的通知	深证上〔2016〕77号
324	关于为湖南省高速公路投资集团有限公司2016年非公开发行公司债券(第一期)提供转让服务的通知	深证上〔2016〕235号
325	关于为湖南省高速公路投资集团有限公司2016年非公开发行公司债券(第二期)提供转让服务的通知	深证上〔2016〕411号

续表

序号	标题	文号
326	关于为湖南省高速公路建设开发总公司2016年非公开发行公司债券（第一期）提供转让服务的通知	深证上〔2016〕310号
327	关于为湖南省高速公路建设开发总公司2016年非公开发行公司债券（第二期）提供转让服务的通知	深证上〔2016〕746号
328	关于为湖南景峰医药股份有限公司2016年非公开发行公司债券提供转让服务的通知	深证上〔2016〕244号
329	关于为湖北福星科技股份有限公司2016年非公开发行公司债券（第一期）提供转让服务的通知	深证上〔2016〕418号
330	关于为鸿达兴业集团有限公司2016年非公开发行公司债券提供转让服务的通知	深证上〔2016〕172号
331	关于为恒泰艾普石油天然气技术服务股份有限公司2015年非公开发行公司债券（第一期）提供转让服务的通知	深证上〔2016〕31号
332	关于为恒大地产集团有限公司2016年非公开发行公司债券（第一期）提供转让服务的通知	深证上〔2016〕91号
333	关于为恒大地产集团有限公司2016年非公开发行公司债券（第二期）（品种一）提供转让服务的通知	深证上〔2016〕687号
334	关于为河南新野纺织股份有限公司2016年非公开发行公司债券提供转让服务的通知	深证上〔2016〕242号
335	关于为河南省济源市建设投资有限公司2016年非公开发行公司债券提供转让服务的通知	深证上〔2016〕844号
336	关于为河南宏光正商置业有限公司2016年非公开发行公司债券（第一期）提供转让服务的通知	深证上〔2016〕467号
337	关于为河南宏光正商置业有限公司2016年非公开发行公司债券（第三期）提供转让服务的通知	深证上〔2016〕869号
338	关于为河南宏光正商置业有限公司2016年非公开发行公司债券（第二期）提供转让服务的通知	深证上〔2016〕735号
339	关于为合肥华泰集团股份有限公司2016年非公开发行可交换公司债券（第一期）提供转让服务的通知	深证上〔2016〕364号
340	关于为杭州西湖投资有限公司2016年非公开发行公司债券（第一期）提供转让服务的通知	深证上〔2016〕332号
341	关于为海南瑞泽新型建材股份有限公司2016年非公开发行公司债券提供转让服务的通知	深证上〔2016〕701号
342	关于为海航物流集团有限公司2016年非公开发行公司债券提供转让服务的通知	深证上〔2016〕570号
343	关于为海航基础股份有限公司2016年非公开发行公司债券（第一期）提供转让服务的通知	深证上〔2016〕368号
344	关于为海航基础股份有限公司2016年非公开发行公司债券（第二期）提供转让服务的通知	深证上〔2016〕936号
345	关于为海航航空集团有限公司2016非公开发行公司债券（第一期）提供转让服务的通知	深证上〔2016〕329号
346	关于为海航航空集团有限公司2016年非公开发行公司债券（第三期）提供转让服务的通知	深证上〔2016〕937号

续表

序号	标题	文号
347	关于为海航航空集团有限公司2016年非公开发行公司债券(第二期)提供转让服务的通知	深证上〔2016〕657号
348	关于为国元证券股份有限公司2016年证券公司短期公司债券(第一期)提供转让服务的通知	深证上〔2016〕641号
349	关于为国美控股集团有限公司2016年非公开发行公司债券提供转让服务的通知	深证上〔2016〕466号
350	关于为国广环球传媒控股有限公司2015年非公开发行公司债券提供转让服务的通知	深证上〔2016〕55号
351	关于为贵州兴义阳光资产经营管理集团有限公司2015年非公开发行公司债券提供转让服务的通知	深证上〔2016〕20号
352	关于为贵州剑江控股集团有限公司2016年非公开发行公司债券(第一期)提供转让服务的通知	深证上〔2016〕651号
353	关于为贵州剑江控股集团有限公司2016年非公开发行公司债券(第二期)提供转让服务的通知	深证上〔2016〕736号
354	关于为贵州高速公路投资有限公司2016年非公开发行公司债券(第一期)提供转让服务的通知	深证上〔2016〕644号
355	关于为贵州高速公路投资有限公司2015年非公开发行公司债券(第一期)提供转让服务的通知	深证上〔2016〕120号
356	关于为贵州大兴高新开发投资有限公司2016年非公开发行公司债券提供转让服务的通知	深证上〔2016〕143号
357	关于为贵阳铁路建设投资有限公司2016非公开发行公司债券(第一期)提供转让服务的通知	深证上〔2016〕723号
358	关于为贵阳城南地产(集团)有限公司2015年非公开发行公司债券提供转让服务的通知	深证上〔2016〕35号
359	关于为广州市时代地产集团有限公司2016年非公开发行公司债券提供转让服务的通知	深证上〔2016〕381号
360	关于为广西西江开发投资集团有限公司2016年非公开发行公司债券提供转让服务的通知	深证上〔2016〕872号
361	关于为广西万通房地产有限公司2016年非公开发行公司债券(第一期)提供转让服务的通知	深证上〔2016〕834号
362	关于为广西万通房地产有限公司2016年非公开发行公司债券(第四期)提供转让服务的通知	深证上〔2016〕624号
363	关于为广西万通房地产有限公司2016年非公开发行公司债券(第三期)提供转让服务的通知	深证上〔2016〕434号
364	关于为广西投资集团有限公司2016年非公开发行可续期公司债券(第一期)提供转让服务的通知	深证上〔2016〕523号
365	关于为广西投资集团有限公司2016年非公开发行公司债券(第一期)提供转让服务的通知	深证上〔2016〕139号
366	关于为广西投资集团有限公司2015年非公开发行公司债券(第一期)提供转让服务的通知	深证上〔2016〕57号
367	关于为广西投资集团有限公司2015年非公开发行公司债券(第二期)提供转让服务的通知	深证上〔2016〕34号

续表

序号	标题	文号
368	关于为广西铁路投资集团有限公司 2016 年非公开发行公司债券提供转让服务的通知	深证上〔2016〕277 号
369	关于为广西农垦集团有限责任公司 2016 年非公开发行公司债券提供转让服务的通知	深证上〔2016〕643 号
370	关于为广西柳州市建设投资开发有限责任公司 2016 年非公开发行公司债券(第一期)提供转让服务的通知	深证上〔2016〕868 号
371	关于为广西金融投资集团有限公司 2016 年非公开发行公司债券提供转让服务的通知	深证上〔2016〕100 号
372	关于为广西建工集团有限责任公司 2016 年非公开发行公司债券(第一期)提供转让服务的通知	深证上〔2016〕162 号
373	关于为广西建工集团有限责任公司 2016 年非公开发行公司债券(第二期)提供转让服务的通知	深证上〔2016〕931 号
374	关于为广西德保铜矿有限责任公司 2016 年非公开发行公司债券提供转让服务的通知	深证上〔2016〕645 号
375	关于为广田控股集团有限公司 2016 年非公开发行公司债券(第二期)提供转让服务的通知	深证上〔2016〕989 号
376	关于为广发证券股份有限公司 2016 年证券公司短期公司债券(第一期)提供转让服务的通知	深证上〔2016〕241 号
377	关于为广发证券股份有限公司 2016 年证券公司短期公司债券(第四期)提供转让服务的通知	深证上〔2016〕480 号
378	关于为广发证券股份有限公司 2016 年证券公司短期公司债券(第二期)提供转让服务的通知	深证上〔2016〕326 号
379	关于为广发证券股份有限公司 2016 年证券公司次级债券(第五期)提供转让服务的通知	深证上〔2016〕755 号
380	关于为广发证券股份有限公司 2016 年证券公司次级债券(第四期)提供转让服务的通知	深证上〔2016〕609 号
381	关于为广发证券股份有限公司 2016 年证券公司次级债券(第三期)提供转让服务的通知	深证上〔2016〕521 号
382	关于为广发证券股份有限公司 2016 年证券公司次级债券(第二期)提供转让服务的通知	深证上〔2016〕502 号
383	关于为广东粤科融资租赁有限公司 2016 年非公开发行公司债券(第一期)提供转让服务的通知	深证上〔2016〕582 号
384	关于为广东粤科融资租赁有限公司 2016 年非公开发行公司债券(第二期)提供转让服务的通知	深证上〔2016〕751 号
385	关于为广东美的置业有限公司 2016 年非公开发行公司债券(第一期)提供转让服务的通知	深证上〔2016〕375 号
386	关于为广东美的置业有限公司 2016 年非公开发行公司债券(第二期)提供转让服务的通知	深证上〔2016〕548 号
387	关于为广东锦龙发展股份有限公司 2016 年非公开发行公司债券(第一期)提供转让服务的通知	深证上〔2016〕652 号
388	关于为广东国盛金控集团股份有限公司 2016 年非公开发行公司债券提供转让服务的通知	深证上〔2016〕1007 号

续表

序号	标题	文号
389	关于为阜阳交通能源投资有限公司非公开发行2016年公司债券(第一期)提供转让服务的通知	深证上〔2016〕233号
390	关于为阜阳交通能源投资有限公司2016年非公开发行公司债券(第三期)提供转让服务的通知	深证上〔2016〕921号
391	关于为阜阳交通能源投资有限公司2016年非公开发行公司债券(第二期)提供转让服务的通知	深证上〔2016〕452号
392	关于为福州市建设发展集团有限公司2016年非公开发行公司债券(第一期)提供转让服务的通知	深证上〔2016〕549号
393	关于为福星惠誉房地产有限公司2015年非公开发行公司债券(第二期)提供转让服务的通知	深证上〔2016〕149号
394	关于为福建漳龙集团有限公司2016年非公开发行公司债券提供转让服务的通知	深证上〔2016〕412号
395	关于为福建阳光集团有限公司2016年非公开公司债券(第一期)提供转让服务的通知	深证上〔2016〕349号
396	关于为福建阳光集团有限公司2016年非公开发行公司债券(第三期)提供转让服务的通知	深证上〔2016〕814号
397	关于为福建阳光集团有限公司2016年非公开发行公司债券(第二期)提供转让服务的通知	深证上〔2016〕451号
398	关于为福建省汽车工业集团有限公司2016年非公开发行公司债券提供转让服务的通知	深证上〔2016〕232号
399	关于为丰县城市投资发展有限公司2016年非公开发行公司债券提供转让服务的通知	深证上〔2016〕505号
400	关于为泛海控股股份有限公司2016年非公开发行公司债券(第一期)提供转让服务的通知	深证上〔2016〕173号
401	关于为泛海控股股份有限公司2016年非公开发行公司债券(第二期)提供转让服务的通知	深证上〔2016〕733号
402	关于为都江堰兴市投资有限公司2016年非公开发行公司债券(第一期)提供转让服务的通知	深证上〔2016〕263号
403	关于为东旭集团有限公司2016年非公开发行公司债券第四期(品种一)提供转让服务的通知	深证上〔2016〕874号
404	关于为东旭集团有限公司2016年非公开发行公司债券(第一期)提供转让服务的通知	深证上〔2016〕399号
405	关于为东旭集团有限公司2016年非公开发行公司债券(第三期)提供转让服务的通知	深证上〔2016〕563号
406	关于为东旭集团有限公司2016年非公开发行公司债券(第二期)提供转让服务的通知	深证上〔2016〕493号
407	关于为东旭集团有限公司2015年非公开发行可交换公司债券提供转让服务的通知	深证上〔2016〕477号
408	关于为东莞宜安科技股份有限公司2016年非公开发行公司债券提供转让服务的通知	深证上〔2016〕520号
409	关于为东莞市新世纪科教拓展有限公司2016年非公开发行可交换公司债券提供转让服务的通知	深证上〔2016〕711号

续表

序号	标题	文号
410	关于为东方资产管理（中国）有限公司2016年非公开发行公司债券（第一期）提供转让服务的通知	深证上〔2016〕485号
411	关于为东方资产管理（中国）有限公司2016年非公开发行公司债券（第二期）提供转让服务的通知	深证上〔2016〕954号
412	关于为东北证券股份有限公司2016年证券公司短期公司债券（第一期）提供转让服务的通知	深证上〔2016〕197号
413	关于为东北证券股份有限公司2016年证券公司次级债券（第一期）提供转让服务的通知	深证上〔2016〕811号
414	关于为东北证券股份有限公司2016年证券公司次级债券（第二期）提供转让服务的通知	深证上〔2016〕1009号
415	关于为第一创业证券股份有限公司2016年证券公司次级债券（第一期）提供转让服务的通知	深证上〔2016〕857号
416	关于为大族控股集团有限公司2016年非公开发行公司债券（第一期）提供转让服务的通知	深证上〔2016〕865号
417	关于为大族控股集团有限公司2015年非公开发行可交换债券（第一期）提供转让服务的通知	深证上〔2016〕294号
418	关于为大连重工·起重集团有限公司2015年非公开发行可交换公司债券提供转让服务的通知	深证上〔2016〕109号
419	关于为大连星海湾金融商务区投资管理股份有限公司2015年非公开发行公司债券（第二期）提供转让服务的通知	深证上〔2016〕8号
420	关于为大连德泰控股有限公司2016年非公开发行公司债券（第一期）提供转让服务的通知	深证上〔2016〕274号
421	关于为雏鹰农牧集团股份有限公司2016年非公开发行公司债券（第一期）提供转让服务的通知	深证上〔2016〕258号
422	关于为雏鹰农牧集团股份有限公司2016年非公开发行公司债券（第二期）提供转让服务的通知	深证上〔2016〕396号
423	关于为成都天翔环境股份有限公司2016年非公开发行公司债券提供转让服务的通知	深证上〔2016〕327号
424	关于为成都三联花木投资有限责任公司2016年非公开发行公司债券提供转让服务的通知	深证上〔2016〕313号
425	关于为郴州市金贵银业股份有限公司2016年非公开发行公司债券（第二期）提供转让服务的通知	深证上〔2016〕290号
426	关于为郴州市金贵银业股份有限公司2016年非公开发行公司债（第一期）提供转让服务的通知	深证上〔2016〕158号
427	关于为郴州高科投资控股有限公司2016年非公开发行公司债券提供转让服务的通知	深证上〔2016〕635号
428	关于为常州市城市建设（集团）有限公司2016年非公开发行公司债券（第一期）提供转让服务的通知	深证上〔2016〕365号
429	关于为常州市城市建设（集团）有限公司2016年非公开发行公司债券（第三期）提供转让服务的通知	深证上〔2016〕904号
430	关于为常州市城市建设（集团）有限公司2016年非公开发行公司债券（第二期）提供转让服务的通知	深证上〔2016〕667号

续表

序号	标题	文号
431	关于为昌吉州国有资产投资经营有限责任公司 2016 年非公开发行公司债券(第一期)提供转让服务的通知	深证上〔2016〕907 号
432	关于为毕节洪山国际大酒店置业有限公司 2016 非公开发行公司债券提供转让服务的通知	深证上〔2016〕447 号
433	关于为北京威卡威汽车零部件股份有限公司 2016 年非公开发行公司债券(第一期)提供转让服务的通知	深证上〔2016〕653 号
434	关于为北京天恒置业集团有限公司 2016 年非公开发行公司债券(第二期)提供转让服务的通知	深证上〔2016〕448 号
435	关于为北京金一文化发展股份有限公司 2016 年非公开发行公司债券(第一期)提供转让服务的通知	深证上〔2016〕666 号
436	关于为北京金一文化发展股份有限公司 2015 年非公开发行公司债券(第一期)提供转让服务的通知	深证上〔2016〕137 号
437	关于为北京华美乔戈里实业发展有限公司 2016 年非公开发行公司债券提供转让服务的通知	深证上〔2016〕220 号
438	关于为北京暴风科技股份有限公司 2015 年非公开发行公司债券提供转让服务的通知	深证上〔2016〕107 号
439	关于为保定隆远房地产开发有限公司 2016 年非公开发行公司债券(第一期)提供转让服务的通知	深证上〔2016〕703 号
440	关于为奥园集团有限公司 2016 年非公开发行公司债券(第一期)提供转让服务的通知	深证上〔2016〕116 号
441	关于为奥园集团有限公司 2016 年非公开发行公司债券(第二期)提供转让服务的通知	深证上〔2016〕888 号
442	关于为安信证券股份有限公司 2016 年非公开发行公司债券提供转让服务的通知	深证上〔2016〕1006 号
443	关于为安顺市城市建设投资有限责任公司 2015 年非公开发行公司债券提供转让服务的通知	深证上〔2016〕362 号
444	关于为安徽盛运环保(集团)股份有限公司 2016 年非公开发行公司债券(第一期)提供转让服务的通知	深证上〔2016〕592 号
445	关于为安徽盛运环保(集团)股份有限公司 2015 年非公开发行公司债券(第一期)提供转让服务的通知	深证上〔2016〕85 号
446	关于为安徽省新路建设工程集团有限责任公司 2016 年非公开发行公司债券提供转让服务的通知	深证上〔2016〕189 号
447	关于为安徽金瑞投资集团有限公司 2016 年非公开发行可交换公司债券提供转让服务的通知	深证上〔2016〕794 号
448	关于为遵义市道路桥梁工程有限责任公司 2016 年非公开发行公司债券(第一期)提供转让服务的通知	深证上〔2016〕291 号
449	关于为重庆鸿业实业(集团)有限公司 2015 年非公开发行公司债券(第一期)等两只债券提供转让服务的通知	深证上〔2016〕93 号
450	关于为中信富通融资租赁有限公司 2016 年非公开发行公司债券(第一期)提供转让服务的通知	深证上〔2016〕961 号
451	关于为中铁十六局集团有限公司 2016 年非公开发行公司债券提供转让服务的通知	深证上〔2016〕968 号

续表

序号	标题	文号
452	关于为中天城投集团股份有限公司2016年非公开发行公司债券（第六期）等两只债券提供转让服务的通知	深证上〔2016〕866号
453	关于为中天城投集团股份有限公司2016年非公开发行公司债券（第二期）（品种一）等两只债券提供转让服务的通知	深证上〔2016〕450号
454	关于为中天城投集团股份有限公司2015年非公开发行公司债券（第三期）等两只债券提供转让服务的通知	深证上〔2016〕117号
455	关于为中山证券有限责任公司2016年证券公司次级债券（第一期）（品种一）等两只债券提供转让服务的通知	深证上〔2016〕922号
456	关于为中融新大集团有限公司2016年非公开发行公司债券（第四期）等两只债券提供转让服务的通知	深证上〔2016〕671号
457	关于为云南省滇中产业发展集团有限责任公司2016年非公开发行公司债券（第一期）等两只债券提供转让服务的通知	深证上〔2016〕853号
458	关于为余姚市城市建设投资发展有限公司2016年非公开发行公司债券（第三期）等两只债券提供转让服务的通知	深证上〔2016〕918号
459	关于为酉阳县桃花源旅游投资（集团）有限公司2015年非公开发行（第一期）等两只债券提供转让服务的通知	深证上〔2016〕5号
460	关于为亿阳集团股份有限公司2016年非公开发行公司债券（第一期）（品种一）等两只债券提供转让服务的通知	深证上〔2016〕920号
461	关于为扬州市江都沿江开发有限公司2016年非公开发行公司债券等两只债券提供转让服务的通知	深证上〔2016〕311号
462	关于为宿迁市开源置业有限公司2016年非公开发行公司债券（第一期）提供转让服务的通知	深证上〔2016〕261号
463	关于为星星集团有限公司2016年非公开发行可交换公司债券（第一期）等两只债券提供转让服务的通知	深证上〔2016〕506号
464	关于为星星集团有限公司2016年非公开发行可交换公司债券（第三期）提供转让服务的通知	深证上〔2016〕964号
465	关于为新沂市城市投资发展有限公司2015年非公开发行公司债券（第一期）等两只债券提供转让服务的通知	深证上〔2016〕56号
466	关于为西部证券股份有限公司2016年证券公司短期公司债券（第一期）等两只债券提供转让服务的通知	深证上〔2016〕463号
467	关于为西部证券股份有限公司2016年证券公司短期公司债券（第三期）等两只债券提供转让服务的通知	深证上〔2016〕953号
468	关于为万泽集团有限公司2016年非公开发行可交换公司债券（第一期）（品种一）等两只债券提供转让服务的通知	深证上〔2016〕742号
469	关于为天瑞集团水泥有限公司2016年非公开发行公司债券（第一期）等两只债券提供转让服务的通知	深证上〔2016〕854号
470	关于为天津市房地产信托集团有限公司2016年非公开发行公司债券（第三期）等两只债券提供转让服务的通知	深证上〔2016〕722号
471	关于为苏州市相城城市建设有限责任公司2016年非公开发行公司债券（第一期）等两只债券提供转让服务的通知	深证上〔2016〕969号
472	关于为水城县城市投资开发有限责任公司2016年非公开发行公司债券（第一期）提供转让服务的通知	深证上〔2016〕967号

续表

序号	标题	文号
473	关于为绍兴袍江工业区投资开发有限公司2016年非公开发行公司债券(第一期)提供转让服务的通知	深证上〔2016〕353号
474	关于为山西建设发展有限公司2016年非公开发行公司债券(第一期)(品种一)等两只债券提供转让服务的通知	深证上〔2016〕946号
475	关于为三胞集团有限公司2016年非公开发行公司债券(第一期)等两只提供转让服务的通知	深证上〔2016〕498号
476	关于为如皋沿江开发投资有限公司2016年非公开公司债券(第一期)(品种一)等两只债券提供转让服务的通知	深证上〔2016〕122号
477	关于为融信(福建)投资集团有限公司2016年非公开发行公司债券(第一期)等两只债券提供转让服务的通知	深证上〔2016〕186号
478	关于为荣盛房地产发展股份有限公司2016年非公开发行公司债券(第五期)(品种一)等两只债券提供转让服务的通知	深证上〔2016〕913号
479	关于为荣盛房地产发展股份有限公司2016年非公开发行公司债券(第四期)(品种一)等两只债券提供转让服务的通知	深证上〔2016〕812号
480	关于为荣盛房地产发展股份有限公司2015年非公开发行公司债券(第三期)(品种一)等两只债券提供转让服务的通知	深证上〔2016〕113号
481	关于为内蒙古矿业(集团)有限责任公司2016年非公开发行公司债券(第一期)提供转让服务的通知	深证上〔2016〕982号
482	关于为牧原实业集团有限公司2016年非公开发行可交换公司债券(第一期)(品种一)等三只债券提供转让服务的通知	深证上〔2016〕825号
483	关于为临汾市投资集团有限公司2016年非公开发行公司债券(第二期)(品种一)等两只提供转让服务的通知	深证上〔2016〕546号
484	关于为莱芜钢铁集团有限公司2016年非公开发行公司债券(第二期)等两只债券提供转让服务的通知	深证上〔2016〕835号
485	关于为金科地产集团股份有限公司2016年非公开发行公司债券(第一期)(品种一)等两只债券提供转让服务的通知	深证上〔2016〕289号
486	关于为金科地产集团股份有限公司2016年非公开发行公司债券(第三期)(品种一)等两只债券提供转让服务的通知	深证上〔2016〕833号
487	关于为江苏中南建设集团股份有限公司2016年非公开发行公司债券(第二期)提供转让服务的通知	深证上〔2016〕962号
488	关于为淮安市水利资产经营有限公司2016年非公开发行公司债券(第三期)(品种一)等两只债券提供转让服务的通知	深证上〔2016〕702号
489	关于为华夏幸福基业控股股份公司2015年非公开发行公司债券(第二期)等三只提供转让服务的通知	深证上〔2016〕229号
490	关于为华西证券股份有限公司2016年证券公司次级债券(第一期)提供转让服务的通知	深证上〔2016〕1008号
491	关于为华福证券有限责任公司2016非公开发行公司债券(第一期)提供转让服务的通知	深证上〔2016〕218号
492	关于为华福证券有限责任公司2016非公开发行公司债券(第二期)提供转让服务的通知	深证上〔2016〕273号
493	关于为花样年集团(中国)有限公司2016年非公开发行公司债券(第二期)等四只债券提供转让服务的通知	深证上〔2016〕887号

续表

序号	标题	文号
494	关于为湖北福星科技股份有限公司2016年非公开发行公司债券(第四期)品种一等两只债券提供转让服务的通知	深证上〔2016〕966号
495	关于为湖北福星科技股份有限公司2016年非公开发行公司债券(第二期)(品种一)等两只债券提供转让服务的通知	深证上〔2016〕551号
496	关于为河南盛润控股集团有限公司2016年非公开发行公司债券(第一期)品种一等两只债券提供转让服务的通知	深证上〔2016〕947号
497	关于为广州市天建房地产开发有限公司2016年非公开发行公司债券(第一期)(品种二)等两只债券提供转让服务的通知	深证上〔2016〕526号
498	关于为广州富力地产股份有限公司2016年非公开发行公司债券(第四期)等两只债券提供转让服务的通知	深证上〔2016〕979号
499	关于为广西万通房地产有限公司2015年非公开发行公司债券(第一期)(品种一)等两只债券提供转让服务的通知	深证上〔2016〕30号
500	关于为广厦控股集团有限公司2016年非公开发行公司债券(第一期)等两只债券提供转让服务的通知	深证上〔2016〕762号
501	关于为广发证券股份有限公司2016年证券公司短期公司债券(第三期)等两只债券提供转让服务的通知	深证上〔2016〕398号
502	关于为广发证券股份有限公司2016年证券公司次级债券(第六期)等两只债券提供转让服务的通知	深证上〔2016〕810号
503	关于为佛山市中基投资有限公司2015年非公开发行可交换公司债券提供转让服务的通知	深证上〔2016〕71号
504	关于为飞马投资控股有限公司2016年非公开发行可交换公司债券(第一期)提供转让服务的通知	深证上〔2016〕981号
505	关于为东华能源股份有限公司2016年非公开发行公司债券(第一期)(品种一)等两只债券提供转让服务的通知	深证上〔2016〕995号
506	关于为东北证券股份有限公司2016年证券公司短期公司债券(第二期)等三只债券提供转让服务的通知	深证上〔2016〕761号
507	关于为大丰市兴城投资开发有限公司2016年非公开发行公司债券(第一期)等两只债券提供转让服务的通知	深证上〔2016〕188号
508	关于为本溪钢铁(集团)有限责任公司2016年非公开发行可交换公司债券(第一期)提供转让服务的通知	深证上〔2016〕963号
509	关于为北京华美乔戈里实业发展有限公司2016年非公开发行公司债券(第二期)(品种一)等两只债券提供转让服务的通知	深证上〔2016〕827号

资产支持专项计划符合深交所挂牌条件无异议函

序号	标题	文号
1	关于东证资管"信择2016年第一期资产支持专项计划"符合深交所挂牌条件的无异议函	深证函〔2016〕15号
2	关于中银证券"中银证券－深能南京电力上网收益权资产支持专项计划"符合深交所挂牌条件的无异议函	深证函〔2016〕16号
3	关于招商资管"招商创融－瀚华小额贷款资产支持专项计划1号"符合深交所挂牌条件的无异议函	深证函〔2016〕17号
4	关于红塔资产"银河凯迪电力上网收费权资产支持专项计划"符合深交所挂牌条件的无异议函	深证函〔2016〕46号

续表

序号	标题	文号
5	关于中信信诚“中信－红星美凯龙信托受益权资产支持专项计划”符合深交所挂牌条件的无异议函	深证函〔2016〕47 号
6	关于华鑫证券“京东金融－华鑫 2016 年第一期白条应收账款债权资产支持专项计划”符合深交所挂牌条件的无异议函	深证函〔2016〕48 号
7	关于海富通资管“惠通热电供暖合同债权资产支持专项计划”符合深交所挂牌条件的无异议函	深证函〔2016〕79 号
8	关于光大资管“徐工租赁租赁资产支持专项计划”符合深交所挂牌条件的无异议函	深证函〔2016〕80 号
9	关于国金证券“江苏华晟电力上网收费权资产支持专项计划”符合深交所挂牌条件的无异议函	深证函〔2016〕85 号
10	关于第一创业证券“第一创业九联科技一期资产支持专项计划”符合深交所挂牌条件的无异议函	深证函〔2016〕93 号
11	关于长江资管“狮桥三期资产支持专项计划”符合深交所挂牌条件的无异议函	深证函〔2016〕94 号
12	关于华鑫证券“华鑫－德基广场资产支持专项计划”符合深交所挂牌条件的无异议函	深证函〔2016〕132 号
13	关于东证融汇“东证融汇先锋太盟一期资产支持专项计划”符合深交所挂牌条件的无异议函	深证函〔2016〕133 号
14	关于中金公司“中金－宜人精英贷信托受益权资产支持专项计划”符合深交所挂牌条件的无异议函	深证函〔2016〕134 号
15	关于华泰证券(上海)资产管理有限公司“南通天生安置房信托受益权资产支持专项计划”符合深交所挂牌条件的无异议函	深证函〔2016〕160 号
16	关于国海证券“临淄热电供热合同债权资产支持专项计划”符合深交所挂牌条件的无异议函	深证函〔2016〕162 号
17	关于博时资本“博时资本－平安银行橙鑫橙 e1－10 号资产支持专项计划”符合深交所挂牌条件的无异议函	深证函〔2016〕163 号
18	关于上海兴瀚“融侨集团物业管理债权资产支持专项计划”符合深交所挂牌条件的无异议函	深证函〔2016〕179 号
19	关于华泰证券(上海)资产管理有限公司“镇江红星置业安置房信托受益权资产支持专项计划”符合深交所挂牌条件的无异议函	深证函〔2016〕190 号
20	关于广发资管“广发资管－民生银行安驰 11－30 号汇富资产支持专项计划”符合深交所挂牌条件的无异议函	深证函〔2016〕191 号
21	关于华泰证券(上海)资产管理有限公司“镇江公住保障房信托受益权资产支持专项计划”符合深交所挂牌条件的无异议函	深证函〔2016〕192 号
22	关于东海证券“苏源热电电力收费收益权资产支持专项计划”符合深交所挂牌条件的无异议函	深证函〔2016〕193 号
23	关于中信建投“建投汇宇－中信银行－远洋地产资产支持专项计划”符合深交所挂牌条件的无异议函	深证函〔2016〕197 号
24	关于东方汇智资产管理有限公司“东方汇智－中腾信工薪贷 1 号资产支持专项计划”符合深交所挂牌条件的无异议函	深证函〔2016〕235 号
25	关于华泰证券(上海)资产管理有限公司“京东金融－华泰资管 1－5 号京东白条应收账款债权资产支持专项计划”符合深交所挂牌条件的无异议函	深证函〔2016〕245 号

续表

序号	标题	文号
26	关于恒泰证券“远东一期委贷资产支持专项计划”符合深交所挂牌条件的无异议函	深证函〔2016〕299 号
27	关于首誉光控“首誉光控－光控安石大融城资产支持专项计划”符合深交所挂牌条件的无异议函	深证函〔2016〕335 号
28	关于东证资管“信择 2016 年第二期资产支持专项计划”符合深交所挂牌条件的无异议函	深证函〔2016〕354 号
29	关于东兴证券“阳光学院一期资产支持专项计划”符合深交所挂牌条件的无异议函	深证函〔2016〕361 号
30	关于方正富邦“方正富邦－中信－红星美凯龙信托受益权资产支持专项计划”符合深交所挂牌条件的无异议函	深证函〔2016〕362 号
31	关于北银丰业“中和农信 2016 年第一期公益小额贷款资产支持专项计划”符合深交所挂牌条件的无异议函	深证函〔2016〕383 号
32	关于平安证券“平安证券－万科供应链金融 1－5 号资产支持专项计划”符合深交所挂牌条件的无异议函	深证函〔2016〕385 号
33	关于银河资本“启源资产支持专项计划”符合深交所挂牌条件的无异议函	深证函〔2016〕390 号
34	关于华夏资本“中信华夏苏宁云享资产支持专项计划”符合深交所挂牌条件的无异议函	深证函〔2016〕508 号
35	关于国信证券“国信证券－中安租赁一期资产支持专项计划”符合深交所挂牌条件的无异议函	深证函〔2016〕464 号
36	关于东证资管“东信 2016 年第一期资产支持专项计划”符合深交所挂牌条件的无异议函	深证函〔2016〕500 号
37	关于中国国际金融股份有限公司“北京金辉锦江物业资产支持专项计划”符合深交所挂牌条件的无异议函	深证函〔2016〕520 号
38	关于东证资管“星美国际影院信托受益权二期资产支持专项计划”符合深交所挂牌条件的无异议函	深证函〔2016〕521 号
39	关于中信建投“狮桥四期资产支持专项计划”符合深交所挂牌条件的无异议函	深证函〔2016〕522 号
40	关于广发资管“广发资管－浦发银行鑫创 1－10 号资产支持专项计划”符合深交所挂牌条件的无异议函	深证函〔2016〕525 号
41	关于博时资本“博时资本－民生银行盈通 1－20 号资产支持专项计划”符合深交所挂牌条件的无异议函	深证函〔2016〕526 号
42	关于中山证券“中山证券－彩生活物业资产支持专项计划 1 号”符合深交所挂牌条件的无异议函	深证函〔2016〕535 号
43	关于招商资管“招商资管－前海一方恒融第一期（1 号－9 号）资产支持专项计划”符合深交所挂牌条件的无异议函	深证函〔2016〕538 号
44	关于长城证券“平银－长城荣盛物业资产支持专项计划”符合深交所挂牌条件的无异议函	深证函〔2016〕544 号
45	关于开源证券“开源－先锋太盟一期资产支持专项计划”符合深交所挂牌条件的无异议函	深证函〔2016〕545 号
46	关于方正证券“融元－方正证券－一方恒融碧桂园 1－10 期保理资产支持专项计划”符合深交所挂牌条件的无异议函	深证函〔2016〕607 号
47	关于国海证券“航洋城信托受益权资产支持专项计划”符合深交所挂牌条件的无异议函	深证函〔2016〕635 号

续表

序号	标题	文号
48	关于华泰资管“天津房信限价房信托受益权二期资产支持专项计划”符合深交所挂牌条件的无异议函	深证函〔2016〕642 号
49	关于华泰资管“华泰资管 - 际大实业应收账款债权资产支持专项计划”符合深交所挂牌条件的无异议函	深证函〔2016〕659 号
50	关于广发资管“平安租赁一期委贷资产支持专项计划”符合深交所挂牌条件的无异议函	深证函〔2016〕709 号
51	关于中信建投“建投 - 华谊兄弟影院信托受益权资产支持专项计划”符合深交所挂牌条件的无异议函	深证函〔2016〕717 号
52	关于招商资管“招商创融 - 赢时通二期资产支持专项计划”符合深交所挂牌条件的无异议函	深证函〔2016〕730 号
53	关于招商资管“民生汇富 - 招商创融 - 民生金租支持专项计划”符合深交所挂牌条件的无异议函	深证函〔2016〕731 号
54	关于中信建投“狮桥五期资产支持专项计划”符合深交所挂牌条件的无异议函	深证函〔2016〕757 号
55	关于农银汇理(上海)“农银穗盈 - 阳光城物业费债权资产支持专项计划”符合深交所挂牌条件的无异议函	深证函〔2016〕761 号
56	关于国信证券“国信证券 - 瀚华小额贷款资产支持专项计划 1 号”符合深交所挂牌条件的无异议函	深证函〔2016〕773 号
57	关于华泰资管“京东金融 - - 华泰资管 6 - 15 号京东白条应收账款债权资产支持专项计划”符合深交所挂牌条件的无异议函	深证函〔2016〕774 号
58	关于信达证券“深圳益田假日广场资产支持专项计划”符合深交所挂牌条件的无异议函	深证函〔2016〕794 号
59	关于中山证券“中山证券 - 诺德租赁资产支持专项计划”符合深交所挂牌条件的无异议函	深证函〔2016〕799 号
60	关于中信建投“农银穗盈 - 建投汇居 - 天地源物业合同债权资产支持专项计划”符合深交所挂牌条件的无异议函	深证函〔2016〕840 号
61	关于九州证券明阳风电应收账款信托受益权绿色资产支持专项计划符合深交所挂牌条件的无异议函	深证函〔2016〕846 号
62	关于华富利得“银亿物业资产支持专项计划”符合深交所挂牌条件的无异议函	深证函〔2016〕851 号
63	关于天风证券“天风光大 - 亿利生态广场一期资产支持专项计划”符合深交所挂牌条件的无异议函	深证函〔2016〕852 号
64	关于长城证券“长城证券 - 尚隽保理一期资产支持专项计划”符合深交所挂牌条件的无异议函	深证函〔2016〕853 号
65	关于九州证券“晋江房建安置房资产支持专项计划”符合深交所挂牌条件的无异议函	深证函〔2016〕854 号
为资产支持专项计划提供转让服务		
序号	标题	文号
1	关于为“招商创融 - 海航技术应收账款(一期)资产支持专项计划”提供转让服务的公告	深证会〔2016〕3 号
2	关于为“广发资管 · 民生银行安驰 4 号汇富资产支持专项计划”提供转让服务的公告	深证会〔2016〕9 号
3	关于为“广发资管 · 民生银行安驰 5 号汇富资产支持专项计划”提供转让服务的公告	深证会〔2016〕11 号

续表

序号	标题	文号
4	关于为“鑫桥租赁2015年第一期租赁债权资产支持专项计划”提供转让服务的公告	深证会〔2016〕17号
5	关于为“华金证券－华发物业资产支持专项计划”提供转让服务的公告	深证会〔2016〕19号
6	关于为“长城宇商小贷资产支持专项计划”提供转让服务的公告	深证会〔2016〕30号
7	关于为“泰达环保垃圾焚烧发电收费收益权资产支持专项计划”提供转让服务的公告	深证会〔2016〕33号
8	关于为“东莞市三联热电电力上网收费权资产支持专项计划”提供转让服务的公告	深证会〔2016〕35号
9	关于为“世联小贷一期资产支持专项计划”提供转让服务的公告	深证会〔2016〕37号
10	关于为“平银华泰大地影院信托受益权资产支持专项计划”提供转让服务的公告	深证会〔2016〕41号
11	关于为“华鑫－中南建设物业资产支持专项计划”提供转让服务的公告	深证会〔2016〕43号
12	关于为“江油鸿飞天然气收费合同债权资产支持专项计划”提供转让服务的公告	深证会〔2016〕45号
13	关于为“广发资管－民生银行安驰8号汇富资产支持专项计划”提供转让服务的公告	深证会〔2016〕47号
14	关于为“中金－蚂蚁小贷2015年第七期小额贷款资产支持专项计划”提供转让服务的公告	深证会〔2016〕49号
15	关于为“广发资管－民生银行安驰7号汇富资产支持专项计划”提供转让服务的公告	深证会〔2016〕51号
16	关于为“广发资管－民生银行安驰6号汇富资产支持专项计划”提供转让服务的公告	深证会〔2016〕53号
17	关于为“平银凯迪电力上网收费权资产支持专项计划（二期）”提供转让服务的公告	深证会〔2016〕55号
18	关于为“京东白条二期应收账款债权资产支持专项计划”提供转让服务的公告	深证会〔2016〕57号
19	关于为“周口天然气供气合同债权资产支持专项计划”提供转让服务的公告	深证会〔2016〕61号
20	关于为“易汇资本一期租赁资产支持专项计划”提供转让服务的公告	深证会〔2016〕73号
21	关于为“赢时通一期资产支持专项计划”提供转让服务的公告	深证会〔2016〕77号
22	关于为“徐工机械一号应收帐款资产支持专项计划”提供转让服务的公告	深证会〔2016〕83号
23	关于为“中银证券－深能南京电力上网收益权资产支持专项计划”提供转让服务的公告	深证会〔2016〕85号
24	关于为“广发资管·民生银行安驰9号汇富资产支持专项计划”提供转让服务的公告	深证会〔2016〕87号
25	关于为“招商创业（一期）信托受益权资产支持专项计划”提供转让服务的公告	深证会〔2016〕89号
26	关于为“农银穗盈－星河湾－建投汇居资产支持专项计划”提供转让服务的公告	深证会〔2016〕92号
27	关于为“徐工租赁租赁资产支持专项计划”提供转让服务的公告	深证会〔2016〕95号
28	关于为“京东金融－华鑫2016年第一期白条应收账款债权资产支持专项计划”提供转让服务的公告	深证会〔2016〕100号

续表

序号	标题	文号
29	关于为“信择2016年第一期资产支持专项计划”提供转让服务的公告	深证会〔2016〕102号
30	关于为“广发资管·民生银行安驰10号汇富资产支持专项计划”提供转让服务的公告	深证会〔2016〕106号
31	关于为“安信小贷资产支持专项计划”提供转让服务的公告	深证会〔2016〕120号
32	关于为“邹平电力购售电合同债权资产支持专项计划”提供转让服务的公告	深证会〔2016〕127号
33	关于为“东证融汇先锋太盟一期资产支持专项计划”提供转让服务的公告	深证会〔2016〕134号
34	关于为“营口经济技术开发区华源热力供暖有限公司供热合同债权1号资产支持专项计划”提供转让服务的公告	深证会〔2016〕146号
35	关于为“招商创融－天虹商场(一期)资产支持专项计划”提供转让服务的公告	深证会〔2016〕148号
36	关于为“华鑫－德基广场资产支持专项计划”提供转让服务的公告	深证会〔2016〕163号
37	关于为“博时资本－平安银行橙鑫橙e1号资产支持专项计划”提供转让服务的公告	深证会〔2016〕166号
38	关于为“京东金融－华泰资管【1】号京东白条应收账款债权资产支持专项计划”提供转让服务的公告	深证会〔2016〕169号
39	关于为“中金－宜人精英贷信托受益权资产支持专项计划”提供转让服务的公告	深证会〔2016〕172号
40	关于为“汇富榆靖高速公路车辆通行费收益权资产支持专项计划”提供转让服务的公告	深证会〔2016〕174号
41	关于为“长城证券－康景物业资产支持专项计划1号”提供转让服务的公告	深证会〔2016〕178号
42	关于为“镇江红星置业信托受益权资产支持专项计划”提供转让服务的公告	深证会〔2016〕181号
43	关于为“狮桥三期资产支持专项计划”提供转让服务的公告	深证会〔2016〕186号
44	关于为“畅行资产支持专项计划”提供转让服务的公告	深证会〔2016〕189号
45	关于为“云南文产巴拉格宗入园凭证资产支持专项计划”提供转让服务的公告	深证会〔2016〕200号
46	关于为“苏源热电电力收费收益权资产支持专项计划”提供转让服务的公告	深证会〔2016〕202号
47	关于为“镇江公住保障房信托受益权资产支持专项计划”提供转让服务的公告	深证会〔2016〕208号
48	关于为“蛟川蒸汽资产支持专项计划”提供转让服务的公告	深证会〔2016〕210号
49	关于为“南通天生安置房信托受益权资产支持专项计划”提供转让服务的公告	深证会〔2016〕212号
50	关于为“信择2016年第二期资产支持专项计划”提供转让服务的公告	深证会〔2016〕214号
51	关于为“广发资管－民生银行安驰11号汇富资产支持专项计划”提供转让服务的公告	深证会〔2016〕218号
52	关于为“京东金融－华泰资管【2】号京东白条应收账款债权资产支持专项计划”提供转让服务的公告	深证会〔2016〕221号
53	关于为“中信华夏苏宁云享资产支持专项计划”提供转让服务的公告	深证会〔2016〕225号
54	关于为“招商创融－瀚华小额贷款资产支持专项计划1号”提供转让服务的公告	深证会〔2016〕228号
55	关于为“京东金融－华泰资管【3】号京东白条应收账款债权资产支持专项计划”提供转让服务的公告	深证会〔2016〕233号

续表

序号	标题	文号
56	关于为“农银穗盈－中金－阳光壹佰物业资产支持专项计划”提供转让服务的公告	深证会〔2016〕235 号
57	关于为“中国水务二期供水合同债权资产支持专项计划”提供转让服务的公告	深证会〔2016〕238 号
58	关于为“狮桥三期资产支持专项计划”提供转让服务的公告	深证会〔2016〕240 号
59	关于为“广发资管－民生银行安驰 12 号汇富资产支持专项计划”提供转让服务的公告	深证会〔2016〕245 号
60	关于为“惠通热电供暖合同债权资产支持专项计划”提供转让服务的公告	深证会〔2016〕247 号
61	关于为“国信证券－中安租赁一期资产支持专项计划”提供转让服务的公告	深证会〔2016〕249 号
62	关于为“融侨集团物业管理债权资产支持专项计划”提供转让服务的公告	深证会〔2016〕261 号
63	关于为“中和农信 2016 年第一期公益小额贷款资产支持专项计划”提供转让服务的公告	深证会〔2016〕264 号
64	关于为“广发资管－民生银行安驰 13 号汇富资产支持专项计划”提供转让服务的公告	深证会〔2016〕266 号
65	关于为“广发资管－民生银行安驰 14 号汇富资产支持专项计划”提供转让服务的公告	深证会〔2016〕268 号
66	关于为“广发资管－民生银行安驰 15 号汇富资产支持专项计划”提供转让服务的公告	深证会〔2016〕270 号
67	关于为“江苏华晟电力上网收费权资产支持专项计划”提供转让服务的公告	深证会〔2016〕278 号
68	关于为“平安证券－万科供应链金融 1 号资产支持专项计划”提供转让服务的公告	深证会〔2016〕280 号
69	关于为“首誉光控－光控安石大融城资产支持专项计划”提供转让服务的公告	深证会〔2016〕284 号
70	关于为“星美国际影院信托受益权二期资产支持专项计划”提供转让服务的公告	深证会〔2016〕295 号
71	关于为“狮桥四期资产支持专项计划”提供转让服务的公告	深证会〔2016〕301 号
72	关于为“东证资管－青浦吾悦广场资产支持专项计划”提供转让服务的公告	深证会〔2016〕303 号
73	关于为“广发资管－民生银行安驰 16 号汇富资产支持专项计划”提供转让服务的公告	深证会〔2016〕305 号
74	关于为“临淄热电供热合同债权资产支持专项计划”提供转让服务的公告	深证会〔2016〕308 号
75	关于为“京东金融－华泰资管【4】号京东白条应收账款债权资产支持专项计划”提供转让服务的公告	深证会〔2016〕314 号
76	关于为“东信 2016 年第一期资产支持专项计划”提供转让服务的公告	深证会〔2016〕316 号
77	关于为“广发资管－浦发银行鑫创 1 号资产支持专项计划”提供转让服务的公告	深证会〔2016〕322 号
78	关于为“远东一期委贷资产支持专项计划”提供转让服务的公告	深证会〔2016〕343 号
79	关于为“平安证券－万科供应链金融 2 号资产支持专项计划”提供转让服务的公告	深证会〔2016〕346 号
80	关于为“阳光学院一期资产支持专项计划”提供转让服务的公告	深证会〔2016〕350 号
81	关于为“东方汇智－中腾信工薪贷 1 号资产支持专项计划”提供转让服务的公告	深证会〔2016〕355 号

续表

序号	标题	文号
82	关于为"招商资管－前海一方恒融第一期(1号)资产支持专项计划"提供转让服务的公告	深证会〔2016〕364号
83	关于为"开源－先锋太盟一期资产支持专项计划"提供转让服务的公告	深证会〔2016〕381号
84	关于为"招商资管－前海一方恒融第一期(3号)资产支持证券专项计划"提供转让服务的公告	深证会〔2016〕392号
85	关于为"中山证券－彩生活物业资产支持专项计划1号"提供转让服务的公告	深证会〔2016〕397号
86	关于为"招商创融－赢时通二期资产支持专项计划"提供转让服务的公告	深证会〔2016〕399号

3. 基金类

上市通知书		
序号	标题	文号
1	上市通知书[银华永兴纯债债券型发起式证券投资基金(LOF)]	深证上〔2016〕62号
2	上市通知书(国投瑞银双债丰利两年定期开放债券型证券投资基金)	深证上〔2016〕70号
3	上市通知书[富国中证智能汽车指数证券投资基金(LOF)]	深证上〔2016〕78号
4	上市通知书[中欧纯债债券型证券投资基金(LOF)]	深证上〔2016〕80号
5	上市通知书[中海惠裕纯债债券型发起式证券投资基金(LOF)]	深证上〔2016〕82号
6	上市通知书[长信利众债券型证券投资基金(LOF)]	深证上〔2016〕114号
7	上市通知书[工银瑞信增利债券型证券投资基金(LOF)]	深证上〔2016〕152号
8	上市通知书[华宝兴业标普美国品质消费股票指数证券投资基金(LOF)]	深证上〔2016〕164号
9	上市通知书(九泰锐富事件驱动混合型发起式证券投资基金)	深证上〔2016〕237号
10	上市通知书[东吴鼎利债券型证券投资基金(LOF)]	深证上〔2016〕297号
11	上市通知书[鹏华丰利债券型证券投资基金(LOF)]	深证上〔2016〕315号
12	上市通知书[泰达宏利聚利债券型证券投资基金(LOF)]	深证上〔2016〕317号
13	上市通知书(南方创业板交易型开放式指数证券投资基金)	深证上〔2016〕333号
14	上市通知书(招商增荣灵活配置混合型证券投资基金)	深证上〔2016〕424号
15	上市通知书(博时睿远定增灵活配置混合型证券投资基金)	深证上〔2016〕427号
16	上市通知书[国泰国证新能源汽车指数证券投资基金(LOF)]	深证上〔2016〕443号
17	上市通知书(华安创业板50交易型开放式指数证券投资基金)	深证上〔2016〕461号
18	上市通知书[长信利鑫债券型证券投资基金(LOF)]	深证上〔2016〕472号
19	上市通知书[鹏华中证医药卫生指数证券投资基金(LOF)]	深证上〔2016〕479号
20	上市通知书(东方红睿轩沪港深灵活配置混合型证券投资基金)	深证上〔2016〕516号
21	上市通知书[前海开源沪港深农业主题精选灵活配置混合型证券投资基金(LOF)]	深证上〔2016〕517号
22	上市通知书(博时睿利定增灵活配置混合型证券投资基金)	深证上〔2016〕542号

续表

序号	标题	文号
23	上市通知书(国投瑞银瑞盛灵活配置混合型证券投资基金)	深证上〔2016〕535 号
24	上市通知书(信诚鼎利定增灵活配置混合型证券投资基金)	深证上〔2016〕573 号
25	上市通知书(银华鑫锐定增灵活配置混合型证券投资基金)	深证上〔2016〕640 号
26	上市通知书(鹏华增瑞灵活配置混合型证券投资基金)	深证上〔2016〕658 号
27	上市通知书[天弘同利债券型证券投资基金(LOF)]	深证上〔2016〕659 号
28	上市通知书(平安大华鼎泰灵活配置混合型证券投资基金)	深证上〔2016〕696 号
29	上市通知书(博时弘盈定期开放混合型证券投资基金)	深证上〔2016〕727 号
30	上市通知书[申万菱信中证申万新兴健康产业主题投资指数证券投资基金(LOF)]	深证上〔2016〕740 号
31	上市通知书[易方达香港恒生综合小型股指数证券投资基金(LOF)]	深证上〔2016〕780 号
32	上市通知书(博时睿益定增灵活配置混合型证券投资基金)	深证上〔2016〕784 号
33	上市通知书(大成定增灵活配置混合型证券投资基金)	深证上〔2016〕802 号
34	上市通知书(九泰锐益定增灵活配置混合型证券投资基金)	深证上〔2016〕815 号
35	上市通知书[富国中证医药主题指数增强型证券投资基金(LOF)]	深证上〔2016〕816 号
36	上市通知书[国泰创业板指数证券投资基金(LOF)]	深证上〔2016〕819 号
37	上市通知书[汇添富纯债债券型证券投资基金(LOF)]	深证上〔2016〕839 号
38	上市通知书[信诚中证基建工程指数型证券投资基金(LOF)]	深证上〔2016〕862 号
39	上市通知书(嘉实惠泽定增灵活配置混合型证券投资基金)	深证上〔2016〕863 号
40	上市通知书[大成恒生综合中小型股指数证券投资基金(QDII－LOF)]	深证上〔2016〕878 号
41	上市通知书[易方达标普 500 指数证券投资基金(LOF)]	深证上〔2016〕890 号
42	上市通知书[易方达标普医疗保健指数证券投资基金(LOF)]	深证上〔2016〕889 号
43	上市通知书(华安智增精选灵活配置混合型证券投资基金)	深证上〔2016〕900 号
44	上市通知书(九泰锐丰定增两年定期开放灵活配置混合型证券投资基金)	深证上〔2016〕899 号
45	上市通知书(平安大华鼎越定期开放灵活配置混合型证券投资基金)	深证上〔2016〕909 号
46	上市通知书[易方达标普生物科技指数证券投资基金(LOF)]	深证上〔2016〕957 号
47	上市通知书[易方达标普信息科技指数证券投资基金(LOF)]	深证上〔2016〕958 号
48	上市通知书(广发睿吉定增主题灵活配置混合型证券投资基金)	深证上〔2016〕971 号
终止上市通知书		
序号	标题	文号
1	终止上市通知书(长信利众分级债券型证券投资基金)	深证上〔2016〕29 号
2	终止上市通知书(工银瑞信增利分级债券型证券投资基金)	深证上〔2016〕81 号
3	终止上市通知书(东吴鼎利分级债券型证券投资基金)	深证上〔2016〕207 号
4	终止上市通知书(鹏华丰利分级债券型发起式证券投资基金)	深证上〔2016〕211 号

续表

序号	标题	文号
5	终止上市通知书[华宸未来沪深300指数增强型发起式证券投资基金(LOF)]	深证上〔2016〕254号
6	终止上市通知书(泰达宏利聚利分级债券型证券投资基金)	深证上〔2016〕284号
7	终止上市通知书(长信利鑫分级债券型证券投资基金)	深证上〔2016〕385号
8	终止上市通知书[南方中证50债券指数证券投资基金(LOF)]	深证上〔2016〕532号
9	终止上市通知书(金鹰中证500指数分级证券投资基金之金鹰500A份额、金鹰500B份额)	深证上〔2016〕541号
10	终止上市通知书(天弘同利分级债券型证券投资基金)	深证上〔2016〕607号
11	终止上市通知书(汇添富互利分级债券型证券投资基金)	深证上〔2016〕741号
12	终止上市通知书(融通通福分级债券型证券投资基金)	深证上〔2016〕870号
13	终止上市通知书(鸿阳证券投资基金)	深证上〔2016〕998号

(五)2016年自律管理案例

关于上市公司股权之争的监管思考
——基于对四个监管案例的分析

近年来,随着资本市场的发展和混合所有制改革的推进,举牌和收购活动日益活跃,股权纷争不断涌现。和以往相比,股权纷争招式更新、花样更多,既有WKGF的“明争暗斗”,又有NBJT的“集体出走”;既有KDE“你争我夺”,又有XZFZ的“左右为难”,给监管工作带来新挑战。

一、案例简况

案例一:2015年下半年,BNJT通过二级市场大量买入WKGF股票,于11月持股比例达到15.62%,超过WKGF原第一大股东HRGF的持股比例,成为新第一大股东。WKGF因筹划重组于12月停牌时,BNJT持股比例达到24.26%。2016年6月,HRGF派驻董事在WKGF审议重组方案的董事会上投出反对票,并通过媒体表示反对引入第三方股东。2016年7月,WKGF股票复牌,BNJT继续买入股票达到25%。随后,HDJT开始在二级市场买入股票超过14%。由此,股权之争演化为多方利益博弈、各种观点激烈交锋的局面,新进大股东提出罢免提案、董监事会工作报告被大股东否决、上市公司公开举报等系列事件接连发生。

案例二:2013年9月至2014年3月期间,自然人林某通过其控制的13个账户陆续买入KDE股票至15.81%,但至2014年12月才履行信息披露义务,受到中国证监会行政处罚和交易所公开谴责。2015年9月,林某、JJJT、王某某披露《详式权益变动报告书》,称三方已于2015年8月共同签署《一致行动人协议》,合计持有KDE股份为24.74%。此后,JJJT继续通过二级市场竞价买入、大宗交易受让林某等人股票的方式增持KDE股票。截至2016年12月合计持有KDE股票比例为31.65%,与KDE现大股东HCGS持有股份比例31.66%较为接近。为抵御JJJT进入,KDE采取了多种手段,包括停牌筹划大股东资产注入、举报、诉诸司法程序、对 JJJT 的表决权不予认可等。

案例三：QHRS 自 2015 年 3 月开始增持 NBJT 股票，截至 2016 年 11 月共计持有股份比例为 26.36%，为第一大股东。2016 年 1 月，QHRS 向 NBJT 派驻三名董事。2016 年 11 月，NBJT 召开董事会临时会议，但会议未能按原定议程进行，而是审议通过了《关于由董事陈某代为履行董事长职权的议案》。其中，一名独立董事投出反对票、两名独立董事投出弃权票。同时，NBJT 披露了董事长、董事兼 CEO、以及除董事会秘书外的全部高管辞职和相关风险提示的公告。随后，NBJT 披露了两名独立董事和董秘辞职的公告。至此，QHRS 与 NBJT 管理层矛盾公开化，双方均通过媒体发声，引起了社会舆论的广泛关注。

案例四：自然人马某某自 2016 年 6 月以来通过二级市场买入 XZFZ 股票，持股比例达到 5 %，并通过代理人联系上市公司要求代为披露简式权益变动报告书。6 月 7 日至 13 日期间，交易所反复督促 XZFZ 及时代为对外披露相关公告，但遭 XZFZ 拒绝。6 月 21 日，马某某在向交易所提交了相关证明文件后，自行联系媒体公告了简式权益变动报告书。随后，马某某增持 XZFZ 股份比例至 10%。因马某某在 6 月 15 日（权益变动报告书披露前）曾买入 39 万股股票，XZFZ 以其在未按规定履行报告与信息披露义务的情况下存在买入行为为由提起诉讼。

二、监管重点难点及应对

股权之争涉及主体多、耗时长、声音杂，且各个事件爆发的密集度高，使监管工作面临一系列挑战。在中国证监会的领导下，交易所始终严守依法依规监管，不偏不倚，客观公正，持续提升监管透明度，督促各方在法律法规框架内运行。

（一）从信息披露入手，维护投资者知情权

在上市公司股权出现争议期间，信息披露频度明显增加。除股东、上市公司董事会不断发布公告外，当事股东、董监高、中介机构频频在媒体上发表各种声明，让投资者目不暇接，其中不乏有违于信息披露制度，不利于投资者及时、真实、准确、完整地获取对投资决策有用的信息。因此，如何鉴别和消除误导性信息，维护广大投资者的知情权，是监管的难点和重点。

实践中，权益变动的信息披露监管是交易所重点工作之一，也是发现违规线索的重要途径。如在 WKGF 监管案例中，股权之争的数个关键节点，交易所通过发出问询函和关注函，对 BNJT 成为 WKGF 第一大股东的时点、BNJT 的收购资金来源、实际持股方式与其所披露的权益变动报告书内容存在差异等重要信息进行一一问询，并要求相关方补充披露了相关信息。

（二）做好舆情监管，积极回应市场热点

股权之争中各个事件发展瞬息万变，媒体关注度空前高涨，各方主体不断在官网、媒体直接发声，其中出现的一系列复杂问题一度引发社会各界的规则与情理之辩。作为一线监管者，必须把握监管尺度，及时回应投资者，维护资本市场公平与效率。

实践中，针对舆情监管，交易所事前及时精准抓取，事中果断应对，事后系统梳理，以有效防范重大信息在媒体上持续不适当发酵。如在 NBJT 监管案例中，在“高管集体出走”这一突发情况发生后，相关主体均存在通过接受媒体采访、发表声明及公开信等形式，在其他公共媒体披露有关公司筹划股权激励的具体内容和筹划过程等未公开的重大信息，涉嫌违规。就此，交易所在三天内连发 4 封关注函，对相关行为的合法合规性逐一问询，督促相关方回归到法律框架范围内。又如在 KDE 监管案例中，针对媒体报道称 JJJT 涉嫌虚假披露、内幕交易等，交易所多次向 JJJT 发出关注函要求其予以说明和补充披露。在险资“举牌”、“准举牌”现象引发市场强烈关注时，交易所采取了一连串组合监管举措，以提高市场透明度，遏制概念炒作。

（三）从严监管“一致行动嫌疑”

一直以来，“一致行动与否”都是监管难点。在股权之争中，收购方或反收购方出于争夺或者巩固控制权的便利，往往采取隐藏其收购或反收购真正意图的行动，包括突击签署一致行动协议、桌底协议、一致行动默契等各种方式，从而加大了一致行动的监管难度。同时，随着私募基金、资管计划的日益活跃，收购方运用管理或信托协议对上市公司股份表决权做出个性化安排，使得一致行动的认定进一步复杂化。

实践中,除了权益变动方面的信息披露监管之外,相关方的交易合规性、一致行动合谋也在交易所重点监管之列。如在WKGF监管案例中,针对监管发现、投诉举报、媒体质疑所涉及的错综复杂"多角关系",交易所就相关方潜在的一致行动先后发出7份函件,并对相关线索进行系统梳理。其中,在BNJT和HRGF前后脚发出不满现有管理层、将在股东大会上反对重组方案等内容的相似声明后,交易所分别向声明两方发出关注函,要求说明是否存在一致行动关系。针对资管计划等产品的权利、义务安排,交易所强化资金来源和受益人设置等信息的披露要求,并要求相关协议中对表决权归属做出明确约定。

(四)深化信息披露制度改革,力推"股东业务专区"

股东权益变动信息,对上市公司股价往往存在较大影响,历来是投资者十分关注的重要信息。部分具有广泛影响的股东,其股份变动情况往往被投资者视为交易的风向标。在股权之争中,公司未充分配合股东履行信息披露义务、股东权益变动信息未及时披露等情况时有发生,严重损害了投资者知情权。

在XZFZ监管案例中,马某某持股比例达5%后的3个交易日内,交易所采取督促、发函等一系列监管措施,要求上市公司及时代股东上传并公告简式权益变动报告书。随后,由马某某代理人联系相关媒体自行发布权益变动报告书。为积极应对上述类似情况,保护投资者知情权,交易所在2016年年底开通了"股东业务专区",为股东自行披露权益变动报告书等文件提供了第二渠道。

(五)全面监管,积极做好预判工作

为更好地做到迅速、及时、主动监管,预判工作至关重要。在WKGF监管案例中,交易所积极做好风险排查和防范工作,在股东结构变化、事态发展演变等方面提前做好预判,并拟定监管预案,为关键节点及时做好监管工作进行充分的准备。在XZFZ监管案例中,在XZFZ公告筹划成立股权投资基金事项后,预判该交易与股权争夺或有关联,交易所即向XZFZ发出关注函,要求其充分说明该交易事项前期可行性研究情况、是否符合公司长远发展、合作方业务资质是否符合要求等。XZFZ随后终止了该交易。在KDE监管案例中,在KDE董事会以JJJT所持股份的表决权存在问题对2015年年度股东大会各议案披露三种"效力待定"的表决结果后,交易所对后续KDE监事会主持召开的临时股东大会表决结果、JJJT自行召开股东大会以及后续出现"双头董事会"的可能性等进行预判,对公司治理问题及时予以关注。

(六)以监管公开为抓手,提高监管透明度

在上述四个股权之争监管案例中,交易所对相关方发出的关注函全部在官网公开,地方证监局对公司采取的责令改正措施也通过公司公告形式向市场披露。通过监管信息公开,一方面,有利于市场更充分地了解相关方的依法依规运作情况,最大限度保护投资者的知情权,促进社会公众监督;另一方面,也有利于提高监管工作透明度,向相关方传导监管压力,增进市场对监管工作的理解。

(七)加强监管协作,进行联动监管

在上述四个股权之争监管案例中,交易所在中国证监会的领导下,与地方证监局密切交流,联动监管,以形成监管合力,督促各方依法依规运作。如在NBJT监管案例中,交易所在获悉NBJT董秘辞职的情况后,随即向XX证监局进行通报,并根据事件发展情况,连续三次向中国证监会报告相关情况,另就媒体报道情况进行研判,提出了相应监管意见,充分发挥了"三点一线"监管协调作用。

(八)强化一线监管,加大违规处罚力度

在KDE监管案例中,交易所紧盯各方规范,对林某等人未及时披露权益变动报告书事项予以公开谴责;就交易所问询JJJT关于对林某等13名自然人中是否曾经或现任职于JJJT旗下企业事项回复不完整的情况发出监管函。在WKGF监管案例中,交易所就有关方未按相关要求将权益变动报告书有关备查文件的原件或有法律效力的复印件置备于上市公司住所发出监管函,并就有关方在非法定媒体披露未公开重大信息发出监管函。

三、对股权之争监管的思考

(一)依法依规开展监管工作

股权之争中,各方存在截然对立的利益诉求。在相关方出现可能触及违规的情形时,交易所要积极发挥一线监管快速响应的特点,严格以现有规则为依据,迅速、及时、积极采取自律监管措施,保证每一份函件都经得起规则层面的推敲。

(二)将维护投资者合法权益贯穿监管始终

公司治理上的突出问题,直接表现为或是大股东或是管理层对公司运作产生重大影响。股权之争虽然发生在上市公司的大股东之间,但是最终损害的还是广大投资者的利益。交易所要将保护投资者权益作为全部工作的的出发点和落脚点,维护"三公"原则,维护市场健康规范运行。

(三)督促中介机构归位尽责

在股权之争过程中,专业机构的意见对相关方的规范运作影响重大,实践中存在部分专业机构不能严格在法律法规和规则框架内保持独立性等问题。交易所一方面要进一步加强对法律顾问等专业中介机构的监管及责任追究和违规处罚力度;另一方面要积极利用中介机构的专业能力,督促中介机构对股权之争过程中的重要事项发表明确意见,严防监管风险。

(四)优化信息披露制度

为积极应对伴随股权之争出现的市场新情况、新问题,保护投资者合法权益,交易所于2016年12月开通了"股东业务专区",正式启动股东自行披露信息渠道。在加强风险管理的前提下,交易所持续要做好监管体制机制的创新,以信息披露为中心,不断优化信息披露制度,与高效的监管工作相辅相成。

(五)在合规前提下,引导各方友好协商纠纷

上市公司健康发展是资本市场财富增长的源泉,股权之争不是你死我活的斗争,需要相互妥协让步。交易所要倡导有利于上市公司发展的理性并购理念,倡导有利于股东之间和谐共赢的股权文化。

对壳公司进行信息披露事后监管的若干思考——以 HDXC 为例

HDXC 是一家主业经营困难,频繁以信息披露方式炒作股价和资本运作的壳公司。2013年开始,公司为摆脱困境,拟转型主营业务,多次启动重组和非公发,均无功而返。期间,公司股价因此大幅波动,投资者对此颇有意见,舆论也高度关注。本文分析了该公司存在的主要问题,并结合日常监管实践,并提出一些思考和建议。

一、案例概况

(一)公司业绩大洗澡

2013 年 HDXC 开始频繁计提大额资产减值准备,并转让相关资产。2013 年 7 月 11 日,公司以有机硅生产线已经停产为由,根据以收益法评估的价值,对账面净值为 38,836 万元的"7.5 万吨有机硅单体设备资产组"计提大额资产减值准备 8,376 万元,计入 2013 年半年度损益。2013 年 10 月,公司再次以有机硅和硅氧烷市场饱和及产品毛利不理想为由,对拟处置的账面净值达 89,244 万元的多项资产组再次计提减值准备达33,810 万元,其中包括对2013 年 7 月已经计提过减值准备的"7.5 万吨有机硅单体设备资产组"追加计提减值 7,107 万元,对 2010 年非公开发行募投项目 7 万吨/年有机硅材料扩建项目计提减值 12,861 万元。2013 年 10 月 15 日,公司将上述已计提减值准备后账面净值为 5.8 亿元的多项资产组以 5.65 亿元的价格出售,出售产生损失 1500 余万元。2014 年 4 月,公司根据资产的实际处置情况,结合实际交易价格、交易税费等因素的影响,第三次对拟转让的硅氧烷资产计提资产减值准备7275 万元。公司前后三次累计计提资产减值准备近 5 亿元,导致 2013 年亏损额达 8.8 亿元。从上述一系列的计提资产减值准备以及变卖资产行为可以看出,公司实际控制人对公司业绩进行大洗澡,清理不良资产,为下一步转让

控制权铺路。

(二)屡次资本运作无功而返

自2013年以来,公司在投资、融资方面的动作频繁,且每次筹划的并购产业均不同,分别包括与原主业完全无关的矿产、医药、园林绿化、传媒等热点行业,但均以失败告终。但期间公司股价出现大幅波动,操纵股价嫌疑明显。

1. 拟转让控制权。2013年4月2日,公司控股股东拟将其持有的上市公司股票转让给第三方,2013年4月11日,以第三方因暂不符合受让条件为理由,终止了该项股权转让。

2. 向公司董事发行股份。公司控制权转让不成后,公司开始筹划重大资产重组,但随后公司以交易标的资产权属复杂且无法在限定时间内完成清理为由终止了重大资产重组。终止重组的同时,公司推出非公开发行预案,拟向公司董事所控制的公司发行股份,募集资金2.34亿元全部用于补充流动资金。但在2014年2月,公司召开股东大会审议上述议案时,控股股东对非公开发行股份的议案投反对票,以流动资金充足为由否决了上述议案。短短数月,公司控股股东就否决了公司的非公发议案,可见忽悠之实。

3. 现金购买园林公司。2014年4月,公司披露忽悠式重组及非公发预案后,即又推出收购资产,购买一家园林公司20%的股权,交易价格3.2亿元。

4. 发行股份购买资产。2014年12月10日,公司筹划发行股份购买一家工程设计公司100%股权,后因双方对交易价格未能协商一致终止收购,但公司继续筹划重大资产重组,公司拟购买一家境外中概股公司100%股权,本次交易构成重组上市。2015年6月17日,公司因实际控制人被证监会立案调查,终止了该次重大资产重组。

(三)控股股东变相减持公司股份

2014年5月30日,公司披露收到控股股东的通知,控股股东于2014年5月29日将其持有公司无限售条件流通股2000万股进行约定购回式融资,该部分股份占公司总股本的4.62%。2015年5月21日,公司披露因控股股东在2014年5月29日办理约定购回业务时未签署约定购回协议文件并办理相关手续,控股股东将前述约定购回业务调整为减持。控股股东关于2014年5月29日进行了约定购回式交易的信息披露与事实严重不符,变相减持公司股份。

二、监管措施

针对公司业绩大洗澡。在2012年未计提任何减值准备的情况下,公司在2013年至2014年短短11个月的时间内3次计提资产减值准备金额达5亿元。交易所先后3次分别向公司和会计师事务所发出问询函,并约见了公司董事长,就2012年年度报告中相关资产减值准备计提的充分性、“7.5万吨有机硅单体设备资产组”在2013年和2014年三次减值准备计提的合理性等事项进行了问询,并要求公司对外披露回复的内容。

针对公司频繁资本运作。公司实际控制人多次筹划与上市公司有关的重大事项,并与多家公司签订重大资产购买协议,但均未告知上市公司并履行信息披露义务。交易所对实际控制人未勤勉尽责的行为予以公开谴责的处分。

针对控股股东变相减持。公司控股股东与不具备资质的公司签订股票约定购回式融资业务,导致未能如约回购公司股份,造成控股股东减持公司股份。交易所对控股股东违规减持行为予以公开谴责的处分。

三、监管思考

从HDXC案例可以发现,诸多事项均与控股股东及实际控制人有关,尽管交易所先后采取了相应的自律监管措施,对公司控股股东及实际控制人的行为进行了处分,但对于无视公司和中小投资者利益、不爱惜声誉的实际控制人来说,交易所自律监管措施和纪律处分的威慑力有一定局限性,需要加强控股股东及实际控制人的诚信建设,加强监管联动机制,增加其违法违规成本,建设更加健康有序的资本市场。从HDXC案例来看,强化中介机构的监管是推进市场建设的重要途径,强化中介机构对上市公司监督责任,切实落实中介机构在维护资本市场诚信方面应有的重要作用,避免中介机构成为某些上市公司及其大股东为谋取自身利益的同谋。

XTDQ 退市处置过程及监管思考

XTDQ 于2014 年1 月上市,于2015 年7 月被中国证监会立案调查,于 2016 年 7 月因欺诈发行及信息披露违法违规受到中国证监会行政处罚,于 8 月因涉嫌欺诈发行罪被依法移送公安机关,7 月 12 日至 8 月 22 日,公司股票进入复牌交易期。9 月 2 日,交易所作出自 9 月 6 日起暂停公司股票上市的决定。XTDQ 将成为中国证券市场第一家因欺诈发行被退市的上市公司。

一、主要监管过程

在 XTDQ 退市案件具有延续时间长,对投资者权益影响巨大,易引发群体性事件;市场意义重大,被市场认为是检验证监系统是否真正严格执行退市制度的试金石;首例欺诈发行退市无先例可循,存在较高法律风险等特点。交易所秉承"依法、稳妥"理念,贯彻落实证监会退市制度改革精神,妥善从风险防控、识别、处置和管理多个方面着手,多管齐下采取针对性措施警示风险。XTDQ 退市工作(暂停上市阶段)顺利完成,未发生群体性事件:

(一)多渠道、多方式充分揭示上市公司退市风险

1. 督促上市公司充分揭示退市风险。交易所要求公司提高退市风险公告披露频率,督促公司每日发布风险提示公告;进一步明确公司股票停牌期限;给予市场明确预期,交易所将及时作出暂停上市的决定。针对公司经营困难等要求公司进行特别风险揭示,并将股票简称调整为" * XT"。从实际效果看,复牌后期绝大多数投资者已知晓风险,买入的投资者总体趋于分散,户均持股数量明显减少,股东的抗风险能力也大大增强。

2. 交易所主动发布风险提示。交易所通过官方微信、微博连续发布新闻稿、投资者关心问题的说明,就投资者关心的公司退市进程、股东是否还有交易机会、能否重新上市、投资者先行赔付工作进展情况、交易所针对性工作及下一步工作安排等问题进行了说明,向投资者提示风险。联系行情软件商,在行情揭示中以走马灯方式发布投资者公司退市风险的提示信息。另外,主动联系相关媒体,参与制作专题节目,进一步提示公司退市风险。

(二)重点监控股票交易情况

公司暂停上市前三十个交易日期间,专人专岗对 XTDQ 股票的交易情况进行密切监控,采取针对性措施。

1. 对买入居前的会员进行风险提示。交易所持续对买入数量居前的证券公司和买入量较大的账户进行风险提示。

2. 对媒体报道情况进行核查。交易所通过官方微信、微博对外披露投资者关心的公司交易情况。同时针对媒体报道,及时对公司复牌以来交易情况进行核查并对外公告。

3. 专人专户监控公司重要股东交易情况。交易所将公司控股股东、董监高等实名账户、PE 股东等纳入重点监控账户,专人专岗每日进行监控,并采取了针对性措施。

(三)督促会员做好客户管理工作

1. 明确会员风险警示工作重点。交易所根据《会员客户高风险证券交易风险警示业务指引》,建立公司交易风险警示机制,针对公司交易各阶段风险特征,先后 4 次发布针对性通知,明确会员各阶段风险警示工作重点,切实履行中介机构职责。

2. 及时总结会员成功经验,指导行业改进警示工作。交易所通过现场走访、电话询问、数据分析等方式,持续跟踪会员落实风险警示要求情况和效果,及时收集会员反馈,总结成功经验,为其他会员改进警示措施提供了参考。

3. 采取密集监管措施,督促会员归位尽责,提升风险警示效果。交易所针对买入量较大的 61 个账户,向 30 家相关会员进行盘中电话风险提示,要求其加强客户交易行为管理;针对客

户买入相对集中的33家会员,一对一发函47份;针对多次发函督促后警示效果仍不佳的2家会员,采取约见谈话监管措施;针对7月27日异常交易账户,发出限制交易警示函1份,异常交易警示函17份,形成强大震慑作用。

(四)对相关股东实施限售措施

交易所严格落实中国证监会《上市公司大股东、董监高减持股份的若干规定》规定,在公司复牌交易前,对公司大股东及董监高(含时任)合计若干名股东采取了相应限售措施,有效保护了中小投资者权益,得到了证监会领导的肯定。

另外,交易所主动针对公司股东＊＊投资有限公司短线交易的行为,及时对其管理产品的相关证券账户采取限制交易措施,维护了市场公平。

(五)妥善处理投资者投诉

交易所高度重视投资者保护工作,妥善处理服务热线收到的咨询与投诉,每日报送《投资者服务热线和信箱工作日报》并及时处理。交易所通过官网发布了《关于"XTDQ"股票退市的问答》,就投资者关心的问题进行专题解答。另外,交易所持续督促上市保荐机构尽快完成相关方案重要事宜的制定与流程落实,尽快正式成立先行赔付专项基金及公布正式赔付方案。

(六)贯彻依法监管理念,完善制度建设

为加大上市公司退市制度的执行力度,提高暂停上市审核工作的质量和透明度,交易所修订并对外发布了《上市委员会工作细则(2016年修订)》,将上市证券的暂停上市事宜纳入上市委员会审核范围。在公司交易期限届满后召开了上市委员会会议,并于9月2日作出暂停公司股票上市的决定。

二、监管思考与建议

XTDQ案作为证券市场首例欺诈发行退市案例,体现了监管机构肃清资本市场的决心,是国内证券市场监管与投资者权益保护的重大进步。交易所在监管协作、揭示上市公司退市风险、限制相关主体股份减持行为、及时作出暂停上市决定、投资者保护机制、监管理念等诸多方面进行了有益的创新尝试,形成了诸多亮点,坚决维护了退市制度的严肃性和权威性。

结合本次XTDQ退市事件的处理过程,充分总结上市公司的退市处理经验,对于如何进一步完善上市公司的退市制度思考如下:

(一)适当缩短交易时间、完善投资者适当性管理

根据现有规定,公司股东在公司暂停上市阶段前存在30个交易日的交易机会。该阶段设置复牌交易的初衷是充分保护投资者权益,避免投资者因突发退市事件而损失巨大。但实践中,在原设置的三十个交易日内出现了炒作、新进入投资者损失等问题。XTDQ复牌15个交易日后,股价基本跌到位,已能够释放绝大部分风险,随后涨跌幅度很小。鉴于上述情况,建议考虑研究适当缩短交易期。

另外,建议完善XTDQ等"一退到底"高风险证券的复牌交易投资者适当性管理,以更好地防范中小散户盲目跟风买入的风险,保护投资者合法权益。

(二)研究适当缩短公司股票终止上市前的等待时间

根据现有规定,上市公司被暂停上市的,交易所在中国证监会作出行政处罚决定、移送决定之日起十二个月期限届满前的十五个交易日内,作出公司股票是否终止上市的决定。

XTDQ于2016年7月8日收到中国证监会行政处罚,2016年8月因涉嫌欺诈发行罪于被依法移送公安机关。因此,在中国证监会作出行政处罚决定、移送决定之日起十二个月期限届满或在人民法院作出有罪判决前,公司不能进入终止上市阶段,周期较长,对退市制度警示效应有所影响。建议进一步研究缩短公司股票终止上市前等待时间,体现监管机构严格执行退市制度的决心。

(三)明确投资者赔偿等相关原则安排

根据XTDQ保荐机构XX证券股份有限公司(以下简称"XX证券")于2016年7月9日披露的公告,XX证券正式决定出资XX亿元人民币设立先行赔付专项基金。但具体赔偿方案迟迟未能出台,XTDQ自复牌后三十个交易日内,市场存在较多关于赔偿范围、赔偿方式等疑问,赔偿方案的具体内容对投资者在暂停上市前交易期内的交易行为有一定影响。因此,建议应明确要求中介机构"先行赔付"方案于上市公司复牌交易前制订并公布,以给市场和投

资者明确预期。

（四）建议切实加强退市实施工作的统筹和协调

XTDQ 退市案例中，在中国证监会的指导下，建立了交易所为主、证监局配合、退市办总协调的维稳工作体系，中国证监会两次召开 XTDQ 退市工作协调会，交易所内部成立的 XTDQ 退市工作小组也召开四次退市工作会议，对各阶段各方主体及各部门需完成及完善的工作进行部署，最终妥善保证了 XTDQ 退市工作的平稳运行。

未来，在处理类似案例时，建议切实加强退市实施工作的统筹和协调，建立健全退市工作协调机制，及时制定各方联动的工作方案。包括进一步加强与地方政府、地方证监局沟通协调，积极推动地方政府将上市公司退市维稳工作有机纳入地方维稳工作机制和工作体系，配合地方政府妥善做好股东及其他利益相关方的安置安抚、解释疏导与纠纷处置等工作，维护上市公司的经营秩序、财产安全与社会稳定。

三、上海期货交易所

（一）2016 年纪律处分决定书目录

序号	处罚日期	处分对象	违规事实	处分依据	处罚措施
1	2016－01－14	自然人客户	对敲交易转移资金	《上海期货交易所违规处理办法》第二十九条	通报批评、暂停开仓交易5个月
2	2016－01－14	法人客户	对敲交易转移资金	《上海期货交易所违规处理办法》第二十九条	警告
3	2016－03－14	自然人客户	对敲交易转移资金	《上海期货交易所违规处理办法》第二十九条	警告
4	2016－03－14	自然人客户	对敲交易转移资金	《上海期货交易所违规处理办法》第二十九条	通报批评、暂停开仓交易11个月
5	2016－10－25	自然人客户	对敲交易转移资金	《上海期货交易所违规处理办法》第二十九条	通报批评、暂停开仓交易10个月
6	2016－10－25	自然人客户	对敲交易转移资金	《上海期货交易所违规处理办法》第二十九条	通报批评、暂停开仓交易10个月
7	2016－12－13	自然人客户	对敲交易转移资金	《上海期货交易所违规处理办法》第二十九条	警告
8	2016－12－13	自然人客户	对敲交易转移资金	《上海期货交易所违规处理办法》第二十九条	通报批评、暂停开仓交易2个月

(二)2016 年制定、修改的主要自律规则目录

序号	发文日期	文号和文件名称	制定、修改规则目录
1	2016－04－13	上期所公告〔2016〕38 号关于印发《上海期货交易所结算细则》、《上海期货交易所交割细则》等 9 个实施细则修订案的公告	1.《上海期货交易所结算细则》(修订案) 2.《上海期货交易所交割细则》(修订案) 3.《上海期货交易所燃料油期货交割实施细则(试行)》(修订案) 4.《上海期货交易所黄金期货交割实施细则(试行)》(修订案) 5.《上海期货交易所石油沥青期货交割实施细则(试行)》(修订案) 6.《上海期货交易所指定交割仓库管理办法》(修订案) 7.《上海期货交易所指定交割油库管理办法(试行)》(修订案) 8.《上海期货交易所指定交割金库管理办法(试行)》(修订案) 9.《上海期货交易所标准仓单管理办法》(修订案)
2	2016－06－01	上期所公告〔2016〕59 号关于印发《上海期货交易所风险控制管理办法》、《上海期货交易所结算细则》等 3 个实施细则修订案的公告	1.《上海期货交易所风险控制管理办法》(修订案) 2.《上海期货交易所结算细则》(修订案) 3.《上海期货交易所套利交易管理办法》(修订案)
3	2016－12－12	上期所公告〔2016〕138 号关于印发《上海期货交易所交易细则》修订案的公告	《上海期货交易所交易细则》(修订案)

四、大连商品交易所

(一)2016 年纪律处分决定书目录

序号	处罚日期	处分对象	违规事实	处分依据	处罚措施
1	2016－12－27	自然人客户	通过对敲转移资金	《大连商品交易所违规处理办法》第二十九条	暂停开仓交易 2 个月并处通报批评
2	2016－12－27	自然人客户	通过对敲转移资金	《大连商品交易所违规处理办法》第二十九条	暂停开仓交易 2 个月并处通报批评

续表

序号	处罚日期	处分对象	违规事实	处分依据	处罚措施
3	2016－12－27	公司法人	通过对敲转移资金	《大连商品交易所违规处理办法》第二十九条	暂停开仓交易3个月并处通报批评
4	2016－12－27	自然人客户	通过对敲转移资金	《大连商品交易所违规处理办法》第二十九条	暂停开仓交易2个月并处通报批评
5	2016－12－27	公司法人 自然人客户	通过对敲转移资金	《大连商品交易所违规处理办法》第二十九条	暂停开仓交易10个交易日并处警告

（二）2016年制定、修改的主要自律规则目录

序号	发文日期	文号	文件标题
1	2016－02－05	大商所发〔2016〕34号	关于公布施行铁矿石保税交割相关规则制度的通知
2	2016－05－11	大商所发〔2016〕133号	关于修改风险管理办法相关规则的通知
3	2016－08－22	大商所发〔2016〕221号	关于修改风险管理办法相关规则的通知
4	2016－09－30	大商所发〔2016〕255号	关于取消相关品种合约交易手续费条款的通知
5	2016－10－11	大商所发〔2016〕258号	关于修改《大连商品交易所标准仓单管理办法》相关规则的通知

五、郑州商品交易所

（一）2016年纪律处分决定书目录

序号	处分时间	处分对象	处分原因
1	2016－01－08	自然人客户	扰乱市场秩序
2	2016－01－08	自然人客户	违规持仓进入交割月
3	2016－01－08	自然人客户	违规持仓进入交割月
4	2016－02－05	自然人及法人客户	对敲交易行为
5	2016－02－23	自然人客户	对敲交易行为
6	2016－03－25	自然人客户	对敲交易行为
7	2016－03－25	自然人客户	对敲交易行为
8	2016－03－25	自然人及法人客户	对敲交易行为

续表

序号	处分时间	处分对象	处分原因
9	2016-03-25	自然人客户	对敲交易行为
10	2016-03-25	自然人客户	扰乱市场秩序
11	2016-03-25	自然人及法人客户	对敲交易行为
12	2016-03-25	自然人客户	扰乱市场秩序
13	2016-03-25	自然人客户	违规持仓进入交割月
14	2016-03-25	自然人客户	违规持仓进入交割月
15	2016-03-25	自然人客户	对敲交易行为
16	2016-03-25	自然人客户	对敲交易行为
17	2016-03-25	自然人客户	对敲交易行为
18	2016-03-25	自然人客户	对敲交易行为
19	2016-03-25	自然人客户	对敲交易行为
20	2016-03-29	自然人客户	扰乱市场秩序
21	2016-05-19	自然人客户	扰乱市场秩序
22	2016-05-19	自然人及法人客户	对敲交易行为
23	2016-05-19	自然人客户	扰乱市场秩序
24	2016-05-19	自然人客户	对敲交易行为
25	2016-05-19	自然人客户	扰乱市场秩序
26	2016-06-14	资管客户	频繁报撤单行为
27	2016-07-19	自然人客户	对敲交易行为
28	2016-07-19	自然人客户	对敲交易行为
29	2016-07-19	自然人客户	违规持仓进入交割月
30	2016-07-19	自然人客户	对敲交易行为
31	2016-07-19	自然人客户	违规持仓进入交割月
32	2016-07-19	自然人及法人客户	对敲交易行为
33	2016-08-31	自然人客户	对敲交易行为
34	2016-08-31	自然人客户	对敲交易行为
35	2016-08-31	自然人客户	对敲交易行为
36	2016-08-31	自然人客户	扰乱市场秩序
37	2016-08-31	自然人客户	扰乱市场秩序
38	2016-09-23	自然人客户	对敲交易行为
39	2016-10-03	自然人客户	频繁报撤单行为
40	2016-10-03	自然人客户	频繁报撤单行为

续表

序号	处分时间	处分对象	处分原因
41	2016－11－01	资管客户	自成交行为
42	2016－11－01	资管客户	大额报撤单行为
43	2016－11－01	资管客户	自成交行为
44	2016－11－01	自然人客户	频繁报撤单行为
45	2016－11－01	自然人客户	频繁报撤单行为
46	2016－11－01	资管客户	自成交行为
47	2016－11－02	自然人客户	频繁报撤单行为
48	2016－11－28	自然人客户	扰乱市场秩序
49	2016－11－28	自然人客户	对敲交易行为
50	2016－11－28	自然人客户	扰乱市场秩序
51	2016－11－28	自然人客户	对敲交易行为
52	2016－11－28	法人客户	扰乱市场秩序
53	2016－11－29	自然人客户	对敲交易行为
54	2016－11－29	自然人客户	对敲交易行为
55	2016－12－01	自然人及法人客户	实控组合并持仓超限

(二)2016年制定、修改的主要自律规则目录

序号	名称	实施时间	备注
1	《郑州商品交易所期货交割细则》	2016－01－04	修改
2	《郑州商品交易所标准仓单及中转仓单管理办法》	2016－01－04	修改
3	《郑州商品交易所标准仓单及中转仓单管理办法》	2016－01－14	修改
4	《郑州商品交易所套期保值管理办法》	2016－01－19	修改
5	《郑州商品交易所保税交割实施细则(试行)》	2016－01－28	制定
6	《郑州商品交易所期货结算细则》	2016－04－14	修改
7	《郑州商品交易所标准仓单及中转仓单管理办法》	2016－07－27	修改

(三)2016 年自律管理案例

关于赵某某扰乱市场秩序案件纪律处分决定书

当事人:赵某某。

经查明,上述当事人于 2016 年 3 月 10 日、11 日,在粳稻 1607 合约上利用自成交手段,实施扰乱期货交易秩序的违规行为。以上事实,有相关交易记录等证据证明。

依据《郑州商品交易所违规处理办法》第二十八条和第三十六条规定,给予当事人赵某某自 2016 年 5 月 25 日起暂停全部品种开仓交易 2 个月并没收违规所得 2480 元的纪律处分。本案当事人此次违规行为纪律处分结果记入中国资本市场诚信信息数据库。

当事人不服本处理决定的,可在本决定书送达之日起 10 日内向郑州商品交易所申请复议。复议期内,本处分不停止执行。

郑州商品交易所
二〇一六年五月十九日

六、中国金融期货交易所

(一)2016 年制定、修改的主要自律规则目录

序号	文件标题	生效日期
1	关于暂停实施股指期货熔断制度的通知	2016 - 01 - 07

(二)2016 年自律管理案例

客户合谋虚假申报交易

一、案情介绍

客户 A 在国债期货某合约买一档连续报入大笔买开委托,同一时间在同一价格上堆积大量报单,但成交极少,间断性全部撤单,并无真实交易需求,试图通过大量委托影响市场情

绪。客户B在同一时段报入小笔卖平委托，将前日多仓全部卖平。

二人交易行为为合谋虚假申报交易。客户A报入大笔委托“诱使”市场跟风报单或跨越报单；同时，二人委托方向相反、价格相近，其为“合谋交易、虚假申报、托价平仓”行为，客户A的大笔买委托起到了稳住价格的作用，使客户B能在较理想的价格顺利平仓。

二、交易所处置措施

客户A使用客户B的期货账户进行交易，构成《中国金融期货交易所实际控制关系账户报备指引》第三条第（七）款规定的实际控制关系。上述两个客户未主动申报实际控制关系信息，违反《中国金融期货交易所实际控制关系账户报备指引》第四条的规定。

两名客户在国债期货交易中存在虚假申报的行为，违反了《中国金融期货交易所违规违约处理办法》第二十二条第（六）款的规定。

依据《中国金融期货交易所违规违约处理办法》第二十二条以及《中国金融期货交易所实际控制关系账户报备指引》第九条，对该2名客户采取限制其在国债期货品种上开仓3个月、谈话提醒的监管措施。

对GL期货及SXSL期货采取监管措施

一、案情介绍

GL期货2015年资产管理业务中有3款产品（治和资产管理）出现风险，涉及金额包括利息2.4亿元被冻结，经过交涉已追回1.61亿，公司自有资金赔付1亿，江苏证监局和中国证监会因此事对其出具6张监管意见函；其大连营业部经理未经公司同意，给自然人王铁虚列居间人以降低佣金，法院一审判定该行为属于向非国家工作人员行贿罪，受到刑事处罚，处罚金100万。鉴于这两件事情，GL期货分类评级由A降为D。

SXSL期货控股股东BJJH投资有限公司于2015年初向SXSL累计借款约1100万元，截至2016年3月审计时仍未偿还，SXSL期货因此自有资金不足已严重影响到公司持续经营；SXSL法人兼董事长刘某于2015年6月9号被刑拘。审计事务所认为上述事件已对公司持续经营产生重大风险，在审计报告中的内控制度鉴证报告、风险监管报表专项审计报告、审计报告（资产、负债、利润）中均出具带强调事项段的保留意见。鉴于此，SXSL期货分类评价由C将为D。

二、交易所处置措施

从前期调查情况看，GL期货和SXSL期货上述违规事项均受到证监会的处罚，且已按照要求整改完毕，目前各项业务均已正常开展。根据《中国金融期货交易所违规违约处理办法》第三十二条的规定，会员、客户、期货保证金存管银行、信息服务机构及期货市场其他参与者的违规行为已经受到有关监管机构处罚的，交易所在决定处理时可以免除或者减轻处理。因此，中国金融期货交易所按照其《会员管理办法》第四十三条的规定，对GL期货及SXSL期货采取了约见谈话、口头警示并责令加强内部合规检查的自律监管措施。

七、中国证券登记结算公司

(一)2016 年纪律处分决定书目录

序号	标题与文号	惩戒事由	惩戒种类	措施采取日期
1	对中山证券采取书面警示自律管理措施的决定书(自律管理措施决定书〔2016〕1 号)	结算参与人最近一个自然月中,回购质押库发生连续不足的交易日天数达到三天	书面警示	2016 - 10 - 27

此外,因“结算参与人最近一个自然月中,回购质押库发生连续不足的交易日天数达到三天”,中国结算于 2016 年 10 月及 11 月间分别对中国工商银行、招商银行、东兴证券、中国银行、中国光大银行五家机构采取“口头警示”自律管理措施。

(二)2016 年制定、修改的主要自律规则目录

类别	发布时间	业务规则名称	备注
账户管理	2016 - 10 - 14	《中国证券登记结算有限责任公司证券账户业务指南》	修改
	2016 - 09 - 30	《中国证券登记结算有限责任公司特殊机构及产品证券账户业务指南》	修改
	2016 - 09 - 30	《中国证券登记结算有限责任公司开户代理机构管理业务指南》	修改
登记与存管	2016 - 10 - 17	《中国结算上海分公司证券发行人业务指南》	修改
	2016 - 10 - 13	《中国结算北京分公司投资者业务指南》	修改
	2016 - 09 - 29	《中国结算深圳分公司证券质押业务指南》	修改
	2016 - 09 - 02	《中国结算上海分公司营业大厅业务指南》	修改
	2016 - 08 - 03	《中国证券登记结算有限责任公司证券质押登记业务实施细则》	修改
	2016 - 06 - 20	《中国证券登记结算有限责任公司投资者证券查询业务指南》	制定
	2016 - 06 - 20	《中国结算上海分公司参与人证券托管业务指南》	修改
	2016 - 06 - 20	《中国结算上海分公司上市公司收购及现金选择权登记结算业务指南》	修改
	2016 - 06 - 20	《中国结算深圳分公司证券非交易过户业务指南》	修改
	2016 - 05 - 19	《中国结算北京分公司证券发行人业务指南》	修改

续表

类别	发布时间	业务规则名称	备注
清算与交收	2016－03－16	《中国结算上海分公司结算账户管理及资金结算业务指南》	修改
	2016－03－10	《中国结算深圳分公司证券资金结算业务指南》	修改
	2016－02－01	《中国结算北京分公司证券资金结算业务指南》	修改
结算参与人管理	2016－12－15	《中国证券登记结算有限责任公司结算参与人管理工作指引》	修改
	2016－12－15	《中国证券登记结算有限责任公司结算银行证券资金结算业务管理办法》	修改
创新类业务	2016－11－28	《中国结算深圳分公司约定购回式证券交易登记结算业务指南》	修改
	2016－09－02	《中国结算上海分公司股票质押式回购交易登记结算业务指南》	修改
	2016－08－12	《中国结算上海分公司股权激励计划登记结算业务指南》	制定
	2016－06－30	《中国结算北京分公司做市业务指南》	修改
	2016－01－08	《上海市场首次公开发行股票登记结算业务指南》	制定
	2016－01－08	《深圳市场首次公开发行股票登记结算业务指南》	修改
	2016－01－05	《上海市场首次公开发行股票网上发行实施细则》	修改
	2016－01－05	《上海市场首次公开发行股票网下发行实施细则》	修改
	2016－01－05	《深圳市场首次公开发行股票网上发行实施细则》	修改
	2016－01－05	《深圳市场首次公开发行股票网下发行实施细则》	修改
债券业务	2016－12－09	《中国证券登记结算有限责任公司、上海证券交易所、深圳证券交易所债券质押式回购交易结算风险控制指引》	制定
	2016－10－17	《中国结算上海分公司非公开发行公司债券登记结算业务指南》	修改
	2016－10－17	《中国结算上海分公司债券登记结算业务指南》	修改
	2016－08－25	《中国结算上海分公司可交换公司债券登记结算业务指南》	修改
	2016－07－08	《质押式回购资格准入标准及标准券折扣系数取值业务指引》	修改
	2016－07－08	《标准券折算率(值)管理办法》	修改
	2016－06－27	《中国结算深圳分公司债券质押式协议回购登记结算业务指南》	修改
	2016－06－27	《中国结算深圳分公司可交换公司债券登记结算业务指南》	修改
	2016－06－24	《中国结算深圳分公司债券登记结算业务指南》	修改
涉外与跨境业务	2016－11－03	《中国证券登记结算有限责任公司结算银行港股通跨境资金结算业务指引》	修改
	2016－10－12	《中国结算深圳分公司港股通存管结算业务指南》	制定
	2016－09－30	《内地与香港股票市场交易互联互通机制登记、存管、结算业务实施细则》	修改
其他	2016－02－19	深圳证券交易所、中国结算深圳分公司《上市公司要约收购业务指引》	修改
	2016－01－06	《中国结算深圳分公司协助执法业务指南》	修改
	2016－01－06	《中国结算深圳分公司证券查询业务指南》(现已废止)	修改

八、中国证券投资者保护基金公司

2016 年制定、修改的主要自律规则目录

1.《中国证券投资者保护基金有限责任公司证券纠纷调解工作管理办法(试行)》;

2.《中国证券投资者保护基金有限责任公司证券纠纷调解规则(试行)》;

3.《中国证券投资者保护基金有限责任公司证券纠纷调解员守则(试行)》。

九、中国证券金融公司

2016 年自律管理案例

中证金融公司先后于 2014 年 3 月、2015 年 1 月发布了《关于证券公司做好转融通债务归还的通知》(中证金函〔2014〕25 号)、《关于证券公司进一步做好转融通债务归还的通知》(中证金发〔2015〕3 号),着重从制度建设、系统完善、部门间协调等多方面,指导证券公司做好转融通债务归还工作。从实际效果看,绝大部分证券公司能够按照通知要求做好转融通债务归还工作,但仍有少数证券公司因自身原因发生归还违约。2015 年起,中证金融公司针对每次证券公司归还违约,单独向违约证券公司发送风险提示函,并就每次违约的具体情况提出有针对性的建议。2016 年,中证金融公司针对某证券公司的两次违约行为发送了风险提示函,要求其进一步梳理转融通债务归还操作中的风险点,加强部门间的沟通协调,完善技术系统,做好券源管理。目前,风险提示函已成为多家证券公司合规管理的衡量指标,对于证券公司加强对转融通债务归还环节的管理发挥了重要作用。

十、全国股份转让系统公司

(一)2016年纪律处分决定书目录

序号	文件名称	文号	发文日期
1	关于给予国泰君安证券股份有限公司公开谴责,给予王仕宏公开谴责,给予陈扬、李仲凯通报批评的决定	股转系统发〔2016〕54号	2016-01-29
2	关于给予上海宇昂新材料科技股份有限公司、王宇、刘振璐通报批评纪律处分的决定	股转系统发〔2016〕156号	2016-06-20
3	关于给予中银国际证券有限责任公司公开谴责的纪律处分的决定	股转系统发〔2016〕373号	2016-11-15
4	关于给予宏信证券有限责任公司公开谴责的纪律处分的决定	股转系统发〔2016〕374号	2016-11-15
5	关于给予财富证券有限责任公司通报批评的纪律处分的决定	股转系统发〔2016〕375号	2016-11-15
6	关于给予浙江思考投资管理股份有限公司、董事长钱湘英、董事会秘书徐铭崎通报批评,给予实际控制人岳志斌公开谴责的纪律处分的决定	股转系统发〔2016〕377号	2016-11-23
7	关于给予浙江晨龙锯床股份有限公司、丁泽林公开谴责,给予周杰通报批评的纪律处分的决定	股转系统发〔2016〕379号	2016-11-23

(二)2016年制定、修改的主要自律规则目录

序号	规则名称	文号	发布日期
一、业务规则			
综合类			
1	全国中小企业股份转让系统自律监管措施和纪律处分实施办法(试行)	股转系统公告〔2016〕20号	2016-04-29
2	全国中小企业股份转让系统挂牌公司分层管理办法(试行)	股转系统公告〔2016〕37号	2016-05-27
挂牌业务类			
3	全国中小企业股份转让系统主办券商内核工作指引(试行)	股转系统公告〔2016〕32号	2016-06-08
4	全国中小企业股份转让系统公开转让说明书信息披露指引第1号——证券公司(试行)	股转系统公告〔2016〕74号	2016-09-05

续表

序号	规则名称	文号	发布日期
5	全国中小企业股份转让系统公开转让说明书信息披露指引第 2 号——私募基金管理机构（试行）	股转系统公告〔2016〕74 号	2016－09－05
6	全国中小企业股份转让系统公开转让说明书信息披露指引第 3 号——期货公司（试行）	股转系统公告〔2016〕74 号	2016－09－05
7	全国中小企业股份转让系统公开转让说明书信息披露指引第 4 号——保险公司及保险中介（试行）	股转系统公告〔2016〕74 号	2016－09－05
8	全国中小企业股份转让系统公开转让说明书信息披露指引第 5 号——商业银行（试行）	股转系统公告〔2016〕74 号	2016－09－05
9	全国中小企业股份转让系统公开转让说明书信息披露指引第 6 号——非银行支付机构（试行）	股转系统公告〔2016〕74 号	2016－09－05
公司业务类			
10	全国中小企业股份转让系统挂牌公司董事会秘书任职及资格管理办法（试行）	股转系统公告〔2016〕68 号	2016－09－08
交易监察类			
11	全国中小企业股份转让系统转让意向平台管理规定（试行）	股转系统公告〔2016〕11 号	2016－03－17
机构业务类			
12	全国中小企业股份转让系统主办券商执业质量评价办法（试行）	股转系统公告〔2016〕1 号	2016－01－29
二、服务指南			
综合类			
1	关于对失信主体实施联合惩戒措施的监管问答	股转系统公告〔2016〕94 号	2016－12－30
挂牌业务类			
2	关于金融类企业挂牌融资有关事项的通知	股转系统公告〔2016〕36 号	2016－05－27
3	挂牌申请材料（股东人数未超过 200 人）受理检查要点	股转系统公告〔2016〕76 号	2016－09－07
4	全国中小企业股份转让系统挂牌业务问答——关于挂牌条件适用若干问题的解答（二）	—	2016－09－09
5	全国中小企业股份转让系统挂牌业务问答——关于内核工作指引实施若干问题的解答	—	2016－09－30
公司业务类			
6	挂牌公司信息披露及会计业务问答（一）——利润分配与公积金转增股本	—	2016－01－26
7	挂牌公司信息披露及会计业务问答（二）发行费用的核算	—	2016－01－26
8	全国中小企业股份转让系统挂牌公司年度报告内容与格式模板	—	2016－02－05
9	挂牌公司并购重组业务问答（一）	—	2016－03－15
10	挂牌公司并购重组业务问答（二）	—	2016－06－16
11	挂牌公司股票发行常见问题解答（三）——募集资金管理、认购协议中特殊条款、特殊类型挂牌公司融资	股转系统公告〔2016〕63 号	2016－08－08

续表

序号	规则名称	文号	发布日期
机构业务类			
12	全国中小企业股份转让系统机构业务问答（二）——关于私募投资基金登记备案有关问题的解答	—	2016－09－02
13	私募机构全国股转系统做市业务试点专业评审方案	股转系统公告〔2016〕59号	2016－09－14

（三）2016年自律管理案例

挂牌公司股票发行、重大资产重组程序违规及信息披露违规

SXY参业股份有限公司（以下简称“SXY”）于2015年6月12日、7月1日提交了两次股票发行备案文件；据股票发行备案文件显示，SXY在董事会审议该次股票发行之前，即与投资者签订认购合同；在股东大会审议该次股票发行之前，未披露认购公司和确定缴款期，投资者即已缴款认购。9月23日，主办券商GTJA证券向我司书面反映，SXY涉嫌在股票发行备案完成前，即使用募集资金。在上述两次股票发行均未完成备案和新增股份登记情况下，11月17日，SXY召开董事会审议有关发行股票购买资产暨重大资产重组的相关议案，并于11月19日披露了《发行股份购买资产暨重大资产重组报告书》等信息披露文件。上述行为违反了《全国中小企业股份转让系统股票发行业务指南》第二（二）条、第一（四）条，以及《挂牌公司股票发行常见问题解答（二）——连续发行》的相关规定，构成股票发行程序违规。

据《重大资产重组报告书》等披露文件显示，SXY本次交易标的为曾祥云等九名自然人持有的林地使用权以及林地上附着资源所有权，交易标的交割日为2015年6月27日，早于筹划重大资产重组事项申请停牌日2015年7月20日。上述未进行重大资产重组的首次信息披露，也未经董事会、股东大会审议通过，即已完成本次重大资产重组标的资产的过户手续的行为违反了《非上市公众公司重大资产重组管理办法》第十三条的规定，构成重大资产重组程序违规。

在我司屡次告知其首次信息披露行为涉嫌违规的情况下，SXY于11月27日申请复牌。在相关违规行为尚未处理完毕的情况下，SXY于12月4日召开股东大会审议通过关于此次重大资产重组的相关议案，并在尚未向我司提交重组备案申请材料的情况下，于2015年12月18日披露了《重大资产重组实施情况报告书》。12月22日SXY提交本次重大资产重组备案文件。12月31日SXY以“公司完成首次信息披露且全国股转系统已审查完毕”为由申请复牌。上述行为违反了《非上市公众公司重大资产重组管理办法》第二十三条第一款，《全国中小企业股份转让系统重大资产重组业务指引（试行）》第十三条、第十九条第一款的规定，构成重大资产重组程序违规及信息披露违规。

鉴于上述违规事实和情节，根据《全国中小企业股份转让系统业务规则（试行）》第6.1条的规定，我司作出如下决定：对SXY采取出具警示函的自律监管措施；对SXY董事长于某某和信息披露负责人兰某采取出具警示函的自律监管措施。

同时，GTJA证券股份有限公司（以下简称“GTJA证券”）作为SXY的主办券商，以及本

次重大资产重组的独立财务顾问,在明知SXY本次重大资产重组存在重大程序违规及信披瑕疵的情况下,于2015年12月18日披露《GTJA证券股份有限公司关于SXY参业股份有限公司重大资产重组实施情况之独立财务顾问核查意见》,并出具结论性意见,认为“本次交易除未经公司董事会、股东大会审议而进行资产交割外,其他事项符合《公司法》、《证券法》及《重组管理办法》等法律、法规和规范性文件的规定,……本次交易后续事项办理不存在实质性法律障碍”。GTJA证券未同时披露重大风险提示公告,也未事先向我司报告,上述行为违反了《非上市公众公司重大资产重组管理办法》第六条第二款的规定。

在明知SXY本次重大资产重组存在违规行为、且尚未完成向我司申请备案、也未完成相关批准程序即披露实施情况报告书及独立财务顾问意见的情况下,GTJA证券于2015年12月22日向我司提交SXY本次重大资产重组备案文件的行为,违反了《非上市公众公司重大资产重组管理办法》第三十八条的规定。

2015年12月31日,SXY以“公司完成首次信息披露且全国股转系统已审查完毕”为由申请复牌,GTJA证券作为主办券商同意SXY向我司申请股票恢复转让,在所出具的《关于SXY参业股份有限公司申请恢复转让的审查意见》中,未能对SXY的上述违规事实如实发表意见的行为,违反了《全国中小企业股份转让系统挂牌公司暂停与恢复转让业务指南》第二(一)2条的规定。

鉴于上述违规事实和情节,根据《非上市公众公司重大资产重组管理办法》第二十七条、第三十二条及《全国中小企业股份转让系统业务规则(试行)》第6.1条的有关规定,我司作出如下决定:对GTJA证券采取出具警示函的自律监管措施。

权益变动静默期违规交易

2016年5月26日,北京HHSJ投资有限公司(以下简称“HHSJ”)以协议转让方式买入500万股HBJL新能源科技股份有限公司(以下简称“JL股份”)股票,交易完成后,其持股比例由60%上升至70%,并于2016年5月27日披露了权益变动报告书。2016年5月31日,HHSJ卖出所持有的350万股JL股份股票,占JL股份总股本的7%。

HHSJ的上述行为违反了《非上市公众公司收购管理办法》第十三条关于权益变动报告书披露后2个转让日内不得再行买卖该公众公司股票的规定,构成权益变动静默期违规交易。

鉴于上述违规事实和情节,根据《全国中小企业股份转让系统业务规则(试行)》第6.1条的规定,我司作出如下决定:对HHSJ采取出具警示函的自律监管措施。

挂牌公司控股股东、实际控制人及其关联方资金占用

ZJCLJC股份有限公司(以下简称“CLJC”)于2015年1月至5月期间向CLJC董事长和实际控制人丁某某控制的ZJCLJC集团有限公司(以下简称“晨龙集团”)及丁某某之子控制的ZJHYJX有限公司(以下简称“HYJX”)分别借出3970万元和1098万元,合计占用资金5068万元,占CLJC2014年经审计净资产的92.05%。2015年6月-2015年12月期间,CLJC向晨龙集团直接借出977万元,CLJC通过公司采购人员项某和徐某的个人账

户向晨龙集团间接借出1400万元,共计2377万元,占CLJC2014年经审计净资产的43%。2015年6月-2015年12月期间,CLJC向HYJX借出资金共计278.98万元,占CLJC2014年经审计净资产的5%。2016年1月-2016年3月期间,CLJC通过公司采购人员徐某的账户向晨龙集团借出资金共计2715.8万元,占CLJC2015年经审计净资产的46.42%。以上资金占用的情况,CLJC未在事实发生之日起两个转让日内披露。CLJC2015年半年报中称"报告期内,关联方ZJCLJC集团有限公司和ZJHYJX有限公司分别向公司借用资金3970万元和1098万元。"

CLJC发生了上述实际控制人多次、大额资金占用情况,在公司章程或其他规定中未建立防止股东及其关联方占用或转移公司资金的相关制度,未实际采取有效措施防止上述情况的反复发生。

主办券商每次核查之后都对公司进行现场培训,半年报核查期间,公司于2015年8月26日出具书面承诺,声明不再发生资金占用事项,年报审核期间,又发现公司存在资金占用情况,公司于2016年3月30日再次出具书面承诺,声明以后不再发生故意隐瞒关联方资金占用情况,却一再违反承诺。

CLJC实际控制人资金占用情况信息披露不真实、不及时的行为违反了《全国中小企业股份转让系统挂牌公司信息披露细则(试行)》第四十六条、《全国中小企业股份转让系统挂牌公司半年度报告内容与格式指引(试行)》第二十四条的规定;CLJC未采取有效措施防范实际控制人资金占用的行为违反了《非上市公众公司监督管理办法》第十四条、《非上市公众公司监管指引第3号——章程必备条款》第五条、以及《全国中小企业股份转让系统业务规则(试行)》第4.1.2条的规定。

对CLJC未采取有效措施防范实际控制人资金占用的违规行为,CLJC董事长丁某某负有责任。对CLJC的信息披露违规行为,CLJC董事长丁某某、董事会秘书周某负有责任。

鉴于上述违规事实和情节,经我司纪律处分委员会审议通过,根据《全国中小企业股份转让系统业务规则(试行)》第1.4条、第1.5条、第4.2.3条、第6.2条、第6.3条的规定,我司作出如下纪律处分决定:给予CLJC、丁某某公开谴责的纪律处分;给予周某通报批评的纪律处分。

同时,CT证券股份有限公司(以下简称"CT证券")作为CLJC的主办券商,没有对CLJC披露的2015年半年报进行有效事前审查,未能发现该半年报存在披露不真实的情况,违反了《全国中小企业股份转让系统业务规则(试行)》第1.5条和第4.2.6条,《全国中小企业股份转让系统挂牌公司信息披露细则(试行)》第十条,以及《全国中小企业股份转让系统主办券商管理细则(试行)》第二十九条的规定。

鉴于上述违规事实,根据《业务规则》第6.1条和《全国中小企业股份转让系统主办券商持续督导工作指引(试行)》第四十五条的规定,我司决定对CT证券采取约见谈话的自律监管措施。

做市商做市交易违规

2015年12月31日14:50分,为执行本部门"卖出做市股票、减少做市业务当年浮盈"的交易策略,GTJA证券股份有限公司(以下简称"GTJA证券")做市业务部对圆融科技、凌志软件、福昕软件、中兴通科、卡联科技、搜才人力、智通建设、许继智能、梓橦宫、粤林股份、青雨传媒、首都在线、伊赛牛肉、中喜生态、ST复娱、蓝天环保等16只股票以明显低于最近成交价的价格进行了主动卖出申报,造成上述股票尾盘价格大幅波动。其中,圆融科技、凌志软件等13只股票当日收盘价跌幅超过10%,跌幅最大的达19.93%。上述行为严重影响了多只股票的正常转让价格,扰乱了正常市场秩序,市场影响恶劣。

对于上述行为,王某某,作为做市业务部负责人,是做市业务的直接主管人员,同时具有向他人透露做市交易策略的行为,负有主要责任。陈某,作为场外市场部总经理,召集了讨论决定交易策略的部门会议,负有领导责任。李某某,作为交易总监,直接指示交易员执行了当日的交易行为,负有直接责任。

GTJA 证券的上述行为违反了《全国中小企业股份转让系统业务规则(试行)》第 5.4 条,《全国中小企业股份转让系统股票转让细则(试行)》第一百一十三条、第一百一十五条,《全国中小企业股份转让系统做市商做市业务管理规定(试行)》第十四条的规定。

鉴于上述违规事实,经我司纪律处分委员会审议通过,根据《全国中小企业股份转让系统业务规则(试行)》第 6.4 条、第 6.5 条,《全国中小企业股份转让系统股票转让细则(试行)》第一百二十条,《全国中小企业股份转让系统做市商做市业务管理规定(试行)》第二十条、第二十一条的规定,我司作出如下纪律处分决定:给予 GTJA 证券股份有限公司公开谴责,给予王某某公开谴责,给予陈某、李某某通报批评的纪律处分。

投资者异常转让

“郑某某”“SYSHY 农业有限公司”(以下简称“HYNY”)和“SYSHY 投资有限公司”(以下简称“HYTZ”)在交易全国股转系统挂牌股票过程中存在异常转让行为,具体情况如下:HYNY 的法定代表人为郑某某,HYTZ 的大股东为郑某某。从托管券商调取资料中 IP 和 MAC 的情况看,“郑某某”等三账户存在关联,三账户的控制人均为郑某某。2015 年 5 月 21 日至 2016 年 1 月 4 日,“郑某某”等账户通过互报成交确认申报和定价申报买入的方式,对话机世界、宁变科技、圣华农科、信达胶脂、库马克、坦博尔、维克液压、中林股份、康捷医疗、去吧看看、亚成微、绿创环保、恒拓开源和 ST 奥贝克等 14 只股票进行异常价格申报,共计成交 18 笔,117.35 万股。上述行为造成了市场价格异常,违反了《全国中小企业股份转让系统股票转让细则(试行)》第一百一十三条第(九)项的规定。我司曾于 2015 年 7 月 3 日和 7 月 20 日先后两次对“郑某某”账户采取要求提交书面承诺的自律监管措施,郑某某均按要求提交了合规交易承诺;此后,鉴于违规交易行为始终没有停止,我司分别于 2015 年 9 月 28 日和 2016 年 1 月 4 日两次对“郑某某”账户采取出具警示函的自律监管措施。

2016 年 1 月 5 日至 2016 年 4 月 6 日,“郑某某”等账户仍然通过定价申报买入的方式,对江扬环境、谷峰科技、开泰石化、棒杰小贷、赛特股份、亚锦科技和浦敏科技等 7 只股票进行异常价格申报,共计成交 8 笔,20.4 万股,造成了市场价格异常,继续违反上述规定。其间,郑某某还通过变更证券账户、变更托管营业部等方式试图规避监管,主观故意明显。

鉴于“郑某某”等账户违规交易行为持续时间长、情节恶劣、市场影响较大,且屡教不改、变本加厉,根据《全国中小企业股份转让系统股票转让细则(试行)》第 119 条的规定,我司作出如下决定:对郑某某控制的上述三账户采取限制证券账户转让 3 个月的自律监管措施。

券商投资者适当性管理违规

2016年6月前,HX证券有限责任公司(以下简称“HX证券”)在投资者适当性管理过程中未严格执行合格投资者准入标准,对不足两年以上证券投资经验的自然人投资者,未依据有关会计、金融、投资、财经等相关专业的学历证书、考试合格证明文件、培训证书等材料认定其具有相关专业背景或培训经历,为1795户不符合要求的投资者账户开通全国股转系统合格投资者权限;未依据委托代理协议签署日前一交易日日终的投资者名下证券类资产市值判断适当性,为35户不符合要求的自然人投资者账户开通全国股转系统合格投资者权限。同时,HX证券在2016年3月23日提交的《HX证券关于投资者适当性管理制度自查情况的汇报》中,存在未如实上报违规开户情况的情形,漏报违规开户比例高达97.98%。

HX证券的行为违反了《全国中小企业股份转让系统业务规则(试行)》第5.8条规定,《全国中小企业股份转让系统投资者适当性管理细则(试行)》第五条、第十九条的相关规定。

鉴于上述违规事实和情节,经我司纪律处分委员会审议通过,根据《全国中小企业股份转让系统业务规则(试行)》第6.4条的规定,我司作出如下纪律处分决定:给予HX证券公开谴责的纪律处分。

十一、中国证券业协会

(一)2016年纪律处分决定书目录

序号	标题与文号	惩戒事由	惩戒种类	发布日期
1	关于对马魁祥采取自律惩戒措施的决定(〔2016〕1号)	考试严重违纪	注销执业证书并在三年内不受理本人执业注册申请	2016-01-13
2	关于对黄骥远采取自律惩戒措施的决定(〔2016〕2号)	考试严重违纪	注销执业证书并在三年内不受理本人执业注册申请	2016-01-13
3	关于对李辉采取自律惩戒措施的决定(〔2016〕3号)	考试严重违纪	注销执业证书并在三年内不受理本人执业注册申请	2016-01-13
4	关于对刘应玉采取自律惩戒措施的决定(〔2016〕4号)	虚假注册	注销执业证书并在三年内不受理本人执业注册申请	2016-01-29
5	关于对左俊成采取自律惩戒措施的决定(〔2016〕5号)	私自代销金融产品	注销执业证书	2016-02-22
6	关于对陈曦采取自律惩戒措施的决定(〔2016〕18号)	虚假注册	注销执业证书并在三年内不受理本人执业注册申请	2016-05-10

续表

序号	标题与文号	惩戒事由	惩戒种类	发布日期
7	关于对刘洪涛采取自律惩戒措施的决定(〔2016〕19 号)	被上海市金山区人民法院于 2016 年 3 月 31 日判决犯虚开发票罪	注销执业证书	2016-05-18
8	关于对屈升飞采取自律惩戒措施的决定(〔2016〕25 号)	考试严重违纪	注销执业证书并在三年内不受理本人执业注册申请	2016-08-31
9	关于对李梦璐采取自律惩戒措施的决定(〔2016〕26 号)	考试严重违纪	注销执业证书并在三年内不受理本人执业注册申请	2016-10-10
10	关于对柴育文采取自律惩戒措施的决定(〔2016〕27 号)	协助湖北洋丰股份有限公司实施市场操纵的行为	注销执业证书并在三年内不受理本人执业注册申请	2016-12-07
11	关于对陈婕采取自律惩戒措施的决定(〔2016〕28 号)	考试严重违纪	注销执业证书并在三年内不受理本人执业注册申请	2016-12-08

(二)2016 年制定、修改的主要自律规则目录

序号	标题	发布日期	备注
1	首次公开发行股票承销业务规范	2016-01-11	修订
2	首次公开发行股票网下投资者管理细则	2016-01-11	修订
3	首次公开发行股票配售细则	2016-01-11	修订
4	融资担保公司证券市场担保业务规范	2016-01-22	制定
5	中国证券业协会证券纠纷调解工作管理办法	2016-01-22	修订
6	中国证券业协会证券纠纷调解规则	2016-01-22	修订
7	证券业从业人员资格考试考场须知	2016-03-10	修订
8	证券市场资信评级机构评级业务实施细则(试行)	2016-06-24	修订
9	证券经营机构参与打击非法证券活动工作指引	2016-08-11	制定
10	证券公司私募投资基金子公司管理规范	2016-12-30	制定
11	证券公司另类投资子公司管理规范	2016-12-30	制定
12	证券公司风险控制指标动态监控系统指引(试行)	2016-12-30	修订
13	证券公司压力测试指引(试行)	2016-12-30	修订
14	证券公司流动性风险管理指引	2016-12-30	修订
15	证券公司全面风险管理规范	2016-12-30	修订

十二、中国期货业协会

2016 年纪律处分决定书目录

序号	当事人	纪律惩戒决定名称	纪律惩戒决定文号	纪律惩戒措施	作出纪律惩戒决定日期	当事人时任期货公司
1	浙江济海贸易发展有限公司	关于对浙江济海贸易发展有限公司作出纪律惩戒的决定	中期协字〔2016〕8 号	"训诫",同时要求浙江济海贸易发展有限公司自惩戒决定生效之日起一个月完成整改,并向协会提交书面报告。	2016－01－29	大地期货
2	霍达	关于对霍达作出纪律惩戒的决定	中期协字〔2016〕14 号	公开谴责	2016－01－29	新纪元期货
3	程登良	关于对程登良作出纪律惩戒的决定	中期协字〔2016〕25 号	撤销从业资格并在 3 年内拒绝受理其从业资格申请	2016－03－04	新纪元期货
4	胡安弟	关于对胡安弟、陈超、庄向楠作出纪律惩戒的决定	中期协字〔2016〕48 号	撤销从业资格并在 3 年内拒绝受理其从业资格申请	2016－06－15	兴证期货
5	陈超			公开谴责		安信期货
6	庄向楠			公开谴责		安信期货
7	徐志龙	关于对徐志龙作出纪律惩戒的决定	中期协字〔2016〕49 号	公开谴责	2016－06－15	徽商期货
8	李剑	关于对李剑作出纪律惩戒的决定	中期协字〔2016〕57 号	撤销从业资格并在 3 年内拒绝受理其从业资格申请	2016－07－11	鲁证期货
9	中衍期货有限公司	关于对中衍期货有限公司作出纪律惩戒的决定	中期协字〔2016〕62 号	公开谴责	2016－08－25	中衍期货
10	李国伟	关于对李国伟作出纪律惩戒的决定	中期协字〔2016〕74 号	撤销从业资格并在 3 年内拒绝受理其从业资格申请	2016－09－30	中衍期货

十三、中国证券投资基金业协会

(一)2016 年纪律处分决定书目录

1. 纪律处分决定书(北京中金赛富投资基金管理有限公司、吕锋、陈建中)(2016 年 4 月 13 日　中基协处分〔2016〕1 号)

2. 纪律处分书决定书(中金信安投资基金(北京)有限公司、郑小龙、赵亚光)(2016 年 4 月 13 日　中基协纪律处分〔2016〕2 号)

3. 纪律处分决定书(中投金汇(北京)投资基金管理集团有限公司、刘全志、李书亭、赵杰、曹海兵)(2016 年 4 月 13 日　中基协纪律处分〔2016〕3 号)

4. 纪律处分决定书(中信信诚资产管理有限公司)(2016 年 4 月 19 日　中基协处分〔2016〕4 号)

5. 纪律处分决定书(民生加银资产管理有限公司)(2016 年 7 月 25 日　中基协处分〔2016〕5 号)

(二)2016 年制定、修改的主要自律规则目录

一、制定类:

(一)自律规则

1.《私募投资基金管理人内部控制指引》(2016 年 2 月 1 日　中基协字〔2016〕23 号)

2.《私募投资基金信息披露管理办法》(2016 年 2 月 4 日　中基协字〔2016〕21 号)

3.《私募投资基金信息披露内容与格式指引 1 号》(2016 年 2 月 4 日　中基协字〔2016〕21 号)

4.《私募投资基金合同指引 1 号(契约型私募基金合同内容与格式指引)》(2016 年 7 月 15 日　中基协发〔2016〕8 号)

5.《私募投资基金合同指引 2 号(公司章程必备条款指引)》(2016 年 7 月 15 日　中基协发〔2016〕8 号)

6.《私募投资基金合同指引 3 号(合伙协议必备条款指引)》(2016 年 7 月 15 日　中基协发〔2016〕8 号)

7.《私募投资基金募集行为管理办法》(2016 年 7 月 15 日　中基协发〔2016〕7 号)

8.《证券期货经营机构私募资产管理计划备案管理规范第 1 号——备案核查与自律管理》(2016 年 10 月 24 日)

9.《证券期货经营机构私募资产管理计划备案管理规范第 2 号——委托第三方机构提供投资建议服务》(2016 年 10 月 24 日)

10.《证券期货经营机构私募资产管理计划备案管理规范第 3 号——结构化资产管理计划》(2016 年 10 月 24 日)

11.《公募基金管理公司压力测试指引(试行)》(2016 年 11 月 15 日　中基协发〔2016〕254 号)

12.《私募投资基金信息披露内容与格式指引 2 号——适用于私募股权(含创业)投资基金》(2016 年 11 月 14 日　中基协字〔2016〕228 号)

(二)公告、通知和意见

1.《关于进一步规范私募基金管理人登记若干事项的公告》(2016 年 2 月 5 日　中基协发〔2016〕4 号)

2.《关于证券公司资产管理业务备案相关事项的通知》(2016 年 4 月 14 日　中基协字〔2016〕51 号)

3.《关于直投基金备案相关事项的通知》(2016 年 5 月 13 日)

4.《关于加强基金管理公司及专户子公司特定客户资产管理计划备案管理有关事项的通知》(2016 年 6 月 23 日　中基协字〔2016〕89 号)

5.《关于落实〈证券期货经营机构私募资产管理业务运作管理暂行规定〉有关事项的通知》(2016 年 7 月 15 日)

6.《私募基金登记备案相关问题解答(九)》(2016 年 5 月 13 日)

7.《私募基金登记备案相关问题解答(十一)》(2016 年 9 月 6 日)

8.《私募基金登记备案相关问题解答(十二)》(2016 年 11 月 23 日)

二、修订类:

1.《会员管理办法》(2016 年 12 月 3 日第二届第一次会员代表大会第二次修订,2017 年 1 月 1 日实施)

2.《会费缴纳办法》(2016 年 12 月 3 日第二届第一次会员代表大会第二次修订,2017 年 1 月 1 日实施)

(三)2016 年自律管理案例

纪律处分决定书(北京 ZJSF 投资基金管理有限公司、吕某、陈某某)

中基协处分〔2016〕1 号

当事人:

北京 ZJSF 投资基金管理有限公司,登记时间:2014 年 5 月 26 日,登记编号:P1002569。

吕某,男,1977 年 6 月生,登记职务:总裁,登记为法定代表人。

陈某某,男,1947 年 1 月生,登记职务:风险控制委员会主席。

2015 年 3 月,中国证监会在“两个加强、两个遏制”专项检查中发现当事人存在违法违纪事实,与公安机关进行核实后移送我会,我会对此依照相关规定进行了审理,事实清楚,证据充分,足以认定。

经查明,当事人存在以下违法违规事实:

一、基金未按规定在我会备案。北京 ZJSF 投资基金管理有限公司(以下简称 ZJSF)所管理的基金北京动平衡广告有限公司项目未在我会备案,基金产品备案信息不准确、不完整,且未及时更新,违反了《私募投资基金监督管理暂行办法》(以下简称《暂行办法》)第八条,《私募投资基金管理人登记和基金备案办法(试行)》(以下简称《登记和备案办法》)第四条、第六条的规定。

二、未按规定向合格投资者募集资金。投资者投资额多在 100 万元以下,未能向合格投资者募集资金,违反了《暂行办法》第十一条、十二条的规定。

三、公开向不特定对象募集资金。ZJSF 通过街头散发传单、电话等方式向不特定对象募集资金,进行公开宣传,违反了《暂行办法》第十四条的规定。

四、重大事项未按规定向我会报告。2014 年 12 月 23 日,ZJSF 因涉嫌非法吸收公众存款被公安机关立案侦查,2015 年 1 月 29 日,法定代表人吕某被采取强制措施,目前,公司所租用的办公场所已被清退,已无法有效履行私募基金管理人职责。公司发生重大事项未报告,违反了《登记和备案办法》第二十二条的规定。

2015 年 6 月 8 日,我会向当事人下达了《纪律处分事先告知书》(中基协处分〔2015〕11 号),并于 2015 年 6 月 12 日通过公告送达的方式将纪律处分事先告知书在我会网站进行公告,依法向当事人告知了作出纪律处分的事实、理由、依据及当事人依法享有的权利。经与有关司法机关联系,ZJSF 已经不再运营,公章已被查扣,部分责任人员被采取刑事强制措施,无法签收纪律处分事先告知书。

根据我会 2016 年 2 月 5 日发布的《关于进一步规范私募基金管理人登记若干事项的公告》(中基协发〔2016〕4 号)的有关要求,ZJSF 已不再符合私募投资基金管理人的登记要求。

ZJSF 上述行为违反了法律法规与行业自律规则,违背了登记时向我会提交的承诺,扰乱了行业秩序,损害了行业声誉。吕某作为法定代表人、陈某某作为风险控制委员会主席对此负有主要责任。根据《暂行办法》第二十九条,《登记和备案办法》第三十条,《纪律处分实施办法(试行)》第五条、第六条的规定,我会决定:

(一)撤销 ZJSF 私募投资基金管理人登记;

(二)对吕某、陈某某公开谴责、加入黑名单。上述纪律处分记入资本市场诚信档案。

中国基金业协会

二〇一六年四月十三日

纪律处分书决定书(ZJXA 投资基金(北京)有限公司、郑某某、赵某某)

中基协纪律处分〔2016〕2 号

当事人:

ZJXA 投资基金(北京)有限公司,登记时间:2014 年 5 月 26 日,登记编号:P1002802。

郑某某,经查为实际控制人。

赵某某,男,1984 年 2 月生,登记职务:总裁,登记为法定代表人。

2015 年 3 月,中国证监会在“两个加强、两个遏制”专项检查中发现当事人存在违法违纪事实,与公安机关进行核实后移送我会,我会对此依照相关规定进行了审理,事实清楚,证据充分,足以认定。

经查明,当事人存在以下违法违规事实:

一、基金未按规定办理备案手续。ZJXA 投资基金(北京)有限公司(以下简称 ZJXA)在我会仅备案了“全国两癌筛查 - 宫颈癌快速自检试剂盒”1 只私募投资基金,但公司实际控制人郑某某表示正在运作的有 3 只基金,以上情形违反了《私募投资基金监督管理暂行办法》(以下简称《暂行办法》)第八条、《私募投资基金管理人登记和基金备案办法(试行)》(以下简称《登记和备案办法》)第四条、第六条的规定。

二、未按规定向我会报告重大事项。2014 年 8 月,ZJXA 法定代表人由赵某某变更为史某某,2015 年 3 月,由史某某变更为郑某某;ZJXA 因涉嫌非法吸收公众存款被公安机关立案调查,实际控制人郑某某被依法采取强制措施。以上重大事项均未按规定向我会报告,违反了《登记和备案办法》第二十二条的规定。

三、不配合行政机关检查。在行政机关检查过程中,ZJXA 有关人员不接听电话,且 ZJXA 未按时提交中国证监会北京监管局要求提交的自查报告,不配合行政机关检查,违反了《中华人民共和国证券投资基金法》第一百一十七条的规定。

2015年6月8日，我会向当事人下达了《纪律处分事先告知书》(中基协处分〔2015〕12号)，并于2015年6月12日通过公告送达的方式将纪律处分事先告知书在我会网站进行公告，依法向当事人告知了作出纪律处分的事实、理由、依据及当事人依法享有的权利。经与有关司法机关联系，ZJXA已经不再运营，公章已被查扣，部分责任人员被采取刑事强制措施，无法签收纪律处分事先告知书。

根据我会2016年2月5日发布的《关于进一步规范私募基金管理人登记若干事项的公告》(中基协发〔2016〕4号)的有关要求，ZJXA已不再符合私募投资基金管理人的登记要求。

ZJXA上述行为违反了国家法律法规与行业自律规则，违背了登记时向我会提交的承诺，扰乱了行业秩序，损害了行业声誉。郑某某作为实际控制人、赵某某作为法定代表人对此负有主要责任。根据《暂行办法》第二十九条，《登记和备案办法》第三十条，《纪律处分实施办法(试行)》第五条、第六条的规定，我会决定：

(一)撤销ZJXA私募投资基金管理人登记；

(二)对郑某某、赵某某公开谴责、加入黑名单。上述纪律处分记入资本市场诚信档案。

中国基金业协会
二〇一六年四月十三日

纪律处分决定书(ZTJH(北京)投资基金管理集团有限公司、刘某某、李某某、赵某、曹某某)

中基协纪律处分〔2016〕3号

当事人：

ZTJH(北京)投资基金管理集团有限公司，登记时间：2014年6月4日，登记编号：P1003847。

刘某某，男，1976年1月生，登记为法定代表人。

李某某，男，1981年6月生，登记为实际控制人。

赵某，男，1978年10月生，登记职务：基金大渠道中心副总经理。

曹某某，男，1983年3月生，登记职务：风控中心副总经理。

2015年3月，中国证监会在“两个加强、两个遏制”专项检查中发现当事人存在违法违纪事实，与公安机关进行核实后移送我会，我会对此依照相关规定进行了审理，事实清楚，证据充分，足以认定。

经查明，当事人存在以下违法违规事实：

一、基金未按规定办理备案手续。ZTJH(北京)投资基金管理集团有限公司(以下简称ZTJH)以“南海汇金”、“中投嘉汇”、“中投国汇投资有限公司”、“顺禾农业产业基金”的名义发行的4只基金未在我会办理备案手续，违反了《私募投资基金监督管理暂行办法》(以下简称《暂行办法》)第八条，《私募投资基金管理人登记和基金备案办法(试行)》(以下简称《登记和备案办法》)第四条、第六条的规定。

二、向不特定对象进行宣传推介。ZTJH采用电话销售、网络广告等公开宣传方式募集资金，违反了《暂行办法》第十四条的规定。

三、重大事项未按规定向我会报告。2014年8月6日，ZTJH及其设立的北京南海汇金资产管理中心(有限合伙)因涉嫌合同诈骗罪被公安机关立案侦查；李某某、赵某已被采取强制措施，以上重大事项未向我会报告，违反了《登记和备案办法》第二十二条的规定。

2015年6月8日，我会依法对当事人送达了《纪律处分事先告知书》(中基协处分〔2015〕13号),并于2015年6月12日通过公告送达的方式将纪律处分事先告知书在我会网站进行公告,依法向当事人告知了作出纪律处分的事实、理由、依据及当事人依法享有的权利。经与有关司法机关联系,ZTJH已经不再运营,公章已被查扣,部分责任人员被采取刑事强制措施,无法签收纪律处分事先告知书。

根据我会2016年2月5日发布的《关于进一步规范私募基金管理人登记若干事项的公告》(中基协发〔2016〕4号)的有关要求,ZTJH已不再符合私募投资基金管理人的登记要求。

ZTJH上述行为违反了国家法律法规与行业自律规则,违背了登记时向我会提交的承诺,扰乱了行业秩序,损害了行业声誉。刘某某作为法定代表人、李某某作为实际控制人、赵某作为基金大渠道中心副总经理、曹某某作为风控中心副总经理对此负有主要责任。根据《暂行办法》第二十九条,《登记和备案办法》第三十条,《纪律处分实施办法(试行)》第五条、第六条的规定,我会决定:

(一)撤销ZTJH私募投资基金管理人登记;

(二)对刘某某、李某某、赵某、曹某某公开谴责、加入黑名单。上述纪律处分记入资本市场诚信档案。

中国基金业协会

二〇一六年四月十三日

纪律处分决定书(ZXXC资产管理有限公司)

中基协处分〔2016〕4号

当事人:

ZXXC资产管理有限公司(以下简称ZXXC)。

根据《中华人民共和国证券投资基金法》、《中国证券投资基金业协会章程》和《中国证券投资基金业协会纪律处分实施办法(试行)》等法律和相关自律规则,我会于2015年6月8日向ZXXC下达了纪律处分事先告知书。ZXXC于6月15日向我会提出复核申请。我会组织自律监察委员会有关委员组成工作小组按照规定程序对ZXXC的纪律处分进行了审理和复核。本次纪律处分案现已审理终结。

一、基本事实

2014年8月13日,ZXXC管理的"ZXXC稳健收益3号金融投资专项资产管理计划"(以下简称"稳健收益3号")设立第2期,资金规模4亿元,用于受让YL集团持有的下属企业的股权收益权,资金用途为用于满足YL集团及下属公司的生产运营流动资金需求,投资期限为6个月,由YL集团按照年化12.5%的回购溢价率对股权收益权进行回购。8月19日,稳健收益3号收到以投资顾问费名义划付的款项800万元。9月3日,稳健收益3号向ZXXC管理的"ZXXC现金管理金融投资专项资产管理计划"划付款项800万元。

2014年9月23日,稳健收益3号收到第1期投资本金3060万元,同日,稳健收益3号清退了第1期资金3103万余元,并将43640.19元结转至第2期。稳健收益3号第1期与第2期没有任何关联。

2015年2月2日,ZXXC决定将稳健收益3号第2期所持有的YL集团下属企业的股权收益权投资期限延长1年,提高延长期内回购溢价率至15%。

稳健收益3号第2期的初始资产委托人为ZXXC管理的"ZXXC现金管理金融投资专项资产管理计划"、"ZXXC月悦盈8号金融投资专项资产管理计划"、"ZXXC短期理财A型18

号金融投资专项资产管理计划”和“ZXXC 短期理财 A 型 19 号金融投资专项资产管理计划”等 4 只金融投资专项资产管理计划。期间经过多次转让,2015 年 4 月 3 日,稳健收益 3 号第 2 期的资产委托人为 ZXXC 管理的 11 只金融投资专项资产管理计划。上述金融投资专项资产管理计划为每天开放、每月或者每季度定期开放的现金管理类资产管理计划。每天开放的金融投资专项资产管理计划使用摊余成本法按照 10.5% 的利率对稳健收益 3 号第 2 期进行估值;每月或者每季度定期开放的金融投资专项资产管理计划,在开放期前将其持有的稳健收益 3 号第 2 期份额转让给 ZXXC 管理的其他不处于开放期或者每天开放的现金管理金融投资专项资产管理计划,转让价格按照 10.5% 的利率和对应持有期限采用摊余成本法计算。ZXXC 每月或者每季度定期开放的金融投资专项资产管理计划一直按照预期年化收益率向投资者支付投资收益。

截至 2015 年 6 月,ZXXC 共有几十只资产管理计划相互关联并采用上述模式运作。这些资产管理计划可以分为三类:一是每日开放的现金管理类资产管理计划(现金管理计划),总规模约 300 亿元,按照货币基金的估值方法计算并发布年化收益率,投资者可以按此进行申购赎回;二是每月或每季度开放的短期理财类资产管理计划(短期理财计划),总规模约 150 亿元。短期理财计划的开放期交错安排,投资者在开放期内按照既定的预期收益率申购赎回。三是类似稳健收益 3 号的资产管理专项计划用于投资非标资产(非标专项计划),存续期都在一年以上。现金管理计划和短期理财计划合计总规模的最多约 50% 投向非标专项计划。当某只短期理财计划进入开放期时,其持有的非标专项计划会转让给其他不在开放期的短期理财计划和每日开放的现金管理计划,待开放期结束后再认购其他进入开放期的短期理财计划转让的非标专项计划,或认购其他非标专项计划。

以上基本事实,由我会检查发现,证据充分,足以认定。ZXXC 也对上述基本事实予以书面确认。

二、事先告知

鉴于 ZXXC 上述三类资产管理计划规模较大,运作复杂,我会专门召集法律专家对 ZXXC 上述行为进行了论证。根据专家论证情况,经自律监察委员会审理,会长办公会决定,并报中国证监会同意,ZXXC 的上述行为违反了中国证监会关于不得开展资金池业务的要求和有关自律规则,我会决定对 ZXXC 采取暂停备案三个月的纪律处分,并责令 ZXXC 对资金池业务进行清理。《纪律处分事先告知书》已于 2015 年 6 月 8 日下达。

三、申辩意见

ZXXC 在认可以上基本事实的基础上,要求减轻纪律处分,并提出以下申辩意见:

一是 ZXXC 对监管精神的理解存在不足,但并无故意违反监管规定的主观恶意。

二是 ZXXC 建议为防止出现巨额赎回和投资者恐慌等不利局面,在淡化短期社会影响后,再有计划、有步骤地进行整改。

三是为了避免流动性风险,建议推迟纪律处分的时间,并允许暂停备案期间继续开展短期理财类计划。

四、处置情况和审理复核意见

我会于 2015 年 6 月 15 日收到 ZXXC 的复核申请报告后不久,股市出现异常波动。为了防范系统性风险,稳妥处置有关违法违规的资产管理计划,我会决定暂停对 ZXXC 的纪律处分工作。在此期间,我会要求 ZXXC 严格控制上述三类资产管理计划的规模并逐步压缩。2015 年 12 月,根据我会要求,ZXXC 开始清理上述三类资产管理计划。目前,清理工作已经基本完成。

近日,自律监察委员会召开审理复核会议对 ZXXC 的申辩意见进行了审理复核。自律监察委员会审理复核小组一致认为:

根据中国证监会《关于进一步加强基金管理公司及其子公司从事特定客户资产管理业务风险管理的通知》(证监办发〔2014〕26 号,以下简称 26 号文)和我会《证券期货经营机构落实资产管理业务“八条底线”禁止行为细则(2015 年 3 月版)》(以下简称《八条底线细则》),中国证监会和我会关于基金管理公司及其子公司不得开展资金池业务的要求是一贯的,对资金池的界定是明确的。考虑到资金池业务的复杂性,有必要通过 ZXXC 的纪律处分案件对资金池业务的特征予以进一步明确。

ZXXC 上述三类资产管理计划的运作模式具有以下特征:一是资金来源与资产运用的流动性无法匹配。现金管理计划每日开放,短期理财计划每月开放或者每季度开放,但是投资标的非标专项计划存续期都在一年以上。为了应对开放需要,现金管理计划和短期理财计划对非标专项计划进行内部交易,短期理财计划滚动发行,从而互相拆借流动性。二是未能进行合理估值。现金管理计划在投资范围不符合货币基金有关规定的情况下,不得使用货币基金的估值方法。短期理财计划不得对非标专项计划简单采用摊余成本法进行估值,脱离对应资产的实际收益率进行分离定价,应当参照中国证监会《关于进一步规范证券投资基金估值业务的指导意见》(证监会公告〔2008〕38 号)的规定,合理确定投资品种的公允价值。三是未能进行充分信息披露。ZXXC 未向投资者披露内部交易模式,未向投资者披露非标专项计划的有关情况。投资者投资决策的主要依据是 ZXXC 提供的现金管理计划和短期理财计划的收益率水平以及 ZXXC 的信用状况。在此情况下,投资者极易形成“刚性兑付”预期。四是存在不同资产管理计划混同运作。2014 年 8 月 13 日至 9 月 23 日,应当分别备案的两个不同的资产管理计划以 1 期和 2 期的名义在稳健 3 号同时存在。ZXXC 管理的其他非标专项计划也存在上述混同问题。综上所述,上述三类资产管理计划的运作模式已经构成 26 号文和《八条底线细则》所禁止的资金池业务。

鉴于 ZXXC 的资金池规模较大,运作相对复杂,为防范清理过程中的次生风险,纪律处分的执行和公布时间可以相应延后至清理工作基本完成。由于处分时间延后具有减轻处分的效果,为了避免弱化纪律处分的警示作用,应当加大对 ZXXC 的纪律处分力度,相应延长纪律处分时间。

五、纪律处分决定

鉴于以上基本事实、情节和审理复核情况,我会决定自 2016 年 5 月 1 日起暂停受理 ZXXC 资产管理计划备案,暂停期限为 6 个月。暂停期满,ZXXC 应当向中国证监会上海证监局和我会提交整改报告,经中国证监会上海证监局和我会验收合格后,再予恢复受理资产管理计划备案。

中国基金业协会

二〇一六年四月十九日

纪律处分决定书(MSJY 资产管理有限公司)

中基协处分〔2016〕5 号

当事人:

MSJY 资产管理有限公司(以下简称 MSJY)。

根据《中华人民共和国证券投资基金法》、《中国证券投资基金业协会章程》和《中国证券投资基金业协会纪律处分实施办法(试行)》等法律和相关自律规则,我会于 2016 年 7 月 19 日向 MSJY 下达了纪律处分事先告知书。MSJY 对有关纪律处分存在异议,应当于 7 月 25 日前提出复核申请。7 月 25 日,MSJY 向我会来函表示接受有关纪律处分决定。本次纪律处分案现已终结。

一、基本事实

根据中国证监会前期专项检查情况和有关要求,我会对 MSJYX 系列专项资产管理计划(以下简称 X 专项计划)、Y 系列专项资产管理计划(以下简称 Y 专项计划)和 Z-1 号专项资产管理计划(以下简称 Z 专项计划)涉及违规开展资金池业务的情况进行了调查和审理。经查，MSJY 上述三类专项计划存在以下违法违规开展资金池业务的事实：

X 专项计划成立于 2013 年 5 月 3 日，由 MSJY 与 A 银行投资银行部合作开发。截至 2016 年 5 月 31 日，X 专项计划共 23 只，存续规模 920.47 亿元。Y 专项计划成立于 2013 年 6 月 4 日，由 MSJY 与 A 银行私人银行部合作开发。截至 2016 年 5 月 31 日，Y 专项计划共 24 只，存续规模 636.21 亿元。Z 专项计划成立于 2013 年 12 月 26 日，由 MSJY 自主管理。截至 2016 年 5 月 31 日，产品存续规模为 59.33 亿元。上述三类专项计划具有以下资金池业务特征：

一是脱离对应资产的实际收益率分离定价。上述三类专项计划在认购申请书中以预期收益率或者业绩比较基准的名义约定收益率。根据上述三类专项计划资产管理合同，资产委托人的收益按照类似存款利息的方法进行计算，与专项计划估值和对应资产的实际情况无关。例如，Y 专项计划资产管理合同在收益分配方面约定："每份份额期间收益 = 1 元 × 该类份额锁定的业绩比较基准 × 该类份额锁定期的期间天数 ÷ 365"，"各期份额的业绩比较基准以管理人网站及当期认购（参与）申请书载明的内容为准"。专项计划终止时，资产委托人的收益足额分配后，MSJY"可以剩余现金形式计划财产为限收取业绩报酬"。

二是不同资产管理计划进行混同运作，资金与资产无法明确对应。X 专项计划的投资标的中，股权资产占比 18%，债权资产占比 44.58%，标准化资产占比 3.51%，其他金融资产占比 33.91%，平均投资剩余期限为 1.5 年以上。X 专项计划定期开放，资产委托人认购资产管理计划份额期限平均约为 6 个月。Y 专项计划的投资标的中，股权资产占比 14.44%，债权资产占比 39.84%，标准化资产占比 8.94%，其他金融资产占比 36.79%，平均投资剩余期限为 1.5 年以上。Y 专项计划定期开放，资产委托人认购资产管理计划份额期限平均约为 3 个月。Z 专项计划的投资标的中，债权资产占比 65.73%，标准化资产占比 34.27%，平均投资剩余期限约为 6 个月，但是 Z 专项计划每周开放。上述三类专项计划的投资周期与开放周期不匹配，依靠滚动发行来进行流动性管理，造成同一系列后续发行的资产管理计划与前期发行资产管理计划混同运作，资金与资产无法明确对应。

三是未能充分履行信息披露义务。根据有关法律法规和资产管理合同约定，MSJY 应当向资产委托人披露包括投资组合状况、投资表现、财务数据、风险情况等信息在内的年度报告和季度报告，发生可能影响资产委托人利益的重大事项时，应当及时通知资产委托人。Y 专项计划约定每月至少向资产委托人公布一次经资产托管人复核的计划份额净值。MSJY 未能有效履行上述信息披露职责，导致资产委托人未能充分掌握上述三类专项计划的真实运作情况。例如，Y 专项计划 7 号出资 3.6 亿元、Y 专项计划 20 号出资 4.4 亿元共同认购深圳市 BNCY 投资企业（有限合伙）份额，用于向 JSH 股份有限公司增资，约定收益率 9%，期限三年。以上信息，资产委托人不知情。此外，根据 MSJY 的报告，X 和 Y 专项计划"如资产管理计划项下出现风险资产，则由 A 银行安排资金承接"。这一安排对 X 和 Y 专项计划的业务性质和风险情况有重大影响，但是未向资产委托人进行信息披露，也未向中国证监会和我会报告。

以上情况由中国证监会在专项检查中发现并移送我会，我会也调取了相关资料，证据充分，足以认定。

二、处分决定

MSJY 的上述行为违反了中国证监会《关于进一步加强基金管理公司及其子公司从事特定客户资产管理业务风险管理的通知》（证监办发〔2014〕26 号）和我会《证券期货经营机构落实资产管理业务"八条底线"禁止行为细则（2015 年 3 月版）》有关不得开展资金池业务的规定。根据《中国证券投资基金业协会纪律处分实施办法（试行）》第五条的规定，本会决定作出以下纪律处分：暂停受理 MSJY 资产管理计划备案，暂停期限为 6 个月，责令 MSJY 对资金池业务进行清理，并协调 A 银行按照事先约定对上述三类专项计划进行妥善处置，维护好投资者合法权益。上述纪律处分与中国证监会已对 MSJY 采取的暂停受理备案 3 个月的行政监管措施合并执行，在中国证监会的暂停期满后,我会继续暂停受理 MSJY 备案 3 个月至 11 月 17 日。为避免资金池清理过程中的相关风险,纪律处分决定书在公开时,将用字母替代有关公司和产品名字。

暂停期满,MSJY 应当向中国证监会深圳证监局和我会提交整改报告,经中国证监会深圳证监局和我会验收合格后,再予恢复受理资产管理计划备案。

中国基金业协会

二〇一六年七月二十五日

第五部分　司 法 案 例

四川省成都市中级人民法院刑事判决书

（2016）川 01 刑初 100 号

公诉机关四川省成都市人民检察院。

被告人姜为，男，1971 年 1 月 24 日出生于四川省成都市，汉族，大学文化，成都欣华欣化工材料有限公司原总经理，户籍所在地成都市高新区二环路南三段 38 号 4 栋 2 单元 12 号。因涉嫌犯挪用资金罪于 2015 年 2 月 4 日被成都市公安局刑事拘留，同年 3 月 13 日被执行逮捕。现羁押于成都市看守所。

辩护人徐敏，四川华楚律师事务所律师。

辩护人杨一林，四川华楚律师事务所律师。

四川省成都市人民检察院以成检公诉刑诉〔2016〕89 号起诉书指控被告人姜为犯操纵期货市场罪，向本院提起公诉。本院依法组成合议庭，召开了庭前会议，公开开庭审理了本案。四川省成都市人民检察院指派检察员李振波、余晖出庭支持公诉，被告人姜为及其辩护人徐敏、杨一林均到庭参加诉讼。现已审理终结。

鉴于本案案情重大且指控证据较多，本院依职权决定召开庭前会议，成都市人民检察院检察员余晖，被告人姜为及其辩护人徐敏参加了会议。在庭前会议中，本院就双方在管辖、回避、是否申请排除非法证据、是否申请证人出庭等方面了解情况，听取意见，梳理了事实和证据方面的争议点，确定了法庭调查重点。

四川省成都市人民检察院指控，2014 年 10 月至 12 月，为操纵期货市场甲醇 1501 合约价格，被告人姜为通过成都欣华欣化工材料有限公司大量囤积甲醇现货，以反作用于期货市场；利用资金及持仓优势，通过实际控制的 42 个期货账户，以连续交易、回转交易、分仓买入等方式，大量违规交易甲醇 1501 合约。截至 12 月 16 日，被告人姜为实际控制的 42 个账户，累计动用资金 41544 万元，持有甲醇 1501 合约买仓 27517 手，占市场全部买仓的 76.04%，致使甲醇 1501 合约价格明显出现异常波动。12 月 17 日至 19 日，被告人姜为实际控制的账户因持仓量大，出现资金链断裂，被期货公司强制平仓，引发市场一度出现恐慌性抛盘，导致甲醇 1501 合约价格出现连续三个跌停板单边市，跌幅达 19%。部分中小投资者难以及时平仓，造成大面积亏损，部分期货公司出现大范围穿仓。

四川省成都市人民检察院针对上述指控，当庭出示了书证、证人证言、鉴定意见、被告人供述及辩解等证据。公诉机关起诉认为，被告人姜为通过实际控制多个期货账户，利用持仓优势，通过连续交易等多种方式操纵甲醇 1501 合约价格，其行为已触犯《中华人民共和国刑法》第一百八十二条的规定，应当以操纵期货市场罪追究其刑事责任。

被告人姜为及其辩护人对指控事实和罪名均无异议，提出以下辩解及辩护意见：1. 本案应认定为单位犯罪。理由是：操纵期货市场行为是欣华欣公司集体研究决定，以欣华欣公司名义实施，如有收益也应归欣华欣公司所有，姜为是欣华欣公司总经理，其行为系职务行为。2. 姜为具有自首情节。理由是：姜为知道成都亚光电子股份有限公司报警，并得知侦查机关即将对其实施抓捕，仍在公司等候，到案后如实供述案件事实，符合自首的有关规定。3. 姜为系初犯，且自愿认罪，可从轻处罚。

被告人姜为的辩护人当庭出示以下辩护

证据:

1. 河南省郑州市中级人民法院(2015)郑民四初字第101号民事判决书、河南省高级人民法院(2015)豫法民二终字第413号民事判决书、上海市第一中级人民法院(2015)沪一民六(商)初字第34号民事判决书证实,欣华欣公司委托大角牛公司代为购买甲醇期货,穿仓后给期货公司造成了损失,有关法院均判决欣华欣公司向期货公司承担赔偿责任,进而证明操纵期货市场是欣华欣公司的行为。

2. 证人罗天(原欣华欣公司业务员)的证言证实,2015年2月3日下午,姜为就感觉事情不对,让罗天把包、钱等东西拿给他妻子,自己只留了一张身份证。晚上,姜为和罗天、郇兴盛、张东林、陈星、吴晓菊等十余人谈业务,到了八九点时,姜为接到李良的短信,说警察已经在到公司的路上了。之后姜为让其他人都先走,他一个人在公司等警察。

3. 证人邓忠(欣华欣公司业务员)的证言证实,2015年2月3日晚上八点半左右,姜为在公司召开会议,安排业务相关后续工作。姜为还说当晚公安要带他走,以后他不在了,大家要继续把工作做好,度过公司最困难的时刻。在走廊告别时,姜为还让邓忠和张东林给其妻子陈梅冬说他不回去了。邓忠和张东林到姜为家小区门口见到陈梅冬两三分钟后,姜为就带着公安到了,和陈冬梅说了两句话,衣服都没来得及换就一起上了警车。

4. 证人郇兴盛(原欣华欣公司业务员)的证言证实,2015年2月3日下班前,姜为通知下班后讨论之后的业务操作细节,当时有郇兴盛、吴晓菊、喻松、张东林、邓忠、陈星、罗天等人,吃过饭以后八九点左右,继续开会,姜为突然给大家说他收到了信息,警察马上要到公司找他,应该是要把他带走了,然后就让大家先走,他在办公室等警察。

经审理查明,2014年11月3日被告人姜为通过成都大角牛化工材料有限公司(以下简称“大角牛”公司)和成都欣华欣化工材料有限公司(以下简称“欣华欣公司”)向郑州商品交易所大量申请临近交割月买入甲醇1501合约套期保值额度,当月26日共计获批15000手,实现在临近交割月持有大量多头仓位的基本条件,并利用大角牛等五个账户建仓大量买入甲醇1501合约,在11月14日买入持仓占比达30.75%,同时囤积现货,以便对期货价格造成影响。2014年11月14日至12月16日期间,为使甲醇现货市场价格符合预期,并确保多头套期保值持仓顺利进入交割月份,姜为控制或决策欣华欣等42个期货账户,累计动用资金4.1亿余元,利用持仓优势,连续交易甲醇1501合约,在价格处于低位或价格下跌时,集中增加买入持仓量,阻止价格继续下跌并拉抬价格适当上升,当价格较高时,适当进行卖出平仓,既维持盘面的交投活跃,又回流资金以补充流动资金,以便在价格下跌时反手买入,继续维持并扩大持仓优势,确保价格在可接受区间,致使甲醇1501合约价格出现异常波动,导致期货价格信息失真,严重影响期货市场价格发现、规避风险等功能的有效发挥。

其中,11月14日至12月11日,在连续20个交易日内,姜为通过其控制的欣华欣、大角牛、合业化工以及妻子陈梅冬和员工郇兴盛的共5个期货账户连续买入开仓1596笔16673手,卖出平仓1539笔13158手,累计买入开仓成交量占市场第一位。受此影响,12月3日甲醇1501合约价格较11月14日上涨8.9%,而同期与甲醇1501期货价格高度关联的原油近月合约价格下跌14.5%,甲醇1506合约价格下跌6.16%。自12月4日起,受原油持续走弱及资金短缺等因素影响,甲醇1501合约价格开始走低,至12月11日,甲醇1501合约价格累计下跌10.04%。12月12日,姜为为了维护甲醇1501合约价格,通过江西瑞奇资产管理有限公司、上海盛圭科技有限公司等单位,借用账户进行分仓操作,规避有关部门的监管,操纵42个期货账户买入开仓134笔,成交3258手,卖出平仓21笔,成交448手,买仓量为22487手,买仓占比为63.5%,当日甲醇1501合约价格上涨0.93%,结束了前六个交易日的下跌趋势,并保持价格基本持平直至12月16日。12月15日买仓量为23680手,买仓占比为67.76%,12月16日,买仓量达27517手,买仓占比达76.04%,其中投机持仓13803手,超过期货交易所规定持仓限额约26倍。

2014年12月16日结算后,被告人姜为因资金链断裂,无力追加期货保证金,当晚夜盘开市后,期货公司按照规定对其实施强行平仓,合约价格大幅下跌，并引发市场恐慌性抛盘，开盘后仅10分钟，甲醇1501合约价格跌停。17日至19日，连续出现三个跌停板单边市，三个交易日价格跌幅达19.1%，且由于短时间内价格大幅下挫，部分多头中小投资者难以及时平仓，导致86个客户穿仓，穿仓金额高达1.77亿元，涉及13家期货公司。

另查明，2014年期间，被告人姜为任欣华欣公司总经理，该公司的股东及持有股权份额情况分别为，成都亚光电子股份有限公司（以下简称“亚光公司”）持股58.2%，成都江海龙投资有限公司持股41.8%。2014年9月9日，欣华欣公司向控股股东亚光公司报送《关于申请办理套期保值业务的请示》，申请利用期货及电子交易平台进行保证金在三千万元以内的甲醇产品套期保值业务，亚光公司按规定逐级上报该请示，截至案发，未得到最终同意开展业务的批复。

按照2014年12月16日甲醇1501合约结算价计算，姜为在2014年11月14日至12月16日期间，因交易该合约共亏损79459652元。

2015年2月3日晚，被告人姜为在欣华欣公司开会时，得知亚光公司已就其涉嫌犯罪向公安机关报案而在公司等待，抓捕时无拒捕行为，并供认了犯罪事实。

认定上述事实并经庭审质证的证据有：

1.亚光公司报案材料、受案登记表、立案决定书、到案经过、拘留决定书、批准逮捕决定书、公安部经济犯罪侦查局《关于对姜为涉嫌操纵期货交易价格犯罪情况进行核查的通知》、四川省公安厅经侦总队《关于对姜为涉嫌操纵期货交易价格犯罪情况进行核查的通知》等证实，2015年2月3日，亚光公司向公安机关报案称姜为擅自挪用欣华欣公司资金，公安机关于同日在欣华欣公司办公地点将姜为抓获，次日以其涉嫌挪用资金立案侦查，并先后对其采取拘留、逮捕的强制措施。同年12月11日，成都市公安局根据公安部和四川省公安厅通知要求，对姜为涉嫌操纵期货市场案立案侦查。

2.欣华欣公司的工商档案证实，成都亚光电子股份有限公司于2007年2月作为唯一股东，投资1000万元成立欣华欣公司；2007年12月，成都江海龙投资有限公司投资1153万元，成为欣华欣公司股东，持股比例为53.55%，姜为担任欣华欣公司法定代表人、执行董事、经理；2009年1月，欣华欣公司注册资本变更为1.5亿元，亚光公司持股比例为58.2%，江海龙公司持股比例为41.8%；法定代表人变更为曹军波；2010年4月，欣华欣公司法定代表人变更为何放；2013年6月，欣华欣公司注册资本变更为2亿元，亚光公司和江海龙公司的持股比例仍然分别为58.2%和41.8%。

3.成都大角牛投资有限公司、成都大角牛贸易有限公司的工商档案证实，成都大角牛投资有限公司成立于2012年7月，股东分别为许晓明、郐兴盛、喻松、陈梅冬、邓忠、郭春峰、张辉，监事由姜为担任；成都大角牛贸易有限公司成立于2012年8月，股东为成都大角牛投资有限公司，监事由姜为担任，2013年12月，公司名称变更为成都大角牛化工材料有限公司。

4.欣华欣公司向亚光公司报送的《关于申请办理套期保值业务的请示》、亚光公司向中国航空技术国际控股有限公司报送的《关于申请办理套期保值业务的请示》、中国航空技术国际控股有限公司2014年9月15日总经理办公会纪要、亚光公司《关于欣华欣公司进行3000万元套期保值业务的相关文件说明》等证实，2014年9月，欣华欣公司拟利用期货及电子交易平台的套期保值功能进行市场风险的控制和规避，交易规模控制在保证金占用最大金额为人民币3000万元以内，涉及的化工产品为甲醇，特发文向亚光公司请示；同月，亚光公司就此事向中航国际请示；2014年9月15日，中航国际召开总经理办公会，同意欣华欣公司开展甲醇产品套期保值业务，严格控制保证金占用总额不超过3000万元，并需报总办会审批后由财务部按程序上报中航工业审批，但截至2015年3月，亚光公司未收到批复文件。

5.欣华欣公司与大角牛公司签订的销售合同证实，2014年11月11日，双方签订合同约定，欣华欣购买大角牛郑商所甲醇标准仓单，货物数量70万吨、单价2520元每吨、总金额17.64亿元，合同签订后2日内欣华欣支付8820万元预付款，余款2015年1月15日前付清，交易所追加保证金时，欣华欣公司无条件追加同比保证金，否则大角牛公司可对欣华欣公司平仓，造成损失由欣华欣公司承担。“市场价格”以交易所上市的期货合约当日收盘价为准。

6. 欣华欣公司、大角牛公司、江西瑞奇资产管理公司签订的资产委托协议证实,2014 年 12 月 12 日,三方约定,欣华欣公司委托江西瑞奇资产管理公司在期货市场做多单,大角牛代欣华欣支付 5000 万元,江西瑞奇配资 1000 万元,欣华欣承担 15% 的年息,期货指令由欣华欣下达,江西瑞奇执行,盈亏由欣华欣自负。

7. 欣华欣公司、上海盛圭信息科技有限公司、上海和鸿企业发展有限公司签订的协议证实,2014 年 12 月 12 日,欣华欣公司委托上海盛圭公司使用期货账户在郑商所为欣华欣进行甲醇期货交易;欣华欣支付上海盛圭 9400 万元保证金,由上海盛圭分配至各个期货账户,其中 5000 万元由大角牛代为支付,4400 万元由姜为账户转至刘云账户;期货交易盈亏由欣华欣承担;上海盛圭将每天交易情况以电邮方式发送罗天;欣华欣根据情况追加保证金,如有损失欣华欣承担;上海和鸿承担担保责任。

8. 大角牛公司与成都塑天贸易有限责任公司、四川大萨格商贸有限公司分别签订的代持仓协议证实,大角牛公司借用两公司资质在海通期货公司开设账户进行甲醇期货交易,交易资金、交易操作、交易盈亏均由大角牛公司负责。

9. 常州市琦润物资有限公司出具的情况说明证实,2014 年 12 月 4 日,欣华欣公司的姜为请求借用琦润公司期货账号,由姜为出资操作甲醇。当日大角牛转款 500 万元,琦润公司将期货账号和密码交付张笑蕾后由其自行操作。12 月 9 日,姜为请求借 120 万元代垫保证金。12 月 17 日穿仓 322 万余元。

10. 四川蜀通司法鉴定所司法鉴定意见书证实,大角牛公司账面债务 14.63 亿元,严重资不抵债;2014 年欣华欣公司以预付账款名义向大角牛公司支付 19.7414 亿元,用于购买甲醇、苯乙烯、丁二烯等,有合同对应;大角牛公司通过调账等手段,将付给大萨格、煌石等 7 家公司的 4400 万元,以及付给上海盛圭的 5000 万元、江西瑞奇的 7900 万元,共计 1.73 亿元冲抵了大角牛挂在应付账款科目下收到的欣华欣的款项。

11. 姜为个人银行账户交易明细证实,2014 年 12 月 12 日,姜为个人账户入账 9400 万元,同日转款给刘云 4400 万元,转款 5000 万元至大角牛公司。

12.《郑州商品交易所套期保值管理办法》、《期货交易风险控制管理办法》等证实,正常甲醇期货交易应遵守的相关规定。

13. 姜为实际控制或决策的欣华欣、大角牛、陈梅冬等 42 个期货账户的信息及交易情况证实,姜为通过 42 个账户,先后动用资金 41544 万元交易甲醇 1501 合约;资金来源主要包括姜为及陈梅冬的个人账户,欣华欣公司员工资金,欣华欣公司以及大角牛公司;姜为直接控制的是大角牛、欣华欣、合业化工、陈梅冬及邬兴盛 5 个账户,通过江西瑞奇、上海盛圭等公司控制其他 37 个账户。

14. 欣华欣公司项目总账关于存货的记载数据证实,2014 年 10 月至 11 月,甲醇账面库存余额从 17 万吨猛增至 42 万吨,增长 247%,明显高于同期,显示在 11 月期间积极做多甲醇期货的同时,通过囤积现货反作用于期货价格。

15. 中国证券监督管理委员会〔2015〕31 号行政处罚决定书及相关调查材料证实,姜为因本案涉及的操纵期货市场行为,被中国证券监督管理委员会于 2015 年 9 月 16 日处以 100 万元罚款。

16. 被告人姜为的户籍资料,证实其自然人身份信息。

17. 证人何放(欣华欣公司法定代表人)的证言证实,欣华欣公司的对外投资必须经股东会决议、授信必须由法人代表签字,副总的任命必须经股东会批准。2013 年姜为提出要做期货生意来对冲交易风险,经上报中航批准,给予姜为 3000 万元的期货权限。何放不知道欣华欣与大角牛公司的销售合同,也不知道欣华欣与上海盛圭、江西瑞奇签订的协议,其他董事会成员也是在中航查账时才知道。

18. 证人刘乃慈(欣华欣公司财务经理)的证言证实,中航批复欣华欣公司可以做不超过 3000 万元的套期保值业务。刘乃慈没有参与《销售合同》以及与上海盛圭、江西瑞奇的两份协议。刘乃慈与姜为、邬兴盛一起到上海出差,和上海光子现货公司的几个人一起吃饭,不记得说的什么。按照规定这三份协议的钱支付出去必须要刘乃慈同意,还要报公司董事会批准,但刘乃慈都没有签字付过款。

19. 证人罗天(欣华欣公司业务员)的证言证实,欣华欣公司是从 2014 年开始做期货的,在光大期货公司开户后,公司在做套期保值业务,现货交割后,罗天需要到原来库存货物的仓库去签仓储合同,并想办法把货卖掉。与上海盛圭的协议是罗天去上海拿的,2014 年 12 月 11 日欣华欣公司给盛圭公司转款 9400 万元,让其帮忙买入甲醇 1501 合约,目的是不让甲醇期货价格再下跌,其中 4000 万元是姜为个人账户付款。因为欣华欣已经申请了甲醇期货的空头头寸,不能再申请多头,当时姜为认为 2015 年市场对甲醇的需求会很大,所以就想大量买入,自己不能买,就让大角牛公司帮着买。罗天知道姜为找了几家公司帮欣华欣公司在期货市场上买入甲醇,因为罗天的邮箱会收到江西端奇和上海盛圭公司每天发的交易清单。欣华欣与上海盛圭的协议,因为欣华欣公司没有付过钱,也不需要开发票,姜为也没有安排罗天把协议交给其他人,所以合同就只有罗天、姜为、邬兴盛知道。大概在 2010 年,当时欣华欣公司的大部分员工都在炒股,姜为担心会耽误工作,就说大家集资形成一个员工基金,由姜为用这个基金炒股,赚了钱大家分。姜为用部分员工基金的资金投入到大角牛公司。大角牛公司实际上由姜为控制。2014 年 6 月至 12 月期间,欣华欣有 10 万吨甲醇,其中 6 千吨销售给张家港恒德公司,另外 9.4 万吨借给大角牛,再由大角牛销售给张家港恒德公司,恒德公司把 9.4 万吨的货款支付给了大角牛,6 千吨的货款支付给了欣华欣。借货也是因为大角牛买入甲醇期货资金紧张,为帮大角牛渡过难关,决定把欣华欣的甲醇借给大角牛,大角牛卖出货后获取资金进行甲醇期货市场的操作,今后有资金或有货的情况下再归还欣华欣。恒德公司支付了 2 个多亿的货款给大角牛,都投入到了大角牛的期货市场中。

20. 证人邬兴盛(欣华欣公司业务员)的证言证实,大角牛公司除许晓明和郭春风外,其他都是代欣华欣员工持股的名义股东,不参与公司直接管理。邬兴盛接到姜为的指令后,会下单操作期货账户。邬兴盛只操作过大角牛公司在中信期货的账户。因为欣华欣已经申请了甲醇期货的空头头寸,在同一合约月内不能再申请多头,当时姜为认为 2015 年甲醇市场需求会很大,所以想大量买入,自己不能买,所以叫大角牛公司帮着买。大角牛公司建了 75 万吨甲醇的买入套期保值头寸,2014 年 12 月,甲醇期货市场已经往下探,公司资金比较紧张,为了预防穿仓和保护公司的套保头寸,姜为就找到上海盛圭的周乐力,委托周乐力的公司买入甲醇 1501 合约,避免产生浮亏后被期货公司强平。之后姜为就安排邬兴盛与盛圭公司接洽并签订协议,协议是打款后再签订的,约定的金额是 9400 万元,其中 5000 万元由欣华欣委托大角牛支付,另外 4400 万元由姜为支付给盛圭公司指定的刘云账户。与江西瑞奇公司的协议,签订原因也是为了避免产生浮亏后被期货公司强平,约定的金额是 6000 万元,其中 5000 万元由欣华欣出资,但由大角牛代付,另外 1000 万元由瑞奇公司配资。一般是姜为告诉对方购买的价位、数量。对方每天把期货的交易明细通过邮箱传给邬兴盛,邬兴盛再传给罗天,再由罗天具体与姜为衔接。2014 年 12 月,为了维持甲醇期货市场的价格,通过大角牛公司转了资金到大萨格公司、常州琦润、珑锦化工、昆明鼎达、昆明煌石、太仓安鼎、成都塑天。给珑锦化工打了 550 万元,其他几个公司都是 650 万元。除了和大萨格公司签订有协议外,其他几个都没有签协议。姜为专门提过,七家公司只是出个账号帮忙买入,不承担亏损也不享有利润。

21. 证人陈梅冬(姜为之妻、大角牛公司股东)的证言证实,之所以成立大角牛公司,一方面是做化工业务,另一方面是姜为炒股炒得好,欣华欣的员工都想跟着姜为一起炒股,大家商量后就成立了大角牛投资基金,然后以基金入股组建公司。公司的日常经营是张笑蕾在负责。姜为说过因为欣华欣在期货市场不能做多,必须找一个平台公司来做期货业务,所以和大角牛签了现货采购合同,约定由大角牛在期货市场上帮欣华欣采购甲醇现货,最后由大角牛向欣华欣交货。姜为在救市时候投入了 4400 万元。欣华欣通过大角牛在市场上采购甲醇的行为实际上是现货交易行为,不是期货炒作行为,因为双方的采购合同中有准确的描述,而且在期货账户中出现 3 亿元的浮盈时大角牛也没有平仓套利。

22. 证人曹泽军(上海盛圭科技有限公司副总)的证言证实,2014 年 12 月,欣华欣公司委托上海盛圭公司帮忙在期货市场上买入甲醇 1501 合约,并签订了一个三方协议,上海和鸿公司是担保方,欣华欣转款 9400 万元,约定期货交易的盈亏全部由欣华欣享有和承担。当时是姜为找到周乐力,周乐力介绍上海盛圭公司来做的这个业务。欣华欣委托大角牛转了 5000 万元到上海盛圭公司,姜为转了 4400 万元到该公司财务人员刘云的个人账户。之后上海盛圭公司把钱分到 10 多个账户中,都买入甲醇 1501 期货合约,每天把交易情况以邮件方式发给欣华欣的罗天。穿仓后,欣华欣公司还欠 1000 多万元没有支付给上海盛圭公司。

23. 证人文勇(江西瑞奇公司董事长)的证言证实,2014 年 12 月 11 日,李立勇给文勇说,欣华欣公司有个配资业务要其帮忙做,除了欣华欣自己要出资金外,另外让文勇再配资 2000 万元。后来李立勇以文勇的名义起草了一个资产委托协议,并给了一个欣华欣工作人员邬兴盛的联系方式。文勇和邬兴盛取得联系后,在协议上盖了公司印章后传真给了邬兴盛。欣华欣通过大角牛账户分三次转了 7900 万元到江西瑞奇公司,文勇找了十三个与自己关系比较好的个人客户的期货账户进行了欣华欣甲醇期货的配资。一般是李立勇给文勇打电话发指令,告诉买入甲醇的时间、数量和价格,文勇再安排工作人员进行操作。截至 12 月 19 日,总计穿仓 5500 多万元。

24. 证人李立勇的证言证实,2011 年 10 月,通过张斌认识姜为,12 月 11 日,张斌说欣华欣做甲醇期货的编码(一个编码只能做 600 万元保证金)不够用,让李立勇帮忙找些其他的编码帮欣华欣分仓,另外再帮欣华欣借一两千万元。之后李立勇就找到文勇,让他具体操办以及与欣华欣联系。12 月 12 日,李立勇起草了一个资产委托协议给文勇,让他和欣华欣联系。欣华欣总共通过大角牛转了 7900 万元到江西瑞奇公司。一般是张斌给李立勇发指令,李立勇再把信息告诉文勇,由他具体操作。

25. 证人施启明(太仓安鼎公司副总)的证言证实,太仓安鼎公司从 2014 年 6 月开始从大角牛公司购买甲醇现货,与欣华欣公司是从 2014 年 8 月开始相互有买卖甲醇现货。12 月 7 日,欣华欣公司的邬兴盛给施启明打电话,让帮忙开一个期货账户交割甲醇现货,当时施启明说公司没钱,只能提供期货账号。大角牛公司于 12 月 10 日将 650 万元转到太仓安鼎公司,当天施启明就打电话公司的期货账户和密码告诉了他邬兴盛。

26. 证人莫纪元(常州琦润公司法定代表人)的证言证实,常州琦润公司与欣华欣公司有多年的业务往来。2014 年底,欣华欣公司总经理姜为给莫纪元打电话要借用其公司的期货账户买入甲醇,并安排张笑蕾与莫纪元具体联系。常州琦润公司于 12 月 4 日收到 500 万元后就转入了期货账户,并把账户和密码告诉了张笑蕾,之后都是张笑蕾在操作。11 月 9 日,因为甲醇价格下跌,姜为让莫纪元帮忙追加点保证金,结果甲醇价格连续跌停,常州琦润公司的期货账户被穿仓,本金 650 万元全部亏损,还欠国金期货公司 322 万元。

27. 证人马舸(珑锦公司总经理)的证言证实,12 月 8 日左右,欣华欣公司的邬兴盛说希望借用珑锦公司的期货账户在期货市场上进行甲醇期货交易,由邬兴盛操作,资金也欣华欣出,盈亏都是欣华欣负责。12 月 10 日,大角牛公司分两次把 650 万元转到珑锦公司账户,马舸就转到了期货账户中,并把账号和密码都告诉了邬兴盛。后来因为穿仓不仅欣华欣的钱全部损失了,还造成了 260 多万元的亏损。

28. 证人李健(昆明鼎达石化公司董事长)的证言证实,2014 年 12 月初,姜为打电话说大角牛在期货市场上买入甲醇期货,因为账户买入限制,希望用昆明鼎达公司的期货账户在市场上买入,如果李健的朋友有化学危险品经营许可证也介绍给他,帮他在期货市场上买入。当时说好了,利润和亏损都由姜为承担,没有签协议。李健给姜为介绍了昆明煌石公司。具体操作是公司业务员李开君在办,大概是国金期货到昆明鼎达公司为其开设期货账户,然后昆明鼎达公司把账号和密码都告诉姜为公司的经办人,他们就自己转钱和交易。12 月 20 多号,国金期货说账户穿仓,要昆明鼎达公司补交保证金,昆明鼎达公司和煌石公司一共是 560 万元。我们公司完全是帮忙。

29. 证人李开君(昆明鼎达公司业务员)的证言证实,大角牛公司委托昆明鼎达公司帮忙在期货市场上买入甲醇 1501 合约,并于 2014 年 12 月 10 日转款 650 万元,所有收益和损失由大角牛公司承担。昆明鼎达公司原来没有期货账户,是邬兴盛让国金期货的人专门给开的户,开户后,李开君把账户和密码都发给了邬兴盛,自己就没有管了。煌石公司也是期货公司上门开的户。

30. 证人李刚(四川大萨格商贸公司法定代表人)的证言证实,欣华欣公司的邬兴盛希望借大萨格公司的资质在期货市场进行甲醇期货交易,交易资金欣华欣公司出,操作由欣华欣公司的人进行,盈亏都是欣华欣公司负责。大萨格公司专门在海通期货公司开了户。12 月 9 日,大萨格公司还与大角牛公司签订了代持仓协议;12 月 10 日,大角牛转了 650 万元到大萨格公司,后转入期货账户,之后全部被强行平仓,大角牛公司还欠大萨格公司 220 多万元。

31. 证人刘蓉桥(塑天贸易公司财务人员)的证言证实,欣华欣公司的邬兴盛希望借塑天贸易公司的资质在期货市场进行甲醇期货交易,交易资金、具体操作、盈亏都由欣华欣公司负责。塑天贸易公司专门在海通期货公司开了户。12 月 9 日,塑天贸易公司与大角牛公司签订了代持仓协议,大角牛公司于次日打了 650 万元到塑天贸易公司,后转入期货账户,之后全部被强行平仓,塑天贸易公司还亏损 260 多万元。

32. 证人黄伟泉(张家港恒德公司经营总监)的证言证实,张家港恒德公司于 2014 年 5 月成立后,就到欣华欣公司与姜为、邬兴盛商谈,希望从欣华欣公司购买甲醇,当年和欣华欣一共有 3 笔业务往来,张家港恒德公司都收到了货并支付了全部货款,和大角牛公司做了 6 笔业务,总量大概有 10 万吨,货也都收到并全部支付了货款。

33. 证人喻松(欣华欣公司员工)的证言证实,姜为被警察带走的当天,喻松吃完晚饭回到公司,姜为说许晓明给他电话,说警察已经去过许晓明家中,很快就会到公司。姜为说他在公司里等警察,并安排了下一步的工作,给了张东林一份江海龙公司的授权委托书,把 2015 年度的业务思路给每个人都布置了,大概九点多,姜为安排大家各自回家,邓忠和张东林去通知姜为的妻子陈梅冬,告诉她警察在找姜为,让她放心。

34. 证人李良(亚光公司党委副书记)的证言证实,2015 年 2 月 3 日下午,李良就姜为涉嫌犯罪向公安机关报案,报案期间,李良打电话告知律师赵立其已经到公安机关报案,目的是让赵立关注姜为的动态,注意姜为的安全。

35. 证人赵立(欣华欣公司原专项法律服务顾问)的证言证实,李良在公安机关就姜为涉嫌犯罪报案期间,曾告知过赵立,并让赵立密切注意姜为的情况。当天姜为邀约赵立出去吃晚饭时,赵立告诉姜为李良已经在公安机关报案了,并建议姜为留在公司,姜为听从了赵立的建议,没有外出,到了公司一楼的办公室,之后赵立就一直在公司,直到警察把姜为带走后才离开。之前姜为曾向赵立咨询过如果涉及刑事犯罪他该怎么做,当时赵立就告诉姜为应积极配合调查。

36. 被告人姜为的供述证实,姜为是欣华欣公司的总经理,欣华欣公司的股东分别为亚光公司持股 58.2%,江海龙公司持股 41.8%,姜为个人持有亚光公司 5% 的股份,持有江海龙公司 35.08% 的股份,是该公司法人。成立江海龙公司就是为收购欣华欣公司股权。欣华欣公司成立时系亚光公司全资子公司,2007 年 12 月江海龙公司购买其股份前,姜为与欣华欣公司之前的法人代表曹军波和李久银商议,由姜为任欣华欣的总经理,负责公司全面工作。公司主要业务是进出口液体化工产品,进口货物或银行贷款都是姜为一个人在负责,公司 500 万元以上的付款需要由姜为签字。除了公司对外投资超过 1000 万元需要向董事会报告外,其他没有明确姜为是否需要向公司董事会报告。从大角牛公司采购货物大部分都是姜为经办的,在这家公司购货都不是长约采购,都是按当天货物价格签订合同。大角牛公司是姜为的朋友许晓明和欣华欣大部分员工一起成立的,姜为妻子陈梅冬以及欣华欣员工邬兴盛、喻松、邓忠、张辉以欣华欣公司员工基金的形式代持员工股份,公司日常经营是张晓蕾负责,姜为经常进行指导建议。2013 年 12 月 25 日,欣华欣公司向亚光公司提交请示,申请进行期货交易。姜为听刘乃慈说中航同意批复保证金人民币 3000 万元的套期保值业务,但姜为没看到过批复文件。

大角牛公司的期货交易平时是张晓蕾操作,姜为和邬兴盛也操作过。姜为经手的期货账号有两个欣华欣公司的,一个陈梅冬的,两个大角牛的两个账户。2015 年 1 月,姜为把欣华欣的账户平仓了,亏损应该是5000万元。大角牛的期货账户大概是亏损5亿元,应该是12月18日被穿仓。因为市场行情不好,甲醇期货大跌,保证金不够,大角牛的账户被强行平仓,所有保证金都损失了。大角牛的钱有公司自己的,也有部分是欣华欣转过来的。两个公司签订的购销合同,欣华欣向大角牛支付预付款。截至2014年12月,大概转了4个亿。其中一份销售合同总金额是17.64亿元,最终没有完全执行。2014年11月前,欣华欣委托光大期货和郑商所签订甲醇1501申请的内容是6000手卖出合同,不久后姜为和欣华欣的团队罗天、邬兴盛等人开会研究认为甲醇在2500元左右可以再买,甲醇价格会再涨起来,于是就决定再买甲醇期货。11月8日左右,姜为、母志伟、刘乃慈和邬兴盛到上海与光大期货的总经理田亚林和王总、黄伟商谈欣华欣公司申请买入交割,他们说按照期货规则欣华欣公司申请了卖出交易就不能再申请买入交割,只能以其他公司的名义买。于是,姜为就让张晓蕾以大角牛的名义按照每吨2500元的价格能买多少就买多少甲醇期货,再由欣华欣公司给大角牛公司打款购买大角牛公司交割后的甲醇现货。回成都后,为完善手续,姜为或邬兴盛通知罗天与大角牛签订销售合同。后来大角牛就开始甲醇期货的买入,期间欣华欣向大角牛支付了7000万元预付款购买甲醇现货,但根据合同要2015年1月15日才能交割现货,期间由于甲醇价格下跌,保证金不够比例,被强行平仓,造成大角牛公司实际亏损5亿多元,按照合同约定这些钱应当由欣华欣公司赔偿。这个事情是姜为决定的,没有向欣华欣的法人代表何放汇报过,从大角牛购买期货再交割现货给欣华欣的模式是第一次。

大角牛转给上海盛圭等9家公司共1.73亿元都是姜为安排转出去买期货的,这些钱都是欣华欣的预付款,利益和亏损都归于欣华欣,相关协议和钱应该没有做账,姜为也没有告知其他股东。2014年12月,大角牛卖了欣华欣公司的货,钱都没有打到欣华欣的账户上,都直接转到期货账户里,用于买入甲醇1501合约,最后全亏损了。姜为安排邬兴盛找有《化学危险品经营许可证》并且关系不错的公司,让他们帮忙在期货市场上买入甲醇1501合约,钱由大角牛公司出。因为按照郑商所要求,没有专门打报告的客户,有一个持仓上限,基本上是650万元左右,所以给他们每家公司打款都是650万元左右。帮忙买入的公司都穿仓了,每家公司还连带损失200万元左右。这些公司买入的指令都是姜为下的,大原则是稳住大角牛公司期货账户建仓时的价位,大概是2500元左右,不要让价格下跌太多,如果跌得太多,主力账户就会需要补充大量的保证金。姜为的本意还是想从期货市场上交割现货,并不是想从期货市场上赚钱,所以做的都是套保交易,找的账户也都是有现货交割能力的公司。

以上指控证据以及辩护人出示的辩护证据均来源合法,内容客观真实,与案件事实相关联,本院均予以采信。

本院认为,被告人姜为集中资金优势、持仓优势,连续买卖甲醇1501合约,操纵期货交易价格,使该期货合约价格产生异常波动,不能真实反映市场供求关系,损害了期货投资者的合法利益,对期货市场正常交易秩序产生了严重影响,其行为已构成操纵期货市场罪。被告人姜为明知他人报案而在公司等待,抓捕时无拒捕行为,并如实供述犯罪事实,构成自首,可以从轻或减轻处罚。

四川省成都市人民检察院指控被告人姜为犯操纵期货市场罪的犯罪事实和罪名成立,本院予以支持。

关于被告人姜为及其辩护人所提本案系欣华欣公司单位犯罪的辩解及辩护意见,本院经审查认为,单位犯罪是指在单位意志支配下,以单位名义实施的犯罪行为。本案中,被告人姜为虽然任欣华欣公司总经理,但其未经单位控股股东或决策机构批准、同意或认可而实施犯罪行为,不属于单位犯罪。首先,欣华欣公司向亚光公司报送的《关于申请办理套期保值业务的请示》、亚光公司《关于欣华欣公司进行3000万元套期保值业务的相关文件说明》等证据证实,姜为以欣华欣公司名义进行甲醇期货交易并未取得该公司控股股东批准,即使获得批准,也应当将保证金控制在3000万元以内,而其实际动用的资金远远大于3000万元,因此姜为通过欣华欣公司实施的操纵期货市场的行为不代表单位意志。其次,姜为供述其以预付款的形式将资金转入大角牛公司,再由大角牛公司购买期货合约，是由其个人决定，并未向欣华欣公司的其他股东汇报过，而且姜为联系其他公司，违规借用期货账户，分仓操纵甲醇1501合约价格，也未告知其他股东，因此该部分行为也不代表单位意志。第三，姜为的辩护人出示的有关民事判决书，能够证实欣华欣公司因借用其他公司期货账户穿仓而承担相应赔偿责任的事实，但民事法律关系并不等同于刑事法律关系，法院判决欣华欣公司承担在甲醇1501合约交易过程中造成损失的民事责任，并不意味着该公司必然应承担操纵期货市场的刑事责任。欣华欣公司承担民事责任，是基于姜为作为总经理与其在民事上的代理关系，根据有关民事法律规定，第三人有权向被代理人主张权利，即在民事责任中，是以受损失公司的外部视角确定责任承担者，因其很难得知欣华欣公司内部的决策过程，其认为姜为就代表欣华欣公司，故应由欣华欣公司承担民事责任，这也符合代理制度降低交易成本和保护交易安全稳定的价值追求。在刑事责任中，是从欣华欣公司内部考察责任的产生者，进而确定责任承担者。在案证据能够证实，操纵期货市场的行为是由姜为个人决定，因此刑事责任系因姜为个人行为产生，依法应由其个人承担。综上，该项辩解及辩护意见不能成立，本院不予采纳。

关于被告人姜为及其辩护人所提姜为具有自首情节的辩解及辩护意见，与审理查明的事实及法律、司法解释规定相符，本院予以采纳。

据此，为了打击经济犯罪，维护金融管理秩序，依照《中华人民共和国刑法》第一百八十二条第一款、第六十七条第一款、第五十二条、第五十三条之规定，判决如下：

被告人姜为犯操纵期货市场罪，判处有期徒刑二年六个月，并处罚金人民币一百万元。

（刑期从判决执行之日起计算，判决执行前先行羁押的，羁押一日折抵刑期一日。即自2015年2月4日起至2017年8月3日止。罚金于本判决生效后30日内缴纳，逾期不缴纳的，强制缴纳。）

如不服本判决，可在收到判决书的第二日起十日内，通过本院或直接向四川省高级人民法院提出上诉。书面上诉的，应当提交上诉状正本一份，副本二份。

二〇一六年十二月二十六日

贵州省贵阳市中级人民法院刑事判决书

（2016）黔01刑初50号

公诉机关贵州省贵阳市人民检察院。

被告人章爱民，男，1956年2月23日出生于福建省顺昌县，汉族，中专文化，原系厦门圣达威服饰有限公司法人代表，户籍地福建省厦门市思明区前村埔路571号1101室。2015年5月8日因涉嫌犯欺诈发行债券罪被刑事拘留，同年6月13日被逮捕。现羁押于贵阳市南明区看守所。

辩护人王泰清，贵州正哲律师事务所律师。

辩护人王玲，贵州正哲律师事务所律师。

被告人胡虹，女，1969年12月18日出生于湖南省安乡县，汉族，大专文化，原系厦门圣达威服饰有限公司财务总监，户籍地福建省厦门市湖里区兴隆路640号504室。2015年5月8日因涉嫌犯欺诈发行债券罪被刑事拘留，同年6月13日被逮捕。现羁押于贵阳市南明区看守所。

辩护人何兵，贵州语和律师事务所律师。

辩护人王增林，贵州语和律师事务所律师。

贵州省贵阳市人民检察院以筑检刑诉［2016］35号起诉书指控被告人章爱民、胡虹犯欺诈发行债券罪一案向本院提起公诉。本院于2016年3月14日立案受理，因需补充侦查，贵阳市人民检察院建议本院延期审理。本院依法组成合议庭于2016年9月19日公开开庭审理了本案，贵阳市人民检察院指派检察员刘辰暄出庭支持公诉。被告人章爱民及其辩护人王泰清、被告人胡虹及其辩护人何兵、王增林到庭参加了诉讼。现已审理终结。

贵州省贵阳市人民检察院指控：2012年下半年，厦门圣达威服饰有限公司（以下简称圣达威公司）因资金困难，公司法定代表人章爱民决定通过发行中小企业私募债券融资，并安排财务经理胡虹具体负责公司财务审计事宜。为达到发行目的，在被告人章爱民的许可下，被告人胡虹向开展审计的中瑞岳华会计师事务所隐瞒公司及法定代表人章爱民已负债数千万元的重要事实，并提供虚假公司财务账表、凭证，在公司销售收入和应收款项上编造重大虚假内容，提供虚假联系人、联系方式骗取审计询证，使审计报告结果发生重大误差，又将上述不实的审计结果写入圣达威公司的募集说明书中，用于骗取发行私募债券。

之后，圣达威公司于2013年顺利通过华创证券公司非公开发行中小企业私募债券两期，共计5000万元，投资人华夏基金管理有限公司及国联安基金管理公司分别认购2500万元。圣达威公司获得募集资金后未按募集约定将资金用于生产经营，而是基本用于偿还公司及法定代表人章爱民的泉州银行贷款、民间借款等债务，致使债券利息及本金无法偿付，造成投资人重大经济损失。

庭审中，公诉人当庭宣读并出示了相关书证、证人证言、被告人的供述等证据，并认为被告人章爱民、胡虹在发行中小企业私募债券的募集办法中隐瞒重要事实，编造重大虚假内容，骗取发行公司债券5000万元，数额巨大，且无法偿还，后果严重，其行为触犯了《中华人民共和国刑法》第一百六十条第一款之规定，应当以欺诈发行债券罪追究被告人章爱民、胡虹的刑事责任。

庭审中，被告人章爱民对公诉机关所指控的犯罪事实无异议，其辩护人提出“公司是发行债券的主体，本案是单位犯罪，章爱民作为企业的法定代表人应当承担刑事责任，本案涉案金额5000万元不属于数额巨大，有自首情节，章爱民犯罪情节较轻，主观恶性不大”的辩护意见。被告人胡虹对公诉机关所指控的犯罪事实无异议，提出“其是受章爱民的安排配合审计而提供公司资料”的辩解，其辩护人提出“厦门圣达威服饰有限公司以公司名义发行私募企业债券，所募资金由公司使用，是单位犯罪，胡虹作为公司员工，根据章爱民的安排参与了一些债券发行的辅助性工作，在本案中所起作用较小，应从轻处罚，胡虹在本案中情节较轻，有悔罪表现，建议对其适用缓刑”的辩护意见。

经审理查明：1999年6月，被告人章爱民注册成立厦门圣达威服饰有限公司（以下简称圣达威公司），法定代表人为章爱民，股东为章磊。2012年下半年，圣达威公司因资金紧张，公司经营出现困难，章爱民通过胡虹介绍认识了王鑫，王鑫向章爱民推荐可以通过发行私募债券的方式进行融资。作为公司法定代表人的章爱民组织公司管理层开会决定通过发行中小企业私募债券进行融资，并安排财务经理胡虹具体负责公司财务审计事宜，要求公司各部门予以配合。为达到发行债券目的，在被告人章爱民的许可下，被告人胡虹向开展审计的中瑞岳华会计师事务所隐瞒公司及法定代表人章爱民已负债数千万元的重要事实，并提供虚假公司财务账表、凭证，在公司销售收入和应收款项上编造重大虚假内容，提供虚假联系人、联系方式骗取审计询证，使会计师事务所据此制作的审计报告结果发生重大误差，又将上述不实的审计结果写入圣达威公司的募集说明书中，用于骗取发行私募债券。

2013年，圣达威公司顺利通过华创证券公司非公开发行中小企业私募债券两期，分别为2013年6月发行私募债券2500万元，由投资人华夏基金管理有限公司认购，2013年9月发行私募债券2500万元，由投资人国联安基金管理公司认购。圣达威公司获得募集资金后未按募集约定将资金用于公司生产经营，而是基本用于偿还公司及法定代表人章爱民的泉州银行贷款、所欠货款、民间借款等债务，致使债券利息及本金无法偿付，造成投资人重大经济损失。

上述事实，有经庭审举证、质证的下列证据予以证实：

（一）书证

1. 报案材料：证实华创证券公司于2014年

11 月 21 日向贵州省公安厅报案，控告圣达威公司私募债项目编造重大虚假财务信息、隐瞒企业及法人存在巨额欠款，采取欺骗手段获得发行债券，给该公司造成巨大损失。

2. 受案登记表、立案决定书、案件交办函：证实 2014 年 11 月 21 日，华创证券有限责任公司向贵州省公安厅经侦总队书面报案，贵州省公安厅经侦总队于 2014 年 12 月 11 日将案件交办至贵阳市公安局经侦支队，后者于 2014 年 12 月 15 日受理案件，并于 2015 年 5 月 4 日决定立案侦查。

3. 抓获经过：证实贵阳市公安局经侦支队民警通过线索摸排，于 2015 年 5 月 8 日 0 时许在浙江省绍兴市金河桥大道 1277 号金昌开元大酒店将犯罪嫌疑人章爱民抓获；同日 17 时许在福建省厦门市火炬园新丰三路 16 号日华大厦 201 室 F－2 将犯罪嫌疑人胡虹抓获。

4. 户籍证明：证实被告人章爱民出生于 1956 年 2 月 23 日，被告人胡虹出生于 1969 年 12 月 18 日，二人均系成年人，有刑事责任能力。

5. 圣达威公司 2014 年出具的情况说明：证实募集说明书中披露的内容存在不真实的情况：（1）新兴公司与圣达威公司不存在业务往来，购销合同系虚假合同，不存在应收账款金额 1049 余万元。（2）不存在对福建沃丰公司 750 万元应收款。（3）不存在对君安汽车租赁公司 548 万元应收款。（4）圣达威公司对各省级代理商不存在应收款。（5）业务合同及报表系财务负责人为顺利发行债券而制作，并在事后私自将账册销毁。（6）圣达威公司在发行债券前存在大量对外债务，为顺利发行债券而隐瞒了该事实。（7）募集到的资金并未用于流动资金，而用于偿还之前的高利贷。

6. 中瑞岳华会计师事务所说明材料：证实包括审计程序说明、企业询证函以及圣达威公司提供的应收账款明细表、记账凭证、银行凭证、客户资料等。显示在圣达威公司“其他应收款明细表”中应收款客户有 3 家，余额 1059 万元，选取其中顺昌县君安汽车租赁公司、顺昌县贵新建材批发店两家客户执行询证程序，均未回函，就执行了函证替代程序，根据账簿、记账凭证等附件对账面发生金额进行审阅，认为这两个科目期末余额没有存在重大错报、漏报情况。

7. 业务档案：证实《审计业务约定书》载明，厦门圣达威服饰有限公司委托中瑞岳华会计师事务所福建分所对公司 2011 年、2012 年财务报表进行审计，对财务状况、经营成果和现金流量发表审计意见，圣达威公司有责任保证上述会计资料的真实性和完整性。

8. 顺昌县公安局经侦大队情况说明：证实顺昌县贵新建材批发店已于 2015 年转让，店主刘某某不知去向；顺昌县君安汽车租赁公司倒闭，原业主陈某某去向不明，无法查证。

9. 个体工商户登记表：证实厦门圣达威服饰有限公司、顺昌县君安汽车租赁公司、顺昌县贵新建材批发店的工商登记情况。

10. 福建沃丰公司提供的材料（包括沃丰公司营业执照、沃丰与冠合、圣达威签订的《代偿协议书》、银行进账单、福建省厦门市思明区人民法院《民事判决书》）：证实因 2012 年所贷贷款无法归还的问题，圣达威公司、章爱民和厦门冠合工贸有限公司实际欠沃丰公司 250 万元。

11. 杭州莱迪公司工商、税务资料：证实莱迪公司法定代表人在 2011 年 5 月变更为胡虹，后又在 2012 年 12 月变更为李和云（胡虹母亲）。公司地址在杭州市拱墅区平安桥路 16 号 3 幢 105 室，公司股东胡虹、李和云。

12. 杭州市康桥镇平安桥村经济合作社证明：证实该社位于平安桥路 16 号产权房屋下无杭州莱迪公司在此经营。

13. 厦门新兴公司营业执照、证明：证实新兴公司从未与圣达威公司签订《产品购销合同》，也从未确认过《企业询证函》，该询证函及所盖合同章、经办人叶某某签名、联系方式均系伪造。

14. 陕西省代资料（包括代理协议书及往来流水账）：证实圣达威公司授权蔡军为陕西省总代理，蔡军向圣达威支付了 15 万元保证金并多次支付货款。

15. 圣达威公司向泉州银行贷款的材料：证实因相关贷款资料已封存归档，只出具了圣达威公司 2011 年至 2014 年在泉州银行发生的贷款业务明细。

16. 圣达威公司民事诉讼债务 2000 余万元的材料（包括厦门市思明区人民法院民事判决

书、裁定书、调解书等):证实圣达威公司、章爱民在2012年以来欠若干公司和个人债务数千万元。

17. 厦门圣达威服饰有限公司中小企业私募债券备案材料(包括转让服务申请、转让服务推荐书、中瑞岳华会计师事务所2011年及2012年财务报告、律师事务所法律意见书等):证实圣达威公司为了发行中小企业私募债券按规定向深圳证券交易所提供的相关备案材料。圣达威公司中小企业私募债券第一期承销商信息披露督导员为华创证券督导员梅海滢,发行人信息披露责任人为胡虹。

18. 圣达威与华创证券的承诺函:证实圣达威公司承诺2013年5月3日至6月13日暨第一期债券发行期间未发生对公司有重大影响的九项事项,主要内容为:无未能清偿到期债务的违约情况、公司高级管理人员没有涉及重大民事或刑事诉讼,或已就重大经济事件接受有关部门调查等。

19. 圣达威公司制作的募集说明书:证实(1)圣达威公司决定于2013年发行5000万元、期限为2年的非公开发行中小企业私募债券,年利率10.2%,每年付息一次,最后一期利息随本金一起支付,付息日为2014年6月13日、2015年6月13日,说明书中认定圣达威符合中型企业认定标准。

(2)"风险因素"章节中表述截至2012年12月31日,圣达威资产负债率为60.53%,负债结构全部为短期负债,偿债压力较大。圣达威公司董事、监事、高级管理人员包括章爱民(股东及实际控制人)、高珠凤(监事)、章磊(总经理、股东)、许义贤(研发总监)、陈海明(营销总监)、胡虹(财务总监),上述人员声明对募集说明书的真实性、准确性、完整性负法律责任。

(3)说明书中显示圣达威无不良信用记录,对银行贷款的描述仅包括中国工商银行湖里支行260万元的一次性授信额度及建设银行与圣达威等四个企业签订的联贷联保500万元。

(4)"发行人财务状况分析"部分:"(三)应收账款"环节,表述2011年底和2012年底公司应收账款账面价值分别为1390余万元与7220余万元,分别占当年营业收入的12.74%和40.39%,其中2012年末应收账款金额前五名单位第一名为云南省代(林移星),金额为1268.5847万元;第二名为中国新兴厦门进出口公司,金额为1049.849143万元;第三名为江浙省代(杭州莱迪),金额为997.4535万元;第四名为湖南省代(陈伟),金额为585.4771万元;第五名为陕西省代(蔡军),金额为499.7170万元;以上金额共计4401.081473万元。得出违约风险较小的结论。"(四)其他应收款"环节在2012年末其他应收款项前五名单位情况中第一名为福建省沃丰投资集团有限公司,金额为750万元;第二名为章爱民个人,金额为631.4579万元;第三名为顺昌县君安汽车租赁公司,金额为548万元;第四名为陈胜明("子公司高管"),金额为575.5405万元;第五名为顺昌县贵新建材批发店,金额为510万元。以上合计3014.998561万元。得出违约风险较小的结论。(以上内容均为虚构、编造重大虚假内容)

(5)募集资金扣除发行费后全部用于补充公司流动资金,并不得变更,若变更需经股东会及债券持有人会议通过。

(6)"信息披露要求"明确私募债券发行人应按照《试点办法》第五章和《业务指南》第六章要求履行信息披露的义务,信息披露内容含募集说明书,发行人应保证披露的内容真实、准确、完整、没有虚假记载、误导性陈述或者重大遗漏。私募债券募集说明书由承销商向指定合格投资者披露。

20. 华创证券尽职调查报告:证实(1)圣达威公司高管声明公司近两年不存在个人负有数额较大债务到期未清偿的情形,不存在其他不诚实行为等情况,近两年无重大诉讼、仲裁及未决诉讼、仲裁事项。(2)圣达威中国人民银行山具的企业基本信用信息报告显示公司无不良贷款,信用状况良好。章爱民个人信用状况良好。

21. 华夏基金公司提供的认购合同、债券受托管理协议、保证合同、银行转账凭证等:证实华夏基金公司在审核了圣达威公司债券募集说明书等资料后,认购了该公司第一期私募债,并于2013年6月6日通过农业银行贵阳金穗支行转账给华创证券2500万元。

22. 国联安基金公司工作底稿(包括认购合同、银行转账凭证):证实国联安基金公司认购了圣达威公司第二期私募债,并于2013年9

月27日通过银行转账给华创证券2500万元。《认购合同》显示甲方圣达威服饰有限公司有义务保证向乙方提供的所有文件和资料是真实、准确、完整的,不存在虚假记载、误导性陈述或者重大遗漏。

23. 圣达威公司泉州银行的流水账目、圣达威公司、冠合工贸建设银行流水账、三和轩公司农业银行流水账、福建圣达威中式服饰研发公司工商银行流水账、厦门四季嘉源生态农业开发公司建设银行流水账、厦门舒梦世家床上用品店农业银行流水账:证实圣达威公司泉州银行账户2013年6月9日、6月14日共收到第一期划转募集资金2474万元,2012年9月27日收到第二期募集资金2475万元,上述资金从该账户中分多次分别转账到杭州莱迪贸易公司、冠合工贸公司、厦门三和轩公司、福建圣达威中式服饰研发公司、厦门四季嘉源生态农业开发公司、厦门舒梦世家床上用品店等账户。

24. 中国证监会贵州监管局《关于中小企业私募债相关问题的复函》:证实该局经请示中国证监会,根据《深圳证券交易所中小企业私募债业务试点办法》及深圳交易所《关于发布实施〈深圳交易所中小企业私募债业务试点办法〉有关事项的通知》的相关规定,厦门圣达威公司具备发行中小企业私募债的主体资格;根据《证券法》和《公司法》以及深圳交易所中小企业私募债相关办法的规定,中小企业私募债是中小微型公司制企业以非公开方式发行和转让,约定在一定期限内还本付息的公司债券,因此厦门圣达威公司发行的中小企业私募债属于公司债券。

25.《深圳证券交易所中小企业私募债业务试点办法》、《证券公司开展中小企业私募债券承销业务试点办法》:证实根据《深圳证券交易所中小企业私募债业务试点办法》第四条第二款、第十一条、第十二条规定,发行人应当保证发行文件及信息披露内容真实、准确、完整,不得有虚假记载、误导性陈述或重大遗漏,发行文件包括含发行人财务状况内容的私募债券募集说明书。

26. 圣达威公司税务资料:证实圣达威公司有三个银行账户,分别为工行湖里支行、光大银行思明支行、建行梧村支行;2011年度净利润150余万元,2012年度净利润96万余元。

27. 圣达威公司工商登记资料:证实圣达威公司的股东是章爱民、章磊,法定代表人是章爱民,公司经营范围是制造加工服装,批发零售服装、鞋帽、针纺织品、服饰、工艺品。

28. 华创证券公司提供的资料及工作底稿:证实(1)华创证券与圣达威公司签订的承销协议,显示华创证券注册地为贵阳市中华北路216号华创大厦。贵阳市系合同签订地。(2)圣达威公司章爱民2014年4月提交给华创证券公司的"情况说明"及相关资料内容:章爱民对公司真实财务状况予以说明,表示公司2013年上半年业务重大萎缩,年底时全部停滞,已无应收账款,除5000万元私募债外,公司及本人对外负债接近1.5亿元,公司无法支付任何债务本息,另公司财务资料已于2013年底毁损灭失。

29. 康达律师事务所法律意见书、顾问合同等:证实该所为圣达威私募债项目制作的法律意见书、专项法律顾问合同的内容、2012年12月31日收到圣达威公司支付的律师费15万元的转账凭证。

30. 中海信达担保公司工作底稿:证实该公司为圣达威公司发行私募债项目提供担保的情况。

(二)证人证言

1. 证人章磊的证言:证实其是圣达威公司总经理,但不参与公司经营管理,发行私募债时参与了接待工作,胡虹介绍王鑫给章爱民认识,找审计、担保公司、发债公司是胡虹在负责。融资的5000万元中第二期的2500万元听说有七八百万元被债主转走了。公司现在基本停业,不知道公司欠债多少。

2. 证人高婕的证言:证实其是圣达威公司出纳,负责公司一些直营的收款、付款等,做流水账,按主管胡虹的指令工作,主要就是付钱。公司有两个会计蔡秀娟、黄艺真。对公账户的进出款项我都知道的,都是我在使用公司对公账户的网银U盾(工行基本账户、民生银行、交通银行、泉州银行等),我是根据公司的"付出凭证"来支付资金,凭证上都有胡虹和章爱民的签字,一般都是胡虹给我凭证的。章爱民没有直接通知我付款的情况。每个月做完账后,账簿、流水、凭证都交给胡虹审查、保管。2013年9月时胡虹让我把泉州银行的U盾拿给了她,后来她还我时账上是没有钱的。我没有参与发行私募债券的工作,都是胡虹安排的人在做。2013 年 6 月份进入圣达威泉州银行对公账户的 2475 余万元是胡虹告诉我付给谁我就付给谁了,具体的我记不清楚了,因为凭证都给胡虹了。2013 年 9 月又进账 2475 万元到泉州银行圣达威对公账户的事我不知道。

3. 证人许义贤的证言:证实其是圣达威公司生产总监,大约是 2013 年,章爱民告知我公司准备发行私募债,后来胡虹让我在发行私募债的相关资料上签字,但没有解释资料内容,我不清楚发行私募债的具体情况。章爱民要求各个部门大力配合胡虹的工作,其实就是签字。我不清楚公司真实的财务状况、公司及章爱民的负债情况,也不知道为什么要发行私募债。

4. 证人曾文杰的证言:证实其是圣达威公司员工,负责电脑、网络维修。2013 年 7、8 月的时候,公司财务办公室的电脑的主板、硬盘、内存等零件都不见了,我向章爱民汇报了该情况,之后圣达威公司的财务就一直全部瘫痪。

5. 证人蔡秀娟的证言:证实其是圣达威公司会计,2009 年至 2013 年底在圣达威公司财务部门工作,财务工作都是胡虹管理,公司发行私募债时胡虹请了外面的人来重新做对公账,当时做了很多套账,都放在原来公司会议室,后来被销毁了。债券发行后资金使用是胡虹直接安排出纳转账。

6. 证人陈胜明的证言(卷三 p. 85 - 91):证实其是冠合工贸公司法人,章爱民的弟弟。2010 年我在厦门思明区工商局注册成立"厦门冠合工贸有限责任公司",公司注册资金 1050 万元,股东是我(占股份 99%)和高婕(是我四姐陈美玉的女儿,占股份 1%),法定代表人是我,公司主要从事服装设计和生产(没有生产厂房,就是贴牌),办公地点租用在厦门思明区莲前西路 597 号 303(就在圣达威公司楼上),公司会计是高婕。冠合工贸是圣达威最主要的产品供应商。从 2010 年冠合工贸成立到 2013 年年底,圣达威公司有 1000 多万元货款没有支付给冠合工贸公司。冠合工贸公司不是圣达威公司的子公司,双方只是合作伙伴。2013 年 6 月至 10 月,圣达威公司转款给冠合工贸公司的钱是圣达威公司支付给冠合工贸公司的货款,金额好像有 1300 万元左右,冠合工贸公司又支付给下游服装加工企业,这些钱章爱民告诉我是私募债搞来的钱。圣达威发行私募债具体的过程情况我不清楚。我个人没有欠圣达威公司的钱。

7. 证人蔡军的证言:证实我于 2007 年开始与圣达威合作,成为陕西省唯一代理商。7 月左右签订合同,向圣达威支付了 15 万元保证金,之后每年支付几十万元货款,但圣达威公司一直没有发足货,最终圣达威公司还欠我 20 多万元,其中有 15 万元保证金。我们合作的方式一直是先款后货,我没有欠圣达威钱。

8. 证人黄田林的证言:证实其是厦门新兴公司副总经理,新兴公司与圣达威没有业务和经济往来,不欠圣达威的款。

9. 证人吴飞丽的证言:证实其是福建沃丰公司总经理助理,沃丰与圣达威没有生意往来,只是在 2012 年 12 月与厦门冠合工贸公司共同向中国银行厦门分行贷款 1000 万元,由冠合工贸公司作为贷款主体,贷款下来后沃丰使用 750 万元,冠合工贸使用 250 万元。一年后贷款到期,冠合工贸无法还款,沃丰公司总经理陈智全做了个人反担保将贷款全部还清,故圣达威还欠沃丰 250 万元。另章爱民称圣达威公司要做上市、做中小企业私募债差钱,为此还向陈智全借了 440 万元,至今未还。

10. 证人黄宗荣的证言:证实 2010 年左右在致同会计师事务所工作时因工作接触到圣达威公司,并认识了财务总监胡虹。2012 年,朋友王鑫(在新加坡认识的)给我说可以做中小企业私募债券这种项目,福建是试点,问我有没有企业可以推荐,我就将胡虹的电话给了王鑫,让他去与胡虹联系,之后王鑫说圣达威可以做,我就到厦门去了,那时我才见到章爱民;然后我们就与胡虹联系,当时我们又发了一份合同给圣达威公司,是发给胡虹的邮箱(我不记得邮箱地址了)的,但是他们后来也没签。之后,我就找了中瑞岳华会计师事务所,把这个项目介绍给他们做,原因是中瑞岳华会计师事务所和我们国富浩华事务所(我 2012 年到了国富浩华事务所工作)是成员所,他们做国内业务,我是把胡虹的电话给他们,让他们自己联系的胡虹;后来知道他们谈成了,是中瑞岳华给圣达威公司做的审计;审计工作的过程我没有参与,后来我听说圣达威公司发行了 2013 年中小企业私募债券。过程中我和王鑫与圣达威谈到过收取发行债券额6%的费用,就是300万元,章爱民是口头上答应的我们,但至今圣达威也没有支付该费用。我只看过圣达威公司的财务报表,是胡虹拿给我们看的,审计工作我没有参与,负责审计财务资料的人员都是圣达威公司的人,他们直接跟中瑞岳华事务所的人联系。我听胡虹说融资的资金被章爱民的债主分掉了,具体的资金用在哪里我不知道。

11. 证人王鑫的证言:证实我在圣达威公司发行中小企业私募债券的事件中主要负责帮融资商圣达威联系券商华创证券和担保公司。2012年9月在明石基金工作时通过黄宗荣联系到圣达威公司财务总监胡虹,并见到了章爱民。后来因为圣达威公司不符合我们公司进行股权投资的条件,我又觉得章爱民经营公司不容易,且公司还是有一定发展前景的,于是我就给圣达威公司的董事长章爱民建议,让其走"发行私募债"的方式进行融资,章爱民同意了这种方式。首先,我给章爱民介绍了一下关于发行私募债的一些政策、法规;其次,我又带着我的朋友(潘腾,北京达成创投公司的投资经理)飞到厦门去了一次,专程去和章爱民交流发债的一些细节和流程,最终确定圣达威公司通过发行私募债的方式来融资;再次,回到北京之后,我们就开始着手联系一家投资机构(中信建投公司)并将圣达威的相关资料发送给这家投资机构,让他们自己去作评审,最终中信建投公司通过了立项审查。通过之后,中信建投公司与我和潘腾、圣达威公司开了一次电话会议,明确了净值调查工作需要参与的机构为:一家会计师事务所(中瑞岳华会计师事务所)、一家律师事务所(待定)和一家担保公司(待定);最后,确定我来找一家担保公司,潘腾负责找一家律师事务所。开完会,我和潘腾就回到了北京。因为潘腾和北京康达律师事务所的郑元武律师是朋友,郑律师也愿意接下这一单业务,所以律师事务所就定了北京康达律师事务所;因为我对担保行业不熟悉,所以我就请我的一个朋友汪颖帮我介绍了中财鼎盛(北京)投资基金管理有限公司的副总经理樊兴华,然后又通过樊兴华介绍了中海信达担保公司融资担保部总经理王维强。之后,樊兴华带中海信达公司风控部的负责人张总、财务人员和我又再次飞到厦门去考察并收集圣达威公司的相关资料。返回北京之后,中海信达担保公司开会通过了对圣达威公司发行私募债投资担保的这项工作。各方都确定了之后,中信建投证券有限公司就召集我们各方开了一次电话会议,正式确定了后期净值调查工作流程和进度。确定之后,会计师事务所和律师事务所率先进入工作流程,其他部门就等待先期"两所"的调查结果出来,直到2013年1月底,"两所"的调查报告就先后出来了。报告出来之后,中信建投公司再次召集我们各方开了一次电话会议,"两所"来解答参会方提出来的各种问题。会议结束后,"两所"针对参会方提出的问题要求融资方(圣达威公司)对参会各方所提的问题进行补充和调整。虽然前期我们和中信建投公司做了大量的工作,但是后来由于中信建投内部发生了重大风险,他们就对所有的投资进行整顿,所以中信建投就在这个时候退出了对圣达威公司的投资。2013年春节之后,樊兴华就通过德邦证券的一个朋友找到现在的承销机构(华创证券,项目经理叫吴丹),华创证券就是这样介入圣达威项目的。首先,是我们和圣达威公司之间的费用。就在2013年的春节前,章爱民为了对接担保的事情亲自来过一次北京,当时我和张爱民谈了关于费用和利益分配的问题,我们商定:我们(中间方)收取发行总额(5000万元)的6个点(6%),也就是300万元的费用;如果私募债发行成功,我们(中间方)要占5%的股份。我们曾经给圣达威发过相关的合同过去,但是圣达威没签,出于对他们的信任,我也就没强烈要求他们签,结果他们到现在也没有支付这笔钱给我们。第二,我也代表中财基金公司(樊兴华)给章爱民谈了一个点(1%)的居间费用(50万元),我也是发了一份合同电子版去给胡虹,但是胡虹也是没得签,最终这50万元也没得到。第三,至于我与黄宗荣、我与券商之间就没有谈过,也没有发生过任何费用。我只看过会计师事务所最终形成的审计报告,至于圣达威公司提供的相关财务资料、财务报表等,我没得看到过,我也没得参与审计工作,负责审计财务资料的人员都是圣达威公司的人,他们直接跟中瑞岳华事务所的人联系。我不知道圣达威公司提供给中瑞岳华会计师事务所进行审计的资料中有隐瞒重要事实,编造重大虚假内容、虚构合同、夸大应收账款的情况。

我与圣达威公司之间的联系(包括电话和电子邮件)全部是通过胡虹联系。圣达威公司发行中小企业私募债券融资的资金第一笔2500万元我们没得去查;第二笔2500万元中大约有1200万元左右被高利贷划走了,有390万元被银行提前还贷划走了,另外剩下的钱被章爱民的儿子章磊划到南平的一家公司去了,这家公司据我们了解也是和圣达威有关的公司,章磊还用20万元还他自己的信用卡。我清楚资金走向是因为胡虹在泉州银行把圣达威公司的资金流水打出来并且拿给我看过;第二是通过人民银行的系统查到了圣达威公司的各家银行的贷款情况;第三是通过章爱民的一个放高利贷的朋友韩文兴了解到圣达威公司账户的网银账号、密码和U盾,第二笔2500万元资金到账的第一天他就划走了400多万元,然后他就把U盾还给章磊了,后来的资金就由章磊通过U盾在支付;最后,章爱民的老婆把U盾交给了胡虹。胡虹叫上我们一起打开账户的时候,就只剩下100多元钱了。

12. 证人吴丹的证言:证实其是华创证券有限责任公司投资银行总部企业融资部助理业务董事,我代表公司来报案。我们部门在公司的主要工作之一是负责债券承销发行,有三个环节,先是承揽环节,就是有专人负责找项目,然后是承做环节,就是对所承揽到的项目进行资料收集、尽职调查、现场查勘、形成报告,最后得到交易所批复后,交给最后一个承销环节,就是发行债券;我个人的主要工作是负责承做环节。中小企业私募债,是国务院、中国证监会为解决中小企业融资难问题而于2012年6月推出的新型债权融资工具,它的主要特点是:一、发行门槛低,所有符合工信部中小微企业划型标准的未上市公司均可申请发行;二、采取市场化的备案制度,即不需要证监会核准,由交易所备案后即可发行。在2013年2月中旬,德邦证券有限责任公司北京朝阳北路证券营业部负责人俞斌向我们公司推荐圣达威私募债项目,因为之前我们与俞斌合作过其他私募债券项目,随后在俞斌的安排下,我们在俞斌的办公室见到了明石基金公司的基金经理王鑫、达晨创投公司的潘腾和中海信达担保有限公司副总裁樊兴华,王鑫和潘腾表示他们确实有意投资,樊兴华表示中海信达已经同意为圣达威担保。之后,俞斌就将圣达威发行中小企业私募债券的法律意见书初稿、审计报告初稿和担保意向函等资料交给我们,资料显示,圣达威公司早在2012年10月就开始筹划私募债事宜,圣达威两年审计报告由具有证券、期货资格的中瑞岳华会计师事务所出具,法律顾问由北京市康达律师事务所担任,也是较知名的律所,并由中海信达担保有限公司进行担保增信,各机构的现场尽调工作已基本完成,审计报告和法律意见书初稿已出具,担保函也在准备当中。经初步判断,圣达威公司符合我公司《华创证券有限责任公司投资银行总部项目立项管理办法——中小企业私募债券项目立项标准》。之后,我就带领我部门圣达威项目小组同事根据《证券公司开展中小企业私募债券承销业务试点办法》、《证券公司中小企业私募债券承销业务尽职调查指引》、《深圳证券交易所中小企业私募债券业务试点办法》和我公司投资银行总部项目管理等要求,对圣达威进行了尽职调查、收集资料、准备我公司内部立项和内核材料,以上所有的圣达威公司资料均由圣达威公司财务总监胡虹提供给我们,到2013年3月11日圣达威项目立项审核通过,2013年4月1日圣达威项目内核审核通过。随后受发行人(圣达威公司)委托,我带领项目小组根据发行人、保证人、会计师、律师等提供的资料,编写了本期债券募集说明书等申请备案文件并于2013年4月初上报深交所,2013年5月3日取得深交所《接受备案通知书》。至此,我们项目小组的承做工作基本完成。圣达威于2013年6月7日和2013年9月29日分两期完成发行,额度各为2500万元,投资人分别为华夏基金管理有限公司和国联安基金管理有限公司。2013年9月29日发行(以下简称"二次发行")完成后,我司在进行后续债券登记上市工作发现,二次发行募集资金在没有进行验资的情况下使用,可能存在异常情况。根据我司投行项目风险管理的规定,项目小组立即采取电话、邮件、函件、并两次委派专人现场核查等方式了解相关情况。2014年4月,圣达威公司法定代表人章爱民向我公司出具三份书面说明材料,承认在发行私募债时隐瞒其个人及公司负债的重要事实,而且通过私募债券募集的部分资金也被用于偿还民间借贷,支付中间人高额的服务费用;同时公司财务资料被销毁，圣达威公司已无法还本付息，所以我公司认为圣达威公司在私募债发行中提供的材料隐瞒重要事实、编造重大虚假内容，并在募集资金到位后通过关联方转移及抽逃资金，销毁、隐匿公司财务账册等行为，已经涉嫌欺诈发行债券犯罪。

13. 证人何丽芳的证言：证实其是中岳瑞华会计师事务所副经理，注册会计师，圣达威公司审计项目主要负责人。大约在 2012 年年底，厦门圣达威公司的财务顾问黄宗荣打电话给我说要给他们的公司做一个审计项目，然后我就去厦门考察了一下圣达威公司，跟他们公司的财务总监胡虹、总经理章磊聊一聊公司情况，之后我就回我们事务所做风险评估，最后我们认为可以做了，再跟圣达威商量具体的项目、定价格，出报告时间等等。2012 年 12 月份，我和几个同事到现场去现场审计，2013 年先后作出 2011 年和 2012 年度的审计，报告主要依据材料是圣达威公司财务总监胡虹提供的财务报表、公司账簿、凭证、相关供销合同、纳税申报表等所有财务资料。我们要核实圣达威公司提供的财务资料的真实性，主要是对固定资产的盘点，到仓库去清点存货，到银行查询存款，在税务申报系统查询纳税情况，根据账上欠款客户发函询证，查看财务报表与账簿、凭证是否一致。对圣达威的债权债务情况的核实，我们是根据圣达威公司账面上体现的应收款项，发函到对方客户去询证，如果对方不回复的，我们只做保留意见并说明情况；对圣达威公司的欠款我们也是发函询证的，有时候没有回复的，我们做替代程序。对圣达威公司的法定代表人、股东等个人债权、债务，不在我们审计的范围内，我们是不核实的，而且我们也没有办法去核实。基本上发函询证给对方客户都是通过快递公司送达，主要是顺丰快递。对于需要发函询证的客户，其联系方式都是圣达威的财务总监胡虹提供给我们的地址和联系人、联系人电话，对这些信息我们没有核实，因为我们的审计准则对此没有要求。

14. 证人郑元武的证言：证实其是北京康达律师事务所律师，大概是 2012 年年底我的朋友王鑫打电话给我说有一个厦门的企业要做融资需要找律师事务所做法律顾问；之后王鑫就带我到厦门去与圣达威公司的老总章爱民见面洽谈，最后我们所与圣达威公司签订了"专项法律顾问合同"，就给圣达威公司做了这个项目的"法律意见书"，我是这个项目的经办律师。我们审核圣达威公司的基本资料（工商登记、税务登记、公司章程、验资报告、银行借款合同、房屋租借合同等），对圣达威公司进行尽职调查。都是圣达威公司提供的复印件。我们没有进行逐一核实复印件的真实性，是要求公司承诺保证其提供的文件是真实的。

15. 证人孙兆院的证言：证实其是东海证券投资银行部副总经理，大概是 2013 年，我、郑元武、王鑫一起去厦门，当时是厦门圣达威公司的财务总监胡虹接待的，胡虹提出厦门圣达威公司已经取得了深圳交易所的备案，让我帮忙销售，之后我就将胡虹提供给我的资料的电子档发给同事，最后是胥珩找到了华夏基金公司做了 2500 万元的认购。我们和圣达威公司签订了一份财务顾问协议，收取了中介费 35 万元，费用是胡虹通过章爱民的个人账户网银一次转账过来的。圣达威公司发行的第二期 2500 万元的债券，也是我联系的投资人，还是胡虹找我的，过程跟第一次一样，她发电子档资料给我，我去找联系人，但是我这次找的是夏露，这次最后认购的是夏露去找的投资的人，就是国联安基金公司，我们也是跟圣达威公司签订了三份协议，其中两份是财务顾问协议（这两个公司是我联系的），一份是销售顾问服务协议（是夏露联系的），按照协议圣达威公司应该支付我们共 250 万元的费用，但是最后圣达威只支付了 138 万元。

16. 证人胥珩的证言：证实其是东海证券的职员，我同事孙兆院给我圣达威公司发行企业债券的相关资料都是电子档的资料，募集说明书、审计报告、法律意见书、担保函等资料，让我帮忙联系认购的投资人，然后我就找到原来合作过的华夏基金公司，联系人是杨靖，我把资料发邮件给杨靖，他们分析后认为私募债发债企业一般的风险都比较大，但他们看重发债企业的担保机构实力，他们说已实地考察了中海信达担保机构的实力，觉得不错，所以他们可以考虑认购圣达威发的债券，担保公司（中海信达公司）的资质比较好，然后我就告诉孙兆院华夏基金同意认购，让他自己去与华夏基金的杨靖联系了，后面的事情我就不知道了。

17. 证人杨靖的证言:证实其是华夏基金债券投资部研究员,大约是2013年3、4月份,我在市场上寻找私募债投资项目,然后,东海证券有限责任公司的胥珩给我推荐了几个私募债,其中就有圣达威公司的债,因为当时圣达威公司的债发行时间,担保公司(中海信达担保公司)评级都符合我们公司的要求,所以我们就选择了做这个债,到了6月份就与圣达威公司签了“认购合同”随后就付款了,付了2500万元。圣达威公司发债的条件我们就是看资料。资料有募集说明书,评级报告,担保函等资料,这些资料都是胥珩提供给我们的。我公司购买圣达威公司的私募债以后,圣达威公司没有支付利息,更没有还本金。具体为2014年3月,胥珩打电话给我说圣达威公司经营出了重大问题,之后华创证券公司给我们发了“风险提示函”,然后我们到圣达威公司,发现该公司已经没有生产经营,没有资金支付利息了。中海信达公司也拒绝履行担保责任。

18. 证人杨欣源的证言:证实其是国联安基金职员,2013年9月底由国泰君安山西分公司的范晓军介绍北京海辉石投资发展股份有限公司的周京津、段智华来找我说,他们要成立一个资产管理计划投资私募债券,这个计划的劣后投资人由他们负责找,让我们找优先级投资人,然后我们公司就找到了兴业银行作为优先级投资人,之后由兴业银行、北京海辉石公司和我们公司进行资产管理合同的审核,最后我们就签署了《国联安-辉石债券分级1号——资产管理合同》,并在中国证监会报备,取得B表(得到证监会的许可,产品正式成立“国联安-辉石债券分级1号——资产管理计划”,可以投资运作),在9月底这个计划的投资顾问北京海辉石公司通过电子邮件告诉我们公司和兴业银行,拟投资“13厦门圣达威02”,并提供了该私募债券的募集说明书、入库报告、项目信息收集表等资料;我们公司负责审核该私募债券是否符合资产管理合同的相关规定,兴业银行根据项目信息表进行审核并同意投资,最终我公司就在9月27日与厦门圣达威公司签订了认购合同,并通过托管银行(兴业银行)将这个资产管理计划中的2500万元,转账到了主承销商华创证券有限责任公司的账户。因为购买这类私募债券只能以公司的名义购买,资产管理计划是没有法人、不能盖章的,不能直接购买,所以就以我们国联安的名义购买的,我们与资产管理计划之间有合同、投资指令、划款指令等都能证明是由该资产管理计划认购的圣达威公司债券。我们公司在这个购买圣达威债券的过程中,按照合同收取了资产管理计划的管理费,费用是总投资金额的0.3%,大约每年收了人民币60万元。这个资产管理计划一共购买了8支债券,圣达威只是其中一支债券。

(三)被告人供述和辩解

1. 被告人章爱民的供述和辩解:证实厦门圣达威服饰有限公司于1999年6月份在厦门市思明区工商行政管理局登记注册成立,注册资本50万元,我担任法定代表人,后来注册资本增加到3050万元,股东为我和我儿子章磊,我占股95%,我儿子占股5%。我任董事长,章磊任总经理,胡虹是财务总监,营销总监是陈海明,生产总监是许义贤,还有就是冠合工贸有限公司法人陈胜明。我儿子章磊2012年开始担任公司总经理,没有具体分管工作,就是公司做私募债时配合胡虹做些零碎的杂事。公司2013年起经营比较困难,6月份起至今没有经营。2012年9月份,胡虹介绍我认识了北京的一个叫王鑫的人,王鑫告诉我根据我们企业的情况可以做中小企业私募债,而且速度很快就可以搞到钱。王鑫说这一整套他清楚,他能包做下来,但是他要收六个点,就是300万元,公司股份要20%—30%(如果他帮我把公司操作上市)。我与王鑫有书面合同,应该在胡虹处保管。条件谈好后,王鑫就叫胡虹配合他来做这个事,到2012年底审计完成,2013年1月整个材料做完(指所有财务账、审计报告、公司整个销售体系的情况等发行私募债所需用的材料),在这期间,华创证券、中海信达担保有限公司、中瑞岳华审计公司都来考察过,后来就上报到深圳证券交易所,2013年6月份私募债由华夏基金买了2500万元,2013年9月份国联安基金买了2500万元,大概整个过程就是这样。钱和股份都没给王鑫,因为没做股改企业就出事了,具体是因为私募资金下来后,大家都来找我要债。第一笔的2500万元到账以后,大概400—500万元用来做生产,给中海信达公司150万元的佣金,还发行私募债的保证金500万元(找私人借的,具体谁记不起了),其余的全部用于还公司以前的借款了。第二笔 2500 万元是 9 月份到账的，一到账就被泉州商业银行扣了 500 万元用于还我公司的贷款，给了 100 万元的中介费，还给韩鑫 500 万元，还给陈新民 700 万元，反正钱都还债了，这些钱基本都是用来还我在民间借的高利贷了。这些钱都是通过银行转账的，在银行和公司的账上都有反映。我知道我的公司发行中小企业私募债券有些条件不符合深交所备案、发行要求。但王鑫告诉我可以通过“包装”达到要求，我因为急需用钱就答应了。“包装”就是作假，主要是财务数据上作假，具体由王鑫和胡虹来做，我不是很清楚，但都是经我同意的。作假主要是隐瞒了对外大量应付账款的事实，虚构了公司对外有大量的应收账款。在华创公司尽职调查及会计师事务所审计过程中是财务经理胡虹配合并提供相关资料的，都是经我同意的，是公司行为，在发行中小企业私募债券之前，公司和我个人当时负债有 5000 多万元，因为我个人借款也是公司在用。公司的财务资料和合同等因涉及到财务数据作假，怕有关部门查，所以胡虹在 2013 年 10 月份离开公司时在财务室毁掉了。我是后来毁了二、三天后有财务室的员工向我反映我才知道的，发现电脑里的财务软件和各种财务资料都被卸载了，纸质的财务凭证和账册都没有了。

我公司发行中小企业私募债券的事公司的管理层都知道，因为我有组织公司管理层开会，就是公司总经理章磊、财务经理胡虹、生产部经理许义贤、销售部经理陈海明。我通知公司要发中小企业私募债，要求各个部门配合把所需要的资料交给胡虹，因为主要是需要财务资料，所以我在会上明确交给胡虹经办。圣达威公司的公章在做私募债的时候为工作方便交给了胡虹保管，发行私募债用公章我都是知道并同意使用的。我不知道做审计报告、法律意见书的会计师事务所、律师事务所是哪家，是王鑫联系的；我知道作担保的是北京中海信达担保公司，是王鑫联系的；发行债券的券商华创证券公司，胡虹说是王鑫联系的，投资人华夏基金公司和国联安基金公司是胡虹联系的。圣达威公司提供给会计师事务所、律师事务所、华创证券公司的资料是我看过、签字的，盖章是我同意的。在申报发行企业债券的资料中有股东会决议、执行董事决定、承诺书、诚信状况书面说明、声明等资料，上面有我本人及章磊、许义贤、胡虹、陈海明、高珠凤的签名，所有盖章都是我同意的。圣达威服饰公司确实是为了债券发行，伪造了应收款等财务资料，比如中国新兴进出口公司的 1000 万元应收款就是编造的，我是圣达威公司的股东、法定代表人，我叫他们做虚假的财务资料，我是承认的，在公安机关找我之前，我也承认并在 2014 年就写有情况说明给华创公司的。圣达威公司提供给中瑞岳华会计师事务所进行审计的财务资料显示陈胜明是“子公司高管”，但实际上陈胜明是我亲弟弟，他是厦门冠合工贸有限公司的法定代表人，不是圣达威公司子公司高管，我们圣达威也没有子公司，只有一些销售门店，另外在提供给审计部门的圣达威财务资料上记载的陈胜明 500 多万元的应收款也是虚构的。王鑫和黄宗荣在帮助圣达威公司债券发行过程中，就给我说圣达威公司在 2011 年、2012 年的财务账上要有利润，并且利润要达到 2000 万元以上，于是为了顺利发行圣达威 2013 年中小型企业私募债券，我就叫胡虹去把圣达威的利润在财务账中做到 2000 万元以上。圣达威公司的省级代理中，云南、江浙、湖南、陕西省级代理在财务资料中的应收款全部是假的。在 2012 年时圣达威已在经营中走入困境，公司的实际利润只有几十万元了，这些省级代理也是虚构有应收款，也是为了做大利润才这样凭空捏造的。顺昌县君安汽车租赁有限公司应收款 750 万元、顺昌县贵新建材批发店应收款 510 万元是虚构的，根本没有业务往来。福建省沃丰投资集团有限公司应收款 750 万元是虚构的，圣达威和沃丰没有业务往来。只是冠合在贷款过程中，通过圣达威过账 750 万元到沃丰公司账上，所以就拿银行过账的凭证做成了应收款 750 万元。圣达威对我个人的 600 多万元应收款也是假的，我不欠公司的钱。我只是欠民间高利贷的钱，接近 1 个亿。民间借贷是从 2008 年开始，在 2012 年达到高峰，是最困难的时期。

2. 被告人胡虹的供述：证实我 2008 年上半年到圣达威公司工作，做了两年会计后 2010 年任财务经理，2013 年 9 月离职。圣达威公司股东是章爱民、章磊，公司都是章爱民做主，章磊只是一般日常管理。圣达威公司是销售型的公司,只有品牌,没有自己的工厂,都是委托加工后自己销售,有二三十家直营店,在六七个省有代理商;从我当财务经理 2010 年至 2013 年公司报税每年都有 1000 万元到 2000 万元左右,大部分是报亏损的。圣达威公司在 2013 年发起发行中小企业私募债券的意向是章爱民提出来的,目的和用途是作为圣达威公司的流动资金,金额是 5000 万元人民币。圣达威公司发行中小企业私募债券的中介人员是黄宗荣和王鑫,当时黄宗荣给我说的费用是 300 万元,但是章爱民后面没有支付这 300 万元,只是支付了做账的费用大约 6 万元至 8 万元。圣达威公司发行中小企业私募债券募集到的资金实际是分两次来的,每次 2475 万元,一共是 4950 万元,我知道第一次的 2475 万元是用在公司日常开销,第二次的钱我就不知道怎么用的,因为我已经离开公司了。

我们公司欠了很多货款、银行贷款,需要资金,黄宗荣和王鑫知道这个事情就来和我们公司签订了"发行企业私募债券中介合同",由他们负责帮我们公司通过发债的形式融资。章爱民就叫我们公司高层管理人员(我、章磊、许义贤、陈海明)开会通报这个事情,叫我们各个部门配合做好,主要是由我来负责对接工作,还有章磊也会配合我做一些对接工作,之后我们就按照黄宗荣和王鑫的要求提供资料给他们,最后公司就成功发行了私募债券。黄宗荣是负责财务审计工作,教我们如何处理财务资料,如何对接审计工作。负责审计的中瑞岳华会计师事务所的何丽芳,就是黄宗荣带来给我认识的,然后我就按照何丽芳要的资料给她提供相应的材料。王鑫就是带北京中海信达担保有限公司、北京康达律师事务所姓郑的律师、券商华创证券公司的吴丹这些人来给我认识,之后我就按他们的要求提供相应的资料。公司给中瑞岳华会计师事务所的资料不全是真实的,一是虚构公司店面的数量(有些销售的店面不是公司的,也作为公司店面报备);二是虚构了公司销售量和收入;三是虚构合同和应收款。这些虚构的资料章爱民、章磊、许义贤、陈海明和我都知道,由我们财务部门对接交给中瑞岳华会计师事务所。会计师事务所说需要什么样的合同,我们就做一份给他们,他们只要复印件,我们就改数字夸大应收金额,拿合同复印件、凭证复印件给他们,他们做审计也是抽样做,不是所有合同都要的。当时黄宗荣说圣达威公司 2012 年的销售利润要达到 2000 多万元,然后我和章爱民商量以后,章爱民就叫我安排人去做,当时黄宗荣还找了一个叫林继焰的男子来指导我们公司的会计人员做假账,就是把整个公司的进出项全部做大,大部分应收账款都是假的。其中,一是厦门新兴进出口公司的那笔 1000 万元的应收款就是假的,这个是陈海明提供的,我们跟新兴公司从来没有生意上的往来;二是福建沃丰投资集团有限公司的应收款 750 万元是假的,这个是章爱民提供的;三是顺昌君安汽车租赁有限公司的应收款 548 万元是假的,这个是章爱民提供的;四是杭州莱迪贸易公司的应收款 990 多万元也是假的,这个是我提供的;五是顺昌县贵新建材批发店的应收账款 510 万元也是假的,章爱民提供的;还有些圣达威店面的应收款也是假的,具体金额我记不清楚了;还有云南省代理、浙江省代理、湖南省代理、陕西省代理的这些省的代理的应收款都不对,都是夸大了的。这些都是按林继焰的要求,我让会计他们做的。陈胜明是章爱民的弟弟,圣达威公司没有子公司,这个子公司的应收账款也是虚构的。是我给中瑞岳华会计师事务所提供的厦门新兴进出口公司的地址和联系人、联系方式,是陈海明给我的。公司提供给中瑞岳华会计师事务所的银行进帐凭证有一些是我们自己填的,是我叫公司会计填的。我离开公司的时候,财务资料是放在公司会议室和财务室的,都是纸质的,财务电脑资料是会计他们自己销毁的,他们当时要辞职,又不想有人知道他们做假账的事情,就跟我说了这个销毁电脑资料的想法,我就同意他们这样做了,他们就自己把自己的电脑资料销毁了。这个事情我是知道的,章爱民也知道,他当时还在公司说准备报警,结果没有报,其实就是做给别人看的。

杭州莱迪贸易有限公司是 2012 年左右我从别人手中接过来的,股东是我和李和云(我母亲,挂名股东),法定代表人是我,后期法定代表人变更为李和云,公司注册资本应该是 500 万元,公司地址是挂了杭州市的一个地址,其实没有设立过办公地点。成立该公司是因为圣达威公司向银行贷款,需要一个省级代理客户的公司名称,于是章爱民就叫我去找一个杭州的公司作为圣达威的下游公司，我就在网上查找到有人愿意转让这个莱迪公司，后来我叫中介只花了300元就办理了过户手续，莱迪公司实际上就是一个壳，只是为了圣达威的贷款而转过来的，控制人也是圣达威公司。杭州莱迪贸易公司的印章、执照等都是放在圣达威公司的，全部资料、印章都是我在保管，后来我离开圣达威时没带走。莱迪公司没有开展任何经营活动。只是和圣达威公司有银行账上往来。圣达威公司作为贷款单位向银行申请贷款，贷款理由是支付莱迪公司的贷款，银行审批同意后，就先将贷款打入莱迪公司账户，最后莱迪又将贷款发放的全部金额转回给圣达威公司账户，这些莱迪公司收款的贷款行为都是双方没有真实贸易的，是章爱民叫我这样做的，贷款中我和高琴、高洁都有去银行办理相关业务。

根据泉州银行提供的凭证：①2013年6月9日圣达威公司从泉州银行转款伍佰万元到工行湖里支行杭州莱迪贸易有限公司账上；②2013年6月14日圣达威公司从泉州银行其账上转款624万元到工行湖里支行杭州莱迪贸易公司账上，这两笔转账我都不知道。我只知道圣达威私募债的专用账户开设在泉州银行。这两笔款莱迪公司是怎么处理的我不知道，因为莱迪公司在工行湖里支行开设有网银业务，可以用网上转账的方式进行转账，不用公司印章、私章就可进行转账了，只要有U盾就可操作。U盾由高琴、高洁保管，具体是谁在管我不知道。厦门市思明区舒梦世家床上用品店，厦门三和轩贸易公司同圣达威没有业务往来。云南和陕西的省级代理欠圣达威贷款最多只有几十万元，江浙、湖南省级代理都没有欠圣达威的钱。实际情况是云南省级代理有4、5个人，林移星只是其中之一；陕西代理是蔡军；湖南没有省级代理，江浙省级代理不是莱迪贸易有限公司。圣达威公司在提供给中岳瑞华的审计资料中应收账款中这几个省级代理的应收款都是虚假的，是圣达威公司为了顺利发行债券，章爱民叫我配合黄宗荣、林继焰，我叫财务人员虚列应收款名称和放债金额做成的假账。莱迪公司没有欠圣达威的款。福建省沃丰投资集团有限公司对圣达威750万元欠款、顺昌县君安汽车租赁有限公司对圣达威540多万元欠款、顺昌县费新建材批发店对圣达威510万元欠款都是虚列的，根本没有业务往来。厦门方盛投资咨询有限公司、厦门衣艺汇商贸有限公司都没有欠圣达威的钱，都是虚列出来记在应收款中，夸大利润收入好让圣达威顺利发行债券的。

以上证据均经庭审举证、质证，证据来源合法，内容客观、真实，本院予以确认。

对于被告人章爱民的辩护人提出“公司是发行债券的主体，本案是单位犯罪，章爱民作为企业的法定代表人应当承担刑事责任，本案涉案金额5000万元不属于数额巨大，有自首情节，章爱民犯罪情节较轻，主观恶性不大”的辩护意见；被告人胡虹提出“其是受章爱民的安排配合审计而提供公司资料”的辩解，其辩护人提出“厦门圣达威服饰有限公司以公司名义发行私募企业债券，所募资金由公司使用，是单位犯罪，胡虹作为公司员工，根据章爱民的安排参与了一些债券发行的辅助性工作，在本案中所起作用较小，应从轻处罚，胡虹在本案中情节较轻，有悔罪表现，建议对其适用缓刑”的辩护意见。经查，第一，厦门圣达威服饰有限公司是依法成立并经营多年的公司，因资金周转困难，由公司法人代表章爱民决定发行中小企业私募债券进行融资，并通知了公司管理层人员，要求公司各部门配合发行私募债券的工作，提供相关的材料，且在申请发行私募债券的相关材料上章爱民及公司管理层人员都有签字，被告人章爱民、胡虹的供述，证人许义贤等人的证言对此予以证实，且与圣达威公司申请发行债券的书证材料相互印证，圣达威公司通过发行中小企业债券募集到的共5000万元资金除了少部分用于公司经营及日常开支上，其余大部门用于支付公司所欠货款及银行贷款、以公司名义及章爱民个人名义的借款，主要是由公司使用该募集资金，故应属于单位犯罪。第二，被告人章爱民作为圣达威公司的法人代表，对公司的各项事务具有决定权，圣达威公司发行中小企业私募债券也是由章爱民决定并要求公司各部门配合，并由胡虹具体负责此项工作。被告人胡虹在圣达威公司申请发行债券过程中，负责联系、对接审计机构、法律机构等，并提供虚假的公司账目等资料进行审计，隐瞒公司负债等实际情况，最终使圣达威公司顺利发行了债券。虽然被告人胡虹是受章爱民安排负责发行债券的工作，但其所起作用是积极的，应承担直接责任。第三,被告人章爱民以圣达威公司名义通过隐瞒公司负债等重要事实,编造重大虚假内容,骗取发行公司债券5000万元,数额巨大,且所获得资金并未按约用于投入公司生产经营,而是用于归还借款及银行贷款,致使该5000万元无法偿还,造成严重后果,应承担相应的刑事责任。第四,本案系华创证券有限责任公司于2014年11月21日向贵州省公安厅经侦总队书面报案,后经交办贵阳市公安局经侦支队于2015年5月4日决定立案侦查。经前期初查已经确定了本案的犯罪嫌疑人为圣达威公司的法人代表章爱民及财务总监胡虹,后于2015年5月8日将二人抓获,二被告人不存在自首情节,系坦白。故被告人章爱民的辩护人提出的辩护意见、被告人胡虹及其辩护人提出的辩解及辩护意见部分成立,本院予以部分采纳。

本院认为,厦门圣达威服饰有限责任公司法人代表章爱民决定以公司名义发行中小企业私募债券,并由财务总监胡虹负责具体工作,在圣达威公司发行中小企业债券的募集办法中隐瞒公司负债、涉及诉讼等重要事实,编造公司应收款项、资金往来等重大虚假内容,骗取发行公司债券5000万元,数额巨大,且无法偿还,造成严重后果。被告人章爱民作为圣达威公司的法人代表,为公司的直接主管人员,被告人胡虹受章爱民安排,作为圣达威公司发行债券的实际执行人,为直接责任人员,均应依法按各自所起作用进行处罚。贵阳市人民检察院起诉被告人章爱民、胡虹构成欺诈发行债券罪,该罪的犯罪主体主要是公司,个人仅在特殊情形下才能成为该罪的犯罪主体,而且本案系以厦门圣达威服饰有限责任公司名义骗取发行债券,所募集资金也主要用于归还银行贷款、公司及法人代表的借款等,应系单位犯罪,但检察机关未起诉厦门圣达威服饰有限责任公司作为被告单位,本院依法建议公诉机关补充起诉后仍未追加单位犯罪,根据《全国法院审理金融犯罪案件工作座谈会纪要》的规定,本院依法对被告人章爱民、胡虹以单位犯罪论处。被告人章爱民、胡虹归案后如实供述犯罪事实,系坦白,在庭审中自愿认罪,可从轻处罚。据此,根据《中华人民共和国刑法》第一百六十条"在招股说明书、认股书、公司、企业债券募集办法中隐瞒重要事实或者编造重大虚假内容,发行股票或者公司、企业债券,数额巨大、后果严重或者有其他严重情节的,处五年以下有期徒刑或者拘役,并处或者单处非法募集资金金额百分之一以上百分之五以下罚金。单位犯前款罪的,对单位判处罚金,并对其直接负责的主管人员和其他直接责任人员,处五年以下有期徒刑或者拘役",第六十七条第三款、第六十四条之规定,判决如下:

一、被告人章爱民犯欺诈发行债券罪,判处有期徒刑三年(刑期从判决执行之日起计算。判决执行以前先行羁押的,羁押一日折抵刑期一日,即自2015年5月8日起至2018年5月7日止);

二、被告人胡虹犯欺诈发行债券罪,判处有期徒刑二年(刑期从判决执行之日起计算。判决执行以前先行羁押的,羁押一日折抵刑期一日,即自2015年5月8日起至2017年5月7日止);

三、赃款人民币5000万元向厦门圣达威服饰有限责任公司及被告人章爱民继续追缴,发还被害单位华夏基金管理有限公司及国联安基金管理公司俱领。

如不服本判决,可在接到判决书的第二日起十日内,通过本院或者直接向贵州省高级人民法院提出上诉。书面上诉的,应当提交上诉状正本一份,副本二份。

上海市第一中级人民法院民事判决书

(2015)沪一中民六(商)初字第66号

原告上海兴盛实业发展(集团)有限公司,住所地上海市闵行区报春路363号。

法定代表人张兴标,董事长。

委托代理人刘潇江,国浩律师(上海)事务所律师。

委托代理人崔庆玮,国浩律师(上海)事务所律师。

被告王斌忠,男,汉族,1953年3月28日生,住上海市长宁区泉口路180弄8号401室。

被告上海开南投资控股集团有限公司(原名上海开南投资发展有限公司),住所地上海市闵行区秀文路898号2幢2层201室。

法定代表人庄友才,总经理。

被告上海腾京投资管理咨询中心,住所地上海市崇明县长江农场长江大街161号2幢341室(上海长江经济园区)。

法定代表人叶军,总经理。

被告上海升创建筑装饰设计工程中心,住所地上海市崇明县长江农场长江大街161号2幢340室(上海长江经济园区)。

法定代表人吴清泉,总经理。

被告兰州瑞邦物业管理有限公司,住所地甘肃省兰州市安宁区银滩路206-236号(安宁区粮食局家属院商铺)。

法定代表人孙平,总经理。

上述被告共同委托代理人江涛,德恒上海律师事务所律师。

上述被告共同委托代理人高慧,德恒上海律师事务所律师。

被告兰州鸿祥建筑装饰材料有限公司,住所地甘肃省兰州市安宁区建宁路社区一楼(安宁区医院旁)。

法定代表人孙平,总经理。

委托代理人江涛,德恒上海律师事务所律师。

委托代理人王娅然,德恒上海律师事务所律师。

被告甘肃力行建筑装饰材料有限公司,住所地甘肃省兰州市安宁区安宁东路704号(西铁小区第1单元3层302室)。

法定代表人沈绍海,总经理。

委托代理人江涛,德恒上海律师事务所律师。

委托代理人高慧,德恒上海律师事务所律师。

被告上海嘉池丰投资发展有限公司,住所地上海市青浦区赵巷镇嘉松中路5399号3幢B8-4F-A区86室。

法定代表人王斌忠,总经理。

委托代理人江涛,德恒上海律师事务所律师。

委托代理人高慧,德恒上海律师事务所律师。

被告胡飞,男,汉族,1978年9月5日生,住江西省抚州市南丰县琴城镇沿江南路38号。

被告唐才英,女,汉族,1972年6月15日生,住江西省抚州市南丰县琴城镇桥背村组103号。

被告谢玮,男,汉族,1985年8月5日生,住江西省抚州市南丰县琴城镇桔都大道街36号3栋1单元。

被告谢志莹,女,汉族,1987年9月22日生,住江西省赣州市章贡区红旗大道61号。

被告何国良,男,汉族,1969年10月10日生,住江西省抚州市南丰县紫霄镇洽村村一组73号。

被告聂红,女,汉族,1977年6月11日生,住江西省抚州市南丰县紫霄镇东村村何家坪组10号。

被告程求义,男,汉族,1955年9月11日生,住江西省抚州市南丰县白舍镇瑶陂村瑶陂下组20号。

被告黄长印,男,汉族,1953年7月12日生,住江西省抚州市南丰县琴城镇一中巷8号2单元202室。

上述被告共同委托代理人王娅然,德恒上海律师事务所律师。

上述被告共同委托代理人朱琴,德恒上海律师事务所律师。

第三人上海新梅置业股份有限公司,住所地上海市闸北区天目中路585号2001－C室。

法定代表人张静静,董事长。

委托代理人何婧,该公司员工。

委托代理人林琳,国浩律师(上海)事务所律师。

原告上海兴盛实业发展(集团)有限公司诉被告王斌忠、上海开南投资控股集团有限公司(以下简称开南公司)、上海腾京投资管理咨询中心(以下简称腾京咨询中心)、上海升创建筑装饰设计工程中心(以下简称升创设计中心)、兰州瑞邦物业管理有限公司(以下简称瑞邦公司)、兰州鸿祥建筑装饰材料有限公司(以下简称鸿祥公司)、甘肃力行建筑装饰材料有限公司(以下简称力行公司)、上海嘉池丰投资发展有限公司(以下简称嘉池丰公司)、胡飞、唐才英、谢玮、谢志莹、何国良、聂红、程求义、黄长印及第三人上海新梅置业股份有限公司(以下简称新梅公司)证券欺诈责任纠纷一案,本院于2015年3月4日立案受理后,依法组成合议庭,于2015年9月16日公开开庭进行了审理,原告委托代理人刘潇江、崔庆玮,被告王斌忠、开南公司、腾京咨询中心、升创设计中心、瑞邦公司、力行公司和嘉池丰公司的共同委托代理人江涛、高慧,被告鸿祥公司的委托代理人江涛、王娅然,被告胡飞、唐才英、谢玮、谢志莹、何国良、聂红、程求义和黄长印的共同委托代理人王娅然、朱琴以及第三人新梅公司的委托代理人何婧、林琳到庭参加诉讼,本案现已审理终结。

原告诉称,中国证券监督管理委员会宁波监管局[2015]1号行政处罚决定书查明:2013年7月至11月,被告王斌忠通过其实际控制的其余被告的证券账户(以下简称账户组),持续不断买卖第三人新梅公司公开发行的股票。各被告在该账户组于2013年10月23日合计持有新梅公司股票首次超过5%以及在2013年11月1日合计持有新梅公司股票达10.02%时,均未按照《中华人民共和国证券法》第八十六条规定对超比例持股情况及时向国务院证券监督管理机构和证券交易所作出书面报告、通知新梅公司并予以公告,亦未披露该账户组由被告王斌忠控制或存在一致行动关系。直到2014年6月9日,被告开南公司、腾京咨询中心、升创设计中心、瑞邦公司、鸿祥公司及力行公司才首次通知新梅公司,其已于2014年6月9日签署《一致行动人协议》,合计持有新梅公司全部已发行股份的14.23%。该《行政处罚决定书》据此认定,被告王斌忠的行为违反了《中华人民共和国证券法》第八十六条之规定。原告认为,被告不仅通过串谋和出借法人账户的方式对证券监管部门、证券交易所、上市公司及上市公司的股东隐瞒了其控制账户组的事实,而且该账户组在合计持有新梅公司股票达到5%和10%时,均未依法履行信息披露义务,不仅违反了法律的禁止性规定,损害了上市公司各股东的知情权、交易选择权,且严重侵害了原告对上市公司的控制权和反收购权,构成对上市公司的恶意收购,更为严重的是扰乱了上市公司信息披露、上市公司收购等基本交易制度,严重违背证券交易的公开、公平、公正的基本原则。既损害了新梅公司现有股东的利益,也损害了不特定多数的社会投资人的公共利益,更损害了国家利益。根据违法行为不得从中获利的民法基本原理,参照《公司法》、《证券法》的相关规定及立法精神,且证券监管机构已经认定被告的行为违反了"上市公司收购"的禁止性规定,故应依法阻止其实现违法目的,同时无效法律行为自始即为无效,故被告在持有新梅公司股票期间不应享有相应的股东权利。鉴于被告在股东权利受限期间,仍有可能继续采取包含但不限于协议转让、大宗交易转让、质押、托管、市值(或收益)互换等方式处分股票权益,在既获取股票交易差价非法利益的同时,又假借股东身份间接行使股东权利,从而实施二次损害上市公司及股东利益的行为,故应依法对其所持股票的处置权予以限制,切实追究各被告恶意收购的证券欺诈民事责任。据此,原告请求判令:一、自2013年10月23日账户组持有新梅公司股票首次达到5%之日起，各被告购买新梅公司股票的交易行为无效；二、依法强制各被告抛售2013年10月23日当日及后续购买并持有的新梅公司已发行股票（即超出5%部分），所得收益赔偿给新梅公司；三、各被告对上述第二项赔偿责任互负连带责任；四、各被告在持有新梅公司股票期间，均不得享有股东权利，包括但不限于表决权（提案权和投票权）等各项权利或权能；五、自行政处罚决定书生效之日起，各被告不得以集合竞价和连续竞价以外的任何方式处分其持有的新梅公司的股票。

被告王斌忠、开南公司、腾京咨询中心、升创设计中心、瑞邦公司、力行公司和嘉池丰公司共同当庭辩称：一、本案系证券欺诈责任纠纷案件，根据最高人民法院的相关司法解释，该类案件应以证券监督管理机构的处罚决定作为民事诉讼的前置程序，而本案中除被告王斌忠外，其余被告均未受到证券监督管理机构的行政处罚，故除王斌忠外，其余被告均不适格；二、原告提起本案诉讼的实质属于股东代表诉讼，但其未履行相应的股东代表诉讼的前置程序；三、本案被告王斌忠系因违反了证券法第八十六条关于信息披露的相关规定而被证券监管机构予以行政处罚，该规定在性质上属于行政管理性规定而非效力强制性规定，故被告的违规行为依法并不导致交易行为无效。我国《证券法》第一百二十条规定，按照依法制定的交易规则进行的交易，不得改变其交易结果。本案被告系在公开的证券市场上以集合竞价的方式买入新梅公司的股票，符合股票交易规则，故交易结果不应予以改变。如确认被告买入新梅公司股票的行为无效，将产生各被告根据法律规定进行无效返还的后果，而在公开集合竞价的证券市场上，要求被告将已买入的股票返还给相应的出售方并收回股票买入价款是不现实的。同时，如要求被告以原告诉请的方式抛售股票，既不利于维护证券市场交易的稳定性，也会对新梅公司股票价格产生负面影响，进而侵害到广大中小股东的权利；四、账户组合计持有新梅公司股票比例未超过30%，不属于证券法规定的收购行为，亦不存在要约收购和协议收购的情形，被告仅是在证券二级市场上买入新梅公司股票的普通交易行为，不存在所谓的恶意收购；五、被告王斌忠已根据证券监管部门的行政处罚决定，履行了所有的被责令改正的义务，即信息披露义务及缴纳罚款，故被告已经合法持有新梅公司的股票，原告诉请要求被告在持有新梅公司股票期间不得享有股东权利，缺乏相应法律依据；六、原告提起本案诉讼的性质系侵权损害赔偿之诉，但原告并未提供证据证明其财产权益遭受损害，故原告要求被告承担民事赔偿责任缺乏依据。原告主张其作为新梅公司控股股东的控制权及反收购权受到侵害，但大股东的控制权依法不受保护，而反收购权亦仅是法理上的概念，且即使进行反收购，亦应由新梅公司的董事会、监事会决定是否采取反收购措施，而非原告作为上市公司大股东的法定权利；七、本案各自然人被告已不再持有新梅公司的股票，原告要求该些自然人被告承担连带赔偿责任缺乏法律依据。

综上，被告认为其违规超比例购买新梅公司股票的行为仅违反了信息披露义务，并未损害原告诉称的各项权利，亦不构成对公共利益和国家利益的侵害，原告的各项诉请均缺乏事实和法律依据，应全部予以驳回。

被告鸿祥公司同意上述被告的答辩意见，并补充辩称：根据我国目前证券法的相关规定，只有违反《证券法》第一百九十九条、第二百零一条、第二百零二条及第二百零三条的规定，即禁止参与股票交易的人员进行了违法交易、内幕交易及操纵市场等四种违法行为时，相应责任主体才应被收缴违法所得。本案不属于上述任何一种情形。我国《证券法》及《公司法》均没有关于收购的界定，亦未明确限制收购行为。所谓反收购是上市公司的自治行为，并非上市公司大股东的权利。被告的行为即使构成收购，亦是因原告不断减持新梅公司股份造成的。

被告胡飞、唐才英、谢玮、谢志莹、何国良、聂红、程求义和黄长印同意上述所有被告的答辩意见，并共同补充辩称：其是基于王斌忠的推荐和对王斌忠的信任购买了新梅公司的股票，但由于原告的不当行为，现其已将股票全部卖出，故原告的诉请与其无关。

第三人新梅公司表示同意原告的全部诉讼请求。

本案庭审后，原告申请撤回其上述第一项、第二项和第三项诉讼请求。

为证明其诉讼请求,原告向本院提交下列证据:

第1组证据:中国证券监督管理委员会宁波监管局出具的《行政处罚决定书》,拟证明被告作为一致行动人违反法律禁止性规定购买新梅公司股票,并于2013年10月23日合计持有新梅公司股票首次达到5%;

第2组证据:新梅公司公告,拟证明被告在2014年6月9日持有新梅公司股份14.23%之前,从未披露各被告的一致行动关系,也未履行信息披露义务,其购买股票的行为存在恶意串通;

第3组证据:2013年11月27日开南公司出具的《上海新梅置业股份有限公司简式权益变动报告书》,拟证明开南公司于2013年11月27日声明,其持有新梅公司的股票达到5%,且声明作为信息披露义务人,其不存在一致行动人,该声明与《行政处罚决定书》认定事实不符,开南公司系虚假陈述;

第4组证据:2014年1月8日开南公司向新梅公司董事会提名委员会提出的《关于本公司股东曾勇先生作为董事会董事人选的推荐函》,拟证明开南公司在新梅公司策划重组事项停牌期间,已试图更换新梅公司董事,介入新梅公司治理和经营活动;

第5组证据:2014年6月6日签署的《一致行动人协议》,拟证明该协议中明确载明对新梅公司治理实施干预的多项约定;

第6组证据:2014年6月11日鸿祥公司、开南公司、瑞邦公司、升创设计中心、腾京咨询中心、力行公司等出具的《上海新梅置业股份有限公司详式权益变动报告书》;鸿祥公司、开南公司、瑞邦公司、升创设计中心、腾京咨询中心、力行公司的工商登记信息,拟证明:1.截至2014年6月11日,开南公司、腾京咨询中心、升创设计中心、瑞邦公司、鸿祥公司、力行公司名下实际已合计持有新梅公司14.86%的股份;2.该次信息披露仍然隐瞒了一致行动人所持股票账户及新梅公司股票由王斌忠实际控制的事实;3.鸿祥公司成立于2010年4月6日,注册资本金150万元,但其财务报表显示,其基本不从事实际经营活动,于2013年10月28日开始买入新梅公司股票;瑞邦公司成立于2013年6月3日,注册资本仅100万元,但其财务报表显示,其基本不从事实际的经营活动,于2013年11月开始买入新梅公司股票;开南公司成立于2013年10月11日,注册资本10,000万元,其于2013年10月23日开始买入新梅公司股票;升创设计中心成立于2013年9月5日,系个人独资企业,于2013年10月30日开始买入新梅公司股票;腾京咨询中心成立于2013年9月5日,系个人独资企业,于2013年10月开始买入新梅公司股票;力行公司成立于2013年9月23日,注册资本仅300万元,于2013年11月开始买入新梅公司股票;开南公司、升创设计中心、腾京咨询中心、力行公司成立以来并未实质开展与本案投资无关的其他业务,故上述六家公司成立的目的就是为了收购新梅公司股票,主观恶意明显;

第7组证据:2014年6月13日新梅公司2013年度股东大会临时提案,拟证明开南公司、腾京咨询中心、升创设计中心、瑞邦公司、鸿祥公司、力行公司提出要求更换新梅公司董事长;

第8组证据:《专访上海新梅举牌方:不是恶意收购,是心痛上市公司不作为》的媒体报道,拟证明开南公司明确表示其所实施的是“二级市场非协议收购”,并企图“开一个先河”,故其收购新梅公司的企图于2013年11月即已存在;

第9组证据:2014年6月23日《股票交易异常波动公告》,拟证明开南公司、腾京咨询中心、升创设计中心、瑞邦公司、鸿祥公司、力行公司的违法收购行为对新梅公司股价造成明显波动,该公告同时也对第8组证据媒体专访进行了回应;

第10组证据:2014年6月24日《兰州鸿祥及一致行动人积极行使股东权利的声明》、2014年7月15日开南公司、腾京咨询中心、升创设计中心、瑞邦公司、鸿祥公司、力行公司向新梅公司董事会提交的《关于提请召开上海新梅置业股份有限公司2014年第一次临时股东大会的函》、2014年7月28日向新梅公司监事会提交的《关于提请召开上海新梅置业股份有限公司2014年第一次临时股东大会的函》、2015年3月9日向新梅公司董事会提交的《关于持股3%以上股东向董事会提交2015年第一次临时股东大会议案的函》、2015年5月15日向新梅公司董事会提交的《关于持股3%以上股东向董事会提交2015年第二次临时股东大会的函》、2015年5月22日向新梅公司监事会提交的《关于提请召开上海新梅置业股份有限公司2015年第二次临时股东大会的函》，拟证明开南公司、腾京咨询中心、升创设计中心、瑞邦公司、鸿祥公司、力行公司对新梅公司实施控制的意图明显；

第11组证据：2014年6月25日召开的新梅公司年度股东大会决议及公告，拟证明开南公司、腾京咨询中心、升创设计中心、瑞邦公司、鸿祥公司、力行公司在无任何理由的情况下恶意否决新梅公司年度股东大会议案，上述行为已经严重干扰了新梅公司的公司治理；

第12组证据：2015年6月23日《关于号召上海新梅广大中小股东积极参与临时股东大会投票的倡议书》，拟证明“兰州鸿祥官方账号”在新梅公司的股吧里公然煽动中小股东；

第13组证据：2014年度股东大会资料、截至2015年6月11日的股东名册、2014年度股东大会法人投票统计，拟证明开南公司、腾京咨询中心、升创设计中心、瑞邦公司、鸿祥公司、力行公司对新梅公司2014年度股东大会的全部八项议案均在网上投了反对票；

第14组证据：2015年7月14日《关于提请上海新梅公告一致行动人自行召开临时股东大会的通知及会议资料的函》、《上海新梅置业股份有限公司关于持股10%以上股东自行召开公司2015年第二次临时股东大会的通知》、上海新梅2015年度第二次临时股东大会会议资料、2015年8月6日《关于号召上海新梅广大中小股东积极参与＊ST新梅2015年第二次临时股东大会投票的倡议书》、《关于提请上海新梅及时披露一致行动人自行召开临时股东大会决议公告及会议资料的函》，拟证明开南公司、腾京咨询中心、升创设计中心、瑞邦公司、鸿祥公司、力行公司擅自召开临时股东大会，严重干扰上市公司治理；

被告王斌忠、开南公司、腾京咨询中心、升创设计中心、瑞邦公司对上述证据质证后，发表如下质证意见：

对第1、2组证据真实性没有异议，对关联性有异议。该两组证据证明行政处罚仅针对王斌忠，处罚事项系信息披露违规，依据的法律是《证券法》第八十六条及所对应的第一百九十三条的规定。证券监督管理机构是针对所涉股票买卖行为进行全面调查后做出的最终处罚结论，其仅涉及信息披露违规，而不是出借账户。出借账户是证监会经常处罚的情形，但本案并未对此进行处罚。被告所有账户都是实名账户，资金也是自有的，并不违反证券账户实名制规定；

对第3和第5组证据真实性没有异议，但认为该组证据并不能证明原告所主张的事实，与原告诉请没有关联性，反而能说明原告违规减持，被告被迫应对的事实。开南公司对行政处罚决定书中认定的“一致行动人”的事实不予认可，开南公司的披露并非虚假陈述；

对第4组证据的真实性没有异议，认为开南公司作为持股5%股东有权提出董事会人选。提出的时机是新梅公司原第二大股东已经不再持有第三人股票，由被告方提出人选替代也是正常的；

对第6组证据真实性没有异议，但认为属于被告正常经营范围和经营行为；

对第7组证据真实性没有异议，认为更换新梅公司董事长是由于该董事长有违规行为且导致公司连年亏损；

对第8组证据真实性有异议，认为刊登媒体已经表示原网站已经删除，被告方人员也没有接受过采访；

对第9组证据真实性没有异议，对证明目的不予认可；

对第10组证据真实性没有异议，认为其中《兰州鸿祥及一致行动人积极行使股东权利的声明》仅是我方提出的建议和意见，表达股东合理诉求；该组证据中的其余证据与原告诉讼请求没有关联性，只是被告正常行使股东权利；

对第11至第13组证据真实性没有异议，但认为与原告诉请没有关联性，只能证明被告依法依规行使权利，每项提案都有法定理由；

对第14组证据真实性没有异议，对证明目的不予认可，说明被告依法依规行使权利，召开了临时股东大会，证监会认定了被告的股东身份，且该次股东大会得到了广大中小股民的支持。

被告鸿祥公司对原告提供的证据质证后，发表如下质证意见：同意被告王斌忠、开南公司、腾京咨询中心、升创设计中心和瑞邦公司的质证意见。

被告力行公司、嘉池丰公司对原告提供的证据质证后,发表如下质证意见:第1组证据与本案不具有关联性,证监会认定各被告只是一致行动人,而不是出借账户,违反的是《证券法》第八十六条,而不是第八十条。同意被告王斌忠、开南公司、腾京咨询中心、升创设计中心和瑞邦公司的所有质证意见。

被告胡飞、唐才英、谢玮、谢志莹、何国良、聂红、程求义、黄长印对原告提供的证据质证后,发表如下质证意见:原告提供的证据未涉及各被告,故对其真实性无法确认。各被告的股票已经在公开市场上出售,且不是出售给被告王斌忠。

第三人新梅公司对原告提供的证据质证后,发表如下质证意见:对原告所有的证据的真实性、合法性及关联性均没有异议。

被告王斌忠、开南公司、腾京咨询中心、升创设计中心、瑞邦公司、鸿祥公司、力行公司、嘉池丰公司为证明自己的主张,向本院共同提交如下证据材料:

第1组证据:《行政处罚事先告知书》公告、《行政处罚决定书》([2015]-1号)及其公告,拟证明王斌忠是行政处罚的责任主体;

第2组证据:《关于王斌忠改正信息披露违规的措施报告》及《关于王斌忠先生不再担任公司副总经理的通知》、中国工商银行付款凭证,拟证明王斌忠对行政处罚决定无异议,并采取了改正措施;王斌忠已经将行政处罚事项告知相关单位,对前期披露的信息进行更正、补充并及时公告;王斌忠已经缴纳了相关罚款,不再担任开南公司副总经理,并将王斌忠控制的证券账户移交给相关主体;

第3组证据:被告16个证券账户买入股票过程中的每日交易明细,拟证明16名被告通过公开集合竞价购买的新梅公司股票,该交易行为是双方自愿基础上达成的合意,不存在损害交易相对方的情形;被告与新梅公司间不存在直接的股票交易行为,因此新梅公司不是相对主体及权益的让渡者,其无权要求被告赔偿经济损失;

第4组证据:上海新梅(600732)K线图,拟证明新梅公司股票交易价格起伏较大,被告的投资行为存在亏损的可能性;

第5组证据:《最高人民法院关于合同法司法解释(二)理解与适用》,拟证明《证券法》第八十六条的规定不是效力性强制性规定,是管理性强制性规定;

第6组证据:关于上市公司信息披露违规案例的统计(2008—2014年)、深圳市康达尔(集团)股份公司简式权益变动报告书、北京市中伦(深圳)律师事务所关于深圳市康达尔(集团)股份有限公司2014年第四次临时股东大会的法律意见书、广东冠豪高新技术股份有限公司简式权益变动报告书、竞天公诚律师事务所关于广东冠豪高新技术股份有限公司2013年度股东大会的法律意见书,拟证明和本案相似的信息披露违规案例很多,主要处罚方式为警告和罚款,其中深圳康尔达和广东冠豪高新收到了责令整改的通知,深圳康达尔和广东冠豪高新公示了权益变动后,股东的股份数量及权益包括表决权没有受到影响;上述两家公司改正后披露的信息内容显示,股东未因处罚而减持或被行政机关要求处置股票;

第7组证据:2015年1月23日一致行动人发布《上海新梅置业股份有限公司详式权益变动报告书(补充披露)》,拟证明开南公司、腾京咨询中心、升创设计中心、瑞邦公司、鸿祥公司、力行公司已经对其持股新梅公司的情况进行了补充披露;王斌忠已经按照《行政处罚决定书》"责令改正"的要求改正了违法行为;

第8组证据:8-1、2015年6月4日一致行动人向中国证券监督管理委员会上海监管局递交的《关于自行召开上海新梅置业股份有限公司2015年第二次临时股东大会的请示函》召集和主持股东及持股数量的说明;8-2、2015年7月14日中国证券监督管理委员会上海监管局《答复函》;8-3、一致行动人于2015年8月3日向上海证券交易所递交《关于一致行动人自行召开上海新梅置业股份有限公司临时股东大会申请开通网络投票的申请报告》;8-4、一致行动人与上证所信息网络有限公司于2015年8月6日签订的《上市公司股东大会网络投票业务技术服务协议》;8-5、一致行动人于2015年7月14日向新梅公司递交的《关于提请上海新梅公告一致行动人自行召开临时股东大会的通知及会议资料的函》;8-6、2015年7月25

日《证券市场周刊》刊登《上海新梅置业股份有限公司关于持股10%以上股东自行召开公司2015年第二次临时股东大会的通知》;8－7、《中国证券报》2015年8月8日刊登的《关于一致行动人自行召开2015年上海新梅第二次临时股东大会通知的补充公告》;8－8、2015年8月13日在《中国改革报》刊登的《上海新梅置业股份有限公司关于股东自行召开2015年第二次临时股东大会决议公告》、《德恒上海律师事务所关于上海新梅置业股份有限公司2015年第二次临时股东大会见证法律意见》;8－9、《上海新梅置业股份有限公司公告》、《上海新梅置业股份有限公司关于股东自行召开2015年第二次临时股东大会决议公告》、《德恒上海律师事务所关于上海新梅置业股份有限公司2015年第二次临时股东大会见证法律意见》,上述证据拟证明一致行动人作为新梅公司的股东,成功召开2015年新梅公司第二次临时股东大会。大会召开取得中国证券监督管理机构、上海证券交易所、中国证券登记结算有限公司的同意,证券监督管理机构、证券交易所认可一致行动人的股东资格,保护一致行动人合法的股东权益;

第9组证据:《上海新梅置业股份有限公司可能被实施退市风险警示的提示性公告》、《上海新梅置业股份有限公司关于账户组拟自行召开临时股东大会的第一次风险提示性公告》、《上海新梅置业股份有限公司关于账户组拟自行召开临时股东大会的第二次风险提示性公告》、《上海新梅置业股份有限公司关于账户组拟自行召开临时股东大会的第三次风险提示性公告》,拟证明原告作为新梅公司的实际控制人。新梅公司多次提示退市风险,导致退市风险加大,损害中、小股东权益;

第10组证据:《上海新梅100页绝密"坐庄计划"》、《业绩暴降股价翻番,上海新梅将注入石墨烯?》,拟证明原告购买新梅公司股票的原因。

原告兴盛公司对上述证据质证后,发表如下质证意见:

对第1组证据真实性没有异议。对第2组证据中《行政处罚决定书》的真实性没有异议,对第2组证据中其余证据的真实性均表示无法确认,并认为第1、2组证据不能证明相关违法行为已经得到适当改正,且虽然王斌忠是被处罚主体,但王斌忠承担的责任应分别由多个被告承担;《行政处罚决定书》仅认定行政法项下的责任,并未认定民事责任,该决定书不能成为免除被告承担民事责任的依据。对第3组证据的真实性不予认可,该组证据是被告自行制作,且该组证据遗漏了嘉池丰公司、开南公司、瑞邦公司及鸿祥公司等注册资本只有100万元左右,注册成立时间也均在2013年左右,上述公司未从事投资经营活动,没有资金收入,购买涉案股票的资金可能不是来源各被告的自有资金,这对各被告是否具有股东资格的认定具有重要意义。对第4组证据的真实性不予认可。对第5组证据认为不符合证据的形式要件,且该司法解释可以证明被告违反了效力性的法律规定。对第6组证据认为均系案外人材料,真实性不予认可,且即使该组证据与事实相符,被告所列的交易中,违规交易比例均在5%以下,或刚超过10%,尚未成为上市公司的第一大股东,没有影响到上市公司控股股东地位。对第7组证据的真实性没有异议,但对证明事项不予认可。被告的改正方式违背股票实名制原则,故不能说明被告改正了违法行为。对第8组证据中8－1至8－4的真实性表示无法确认;对8－5至8－9的真实性没有异议,但对所有法律意见书均不予认可。证监会、上交所都不具备认定被告具有股东资格的权利,并且证监会、上交所给予的答复也没有任何保护被告股东权利的意思表示。对第9组证据的真实性没有异议,但该组证据是新梅公司根据交易规则向市场发布的公告,该公告的发布是为了保护中小投资者,与本案没有关联性。对第10组证据的真实性没有异议,但认为与本案没有关联性。

第三人新梅公司对被告王斌忠、开南公司、腾京咨询中心、升创设计中心、瑞邦公司、鸿祥公司、力行公司、嘉池丰公司提供的证据质证后,发表如下质证意见:同意原告的质证意见。证据8－2中证监会的答复新梅公司也收到了,该答复并未认可被告的股东身份,故与本案无关。证据8－3并不能证明上海证券交易所、中国证券登记结算有限公司、上证所信息网络有限公司认可了被告股东资格,我司也与上述单位进行过沟通,上述单位仅是提供技术服务,并不是股东身份的认可。我司也发布过公告,对上述内容进行了澄清。第9组证据与原告诉讼请求没有任何关联性,公告都是新梅公司按照交易规则作出,与原告无关。第10组证据是2009年的两篇报道,我司也曾和报社进行交涉,2009年10月19日该报也作出了更正,证实该报道是虚假的。针对21世纪的报道,新梅公司在2013年3月5日发布公告,予以了澄清。

被告胡飞、唐才英、谢玮、谢志莹、何国良、聂红、程求义、黄长印对被告王斌忠、开南公司、腾京咨询中心、升创设计中心、瑞邦公司、鸿祥公司、力行公司、嘉池丰公司提供的证据的真实性及证明内容均没有异议。

被告胡飞、唐才英、谢玮、谢志莹、何国良、聂红、程求义、黄长印及第三人新梅公司均未向本院提交证据材料。

根据各方当事人提交的证据,并结合他们的质证意见和在庭审中的相关陈述,本院认定本案基本事实如下:

原告系本案第三人新梅公司的股东,持股比例为11.19%。2013年7月至11月期间,被告王斌忠实际控制开南公司、腾京咨询中心、升创设计中心、瑞邦公司、鸿祥公司、力行公司、嘉池丰公司、胡飞、唐才英、谢玮、谢志莹、何国良、聂红、程求义、黄长印等15个账户(以下简称账户组)进行证券买卖。自2013年7月18日起,瑞邦公司账户开始买入新梅公司股票,后上述账户组持续不断买入新梅公司股票。截至2013年10月23日,账户组合计持有新梅公司股票24,682,975股,占新梅公司全部已发行股份的5.53%;截至2013年11月1日,该账户组合计持有新梅公司全部已发行股份的10.02%;截至2013年11月27日,该账户组合计持有新梅公司全部已发行股份的14.86%。其中,开南公司持有新梅公司全部已发行股份的5%,嘉池丰公司已不再持有新梅公司股票。2013年11月27日,开南公司发布《上海新梅置业股份有限公司简式权益变动报告书》,声明截至2013年11月27日,开南公司持有新梅公司无限售条件的流通股22,319,200股,占其总股本的5%。

2014年6月6日,开南公司、腾京咨询中心、升创设计中心、瑞邦公司、鸿祥公司、力行公司共同签署《一致行动人协议》,约定各方共同作为新梅公司股东,在新梅公司股东大会、董事会行使提案权和在相关股东大会、董事会上行使表决权时保持一致。

2015年1月20日,中国证券监督管理委员会宁波监管局向王斌忠出具《行政处罚决定书》,认为账户组在2014年6月13日前,未披露该账户组受同一人控制或存在一致行动关系,账户组在2013年10月23日合计持有新梅公司股票首次超过5%以及在2013年11月1日合计持有新梅公司股票10.02%时,均未按照《证券法》第八十六条的规定对超比例持股情况进行及时报告和公告。王斌忠能够对上述账户组进行控制、管理和使用,对该账户组享有收益权益并承担相应风险,是账户组的实际控制人和信息披露义务人。中国证券监督管理委员会宁波监管局认为,王斌忠作为账户组的实际控制人和信息披露义务人,在账户组合计持有新梅公司股票分别达到5%及10%时,未根据《证券法》的相关规定履行信息披露义务,王斌忠的上述行为违反了《证券法》第八十六条的规定,构成了《证券法》第一百九十三条所述之信息披露违法行为。中国证券监督管理委员会宁波监管局据此决定:责令王斌忠改正违法行为,给予警告,并处以50万元的罚款。2015年1月27日,新梅公司发出公告,公布了中国证券监督管理委员会宁波监管局上述决定。王斌忠于2015年1月22日通过中国工商银行向中国证券监督管理委员会缴纳罚款50万元。

2015年1月23日,王斌忠、开南公司与其他一致行动人腾京咨询中心、升创设计中心、瑞邦公司、鸿祥公司、力行公司共同发布《上海新梅置业股份有限公司详式权益变动报告书(补充披露)》。该报告载明,截至2015年1月23日,开南公司持有新梅公司股票32,640,274股,占新梅公司总股本7.31%;腾京咨询中心持有新梅公司股票13,822,104股,占新梅公司总股本3.10%;升创设计中心持有新梅公司股票8,459,368股,占新梅公司总股本1.89%;瑞邦公司持有新梅公司股票1,433,800股,占新梅公司总股本0.32%;鸿祥公司持有新梅公司股票14,968,830股,占新梅公司总股本3.35%;力行公司持有新梅公司股票2,520,184股,占新梅公司总股本0.56%。该报告称,信息披露义务人及一致行动人所用资金全部来源于自筹资金,不存在直接或间接来源于新梅公司及其关联方的情形,未通过与上市公司的资产置换或其他交易取得资金的情形。报告书显示,信息披露义务人及一致行动人在报告签署之日起未来12个月内有意向继续增持新梅公司的股份。该报告书同时对权益变动完成后的后续计划、对上市公司的影响分析、与上市公司之间的重大交易、前6个月买卖上市公司股份的情况、信息披露义务人及一致行动人的财务资料等情况作出了说明。

本院认为,本案主要争议焦点如下:一、被告违反《证券法》第八十六条的规定,在未履行信息披露义务的情况下超比例购买新梅公司股票的交易行为是否有效;二、原告的合法权益是否因被告的违规行为而遭受损失;三、原告要求限制现持股被告行使股东权利或处分相应股份的诉请是否具有法律依据。

关于争议焦点一,本院认为,原告虽在本案诉讼中撤回要求确认被告违规持股超出5%以上的股票交易行为无效的诉讼请求,但因被告明确抗辩其交易行为有效,而诉争股票交易行为的效力亦属于本院依法应予审查的范围,且该问题的认定结论与原告诉讼请求具有法律上的关联性,故对于诉争股票交易行为的法律效力,本院依法予以审查认定。根据中国证券监督管理委员会宁波监管局对被告王斌忠的行政处罚决定书中认定的事实,王斌忠系通过其实际控制的各被告的证券账户,按照证券交易所的交易规则,通过在交易所集合竞价的方式公开购买了新梅公司的股票,其交易方式本身并不违法。根据我国《证券法》第一百二十条第一款的规定,按照依法制定的交易规则进行的交易,不得改变其交易结果。该法律规定是由证券交易的特性所决定的。证券交易虽在法律属性上属于买卖行为,但又与一般买卖行为存在显著区别,一般买卖合同发生于特定交易主体之间,而证券交易系在证券交易所以集合竞价、自动撮合方式进行的交易,涉及众多证券投资者,且交易对手间无法一一对应,如交易结果可以随意改变,则不仅会影响到证券交易市场秩序,还会涉及众多投资者的利益。因此,即使证券投资者在交易过程中存在违规行为,只要其系根据依法制定的交易规则进行的交易,交易结果仍不得改变。然而,交易结果的确认并不等同于违规交易者对其违法行为可以免责,对此,我国《证券法》第一百二十条第二款进一步明确规定:“对交易中违规交易者应负的民事责任不得免除;在违规交易中所获利益,依照有关规定处理。”由此可见,依法确认违规交易行为的交易结果并不必然导致违法者因其违法行为而获取不当利益的法律后果,违规交易者仍应根据其所违反的具体法律规范所造成的后果承担相应的法律责任。

结合本案具体事实,被告的交易行为违反了我国《证券法》第八十六条关于大额持股信息披露制度的相关规定。该条款规定:“通过证券交易所的证券交易,投资者持有或者通过协议、其他安排与他人共同持有一个上市公司已发行的股份达到百分之五时,应当在该事实发生之日起三日内,向国务院证券监督管理机构、证券交易所作出书面报告,通知该上市公司,并予以公告;在上述期限内,不得再行买卖该上市公司的股票。投资者持有或者通过协议、其他安排与他人共同持有一个上市公司已发行的股份达到百分之五后,其所持该上市公司已发行的股份比例每增加或者减少百分之五,应当依照前款规定进行报告和公告。在报告期限内和作出报告、公告后二日内,不得再行买卖该上市公司的股票。”上述条款对上市公司的投资者通过证券交易所的证券交易,控制上市公司5%以上比例的股份及在该比例后每增减5%比例股份的公告义务作出明确规定,并要求上述投资者履行向证券监管部门、交易所及上市公司的报告义务,且在公告及报告期内不得再行买卖该上市公司的股票。该法律规定之所以要求投资者在大额购买上市公司股票时履行信息披露义务,并在一定期限内不得再行买卖该上市公司股票,一方面是为了便于证券监管机构、证券交易所及上市公司及时了解上市公司股权变动情况,另一方面是为了维护证券市场的公开、公平、公正的交易规则,对股票大额交易行为实施有效监督,防止投资者利用信息或资金优势进行内幕交易或操纵证券市场,保护广大中小投资者的知情权,从而进一步保障广大投资者能够在合理期限内充分了解市场信息,并在该前提下实施投资决策权。为此,我国《证券法》对违规进行内幕交易、操纵市场及违反信息披露义务的责任主体分别规定了相应的法律责任,其中包括行政责任、民事赔偿责任甚至刑事责任。最高人民法院《关于审理证券市场因虚假陈述引发的民事赔偿案件的若干规定》则进一步明确,对违反上市公司信息披露义务的责任主体,在符合法定要件的情况下,其应对其他证券市场投资者的损失承担相应的民事赔偿责任。至于本案被告是否应承担相应的民事赔偿责任,因不属于双方当事人争议范围,故本院不予审查认定。

综上所述,本院认为,结合我国《证券法》第八十六条及第一百二十条的相关规定,违反大额持股信息披露义务而违规购买上市公司股票的行为并不属于我国证券法应确认交易行为无效的法定情形,故对被告持股的合法性本院予以确认。

关于争议焦点二,本院注意到,原告在诉讼中明确表示,其提起本案诉讼并非基于股东代表诉讼,而系其自身利益受到侵害,即被告的违规交易行为侵害了其股东知情权及对新梅公司的控制权和反收购权。对此,本院认为,我国《证券法》第八十六条所规定的相关责任主体的信息披露义务旨在保障证券市场广大投资者的知情权,维护证券市场公开、公平、公正的交易秩序。本案被告违反了《证券法》第八十六条的规定,在未依法及时履行信息披露义务的情况下,在二级市场超比例大量购买新梅公司股票的交易行为,的确侵害了包括原告在内的广大投资者的知情权。根据我国现行《证券法》及相关司法解释的规定,对于因违反信息披露义务,侵害了投资者的知情权及交易选择权的责任主体,其应对遭受损失的投资者承担民事侵权损害赔偿责任。换言之,受损害的投资者享有的是要求侵权行为人承担赔偿其自身财产性权益损失的权利。现原告并未主张财产性权益损失,而是以此为由要求限制被告行使股东权利及对股票的处分权利,该主张缺乏相应的法律依据,本院不予采纳。

另,原告主张被告的行为侵害了其对新梅公司的控制权及反收购权。原告该诉讼主张是否成立的关键在于确定原告是否系新梅公司的控股股东,以及原告所主张的控制权及反收购权是否属于依法应予保护的股东权利。根据我国《公司法》第二百一十六条的规定,上市公司控股股东是指:1. 持有的股份占股份有限公司股本总额百分之五十以上的股东;2. 持有股份的比例虽然不足百分之五十,但依其持有的股份所享有的表决权已足以对股东大会的决议产生重大影响的股东。本案中,原告目前虽持有新梅公司股份的比例仅为 11. 19%,但因新梅公司客观上股权结构较为分散,且该公司在本案诉讼中对原告系其控股股东的事实予以确认,故本院对原告所主张的其系新梅公司控股股东的事实予以确认。对于上市公司控股股东的控制权是否依法应予保护的问题,本院认为,上市公司控股股东的控制权取决于其所持股份的表决权的大小。作为公众公司,为促进市场资源配置最优化,其本质的特征就在于符合条件的投资者均可依法自由买卖该上市公司的股票,因而上市公司控制权也会因投资主体持股数量的变化而随时发生变更。因此,所谓上市公司的控制权仅表现为投资者根据其投资比例依法享有的对公司管理事务表决权的大小,并非控股股东依法所应享有的股东权利。况且,为防止控股股东滥用控制权,我国《证券法》及《公司法》均规定上市公司控股股东应对公司承担相应的忠实、勤勉的信义义务。因此,上市公司股东的控制权并非法定的股东权利。据此,对原告该诉讼主张,本院不予采纳。

对于原告主张的被告的违规交易行为侵害了其反收购权的诉讼主张,本院认为,原告的该诉讼主张涉及对被告的交易行为是否构成对新梅公司的收购,以及原告是否享有其所主张的“反收购权”的认定。因反收购措施权利归属的认定是原告该诉讼主张是否依法成立的首要前提条件,换言之,即使被告的行为构成对新梅公司的收购,如原告依法不享有其所主张的所谓反收购权利,则被告的行为亦不构成对原告权利的侵害。对此,本院认为,反收购既非法律概念,亦非上市公司控股股东的一项法定权利。结合国内外证券市场的现状,所谓反收购是指在目标公司管理层不同意收购的情况下,其为了防止公司控制权转移而采取的旨在预防或挫败收购者收购目标公司的行为。我国《证券法》、《公司法》以及中国证监会发布的《上市公司收购管理办法》中均未赋予上市公司的控股股东享有反收购的法定权利。相反,为防止目标公司管理层为一己私利而采取不正当的反收购行为,我国《上市公司收购管理办法》第八条对被收购公司管理层采取反收购措施进行了明确规制。该条规定:"被收购公司的董事、监事、高级管理人员对公司负有忠实义务和勤勉义务,应当公平对待收购本公司的所有收购人。被收购公司董事会针对收购所作出的决策及采取的措施,应当有利于维护公司及其股东的利益,不得滥用职权对收购设置不适当的障碍,不得利用公司资源向收购人提供任何形式的财务资助,不得损害公司及其股东的合法权益"。因此,任何证券市场主体均不享有原告所主张的所谓法定的反收购权利,而目标公司管理层也只有在为维护公司及广大股东合法利益的前提下才可以采取合法的反收购措施。现原告以新梅公司控股股东的身份提起本案诉讼,主张被告的行为侵犯了其反收购的权利,该主张缺乏法律依据,本院亦不予支持。

关于争议焦点三,原告主张,被告的交易行为应自始无效,且被告尚未完成行政处罚责令其改正的违法行为,故其股东权利及对股票的处置权利应依法受限。被告则共同辩称,其交易结果合法有效,王斌忠的违法交易行为已受到证券监管部门的行政处罚,且其依照行政处罚决定完成了被责令改正的全部事项,故所有持股被告均可依法行使股东权利。对此,本院认为,关于被告违规交易行为的效力问题,本院在前述中已做出明确认定,故原告以交易行为自始无效为由要求限制被告行使股东权利的诉讼主张,本院不予采纳。在交易行为有效的前提下,持股被告的股东权利是否应当受限,这关系到被告是否已经完成了被责令改正的违法行为问题的认定。对此,本院注意到,我国《证券法》第二百一十三条规定:"收购人未按照本法规定履行上市公司收购的公告、发出收购要约、报送上市公司收购报告书等义务或者擅自变更收购要约的,责令改正,给予警告,并处以十万元以上三十万元以下的罚款;在改正前,收购人对其收购或者通过协议、其他安排共同收购的股份不得行使表决权"。根据上述条款的规定,责令改正的事项应由证券监督管理机构依其行政职权依法作出行政处罚决定,而是否全面履行改正义务亦应由作出行政处罚决定的证券监督管理机构予以审查认定。本案中,中国证券监督管理委员会宁波监管局对诉争违法交易行为予以审查后,最终认定被告王斌忠违反《证券法》第八十六条的规定,构成了《证券法》第一百九十三条所述之信息披露违法行为,并根据《证券法》第一百九十三条的规定,责令王斌忠改正违法行为,给予警告,并处以 50 万元的罚款。后被告王斌忠于 2015 年 1 月 22 日通过中国工商银行向中国证券监督管理委员会缴纳罚款 50 万元,并和开南公司作为信息披露义务人,与一致行动人腾京咨询中心、升创设计中心、瑞邦公司、鸿祥公司、力行公司共同发布《上海新梅置业股份有限公司详式权益变动报告书(补充披露)》。迄今为止,相关证券监督管理部门并未进一步责令王斌忠或其他被告改正其他违法行为,或要求其进一步补充信息披露,故对原告提出的根据行政处罚决定的结果,各被告的改正行为尚未完成的诉称意见,因缺乏相应的事实及法律依据,本院难以采纳。至于原告在本案诉讼中提出的被行政处罚的责任主体及处罚事项不当的诉讼主张,因不属于民事纠纷审查范围,故本院不予审查认定。因原告以被告违法交易行为自始无效及各被告尚未完成行政处罚责令改正事项为由,要求限制持股被告行使股东权利及处分股票权利的诉讼请求缺乏事实及法律依据,本院不予支持。

对于各被告提出的因行政处罚责任主体仅为王斌忠一人,故其余被告均主体不适格的抗辩意见,本院认为,本案中受行政处罚的责任主体虽仅为王斌忠一人,但行政处罚决定书已明确认定了各被告形成的账户组受王斌忠一人控制或存在一致行动关系的事实,故各被告均与本案争议具有一定的关联性。据此,对于各被告的该辩称意见,本院不予采纳。

综合上述所有争议问题的分析认定,本院认为,本院已充分注意到,被告违反《证券法》第八十六条的规定,在未依法履行信息披露义务的情况下,违规超比例购买新梅公司股票的行为,违背了证券市场公开、公平、公正的交易原则,侵害了广大中小投资者的知情权和投资决策权,一定程度上亦不利于上市公司治理的稳定性,其违法行为也受到了证券监督管理部门的处罚。但本案中,原告作为新梅公司的投资股东,在其未能举证证明其自身任何合法权益遭受损失的情况下,要求限制被告行使股东权利并禁止其处分相应股票的诉讼请求,缺乏事实及法律依据,本院均不予支持。据此,依照《中华人民共和国证券法》第八十六条、《中华人民共和国民事诉讼法》第六十四条第一款、最高人民法院《关于民事诉讼证据的若干规定》第二条的规定,判决如下:

驳回原告上海兴盛实业发展(集团)有限公司全部诉讼请求。

本案案件受理费人民币916,664.10元,由原告上海兴盛实业发展(集团)有限公司负担。

如不服本判决,可在判决书送达之日起十五日内向本院递交上诉状,并按对方当事人的人数提出副本,上诉于上海市高级人民法院。

二〇一六年六月三十日

广东省深圳市中级人民法院民事判决书

(2016)粤03民终13834号

上诉人(原审被告):深圳市康达尔(集团)股份有限公司。住所地:深圳市罗湖区深南东路1086号集浩大厦二、三楼。现办公地址:深圳市福田区深南大道和泰然大道交汇处绿景纪元大厦24楼。

法定代表人:罗爱华,董事长。

委托代理人:江学勇,北京市中伦(深圳)律师事务所律师。

委托代理人:周哲斯,北京市中伦(深圳)律师事务所实习律师。

被上诉人(原审原告):京基集团有限公司。住所地:深圳市罗湖区桂园街道深南东路5016号京基一百大厦,组织机构代码:27938145-2。

法定代表人:陈华,董事长。

委托代理人:宋思宇,北京市金杜(深圳)律师事务所律师。

委托代理人:林嘉,北京市金杜(深圳)律师事务所律师。

上诉人深圳市康达尔(集团)股份有限公司(以下简称康达尔公司)因与被上诉人京基集团有限公司(以下简称京基公司)公司决议效力确认纠纷一案,不服深圳市福田区人民法院(2016)粤0304民初7145号民事判决,向本院提起上诉。本院于2016年7月28日立案受理后,由审判员蔡志满、秦拓、王畅共同组成合议庭,根据《中华人民共和国民事诉讼法》第一百六十九条的规定对本案公开进行了审理。本案现已审理终结。

京基公司将康达尔公司诉至一审法院,主张康达尔公司董事会于2015年11月26日作出的第八届董事会2015第六次临时会议决议《关于授权公司董事长和管理层采取法律措施就林志、京基集团有限公司及其一致行动人涉嫌违反证券交易法律法规的行为依法进行追究,就其违法行为向有关部门进行举报》,内容违反法律及公司章程的规定,侵犯了京基公司作为康达尔公司股东的合法权利,请求依法判令确认该决议无效并由康达尔公司承担诉讼费。之后,京基公司将请求具体变更明确为确认康达尔公司于2015年11月26日作出的第八届董事会2015第六次临时会议下列会议决议无效:1. 关于授权公司董事长和管理层采取法律措施就林志、京基公司及其一致行动人涉嫌违反证券交易法律法规的行为依法进行追究,就其违法行为向有关部门进行举报的决议;2. 关于林志、京基公司及其一致行动人在改正行为前不得对其持有公司股份行使表决权的决议;3. 关于林志、京基公司及其一致行动人将其违法所得(即违法增持公司股票及减持该股票所获得的收益)上交上市公司的决议;4. 关于林志、京基公司及其一致行动人改正其违法行为,将合计持有的公司股票减持至合计持有比例5%以下的决议;5. 关于林志、京基公司及其一致行动人不具备收购上市公司主体资格的决议;6. 关于董事会同意并授权公司采取包括提起诉讼在内的措施，以促成相应要求的实施的决议；7. 关于同意授权公司董事长及其授权的代理人在董事会权限范围内全权负责与上述所涉事宜所相关的事项的决议。

原审法院经审理查明，2014 年 11 月 25 日，中国证券监督管理委员会深圳监管局作出(2014)6 号行政处罚决定书，认定：林志作出决策，委托匡某某具体操作“林志”账户、“陈某某”账户等 13 个账户陆续买进康达尔公司股票；至 2013 年 10 月 10 日上述 13 个账户合计持有康达尔公司股票超过已发行股份比例的 5%，至 2014 年 3 月 11 日，合计持有康达尔公司股票 61787291 股，占康达尔公司已发行股票的 15.81%；林志作为该 13 个账户的实际控制人，未依照《中华人民共和国证券法》第八十六条的规定履行报告、通知及公告义务，是上述违法行为的责任人。该局决定对林志责令改正、给予警告、并处人民币 60 万元罚款(以下币种均为人民币)。

2014 年 12 月 1 日，林志以《简式权益变动报告书》的方式披露了其控制的 13 个账户合计持有康达尔公司股份 61787291 股，占康达尔公司总股本达到 15.81% 的事实。

2015 年 8 月 31 日，京基公司与林志、王东河签署《一致行动人协议》，此后其以《详式权益变动报告书》的方式进行了披露。

2015 年 10 月 15 日，温某等 12 人以公证声明书的方式确认其名下的股票账户由林志实际控制、支配及操作，林志享有该账户内康达尔公司股份的全部股东权利和权益。

2015 年 12 月 1 日，康达尔公司公告其第八届董事会 2015 年第六次临时会议决议，该会议于 2015 年 11 月 26 日举行，决议内容为：“1. 授权公司董事长和管理层采取法律措施就林志、京基集团有限公司及其一致行动人涉嫌违反证券交易法律法规的行为依法进行追究，就其违法行为向有关监管部门进行举报。2. 公司应要求林志、京基集团有限公司及其一致行动人：(1)林志、京基集团有限公司及其一致行动人在改正其违法行为前不得对其持有的公司股份行使表决权；(2)林志、京基集团有限公司及其一致行动人将其违法所得(即违法增持公司股票及减持该等股票所获的收益)上缴上市公司；(3)林志、京基集团有限公司及其一致行动人改正其违法行为，将合计持有的公司股票减持至合计持有比例 5% 以下；(4)确认林志、京基集团有限公司及其一致行动人不具备收购上市公司的主体资格。董事会同意并授权公司采取包括提起诉讼在内的措施，以促成相应要求的实施。同意授权公司董事长及其授权的代理人在董事会权限范围内全权负责与上述所涉事宜相关事项”。

2015 年 12 月 4 日，京基公司、林志、王东河向深圳市罗湖区人民法院起诉康达尔公司，要求确认其 2015 年 11 月 26 日作出的董事会决议无效。其后，康达尔公司提出管辖权异议。深圳市罗湖区人民法院经审查后，裁定将该案移送原审法院管辖。

2015 年 12 月 8 日，广东省高级人民法院(以下简称广东高院)受理了康达尔公司起诉京基公司及林志等人股东资格确认纠纷一案。康达尔公司以京基公司及林志等人在收购康达尔公司股票过程中未依法履行信息披露义务、不具备收购上市公司的主体资格，及违法收购康达尔股份的行为损害上市公司及中小股东利益为由，请求法院判令：1. 各被告在改正其违法行为前不得对其持有或实际支配的康达尔公司股份行使表决权；2. 确认各被告不具备收购康达尔公司的主体资格；3. 各被告将合计持有或实际支配的康达尔股票减持至合计持有比例 5% 以下；4. 各被告将减持收益归康达尔公司所有，暂定为 5 亿元；5. 各被告承担案件诉讼费。该案尚在审理中。

2015 年 12 月 30 日，京基公司、林志、王东河以《详式权益变动报告书》披露：京基公司协议受让了林志通过“林志”等 10 个股票账户持有的康达尔公司股份。

2016 年 1 月 6 日，林志以《简式权益变动报告书》披露了其将所控制的“林志”等 10 个股票账户所持有的康达尔公司股份于 2015 年 12 月 29 日协议转让给京基公司。

2016 年 1 月 20 日，京基公司、林志、王东河以《详式权益变动报告书》披露，京基公司与林志等协商一致解除了前述 2015 年 12 月 29 日的股权转让协议。

2016 年 1 月 21 日，康达尔公司作出《关于股东权益变动的提示性公告》，称京基公司、林志等人对信息披露不充分，该公司将就不履行披露义务的违法行为向监管部门反映,提请投资人注意投资风险。

2016年2月25日,京基公司以《详式权益变动报告书》披露其于2016年2月24日以大宗交易的方式受让了林志、王东河持有的全部康达尔公司股份。

2016年4月29日,京基公司发布《收购报告书》,主要内容为将在2016年4月28日起的六个月内增持不超过康达尔公司总股本2%的股份。

原审法院另查明,现行有效的康达尔公司章程有如下约定:第十条:本公司章程自生效之日起,即成为规范公司的组织与行为、公司与股东、股东与股东之间权利义务关系的具有法律约束力的文件,对公司、股东、董事、监事、高级管理人员具有法律约束力的文件。依据本章程,股东可以起诉股东,股东可以起诉公司董事、监事、总裁和其他高级管理人员,股东可以起诉公司,公司可以起诉股东、董事、监事、总裁和其他高级管理人员。第三十条:公司依据证券登记机构提供的凭证建立股东名册,股东名册是证明股东持有公司股份的充分证据。股东按其所持有股份的种类享有权利,承担义务;持有同一种类股份的股东,享有同等权利,承担同种义务。第一百零七条:董事会行使下列职权:(一)召集股东大会,并向股东大会报告工作;(二)执行股东大会的决议;(三)决定公司的经营计划和投资方案;(四)制订公司的年度财务预算方案、决算方案;(五)制订公司的利润分配方案和弥补亏损方案;(六)制订公司利润分配政策变更或调整方案;(七)制订公司增加或者减少注册资本、发行债券或其他证券及上市方案;(八)拟订公司重大收购、收购本公司股票或者合并、分立、解散及变更公司形式的方案;(九)在股东大会授权范围内,决定公司对外投资、收购出售资产、资产抵押、对外担保事项、委托理财、关联交易等事项;(十)决定公司内部管理机构的设置;(十一)聘任或者解聘公司总裁、董事会秘书;根据总裁的提名,聘任或者解聘公司副总裁、财务负责人等高级管理人员,并决定其报酬事项和奖惩事项;(十二)制订公司的基本管理制度;(十三)制订本章程的修改方案;(十四)管理公司信息披露事项;(十五)向股东大会提请聘请或更换为公司审计的会计师事务所;(十六)听取公司总裁的工作汇报并检查总裁的工作;(十七)法律、行政法规、部门规章或本章程授予的其他职权。

原审法院再查明,康达尔公司提交了多份由中国证券监督管理委员会深圳监管局就其投诉京基公司等存在信息披露违规、内幕交易等违法行为作出的答复函,该局称已开展调查。康达尔公司还提交了一份落款为“深圳证券交易所公司管理部”、落款时间为“2016年6月6日”的《关于对京基集团有限公司、林志的关注函》打印件,该函的主要内容为要求京基公司、林志进一步说明林志等人是否为京基公司或下属企业员工等事项。京基公司以康达尔公司未提交证据原件为由,对该函件的真实性不予认可。无证据证明证券监管机构已经认定京基公司存在证券违法行为。

康达尔公司对京基公司所持康达尔公司股份已经在中国证券登记结算有限公司登记不持异议。

原审法院经审理认为,本案为公司决议效力纠纷。《中华人民共和国公司法》第二十二条第一款规定,公司股东会或者股东大会、董事会的决议内容违反法律、行政法规的无效。依照上述规定,本案的争议焦点为涉案的董事会决议董事会是否有权作出,以及有关决议是否符合法律、行政法规的规定。

关于董事会决议效力的问题。从本案查明的事实来看,于2015年11月26日举行的康达尔公司第八届董事会2015年第六次临时会议所作出决议,决定京基公司在改正其违法行为前不得对其持有的公司股份行使表决权,要求其减持康达尔公司的股份至5%以下,并将违法所得上缴公司,还确认了京基公司不具有收购上市公司的主体资格。该部分决议不但认定京基公司存在证券违法行为,还限制了京基公司行使其股东权利,但是,康达尔公司董事会作出该部分决议缺乏法律依据和公司章程的授权,该部分决议应属无效。理由如下:

首先,认定京基公司是否存在证券违法行为,系证券监管部门职责及司法机关的权力范围,没有任何法律、行政法规授权公司董事会具有这一公法项下的权力。康达尔公司亦向监管部门进行举报,向广东高院提起诉讼,均表明其是知晓这一点的。

其次，限制股东权利应当由有权机关作出。《上市公司收购管理办法》第七十五条规定的"上市公司的收购及相关股份权益变动活动中的信息披露义务人，未按照本办法的规定履行报告、公告以及其他相关义务的，中国证监会责令改正，采取监管谈话、出具警示函、责令暂停或者停止收购等监管措施。在改正前，相关信息披露义务人不得对其持有或者实际支配的股份行使表决权"。该规定明确了作出相应处罚的机关系"中国证监会"，而非公司董事会。并且，康达尔公司章程第一百零七条所约定的董事会可以行使的职权中并无限制股东权利，康达尔公司也没有举证证明有法律、行政法规授权其董事会可以限制股东权利，故康达尔公司董事会作出限制股东权利的决议缺乏权力依据。

最后，《中华人民共和国公司法》第四条规定，公司股东依法享有资产权益、参与重大决策和选择管理者等权利。上述法律规定的股东权利是根本性的权利，未经正当的程序不应受到非法的限制和剥夺。京基公司持有的康达尔公司股份已经登记，其取得了相应的股东身份，依法享有股东的权利。股东参与重大决策系以表决权的方式体现，康达尔公司董事会在京基公司的股东身份不存在异议的情况下，限制京基公司股东权利，违反了前述公司法的规定，亦属无效。

至于，京基公司请求法院确认董事会决议中授权公司等对有关违法行为提起诉讼的决议内容无效，原审法院认为对公司所认为的违法行为要求监管机关查处，向司法机关提起诉讼，均是公司当然的民事权利，该部分决议不违反法律规定，应属有效。京基公司的该部分请求原审法院予以驳回。

关于本案与广东高院受理的相关案件关系的问题。本案系公司决议纠纷，审查的是公司决议的效力；而广东高院受理的相关案件审查的是京基公司等是否存在证券违法行为及应承担怎样的民事责任的问题，两案之间并不冲突。即使公司决议无效也不影响司法机关依法作出相应的认定。故康达尔公司要求本案中止审理，缺乏事实和法律依据，原审法院不予采纳。

关于康达尔公司请求追加陈木兰等 12 人为本案第三人，并调查有关身份信息的问题。如前所述本案为公司决议效力纠纷，京基集团是否存在证券违法行为不是本案审理的范围，故原审法院对康达尔公司的该项申请不予准许。综上所述，依照《中华人民共和国公司法》第四条、第十一条、第二十二条，《中华人民共和国民事诉讼法》第六十四条的规定，判决：一、康达尔公司于 2015 年 11 月 26 日作出的第八届董事会 2015 年第六次临时会议作出的"林志、京基集团有限公司及其一致行动人在改正行为前不得对其持有公司股份行使表决权"的决议无效；二、康达尔公司 2015 年 11 月 26 日作出的第八届董事会 2015 年第六次临时会议作出的"林志、京基集团有限公司及其一致行动人将其违法所得（即违法增持公司股票及减持该股票所获得的收益）上交上市公司"的决议无效；三、康达尔公司 2015 年 11 月 26 日作出的第八届董事会 2015 年第六次临时会议作出的"林志、京基集团有限公司及其一致行动人改正其违法行为，将合计持有的公司股票减持至合计持有比例 5% 以下"的决议无效；四、康达尔公司 2015 年 11 月 26 日作出的第八届董事会 2015 年第六次临时会议作出的"林志、京基集团有限公司及其一致行动人不具备收购上市公司主体资格"的决议无效；五、驳回京基公司的其他诉讼请求。一审案件受理费 50 元，由康达尔公司负担。

上诉人康达尔公司不服原审判决，向本院提起上诉，请求判令：1. 撤销（2016）粤 0304 民初 7145 号民事判决书第一项、第二项、第三项以及第四项判决；2. 京基公司承担本案全部诉讼费用。具体事实和理由如下：

一、案涉董事会会议并未作出一审判决书中第一项、第二项、第三项以及第四项判决所列的决议，一审法院认定事实错误。

康达尔公司第八届董事会 2015 年第六次临时会议决议的议案为《关于依法对公司股东林志、京基集团有限公司及其一致行动人提起诉讼的议案》，议案包含两项内容：第一，授权公司董事长和管理层采取法律措施就林志、京基公司及其一致行动人涉嫌违反证券交易法律法规的行为依法进行追究，就其违法行为向有关监管部门进行举报；第二，公司应要求林志、京基公司及其一致行动人：（1）林志、京基公司及其一致行动人在改正其违法行为前不得对其持有的公司股份行使表决权;(2)林志、京基公司及其一致行动人将其违法所得(即违法增持公司股票及减持该等股票所获的收益)上缴上市公司;(3)林志、京基公司及其一致行动人改正其违法行为,将合计持有的公司股票减持至合计持有比例5%以下;(4)确认林志、京基公司及其一致行动人不具备收购上市公司的主体资格。董事会同意并授权公司采取包括提起诉讼在内的措施,以促成相应要求的实施。同意授权公司董事长及其授权的代理人在董事会权限范围内全权负责与上述所涉事宜相关的事项。

《关于依法对公司股东林志、京基集团有限公司及其一致行动人提起诉讼的议案》的内容为授权公司就京基公司及其一致行动人的违法行为进行举报,同意并授权公司采取包括提起诉讼在内的法律措施。

一审民事判决书所列的第一至四项判决中的"决议事项"并不是康达尔公司第八届董事会2015年第六次临时会议决议的事项,在本案一审的庭审过程中,合议庭询问对董事会决议事项的理解时,康达尔公司已经做过明确说明,《关于依法对公司股东林志、京基集团有限公司及其一致行动人提起诉讼的议案》的内容为授权公司就京基公司及其一致行动人的违法行为进行举报,同意并授权公司采取包括提起诉讼在内的法律措施;没有作出过一审判决书中第一项、第二项、第三项以及第四项判决所列的决议。康达尔公司在该项董事会决议公告后,回复深圳证监局的问询时亦做过明确回复。

基于上述,案涉董事会会议并未作出过一审判决书中第一项、第二项、第三项以及第四项判决所列的决议,一审法院判决并不存在的董事会决议无效缺乏基本的事实依据。

二、案涉董事会决议合法合规,一审法院适用法律错误。

一审法院认为案涉董事会决议违反《中华人民共和国公司法》第二十二条的规定。案涉董事会决议只是授权公司对相关股东进行举报和起诉,并未作出过一审判决书中第一项、第二项、第三项以及第四项判决所列的决议。一审法院在判决书中也明确提出,"对公司所认为的违法行为要求监管机关查处,向司法机关提起诉讼,均是公司当然的民事权利。该部分决议不违法法律规定,应属有效。"因此,案涉董事会决议的内容并不违反法律、行政法规,不属于《中华人民共和国公司法》第二十二条第一款规定的公司决议无效的情形。

一审法院认为案涉董事会决议侵犯了股东权利,违反《中华人民共和国公司法》第四条的规定。《中华人民共和国公司法》第四条规定,公司股东依法享有资产收益、参与重大决策和选择管理者等权利。案涉董事会决议没有限制股东参与重大决策的权利,只是授权公司就相关股东是否能够行使该等权利向法院提起诉讼,由法院来确定股东的收购资格,因此,案涉董事会决议不涉及《中华人民共和国公司法》第四条所规定事项,没有侵犯相关的股东权利,而且完全符合康达尔《公司章程》的规定,不存在《中华人民共和国公司法》第十一条所规定的违反公司章程的情形。

基于上述,案涉董事会决议合法合规,一审法院适用法律错误。

三、京基公司就本案是否有起诉资格,取决于广东高院受理的案件的审理结果。

在广东高院受理的案件[案号:(2015)粤高法民二初字第36号]中,康达尔公司(该案原告)的诉讼请求为判令各被告:(1)在改正其违法行为前不得对其持有或实际支配的康达尔公司股份行使表决权;(2)不具备收购上市公司康达尔公司的主体资格;(3)将合计持有或实际支配的康达尔公司股票减持至合计持有比例5%以下;(4)按照前述诉讼请求第3项减持股票所得收益归康达尔公司所有,暂按5亿元计,具体数额按照实际所得收益数额确定。其中第二项诉讼请求是关于京基公司是否有康达尔公司股东资格,正是广东高院受理的案件所要解决的实体问题。根据《中华人民共和国公司法》第二十二条的规定,如认为董事会决议内容违法的,股东应当自决议作出之日六十日内,请求人民法院撤销。因此,只有股东才能就公司的董事会决议的效力提起诉讼。如京基公司没有股东资格,则不能就康达尔公司董事会决议的效力提起诉讼,即在本案中不具备起诉的资格。如果本案支持了京基公司的诉讼请求,则有可能与广东高院相关案件认定的事实和裁判结果相冲突。

基于上述,广东高院对相关案件的审理结果是解决本案中京基公司的起诉资格等问题的前提，本案必须以广东高院案件的审理结果为依据。为了保持裁判的一致性或司法的严肃性，应当在广东高院就关联案件做出生效裁判后再对本案进行审理。因此，一审法院未中止本案审理，一审程序违法。

被上诉人京基公司口头答辩称：一审法院认定事实清楚，适用法律正确，程序合法。请求二审依法驳回上诉，维持原判。

一、案涉董事会决议已明确作出要求限制及剥夺京基公司行使股东权利的内容，且康达尔公司及其董事会、监事会已实际在执行。首先，案涉议案中已明确主张“董事会认为，……林志、京基集团有限公司及其一致行动人在增持公司股份及履行信息披露义务过程中存在违反证券交易法律法规及有关交易规则的情形”，并且其在提交给深圳证监局的《深圳市康达尔（集团）股份有限公司关于第六次临时董事会审议事项的情况说明》中，就其作出决议的意思亦明确承认：“董事会认为：（1）林志、京基公司及其一致行动人在改正其违法行为前不得对其持有的公司股份行使表决权；（2）林志、京基公司及其一致行动人不具备收购上市公司的主体资格；（3）林志、京基公司及其一致行动人应将合计持有的公司股票减持至合计持有比例5%以下；（4）林志、京基公司及其一致行动人应将其违法所得（即违法增持公司股票及减持该等股票所获的收益）收归公司所有。”由此可见，康达尔公司董事会在主观上已经决定限制及剥夺京基公司行使表决权、股票处分及收益权、交易权等股东权利。其次，案涉决议的第二项内容为：公司应要求林志、京基集团有限公司及其一致行动人：（1）在改正其违法行为前不得对其持有的公司股份行使表决权；（2）将其违法所得（即违法增持公司股票及减持该等股票所获收益）上缴上市公司；（3）改正其违法行为，将合计持有的公司股票减持至合计持有比例5%以下；（4）确认不具备收购上市公司的主体资格。董事会同意并授权公司采取包括提起诉讼在内的措施，以促成相应要求的实施。由此可见，康达尔公司董事会在案涉决议内容中已经明确要求康达尔公司采取包括提起诉讼在内的各项措施（而不仅仅是康达尔公司主张的“只是授权公司对相关股东进行举报和起诉”），以使得京基公司无法正常行使表决权、股票处分及收益权、交易权等股东权利，实现康达尔董事会限制及剥夺京基公司法定股东权利的不法意图。再次，康达尔公司及其董事会、监事会之后分别在2016年7月19日召开的康达尔公司2015年年度股东大会以及2016年9月14日召开的康达尔公司2016年第一次临时股东大会上，直接否定了京基公司行使股东表决权。由此可见，案涉决议作出后，康达尔公司及其董事会、监事会已经实际在执行案涉决议关于限制京基公司行使股东权利的决议内容。最后，如果真如康达尔公司辩称的，案涉决议的内容仅为“授权公司就相关股东进行举报和起诉”。康达尔公司董事会完全可以直接在第一项决议内容（“……进行举报”）的最后加上一句“以及采取向有关法院提起诉讼”即可，但康达尔公司董事会为何又做出了明确要求公司剥夺及限制京基公司行使表决权、股票处分及收益权、交易权等股东权利的第二项决议？因此，无论是从康达尔公司董事会作出决议的主观目的、还是从决议的具体内容以及决议作出后的执行情况看，均是一脉相承地体现为康达尔公司董事会对京基公司依法享有的股东权利进行非法的限制或剥夺。康达尔公司关于案涉决议并未决定限制或剥夺京基公司股东权利的上诉理由明显与事实不符，依法应不予采信。

二、京基公司提起本案的主体资格不受广东高院相关案件审理结果的影响，本案不存在应中止审理的情形。首先，京基公司通过二级市场购买的方式取得了康达尔公司的股份且已经登记在册，康达尔公司对京基公司的股东身份并无异议，因而京基公司完全具备合法的起诉资格，本案并不以广东高院相关案件的审理结果为依据。其次，“上市公司收购主体资格”与“股东资格”并非同一概念。依据《上市公司收购管理办法》第五条的规定，上市公司收购主体是指收购人通过取得股份的方式成为上市公司的控股股东，或者通过投资关系等方式和途径成为上市公司的实际控制人或取得上市公司的实际控制权。因此，京基公司是否享有上市公司收购主体资格并不影响其作为持有康达尔公司超过31%股份的股东身份，更不能否定京基公司作为股东针对案涉董事会决议提起效力诉讼的合法性。再次，依据国务院对中国证监会职能的设置，中国证监会依法承担了对证券违法违规行为进行调查的职责，且最高人民法院《关于受理证券市场因虚假陈述引发的民事侵权纠纷案件有关问题的通知》第二条亦明确规定了以中国证监会及其派出机构的调查处罚结论作为当事人提起民事诉讼的事实依据。由此可见，中国证监会及其派出机构基于法律和国家的授权享有对证券违法违规行为进行认定的权力，是法定的认定机关。康达尔公司董事会如对京基公司信息披露存在异议，应遵循合法的途径向中国证监会及其派出机构反映，但无权取代中国证监会自行认定京基公司存在证券违法违规行为。最后，表决权、对所持股票享有的处分权、收益权以及继续购买股票的交易权均属于股东依据法律规定享有的固有权利，其权利来源于法定，体现的是国家对民事主体基本权利的肯定及维护。由此可见，对于民事主体法定权利的限制或剥夺，也只能由赋予权利的国家机关作出，具体则是通过国家授权的代表国家行使公权强制力的行政监管机关，以行政处罚决定书的形式作出。康达尔公司及其董事会与京基公司均属于平等民事主体，康达尔公司董事会无权以决议形式擅自剥夺京基集团享有的法定权利。因此，无论广东高院相关案件出现任何审理结果，均不会改变康达尔公司董事会逾越权限，擅自认定京基公司存在信息披露违规行为并决议限制或剥夺其正常行使股东权利的既成事实。故京基公司对案涉决议效力的起诉资格不受广东高院相关案件审理结果的影响，不存在《中华人民共和国民事诉讼法》第一百五十条所规定的案件应当中止审理的情形。综上所述，康达尔公司有关案涉决议并未决定限制或剥夺京基公司股东权利，本案应中止审理的主张，包括其再次提出追加被告以及调查的申请，缺乏事实和法律依据。

双方当事人对一审查明事实无异议，本院予以确认。本院另查明：

一、康达尔公司于2015年12月1日公告其第八届董事会2015年第六次临时会议决议。公告载明："深圳市康达尔(集团)股份有限公司(以下简称"公司")第八届董事会2015年第六次临时会议于2015年11月26日以通讯方式举行。会议通知于2015年11月21日以邮件和电话方式送达各位董事。会议应表决董事11名，实际表决董事11名，会议由董事长罗爱华主持。会议的召开和表决程序符合《中华人民共和国公司法》和《公司章程》的有关规定。会议审议通过《关于依法对公司股东林志、京基集团有限公司及其一致行动人提起诉讼的议案》。董事会认为，依据中国证券监督管理委员会深圳监管局于2014年11月25日作出的〔2014〕6号《行政处罚决定书》、股东林志于2014年12月4日在巨潮资讯网上公告的《简式权益变动报告书》、股东林志、京基集团有限公司、王东河于2015年9月7日在巨潮资讯网上公告的《详式权益变动报告书》以及林志、京基集团有限公司及王东河于2015年9月18日提交给公司的《关于信息披露义务人在〈详式权益变动报告书〉中披露的持股数与实际控股权数完全一致的澄清公告》等资料，以及公司的调查，林志、京基集团有限公司及其一致行动人在增持公司股份及履行信息披露义务过程中存在违反证券交易法律法规及有关交易规则的情形。林志、京基集团有限公司及其一致行动人的违法行为不仅侵害了众多中小股东的合法权益，而且侵害了上市公司的利益，违背了证券市场最基本的公开、公平、公正与诚实信用原则。为此，董事会决定：1. 授权公司董事长和管理层采取法律措施就林志、京基集团有限公司及其一致行动人涉嫌违反证券交易法律法规的行为依法进行追究，就其违法行为向有关监管部门进行举报。2. 公司应要求林志、京基集团有限公司及其一致行动人：(1)林志、京基集团有限公司及其一致行动人在改正其违法行为前不得对其持有的股份行使表决权；(2)林志、京基集团有限公司及其一致行动人将其违法所得(即违法增持公司股票及减持该股票所获的收益)上缴上市公司；(3)林志、京基集团有限公司及其一致行动人改正其违法行为，将合计持有的公司股票减持至合计持有比例5%以下；(4)确认林志、京基集团有限公司及其一致行动人不具备收购上市公司的主体资格。董事会同意并授权公司采取包括提起诉讼在内的措施，以促成相应要求的实施。同意授权公司董事长及其授权的代理人在董事会授权范围内全权负责上述所涉事宜相关事项。表决结果：11票通过，0票反对，0票弃权。

二、康达尔公司第八届董事会2016年第六次临时会议于2016年7月29日作出决议：在监管部门就京基公司有关涉嫌违法违规行为作出明确结论,及对京基公司及其疑似一致行动人所持有公司股票表决权作出效力认定之前,公司2015年年度股东大会将如实记录各与会股东的表决结果,待监管部门作出明确认定后,依据监管部门的结论认定前述股东大会的决议效力,并遵照生效决议执行相关决议内容。根据康达尔公司《2015年度股东大会决议公告》,就该次会议所涉及的各项议案,区分京基公司及其一致行动人的表决权有效、无效两种情况分别对投票表决结果进行了统计。

三、2016年9月14日,康达尔公司召开2016年度第一次临时股东大会,决议:京基公司从林志等13人处受让的由林志违法增持获得的公司股份77,387,291股(占比19.80%)的股份不得行使表决权,京基公司所持有的康达尔公司股份46,290,080股(占比11.85%)以及其疑似一致行动人深圳市吴川联合企业家投资有限公司所持有的康达尔公司股份7,576,100股(占比1.94%股份)合计为13.79%股份暂不计入有效表决权股份总数。

上述事实有康达尔公司相关公告为证。

本院认为:本案为公司决议效力确认纠纷。背景是京基公司持有的康达尔公司的大额股票,部分是由其一致行动人林志违反《中华人民共和国证券法》第八十六条的规定、末履行信息披露义务情况下超比例购买的,双方当事人围绕康达尔公司的控制权,提起了包括本案在内的多起诉讼。康达尔公司上诉称广东高院受理的(2015)粤高法民二初字第36号案件中,康达尔公司的诉讼请求之一就是要求确认京基公司不具备收购康达尔公司的主体资格,故本案京基公司能否作为适格原告提起诉讼,必须以该案的判决结果为前提,本案依法应中止审理;原审法院应中止审理而未中止,属于程序违法。对此,本院认为:首先,京基公司通过在交易所集合竞价方式购买的康达尔公司股份已经登记在册。根据《中华人民共和国证券法》第一百二十条第一款的规定,按照依法制定的交易规则进行的交易,不得改变交易结果。也就是说,京基公司即使违反了信息披露义务,但是其作为康达尔公司的合法股东身份毋庸置疑。其次,"上市公司收购主体资格"与"股东资格"并非同一概念。依据《上市公司收购管理办法》第五条的规定,上市公司收购主体是指收购人通过取得股份的方式成为上市公司的控股股东,或者通过投资关系等方式和途径成为上市公司的实际控制人或取得上市公司的实际控制权。因此,京基公司是否享有上市公司收购主体资格并不影响其作为持有康达尔公司的股东身份。再次,退一步讲,即使京基公司因违反前述规定,失去康达尔公司的收购主体资格,乃至康达尔公司关于要求京基公司减持至5%以下的主张成立,但京基公司对康达尔公司5%以内部分的股份应该享有完全的股东权利,其针对案涉董事会决议的效力提起诉讼的诉权仍应受到法律保护。综上,广东高院(2015)粤高法民二初字第36号案件的审理结果并不影响本案原告的适格性。

康达尔公司还上诉主张,股东能否行使表决权是一项法律事实,不管从规则本身的解释,还是实际操作的层面,更是从平衡各方利益的角度,董事会都应当有权依据《上市公司收购管理办法》的有关规定对股东是否能够行使表决权作出事实认定。对此,本院认为:《中华人民共和国证券法》第八十六条之所以规定投资者在大额购买上市公司股票时履行信息披露义务,正是为了方便市场监管,维护证券市场公开、公平、公正的交易规则,防止投资者利用信息或资金优势进行内幕交易或操纵证券市场行为,保护广大中小投资者的合法权益。大额股票投资者对这一义务的违反,不仅侵犯了广大中小投资者的知情权和投资决策权,而且一定程度上影响上市公司实际控制人的合法权益,甚至不利于上市公司治理的稳定性(例如为规避监管及信批义务、类似"穿马甲"式的大额收购行为,可能造成公司大股东或实际控制人反击时不可能在同一股票价格水平上公平竞争)。因此,我国证券法律法规及司法解释规定应承担相应的行政责任、民事责任乃至刑事责任。其中《上市公司收购管理办法》第七十五条规定"上市公司的收购及相关股份权益变动活动中的信息披露义务人,未按照本办法的规定履行报告、公告以及其他相关义务的,中国证监会责令改正,采取监管谈话、出具警示函、责令暂停或者停止收购等监管措施。在改正前,相关信息披露义务人不得对其持有或者实际支配的股份行使表决权。"本院认为,股东的合法权利受法律保护,除非股东自愿放弃,否则非经严格法律程序不得剥夺或限制。这是现代公司制度的基石。尤其是股东表决权,是股东行使自己意志、参与公司重大决策和选择管理者等其他股东权利的方式,系股东的根本性、固有性权利,对其限制或剥夺,只能是由有权机关依据公权力、根据法律的明确规定、按照法定的程序进行,而不应允许公司董事会有权认定股东的违法行为,进而决定限制股东权利。否则,将动摇公司制度的基石。对此一审判决已做了充分论证,本院予以认同,不再重复。综上,本案京基公司是否存在证券违法行为并非本案审理范围,退一步言,即使京基公司存在康达尔公司主张的证券违法行为,康达尔公司也只能向证券监管机关进行举报或向人民法院提起诉讼(正如其此前所做的一样),但是在证券监管机关及司法机关没有认定或作出生效判决的情况下,康达尔公司董事会也无权作出限制股东权利的决议。因此,康达尔公司关于在本案中追加陈木兰等12人为第三人、以方便调查京基公司存在其他证券违法行为等案件事实的申请,与本案没有关联,一审不予准许,并无不当。康达尔公司关于本案裁判结果应以广东高院(2015)粤高法民二初字第36号案件的审理结果为依据,进一步要求本案中止审理的理由,也不能成立。

本案争议的焦点仅是案涉董事会决议是否作出了一审判决书中第一项、第二项、第三项以及第四项判决所列的要求限制及剥夺京基公司行使股东权利的决议。康达尔公司上诉主张,案涉康达尔公司第八届董事会2015年第六次临时会议作出的《关于依法对公司股东林志、京基集团有限公司及其一致行动人提起诉讼的议案》,仅仅是授权公司董事长及管理层采取法律措施就林志、京基公司及其一致行动人涉嫌违反证券交易法律法规的行为依法进行追究,就其违法行为向有关监管部门进行举报。授权公司董事长及代理人采取包括诉讼在内的措施,要求林志、京基公司及其一致行动人:(1)在改正其违法行为前不得对其持有的公司股份行使表决权;(2)将其违法所得(即违法增持公司股票及减持该等股票所获的收益)上缴上市公司;(3)改正其违法行为,将合计持有的公司股票减持至合计持有比例5%以下;(4)不具备收购上市公司的主体资格。无论从体系、文义和目的解释,案涉董事会并没有作出直接限制京基公司等股东权利的决议,京基公司断章取义,故意曲解决议内容,一审判决对此认定事实错误。本院认为:首先,虽然案涉决议中并没有就四项内容分别以决议的形式进行表述,但是该决议包含了一审判决认定的四项内容,已明确主张"董事会认为,……林志、京基集团有限公司及其一致行动人在增持公司股份及履行信息披露义务过程中存在违反证券交易法律法规及有关交易规则的情形","公司应要求:(1)林志、京基公司及其一致行动人在改正其违法行为前不得对其持有的公司股份行使表决权;(2)林志、京基公司及其一致行动人不具备收购上市公司的主体资格;(3)林志、京基公司及其一致行动人应将合计持有的公司股票减持至合计持有比例5%以下;(4)林志、京基公司及其一致行动人应将其违法所得(即违法增持公司股票及减持该等股票所获的收益)收归公司所有。"其次,康达尔公司在其后提交给深圳证监局《关于第六次董事会审议事项的情况说明》中,更是对四项内容表述为"董事会认为……",意思表示清楚确定,并单独将四项内容列明,具有结论性和可执行性。再次,也是最重要的,康达尔公司及其董事会、监事会之后分别在2016年7月19日召开的康达尔公司2015年年度股东大会以及2016年9月14日召开的康达尔公司2016年第一次临时股东大会上,直接限制了京基公司行使股东表决权。也就是说,案涉董事会决议作出后,康达尔公司及其董事会、监事会已经实际在执行案涉决议内容,客观上限制了京基公司行使股东权利。故对康达尔公司关于案涉决议并未决定限制或剥夺京基公司股东权利的上诉理由,本院不予采纳。

综上,原审认定事实清楚,适用法律正确,程序合法,本院予以维持。康达尔公司的上诉请求,理由不充分,本院不予支持。依照《中华人民共和国民事诉讼法》第一百七十条第一款第(一)项、第一百七十五条之规定,判决如下:

驳回上诉,维持原判。

二审案件受理费50元,由上诉人深圳市康达尔(集团)股份有限公司负担。

本判决为终审判决。

二〇一六年十一月二十八日

上海市第一中级人民法院民事判决书

(2013)沪一中民六(商)初字第30号

原告:郭秀兰,女,汉族,1963年8月30日生,住浙江省温州市瓯海区梧田街道梧田街56号。

委托诉讼代理人:赵西刚,浙江六和律师事务所律师。

被告:光大证券股份有限公司,住所地上海市静安区新闸路1508号。

法定代表人:袁长清,董事长。

委托诉讼代理人:刘凌云,北京市金杜律师事务所上海分所律师。

委托诉讼代理人:李阿敏,北京市金杜律师事务所上海分所律师。

被告:上海证券交易所,住所地上海市浦东新区浦东南路528号。

法定代表人:黄红元,总经理。

委托诉讼代理人:陈亦聪,该公司职工。

委托诉讼代理人:吴坚,国浩律师(上海)事务所律师。

被告:中国金融期货交易所股份有限公司,住所地上海市浦东新区松林路300号第八层。

法定代表人:张慎峰,董事长。

委托诉讼代理人:曲峰,北京大成(上海)律师事务所律师。

委托诉讼代理人:李明良,该公司职工。

原告郭秀兰与被告光大证券股份有限公司(以下简称光大证券公司)、上海证券交易所(以下简称上交所)、中国金融期货交易所股份有限公司(以下简称中金所)期货内幕交易责任纠纷一案,本院于2013年12月4日立案受理后,被告光大证券公司于2013年12月16日向本院提起管辖权异议,本院于2013年12月27日裁定驳回该管辖权异议,光大证券公司不服本院上述裁定,向上海市高级人民法院提起上诉,上海市高级人民法院于2014年2月18日裁定驳回上诉,维持原裁定。2014年12月15日,因其他案件的审理结果与本案存在关联,而该案尚未审结,本院裁定中止本案审理。之后,因他案审理终结,本院恢复对本案的审理,并于2015年7月15日公开开庭对本案进行了审理。原告郭秀兰委托诉讼代理人赵西刚,被告光大证券公司委托诉讼代理人刘凌云,被告上交所委托诉讼代理人陈亦聪、吴坚,被告中金所委托诉讼代理人李明良、曲峰到庭参加了诉讼。本案现已审理终结。

原告郭秀兰向本院提出诉讼请求:1.判令被告光大证券公司赔偿其交易损失人民币24,900元(以下币种同);2.判令三被告共同赔偿其交易损失19,800元。事实和理由:原告于2013年8月16日进行了股指期货交易,当日因光大证券公司乌龙指事件,股票市场相关指数均发生异常波动,之后光大证券公司及相关人员均因内幕交易受到中国证券监督管理委员会(以下简称中国证监会)处罚。原告认为,光大证券公司存在内控不严的过错,导致当日上午股指期货合约涨跌幅异常波动,故应对原告在当日上午的交易损失承担侵权赔偿责任。光大证券公司在发现交易失误后,进行内幕交易并对市场进行误导,导致当日下午股指期货合约涨跌幅仍处于异常状态,故光大证券公司亦应对其当日下午的交易损失承担侵权赔偿责任,被告上交所、中金所在明知被告光大证券公司出现异常交易及内幕交易的情况下,未及时发布提示性或警示性公告,上交所并发布公告称市场交易正常,导致投资者判断失误,未适当履行监管职责,且有误导市场之嫌,亦具有过错,应就原告当日下午的交易损失与光大证券公司共同承担赔偿责任。原告据此请求本院判如所请。

被告光大证券公司答辩称,一、原告系基于多个不同事由提起本案诉讼,构成不同案由,不应合并在本案内一并审理。光大证券公司并未受到相关行政处罚,原告所称内控不严、错单交易及信息误导均缺乏行政处罚前置程序。二、原告交易损失发生于期货交易市场,光大证券公司的错单交易行为发生在证券交易市场,两者间没有直接关联关系。原告损失属纯粹经济利益损失,该种损失的承担须有法律明确规定,现我国法律法规并未规定信息误导行为的民事赔偿责任,原告起诉缺乏依据。系争错单交易系内部风控问题,不涉及他人的外部行为,不存在导致他人受损的可能性。该错单交易行为实质系因程序错误导致的重大误解行为,由于光大证券公司并无撤单的权利,错单交易行为已实际发生并合法有效,该种交易行为既合法有效,则不可能构成侵权。有关信息误导的责任人系光大证券公司高管,而非光大证券公司本身,原告要求光大证券公司承担民事责任缺乏依据。当日下午光大证券公司采取的交易行为是自救和止损行为,并无过错,当时光大证券公司无法判断系争错单交易是否属于内幕信息,且光大证券公司当天亦及时履行了披露义务,不存在披露不及时的过错。光大证券公司的错单交易及之后的风险对冲行为与原告损失间并无因果关系,错单交易发生后已经相关媒体予以报道,之后光大证券公司再进行交易不属内幕交易行为,且光大证券公司公开披露相关信息后,对股票市场走势并无大的影响。三、原告的买入和卖出行为均是在中国证监会认定的内幕交易时间段内,并不受光大证券公司内幕信息的影响,其损失与所谓内幕交易行为没有关联。原告主张的损失计算方式没有依据,原告以其买入价与卖出价的差价作为损失,不符合内幕交易案件损失的计算标准,故请求本院驳回原告诉讼请求。

被告上交所答辩称,一、上交所当日中午发布的公告系向市场公示交易系统正常,并非交易行为正常,上交所此时亦不知晓相关异常交易的原因,不存在误导市场的行为。二、上交所在当日已在职责范围内作出了监管措施,当日上交所发现异常交易后,即要求光大证券公司上报相关信息,并督促其发布公告,及时予以停牌等。三、上交所并非信息披露义务人,只能督促光大证券公司通报信息、及时公告,在当时的情形下,上交所亦非必然应采取临时停市措施,故不存在原告所称的不作为过错。四、原告的损失与上交所的监管行为间没有因果关系,上交所系对证券市场进行监管,而原告的损失产生于期货市场,两者并无关联。且上交所的监管行为系针对整个证券市场实施,与原告没有直接利害关系。综上,上交所请求本院驳回原告相关诉讼请求。

被告中金所答辩称,一、中金所并非侵权主体,亦未参与任何交易行为,原告的损失与中金所间没有直接联系和因果关系。二、中金所不存在任何违反法律法规的过错,中金所已正确履行法定职责,包括启动市场监管协作机制,持续对光大证券公司进行问询督导等。三、原告对中金所提起诉讼的法律依据均属适用错误,且本案中光大证券公司系使用事先获批的套保套利额度进行交易,其交易行为价量均在正常范围之内,并不构成重大、异常交易;本案亦不存在发布风险警示公告的前提条件,发布相关公告或采取其他强制措施的,反而可能导致市场恐慌。综上,中金所认为其不存在原告所称过错,请求本院驳回原告相关诉讼请求。

各方当事人围绕诉讼请求依法提交了证据,本院组织当事人进行了证据交换和质证。各方当事人对本案证据材料均未提出异议,本院对相关证据材料均予以确认并在卷佐证。对本案事实,本院认定如下:

2013 年 8 月 16 日上午 11 时 05 分,被告光大证券公司在进行交易型开放式指数基金申赎套利交易时,因程序错误,其所使用的策略交易系统以 234 亿元的巨量资金申购 180ETF 成份股,实际成交 72.7 亿元。同日不晚于 11 时 40 分,光大证券公司高管徐浩明召集杨赤忠、沈诗光和杨剑波开会,达成通过做空股指期货、卖出 ETF 对冲风险的意见,并让杨剑波负责实施。11 时 59 分左右,光大证券公司董事会秘书梅键在与记者高欣通话时否认了市场上“光大证券自营盘 70 亿元乌龙指”的传闻,而此时梅键对相关情况并不知悉。随后,高欣发布《光大证券就自营盘 70 亿乌龙传闻回应:子虚乌有》一文。12 时 13 分,梅键向高欣表示需进一步核查情况,要求删除文章。但此时该文已无法撤回,于 12 时 47 分发布并被其他各大互联网门户网站转载。当日 13 时,光大证券公司因重要事项未公告,向上海证券交易所申请临时停牌,该消息随后也由多家网站转载。当日13时开市后,光大证券公司通过卖空股指期货、卖出ETF对冲风险,至14时22分,卖出股指期货空头合约IF1309、IF1312共计6,240张,合约价值43.8亿元,获利74,143,471.45元;卖出180ETF共计2.63亿份,价值1.35亿元,卖出50ETF共计6.89亿份,价值12.8亿元,合计规避损失13,070,806.63元。当日14时22分,光大证券公司发布公告,称"公司策略投资部自营业务在使用其独立套利系统时出现问题。"前述期间内,光大证券公司交易的IF1309合约6,077张,与该时间段市场总成交量437,499张相比所占比例为1.39%,交易的IF1312合约163张,与该时间段市场总成交量9,065张相比所占比例为1.80%。

当日11时32分,21世纪网刊发了标题为《A股暴涨:光大证券自营盘70亿乌龙指》的报道称:"据21世纪网独家获悉,今天上午的A股暴涨,源于光大证券公司自营盘70亿的乌龙指。对上述消息,光大证券公司董秘梅键对大智慧通讯社表示自营盘70亿乌龙纯属子虚乌有。光大证券公司权威人士对大智慧通讯社表示,有上述相关传闻说明他们不了解光大证券公司严格的风控,不可能存在70亿元乌龙情况,称传闻纯属子虚乌有。21世纪网已从多个渠道获悉,上午巨额买盘的资金的确是走的光大证券公司自营席位的通道"。该报道随后由多家网站转载。

当日15时,上交所曾通过其官方渠道公示该日交易系统运行正常,已达成的交易将进入正常清算交收环节。

原告于2013年8月16日上午通过山东鲁证期货股份有限公司进行了IF1308股指期货交易,交易情况如下表:

交易时间	交易方向	交易品种及手数	交易价格
11时14秒	卖出	IF1308股指期货一手	2309
11时1分25秒	卖出	IF1308股指期货一手	2311
11时7分45秒	买入	IF1308股指期货一手	2350
11时08分	买入	IF1308股指期货一手	2353

当日下午,原告进行了IF1309股指期货交易,交易情况如下表:

交易时间	交易方向	交易品种及数量	交易价格
13时12分16秒	开仓买入	IF1309股指期货一手	2345
13时12分57秒	开仓买入	IF1309股指期货一手	2338
13时13分20秒	平仓卖出	IF1309股指期货一手	2342.80
13时13分21秒	平仓卖出	IF1309股指期货一手	2343
13时19分25秒	开仓买入	IF1309股指期货一手	2338
13时20分07秒	平仓卖出	IF1309股指期货一手	2338.60
13时22分40秒	开仓买入	IF1309股指期货一手	2330
13时22分48秒	开仓买入	IF1309股指期货一手	2328
13时23分11秒	平仓卖出	IF1309股指期货一手	2329.60
13时23分16秒	平仓卖出	IF1309股指期货一手	2332.40
13时35分31秒	开仓买入	IF1309股指期货一手	2327
13时35分58秒	平仓卖出	IF1309股指期货一手	2330
13时36分46秒	开仓买入	IF1309股指期货一手	2327
13时36分54秒	开仓买入	IF1309股指期货一手	2325
13时37分12秒	平仓卖出	IF1309股指期货一手	2328.40
13时37分14秒	平仓卖出	IF1309股指期货一手	2328.20
13时41分22秒	开仓买入	IF1309股指期货一手	2326
13时41分36秒	平仓卖出	IF1309股指期货一手	2328
13时42分23秒	开仓买入	IF1309股指期货一手	2325
13时42分29秒	开仓买入	IF1309股指期货一手	2323
13时43分41秒	开仓买入	IF1309股指期货一手	2318

续表

交易时间	交易方向	交易品种及数量	交易价格
13 时 45 分 53 秒	平仓卖出	IF1309 股指期货一手	2296
13 时 46 分 50 秒	平仓卖出	IF1309 股指期货一手	2304.4
13 时 46 分 52 秒	平仓卖出	IF1309 股指期货一手	2305
13 时 54 分 42 秒	开仓卖出	IF1309 股指期货一手	2317
13 时 56 分 08 秒	平仓买入	IF1309 股指期货一手	2315.80
14 时 02 分 27 秒	开仓卖出	IF1309 股指期货一手	2320
14 时 03 分 19 秒	平仓买入	IF1309 股指期货一手	2318
14 时 04 分 11 秒	开仓卖出	IF1309 股指期货一手	2322
14 时 04 分 24 秒	平仓买入	IF1309 股指期货一手	2319.20

2013 年 11 月 1 日，中国证监会发布[2013]59 号行政处罚决定书，对光大证券公司前述交易进行了认定，该处罚决定书认为，经测算，180ETF 与沪深 300 指数在 2013 年 1 月 4 日至 8 月 21 日期间的相关系数达 99.82%，即巨量申购和成交 180ETF 成份股对沪深 300 指数，180ETF、50ETF 和股指期货合约价格均产生重大影响。同时，巨量申购和成交可能对投资者判断产生重大影响，从而对沪深 300 指数，180ETF、50ETF 和股指期货合约价格产生重大影响。根据《中华人民共和国证券法》第七十五条第二款第(八)项和《期货交易管理条例》第八十二条第(十一)项的规定，“光大证券公司在进行 ETF 套利交易时，因程序错误，其所使用的策略交易系统以 234 亿元的巨量资金申购 180ETF 成份股，实际成交 72.7 亿元”为内幕信息。光大证券公司是《证券法》第二百零二条和《期货交易管理条例》第七十条所规定的内幕信息知情人。上述内幕信息自当日 11 时 05 分交易时产生，至当日 14 时 22 分光大证券公司发布公告时公开，光大证券公司知悉内幕信息的时间不晚于当日 11 时 40 分。光大证券公司在内幕信息公开前将所持股票转换为 ETF 卖出和卖出股指期货空头合约的交易，构成《证券法》第二百零二条和《期货交易管理条例》第七十条所述内幕交易行为。徐浩明为直接负责的主管人员，杨赤忠、沈诗光、杨剑波为其他直接责任人员。光大证券公司因程序错误以 234 亿元的巨量资金申购 180ETF 成份股，实际成交 72.7 亿元，可能影响投资者判断，对沪深 300 指数，180ETF、50ETF 和股指期货合约价格均可能产生重大影响，同时这一信息在一段时间内处于未公布状态，符合内幕信息特征，中国证监会据此依法认定其为内幕信息。光大证券公司自身就是信息产生的主体，对内幕信息知情。按照光大证券公司《策略投资部业务管理制度》的规定和策略投资的原理，光大证券公司可以进行正常的对冲交易，但是光大证券公司决策层了解相关事件的重大性之后，在没有向社会公开之前进行的交易，并非针对可能遇到的风险进行一般对冲交易的既定安排，而是利用内幕信息进行的交易。此时公司具有进行内幕交易的主观故意，符合《证券法》中“利用”要件，应当认定为内幕交易。光大证券公司内幕交易行为性质恶劣，影响重大，对市场造成了严重影响，应当依法予以处罚。据此，中国证监会决定没收光大证券公司 ETF 内幕交易违法所得 13,070,806.63 元，并处以违法所得 5 倍的罚款；没收光大证券公司股指期货内幕交易违法所得 74,143,471.45 元，并处以违法所得 5 倍的罚款。上述两项罚没款共计 523,285,668.48 元。此外，中国证监会对于徐浩明、杨剑波等相关责任人员还给予警告并处以罚款。中国证监会在[2013]59 号行政处罚决定书中另认定：梅键作为光大证券公司董事会秘书，在对具体事实不知情的情况下，明知对方为新闻记者，轻率地对未经核实的信息予以否认，构成信息误导。大智慧当日 13 时 04 分发布的报道与光大证券公司 13 时公告的“重要事项未公开，8 月 16 日下午停牌”内容基本一致，未披露当天上午交易的真实原因，不能视为对大智慧于当日 12 时 47 分发布信息的更正。据此，决定责令梅键改正，并处以 20 万元罚款。

作为被行政处罚对象，杨剑波不服上述行政处罚决定，向北京市第一中级人民法院起诉中国证监会，请求撤销上述处罚决定中对其作出的处罚。主要理由为错单交易信息不构成内幕信息,光大证券公司并未利用错单交易信息从事证券或期货交易活动,杨剑波并非直接责任人员,处罚决定对光大证券公司违法所得数额认定错误等。经过审理,北京市第一中级人民法院于2014年12月作出(2014)一中行初字第2438号行政判决,驳回杨剑波的诉讼请求。杨剑波不服,上诉至北京市高级人民法院,北京市高级人民法院于2015年5月判决驳回上诉,维持原判。

上述行政处罚决定书作出后,部分投资者提起诉讼,要求光大证券公司赔偿其投资损失。经现已生效的民事判决认定,光大证券公司在2013年8月16日下午的对冲交易构成内幕交易行为,应对投资者损失承担民事赔偿责任。

本院另查明,IF1309合约在2013年8月16日当日的结算价为2,302,8月19日结算价为2,331.4,8月20日结算价为2,307.6,三个交易日的平均结算价为2,313.6。(8月17日、18日为非交易日)。

本院认为,本案争议焦点为:1.被告光大证券公司2013年8月16日的交易行为是否构成内幕交易,如构成内幕交易,其应否对原告损失承担侵权损害赔偿责任,承担赔偿责任的范围如何确定;2.被告上交所、中金所是否未能适当履行相应监管职责,是否存在相应过错,应否对原告的损失承担民事赔偿责任。

就第一个争议焦点,本院认为,中国证监会[2013]59号行政处罚决定书、北京市第一中级人民法院(2014)一中行初字第2438号行政判决均认定,光大证券公司2013年8月16日在内幕信息公开前将所持股票转换为ETF卖出和卖出股指期货空头合约的交易,构成《证券法》第二百零二条和《期货交易管理条例》第七十条所述内幕交易行为。现光大证券公司在本案中并未提供充分证据证明上述生效法律文书确有错误,故依照前述生效法律文书即可认定光大证券公司前述行为构成我国证券法框架内的内幕交易行为,光大证券公司主张其不构成内幕交易行为,与事实相悖,本院不予支持。

就被告光大证券公司的其他辩称,本院认为,光大证券公司于2013年8月16日上、下午实施的错单交易及对冲交易,虽属不同的交易行为,但其下午的对冲交易系基于上午错单交易而形成,两个交易行为间具有直接关联性,故原告基于光大证券公司当日所有交易行为提起本案诉讼并无不当,不存在将多个诉合并审理之虞。光大证券公司当日上午的错单交易虽曾由媒体进行报导,但该报道并非由光大证券公司主动披露,不能视为光大证券公司履行了相应公开披露义务,且该报道并未明确该错单交易的真实性及发生原因,市场主体无法从中得到准确答案,故不能视为系争内幕信息依据该报道已经具有公开性。

至于光大证券公司内幕交易行为与原告损失间有无因果关系,以及光大证券公司应否对原告损失承担侵权赔偿责任的问题,本院认为,基于有效市场理论,假定证券及期货市场的价格受所有投资公众可获知的公开信息的影响,而交易时不披露内幕信息,则会在极大程度上影响市场价格的真实性。因此,存在内幕交易行为即应推定会影响到投资者所投资的关联交易品种价格,进而造成投资者的损失。具体而言,在内幕信息具有价格敏感性的情况下,在内幕交易行为人实施内幕交易行为的期间,如果投资者从事了与内幕交易行为交易方向相反的证券交易行为,且投资者买卖的是与内幕信息直接关联的证券、证券衍生产品或期货合约,并最终遭受损失,则应认定内幕交易与投资者损失间具有因果关系,除非内幕交易行为人能够证明该损失系其他原因造成。本案中,当日内幕交易时间段内,虽然光大证券公司交易IF1309和IF1312的数量远远低于市场成交总量,每分钟交易IF1309和IF1312的数量亦较为平均,且光大证券公司于14时22分发布公告前后,相关市场价格走势呈平稳下跌趋势,没有明显突变,但本院认为,内幕交易中,交易总量的大小、交易数量是否平均,对因果关系的认定并无影响,且立法禁止从事内幕交易行为,亦未区分上述具体实施因素,而是考虑到内幕交易破坏证券市场交易制度的公平性,影响到一般投资人对证券市场公开、公正、公平的信赖。在采用推定因果关系的情况下,上述具体交易数量与交易模式,并不影响因果关系的认定。

具体到本案而言,原告主张的有关其于2013年8月16日上午的交易行为所致损失部分,本院认为,该交易行为系发生于光大证券公司的内幕交易行为时间段之外,且当日上午光大证券公司的错单交易由系统故障所致,并非法律明确禁止之行为,故难以认定该错单交易行为构成民事侵权行为。原告作为投资者在交易之时,应依赖于自己的判断,而不应对其他投资者的投资行为产生任何信赖,即使其他投资者的行力,导致某一时刻的大盘或者个股的价格剧烈变化,亦不代表着跟风必定获利,因此无法从法律上认定光大证券公司当日上午的错单交易行为与原告所称损失间存在因果关系,原告的相关诉讼主张,缺乏事实与法律依据,本院不予采信。

原告主张的有关其于2013年8月16日下午的交易行为所致损失部分,本院认为,原告当日下午的交易行为与光大证券公司的部分内幕交易行为均发生于期货交易市场,且交易品种相同,两者间存在直接关联关系。原告在当日下午的买入和卖出行为虽均系在光大证券公司内幕交易时间段内,但正因光大证券公司内幕交易行为导致该期间内期货市场价格发生畸变,才致原告因其相关交易行为而受损,故原告当日下午的交易期间与光大证券公司内幕交易期间重合并不导致免除光大证券公司相关民事责任的法律后果,光大证券公司相关辩称缺乏事实依据,本院不予采信。光大证券公司另主张原告的损失计算方式缺乏依据,对此本院认为,原告在前述内幕交易行为期间内分别以不同价格买入IF1309股指期货合约,之后又卖出同等手数的IF1309股指期货合约,在内幕交易行为期间结束后其实际已不持有相应股指期货,则原告因光大证券公司内幕交易行为所致损失即系其在该期间内因交易相应股指期货产品而导致的交易差额损失,原告据此计算其损失金额并无不当,但原告的计算结果有所错误,本院依法予以纠正。经查,原告当日下午的交易损失应为(2,345+2,338-2,342.80-2,343+2,338-2,338.60+2,330+2,328-2,329.60-2,332.40+2,327-2,330+2,327+2,325-2,328.40-2,328.20+2,326-2,328+2,325+2,323+2,318-2,296-2,304.4-2,305-2,317+2,315.80-2,320+2,318-2,322+2,319.20)×300=11,280元。光大证券公司应对原告上述损失承担侵权赔偿责任,原告相关诉讼请求具有事实和法律依据,本院予以支持。

就第二个争议焦点,原告主张被告上交所、中金所存在监管不作为的过错,其理由为上交所、中金所在光大证券公司异常交易发生当日中午即已知晓真实原因并默许光大证券公司于当日下午进行内幕交易。对此,本院认为,原告上述主张并无相应证据予以佐证。虽然光大证券公司相关工作人员曾在接受新闻采访时作了相应陈述,但此种新闻报道中的描述显然不能单独具有证据属性,且该工作人员与光大证券公司存在利害关系,其陈述不能作为认定事实的依据,故不能以此认定中金所、上交所在光大证券公司发布公告前即已提前知晓相关事项。另,光大证券公司的错单交易事件属证券市场中的小概率事件,现有法律法规及部门规章、交易规则中均无此类事件发生时上交所、中金所应承担何种义务的规范,而民事主体因不作为导致间接侵权的,一般应以该民事主体违反其积极作为义务为前提,故原告主张上交所、中金所因其不作为而构成侵权,缺乏法律依据。且光大证券公司当日上午所作错单交易在短时间内完成,该交易行为完成后上交所再对光大证券公司进行交易限制并无实际意义。而光大证券公司当日下午的对冲行为虽属内幕交易行为,但因其交易数额未超过中金所规定的大额交易限额,亦仅占当日相关基金产品及股指期货合约交易的极小部分,中金所在当时又无从知晓光大证券公司已构成内幕交易,故中金所对光大证券公司当日下午的股指期货交易行为未予限制,并不构成监管不作为。且无论上交所、中金所对光大证券公司的交易行为采取何种行为模式,其后果均将波及整个证券及期货市场,而并非只对原告个人权益产生影响,原告的投资方向亦系其基于市场情况作出的自主决策,其交易结果与上交所、中金所的行为间并无直接因果关系。综上所述,原告有关上交所、中金所负有相关监管过错,应对其损失承担民事赔偿责任的主张,缺乏事实和法律依据,本院不予采信。

原告另主张上交所、中金所存在误导市场的行为,但原告并未举证证明上交所、中金所曾发布过相关不实信息,上交所当日发布相应公告时,证券市场已结束交易,不存在上交所由此误导市场的客观基础,且该公告内容亦未对光大证券公司的交易行为作任何评价,事实上不可能实现误导市场的效果,原告的上述主张,缺乏事实依据,本院亦不予采信。

此外,《中华人民共和国证券法》第一百零二条规定:"证券交易所是为证券集中交易提供场所和设施,组织和监督证券交易,实行自律管理的法人。证券交易所的设立和解散,由国务院决定。"该法第一百一十条规定:"进入证券交易所参与集中交易的,必须是证券交易所的会员。"同时,《期货交易管理条例》第六条规定:"设立期货交易所,由国务院期货监督管理机构审批。"该条例第七条另规定:"期货交易所不以营利为目的,按照其章程的规定实行自律管理。期货交易所以其全部财产承担民事责任。期货交易所的负责人由国务院期货监督管理机构任免。"依照上述法规规定,应认定上交所、中金所的法律性质均为证券自律管理组织。

《中华人民共和国证券法》第一百一十三条另规定:"证券交易所应当为组织公平的集中交易提供保障,公布证券交易即时行情,并按交易日制作证券市场行情表,予以公布。未经证券交易所许可,任何单位和个人不得发布证券交易即时行情。"该法第一百一十四条同时规定:"因突发性事件而影响证券交易的正常进行时,证券交易所可以采取技术性停牌的措施;因不可抗力的突发性事件或者为维护证券交易的正常秩序,证券交易所可以决定临时停市。证券交易所采取技术性停牌或者决定临时停市,必须及时报告国务院证券监督管理机构。"第一百一十五条又规定:"证券交易所对证券交易实行实时监控,并按照国务院证券监督管理机构的要求,对异常的交易情况提出报告。证券交易所应当对上市公司及相关信息披露义务人披露信息进行监督,督促其依法及时、准确地披露信息。证券交易所根据需要,可以对出现重大异常交易情况的证券账户限制交易,并报国务院证券监督管理机构备案。"前述《期货交易管理条例》第十条亦规定:期货交易所应当依照本条例和国务院期货监督管理机构的规定,建立、健全各项规章制度,加强对交易活动的风险控制和对会员以及交易所工作人员的监督管理。该条例第十一条规定期货交易所应当按照国家有关规定建立、健全风险管理制度。第十二条规定:"当期货市场出现异常情况时,期货交易所可以按照其章程规定的权限和程序,决定采取下列紧急措施,并应当立即报告国务院期货监督管理机构:(一)提高保证金;(二)调整涨跌停板幅度;(三)限制会员或者客户的最大持仓量;(四)暂时停止交易;(五)采取其他紧急措施。前款所称异常情况,是指在交易中发生操纵期货交易价格的行为或者发生不可抗拒的突发事件以及国务院期货监督管理机构规定的其他情形。异常情况消失后,期货交易所应当及时取消紧急措施。"依照上述法律规定,应当认为,上交所、中金所作为证券、期货交易市场的自律管理组织,其除了依照章程行使自律管理职责外,还具有为集中交易提供保障、发布信息的法定义务,并被赋予在法定条件下对特定市场主体采取单方、强制性、不利益措施的权力。

本案中,光大证券公司实施内幕交易行为时,上交所、中金所尚无从知晓其行为原因及性质,上交所、中金所亦无权对证券市场主体的该类行为是否违规作出认定,而发布信息义务,需以义务主体知晓相关信息为前提,故上交所、中金所在当日并无发布相关信息的事实基础。至于上交所、中金所应否对光大证券公司的错单交易采取临时停市、限制交易等措施,本院认为,是否采取上述措施应由上交所、中金所结合当时市场具体状况,以合理合法为原则,以维护市场整体秩序及交易公平为目的自行决定,并非在市场出现异常时即必然立即行使,如否定上交所、中金所行使该种权力时的自主决定权,则证券市场的稳定及交易结果将因个别主体的违规行为而始终处于不确定状态,实质将对市场秩序及交易公平构成更大伤害,故交易所行使前述职权时的自主决定权系其履行监管职责的基础。据此应当认为,无论交易所在行使其监管职权过程中作为或不作为,只要其行为的程序正当、目的合法,且不具有主观恶意,则交易所不应因其自主决定的监管行为而承担民事法律责任,否则其监管职能的行使将无从谈起。况且,从当日交易情形来看,光大证券公司错单交易后,市场已在短时间内恢复正常,不存在之后另行临时停市的必要;光大证券公司之后采取的内幕交易行为,在数量及金额上亦未达到限制交易的法定条件,故上交所、中金所未采取原告所主张的紧急处置措施,应属合理,并未影响证券市场秩序及交易公平,上交所、中金所无须因此承担相应责任。原告的相关主张,缺乏法律依据,本院不予支持。

综上所述,依照《中华人民共和国证券法》第五条、第六十七条、第七十条、第七十五条、第七十六条,《期货交易管理条例》第三条之规定,判决如下:

一、被告光大证券股份有限公司应于本判决生效之日起十日内赔偿原告郭秀兰损失人民币11,280元;

二、驳回原告郭秀兰其余诉讼请求。

如果被告光大证券股份有限公司未按本判决指定的期间履行给付金钱义务,应当依照《中华人民共和国民事诉讼法》第二百五十三条之规定,加倍支付迟延履行期间的债务利息。

本案案件受理费人民币918元,由被告光大证券股份有限公司负担人民币82元,由原告郭秀兰负担人民币836元。其中被告光大证券股份有限公司负担部分应于本判决生效之日起七日内向本院缴纳。

如不服本判决,可在本判决书送达之日起十五日内向本院递交上诉状,并按对方当事人的人数提出副本,上诉于上海市高级人民法院。

二〇一六年十二月二十八日

北京市第一中级人民法院行政裁定书

(2016)京01行初378号

原告刘志清,男,1972年7月27日出生,汉族,户籍所在地安徽省阜南县柴集镇余店村平东队2号。

被告中国证券监督管理委员会,住所地北京市西城区金融大街19号。

法定代表人刘士余,主席。

委托代理人王通平,中国证券监督管理委员会工作人员。

委托代理人王晓飞,中国证券监督管理委员会工作人员。

原告刘志清诉被告中国证券监督管理委员会(以下简称证监会)履行行政职责一案。本院受理后,依法组成合议庭,并于2016年7月14日公开开庭审理了本案。原告刘志清,被告证监会的委托代理人王通平、王晓飞到庭参加了诉讼。本案现已审理终结。

原告刘志清诉称,原告持有康美药业的股票,就是康美药业的股东,康美药业侵占上市公司的利益就是侵占股东的利益。康美药业股份有限公司(股票代码600518,以下简称康美药业)虚假回购,虚假陈述,财务造假,本人及相关媒体多次披露,本人多次向被告反映投诉,被告不作为,信息不公开,使本人遭受重大损失。综上,原告在开庭审理中明确其诉讼请求为:判令被告履行法定职责,对原告2014年5月19日针对康美药业违法行为向被告提出的举报进行查处。

被告证监会辩称,证监会对原告的投诉曾委托广东省证券监督管理局(以下简称广东证监局)对相关事项进行调查核实,广东证监局之前已受理过相同或类似的投诉事项,并进行过调查核实,经查原告的投诉不属实。证监会于2014年9月19日答复原告:1. 回购股份是上市公司根据公司经营发展需要的自主行为。康美药业终止回购股份议案履行了关于股份回购的相关信息披露程序,未发现康美药业存在违法行为。2. 来信反映康美药业土地资产的有关情况,经广东证监局核实,未发现康美药业相关信息披露存在虚假情况。故证监会已经履行了对投诉进行处理的工作职责,不存在不作为的情形。且原告既不是行政相对人,与本案也没有利害关系。综上,请求法院驳回原告的起诉。

本院认为,《中华人民共和国行政诉讼法》第二十五条第一款规定:“行政行为的相对人以及其他与行政行为有利害关系的公民、法人或者其他组织,有权提起诉讼。”该法第四十九条规定了提起行政诉讼的法定条件,其中第(一)项规定,提起诉讼的原告是本法第二十五条规定的公民、法人或者其他组织。根据《中华人民共和国证券法》第一条规定,为了规范证券发行和交易行为,保护投资者的合法权益,维护社会经济秩序和社会公共利益,促进社会主义市场经济的发展,制定本法。被告证监会作为证券市场监管部门应在上述立法本意下履行职责,其对投资者权益的保护并不具体到不特定的股民个人,股民个人的合法权益应通过被告对整体证券交易市场秩序的维护监督予以实现。本案中,原告主张康美药业虚假回购、财务造假等违法行为,要求被告予以查处。根据上述法律规定,被告针对康美药业履行证券市场的监管职责,对康美药业是否存在违法行为进行调查处理的结果并不直接对原告的权利义务产生影响。针对原告主张其作为持有康美药业股票的股民与被告履责行为存在利害关系的相关理由,本院认为,原告上述主张是任何不特定的股民均享有的权利,不能作为原告与请求被告履行职责存在利害关系的依据。因此,原告作为股民与被告是否履行对康美药业进行查处的职责之间不具有法律上的利害关系,不具备提起本案诉讼的原告主体资格,对其起诉本院应予驳回。

综上,依照《中华人民共和国行政诉讼法》第二十五条第一款、第四十九条第(一)项、《最高人民法院关于适用〈中华人民共和国行政诉讼法〉若干问题的解释》第三条第一款第(一)项之规定,裁定如下:

驳回原告刘志清的起诉。

预交的案件受理费50元,于本裁定生效后7日内退还原告刘志清。

如不服本裁定,当事人可在裁定书送达之日起10日内,向本院递交上诉状,并按对方当事人的人数提出副本,上诉于北京市高级人民法院。

二〇一六年十月二十四日

北京市第一中级人民法院行政判决书

(2016)京01行初521号

原告张益武,男,1971年12月4日出生,汉族,户籍所在地广东省江门市蓬江区华园南33号601。

原告李介苗,女,1977年8月8日出生,汉族,户籍所在地广东省江门市蓬江区天沙四路1幢之二703。

二原告之共同委托代理人刘莉,北京天驰君泰律师事务所律师。

被告中国证券监督管理委员会,住所地北京市西城区金融大街19号。

法定代表人刘士余,主席。

委托代理人白连江,男,中国证券监督管理委员会干部。

委托代理人吴陶,女,中国证券监督管理委员会干部。

原告张益武、李介苗不服被告中国证券监督管理委员会(以下简称证监会)作出的〔2015〕45号行政处罚决定书(以下简称被诉处罚决定),向本院提起行政诉讼。本院立案后,在法定期限内向被告证监会送达了起诉状副本和应诉通知书。本院依法组成合议庭,于2016年9月8日公开开庭审理了本案。原告张益武及其与李介苗共同的委托代理人刘莉,被告证监会的委托代理人白连江、吴陶到庭参加了诉讼。本案现已审理终结。

2015年10月26日,被告作出被诉处罚决定,认定张益武、李介苗交易“ST甘化”的行为,违反了《中华人民共和国证券法》(以下简称证券法)第七十六条第一款的规定,构成证券法第二百零二条所述内幕交易行为。根据当事人违法行为的事实、性质、情节与社会危害程度,依据证券法第二百零二条的规定,决定没收张益武、李介苗内幕交易违法所得 149 624.19 元,并处以 149 624.19 元罚款。

原告张益武、李介苗诉称:2015 年 12 月 4 日,原告在"东方财富网"上发现"中国证券监督管理委员会行政处罚决定书送达公告",才得知被告再一次对原告进行处罚。被诉处罚决定认定事实不清、主要证据不足,处罚程序不合法。被告于 2015 年 12 月对发生在 2011 年 1 月的交易行为进行处罚,明显违反《中华人民共和国行政处罚法》(以下简称行政处罚法)关于"违法行为在二年内未被发现的,不再给予行政处罚"的规定。综上所述,请求法院判决撤销被诉处罚决定。

原告为支持其诉讼主张在举证期限内向本院提交了下列证据:1. ST 甘化重大事项停牌公告(公告编号:2011-01),证明 2011 年 1 月 14 日因公司正筹划重大事项存在不确定性申请停牌;2. ST 甘化重大事项提示性公告(公告编号:2011-03),证明 2011 年 1 月 19 日公司控股股东江门市资产管理局通知,称其拟通过公开征集方式协议转让其所持股份,目前受让方的资格条件尚未确定;3. ST 甘化关于重大事项的进展公告(公告编号:2011-04),证明 2011 年 1 月 28 日公司控股股东江门市资产管理局通知,称其正策划可能涉及重大资产重组之重大事项,正与有关方对相关事项进行探讨和论证,该事项存在不确定性,故公司股票继续停牌;4. ST甘化关于控股股东关于拟转让公司股份公开征集受让方的公告(公告编号:2011-05),证明 2011 年 2 月 1 日公告称公司收到公司控股股东江门市资产管理局通知,称其于 2011 年 1 月 27 日收到江门市人民政府和江门市人民政府国有资产监督管理委员会(以下简称江门市国资委)批复意见同意江门市资产管理局以公开征集受让人的方式协议转让所持本公司全部国有股份;5. ST 甘化关于重大事项的进展公告(公告编号:2011-07),证明 2011 年 2 月 11 日公司的控股股东江门市资产管理局称已经公开征集程序,已确定其持有的 6400 万股国有股份协议转让的受让方,公司拟对该股权转让受让方非公开发行股票;6. 农业银行个人结算业务申请书,证明原告缴纳了罚没金 299 248.38 元。

被告证监会辩称:一、被诉处罚决定认定事实清楚,应予维持。有多份证据证明张益武于 2011 年 1 月 12 日知悉内幕信息。被告认定账户控制关系是根据相互印证、形成证据链条的一系列证据来证明李介苗实际控制"林海彬"账户。被告认定张益武、李介苗构成共同内幕交易并非仅仅依据张益武知悉内幕信息之后李介苗频繁的通信联络,而是有充分的证据支持。二、被告作出被诉处罚决定的程序合法。行政处罚法第二十九条规定,违法行为在两年内未被发现的,不再给予行政处罚。本案的违法行为发生在 2011 年 1 月,被告 2011 年 3 月 8 日对本案进行调查,并于 2011 年 9 月 8 日正式立案。说明被告已经在案发后两个月内发现了违法行为。张益武、李介苗的笔录中明确记载的询问日期分别为 2011 年 9 月 28 日、9 月 29 日,可以充分证明被告的执法行为不违反法律规定。综上,请求法院判决驳回原告的诉讼请求。

在法定举证期限内,被告提交了下列证据:

1-1. 江门市国资委提供的《关于江门市国资委企业管理科科长张益武任职及分管工作情况的说明》、张益武询问笔录、李介苗询问笔录,证明张益武身份、任职及分管工作情况,李介苗身份情况。张益武参与时,重组谈判已经进入实质阶段,双方就重组及定向增发等重大问题达成一致。林海彬账户及关联银行三方存管账户由李介苗控制。李介苗关于林海彬委托张益武老乡女儿操作的说法与事实之间存在逻辑矛盾以及李介苗买房还钱的说法没有证据支持;

1-2. ST 甘化关于控股股东转让股份的进展公告,证明 2011 年 2 月 21 日,ST 甘化公告内容与张益武参与谈判最终达成的内容完全一致。证明张益武参与谈判的 2011 年 1 月 12 日重组谈判已经有实质性进展,内幕信息具备重大性、非公开性和一定程度的确定性;

1-3. ST 甘化 2011 年 1 月 14 日发布的重大事项停牌公告,江门市国资委提供的《关于 ST 甘化国有股份转让与德力西集团有限公司的洽谈情况》,德力西集团有限公司(以下简称德力西公司)提供的《德力西与甘化、政府、国资委等部门接洽情况说明》,德力西公司行政、人力资源副总监周燕的工作用电脑中的文档《关于要求参与甘化重组有关问题的报告》,

《20101121广东江门项目考察情况汇报1122（汇总稿）2010－11－23》，江门项目2012－10－19，德信丰益合伙人姚锦聪邮件《转发：陈总方设计的方案（保密）》、《备忘录1－收购及重组方案框架－关于收购＋＋＋目标上市公司及资产重组的总体框架方案》，德力西公司投资中心总监助理武仲韬工作用电脑中的文档《借壳重组资料和框架》，德力西公司副总裁王顺林工作笔记本第2页、第48页、第59页和第60页，证明江门市国资委与德力西公司从2010年10月至2011年1月12日重组谈判前一直在就重大资产重组谈判的实质性问题有关接触，张益武2010年的主要工作包括参与ST甘化战略重组的前期工作，应当对启动重组ST甘化一事有所了解；

1－4. 李介苗、林海彬证券账户资料，李介苗、林海彬三方存管银行账户资料、李介苗广发银行账户6225680341000805616资料，张益武、李介苗、林海彬、张上雄、张逸君询问笔录，张上雄开立于汕头市潮阳农村信用合作社胪岗信用社账户6210181368800742463资料，张益武通讯记录，交易所计算违法所得的结果，证明张益武、李介苗夫妇控制林海彬证券账户交易“ST甘化”股票，获利149 624.19元；

2－1. 行政处罚事先告知书、送达情况的报告、张益武和李介苗未签收的送达回证及回执、见证情况说明、见证人名片、送达工作笔录、送达工作照片刻录的光盘，证明2015年7月29日被告对张益武、李介苗履行行政处罚事先告知程序，向其送达行政处罚事先告知书，该二人拒绝签收，送达人员请张益武所在单位办公室主任对送达情况进行见证，被告行政程序合法；

2－2. 公告送达行政处罚事先告知书的报纸复印件，证明被告于2015年8月7日完成向张益武、李介苗的公告送达程序，但期满，该二人没有提出陈述申辩理由及听证申请；

2－3. 被诉处罚决定、送达情况报告、两份未被当事人签收的送达回证、送达工作笔录，证明被告保障该二人陈述申辩的权利，处罚程序合法；

2－4. 公告送达被诉处罚决定的报纸复印件，证明被告于2015年12月4日在证券时报（市场A9版）向该二人送达被诉处罚决定，证明被告作出行政处罚的程序合法。

同时，被告向本院提交了证券法第七十六条、第二百零二条作为其作出被诉处罚决定的法律依据。

经庭审质证，原告不认可被告提交的证据1－1、1－2、1－4的关联性；认可证据1－3的真实性，但不认可被告主张的证据的证明目的。认为被告提交的证据1－4不能证明张益武、李介苗直接控制涉案账户，且该账户汇入资金的时间、交易时间与内幕信息形成无关；不同意被告主张的证据2－1、2－2、2－3、2－4的证明目的。被告对原告提交证据的关联性、合法性、真实性均无异议，但是不同意原告主张的证据的证明目的。

本院对证据认证如下：被告提交的证据2－3中被诉处罚决定系本案被诉行为，不作为证据使用。被告提交的其他证据以及原告提交的证据与本案有关，且符合证据合法性、真实性要求，本院予以采信。

经审理查明：2010年10月起，德力西公司与江门市人民政府就收购目标上市公司问题进行接洽。2010年11月1日，德力西公司形成《关于要求参与甘化重组有关问题的报告》，并将该报告报送江门市人民政府。该报告中提及德力西公司拟参与江门甘蔗化工厂（集团）股份有限公司（以下简称ST甘化）的重组工作。同年11月17日，德力西公司、江门市人民政府、江门市国资委再次就德力西公司上述报告进行讨论。2011年1月12日双方协商一致，1月13日下午收市后，江门市国资委通知ST甘化，提请深圳证券交易所临时停牌5个交易日。同年2月15日，ST甘化发布《非公开发行股票预案》等公告，ST甘化股票于同日复牌。

张益武与李介苗系夫妻。张益武时任江门市国资委企业管理科科长，参与ST甘化重组的前期工作。2011年1月12日，张益武参与了ST甘化重组事项的谈判。

林海彬为李介苗的同学。户名为“林海彬”的账户于2009年5月19日在广发证券股份有限公司江门天守路证券营业部开户。该账户对应的三方存管银行账户开户申请的代办人为李介苗；申请中预留的固定电话与李介苗个人账户预留的电话相同，均为李介苗本人的固定电话。

2011年1月12日至13日，李介苗通过柜台存款、转账等方式存入林海彬的三方存管银行账户共计 26.5 万元资金,期间张益武、李介苗均有电话联系。同年 1 月 13 日,张益武同乡张上雄转账 13 万元至林海彬的三方存管银行账户。该证券账户亏损卖出“银基发展”、“建发股份”、“中国中冶”。在上述时间内,该账户共买入“ST 甘化”54 800 股,后于同年 5 月 30 日全部卖出,盈利 149 624.19 元。

被告对此案立案调查,2011 年 9 月 28 日对张益武进行询问,同年 9 月 29 日对李介苗进行询问,之后分别对林海彬、张上雄、张逸君等进行了询问。2014 年 6 月 9 日,被告作出[2014]59 号行政处罚决定。张益武、李介苗不服,向本院提起行政诉讼。2015 年 4 月,本院作出(2015)一中行初字第 236 号行政判决,确认被告作出的上述处罚决定的第一项,即“没收李介苗、张益武违法所得 149 624.19 元,并处以 149 624.19 元罚款”无效。该判决生效后,被告于 2015 年 7 月 29 日作出处罚字[2015]11 号行政处罚事先告知书,告知原告拟对其作出行政处罚所依据的事实、理由等,同时告知其享有的权利。因张益武、李介苗拒绝签收该告知书,被告于 2015 年 8 月 7 日在上海证券报向张益武、李介苗公告送达上述告知书。张益武、李介苗未提出陈述申辩理由,亦未提出听证申请。同年 10 月 26 日,被告作出被诉处罚决定。因张益武、李介苗拒绝签收被诉处罚决定,被告于同年 12 月 4 日在证券时报上向张益武、李介苗公告送达上述决定。二原告不服,向本院提起行政诉讼。

本院认为:行政处罚法第二十九条规定,违法行为在二年内未被发现的,不再给予行政处罚。违法行为有连续或者继续状态的,从行为终了之日起计算。本案中,二原告交易 ST 甘化行为发生在 2011 年 1 月,被告在同年 9 月 28 日、29 日即对二原告进行了询问,并于 2014 年 6 月 9 日作出[2014]59 号行政处罚决定。该处罚决定被法院判决确认无效后,被告重新作出被诉处罚决定,并不存在违反行政处罚法第二十九条规定的情形。原告关于被诉处罚决定已过追责时效的诉讼主张,缺乏事实及法律依据,本院不予支持。

证券交易对相关信息具有高度依赖性。保障众多的市场参与者依法公平地获取和使用相关信息、公平交易,是实现证券交易平稳运行的基本要求,也是维护证券市场公信力与竞争力、增强投资者信心的重要环节。证券法第七十三条规定,禁止证券交易内幕信息的知情人和非法获取内幕信息的人利用内幕信息从事证券交易活动。该法第七十五条第一款规定,证券交易活动中,涉及公司的经营、财务或者对该公司证券的市场价格有重大影响的尚未公开的信息,为内幕信息。本案中,德力西公司参与 ST 甘化重组的事项,属于证券法第六十七条第二款第(二)项规定的重大事项,构成证券法第七十五条第二款第(一)项规定的内幕信息。ST 甘化重组涉及两个公司之间的复杂交易,需要经过谈判,达成初步意向,签订协议,最终执行等一系列过程。而且由于涉及国有股转让的问题,还需要国资委的审核批准。在最终签订协议前,有关信息均处于保密状态,都有可能会对证券市场股票价格产生影响。张益武作为江门市国资委参与 ST 甘化重组前期工作的人员之一,其基于工作职责了解到德力西公司拟参与 ST 甘化重组以及江门市国资委有意向与之合作等内容,并参与江门市国资委与德力西公司 2011 年 1 月 12 日的谈判,且此次谈判内容涉及 ST 甘化股票临时停牌的问题,被告据此认定张益武属于证券交易内幕信息的知情人且知悉该内幕信息并无不当。张益武、李介苗关于其不是内幕信息知情人等诉讼主张,本院不予支持。

林海彬居住地为广州市,而“林海彬”的账户开户地为江门市。该账户所对应的三方存管银行账户开户申请上预留的电话为李介苗本人电话;该账户自开户以来交易的股票种类、时间与李介苗自己的证券账户交易情况相似。虽然林海彬、李介苗主张该账户实际操作者为张逸君,但根据张逸君的陈述,其并不熟悉股票交易的基本规则。综合考虑在案有关证据,可以认定该账户的实际控制人为李介苗。张益武、李介苗关于李介苗未实际控制上述账户的诉讼主张,缺乏事实依据,本院不予支持。

李介苗实际控制的户名为“林海彬”的证券账户,在 2011 年 1 月 12 日至 13 日通过银行转账、柜台办理存款等方式将资金存入林海彬的三方存管银行账户,并在此期间张益武与李介苗多次联系,其资金划转与内幕信息的形成和发展高度吻合。根据李介苗实际控制的“林海彬”账户卖出该账户股票所取得的资金以及同期存入的资金重仓买入唯一一只股票，即“ST甘化”股票合计57 800股。该交易行为说明其知悉并确信ST甘化重组的内幕信息。而上述交易行为的实施，在没有内幕信息知情人泄露内幕信息的情况下，不可能完成。在ST甘化重组内幕信息知情人中，张益武与李介苗是夫妻，关系最近，并有共同的财产和利益。且在李介苗转入资金前后均与张益武进行过联系。根据上述事实，足以认定张益武与李介苗均参与了该内幕交易，是内幕交易的共同责任人员。被告根据涉案内幕信息形成过程，张益武为该信息知情人，其与李介苗系夫妻关系，以及李介苗控制的“林海彬”账户资金划转、交易ST甘化股票的情况，认定张益武、李介苗交易ST甘化股票的行为构成证券法第二百零二条所述的内幕交易行为，并在该条款规定的幅度内，对张益武、李介苗作出没收违法所得149 624.19元，并处以149 624.19元罚款的处罚并无不当。张益武、李介苗否认存在内幕交易行为，但未提供合理的解释说明，亦未提交充足的证据佐证。故本院对其该项诉讼意见不予采纳。

被告在作出被诉处罚决定的过程中履行了告知、调查、送达等程序，处罚程序亦符合法律规定。

综上所述，被诉处罚决定认定事实清楚，适用法律正确，处罚适当。原告的诉讼理由均不成立，其诉讼请求，本院不予支持。依照《中华人民共和国行政诉讼法》第六十九条之规定，判决如下：

驳回原告张益武、李介苗的全部诉讼请求。

案件受理费50元，由原告张益武、李介苗共同负担（已交纳）。

如不服本判决，可在本判决书送达之日起15日内，向本院递交上诉状，并按对方当事人的人数提出副本，预交上诉案件受理费50元，上诉于北京市高级人民法院。上诉人在上诉期限内未预交上诉案件受理费，又不提出缓交申请的，按自动撤回上诉处理。

二〇一六年九月三十日

江苏省南京市中级人民法院行政判决书

（2016）苏01行初207号

原告江阴市九润管业有限公司，住所地江阴市徐霞客镇璜塘工业园区九润路6号。

法定代表人任向东，江阴市九润管业有限公司执行董事。

委托代理人吴文俊，江苏太湖律师事务所律师。

委托代理人单世文，江苏太湖律师事务所律师。

被告中国证券监督管理委员会江苏监管局，住所地南京市中山路90号华泰证券大厦19楼。

法定代表人王明伟，中国证券监督管理委员会江苏监管局局长。

委托代理人涂储斌，中国证券监督管理委员会江苏监管局法制处处长。

委托代理人王和平，江苏三法律师事务所律师。

原告江阴市九润管业有限公司（以下简称九润公司）因不服被告中国证券监督管理委员会江苏监管局（以下简称江苏证监局）作出的［2015］号《中国证券监督管理委员会江苏监管局行政处罚决定书》（以下简称5号《处罚决定书》），于2016年4月20日向本院提起行政诉讼。本院于同日立案后，于2016年4月22日向被告江苏证监局送达了起诉状副本及应诉通知书。本院于2016年6月12日组织双方当事人进行了庭前的证据交换，并依法组成合议庭，于2016年7月22日公开开庭审理了本案。原告九润公司的委托代理人吴文俊、单世文，被告江苏证监局的委托代理人涂储斌、王和平到庭参加诉讼。本案现已审理终结。

被告江苏证监局于 2015 年 10 月 22 日作出 5 号《处罚决定书》,决定对原告九润公司及案外人海润光伏科技股份有限公司(以下简称海润光伏公司)、江苏紫金电子集团有限公司(以下简称紫金公司)、YANG HUAI JIN(以下称杨怀进)、曹敏、任向东等人于 2015 年 1 月 23 日披露的《关于海润光伏科技股份有限公司 2014 年利润分配及资本公积金转增股本预案的提议》(以下简称《分配提案》)及《海润光伏科技股份有限公司 2014 年度利润分配预案预披露公告》(以下简称《分配预告》)存在误导性陈述等违法行为予以处罚。

原告九润公司诉称,被告认为海润光伏公司、紫金公司、杨怀进及原告于 2015 年 1 月 23 日披露《分配预告》和《分配提案》存在误导性陈述,以此作出 5 号《处罚决定书》。对于被告作出的处罚所依据的事实和理由,原告认为,一、被告认为海润光伏公司及三大股东在法定业绩预告截止期前的敏感时点,采用模糊性语言,对 2014 年的经营状况进行描述,并作为高比例转增提案的理由,结合资本市场业绩良好才会高转增的惯性思维,足以使投资者对公司 2014 年度经营业绩产生错误判断,从而影响其投资决策。被告陈述理由是不能成立的,海润光伏公司并没有采用模糊性语言,公告里明确高送转是资本公积金每 10 股转增 20 股并非利润分配。被告所谓"惯性思维"的措辞也是其主观臆断,并不客观准确。二、被告将资本公积金转增股本视作利润分配是不正确的。资本公积金转增股本实际上并不是利润分配,它只是公司增加股本的行为,它的来源是上市公司的资本公积金。以资本公积金转增股本,其实质是股东权益的内部结构调整,对净资产收益率没有影响,对公司的盈利能力也没有任何实质性影响。它只是增加公司股本总数,公司的股东权益并不因此而增加,而且在净利润不变的情况下,由于股本过大,资本公积金转增股本摊薄每股收益。在公司转增股本方案的实施日,公司股价将作除权处理。也就是说尽管转增股本方案使得投资者手中的股票数量增加了,但股价也将进行相应的调整,投资者持股比例不变,持有股票的总价值也未发生变化。至于《分配预告》中称"分配预案符合《公司章程》、《分红规划》中分配政策的规定"的表述,是因为上市公司信息披露是有相关监管规则的,事实上,上海证券交易所并没有对资本公积金转增股本给予专门的信息披露指引和规则,而是将其归到利润分配这类信息披露格式,公司也只是按照这类信息披露格式进行信息披露。《分配预告》的内容实质上是资本公积金转增股本。所以,既然资本公积金转增股本不属于利润分配,也就不涉及是否违反《海润光伏科技股份有限公司章程》(以下简称《公司章程》)和《海润光伏科技股份有限公司未来分红回报规划及未来三年(2014—2016)股东回报规划》(以下简称《分红规划》)中相关利润分配的规定。三、海润光伏公司在 2015 年 1 月 31 日发布了《2014 年年度业绩预亏公告》,此公告及时告知股民,虽然海润光伏公司将进行资本公积金转增股本,但是海润光伏公司 2014 年的利润是亏损的,也是提醒投资者谨慎持股,并未存在误导性陈述。2015 年 5 月 22 日,海润光伏公司发布《2014 年度资本公积金转增股本实施公告》,也证明了海润光伏公司于 2015 年 1 月 23 日的《分配预告》实际是真实履行的,不存在误导投资者。四、至于证券市场上某些机构和个人投资者将资本公积金转增股本,尤其是高比例转增作为重大利好进行股票炒作,这是不理性的投资行为。所以,如果投资者在此期间进行投资决策造成损失,属于正常的市场风险,与海润光伏公司的公告不存在因果关系。原告既不是信息披露义务人,也不是信息披露人,被告对原告作出的处罚没有法律依据。现诉请:1. 撤销被告作出的 5 号《处罚决定书》第二项处罚决定中针对原告误导性陈述的处罚决定,即给予原告警告及针对原告误导性陈述的信息披露违法行为处以 40 万元罚款的处罚决定。2. 本案诉讼费用由被告负担。

原告提交的证据有:

1.5 号《处罚决定书》,证明案涉行政行为存在,该处罚决定认定事实存在矛盾;

2. 天津赛象科技、亚太科技等八家企业在上海证券交易所和深圳证券交易所的《关于转增项目的公告》,证明八家企业的股东在向上市公司董事会提出转增的提案时均没有披露提案。八家董事会审议后对外披露了转增的预告,并没有披露转增的提案。行政处罚决定书中提到的分配提案不是必须披露的,作为原告和海润光伏公司都没有义务进行披露。

被告江苏证监局辩称,一、被告对原告做出的行政处罚决定事实清楚,证据确凿,程序合法。5号《处罚决定书》认定,海润光伏公司、紫金公司、九润公司、杨怀进于2015年1月23日即在法定业绩预告截止期前的敏感时点,披露《分配预告》和《分配提案》,采用模糊性的语言,对2014年经营状况进行描述,并作为高比例转增提议的理由,结合资本市场上业绩良好才会高转增的惯性思维,足以使投资者对公司2014年经营业绩产生错误判断,从而影响其投资决策。同时,公司当时在经营状况并不符合《公司章程》、《分红规划》中规定的分红条件,《分配预告》所称"利润分配预案符合《公司章程》、《分红规划》中分配政策的规定",上述信息披露内容与实际情况存在较大差异,给投资者造成了利润为正、公司经营状况良好的错误判断,客观上误导了投资者。上述行为,违反了《中华人民共和国证券法》(以下简称《证券法》)、《上市公司信息披露管理办法》的相关规定。综上,被告对九润公司给予警告,并针对其误导性陈述的信息披露违法行为处以40万元罚款。被告根据《证券法》第一百七十九条、第一百八十条,《派出机构监管工作职责》第七条、《中国证券监督管理委员会派出机构行政处罚工作规定》第二条等规定,依法对原告涉嫌违法违规行为进行了立案调查、审理,并依法向原告告知了其作出行政处罚的事实、理由、依据及其依法享有的权利。原告未要求陈述申辩,亦未要求举行听证会。在作出行政处罚决定之后,被告依法履行了送达程序。被告行政处罚定程序合法。

二、原告所提出的诉讼理由缺乏事实和法律依据,不能成立。(一)被告对原告误导性陈述事项的处罚理由充足。1.《分配提案》和《分配预告》提出的时点敏感特殊。1月31日是法定的上市公司业绩预告披露截止日期,一般来说,一月份最后一两周是上市公司测算财务数据并披露业绩预告的集中时段,海润光伏公司在1月23日这个敏感时点提出高转增的方案,给投资者造成的"公司高送转预案是有业绩支撑的"的主观判断。2.《分配提案》和《分配预告》表述具有误导性。《分配提案》和《分配预告》使用了"基于海润光伏未来发展需要并结合海润光伏2014年实际经营状况,为了积极回报股东,与所有股东分享海润光伏未来发展的经营成果,在符合利润分配原则,保证正常经营和长远发展的提前下……"等语句,不仅没有将2014年业绩巨亏的情况进行提示,反而用模糊性的表述,给投资者造成了"高转增提案是与海润光伏2014年实际经营状况相符"的主观印象,利用资本市场投资者广泛认为的"高送转意味着业绩高成长"的惯性思维,给投资者造成了"2014年实际经营情况良好"的错误判断。3.《分配预告》部分披露内容不真实。公司当时的经营情况并不符合海润光伏公司《公司章程》以及《分红规划》所规定的"经营情况良好"、"归属于母公司股东的净利润为正值、母公司累计可供分配利润为正值"等利润的分配条件,《分配预告》却称"利润分配预案符合《公司章程》、《分红规划》中分配政策的规定",信息披露内容不真实,给投资者造成误导。4.多项证据表明《分配提案》和《分配预告》的公布确实给投资者造成了误导。一是公司披露《分配提案》和《分配预告》当日,公司股价为10.31元,较前一交易日上涨10.03%,交易量异常放大至26528万股,为前一交易日的3.18倍,之后数日公司股票成交量连续放量,1月23日至1月30日,6个交易日日均成交量达到18967万股,是信息公布之前22个交易日(12月22日至1月22日)日均成交量3968万股的4.78倍。《分配提案》和《分配预告》公布后,仅6个交易日,该股票的换手率就已达到105.13%。以上数据反映出该公告对投资者投资决策产生了巨大影响。二是被告受到多名投资者的投诉、举报,投资者均称上述《分配预告》和《分配提案》内容使其对公司2014年度经营业绩产生错误判断,客观上对其投资行为产生了误导,造成其投资损失。三是涉案相关人员均承认其高送转预案的表述存在误导情况。根据杨怀进、任向东和陆克平的询问笔录,杨怀进称"这次提案的表述上确实考虑不周全,作为董事长我存在失职";任向东称"我只看了是利润分配方案内容是10转增20,没有仔细看具体的表述内容。现在一个字一个字来看,是有点误导的,好像公司2014年业绩很好一样。早知道这样,我就不参与提案了";陆克平称"我相信公司

2014 年能扭亏,我要是知道 2014 年亏损我绝对不会同意 10 转增 20 的提案的,我相信其他董事如果知道 2014 年亏 8 个亿也是不会同意 10 转增 20 的。我了解资本市场的游戏规则,如果大幅亏损是不应当高送转的。"(二)原告认为资本公积转增股本不属于利润分配的理由不成立。上市公司利润分配主要有派现、送股和转增三种形式。其中,送股是将公司的未分配利润转入股本账户,转增是将资本公积金转入股本账户。股本、未分配利润、资本公积金同属于所有者权益,无论是送股还是转增都是使公司发行在外的股票数量发生变化,但未影响投资者权益。因此,送股和转增除了会计处理上的来源不同,其本质是相同的。基于上述原因,在监管实践中,送股和转增均作为权益分派或利润分配的一种形式进行监管,在信息披露等各方面要求均一致。海润光伏公司在 2015 年 1 月 23 日所发布的《分配预告》、《分配提案》,均使用"利润分配"字眼,同时《分配预告》中也称"利润分配预案符合《公司章程》、《分红规划》中分配政策的规定",可见海润光伏公司本身也将转增作为利润分配的一种形式来处理。原告称"资本公积转增股本是股东权益的内部结构调整,只增加公司股本总数,公司股东权益并不因此增加,在除权之后,投资者持股总价值未发生变化",因此判定转增不属于利润分配,上述逻辑将送股和转增均排除在利润分配之外,是错误地将"利润分配"作狭义理解,与资本市场通行做法和监管实践均不相符。(三)原告称处罚决定书中所谓"惯性思维"是主观臆断,不能成立。尽管经营业绩良好并不是法律明确规定的上市公司分红条件,但是从资本市场通行的做法来看,上市公司经营业绩良好是其进行高分红的基本前提。即便是海润光伏公司本身也在《公司章程》和《分红规划》中将经营情况良好、利润为正等作为分红的前提条件。从 2012—2014 年的统计数据来看,江苏辖区共有 147 家公司进行了转增,仅有海润光伏公司一家是在业绩亏损情况下进行转增,其余公司当年业绩均为盈利,由此可见业绩良好方进行转增是资本市场通行的做法。因此处罚决定书中所称"结合资本市场上业绩良好才会高转增的惯性思维"并非是被告的主观臆断。(四)海润光伏公司后续发布的公告与本案的认定并无矛盾。被告针对海润光伏公司 2015 年 1 月 23 日披露的《分配提案》和《分配预告》误导性陈述事实进行处罚,主要是其披露的时点敏感、表述模糊、内容与其后续发布的《2014 年年度业绩预亏公告》存在巨大差异,从而认定其构成误导性陈述。因此,《2014 年年度业绩预亏公告》是被告确认《分配提案》和《分配预告》存在误导性陈述的重要证据。自 2015 年 1 月 23 日至《2014 年年度业绩预亏公告》发布之日,误导性效果已经形成。同时, 2015 年 5 月 22 日海润光伏公司发布《2014 年度资本公积金转增股本实施公告》,并不影响对《分配提案》和《分配预告》存在误导性陈述的定性。如果海润光伏公司最终没有实施资本公积金转增股本,则涉嫌构成其他证券违法行为。(五)原告将投资者因其误导性陈述导致的投资损失归咎于投资者股票炒作和市场风险,目的是假借投资风险掩盖自身违法行为,逃避相应的法律责任。现有的投资者举报证明,原告等人的违法行为,误导了投资者的投资决策,扰乱了正常的市场秩序,理应被追究法律责任。原告的该项意见完全缺乏事实和法律依据。综上,被告作出的 5 号《处罚决定书》,认定事实清楚、证据确凿,适用法律正确,程序合法,内容适当。原告提出的事实和理由错误,诉讼请求不成立,建议维持被告作出行政处罚决定,驳回原告的诉讼请求。

被告提交的证据有:

1. 海润光伏公司的《分配预告》、杨怀进、九润公司、紫金公司的《分配提案》、《承诺函》,证明《分配预告》及三大股东的《分配提案》披露的时点、主体、内容以及表述上存在误导性;

2. 海润光伏公司工作人员问闻向任向东等发送的电子邮件以及由曹敏向问闻发送的有关信息披露程序的邮件、海润光伏公司董事《关于 2014 年利润分配预案的书面确认意见》、杨怀进、任向东、陆克平、曹敏、问闻、洪东平的询问笔录,证明整个利润分配预案的形成过程是由三大股东主导了上述信息的产生;

3. 海润光伏公司《2014 年年度业绩预亏公告》、海润光伏董事会《关于公司 2014 年年度业绩预亏的说明》、海润光伏公司《2014 年年度报告》(财务摘要部分),证明海润光伏公司在利润分配公告预案之后不久便发布了预亏公告，以及海润光伏2014年巨额亏损的事实；

4. 海润光伏公司《关于收到上海证券交易所〈关于对海润光伏科技股份有限公司分配等事项的询问函〉的回复公告》、杨怀进、九润公司和紫金公司《关于海润光伏科技股份有限公司询证函的回函》，证明海润光伏公司的杨怀进、九润公司和紫金公司三大股东在收到上海证券交易所的询问函后，仍然使用了同样的表述来进行公告；

5. 海润光伏公司2013年年度报告（财务摘要部分）、2014年半年度报告（财务摘要部分）、2014年第三季度报告（财务摘要及重要事项部分），证明投资者难以从上述信息中得出公司2014年亏损这样的判断，投资者无法能够预见公司亏损，被误导的可能性大大增加；

6.《公司章程》、《分红规划》，证明上市公司的《分配预告》和股东的《分配提案》与《公司章程》和《分红规划》不一致，但是表述中却说符合《公司章程》和《分红规划》的规定，说明其误导性进一步加深；

7. 投资人庞忠惠、郭高凌、孙飞、戎爱国、胡建标等人的投诉材料，证明《分配预告》和《分配提案》的内容使投资者对海润光伏公司2014年度经营业绩产生错误判断，从而对其投资行为产生误导；

8. 海润光伏公司成交量和收盘价变化情况表，证明《分配预告》和《分配提案》披露后，对股价及成交量产生的影响；

9.《江苏辖区上市公司资本公积转增股本实施年度经营业绩情况表（2012—2014年度）》、陆克平的询问笔录（2015年2月12日询问笔录第5页），证明在业绩巨亏的情况下，提出这样的提案是不合理的；

10. 杨怀进的询问笔录（2015年2月12日询问笔录第4页）、任向东的询问笔录（2015年2月12日询问笔录第4页）、陆克平的询问笔录（2015年2月12日询问笔录第5页），证明涉案相关人员均承认表述存在误导性；

11. 调查通知书、行政处罚事先告知书、送达回证、回执、当事人身份证明、行政处罚决定书、送达回证、当事人身份证明，证明行政处罚程序合法。

被告提交的法律依据有：

1.《证券法》；

2.《上市公司信息披露管理办法》；

3.《上市公司收购管理办法》；

4. 中国证监会《派出机构监管工作职责》；

5. 中国证监会《派出机构行政处罚工作规定》；

6.《信息披露违法行为行政责任认定规则》；

7. 上海证券交易所《股票上市规则》；

8.《中华人民共和国行政处罚法》（以下简称《行政处罚法》）。

经庭审质证，原告对被告提交证据的质证意见为：

对证据1的真实性不持异议，这组证据恰恰证明，《分配预告》和《分配提案》是海润光伏公司对外披露的，如果存在问题，应由海润光伏公司和董事会承担责任，原告不应承担责任；

对证据2的真实性不持异议，该组证据证明提案是杨怀进发起的，原告只是被动地配合附和这项提案，《分配提案》是海润光伏全体董事披露同意以后由海润光伏公司对外披露的，对外承担责任的也应该是海润光伏公司；

对证据3的真实性不持异议，原告作为股东对公司亏损情况并不清楚，只有通过公告才知道，主观上没有恶意的误导投资者；

对证据4的真实性、合法性不持异议，对关联性不予认可。该组证据证明原告不是信息披露义务人，没有在披露公告中声明承担责任；

对证据5、6的真实性、合法性不持异议，证据5、6表明，之前的《分配预告》只是一个预告，没有实际实施，原告等股东并不知道海润光伏公司的业绩是亏损还是盈利，所以没有提到利润。被告推定披露信息存在误导，逻辑关系有点勉强；

对证据7的真实性没有异议，原告只是提出提案，海润光伏公司可以披露也可以不披露，就算构成误导，也与原告没有关系；

对证据8的真实性没有异议；

对证据9的真实性没有异议，原告最终在2015年5月正式实施了转增，海润光伏公司亏损与否与实施转增之间是没有关系的，不能证明原告是误导投资者；

对证据10的真实性没有异议，从事后来看，提案确实存在误导，但这种误导从部分投资者的看法来确定的，从法律的逻辑关系看依据

还是欠缺的;

对证据 11 的真实性没有异议,被告已查明《分配预告》和《分配提案》是海润光伏公司披露的,责任主体应当是海润光伏公司,与原告没有关系;

被告对原告提交证据的质证意见为:

对证据 1 的真实性、合法性及关联性不持异议。

对证据 2 的真实性、合法性及关联性不予认可。

本院对上述证据认证如下:

一、原告提交的证据,证据 1 系本案所涉的 5 号《处罚决定书》,本院对真实性及关联性予以确认。证据 2 系案外人在上海证券交易所和深圳证券交易所所作的公告,与本案不具有关联性,本院不予采信。

二、被告提交的证据,原告对其真实性均不持异议,系被告处罚过程中收集的证据材料,与本案具有关联性,本院予以采信。

经审理查明,杨怀进、九润公司、紫金公司原系海润光伏公司的前三大股东,持股比例分别为 8.77%、7.25%、5.4%。2015 年 1 月 22 日,杨怀进、九润公司、紫金公司向海润光伏公司董事会提交了《分配提案》及承诺书,三股东称:基于海润光伏公司未来发展需要并结合海润光伏公司 2014 年实际经营状况,为了积极回报股东,与所有股东分享海润光伏公司未来发展的经营成果,在符合利润分配原则,保证正常经营和长远发展的前提下,提议海润光伏公司 2014 年度利润分配及资本公积金转增股本预案:以海润光伏公司 2014 年 12 月 31 日股本 1574978384 股为基数,以资本公积金向全体股东每 10 股转增 20 股。三股东同时承诺,在海润光伏公司有关董事会和股东大会审议上述 2014 年度利润分配及资本公积金转增股本预案时投赞成票。2015 年 1 月 23 日,海润光伏公司将上述《分配提案》予以披露。同日,海润光伏公司披露《分配预告》,该《分配预告》介绍了上述《分配提案》及承诺书的内容,并明确公司共 9 名董事均已针对《分配提案》签署了书面确认文件,表示在公司董事会审议《分配提案》时投赞成票。《分配预告》还告知了其他事项,并进行了风险提示。

2015 年 1 月 22 日,海润光伏公司股票成交量为 8350 万股,收盘价为 9.37 元。2015 年 1 月 23 日,公司股票成交量为 26528 万股,收盘价为 10.31 元。2015 年 1 月 23 日至同年 1 月 30 日,公司股票日均成交量达 18967 万股。2015 年 1 月 31 日,海润光伏公司披露了《2014 年度业绩预亏公告》。该公告称"经财务部门初步测算,预计 2014 年年度实现归属于上市公司股东的净利润为人民币 -8 亿元左右"。海润光伏公司之后公告的《2014 年年度报告》显示,2014 年归属于上市公司股东的净利润为 -947595474.67元。海润光伏公司《公司章程》第一百五十六条规定,公司可采用现金、股票或者现金与股票相结合或者法律、法规允许的其他方式分配股利。在公司经营情况良好,并且董事会认为公司股票价格与公司股本规模不匹配、发放股票股利有利于公司全体股东整体利益时,可以在满足本章程规定之现金分红的条件下,提出股票股利分配预案。除特殊情况外,在现金流充裕时,公司应进行现金分红。公司实施现金分红应同时满足的条件:1. 公司合并报表该年度或半年度实现的归属于母公司股东的净利润为正值。2. 母公司累计可供分配利润为正值。3. 审计机构对公司的该年度或半年度财务报告出具无保留意见的审计报告。海润光伏公司《分红规划》亦对上述内容作出规定。

2015 年 2 月,庞忠惠、郭高凌等人陆续向被告投诉海润光伏公司信息披露违规导致投资者损失等问题。2015 年 2 月、3 月,被告分别向海润光伏公司、九润公司、紫金公司等发出调查通知书,以公司涉嫌信息披露违法行为为由,决定立案调查。调查中,被告分别向杨怀进、任向东、陆克平、曹敏、问闻、洪冬平等人询问。杨怀进陈述,其从 2014 年 10 月起担任海润光伏公司董事长。《分配提案》最初是其先提出来的,2015 年 1 月 22 日下午,其与任向东、陆克平沟通了这个提案。最初其没有意识到这个提案的重大影响,所以仅让问闻以邮件形式通知了其他股东。披露时,其对公司 2014 年度实际经营状况并不完全掌握,也没有考虑是否应当等业绩出来后再进行利润分配提案。这次提案的表述上确实考虑不周全,作为董事长其存在失职。任向东陈述,其是九润公司的实际控制人,持有公司 98% 的股份。《分配提案》是杨怀进首先提出的,因为觉得对全体股东有好处,其表示同意。提案时,其并不了解海润光伏公司2014年的经营情况,只是觉得会盈利,当时只看了是利润分配方案内容是10转增20,没有仔细看具体的表述内容。现在一个字一个字来看,是有点误导的,好像公司2014年业绩很好一样。陆克平陈述,其是紫金公司董事长。提案是杨怀进提出来的。其要是知道2014年亏损,绝对不会同意10转增20的提案的,其他董事如果知道2014年亏8个亿也是不会同意10转增20的。曹敏陈述,其是海润光伏公司的副总裁,代董秘。2015年1月22日,其在办公室收到杨总(指杨怀进)的邮件,他们提出"10转增20"的提案。其后来把邮件发给问闻,让他问问董事的意见和股东减持计划,并按照要求进行信息披露。提案的公告是其和问闻草拟的,信息披露的具体内容是按照套路来披露,参考了其他公司的披露文件,没有特别的意义。问闻陈述,其自2011年1月起在海润光伏公司工作。"10转增20"的提案是杨总(指杨怀进)发邮件给曹总(指曹敏),然后曹总通知其做好信息披露工作。其参考玉龙股份的信息披露框架,对此次提案作出信息披露。洪冬平陈述,其是海润光伏公司的独立董事及审计委员会主任。2015年1月22日,提议"10送20"的时候,其在当天就询问问闻资本公积金及公司业绩情况,当时问闻说资本公积金是够的,业绩报表尚未出来,他也不知道,估计是亏损,但亏损不会大。在知悉2014年度业绩预亏8亿的情况后,其认为提案是不合适的。因为投资者肯定判断公司2014年业绩向好,而不认为公司是巨亏。

2015年10月12日,被告向海润光伏公司、九润公司、紫金公司、杨怀进、曹敏、任向东作出行政处罚事先告知书,告知了行政处罚的事实、理由、依据及陈述申辩的权利。海润光伏公司、九润公司等均表示不需要陈述申辩,亦不需要举行听证会。2015年10月22日,被告作出5号《处罚决定书》,该处罚决定认定杨怀进、紫金公司、九润公司于2015年1月23日披露的《分配提案》存在误导性陈述,违反了《上市公司信息披露管理办法》第二条的规定,构成《上市公司信息披露管理办法》第六十一条、《证券法》第一百九十三条第一款所规定的违法情形,决定对九润公司给予警告,并针对其误导性陈述的信息披露违法行为处以40万元罚款。此外,被告在本次处罚中对九润公司超比例减持未完整予以信息披露等违法行为、海润光伏公司、曹敏、任向东亦作出其他处罚决定。2015年10月26日,被告向九润公司送达了5号《处罚决定书》。

本院认为,《证券法》第七条规定:"国务院证券监督管理机构依法对全国证券市场实行集中统一监督管理。国务院证券监督管理机构根据需要可以设立派出机构,按照授权履行监督管理职责。"《中国证券监督管理委员会派出机构行政处罚工作规定》(证监发[2013]45号文)第一条规定:"为进一步加强行政执法,健全证券期货执法体制,有效打击证券期货市场违法违规行为,中国证券监督管理委员会(以下简称中国证监会)决定授权派出机构开展行政处罚工作。派出机构应当依据本规定认真履行行政处罚职权,依法严格办案。"第二条规定:"派出机构按照规定对管辖范围内的案件进行审理,实施行政处罚,但大案要案、复杂疑难案件以及其他可能对当事人权益造成重大影响的案件除外。"根据上述规定,中国证监会对全国证券市场实行集中统一监督管理,派出机构根据中国证监会的授权对管辖范围内的案件进行审理,实施行政处罚。本案中,被告江苏证监局系中国证监会的派出机构,其负有对本辖区内证券违法案件审理和行政处罚的法定职责。

《证券法》第六十三条规定:"发行人、上市公司依法披露的信息,必须真实、准确、完整,不得有虚假记载、误导性陈述或者重大遗漏。"本案中,九润公司、杨怀进与紫金公司系海润光伏公司的三位股东,三股东向公司董事会提交了《分配提案》。该提案的主要内容是以海润光伏公司2014年12月31日的股本为基数,以资本公积金向全体股东每10股转增20股。三股东认为提案提交的原因是"基于海润光伏公司未来发展需要并结合海润光伏公司2014年实际经营状况,为了积极回报股东,与所有股东分享海润光伏公司未来发展的经营成果,在符合利润分配原则,保证正常经营和长远发展的前提下……"根据常理,上市公司以资本公积金转增股本表明上市公司经营状况良好。《分配提案》中对提案原因的描述,足以让投资者产生海润光伏公司2014年经营状况良好,资本公积金转增股本有公司经营业绩支撑的判断,从而直接影响投资者的投资决策。此外,每年的1月31日系公司业绩预告的披露时间,而三股东于2015年1月22日向公司董事会提交了该提案,海润光伏公司于同年1月23日披露该提案,披露时点仅处于法定业绩预告截止前的五个交易日,如此敏感的披露时点更增强了投资者对公司2014年经营业绩良好的确信。上述信息披露的当日,海润光伏公司的股票交易价格上涨10%,之后的一周时间,海润光伏公司股票的平均成交量亦大幅上涨,表明投资者在该披露信息的影响下大量交易该股票,信息披露已对证券市场产生实际影响。海润光伏公司2015年1月31日披露的《2014年年度业绩预亏公告》显示,海润光伏公司2014年年度实现归属于上市公司股东的净利润为人民币-8亿元左右,而之后公告的《2014年年度报告》显示,2014年归属于上市公司股东的净利润为-947595474.67元。在被告案件调查中,三股东均表示在作出提案前并不了解海润光伏公司2014年经营状况,海润光伏公司董事长杨怀进认可提案的表述考虑不周全,其存在失职。九润公司的实际控制人任向东则认可提案的内容有误导性。紫金公司的董事长陆克平亦明确,如果知道2014年公司亏损,其不会同意该提案。由此可见,在海润光伏公司2014年存在巨额亏损的情况下,《分配提案》的内容与《公司章程》及《分红规划》规定的股票股利发放条件完全不符,该披露提案根本背离了海润光伏公司2014年的实际经营状况,违反了披露信息应当真实、准确的原则,严重误导了广大投资者,属于《证券法》第六十三条所规定存在"误导性陈述"的情形。

《证券法》第六十七条第一款规定:"发生可能对上市公司股票交易价格产生较大影响的重大事件,投资者尚未得知时,上市公司应当立即将有关该重大事件的情况向国务院证券监督管理机构和证券交易所报送临时报告,并予公告,说明事件的起因、目前的状态和可能产生的法律后果。"第七十条规定:"依法必须披露的信息,应当在国务院证券监督管理机构指定的媒体发布,同时将其置备于公司住所、证券交易所,供社会公众查阅。"根据上述规定,可能对上市公司股票交易价格产生较大影响的重大事件,属于依法必须披露的信息。本案中,《分配提案》对海润光伏公司股票的交易价格有较大影响,属于依法应当披露的信息。三股东在提交《分配提案》前,基于股东身份和履行职责的要求,应当充分知晓海润光伏公司2014年的经营业绩。三股东在未全面了解上述信息的情况下,即制作严重误导投资者的《分配提案》,并将该提案向海润光伏公司董事会提交,致海润光伏公司将提案予以披露,严重扰乱了证券市场正常的交易秩序,故三股东及海润光伏公司应对信息披露违法行为承担相应的法律责任。《证券法》第一百九十三条第一款规定:"发行人、上市公司或者其他信息披露义务人未按照规定披露信息,或者所披露的信息有虚假记载、误导性陈述或者重大遗漏的。责令改正,给予警告,并处以三十万元以上六十万元以下的罚款。对直接负责的主管人员和其他直接责任人员给予警告,并处以三万元以上三十万元以下的罚款。"《上市公司信息披露管理办法》第六十一条规定:"信息披露义务人未在规定期限内履行信息披露义务,或者所披露的信息有虚假记载、误导性陈述或者重大遗漏的,中国证监会按照《证券法》第一百九十三条处罚。"基于上述违法情形,被告以九润公司披露的《分配提案》存在误导性陈述为由,对九润公司处以警告及40万元罚款的处罚,该处罚符合法律规定,并无不当。

《行政处罚法》第三十条规定:"公民、法人或者其他组织违反行政管理秩序的行为,依法应当给予行政处罚的,行政机关必须查明事实;违法事实不清的,不得给予行政处罚。"第三十一条规定:"行政机关在作出行政处罚决定之前,应当告知当事人作出行政处罚决定的事实、理由及依据,并告知当事人依法享有的权利。"第三十二条规定:"当事人有权进行陈述和申辩。行政机关必须充分听取当事人的意见,对当事人提出的事实、理由和证据,应当进行复核;当事人提出的事实、理由或者证据成立的,行政机关应当采纳。行政机关不得因当事人申辩而加重处罚。"本案中,被告在接在投诉人的投诉举报后,向海润光伏公司、九润公司、紫金公司等发出调查通知书予以立案调查,收集了相关证据材料,并询问了相关人员。在作出处罚决定前,被告向海润光伏公司、九润公司等告知了行政处罚的事实、理由、依据及陈述申辩的权利,在海润光伏公司、九润公司等均表示不需要陈述申辩及听证的情况下,被告依法作出处罚决定并向被处罚人送达处罚决定书,该行政处罚程序符合法律规定。

综上,被告在5号《处罚决定书》中针对原告九润公司误导性陈述所作出的处罚决定,证据确凿,适用法律法规正确,符合法定程序。原告要求撤销该处罚决定的诉讼请求,本院不予支持。依照《中华人民共和国行政诉讼法》第六条、第六十三条、第六十九条之规定,判决如下:

驳回原告江阴市九润管业有限公司的诉讼请求。

案件受理费50元,由原告江阴市九润管业有限公司负担。

如不服本判决,可在判决书送达之日起十五日内,向本院递交上诉状,并按对方当事人的人数提出副本,上诉于江苏省高级人民法院。

二〇一六年九月二十一日

第六部分　法律意见书选编

上海市方达律师事务所关于宁波银行股份有限公司公开发行可转换为A股股票的公司债券的法律意见书

致:宁波银行股份有限公司

上海市方达律师事务所(以下简称“本所”)是具有中华人民共和国(以下简称“中国”)法律执业资格的律师事务所。根据宁波银行股份有限公司(以下简称“发行人”)与本所签订的法律顾问协议,本所担任发行人拟根据其第五届董事会第九次会议和2016年第一次临时股东大会的批准公开发行不超过人民币100亿元A股可转换公司债券(以下简称“本次发行”)的特聘专项法律顾问,并以此身份为本次发行出具法律意见书和律师工作报告。

本所按照中国证券监督管理委员会(以下简称“中国证监会”)的要求、参照《公开发行证券公司信息披露的编报规则第12号——公开发行证券的法律意见书和律师工作报告》(证监发〔2001〕37号)的要求,并依据《中华人民共和国证券法》(以下简称“《证券法》”)、《中华人民共和国公司法》(以下简称“《公司法》”)及其他适用的法律、行政法规及适用的政府部门其他规章、规范性文件(以下合称“中国法律”)的规定,出具本法律意见书。

为出具本法律意见书,本所依据中国法律的规定,对发行人本次发行的法律资格及其应具备的条件进行了法律尽职调查。本所律师查阅了其认为出具本法律意见书所需查阅的文件,并就有关事项向发行人和/或其他有关机构作了询问并进行了必要的讨论。

在法律尽职调查过程中,本所得到发行人如下保证:即其已经提供了本所认为出具本法律意见书所必需的、真实的原始书面材料、副本材料或口头证言,发行人在向本所提供文件时并无遗漏,所有文件上的签名、印章均是真实的,所有副本材料或复印件均与原件一致。

对出具本法律意见书至关重要而又无法得到独立的证据支持的事实,本所依赖政府有关部门、发行人或者其他有关机构出具的证明文件出具法律意见,该等证明文件的形式包括书面形式和电子文档形式。

本所及经办律师依据《证券法》、《律师事务所从事证券法律业务管理办法》和《律师事务所证券法律业务执业规则(试行)》等规定及本法律意见书出具日以前已经发生或者存在的事实,严格履行了法定职责,遵循了勤勉尽责和诚实信用原则,进行了充分的核查验证,保证本法律意见所认定的事实真实、准确、完整,所发表的结论性意见合法、准确,不存在虚假记载、误导性陈述或者重大遗漏,并承担相应法律责任。

本所仅就与本次发行有关的法律问题发表法律意见,并不对有关会计审计、资产评估、盈利预测、投资决策等专业事项发表评论。在本法律意见书中涉及该等内容时,均为严格按照有关中介机构出具的报告或发行人的文件引述。

本法律意见书依据出具日现行有效的中国法律出具。

本法律意见书仅供发行人为本次发行之目的使用。未经本所事先书面同意,本法律意见书不得向任何他人提供,或被任何他人所依赖,或用作任何其他目的。

本所同意将本法律意见书作为发行人申请本次发行所必备的法定文件,随同其他申报材料提呈中国证监会审查。本所承诺对法律意见书的真实性、准确性和完整性承担相应的法律责任。

在本法律意见书中，除非特别说明，文中提及的“元”均指人民币元。

本所律师根据《证券法》第二十条的要求，按照律师行业公认的业务标准、道德规范和勤勉尽责精神，对发行人提供的有关文件和事实进行了核查和验证，现出具法律意见如下：

一、本次发行的批准和授权

a)2016 年 1 月 15 日，发行人第五届董事会第九次会议审议批准了《关于宁波银行股份有限公司公开发行 A 股可转换公司债券并上市方案的议案》、《关于宁波银行股份有限公司公开发行 A 股可转换公司债券募集资金使用的可行性报告的议案》、《关于宁波银行股份有限公司前次募集资金使用情况报告的议案》、《关于宁波银行股份有限公司公开发行 A 股可转换公司债券摊薄即期回报及填补措施的议案》和《关于提请股东大会授权董事会、董事长和/或董事长授权的人士全权办理本次公开发行 A 股可转换公司债券并上市有关事项的议案》。

b)2016 年 2 月 3 日，发行人 2016 年第一次临时股东大会就《关于宁波银行股份有限公司公开发行 A 股可转换公司债券并上市方案的议案》、《关于宁波银行股份有限公司公开发行 A 股可转换公司债券募集资金使用的可行性报告的议案》、《关于宁波银行股份有限公司前次募集资金使用情况报告的议案》、《关于宁波银行股份有限公司公开发行 A 股可转换公司债券摊薄即期回报及填补措施的议案》和《关于提请股东大会授权董事会、董事长和/或董事长授权的人士全权办理本次公开发行 A 股可转换公司债券并上市有关事项的议案》逐项进行了表决，并以特别决议通过了前述议案。

c)2016 年 3 月 4 日，中国银行业监督管理委员会宁波监管局（以下简称“宁波银监局”）下发《关于宁波银行公开发行 A 股可转换公司债券相关事宜的批复》（甬银监复〔2016〕53 号），同意发行人公开发行不超过 100 亿元的 A 股可转换公司债券，在转股后按照相关监管要求计入核心一级资本。

d)发行人本次发行尚待获得中国证监会核准。

综上，本所认为，发行人有关本次发行的董事会和股东大会已依法定程序作出批准本次发行的决议，与本次发行相关的决议内容符合适用的中国法律及《公司章程》的有关规定，合法有效。发行人已就本次发行取得了必要的内部批准；发行人股东大会就本次发行授权事宜的授权范围和授权程序合法有效；除本次发行尚待中国证监会核准外，发行人本次发行已取得中国境内其他所有必需的批准及授权。

二、发行人本次发行的主体资格

a)发行人的前身系根据《公司法》和《中华人民共和国商业银行法》，并经中国人民银行（以下简称“人民银行”）以《关于筹建宁波城市合作银行的批复》（银复字〔1996〕425 号）和《关于宁波城市合作银行开业的批复》（银复〔1997〕136 号）批准，将宁波市原有 17 家城市信用合作社、1 家城市信用合作社联合社及挂靠城市信用合作社联合社的 4 个办事处（以下简称“原信用社及市联社”）纳入组建范围，由原信用社及市联社的原股东（包括 364 家机构及企业法人和 2,421 名自然人）与宁波市财政局、宁波经济技术开发区财务公司于 1997 年 4 月 10 日共同发起设立的宁波城市合作银行。

b)1998 年 6 月 2 日，经人民银行浙江省分行批准，人民银行宁波市分行下发《关于同意宁波城市合作银行更名为宁波市商业银行的批复》（甬银复字〔1998〕第 99 号），同意发行人更名为“宁波市商业银行股份有限公司”。2007 年 4 月 13 日，经中国银行业监督管理委员会（以下简称“中国银监会”）以《关于宁波市商业银行更名的批复》（银监复〔2007〕64 号）批准，发行人更名为“宁波银行股份有限公司”。

c)2007 年 7 月 14 日，经中国证监会以《关于核准宁波银行股份有限公司首次公开发行股票的通知》（证监发行字〔2007〕160 号）核准，发行人在境内公开发行 4.5 亿股新股。2007 年 7 月 19 日，经深圳证券交易所（以下简称“深交所”）《关于宁波银行股份有限公司人民币普通股股票上市的通知》（深证上〔2007〕111 号）同意，发行人的股票于深交所上市交易。

d)发行人现持有宁波银监局于 2011 年 6

月 15 日核发的《金融许可证》(机构编码:B0152H233020001)和宁波市市场监督管理局于 2015 年 11 月 24 日核发的《营业执照》(统一社会信用代码:91330200711192037M),据该等证照记载,发行人的基本情况如下:

注册资本:3,899,794,081 元

法定代表人:陆华裕

住所:宁波市鄞州区宁南南路 700 号

经营范围:吸收公众存款;发放短期、中期和长期贷款;办理国内结算;办理票据贴现;发放金融债券;代理发行、代理兑付、承销政府债券;买卖政府债券;从事同业拆借;从事银行卡业务;提供担保;代理收付款项及代理保险业务;提供保管箱业务;办理地方财政信用周转使用资金的委托贷款业务;外汇存款、贷款、汇款;外币兑换;国际结算,结汇、售汇;同业外汇拆借;外币票据的承兑和贴现;外汇担保;经中国银行业监督管理机构、中国人民银行和国家外汇管理机关批准的其他业务。

e)发行人已完成 2014 年度企业年度报告公示。

f)发行人获得国家有权部门的批准,依照合法程序设立,并办理了相关的工商登记手续。截至本法律意见书出具日,发行人未出现根据中国法律和《公司章程》的规定需要终止的情形,发行人为依法设立并有效存续的上市公司。

综上所述,本所认为,发行人具备本次发行的主体资格。

三、发行人本次发行的条件

本所律师依据《证券法》、《公司法》、《上市公司证券发行管理办法》(以下简称"《管理办法》")及中国证监会于 2016 年 2 月 26 日在其官方网站发布的《[行政许可事项服务指南]上市公司发行可转换为股票的公司债券核准》(以下简称"《证监会可转债指南》")等中国法律规定,对于发行人本次发行的实质条件进行了逐一核查:

3.1　发行人的组织机构健全、运行良好,符合《证券法》第十三条第一款第(一)项和《管理办法》第六条的规定,具体而言:

3.1.1　经核查,《公司章程》合法有效,发行人的股东大会、董事会、监事会和独立董事制度健全,相关机构和人员能够依法有效的履行职责(参见本法律意见书第十三条、第十四条),符合《管理办法》第六条第(一)项的规定;

3.1.2　根据《宁波银行股份有限公司2012 年度内部控制自我评价报告》、《宁波银行股份有限公司 2013 年度内部控制自我评价报告》、《宁波银行股份有限公司 2014 年度内部控制自我评价报告》(任何一份或多份,统称"《内控报告》")、安永华明会计师事务所(特殊普通合伙)(以下简称"安永华明",包括其前身)向发行人股东出具的《内部控制审计报告》(安永华明(2014)专字第 60466992_B03 号)、《内部控制审计报告》(安永华明(2015)专字第60466992_B01 号)(任何一份或多份,统称"《内控审计报告》")及中信证券股份有限公司《关于〈宁波银行股份有限公司 2014 年度内部控制自我评价报告〉的核查意见》,发行人未发现非财务报告内部控制重大缺陷,发行人在所有重大方面保持了有效的财务报告内部控制,发行人已经建立了较为完善的法人治理结构,制定了较为完备的公司治理及内部控制相关的各项规章制度;2014 年度,发行人内部控制制度执行情况良好,符合有关法律法规和证券监管部门对上市公司内部控制制度管理的规范要求。宁波银监局于 2016 年 3 月 7 日下发《关于宁波银行监管意见书的复函》(甬银监函〔2016〕21 号,以下简称"《监管意见函》"),其载明发行人内部控制有效性逐步提高。基于前述,本所认为,发行人的内部控制制度符合《管理办法》第六条第(二)项的规定;

3.1.3　根据发行人书面确认,除冯培炯担任发行人董事尚待取得宁波银监局的任职资格核准外,发行人现任董事、监事和高级管理人员具备任职资格(参见本法律意见书第十四条),能够忠实和勤勉地履行职务,不存在违反《公司法》第一百四十七条、第一百四十八条规定的行为,且最近三十六个月内未受到过中国证监会的行政处罚、最近十二个月内未受到过深交所的公开谴责(参见本法律意见书第十七条),符合《管理办法》第六条第(三)项的规定;

3.1.4　根据发行人书面确认,发行人无实际控制人。发行人人员、资产、财务、机构、业务独立;发行人能够自主经营管理(参见本法律意见书第四条),符合《管理办法》第六条第(四)项的规定;

3.1.5 根据发行人书面确认,发行人在最近十二个月内未发生超越《公司章程》授权违规对外提供担保的行为,符合《管理办法》第六条第(五)项的规定。

3.2 发行人盈利能力具有可持续性,符合《证券法》第十三条第一款第(二)项所述的"具有持续盈利能力"和《管理办法》第七条的规定,具体而言:

3.2.1 根据发行人根据中国会计准则编制的经安永华明审计的2012年度、2013年度和2014年度财务报告(任何一份或多份,以下简称"《审计报告》"),2012年、2013年和2014年,发行人的净利润(扣除非经常性损益前后孰低值)分别为40.33亿元、48.47亿元和56.34亿元。发行人最近三个会计年度连续盈利,符合《管理办法》第七条第(一)项的规定;

3.2.2 发行人的盈利主要来自发行人的主营业务。根据《审计报告》及发行人书面确认,发行人自2012年1月1日至2015年9月30日(以下简称"报告期")内的主营业务和盈利状况如下表所示:

单位:千元

项目	2015年1-9月	2014年	2013年	2012年
营业收入	14,124,299	15,356,750	12,761,479	10,341,836
其他业务收入	24,766	33,540	31,215	44,265
营业利润	6,628,753	7,026,577	6,060,031	5,044,548
利润总额	6,625,596	7,006,892	6,051,379	5,098,041
归属于母公司股东的净利润	5,320,519	5,627,466	4,847,071	4,068,137

根据发行人书面确认,发行人在报告期内不存在控股股东。

基于上述,本所认为,发行人业务和盈利来源相对稳定,不存在严重依赖控股股东的情形,符合《管理办法》第七条第(二)项的规定;

3.2.3 根据发行人书面确认,发行人现有主营业务或投资方向能够可持续发展,经营模式和投资计划稳健,主要产品或服务的市场前景良好,行业经营环境和市场需求不存在现实或可预见的重大不利变化,符合《管理办法》第七条第(三)项的规定;

3.2.4 根据发行人书面确认,发行人的高级管理人员稳定,最近十二个月内未发生重大不利变化(参见本法律意见书第十四条),符合《管理办法》第七条第(四)项的规定;

3.2.5 经核查并经发行人书面确认,除本法律意见书第九条所述的情形外,发行人的重要资产、核心技术或其他重大权益的取得合法,能够持续使用,不存在现实或可预见的重大不利变化(参见本法律意见书第九条),符合《管理办法》第七条第(五)项的规定;

3.2.6 经核查并经发行人书面确认,发行人目前不存在可能严重影响其持续经营的担保、诉讼、仲裁或其他重大事项(参见本法律意见书第十条和第十七条),符合《管理办法》第七条第(六)项的规定;

3.2.7 发行人自2012年以来不存在公开发行证券的情况,不存在《管理办法》第七条第(七)项规定的公开发行证券当年营业利润比上年下降50%以上的情形。

3.3 发行人的财务状况良好,符合《证券法》第十三条第一款第(二)项所述的"财务状况良好"、《管理办法》第八条的规定,具体而言,根据《内控报告》、《内控审计报告》、中信证券股份有限公司《关于〈宁波银行股份有限公司2014年度内部控制自我评价报告〉的核查意见》、《审计报告》和发行人书面确认,并根据我们所具有的知识所能够作出的判断:

3.3.1 根据发行人书面确认,发行人会计基础工作规范,严格遵循国家统一会计制度的规定,符合《管理办法》第八条第(一)项的规定;

3.3.2 发行人最近三年及一期的财务报表均未被注册会计师出具保留意见、否定意见、无法表示意见或带强调事项段的无保留意见的审计报告,符合《管理办法》第八条第(二)项规

定的构成本次发行实质障碍的情形;

3.3.3　发行人《2015 年第三季度报告》及《监管意见函》载明,截至 2015 年三季度末,发行人不良贷款率 0.88%,拨备覆盖率 299.26%,拨贷比 2.62%,发行人损失准备金计提符合监管要求,资产安全情况良好。基于上述,发行人资产质量总体状况良好,且不存在不良资产对公司财务状况造成重大不利影响的情形,符合《管理办法》第八条第(三)项的规定;

3.3.4　最近三年发行人经营成果真实,现金流量正常,营业收入和成本费用的确认严格遵循国家有关企业会计准则的规定,资产减值准备计提充分合理,不存在操纵经营业绩的情形,符合《管理办法》第八条第(四)项的规定;

3.3.5　发行人 2012 年度、2013 年度和 2014 年度的归属于母公司股东的净利润分别为 4,068,137 千元、4,847,071 千元和 5,627,466 千元;发行人最近三年年均归属于母公司股东的净利润为 4,847,558 千元。经发行人年度股东大会批准和/或授权,发行人向股东派发 2012 年度、2013 年度和 2014 年度的现金红利分别为 720,955 千元、1,153,528 千元和 1,462,423千元;发行人最近三年以现金方式累计分配利润为 3,336,906 千元。发行人以现金方式累计分配的最近三年的利润不少于最近三年实现的年均可分配利润的 30%,符合经中国证监会《关于修改上市公司现金分红若干规定的决定》修订的《管理办法》第八条第(五)项的规定。

3.4　根据《审计报告》、《内控报告》和发行人书面确认,发行人最近三十六个月内财务会计文件无虚假记载,符合《证券法》第十三条第一款第(三)项和《管理办法》第九条所述的"最近三十六个月内财务会计文件无虚假记载"的规定;

3.5　发行人不存在重大违法行为,符合《证券法》第十三条第一款第(三)项所述的"无其他重大违法行为"和《管理办法》第九条的规定,具体而言,根据发行人书面确认并根据我们所具有的知识所能够作出的判断:

3.5.1　根据发行人书面确认并经核查,发行人最近三十六个月内未因违反证券法律、行政法规或规章,受到中国证监会的行政处罚或者受到刑事处罚,不存在《管理办法》第九条第(一)项规定的情形;

3.5.2　根据发行人书面确认,发行人最近三十六个月内未因违反工商、税收、土地、环保、海关法律、行政法规或规章,受到行政处罚且情节严重,或者受到刑事处罚,不存在《管理办法》第九条第(二)项规定的情形;

3.5.3　经核查并经发行人书面确认,发行人最近三十六个月内未发生违反国家其他法律、行政法规且情节严重的行为,不存在《管理办法》第九条第(三)项规定的情形。

3.6　发行人的各项财务数据符合《证券法》第十六条第一款、《管理办法》第十四条第一款及《证监会可转债指南》第八部分第 4 条第(1)款的规定,具体而言,根据《审计报告》及发行人书面确认:

3.6.1　发行人截至报告期末的净资产(按不含少数股东权益计)为 38,385,621 千元,符合《证券法》第十六条第一款第(一)项的规定;

3.6.2　根据中国证监会《关于银行业上市公司发行债券时累计公司债券余额如何计算有关问题的函》(发行监管函〔2008〕11 号)规定,银行业上市公司发行可转换公司债券时,其累计公司债券余额的计算由中国银监会根据有关监管指标核定。发行人本次发行方案已获得宁波银监局批准,符合上述相关规定及《证券法》第十六条第一款第(二)项、《管理办法》第十四条第(二)项和《证监会可转债指南》第八部分第 4 条第(1)款第(二)项的规定;

3.6.3　发行人 2012 年度、2013 年度和 2014 年度归属于母公司股东的净利润分别为 4,068,137 千元、4,847,071 千元和 5,627,466 千元;发行人最近三年年均归属于母公司股东的净利润为 4,847,558 千元。根据发行人的书面确认,最终确定的债券利率将不超过国务院限定的利率水平(参见本法律意见书第 3.7 条)。基于前述,本所认为,在发行人承诺的利率范围内,发行人最近三年平均可分配利润不少于本次可转债一年的利息,符合《证券法》第十六条第一款第(三)项、《管理办法》第十四条第一款第(三)项和《证监会可转债指南》第八部分第 4 条第(1)款第(三)项的规定;

3.6.4　根据《审计报告》,发行人 2012 年度、2013 年度和 2014 年度的加权平均净资产收益率（扣除非经常性损益前后孰低值）分别为19.80%、20.41%和19.45%，加权平均净资产收益率平均不低于6%，符合《管理办法》第十四条第一款第（一）项及《证监会可转债指南》第八部分第4条第（1）款第（一）项的规定。

3.7　根据本次发行的授权事项及《宁波银行股份有限公司公开发行A股可转换公司债券募集说明书》（以下简称"《募集说明书》"），本次可转债的债券利率由股东大会授权公司董事会及其授权人士在发行前根据相关监管部门的要求，并结合公司的实际情况确定，符合《证券法》第十六条第一款第（五）项的规定。

3.8　本次发行的募集资金将用于支持未来业务发展，在可转债转股后按照相关监管要求用于补充发行人核心一级资本。募集资金投向符合国家产业政策，募集资金的数额和使用符合《证券法》第十六条第一款第（四）项、《证券法》第十六条第二款和《管理办法》第十条的规定。

3.9　发行人未曾公开发行公司债券。根据发行人书面确认并经核查，发行人不存在《证券法》第十八条规定的不得再次公开发行公司债券的情形。

3.10　发行人不存在《管理办法》第十一条规定的不得公开发行证券的情形，具体而言：

3.10.1　根据发行人书面确认、发行人全体董事、监事、高级管理人员对于《募集说明书》及其摘要不存在虚假记载、误导性陈述或重大遗漏的声明等文件，本次发行申请文件涉及法律的部分不存在虚假记载、误导性陈述或重大遗漏，不存在《管理办法》第十一条第（一）项规定的情形；

3.10.2　根据经发行人2016年第一次临时股东大会批准的《宁波银行股份有限公司前次募集资金使用情况报告》和安永华明出具的《前次募集资金使用情况的专项鉴证报告》（安永华明（2016）专字第60466992_B01号），截至2015年12月31日，发行人不曾未经法定程序擅自改变前次发行证券募集资金用途（参见本法律意见书第16.3条），不存在《管理办法》第十一条第（二）项规定的情形；

3.10.3　经核查，发行人最近十二个月内未受到过深交所的公开谴责，不存在《管理办法》第十一条第（三）项规定的情形；

3.10.4　根据发行人确认并经本所核查，发行人不存在控股股东或实际控制人，且发行人最近十二个月内未违反向投资者作出的公开承诺，不存在《管理办法》第十一条第（四）项规定的情形；

3.10.5　根据发行人及其现任董事、高级管理人员书面确认并经本所核查，发行人及其现任董事、高级管理人员未因涉嫌犯罪被司法机关立案侦查或涉嫌违法违规被中国证监会立案调查，不存在《管理办法》第十一条第（五）项规定的情形；

3.10.6　根据发行人书面确认并经本所核查，发行人不存在《管理办法》第十一条第（六）项规定的严重损害投资者的合法权益和社会公共利益的其他情形。

3.11　根据发行方案，本次可转债转股期自可转债发行结束之日满六个月后的第一个交易日起至可转债到期之日止，债券持有人在转股期内有权决定转换股票或不转换股票，符合《公司法》第一百六十二条的规定。

3.12　根据发行方案、本次发行的授权事项、《募集说明书》，本次可转债符合《证监会可转债指南》第八部分第4条第（2）款至第（13）款及《管理办法》第二章第三节规定的其他发行条件，具体包括：

3.12.1　本次可转债的期限为6年，符合《证监会可转债指南》第八部分第4条第（2）款及《管理办法》第十五条的规定；

3.12.2　本次可转债每张面值人民币100元，按面值发行。本次可转债的债券利率由股东大会授权公司董事会及其授权人士在发行前根据相关监管部门的要求，并结合公司的实际情况确定，符合《证监会可转债指南》第八部分第4条第（3）款及《管理办法》第十六条的规定；

3.12.3　发行人已委托中诚信证券评估有限公司为本次可转债的信用评级机构，根据《宁波银行股份有限公司2016年可转换公司债券信用评级报告》，中诚信将对本次可转债进行信用评级和跟踪评级，且每年至少公告一次跟踪评级报告，符合《证监会可转债指南》第八部分第4条第（4）款及《管理办法》第十七条的规定；

3.12.4 根据发行人书面确认,其将在本次可转债期满后5个工作日内办理完毕偿还债券余额本息的事项,符合《证监会可转债指南》第八部分第4条第(5)款及《管理办法》第十八条的规定;

3.12.5 本次可转债发行方案规定了保护债券持有人权利的措施、债券持有人会议的召开情形、权利、程序和决议生效条件,符合《证监会可转债指南》第八部分第4条第(6)款及《管理办法》第十九条的规定;

3.12.6 根据《审计报告》,发行人2014年末经审计归属于母公司股东的权益为34,091,097千元,超过15亿元,故本次可转债未设置担保符合《证监会可转债指南》第八部分第4条第(7)款及《管理办法》第二十条的规定;

3.12.7 根据发行方案,本次可转债转股期自可转债发行结束之日满六个月后的第一个交易日起至可转债到期之日止,符合《证监会可转债指南》第八部分第4条第(8)款及《管理办法》第二十一条第一款的规定;

3.12.8 根据发行方案,本次可转债初始转股价格不低于《募集说明书》公告之日前二十个交易日发行人A股股票交易均价(若在该二十个交易日内发生过因除权、除息引起股价调整的情形,则对调整前交易日的交易价按经过相应除权、除息调整后的价格计算)和前一个交易日发行人A股股票交易均价,以及最近一期经审计的每股净资产和股票面值,符合《证监会可转债指南》第八部分第4条第(9)款及《管理办法》第二十二条的规定;

3.12.9 根据发行方案及《募集说明书》,本次可转债设置了赎回条款,规定发行人可按事先约定的条件和价格赎回尚未转股的可转换公司债券,符合《证监会可转债指南》第八部分第4条第(10)款及《管理办法》第二十三条的规定;

3.12.10 根据发行方案及《募集说明书》,本次可转债设置了回售条款,规定债券持有人可按事先约定的条件和价格将所持债券回售给发行人,且约定若本次发行可转债募集资金运用的实施情况与发行人在《募集说明书》中的承诺相比出现变化,该变化被中国证监会认定为改变募集资金用途的,可转债持有人享有一次以面值加上当期应计利息的价格向发行人回售本次发行的可转债的权利,符合《证监会可转债指南》第八部分第4条第(11)款及《管理办法》第二十四条的规定;

3.12.11 根据发行方案及《募集说明书》,本次可转债设置了转股价格的确定及其调整条款,规定当发行人因派送股票股利、转增股本、增发新股或配股、派送现金股利等情况(不包括因本次发行的可转债转股而增加的股本)使发行人股份发生变化时,发行人将视具体情况按照公平、公正、公允的原则以及充分保护本次发行的可转债持有人权益的原则调整转股价格,符合《证监会可转债指南》第八部分第4条第(12)款及《管理办法》第二十五条的规定;

3.12.12 根据发行方案及《募集说明书》,本次可转债设置了转股价格向下修正条款,规定转股价格修正方案须提交发行人股东大会表决,且须经出席会议的股东所持表决权的2/3以上同意,股东大会进行表决时,持有公司可转换债券的股东应当回避;修正后的转股价格不低于前项规定的股东大会召开日前20个交易日发行人A股股票交易均价和前1个交易日的均价,符合《证监会可转债指南》第八部分第4条第(13)款及《管理办法》第二十六条的规定。

综上所述,本所认为,发行人本次发行符合《证券法》、《公司法》、《管理办法》等中国法律的规定,具备公开发行A股可转换债券的实质条件。

四、发行人的独立性

经发行人书面确认、本所适当核查及本所律师具有的知识所能够作出的判断,本所认为,发行人的业务独立于其主要股东及其他关联方;发行人的资产完整;发行人的人员独立、机构及财务独立;发行人具有面向市场自主经营的能力。

五、发行人的主要股东

根据中国证券登记结算有限责任公司深圳分公司发行人业务部于2016年1月1日出具的《证券持有人名册》及发行人书面确认,截至2015年12月31日,持有发行人5%以上股份的主要股东包括宁波开发投资集团有限公司

（以下简称“宁波开发投资”）及原宁波市电力开发公司（以下简称“宁波电力”）、新加坡华侨银行有限公司（以下简称“华侨银行”，系一家总部位于新加坡的公司）、雅戈尔集团股份有限公司（以下简称“雅戈尔”）、华茂集团股份有限公司（以下简称“华茂”）。截至本法律意见书出具日，除宁波电力被宁波开发投资吸收合并且已完成工商登记注销外，发行人前述其他在中国注册成立的主要股东均为依法有效存续的企业法人。

六、发行人的股本及其演变

a）发行人上市之后的股本演变情况

经宁波银监局以《关于宁波银行增资扩股方案及相关股东资格的批复》（银监复〔2010〕26号）及中国证监会以《关于核准宁波银行股份有限公司非公开发行股票的批复》（证监许可〔2010〕1212号）核准，2010年10月，发行人向宁波电力、华侨银行、雅戈尔、宁波富邦控股集团有限公司和华茂等5家主要股东非公开发行A股383,820,529股。前述发行完成后，发行人注册资本为2,883,820,529元，股份总数为2,883,820,529股。根据安永华明于2010年10月14日出具的《验资报告》（安永华明（2010）验字第60466992_B01号），截至2010年10月14日，发行人新增注册资本383,820,529元，变更后的注册资本为2,883,820,529元。

经中国银监会以《关于宁波银行非公开发行A股股票方案及股权变更事宜的批复》（银监复〔2014〕282号）及中国证监会以《关于核准宁波银行股份有限公司非公开发行股票的批复》（证监许可〔2014〕910号）核准，2014年9月，发行人向宁波开发投资和华侨银行2家主要股东非公开发行A股366,007,872股。前述发行完成后，发行人注册资本为3,249,828,401元，股份总数为3,249,828,401股。根据安永华明于2014年9月24日出具的《验资报告》（安永华明（2014）验字第60466992_B02号），截至2014年9月24日，发行人新增注册资本366,007,872元，变更后的注册资本为3,249,828,401元。

经发行人于2015年5月18日召开的2014年年度股东大会审议批准，发行人以2014年度3,249,828,401股为基数，以资本公积转增股本每10股转增2股。前述资本公积转增股本完成后，发行人注册资本为3,899,794,081元，股份总数为3,899,794,081股。根据安永华明于2015年10月15日出具的《验资报告》（安永华明（2015）验字第60466992_B02号），截至2015年7月31日止，发行人已将资本公积649,965,680元转增股本，变更后的注册资本为3,899,794,081元。

经中国银监会以《关于宁波银行非公开发行优先股及修改公司章程的批复》（银监复〔2015〕368号）及中国证监会以《关于核准宁波银行非公开发行优先股的批复》（证监许可〔2015〕2332号）核准，2015年11月，发行人向中粮信托有限责任公司、交银国际信托有限公司等7家主体非公开发行优先股48,500,000股。根据安永华明于2015年11月17日出具的《验资报告》（安永华明（2015）验字第60466992_B03号），截至2015年11月17日，发行人已收到该次发行优先股的募集资金。

b）发行人主要股东所持股份质押、司法冻结情况

根据中国证券登记结算有限责任公司出具的深交所结算交收系统股份股票冻结查询结果，截至2015年12月31日，持有发行人5%以上股份的主要股东中仅宁波开发投资和华茂存在质押其所持发行人股份的情况，其质押的发行人股份数量分别为194,400,000股和113,000,000股，占其各自所持发行人股份数量的37.81%和49.56%，总计占发行人股份总数的7.88%。

七、发行人的业务

a）根据发行人书面确认并经本所适当核查，发行人的经营范围（参见本法律意见书第2.4条）和经营方式在所有重大方面均符合中国法律的规定。

b）发行人报告期内就以下新增业务获得了有关批准或备案：保险兼业代理业务、证券投资基金托管资格、开展大额可疑交易报告综合试点、开办托管银行结算业务、2013年度公开市场业务一级交易商、中央国库现金管理商业银行定期存款业务参与银行、上海期货交易所会员、保险资金托管业务、上海黄金交易所银行间黄金询价业务、电子银行个人结售汇业务、信

贷资产证券化业务和银行间市场清算所股份有限公司外汇综合清算会员。

c)发行人通过其总行各职能部门、总行营业部和分支机构开展其日常业务。截至2015年12月31日,发行人共设有包括总行营业部在内的共计283家营业机构。

d)根据发行人提供的文件及书面确认,截至本法律意见书出具日,发行人不存在任何在中国大陆以外的经营情况。

e)根据发行人书面确认并经核查,发行人在报告期内的主营业务未发生变化。根据《审计报告》所载数据以及本所律师所具有的知识所能够作出的判断,发行人主营业务突出。

f)根据发行人书面确认并经核查,发行人未出现根据适用的中国法律及《公司章程》规定需要终止的事由,本所未发现发行人所使用的重要资产存在导致发行人不能持续经营的事项。根据本所律师所具有的知识所能够作出的判断,本所认为,发行人不存在持续经营的法律障碍。

八、发行人的关联交易及同业竞争

a)发行人的主要关联方及关联关系

根据发行人的确认,截至2015年12月31日,发行人的关联方及关联关系的主要情况如下:

(1)持有发行人5%以上股份的股东(包括宁波开发投资、华侨银行、雅戈尔、宁波电力和华茂)及股东集团;

(2)发行人的关键管理人员或与其关系密切的家庭成员。

b)重大关联交易

经核查并经发行人书面确认,发行人与关联方之间存在的重大关联交易主要是发行人在正常业务经营中向关联方提供贷款和存款、结算等各类银行服务。根据发行人的书面确认,截至2015年12月31日,除华侨银行外,发行人尚未履行完毕的重大关联交易共107笔,扣除保证金后的敞口余额为52,266.19万元,不存在尚未履行完毕的特别重大关联交易。除1笔关联交易为与宁波杉杉股份有限公司关联方发生的银行承兑汇票业务外,其余未履行完毕的重大关联交易的关联方均为雅戈尔及其关联方,因雅戈尔及其关联方在发行人的实际业务余额已经超过发行人资本净额的5%,因此发行人与雅戈尔及其关联方在此基础上发生的每一笔交易均为重大关联交易。

经核查,发行人上述重大关联交易已按照发行人的《公司章程》、《股东大会议事规则》和《董事会议事规则》的规定履行了内部审批程序;发行人对规范上述重大关联交易所采取的措施可行、有效;未发现存在损害公司及股东利益的情形。

根据中国银监会颁布的《商业银行与内部人和股东关联交易管理办法》和《宁波银行股份有限公司关联交易管理实施办法》,发行人的关联法人不包括商业银行,因此,发行人和华侨银行之间的交易不适用商业银行关联交易的相关规则,未按重大关联交易履行程序。

c)发行人现行有效的《公司章程》、《股东大会议事规则》、《董事会议事规则》、《关联交易管理实施办法》及其他有关关联交易的内部制度明确了发行人关联交易公允决策的程序。

d)同业竞争

i.本次发行完成前后,发行人均不存在按股权比例、《公司章程》或协议能够控制发行人董事会多数投票权的法人或其他组织。

ii.经发行人书面确认,除华侨银行外,主要股东不存在从事与发行人相同或相似业务的情形。根据上海浦东发展银行股份有限公司《2015年第三季度报告》,雅戈尔持有上海浦东发展银行股份有限公司1.918%的股份。

本所认为,雅戈尔虽持有发行人以外中小商业银行的股份,但未对该中小商业银行构成控制,不违反中国银监会《关于加强中小商业银行主要股东资格审核的通知》的规定,不会与发行人构成实质的同业竞争关系。

iii.就华侨银行而言,华侨银行是一家境外金融机构,在境内虽然开设了分支机构,并开展了有关的银行业务,但华侨银行仅通过股东大会行使表决权及提名两名董事的方式影响发行人,其派出的董事人数仅占发行人董事会人数的九分之一,对发行人不构成控制关系。此外,鉴于:(1)根据中国银监会《境外金融机构投资入股中资金融机构管理办法》对单个境外金融机构向中资金融机构投资入股比例的限制,华侨银行在发行人的持股比例应不超过20%。在现行法律政策未改变且发行人目前的股权结构基本不变的情况下，本所认为，华侨银行不会对发行人构成控制关系。同时，华侨银行不会干涉发行人的日常经营活动，不存在通过操控发行人业务以损害中小股东利益的可能性；(2)华侨银行与发行人在客户定位和区域定位上存在差异：华侨银行子公司华侨银行（中国）有限公司的客户主要源自华侨银行在新加坡、马来西亚等境外的客户，为其提供全球金融服务，少数的公司客户也是本地较大的销售额在5亿以上的大中型企业，个人客户服务主要是为高端客户提供全面财富规划及理财服务，其经营区域主要为全国性特大城市和大中型城市；而发行人定位为以中小型企业客户为主的公司业务、以中高端个人客户和个体私营业主为主的个人业务，分支机构主要覆盖长三角洲地区，并在北京、深圳有一定业务。华侨银行不会对发行人构成控制关系，不存在通过操控发行人业务损害中小股东利益的可能性；由于客户定位和经营区域的不同，华侨银行与发行人之间不会构成实质上的同业竞争关系。

基于上述，本所认为，发行人不存在控股股东或实际控制人，因而不存在因控股股东或实际控制人经营与发行人相同或相似的业务而损害发行人业务及中小股东利益的可能。此外，发行人与其主要股东之间也不存在实质上的同业竞争关系。

九、发行人拥有和/或使用的主要财产

a）房屋

经适当核查并经发行人书面确认，截至2015年12月31日，发行人拥有的房屋共486处，建筑面积合计为369,362.05平方米，前述房屋不存在被设置抵押权的情形。发行人主要通过承继原信用社资产、自建或购买等方式取得前述房屋。除下述情形外，该等房屋均已取得房屋所有权证：

(1)就4处、建筑面积合计为2,969.29平方米的房屋，发行人已取得该等房屋的房屋所有权证，但因历史原因无法分割土地，至今尚未取得该等房屋占用范围内土地的权属证书。本所认为，鉴于发行人已取得上述房屋的权属证书，发行人占有、使用该等房屋不存在实质性法律障碍。

(2)就1处、建筑面积为3,578.69平方米的房屋，其房屋所有权人登记为宁波市商业银行镇海支行。本所认为，发行人对于该等房屋享有所有权，并依法享有转让、出租、抵押或以其他合法方式处分的权利，但是发行人应该依照法定程序办理名称变更登记手续。

(3)就2处房屋，是发行人通过法院判决取得的抵债资产，其房屋所有权人及其占用范围内土地的土地使用权人尚未变更为发行人。

b）土地使用权

经适当核查并经发行人书面确认，截至2015年12月31日，发行人拥有432宗、面积合计为288,205.60平方米的土地使用权，该等土地使用权的性质均为出让地，均未被设置抵押权。发行人主要通过购买和竞拍方式取得前述土地。除本法律意见书第9.1条所述情形外，该等土地均已取得国有土地使用证。在该等发行人拥有的土地使用权中：

(1)就4宗、面积合计为5,009.75平方米的土地，其土地使用权人登记为宁波市商业银行股份有限公司，另外就1宗、面积为1,452平方米的土地，其土地使用权人登记为宁波商业银行镇海支行。本所认为，发行人对于该等土地享有土地使用权，并依法享有转让、出租、抵押或以其他合法方式处分的权利，但是发行人应该依照法定程序办理名称变更登记手续。

(2)就4宗、面积合计为115.48平方米的土地，其用途为住宅用地，但发行人实际使用该等土地上的房产作支行营业用房。根据《土地管理法》（中华人民共和国主席令第二十八号），不按照批准用途使用国有土地的，可能会被土地行政主管部门责令交还土地，处以罚款。本所认为，该等土地占发行人拥有的土地使用权总面积比例较小，该等瑕疵不会对发行人的财务状况和业务经营产生重大不利影响。

c）在建工程

经适当核查并经发行人书面确认，截至本法律意见书出具日，发行人共有以下6项在建工程，具体情况如下：

(1)发行人在位于苏州工业园区旺墩路南、南施街西的自有土地上建设江苏分行办公大楼，建筑面积为28,742.79平方米。发行人已取得该项在建工程的建设用地规划许可证、建设工程规划许可证和建筑工程施工许可证，并已取得苏州工业园区规划建设局出具的

201542045 号《苏州工业园区房屋建筑通过竣工备案意见书》。根据发行人的说明,目前该工程正在办理房屋所有权证。

(2)发行人在位于江东区东部新城中心商务区 A2－25 地块的自有土地上建设总部大厦,建筑面积为 104,907 平方米。发行人已取得该在建工程的建设用地规划许可证、建设工程规划许可证和建筑工程施工许可证。根据发行人的说明,目前该工程尚在建设中。

(3)发行人在位于镇海大道北侧、东邑北路西侧的自有土地上建设镇海支行大厦,建筑面积为 17,553 平方米。发行人已取得该在建工程的建设用地规划许可证、建设工程规划许可证和建筑工程施工许可证。根据发行人的说明,目前该工程尚在建设中。

(4)发行人在位于江北区洪塘街道郎家村、方界村的自有土地上建设宁波银行数据中心,发行人已取得该在建工程的建设用地规划许可证、建设工程规划许可证和建筑工程施工许可证。根据发行人的说明,目前该工程尚在建设中。

(5)发行人金华支行在位于浙江省金华市双龙南街以西、四联路以北的共有土地上与第三方合建新融大厦,该在建工程正在申请建设用地规划许可证、建设工程规划许可证和建筑工程施工许可证。根据发行人的说明,目前该工程尚未开工建设。

(6)发行人杭州分行在位于浙江省杭州市江干区市民街 69 号的共有土地上与第三方合建商业商务用房,该在建工程已经取得建设用地规划许可证、建设工程规划许可证和建筑工程施工许可证。根据发行人的说明,目前该工程尚在建设中。

d)知识产权

经适当核查并经发行人书面确认,截至本法律意见书出具日,发行人在境内拥有 182 项商标权,发行人所拥有的前述知识产权不存在重大产权纠纷。

e)对外投资

根据发行人书面确认并经核查,截至 2015 年 12 月 31 日,发行人在永赢基金管理有限公司的出资额为 13,500 万元;在中国银联股份有限公司的出资额为 1,300 万元;在城市商业银行资金清算中心的出资额为 25 万元;在永赢金融租赁有限公司的出资额为 100,000 万元。

f)抵债资产

根据发行人书面确认,截至 2015 年 12 月 31 日,发行人尚未处置的抵债资产共 10 项,均为抵债房产。

截至 2015 年 12 月 31 日,上述抵债资产中自取得之日起 2 年内没有处置的有 2 项,是建筑面积为 4,290.48 平方米的房屋,发行人曾委托拍卖公司进行对外拍卖,但由于无报价响应,导致目前尚未完成处置。发行人实际占有的抵债资产超过 2 年未予处置的情况,不符合《银行抵债资产管理办法》(财金〔2005〕53 号)的有关规定。本所认为,鉴于逾期未处置的抵债资产较少,该等情况不会对本次发行造成实质性法律障碍。

十、发行人的重大债权、债务关系

a)根据发行人书面确认并经适当核查,截至 2015 年 12 月 31 日,发行人贷款余额最大的前十名借款人的贷款,贷款余额合计为 739,657.19万元。

b)根据发行人书面确认并经适当核查,截至 2015 年 12 月 31 日,发行人存款余额最大的前十名存款人的存款余额合计 2,757,019.37 万元。

c)对外担保

对外担保业务是发行人经人民银行和中国银监会核准的常规业务之一。根据发行人书面确认,截至报告期末,发行人的担保业务(保函)余额为 1,749,893 万元。根据发行人独立董事就此出具的意见,就 2012 年度、2013 年度和 2014 年度的发行人的对外担保业务,发行人重视该项业务的风险管理,严格执行有关操作流程和审批程序,对外担保业务的风险得到有效控制,认真执行证监发〔2003〕56 号文件的相关规定,没有违规担保的情况。

d)债券发行

截至 2015 年 12 月 31 日,发行人尚未偿还完毕的债券包括 2 期金融债券(本金为 180 亿元)、1 期次级债券(本金共计 30 亿元)和 1 期二级资本债券(本金为 70 亿元)。

经核查,本所认为,发行人就发行前述债券获得了必需的政府批准或备案,并根据中国法律和《公司章程》的规定履行了内部审批手续,合法有效。

e)根据发行人书面确认并经适当核查，截至本法律意见书出具日，发行人没有因环境保护、知识产权、产品质量、劳动安全、人身权等原因产生的可能对发行人的财务状况和业务经营产生重大不利影响的侵权之债。

十一、发行人重大资产变化及收购兼并

a)发行人报告期内未发生合并、分立、减少注册资本等行为。

b)发行人自上市以来的股本演变情况参见本法律意见书第6.1条。经核查，本所认为，除2015年资本公积转增股本尚待取得宁波银监局批准外，发行人上市以来的其他股本演变情况在重大方面符合当时适用的中国法律的规定，履行了当时适用的中国法律要求的相关手续。

c)根据发行人书面确认并经适当核查，发行人报告期内未发生《上市公司重大资产重组管理办法》规定的重大收购或出售的事项；截至本法律意见书出具日，发行人亦无进行重大资产置换、资产收购、资产剥离、资产出售的行为或计划。

十二、报告期内发行公司章程的修改

《公司章程》在报告期内的历次修改在重大方面均履行了当时适用的中国法律规定的程序，《公司章程》的内容均符合当时适用的中国法律，发行人现行《公司章程》的内容符合中国证监会颁布的《上市公司章程指引》的规定。

十三、发行人股东大会、董事会、监事会议事规则及运作规范

a)发行人已经建立符合中国法律规定的健全的组织机构。

b)发行人制订了《股东大会议事规则》、《董事会议事规则》和《监事会议事规则》。本所认为，发行人制订了健全的股东大会、董事会和监事会的议事规则，该等议事规则的内容符合相关中国法律的规定。

c)自2012年1月1日至本法律意见书出具日，发行人共召开了13次股东大会、33次董事会和30次监事会，发行人前述历次股东大会、董事会和监事会的会议召开、决议内容均合法、真实、有效，股东大会及董事会的历次授权或重大决策行为均为合法、真实、有效。

十四、发行人董事、监事、高级管理人员及其变化

a)除董事冯培炯的任职资格尚待取得宁波银监局核准外，发行人现任董事、监事和高级管理人员的任职均符合相关中国法律及《公司章程》的有关规定。

b)除董事冯培炯的任职资格尚待取得宁波银监局核准外，发行人自2012年1月1日以来的董事、监事和高级管理人员的变化符合中国法律和《公司章程》的有关规定，并已履行了必要的法律程序。

c)发行人的独立董事

发行人董事会设置6名独立董事。其中，独立董事杨小苹原任中国银监会浙江监管局(以下简称“浙江银监局”)局长、党委书记，于2011年9月退休，并自2012年1月起担任发行人独立董事。根据中共中央组织部于2013年10月19日下发的《关于进一步规范党政领导干部在企业兼职(任职)问题的意见》(中组发〔2013〕18号，以下简称“中组部18号文”)，杨小苹作为党政领导干部，到发行人处任职距离其退休不满三年(但截至目前已满三年)。

2014年6月24日，杨小苹于向浙江银监局党委提交了《关于继续担任宁波银行独立董事的申请》，发行人同时提交了关于杨小苹担任该行独立董事理由及其他相关情况的说明材料。2014年7月1日，浙江银监局向中国银监会党委组织部上报了《中国银监会浙江监管局关于杨小苹同志担任宁波银行独立董事的请示》(浙银监字〔2014〕35号，以下简称“《请示》”)，并将杨小苹的申请和发行人的说明材料作为《请示》的附件一同上报中国银监会。浙江银监局于2014年8月8日向发行人董事会作出的书面确认，同意杨小苹担任宁波银行独立董事。

根据《请示》及浙江银监局向发行人作出的书面确认，浙江银监局和中国银监会已认可由于发行人由宁波银监局监管，发行人不属于杨小苹原任职务管辖范围内的企业，因此，杨小苹任发行人独立董事不违反中组部18号文第二条第二款的规定；且鉴于杨小苹在中组部18

号文发布后补办相关手续,已取得中国银监会的同意,本所认为,杨小苹担任发行人独立董事不违反中组部18号文的相关规定。

发行人其他独立董事的任职资格符合有关规定,其职权范围未违反有关中国法律的规定。

十五、发行人的税务及优惠政策

a)根据《审计报告》并经发行人书面确认,发行人适用的税种、税率符合适用的中国法律的规定。

b)根据发行人提供的材料,发行人报告期内主要享受与企业所得税、印花税和地方水利建设基金有关的三类税收优惠。前述发行人享受的税收优惠政策符合中国法律的规定。

c)根据发行人提供的资料,2012年1月1日至2015年12月31日,发行人及其分支机构获得单笔300万元以上财政补贴共4项,该4项财政补贴不违反中国法律的规定。

d)税务守法情况

经核查并经发行人书面确认,截至2015年12月31日,发行人以总行、分行、一级支行及其部分二级支行共66家单位为纳税主体申报并缴纳相关税费。除(1)南京分行国税主管机关因内部政策原因不予开具涉税证明;(2)台州分行由于自2015年5月设立以来尚未缴纳企业所得税,国税主管机关不予开具涉税证明;(3)北京亚运村支行未提供地税涉税证明,发行人正在与地税主管机关沟通;(4)宁海支行和国家高新区支行地税主管机关因内部政策原因不予开具涉税证明;(5)温州地区国税及地税主管机关因内部政策原因不予开具涉税证明及(6)本法律意见书第17.2条所述情况外,发行人及其分支机构下辖的纳税主体在报告期内依法纳税,不存在被相关税务部门处罚的情形。经发行人书面确认,发行人、总行营业部及各分支机构自2012年1月1日至今均依法纳税,不存在被相关部门处罚且情节严重的情形。

经发行人书面确认,发行人、总行营业部及各分支机构自2012年1月1日至今均依法纳税,不存在被相关部门处罚且情节严重的情形。

十六、发行人募集资金的运用

a)根据发行方案,本次发行的募集资金将用于支持未来业务发展,在可转债转股后按照相关监管要求用于补充发行人核心一级资本。该用途符合适用的中国法律的规定;就转股后补充发行人核心一级资本事项,无需获得政府部门或监管机构的批准。

b)根据发行方案,本次发行的募集资金不涉及与他人进行合作,不会因此导致发行人与主要股东之间的同业竞争情况。

c)根据经发行人2016年第一次临时股东大会批准的《宁波银行股份有限公司前次募集资金使用情况报告》和安永华明出具的《前次募集资金使用情况的专项鉴证报告》(安永华明(2016)专字第60466992_B01号),截至2015年12月31日,发行人于2014年9月非公开发行股票时募集的3,092,766,518.40元(扣除发行费用后净募集资金3,076,511,485.27元)以及于2015年11月非公开发行优先股时募集的4,850,000,000.00元(扣除发行费用后净募集资金4,824,691,200.00元)全部用于补充发行人资本金,并与发行人其他资金一并投入运营,与非公开发行股票及非公开发行优先股时承诺的募集资金用途一致。基于前述,本所认为,发行人不存在未经法定程序擅自改变前次募集资金用途的情形。

十七、重大诉讼、仲裁和行政处罚

a)诉讼和仲裁

(1)根据发行人提供的资料,截至2015年12月31日,发行人作为原告的、标的金额在2,000万元以上的、尚未了结的诉讼和仲裁共28件,涉及金额共计约91,294.24万元,该等案件均为发行人日常贷款业务中产生的金融借款合同纠纷,是发行人应对借款人违约、实现担保权利的正常程序之一。

(2)根据发行人提供的资料,截至2015年12月31日,发行人作为被告的、标的金额在100万元以上的、尚未了结的诉讼和仲裁共1件,该等案件的案由为信用证纠纷。本所认为,就该案件,原告向发行人提出的诉讼请求共计涉及金额500万元,占发行人总资产及净资产的比例较小,不会对发行人的财务状况和业务经营产生重大不利影响。

b)经适当核查并经发行人书面确认,报告期内发行人共受到行政处罚16次,涉及没收违法所得4,342,103元,罚款8,844,982元,发行人已经全额交纳了前述罚没款。此外，根据《宁波银行关于落实银行服务价格政策的报告》，发行人对现有收费项目进行了梳理，确保发行人内控制度与外部监管要求一致。本所认为，上述行政处罚所涉罚没款总金额占发行人总资产及净资产的比例较小，且已全额缴纳；发行人已采取相应的整改措施，根据发行人说明，上述违法行为的不利影响已经消除。因此，上述行政处罚不会对发行人的财务状况和业务经营产生重大不利影响。

c）经适当核查并经发行人书面确认，截至本法律意见书出具日，不存在按照深交所上市规则需予披露的针对持有发行人5%以上股份的主要股东及发行人董事长、行长的尚未了结的或可预见的、如作出不利判决或裁决将可能实质性影响发行人财务、正常经营及资产状况的重大诉讼、仲裁或行政处罚。

十八、对《募集说明书》所涉及的法律风险的评价

本所律师虽未参与发行人为本次发行而编制的《募集说明书》的制作，但本所律师参与了该《募集说明书》的讨论，并对《募集说明书》中的相关的内容尤其是发行人在其中引用本法律意见书及《上海市方达律师事务所为宁波银行股份有限公司公开发行可转换为A股股票的公司债券出具法律意见书的律师工作报告》的内容进行了审阅，确认《募集说明书》及其摘要不致因引用上述内容出现虚假记载、误导性陈述及重大遗漏引致的法律风险，并对其真实性、准确性和完整性承担相应的法律责任。

十九、结论

综上所述，本所认为：发行人本次发行已经履行了合法的内部批准和授权手续；发行人为有效存续的境内上市股份有限公司，具备本次发行的主体资格；发行人符合中国法律规定的申请本次发行的实质条件；本次发行尚需取得中国证监会核准。

本法律意见书正本肆份。

特此致书

（以下无正文，为签署页）

（此页无正文，仅为《上海市方达律师事务所关于宁波银行股份有限公司公开发行可转换为A股股票的公司债券的法律意见书》签署页）

上海市方达律师事务所
负责人：齐轩霆
经办律师：蒋雪雁、高华超

北京大成律师事务所关于平安银行股份有限公司非公开发行优先股项目的法律意见书

致：平安银行股份有限公司

北京大成律师事务所（以下简称“本所”）是具有中华人民共和国（以下简称“中国”）法律执业资格的律师事务所。本所受平安银行股份有限公司（原名称为“深圳发展银行股份有限公司”，于2012年7月更名为“平安银行股份有限公司”，以下简称“发行人”）的委托，就发行人拟根据其第九届董事会第五次会议、2014年第二次临时股东大会的批准，向包括发行人关联方平安资产管理有限责任公司（以下简称“平安资管”）在内的符合《优先股试点管理办法》规定的合格投资者非公开发行数量不超过2亿股（含2亿股）的优先股（以下简称“本次发行”）事宜，出具本法律意见书。

为出具本法律意见书，本所依据《中华人民共和国公司法》（以下简称“《公司法》”）、《中华人民共和国证券法》（以下简称“《证券法》”）、《中华人民共和国商业银行法》（以下简称“《商业银行法》”）、《上市公司证券发行管理办法》（以下简称“《管理办法》”）、《上市公司非公开发行股票实施细则》（以下简称“《实施细则》”）、《国务院关于开展优先股试点的指导意见》(国发〔2013〕46 号)(以下简称“《指导意见》”)和《优先股试点管理办法》(中国证券监督管理委员会令第97 号)等中国有关法律、行政法规以及规范性文件的规定,按照中国律师行业公认的业务标准、道德规范和勤勉尽责精神,对发行人申请本次发行的法定资格及条件进行了调查,查阅了相关文件,就有关事项向发行人及其高级管理人员进行了必要的询问和讨论,并就有关事项取得了发行人的确认。

在前述调查过程中,本所得到发行人如下保证,即其已提供了本所认为出具本法律意见书所必需的、真实完整的原始书面材料、副本材料或者复印件、电子资料或口头证言,有关材料上的签字和/或印章均是真实的;有关副本材料或者复印件均与正本材料或者原件一致。对于出具本法律意见书至关重要而又无法得到独立的证据支持的事实,本所依赖于政府有关主管部门、发行人或者其他有关机构出具的证明文件或口头陈述而出具相应的意见。

本所发表法律意见所依据的是本法律意见书出具之日以前已经发生或存在的有关事实和正式颁布实施的有关法律、行政法规以及规范性文件的规定,本所基于对有关事实的了解和对有关法律的理解而发表法律意见。本所认定某些事项是否合法有效是以该等事项发生之时所应适用的法律、行政法规为依据,同时也充分考虑了政府有关主管部门给予的相关批准和确认以及发行人已进行的公开信息披露。

本所仅就与发行人申请本次发行有关的法律问题发表法律意见,并不对有关会计审计、信用评级、资产评估、盈利预测、投资决策等专业事项发表评论。在本法律意见书中如涉及会计审计、信用评级、资产评估、盈利预测、投资决策等内容时,均为严格按照有关中介机构出具的报告或发行人提供的文件引述,并不表示本所对该等内容的真实性和准确性做出任何明示或默示的保证。

本所及经办律师依据《证券法》、《律师事务所从事证券法律业务管理办法》和《律师事务所证券法律业务执业规则(试行)》等规定及本法律意见书出具之日以前已经发生或者存在的事实,严格履行了法定职责,遵循了勤勉尽责和诚实信用原则,进行了充分的核查验证,保证本法律意见所认定的事实真实、准确、完整,所发表的结论性意见合法、准确,不存在虚假记载、误导性陈述或者重大遗漏,并承担相应法律责任。

本法律意见书仅供发行人为申请本次发行之目的使用。本所同意将本法律意见书作为发行人申请本次发行的必备文件,随同其他申报材料提呈中国证券监督管理委员会(以下简称“证监会”)审查。本法律意见书不得由任何其他人使用,或用于任何其他目的。

基于上述,本所出具法律意见如下:

一、发行人本次发行的批准和授权

1. 本次发行的主要发行对象为平安资管,发行人和平安资管同为中国平安保险(集团)股份有限公司(以下简称“中国平安”)的控股子公司。根据《深交所上市规则》第 10. 1. 3 条的规定,发行人向平安资管的本次发行构成《深交所上市规则》定义的关联交易。

2. 发行人于 2014 年 7 月 15 日召开第九届董事会第五次会议,审议批准了与本次发行相关的议案。关联董事回避了对相关议案的表决,独立董事一致同意相关议案,并发表了独立董事意见。

本所经核查后认为,发行人第九届董事会第五次会议的召开程序、议案表决程序和决议内容均符合法律、法规、规范性文件及发行人公司章程的相关规定,合法有效。

3. 发行人于 2014 年 8 月 4 日召开 2014 年第二次临时股东大会,审议批准了与本次发行相关的议案。中国平安和中国平安人寿保险股份有限公司(以下简称“平安寿险”)作为关联股东,回避了对相关议案的表决。

本所同时作为发行人 2014 年第二次临时股东大会的见证律师,对会议的召开程序、议案表决程序、决议内容等进行了见证,认为会议的召开、表决及其决议符合法律、法规、规范性文件的规定,符合发行人公司章程的相关规定,合法有效。

4. 根据发行人第九届董事会第五次会议决议和 2014 年第二次临时股东大会决议,发行人股东大会授权董事会,或在适当情形下由董事会授权董事长,在有关法律法规、股东大会决议许可的范围内,全权处理本次非公开发行优先股的全部事宜。

本所认为，上述授权范围、程序合法有效。

5. 发行人于 2015 年 7 月 31 日召开 2015 年第一次临时股东大会，审议通过了《平安银行股份有限公司关于非公开发行优先股方案的议案》，将本次非公开发行优先股决议的有效期延长了 12 个月。中国平安和平安寿险作为关联股东，回避了对该项议案的表决。

本所同时作为该次股东大会的见证律师，对会议的召开程序、表决程序和决议内容等进行了见证，认为会议的召开、议案表决及其决议符合法律、法规、规范性文件的规定，符合发行人公司章程的相关规定，合法有效。

6. 2015 年 8 月 31 日，中国银行业监督管理委员会（以下简称"银监会"）出具《中国银监会关于平安银行非公开发行优先股及修改公司章程的批复》（银监复〔2015〕539 号），同意平安银行非公开发行不超过 2 亿股的优先股，募集金额不超过人民币 200 亿元，并按照有关规定计入其他一级资本。

7. 2015 年 10 月 15 日，银监会以银监函〔2015〕277 号文《中国银监会关于平安银行监管意见书的函》，批准发行人本次发行股份具备的条件和资格。

8. 根据《管理办法》等相关规定，发行人本次发行优先股尚待获得证监会的核准。

综上所述，本所认为，本次发行已获得：发行人董事会、股东大会的批准和授权，银监会对发行人本次非公开发行优先股的核准，尚待获得证监会的核准。

二、发行人本次发行的主体资格

1. 发行人目前持有银监会于 2012 年 7 月 29 日核发的机构编码为 B0014H144030001 的《中华人民共和国金融许可证》。

2. 发行人目前持有深圳市市场监督管理局于 2013 年 7 月 22 日核发的注册号为 440301103098545 的《企业法人营业执照》。根据该营业执照的记载，发行人的企业类型为：股份有限公司（上市）。

3. 根据有关法律、行政法规及发行人的公司章程，截至本法律意见书出具之日，发行人并无需要终止的情形出现。

综上所述，本所认为，截至本法律意见书出具之日，发行人为有效存续的股份有限公司，其股票在深圳证券交易所上市交易，具备申请本次发行的主体资格。

三、本次发行的实质条件

根据发行人的书面确认并经本所适当核查，本所认为，本次发行符合《证券法》、《指导意见》以及《优先股试点办法》规定的相关条件：

1. 如本法律意见书第二章"发行人本次发行的主体资格"所述，发行人为上市公司，符合《指导意见》第二条第（八）款之规定。

2. 如本法律意见书第五章"发行人的独立性"所述，发行人与控股股东或实际控制人的人员、资产、财务分开，机构、业务独立，符合《优先股试点办法》第十七条之规定。

3. 根据发行人 2012 年至 2014 年《内部控制自我评价报告》和《内部控制审计报告》，发行人内部控制制度健全，能够有效保证公司运行效率、合法合规和财务报告的可靠性，内部控制的有效性不存在重大缺陷，符合《优先股试点办法》第十八条之规定。

4. 根据发行人关于本次非公开发行优先股的方案（以下简称"《发行方案》"，本次优先股的计划融资规模不超过人民币 200 亿元（含 200 亿元），采取固定股息率（其具体方式和定价水平提请股东大会授权董事会，采取询价方式，与保荐人（主承销商）协商确定），票面股息率不得高于发行前公司最近两个会计年度的年均加权平均净资产收益率①，符合《优先股试点办法》第十九条之规定。

5. 根据发行人 2012 年至 2014 年年度报告、发行人 2012 年至 2014 年年度股东大会批准的利润分配方案并经本所核查，发行人 2012 年、2013 年、2014 年现金分红情况符合发行人公司章程及证监会的有关监管规定，符合《优先股试点办法》第二十条之规定。

6. 根据发行人 2012 年至 2014 年年度报告、2015 年半年度报告及近三年《审计报告》，发行人报告期不存在重大会计违规事项，注册

① 加权平均净资产收益率，指根据《公开发行证券公司信息披露编报规则第 9 号——净资产收益率和每股收益的计算及披露（2010 年修订）》确定，以归属于公司普通股股东的口径进行计算。

会计师对发行人最近一年财务报表出具了标准无保留意见审计报告,符合《优先股试点办法》第二十一条之规定。

7. 根据《发行方案》,本次发行募集资金在扣除发行费用后,全部用于补充公司其他一级资本,提高发行人资本充足率。根据《平安银行股份有限公司资本管理规划(2014 年 - 2016 年)》、发行人的说明并经本所核查,本次发行募集资金有明确用途,与发行人业务范围、经营规模相匹配,募集资金用途符合国家产业政策,符合《优先股试点办法》第二十二条之规定。

8. 根据发行人 2015 年半年度报告和 2014 年 4 月 7 日发布的《平安银行股份有限公司 2014 年年度权益分派实施公告》,发行人普通股股份总数为 14,308,676,139 股,归属于发行人股东普通股股东的净利润为 115.85 亿元,扣除非经常性损益后归属于发行人股东普通股股东的净利润为 115.91 亿元;根据《发行方案》,本次发行的优先股总额不超过 2 亿股,计划融资规模不超过 200 亿元。本所认为,本次发行的优先股不超过发行人普通股股份总数的百分之五十,且筹资金额不超过本次发行前净资产的百分之五十,符合《优先股试点办法》第二十三条以及《指导意见》第二条第(九)款之规定。

9. 根据《发行方案》、发行人的说明与确认并经本所核查,发行人同一次发行的优先股,条款相同,每次优先股发行完毕前,不会再次发行优先股,符合《优先股试点办法》第二十四条之规定。

10. 根据发行人全体董事对本次发行申请文件真实性、准确性和完整性的承诺书,发行人 2012 年至 2014 年年度报告、发行人 2015 年半年度报告及其他相关信息披露文件,发行人现任董事、高级管理人员签署的向深交所报备的《声明及承诺书》,控股股东及其他关联方占用资金情况专项报告以及发行人的说明与确认,发行人不存在以下情形,符合《优先股试点办法》第二十五条之规定:

(1)本次发行申请文件有虚假记载、误导性陈述或重大遗漏;

(2)最近十二个月内受到过中国证监会的行政处罚;

(3)因涉嫌犯罪正被司法机关立案侦查或涉嫌违法违规正被中国证监会立案调查;

(4)发行人权益被控股股东或实际控制人严重损害且未消除;

(5)发行人及其附属公司违规对外提供担保且尚未解除;

(6)存在可能严重影响发行人持续经营的担保、诉讼、仲裁、市场重大质疑或其他重大事项;

(7)发行人董事和高级管理人员不符合法律、行政法规和规章规定的任职资格;

(8)严重损害投资者合法权益和社会公共利益的其他情形。

11. 根据《发行方案》,本次发行的优先股每股票面金额为 100 元人民币,以票面金额平价发行;本次优先股为非公开发行方式,采取固定股息率,其具体方式和定价水平提请股东大会授权董事会,采取询价方式,与保荐人(主承销商)协商确定。票面股息率不得高于发行前公司最近两个会计年度的年均加权平均净资产收益率。本所认为,本次优先股发行价格和票面股息率公允、合理,不会损害股东或其他利益相关方的合法利益,发行价格不低于优先股票面金额,票面股息率不高于最近两个会计年度的年均加权平均净资产收益率,符合《优先股试点办法》第三十二条之规定。

12. 根据《发行方案》,发行人本次发行优先股设置强制转股条款,在出现强制转股触发事件的情况下,本次优先股将强制转换为 A 股普通股。强制转股的触发条件是:(1)当其他一级资本工具触发事件发生时,即核心一级资本充足率降至 5.125%(或以下)时,届时尚在存续的本次优先股将全部或部分转为普通股,并使公司的核心一级资本充足率恢复到触发点以上;(2)当二级资本工具触发事件发生时,本次优先股将全部转为普通股。其中,二级资本工具触发事件是指以下两种情形的较早发生者:①中国银监会认定若不进行转股或减记,公司将无法生存。②相关部门认定若不进行公共部门注资或提供同等效力的支持,公司将无法生存。本所认为,发行人作为商业银行,本次发行设置触发事件发生时强制转换为普通股的条款,符合《优先股试点办法》第三十三条之规定。

13. 本次《发行方案》符合银监会、证监会《关于商业银行发行优先股补充一级资本的指导意见》(银监发〔2014〕12 号)规定的条件,并已获得银监会的核准。

14. 根据《发行方案》,本次优先股的发行对象为符合《优先股试点办法》规定的合格投资者,每次发行对象不得超过二百人,且相同条款优先股的发行对象累计不超过二百人,符合《优先股试点办法》第三十四条第一款之规定。

综上,本所认为,发行人本次发行具备法律、法规和监管部门规定的发行优先股的实质条件。

四、发行人的设立

(一)发行人设立时的基本情况

发行人的前身为深圳信用银行。1987 年 5 月,经中国人民银行深圳经济特区分行以(87)深人融管字第 39 号文批准,深圳信用银行筹备组向社会公开发行深圳信用银行普通股股票 50 万股,每股面值人民币 20 元,社会公众实际认购股票 396,894 股。

1987 年 9 月,经中国人民银行以银复〔1987〕305 号《关于在深圳筹建一家商业银行问题的批复》批准,深圳信用银行更名为“深圳发展银行”。1987 年 11 月,中国人民银行以银复〔1987〕365 号文批准设立深圳发展银行。

基于上述,本所认为,发行人为依据其设立当时的有关法律、行政法规和规范性文件的规定而设立,其设立取得了有权主管部门的批准。

(二)发行人境内外分支机构的情况

根据发行人境内相关分支机构提供的《金融许可证》、《营业执照》等相关文件,截至 2015 年 6 月 30 日,发行人共有机构数 855 家,含总行、45 家分行、576 家传统支行、17 家小微支行、212 家社区支行、4 家专营机构。所有营业机构均依法设立并合法存续。

根据发行人的书面确认及经本所适当核查,截至本法律意见书出具之日,发行人未在中国大陆以外从事经营活动。

五、发行人的独立性

1. 根据发行人的书面确认及经本所适当核查,本所认为,截至本法律意见书出具之日,发行人在业务、资产、人员、机构和财务方面独立于控股股东及其控制的其他企业。

(1)业务独立

发行人通过其总行和下属各分支机构开展业务,具有独立的业务体系,发行人具有独立从事其业务的能力,其业务独立于控股股东及其控制的其他企业。

(2)资产独立

发行人拥有独立的经营和办公场所,拥有经营所需的设备和其他资产,其资产独立于控股股东及其控制的其他企业。

(3)人员独立

发行人与控股股东及其控制的其他企业在劳动、人事及工资管理方面均相互独立;行长、副行长等高级管理人员均在发行人处领取薪酬;发行人有权自主招聘经营管理人员和其他职员。发行人的人员独立于控股股东及其控制的其他企业。

(4)机构独立

发行人按照有关法律、法规设立了董事会、监事会,分别对股东大会负责;行长、副行长、财务负责人等高级管理人员根据法律、法规和公司章程的规定由董事会聘任;董事会下设了审计委员会、关联交易控制委员会、薪酬与考核委员会、提名委员会、风险管理委员会、战略发展委员会 6 个专门委员会;董事会和监事会成员中还分别设有独立董事和外部监事。发行人的机构独立于控股股东及其控制的其他企业。

(5)财务独立

发行人设立了独立的财务会计部门,建立了独立的财务管理制度和会计核算体系;发行人单独核算,独立纳税,设有独立的财务会计帐簿,其财务独立于控股股东及其控制的其他企业。

2. 根据发行人的书面确认及经本所适当核查,本所认为,截至本法律意见书出具之日,发行人具有独立面向市场的自主经营能力。

六、发行人的主要股东

截至本法律意见书出具之日,对发行人的持股占发行人发行在外总股份 5% 以上的主要股东有中国平安和平安寿险两家,具体情况如下:

1. 中国平安直接持有并通过其控股子公司平安寿险间接控制发行人发行在外总股本中约 58% 的股份,为发行人的控股股东。中国平安成立于1988年3月21日,是一家A股、H股上市公司,公司注册地为广东省深圳市福田中心区福华三路星河发展中心办公15、16、17、18层,组织机构代码为10001231-6。注册资本为人民币7,916,142,092元,法定代表人为马明哲。经营范围为:许可经营项目:投资保险企业;监督管理控股投资企业的各种国内、国际业务;开展保险资金运用业务;经批准开展国内、国际保险业务;经中国保险监督管理委员会及国家有关部门批准的其他业务。一般经营项目:无。

2.平安寿险直接持有发行人发行在外总股本中约8.38%的股份。平安寿险于2002年12月17日在国家工商行政管理总局登记注册。公司注册地为深圳市福田中心区福华三路星河发展中心办公9、10、11层;组织机构代码为71093073-9。注册资本为人民币338亿元;法定代表人为丁新民。公司经营范围是:承保人民币和外币的各种人身保险业务,包括各类人寿保险、健康保险、意外伤害保险等保险业务;办理上述业务的再保险业务;办理各种法定人身保险业务;代理国内外保险机构检验、理赔及其委托的其他有关事宜;依照有关法律法规从事资金运用业务;经中国保险监督管理委员会批准的其他业务。

根据发行人的书面确认及经本所适当核查,中国平安及平安寿险均为现时依法有效存续的企业法人,截至本法律意见书出具之日,该等股东持有的发行人股份不存在设定质押的情形。

七、发行人的股本及演变

1.发行人设立时的股本情况

发行人的前身为深圳信用银行。1987年5月,经中国人民银行深圳经济特区分行以(87)深人融管字第39号文批准,深圳信用银行筹备组向社会公开发行深圳信用银行普通股股票50万股,每股面值人民币20元,社会公众实际认购股票396,894股。

1987年9月,经中国人民银行以银夏〔1987〕305号《关于在深圳筹建一家商业银行问题的批复》批准,深圳信用银行更名为“深圳发展银行”。1987年11月,中国人民银行以银复〔1987〕365号文批准设立深圳发展银行。深圳信用银行筹备组发行的深圳信用银行普通股股票原则上全部转为深圳发展银行(即发行人)普通股股票。发行人设立时的股份总数为396,894股。

2.发行人设立后历次股本变更情况

2.1　1988年发行优先股和增发新股

1988年3月,经国家外汇管理局深圳分局以(88)深外管字第46号文批准,发行人向国营、集体企业(不含金融机构)和境内居民发行港币优先股票10万股,每股面值100元港币。该优先股未计入发行人股本。

1988年5月,经中国人民银行深圳经济特区分行以(88)深人融管字第12号文批准,发行人发行普通股股票253,106股,每股面值人民币20元。

前述发行完成后,发行人的普通股股份总数变更为650,000股,优先股100,000股(每股面值100元港币)。

2.2　1989年发行优先股和增发新股

1989年3月,经国家外汇管理局深圳分局以(89)深外管字第037号文批准,发行人向国内企业和个人发行外汇优先股票71,358股(每股面值100元港币)。该优先股未计入发行人股本。

1989年3月,经中国人民银行深圳经济特区分行以(89)深人银复字第014号文批准,发行人发行第三期普通股票67.5万股,每股面值人民币20元。

前述发行完成后,发行人的普通股股份总数变更为1,325,000股,优先股变更为171,358股(每股面值100元港币)。

2.3　1990年股票拆细、送红股及配股

1990年3月,经中国人民银行深圳经济特区分行以〔1990〕深人银复字第015号文批准,(1)发行人将原有的每股面值人民币20元的132.5万股人民币普通股拆细为每股面值人民币1元的2,650万股人民币普通股;(2)发行人增发人民币普通股2,200万股,每股面值人民币1元,其中:按每2股送1股比例向原普通股股东送红股1,325万股;按照每10股配1股比例向原普通股股东配售265万股人民币普通股;按每1股配10股的比例向优先股股东配售171.358万股人民币普通股;并定向发售给深圳的基金会组织438.642万股。

前述股票拆细及配送、发行完成后，发行人的普通股总数变更为48,500,000股（每股面值人民币1元），优先股为171,358股（每股面值100港元）。

2.4　1991年送红股、配股及优先股转为普通股

1991年，发行人按照每10股送4股的比例分配利润，共送红股19,400,000股，发行人股份总数变为67,900,000股。

1991年7月，经中国人民银行深圳经济特区分行以〔1991〕深人银复字第062号文批准，发行人按照每10股配3股的比例向原普通股股东配售股票，共配售20,370,000股；按照每1股优先股转换为9股普通股的比例，将164,627股优先股转换为1,481,643股普通股。

前述送红股、配股及优先股转为普通股完成后，发行人的普通股总数变更为89,751,643股，优先股减少至6,731股（每股面值100港元）。

2.5　1992年优先股转为普通股及送红股

1992年，发行人5,123股优先股转换为46,107股普通股。经中国人民银行深圳经济特区分行以深人银复字（1992）第023号文批准，发行人按照每2股送1股的比例分配利润，共派发红股44,898,875股。

前述转换及送红股完成后，发行人的普通股总数变更为134,696,625股，优先股减少至1,608股（每股面值100港元）。

2.6　1993年优先股转换为普通股、公积金转增股本、送红股及配股

1993年，发行人1,450股优先股转换为13,050股普通股。经中国人民银行深圳经济特区分行以深人银复字（1993）第112号文批准，发行人按照10股转增5股的比例以公积金转增股本67,354,837股；按照10股送3.5股的比例送红股47,148,386股；按照每10股普通股配1股的比例配售新股，实际配售13,470,000股；向发行人员工配售6,735,000股。

前述转换、转增、送红股及配股完成后，发行人的普通股总数变更为269,417,899股，优先股减少至158股（每股面值100港元）。

2.7　1994年送红股、公积金转增股本及配股

1994年7月，经深圳市证券管理办公室以深证〔1994〕166号文批准，发行人按照每10股送3股的比例分配利润，并按照每10股转增2股的比例以公积金转增股本，共增加股本134,708,950股；按照每10股配1股的比例配售新股，共配售26,941,789股。

前述送红股、转增及配售完成后，发行人的普通股总数变更为431,068,638股，优先股仍为158股（每股面值100港元）。

2.8　1995年送红股

1995年9月，经深圳市证券管理办公室以深证〔1995〕89号文批准，发行人按照每10股送2股的比例分配利润，共送红股86,213,727股，发行人的普通股股本变更为517,282,364股。同年，经发行人董事会决议通过，发行人将剩余158股优先股赎回，发行人不再有优先股。

2.9　1996年送红股及公积金转增股本

1996年5月，经深圳市证券管理办公室以深证〔1996〕16号文批准，发行人按照每10股送5股的比例分配利润，共送红股258,641,182股；按照每10股转增5股的比例以公积金转增股本，共转增股本258,641,182股。前述送红股和公积金转增股本完成后，发行人股份总数变更为1,034,564,728股，均为普通股。

1996年12月6日，中国人民银行印发银复〔1996〕420号《关于核准深圳发展银行注册资本及章程的批复》。根据该批复，核准发行人的注册资本调整为人民币1,034,564,728元。

2.10　1997年送红股

1997年8月，经深圳市证券管理办公室以深证办复〔1997〕109号文批准，发行人按照每10股送5股的比例分配利润，共送红股517,282,364股，发行人股份总数变更为1,551,847,092股。

2.11　2000年配股

经中国人民银行以银复〔1999〕79号文、证监会以证监公司字〔2000〕154号文批准，发行人配售393,975,057股普通股，其中，向国家股股东和国有法人股股东配售852,595股，向社会法人股股东配售71,632,132股，向社会公众股股东配售321,490,330股，发行人股份总数变更为1,945,822,149股。

2.12　2001年非流通股转为流通股

经证监会以证监公司字〔2000〕163号文批准，2001年，发行人第一大股东深圳市投资管

理公司所持发行人 16,237,201 股法人股转为流通股。前述转换完成后,发行人股本总额未发生变化。

2.13　2004 年大股东变更

2004 年,经银监会《关于深圳发展银行引进境外战略投资者的批复》(银监复〔2004〕146 号)、证监会《关于 Newbridge Asia AIV III, L. P. 收购深圳发展银行股份有限公司信息披露的意见》(证监公司字〔2004〕63 号)和国务院国有资产监督管理委员会《关于转让深圳发展银行股份有限公司国有股的批复》(国资产权〔2004〕957 号)的批准,Newbridge Asia AIV III, L. P.(以下简称"新桥投资")分别受让深圳市投资管理公司、深圳国际信托投资有限责任公司、深圳市城市建设开发(集团)公司、深圳市劳动和社会保障局所持有的原深发展 13,170.5685万股国有股、11,230.1783 万股国有法人股、2,575.722 万股国有法人股、7,833.8617 万股国有法人股,合计受让 348,103,305 股。转让完成后,新桥投资成为发行人第一大股东,占总股本的 17.89%,其股份性质为外资法人股。

2.14　2007 年股权分置改革

经发行人于 2007 年 6 月 8 日召开的 2007 年第一次临时股东大会暨相关股东会议表决通过,并经银监会以银监复〔2007〕236 号文批准,发行人于 2007 年 6 月实施了股权分置改革。股权分置改革实施完成后,发行人的股份总数变更为 2,086,758,345 股。

2.15　2007 年认股权证发行

经发行人于 2007 年 6 月 8 日召开的 2007 年第一次临时股东大会暨相关股东会议表决通过,并经银监会以银监复〔2007〕236 号文和证监会以证监发行字〔2007〕145 号文的批准,发行人按股权分置改革实施后的股本数量为基数,向认股权证发行股权登记日(2007 年 6 月 25 日)登记在册的全体股东按 10:1 的比例免费派发存续期为六个月的认股权证 208,675,834份,按 10:0.5 的比例免费派发存续期为十二个月的认股权证 104,337,917 份,共计 313,013,751 份。前述认股权证行权完毕后,发行人的股份总数变更为2,388,795,202 股。

2.16　2008 年送红股

经发行人于 2008 年 10 月 15 日召开的 2008 年第一次临时股东大会表决通过,发行人以分红前总股本为基数,每 10 股送红股 3 股,共送红股 716,638,560 股,发行人的股份总数变更为 3,105,433,762 股。

2.17　2010 年大股东变更

经中华人民共和国保险监督管理委员会(以下简称"保监会")《关于中国平安保险(集团)股份有限公司投资深圳发展银行股份有限公司的批复》(保监发改〔2010〕231 号)、银监会《关于深圳发展银行股权转让及相关股东资格的批复》(银监复〔2010〕147 号)的批准,中国平安于 2010 年 5 月受让新桥投资持有的发行人 520,414,439 股股份。前述股份转让完成后,中国平安直接持有并通过平安寿险间接控制了发行人合计 665,742,687 股股份,约占发行人当时发行在外股份总额的 21.44%;新桥投资不再持有发行人股份;发行人总股本仍为 3,105,433,762 股。

2.18　2010 年非公开发行

经发行人第七届董事会第十六次会议和 2009 年第二次临时股东大会审议通过,并经银监会《关于深圳发展银行非公开发行 A 股普通股的批复》(银监复〔2009〕389 号)、银监会《关于深圳发展银行股权转让及相关股东资格的批复》(银监复〔2010〕147 号)和证监会《关于核准深圳发展银行股份有限公司非公开发行股票的批复》(证监许可〔2010〕862 号)批准,发行人于 2010 年 6 月向平安寿险非公开发行 379,580,000股股份。前述发行完成后,中国平安直接持有并通过平安寿险间接控制了发行人合计 1,045,322,687 股股份,约占发行人当时发行在外股份总额的 29.99%;发行人股份总数变更为 3,485,013,762 股。

2.19　2011 年发行股份购买资产

经发行人第七届董事会第二十七次会议、第七届董事会第二十九次会议和 2010 年第一次临时股东大会审议通过,并经银监会《关于深圳发展银行、平安银行重大交易及有关事项的批复》(银监复〔2011〕9 号)、证监会《关于核准深圳发展银行股份有限公司向中国平安保险(集团)股份有限公司发行股份购买资产的批复》(证监许可〔2011〕1022 号)、《关于核准中国平安保险(集团)股份有限公司公告深圳发展银行股份有限公司收购报告书并豁免其要约收购义务的批复》(证监许可〔2011〕1023 号)以及《关于核准中国平安保险(集团)股份有限公司重大资产重组方案的批复》(证监许可〔2011〕1024 号)批准,发行人于 2011 年 7 月向中国平安非公开发行 1,638,336,654 股股份,中国平安以其所持原平安银行股份有限公司(以下简称"原平安银行",原平安银行于 2012 年被发行人吸收合并,并于 2012 年 6 月 12 日办理了工商注销登记)的 7,825,181,106 股股份(约占原平安银行总股本的 90.75%)以及等额于原平安银行约 9.25% 股份评估值的现金 269,005.23 万元认购。前述交易完成后,中国平安直接持有并通过平安寿险间接控制了发行人合计 2,683,659,341 股股份,约占发行人发行在外总股本的 52.38%,成为发行人的控股股东;发行人的股份总数变更为 5,123,350,416 股。

2.20　2013 年送红股

经发行人于 2013 年 5 月 23 日召开的 2012 年年度股东大会表决通过,发行人以分红前总股本为基数,每 10 股送红股 6 股,共送红股 3,074,010,249股,发行人的股份总数变更为 8,197,360,665股。

2.21　2013 年非公开发行

经发行人于 2013 年 9 月 6 日召开的第八届董事会第二十九次会议及 2013 年 9 月 24 日召开的 2013 年第一次临时股东大会审议通过,并经银监会《中国银监会关于平安银行非公开发行股票方案的批复》(银监复〔2013〕534 号文)和证监会《关于核准平安银行股份有限公司非公开发行股票的批复》(证监许可〔2013〕1642 号)批准,发行人于 2013 年 12 月向中国平安非公开发行 1,323,384,991 股股份。前述发行完成后,发行人股份数量由 8,197,360,665 股增至 9,520,745,656 股。

2.22　2014 年资本公积金转增股本

经发行人于 2014 年 5 月 22 日召开的 2013 年年度股东大会审议通过的《平安银行股份有限公司 2013 年利润分配方案》:以发行人 2013 年 12 月 31 日的总股本 9,520,745,656 股为基数,每 10 股派发现金股利人民币 1.60 元(含税),并以资本公积金转增股本每 10 股转增 2 股。该次利润分配股权登记日为 2014 年 6 月 11 日,除权除息日为 2014 年 6 月 12 日。根据发行人 2014 年 6 月 6 日发布的《平安银行股份有限公司 2013 年年度权益分派实施公告》,本次利润分配实施完毕后,发行人总股本由 9,520,745,656股增至 11,424,894,787 股。

2.23　2015 年资本公积金转增股本

经发行人于 2015 年 4 月 2 日召开的 2014 年年度股东大会审议通过的《平安银行股份有限公司 2014 年度利润分配方案》:以发行人 2014 年 12 月 31 日的总股本 11,424,894,787 股为基数,每 10 股派发现金股利人民币 1.74 元(含税),并以资本公积转增股本每 10 股转增 2 股。该次利润分配股权登记日为 2015 年 4 月 10 日,除权除息日为 2015 年 4 月 13 日。根据发行人 2015 年 4 月 7 日发布的《平安银行股份有限公司 2014 年年度权益分派实施公告》,本次利润分配实施完毕后,发行人总股本由 11,424,894,787 股增至 13,709,873,744 股。

2.24　2015 年非公开发行

经发行人于 2014 年 7 月 15 日召开的第九届董事会第五次会议及 2014 年 8 月 4 日召开的 2014 年第二次临时股东大会审议通过,并经银监会《中国银监会关于平安银行非公开发行 A 股股票方案及股权变更事项的批复》(银监复〔2014〕718 号)、银监会《中国银监会关于平安银行监管意见书的函》(银监复〔2014〕198 号)和证监会《关于核准平安银行股份有限公司非公开发行股票的批复》(证监许可〔2015〕697 号)批准,发行人于 2015 年 5 月向包括发行人控股股东中国平安在内的符合证监会规定条件的 7 名的特定对象非公开发行 598,802,395 股股份。前述发行完成后,发行人股份数量由 13,709,873,744 股增至 14,308,676,139 股。

本所认为,发行人设立当时及设立后历次股本变更在实质方面符合当时有关法律、行政法规和规范性文件的规定。

八、发行人的业务

1. 发行人的经营范围

发行人目前持有银监会颁发的机构编码为 B0014H144030001 的《中华人民共和国金融许可证》和深圳市市场监督管理局颁发的注册号为 440301103098545 的《企业法人营业执照》。

根据发行人的公司章程,发行人的经营范

围为:吸收公众存款;发放短期、中期和长期贷款;办理国内外结算;办理票据承兑与贴现;发行金融债券;代理发行、代理兑付、承销政府债券;买卖政府债券、金融债券;从事同业拆借;买卖、代理买卖外汇;从事银行卡业务;提供信用证服务及担保;代理收付款项及代理保险业务;提供保管箱服务;结汇、售汇业务;离岸银行业务;资产托管业务;办理黄金业务;财务顾问、资信调查、咨询、见证业务;经有关监管机构批准的其他业务。

本所认为,发行人的上述经营范围符合有关法律、行政法规和规范性文件的规定。

2. 发行人在中国大陆以外的经营情况

根据发行人的书面确认及经本所适当核查,截至本法律意见书出具之日,发行人未在中国大陆以外从事经营活动。

3. 发行人业务变更情况

尽管随着发行人自身的发展及整个商业银行业务领域的不断拓展,发行人所开办的业务种类不断增多,发行人目前登记的经营范围相对于发行人设立时《企业法人营业执照》中记载的经营范围有所增加,但其主营业务未发生变更,一直主要从事商业银行业务。

经本所适当核查,发行人目前登记的经营范围增加的内容已经获得中国人民银行、银监会或其他有权监管部门的核准,符合有关法律、法规和规范性文件的规定。

有关发行人近年来所取得的主要业务批复或备案情况,请见本所为本次所出具的律师工作报告之附件一。

4. 发行人的主营业务及持续经营

根据发行人提供的资料(包括发行人2012年至2014年年度报告、2015年半年度报告等)并经本所适当核查,本所认为,发行人的主营业务突出,主要为商业银行业务。

根据发行人2014年年度报告及2015年半年度报告并经本所核查,发行人的主要财务指标良好,不存在不能支付到期债务的情况,发行人依法存续,不存在影响其持续经营的法律障碍。

九、关联交易和同业竞争

1. 持有发行人股份5%以上的关联方

截至本法律意见书出具之日,持有发行人发行在外总股份5%以上的股东有两家,即中国平安和平安寿险。

2. 重大关联交易

根据《商业银行与内部人和股东关联交易管理办法》,重大关联交易是指发行人与一个关联方之间的单笔交易金额占发行人资本净额1%以上,或发行人与一个关联方发生交易后发行人与该关联方的交易余额占发行人资本净额的5%以上的交易。

2.1　发行人正在履行的重大持续性日常关联交易

2014年5月22日,发行人2013年年度股东大会审议通过了《平安银行股份有限公司关于与平安集团持续性日常关联交易的议案》,关联股东回避了表决。根据该议案,关联交易的具体交易条款根据业务性质、交易金额及期限、市场状况、国家相关政策规定及适用行业惯例,在对具体业务的定价政策、定价依据、定价公允性进行分析审查的基础上,按照合规、公平原则协商订立,定价以不优于对非关联方同类交易的条件进行。根据该议案,股东大会同意在该议案规定的额度上限内开展持续性日常关联交易,并授权发行人管理层按照发行人日常业务审批权限审批及执行以上各类日常关联交易,并处理与此相关的其他事宜,发行人管理层每年向董事会报告关联交易年度执行情况。上述额度限额需要调整的,按监管规定提交董事会、股东大会审议。

根据发行人2014年年度报告、2015年半年度财务报告及其书面确认,并经本所适当核查,截至2015年6月30日,发行人与前述关联方之间发生的日常关联交易金额未超过发行人2013年年度股东大会审议通过的《平安银行股份有限公司关于与平安集团持续性日常关联交易的议案》预计的持续性日常关联交易额度上限。

2.2　发行人正在履行的重大偶发性关联交易

根据发行人与平安资管于2014年7月15日签署的《平安银行股份有限公司和平安资产管理有限责任公司关于优先股之认购协议》,平安资管同意以与其他发行对象相同的发行价格和票面股息率参与认购,认购比例为本次发行数量的50% -60%(具体比例以相关监管部门批复为准）。平安资管不参与本次发行定价的市场询价过程，但接受市场询价结果。该份股份认购协议作为发行人非公开发行优先股预案的一部分，由发行人第九届董事会第五次会议审议通过，其中独立董事一致通过，同时发表了独立董事意见，并由发行人董事会提交2014年第二次临时股东大会审议通过。

此外，根据发行人的书面确认及经本所适当核查，截至2015年6月30日，发行人还有3笔正在履行的重大关联交易，分别为与平安寿险的协议存款交易、给予国信证券股份有限公司65亿元的同业授信额度和给予中国信托业保障基金有限责任公司25亿元的同业授信额度。有关该等关联交易的具体情况，请见本所为本次发行所出具的律师工作报告之附件二。

3. 关联交易的公允决策程序

3.1　根据《商业银行法》、银监会《商业银行与内部人和股东关联交易管理办法》、证监会《上市公司信息披露管理办法》和《公开发行证券的公司信息披露编报规则第26号－商业银行信息披露特别规定》、深圳证券交易所《深圳证券交易所股票上市规则》和财政部《企业会计准则》等法律、法规、规章、规范性文件，以及发行人的公司章程、《平安银行股份有限公司关联交易管理办法》对有关关联交易的决策程序作出了明确规定。

3.2　发行人董事会设立了关联交易控制委员会，并制定了《关联交易控制委员会工作细则》。

4. 关于关联交易的承诺

为减少和规范中国平安及其控制的其他企业与发行人的关联交易，维护发行人及其中小股东的合法权益，中国平安已作出承诺：就中国平安及中国平安控制的其他企业与发行人之间发生的构成发行人关联交易的事项，中国平安及中国平安控制的其他企业将遵循市场交易的公开、公平、公正的原则，按照公允、合理的市场价格与发行人进行交易，并依据有关法律、法规及规范性文件的规定履行决策程序，依法履行信息披露义务。中国平安保证中国平安及中国平安控制的其他企业将不通过与发行人的交易取得任何不正当的利益或使发行人承担任何不正当的义务。

综上，本所认为，就关联交易方面，发行人已采取必要的措施对发行人及其中小股东的合法利益进行保护，发行人的公司章程和其他内部规定中已就关联交易的公允决策程序作出了规定，该等规定符合有关法律、法规及规范性文件的要求。

5. 同业竞争

5.1　同业竞争现状

根据发行人提供的资料及经本所适当核查，发行人主要从事商业银行业务。经本所适当核查，发行人的经营范围是：吸收公众存款；发放短期、中期和长期贷款；办理国内外结算；办理票据承兑与贴现；发行金融债券；代理发行、代理兑付、承销政府债券；买卖政府债券、金融债券；从事同业拆借；买卖、代理买卖外汇；从事银行卡业务；提供信用证服务及担保；代理收付款项及代理保险业务；提供保管箱服务；结汇、售汇业务；离岸银行业务；资产托管业务；办理黄金业务；财务顾问、资信调查、咨询、见证业务；经有关监管机构批准的其他业务。

根据发行人的控股股东中国平安《企业法人营业执照》的记载，中国平安的经营范围为：投资保险企业；监督管理控股投资企业的各种国内、国际业务；开展保险资金运用业务；经批准开展国内、国际保险业务；经保监会及国家有关部门批准的其他业务。

根据发行人的书面确认及经本所适当核查，截至本法律意见书出具之日，发行人的控股股东中国平安及其控制的其他企业与发行人的经营范围不同，并未从事与发行人构成同业竞争的业务，也未控制中国其他商业银行，故与发行人之间不存在同业竞争。

5.2　避免同业竞争的承诺

为有效避免未来中国平安及其控制的其他企业可能与发行人产生的同业竞争，维护发行人及其中小股东的合法权益，中国平安已作出承诺：在中国平安作为发行人的控股股东期间，针对中国平安以及中国平安控制的其他企业未来拟从事或实质性获得与发行人同类业务或商业机会，且该等业务或商业机会所形成的资产与业务与发行人可能构成潜在同业竞争的情况，中国平安将不从事并尽力促使中国平安控制的其他企业不从事与发行人相同或相近的业务,以避免与发行人的业务经营构成直接或间接的竞争。

综上,发行人与其控股股东中国平安已采取必要措施,避免将来可能产生的同业竞争。

6. 关联交易和同业竞争的披露

本所认为,发行人已就有关重大关联交易和避免同业竞争的承诺或措施进行了相应的披露,无重大遗漏和重大隐瞒。

十、发行人的主要财产

(一)发行人自有物权类

1. 发行人位于深圳的自有物业

根据发行人提供的资料,截至2015年6月30日,发行人在深圳共有548项房产,总建筑面积约213,285.36平方米;其中408项房产已取得房地产权证,总建筑面积约195,747.99平方米;另外140项房产未取得房地产权证,总建筑面积约17,537.37平方米。就548项房产的具体情况,请参见本所为本次发行出具的律师工作报告"十、发行人的主要财产"的有关内容。

本所经核查认为,就上述发行人在深圳的自有物业,发行人拥有该等物业的有效产权,且该等物业上不存在权利瑕疵、权利负担或产权纠纷,除非有关权利瑕疵、权利负担或产权纠纷已在本所为本次发行出具的律师工作报告中予以说明,或者该等权利瑕疵、权利负担或产权纠纷不会单独地或共同地对本次发行产生重大不利影响。此外,由于发行人于2012年7月办理了更名手续(由"深圳发展银行股份有限公司"更名为"平安银行股份有限公司"),发行人正在相应办理前述位于深圳的自有物业的权利人名称变更手续。截至2015年6月30日,发行人已完成402项自有物业的权利人名称变更手续。

2. 发行人在深圳之外的自有物业

根据发行人提供的资料,截至2015年6月30日,发行人在深圳之外拥有的物业的主要情况为:(1)发行人在北京市拥有2处建筑面积合计约为8,131.25平方米的房产;(2)发行人在上海市拥有1处建筑面积约为1,639.43平方米的房产;(3)发行人在天津市拥有53处建筑面积合计约为12,691.73平方米的房产。此外,发行人在天津市有1处建筑面积为934.08平方米的房产未取得房地产权证;(4)发行人在重庆市拥有11处建筑面积合计约为5,447.30平方米的房产;(5)发行人在广州市拥有32处建筑面积合计约为6,386.35平方米的房产。此外,发行人在广州市有2处建筑面积分别为1,079.72平方米和1,937.87平方米(该处由17项房产构成)未取得房地产权证;(6)发行人在大连市拥有1处建筑面积约为3,902.79平方米的房产;(7)发行人在南京市拥有10处建筑面积合计约为11,633.66平方米的房产;(8)发行人在杭州市拥有10处建筑面积合计约为2,565.79平方米的房产;(9)发行人在宁波市拥有3处建筑面积合计约为337.71平方米的房产;(10)发行人在济南市拥有18处建筑面积合计约为15,913.14平方米的房产;(11)发行人在青岛市拥有1处建筑面积约为4,909.96平方米的房产;(12)发行人在成都市拥有294处建筑面积合计约为54,041.31平方米的房产;(13)发行人在海口市拥有14处建筑面积合计约为11,396.07平方米的房产;(14)发行人在珠海市拥有5处建筑面积合计约为1,983.40平方米的房产;(15)发行人在佛山市拥有27处建筑面积合计约为4,664.88平方米的房产;(16)发行人在温州市拥有6处建筑面积合计约为1771.39平方米的房产。

本所经核查认为,就上述发行人在深圳之外的自有物业,发行人拥有该等物业的有效产权,且该等物业上不存在权利瑕疵、权利负担或产权纠纷,除非有关权利瑕疵、权利负担或产权纠纷已在本所为本次发行出具的律师工作报告中予以说明。根据发行人的书面确认及经本所适当核查,发行人前述未取得部分房地产权证及土地使用权证的情况不会对发行人的生产经营和本次发行构成重大不利影响。此外,由于发行人于2012年7月办理了更名手续,发行人正在相应办理前述位于深圳之外的部分自有物业的权利人名称变更手续。

(二)发行人的知识产权类

1. 商标

根据发行人提供的资料并经本所适当核查,截至2015年6月30日,发行人在中国大陆主要拥有注册商标共计59项,并在香港、澳门、台湾地区取得了6项商标的注册核准,该等注册商标的具体情况请见本所为本次发行出具的律师工作报告之附件三。经核查，由于发行人于2012年7月办理了更名手续，除注册号3874896和3874897的商标现暂未变更在发行人名下外，前述其余57项在中国大陆注册的商标权利人均已登记为发行人；在香港、台湾地区各取得的2项商标根据主管部门的办理要求暂未完成变更；在澳门注册的2项商标现已变更至发行人名下。本所认为，发行人拥有的前述在中国大陆以及香港、澳门、台湾地区的注册商标均处于合法有效状态。

除上述已取得的注册商标外，发行人目前正在使用中国平安拥有的13项注册商标，该等注册商标的具体情况请见本所为本次发行所出具的律师工作报告之附件三。就该等发行人正在使用的注册商标，中国平安已分别于2010年9月8日和2011年10月15日与发行人签署《商标使用许可合同》，同意无偿许可发行人在该等商标的有效期及商品或服务项目范围内使用，并同意一旦中国平安在中国注册了其他商标，若适用，中国平安将通知发行人并许可其使用。

2. 专利

根据发行人提供的资料并经本所适当核查，截至2015年6月30日，发行人在中国大陆主要拥有1项专利，该项专利的具体情况请见本所为本次发行所出具的律师工作报告之附件三。

3. 软件著作权

根据发行人提供的资料并经本所适当核查，截至2015年6月30日，发行人拥有4项计算机软件著作权，该等计算机软件著作权的具体情况请见本所为本次发行所出具的律师工作报告之附件三。

（三）发行人的对外投资

根据发行人的说明及经本所适当核查，截至2015年6月30日，发行人的对外投资情况①如下：

1. 参股其他上市公司的情况

（货币单位：人民币百万元）

证券代码	证券简称	初始投资金额	年末占该公司股权比例	年末账面值	报告期投资损益	报告期所有者权益变动	会计核算科目	股份来源
400061	长油5	314	4.02%	392	–	78	可供出售	抵债股权
–	VisaInc.	–	0.01%	4	–	–	可供出售	历史投资
合计		314		396	–	78		

2. 参股非上市金融企业、拟上市公司的情况

（货币单位：人民币百万元）

被投资单位名称	投资金额	减值准备	年末净值
中国银联股份有限公司	74	–	74
SWIFT会员股份	1	–	2
城市商业银行资金清算中心	1	–	1
浙商银行股份有限公司②	59	–	59
合计	135	–	136

本所认为，上述发行人的对外投资中虽存在不符合《商业银行法》规定的对外投资情况，但该项对外投资为抵债股权，且发行人已采取措施逐步处置该项对外投资，该项对外投资不

① 根据发行人于2014年10月24日刊登在《中国证券报》、《证券时报》、《上海证券报》、《证券日报》和巨潮资讯网（www.cninfo.com.cn）上的《平安银行股份有限公司关于会计政策变更的公告》，变更后，发行人将其对被投资单位不具有控制、共同控制或重大影响，且在活跃市场中没有报价、公允价值不能可靠计量的权益性投资，纳入可供出售金融资产核算。

② 2014年，发行人以抵债方式获得浙商银行股份有限公司股权1000万股。

会对本次发行造成实质性不利影响。

(四)抵债资产

根据发行人提供的资料,截至 2015 年 6 月 30 日,发行人尚有未处置的抵债资产约 169 项,账面价值总计约人民币 20.38 亿元,均以法院裁定或者协议抵债的方式取得。

发行人存在对部分抵债资产超过 2 年未予处置的情况,不符合《商业银行法》的有关规定。据发行人说明,其计划在未来逐步对抵债资产进行处置。本所认为,发行人存在对部分抵债资产超过 2 年未处置的情况不会对本次发行造成实质性不利影响。

十一、发行人重大债权债务

1. 本所律师审查了发行人提供的有关其重大债权债务的合同资料,该等资料包括:截至 2015 年 6 月 30 日贷款(含进/出口押汇)余额最大的前 10 位借款人的相关贷款合同以及进/出口押汇申请书,存款金额最大的前 10 位协议存款客户的相关存款合同,已发行未到期债券文件以及金额最大的前 5 笔保函合同等。

2. 根据发行人的书面确认及经本所适当核查,发行人上述重大债权债务合法,不存在对本次发行构成重大不利影响的情形。

3. 根据发行人的书面确认,截至本法律意见书出具之日,发行人没有因环境保护、知识产权、产品质量、劳动安全、人身权等原因产生的重大侵权之债。

4. 根据发行人的书面确认,截至 2015 年 6 月 30 日,除已在本所为本次发行出具的律师工作报告之“九、关联交易和同业竞争”中描述的重大关联交易外,发行人与其关联方之间不存在其他重大债权债务;截至本法律意见书出具之日,发行人与其关联方之间不存在违规提供担保的情形。

5. 根据发行人提供的资料并经向发行人有关人士核查,截至 2015 年 6 月 30 日,发行人金额最大的前 10 项其他应收、应付款均系因正常的经营活动而发生。

十二、关于发行人的重大资产变化及收购兼并

1. 2012 年,经发行人第八届董事会第十一次会议和 2012 年第一次临时股东大会审议通过,并经银监会《中国银监会关于深圳发展银行吸收合并平安银行的批复》(银监复〔2012〕192 号)批准,发行人吸收合并原平安银行。2012 年 6 月 13 日,原平安银行收到深圳市市场监督管理局出具的《企业注销通知书》,深圳市市场监督管理局核准原平安银行于 2012 年 6 月 12 日注销登记。原平安银行注销登记后,其分支机构成为发行人的分支机构,其全部资产、负债、证照、许可、业务以及人员均由发行人依法承继,附着于其资产上的全部权利和义务亦由发行人依法享有和承担。

2. 根据发行人的书面确认及经本所适当核查,除前述合并事项外,发行人自设立以来未发生其他合并、分立或减少注册资本的情形;发行人设立以来发生的增资扩股行为详见本法律意见书第七部分。

3. 根据发行人的书面确认及经本所适当核查,截至本法律意见书出具之日,除本法律意见书第七部分披露的 2011 年发行股份购买资产交易外,发行人近三年未发生《上市公司重大资产重组管理办法》规定的重大收购或出售资产的行为,发行人亦无拟进行的《上市公司重大资产重组管理办法》规定的重大收购或出售资产行为。

十三、发行人公司章程的制定与修改

1. 发行人设立时制定的《深圳发展银行章程》由发行人首届股东大会审议通过,并经中国人民银行银复〔1987〕365 号文批准,已履行适当的法定程序。

2. 截至本法律意见书出具之日,发行人近三年来对公司章程共进行了五次修订。根据《商业银行法》,发行人修改公司章程应经银监会批准。经本所核查,发行人现行公司章程已取得《中国银监会关于平安银行非公开发行优先股及修改公司章程的批复》(银监复〔2015〕539 号文)的批准。

本所核查后认为,发行人现行公司章程是依据《公司法》、《上市公司章程指引(2014 年修订)》、《商业银行公司治理指引》、《指导意见》和《优先股试点管理办法》等法律、法规和规范性文件修订的,其内容符合现行法律、法规和规范性文件的规定。

十四、发行人股东大会、董事会、监事会议事规则及规范运作

1. 发行人依据有关法律、法规和规范性文件及发行人公司章程的规定设立了以股东大会、董事会、监事会和高级管理层为主体的内部组织结构，本所核查后认为，该组织结构合法有效。

2. 发行人依据《公司法》、《上市公司章程指引（2014年修订）》和《商业银行公司治理指引》等法律、法规和规范性文件及发行人公司章程修订了《股东大会议事规则》、《董事会议事规则》和《监事会议事规则》，其现行《股东大会议事规则》、《董事会议事规则》和《监事会议事规则》的内容符合有关法律、法规和规范性文件及发行人公司章程的规定。

3. 根据发行人提供的资料并经向发行人核查，截至本法律意见书出具之日，发行人近三年共召开过11次股东大会、39次董事会和25次监事会，相关运作规范有序，符合公司章程的规定。有关会议情况请参见本所为本次发行出具的律师工作报告之附件四。

十五、关于发行人董事、监事和高级管理人员及其变化

1. 根据发行人提供的资料并经本所核查，截至本法律意见书出具之日，发行人董事会由14名董事组成，其中5名为独立董事；监事会由7名监事组成，其中3名为职工监事；发行人高级管理人员包括行长、副行长、财务负责人和董事会秘书，共9名。2015年1月以来，发行人共有1名执行董事、1名高级管理人员和1名独立董事发生变化①。

2. 根据有关法律、法规及规范性文件的规定，发行人董事和高级管理人员的任职资格需获得银监会的核准或备案。截至本法律意见书出具之日，发行人董事和高级管理人员的任职资格均已获得银监会的核准或备案。本所认为，发行人现任董事、监事和高级管理人员不存在《公司法》第147条所述的有关禁止任职的情形，亦不存在被证监会确定为市场禁入者的情形，其任职符合《公司法》等法律、法规、规范性文件及发行人公司章程的规定。

3. 截至本法律意见书出具之日，发行人近三年来董事、监事和高级管理人员的更换程序符合更换当时法律、法规、规范性文件及当时有效的发行人公司章程的规定，履行了必要的法律程序。

4. 发行人公司章程和其他公司治理文件中关于独立董事设置及职权的规定符合有关法律、法规和规范性文件的要求。

十六、关于发行人的税务

1. 发行人目前执行的税种、税率符合有关法律、法规的规定。

2. 发行人享受的主要财政补贴

报告期内，发行人享受的主要财政补贴集中在26个分行，统计共46项，补贴金额约5249.55万元。有关发行人近年来所享受的主要财政补贴情况，请见本所为本次发行所出具的律师工作报告第十六章“发行人的税务”之“（二）发行人享受的主要财政补贴”。

经核查，本所认为，发行人所享受的上述财政补贴、补偿或奖励政策取得了国家有权部门的批准，符合法律、法规的有关规定。

十七、发行人的环境保护和产品质量、技术等标准

1. 根据发行人的书面确认及经本所适当核查，截至本法律意见书出具之日，发行人的经营活动在一切重大方面符合有关法律、行政法规关于环境保护的要求。

2. 根据发行人的书面确认及经本所适当核查，截至本法律意见书出具之日，发行人近三年没有因违反环境保护的法律、行政法规而受到重大处罚的情形。

3. 发行人属于金融服务企业，不存在违反

---

① 陈伟女士因个人原因，于2015年1月5日辞去发行人执行董事、董事会审计委员会委员及副行长职务，辞任后将不在发行人处继续任职。叶望春先生因个人原因，于2015年7月11日辞去发行人副行长职务，辞任后在发行人处担任顾问。马林先生因个人原因，于2015年8月22日向发行人提交书面辞职函，辞去发行人独立董事职务。马林先生辞职生效后将不在发行人处任职。马林先生的辞职导致发行人独立董事人数少于董事会总人数的三分之一。根据相关监管规定，马林先生的辞职将在下任独立董事补选产生后生效，在此之前，马林先生将继续履行其独立董事职责。

有关产品质量和技术监督方面的法律、行政法规而受到重大处罚的情况。

十八、发行人募集资金的运用

1. 本次发行募集资金的运用及有关授权和批准

本次发行募集资金在扣除发行费用后拟全部用于补充公司其他一级资本,符合国家产业政策和有关环境保护、土地管理等法律和行政法规的规定。根据发行人的书面确认,本次发行的募集资金数额不超过发行人对资本金的需求量。

本次发行募集资金的用途已经发行人第九届董事会第五次会议、2014 年第二次临时股东大会审议通过。

发行人第七届董事会第四次会议批准了《募集资金管理制度》,该制度中建立了募集资金专项存储制度,并规定非公开发行股票的募集资金应当存放于公司董事会决定设立的专项账户;同时,根据发行人的书面确认,发行人已按照《管理办法》和《募集资金管理制度》的要求设立本次发行的募集资金专项账户。

2. 发行人本次发行募集资金的运用不涉及与他人进行合作

3. 发行人前次募集资金使用情况

经发行人第九届董事会第五次会议和 2014 年第二次临时股东大会审议通过,并经《中国银监会关于平安银行非公开发行 A 股股票方案及股权变更事项的批复》(银监复〔2014〕718 号)、《关于中国平安保险(集团)股份有限公司投资平安银行股份有限公司普通股的批复》(保监许可〔2014〕745 号)以及《关于核准平安银行股份有限公司非公开发行股票的批复》(证监许可〔2015〕697 号)的批准,发行人向包括其控股股东中国平安在内的符合证监会规定条件的 7 名的特定对象非公开发行数量 598,802,395 股,未超过证监会核准的上限 1,070,663,811股。每股发行价格为人民币16.70元,股款以人民币缴足,计人民币 9,999,999,996.50 元,扣除发行费用人民币 60,000,000 元后,募集股款共计人民币 9,939,999,996.50 元。上述资金已于 2015 年 5 月 6 日到位,经普华永道中天会计师事务所(特殊普通合伙)予以验证,并于 2015 年 5 月 8 日出具了普华永道中天审字(2015)第 447 号验资报告。

基于上述,本所认为,发行人不存在改变前次募集资金用途的情形。

十九、关于发行人的诉讼、仲裁或行政处罚

1. 根据发行人提供的资料及经本所适当核查,截至本法律意见书出具之日,发行人不存在未公开披露的尚未了结的、如作出不利判决或裁决将可能实质性地影响发行人财务、正常经营、资产状况及本次发行的重大诉讼、仲裁。

2. 根据发行人的书面确认及经本所适当核查,截至本法律意见书出具之日,不存在相关监管部门对发行人作出的可能对发行人造成重大影响的重大行政处罚。

3. 根据发行人的书面确认,截至本法律意见书出具之日,发行人持股 5% 以上的股东在中国不存在可能对发行人造成重大影响的重大诉讼、仲裁或行政处罚案件。

4. 根据发行人的书面确认,截至本法律意见书出具之日,发行人的董事长、行长不存在尚未了结的或可预见的重大诉讼、仲裁及行政处罚案件。

二十、结论性意见

综上所述,本所认为,截至本法律意见书出具之日,发行人为有效存续的股份有限公司,其股票在深圳证券交易所上市交易,具备申请本次发行的主体资格;根据《公司法》、《证券法》、《管理办法》、《实施细则》、《指导意见》和《优先股试点管理办法》等的相关规定,发行人符合本次发行的实质条件;发行人本次发行已获得发行人董事会和股东大会的批准和授权,以及银监会对发行人非公开发行优先股的核准,尚待获得证监会的核准。

本法律意见书正本一式四份。

特此致书。

(以下无正文)

(此页无正文,为《北京大成律师事务所关于平安银行股份有限公司非公开发行优先股项目的法律意见书》之签署页)

北京大成律师事务所

负责人:王隽

经办律师:段爱群、于绪刚、燕慧依

北京市中伦(上海)律师事务所关于中信证券股份有限公司"中信证券太平洋寿险保单贷款2016年第一期资产支持专项计划"的法律意见书

致:中信证券股份有限公司

北京市中伦(上海)律师事务所(以下简称"本所")是在中华人民共和国境内执业的专业法律服务机构。受中信证券股份有限公司(以下简称"中信证券"或"计划管理人")的委托,现就中信证券拟设立的"中信证券太平洋寿险保单贷款2016年第一期资产支持专项计划"(以下简称"专项计划")的相关事宜,出具本法律意见书。

根据《中华人民共和国民法通则》(以下简称"《民法通则》")、《中华人民共和国公司法》(以下简称"《公司法》")、《中华人民共和国企业破产法》、《中华人民共和国保险法》(以下简称"《保险法》")、《中华人民共和国合同法》(以下简称"《合同法》")、《中华人民共和国担保法》、《证券公司监督管理条例》(以下简称"《管理条例》")、中国证券监督管理委员会(以下简称"中国证监会")颁布的《证券公司客户资产管理业务管理办法》(以下简称"《管理办法》")、《证券公司及基金管理公司子公司资产证券化业务管理规定》(以下简称"《管理规定》")、《证券公司及基金管理公司子公司资产证券化业务信息披露指引》(以下简称"《信息披露指引》")等现行法律、法规和中国保监会的有关规定,本所对中信证券设立专项计划和发行资产支持证券的合法有效性进行了审查和判断。

除上下文另有规定以外,本法律意见书中的词语以及所述的解释规则与《中信证券太平洋寿险保单贷款2016年第一期资产支持专项计划标准条款》中所定义的词语以及所列示的解释规则,具有相同的含义。

为出具本法律意见书,本所律师查阅了专项计划文件及中国太平洋人寿保险股份有限公司(以下简称"太平洋寿险")和中信证券提供的与交易各方及基础资产样本池(以下简称"基础资产样本池")相关的其他必要的法律文件,并就通过设立专项计划发售资产支持证券的相关问题向中信证券、太平洋寿险等机构的有关人员作了必要的询问和讨论。

本所出具本法律意见书主要基于以下假设:

1. 中信证券、太平洋寿险及其他交易相关方提交给本所的文件和材料均为真实、准确、完整和有效,不存在隐瞒、虚假和重大遗漏,且文件材料为复印件或以传真或电子邮件或其他电子传输方式提交给本所的,该等文件材料均与其原件或正本一致;交易相关方向本所作出的口头说明均具备真实性,且不存在故意隐瞒或重大遗漏;

2. 拟签署专项计划文件的各方签署其作为一方的专项计划文件,是该方的真实意思表示,并非出于非法的或欺诈的目的;

3. 拟签署专项计划文件的各方之间不存在任何可能导致影响其作为一方的专项计划文件的法律效力或影响本法律意见书所述法律意见的事实情况或其他安排;

4. 各方在专项计划文件中关于事实的陈述和保证均真实、准确、完整,不存在虚假记载、误导性陈述或者重大遗漏;

5. 计划管理人按照《资产买卖协议》的规定支付给原始权益人的基础资产的转让价格不低于基础资产的公允价值;

6. 专项计划文件项下的义务自该等专项计划文件生效之日起均会持续地被相关方遵守及履行;

7. 自尽调基准日(即2016年10月24日)至本法律意见书出具之日,太平洋寿险在其保单贷款管理系统中,按照合格标准所设置的有关基础资产筛选规则系统(以下简称"资产筛选系统")不会做任何调整,且会持续有效运作。太平洋寿险将于专项计划设立日、基准日、循环购买日按照该规则筛选确定有关入池基础资产。

为出具本法律意见书,本所声明如下:

1. 本所及经办律师依据相关法律法规及本法律意见书出具日以前已经发生或者存在的事实,严格履行了法定职责,遵循了勤勉尽责和诚实信用原则,进行了充分的核查验证,保证本法律意见书所认定的事实真实、准确、完整,所发表的结论性意见合法、准确,不存在虚假记载、误导性陈述或者重大遗漏,并承担相应法律责任;

2. 本所系按照截至本法律意见书出具之日已经发生或存在的事实和中国(为本法律意见书之目的,不包括香港特别行政区、澳门特别行政区以及台湾地区)相关法律的规定发表法律意见;本所认定专项计划文件是否合法有效是以该等事项发生之时所应适用的相关法律规定为依据,同时也充分考虑了有关政府机构给予的有关批准、确认和备案;

3. 本所仅就与本次发行有关的法律问题(以本法律意见书所发表意见事项为限)发表法律意见,并不对有关会计、审计、税收、信用评级等专业事项发表评论;在本法律意见书中涉及会计、审计、税收、信用评级等内容时,均为严格按照有关机构出具的专业报告引述,并不意味着本所对这些内容的真实性和准确性做出任何明示或默示的评价、意见和保证;

4. 对于出具本法律意见书至关重要而又无法得到独立证据支持的事实,本所依赖有关政府主管部门或者其他有关机构出具的证明文件或确认(包括但不限于中信证券、太平洋寿险向本所出具的承诺函)出具法律意见;

5. 本所不对相关法律的变化或者调整做出任何预测,亦不会据此出具任何意见或者建议;

6. 本所对本法律意见书所涉及有关事实的了解和判断,最终依赖于交易各方向本所提供的文件、资料及所作书面或口头说明的真实性、完整性、准确性;

7. 太平洋寿险在其保单贷款管理系统中按照合格标准设置资产筛选系统,并通过该系统筛选形成了基础资产样本池。本所律师采取模拟封包及抽样验证方式验证了该资产筛选系统的有效性并假设资产筛选系统能够持续有效运作。

基于上述假设及声明,本所出具法律意见如下:

一、关于中信证券作为专项计划的计划管理人和销售机构的主体资格及内部授权

中信证券现持有中国证监会核发的统一社会信用代码为914403001017814402的《经营证券期货业务许可证》,经核准的经营范围为:证券经纪(限山东省、河南省、浙江省天台县、浙江省苍南县以外区域)、证券投资咨询、与证券交易、证券投资活动有关的财务顾问;证券承销与保荐;证券自营;证券资产管理;融资融券;证券投资基金代销;代销金融产品;股票期权做市。

中信证券现持有深圳市市场监督管理局颁发的统一社会信用代码为914403001017814402的《营业执照》。

中信证券现持有中国证监会核发的"证监机构字〔2002〕112号"《关于核准中信证券股份有限公司受托投资管理业务资格的批复》,核准中信证券从事受托投资管理业务的资格。

中信证券的内设有权机构作出了同意中信证券作为专项计划计划管理人的决议。

经审查,截至本法律意见书签署日,中信证券领取的《经营证券业务许可证》持续有效,中信证券已获得中国证监会核准的客户资产管理业务资格。中信证券具备担任专项计划管理人和销售机构的主体资格,符合《管理办法》第四条规定的要求。中信证券已获得合法有效的内部授权。

二、关于中国工商银行股份有限公司上海市分行作为专项计划托管银行的主体资格

专项计划的托管银行为中国工商银行股份有限公司上海市分行(以下简称"工行上海分行")。工行上海分行现持有中国银行业监督管理委员会(以下简称"银监会")上海监管局核发的00188297号《金融许可证》。工行上海分行现持有上海市工商局核发的《企业法人营业执照》,统一社会信用代码:91310000132206043P。

根据中国工商银行股份有限公司于2016年3月出具的《授权书》,中国工商银行股份有

限公司授权工行上海分行办理资产托管业务，签署相关合同、协议。

综上所述，本所律师认为，工行上海分行取得了保险资金托管人资格，工行上海分行具备担任专项计划托管银行的主体资格，符合《管理条例》第五十七条、第五十八条的规定。

三、关于太平洋寿险进行本次专项计划有关交易的主体资格和内部授权情况

太平洋寿险拟作为专项计划项下基础资产的原始权益人和卖方，向计划管理人转让基础资产并作为计划管理人委托的资产服务机构为专项计划提供基础资产管理服务。

太平洋寿险现持有中国保监会核发的《保险公司法人许可证》（机构编码：L10021VSH），并持有上海市工商局核发的统一社会信用代码为91310000733370906P的《营业执照》。

太平洋寿险资产负债管理委员会作出了同意专项计划具体方案的决议。

综上所述，本所律师认为，太平洋寿险具备向计划管理人转让基础资产的主体资格并履行了内部审批程序，获得合法有效的内部授权。

四、专项计划有关的合同、协议

（一）资产管理合同（即《认购协议》、《标准条款》和《计划说明书》）

计划管理人将与认购人签署《认购协议》，按照《计划说明书》以及《认购协议》和《标准条款》的规定，《认购协议》和《标准条款》、《计划说明书》共同构成《管理办法》第十九条规定的《资产管理合同》。

经审查，《认购协议》和《标准条款》、《计划说明书》明确约定了计划管理人和认购人的权利、义务，且条款内容符合《合同法》和《管理办法》第十九条规定的资产管理合同应当包括的基本事项，且条款内容符合《合同法》和《管理办法》、《管理规定》的有关规定。计划管理人将根据发行情况与认购人签署相应的《认购协议》，《认购协议》按照《标准条款》约定的原则，确定资产支持证券具体的认购类别、认购份数、认购价格以及认购资金数额等事项。《认购协议》自协议约定的生效条件全部满足后生效。

（二）《资产买卖协议》

计划管理人依据《标准条款》及其他专项计划文件的规定，就专项计划基础资产买卖事宜，拟与原始权益人签署《资产买卖协议》。《资产买卖协议》约定了计划管理人和原始权益人关于专项计划基础资产买卖的权利和义务。

《资产买卖协议》明确约定了专项计划的基础资产、购买价款及其支付、权利完善措施、资产赎回、置换等事项。《资产买卖协议》符合《合同法》的有关规定，自该协议约定的生效条件全部满足后生效并构成原始权益人合法的、有效的和有约束力的义务，《资产买卖协议》的相关各方可按照该协议的条款主张权利，除非该等权利主张受到破产、重整、和解或其他类似法律的限制。

（三）《服务协议》

计划管理人依据《标准条款》及其他专项计划文件的规定，就专项计划基础资产及其回收有关的管理服务事宜，拟与资产服务机构签署《服务协议》。《服务协议》约定了计划管理人和资产服务机构关于专项计划基础资产及其回收管理的权利和义务。

《服务协议》明确约定了资产服务机构的管理服务内容、资产服务机构的报告、基础资产文件的保管等事项。《服务协议》符合《合同法》的有关规定，自该协议约定的生效条件全部满足后生效并构成资产服务机构合法的、有效的和有约束力的义务，《服务协议》的相关各方可按照该协议的条款主张权利，除非该等权利主张受到破产、重整、和解或其他类似法律的限制。

（四）《监管协议》

资产服务机构和计划管理人根据《标准条款》及其他专项计划文件的规定，就专项计划资产相关监管事宜拟与监管银行签署《监管协议》。资产服务机构和计划管理人根据《监管协议》的规定，委托监管银行监督管理监管账户，监管银行愿意提供账户监管服务。

《监管协议》明确规定了资产服务机构、计划管理人和监管银行的权利、义务，监管账户的设置与管理、业务监督、协议主体的变更和权利义务的转让、监管费、协议终止、违约责任、法律适用和争议解决等重要事项。《监管协议》符合《合同法》的有关规定，自该协议约定的生效条件全部满足后生效并构成监管银行合法的、有效的和有约束力的义务,《监管协议》的相关各方可按照该协议的条款主张权利,除非该等权利主张受到破产、重整、和解或其他类似法律的限制。

(五)《托管协议》

计划管理人根据《标准条款》及其他专项计划文件的规定,就专项计划资产托管事宜拟与托管银行签署《托管协议》。计划管理人根据《托管协议》的规定,委托托管银行保管专项计划资产,托管银行为专项计划资产提供托管服务。

《托管协议》明确规定了计划管理人和托管银行的权利、义务,专项计划账户的开立与管理、专项计划资产的使用、专项计划资产的分配、托管银行和计划管理人之间的业务监督、托管银行的解任、托管费、合同终止、违约责任、适用法律与争议解决等重要事项。《托管协议》符合《合同法》、《管理办法》、《管理规定》的有关规定,自该协议约定的生效条件全部满足后生效并构成托管银行合法的、有效的和有约束力的义务,《托管协议》的相关各方可按照该协议的条款主张权利,除非该等权利主张受到破产、重整、和解或其他类似法律的限制。

五、关于专项计划所购买的基础资产

(一)基础资产的界定

基础资产系指基础资产清单所列的由原始权益人在资产交付日转让给计划管理人的、原始权益人依据借款文件自基准日(就循环购买基础资产而言指循环购买日)(含该日)起对借款人享有的借款债权。基础资产仅涉及借款债权,而对于借款协议书、保险合同及其他相关合同项下的义务,包括但不限于红利分配的义务等,不属于基础资产的范围。原始权益人须自行承担上述义务。借款债权系指原始权益人向资产支持专项计划转让的,原始权益人依据借款文件自基准日(就循环购买基础资产而言指循环购买日)起对借款人享有的偿付请求权和其他权利及其附属担保权益。其他权利包括但不限于对本金、利息、违约金、损害赔偿金、滞纳金等不属于担保权益但附属于借款债权的其他权利。

(二)基础资产的合法性

基于《北京市中伦(上海)律师事务所关于"中信证券太平洋寿险保单贷款2016年第一期资产支持专项计划"基础资产之法律尽职调查报告》,本所律师认为:

1. 经合理查证,太平洋寿险已按照合格标准的要求,在其保单贷款管理系统中设置了资产筛选系统并能够有效运作;

2. 就基础资产样本池而言,加权平均收益率不低于资产池必备加权平均收益率;

3. 关于基础资产样本池抽样基础资产:

(1)经合理查证,关于借款人的标准:

1)若借款人与被保险人非同一人,则借款人借款及质押已取得被保险人书面同意;

2)借款人在原始权益人处的所有保单贷款历史逾期记录最长不超过30天;

(2)经合理查证,关于保单贷款的标准:

3)保单贷款已经发放且由原始权益人管理;

4)保单贷款的所有应付数额均以人民币为单位;

5)保单贷款和附属担保权益均合法有效;

6)保单贷款和附属担保权益可被合法有效的转让,原始权益人与借款人未签署任何限制其转让的协议或文件,借款文件中亦无禁止转让或转让须征得借款人同意的约定;

7)保单贷款本金(包括已纳入基础资产样本池及未纳入基础资产样本池的保单贷款)及相关利息之和占保险单所具有的现金价值的比例符合监管要求;

8)保单贷款的借款期限为6个月;

9)保单贷款的到期日不晚于预设终止日2017年9月24日;

10)保单贷款发放时,其本金金额至少为人民币100元且不超过500万元;

11)保单贷款为有息借款,且借款利率不低于4.5%;

12)就每一笔保单贷款而言,不存在任何权利负担及尚未解决的争议或纠纷;

(3)经合理查证,关于发放和筛选保单贷款的标准:

13)每份借款文件的文本在所有重要方面(包括但不限于本条前述所列各方面)与借款文件标准格式相同;

14)该保单贷款由原始权益人按照合格标准从原始权益人的借款中选取,然后进一步选入基础资产样本池中，整个筛选过程，没有不合理使用对专项计划不利的任何筛选程序；

4. 基于有效运作的资产筛选系统，原始权益人于专项计划设立日、基准日、循环购买日筛选确定的入池基础资产能够符合合格标准的各项要求。

综上，经合理查证，本所律师认为，基于有效运作的资产筛选系统，通过筛选系统所筛选入池的基础资产系原始权益人合法所有的财产并具备真实性、合法性、有效性，且不存在其他权利负担。

（三）基础资产转让的合法性

1. 基础资产转让

根据《资产买卖协议》的约定，在专项计划成功设立或循环购买时，且计划管理人向原始权益人支付了相应的全部基础资产购买价款之日（含该日）起，原始权益人将自基准日（就循环购买而言指循环购买日）（含该日）起对于以下财产（即基础资产）的现时的和未来的、现实的和或有的全部所有权和相关权益：(1)原始权益人根据借款文件的约定向借款人发放借款而享有的全部债权，包括自基准日（就循环购买而言指循环购买日）（含该日）起存在的未偿借款本金余额、违约金、损害赔偿金及其他依据借款文件应由借款人向原始权益人偿还的款项；(2)担保前述第(1)项所述的债权相关的全部附属担保权益；(3)基础资产被清收、被出售、或者被以其他方式处置所产生的回收款；(4)请求、起诉、收回、接受与基础资产相关的全部应偿付款项（不论其是否应由借款文件项下的借款人偿付）的权利；(5)来自与基础资产相关的其他权利以及强制执行基础资产的全部权利和法律救济权利，均转让给计划管理人。同时，计划管理人将于专项计划设立日授权托管银行将初始基础资产的购买价款一次性地划入原始权益人书面指定的银行账户。

2. 权利完善安排

根据《资产买卖协议》，当发生约定的权利完善事件时，原始权益人应采取相应的措施完善计划管理人取得的权利。权利完善事件，系指以下任何事件：(1)评级机构给予优先级资产支持证券最低一档信用评级下降至低于 AA 级（不含 AA 级）；(2)发生违约事件。

在发生任一权利完善事件后的 5 个工作日内，原始权益人应采取如下措施完善计划管理人所取得的权利：向借款人以及其他相关方发出权利完善通知，将基础资产转让的情况通知前述各方，并协助计划管理人办理必要的权利转移/变更手续（如需）。除上述通知外，还应当在对前述各方的权利完善通知中指示各方将借款或其他应属于专项计划资产的款项直接支付至专项计划账户。

原始权益人应于资产交付日或之前向计划管理人出具授权书，授权计划管理人以原始权益人的名义，在发生权利完善事件且原始权益人不履行上述通知义务时，代为履行该等通知义务。在原始权益人未履行通知义务的情况下，计划管理人应在原始权益人本应发送权利完善通知之日后的 10 个工作日内，代原始权益人向相应的借款人及相关方发送权利完善通知，并抄送给原始权益人。

3. 循环购买安排

根据《资产买卖协议》，自专项计划设立日（不含该日）起至下述较早日期目（含该日）：(a)专项计划设立日起满 10 个月的对日；(b)任一加速清偿事件发生日；(c)任一权利完善事件发生之日，计划管理人可利用专项计划资金以循环方式购买符合合格标准的贷款。具体循环购买流程如下：

(1)原始权益人应通过其 IT 系统筛选符合合格标准的借款并于循环购买日 11:00 统计之前 7 天内(a)可供循环购买的资产清单、(b)可供循环购买资产金额说明、(c)形成上一循环购买日至当日期间所循环购买的基础资产清单并进行妥善保存供计划管理人随时查阅及核对；

(2)计划管理人同意于当日 12:30 之前原始权益人于当日将监管账户中资金划付至计划管理人的指定账户。除非原始权益人于当日 12:30 之前以适当方式发出拒绝循环购买的通知，则视为原始权益人已作出同意/授权的决定；

(3)若原始权益人通过查阅及核对上一循环购买日至当日期间所循环购买的基础资产清单发现不合格基础资产的，应按照《买卖协议》的规定通知计划管理人限期纠正或对不合格基础资产予以赎回。

经审查，《资产买卖协议》关于基础资产循

环购买的约定未违反法律、行政法规的强制性规定,未损害社会公共利益及国家、集体或第三人利益,该等约定合法、有效。

(四)基础资产的批准与登记

根据太平洋寿险的内部授权,太平洋寿险转让基础资产已经取得其内部有权机关的批准。

现行相关法律法规中对于保单质押登记相关事项并无具体规定,根据行业通行规则,保单质押登记以保险人自行备案登记为准。根据太平洋寿险说明,太平洋寿险已在内部系统中对保单贷款进行了备案登记。在基础资产转让后,太平洋寿险将仍然保持该等备案登记。

经审查,原始权益人转让基础资产已经取得其内部有权机关的批准,且原始权益人已完成保单质押登记。

六、基础资产未被列入负面清单

经合理查证,本所律师认为,基础资产不属于《资产证券化业务基础资产负面清单指引》列明不适宜采用资产证券化业务形式或者不符合资产证券化业务监管要求的基础资产范畴,符合《管理规定》等相关法规的规定。

七、关于太平洋寿险的破产风险对基础资产的影响

经审查《资产买卖协议》等专项计划文件,本所律师认为,如果人民法院受理关于太平洋寿险的破产申请,则:

1. 由于太平洋寿险仍旧是保险合同的一方主体,故按照《保险法》第九十二条:经营有人寿保险业务的保险公司被依法撤销或者被依法宣告破产的,其持有的人寿保险合同及责任准备金,必须转让给其他经营有人寿保险业务的保险公司;不能同其他保险公司达成转让协议的,由国务院保险监督管理机构指定经营有人寿保险业务的保险公司接受转让。

2. 在太平洋寿险的保险合同转让给其他人寿保险公司后,基础资产的回收等将可能因此受到不利影响。

3. 由于太平洋寿险仍然担任资产服务机构并代为收取基础资产产生的回收款,在太平洋寿险担任资产服务机构期间,如果人民法院受理关于太平洋寿险的破产申请,且太平洋寿险的自有财产与其代为收取的回收款已相互混同而无法识别,则太平洋寿险代为收取的回收款可能会被人民法院认定为太平洋寿险的破产财产。

为缓解前述风险,专项计划文件规定,在发生任一权利完善事件后,太平洋寿险应向借款人以及其他相关方发出权利完善通知,将基础资产转让的情况通知前述各方,并协助计划管理人办理必要的权利转移/变更手续(如需)。太平洋寿险还应当在对前述各方的权利完善通知中指示各方将借款或其他应属于专项计划资产的款项直接支付至专项计划账户。

八、关于信用增级安排

本法律意见书所称的信用增级安排系指下列交易安排:

(一)优先/次级分层机制

本专项计划项下的资产支持证券包括优先级资产支持证券(优先A级资产支持证券、优先B级资产支持证券)和次级资产支持证券,不同类型资产支持证券的分配顺序以《标准条款》第12条“专项计划的分配”的约定为准。基础资产产生的回收款将会按照事先约定的现金流支付顺序支付,排序在现金流支付顺序最后一级的资产支持证券将承担最初的损失,因此,在现金流支付顺序中排名在后的资产支持证券就向高一级别的资产支持证券提供了信用增级。具体而言,次级资产支持证券为优先级资产支持证券提供信用增级。

(二)超额利差

根据本专项计划基础资产合格标准的约定,保单贷款加权平均收益率不低于资产池必备加权平均收益率,资产池现行加权平均收益率与优先级资产支持证券预计平均票面利率之间存在一定的超额利差,为优先级资产支持证券提供了一定的信用支持。

(三)原始权益人对基础资产的赎回与置换

根据交易文件约定,原始权益人对基础资产的赎回与置换主要包含如下:1)原始权益人对不合格基础资产的赎回;2)于各期专项计划最后一个资产服务机构报告日,若资产池中仍然存在逾期基础资产的,则原始权益人应于赎回限额内对相关逾期基础资产进行赎回,对于

超出赎回限额部分逾期基础资产，原始权益人有权决定是否进行赎回；3）在各期专项计划循环期内，如计划管理人或者资产服务机构发现逾期基础资产，原始权益人应于每个循环购买日当日以其符合合格标准的基础资产对逾期基础资产进行置换。通过以上安排，为优先级资产支持证券提供了一定的信用支持。

经审查《标准条款》，本所律师认为，该等信用增级安排不违反《民法通则》、《合同法》及其他中国法律和行政法规的强制性规定，该等信用增级安排合法、有效。

九、信息披露

经审查，《标准条款》以及《计划说明书》明确规定了专项计划的信息披露，根据《标准条款》和《计划说明书》的相关规定，专项计划存续期间，计划管理人应按照《标准条款》、《计划说明书》和其他专项计划文件的约定以及《管理规定》等相关法律、法规的规定向资产支持证券持有人进行信息披露，并详细规定了信息披露的形式、信息披露的内容与时间、信息披露文件的存放与查阅以及对监管机构的备案及信息披露等内容，且该等信息披露的规定符合《管理规定》、《信息披露指引》的相关规定。

十、其他需要说明的事项

1.《资产买卖协议》一经合法有效的签署并生效，即构成相关各方合法的、有效的和有约束力的义务，基础资产的转让即在原始权益人与计划管理人之间发生法律效力。如果发生权利完善事件，原始权益人应向借款人以及其他相关方发出权利完善通知，将基础资产转让的情况通知前述各方，并协助计划管理人办理必要的权利转移/变更手续（如需）。在原始权益人根据前述约定发送权利完善通知后，基础资产的转让即对其他相关各方发生法律效力。本所律师认为，前述安排切实可行，在其被适当执行的情况下，在权利完善事件之前未通知债务人对于基础资产风险隔离效果无实质性重大不利影响。

2. 基础资产之法律关系为基于保单现金价值质押担保的贷款法律关系，而非保险合同中有关保险法律关系，因此《标准条款》第1.1条约定“基础资产仅涉及借款债权，而对于借款协议书、保险合同及其他相关合同项下的义务，包括但不限于红利分配的义务等，不属于基础资产的范围……”相应强调了基础资产法律关系中不包括保险法律关系内容。该等安排不属于对贷款法律关系所涉权利义务进行剥离或拆分，通过该等安排有效划分了专项计划所受让借款债权法律关系与保险公司保险法律关系相关权利义务之间的边界，有效避免了有关权利义务的混同，不会对专项计划产生重大不利影响。

3. 根据《保险合同贷款批单（暨领款通知书）》约定“贷款清偿前，如申请人申请保费豁免、减额交清、保单迁移、被保险人性别年龄错误更正、减保、投保人变更等业务，须先全额偿还贷款本金和利息”及“贷款清偿前，如有应给付的退保金、年金、红利及其他各项保险金，申请人同意太平洋寿险先行抵扣未清偿的贷款本金和利息”，鉴于在退保、偿付的情形下相关款项将优先用于偿还贷款本金和利息，因此退保或偿付情形不会对基础资产产生实质性不利影响。

4.《保险法》第三十四条规定：“按照以死亡为给付保险金条件的合同所签发的保险单，未经被保险人书面同意，不得转让或者质押”，该规定从侧面说明了在经被保险人书面同意后，以死亡为给付保险金条件的合同所签发的保险单可以被质押。《中国保险监督管理委员会关于寿险保单质押贷款业务有关问题的复函》（保监厅函〔2008〕66号）第一条规定：“保单质押贷款是长期寿险合同特有的功能，是指投保人在合同生效满一定期限后，按照合同约定将其保单的现金价值作为质押，向保险公司申请贷款”及《中国保险监督管理委员会关于规范人身保险业务经营有关问题的通知》（保监发〔2011〕36号）第六条规定：“（一）保险公司可以向具有现金价值的个人长期险保单投保人提供保单贷款服务，保单贷款的有关事项应当在保险合同中约定。（二）保单贷款金额不得超过保单现金价值，贷款利率应当参照人民银行公布的同期贷款利率、公司自身资金成本及风险管控能力确定，贷款期限一般不超过六个月。（三）保险公司不得向投保人以外的第三方提供保单贷款。（四）以死亡为给付保险金条件的合同所签发的保单贷款，应当事先经被保险人书面同意”。该法规对保单贷款业务的具体实施细则进行了明确规定。据此,太平洋寿险作为保险公司可以依法开展保单质押贷款业务,合法合规。

5. 太平洋寿险保单质押贷款 IT 系统中设置有“短信提醒”模块,该模块具备短信群发功能,用以实现对保单质押贷款的催收、通知等。当出现权利完善事件,太平洋寿险将通过“短信提醒”模块将保单质押贷款债权转让情形通知债务人。同时,根据交易文件约定,太平洋寿险应于资产交付日或之前向计划管理人出具授权书,授权计划管理人以太平洋寿险的名义,在发生权利完善事件且太平洋寿险不履行约定的通知义务时,代太平洋寿险向相关借款人履行通知义务。据此,故该等通知具备可行性。

极端情况下,在发生权利完善事件后,若太平洋寿险无法履行通知义务,根据《中华人民共和国合同法》第八十条规定“债权人转让权利的,应当通知债务人。未经通知,该转让对债务人不发生效力”,该等转让对债务人不发生效力,但并不意味着相关债权因此发生减损,而是债务人将仍以原始权益人作为债权人。因此,在前述情形发生时,债务人仍应按约向太平洋寿险偿还借款本息。

针对前述,本次设置了如下缓释措施:

a)根据《标准条款》第 1.1 条第 77 项约定“当评级机构给予资产服务机构主体信用评级高于或等于 AA + 级时,回收款转付日为计算日后第 3 个工作日;当评级机构给予资产服务机构主体信用评级低于 AA + 级,回收款转付日为每个自然日……”该条款对回收款转付频率进行约定,在特殊情形发生时,通过缩短回收款留存于原始权益人的时间方式,来缓释相关风险;

b)根据《标准条款》有关约定,若太平洋寿险未按约定履行相关通知义务,将可能触发加速清偿事件。在发生加速清偿事件时,计划管理人应不得再使用专项计划资产循环购买任何基础资产,且计划管理人应立即指令资产服务机构将监管账户的全部余额划付至专项计划账户。如监管账户之后进一步收到任何金额的,计划管理人应授权或定期指令资产服务机构在收到该等金额后将该等金额划付至专项计划账户,用以向资产支持证券持有人进行分配。

综上,上述措施的执行将缩短基础资产相关款项划付周期,未履行通知义务的风险能够得到缓释。

十一、结论

经适当核查,本所律师认为:

1. 专项计划的原始权益人、计划管理人、销售机构、托管银行、资产服务机构均具备必备的主体资格及有关权限;

2. 专项计划文件的约定不违反现行有效的法律和行政法规的强制性规定,不违反《管理规定》、《信息披露指引》的规定,在专项计划文件约定的相关生效条件全部满足后,专项计划文件构成相关当事人的合法的、有效的和有约束力的义务,专项计划文件的相关当事人可按照该等文件的条款主张权利,除非该等权利主张受到破产、重整、和解或其他类似法律的限制;

3. 基于有效运作的资产筛选系统,原始权益人于专项计划计划设立日、基准日、循环购买日筛选确定的入池基础资产能够满足以下条件:(1)系属原始权益人合法所有的财产;(2)具备真实性、合法性、可转让性,且不存在其他权利负担;

4.《资产买卖协议》关于基础资产转让、循环购买的约定未违反法律、行政法规的强制性规定,未损害社会公共利益及国家、集体或者第三人利益,该等约定合法、有效;

5. 基础资产不属于《资产证券化业务基础资产负面清单指引》列明不适宜采用资产证券化业务形式或者不符合资产证券化业务监管要求的基础资产范畴;

6. 基础资产仍受到原始权益人破产风险的影响,专项计划文件规定的风险缓释措施有效地降低了该风险。在上述风险缓释措施有效执行的情况下,原始权益人风险与基础资产风险将得以有效隔离;

7. 本专项计划设置了循环购买安排,该等安排合法有效;

8. 原始权益人转让基础资产已经取得其内部有权机关的批准,且原始权益人已完成保单质押登记;

9. 本专项计划项下资产支持证券各项信用增级安排不违反《民法通则》、《合同法》及其他

中国法律和行政法规的强制性规定,该等信用增级安排合法、有效;

10.《资产买卖协议》一经合法有效的签署并生效,即构成相关各方合法的、有效的和有约束力的义务,基础资产的转让即在原始权益人与计划管理人之间发生法律效力。如果发生权利完善事件,在原始权益人根据约定发送权利完善通知后,基础资产的转让即对其他相关各方发生法律效力。前述安排切实可行,在其被适当执行的情况下,在权利完善事件之前未通知债务人对于基础资产风险隔离效果无实质性重大不利影响;

11.交易文件项下关于原始权益人保险法律关系相关权利义务不作为基础资产的安排,不属于对相关权利义务进行剥离或拆分,该等安排合法合规,不会对专项计划产生重大不利影响。

十二、承诺

本所根据《合同法》、《管理办法》、《管理规定》等法律、法规的规定,按照律师行业公认的业务标准、道德规范和勤勉尽责的精神,对有关文件和事实进行了核查和验证,出具了以上法律意见,本所承诺该等法律意见真实、准确、完整、合规。

本法律意见书仅供中信证券设立专项计划并发售资产支持证券之目的使用,不得用作任何其他目的。

本所同意将本法律意见书作为设立专项计划并发售资产支持证券必备的法定文件,并依法对所出具的法律意见承担责任。

本法律意见书一式五份,经本所律师签字并经本所盖章后生效。

(以下无正文)

(此页无正文,为《北京市中伦(上海)律师事务所关于中信证券股份有限公司"中信证券太平洋寿险保单贷款2016年第一期资产支持专项计划"之法律意见书》的签署页)

北京市中伦(上海)律师事务所
经办律师:何植松、李虎桓、刘应檀

北京市金杜律师事务所关于广州瑞丰集团股份有限公司2016年非公开发行可交换公司债券的法律意见书

引　言

致:广州瑞丰集团股份有限公司

根据《中华人民共和国公司法》(以下简称"《公司法》")、《中华人民共和国证券法》(以下简称"《证券法》")、《公司债券发行与交易管理办法》(以下简称"《管理办法》")等法律、行政法规、部门规章及其他规范性文件(以下简称"法律法规")的有关规定,北京市金杜律师事务所(以下简称"本所")接受广州瑞丰集团股份有限公司(以下简称"瑞丰集团")委托,作为特聘专项法律顾问,就瑞丰集团2016年非公开发行可交换公司债券(以下简称"本项目")所涉相关法律事宜出具本法律意见书。

为出具本法律意见书,本所及经办律师根据中华人民共和国(以下简称"中国",为出具本法律意见书之目的,不包括香港特别行政区、澳门特别行政区和台湾地区)现行的法律法规之规定,查阅了为出具本法律意见书所必须查阅的文件,包括相关各方提供的有关政府部门的批准文件、资料、证明,并就本项目有关事项向相关各方做了必要的核查。

本所依据本法律意见书出具日以前已经发生或存在的事实和中国现行法律法规及中国证券监督管理委员会(以下简称"中国证监会")、深圳证券交易所的有关规定发表法律意见。

本所仅就与本项目有关的中国法律问题发表意见,而不对有关会计、审计及资产评估等专业事项发表意见。本所在本法律意见书中对有关会计报告、审计报告和资产评估报告的某些数据和结论进行引述时,已履行了必要的注意义务,但该等引述并不视为本所对这些数据、结论的真实性和准确性作出任何明示或默示保证。

本法律意见书的出具已得到本项目相关各方的如下保证:

1. 其已向本所提供为出具本法律意见书所要求其提供的原始书面材料、副本材料、复印材料、说明承诺函或证明;

2. 其提供给本所的文件和材料真实、准确、完整、有效,并无任何隐瞒、遗漏、虚假或误导之处;文件材料为副本或复印件的,其均与正本或原件一致。

对于出具本法律意见书至关重要而又无法得到独立证据支持的事实,本所依赖有关政府部门、本项目有关各方或其他有关机构出具的证明文件出具法律意见。

本所同意将本法律意见书作为本项目必备的法律文件,随其他申报材料一起上报,并依法对所出具的法律意见承担相应的法律责任。

本法律意见书仅供瑞丰集团为本项目之目的使用,不得用作任何其他目的。

本所同意瑞丰集团在其为本项目所制作的相关文件中按照监管部门的审核要求引用本法律意见书的相关内容,但其作上述引用时,不得因引用而导致法律上的歧义或曲解。本所有权对上述相关文件的相关内容再次审阅并确认。

本所及经办律师依据《证券法》、《律师事务所从事证券法律业务管理办法》及《律师事务所证券法律业务执业规则(试行)》的规定,按照律师行业公认的业务标准、道德规范和勤勉尽责精神,对本项目相关各方提供的有关文件和事实进行了核查,现出具法律意见如下:

正　文

一、发行人发行本次债券的主体资格

(一)发行人的基本情况

根据瑞丰集团现持有广州市工商局于2016年3月14日核发的《营业执照》、瑞丰集团在广州市工商局的企业档案登记资料、截至2016年12月28日在全国企业信用信息公示系统、广州市商事主体信息公示平台公示的信息以及瑞丰集团现行有效的公司章程,截至2016年12月28日,瑞丰集团的基本情况如下:

名称	广州瑞丰集团股份有限公司
统一社会信用代码	91440101677792193Y
住所	广州市天河区珠江西路5号广州国际金融中心主塔写字楼2506房(仅限办公用途)
法定代表人	林永飞
注册资本	10,000万元
公司类型	股份有限公司(非上市、自然人投资或控股)
成立日期	2008年08月11日
经营期限	长期
经营范围	企业管理服务(涉及许可经营项目的除外);自有房地产经营活动;房屋租赁;货物进出口(专营专控商品除外);纺织品及针织品零售;投资管理服务;物业管理;企业自有资金投资;鞋帽零售;资产管理(不含许可审批项目);鞋帽批发;企业总部管理;场地租赁(不含仓储);纺织品、针织品及原料批发;服装批发;化妆品及卫生用品零售;化妆品及卫生用品批发;投资咨询服务;商品批发贸易(许可审批类商品除外);服装零售;技术进出口;(依法须经批准的项目,经相关部门批准后方可开展经营活动)

根据瑞丰集团现行有效的公司章程,截至本法律意见书出具之日,其股本结构如下:

序号	股东姓名	股本(万股)	持股比例
1	林永飞	7,000	70%
2	翁武强	1,500	15%
3	翁武游	1,500	15%
合计		10,000	100%

（二）发行人的现行股东

序号	股东姓名	国籍	身份证	住址	在瑞丰集团任职情况
1	林永飞	中国	35012719681024＊＊＊＊	广州市从化区街口街新城东路80号＊＊＊＊号房	董事长
2	翁武强	中国	35012719751229＊＊＊＊	福建省福清市三山镇瑟江村洋中＊＊＊＊号	董事
3	翁武游	中国	35018119800427＊＊＊＊	广州市天河区华庭路5号之二＊＊＊＊房	无

根据发行人的说明、发行人股东的确认，翁武强、翁武游为兄弟关系，均为林永飞的妻弟。

本所经办律师已阅读《募集说明书》第六节披露的发行人股权结构相关内容。本所经办律师认为，《募集说明书》第六节披露的发行人股权结构真实、准确、完整，发行人股东林永飞、翁武强、翁武游所持发行人股权均已在广州市工商局进行了股权登记手续并取得了必要的权属证明。

（三）发行人的主要历史沿革

1.2008年8月，瑞丰集团的前身设立

瑞丰集团前身瑞盈有限系由林永飞、翁武游、翁武强于2008年8月2日签订《广州瑞盈投资有限责任公司章程》，于2008年8月11日获广州市工商局核准设立的有限责任公司。

瑞盈有限设立时注册资本为4,500万元，其中：林永飞认缴出资3,150万元，翁武游认缴出资675万元，翁武强认缴出资675万元；住所为广州市天河区黄埔大道西638号1204房；法定代表人为林永飞；经营范围为“服饰、房地产项目的投资、企业经营管理咨询”。

瑞盈有限设立时的公司章程约定，首期出资2,100万元，剩余出资于公司营业执照领取日两年内出资完毕。广州华信会计师事务所有限公司于2008年8月5日出具华信验字[2008]第026号《验资报告》，验证截至2008年8月5日，瑞盈有限已收到全体股东缴纳的注册资本合计2,100万元，均为货币出资，其中林永飞出资1,470万元，翁武游出资315万元，翁武强出资315万元。

2008年8月11日，瑞盈有限取得广州市工商局核发的《企业法人营业执照》。瑞盈有限设立时的股权结构如下：

序号	股东姓名	认缴出资额（万元）	持股比例	实缴出资额（万元）
1	林永飞	3,150	70%	1,470
2	翁武强	675	15%	315
3	翁武游	675	15%	315
合计		4,500	100%	2,100

2.2008年9月，实收资本增加至3,300万元

2008年8月28日，瑞盈有限股东会作出决议，同意变更实收资本，即由原来的2,100万元变更为3,300万元，本期出资额1,200万元分别由林永飞出资840万元、翁武强出资180万元、翁武游出资180万元。本次股东会就上述内容对公司章程进行了相应修订。

广州华信会计师事务所于2008年9月3日出具华信验字[2008]第026－2号《验资报告》，验证截至2008年9月2日止，瑞盈有限已收到林永飞、翁武游、翁武强第二期缴纳的注册资本合计1,200万元，均为货币出资，其中林永飞出资840万元，翁武游出资180万元，翁武强出资180万元；并验证截至2008年9月2日止，公司累计实缴注册资本为3,300万元，占已登记注册资本总额的73.33%。

2008年9月9日，瑞盈有限在广州市工商局办妥了本次实收资本变更的变更登记手续。

本次变更完成后，公司的实收资本为3,300万元，股权结构如下：

序号	股东姓名	认缴出资额（万元）	持股比例	实缴出资额（万元）
1	林永飞	3,150	70%	2,310
2	翁武强	675	15%	495
3	翁武游	675	15%	495
合计		4,500	100%	3,300

3.2008 年 9 月,实收资本增加至 4,000 万元

2008 年9 月23 日,瑞盈投资股东会作出决议,同意变更实收资本,即由原来的 3,300 万元变更为 4,000 万元;本期出资额 700 万元分别由林永飞出资 490 万元、翁武强出资 105 万元、翁武游出资 105 万元。本次股东会就上述内容对公司章程进行了相应修订。

广州华信会计师事务所于 2008 年 9 月 26 日出具华信验字[2008]第 026 -3 号《验资报告》,验证截至 2008 年 9 月 25 日止,瑞盈有限已收到林永飞、翁武游、翁武强本次缴纳的注册资本合计 700 万元,均为货币出资,其中林永飞出资 490 万元,翁武游出资 105 万元,翁武强出资 105 万元;并验证截至 2008 年 9 月 25 日止,瑞盈有限累计实缴注册资本为 4,000 万元,占注册资本总额的 88.89% 。

2008 年9 月27 日,瑞盈有限在广州市工商局办妥了本次实收资本变更的变更登记手续。

本次变更完成后,公司的实收资本为4,000 万元,股权结构如下:

序号	股东姓名	认缴出资额(万元)	持股比例	实缴出资额(万元)
1	林永飞	3,150	70%	2,800
2	翁武强	675	15%	600
3	翁武游	675	15%	600
合计		4,500	100%	4,000

4.2008 年 10 月,公司名称、住所、经营范围变更

2008 年 10 月 13 日,瑞盈有限股东会作出决议,同意公司名称由“广州瑞盈投资有限公司”变更为“广州瑞丰投资有限公司”,公司住所变更为广州市天河区海明路 22 号 228 号房,经营范围变更为“服饰投资、投资管理、企业管理咨询、投资信息咨询、实业投资”。本次股东会就上述内容对公司章程进行了相应修订。

2008 年 10 月 16 日,公司在广州市工商局办妥了本次公司名称、住所和经营范围变更的变更登记手续。

5.2009 年 7 月,实收资本增加至 4,500 万元

2009 年7 月6 日,瑞丰有限股东会作出决议,同意变更实收资本,即由原来的 4,000 万元变更为 4,500 万元,本期出资额 500 万元分别由林永飞出资 350 万元、翁武强出资 75 万元、翁武游出资 75 万元。本次股东会还对公司章程进行了相应修订。

广州华信会计师事务所于 2009 年 7 月 14 日出具华信验字[2008]第 026 -4 号《验资报告》,验证截至 2009 年 7 月 14 日止,瑞丰有限已收到林永飞、翁武游、翁武强本期缴纳的注册资本合计 500 万元,均为货币出资,其中林永飞出资 350 万元,翁武游出资 75 万元,翁武强出资 75 万元;并验证截至 2009 年 7 月 14 日止,瑞丰有限累计实缴注册资本为 4,500 万元,占公司注册资本总额的 100% 。

2009 年7 月21 日,瑞丰有限在广州市工商局办妥了本次实收资本变更的变更登记手续。

本次变更完成后,公司的实收资本为4,500 万元,股权结构如下:

序号	股东姓名	认缴出资额暨实缴出资额(万元)	持股比例
1	林永飞	3,150	70%
2	翁武强	675	15%
3	翁武游	675	15%
合计		4,500	100%

6.2010 年 11 月,公司住所变更

2010 年 10 月 25 日,瑞丰有限股东会作出决议,同意将公司住所变更为广州市天河区海明路 22 号 237 号房。本次股东会就上述内容对公司章程进行了相应修订。

2010 年 11 月 10 日,瑞丰有限在广州市工商局办妥本次变更的变更登记手续。

7.2012 年 8 月,增资至 10,000 万元,住所变更

2012 年 8 月 8 日,瑞丰有限股东会作出决议,同意公司注册资本增加至 10,000 万元,新增注册资本 5,500 万元由各股东按所占股权比例认缴;同意住所变更为广州市天河区珠江西路 5 号广州国际金融中心主塔写字楼第 54 层 05 单元自编 9 号。本次股东会就上述内容对公司章程进行了相应修订。

广州华信会计师事务所有限公司于 2012 年 8 月 15 日出具《验资报告》(华信验字

[2012]第037号),验证截至2012年8月14日,瑞丰有限公司已收到股东缴纳的新增注册资本合计5,500万元,均为货币出资,其中林永飞出资3,850万元,翁武游出资825万元,翁武强出资825万元。

2012年8月20日,瑞丰有限在广州市工商局办妥本次变更的变更登记手续。

本次变更完成后,公司的注册资本暨实收资本为10,000万元,股权结构如下:

序号	股东姓名	认缴出资额暨实缴出资额(万元)	持股比例
1	林永飞	7,000	70%
2	翁武强	1,500	15%
3	翁武游	1,500	15%
合计		10,000	100%

8.2013年8月,整体变更为股份有限公司

根据瑞丰有限股东会的相关决议,瑞丰有限全体股东同意瑞丰有限采取发起设立方式依法整体变更为股份有限公司;同意以2013年3月31日为股份有限公司整体变更基准日,以瑞丰有限截至该日经广州市大公会计师事务所有限公司审计的净资产额为依据,按一定比例相应折为股份公司的股本总额,瑞丰有限各股东截至2013年3月31日在瑞丰有限中享有的全部所有者权益按上述比例相应折为其持有的股份公司发起人股;同意经营范围变更为"利用自有资金进行对外投资(法律、行政法规禁止对外投资的项目除外);投资咨询(涉及前置许可的项目除外);场地出租、物业管理;为企业资产重组、并购提供咨询服务;批发、零售贸易(国家专营、专控商品除外)"。

2013年8月1日,发起人林永飞、翁武强、翁武游签署了《广州瑞丰集团股份有限公司发起人协议》,约定:各发起人以2013年3月31日为整体变更基准日,以瑞丰有限截至该日经审计的净资产额共计100,121,285.82元折为瑞丰集团普通股100,000,000股,每股面值1元,其中:发起人林永飞折合股份70,000,000股,发起人翁武强折合股份15,000,000股,发起人翁武游折合股份15,000,000股。

同日,瑞丰集团筹委会召开了股份公司创立大会暨第一次股东大会,审议通过了与股份公司设立的相关议案。

广州市大公会计师事务所有限公司于2013年8月1日出具穗大师内验字(2013)第062号《验资报告》,对各发起人足额缴纳出资进行了验证。

2013年8月29日,瑞丰集团取得广州市工商局核发的《企业法人营业执照》。本次变更完成后,瑞丰集团的股本结构如下:

序号	股东姓名	股本数(万股)	持股比例
1	林永飞	7,000	70%
2	翁武强	1,500	15%
3	翁武游	1,500	15%
合计		10,000	100%

9.2014年4月,公司经营范围变更

2014年4月25日,瑞丰集团2014年第一次股东大会作出决议,同意将公司经营范围变更为"企业总部管理;企业管理服务(涉及许可经营项目的除外);资产管理(不含许可审批项目);投资咨询服务;企业自有资金投资;投资管理服务;物业管理;自有房地产经营活动;房屋租赁;场地出租(不含仓储);纺织品、针织品及原料批发;服装批发;鞋帽批发;化妆品及卫生用品批发;商品批发贸易(许可审批类商品除外);纺织品及针织品零售;服装零售;鞋帽零售;化妆品及卫生用品零售;货物进出口(专营专控商品除外);技术进出口"。本次股东大会就上述内容对公司章程进行了相应修订。

瑞丰集团就本次经营范围变更在广州市工商局办妥了变更登记手续。

10.2015年4月,住所变更

2015年4月30日,瑞丰集团临时股东大会作出决议,同意将公司住所变更为广州市天河区珠江西路5号广州国际金融中心主塔写字楼2506房(仅限办公用途)。本次股东大会就上述内容对公司章程进行了相应修订。

2015年5月27日,瑞丰集团就本次住所变更在广州市工商局办妥了变更登记手续。

(四)发行人依法有效存续

根据发行人提供的工商档案,并经本所经办律师核查发行人的营业执照、公司章程等资

料,金杜认为,发行人系依法成立并有效存续的股份有限公司,截至本法律意见书出具之日,发行人未出现根据法律法规及其公司章程的规定需要终止或解散的情形。

(五)发行人为上市公司股东

根据中证登于2016年12月27日出具的《中国证券登记结算有限责任公司投资者证券持有信息》以及发行人确认,截至2016年12月27日,发行人共持有摩登大道127,200,000股股票。发行人可以根据《管理办法》第十二条的规定,以非公开发行的方式发行附可交换成上市公司股票条款的公司债券。

综上,金杜认为,当发行人根据《管理办法》的规定,通过有资格的债券承销机构/债券受托管理人,以非公开的方式发行可交换公司债券,且向深交所申请确认是否符合转让条件未被提出异议时,发行人具备《管理办法》规定的发行本期可交换公司债券的主体资格。

二、本次债券发行的整体方案

根据发行人第二届董事会第二次会议决议、发行人2016年第二次临时股东大会会议决议以及本次债券发行的《募集说明书》,本次债券发行的整体方案主要内容如下:

(一)本次发行证券的种类

本次发行证券的种类为可交换为瑞丰集团所持摩登大道A股股票的可交换公司债券。该可交换债券将在深交所挂牌转让。

(二)发行对象及发行方式

本次债券将向具备相应风险识别和承担能力的合格投资者非公开发行,发行对象合计不超过200人。

(三)发行规模及数量

本次债券发行募集资金总额不超过10亿元(含10亿元),本次债券分期发行,其中首期债券发行规模为不超过4.08亿元(含4.08亿元)。

(四)票面金额及发行价格

本次债券面值为100元,按面值平价发行。

(五)债券期限

本次债券的期限为不超过1年(含1年)。

(六)债券票面利率及确定方式

本次债券票面利率在债券存续期内固定不变,采取单利按半年计息,每半年付息一次,到期一次还本。票面利率将根据市场询价结果,由公司与主承销商按照市场情况及国家有关规定协商一致,在利率询价区间内确定。

(七)付息的期限和方式

1. 计息期间的利息计算

(1)计息期间:本次债券发行首日起每满6个月为一个计息期间(包括该计息期间起始的日期,但不包括该计息期间结束的日期)。

(2)计息期间的利息:本次债券持有人按持有的本次债券票面总金额自本次债券发行首日起每满6个月可享受的当期利息。

计息期间利息的计算公式为:$I = B \times i/2$

I:指计息期间利息额;B:指本次债券持有人在计息期间付息债权登记日持有的本次债券票面总金额;i:指本次债券的票面利率。

2. 付息方式

(1)本次发行的可交换债券采用每6个月付息一次的付息方式,计息起始日为可交换债券发行首日。

(2)付息日

本次债券的付息日为本次债券发行首日起每满6个月的当日,如该日为法定节假日或休息日,则顺延至下一个交易日,顺延期间不另付息。公司将在付息日之后的5个交易日(含付息日当日)内支付当期利息。

(3)付息债权登记日

每个计息期间的付息债权登记日为每个计息期间付息日的前一交易日,公司将在每个计息期间付息日之后的五个交易日内支付当期利息。在付息债权登记日前(包括付息债权登记日)申请交换成摩登大道A股股票的全部或部分可交换债券,公司不再向其持有人支付相应部分债券的利息。在付息债权登记日前(包括付息债权登记日)未交换成摩登大道A股股票的部分可交换债券,发行人应以可交换债券余额为计息基准额度向债券持有人支付利息。

(八)换股期限

本次可交换债券换股期自可交换债券发行结束日满6个月后的第一个交易日起至可交换债券到期日止。

(九)换股价格的确定与调整

1. 初始换股价格的确定依据

本次债券的初始换股价格不低于本次债券发行日前1个交易日摩登大道A股股票收盘

价的90%以及前20个交易日摩登大道A股股票收盘价均价的90%中的孰高者。具体的初始换股价格由公司股东大会授权公司董事会（或由董事会授权的机构/人士）在发行前根据市场状况与承销商协商确定（若在前述交易日内发生过因除权、除息引起股价调整的情形，则对调整前交易日的交易价格按经过相应除权、除息调整后的价格计算）。

2. 换股价格的调整方式及计算公式

在本次可交换债券发行之后，当摩登大道发生派送股票股利、转增股本、增发新股、配股、派送现金股利等情况使摩登大道股份和/或股东权益发生变化时，将按下述公式进行换股价格的调整（保留小数点后两位，最后一位四舍五入）：

派送股票股利或转增股本：$P1 = P0/(1+n)$

增发新股或配股：$P1 = (P0 + A \times k)/(1+k)$；

上述两项同时进行：$P1 = (P0 + A \times k)/(1+n+k)$；

派送现金股利：$P1 = P0 - D$；

上述三项同时进行：$P1 = (P0 - D + A \times k)/(1+n+k)$

其中：P0为调整前初始换股价，n为送股或转增股本率，k为增发新股或配股率，A为增发新股价或配股价，D为每股派送现金股利，P1为调整后换股价。

当摩登大道出现上述股份和/或股东权益变化情况时，将进行换股价格调整，并向深交所提交并披露换股价格调整的公告，并于公告中载明换股价格调整日、调整办法及暂停换股期间（如需）。当换股价格调整日为本次债券持有人换股申请日或之后、交换股票登记日之前，则该持有人的换股申请按公司调整后的换股价格执行。

若调整换股价格从而造成预备用于交换的股票数量少于未偿还可交换公司债券全部换股所需股票的，发行人将于换股价调整前的5个交易日内补充提供预备用于交换的股票，具体触发条件及时点如下：

（1）派送股票股利或转增股本：不会出现预备用于交换的股票数量不足的情形。

（2）增发新股或配股：若出现预备用于交换的股票数量少于未偿还本次债券全部换股所需股票的情形，将以摩登大道披露增发新股或配股刊登发行结果公告作为触发条件，发行人将在发行结果公告刊登后的5个交易日内公告换股价格调整事项，并在换股价格调整公告中约定换股价格调整日并在换股价格调整日之前补充提供预备用于交换的股票。

（3）派送现金股利：若调整换股价格后出现预备用于交换的股票数量少于未偿还本次债券全部换股所需股票的情形，摩登大道股东大会审议通过并公告派送现金股利事宜将作为触发条件，公司将在5个交易日内公告换股价格调整事项，并在换股价格调整日（即派送现金股利除息日）之前补充提供预备用于交换的股票。

当摩登大道发生股份回购、合并、分立或任何其他情形使上市公司股份类别、数量和/或上市公司股东权益发生变化从而影响本次可交换债券持有人的债权利益或换股衍生权益时，发行人将视具体情况按照公平、公正、公允的原则以及充分保护本次可交换债券持有人权益的原则调整换股价格。有关换股价格调整内容及操作办法将依据当时国家有关法律法规及证券监管部门的相关规定来制订。

（十）换股价格向下修正条款

1. 修正权限及修正幅度

在本次可交换债券换股期内，当标的股票在任意连续10个交易日中有5个交易日的收盘价低于当期换股价格的90%时，董事会有权决定换股价格向下修正方案。若在前述10个交易日内发生过换股价格调整的情形，则在换股价格调整日前的交易日按调整前的换股价格和收盘价计算，在换股价格调整日及之后的交易日按调整后的换股价格和收盘价计算。

修正后的换股价格应不低于公司作出决定之日前1个交易日标的股票收盘价的90%以及前20个交易日标的股票收盘价均价的90%中的孰高者。

2. 修正程序

如公司董事会决定向下修正换股价格，在董事会决议作出后第1个交易日公司将向深交所提交并披露向下修正换股价格公告，公告修正幅度和股权登记日及暂停换股期间。从换股价格修正日起，恢复换股申请并执行修正后的换股价格。若换股价格修正日为换股申请日或之后，交换股份登记日之前，该类换股申请应按修正后的换股价格执行。若向下修正换股价格从而造成预备用于交换的股票数量少于未偿还本次债券全部换股所需股票的,发行人将在换股价格修正日之前5个交易日内补充提供预备用于交换的股票,并就该等股票办理质押登记。

当由于客观原因,发行人无法补充提供预备用于交换的股票或无法将持有的预备用于交换的股票办理质押登记时,发行人应在换股价格调整或修正前的5个交易日内以现金赎回部分可交换公司债券。

(十一)换股股数确定方式

本次发行的可交换债券持有人在换股期内申请换股时,换股数量的计算方式为:Q = V/P,并以去尾法取一股的整数倍。其中:V为可交换债持有人申请换股的可交换债票面总金额;P为申请换股当日有效的换股价。

本次债券持有人申请换股所得的股份须是整数股。换股时不足交换为一股的可交换债余额,公司将按照深交所、证券登记机构等部门的有关规定,在可交换债持有人换股当日后的五个交易日内以现金兑付该可交换债余额。该不足交换为一股的可交换债余额对应当期应计利息的支付将根据证券登记机构等部门的有关规定办理。

(十二)换股程序

本次可交换债券开始换股前,发行人将披露《非公开发行可交换公司债券换股业务提示性公告》,换股公告载明换股条件、换股程序、换股期间、换股价格等内容。债券持有人在换股期内可以选择交换股票或者不交换股票。申请交换股票的,应当通过证券公司向深交所申报换股指令,具体操作程序根据深交所相关规定执行。T日转入的可交换债券,T日可申报换股,换股所得股票T+1日可用。换股期结束后,发行人将公告换股结果及其影响。

本次可交换债券停止换股前2个交易日暂停转让,发行人将提前披露《可交换债券停止换股业务提示性公告》。

(十三)赎回条款

1. 到期赎回条款

在本次可交换债券到期日后五个交易日内,发行人将以本次可交换债券票面面值(含当期应计利息)的价格向持有人赎回全部未换股的可交换债券。

2. 有条件赎回条款

在本次可交换债券的换股期内,如果摩登大道A股股票在连续20个交易日中至少10个交易日的收盘价格不低于当期换股价格的150%(含150%),发行人有权按本次可交换债券票面面值的104%(含当期应计利息)向持有人赎回全部未换股的可交换债券。本次可交换债券的赎回期与换股期相同,即发行结束之日满六个月后的第一个交易日起至本次可交换债券到期日止。

若在前述二十个交易日内发生过换股价格调整的情形,则在调整前的交易日按调整前的换股价格和收盘价计算,调整后的交易日按调整后的换股价格和收盘价格计算。

此外,在本次可交换债券的换股期内,当本次发行的可交换债券未换股余额不足2,000万元(如适用的上市规则另有规定,则适用相应规定)时,发行人董事会(或由董事会授权的机构/人士)有权决定按本次可交换债券票面面值的104%(含当期票面利息)的价格赎回全部未换股的可交换债券。

(十四)回售条款

进入换股期后,当摩登大道A股股票在任意连续20个交易日中至少10个交易日的收盘价低于当期换股价格的80%时,或者预备用于交换的股票数量少于未偿还可交换债券全部换股所需股票而发行人又无法补足时,发行人于回售条件触发次日发布公告,债券持有人有权在公告日后10个交易日内将其持有的本次债券全部或部分按债券面值的104%(含当期票面利息)的价格回售给发行人。若在上述交易日内发生过换股价格因发生送红股、转增股本、增发新股、配股以及派发现金股利等情况而调整的情形,则在调整前的交易日按调整前的换股价格和收盘价格计算,在调整后的交易日按调整后的换股价格和收盘价格计算。若出现换股价格向下修正的情况,则上述“连续20个交易日”须从换股价格调整之后的第1个交易日起重新计算。

(十五)担保事项

1. 质押资产及初始质押担保比例

(1)初始质押

在本次债券发行前,公司将按照其与受托管理人签订的《广州瑞丰集团股份有限公司

2016 年非公开发行可交换债券之股票质押担保合同》(以下简称“《股票质押合同》”)之约定将预备用于交换和担保的标的股票办理股票质押登记。发行人应将该等摩登大道 A 股流通股股票及其孳息(包括送股、转股和现金红利)一并质押给债券受托管理人,用于本次可交换债持有人交换股票和对本次债券本息偿付提供担保,具体质押股份数量依据发行前确定的发行规模、初始换股价格、初始担保比例确定,且不少于债券持有人全部潜在可交换股票数量。

初始质押股票数量按照如下公式计算:初始质押股票数量 = M × B/P

其中:M 为初始担保比例;P 为办理股票质押登记日前 20 个交易日摩登大道 A 股股票收盘价的平均价格和办理股票质押登记日前一个交易日收盘价孰低者;B 为本次可交换债券发行规模;如果本次债券分期发行,B 为每期债券发行前确定的每期债券发行规模。

(2)维持担保比例和追加担保机制

本次可交换债券存续期内,担保财产的价值应不低于本次可交换债券发行规模与维持比例的乘积。

本次可交换债券存续期内,当担保比例连续 20 个交易日低于维持担保比例时,质权代理人有权要求发行人在 20 个交易日内向质押专用证券账户追加标的股票和/或直接追加现金及其他合法质物或提供合法抵押担保,使得追加担保后的担保比例不低于初始担保比例。

当担保比例连续 20 个交易日超过初始担保比例与 30% 之和时,则公司有权要求质权代理人向中证登深圳分公司申请解除对质押证券专用账户中的部分股票的质押和/或提取质押证券专用账户里的现金,但须确保在解除部分股票质押和/或提取质押证券专用账户现金后的担保比例仍不低于初始担保比例。

(十六)募集资金用途

本期可交换公司债券募集资金扣除发行费用后,将用于偿还公司借款和补充流动资金。

综上,金杜认为,发行人本次债券发行的方案符合《公司法》、《证券法》以及《管理办法》的规定。

三、发行人发行本次可交换债券的批准与授权

截至本法律意见书出具日,本次债券发行已取得以下批准和授权:

(一)瑞丰集团董事会的批准和授权

2016 年 11 月 11 日,发行人召开第二届董事会第二次会议,审议通过了《关于公司符合非公开发行可交换公司债券条件的议案》、《关于公司非公开发行 2016 年可交换公司债券的议案》、《关于提请股东大会授权董事会全权办理本次发行具体事宜的议案》等与本次债券发行有关的议案。

(二)瑞丰集团股东大会的批准和授权

2016 年 11 月 28 日,发行人召开 2016 年第二次临时股东大会,审议通过了《关于公司符合非公开发行可交换公司债券条件的议案》、《关于公司非公开发行 2016 年可交换公司债券的议案》、《关于授权董事会全权办理本次发行具体事宜的议案》等与本次债券发行有关的议案。

综上,金杜认为,发行人关于本次债券发行的董事会、股东大会决议程序符合《公司法》等法律法规及发行人现行公司章程的规定,上述董事会决议、股东大会决议合法有效;发行人本次发行已获得相关法律法规及公司章程所要求的发行人内部批准和授权,该等批准和授权合法有效;本次可交换公司债券尚需取得深交所关于本次可交换公司债券符合在深交所挂牌转让的无异议函。

四、本次可交换债券的实质条件

(一)本次可交换债券的发行方式和发行对象

1. 根据发行人第二届董事会第二次会议决议、发行人 2016 年第二次临时股东大会决议及《募集说明书》披露,发行人本次可交换债券向合格投资者非公开发行,本次债券的发行方式符合《管理办法》第三条的规定。

2. 根据发行人第二届董事会第二次会议决议、发行人 2016 年第二次临时股东大会决议及《募集说明书》,发行人本次债券面向不超过 200 名合格投资者发行,符合《管理办法》第二十六条的规定。

(二)发行人本次债券发行的备案和转让

根据《募集说明书》的披露,本次债券发行将在中国证券业协会备案,本次债券将在深交所转让。

金杜认为,本次债券发行的备案机关符合《管理办法》第二十九条的规定,本次债券的转让场所符合《管理办法》第三十条规定。待发行人就本次债券发行完成在中国证券业协会的备案后,本次债券可以在深交所转让。

(三)发行人不存在《负面清单指引》规定的负面情形

1. 根据《审计报告》,广州市工商局、广州市天河区国家税务局、广州市天河区地方税务局、广州市人力资源和社会保障局及发行人承诺,发行人最近十二个月内公司财务会计文件不存在虚假记载,发行人不存在其他重大违法行为。

2. 根据中国人民银行征信中心出具的发行人《企业信用报告》、发行人的确认承诺并经金杜核查,发行人不存在已发行的公司债券或者其他债务有违约或迟延支付本息的事实且仍处于继续状态的情形。

3. 根据发行人的确认并经金杜核查,发行人最近十二个月内不存在因违反《管理办法》被中国证监会采取监管措施的情形。

4. 根据发行人的确认并经金杜核查,发行人最近两年内财务报表未被注册会计师出具否定意见或者无法表示意见审计报告。

5. 根据发行人的确认并经金杜核查,发行人不存在擅自改变前次发行债券募集资金的用途而未做纠正的情形,且发行人本次发行募集资金用途符合相关法律法规的规定。

6. 根据发行人的确认,广州市工商局、广州市天河区国家税务局、广州市天河区地方税务局、广州市人力资源和社会保障局等相关政府部门出具的证明性文件并经金杜核查,发行人不存在严重损害投资者合法权益和社会公共利益情形。

7. 根据发行人的确认并经金杜核查,发行人不属于《负面清单指引》规定的地方融资平台公司。

8. 根据《募集说明书》及发行人的确认,发行人不是房地产公司,未从事国土资源部等部门认定的存在"闲置土地"、"炒地"、"捂盘惜售"、"哄抬房价"等违法违规行为的房地产公司。

9. 根据发行人的确认、发行人提供的资料并经金杜核查,发行人不是典当行企业、担保公司或小贷公司。

综上,金杜认为,截至本法律意见书出具日,发行人不存在《负面清单指引》规定的负面情形。

(四)本次可交换债券约定到期还本付息

根据《募集说明书》,本次可交换债券采取单利按半年计息,每半年付息一次,到期一次还本,不计复利。

(五)标的股票情况

根据发行人董事会决议、股东大会决议及《募集说明书》,发行人预备用于交换本次可交换债券的股票系其合法持有的摩登大道 A 股股票(股票代码:002656)及其孳息(包括送股、转股和现金红利)。

根据中证登于 2016 年 12 月 28 日就持有时间 2016 年 12 月 27 日有关证券持有信息情况所出具的《中国证券登记结算有限责任公司投资者证券持有信息》并经本所经办律师核查,截至 2016 年 12 月 27 日,发行人共持有摩登大道 12,720 万股票,均为无限售条件流通股,占摩登大道总股份数的 31.03%。

根据中证登于 2016 年 12 月 28 日就持有时间 2016 年 12 月 27 日有关证券持有信息情况所出具的《中国证券登记结算有限责任公司投资者证券持有信息》以及摩登大道发布的相关公告,截至 2016 年 12 月 27 日,瑞丰集团所持摩登大道股票中有 75,037,200 股股票已设置质押。

发行人已出具承诺,如本次用于交换的摩登大道 A 股流通股股票数量不足,发行人承诺发行前提前购回部分处于质押状态的股票以确保本次债券的足额股票质押担保。

综上,金杜认为,发行人本次可交换债券发行符合《管理办法》规定的实质条件。

五、本次可交换债券的《募集说明书》

经金杜核查,发行人本次债券发行的《募集说明书》系由发行人与广州证券编制,《募集说明书》载明的主要内容如下:(1)本次债券发行概况;包括发行人基本情况、本次债券的发行授权及核准、本次债券的基本情况、本次债券认购与转让服务安排、本次债券发行的有关机构；(2)风险因素；(3)发行人及本次债券资信情况；(4)质押担保事项；(5)偿债计划及其他保障措施，包括本次可交换债券偿债计划和偿债保障措施等；(6)发行人基本情况；(7)上市公司基本情况；(8)发行人财务会计信息；(9)募集资金运用，包括本次募集资金运用计划、本次债券存续期间变更资金用途程序；(10)信息披露要求；(11)其他重要事项，包括公司对外担保情况、未决重大诉讼或仲裁事项、资产限制用途情况；(12)债券持有人会议，包括《广州瑞丰集团股份有限公司 2016 年非公开发行可交换公司债券持有人会议规则》(以下简称"《债券持有人会议规则》")的主要内容；(13)债券受托管理人，包括债券受托管理人及《广州瑞丰集团股份有限公司 2016 年非公开发行可交换公司债券受托管理协议》(以下简称"《债券受托管理协议》")主要事项；(14)发行人、中介机构及相关人员声明；(15)备查文件。

发行人已在《募集说明书》中约定，投资者认购本次可交换债券，视作同意《债券受托管理协议》和《债券持有人会议规则》；《债券受托管理协议》、《债券持有人会议规则》及公司债券受托管理人报告置备于公司债券受托管理人处，投资者有权随时查阅。

综上，金杜认为，发行人《募集说明书》系由发行人与广州证券按照监管机构的相关规定编制，符合《管理办法》的规定。

本所经办律师已阅读《募集说明书》，并已审阅了《募集说明书》中引用本法律意见书的相关内容。本所经办律师认为，《募集说明书》引用本法律意见书的内容与本法律意见书无矛盾之处，本所及本所经办律师对发行人在《募集说明书》中引用本法律意见书的相关内容无异议，确认《募集说明书》不致因所引用本法律意见书的内容而出现虚假记载、误导性陈述或者重大遗漏。

六、本次可交换债券募集资金用途

根据《募集说明书》及发行人提供的资料，发行人本次债券募集资金总额不超过 10 亿元(含 10 亿元)，本次债券募集资金扣除发行费用后拟全部用于偿还银行贷款和补充发行人流动资金。发行人将于本次发行完成前开设募集资金专户，本次债券募集资金将集中存放于募集资金专户。募集资金专户仅用于发行人为本次发行债券募集资金的接收、存储及划转使用，不得用作其他用途。

综上，金杜认为，发行人已在《募集说明书》披露本次债券募集资金的用途，符合《管理办法》第十五条、第四十四条的规定。

七、本次可交换债券的投资者权益保护

(一)本次债券的受托管理

根据发行人提供的资料，发行人聘请广州证券担任本次发行可交换债券的受托管理人，并与其签署了《债券受托管理协议》。

经核查，《债券受托管理协议》就债券受托管理人的聘任、代理事项范围、发行人的权利和义务、债券持有人的权利和义务、受托管理人的权利与义务、变更或解聘受托管理人的条件及程序、违约责任等事项作出明确约定；发行人已在《募集说明书》中对《债券受托管理协议》的主要内容进行了披露，并明确声明投资者认购本次可交换债券视作同意《债券受托管理协议》。

经核查，广州证券为中国证券业协会会员，为本次发行的承销机构，未担任本次发行的担保机构。

经核查，金杜认为，《债券受托管理协议》的内容符合《管理办法》、《非公开发行公司债券办法》等相关法律法规的规定；广州证券具备担任本期可交换公司债券受托管理人的资格，由其担任可交换公司债券受托管理人符合《管理办法》第四十八条、第四十九条、第五十二条的规定。

(二)本次债券的《债券持有人会议规则》

根据发行人提供的资料，发行人制定了《债券持有人会议规则》。《债券持有人会议规则》明确约定了债券持有人通过债券持有人会议行使权利的范围、债券持有人会议的召集、会议的通知、会议的议案、会议的召开、会议的表决程序和其他重要事项。

发行人已在《募集说明书》中对《债券持有人会议规则》的主要内容进行了披露，并且约定投资者认购本次可交换债券视作同意发行人制定的《债券持有人会议规则》。

综上，金杜认为，《债券持有人会议规则》

的内容符合《管理办法》、《非公开发行公司债券办法》等相关法律法规的规定。

(三)本次债券的担保

根据发行人提供资料,并经本所经办律师核查,发行人拟以其持有的摩登大道A股股票及其孳息为本次可交换债券提供质押担保,具体情况如下:

根据发行人与受托管理人签署的《股票质押合同》,发行人设定担保的质押物为其合法持有的摩登大道股票及其孳息,质押数量根据《募集说明书》约定的内容确定。

《股票质押合同》并对质押标的、担保范围、股票质押登记、质押财产的转让、质押股票数量与追加担保、质权的行使、债券持有人的权利以及质权人的权利义务等事项作出了约定。

经核查,金杜认为,发行人与受托管理人签署的《股票质押合同》符合《中华人民共和国担保法》、《中华人民共和国物权法》等法律法规的规定,合法有效;《募集说明书》详细披露了发行人与受托管理人于《股票质押合同》中约定的股票质押登记、质押财产的转让等事项,符合《管理办法》的相关规定。

八、发行人的主要财产

根据发行人提供的资料,截至本法律意见书出具之日,发行人及其控股子公司拥有的主要财产情况如下:

(一)瑞丰集团及其控股子公司自有物业

1. 自有房产

根据发行人的说明、相关房地产权证书、相关房地产登记机关出具的不动产登记查册表,并经本所经办律师核查,发行人名下并无自有房产,发行人控股子公司名下拥有的自有房产情况如下:

序号	房产权证号	权属人	房屋坐落	用途	面积(m^2)	取得方式	登记时间	他项权利
1	粤房地权证穗字第0920069197号	摩登大道	广州市天河区黄埔大道西638号1301房	办公	106.37	购买	2013-01-05	已抵押
2	粤房地权证穗字第0920069317号	摩登大道	广州市天河区黄埔大道西638号1302房	办公	116.56	购买	2013-01-05	已抵押
3	粤房地权证穗字第0920069319号	摩登大道	广州市天河区黄埔大道西638号1303房	办公	214.83	购买	2013-01-05	已抵押
4	粤房地权证穗字第0920069337号	摩登大道	广州市天河区黄埔大道西638号1304房	办公	116.56	购买	2013-01-05	已抵押
5	粤房地权证穗字第0920069339号	摩登大道	广州市天河区黄埔大道西638号1305房	办公	116.56	购买	2013-01-05	已抵押
6	粤房地权证穗字第0920070619号	摩登大道	广州市天河区黄埔大道西638号1306房	办公	210.81	购买	2013-01-09	已抵押
7	粤房地权证穗字第0920070662号	摩登大道	广州市天河区黄埔大道西638号1307房	办公	116.56	购买	2013-01-09	已抵押
8	粤房地权证穗字第0920070665号	摩登大道	广州市天河区黄埔大道西638号1308房	办公	106.37	购买	2013-01-09	已抵押
9	粤房地权证穗字第0920070667号	摩登大道	广州市天河区黄埔大道西638号1309房	办公	353.35	购买	2013-01-09	已抵押
10	粤房地权证穗字第0920070670号	摩登大道	广州市天河区黄埔大道西638号1310房	办公	307.93	购买	2013-01-09	已抵押
11	粤房地权证穗字第0120018658号	摩登大道	广州市天河区黄埔大道西638号地下一层248车位	车位	12.72	购买	2009-05-12	无

续表

序号	房产权证号	权属人	房屋坐落	用途	面积（m²）	取得方式	登记时间	他项权利
12	粤房地权证穗字第0120018654号	摩登大道	广州市天河区黄埔大道西638号地下一层247车位	车位	12.72	购买	2009-05-12	无
13	粤房地权证穗字第0120018660号	摩登大道	广州市天河区黄埔大道西638号地下一层322车位	车位	12.72	购买	2009-05-12	无
14	粤房地权证穗字第0120018637号	摩登大道	广州市天河区黄埔大道西638号地下一层323车位	车位	12.72	购买	2009-05-12	无
15	粤房地权证穗字第0120018636号	摩登大道	广州市天河区黄埔大道西638号地下一层324车位	车位	12.72	购买	2009-05-12	无
16	粤房地权证穗字第0120018642号	摩登大道	广州市天河区黄埔大道西638号地下一层243车位	车位	12.72	购买	2009-05-12	无
17	粤房地权证穗字第0120018638号	摩登大道	广州市天河区黄埔大道西638号地下一层244车位	车位	12.72	购买	2009-05-12	无
18	粤房地权证穗字第0120018649号	摩登大道	广州市天河区黄埔大道西638号地下一层245车位	车位	12.72	购买	2009-05-12	无
19	粤房地权证穗字第0120018651号	摩登大道	广州市天河区黄埔大道西638号地下一层246车位	车位	12.72	购买	2009-05-12	无
20	杭房权证江移字第13157533号	摩登大道	杭州市江干区圣奥中央商务大厦3201室	综合办公	243.07	购买	2013-01-16	已抵押
21	杭房权证江移字第13157538号	摩登大道	杭州市江干区圣奥中央商务大厦3202室	综合办公	245.80	购买	2013-01-16	已抵押
22	杭房权证江移字第13157545号	摩登大道	杭州市江干区圣奥中央商务大厦3203室	综合办公	243.07	购买	2013-01-16	已抵押
23	杭房权证江移字第13157556号	摩登大道	杭州市江干区圣奥中央商务大厦3204室	综合办公	243.07	购买	2013-01-16	已抵押
24	杭房权证江移字第13157557号	摩登大道	杭州市江干区圣奥中央商务大厦3205室	综合办公	240.42	购买	2013-01-16	无
25	杭房权证江移字第13157562号	摩登大道	杭州市江干区圣奥中央商务大厦3206室	综合办公	243.07	购买	2013-01-16	无
26	遵房权证仁怀市字第201202589号	摩登大道	贵州省仁怀市盐津街道办事处城南社区九尊名城L栋	商业	135.09	购买	2012-12-05	无
27	遵房权证仁怀市字第201202590	摩登大道	贵州省仁怀市盐津街道办事处城南社区九尊名城L栋	商业	115.68	购买	2012-12-05	无

续表

序号	房产权证号	权属人	房屋坐落	用途	面积(m^2)	取得方式	登记时间	他项权利
28	长房权证开福字第716229031号	摩登大道	长沙市开福区中山路589号开福万达广场C区1号写字楼4205	办公	346.11	购买	2016-08-03	无
29	长房权证开福字第716229066号	摩登大道	长沙市开福区中山路589号开福万达广场C区1号写字楼4206	办公	147.08	购买	2016-08-03	无
30	长房权证开福字第716229096号	摩登大道	长沙市开福区中山路589号开福万达广场C区1号写字楼4207	办公	147.08	购买	2016-08-03	无
31	长房权证开福字第716229092号	摩登大道	长沙市开福区中山路589号开福万达广场C区1号写字楼4208	办公	346.11	购买	2016-08-03	无
32	粤房地权证穗花字第0300177814号	花园里发展	广州市花都区富源三路8号	居住和非居住用房	58,557.64	新建	2014-06-23	已抵押
33	湘2016衡阳市不动产权第0010138号	衡阳连卡福	衡阳市蒸湘区解放大道42号尚书房13、15号商住楼101室	商品房	6,887.39	购买	2016-12-16	已抵押
34	湘2016衡阳市不动产权第0010136号	衡阳连卡福	衡阳市蒸湘区解放大道42号尚书房13、15号商住楼201室	商业服务	9,226.10	购买	2016-12-16	已抵押
35	湘2016衡阳市不动产第0010143号	衡阳连卡福	衡阳市蒸湘区解放大道42号尚书房13、15号商住楼302室	商业服务	7,339.94	购买	2016-12-16	已抵押
36	湘2016衡阳市不动产权第0010142号	衡阳连卡福	衡阳市蒸湘区解放大道42号尚书房13、15号商住楼409室	商业服务	7,122.88	购买	2016-12-16	已抵押
37	湘2016衡阳市不动产权第0010140号	衡阳连卡福	衡阳市蒸湘区解放大道42号尚书房13、15号商住楼102室	商业服务	838.79	购买	2016-12-16	已抵押
38	湘2016衡阳市不动产权第0010141号	衡阳连卡福	衡阳市蒸湘区解放大道42号尚书房13、15号商住楼301室	商业服务	1,140.47	购买	2016-12-16	已抵押
39	湘2016衡阳市不动产权第0010165号	衡阳连卡福	衡阳市蒸湘区解放大道42号尚书房13、15号商住楼513室	商业服务	1,154.85	购买	2016-12-16	已抵押
40	湘2016衡阳市不动产权第0010152号	衡阳连卡福	衡阳市蒸湘区解放大道42号尚书房13、15号商住楼514室	商业服务	253.44	购买	2016-12-16	已抵押

2. 自有土地使用权

根据发行人的说明、相关国有土地使用证书、相关房地产登记机关出具的不动产登记查册表,并经本所经办律师核查,发行人名下并无自有土地使用权,发行人控股子公司名下拥有的自有土地使用权情况如下:

序号	土地使用证号	权属人	土地座落	用途	面积	取得方式	权利终止期限	他项权利
1	10 国用（05）第000018 号	摩登大道	广州开发区科学城创新路以东、光谱中路以北 KXC－D2－3 地块	商服用地	19,280 平方米	出让	2049－12－28	已抵押
2	杭江国用（2013）第 001309 号	摩登大道	杭州市江干区四季青街道圣奥中央商务大厦 3201 室	综合（办公）	分摊面积 28.4 平方米	出让	2055－07－25	已抵押
3	杭江国用（2013）第 001307 号	摩登大道	杭州市江干区四季青街道圣奥中央商务大厦 3202 室	综合（办公）	分摊面积 28.8 平方米	出让	2055－07－25	已抵押
4	杭江国用（2013）第 001318 号	摩登大道	杭州市江干区四季青街道圣奥中央商务大厦 3203 室	综合（办公）	分摊面积 28.4 平方米	出让	2055－07－25	已抵押
5	杭江国用（2013）第 001313 号	摩登大道	杭州市江干区四季青街道圣奥中央商务大厦 3204 室	综合（办公）	分摊面积 28.4 平方米	出让	2055－07－25	已抵押
6	杭江国用（2013）第 001316 号	摩登大道	杭州市江干区四季青街道圣奥中央商务大厦 3205 室	综合（办公）	分摊面积 28.1 平方米	出让	2055－07－25	无
7	杭江国用（2013）第 001314 号	摩登大道	杭州市江干区四季青街道圣奥中央商务大厦 3206 室	综合（办公）	分摊面积 28.4 平方米	出让	2055－07－25	无
8	穗国用（2015）第00722196 号	津东信息	广州市花都区花山镇花都大道以北，华辉路以东	工业用地	51，474．50 平方米	出让	2065－03－11	无

根据发行人的确认并经金杜核查，截至本法律意见书，发行人及其控股子公司已取得上述物业的权属证书或证明，且上述物业不存在重大权属纠纷；发行人及其子公司的部分物业目前处于抵押状态。

根据发行人的说明并经本所经办律师核查，除本法律意见书上述第八（一）1 章节所述发行人及其控股子公司已取得权属证书的自有房产外，摩登大道下属控股子公司衡阳连卡福所购买的衡阳市蒸湘区解放大道 42 号 13、15 号商住楼及 42 号尚书房 1 栋物业及衡阳连卡福在该等购买房产上增加建设的建筑已于 2016 年 11 月办妥竣工验收备案，除本法律意见书上述第八（一）1 章节第 33－40 项所述房屋已获核发权属证书外，其余房屋的产权登记手续正在办理过程中。

3. 在建工程

根据发行人的说明、《审计报告》，并经本所经办律师核查，发行人及其控股子公司在建工程情况如下：

工程项目名	工程详细坐落地址	建设单位	总建筑面积（m^2）	相关批准证书	工程进展	他项权利
广州国际时尚中心项目	广州开发区科学城创新路以东、光谱中路以北 KXC－D2－3 地块	摩登大道	70,893	穗开规建证［2011］115 号《建设工程规划许可证》穗开建施（2013）1 号《建设工程施工许可证》	已封顶，尚未竣工	已连同该在建工程所占土地的使用权一并抵押

(二)摩登大道股票

根据中证登于2016年12月28日就持有时间2016年12月27日有关证券持有信息情况所出具的《中国证券登记结算有限责任公司投资者证券持有信息》以及发行人确认,截至2016年12月27日,发行人直接持有上市公司摩登大道12,720万股股票,占摩登大道全部已发行股票的31.03%,发行人为摩登大道的第一大股东。根据发行人提供的资料,截至本法律意见书出具日,发行人持有的摩登大道12,270万股股票中有75,037,200股股票已经被质押,占发行人所持摩登大道股票总数的58.99%。

根据发行人的确认并经金杜核查,瑞丰集团为依法设立并有效存续的股份公司,瑞丰集团持有的摩登大道的股票履行了股权登记手续并取得了必要的权属证明,不存在重大权属纠纷;除上述已经被质押的股票外,瑞丰集团持有的摩登大道股票不存在被抵押、质押或设置其他第三方限制性权利的情形。

(三)无形资产

1. 商标

根据瑞丰集团的确认并经金杜核查,截至本法律意见书出具日,瑞丰集团并无拥有注册商标专用权。

根据发行人提供的相关文件资料以及金杜核查,截至本法律意见书出具日,发行人控股子公司在中国境内依法取得并拥有的、正在使用的主要注册商标情况详见本法律意见书之附件一"发行人控股子公司正在使用的主要商标注册权"。

2. 专利权

根据瑞丰集团的确认并经金杜核查,截至本法律意见书出具日,瑞丰集团并无拥有专利权。

根据发行人提供的相关文件资料以及金杜核查,截至本法律意见书出具日,发行人控股子公司在中国境内依法取得并拥有的主要专利权情况详见本法律意见书之附件二"发行人控股子公司主要专利权"。

3. 著作权

根据瑞丰集团的确认并经金杜核查,截至本法律意见书出具日,瑞丰集团及其控股子公司拥有著作权的具体情况详见本法律意见书之附件三"发行人及其控股子公司主要著作权"。

(四)发行人对外投资

根据《审计报告》、瑞丰集团的确认、相关企业的工商登记档案,并经本所经办律师核查,截至本法律意见书出具日,瑞丰集团直接投资持有6家控股子公司的股权,直接投资持有1家参股子公司的股权,具体情况如下:

1. 摩登大道

截至本法律意见书出具日,瑞丰集团持有摩登大道12,720万股股票,占摩登大道全部已发行股票的31.03%。

根据摩登大道目前持有的广州市工商局于2016年6月15日换发的《营业执照》、摩登大道现行有效的公司章程、截至2016年12月28日在全国企业信用信息公示平台和广州市工商局红盾信息网平台的公示信息,截至2016年12月28日,摩登大道的基本情况如下:

公司名称	摩登大道时尚集团股份有限公司
成立日期	2002年7月18日
统一社会信用代码	91440101739729668K
住所	广州市天河区黄埔大道西638号富力科讯大厦1310房(本住所限写字楼功能)
法定代表人	林永飞
注册资本	40,992.1837万元
企业类型	股份有限公司(上市、自然人投资或控股)

续表

经营范围	软件服务；企业管理服务（涉及许可经营项目的除外）；网络技术的研究、开发；软件开发；信息系统集成服务；互联网商品销售（许可审批类商品除外）；互联网商品零售（许可审批类商品除外）；时装设计服务；包装装潢设计服务；饰物装饰设计服务；模型设计服务；美术图案设计服务；家具设计服务；针织或钩针编织物织造；针织或钩针编织品制造；机织服装制造；针织或钩针编织服装制造；服饰制造；皮革服装制造；皮箱、包（袋）制造；皮手套及皮装饰制品制造；其他皮革制品制造；毛皮服装加工；其他毛皮制品加工；羽毛（绒）加工；羽毛（绒）制品加工；纺织面料鞋制造；皮鞋制造；其他制鞋业；珠宝首饰及有关物品制造；化妆品制造；香料、香精制造；纺织品及针织品零售；陶瓷、玻璃器皿批发；电子产品零售；家具批发；帽批发；金属装饰材料零售；钻石首饰零售；鞋批发；陶瓷、玻璃器皿零售；眼镜批发；钟表批发；玩具零售；箱、包零售；灯具零售；树脂及树脂制品批发；家居饰品批发；木制、塑料、皮革日用品零售；望远镜零售；清洁用品批发；文具用品零售；皮革及皮革制品批发；百货零售（食品零售除外）；其他文化娱乐用品批发；物业管理；场地租赁（不含仓储）；日用器皿及日用杂货批发；陶瓷装饰材料零售；服装零售；纺织品、针织品及原料批发；箱、包批发；商品批发贸易（许可审批类商品除外）；家具零售；鞋零售；工艺美术品零售；钟表零售；小饰物、小礼品零售；眼镜零售；文具用品批发；房屋租赁；化妆品及卫生用品零售；体育用品及器材零售；包装材料的销售；日用杂品综合零售；钻石饰品批发；日用灯具零售；化妆品及卫生用品批发；树脂及树脂制品零售；清扫、清洗日用品零售；木质装饰材料零售；货物进出口（专营专控商品除外）；帽零售；技术进出口；服装批发；礼品鲜花零售；物联网服务（依法须经批准的项目，经相关部门批准后方可开展经营活动）
经营期限	长期

根据发行人《2016 年度第三季度报告全文》，截至 2016 年 9 月 30 日，摩登大道前十大股东及其持股情况如下：

序号	股东姓名/名称	持股数量（股）	持股比例
1	瑞丰集团	127,200,000	31.030%
2	林永飞	50,400,000	12.300%
3	翁华银	16,103,484	3.930%
4	江德湖	16,103,484	3.930%
5	李恩平	14,654,171	3.570%
6	翁武强	12,000,000	2.930%
7	翁武游	12000,000	2.930%
8	严炎象	12,000,000	2.930%
9	何　琳	11,678,301	2.850%
10	摩登大道时尚集团股份有限公司第一期员工持股计划	11,014,771	2.690%

2. 花园里发展

截至本法律意见书出具日，瑞丰集团持有花园里发展 90% 股权，瑞丰集团股东翁武游持有花园里发展 10% 股权。

根据花园里发展目前持有的广州市工商局于 2016 年 3 月 14 日换发的《营业执照》、花园里发展现行有效的公司章程、花园里发展在广州市工商局的档案资料、截至 2016 年 12 月 28 日在全国企业信用信息公示平台和广州市商事主体信息公示平台的公示信息，截至 2016 年 12 月 28 日，花园里发展的基本情况如下：

公司名称	广州花园里发展有限公司
成立日期	2008 年 6 月 11 日
统一社会信用代码	91440101675683604M
住所	广州市花都区富源三路 8 号自编 3 栋 101 室
法定代表人	翁品
注册资本	5,000 万元
企业类型	其他有限责任公司

续表

经营范围	货物进出口(专营专控商品除外);技术进出口;商品批发贸易(许可审批类商品除外);商品零售贸易(许可审批类商品除外);软件开发;物业管理;企业管理咨询服务;策划创意服务;投资咨询服务;商品信息咨询服务;市场营销策划服务;广告业;会议及展览服务;代收代缴水电费;自有房地产经营活动;房屋租赁;场地租赁(不含仓储);计算机技术开发、技术服务
经营期限	长期

股权结构	序号	股东名称/姓名	注册资本额(万元)	持股比例
	1	瑞丰集团	4,500	90%
	2	翁武游	500	10%
	合计		5,000	100%

3. 瑞丰圆通

截至本法律意见书出具日,瑞丰集团持有瑞丰圆通90%股权,瑞丰集团股东翁武游持有瑞丰园通10%股权。

根据瑞丰圆通目前持有的广州市工商局于2015年12月17日换发的《营业执照》、瑞丰圆通现行有效的公司章程、瑞丰圆通在广州市工商局的档案资料、截至2016年12月28日在全国企业信用信息公示平台和广州市商事主体信息公示平台的公示信息,截至2016年12月28日,瑞丰圆通的基本情况如下:

公司名称	广州瑞丰圆通投资有限公司
成立日期	2013年6月8日
统一社会信用代码	91440101070181038L
住所	广州市花都区富源三路8号自编3栋101房(仅限办公用途)
法定代表人	翁武游
注册资本	1,000万元
企业类型	其他有限责任公司
经营范围	企业管理服务(涉及许可经营项目的除外);企业管理咨询服务;企业自有资金投资;投资管理服务;服装批发
经营期限	长期

续表

股权结构	序号	股东名称/姓名	注册资本额(万元)	持股比例
	1	瑞丰集团	900	90%
	2	翁武游	100	10%
	合计		1,000	100%

4. 津东信息

截至本法律意见书出具日,瑞丰集团持有津东信息70%股权。

根据津东信息目前持有的广州市工商局于2016年4月8日换发的《营业执照》、津东信息现行有效的公司章程、津东信息在广州市工商局的档案资料、截至2016年12月28日在全国企业信用信息公示平台和广州市商事主体信息公示平台的公示信息,截至2016年12月28日,津东信息的基本情况如下:

公司名称	广州津东信息科技有限公司
成立日期	2012年6月25日
统一社会信用代码	914401015983289747
住所	广州市花都区花都大道花山段三号二栋3－4号
法定代表人	汤晓东
注册资本	4,500万元
企业类型	其他有限责任公司
经营范围	信息系统集成服务;计算机技术开发、技术服务;半导体分立器件制造;国际货运代理;技术进出口;其他仓储业(不含原油、成品油仓储、燃气仓储、危险品仓储);光电子器件及其他电子器件制造;计算机应用电子设备制造;棉花仓储;道路货物运输代理;信息技术咨询服务;计算机外围设备制造;谷物仓储;电子元件及组件制造;其他农产品仓储;计算机零部件制造;计算机整机制造;电子真空器件制造;集成电路设计;货物进出口(专营专控商品除外);软件开发;数据处理和存储服务;集成电路制造(依法须经批准的项目,经相关部门批准后方可开展经营活动)
经营期限	长期

续表

股权结构	序号	股东名称/姓名	注册资本额（万元）	持股比例
	1	瑞丰集团	3,150	70%
	2	江德湖	1,350	30%
	合计		4,500	100%

5. 瑞丰达诚

截至本法律意见书出具日，瑞丰集团持有瑞丰达诚70%股权。

根据瑞丰达诚目前持有的广州市工商局于2016年5月3日换发的《营业执照》、瑞丰达城现行有效的公司章程、瑞丰达城在广州市工商局的档案资料、截至2016年12月28在全国企业信用信息公示平台和广州市商事主体信息公示平台的公示信息，截至2016年12月28日，瑞丰达诚的基本情况如下：

公司名称	广州瑞丰达诚投资有限公司
成立日期	2016年5月3日
统一社会信用代码	91440101MA59CPWG2L
住所	广州市天河区黄埔大道西638号1308房（仅限办公用途）
法定代表人	翁武游
注册资本	1,000万元
企业类型	其他有限责任公司
经营范围	企业管理服务（涉及许可经营项目的除外）；企业管理咨询服务；企业自有资金投资；投资咨询服务；软件开发；信息系统集成服务；信息技术咨询服务；数据处理和存储服务；集成电路设计；计算机技术开发、技术服务；计算机整机制造；计算机零部件制造；计算机外围设备制造；计算机应用电子设备制造；电子真空器件制造；半导体分立器件制造；集成电路制造；光电子器件及其他电子器件制造；电子元件及组件制造；货物进出口（专营专控商品除外）；国际货运代理；技术进出口；道路货物运输代理（依法须经批准的项目，经相关部门批准后方可开展经营活动）
经营期限	长期

续表

股权结构	序号	股东名称	出资数额（万元）	持股比例
	1	瑞丰集团	700	70%
	2	广州卡斯达克新三板路演询价系统股份有限公司	300	30%
	合计		1,000	100%

6. 立嘉小贷

立嘉小贷是经广东省人民政府金融工作办公室于2012年11月15日以粤金贷核［2012］39号《关于核准广州市立嘉小额贷款有限公司设立资格的通知》核准设立、广州市人民政府金融工作办公室于2013年1月8日以穗金融［2013］4号《关于同意广州天河立嘉小额贷款有限公司开业的通知》核准开业的办理小额贷款业务的有限责任公司。截至本法律意见书出具日，瑞丰集团持有立嘉小贷53%股权。

根据立嘉目前持有的广州市工商局于2016年9月8日换发的《营业执照》、立嘉小贷现行有效的公司章程、立嘉小贷在广州市工商局的档案资料、截至2016年12月28日在全国企业信用信息公示平台和广州市商事主体信息公示平台的公示信息，截至2016年12月28日，立嘉小贷的基本情况如下：

公司名称	广州天河立嘉小额贷款有限公司
成立日期	2012年12月11日
统一社会信用代码	914401010589356695
住所	广州市天河区珠江西路5号广州国际金融中心主塔写字楼2506房（仅限办公用途）
法定代表人	严炎象
注册资本	20,000万元
企业类型	其他有限责任公司

续表

经营范围	小额贷款业务(具体经营项目以金融管理部门核发批文为准);投资咨询服务(依法须经批准的项目,经相关部门批准后方可开展经营活动)			
经营期限	长期			
股权结构	序号	股东名称/姓名	注册资本额(万元)	持股比例
	1	瑞丰集团	10,600	53%
	2	江德湖	2,200	11%
	3	英伟文	400	2%
	4	严炎象	3,800	19%
	5	翁华银	1,000	5%
	6	何　琳	2,000	10%
	合计		20,000	100%

7. 星海投资

截至本法律意见书出具日,瑞丰集团持有星海投资45%股权。

根据星海投资目前持有的广州市工商局于2016年10月20日换发的《营业执照》、星海投资现行有效的公司章程、星海投资在广州市工商局的档案资料、截至2016年12月28在全国企业信用信息公示平台和广州市商事主体信息公示平台的公示信息,截至2016年12月28日,星海基金的基本情况如下:

公司名称	广州星海股权投资基金管理有限公司			
成立日期	2013年1月24日			
统一社会信用代码	91440101061125181C			
住所	广州市萝岗区科学大道97号1201房			
法定代表人	黄海潮			
注册资本	909.1万元			
企业类型	其他有限责任公司			
经营范围	资产管理(不含许可审批项目);受托管理股权投资基金(具体经营项目以金融管理部门核发批文为准);股权投资管理			
经营期限	长期			
股权结构	序号	股东名称/姓名	出资数额(万元)	持股比例
	1	瑞丰集团	409.1	45%
	2	广州星海爱乐投资咨询服务有限公司	150	16.5%
	3	黄海潮	350	38.5%
	合计		909.1	100%

经核查,本所经办律师认为,截至本法律意见书出具日,发行人上述控股子公司均为依法设立并有效存续的公司;发行人持有的摩登大道的股票履行了股权登记手续并取得了必要的权属证明,不存在重大权属纠纷;除本法律意见书第八(二)章节披露的已被质押的摩登大道股票外,发行人持有的摩登大道股票不存在被抵押、质押或设置其他第三方限制性权利的情形;发行人持有的花园里发展、瑞丰圆通、津东信息、瑞丰达城、立嘉小贷、星海投资的股权均已在广州市工商局进行了股权登记手续并取得了必要的权属证明,不存在重大权属纠纷。

九、发行人的重大债权债务

(一)重大合同

本法律意见书所称"重大合同"是指发行人正在履行或将要履行的、交易金额在500万元以上,或虽未达到上述金额,但从交易性质而言对于交易一方或双方具有重要影响的合同。

根据发行人确认并经本所经办律师核查,截至本法律意见书出具日,发行人正在履行或将要履行的且可能对发行人的生产、经营活动以及资产、负债和权益产生重大影响的主要合同主要有:

1. 股票质押式回购交易协议

2015年8月10日,瑞丰集团与上海海通证券资产管理有限公司(以下简称"海通资管")和海通证券股份有限公司签署《海通证券股份有限公司股票质押式回购交易业务协议》(编号:3001399号),约定开展股票质押式回购交易,由瑞丰集团将所持有的股票或其他证券出质予海通资管并融入资金,约定在未来返还资金并解除质押;每次开展该交易业务时各方分别签署股票质押式回购交易协议。

根据发行人的确认、上市公司的相关公告，并经本所经办律师核查，截至本法律意见书出具日，瑞丰集团尚在履行的《股票质押式回购交易协议》具体情况如下：

序号	股票质押式回购交易协议编号	质权人	初始质押标的股票数量(万股)	初始交易金额(万元)	交易期限
1	201508213680003	海通资管	1,966.70	13,6610.10	2015.08.21－2017.08.17
2	2016052536800056	海通资管	658	4,540.00	2016.05.25－2017.05.25
3	2016062836800003	海通资管	848	3,654.00	2016.06.28－2017.06.27
4	2016081236800010	海通资管	655	3,600.00	2016.08.12－2017.08.10
5	2016090936800011	海通资管	1,722	9,470.00	2016.09.09－2017.09.08
6	201609143680009	海通资管	572	3,148.00	2016.09.14－2017.09.14
7	201609143680008	海通资管	764	4,200.00	2016.09.14－2017.09.14
8	201610253680009	海通资管	396	2,182.00	2016.10.25－2017.10.25

根据摩登大道的相关公告并经核查，就上述第1项编号为201508213680003的交易协议，因摩登大道实施2015年度权益分配方案资本公积转赠股本，该交易协议初始质押股票1,966.70万股对应的资本公积转增股份1180.02万股按照合同约定一并质押予海通资管；2016年8月11日，瑞丰集团提前购回上述股份中的655万股并办理解除质押手续；2016年8月18日，瑞丰集团将未提前回购的2,491.72万股股份继续质押；截至目前，该交易协议项下的质押标的股票为2,491.72万股。

根据摩登大道的相关公告并经核查，就上述第2项编号为2016052536800056的交易协议，因摩登大道实施2015年度利润分配方案资本公积转赠股本，该交易协议初始质押股票658万股对应的资本公积转增股份394.80万股按照合同约定一并质押予海通资管；2016年11月29日，瑞丰集团提前购回上述股份中的552.8万股并办理解除质押手续；截至目前，该交易协议项下的质押标的股票为500万股。

根据摩登大道的相关公告并经核查，就上述第3项编号为2016062836800003的交易协议，瑞丰集团于2016年11月29日提前购回其中的445万股并办理解除质押手续；截至目前，该交易协议项下的质押标的股票为403万股。

基于上述，并根据中证登于2016年12月28日就持有时间2016年12月27日有关证券持有信息情况所出具的《中国证券登记结算有限责任公司投资者证券持有信息》以及发行人确认，截至本法律意见书出具日，瑞丰集团因履行上述第1－8项交易协议而已将所持摩登大道股票办理质押的股份共计7,503.72万股。

2.对外担保合同

(1)瑞丰集团为摩登大道时尚集团股份有限公司第一期员工持股计划(以下简称“摩登大道员工持股计划”)参与对象向广东粤财信托有限公司(以下简称“粤财信托”)融资提供担保的合同

2016年7月，林峰国、陈马迪、刘文焱等24名自然人作为债务人分别与粤财信托签订《信托贷款合同》，约定：粤财信托以募集的信托资金向债务人发放期限为48个月的贷款，债务履行期限自2016年7月8日至2020年7月8日，向该24名债务人提供的借款本金合计为7,668.5万元。

同月，瑞丰集团作为保证人与债权人粤财信托就上述24名债务人之《信托贷款合同》项下债务分别签订《保证合同》，约定：瑞丰集团为上述24名债务人在主合同项下的全部债务提供连带责任保证，保证期间为主合同债务人履行债务期限届满之日起两年。

上述对外担保已经2016年7月1日瑞丰集团临时股东大会审议通过。

经核查，与粤财信托签署《信托贷款合同》

的上述24名债务人均为参加摩登大道员工持股计划的参与对象,该等债务人为摩登大道及其控股子公司的员工;瑞丰集团股东林永飞亦作为保证人与粤财信托签订保证合同,为上述24名债务人于《信托贷款合同》项下债务提供连带责任保证。

(2)瑞丰集团为立嘉小贷向广州立根小额再贷款股份有限公司(以下简称"立根再贷")融资提供担保的合同

2016年4月11日,瑞丰集团作为保证人与债权人立根再贷签订《最高额保证合同》(合同编号:SB20160402-1),约定:瑞丰集团为债务人立嘉小贷自2016年4月11日至2018年4月11日期间与债权人发生的债务在10,000万元担保债权最高本金余额内提供连带责任保证,保证期间为债务履行期届满之日起两年。截止2016年9月30日,立嘉小贷对债权人立根再贷的贷款本金余额为500万元。

上述对外担保已经2016年4月6日瑞丰集团临时股东大会审议通过。

经核查,瑞丰集团的股东林永飞以及立嘉小贷的其他股东严炎象、何琳、江德湖、翁华银、英伟文亦作为保证人与债权人立根再贷签订保证合同,为立嘉小贷在上述授信期间内与债权人发生的债务在10,000万元担保债权最高本金余额内提供连带责任保证。

(3)瑞丰集团为立嘉小贷向广东省粤科科技小额贷款股份有限公司(以下简称"粤科小贷")融资提供担保的合同

2016年8月22日,瑞丰集团作为保证人与债权人粤科小贷签订编号为2016粤科高保字第YK2D08006-1号的《最高额保证合同》,约定:瑞丰集团为债务人立嘉小贷自自2016年8月22日至2017年8月21日期间与债权人发生的债务在5,000万元担保债权最高本金余额内提供连带责任保证,保证期间为债务履行期届满之日起两年。截止2016年9月30日,立嘉小贷对债权人粤科小贷的贷款本金余额为4,000万元。

上述对外担保已经2016年8月17日瑞丰集团临时股东大会审议通过。

经核查,瑞丰集团的股东林永飞以及立嘉小贷的其他股东严炎象、何琳、江德湖、翁华银、英伟文亦作为保证人与债权人粤科小贷签订保证合同,为立嘉小贷在上述授信期间内与债权人发生的债务在5,000万元担保债权最高本金余额内提供连带责任保证。

根据发行人出具的承诺并经本所经办律师核查发行人正在履行的上述主要重大合同,截至本法律意见书出具之日,发行人签署的上述主要重大合同合法有效,合同履行不存在法律障碍,不存在可能对本次可交换债券构成实质性不利影响的重大合同。

(二)侵权之债

1. 工商行政管理

2016年11月1日,广州市工商行政管理局出具《证明》,确认未发现瑞丰集团2014年1月1日至该证明出具日存在违反工商行政管理法律、法规和规章的经营行为。

2. 税务

2016年11月4日,广州市天河区国家税务局出具《涉税征信情况》,确认未发现瑞丰集团2014年1月1日至2016年9月30日存在税收违法违章行为。

2016年11月1日,广州市天河区地方税务局出具《涉税保密信息告知书》(〔2016〕3837号),确认暂未发现瑞丰集团2014年1月至2016年9月有税收违法行为。

3. 劳动人事

2016年11月22日,广州市人力资源和社会保障局出具《遵守劳动保障法律法规证明》,确认未发现瑞丰集团2013年11月3日至2016年11月2日存在违反劳动保障法律法规的行为。

根据发行人出具的承诺、上述政府部门出具的证明性文件,并经本所经办律师核查发行人的主要重大合同及债权债务相关文件,发行人不存在因知识产权、劳动安全、人身权等原因产生的、可能对本次可交换公司债券构成重大不利影响的重大侵权之债。

(三)非经营性往来占款行为

1. 报告期末非经营往来占款情况

根据发行人2016年1-9月财务报表(未经审计)、发行人确认,并经核查发行人截至2016年9月30日其他应收款款项的相关合同、凭证,截至2016年9月30日,发行人其他应收款余额与性质分类如下:

项目	性质	2016 年 9 月 30 日	
		金额(万元)	占比
经营性其他应收款	为保证金、押金、备用金、代垫款项等	10,942.66	26.45%
非经营性其他应收款	关联方往来款	15,655.00	37.84%
	非关联方往来款	14,774.00	35.71%
	非经营性其他应收款小计	30,429.00	73.55%
合计		41,371.66	100%

2. 非关联方非经营性往来占款

(1)报告期末非关联方非经营性往来占款情况

根据发行人其他应收款往来明细及相关往来凭证、发行人书面确认,最近一期末发行人及其控股子公司与非关联方发生非经营性之往来占款余额情况如下:

债务人	截至 2016 年 9 月 30 日其他应收款余额(万元)	期后回款情况
广州市越秀区欧咪兔服饰商行	6,935.00	2016 年 10 月已清偿 1,833 万元
广州市越秀区丫衣丫服饰商行	7,839.00	2016 年 10 月已清偿 2,700 万元,2016 年 12 月已清偿 300 万元

广州市越秀区欧咪兔服饰商行、广州市越秀区丫衣丫服饰商行已分别出具承诺,承诺在 2018 年末前清偿完毕对瑞丰集团及其控股子公司的上述资金支持借款。

(2)非关联方非经营性往来占款的决策程序情况

根据发行人的说明并经核查,《广州瑞丰集团股份有限公司财务管理制度》对发行人与非关联方之间非经营性资金往来交易的决策权限进行了明确规定,报告期内发行人与非关联方广州市越秀区欧咪兔服饰商行、广州市越秀区丫衣丫服饰商行的相关借款往来均按照公司章程、《广州瑞丰集团股份有限公司财务管理制度》的相应规定履行了总经理/董事会/股东大会批准程序。

3. 报告期内关联方非经营性往来占款

(1)关联方非经营性往来占款情况

根据《审计报告》、发行人及其控股子公司报告期内对关联方的其他应收款往来明细、其他应付款往来明细及相关往来凭证、发行人书面确认,报告期内存在发行人及其控股子公司为关联方提供资金支持、关联方为发行人控股子公司提供短期资金支持的情形,报告期各期末发行人及其控股子公司与发行人控股子公司以外的其他关联方非经营往来占款余额情况如下:

资金提供方	资金使用方	资金使用方关联关系	资金提供方其他应收款科目(单位:元)		
			截至 2016 年 9 月 30 日余额	截至 2015 年 12 月 31 日余额	截至 2014 年 12 月 31 日余额
瑞丰集团	林永飞	发行人控股股东、发行人董事	10,170,000	18,500,000	-
	翁武强	持股 5% 以上的发行人股东、发行人董事	14,000,000	-	-
	广州市越秀区博自元贸易商行	发行人控股股东林永飞之配偶的妹妹所控制的个体工商户	77,930,000	45,630,000	70,730,000
花园里发展	广州市越秀区博自元贸易商行		10,200,000	7,000,000	9,500,000
津东信息	广州市越秀区博自元贸易商行		33,450,000	21,300,000	21,300,000
瑞丰圆通	广州市越秀区博自元贸易商行		10,800,000	9,500,000	9,500,000

续表

资金提供方	资金使用方	资金使用方关联关系	资金提供方其他应收款科目（单位：元）		
			截至 2016 年 9 月 30 日余额	截至 2015 年 12 月 31 日余额	截至 2014 年 12 月 31 日余额
翁品	花园里发展	发行人董事	0	1,300,000	2,000,000
翁武游	瑞丰达城	持股 5% 以上的发行人股东	5,000	-	-

根据发行人的确认以及相关银行付款凭证，林永飞、翁武强已分别于 2016 年 10 月全部清偿瑞丰集团提供的短期支持资金。

根据发行人的确认以及相关银行付款凭证，广州市越秀区博自元贸易商行（以下简称“博自元商行”）已 2016 年 11 月向瑞丰集团清偿短期支持资金 100 万元，于 2016 年 12 月向瑞丰集团清偿短期支持资金 3,920 万元。根据博自元商行出具的声明承诺，博自元商行将不再向瑞丰集团或其控股子公司借入资金，博自元商行将按以下还款计划清偿对瑞丰集团及其控股子公司提供的支持资金：2016 年 12 月 31 日还款 2,600 万元，2017 年 6 月 20 日前清偿 2,000 万元，2017 年 12 月 20 日前清偿 2,000 万元，2018 年 6 月 20 日前清偿 2,000 万元，2018 年 12 月 20 日前清偿其余全部支持资金。

（2）报告期内关联方非经营性往来占款的决策程序情况

根据发行人的说明，发行人报告期内关联方资金拆入和拆出发生时，发行人其时公司章程并未对关联交易需履行的内部决策程序作出规定，因此，发行人报告期内发生与关联方之间的借款并未履行相关程序。

2016 年 8 月 5 日，发行人召开 2016 年第一次临时股东大会，审议通过了《关于制定〈广州瑞丰集团股份有限公司关联交易管理制度〉的议案》。该制度对公司与关联方产生的非经营往来占款交易的决策权限和决策程序等进行了规定。

经核查，发行人 2016 年召开第一次临时股东大会并审议通过了《关于公司与关联方关联交易的议案》，对 2014 年 1 月 1 日以来公司与关联方发生的交易进行了逐项审议确认。

4. 关于发行人及其控股子公司为企业提供借款

报告期内，发行人及其控股子公司花园里发展、瑞丰圆通、津东信息为关联企业博自元商行、非关联企业广州市越秀区欧咪兔服饰商行、广州市越秀区丫衣丫服饰商行提供借款，该等资金拆借行为与中国人民银行于 1996 年 6 月 28 日颁布的《贷款通则》中的有关规定存在冲突；但经核查：

（1）根据发行人及其相关控股子公司、使用资金企业博自元商行、广州市越秀区欧咪兔服饰商行、广州市越秀区丫衣丫服饰商行的确认，发行人及其相关控股子公司为上述使用资金企业提供资金拆借不存在《中华人民共和国合同法》第五十二条规定的合同无效情形，亦不存在《最高人民法院关于审理民间借贷案件适用法律若干问题的规定》（法释［2015］18 号）第十四条规定的无效情形；该等借款债权债务真实；

（2）上述拆借行为并非发行人及其相关控股子公司的主营业务；

（3）使用资金企业均已分别出具声明承诺明确对借入资金的还款计划安排；

（4）瑞丰集团已出具声明承诺，承诺：（a）在本次债券存续期内加强对非经营性往来占款或资金拆借规模的严格控制，督促往来单位按约履行偿还义务；（b）发行人将严格按照《募集说明书》的约定将本次债券募集资金用于偿还银行贷款、补充公司营运资金及适用的法律法规允许的其他用途，不用于新增非经营性往来占款或资金拆借事项；（c）若在本次债券存续期内拟新增非经营性往来占款或资金拆借事项，发行人将严格按照《广州瑞丰集团股份有限公司章程》、《广州瑞丰集团股份有限公司关联交易管理制度》和《广州瑞丰集团股份有限公司财务管理制度》等公司规章管理制度及其内部审批流程履行相应的决策程序，且确保发行人利益不受损害；（d）发行人将严格按照《募集说明书》、《债券持有人会议规则》和《债券受托管理协议》等相关规定履行信息披露义务，及时、完整地对外披露新增非经营性往来占款或资金拆借事项。

基于上述，金杜认为，发行人及其控股资公司为使用资金企业博自元商行、广州市越秀区欧咪兔服饰商行、广州市越秀区丫衣丫服饰商行提供资金拆借不致对本次债券发行构成实质法律障碍。

十、本次发行相关机构的资质

（一）承销商

根据发行人与广州证券签署的《广州瑞丰集团股份有限公司2016年非公开发行可交换公司债券承销协议》（以下简称"《承销协议》"），发行人聘请广州证券担任本次发行的承销商。

根据广州证券提供的材料，并经本所经办律师核查，广州证券现持有广州市工商局核发的《营业执照》（统一社会信用代码：91440101190660172H）及中国证监会核发的10250000号《经营证券业务许可证》，具备承销本次债券的资质条件。

经核查，金杜认为，《承销协议》内容符合《管理办法》、《非公开发行公司债券办法》的相关规定；本次债券发行的承销商广州证券具有证券承销业务资格并在中国证券业协会备案，为发行人本次债券发行提供承销服务符合《管理办法》第三十三条、第三十六条的规定。

（二）审计机构

正中珠江系发行人聘请的审计机构。发行人2014年度、2015年度的财务报告经由正中珠江审计并出具了标准无保留意见的《审计报告》。

根据正中珠江提供的材料，并经本所经办律师核查，正中珠江现持有广州市工商局核发的440101000247385号《营业执照》、广东省财政厅核发的《会计师事务所执业证书》（证书序号：020719号）、中华人民共和国财政部和中国证监会联合颁发的056号《会计师事务所证券、期货相关业务许可证》，具备为发行人出具相关审计报告的资格。

综上，金杜认为，正中珠江具备证券、期货相关业务资格，为发行人本次债券提供审计服务符合《管理办法》第六条的规定。

（三）律师事务所

本所获发行人聘任担任本次债券发行的专项法律顾问。

本所现持有北京市司法局核发的21101199310089150号《律师事务所执业许可证》，本所不存在被监管部门限制参与债券发行业务活动资格的情形，具备为本次债券发行出具本法律意见书的资格。

（四）受托管理人

根据《受托管理协议》，发行人聘请广州证券担任本次发行可交换公司债券的受托管理人。

广州证券为中国证券业协会会员，为本次债券发行的承销机构，未担任本次债券发行发行的担保机构，金杜认为，其具备担任本次债券受托管理人的资格，由其担任本次债券受托管理人符合《管理办法》第四十八条、第四十九条、第五十二条的规定。

十一、关于本次债券信息披露

根据《募集说明书》，发行人将指定专人负责信息披露事务；承销商将指定专人辅导、督促和检查发行人的信息披露义务；发行人董事、监事和高级管理人员应当保证信息披露内容真实、准确、完整，没有虚假记载、误导性陈述或者重大遗漏，并就其保证承担个别和连带的责任。经核查，发行人已在《募集说明书》中对本次债券存续期间发行人应履行的信息披露义务及具体信息披露方式、流程作出了规定。

综上，金杜认为，发行人已根据要求制定详细的信息披露规范，《募集说明书》规定的发行人关于本次债券应履行的信息披露义务内容及信息披露方式安排符合《管理办法》第三章的相关规定。

十二、发行人涉及的诉讼、仲裁或行政处罚

（一）诉讼、仲裁

根据发行人的书面确认，截至本法律意见书出具之日，发行人及其控股子公司存在如下尚未了结的诉讼、仲裁法律事项：

根据发行人提供的仲裁资料及说明，瑞丰集团作为申请人以杭州慧峰电子商务有限公司（以下简称"杭州慧峰"）、杭州慧峰的股东湖北长空网络科技有限公司（以下简称"湖北长

空")及戴峰作为被申请人,就杭州慧峰新增资本认购纠纷于2015年7月向杭州仲裁委员会提出仲裁申请(以下简称"投资款纠纷案")。申请人瑞丰集团主张,被申请人杭州慧峰、湖北长空和戴峰未按照申请人与被申请人签署之《杭州慧峰电子商务有限公司增资扩股认缴协议》(以下简称"增资扩股协议")的约定履行相应的缴纳出资款义务因而构成违约,请求解除增资扩股协议,并主张被申请人杭州慧峰向瑞丰集团返还750万元股权认购款,并向瑞丰集团支付违约金300万元及承担本案的仲裁费用。

根据发行人提供的资料及说明,2015年7月27日,被申请人湖北长空向杭州仲裁委提交了仲裁反请求申请书,请求确认瑞丰集团所发《关于终止增资扩股协议的通知函》无效以及瑞丰集团向其赔偿经济损失10万元并负担反请求的仲裁费用。

根据发行人的说明,截至本法律意见书出具日,上述投资款纠纷案以及湖北长空提起的反请求仲裁案仍在审理过程中,仲裁机构尚未作出裁决。

根据发行人的说明并经核查,发行人并未在杭州慧峰的公司登记机关被登记为杭州慧峰的股东,发行人已在账面记载对杭州慧峰其他应收款余额750万元。基于湖北长空向瑞丰集团提出反请求仲裁申请的主张赔偿金额较小,本所经办律师认为,湖北长空提起的反请求仲裁案不会对瑞丰集团的经营造成重大不利影响,不构成本次债券发行的实质性法律障碍。

根据发行人的确认并经本所经办律师核查,除上述仲裁事项外,截至本法律意见书出具日,发行人及其直接控股子公司不存在其他尚未了结的或可预见的、可能对本次债券发行构成实质性重大不利影响的重大诉讼、仲裁事项。

(二)行政处罚

1. 根据发行人的确认并经本诉经办律师核查,报告期内发行人及其直接控股子公司存在的行政处罚事项及整改情况如下:

(1)2014年4月摩登大道因未及时为数名入职满一个月的员工办理劳动用工备案手续而被广州市人力资源和社会保障局罚款1,000元;经核查,就该劳动用工备案事项,摩登大道事后已积极整改,完善了该等员工的用工备案手续;

(2)2014年4月摩登大道因遗失发票被广州市天河区国家税务局罚款60元;经核查,摩登大道已及时缴纳了罚款。

基于上述行政处罚金额较小,且摩登大道已积极整改并及时缴纳罚款,本所经办律师认为,上述情形不构成本次债券发行的实质法律障碍。

根据发行人的确认并经本所经办律师核查,除上述情形外,报告期内发行人及其直接控股子公司不存在其他行政处罚事项;截至本法律意见书出具日,发行人及其直接控股子公司不存在尚未了结的或可预见的、可能对本次债券发行构成实质性重大不利影响的行政处罚事项。

2. 本所经办律师并注意到,发行人控股子公司摩登大道的下属控股子公司自2014年1月1日至本法律意见书出具日存在如下行政处罚:

(1)摩登大道下属控股子公司衡阳连卡福因衡阳连卡福商业广场项目违规超建商业面积之情形,于2016年3月16日被衡阳高新技术产业开发区管理委员会以衡高新发[2016]40号《行政处罚决定书》作出罚款1,879,890元、责令补办违规面积的报建手续、补交报建费等行政处罚决定。

根据衡阳连卡福的说明及其提供的资料,并经核查,衡阳连卡福已及时缴纳罚款1,879,890元,并已对超出原规划面积补缴土地出让价款等2,866,500元;包括上述违规超建面积在内的衡阳连卡福商业广场项目已于2016年11月通过建设工程规划验收;衡阳连卡福并已于2016年11月在衡阳市高新技术产业开发区办妥该工程的竣工验收备案;相关建筑物的产权登记手续正在办理过程中。

衡阳市高新技术产业开发区规划执法队已出具证明,确认衡阳连卡福已于2016年3月23日缴纳了罚款,并办理了违建面积的规划报建手续。衡阳高新技术产业开发区管理委员会已于2016年12月5日出具证明,确认衡阳连卡福"因业态经营需要对连卡福商业广场项目局部进行扩建,由于扩建部分报建手续滞后,我委于2016年3月份对该项目下发衡高新发[2016]40号《行政处罚决定书》,该公司已及时缴纳了罚款并完成报建手续，前述行为并不存在重大违法违规行为”。

（2）摩登大道下属控股子公司广州澳玛壹品名品管理有限公司（以下简称“广州澳玛壹品”）因于2015年8月期间被抽样检验两款型号服装商品显示在标示、纤维含量等不符合标准要求，而于2016年12月12日被广州市天河区工商行政管理局以穗工商处字〔2016〕第723号《行政处罚决定书》作出停止销售两款型号服装商品、没收不合格型号服装商品19件、没收违法所得2,461.53元、以货值金额42,981.4元为基础进行罚款7万元的行政处罚。

按照广州市工商行政管理局向各区分局下发的《广州市工商行政管理机关规范自由裁量权办法》、《广州市工商行政管理系统行政处罚裁量标准》的相关规定，关于产品质量未经检验合格的违法情节，销售产品货值二万元以上五万元以下的情形属于上述办法规定的违法轻微情节。

基于上述，本所经办律师认为，衡阳连卡福、广州澳玛壹品曾受行政处罚的上述情形不构成本次债券发行的实质法律障碍。

十三、发行人的税务

根据《审计报告》、广州市天河区国家税务局2016年11月4日出具的《涉税征信情况》、广州市天河区地方税务局于2016年11月1日出具的《涉税保密信息告知书》（〔2016〕3837号）及发行人提供的资料、发行声明承诺，发行人执行的税种、税率符合有关法律法规的规定，发行人报告期内依法纳税，未发生重大税务处罚，不存在可能对发行人的正常经营或财务状况造成重大不利影响的违反税收征管法律法规的行为。

十四、结论意见

综上所述，金杜认为，发行人本次债券发行已获其董事会及股东大会的批准与授权，并履行了现阶段必要的法律程序；当发行人根据《管理办法》的规定，通过有资格的债券承销机构/债券受托管理人，以非公开的方式发行可交换公司债券，且向深交所申请确认是否符合转让条件未被提出异议时，发行人具备《管理办法》规定的发行本次可交换公司债券的主体资格，并且，本次债券发行具备《管理办法》规定的非公开发行可交换债券的条件。

本法律意见书正本一式五份

北京市嘉源律师事务所关于中国中车股份有限公司发行H股可转换公司债券的法律意见书

致：中国中车股份有限公司

根据公司与本所签署的《专项法律顾问协议》，本所作为公司本次发行H股可转换公司债券之专项法律顾问，为其本次发行提供中国法律服务并出具法律意见书。

本所依据《公司法》、《证券法》、《国务院关于股份有限公司境外募集股份及上市的特别规定》及中国证监会的有关规定，按照律师行业公认的业务标准、道德规范和勤勉尽责精神出具。

为出具本法律意见书之目的，本所对公司本次发行的法律资格及其具备的条件进行了调查，查阅了本所认为出具本法律意见书所需查阅的文件，包括但不限于涉及本次发行的批准和授权、公司发行债券的主体资格、公司的设立及股本演变、公司的控股股东及实际控制人、公司的独立性、公司的业务、公司的关联交易及同业竞争、公司的主要财产、公司的重大股权投资、公司的重大债权债务、公司的重大资产变化及收购兼并、公司章程、公司董事、监事和高级管理人员情况、公司的税务、公司的环境保护和安全生产事宜、公司募集资金的运用、公司的诉讼、仲裁或行政处罚等方面的有关记录、资料和证明,并就有关事项向公司有关人员作了询问并进行了必要的讨论。

在前述调查过程中,本所得到公司的如下保证:公司已提供了本所认为出具本法律意见书所必须的、真实、完整的原始书面材料、副本材料或口头证言,不存在任何遗漏或隐瞒;公司所提供的所有文件及所述事实均为真实、准确和完整;公司所提供的复印件与原件一致。

本所依据本法律意见书出具日以前已经发生或存在的事实及中国法律法规,并基于对有关事实的了解和对法律的理解发表法律意见。在本所进行合理核查的基础上,对于出具本法律意见书至关重要而又无法得到独立的证据支持的事实,或者基于本所专业无法作出核查及判断的重要事实,本所依赖政府有关部门、公司或者其他有关机构出具的证明文件或专业意见出具本法律意见书。

本所仅就与本次发行涉及的中国法律问题发表意见,并不对有关审计结论、资产评估结果等发表评论。本所在本法律意见书中对会计报表、审计报告、评估报告等报告中某些数据和结论的引述,不表明本所对这些数据、结论的真实性和准确性作出任何明示或暗示的保证。对本次发行所涉及的财务数据等专业事项,本所未被授权、亦无权发表任何评论。

本所及本所经办律师依据《证券法》、《律师事务所从事证券法律业务管理办法》和《律师事务所证券法律业务执业规则(试行)》等规定及本法律意见书出具日以前已经发生或者存在的事实,严格履行了法定职责,遵循了勤勉尽责和诚实信用原则,进行了充分的核查验证,保证本法律意见书所认定的事实真实、准确、完整,所发表的结论性意见合法、准确,不存在虚假记载、误导性陈述或者重大遗漏,并承担相应法律责任。

本所同意公司按照中国证监会的审核要求,在其有关申请材料中部分引用本法律意见书的意见及结论,但该引述不应采取任何可能导致对本所意见的理解出现偏差的方式进行。

本法律意见书仅供公司本次发行之目的使用,不得用作任何其他目的。本所同意将本法律意见书作为公司本次发行所必备的法定文件,随其他申请材料一起上报,并依法对所出具的法律意见承担责任。

一、本次发行的批准和授权

(一)已取得的批准和授权

1. 2015 年 10 月 9 日,公司第一届董事会第五次会议审议通过了《关于中国中车股份有限公司发行 H 股可转换债券的议案》,同意提请股东大会一般及无条件地授权董事会根据有关法律法规及监管机构的意见和建议并按公司经营需要以及届时的市场条件,在该议案确定的 H 股可转债发行的主要条款的范围内确定本次发行及转股等一切相关具体事宜。该议案在经公司股东大会审议批准后,董事会将综合相关因素考虑择机发行 H 股可转债及确定具体发行方案细节,并按照相关规定及监管要求履行报批/备案等程序。

2. 2015 年 10 月 30 日,公司 2015 年第一次临时股东大会以特别决议形式审议批准了《关于中国中车股份有限公司发行 H 股可转换债券的议案》,同意一般及无条件地授权董事会根据有关法律、法规及监管机构的意见和建议并按公司经营需要以及届时的市场条件,在该议案确定的 H 股可转债发行的主要条款的范围内确定具体发行及转股等一切相关具体事宜。同时,本次股东大会以特别决议形式审议批准了《关于提请股东大会授予董事会增发公司 A 股、H 股股份一般授权的议案》,同意授予公司董事会无条件和一般授权,根据市场情况和公司需要,决定以单独或同时发行、配发及处理不超过于该决议案获股东大会通过时公司已发行内资股(A 股)及/或境外上市外资股(H 股)各自 20% 之新增股份。

3. 2015 年 12 月 1 日召开的公司第一届董事会第七次会议审议通过了《关于中国中车股份有限公司 H 股可转换债券发行方案及授权事项的议案》。

本次发行方案如下:

1)发行人:中国中车。

2)发行规模:不超过 10 亿美元或等值货币,本次 H 股可转债面值为 250,000 美元,按面值的 100% 发行。

3)债券类型:H 股可转债。

4)标的股份:中国中车 H 股(股票代码:

1766. HK)。

5)转股价格:根据定价日当天的收盘价或定价日近期平均价格加一定溢价决定,具体价格由董事会或董事会授权人士根据发行前市场环境决定。

6)转股价调整:根据境外可转换债券市场惯例设置发生特别事件(包括但不限于股票分拆、配股、红利股、股息及其他类似股权摊薄事件)时的转股价调整条款。

7)转股期:自H股可转债交易的结算日后的第41个交易日起至到期日前10天。

8)债券期限:5年。在未被发行人提前赎回或投资者回售条件下,本次H股可转债将于发行年期满5年后赎回本金。

9)赎回条款:

(1)到期赎回:债券到期后发行人将赎回全部未转股的可转债,具体条款按市场条件以及市场惯例来决定。

(2)有条件赎回条款:3年内不可赎回,此后基于特定条件,发行人可以赎回全部未转股的可转债,具体条款按市场条件以及市场惯例来决定。

10)回售条款:第3年末,可转债持有人有权回售未转股的可转债,具体条款按市场条件以及市场惯例来决定。

11)票面利率:由董事会根据发行前市场环境决定。

12)定价方式:采用快速簿记、隔夜定价的方式。

13)发行对象:本次发行将根据美国证券条例 Regulation S 的条款,面向除在美国境内注册以外的国际机构投资者发行。中国境外独立于公司及公司关连人的投资者可以认购。公司控股股东、实际控制人等关连人将不参与认购。如现有公司股东未构成关连人,则可以参与认购。

14)抵押及清偿顺序:高级无抵押,且与其他高级无抵押债务同顺位受偿。

15)债券上市地:中国香港。

16)可转债评级:无评级。

17)担保事项:可根据需要由适格主体为发行人发行H股可转债提供相应担保,最终由董事会确定。

18)募集资金用途及资金回流情况:发行H股可转债的募集资金拟用于满足公司生产运营和国际化经营的需要,包括但不限于调整债务结构、对子公司增资、补充流动资金、项目投资等具体用途,并根据实际情况在境内外自主调配使用。

19)授权事项

授权董事长及总裁根据有关法律法规规定及监管机构的意见和建议,从维护公司利益最大化的原则出发,在决议有效期内全权决定和办理与H股可转债发行有关的全部事宜,包括但不限于:

(1)根据具体情况确定和实施H股可转债发行的具体方案,包括但不限于具体的发行规模、债券面值、发行时机、发行价格、转股价格、发行市场、票面利率、债券上市地、担保事项、募集资金用途的调整等与H股可转债发行方案有关的全部事宜。

(2)与H股可转债发行相关的其他事项,包括但不限于聘请评级机构、评级顾问、债券信托人及代理人、承销商及其他中介机构,办理向审批机构申请H股可转债发行的事项,包括但不限于办理H股可转债发行、申报、交易流通及上市等有关事宜,签署必要的协议及法律文件(包括承销协议、担保协议、债券契约、代理人协议、招债书、债券申报及上市文件及其他相关的协议及文件)。

(3)根据有关法律法规规定及监管机构的意见和建议及实际情况,制作、修改、报送有关申报材料,并按监管要求处理与H股可转债发行及上市相关的信息披露事宜。

(4)如适用法律法规及其他规范性文件和监管部门对境内外发行债券政策发生变化或市场条件发生变化,除涉及有关法律、法规及公司章程规定须由股东大会或董事会重新表决的事项外,对H股可转债发行的具体方案等相关事项进行相应调整。

(5)办理与H股可转债发行及上市有关的其他具体事宜。

(二)尚待取得的批准和授权

1. 国务院国资委批准公司本次发行方案。

2. 国家发改委同意对本次发行予以备案登记并出具《企业发行外债备案登记证明》。

3. 中国证监会核准本次发行。

综上,本所认为:

本次发行除尚需取得的上述境内批准和授权外,已取得目前阶段所必需的、适当的授权和批准,已履行的程序符合中国法律法规以及现行《公司章程》的规定。

二、公司发行债券的主体资格

1. 公司系由中国南车采取吸收合并的方式与中国北车对等合并而来。中国南车系经国务院批准后由国务院国资委以《关于中国南方机车车辆工业集团公司整体重组改制并境内外上市的批复》(国资改革〔2007〕1289 号)批准、由中国南方机车车辆工业集团公司(后更名为"中国南车集团公司")联合北京铁工经贸公司(后更名为"中国南车集团投资管理公司")以发起方式设立的股份有限公司。2007 年 12 月 28 日,中国南车在国家工商总局办理了设立登记,取得了该局核发的《企业法人营业执照》,注册号为 100000000041417。

2. 经中国证监会以《关于核准中国南车股份有限公司首次公开发行股票的批复》(证监许可〔2008〕961 号)批准和上交所同意,中国南车首次公开发行 300,000 万股 A 股股票并于 2008 年 8 月 18 日在上交所挂牌上市;经中国证监会以《关于核准中国南车股份有限公司发行境外上市外资股的批复》(证监许可〔2008〕883 号)和香港联交所批准,中国南车首次公开发行 184,000 万股 H 股股票(含行使超额配售权发行的 24,000 万股)。前述发行完成后,中国南车的注册资本变更为 1,184,000 万元。

3. 经国务院国资委以《关于中国南车股份有限公司调整非公开发行 A 股股票方案有关问题的批复》(国资产权〔2011〕1246 号)、中国证监会以《关于核准中国南车股份有限公司非公开发行股票的批复》(证监许可〔2012〕210 号)批准,中国南车非公开发行 196,300 万股 A 股股票。前述发行完成后,中国南车的注册资本变更为 1,380,300 万元。

4. 经国务院国资委以《关于中国南车股份有限公司与中国北车股份有限公司合并有关问题的批复》(国资产权〔2015〕117 号)和《关于中国北车股份有限公司与中国南车股份有限公司合并有关问题的批复》(国资产权〔2015〕118 号)批准,且经中国证监会以《关于核准中国南车股份有限公司增发境外上市外资股的批复》(证监许可〔2015〕695 号)和《关于核准中国南车股份有限公司吸收合并中国北车股份有限公司的批复》(证监许可〔2015〕748 号)核准,中国南车与中国北车进行合并,中国南车已于 2015 年 6 月 1 日办理完毕本次合并的工商变更登记手续,变更后名称为"中国中车股份有限公司"。

5. 公司现持有北京市工商行政管理局于 2015 年 6 月 1 日核发的注册号为 100000000041417 的《营业执照》。根据该执照,企业名称为中国中车股份有限公司;住所为北京市海淀区西四环中路 16 号;法定代表人为崔殿国;注册资本为 2,728,875.8333 万元;经营范围为"铁路机车车辆(含动车组)、城市轨道交通车辆、工程机械、各类机电设备、电子设备及零部件、电子电器及环保设备产品的研发、设计、制造、修理、销售、租赁与技术服务;信息咨询;实业投资与管理;资产管理;进出口业务。(依法须经批准的项目,经相关部门批准后依批准的内容开展经营活动。)"

6. 根据公司现行有效的章程,截至本法律意见书出具之日,公司不存在可能导致其营业终止的情形。

综上,本所认为:

公司为依法设立并有效存续的股份有限公司,其股票已分别在上交所、香港联交所上市,具备本次发行 H 股可转债的主体资格。

三、公司的设立及股本演变

1. 2007 年 11 月 23 日,经国务院批准,国务院国资委以《关于中国南方机车车辆工业集团公司整体重组改制并境内外上市的批复》(国资改革〔2007〕1289 号)批准南车集团整体重组改制并境内外发行股票及上市的方案。2007 年 12 月 26 日,国务院国资委以《关于设立中国南车股份有限公司的批复》(国资改革〔2007〕1588 号)批准南车集团作为主发起人联合北京铁工经贸公司(后更名为"中国南车集团投资管理公司")共同发起设立中国南车。2007 年 12 月 28 日,中国南车在国家工商总局注册成立,成立时的注册资本为 700,000 万元。

2. 经中国证监会以《关于核准中国南车股份有限公司首次公开发行股票的批复》(证监许可〔2008〕961 号)批准和上交所同意,中国南车首次公开发行300,000万股A股股票并于2008年8月18日在上交所挂牌上市;经中国证监会以《关于核准中国南车股份有限公司发行境外上市外资股的批复》(证监许可〔2008〕883号)和香港联交所批准,中国南车首次公开发行184,000万股H股股票(含行使超额配售权发行的24,000万股)。前述发行完成后,中国南车的注册资本变更为1,184,000万元。

3.经国务院国资委以《关于中国南车股份有限公司调整非公开发行A股股票方案有关问题的批复》(国资产权〔2011〕1246号)、中国证监会以《关于核准中国南车股份有限公司非公开发行股票的批复》(证监许可〔2012〕210号)批准,中国南车非公开发行196,300万股A股股票。前述发行完成后,中国南车的注册资本变更为1,380,300万元。

4.经国务院国资委以《关于中国南车股份有限公司与中国北车股份有限公司合并有关问题的批复》(国资产权〔2015〕117号)和《关于中国北车股份有限公司与中国南车股份有限公司合并有关问题的批复》(国资产权〔2015〕118号)、中国证监会以《关于核准中国南车股份有限公司增发境外上市外资股的批复》(证监许可〔2015〕695号)和《关于核准中国南车股份有限公司吸收合并中国北车股份有限公司的批复》(证监许可〔2015〕748号)、商务部反垄断局以《审查决定通知》(商反垄审查函〔2015〕第19号)、香港证券及期货事务监察委员会、香港联交所以及境外反垄断审查机构的批准,中国南车吸收合并中国北车。合并完成后,公司总股本为27,288,758,333股,其中:于上交所上市的人民币普通股合计为22,917,692,293股,占公司总股本83.98%;于香港联交所上市的境外上市外资股合计为4,371,066,040股,占公司总股本16.02%。中国南车已于2015年6月1日就本次合并办理完毕工商变更登记手续,变更后名称为"中国中车股份有限公司",变更后注册资本为2,728,875.8333万元。

5.根据公司书面确认并经本所律师核查,本次发行前,公司的股本结构如下:

股东名称	持股数量(股)	比例
中国中车集团公司[注]	14,786,323,011	54.18%
北京北车投资有限责任公司	380,172,012	1.39%
中国南车集团投资管理公司	93,085,715	0.34%
H股公众股东	4,371,066,040	16.02%
A股公众股东	7,658,111,555	28.07%
合计	27,288,758,333	100.00%

注:中车集团实际持有的公司14,786,323,011股A股股份中,7,796,321,142股登记在南车集团名下,其所持公司的股份正在办理完成过户登记至中车集团名下的证券登记手续;6,990,001,869股登记在北车集团名下,正在办理完成证券登记股东更名为中车集团的手续。

6.根据公司书面确认并经本所律师核查,截至本法律意见书出具之日,公司控股股东中车集团所持公司的股份不存在质押、冻结或其他限制权利行使的情况,亦不存在重大权属纠纷。

综上,本所认为:

1.公司历次股本变动均已履行相关的法律程序并获得了必要的批准或同意,合法、有效。

2.公司控股股东所持公司的股份不存在质押、冻结或其他限制权利行使的情况,亦不存在重大权属纠纷。

四、公司的控股股东及实际控制人

(一)控股股东

1.经国务院同意、国务院国资委以《国务院国资委关于中国北方机车车辆工业集团公司与中国南车集团公司重组的通知》(国资发改革〔2015〕102号)批准,北车集团与南车集团合并,合并完成后,南车集团注销,北车集团存续并更名为"中国中车集团公司"。2015年9月24日,北车集团已就本次合并办理完毕工商变更登记手续,变更后名称为"中国中车集团公司",变更后注册资金为2,300,000万元。

2.中车集团现持有北京市工商行政管理局于2015年11月5日核发的《营业执照》(统一社会信用代码为9111000071092993OX号)。根据该执照,企业名称为中国中车集团公司;企业住所为北京市丰台区芳城园一区15号楼;法定代表人为崔殿国;注册资金为2,300,000万元;

企业性质为全民所有制;经营范围为"授权范围内的国有资产和国有股权经营管理、资本运营、投资及投资管理、资产管理及资产受托管理;交通和城市基础设施、新能源、节能环保装备的研发、销售、租赁、技术服务;铁路机车车辆、城市轨道交通车辆、铁路起重机械、各类机电设备及部件、电子设备、环保设备及产品的设计、制造、修理;货物进出口、技术进出口、代理进出口。(依法须经批准的项目,经相关部门批准后依批准的内容开展经营活动。)"

3. 合并前的北车集团、南车集团分别直接持有公司 25.61%、28.57% 的股权,合并后的中车集团概括承继了前述全部股权,该等股份合计 14,786,323,011 股,占公司股本总额的 54.18%。截至本法律意见书出具之日,中车集团直接持有公司 14,786,323,011 股股份、占公司股本总额的 54.18%,其中,7,796,321,142 股登记在南车集团名下,其所持公司的股份尚待办理完成过户登记至中车集团名下的证券登记手续;6,990,001,869 股登记在北车集团名下,尚待办理完成证券登记股东更名为中车集团的手续。此外,中车集团还通过其全资子公司北京北车投资有限责任公司持有公司 380,172,012 股股份、占公司股本总额的 1.39%,通过其全资子企业中国南车集团投资管理公司持有公司 93,085,715 股股份、占公司股本总额的 0.34%。综前所述,中车集团直接及间接合计持有公司 15,259,580,738 股股份、占公司股本总额的 55.92%,是公司的控股股东。

4. 根据中车集团现行有效的章程,截至本法律意见书出具之日,中车集团不存在可能导致其营业终止的情形。

(二)实际控制人

根据公司提供的资料并经本所律师核查,公司的实际控制人为国务院国资委。

综上,本所认为:

1. 公司控股股东中车集团为依法设立并合法存续的法人实体。

2. 公司控股股东中车集团所持公司股份不存在质押、冻结或其他限制权利行使的情况,亦不存在重大权属纠纷。

五、公司的独立性

(一)资产

1. 根据发行人提供的资料及发行人书面确认并经本所律师核查,除办公所需部分房屋系向中车集团租赁外,发行人的资产完整,具备与生产经营有关的生产系统和配套设施。

2. 根据发行人提供的资料及发行人书面确认并经本所律师核查,发行人与中车集团资产界限清晰,不存在混同情形。

3. 根据发行人书面确认,截至 2015 年 9 月 30 日,发行人的资产未有被中车集团违规占用、挪用而损害发行人利益的情况。

(二)人员

1. 根据发行人提供的资料及发行人书面确认并经本所律师核查,发行人具备独立的劳动、人事和工资管理制度,独立于控股股东中车集团及其控制的其他企业。

2. 根据发行人提供的资料及发行人书面确认并经本所律师核查,发行人的高级管理人员(包括总裁、副总裁、财务总监和董事会秘书)未在控股股东中车集团及其控制的其他企业中担任除董事、监事以外的其他职务,也未在控股股东中车集团及其控制的其他企业领薪。

3. 根据发行人提供的资料及发行人书面确认并经本所律师核查,发行人的财务人员未在控股股东中车集团及其控制的其他企业中兼职。

(三)财务

1. 根据发行人提供的资料及发行人书面确认并经本所律师核查,发行人设有独立的财务部门,有独立的财务人员,财务运作独立于控股股东中车集团;发行人建立了独立的财务核算体系,独立作出财务决策;发行人制定了规范的财务会计制度和对子公司的财务管理制度。

2. 发行人已依法办理税务登记并领取了北京市国家税务局和北京市地方税务局共同颁发的编号为京税证字 110108710935222 号的《税务登记证》。

3. 根据发行人提供的资料及发行人书面确认并经本所律师核查,发行人已开设独立的银行账户,不存在与控股股东中车集团及其控制的其他企业共用银行账户的情况。

4. 根据发行人提供的资料及发行人书面确

认并经本所律师核查,截至2015年9月30日,发行人不存在为关联方提供担保的情况。

(四)机构

1.根据发行人现行《公司章程》的规定,发行人的机构由发行人董事会批准设置。

2.根据发行人提供的资料及发行人书面确认并经本所律师核查,发行人已建立、健全内部经营管理机构,独立行使经营管理职权,发行人与控股股东中车集团及其控制的其他企业在机构设置上相互独立,不存在机构混同的情形。

(五)业务

1.根据发行人现行有效的《营业执照》,发行人的经营范围为:铁路机车车辆(含动车组)、城市轨道交通车辆、工程机械、各类机电设备、电子设备及零部件、电子电器及环保设备产品的研发、设计、制造、修理、销售、租赁与技术服务;信息咨询;实业投资与管理;资产管理;进出口业务。

2.根据发行人提供的资料及发行人书面确认并经本所律师核查,发行人拥有以下属企业为主的、生产经营所必需的、独立完整的供应、生产、销售、管理系统。

3.根据发行人提供的资料及发行人书面确认并经本所律师核查,发行人的主营业务主要通过其下属企业进行;发行人下属一级子公司拥有从事其主营业务所必需的相应资质及许可。

4.根据发行人提供的资料及发行人书面确认并经本所律师核查,发行人与控股股东中车集团已签署公平、合理的关联交易框架协议,不存在显失公平的关联交易安排。

5.根据发行人提供的资料及发行人书面确认并经本所律师核查,中车集团已将其与主营业务相关的资产全部投入中国中车,并且承诺不以任何形式从事或参与对中国中车主营业务构成或可能构成直接或间接竞争关系的业务或活动。

综上,本所认为:

1.发行人的资产完整,人员、财务、机构、业务独立,具有独立运营的能力。

2.发行人具有完整的业务体系和直接面向市场自主经营的能力。

六、公司的业务

1.根据公司现行有效的《营业执照》,公司的经营范围为:铁路机车车辆(含动车组)、城市轨道交通车辆、工程机械、各类机电设备、电子设备及零部件、电子电器及环保设备产品的研发、设计、制造、修理、销售、租赁与技术服务;信息咨询;实业投资与管理;资产管理;进出口业务。

2.根据公司提供的资料及公司书面确认并经本所律师核查,公司的主营业务为:铁路机车、客车、货车、动车组、城轨地铁车辆及重要零部件的研发、制造、修理、销售和租赁,以及轨道交通装备专有技术延伸产业等。

3.根据公司提供的资料及公司书面确认并经本所律师核查,公司的主营业务主要通过其下属企业进行;截至2015年9月30日,公司下属一级子公司已取得在境内从事相关业务所必需的资质及许可,该等资质及许可合法、有效。相关资质及许可请详见本法律意见书附表一。

4.根据安永华明会计师事务所(特殊普通合伙)出具的公司2012年度和2013年度审计报告、德勤华永会计师事务所(特殊普通合伙)出具的公司2014年度审计报告以及公司2015年第三季度报告中的财务会计报表(未经审计),公司近三年来的主要收入和利润来自其主营业务。

5.根据公司提供的资料并经本所律师核查,公司不存在持续经营的法律障碍。

综上,本所认为:

1.公司从事主要业务的经营范围符合有关中国法律法规的规定。

2.根据公司提供的资料及公司书面确认并经本所律师核查,公司的主营业务主要通过其下属企业进行;公司下属一级子公司已取得在境内从事相关业务所必需的资质及许可,该等资质及许可合法、有效。

3.公司主营业务突出,不存在持续经营的法律障碍。

七、关联交易及同业竞争

(一)关联交易

1.关联交易协议

中国南车与南车集团,中国北车与北车集

团已分别就采购和销售商品、提供和接受劳务(包括金融服务)、租赁房屋等日常关联交易签订了关联交易框架协议。根据《中国南车股份有限公司与中国北车股份有限公司之合并协议》的约定,合并后的中国中车承继中国南车、中国北车在该等关联交易框架协议项下的权利义务;根据《中国北方机车车辆工业集团公司与中国南车集团公司之合并协议》,合并后的中车集团承继北车集团、南车集团在该等关联交易框架协议项下的权利义务,因此,中国中车与中车集团之间发生的日常关联交易仍需受前述关联交易框架协议的约束。该等关联交易框架协议的具体情况如下:

1)中国南车关联交易框架协议

中国南车与南车集团已签署《产品互供框架协议》、《综合服务互供框架协议》及《房屋租赁框架协议》,协议有效期自2014年1月1日至2016年12月31日。该等协议约定:A. 中国南车(及其下属公司)与南车集团(及其下属企业)互相提供日常生产经营所需的原材料、配件、零部件等产品,零部件/配件加工、检测、试验、设备维修等辅助生产服务及保安消防、物业服务等生活服务,房屋租赁服务。B. 关于《产品互供框架协议》、《综合服务互供框架协议》项下各项产品和服务的价格,凡有政府定价的,执行政府定价;凡没有政府定价,但有政府指导价的,执行政府指导价;没有政府定价和政府指导价的,执行市场价(含招标价);如果前三种价格都没有或无法在实际产品买卖中适用以上定价原则的,执行协议价。《房屋租赁框架协议》项下的租金价格由双方根据市场价格协商确定。

中国南车下属子公司南车财务有限公司("南车财务公司")与南车集团已签署《金融服务框架协议》,协议有效期自2014年1月1日至2016年12月31日。该《金融服务框架协议》约定:A. 南车财务公司向南车集团(及其下属企业)提供存、贷款服务和其他金融服务。B. 南车财务公司向南车集团支付的存款利率不低于中国人民银行就该种类存款规定的利率下限,同时不高于国内主要商业银行提供同类存款服务所适用的利率;南车集团向南车财务公司支付的贷款利率不高于中国人民银行就该类型贷款规定的利率上限,同时不低于国内主要商业银行提供同类贷款服务所适用的利率;南车财务公司就提供其他金融服务向南车集团收取的费用,凡中国人民银行或中国银行业监督管理委员会有该类型服务收费标准的,应符合相关规定,并且不低于中国国内主要商业银行就同类金融服务所收取的费用。

上述关联交易框架协议已经中国南车第二届董事会第二十九次会议审议通过,关联董事回避了表决。独立董事对该等关联交易事项发表了认可的独立意见。

2)中国北车关联交易框架协议

中国北车与北车集团已签署《产品和服务互供总协议》及《房产租赁协议》,均自2014年6月26日起有效期为3年。该等协议约定:A. 中国北车及其下属公司与北车集团及其控制的企业之间互相提供日常生产经营所需的原材料、配件、零部件等产品,零部件/配件加工,修理,供水供电,固定资产租入等辅助生产服务及安保通讯、物业服务、离退人员管理等生活服务,中国北车及其下属子公司向北车集团租赁房屋。B. 关于《产品和服务互供总协议》项下各项产品和服务的价格,有统一收费标准的,执行国家或地方政府的规定;有指导性收费标准的,在政府指导价的范围内协商确定收费标准;除前两者外,有可比市场价格的,优先参考该市场价格确定交易价格;没有前述三项标准时,应参考关联方与独立于关联方的第三方发生的非关联交易价格确定;既无可比的市场价格又无独立的非关联交易价格可供参考的,应依据提供产品和服务的实际成本费用加合理利润确定价格。《房产租赁协议》项下的租金参照可比市场价格确定。

上述关联交易框架协议已经中国北车第二届董事会第二十七次会议及2013年度股东大会审议通过,关联董事、关联股东均回避了表决。独立董事对该等关联交易事项发表了认可的独立意见。

中国北车下属子公司中国北车集团财务有限公司("北车财务公司")与北车集团已签署《金融服务协议》,协议自签署并经双方有权机关批准后生效,有效期至2015年12月31日。该《金融服务协议》约定:A. 北车财务公司向北车集团及其控制的企业提供包括但不限于存款服务、贷款服务、结算服务以及经中国银行业监督管理委员会批准财务公司可从事的其他业务。B.北车财务公司吸收北车集团及成员单位存款的利率，应参照中国人民银行就同种类存款规定的同期基准利率确定，并应不高于同期北车财务公司吸收任何第三方同种类存款所确定的利率；北车财务公司向北车集团及成员单位发放贷款的利率，应参照中国人民银行就同种类贷款规定的同期基准利率确定，并应不低于同期北车财务公司向任何第三方发放同种类贷款所确定的利率；北车财务公司为北车集团及成员单位提供各项结算服务收取的费用，应不高于同期北车财务公司向任何同信用级别第三方就同种类金融服务所收取的费用；北车财务公司为北车集团及成员单位提供其他相关服务所收取的费用，凡中国人民银行或中国银行业监督管理委员会制定收费标准的，应符合相关标准，同时应参照国内其他金融机构同等业务的费用水平予以确定。

上述《金融服务协议》已经中国北车第二届董事会第二十七次会议审议通过，关联董事回避了表决。独立董事对该关联交易事项发表了认可的独立意见。

2.关联交易的公允性、合理性的保障机制

1)公司现行《公司章程》、《股东大会议事规则》、《董事会议事规则》对关联交易的表决程序及批准权限等事项作了相应规定。

2)公司制定了关联交易管理制度，该制度对关联方界定、关联交易批准权限、关联交易审议程序、关联方回避表决等作了详尽规定。

3)公司制定了独立董事工作制度，该制度规定重大关联交易(根据有权的监管部门不时颁布的标准确定)应由独立董事认可后，提交董事会讨论。

4)根据上述相关制度，公司关联交易决策程序的主要内容如下：

(1)现行《公司章程》

股东大会有权审议金额在3,000万元以上，且超过公司最近一期经审计净资产绝对值百分之二点五(2.5%)的关联交易(公司提供担保、受赠现金资产除外)。股东大会审议有关关联交易事项时，关联股东不应当参与投票表决，其所代表的有表决权的股份数不计入有效表决总数；股东大会决议的公告应当充分披露非关联股东的表决情况。

董事会有权审议交易金额低于3,000万元或占公司最近一期经审计净资产绝对值百分之二点五(2.5%)以下的关联交易(提供担保、受赠现金资产除外)。根据上市地证券交易所的相关规定可免于或豁免按照关联交易的方式进行审议和披露的关联交易事项，公司可遵照相关规定免于或申请豁免按照关联交易的方式进行审议和披露。

(2)《股东大会议事规则》

股东与股东大会拟审议事项有关联关系时，关联股东应当回避表决，其所代表的有表决权的股份数不应计入有效表决总数。股东大会决议应当充分披露非关联股东的表决情况。

(3)《董事会议事规则》

在审议关联交易事项时，非关联董事不得委托关联董事代为出席；关联董事也不得接受非关联董事的委托。

如董事或其他任何联系人(按香港联交所上市规则)与董事会拟决议事项有关联关系的，该等董事在董事会审议该等事项时应该回避，不得对该项决议行使表决权，不得代理其他董事行使表决权，也不能计算在出席会议的法定人数内。法律、行政法规和股票上市地的证券监督管理机构的相关规定另有规定的除外。该董事会会议作出批准该等拟决议事项的决议还应当由无关联关系的董事过半数同意方可通过。

出席董事会的无关联关系的董事人数不足3人或董事会因有关董事因关联关系回避而无法就拟决议事项通过决议时，董事会应及时将该议案递交股东大会审议。董事会应在将议案递交股东大会审议时说明董事会对该议案的审议情况，并应记载无关联关系的董事对该议案的意见。

(4)《关联交易管理办法》

股东大会有权审批的关联交易：A.公司与关联方所签署就相关年度所需持续发生而根据上市规则的规定须由股东批准的关联交易框架协议；B.该交易根据香港联交所上市规则所规定测试比率(有关测试比率的计算方式，见附件一)，包括的资产比率、收益比率、代价比率和股本比率而作的测试，任何一项比率在5%以上；C.金额在3000万元以上，且超过公司最近一期经审计净资产绝对值2.5%的关联交易

(公司提供担保、受赠现金资产除外)。

董事会有权审批的关联交易:A. 该交易根据香港联交所上市规则所规定的测试比率(有关测试比率的计算方式,见附件一),包括资产比率、收益比率、代价比率和股本比率而作的测试,任何一项比率均低于5%;且该交易的交易金额占公司最近一期经审计净资产绝对值低于5%;且包含该交易在内的一年内购买、出售重大资产(包括一般交易)的合计金额低于公司最近一期经审计总资产30%;B. 交易金额低于3,000万元的关联交易,或占公司最近一期经审计净资产绝对值2.5%以下的关联交易(提供担保、受赠现金资产除外)。前述关联交易在提交董事会审议批准之前,应先提交董事会审计与风险管理委员会进行初审。

(5)《独立董事工作细则》

重大关联交易(根据有权的监管部门不时颁布的标准确定)应由独立董事认可后,提交董事会讨论;独立董事作出判断前,可以聘请中介机构出具独立财务顾问报告,作为其判断的依据。

(二)同业竞争

1. 公司现有业务与控股股东同业竞争的情况

根据公司书面说明并经本所律师核查,截至本法律意见书出具之日,中车集团下属与轨道交通装备及延伸产业有关的业务和资产均已注入公司,公司为中车集团轨道交通装备制造业务的唯一上市平台。因此,公司在主营业务上与中车集团之间不存在同业竞争。

2. 公司现有业务与公司下属上市公司同业竞争的情况

公司及其下属控股子公司(时代新材及其下属企业除外)在轨道车辆用空气弹簧、轨道车辆用橡胶金属件等领域与公司下属控股的上市公司时代新材存在一定的业务重合;公司及其下属控股子公司(时代电气及其下属企业除外)在传动控制系统、网络控制系统、牵引供电系统、制动系统、轨道工程机械、电子元器件、真空卫生系统等领域与公司下属控股的上市公司时代电气存在一定的业务重合。因此从时代新材、时代电气的角度,中国中车与时代新材、时代电气之间存在一定的同业竞争。

3. 避免潜在同业竞争的措施

1)避免中车集团与中国中车同业竞争的措施

中国南车、中国北车上市时,南车集团和北车集团就避免与其发生同业竞争分别作出了承诺;中国南车与中国北车合并时,南车集团和北车集团就避免与合并后新公司发生同业竞争分别作出了承诺;北车集团与南车集团合并时,在承继前述承诺义务的基础上,北车集团于2015年8月5日出具了《关于避免与中国中车股份有限公司同业竞争的承诺函》,具体承诺如下:

(1)北车集团承诺北车集团本身、并且北车集团必将通过法律程序使北车集团之全资、控股子企业将来均不从事任何与中国中车正在经营的业务有直接竞争的业务。

(2)在符合上述(1)项承诺的前提下,如北车集团(包括北车集团全资、控制的子企业或其他关联企业)将来经营的产品或服务与中国中车的主营产品或服务有可能形成竞争,北车集团同意中国中车有权优先收购北车集团与该等产品或服务有关的资产或北车集团在子企业中的全部股权。

(3)在符合上述(1)项承诺的前提下,北车集团将来可以在中国中车所从事的业务范围内开发先进的、盈利水平高的项目,但是应当在同等条件下优先将项目成果转让给中国中车经营。

(4)如因北车集团未履行上述所作承诺而给中国中车造成损失,北车集团将赔偿中国中车的实际损失。

2015年9月24日,北车集团吸收合并南车集团并更名为“中国中车集团公司”,并由中车集团继续履行上述承诺。

2)解决中国中车与时代新材同业竞争的措施

为解决中国中车与时代新材之间的同业竞争,中国中车于2015年8月5日出具了《关于避免与株洲时代新材料科技股份有限公司同业竞争的承诺函》,具体承诺如下:中国中车承诺将于本承诺函出具之日起五年内通过监管部门认可的方式(包括但不限于资产重组、业务整合等)解决与时代新材的同业竞争问题。

3)解决中国中车与时代电气同业竞争的措施

为解决中国中车与时代电气之间的同业竞

争，中国中车于2015年8月5日出具了《关于避免与株洲南车时代电气股份有限公司同业竞争的承诺函》，具体承诺如下：

(1)中国中车将向时代电气授予购买选择权，即时代电气有权自行决定何时要求中国中车向其出售有关竞争业务。

(2)中国中车进一步向时代电气授予优先购买权，即在中国中车计划向独立第三方出售竞争业务时，应优先按同等条件向时代电气出售，只有在时代电气决定不购买的情况下方可向第三方出售。

(3)时代电气是否决定行使上述选择权和优先购买权将可通过时代电气的独立非执行董事决定。

(4)上述选择权和优先购买权的行使以及以其他有效方式解决同业竞争事项需受限于中国中车及时代电气各自届时履行所适用的上市地监管、披露及股东大会审批程序。

(5)上述不竞争承诺的期限自本承诺函出具之日起至时代电气退市或中国中车不再是时代电气间接控股股东时为止。

综上，本所认为：

1.公司已签署的关联交易框架协议内容不违反中国法律法规之规定，对协议双方均有拘束力并可强制执行。

2.公司通过现行《公司章程》及其他制度规定了关联交易公允决策的程序，相关内容合法、有效。公司已采取必要的措施对非关联股东的利益进行保护。

3.公司控股股东不存在与公司主营业务构成同业竞争的情况，并已向公司出具避免同业竞争的承诺，该承诺合法、有效。

4.公司与其下属控股的上市公司时代新材、时代电气在部分业务领域存在一定的业务重合，公司已向时代新材、时代电气出具解决同业竞争的承诺，该等承诺合法、有效。

八、公司的主要财产

(一)公司拥有的下属企业的股权

公司下属一级子公司的情况请详见本法律意见书之“九、公司的重大股权投资”。

(二)土地使用权

根据公司提供的资料及公司书面确认并经本所律师核查，截至2015年9月30日，公司及其下属控股子公司拥有已取得《国有土地使用证》的土地使用权共376宗，土地面积合计40,668,729.83平方米，具体情况请详见本法律意见书附表二。其中：

1)通过出让方式取得246宗土地使用权，证载土地面积合计23,680,571.14平方米，该等土地使用权均已取得《国有土地使用证》。

2)通过划拨方式取得4宗土地使用权，证载土地面积合计103,126.71平方米，该等土地使用权均已取得《国有土地使用证》。

3)通过授权经营、作价出资方式取得126宗土地使用权，证载土地面积合计16,885,031.98平方米，该等土地使用权均已取得《国有土地使用证》。

此外，根据公司提供的资料及公司书面确认并经本所律师核查，公司已就3宗土地签订了《国有土地使用权出让合同》，目前正在办理《国有土地使用证》，该等土地的面积为988,890.41平方米，占全部土地面积的比例为2.37%。

根据公司提供的资料及公司书面确认并经本所律师核查，截至2015年9月30日，公司及其下属控股子公司拥有的上述土地不存在抵押、司法查封或冻结等权利限制。

综上，本所认为：

1.公司及其下属控股子公司合法拥有已经取得《国有土地使用证》的土地使用权。

2.公司及其下属控股子公司已签订《国有土地使用权出让合同》的3宗土地目前正在办理《国有土地使用证》，且该土地面积占全部土地面积的比例较低，不会对公司的生产经营产生重大不利影响，不会构成本次发行的实质性法律障碍。

(三)房屋

根据公司提供的资料及公司书面确认并经本所律师核查，截至2015年9月30日，公司及其下属控股子公司拥有的房屋共计2,974项，总建筑面积合计12,184,100.87平方米，具体情况如下：

1)有证房屋

公司及其下属控股子公司拥有已取得《房屋所有权证》的房屋共2,520处，建筑面积合计9,114,865.35平方米，具体情况请详见本法律意见书附表三。

2)无证房屋

公司及其下属控股子公司拥有尚未取得《房屋所有权证》的房屋共454处,建筑面积合计约3,069,235.52平方米,其中:

(1)269处房屋(建筑面积合计约2,273,309.72平方米)正在按正常流程办理相关产权手续。

(2)185处房屋建筑面积合计约795,925.8平方米,占全部自有房屋建筑面积的比例为6.5%。

根据公司提供的资料及书面确认并经本所律师核查,截至2015年9月30日,公司及其下属控股子公司拥有的上述房屋不存在抵押、司法查封或冻结等权利限制。

综上,本所认为:

1.公司及其下属控股子公司合法拥有已取得《房屋所有权证》的房屋。

2.公司及其下属控股子公司拥有的无证房屋,269处房屋正在办理产权手续,剩余185处房屋的建筑面积占全部房屋建筑面积的比例较低,不会对公司的生产经营产生重大不利影响,不会构成本次发行的实质性法律障碍。

(四)商标

根据公司提供的资料及公司书面确认并经本所律师核查,截至2015年9月30日,公司及其下属控股子公司在境内拥有的主要注册商标共103项,具体情况请详见本法律意见书附表四。

根据公司提供的资料及公司书面确认并经本所律师核查,上述注册商标不存在质押、司法查封或冻结等权利限制。

综上,本所认为:

公司及其下属控股子公司合法拥有上述注册商标。

(五)专利

根据公司提供的资料及公司书面确认并经本所律师核查,截至2015年9月30日,公司及其下属控股子公司在境内拥有的主要专利共269项,具体情况请详见本法律意见书附表五。

根据公司提供的资料及公司书面确认并经本所律师核查,上述主要专利不存在质押、司法查封或冻结等权利限制。

综上,本所认为:

公司及其下属控股子公司合法拥有上述主要专利。

九、公司的重大股权投资

根据公司提供的资料及公司书面确认并经本所律师核查,截至2015年9月30日,公司直接投资的全资、控股子公司共49家(其中全资子公司38家,控股子公司11家;境内全资、控股子公司44家,境外全资、控股子公司5家),具体情况如下:

1.北车齐齐哈尔铁路车辆有限责任公司

北车齐齐哈尔铁路车辆有限责任公司为一家有限责任公司,公司持有其100%的股权。因中国南车与中国北车合并成立中国中车,北车齐齐哈尔铁路车辆有限责任公司尚待办理完毕股东由中国北车变更为中国中车的工商变更登记手续。

北车齐齐哈尔铁路车辆有限责任公司成立于2012年12月26日,现持有黑龙江省齐齐哈尔市工商行政管理局于2015年3月16日核发的注册号为230200100099950的《营业执照》。根据该执照,企业名称为北车齐齐哈尔铁路车辆有限责任公司;住所为黑龙江省齐齐哈尔市铁锋区厂前一路36号;法定代表人为谷春阳;公司类型为有限责任公司(非自然人投资或控股的法人独资);注册资本为310,000万元;经营范围为"铁路运输装备及配件制造、修理;集装箱制造和维修;机械设备制造安装;零部件加工;计算机软件开发;计量检测;铁道车辆、机械工程、自动控制专业技术开发、技术转让、技术咨询、技术服务;土地、房屋、机械设备租赁;压力容器设计、制造;铁路车辆及部件、集装箱的试验。"经查询全国企业信用信息公示系统,目前北车齐齐哈尔铁路车辆有限责任公司的登记状态为存续。

2.唐山轨道客车有限责任公司

唐山轨道客车有限责任公司为一家有限责任公司,公司持有其100%的股权。因中国南车与中国北车合并成立中国中车,尚待办理完毕股东由中国北车变更为中国中车的工商变更登记手续。

唐山轨道客车有限责任公司成立于2007年7月10日,现持有丰润区工商行政管理局于2015年9月21日核发的注册号为

130200000003656 的《营业执照》。根据该执照，企业名称为唐山轨道客车有限责任公司；住所为唐山丰润区厂前路 3 号；法定代表人为侯志刚；公司类型为有限责任公司（法人独资）；注册资本为 399,000 万元；经营范围为"铁路运输设备制造（凭许可证经营）铁路车辆、电动车组、内燃动车组、磁悬浮列车、特种车、试验车、城市轨道车辆和配件销售、租赁及技术咨询服务（涉及行政许可项目除外）；金属制品加工；钢结构焊接（涉及行政许可项目除外）；木制品加工；房屋租赁；货物及技术进出口业务（国家限定或禁止的项目除外）、报关；一二类压力容器制造、普通货运；铁路机车车辆维修；压缩气体及液化气体：氮、二氧化炭、氩、氧零售"。经查询全国企业信用信息公示系统，目前唐山轨道客车有限责任公司的登记状态为存续（在营、开业、在册）。

3. 北京二七轨道交通装备有限责任公司

北京二七轨道交通装备有限责任公司为一家有限责任公司，公司持有其 100% 的股权。因中国南车与中国北车合并成立中国中车，北京二七轨道交通装备有限责任公司尚待办理完毕股东由中国北车变更为中国中车的工商变更登记手续。

北京二七轨道交通装备有限责任公司成立于 2007 年 7 月 9 日，现持有北京市工商行政管理局于 2015 年 7 月 1 日核发的注册号为 110106010323448 的《营业执照》。根据该执照，企业名称为北京二七轨道交通装备有限责任公司；住所为北京市丰台区长辛店杨公庄 1 号；法定代表人为杨永林；公司类型为有限责任公司（法人独资）；注册资本为 135,000 万元；经营范围为"制造、加工铁路及城市轨道交通运输设备、电子设备、机械电器设备；施工总承包；专业承包；开发、设计、修理、销售铁路及城市轨道交通运输设备、电子设备、机械电器设备；技术咨询、技术服务；技术进出口、代理进出口、货物进出口；供暖服务；仓储服务；劳务分包；机械设备租赁。（经营范围中未取得专项许可的项目除外）（依法须经批准的项目，经相关部门批准后依批准的内容开展经营活动。）"经查询全国企业信用信息公示系统，目前北京二七轨道交通装备有限责任公司的登记状态为在营（开业）。

4. 北京南口轨道交通机械有限责任公司

北京南口轨道交通机械有限责任公司为一家有限责任公司，公司持有其 100% 的股权。因中国南车与中国北车合并成立中国中车，北京南口轨道交通机械有限责任公司尚待办理完毕股东由中国北车变更为中国中车的工商变更登记手续。

北京南口轨道交通机械有限责任公司成立于 2007 年 7 月 9 日，现持有北京市工商行政管理局于 2015 年 8 月 4 日核发的注册号为 110114010325290 的《营业执照》。根据该执照，企业名称为北京南口轨道交通机械有限责任公司；住所为北京市昌平区南口镇道北、南口镇西区 584 号 585 号；法定代表人为孙凯；公司类型为有限责任公司（法人独资）；注册资本为 80,500 万元；经营范围为"制造机车车辆配件、轨道交通机械产品、轴承齿轮及传动系统、压缩机及风源系统、普通机械；加工修理机械零件；住宿；制售中餐（含冷荤）；销售酒、饮料（限分支机构经营）；普通货运；销售机械设备、建筑材料、五金交电、化工产品（不含危险化学品和一类易制毒化学品）；仓储服务；货物进出口、技术进出口、代理进出口；技术服务；机械设备租赁（不含汽车租赁）。（依法须经批准的项目，经相关部门批准后依批准的内容开展经营活动。）"经查询全国企业信用信息公示系统，目前北京南口轨道交通机械有限责任公司的登记状态为存续在营（开业）。

5. 中车太原机车车辆有限公司

中车太原机车车辆有限公司为一家有限责任公司，公司持有其 100% 的股权。因中国南车与中国北车合并成立中国中车，中车太原机车车辆有限公司尚待办理完毕股东由中国北车变更为中国中车的工商变更登记手续。

中车太原机车车辆有限公司成立于 2007 年 7 月 9 日，现持有太原市工商行政管理局于 2015 年 11 月 12 日核发的注册号为 911401006644610372 的《营业执照》。根据该执照，企业名称为中车太原机车车辆有限公司；住所为太原市万柏林区兴华西街 129 号；法定代表人为赵勇；公司类型为有限责任公司（非自然人投资或控股的法人独资）；注册资本为 32,700 万元；经营范围为"铁路机车车辆及配件、工程车辆及配件、铁路机械及配件、工程机械及配件、煤炭机械及配件、汽车与摩托车配件、木制品、环保设备的制造、销售、检修;建筑材料、钢材、计算机的销售;货物仓储;房屋租赁;机车车辆技术与货物运输信息的咨询服务;进出口业务;道路普通货物运输;气瓶充装;机械电气设备、动力设备、起重运输设备的安装、调试、修理、维护;非标设备及工艺装备的设计、制造、安装、调试、修理、维护。(依法须经批准的项目,经相关部门批准后方可开展经营活动)”经查询全国企业信用信息公示系统,目前中车太原机车车辆有限公司的登记状态为存续。

6. 永济新时速电机电器有限责任公司

永济新时速电机电器有限责任公司为一家有限责任公司,公司持有其 100% 的股权。因中国南车与中国北车合并成立中国中车,永济新时速电机电器有限责任公司尚待办理完毕股东由中国北车变更为中国中车的工商变更登记手续。

永济新时速电机电器有限责任公司成立于 2007 年 7 月 9 日,现持有山西省永济市工商行政管理局于 2015 年 3 月 9 日核发的注册号为 140881000005867 的《营业执照》。根据该执照,企业名称为永济新时速电机电器有限责任公司;住所为运城永济市电机大街 18 号;法定代表人为南秦龙;公司类型为有限责任公司(非自然人投资或控股的法人独资);注册资本为 129,000 万元;经营范围为“电机产品、变流装置、电控装置、电力电子半导体器件、工矿车、轨道车、金属结构制造、销售、修理,技术咨询;机车、车辆空调装置、换气装置销售、服务;出口本企业自产的产品,进口本企业生产、科研所需的原辅材料、机械设备、仪器、仪表及零配件;房屋及机械设备租赁;船舶、电动汽车销售(以上项目国家有专项规定的从其规定)”经查询全国企业信用信息公示系统,目前永济新时速电机电器有限责任公司的登记状态为在营(开业)。

7. 济南轨道交通装备有限责任公司

济南轨道交通装备有限责任公司为一家有限责任公司,公司持有其 100% 的股权。因中国南车与中国北车合并成立中国中车,济南轨道交通装备有限责任公司尚待办理完毕股东由中国北车变更为中国中车的工商变更登记手续。

济南轨道交通装备有限责任公司成立于 2007 年 7 月 9 日,现持有济南市工商行政管理局于 2015 年 1 月 21 日核发的注册号为 370100000037947 的《营业执照》。根据该执照,企业名称为济南轨道交通装备有限责任公司;住所为济南市槐荫区槐村街 73 号;法定代表人为刘薄,公司类型为有限责任公司(自然人投资或控股的法人独资);注册资本为 126,000 万元;经营范围为“机车、货车及配件制造、修理;桥式起重机和门式起重机的制造、安装;销售:风力发电装备及配件;风电场建设运营的技术咨询;风力发电装备的工程设计,风动工具制造、铆焊、机械加工,钢结构桥梁、铁塔的制作、安装;环保设备设计、制造、维修;制造、安装:给排水设备;制造、销售:大型钢构、风力发电塔筒;销售:专有车辆,进出口业务;房屋、设备租赁;机械技术咨询,相关产品研发,技术开发,技术转让;非学历企业管理培训、会议服务;招标代理服务。(依法须经批准的项目,经相关部门批准后方可开展经营活动)。”经查询全国企业信用信息公示系统,目前济南轨道交通装备有限责任公司的登记状态为存续。

8. 西安轨道交通装备有限责任公司

西安轨道交通装备有限责任公司为一家有限责任公司,公司持有其 100% 的股权。因中国南车与中国北车合并成立中国中车,西安轨道交通装备有限责任公司尚待办理完毕股东由中国北车变更为中国中车的工商变更登记手续。

西安轨道交通装备有限责任公司成立于 2007 年 7 月 9 日,现持有西安市工商行政管理局于 2015 年 3 月 19 日核发的注册号为 610100100109384 的《营业执照》。根据该执照,企业名称为西安轨道交通装备有限责任公司;住所为西安市未央区三桥镇;法定代表人为张向东,公司类型为有限责任公司(法人独资),注册资本为 86,000 万元;经营范围为“许可经营项目:铁路罐车的设计与制造(许可证有效期至 2017 年 3 月 31 日)。一般经营项目:铁路客货车辆、集装箱及配件的制造和维修(不含特种设备);货物和技术的进出口;机械设备、电器产品的制造加工;铁路车辆和集装箱租赁;金属材料及非金属材料的销售;专用汽车、挂车及零部件的设计和制造(上述经营范围涉及许可经营项目的,凭许可证明文件或批准证书在有效期内经营,未经许可不得经营)。”经查询全国企业信用信息公示系统,目前西安轨道交通装备有限责任公司的登记状态为存续。

9. 中车兰州机车有限公司

中车兰州机电有限公司为一家有限责任公司,公司持有其100%的股权。

中车兰州机电有限公司成立于2007年7月9日,现持有兰州市工商行政管理局七里河分局于2015年11月6日核发的注册号为916201036600438 4X5的《营业执照》。根据该执照,企业名称为中车兰州机电有限公司;住所为甘肃省兰州市七里河区武威路63号;法定代表人为生春林;公司类型为一人有限责任公司;注册资本32,000万元;经营范围为“内燃、电力机车厂修及车辆修造;起重机制造、改造、修理;铁路工程作业机械制造、改造、维修;工矿机车制造、修理;各种机车车辆配件新制、加工、销售;钢结构制造、安装,风电设备制造、安装、维护、检修、服务;机械设备、工装制造、加工;金属材料及制品、非金属材料及制品、废旧物资的经营、回收;厂房、设备租赁;动能供应、咨询服务;铁路专用线储运经营;(以上各项国家禁止及需取得专项许可的除外);道路普通货物运输、危险货物运输(2类1项、3类、9类)(以上两项凭许可证有效期经营)。”经查询全国企业信用信息公示系统,目前中车兰州机电有限公司的登记状态为存续。

10. 中国北车集团大连机车车辆有限公司

中国北车集团大连机车车辆有限公司为一家有限责任公司,公司持有其100%的股权。因中国南车与中国北车合并成立中国中车,中国北车集团大连机车车辆有限公司尚待办理完毕股东由中国北车变更为中国中车的工商变更登记手续。

中国北车集团大连机车车辆有限公司成立于1981年1月1日,现持有大连市工商行政管理局于2015年2月16日核发的注册号为210200000149029的《营业执照》。根据该执照,企业名称为中国北车集团大连机车车辆有限公司,住所为辽宁省大连市沙河口区中长街51号;法定代表人为闵兴;公司类型为有限责任公司(非自然人投资或控股的法人独资);注册资本为360,000万元;经营范围为“机车车辆及配件制造、修理及技术咨询服务,柴油机制造、销售,起重机械设备安装、维修、铸造、锻造、热处理、机械铆焊加工、气体制造,本企业“三来一补”及自营进出口业务(限定商品之内);承包境外铁道及相关行业工程和境内国际招标工程及其相关业务;钢结构工程施工、安装(凭资质证经营);普通货运,危险货物运输(2类),危险货物运输(3类),普通货运(普通货物装卸)(依法须经批准的项目,经相关部门批准后方可开展经营活动。)”经查询全国企业信用信息公示系统,目前中国北车集团大连机车车辆有限公司的登记状态为存续(在营、开业、在册)。

11. 长春轨道客车股份有限公司

长春轨道客车股份有限公司为一家股份有限公司,公司持股93.54%、吉林省金豆实业集团有限公司持股5.16%、今创集团股份有限公司持股0.80%、江苏联合投资有限公司持股0.43%、中铁科学技术开发公司持股0.06%、长白山森工集团敦化林业有限公司持股0.01%。因中国南车与中国北车合并成立中国中车,长春轨道客车股份有限公司尚待办理完毕股东由中国北车变更为中国中车的工商变更登记手续。

长春轨道客车股份有限公司成立于2002年3月18日,现持有吉林省工商行政管理局于2014年10月31日核发的注册号为220000000093577的《营业执照》。根据该执照,企业名称为长春轨道客车股份有限公司;住所为长春市长客路2001号,法定代表人为王润,公司类型为股份有限公司(非上市、国有控股),注册资本为580,794.7058万元;经营范围为“铁路客车、动车组、城市轨道车辆及配件的设计、制造、修理、销售、租赁及相关领域的技术服务、技术咨询;木制品加工、批发、零售(凭资质证书经营);铸锻件制造、修理、销售;房屋、设备租赁;经营本企业自产产品及相关产品、技术的出口业务,本企业生产、科研所需原辅材料、设备、仪器仪表、零配件及相关技术进口业务,设备租赁,三来一补;承包境外铁路行业工程及境内国际招标工程,上述境外工程所需的设备、材料出口;动能产品(含工业氧气、氮气、氩气、氩二氧混合气产品)生产和销售(经营范围中需国家法律、法规规定前置审批的在审批后方可生产、经营)＊＊＊(依法须经批准的项目,经相关部门批准后方可开展经营活动)”。经查询全国企业信用信息公示系统,目前长春轨道客车股份有限公司的登记状态为在营(开业)。

12. 中国北车集团大同电力机车有限责任公司

中国北车集团大同电力机车有限责任公司为一家有限责任公司,公司持有其100%的股权。因中国南车与中国北车合并成立中国中车,中国北车集团大同电力机车有限责任公司尚待办理完毕股东由中国北车变更为中国中车的工商变更登记手续。

中国北车集团大同电力机车有限责任公司成立于2003年2月28日,现持有大同市工商行政管理局于2014年6月24日核发的注册号为140200100027952的《营业执照》。根据该执照,企业名称为中国北车集团大同电力机车有限责任公司;住所为大同市城区前进街1号;法定代表人为郭胜清;公司类型为有限责任公司(非自然人投资或控股的法人独资);注册资本为65,600万元;经营范围为“机车及机车车辆配件制造、销售及修理;锻件铸件铆焊件制造、仪器仪表安装修理校准(凭有效许可证经营);机车及机车车辆配件制造与销售锻件铸件铆焊件制造及销售电气机械设备制造及维修运输技术咨询服务劳务化工产品(不含危险化学品易燃易爆品);货物仓储(不含煤焦);进出口业务;煤矿机械设备生产销售(凭有效证书经营);自动化检测技术开发咨询;机车租赁;销售活性炭、钢材、木材、建筑材料;设备厂房租赁;废品回收利用(不含危险废旧品)＊＊＊(依法须经批准的项目,经有关部门批准后方可开展经营活动)”经查询全国企业信用信息公示系统,目前中国北车集团大同电力机车有限责任公司的登记状态为存续。

13. 中国北车集团大连机车研究所有限公司

中国北车集团大连机车研究所有限公司为一家有限责任公司,公司持有其100%的股权。因中国南车与中国北车合并成立中国中车,中国北车集团大连机车研究所有限公司尚待办理完毕股东由中国北车变更为中国中车的工商变更登记手续。

中国北车集团大连机车研究所有限公司成立于1995年9月24日,现持有大连市工商行政管理局于2015年5月25日核发的注册号为210200000219789的《营业执照》。根据该执照,企业名称为中国北车集团大连机车研究所有限公司;住所为辽宁省大连市沙河口区中长街49号,法定代表人为姜东,公司类型为有限责任公司(非自然人投资或控股的法人独资),注册资本为35,000万元;经营范围为“机车机械、电子产品、增压器产品、非标准试验设备、仪器仪表、计算机软硬件的设计、研制、生产、销售及技术咨询、技术转让、技术服务;货物、技术进出口;石油机械设备生产;期刊出版。(依法须经批准的项目,经相关部门批准后,方可开展经营活动)＊＊＊(依法须经批准的项目,经相关部门批准后方可开展经营活动。)”经查询全国企业信用信息公示系统,目前中国北车集团大连机车研究所有限公司的登记状态为存续。

14. 青岛四方车辆研究所有限公司

青岛四方车辆研究所有限公司为一家有限责任公司,公司持有其100%的股权。因中国南车与中国北车合并成立中国中车,青岛四方车辆研究所有限公司尚待办理完毕股东由中国北车变更为中国中车的工商变更登记手续。

青岛四方车辆研究所有限公司成立于1994年6月10日,现持有青岛市工商行政管理局于2015年3月30日核发的注册号为370200018050643的《营业执照》。根据该执照,企业名称为青岛四方车辆研究所有限公司;住所为青岛市四方区瑞昌路231号;法定代表人为刘保明;公司类型为有限责任公司(自然人投资或控股的法人独资);注册资本为129,000万元;经营范围为“车辆及零部件、车辆配套设备,铁路及民用高新技术开发及咨询服务;车辆零部件加工组装,车辆配套设备安装调试;技术转让,技术协作,技术培训;房屋租赁,设备租赁;设计、制作、发布〈铁道车辆〉、〈国外铁道车辆〉杂志广告业务;进出口业务,机电安装(不含特种设备)。(依法须经批准的项目,经相关部门批准后方可开展经营活动)。”经查询全国企业信用信息公示系统,目前青岛四方车辆研究所有限公司的登记状态为在营(开业)。

15. 北车进出口有限公司

北车进出口有限公司为一家有限责任公司,公司持有其100%的股权。因中国南车与中国北车合并成立中国中车,北车进出口有限公司尚待办理完毕股东由中国北车变更为中国中车的工商变更登记手续。

北车进出口有限公司成立于1998年6月1日,现持有北京市工商行政管理局丰台分局于2013年12月25日核发的注册号为110000011323068的《企业法人营业执照》。根据该执照,企业名称为北车进出口有限公司;住所为北京市丰台区方庄芳城园一区15号楼;法定代表人为曹国炳;公司类型为有限责任公司(法人独资);注册资本为10,000万元;经营范围为"铁路机车、车辆、城市轨道动车及车辆、轨道吊车及其零部件,工业用原材料、零部件、机械电子设备、工艺装备和工模具,各型铸钢、铸铁件和锻件的销售;经营所属企业自产产品及技术的出口业务;经营铁路工业企业生产所属原辅材料、机械设备、仪器仪表及技术的进口业务;出口与本企业自产产品配套的相关或同类的机电产品;承包与出口自产成套设备相关的境外工程(包括境内国际招标工程),派遣与前述境外工程相关的劳务人员;开展对外合作生产、'三来一补'业务;仓储;铁路机车辆租赁;经济信息咨询;技术咨询;汽车销售(含小轿车);代理进出口。(领取本执照后,应到区县商务委备案。)"经查询全国企业信用信息公示系统,目前北车进出口有限公司的登记状态为在营(开业)。

根据中国中车第一届董事会第六次会议决议以及中国中车提供的其他资料,北车进出口有限公司拟吸收合并南车国际装备工程有限公司,合并完成后,南车国际装备工程有限公司注销;目前,该合并事宜正在进行过程中。

16. 北京北车物流发展有限责任公司

北京北车物流发展有限责任公司为一家有限责任公司,公司持股92%、齐齐哈尔轨道交通装备有限责任公司持股3.32%、中国北车集团沈阳机车车辆有限责任公司持股1.67%、西安轨道交通装备有限责任公司持股1.67%、太原轨道交通装备有限责任公司持股0.67%、济南轨道交通装备有限责任公司持股0.67%。因中国南车与中国北车合并成立中国中车,北京北车物流发展有限责任公司尚待办理完毕股东由中国北车变更为中国中车的工商变更登记手续。

北京北车物流发展有限责任公司成立于2002年4月4日,现持有北京市工商行政管理局海淀分局于2014年8月26日核发的注册号为110000003743372的《营业执照》。根据该执照,企业名称为北京北车物流发展有限责任公司;住所为北京市海淀区羊坊店路11号521-523室;法定代表人为杜鹏远;公司类型为其他有限责任公司;注册资本为30,000万元;经营范围为"国际货运代理;仓储服务;销售金属材料、化工产品(不含危险化学品及一类易制毒化学品)、橡胶制品、铁路机车车辆配件、矿产品、焦炭、电线电缆、机械电器设备、建筑材料、汽车(不含九座以下乘用车)、汽车零配件;货物进出口,技术进出口,代理进出口。(依法须经批准的项目,经相关部门批准后方可开展经营活动)(领取本执照后,应到市商务委备案。)"经查询全国企业信用信息公示系统,目前北京北车物流发展有限责任公司的登记状态为在营(开业)。

17. 北车投资租赁有限公司

北车投资租赁有限公司为一家有限责任公司,公司持有其100%的股权。因中国南车与中国北车合并成立中国中车,北车投资租赁有限公司尚待办理完毕股东由中国北车变更为中国中车的工商变更登记手续。

北车投资租赁有限公司成立于2008年1月11日,现持有北京市工商行政管理局于2015年11月2日核发的统一社会信用代码为91110000710935273E的《营业执照》。根据该执照,企业名称为北车投资租赁有限公司;住所为北京市丰台区方庄芳城园一区15号楼;法定代表人为董伦云;公司类型为有限责任公司(法人独资);注册资本为100,000万元;经营范围为"交通运输工具、通讯设备、机械设备、印刷设备、仪器设备、检验检测设备、电力设备、石油化工设备、工程机械设备的租赁与销售;车辆配件、金属材料、非金属材料、建筑材料、机电产品、化工产品(不含危险化学品)的销售;进出口业务;房屋租赁;项目投资;租赁交易业务的咨询服务。(依法须经批准的项目,经相关部门批准后依批准的内容开展经营活动。)”经查询全国企业信用信息公示系统,目前北车投资租赁有限公司的登记状态为在营(开业)。

18.北京北车中铁轨道交通装备有限公司

北京北车中铁轨道交通装备有限公司为一家有限责任公司,公司持股51%、中铁工程设计咨询集团有限公司持股49%。因中国南车与中国北车合并成立中国中车,北京北车中铁轨道交通装备有限公司尚待办理完毕股东由中国北车变更为中国中车的工商变更登记手续。

北京北车中铁轨道交通装备有限公司成立于2009年1月6日,现持有北京市工商行政管理局丰台分局于2015年2月9日核发的注册号为110106011564602的《营业执照》。根据该执照,企业名称为北京北车中铁轨道交通装备有限公司;住所为北京市丰台区南四环西路188号五区26楼(园区);法定代表人为张岩;公司类型为其他有限责任公司;注册资本为2,000万元;经营范围为“由北京二七轨道交通装备有限责任公司和南口轨道交通机械有限责任公司两公司承制:生产干线货运7200KW六轴交流传动电力机车、生产和维修内燃机车、车钢结构及传动装置零部件;制造机车车辆配件、轨道交通机械产品、轴承、齿轮及传动系统、压缩机及风源系统;加工、修理机械零件;货物进出口;技术进出口;代理进出口;技术咨询;技术服务;施工总承包;销售建筑材料、机械设备、化工产品、金属材料、煤炭(不在北京地区开展实物煤的储运交易活动)、灯具、锅炉、仪器仪表、阀门、五金交电、电线电缆、机电设备、矿产品、软件;计算机系统服务;软件开发;技术开发、技术推广、技术检测;以下经营项目限分支机构经营:蒸汽、热水的生产、供应和销售;城市集中供热。(依法须经批准的项目,经相关部门批准后依批准的内容开展经营活动。)”经查询全国企业信用信息公示系统,目前北京北车中铁轨道交通装备有限公司的登记状态为在营(开业)。

19.中国北车集团沈阳机车车辆有限责任公司

中国北车集团沈阳机车车辆有限责任公司为一家有限责任公司,公司持有其100%的股权。因中国南车与中国北车合并成立中国中车,中国北车集团沈阳机车车辆有限责任公司尚待办理完毕股东由中国北车变更为中国中车的工商变更登记手续。

中国北车集团沈阳机车车辆有限责任公司成立于1979年11月25日,现持有沈阳市铁西区工商行政管理局于2015年3月23日核发的注册号为210100000023495的《营业执照》。根据该执照,企业名称为中国北车集团沈阳机车车辆有限责任公司;住所为沈阳经济技术开发区开发大路28号;法定代表人为房志坚;公司类型为有限责任公司(非自然人投资或控股的法人独资);注册资本为95,153万元;经营范围为“铁路货车制造及修理;机车车辆配件、专用器材、大型钢结构、矿山机械设备、工程机械设备、五金、交电、化工(不含危险品、易制毒品)、金属材料、钢材及建筑材料销售;经营本企业自产产品及相关技术的出口业务;经营本企业生产、科研所需的原辅材料、机械设备、仪器仪表、零配件及相关技术的进口业务;锻、冲压及加工机械零件;设备租赁;劳务派遣(不含境外);技术开发、咨询服务。(依法须经批准的项目,经相关部门批准后方可开展经营活动。)”经查询全国企业信用信息公示系统,目前中国北车集团沈阳机车车辆有限责任公司的登记状态为在营(开业)。

20.上海轨道交通设备发展有限公司

上海轨道交通设备发展有限公司为一家有限责任公司,公司持股51%、上海电气集团股份有限公司持股34.21%、上海电气(集团)总公司持股14.79%。因中国南车与中国北车合并成立中国中车,上海轨道交通设备发展有限公司尚待办理完毕股东由中国北车变更为中国中车的工商变更登记手续。

上海轨道交通设备发展有限公司成立于2003年2月17日,现持有静安区市场监督管理局于2015年1月29日核发的注册号为310106000142935的《营业执照》。根据该执照,企业名称为上海轨道交通设备发展有限公司;住所为上海市静安区江宁路212号7层A、B、C、D室;法定代表人为王雁平;公司类型为有限责任公司;注册资本为67,604.0816万元;经营范围为“城市轨道交通设备、零部件及配件制造、销售、维修服务,技术开发、咨询,企业投资,机电设备安装,从事货物及技术的进出口业务,建筑智能化设计,城市轨道交通、消防设施、防腐保温、建筑智能化、环保工程专业承包。(依法须经批准的项目,经相关部门批准后方可开展经营活动)”经查询全国企业信用信息公示系统,目前上海轨道交通设备发展有限公司的登记状态为存续(在营、开业、在册)。

21. 中国北车集团财务有限公司

中国北车集团财务有限公司为一家有限责任公司,公司持股 91.66%、中车集团持股 8.34%。

中国北车集团财务有限公司成立于 2012 年 11 月 30 日,现持有北京市工商行政管理局于 2015 年 1 月 7 日核发的注册号为 110000015434792 的《营业执照》。根据该执照,企业名称为中国北车集团财务有限公司;住所为北京市丰台区芳城园一区 15 号楼中国北车大厦十四层;法定代表人为时景丽;公司类型为其他有限责任公司;注册资本为 120,000 万元;经营范围为“对成员单位办理财务和融资顾问、信用鉴证及相关的咨询、代理业务;协助成员单位实现交易款项的收付;经批准的保险代理业务;对成员单位提供担保;办理成员单位之间的委托贷款;对成员单位办理票据兑现与贴现;办理成员单位之间的内部转账结算及相应的结算、清算方案设计;吸收成员单位的存款;对成员单位办理贷款及融资租赁;从事同业拆借。”经查询全国企业信用信息公示系统,目前中国北车集团财务有限公司的登记状态为在营(开业)。

中国中车持有的中国北车集团财务有限公司 91.66% 的股权目前在工商登记方面仍登记在中国北车名下。根据中国中车第一届董事会第六次会议决议以及中国中车提供的其他资料,中国北车集团财务有限公司拟吸收合并南车财务有限公司,合并完成后,南车财务有限公司注销;目前,该合并事宜正在进行过程中,尚待银监主管部门批准。

22. 北车大连电力牵引研发中心有限公司

北车大连电力牵引研发中心有限公司为一家有限责任公司,公司持有其 100% 的股权。因中国南车与中国北车合并成立中国中车,北车大连电力牵引研发中心有限公司尚待办理完毕股东由中国北车变更为中国中车的工商变更登记手续。

北车大连电力牵引研发中心有限公司成立于 2013 年 10 月 16 日,现持有北京市工商行政管理局于 2013 年 10 月 16 日核发的注册号为 210212000062005 的《营业执照》。根据该执照,企业名称为北车大连电力牵引研发中心有限公司;住所为辽宁省大连旅顺经济开发区浩洋北街 1 号;法定代表人为唐献康;公司类型为有限责任公司(非自然人投资或控股的法人独资);注册资本为 38,800 万元;经营范围为“电力牵引与控制领域核心的技术研究及产品开发、制造、销售、应用服务;交流传动及其控制产品的试验、检测与评估(凭资质证经营);对外技术咨询与转让;国内一般贸易和货物、技术进出口(法律、行政法规禁止的项目除外,法律、行政法规限制的项目取得行业许可后方可经营)＊＊＊”经查询全国企业信用信息公示系统,目前北车大连电力牵引研发中心有限公司的登记状态为存续(在营、开业、在册)。

23. 北车建设工程有限责任公司

北车建设工程有限责任公司为一家有限责任公司,公司持有其 100% 的股权。因中国南车与中国北车合并成立中国中车,北车建设工程有限责任公司尚待办理完毕股东由中国北车变更为中国中车的工商变更登记手续。

北车建设工程有限责任公司成立于 2012 年 2 月 10 日,现持有北京市工商行政管理局于 2015 年 2 月 6 日核发的注册号为 110000014617351 的《营业执照》。根据该执照,企业名称为北车建设工程有限责任公司;住所为北京市丰台区芳城园一区 15 号楼五层 501、503;法定代表人为王宏伟;公司类型为有限责任公司(法人独资);注册资本为 150,000 万元;经营范围为“施工总承包;专业承包;技术开发;销售机械设备、建筑材料;机械设备租赁;货物进出口;工程勘察设计;建设工程项目管理。(依法须经批准的项目,经相关部门批准后依批准的内容开展经营活动。)”经查询全国企业信用信息公示系统,目前北车建设工程有限责任公司的登记状态为在营(开业)。

24. 北车南方有限公司

北车南方有限公司为一家有限责任公司,公司持有其 100% 的股权。因中国南车与中国北车合并成立中国中车,北车南方有限公司尚待办理完毕股东由中国北车变更为中国中车的工商变更登记手续。

北车南方有限公司成立于2013年9月27日,现持有深圳市市场监督管理局宝安局于2014年4月24日核发的注册号为440306108032517的《营业执照》。根据该执照,企业名称为北车南方有限公司;住所为深圳市宝安区西乡街道宝源路宝安互联网产业基地A区7栋201;法定代表人为梁哕;公司类型为有限责任公司(法人独资);注册资本为50,000万元;经营范围为"铁路机车车辆(含动车组)、城市轨道车辆、工程机械、机电设备、电子设备及相关部件产品的研发、设计和相关产品销售、技术开发及设备租赁;进出口业务;信息咨询业务;投资兴办实业(具体项目另行申报);受托资产管理(不含保险、证券和银行业务);铁路机车车辆(含动车组)、城市轨道车辆、工程机械、机电设备、电子设备及相关部件产品的生产、维修。"经查询全国企业信用信息公示系统,目前北车南方有限公司的登记状态为登记成立。

25. 北京清软英泰信息技术有限公司

北京清软英泰信息技术有限公司为一家有限责任公司,公司持股51%、北京英泰水木投资管理有限公司持股39%、清华控股有限公司持股10%。

北京清软英泰信息技术有限公司成立于2003年4月7日,现持有北京市工商行政管理局海淀分局于2015年11月12日核发的统一社会信用代码为91110108700035941C的《营业执照》。根据该执照,企业名称为北京清软英泰信息技术有限公司;住所为北京市海淀区清华大学华业大厦三区四层;法定代表人为梁兵;公司类型为其他有限责任公司;注册资本为1,700万元;经营范围为"技术检测;专业承包;技术开发、技术咨询、技术转让、技术服务;计算机技术培训;基础软件服务、应用软件服务;计算机系统服务;数据处理;技术进出口、货物进出口、代理进出口;电脑动画设计;合同能源管理;热力供应;投资管理、资产管理;销售机械设备、电子产品、计算机、软件及辅助设备、通讯设备、五金、交电、建筑材料;机械设备租赁(不含汽车租赁);维修机械设备(不含汽车维修);经济贸易咨询。(依法须经批准的项目,经相关部门批准后依批准的内容开展经营活动。)"经查询全国企业信用信息公示系统,目前北京清软英泰信息技术有限公司的登记状态为在营(开业)。

26. 北车(香港)有限公司

北车(香港)有限公司是一家注册于香港的境外企业,现持有商务部于2014年10月17日核发的《企业境外投资证书》(境外投资证第N1000201400006号)。根据该证书,北车(香港)有限公司的投资总额为172,507.735万元人民币(折合25,450万美元),中国北车持股100%,经营范围为"铁路机车车辆(含动车组)、城轨车辆、工程机械、机电设备、环保设备、相关部件等的开发制造、修理及技术服务、设备租赁等,以及相关业务的融投资、兼并收购等资本运作"。

根据公司书面确认,北车(香港)有限公司依当地法律合法设立或登记并有效存续。

根据中国中车第一届董事会第六次会议决议以及中国中车提供的其他资料,中国南车(香港)有限公司和北车(香港)有限公司拟重组设立中国中车(香港)有限公司和中国中车(香港)资本管理有限公司;目前,该重组事宜正在进行过程中。

27. 北车(美国)公司

北车(美国)公司是一家注册于美国的境外企业,现持有根据商务部于2015年1月28日核发的《企业境外投资证书》(境外投资证第N1000201500050号)。根据该证书,北车(美国)公司的中方投资总额为9,526.455万元人民币(折合1,550万美元),中国北车持股51%、长春轨道客车股份有限公司持股24.5%,经营范围为"轨道车辆技术服务、技术咨询、项目策划、项目服务;轨道车辆整车及零配件采购、销售、租赁、服务等"。

根据公司书面确认,北车(美国)公司依当地法律合法设立或登记并有效存续。

因中国南车与中国北车合并成立中国中车,北车(美国)公司尚待办理完毕投资主体由中国北车变更为中国中车的境外投资主体变更备案手续。

28. 北车(南非)公司

北车(南非)公司是一家注册于南非的境外企业,现持有根据商务部于2014年5月20日核发的《企业境外投资证书》(商境外投资证第1000201400164号)。根据该证书,北车(南非)公司的投资总额为中方0.186万美元、外方0.01135万美元,中国北车持股66%、Endinamix(Proprietary)Limited持股30%、Cadiz Corporate Solutions持股2%、Global Railway Africa(Proprietary)Limited持股2%,经营范围为"负责中标机车项目的执行和售后服务工作"。

根据公司书面确认,北车(南非)公司依当地法律合法设立或登记并有效存续。

因中国南车与中国北车合并成立中国中车,北车(南非)公司尚待办理完毕投资主体由中国北车变更为中国中车的境外投资主体变更备案手续。

29.南车株洲电力机车有限公司

南车株洲电力机车有限公司为一家有限责任公司,公司持有其100%的股权。

南车株洲电力机车有限公司成立于2005年8月31日,现持有株洲市工商行政管理局于2015年1月7日核发的注册号为430200000010144的《营业执照》。根据该执照,企业名称为南车株洲电力机车有限公司;住所为石峰区田心高科园;法定代表人为周清和;公司类型为有限责任公司(非自然人投资或控股的法人独资);注册资本为440,136.58万元;经营范围为"轨道交通装备及其零部件、电子器件、电气机械及器材的研发、制造、维修、销售及售后服务。钢结构制作、金属切削加工;金属镀层及热处理;金属锻铸件加工;金属材料销售;进出口业务代理;各类型轨道交通工程建设项目的总承包、承包轨道交通境外工程及境内国际招标工程(上述经营范围以资质证为准);劳务派遣(需专项审批的除外);水电转供,电力管道安装及维护,技术开发、转让、咨询、服务。(依法须经批准的项目,经相关部门批准后方可开展经营活动。)"经查询全国企业信用信息公示系统,目前南车株洲电力机车有限公司的登记状态为存续。

30.南车青岛四方机车车辆股份有限公司

南车青岛四方机车车辆股份有限公司为一家股份有限公司,公司持股97.80%、青岛欧特美股份有限公司持股1.04%、中铁物华资产管理中心持股0.65%、西南交通大学持股0.03%、中铁科学技术开发公司持股0.01%、福建海鹏经贸有限公司持股0.21%、广州中车铁路机车车辆销售租赁有限公司持股0.26%。

南车青岛四方机车车辆股份有限公司成立于2002年7月22日,现持有青岛市工商行政管理局于2014年7月30日核发的注册号为370200018079774的《营业执照》。根据该执照,企业名称为南车青岛四方机车车辆股份有限公司;住所为青岛市城阳区锦宏东路88号;法定代表人为张在中;公司类型为股份有限公司(非上市、自然人投资或控股);注册资本为400,379.41万元;经营范围为"铁路机车、客车、动车组、城市轨道交通设备的设计、制造、修理、销售、租赁;铁路机、客车、动车组、城市轨道交通设备配件制造与销售;机车车辆技术服务;机械加工;铆焊加工;铸造件销售;热处理;计量检定测试;理化检验测验;销售测量设备;经营本企业进出口业务和本企业所需机械设备、零配件、原辅材料的进出口业务,但国家限定公司经营或禁止进出口商品除外。经营本企业进料加工和"三来一补"业务。(依法须经批准的项目,经相关部门批准后方可开展经营活动)。"经查询全国企业信用信息公示系统,目前南车青岛四方机车车辆股份有限公司的登记状态为存续。

31.南车株洲电力机车研究所有限公司

南车株洲电力机车研究所有限公司为一家有限责任公司,公司持有其100%的股权。

南车株洲电力机车研究所有限公司成立于1992年9月9日,现持有株洲市工商行政管理局于2014年4月11日核发的注册号为430200000006791的《营业执照》。根据该执照,企业名称为南车株洲电力机车研究所有限公司;住所为株洲市田心;法定代表人为丁荣军;公司类型为有限责任公司(非自然人投资或控股的法人独资);注册资本为418,450万元;经营范围为"轨道交通产品及设备、电器机械及器材、普通机械、电机、电子产品、控制用计算机产品及软件、橡胶、塑料制品、电子元件、电子器件、电气绝缘材料研发、制造、销售;自营和代理各类商品和技术的进出口,但国家限定公司经营或禁止出口的商品和技术除外。大型风力发电机组及零部件设计、制造、销售;风电场的建设、运营、咨询服务;客车及零部件制造、销售及售后服务。(上述项目中,涉及行政许可的凭相关许可证件经营)"经查询全国企业信用信息公示系统,目前南车株洲电力机车研究所有限公司的登记状态为存续。

32. 南车长江车辆有限公司

南车长江车辆有限公司为一家有限责任公司,公司持有其 100% 的股权。

南车长江车辆有限公司成立于 2006 年 9 月 14 日,现持有武汉市工商行政管理局江夏分局于 2014 年 3 月 3 日核发的注册号为 420115000003429 的《营业执照》。根据该执照,企业名称为南车长江车辆有限公司;住所为湖北省武汉市江夏经济开发区大桥新区;法定代表人为张作;公司类型为有限责任公司(非自然人投资或控股的法人独资);注册资本为 238,386.88 万元;经营范围为“铁路货车研发、制造及修理;城轨车辆修理;铁路配件制造;自产机电产品、成套设备及相关技术的国内营销及出口;生产和科研所需的原辅材料、机械设备、仪器仪表、备品备件、零配件及技术的进出口;房屋、设备租赁;铁路专用线运输(国家有专项规定的项目经审批后方可经营)”经查询全国企业信用信息公示系统,目前南车长江车辆有限公司的登记状态为存续。

33. 南车戚墅堰机车车辆工艺研究所有限公司

南车戚墅堰机车车辆工艺研究所有限公司为一家有限责任公司,公司持有其 100% 的股权。

南车戚墅堰机车车辆工艺研究所有限公司成立于 1992 年 5 月 15 日,现持有常州市工商行政管理局于 2015 年 6 月 9 日核发的注册号为 320400000000790 的《营业执照》。根据该执照,企业名称为南车戚墅堰机车车辆工艺研究所有限公司;住所为常州市戚墅堰区五一路 258 号;法定代表人为王洪年;公司类型为有限责任公司(法人独资);注册资本为 206,000 万元;经营范围为“铁路运输设备、工程机械、传动装置、电子电器、塑料制品、金属制品、各类机电设备以及上述产品零部件的研发、设计、制造、销售、修理、租赁;城市轨道交通车辆、汽车、船舶、航天航空器、风力发电设备零部件的研发、设计、制造、销售、修理、租赁;模具的制造、销售、修理;金属铸、锻、焊加工;表面处理及热处理加工;轨道焊接工程施工;相关产品的技术服务、技术咨询、试验检测;自有房屋、设备的租赁;自营和代理各类商品及技术的进出口业务(国家限定企业经营或禁止进出口的商品和技术除外);设计、制作印刷品广告,利用本所公开出版物发布国内广告。(依法须经批准的项目,经相关部门批准后方可开展经营活动)”经查询全国企业信用信息公示系统,目前南车戚墅堰机车车辆工艺研究所有限公司的登记状态为存续。

34. 南车南京浦镇车辆有限公司

南车南京浦镇车辆有限公司为一家有限责任公司,公司持有其 100% 的股权。

南车南京浦镇车辆有限公司成立于 2007 年 6 月 27 日,现持有南京工商行政管理局高新技术产业开发区分局于 2014 年 6 月 16 日核发的注册号为 320100000013998 的《营业执照》。根据该执照,企业名称为南车南京浦镇车辆有限公司;住所为南京高新开发区泰山园区浦珠北路 68 号;法定代表人为李定南;公司类型为有限责任公司(法人独资);注册资本为 175,984 万元;经营范围为“铁路客车、动车组等轨道交通车辆的研发、制造、修理;铁路客车、动车组等轨道交通车辆的进出口业务。(依法须经批准的项目,经相关部门批准后方可开展经营活动)”经查询全国企业信用信息公示系统,目前南车南京浦镇车辆有限公司的登记状态为在业。

35. 南车戚墅堰机车有限公司

南车戚墅堰机车有限公司为一家有限责任公司,公司持有其 100% 的股权。

南车戚墅堰机车有限公司成立于 2007 年 6 月 26 日,现持有常州市工商行政管理局于 2015 年 6 月 2 日核发的注册号为 320400000004096 的《营业执照》。根据该执照,企业名称为南车戚墅堰机车有限公司;住所为常州市延陵东路 358 号;法定代表人为姚国胜;公司类型为有限责任公司(法人独资);注册资本为 209,274.275744 万元;经营范围为“铁路机车车辆及配件制造、修理;柴油机及配件制造、修理;钢结构件制造;机械设备、装备制造、修理;起重、装卸机械制造、修理;电机、电器制造、修理;锻铸件制造;模具制造修理;金属切削工具、风动工具制造、修理;铝及铜屑熔炼锭块;钢瓶检测及修理;起重吊装的技术服务;木制品、木质包装箱制造及除害处理;检测用渗透剂、显影剂、铸造配合剂的生产、销售;废旧物资的销售;自营或代理各类商品和技术的进出口业务(国家限定或禁止进出口的商品及技术除外)；机车车辆及配件的试验、检测服务；自有房屋、设备的租赁；技术咨询、服务；金属材料、机电产品的销售。普通货运；一类汽车维修(大型货车)危险货物运输车辆维修；充装：氧[压缩的]、氮[压缩的]、氩[压缩的]、二氧化碳[液化的](以上品种不得代存代储)；批发：丙烷(以上品种经营场所不储存)；氧气、氩气、氮气、二氧化碳、氩－二氧化碳、液氧、液氮、液氩的气瓶充装。(依法须经批准的项目，经相关部门批准后方可开展经营活动)"经查询全国企业信用信息公示系统，目前南车戚墅堰机车有限公司的登记状态为在业。

36. 南车资阳机车有限公司

南车资阳机车有限公司为一家有限责任公司，公司持有其100%的股权。

南车资阳机车有限公司成立于2006年5月12日，现持有资阳市工商行政管理局于2014年9月24日核发的注册号为512000000001009的《营业执照》。根据该执照，企业名称为南车资阳机车有限公司；住所为资阳市雁江区晨风路6号；法定代表人为向军；公司类型为有限责任公司(国有控股)；注册资本为83,422.5725万元；经营范围为"劳务派遣(劳务派遣经营许可证有效期限至2017年1月5日)；普通货运(道路运输经营许可证有效期限至2016年1月5日止)；二类机动车维修(货车(含工程车辆)维修)(道路运输经营许可证有效期限至2018年12月18日止)；压力管道安装(仅限GB1级、GC2级，特种设备安装改造维修许可证有效期限至2016年3月8日止)；承装(修、试)电力设施(五级承装类、五级承修类、五级承试类，承装(修、试)电力设施许可证有效期至2019年3月24日止)。铁路交通装备及各类内燃机的设计、制造、销售、租赁。本企业生产所需原材料及产品的进出口贸易；制造、修理：交通运输设备及配件(除整车和发动机)(除机动车维修)；设计、制造、安装：机械设备、发电设备、专用设备；机车技术研发、培训、咨询、转让；承接境内外铁路行业招标工程及所需的技术、设备、材料；基础建设设计施工；承包与其实力、规模、业绩相适应的国外工程项目，对外派遣实施上述境外工程所需的劳务人员。(以下经营范围仅限取得前置许可证的分支机构经营)旅店、茶座、餐饮服务(含凉菜、不含裱花蛋糕、不含生食海产品)。"经查询全国企业信用信息公示系统，目前南车资阳机车有限公司的登记状态为存续。

37. 南车株洲电机有限公司

南车株洲电机有限公司为一家有限责任公司，公司持有其100%的股权。

南车株洲电机有限公司成立于2004年4月14日，现持有株洲市工商行政管理局于2014年12月31日核发的注册号为430000000021082的《营业执照》。根据该执照，企业名称为南车株洲电机有限公司；住所为株洲市石峰区田心高科技园内；法定代表人为周军军；公司类型为有限责任公司(非自然人投资或控股的法人独资)；注册资本为104,318万元；经营范围为"交通运输装备电机、变压器、互感器、电抗器的产品及配件的研究、开发、制造和销售；风力发电机组、矿山和石油钻采炼制用防爆电气机械产品和其它电气机械产品及相关配件的研究、开发、制造、销售。(依法须经批准的项目，经相关部门批准后方可开展经营活动。)"经查询全国企业信用信息公示系统，目前南车株洲电机有限公司的登记状态为存续。

38. 南车二七车辆有限公司

南车二七车辆有限公司为一家有限责任公司，公司持有其100%的股权。

南车二七车辆有限公司成立于2007年6月8日，现持有北京市工商行政管理局于2015年2月9日核发的注册号为110106010299723的《营业执照》。根据该执照，企业名称为南车二七车辆有限公司；住所为北京市丰台区张郭庄甲1号；法定代表人为史硕致；公司类型为有限责任公司(法人独资)；注册资本为38,187.3228万元；经营范围为"制造铁路货车及配件；研发、维修铁路货车及配件；技术进出口、货物进出口；销售铁路货车、铁路货车配件、机械设备、仪器仪表。(依法须经批准的项目，经相关部门批准后依批准的内容开展经营活动。)"经查询全国企业信用信息公示系统，目前南车二七车辆有限公司的登记状态为在营(开业)。

39. 南车洛阳机车有限公司

南车洛阳机车有限公司为一家有限责任公司，公司持有其100%的股权。

南车洛阳机车有限公司成立于2007年6月

27 日,现持有洛阳市工商行政管理局于 2014 年 10 月 8 日核发的注册号为 410300110053423 的《营业执照》。根据该执照,企业名称为南车洛阳机车有限公司;住所为洛阳市廛河区启明东路 2 号;法定代表人为高亢;公司类型为有限责任公司(非自然人投资或控股的法人独资);注册资本为 50,895.64 万元;经营范围为"轨道交通装备维修;工程机械产品设计、制造、维修(国家有专项规定的除外);轨道交通装备配件制造;货物和技术的进出口业务(国家法律法规规定应经审批方可经营或禁止进出口的货物和技术除外)。"经查询全国企业信用信息公示系统,目前南车洛阳机车有限公司的登记状态为存续。

40. 南车工业研究院有限公司

南车工业研究院有限公司为一家有限责任公司,公司持有其 100% 的股权。

南车工业研究院有限公司成立于 2014 年 8 月 25 日,现持有丰台分局于 2014 年 8 月 25 日核发的注册号为 110106017799287 的《营业执照》。根据该执照,企业名称为南车工业研究院有限公司;住所为北京市丰台区南四环西路 188 号五区 8 号楼 4 层(园区);法定代表人为龚明;公司类型为有限责任公司(法人独资);注册资本为 20,000 万元;经营范围为"技术检测;技术咨询、技术服务;技术推广;工程技术研究与试验发展;产品设计;计算机系统服务;经济信息咨询;投资管理;资产管理;项目投资。(领取本执照后,应到市质量技术监督局计量认证)。"经查询全国企业信用信息公示系统,目前南车工业研究院有限公司的登记状态为在营(开业)。

41. 南车眉山车辆有限公司

南车眉山车辆有限公司为一家有限责任公司,公司持有其 100% 的股权。

南车眉山车辆有限公司成立于 2007 年 6 月 28 日,现持有眉山市工商行政管理局于 2015 年 9 月 7 日核发的注册号为 511400000001304 的《营业执照》。根据该执照,企业名称为南车眉山车辆有限公司;住所为眉山市东坡区崇仁镇;法定代表人为郑平;公司类型为有限责任公司(非自然人投资或控股的法人独资);注册资本为 33,784.86 万元;经营范围为"铁路货车、制动机、铸造产品、紧固件及连接器和专用汽车的研发、制造、销售和进出口;铁路用配件设计、加工;承包境外铁路车辆行业工程及境内国际招标工程;上述境外工程所需的设备、材料出口;对外派遣实施上述境外工程所需的劳务人员;计算机软件研发、销售;计算机培训;信息系统集成服务;智能产品研发、销售、维护;信息技术咨询服务。(依法须经批准的项目,经相关部门批准后方可开展经营活动)"经查询全国企业信用信息公示系统,目前南车眉山车辆有限公司的登记状态为存续。

42. 南车四方车辆有限公司

南车四方车辆有限公司为一家有限责任公司,公司持有其 100% 的股权。

南车四方车辆有限公司成立于 1980 年 9 月 4 日,现持有青岛市工商行政管理局于 2015 年 4 月 13 日核发的注册号为 370200018030200 的《营业执照》。根据该执照,企业名称为南车四方车辆有限公司;住所为青岛市城阳区宏平路 9 号;法定代表人为夏春生;公司类型为有限责任公司(自然人投资或控股的法人独资),注册资本为 34,309.55 万元;经营范围为"高档客车制造;各类机客车及城市地铁、轻轨交通设备修理、加装、改造;公铁两用车制造;各类铁路用特种车制造;铁路机客车配件制造;机车车辆技术服务;机械加工;锻、压、铸造;木器加工;进出口业务、对外经济合作业务(按外经贸部核定范围经营);房屋及机械设备的租赁;机械制造业计量、理化、无损检测。(依法须经批准的项目,经相关部门批准后方可开展经营活动)。"经查询全国企业信用信息公示系统,目前南车四方车辆有限公司的登记状态为在营(开业)。

43. 南车石家庄车辆有限公司

南车石家庄车辆有限公司为一家有限责任公司,公司持有其 100% 的股权。

南车石家庄车辆有限公司成立于 2007 年 6 月 28 日,现持有石家庄市工商行政管理局于 2015 年 1 月 7 日核发的注册号为 130100000081406 的《营业执照》。根据该执照,企业名称为南车石家庄车辆有限公司;住所为河北省石家庄市栾城区石家庄装备产业园区裕翔大街 168 号;法定代表人为赵维宗;公司类型为有限责任公司(法人独资);注册资本为 20,462.18 万元;经营范围为"铁路货车设计、制造、修理;低温设备、电子计量、机械制造、经营本企业自产产品和技术的出口业务,本企业所需的原辅材料,机械设备、零配件及技术的进口业务;房屋租赁,木箱及废旧物资(国家专控除外),钢材、机电产品、大、中型客车的销售(以上全部范围法律、法规及国务院决定禁止或者限制的事项不得经营;需其它部门审批的事项,待批准后,方可经营)”经查询全国企业信用信息公示系统,目前南车石家庄车辆有限公司的登记状态为存续。

44. 南车国际装备工程有限公司

南车国际装备工程有限公司为一家有限责任公司,公司持有其100%的股权。

南车国际装备工程有限公司成立于2013年5月13日,现持有北京市工商行政管理局于2014年6月27日核发的注册号为110000015886195的《营业执照》。根据该执照,企业名称为南车国际装备工程有限公司;住所为北京市海淀区西四环中路16号院5号楼813室;法定代表人为李瑾;公司类型为有限责任公司(法人独资);注册资本为60,000万元;经营范围为“工程勘察;工程设计;施工总承包;货物进出口;技术进出口;代理进出口;销售轨道交通装备、机械;铁路运输设备租赁;机械设备租赁;经济信息咨询;项目投资。(领取本执照后,应到市规划委、市住建委取得行政许可;应到市商务委备案。)”经查询全国企业信用信息公示系统,目前南车国际装备工程有限公司的登记状态为在营(开业)。

根据中国中车第一届董事会第六次会议决议以及中国中车提供的其他资料,北车进出口有限公司拟吸收合并南车国际装备工程有限公司,合并完成后,南车国际装备工程有限公司注销;目前,该合并事宜正在进行过程中。

45. 南车贵阳车辆有限公司

南车贵阳车辆有限公司为一家有限责任公司,公司持有其100%的股权。

南车贵阳车辆有限公司成立于2014年9月30日,现持有贵州省工商行政管理局于2014年9月30日核发的注册号为520000000123839的《营业执照》。根据该执照,企业名称为南车贵阳车辆有限公司;住所为贵州省贵州省贵阳市国家高新技术产业开发区沙文园区大自然科技园内;法定代表人为黄纪湘;公司类型为有限责任公司(非自然人投资或控股的法人独资);注册资本为55,000万元;经营范围为“铁路运输设备开发、制造、销售、修理;弹簧及锻铸件制品的生产、销售;大型金属结构制造、销售;经营本企业自产产品及技术的出口业务;经营本企业所需的原辅材料、仪器仪表、机械设备、零配件及技术的进出口业务。(国家限定公司经营和国家禁止进出口的商品及技术除外)”。经查询全国企业信用信息公示系统,目前南车贵阳车辆有限公司的登记状态为存续。

46. 南车投资租赁有限公司

南车投资租赁有限公司为一家有限责任公司,公司持有其100%的股权。

南车投资租赁有限公司成立于1999年4月26日,现持有北京市工商行政管理局于2014年11月11日核发的统一社会信用代码为911100007109247853的《营业执照》。根据该执照,企业名称为南车投资租赁有限公司;住所为北京市海淀区西四环中路16号院5号楼406室;法定代表人为王石山;公司类型为一人有限责任公司(法人独资);注册资本为230,000万元;经营范围为“交通装备项目投资与开发;铁路机车车辆、地下铁路车辆、城市轻轨车辆等轨道交通装备及其配件的研发、销售、租赁、修理及技术服务、咨询;铁路机车车辆的租赁、修理及技术服务、咨询;仓储服务;金属、非金属材料及产品、建筑材料、钢材、木材、五金交电、化工材料及产品(危险化学品除外)、橡塑制品、包装材料、纸制品、矿粉、煤炭、焦炭、电子计算机及软件、办公设备、机械、电子设备、日用百货的销售;进出口业务;租赁业务。(依法须经批准的项目,经相关部门批准后方可开展经营活动)”。经查询全国企业信用信息公示系统,目前南车投资租赁有限公司的登记状态为开业。

47. 南车财务有限公司

南车财务有限公司为一家有限责任公司,公司持股91%、中车集团持股9%。

南车财务有限公司成立于2012年12月4日,现持有北京市工商行政管理局于2012年12月4日核发的注册号为110000015449882的《企业法人营业执照》。根据该执照,企业名称为南车财务有限公司;住所为北京市海淀区西四环中路16号5号楼五层;法定代表人为徐伟锋;公司类型为其他有限责任公司;注册资本为100,000万元;经营范围为“对成员单位办理财务和融资顾问、信用鉴证及相关的咨询、代理业务;协助成员单位实现交易款项的收付;经批准的保险代理业务;对成员单位提供担保;办理成员单位之间的委托贷款;对成员单位办理票据承兑与贴现;办理成员单位之间的内部转账结算及相应的结算、清算方案设计;吸收成员单位的存款;对成员单位办理贷款及融资租赁;从事同业拆借。”经查询全国企业信用信息公示系统,目前南车财务有限公司的登记状态为在营(开业)。

中国中车持有的南车财务有限公司91%的股权目前在工商登记方面仍登记在中国南车名下。根据中国中车第一届董事会第六次会议决议以及中国中车提供的其他资料,中国北车集团财务有限公司拟吸收合并南车财务有限公司,合并完成后,南车财务有限公司注销。目前,该合并事宜正在进行过程中,尚待银监主管部门批准。

48. 中国南车(澳洲)有限公司

中国南车(澳洲)有限公司是一家注册于澳大利亚的境外企业,现持有商务部于2012年6月28日核发的《企业境外投资证书》(境外投资证第1000201200200号)。根据该证书,中国南车(澳洲)有限公司的投资总额为108万美元,中国南车持股100%,经营范围为“轨道交通车辆装备及配件销售和租赁;自营和代理产品的进出口业务;自营和代理产品的售后服务和有偿服务;信息咨询”。

根据公司书面确认,中国南车(澳洲)有限公司依当地法律合法设立或登记并有效存续。

49. 中国南车(香港)有限公司

中国南车(香港)有限公司是一家注册于香港的境外企业,现持有商务部于2013年4月16日核发的《企业境外投资证书》(商境外投资证第1000201300125号)。根据该证书,中国南车(香港)有限公司的投资总额为10,321.49万美元,中国南车持股100%,经营范围为“贸易、投融资咨询服务及租赁等相关业务”。

根据公司书面确认,中国南车(香港)有限公司依当地法律合法设立或登记并有效存续。

根据中国中车第一届董事会第六次会议决议以及中国中车提供的其他资料,中国南车(香港)有限公司和北车(香港)有限公司拟重组设立中国中车(香港)有限公司和中国中车(香港)资本管理有限公司;目前,该重组事宜正在进行过程中。

综上,本所认为:

1. 公司直接持股的境内全资、控股子公司均依有关中国法律法规设立并有效存续,不存在可能导致其营业终止的情形;其中23家子公司尚待办理完毕股东由中国北车变更为中国中车的工商变更登记手续,后续办理完成不存在实质性法律障碍。公司持有的该等境内全资、控股子公司的股权不存在质押、冻结或其他限制权利行使的情况,亦不存在重大权属纠纷。

2. 公司已就投资直接持股的境外全资、控股子公司依据有关中国法律法规办理了境外投资核准手续;其中3家子公司尚待办理完毕投资主体由中国北车变更为中国中车的境外投资主体变更备案手续。公司持有的该等境外全资、控股子公司的股权不存在质押、冻结或其他限制权利行使的情况,亦不存在重大权属纠纷。

十、公司的重大债权债务

(一)重大借款

根据公司2015年第三季度报告中的财务会计报表(未经审计),截至2015年9月30日,公司合并财务报表反映的短期借款余额为1,726,501万元,长期借款余额为465,095.3万元。

根据公司提供的资料及公司书面确认并经本所律师核查,截至2015年9月30日,公司及其下属控股子公司于上述借款项下不存在违约负债的情形。

(二)债务融资工具

根据公司提供的资料及公司书面确认并经本所律师核查,截至2015年9月30日,公司及其下属控股子公司已发行的待偿还的公司债券、中期票据、超短期融资券等债券品种的具体情况如下:

债券简称	债券类型	发行日	兑付日	发行规模（人民币亿元）	票面利率（%）
15 中车 SCP001	超短期融资券	2015 - 07 - 16	2016 - 01 - 16	20	3.15
15 中车 SCP002	超短期融资券	2015 - 07 - 23	2016 - 04 - 19	20	3.03
15 中车 SCP003	超短期融资券	2015 - 08 - 19	2016 - 05 - 16	20	3.34
15 中车 SCP004	超短期融资券	2015 - 11 - 02	2015 - 12 - 04	10	2.50
15 中车 SCP005	超短期融资券	2015 - 11 - 02	2015 - 12 - 04	20	2.50
15 中车 SCP006	超短期融资券	2015 - 11 - 17	2015 - 12 - 18	20	2.50
13 南车 01	公司债	2013 - 04 - 22	2018 - 04 - 22	15	4.70
13 南车 02	公司债	2013 - 04 - 22	2023 - 04 - 22	15	5.00
15 北车 SCP001	超短期融资券	2015 - 05 - 06	2015 - 11 - 04	30	3.70
15 北车 SCP002	超短期融资券	2015 - 05 - 12	2015 - 12 - 09	20	3.35
15 北车 SCP003	超短期融资券	2015 - 05 - 18	2015 - 11 - 15	20	3.00
14 北车 MTN001	中期票据	2014 - 02 - 24	2017 - 02 - 25	20	5.50
14 北车 MTN002	中期票据	2014 - 03 - 17	2019 - 03 - 18	20	5.75
14 株洲新科 MTN001	中期票据	2014 - 04 - 23	2017 - 04 - 24	7	6.20

注：截至本法律意见书出具之日，兑付日为 2015 年 11 月 4 日的 15 北车 SCP001 和兑付日为 2015 年 11 月 15 日的 15 北车 SCP003 已兑付完毕。

根据公司提供的资料及公司书面确认并经本所律师核查，截至本法律意见书出具之日，公司及其下属控股子公司已发行的待偿还的债券品种未出现延迟支付本息等异常情况。

（三）对外担保

根据公司提供的资料及公司书面确认并经本所律师核查，截至 2015 年 9 月 30 日，公司及其下属控股子公司不存在为第三方（指公司合并报表范围外的主体）提供担保的情形。

（四）业务合同

本所对公司及其下属控股子公司截至 2015 年 9 月 30 日正在履行的采购合同及销售合同依据重要性原则进行了核查。具体情况如下：

1. 采购合同

根据公司提供的资料及公司书面确认并经本所律师核查，截至 2015 年 9 月 30 日，公司及其下属控股子公司正在履行中的单份合同金额在 5 亿元以上的采购合同共 10 份，请详见本法律意见书附表六。

2. 销售合同

根据公司提供的资料及公司书面确认并经本所律师核查，截至 2015 年 9 月 30 日，公司及其下属控股子公司正在履行中的单份合同金额在 30 亿元以上的销售合同共 11 份，请详见本法律意见书附表七。

（五）其他应收、应付款

根据公司 2015 年第三季度报告中的财务会计报表（未经审计）并经公司书面确认，截至 2015 年 9 月 30 日，公司合并财务报表口径的其他应收款为 362,735.9 万元，其他应付款余额为 821,899.5 万元。根据公司书面确认并经本所律师核查，该等其他应收款和其他应付款均系正常生产经营活动产生。

（六）侵权之债

根据公司提供的资料、公司书面确认、政府有关主管部门出具的证明并经本所律师核查，截至 2015 年 9 月 30 日，公司及其下属控股子公司不存在因环境保护、知识产权、产品质量、劳动安全、人身权等原因产生的对公司生产经营构成重大不利影响的侵权之债。

综上，本所认为：

1. 公司及其下属控股子公司截至 2015 年 9 月 30 日正在履行的适用中国法律的重大合

同内容合法、有效,其履行无实质性法律障碍。

2. 公司及其下属控股子公司截至 2015 年 9 月 30 日正在履行的债务融资工具未出现延迟支付本息等异常情况。

3. 截至 2015 年 9 月 30 日,公司及其下属控股子公司不存在为第三方(合并报表口径)提供担保的情形。

4. 截至 2015 年 9 月 30 日,公司合并财务报表口径的其他应收款、其他应付款均系因正常的企业生产经营活动发生。

5. 截至 2015 年 9 月 30 日,公司及其下属控股子公司不存在因环境保护、知识产权、产品质量、劳动安全及人身权等原因而产生的对公司生产经营构成重大不利影响的侵权之债。

十一、公司的重大资产变化及收购兼并

(一)根据公司提供的资料、公司书面确认并经本所律师核查,自 2012 年 1 月 1 日至 2015 年 9 月 30 日期间,公司董事会审议通过的公司及其下属控股子公司合并、分立、增资扩股、减少注册资本、出售资产等事项如下:

1. 中国南车 2012 年非公开发行 A 股股票。

具体情况请详见本法律意见书之"三、公司的设立及股本演变"。

2. 公司下属控股的上市公司时代新材境外收购。

经时代新材 2014 第一次临时股东大会审议批准并经中国证监会以《关于核准株洲时代新材料科技股份有限公司重大资产重组的批复》(证监许可〔2014〕615 号)核准,中国南车下属控股的上市公司时代新材收购了 ZF Friedrichshafen AG(德国采埃孚腓特烈集团)旗下拥有的 BOGE 橡胶与塑料业务全部资产,收购价款计算方式为:A. 290,000,000 欧元的固定金额;B. 减去在生效日存在的生效日金融债务总额;C. 加上在生效日存在的生效日现金总额;D. 加上生效日贸易营运资金的总额超出目标贸易营运资金的金额,或者减去生效日贸易营运资金的总额低于目标贸易营运资金的金额。根据时代新材于 2014 年 9 月 17 日披露的《株洲时代新材料科技股份有限公司重大资产购买实施情况报告书》,前述交易标的资产已按照相关约定履行交割程序。

上述资产收购事项已经中国南车第二届董事会第三十次会议审议通过。

3. 中国南车与中车集团控股的上市公司南方汇通股份有限公司(以下简称"南方汇通")之间的资产交易。

经南方汇通 2014 年第三次临时股东大会审议批准,南方汇通拟以其拥有的铁路货车业务相关的资产及负债、全资子公司贵州南方汇通物流贸易有限责任公司 100% 的股权、控股子公司贵州汇通申发钢结构有限公司 60.80% 的股权和控股子公司青岛汇亿通铸造有限公司 51% 的股权与南车贵阳车辆有限公司拟现金购买的中国南车下属全资子公司南车株洲电力机车研究所有限公司所持贵阳时代沃顿科技有限公司 36.79% 的股权进行置换,且南车贵阳车辆有限公司以现金购买南车株洲电力机车研究所有限公司所持贵阳时代沃顿科技有限公司 36.79% 的股权与资产置换同时进行、互为前提;拟收购资产和拟出售资产均以具有证券业务资格的评估机构以 2014 年 9 月 30 日为基准日出具的并经南车集团备案的资产评估报告列载的评估结果作为定价依据,并由南方汇通和南车贵阳车辆有限公司协商确定交易对价;拟收购资产和拟出售资产置换的差额部分由南车贵阳车辆有限公司以现金补足。根据南方汇通于 2015 年 7 月 1 日披露的《南方汇通股份有限公司重大资产置换暨关联交易实施情况报告书》,前述交易标的资产已经完成过户、交割手续。

上述资产置换事项已经中国南车第三届董事会第六次会议审议通过。

4. 中国南车与中国北车合并。

具体情况请详见本法律意见书之"三、公司的设立及股本演变"。

(二)根据公司书面确认并经本所律师核查,截至本法律意见书出具之日,除公司分别就公司与公司下属控股的上市公司时代新材、时代电气同业竞争问题所作承诺涉及到公司外,公司未有资产置换、资产剥离、资产出售或收购等安排。公司分别就公司与时代新材、时代电气同业竞争问题所作承诺请详见本法律意见书之"七、关联交易及同业竞争"之"(二)同业竞争"。

综上,本所认为:

1. 公司前述重大资产变化及收购、兼并行为均已按照相关中国法律法规的要求履行了必要的法律手续。

2. 截至本法律意见书出具之日，除公司分别就公司与公司下属控股的上市公司时代新材、时代电气同业竞争问题所作承诺涉及到公司外，公司未有资产置换、资产剥离、资产出售或收购等安排。

十二、公司章程

1. 公司系由中国南车采取吸收合并的方式与中国北车对等合并而来。2015 年 5 月 18 日，中国南车召开 2014 年年度股东大会，审议通过了《关于审议合并后新公司（章程）的议案》，同意中国南车与中国北车根据两者之前签署的合并协议的约定及有关规定而拟订的合并后新公司章程（草案）。

2. 公司现行有效的公司章程系依据《公司法》、中国证监会颁布的《上市公司章程指引》、原国务院证券委员会和国家经济体制改革委员会发布的《到境外上市公司章程必备条款》以及公司股票上市地上市规则等文件制定或修订。公司现行章程内容符合有关中国法律法规的规定，且已载明了《上市公司章程指引》、《到境外上市公司章程必备条款》规定的内容，未对《上市公司章程指引》、《到境外上市公司章程必备条款》规定的内容进行实质性修改或删除，不存在针对股东（特别是小股东）依法行使权利的限制性规定。

综上，本所认为：

公司现行有效的章程的制定已履行法定程序，内容符合《公司法》、《上市公司章程指引》、《到境外上市公司章程必备条款》和其他中国法律法规的规定和要求，不存在针对股东，特别是中小股东依法行使权利的限制性规定。

十三、公司董事、监事和高级管理人员

（一）公司现任董事、监事和高级管理人员

截至本法律意见书出具之日，公司现任董事、监事和高级管理人员的任职情况请详见下表：

姓名	公司任职	股东单位任职	其他单位任职
崔殿国	董事长、执行董事	中国中车集团公司董事长	–
郑昌泓	副董事长、执行董事	中国中车集团公司副董事长	–
刘化龙	副董事长、执行董事	中国中车集团公司董事、总经理	–
奚国华	执行董事、总裁	中国中车集团公司董事	–
傅建国	执行董事	–	–
刘智勇	非执行董事	–	中国中煤能源集团公司外部董事 中国中煤能源股份有限公司非执行董事
李国安	独立非执行董事	–	武汉钢铁（集团）公司外部董事
张忠	独立非执行董事	–	中国保利集团公司外部董事
吴卓	独立非执行董事	–	武汉钢铁（集团）公司外部董事
辛定华	独立非执行董事	–	中国铁建股份有限公司独立非执行董事 Solomon Systech（International）Limited 独立非执行董事及主席 利邦控股有限公司独立非执行董事 中国泰凌医药集团有限公司独立非执行董事 四环医药控股集团有限公司独立非执行董事

续表

姓名	公司任职	股东单位任职	其他单位任职
陈嘉强	独立非执行董事	–	中国冶金科工股份有限公司独立非执行董事
万军	监事会主席	–	–
陈方平	监事、总法律顾问	–	–
邱伟	职工代表监事、工会主席	–	–
赵光兴	副总裁	–	–
詹艳景	副总裁、财务总监	–	–
孙永才	副总裁	–	–
王军	副总裁	–	–
楼齐良	副总裁	–	–
余卫平	副总裁	–	–
谢纪龙	董事会秘书	–	–

根据公司提供的资料并经本所律师核查，公司现任董事、监事和高级管理人员不存在《公司法》规定的不得担任董事、监事及高级管理人员的情形，具备担任公司董事、监事和高级管理人员的资格。公司现任董事会中，外部董事占董事会人数的1/2以上并有2名以上的独立董事，独立董事的任职资格符合《中国证券监督管理委员会关于在上市公司建立独立董事制度的指导意见》(证监发(2001)102号)、《改革意见》和现行《公司章程》的规定；经核查现行《公司章程》等内部制度文件，独立董事的职权范围不违反有关中国法律法规的规定。

(二)公司现任董事、监事和高级管理人员的选聘程序

1.2015年5月7日，中国南车职工代表大会选举邱伟为合并后新公司第一届监事会职工代表监事。

2.2015年5月18日，中国南车2014年年度股东大会选举崔殿国、郑昌泓、刘化龙、奚国华、傅建国为合并后新公司第一届董事会执行董事，选举刘智勇为合并后新公司第一届董事会非执行董事，选举李国安、张忠、吴卓、辛定华、陈嘉强为合并后新公司第一届董事会独立非执行董事，选举万军、陈方平为合并后新公司第一届监事会股东代表监事。该等董事、监事的任期均为自中国南车与中国北车合并的换股完成日起三年。

3.2015年5月28日，中国南车与中国北车合并换股的实施工作已完成，中国南车及中国北车的董事、监事均已辞去董事、监事职务。

4.2015年6月1日，中国中车第一届董事会第一次会议选举崔殿国为第一届董事会董事长，选举郑昌泓、刘化龙为第一届董事会副董事长，聘任奚国华为总裁。同日，中国中车第一届董事会第二次会议聘任赵光兴、孙永才、王军、楼齐良、余卫平为副总裁，聘任詹艳景为副总裁及财务总监，聘任谢纪龙为公司董事会秘书。该等总裁等高级管理人员的任期自该次董事会通过之日起至第一届董事会任期结束之日止。

综上，本所认为：

1.根据公司书面确认并经本所律师核查，公司现任董事、监事和高级管理人员的任职符合有关中国法律法规以及现行《公司章程》的规定，其选举及聘任履行了必要的法律程序。

2.公司现任董事会中，外部董事占董事会人数的1/2以上并有2名以上的独立董事，符合《改革意见》的规定；公司独立董事的任职资格符合有关中国法律法规的规定，公司独立董事的职权范围不违反有关中国法律法规的规定。

十四、公司的税务

(一)税务登记

根据公司提供的资料并经本所律师核查，公司及其下属一级子公司均已依法办理了税务登记，具体情况请详见本法律意见书附表八。

(二)主要税种、税率

根据公司提供的资料并经本所律师核查，公司及其下属一级子公司适用的主要税种及税率情况如下：

1. 关于企业所得税。公司及其下属一级子公司适用的企业所得税税率为25%。其中，部分一级子公司作为高新技术企业享受15%的优惠税率。

2. 关于增值税。公司及其下属一级子公司适用的增值税税率为6% -17%。其中，部分一级子公司为铁路系统修理货车业务免征增值税；部分一级子公司销售自行开发的软件产品，对增值税实际税负超过3%的部分实行即征即退。

3. 关于营业税。公司及其下属一级子公司适用的营业税税率为3% -5%。

(三)纳税情况

根据公司提供的资料、公司书面确认、政府有关主管部门出具的证明并经本所律师核查，公司及其下属一级子公司中已发生纳税事项的企业自2012年1月1日至2015年9月30日期间均依法进行纳税申报，未因纳税问题受到重大行政处罚。

综上，本所认为：

1. 公司及其下属一级子公司均已依法办理税务登记。

2. 公司及其下属一级子公司所执行的税种、税率符合有关中国法律法规的规定。

3. 公司及其下属一级子公司自2012年1月1日至2015年9月30日期间未因纳税问题而受到重大行政处罚。

十五、公司的环境保护和安全生产事宜

(一)环境保护

1. 生产经营活动的环境保护

根据公司书面确认并经本所律师核查，公司及其下属控股子公司遵守相关环境保护法律、法规，自2012年1月1日至2015年9月30日期间没有因违反环境保护方面的法律法规而受到重大行政处罚的情况。

2. 本次发行募集资金投资项目的环境保护

截至本法律意见书出具之日，公司尚未确定本次发行H股可转债的募集资金投向的具体项目；根据公司书面说明，公司届时将根据募集资金投向具体项目的确定情况根据中国法律法规的规定取得必要的环境保护主管部门关于同意项目建设的环境影响评价批复文件。

(二)安全生产

根据公司提供的资料、公司书面确认、政府有关主管部门出具的证明并经本所律师核查，公司及其下属控股子公司中从事生产性业务的子公司2012年1月1日至2015年9月30日期间没有因违反安全生产方面的法律法规而受到重大行政处罚的情况。

综上，本所认为：

1. 公司的生产经营活动符合国家环境保护的有关法律法规的要求，公司及其下属控股子公司自2012年1月1日至2015年9月30日期间没有因违反有关环境保护方面的法律法规而受到重大行政处罚的情况。

2. 公司及其下属控股子公司中从事生产性业务的子公司自2012年1月1日至2015年9月30日期间没有因违反安全生产方面的法律法规而受到重大行政处罚的情况。

十六、公司募集资金的运用

(一)前次募集资金使用情况

1. 中国南车前次募集资金使用情况

中国南车于2012年3月向南车集团等十名特定对象非公开发行196,300万股A股股票，募集资金总额为875,498万元，扣除发行费用后募集资金净额为869,941万元。根据本次非公开发行的发行方案，前述募集资金拟用于高速动车组产业化基地建设、城际动车组研制及产业化建设、大功率电力机车和城轨车辆研发及产业提升、广东南车轨道交通车辆修造基地建设项目(一期)等项目以及补充流动资金。

根据公司提供的资料及公司书面确认并经本所律师核查，截至本法律意见书出具之日，上述募集资金按照原定用途使用，不存在违规使用募集资金的情形。

2. 中国北车前次募集资金使用情况

1)A 股配股

中国北车于2012年3月向截至2012年2月24日的中国北车全体股东,按照每10股配2.5股的比例配售A股股票2,020,056,303股,募集资金总额为6,908,592,556.26元,扣除发行费用后募集资金净额为6,873,641,122.63元。根据该次配股的发行方案,上述募集资金拟用于高铁车辆装备技术研发与提能改造、大功率机车及重载快捷货运车辆装备技术研发与技术改造、相关多元产业、增资融资租赁公司及补充一般营运资金。

经中国北车于2012年4月10日召开的第二届董事会第四次会议和于2012年5月23日召开的2011年年度股东大会审议批准,中国北车将本次配股募集资金投资项目中的4个投资项目的实施主体由下属二级全资子公司变更为其对应的下属三级全资子公司。中国北车的独立董事就前述事项发表了同意意见,中国北车监事会作出决议同意该变更事项,保荐人中国国际金融有限公司出具了专项核查意见,同意该变更事项。公司于2012年4月12日及2012年5月24日分别发布了《中国北车股份有限公司第二届董事会第四次会议决议暨召开2011年年度股东大会通知的公告》(临2012-022)和《中国北车股份有限公司关于变更部分配股募集资金投资项目实施主体的公告》(临2012-027)及《中国北车股份有限公司2011年年度股东大会决议公告》(临2012-037)对上述变更事项进行了详细披露。

根据公司提供的资料及公司书面确认并经本所律师核查,除上述经依法履行相关批准程序后变更的部分募集资金投资项目外,截至本法律意见书出具之日,中国北车该次配股的募集资金按照原定用途使用,不存在违规使用募集资金的情形。

2)H 股发行

中国北车于2014年5月发行1,939,724,000股H股股票(含行使超额配售权发行的118,524,000股),共募集资金港币10,028,373,080元。根据该次H股发行的发行方案,上述募集资金拟用于境外投资研发、生产、检修基地类全球资源配置项目,设备及部件的全球化采购,提升研发试验能力投资项目,高端产品研发及制造项目,战略新兴产业投资项目,偿还银行贷款及补充流动资金等方向。

根据公司提供的资料及公司书面确认并经本所律师核查,截至本法律意见书出具之日,上述募集资金按照原定用途使用,不存在违规使用募集资金的情形。

(二)本次募集资金用途

根据本次发行H股可转债的方案,公司本次发行募集资金在扣除相关发行费用后,将用于满足公司生产运营和国际化经营的需要,包括但不限于调整债务结构、对子公司增资、补充流动资金、项目投资等具体用途,并根据实际情况在境内外自主调配使用。

截至本法律意见书出具之日,公司尚未确定募集资金投向的具体项目,尚不具备就相关募投项目启动有关外部监管机构提交审批、核准或备案程序的条件;根据公司书面说明,公司届时将根据募集资金投向具体项目的确定情况根据中国法律法规的规定取得必要的审批、核准或备案文件。

综上,本所认为:

1. 除经依法履行相关批准程序后变更部分募集资金投资项目外,中国南车及中国北车前次募集资金使用情况未违反招股说明书所披露的用途。

2. 公司本次发行募集资金用途不存在违反有关中国法律法规的情形。

十七、诉讼、仲裁或行政处罚

1. 根据公司控股股东中车集团书面确认并经本所律师核查,截至本法律意见书出具之日,公司控股股东不存在尚未了结的或可预见的重大诉讼及仲裁案件,亦不存在重大行政处罚。

2. 根据公司书面确认并经本所律师核查,截至本法律意见书出具之日,公司的董事长、副董事长、总裁不存在尚未了结的或可预见的诉讼及仲裁案件,亦不存在行政处罚。

3. 根据公司提供的资料并经本所律师核查,截至本法律意见书出具之日,公司及其下属控股子公司不存在尚未了结的占公司截至2015年9月30日净资产(未经审计)1%以上的对公司有重大影响的诉讼、仲裁或行政处罚。

十八、律师认为需要说明的其他问题

(一)根据公司书面确认并经本所律师核查,公司不存在未披露但对本次发行有重大影响的重大法律问题。

(二)关于符合《股份有限公司境外公开募集股份及上市(包括增发)审核关注要点》中13项关注要点的核查情况。

本所对公司拟在境外发行H股可转债符合中国证监会发布的《股份有限公司境外公开募集股份及上市(包括增发)审核关注要点》项下13项关注要点的情况进行了核查,具体情况如下:

1.本次发行并上市是否履行了国有股减(转)持义务,是否取得了国有资产管理部门关于国有股权设置以及国有股减(转)持的相关批复文件及全国社保基金会关于国有股减持转持有关事宜的复函;如无法及时提供全国社保基金会的复函,请补充提供专项承诺,在境外发行上市前向我会提供。

核查情况:

根据《国务院关于减持国有股筹集社会保障资金管理暂行办法》,"凡国家拥有股份的股份有限公司(包括在境外上市的公司)向公共投资者首次发行和增发股票时,均应按融资额的10%出售国有股"。根据本次H股可转债发行方案及公司书面说明,H股可转债发行不属于增发股票的行为,本次发行时亦不面向公共投资者进行,因此,本次发行H股可转债不需要按照前述规定进行国有股减(转)持。

2.发行人及各下属公司业务范围是否涉及国家禁止或限制外商投资的领域,境外发行上市前后是否持续符合有关外资准入政策。

核查情况:

1)公司及各下属公司业务范围不涉及国家禁止或限制外商投资的领域。

公司及各下属公司的主营业务包括:铁路机车、客车、货车、动车组、城轨地铁车辆及重要零部件的研发、设计、制造、修理、销售和租赁,以及轨道交通装备专有技术延伸产业等。根据《外商投资产业指导目录(2015年修订)》的相关规定,轨道交通运输设备属于鼓励外商投资产业,限于合资、合作方式。因此,公司及各下属公司的主营业务不涉及《外商投资产业指导目录(2015年修订)》规定的禁止或限制外商投资的领域。

2)公司发行H股可转债后符合有关外资准入政策。

截至本法律意见书出具之日,中车集团直接持有公司14,786,323,011股股份、占公司股本总额的54.18%,其中,7,796,321,142股登记在南车集团名下,其所持公司的股份尚待办理完成过户登记至中车集团名下的证券登记手续;6,990,001,869股登记在北车集团名下,尚待办理完成证券登记股东更名为中车集团的手续。此外,中车集团还通过其全资子公司北京北车投资有限责任公司持有中国中车380,172,012股股份、占公司股本总额的1.39%,通过其全资子企业中国南车集团投资管理公司持有公司93,085,715股股份、占公司股本总额的0.34%。综前所述,中车集团直接及间接合计持有公司15,259,580,738股股份、占公司股本总额的55.92%,是公司的控股股东。本次发行H股可转债不属于增发股票,公司不会由于本次发行而改变公司的股权结构。因此,本次H股可转债发行完成后,中车集团持有公司的股权比例不会发生改变,公司及各下属公司符合有关外资准入政策。同时,根据公司提供的资料及公司书面确认并经本所律师核查,公司本次发行的募集资金拟用于满足公司生产运营和国际化经营的需要,包括但不限于调整债务结构、对子公司增资、补充流动资金、项目投资等具体用途,并根据实际情况在境内外自主调配使用;不涉及《外商投资产业指导目录(2015年修订)》规定的禁止或限制外商投资的领域。

根据本次发行方案,发行完成后的债券可在满足一定条件的情况下转换为H股股份,H股可转债持有人拟转换的H股可以根据相关法律法规及规范性文件的规定以及公司股东大会审议批准的关于增发H股股份的一般性授权议案予以发行。若按本次发行规模的上限10亿美元发行H股可转债,假设转换价格为2015年10月1日至2015年10月30日的30天交易量加权平均价(VWAP),即10.25港元/股,港币与美元汇率为1美元兑换7.75港币,且不考虑任何溢价或折价,则H股可转债未来全部转股将导致公司新增755,861,585股股份,公司股本总额进而变更为28,044,619,918股,中车集团直接及间接持有公司的股权比例将降低至54.41%,但持股比例仍高于51%,中车集团仍为公司的控股股东,公司及各下属公司符合有关外资准入政策。

综上,本所认为:公司及各下属公司的业务范围不涉及禁止或限制外商投资的领域。本次H股可转债发行后,公司及各下属公司符合有关外资准入政策。

3. 发行人业务范围是否符合以下情形之一:(1)主营业务为房地产业务,或(2)房地产业务(并表内)占营业收入比重大于或等于50%,或(3)房地产业务的收入和利润均在所有业务中最高,且均占到公司总收入和总利润的30%以上(包含本数);在符合上述情形之一的情况下,是否存在违反《国务院办公厅关于继续做好房地产市场调控工作的通知》(国办发[2013]17号)与《国务院关于坚决遏制部分城市房价过快上涨的通知》(国发[2010]10号)的情形。

核查情况:

根据公司提供的资料及公司书面确认并经本所律师核查,公司及各下属公司从事的主营业务不包括房地产业务。

根据公司提供的资料及公司书面确认并经本所律师核查,公司本次发行的募集资金拟用于满足公司生产运营和国际化经营的需要,包括但不限于调整债务结构、对子公司增资、补充流动资金、项目投资等具体用途,并根据实际情况在境内外自主调配使用;不会用于涉及房地产的业务。

综上,本所认为:公司及各下属公司的主营业务不包括房地产业务,本次发行的募投项目不用于房地产业务,不存在违反《国务院关于促进节约集约用地的通知》(国发[2008]3号)的情形。

4. 发行人及各下属公司是否属于产能过剩行业;如属于,是否符合市场准入条件,是否存在违规和未取得合法手续、不符合重点产业调整和振兴规划及相关产业政策要求、未经批准或违规审批的项目等违反国发[2013]41号、国发[2009]38号、国办发[2013]67号、银发[2009]386号等国务院有关文件及有关部门规章的情形。

核查情况:

根据公司提供的资料及公司书面确认并经本所律师核查,公司及各下属公司的主营业务为铁路机车、客车、货车、动车组、城轨地铁车辆及重要零部件的研发、制造、修理、销售和租赁,以及轨道交通装备专有技术延伸产业等,不涉及《关于抑制部分行业产能过剩和重复建设引导产业健康发展的若干意见》(国发[2009]38号)等文件中提到的产能过剩行业,不存在不符合重点产业调整和振兴规划以及相关产业政策要求、不按规定程序审批或核准的项目等情形。

综上,本所认为:公司及各下属公司的主营业务不属于产能过剩行业,不存在不符合重点产业调整和振兴规划以及相关产业政策要求、不按规定程序审批或核准的项目等情形。

5. 本次境外发行募集资金是否投向《国务院关于促进节约集约用地的通知》(国发[2008]3号)规定的违法用地项目。

核查情况:

根据公司提供的资料及公司书面确认并经本所律师核查,公司本次发行的募集资金拟用于满足公司生产运营和国际化经营的需要,包括但不限于调整债务结构、对子公司增资、补充流动资金、项目投资等具体用途,并根据实际情况在境内外自主调配使用;不会用于涉及房地产的业务,不会投向《国务院关于促进集约节约用地的通知》(国发[2008]3号)规定的违法用地项目。

6. 发行人及各下属公司近一年是否存在违反《国务院关于进一步加强企业安全生产工作的通知》(国发[2010]23号)的情形;是否被纳入生产经营单位安全生产不良记录"黑名单"管理。

核查情况:

根据公司提供的资料及公司书面确认并经本所律师核查,公司及各下属公司在生产经营中能够执行《中华人民共和国安全生产法》及其他相关法律、法规和规章的规定,近一年内未发生《国务院关于进一步加强企业安全生产工作的通知》(国发[2010]23号)中提到的重大、特别重大生产安全责任事故及较大生产安全责任事故,亦不存在重大隐患及整改不力等情形;公司及各下属公司未被纳入生产经营单位安全生产不良记录“黑名单”管理。

7. 发行人及各下属公司近两年是否存在涉嫌违反《证券法》、《证券投资基金法》、《期货交易管理条例》、《国务院关于股份有限公司境外募集股份及上市的特别规定》(国务院令第160号)及《国务院关于进一步加强在境外发行股票和上市管理的通知》(国发[1997]21号)等证券、期货法律法规行为的情形。

核查情况：

根据公司书面确认并经本所律师核查，公司及各下属公司近两年不存在涉嫌违反《证券法》、《证券投资基金法》、《期货交易管理条例》、《国务院关于股份有限公司境外募集股份及上市的特别规定》(国务院令第160号)及《国务院关于进一步加强在境外发行股票和上市管理的通知》(国发[1997]21号)等证券、期货法律法规的行为。

8. 发行人及各下属公司是否存在因涉嫌违法违规被行政机关调查，或者被司法机关立案侦查，尚未结案的情形；是否存在被中国证监会依法采取限制业务活动、责令停业整顿、指定其他机构托管、接管等监管措施，尚未解除的情形。

核查情况：

根据公司书面确认并经本所律师核查，公司及各下属公司不存在因涉嫌违法违规被行政机关调查，或者被司法机关立案侦查，尚未结案的情形；不存在被中国证监会依法采取限制业务活动、责令停业整顿、指定其他机构托管、接管等监管措施，尚未解除的情形。

9. 发行人发起人认购的股份是否缴足，发起人用作出资的财产权转移手续是否已办理完毕。

核查情况：

公司系由中国南车采取吸收合并的方式与中国北车对等合并而来。中国南车系经国务院批准后由国务院国资委以《关于中国南方机车车辆工业集团公司整体重组改制并境内外上市的批复》(国资改革〔2007〕1289号)批准、由南车集团联合北京铁工经贸公司(后更名为“中国南车集团投资管理公司”)以发起方式设立的股份有限公司。

(1)中国南车发起人认购的股份已缴足。

中国南车于2007年12月28日在国家工商总局注册成立，成立时的注册资本为700,000万元。根据天华中兴会计师事务所有限公司于2008年1月24日出具的天华中兴验字(2008)第2009－100号《验资报告》，截至2008年1月22日，中国南车已经收到发起人股东中国南车集团公司、北京铁工经贸公司累计缴纳的注册资本700,000万元，占注册资本的100%；其中，中国南车集团公司以货币及非货币资产出资，北京铁工经贸公司以货币出资。

(2)发起人用作出资的财产权转移手续已办理完毕。

南车集团根据《重组协议》的约定，将其下属全部主营业务资产(包括机、客、货的新造与修理、动车组和城轨、地铁车辆的研发、制造及修理，重要零部件制造)及与主业密切相关且赢利能力较强的相关多元化资产注入中国南车；南车集团用作出资的非货币资产均已完成过户/移交手续。

10. 发行人是否在公司章程中载明了《到境外上市公司章程必备条款》(证委发[1994]21号)所要求的内容。

核查情况：

根据公司提供的资料及公司书面确认并经本所律师核查，公司现行有效的公司章程系依据《公司法》、中国证监会颁布的《上市公司章程指引》、原国务院证券委员会和国家经济体制改革委员会发布的《到境外上市公司章程必备条款》以及公司股票上市地上市规则等文件制定或修订，其内容符合有关中国法律法规的规定，且已载明了《到境外上市公司章程必备条款》规定的内容，未对《到境外上市公司章程必备条款》规定的内容进行实质性修改或删除。

11. 发行人及各下属公司是否建立健全了完备、规范的保密和档案规章制度并落实到位，是否符合《关于加强在境外发行证券与上市相关保密和档案管理工作的规定》(中国证券监督管理委员会、国家保密局、国家档案局公告[2009]29号)。

核查情况：

根据公司提供的资料及公司书面确认并经本所律师核查，公司已经按照《中华人民共和国保守国家秘密法》、《中华人民共和国档案法》、《关于加强在境外发行证券与上市相关保密和档案管理工作的规定》(证监会、国家保密局、国家档案局公告[2009]第29号)等文件的相关规定,设置了保密工作管理体系并制定了相应的制度;对于公司运营过程中接触到的国家秘密,严格落实了相关文件要求的保密措施,并制定了领导人员责任追究制度;制定了《档案管理办法》,明确了档案的负责机构,确立了档案形成、立卷、归档、整理、移交、鉴定、销毁、保管和借阅的具体流程。公司已经建立健全了完备、规范的保密和档案规章制度并已落实到位,不存在违反《关于加强在境外发行证券与上市相关保密和档案管理工作的规定》的情形。

12. 本次发行并上市是否履行了完备的内部决策程序,是否取得了必要的内部批准和授权;是否取得了行业监管部门出具的监管意见书(如适用)等必要的外部批准程序。

核查情况:

根据公司提供的资料及书面确认并经本所律师核查,公司已就本次发行履行了完备的内部决策程序,取得了必要的内部批准和授权。本次发行无需取得行业监管部门出具的监管意见书,尚待经国家发改委同意对本次发行进行备案登记并出具《企业发行外债备案登记证明》、并尚待取得国务院国资委的批准及中国证监会的核准。

13. 本次发行募投项目是否取得了必要的审批、核准或备案文件(如适用),是否符合固定资产投资管理有关规定。

核查情况:

根据公司提供的资料及公司书面确认并经本所律师核查,公司本次发行的募集资金拟用于满足公司生产运营和国际化经营的需要,包括但不限于调整债务结构、对子公司增资、补充流动资金、项目投资等具体用途,并根据实际情况在境内外自主调配使用。截至本法律意见书出具之日,公司尚未确定募集资金投向的具体项目,尚不具备就相关募投项目启动有关外部监管机构提交审批、核准或备案程序的条件;根据公司书面说明,公司届时将根据募集资金投向具体项目的确定情况根据中国法律法规的规定取得必要的审批、核准或备案文件。

(三)关于适用《股份有限公司境外公开募集股份及上市(包括增发)审核关注要点》中7项"特定对象适用事项"的核查情况。

本所对公司拟在境外发行H股可转债适用中国证监会发布的《股份有限公司境外公开募集股份及上市(包括增发)审核关注要点》中的7项"特定对象适用事项"的情况进行了核查,具体情况如下:

1. 本次发行并上市是否符合《境内企业申请到香港创业板上市审批与监管指引》(证监发行字[1999]126号)。(适用于拟在香港创业板上市的境内公司)

核查情况:

公司为在上交所及香港联交所主板上市的上市公司,本次发行系在香港联交所发行H股可转债。因此,本次发行不适用《境内企业申请到香港创业板上市审批与监管指引》(证监发行字[1999]126号)的规定。

2. 本次发行并上市是否存在违反《中国证券监督管理委员会关于规范境内上市公司所属企业到境外上市有关问题的通知》(证监发[2004]67号)的情形。(适用于拟在境外上市的境内上市公司所属企业)

核查情况:

公司的控股股东为中车集团,实际控制人为国务院国资委,本次发行系在香港联交所发行H股可转债,不涉及境内上市公司所属企业拟在境外上市。因此,本次发行不适用《中国证券监督管理委员会关于规范境内上市公司所属企业到境外上市有关问题的通知》(证监发[2004]67号)的规定。

3. 本次发行并上市是否存在违反《优先股试点管理办法》(证监会令第97号)、《关于商业银行发行优先股补充一级资本的指导意见》(银监发[2014]12号)的情形。(适用于拟在境外发行优先股的境内公司)

核查情况:

公司为在上交所及香港联交所主板上市的上市公司,不是商业银行,本次发行系在香港联交所发行H股可转债。因此,本次发行不适用《优先股试点管理办法》(证监会令第97号)、《关于商业银行发行优先股补充一级资本的指导意见》(银监发[2014]12号)的规定。

4. 请本次首发前已持有发行人股份的股东及持有发行人股份(包括直接持股与间接持股)的董事、监事、高级管理人员作出专项承诺,自发行人股票在境外交易所上市交易之日起1年内不转让所持股份。请补充提供上述专项承诺。(适用于未在境内上市的境内公司)

核查情况:

公司为在上交所及香港联交所主板上市的上市公司,本次发行系在香港联交所发行H股可转债。因此,本次发行不适用上述专项承诺。

5.按照《非上市公众公司监管指引第4号——股东人数超过200人的未上市股份有限公司申请行政许可有关问题的审核指引》(证监会公告[2013]54号)计算,发行人及其控股股东、实际控制人、重要控股子公司的股东人数是否超过200人;如超过,请补充提供有关申请文件并履行有关程序。

其中,"重要控股子公司"的核查标准为:报告期内,营业收入、净利润或者资产总额达到合并报表数额50%以上的控股子公司,以及其他目前或未来对集团整体的经营、财务状况有重要影响的控股子公司。(适用于未在境内上市的境内公司)

核查情况:

公司为在上交所及香港联交所主板上市的上市公司,本次发行系在香港联交所发行H股可转债。因此,本次发行不适用《非上市公众公司监管指引第4号——股东人数超过200人的未上市股份有限公司申请行政许可有关问题的审核指引》(证监会公告[2013]54号)的规定。

6.发行人是否存在内部职工直接持股、股份代持或间接持股的情形;如存在,是否违反《财政部、中国人民银行、银监会、证监会、保监会关于规范金融企业内部职工持股的通知》(财金[2010]97号)等有关规定;请发行人相关高管和其他持有内部职工股超过5万股的个人按照有关规定对股份转让锁定期和出售限额作出专项承诺。请补充提供上述专项承诺。(适用于金融企业)

核查情况:

公司为在上交所及香港联交所主板上市的上市公司,不是金融企业,公司的经营范围为"铁路机车车辆(含动车组)、城市轨道交通车辆、工程机械、各类机电设备、电子设备及零部件、电子电器及环保设备产品的研发、设计、制造、修理、销售、租赁与技术服务;信息咨询;实业投资与管理;资产管理;进出口业务"。因此,本次发行不适用《财政部、中国人民银行、银监会、证监会、保监会关于规范金融企业内部职工持股的通知》(财金[2010]97号)等有关规定。

7.发行人是否按照《中国证券监督管理委员会关于境外上市公司非境外上市股份集中登记存管有关事宜的通知》(证监国合字[2007]10号)将非境外上市外资股在中国证券登记结算有限责任公司集中登记存管。(适用于拟在境外增发的H股公司)

核查情况:

公司为在上交所及香港联交所主板上市的上市公司,本次发行系在香港联交所发行H股可转债。根据《中国证券监督管理委员会关于境外上市公司非境外上市股份集中登记存管有关事宜的通知》(证监国合字[2007]10号)的规定,该通知适用于尚未在境内公开发行人民币普通股的境外上市公司非境外上市股份的集中登记存管业务。因此,本次发行不适用前述证监国合字[2007]10号文的规定。

本法律意见书一式四份。

(此页无正文)

北京市嘉源律师事务所
单位负责人:郭斌
经办律师:李丽、黄娜

北京市君合律师事务所关于内蒙古能源建设投资股份有限公司发行境外上市外资股(H股)并上市的法律意见书

内蒙古能源建设投资股份有限公司:

北京市君合律师事务所(以下简称“本所”)接受内蒙古能源建设投资股份有限公司(以下简称“发行人”)的委托,指派律师(以下简称“本所律师”)以特聘法律顾问的身份,就发行人申请在境外发行股票(以下简称“H股”)并在香港联合交易所有限公司(以下简称“香港联交所”)主板挂牌上市事宜(以下简称“本次发行并上市”或“本次发行”),出具本法律意见书。

本法律意见书系根据《公司法》、《证券法》、《特别规定》、《关于股份有限公司境外发行股票和上市申报文件及审核程序的监管指引》(中国证券监督管理委员会公告[2012]45号)等法律、行政法规、部门规章及规范性文件的规定出具。

根据有关法律、行政法规、部门规章及规范性文件的要求和发行人的委托,本所律师就发行人发行H股的主体资格、本次发行并上市的条件、上报文件及相关事实的合法性进行了审查,并根据本所律师对相关事实的了解和对法律的理解就本法律意见书出具日(除非在本法律意见书中另有说明)之前已发生并存在的事实发表法律意见。

本所仅就与本次发行并上市有关的法律问题发表意见,并不对有关会计、审计、评估等非法律专业事项发表意见。本法律意见书中对有关会计报表、审计报告、评估报告中数据和结论的引述,并不意味着本所对该等数据、结论的真实性和准确性作出任何明示或默示的保证,对于这些文件的内容本所并不具备核查并作出评价的适当资格。

本法律意见书仅系本所律师依据中华人民共和国(以下简称“中国”,但为本法律意见书之目的,不包括香港特别行政区、澳门特别行政区及台湾地区)现行有效的法律、行政法规、部门规章和规范性文件的有关规定发表的法律意见,并不依据境外法律发表意见。

为出具本法律意见书,本所律师审查了发行人提供的有关文件及其复印件。本所在出具本法律意见书时基于发行人向本所律师作出的如下保证:(1)发行人所提供的所有文件及所述事实均真实、准确和完整;(2)相关文件的原件在其有效期内均未被有关政府部门撤销,且于本法律意见书出具之日均由其各自的合法持有人持有;(3)发行人已提供了必须的、真实的、全部的原始书面材料、副本材料或口头证言,不存在任何遗漏或隐瞒;(4)发行人所提供的文件及文件上的签名和印章均为真实;(5)发行人所提供的副本材料或复印件与原件完全一致。对于出具本法律意见书至关重要而又无法得到独立的证据支持的事实,本所依赖政府有关部门、发行人或者其他有关机构出具的证明文件作出判断。

本法律意见书由经办律师签字并加盖本所公章后生效,并仅供发行人本次发行并上市之目的使用,不得用作任何其他目的。为本次发行并上市之目的,本所律师同意:发行人在有关本次发行并上市的招股说明书(草稿)(以下简称“《招股说明书》”)中引用或按中国证监会的审核要求引用本法律意见书的有关内容;负责发行人进行上述引用时不会导致法律上的歧义或曲解;发行人将本法律意见书作为其申请本次发行并上市的申请材料的组成部分;对本法律意见书内容依法承担责任。

本所律师根据《证券法》的要求,参照中国证监会《公开发行证券公司信息披露的编报规则第12号——公开发行证券的法律意见书和律师工作报告》(证监发[2001]37号)的相关规定,按照中国律师行业公认的业务标准、道德规范和勤勉尽责精神,对发行人提供的文件及有关事实进行了审查和验证,现出具如下法律意见：

一、本次发行并上市的授权和批准

1. 2016年7月9日，公司召开第一届董事会第二次会议，审议并通过了《关于内蒙古能源建设投资股份有限公司境外首次公开发行境外上市外资股（H股）并在香港联交所主板上市方案的议案》、《关于国有股减持的议案》、《关于内蒙古能源建设投资股份有限公司在境外发行股票募集资金用途的议案》、《关于内蒙古能源建设投资股份有限公司在首次公开发行股票前滚存利润分配的议案》、《关于授权公司董事会及其获授权人士全权处理公司境外发行股票及上市一切相关事宜的议案》、《关于修订〈内蒙古能源建设投资股份有限公司章程〉的议案》、《关于内蒙古能源建设投资股份有限公司独立非执行董事的议案》、《关于聘任内蒙古能源建设投资股份有限公司董事会秘书的议案》、《关于制定在本次发行并上市后适用的〈内蒙古能源建设投资股份有限公司章程〉（H股章程）的议案》、《关于修订〈内蒙古能源建设投资股份有限公司股东大会议事规则〉的议案》、《关于修订〈内蒙古能源建设投资股份有限公司董事会议事规则〉的议案》、《关于修订〈内蒙古能源建设投资股份有限公司监事会议事规则〉的议案》、《关于制定内蒙古能源建设投资股份有限公司〈董事会提名委员会职责和议事规则〉、〈董事会薪酬委员会职责和议事规则〉、〈董事会审计委员会职责和议事规则〉、〈信息披露事务管理规定〉、〈关连交易管理规定〉、〈档案管理规定〉、〈保密管理规定〉的议案》、《关于内蒙古能源建设投资股份有限公司董事会设立专门委员会及其组成人员的议案》、《关于聘任内蒙古能源建设投资股份有限公司境外审计机构的议案》、《关于内蒙古能源建设投资股份有限公司发行H股股票并上市决议有效期的议案》、《关于内蒙古能源建设投资股份有限公司设置各内部管理机构的议案》、《关于豁免2016年第二次临时股东大会会议召开十五日前通知各股东义务的议案》、《关于提请召开内蒙古能源建设投资股份有限公司2016年第二次临时股东大会的议案》等议案，并决议于2016年7月9日召开公司2016年第二次临时股东大会，同意提议股东大会豁免2016年第二次临时股东大会会议召开十五日前通知各股东的义务。

2016年7月9日，公司召开2016年第二次临时股东大会，公司全体股东同意豁免2016年第二次临时股东大会会议召开十五日前通知各股东的义务，审议并通过了上述与本次发行并上市有关的议案。根据经股东大会审议通过的本次发行并上市方案，初步确定本次发行的H股股数不超过发行后公司总股本的30%，即不超过900,000,000股（未考虑超额配售权的行使）。同时根据市场情况授权承销商（或其代表）根据当时的市场情况，选择行使不超过拟发售H股新股总数15%的超额配售权。股东大会授权董事会及其获授权人士根据法律规定、监管机构批准及市场情况确定最终发行数量。如承销商选择全数行使超额配售权，则公司最终新发行的H股将不超过1,035,000,000股，占发行后公司总股本的33.014%。本次发行的最终发行价格应在充分考虑公司现有股东及投资者利益的情况下，根据发行时国际资本市场情况、香港股票市场发行情况、公司所处行业的一般估值水平以及市场认购情况，并根据境外路演和簿记的结果，由公司股东大会授权董事会或董事会授权人士和主承销商共同协商确定。本次股东大会授权公司董事会及其获授权人士全权处理与本次发行并上市一切相关事宜。

2. 2016年5月30日，内蒙古国资委作出了《关于内蒙古能源建设投资股份有限公司国有股权管理方案有关事宜的批复》（内国资产权字［2016］149号），根据该批复，内蒙古能建股份总股本为210,000.00万股，其中，内蒙古能建集团（国有股东）持有208,950.00万股，占内蒙古能建股份总股本的99.5%；苏里格公司（国有股东）持有1,050.00万股，占内蒙古能建股份总股本的0.5%。若内蒙古能建股份发行股票并上市，上述国有股东在证券登记结算公司登记的证券账户应标注“SS”（国有股东）标识。

3. 2016年8月2日，国务院国资委作出《关于内蒙古能源建设投资股份有限公司国有股转持有关问题的批复》（国资产权［2016］837号），国务院国资委收悉了内蒙古国资委《关于内蒙古能源建设投资股份有限公司国有股权管理及国有股权减持方案的请示》(内国资产权字[2016]186号),根据《国务院关于印发减持国有股筹集社会保障资金管理暂行办法的通知》(国发[2001]22号)等有关规定,批复如下:(1)依据内蒙古国资委《关于内蒙古能源建设投资股份有限公司国有股权管理方案有关事宜的批复》(内国资产权字[2016]149号),同意在内蒙古能建股份境外发行H股时,按此次发行上限103,500万股的10%计算,将内蒙古能建集团、苏里格公司分别所持公司10,298.25万股、51.75万股股份划转给社保基金。(2)若内蒙古能建股份实际发行H股的数量低于发行上限103,500万股,国有股东应划转给社保基金的内蒙古能建股份的股份数量低于此次已划转的10,350万股,二者相抵后的差额部分在内蒙古能建股份发行H股结束后,按照相应持股比例从社保基金自动回拨给上述国有股东。

4.公司已经于2016年8月9日出具了专项承诺函,承诺在本次发行并上市前取得全国社会保障基金理事会的复函。

综上,本所认为:

1.公司本次发行并上市相关事宜已取得公司股东大会的批准,相关决议合法有效。公司董事会及其获授权人士办理本次发行并上市具体事宜,已经公司内部适当的授权,授权范围、程序合法有效。本次发行并上市履行了完备的内部决策程序,取得了必要的内部批准和授权。

2.公司发行H股股票所涉及国有股权管理和国有股减持已取得主管国有资产监督管理部门的批准,尚待取得社保基金的复函。

3.公司已经取得的境内相关批准及授权合法有效。公司本次发行并上市尚待取得中国证监会的核准及香港联交所的批准。

二、公司发行股票的主体资格

1.公司为依法设立的股份有限公司

(1)2016年5月30日,内蒙古国资委作出了《关于内蒙古能源建设投资股份有限公司国有股权管理方案有关事宜的批复》(内国资产权字[2016]149号),对内蒙古能建股份的国有股权管理方案进行了批复。

(2)2016年5月30日,内蒙古国资委作出《关于设立内蒙古能源建设投资股份有限公司的批复》(内国资企改字[2016]150号),同意内蒙古能建集团联合苏里格公司共同发起设立内蒙古能源建设投资股份公司,及时召开创立大会,办理工商登记手续。

(3)2016年5月30日,股份公司全体发起人内蒙古能建集团及苏里格公司召开公司创立大会暨2016年度第一次临时股东大会,审议并通过设立股份公司的相关决议。

(4)2016年5月31日,股份公司在呼和浩特市工商局办理了注册登记并领取了统一社会信用代码为91150100MA0MX9APX9的《营业执照》。

2.公司依法有效存续

(1)公司现持有呼和浩特市工商局于2016年5月31日颁发的《营业执照》(统一社会信用代码为91150100MA0MX9APX9)。依据该执照记载,公司住所为内蒙古自治区呼和浩特市赛罕区鄂尔多斯东街二十九中西巷港湾大厦,注册资本为210,000万元,法定代表人为鲁当柱,营业期限自2016年3月24日至长期,经营范围为"水利工程、电力工程、送变电工程、矿山、水务、公路、铁路、港口与航道、机场、房屋、市政、城市轨道、环境基础设备工程施工;水电、火电、风电、太阳能发电的建设和运营;项目规划、咨询、招标代理;工程勘察与设计;施工总承包及专业承包;工程总承包;工程项目管理;工程监理(以上项目凭资质证书经营);电站启动调试与检修、技术咨询、开发、服务;电力行业发展规划研究;机械、电子设备(不含卫星、电视、广播地面接收设施)的制造、销售、租赁;电力专业技术研发、推广、服务;电力设备的销售;建筑材料的生产、销售;经商务部门备案的进出口业务;房地产开发与经营(凭资质证书经营)(依法须经批准的项目,经相关部门批准后方可开展经营活动)"。

(2)根据《公司章程》,公司为永久存续的股份有限公司。

(3)公司目前在"全国企业信用信息公示系统"的登记状态为"存续"。根据公司书面确认及本所适当核查,截至本法律意见书出具之日,公司依法有效存续,不存在中国法律法规和《公司章程》规定的可能导致其营业终止的情形。

综上,本所认为:

1. 公司依法设立并有效存续，不存在中国法律法规和《公司章程》规定的可能导致其营业终止的情形。

2. 公司具备申请本次发行并上市的主体资格。

三、本次发行并上市的实质条件

1. 本次发行并上市的类别

公司本次发行并上市为股份公司申请境外公开发行股票并上市。

2. 本次发行并上市的条件

(1)公司为依法设立的股份公司，发起人共2家公司，发起人的住所均位于中国境内。公司的设立方式、发起人人数和发起人住所符合《公司法》第七十六条第(一)项、第七十八条的规定。

(2)根据公司现行有效的《营业执照》及《公司章程》，公司注册资本为210,000万元。根据2016年7月10日内蒙古新广为出具的《验资报告》(内新广为验字[2016]第3号)，截至2016年7月10日，公司发起人内蒙古能建集团缴足注册资本2,089,500,000.00元，苏里格公司缴足注册资本10,500,000.00元，公司的发起人均已全额缴足公司的注册资本。公司发起人认购的股份均已缴足，符合《公司法》第八十条的规定。

(3)公司设立了股东大会、董事会和监事会，具有规范、健全及运行良好的法人治理结构和组织机构、较完善的内部管理制度，有稳定的高级管理层，符合《证券法》第十三条第一款第(一)项的规定。

(4)根据2016年4月26日内蒙古新广为出具的《内蒙古科宜能源建设有限责任公司进行股份制改造审计报告》(内新广为审字[2016]第33号)、公司提供的未经审计的财务报表和发行人的书面确认，发行人在报告期内持续营利，财务状况良好，符合《证券法》第十三条第一款第(二)项的规定。

(5)根据上述内新广为审字[2016]第33号审计报告、公司提供的未经审计的财务报表和发行人的书面确认，发行人最近三年财务会计文件无虚假记载，亦无其他重大违法违规行为，符合《证券法》第十三条第一款第(三)项的规定。

(6)公司于2016年7月9日召开了2016年第二次临时股东大会，审议通过了本次发行并上市后适用的《内蒙古能源建设投资股份有限公司章程》(H股章程)(以下简称“《公司章程》(上市适用草案)”)，该《公司章程》(上市适用草案)已载明《必备条款》及《补充修改意见》所要求的内容，符合《特别规定》第十三条的规定。

(7)2016年7月9日，公司召开第一届董事会第二次会议，审议并通过根据《关于加强在境外发行证券与上市相关保密和档案管理工作的规定》(中国证券监督管理委员会、国家保密局、国家档案局公告[2009]29号)等中国法律法规要求所制定的《档案管理规定》、《保密管理规定》，符合上述规定对企业境外上市的相关要求。

综上，本所认为：公司具备中国法律法规规定的本次发行并上市的实质条件。

四、公司的设立

1. 股份公司的设立过程

股份公司设立前的历史沿革及股本演变情况详见本法律意见书“七、公司的历史沿革及股本演变”中“内蒙古能建有限的设立及历次股权变动”的具体情况。根据公司提供的资料及本所适当核查，设立股份公司已履行以下程序：

(1)2016年4月26日，内蒙古新广为会计师事务所有限责任公司(以下简称“内蒙古新广为”)出具了《内蒙古科宜能源建设有限责任公司进行股份制改造审计报告》(内新广为审字[2016]第33号)。根据该审计报告，内蒙古科宜能源建设有限责任公司(以下简称“内蒙古能建有限”)的模拟财务报表公允地反映了内蒙古能建有限及其子公司2015年12月31日合并财务状况以及2015年度合并的经营成果。

(2)2016年5月6日，北京中企华资产评估有限责任公司(以下简称“中企华”)出具《内蒙古科宜能源建设有限责任公司拟股份制改造项目评估报告》(中企华评报字(2016)第1116号)。根据该评估报告，以2015年12月31日为评估基准日，内蒙古能建有限的净资产账面值为315,027.94万元，净资产评估值为349,694.96万元。该评估报告已于2016年5月30日经内蒙古国资委备案（备案编号：备NGC20160017）。

（3）2016年5月10日，内蒙古能建有限股东会作出决议，同意由其全体股东（即内蒙古能建集团、苏里格公司，分别对内蒙古能建有限持股99.5%、0.5%）作为共同发起人，将内蒙古能建有限整体变更为股份公司。

（4）2016年5月10日，内蒙古能建有限全体股东作为股份公司发起人签署了《内蒙古能源建设投资股份有限公司发起人协议》，确定了股份公司的经营范围、设立方式、组织形式、注册资本、发起人的权利义务等主要事项。根据上述《内蒙古能源建设投资股份有限公司发起人协议》，内蒙古能建有限以经内蒙古新广为审计的截至2015年12月31日的母公司账面净资产3,150,279,449.41元为基础，按约1:0.6666比例折合股份公司股本，共计2,100,000,000股，每股面值1元人民币，折股后剩余金额1,050,279,449.41元计入股份公司的资本公积金，即股份公司的注册资本为人民币2,100,000,000.00元，公司股份总额为2,100,000,000股。内蒙古能建集团以其拥有的内蒙古能建有限经审计的净资产额折合并认购发起人股2,089,500,000股，占股份公司股份总数的99.5%。苏里格公司以其拥有的内蒙古能建有限经审计的净资产额折合并认购发起人股10,500,000股，占股份公司股份总数的0.5%。发起人的出资情况如下：

发起人名称	认购股数（股）	出资额（元）	持股比例
内蒙古能建集团	2,089,500,000	2,089,500,000	99.50%
苏里格公司	10,500,000	10,500,000	0.50%
合计	2,100,000,000	2,100,000,000	100%

（5）2016年5月30日，内蒙古能建有限职工代表大会作出决议，同意内蒙古能建有限整体变更为股份公司。

（6）2016年5月30日，内蒙古国资委作出了《关于内蒙古能源建设投资股份有限公司国有股权管理方案有关事宜的批复》（内国资产权字［2016］149号），根据该批复，内蒙古能建股份总股本为210,000.00万股，其中，内蒙古能建集团（国有股东）持有208,950.00万股，占内蒙古能建股份总股本的99.5%；苏里格公司（国有股东）持有1,050.00万股，占内蒙古能建股份总股本的0.5%。若内蒙古能建股份发行股票并上市，上述国有股东在证券登记结算公司登记的证券账户应标注“SS”（国有股东）标识。

（7）2016年5月30日，内蒙古国资委作出《关于设立内蒙古能源建设投资股份有限公司的批复》（内国资企改字［2016］150号），同意内蒙古能建集团联合苏里格公司共同发起设立内蒙古能源建设投资股份公司，及时召开创立大会，办理工商登记手续。

（8）根据公司提供的资料和书面确认，及本所律师的适当核查，重组文件（定义请见本法律意见书“七、公司的历史沿革及股本演变”中的“内蒙古能建有限的设立及历次股权变动”）涉及的26家公司的股权均已经由内蒙古能建集团划转至内蒙古能建股份名下且已办理完毕工商变更手续，内蒙古能建集团已经按照重组文件将其本部相关资产及债务划入公司。

2. 创立大会

根据公司提供的资料及本所适当核查：

（1）2016年5月30日，公司全体发起人召开公司创立大会暨2016年度第一次临时股东大会。发起人、发起人的授权代表出席了会议，代表公司总股份的100%。出席创立大会的发起人、发起人代表及所代表的股份数符合中国法律法规的规定。

（2）创立大会审议并通过了《关于内蒙古能源建设投资股份有限公司筹建工作报告的议案》、《关于以整体变更方式设立内蒙古能源建设投资股份有限公司的议案》、《关于内蒙古能源建设投资股份有限公司折股方案的议案》、《关于内蒙古能源建设投资股份有限公司设立费用情况的报告的议案》、《关于〈内蒙古能源建设投资股份有限公司章程（草案）〉、〈内蒙古能源建设投资股份有限公司股东大会议事规则〉、〈内蒙古能源建设投资股份有限公司董事会议事规则〉和〈内蒙古能源建设投资股份有限公司监事会议事规则〉的议案》、《关于选举内蒙古能源建设投资股份有限公司第一届董事会成员的议案》、《关于选举内蒙古能源建设投资股份有限公司第一届监事会股东代表监事的议案》、《关于授权内蒙古能源建设投资股份有限公司董事会办理股份公司设立相关事宜的议案》等议案，选举产生了第一届董事会董事和第一届监事会股东代表监事。

3. 工商登记

(1)2016 年 5 月 31 日，呼和浩特市工商局核发了《企业名称变更核准通知书》((蒙呼)名称变核内字[2016]第 1601062061 号)，核准股份公司的名称为"内蒙古能源建设投资股份有限公司"。

(2)2016 年 5 月 31 日，呼和浩特市工商局核准股份公司登记设立并向股份公司颁发了统一社会信用代码为 91150100MA0MX9APX9 的《营业执照》。

4. 验资报告

根据 2016 年 7 月 10 日内蒙古新广为出具的《验资报告》(内新广为验字[2016]第 3 号)，截至 2016 年 7 月 10 日，公司发起人内蒙古能建集团缴足注册资本 2,089,500,000.00 元，苏里格公司缴足注册资本 10,500,000.00 元，公司的发起人均已全额缴足公司的注册资本。

综上，本所认为：

1. 公司从有限责任公司整体变更为股份公司的程序、条件、方式等符合当时法律、法规及规范性文件的有关规定。

2. 公司的国有股权管理方案及设立已获得内蒙古国资委的批复，符合国有资产管理的有关规定。

3. 公司创立大会的程序及所审议事项符合中国法律法规的规定。

4. 公司已取得为公司设立而须取得的全部有权部门的适当批准，设立程序符合中国法律法规的规定。

5. 公司发起人认购的股份已经缴足，发起人用作出资的财产权转移手续已经办理完毕。

6. 公司依法有效设立，能依法独立行使民事权利及承担相应民事责任。

五、公司的发起人和股东

(一)公司的发起人为内蒙古能建集团、苏里格公司，公司自设立至今未发生股本结构变化。公司各发起人(股东)的具体情况如下：

1. 内蒙古能建集团

(1)截至本法律意见书出具之日，内蒙古能建集团持有公司 99.50% 的股份。

(2)内蒙古能建集团成立于 2014 年 3 月 28 日，目前持有内蒙古自治区工商局于 2016 年 3 月 10 日颁发的统一社会信用代码为 911500000957889956 的《营业执照》。依据该执照记载，公司名称为内蒙古能源建设投资(集团)有限公司，住所为内蒙古自治区呼和浩特市赛罕区鄂尔多斯东街二十九中西巷港湾大厦(9、10、11、12、24 层)，法定代表人为鲁当柱，公司类型为有限责任公司(国有独资)，注册资本为 489,000 万元，营业期限自 2014 年 3 月 28 日至 2064 年 3 月 27 日，经营范围为"水电、火电、核电、风电及太阳能发电等新能源及送变电和水利、水务、矿山、公路、铁路、港口与航道、机场、房屋、市政、城市轨道、环境、冶炼、石油化工基础设施项目的投资、项目规划、咨询、招标代理、建设；工程勘察与设计；施工总承包及专业承包；工程总承包；工程项目管理；工程监理；电站启动调试与检修，技术咨询、开发、服务；进出口业务；电力行业发展规划研究；机械、电子设备的制造、销售、租赁，电力专有技术开发与产品销售，建筑材料的生产、销售；房地产开发与经营；实业投资(依法须经批准的项目，经相关部门批准后方可开展经营活动)"。

(3)根据内蒙古能建集团提供的公司章程及工商档案，内蒙古国资委持有内蒙古能建集团 100% 的股权。

(4)内蒙古能建集团目前在"全国企业信用信息公示系统"的登记状态为"存续"。根据公司的确认及本所适当核查，截至本法律意见书出具之日，内蒙古能建集团系有效存续的有限责任公司，不存在可能终止其法人资格的情形。

2. 苏里格公司

(1)截至本法律意见书出具之日，苏里格公司持有公司 0.50% 的股份。

(2)苏里格公司成立于 2005 年 4 月 15 日，目前持有内蒙古乌审旗工商局于 2015 年 11 月 27 日颁发的统一社会信用代码为 91150626764451282A 的《营业执照》。依据该执照记载，企业名称为苏里格燃气发电有限责任公司，住所为内蒙古自治区鄂尔多斯市乌审旗嘎鲁图镇西 6 公里处，法定代表人为王称心，公司类型为有限责任公司(法人独资)，注册资本为26,510万元,营业期限为2005年4月15日至2025年4月14日,经营范围为“天然气发电(许可证有效期至2029年3月16日)。热力生产和供应。(依法须经批准的项目,经相关部门批准后方可开展经营活动)”。

(3)根据苏里格公司提供的公司章程及工商档案,内蒙古能建集团持有苏里格公司100%的股权。

(4)苏里格公司目前在“全国企业信用信息公示系统”的登记状态为“存续”。根据公司的确认及本所适当核查,截至本法律意见书出具之日,苏里格公司系有效存续的有限责任公司,不存在可能终止其法人资格的情形。

(二)发行人的实际控制人

截至本法律意见书出具之日,内蒙古国资委通过内蒙古能建集团、苏里格公司实际控制公司100%股份。

基于上述,本所认为,内蒙古国资委为发行人的实际控制人。

(三)本次发行并上市前已持有公司股份的全部股东(即内蒙古能建集团和苏里格公司)已分别作出专项承诺并签署书面承诺函,承诺自公司股票在境外交易所上市交易之日起1年内不转让所持股份。

(四)按照《非上市公众公司监管指引第4号——股东人数超过200人的未上市股份有限公司申请行政许可有关问题的审核指引》(证监会公告[2013]54号)计算,公司、公司的控股股东、及公司重要控股子公司(即报告期内,营业收入、净利润或者资产总额达到合并报表数额50%以上的控股子公司,以及其他目前或未来对集团整体的经营、财务状况有重要影响的控股子公司)的股东人数均未超200人。

综上,本所认为:

1. 公司各发起人均具有中国法律法规规定的担任公司发起人的资格。

2. 公司发起人的人数、住所符合中国法律法规的要求。

3. 公司系由原内蒙古能建有限整体变更设立,各发起人投入公司的资产即为原内蒙古能建有限的全部资产,该等出资资产产权关系清晰。

4. 公司实际控制人为内蒙古国资委。

六、公司的独立性

1. 业务

(1)根据公司的说明并经本所适当核查,公司的主营业务为勘测设计及咨询业务、工程建设、商品贸易、能源投资和运营及其他业务。公司采用母子公司的组织结构,以控股模式经营,具体业务情况及对应的业务资质详见本法律意见书“八、公司的业务”。

(2)经公司书面确认并经本所适当核查,公司及其控股子公司拥有经营所必须的、独立完整的业务经营管理系统,具有独立经营其业务的能力。

2. 资产

(1)公司的资产与其股东及其他关连方资产界限清晰,不存在混同的情形。

(2)根据公司的书面确认,公司及其控股子公司不存在资金被公司股东及其下属企业以借款、代偿债务、代垫款项或者其他方式占用的情形。

(3)公司部分控股子公司为经营需要向金融机构融资,公司的股东内蒙古能建集团作为担保人为前述融资合同提供担保,该等情形为企业的正常经营安排,不存在损害公司利益的情形(详见本法律意见书“十二、公司的重大债权债务”)。根据公司的书面说明,未来将逐步由公司为该等控股子公司的贷款合同提供担保。

(4)公司及其控股子公司合法拥有与业务经营有关的生产系统、业务系统和配套设施及其与生产经营有关的主要土地、房产、机器设备以及商标、专利的所有权或者使用权。

3. 人员

(1)经公司书面确认及本所适当核查,公司目前实行劳动合同制,依国家或地方相关法律、法规等制定了独立的人事管理制度,有关劳动、人事、工资管理等诸方面均独立其股东及其控制的其他企业。

(2)经公司书面确认及本所适当核查,公司董事、监事、高级管理人员任职符合《公司法》及《公司章程》关于董事、监事、高级管理人员任职条件的规定;公司的高级管理人员未在公司股东及其控制的其他企业中担任除董事、监事以外的其他职务,未在股东及其控制的其他企业处领取薪金；公司的财务人员未在公司股东及其控制的其他企业中兼职。

4. 机构

（1）根据中国法律法规和《公司章程》的规定，公司建立了股东大会、董事会和监事会，设置办公室、发展规划部、运营管理部、安全质量监督部、财务资产部、人力资源部、企业管理部、审计部、金融证券办公室、企业文化部、监察部等独立完整的管理职能部门。

（2）经公司书面确认及本所适当核查，公司的机构与公司股东的机构互相独立，不存在机构混同、混合经营的情形。

5. 财务

（1）经公司书面确认及本所适当核查，公司设有独立财务部门及专门的财务人员从事公司的财务管理工作。公司已建立独立的财务核算体系，设置了独立的会计账簿，独立作出财务决策。

（2）公司及其控股子公司均已依法办理了税务登记手续（详见本法律意见书"十七、公司的税务"）。

（3）经公司书面确认及本所适当核查，公司开立了独立的银行账户，不存在与股东或其他第三方共用银行账户的情形。

（4）根据公司书面确认，公司不存在资金被股东及其控制的其他企业非经营性占用的情形。

综上，本所认为：

1. 公司在业务、资产、人员、机构及财务上独立于其股东及其它第三方。

2. 公司具有独立面向市场自主经营的能力。

七、公司的历史沿革及股本演变

内蒙古能建股份的前身为内蒙古能建有限（即"内蒙古科宜能源建设有限责任公司"）。

（一）内蒙古能建有限的设立及历次股权变动

2016年1月27日，内蒙古国资委向内蒙古能建集团下发了《关于内蒙古能源建设投资（集团）有限公司整体上市的答复意见》（内国资产权字［2016］34号），内蒙古国资委收悉内蒙古能建集团《关于整体改制上市的请示》（内能建投［2016］3号），经研究，内蒙古国资委同意内蒙古能建集团启动推进整体上市工作，根据上述意见：

1. 2016年3月，内蒙古能建有限设立

（1）2016年3月1日，呼和浩特市工商局作出《企业名称预先核准通知书》（（蒙呼）内名预核［2016］第1600210008号），核准内蒙古能建有限的名称为"内蒙古科宜能源建设有限责任公司"。

（2）2016年3月24日，呼和浩特市工商局核准内蒙古能建有限登记设立并向其颁发了统一社会信用代码为91150100MA0MX9APX9《营业执照》。根据该营业执照及内蒙古能建有限公司章程，内蒙古能建有限的公司类型为有限责任公司（法人独资），住所为内蒙古自治区呼和浩特市赛罕区鄂尔多斯东街二十九中西巷港湾大厦，法定代表人为鲁当柱，注册资本为人民币五亿元，实际缴纳的出资为0元，注册资本的缴纳期限至2036年12月31日，营业期限自2016年3月24日至长期，经营范围为"水利工程、电力工程、送变电工程、矿山、水务、公路、铁路、港口与航道、机场、房屋、市政、城市轨道、环境基础设备工程施工；水电、火电、风电、太阳能发电的建设和运营；项目规划、咨询、招标代理；工程勘察与设计；施工总承包及专业承包；工程总承包；工程项目管理；工程监理（以上项目凭资质证书经营）；电站启动调试与检修、技术咨询、开发、服务；电力行业发展规划研究；机械、电子设备（不含卫星、电视、广播地面接收设施）的制造、销售、租赁；电力专业技术研发、推广、服务；电力设备的销售；建筑材料的生产、销售；经商务部门备案的进出口业务；房地产开发与经营（凭资质证书经营）。（依法须经批准的项目，经相关部门批准后方可开展经营活动）"。内蒙古能建有限设立时的股权结构如下：

股东名称	认缴出资额（元）	持股比例
内蒙古能建集团	500,000,000	100%
合计	500,000,000	100%

2. 2016年4月，重组及国有股权无偿划转

2016年4月25日，内蒙古能建集团与内蒙古能建有限签署了重组协议及国有股权无偿划转协议（以下统称"重组文件"）。根据重组文

件,内蒙古能建集团将其持有 26 家二级子公司的相关股权无偿划转至内蒙古能建有限,将部分不适宜纳入上市范围的下属企业、部门(包括相关账务处理)及部分土地房产、资产、在建工程、相关盘亏及报废的资产等无偿划转至内蒙古能建集团,内蒙古能建集团将其本部相关资产及债务无偿划转给内蒙古能建有限,并就相关重组事项进行了约定。内蒙古能建集团以董事会决议的形式通过了上述事宜,并抄报内蒙古国资委;内蒙古能建集团作为内蒙古能建有限的唯一股东,以内蒙古能建有限股东决定的形式通过了上述事宜。

上述 26 家二级子公司分别为:

序号	公司名称
1	内蒙古电力勘测设计院有限责任公司
2	内蒙古送变电有限责任公司
3	内蒙古第一电力建设工程有限责任公司
4	内蒙古第三电力建设工程有限责任公司
5	内蒙古能建物产有限公司
6	内蒙古能建物业服务有限公司
7	内蒙古电力建设(集团)有限公司
8	内蒙古能建工程设计咨询有限公司
9	内蒙古能建国际工程建设投资有限公司
10	内蒙古能建英利新能源装备制造有限公司
11	内蒙古能建爱能森光热发电设备制造有限公司
12	苏尼特左旗同创新能源有限公司
13	乌拉特后旗益达新能源有限责任公司
14	杭锦旗同阳新能源有限责任公司
15	察右中旗同阳新能源有限责任公司
16	兴和县同阳新能源有限责任公司
17	阿拉善盟同阳新能源有限责任公司
18	内蒙古乌兰察布科宏发电有限公司
19	内蒙古乌拉特科荣发电有限公司
20	内蒙古兴和德益发电有限公司
21	磴口县同阳新能源有限公司
22	鄂托克前旗同阳新能源有限责任公司

续表

序号	公司名称
23	卓资县同阳新能源有限责任公司
24	商都县同阳新能源有限责任公司
25	内蒙古能建中科蓝天光热发电有限公司
26	内蒙古乌拉特科畅发电有限公司

3. 2016 年 5 月,股权无偿划转

(1)2016 年 5 月 8 日,内蒙古能建有限以董事会决议以及股东会决议的形式,同意苏里格公司无偿受让内蒙古能建集团持有的内蒙古能建有限 0.5% 股权。

(2)2016 年 5 月 8 日,内蒙古能建集团与苏里格公司签署了《国有股权无偿划转协议》,内蒙古能建集团将其持有的内蒙古能建有限 0.5% 的股权无偿划转至苏里格公司。

本次股权无偿划转完成后,内蒙古能建有限的股权结构如下:

股东名称	认缴出资额(元)	持股比例
内蒙古能建集团	497,500,000	99.50%
苏里格公司	2,500,000	0.50%
合计	500,000,000	100%

内蒙古能建有限就上述股权变更涉及的相关事项向呼和浩特市工商局提出了工商变更申请,呼和浩特市工商局相应进行了工商变更登记,并于 2016 年 5 月 30 日向内蒙古能建有限换发了统一社会信用代码为 91150100MA0MX9APX9 的《营业执照》。

(二)股份公司设立

如本法律意见书"四、公司的设立"中所述,内蒙古能建有限整体变更设立股份公司已经履行了必要的法律程序,取得了有权部门的适当批准,设立程序符合中国法律法规的规定。

根据公司的说明并经本所适当核查,股份公司设立后,截至本法律意见书出具之日,公司股本未发生变动。

(三)股份质押

根据公司提供的资料及本所适当核查,公司股东所持公司的股份不存在设置质押或任何其他第三方权益的情况。

(四)国有股权管理和国有股减持

2016年5月30日,内蒙古国资委作出了《关于内蒙古能源建设投资股份有限公司国有股权管理方案有关事宜的批复》(内国资产权字[2016]149号)。2016年8月2日,国务院国资委作出《关于内蒙古能源建设投资股份有限公司国有股转持有关问题的批复》(国资产权[2016]837号)。上述批复的具体内容请见本法律意见书"一、本次发行并上市的授权和批准"。

综上,本所认为:

1. 公司系由原内蒙古能建有限全体股东作为共同发起人在内蒙古能建有限的基础上整体变更设立的股份公司,股份公司设立时的股权设置、股本结构合法有效,产权界定和确认不存在纠纷及风险。

2. 发行人的发起人内蒙古能建集团与苏里格公司,均为依法设立、有效存续的法人,具有中国法律法规规定担任发起人的资格。

3. 公司历史上的历次股权变动已经履行了相应内部程序并获得相关主管部门的批准。

4. 公司股东所持公司股份不存在设置质押或任何其他第三方权益的情况。

八、公司的业务

1. 根据公司的确认并经本所适当核查,公司的主营业务为勘测设计及咨询业务、工程建设、商品贸易、能源投资和运营及其他业务。公司采用母子公司的组织结构,以控股模式经营,上述具体业务通过公司的下属子公司开展(详情参见本法律意见书"十一、公司的重大股权投资")。

2. 根据公司提供的资料及本所适当核查,公司(在本节中,公司指发行人自身及发行人的控股子公司)各业务基本情况如下:

(1)勘测设计及咨询业务:主要为国内外大型发电项目及电网项目提供勘测设计服务。此外,公司亦提供广泛的咨询服务,包括电力行业政策咨询、评估及监理等服务。公司主要通过其控股子公司内蒙古能建工程设计咨询有限公司、内蒙古电力勘测设计院有限责任公司及其下属子公司开展此项业务。

(2)工程建设业务:主要承接国内外电网及电源建设项目、工业与民用建筑以及其他基础设施建设项目。公司主要通过其控股子公司内蒙古送变电有限责任公司、内蒙古第一电力建设工程有限责任公司、内蒙古第三电力建设工程有限责任公司、内蒙古能建国际工程建设投资有限公司开展此项业务。

(3)商品贸易业务:公司从事商品贸易业务,包括石油、煤炭、金属材料、化工原料的购销、储存及运输。公司主要通过其控股子公司内蒙古能建物产有限公司及其下属相关子公司开展此项业务。

(4)能源投资和运营及其他业务:公司投资及经营多类能源项目,并向能源项目提供检修、维护服务,以及从事电力装备制造业务。公司主要通过内蒙古恒润新能源有限责任公司、内蒙古第一电力建设工程有限责任公司、内蒙古恒鑫铁塔有限责任公司等子公司开展上述业务。

3. 公司的经营范围已经获得公司登记机关核准登记,公司控股子公司已取得在中国境内从事其主营业务所须的主要资质和许可,详见附表一:《内蒙古能源建设投资股份有限公司控股子公司主要业务资质一览表》,其中,根据本所律师于2016年8月8日对呼和浩特市建筑劳动安全监督站(以下简称"呼市安监站")的访谈,呼市安监站负责人确认:内蒙古能建国际工程建设投资有限公司(以下简称"能建国际工程")已经根据《安全生产许可证条例》向呼市安监站申请办理安全生产许可证并提交了申请材料,根据《内蒙古自治区住房和城乡建设厅关于全区建筑施工企业主要负责人项目负责人和专职安全生产管理人员安全生产考核管理工作的通知》(内建建[2016]221号),企业申请安全生产许可证需由企业主要负责人、建筑施工企业项目负责人、专职安全生产管理人员参加内建建[2016]221号文所要求的考核,目前该考核系统正在建设、升级过程中,相关人员无法参加上述考核并取得合格证,因此主管部门暂无法向能建国际工程核发安全生产许可证;能建国际工程申请办理安全生产许可证不存在实质性障碍,预计在2016年年底之前完成安全生产许可证的办理。

4. 根据公司的书面说明、公司提供的未经审计的财务报表及德勤出具的审计结果,公司的收入和利润主要来自其主营业务。根据公司的书面确认并经本所适当核查,公司在报告期内具有连续性,主营业务未发生过变更。

5. 根据公司的书面确认并经本所适当核查,公司不存在持续经营的重大法律障碍。

6. 根据公司的书面确认并经本所适当核查,根据中华人民共和国商务部和中华人民共和国国家发展与改革委员会发布并于2015年4月10日施行的《外商投资产业指导目录》(以下简称"《外商投资产业指导目录》(2015年修订)")规定,小电网范围内,单机容量30万千瓦及以下燃煤凝汽火电站、单机容量10万千瓦及以下燃煤凝汽抽汽两用机组热电联产电站的建设、经营属于限制外商投资产业类别;大电网范围内,单机容量30万千瓦以下燃煤凝汽火电站、单机容量20万千瓦及以下燃煤凝汽抽汽两用热电联产电站的建设、经营属于禁止外商投资产业类别。公司及其控股子公司现有业务范围内拟开展的火电业务不涉及上述外商投资限制或禁止类项目的建设或运营。公司及其控股子公司业务范围不涉及国家禁止或限制外商投资的领域。本次发行并上市前后,公司及其控股子公司的业务范围持续符合《外商投资产业指导目录》(2015年修订)等有关外资准入政策。

7. 根据公司现持有的呼和浩特市工商局于2016年5月31日核发的统一社会信用代码为91150100MA0MX9APX9的《营业执照》,公司的经营范围中包括"房地产开发与经营"。包头市华建房地产开发有限责任公司(以下简称"华建房地产")系公司控股子公司中唯一一家以房地产开发经营业务为主营业务的公司。根据华建房地产现持有的包头市青山区市场监督管理局于2015年12月10日核发的统一社会信用代码为91150204114400096F的《营业执照》,华建房地产的经营范围为:房地产经营;建材、装潢材料、水暖器材、电工器材、钢材、木材的销售。根据公司的书面确认以及德勤的审计结果,华建房地产2013年、2014年及2015年营业收入占公司营业收入比例分别约为0%、1%、1%,均未能达到公司营业收入的50%;此外,华建房地产作为公司的子公司,其营业收入和利润亦非公司全部业务中最高,未能达到公司总收入或总利润的30%

8. 根据公司的书面确认并经本所适当核查,公司及其控股子公司的业务均不涉及产能过剩行业,不存在违反《国务院关于化解产能严重过剩矛盾的指导意见》(国发[2013]41号)、《国务院办公厅关于金融支持经济结构调整和转型升级的指导意见》(国办发〔2013〕67号)、《关于进一步做好金融服务支持重点产业调整振兴和抑制部分行业产能过剩的指导意见》(银发[2009]386号)等法律、法规及规范性文件的规定而受到重大行政处罚,或正在被立案调查的情形。

综上,本所认为:

1. 公司从事的主要业务的经营范围、经营方式符合有关法律、法规和规范性文件的规定。

2. 公司控股子公司已取得了其主要业务经营所必须的主要许可、资格、资质、授权以及批准。

3. 公司的主营业务突出,自设立以来主营业务未发生过变更,不存在持续经营的重大法律障碍。

九、关连交易及同业竞争

1. 关连交易

本法律意见书系为公司本次发行并上市所涉及的中国法律问题而出具,有关关连方的界定及关连交易的调查结果,均由公司香港律师按照《香港上市规则》规定加以判断和认定。

2. 公司制定的关连交易公允决策程序

公司本次发行并上市后适用的《公司章程》(上市适用草案)中对关连交易决策程序的规定如下:第一百零六条、第一百一十四条:董事会作出关于公司关联交易的决议时,必须由独立非执行董事签字后方能生效。

2016年7月9日,公司第一届董事会第二次会议决议通过了《关连交易管理规定》,自公司本次发行并上市之日起实施。该《关连交易管理规定》对如下事项进行规定:关连人士及关连交易的认定、关连交易的管理、关连人士的报备、关连交易的决策、持续性关连交易的特别规定、关连交易的披露、责任追究均进行了披露。

3. 同业竞争

本法律意见书系为公司本次发行并上市所涉及的中国法律问题而出具,有关同业竞争的界定及同业竞争的调查结果,均由公司香港律师按照《香港上市规则》规定加以判断和认定。

综上,本所认为:

1. 公司关连交易适用《香港上市规则》。根据公司书面确认、公司香港律师按照《香港上市规则》对"关连方"的界定以及"关连交易"的调查结果,公司所涉及的关连交易情况具体请见《招股说明书》"关连交易"章节的披露。

2. 公司通过《公司章程》(上市适用草案)、《关连交易管理规定》规定了关连交易公允决策的程序,该等规定合法有效。

3. 正在履行的关连交易协议内容不违反中国法律之规定,对协议双方有拘束力并可强制执行;公司拟签署的关连交易协议内容不违反中国法律之规定,协议签署后,对协议双方均有拘束力并可强制执行;

4. 公司同业竞争适用《香港上市规则》。根据公司书面确认、公司香港律师的调查结果,同业竞争情况具体请见《招股说明书》"与控股股东的关系"章节的披露。

十、公司的主要财产

根据公司提供的资料,公司(在本节中,公司指发行人自身及发行人的控股子公司)拥有及使用的主要资产包括:

1. 公司拥有的控股子公司股权

公司控股子公司的情况详见本法律意见书"十一、公司的重大股权投资"。

2. 公司拥有的土地使用权

根据公司提供的资料以及书面确认,并经本所适当核查,截至本法律意见书出具之日,公司拥有的土地使用权共 9 宗,总面积为 825,155.11 平方米,详见附表二:《内蒙古能源建设投资股份有限公司及其控股子公司拥有的土地使用权一览表》,均为公司自有的生产经营用地。该等土地使用权中,用地手续完善的土地使用权共 8 宗,均为出让或作价入股性质,总面积为 222,663.11 平方米;尚待完善用地手续的土地使用权共 1 宗,总面积为 602,492.00 平方米,该宗地(以下简称" 旗下营宗地")的具体情况如下:

(1)根据 2015 年 6 月 18 日由内蒙古自治区乌兰察布市卓资县国土资源局(以下简称"卓资县国土局")与内蒙古旗下营和益发电有限公司签署的《国有建设用地使用权出让合同》,合同涉及宗地(以下简称"旗下营宗地")面积为 602,492 平方米,出让价款为 36,752,000 元,截至本法律意见书出具之日,内蒙古旗下营和益发电有限公司足额缴纳了上述出让价款,目前旗下营宗地的国有土地使用证正在办理的过程中。根据卓资县国土局 2016 年 7 月 21 日出具的《确认函》,内蒙古旗下营和益发电有限公司就旗下营宗地办理国有土地使用证不存在实质性障碍。

(2)根据 2016 年 7 月 13 日由卓资县国土局出具的《证明》,内蒙古旗下营和益发电有限公司自其设立之日起至该证明出具之日,遵守土地使用权取得与开发利用的相关法律法规,其生产经营活动符合国家和地方有关土地取得与开发利用的规定,旗下营宗地不属于闲置土地。

根据公司提供的资料以及书面确认,并经本所适当核查,截至本法律意见书出具之日,上述土地使用权均不存在抵押、查封或其他权利受限制的情况。

3. 公司拥有的房屋

根据公司提供的资料以及书面确认,并经本所适当核查,截至本法律意见书出具之日,公司拥有的生产经营用房共计 6 处(栋),建筑面积合计为 27,753.68 平方米,详见附表三:《内蒙古能源建设投资股份有限公司及其控股子公司拥有的房屋一览表》。上述房屋中,3 处(栋)房屋已取得登记在公司名下的《房屋所有权证》,总建筑面积为 4,917.84 平方米;尚待完善权属证明手续的房屋共 3 处(栋),总建筑面积为 22,835.84 平方米,均为内蒙古恒鑫铁塔有限责任公司在其合法拥有使用权的土地上自建,公司建设该房屋已取得《建设用地规划许可证》、《建设工程规划许可证》以及《建筑工程施工许可证》,已办理完成竣工验收备案手续,正在办理《房屋所有权证》的过程中。

根据公司提供的资料以及书面确认,并经本所适当核查,截至本法律意见书出具之日,公司拥有的房屋不存在抵押、查封或其他权利受到限制的情况。

4. 正在剥离过程中的物业

2016 年 4 月 25 日,内蒙古能建集团与内蒙古能建有限签署了重组协议及国有股权无偿划转协议(具体内容请见本法律意见书"七、公司的历史沿革及股本演变”,以下统称“重组文件”)。根据重组文件,内蒙古能建集团将其持有26家二级子公司的相关股权无偿划转至内蒙古能建有限,将部分不适宜纳入上市范围的下属企业、部门(包括相关账务处理)及部分土地房产、资产、在建工程、相关盘亏及报废的资产等无偿划转至内蒙古能建集团,内蒙古能建集团将其本部相关资产及债务无偿划转给内蒙古能建有限,并就相关重组事项进行了约定。根据上述协议,内蒙古能建集团下属子公司将其持有的部分不适宜纳入上市范围的土地房产剥离至内蒙古能建集团。

根据公司提供的书面确认,截至本法律意见书出具之日,尚在履行剥离手续的物业具体内容请见附表四:《正在剥离过程中的物业一览表》,公司目前正在推动上述物业的剥离进展。

5. 公司租赁使用的房屋

根据公司说明及确认,并经本所适当核查,截至本法律意见书出具之日,公司与内蒙古能建集团签订的房屋租赁合同共计4份,涉及21宗房屋,房屋建筑面积合计为54,207.11平方米。公司同第三方出租方签订的房屋租赁合同共计29份,涉及28宗房屋,房屋建筑面积合计为23,773平方米。公司租赁使用的房屋共计49宗,总面积为77,980.11平方米,具体情况详见附表五:《内蒙古能源建设投资股份有限公司及其下属子公司租赁物业一览表》。其中:

(1)公司自内蒙古能建集团租赁的3宗建筑面积合计为25,360.74平方米的房屋,以及自第三方出租房租赁的10宗建筑面积合计为2,472.65平方米的房屋,上述租赁房屋的建筑面积合计27,833.39平方米,其出租方已经取得该等房屋的《房屋所有权证》。

(2)公司自内蒙古能建集团租赁的18宗建筑面积合计为28,846.37平方米的房屋,以及自第三方出租房租赁的18宗建筑面积合计为21,340.35平方米的房屋,上述租赁房屋的建筑面积合计50,186.72平方米,其出租方未能提供该等房屋的《房屋所有权证》。

内蒙古能建集团作为出租方,就其向公司出租的18宗建筑面积合计为28,846.37平方米未能提供《房屋所有权证》的房屋,于2016年8月1日向公司做出承诺函。内蒙古能建集团作为出租方,在上述承诺函中承诺:出租方为该等租赁房屋的所有权人,有权以自身的名义将租赁房屋出租给承租方,该等房屋并不存在重大权属纠纷;出租方尚未取得租赁房屋的房屋所有权证不会影响其出租租赁房屋的权力,亦不会影响承租方对租赁房屋的使用。如承租方因出租方未取得租赁房屋所有权证之原因,在租赁期限内无法继续租用租赁房屋,或虽可继续使用但须额外支付其他费用,出租方将充分及时地赔偿承租方因此遭受的损失(包括支付上述“其他费用”)。出租方将尽快办理租赁房屋的所有权证。如取得相关房屋所有权证后上述租赁关系尚未终止,则出租方应及时向承租方提供该房屋所有权证的复印件。

内蒙古港湾房地产开发有限公司为出租方,就其向公司出租的建筑面积合计为16,799.74平方米未能提供《房屋所有权证》的房屋,于2016年8月1日向公司做出承诺函。内蒙古港湾房地产开发有限公司作为出租方,在上述承诺函中承诺:出租方为该等租赁房屋的所有权人,有权以自身的名义将租赁房屋出租给承租方,该等房屋并不存在重大权属纠纷;出租方尚未取得租赁房屋的房屋所有权证不会影响其出租租赁房屋的权力,亦不会影响承租方对租赁房屋的使用。出租方将尽快办理租赁房屋的所有权证。如取得相关房屋所有权证后上述租赁关系尚未终止,则出租方应及时向承租方提供该房屋所有权证的复印件。

6. 在建工程

根据发行人的书面说明及确认,截至本法律意见书出具之日,公司名下的在建工程为1处,项目名称为“内蒙古恒润新能源有限责任公司察右中旗大板梁风电场三、四期100WM风电项目”,具体情况如下:

(1)立项批复

乌兰察布市发展和改革委员会于2014年1月23日核发了《关于同意内蒙古恒润新能源有限责任公司察右中旗大板梁风电场三、四期100MW风电项目开展前期工作的通知》(乌发改能源字[2014]45号),同意内蒙古恒润新能源有限责任公司开展三四期100MW风电项目前期工作。乌兰察布市发展和改革委员会于2014年10月16日核发了《关于内蒙古恒润新能源有限责任公司察右中旗大板梁风电场三、四期100MW风电项目核准的批复》(乌发改能源字[2014]999号),项目总投资71,083万元,共用一期工程的场内升压站,接入蒙西电网。

(2)国有土地使用权

乌兰察布市国土资源局于2014年7月8日核发了《关于内蒙古恒润新能源有限责任公司察右中旗大板梁风电场三、四期100MW风电项目用地的预审意见》(乌国土资函字(2014)61号),项目符合国家和自治区产业政策,符合土地利用规划,同意通过预审。

2016年7月8日,内蒙古恒润新能源有限责任公司目前就大板梁风电场三四期工程项目用地取得了乌兰察布市拍卖中心有限责任公司颁发《国有土地使用权挂牌成交确认书》(中国土资告[2016]03号),以64元/平方米的价格取得面积为13,126平方米土地的国有建设用地使用权。截至本法律意见书出具之日,内蒙古恒润新能源有限责任公司正办理三四期项目国有建设用地使用权出让合同、建设用地规划许可证等用地审批手续。

根据本所律师于2016年7月15日对三四期项目国有建设用地所在地乌兰察布市察右中旗国土资源局的访谈,内蒙古恒润新能源有限责任公司对察右中旗大板梁风电场三、四期100MW风电项目用地使用权的权利有效;乌兰察布市察右中旗国土资源局在2014年对内蒙古恒润新能源有限责任公司作出的违法用地处罚①不属于重大处罚;内蒙古恒润新能源有限责任公司办理上述用地审批手续不存在实质性障碍,不会因未办理上述用地审批手续受到乌兰察布市察右中旗国土资源局的处罚。

(3)环保批复

2014年9月22日,内蒙古自治区环境保护厅出具了《内蒙古自治区环境保护厅关于内蒙古恒润新能源有限责任公司察右中旗大板梁风电场三、四期100MW工程环境影响报告书的批复》(内环审[2014]164号),同意内蒙古恒润新能源有限责任公司按照报告表中所列建设项目的性质、地点、规模和环境保护措施等进行建设。项目竣工后,内蒙古恒润新能源有限责任公司应按规定程序向环境保护厅申请项目竣工环境保护验收,验收合格后方可正式投入运行。

(4)建设许可相关文件

a)乌兰察布市维护稳定工作领导小组办公室于2014年5月8日出具了《关于对内蒙古恒润新能源有限责任公司察右中旗大板梁风电场三、四期100MW工程社会稳定风险评估备案的批复》(乌稳评备字[2014]17号),同意项目备案。

b)乌兰察布市水利局于2014年6月2日出具了《关于对内蒙古恒润新能源有限责任公司察右中旗大板梁风电场三、四期100MW风电项目水土保持方案报告书的批复》(乌水审[2014]10号),同意水土保持方案。

c)察右中旗国土资源局于2014年6月5日出具了《地质灾害危险性评估报告备案登记表》,同意项目备案。

d)内蒙古自治区国土资源厅于2014年7月15日出具了《关于内蒙古恒润新能源有限责任公司察右中旗大板梁风电场三、四期100MW风电工程拟选址用地范围内不压覆已查明重要矿产资源的函》(内国土资函[2014]457号),经核实,项目选址不压覆重要矿产资源。

e)乌兰察布市安全生产监督管理局于2014年9月1日出具了《内蒙古恒润新能源有限责任公司察右中旗大板梁风电场三、四期100MW风电项目设立安全评价报告备案的函》(乌安监管项目函[2014]71号),同意备案。

f)内蒙古电力建设工程质量监督中心站于2015年4月22日出具了《关于印发内蒙古恒润新能源有限责任公司大板梁风电场三、四期100MW工程商业运行前质量监督检查报告的通知》(内电质监[2015]23号),根据该报告,

---

① 乌兰察布市察右中旗国土资源局于2014年5月13日出具了《行政处罚决定书》(中国土资罚决字第[2014]广2号),对内蒙古恒润新能源有限责任公司未经批准擅自在察右中旗黄阳城镇杨家店、永胜村委会占用集体草地4,018平米,在宏盘乡四义和村委会占用集体草地1,172平方米,在土城子乡新义、天兴隆村委会占用集体草地2,422平方米,在向阳、西湾子村委会占用集体草地5,514平方米建察右中旗大板梁风电场三四期100MW风电项目的行为作出处罚,责令退还非法占用土地,没收在非法占用土地上新建建筑物和其他设施,并处罚款65,630元。截至本法律意见书出具之日,内蒙古恒润新能源有限责任公司已经足额缴纳了上述罚款。

建设单位已组织验收,监理单位已完成验收签证。对提出的问题已整改闭环。发电设备带电后运行稳定,设备试运240h期间各项运行指标满足设计要求。监理单位已办理了240h试运验收签证验。建设单位已进行确认,整改回复资料已报内蒙古电力建设工程质监站备案。内蒙古恒润新能源有限责任公司察右中旗大板梁风电场三、四期100MW工程已具备商业运行条件。

g)乌兰察布市水利局于2015年12月28日出具了《乌兰察布市水利局关于印发内蒙古恒润新能源有限责任公司察右中旗大板梁风电场三、四期100MW风电项目水土保持设施验收鉴定书的函》(乌水便函[2015]7号),同意通过水土保持设施验收。

据此,除国有土地使用证、建设用地规划许可证、建筑工程施工许可证、建设工程规划许可证、节能验收手续、环保验收手续外,发行人已依法取得建设三、四期风电项目的相关批复和许可,根据本所律师于2016年7月14日至20日对乌兰察布市察右中旗国土资源局、乌兰察布市察右中旗规划局、乌兰察布市环保局、乌兰察布市发展和改革委员会、察右中旗住房和城乡建设局进行的访谈,上述政府机关确认:内蒙古恒润新能源有限责任公司办理国有土地使用证、建设用地规划许可证、建设工程规划许可证、建筑工程施工许可证、节能验收、环保验收等手续不会有实质性障碍,上述政府机关也不会因未办理上述证件或许可而对内蒙古恒润新能源有限责任公司进行处罚。

7. 商标

根据公司提供的资料以及书面确认,并经本所适当核查,截至本法律意见书出具之日,公司拥有境内重要注册商标共计3项,详见附表六:《内蒙古能源建设投资股份有限公司及其控股子公司境内重要注册商标一览表》。上述注册商标均已取得了国家工商行政管理总局商标局颁发的《商标注册证》。

根据公司的书面确认,公司拥有的上述注册商标不存在被设置质押或其他权利受到限制的情况。

8. 软件著作权

根据公司提供的资料以及书面确认,并经本所适当核查,截至本法律意见书出具之日,公司拥有境内软件著作权共计21项,详见附表七:《内蒙古能源建设投资股份有限公司控股子公司境内重要软件著作权一览表》。

该等软件著作权均已取得了登记证书。根据公司的书面确认,该等软件著作权不存在被设置质押或其他权利受到限制的情况。

9. 专利

(1)已授权专利

根据公司提供的资料以及书面确认,并经本所适当核查,截至本法律意见书出具之日,公司拥有境内专利共计277项,其中发明专利31项,实用新型专利246项,详见附表八:《内蒙古能源建设投资股份有限公司控股子公司境内重要专利权一览表》第一部分。

该等专利均已取得了专利证书。根据公司的书面确认,该等专利不存在被设置质押或其他权利受到限制的情况。

(2)尚在申请的专利权

根据公司提供的40份《专利申请受理通知书》,公司目前正在向国家知识产权局专利局申请注册相关专利,详见附表八:《内蒙古能源建设投资股份有限公司控股子公司境内重要专利权一览表》第二部分。根据国家知识产权局专利局于2016年7月4日下发的《专利驳回通知书》,附表八:《内蒙古能源建设投资股份有限公司控股子公司境内重要专利权一览表》第二部分第33项申请号为2013104093049的专利注册申请因不符合《中华人民共和国专利法》第22条的规定被驳回。根据公司说明,目前公司正在准备申请专利复审,复审程序尚未启动。

10. 域名

根据公司提供的资料以及书面确认,并经本所适当核查,截至本法律意见书出具之日,公司拥有10项,具体内容如下:

	域名	注册人	证书名称	有效期
1	nmsbd. com	内蒙古送变电有限责任公司	ICANN 顶级国际域名证书	2003. 06. 04 – 2022. 06. 04
2	nmsbd. com. cn	内蒙古送变电有限责任公司	中国国家顶级域名证书 CNNIC	2003. 06. 04 – 2023. 07. 04
3	imepc. com. cn	内蒙古第三电力建设工程有限责任公司	中国国家顶级域名证书 CNNIC	2004. 11. 15 – 2016. 11. 15
4	impcc. net	内蒙古第一电力建设工程有限责任公司	互联网域名注册证书	2007. 12. 12 – 2017. 12. 12
5	nmdsy. com	内蒙古电力勘测设计院有限责任公司	国际域名注册证书	2002. 06. 24 – 2024. 06. 24
6	蒙电一建. com	内蒙古第一电力建设工程有限责任公司	互联网域名注册证书	2008. 05. 20 – 2018. 05. 20
7	蒙电一建. net	内蒙古第一电力建设工程有限责任公司	互联网域名注册证书	2008. 05. 20 – 2018. 05. 20
8	蒙电一建. 中国	内蒙古第一电力建设工程有限责任公司	中国国家顶级域名注册证书 CNNIC	2007. 08. 01 – 2017. 08. 01
9	nmgnjgj. com	内蒙古能建国际工程建设投资有限公司	ICANN 顶级国际域名证书	2016. 04. 20 – 2017. 04. 20
10	imeec. cn	内蒙古能源建设投资股份有限公司	中国国家顶级域名证书 CNNIC	2016. 08. 08 – 2021. 08. 08

上述域名均已取得了域名注册证书。根据公司的书面确认，该等域名不存在被设置质押或其他权利受到限制的情况。

综上，本所认为：

1. 对于公司拥有的土地使用权

（1）对于公司合法持有《国有土地使用权证》的土地使用权，在该《国有土地使用证》载明的有效使用期限内，公司有权依法独立享有占有、使用、转让、出租、抵押或以其他符合中国有关法律法规的方式处分该等土地使用权。

（2）对于已签署土地使用权出让合同并缴清全部土地出让金的土地使用权（即旗下营宗地），公司办理取得《国有土地使用权证》不存在实质性法律障碍。

2. 对于公司拥有的房屋

（1）对于已取得《房屋所有权证》的房屋，公司可以依据中国法律法规的规定独立享有占有、使用、转让、赠与、出租、抵押或以其他合法方式处分该等房屋所有权的权利。

（2）对于附表三：《内蒙古能源建设投资股份有限公司及其控股子公司拥有的房屋一览表》"2. 尚待办理房产证的房屋"中已经由内蒙古恒鑫铁塔有限责任公司取得《建设用地规划许可证》、《建设工程规划许可证》及《建筑工程施工许可证》》及竣工验收备案的三处房屋，公司正在申请办理《房屋所有权证》，该等申请不存在实质性法律障碍；公司在取得该等房屋的《房屋所有权证》后，能够自始完整、有效地拥有其所有权。截至本法律意见书出具之日，该等房屋不存在会对公司生产经营造成重大影响的权属争议或纠纷，不会对本次发行并上市以及公司生产经营造成重大不利影响。

3. 对于公司租赁使用的房屋

（1）公司租赁使用已取得《房屋所有权证》的房屋的行为合法有效。出租方依法有权将该等房屋出租给公司使用。该等房屋的《房屋租赁协议》的形式和内容均符合中国法律法规的要求，对协议各方均具有法律约束力。

（2）对于出租方未能提供房屋权属证明的租赁房屋，在出租方不具备出租房屋的主体资格或法律权利的情形下，相关租赁行为不能对抗房屋所有权人或其他有权主体。根据公司的说明，公司自租赁该等房屋以来，未产生过任何纠纷，亦未曾影响公司的实际使用；该等房屋主要用途为生产经营，若公司不再租赁上述房屋，公司能够较易寻找并租赁可代替房屋，不会对公司的日常经营活动造成实质性不利影响。此外,根据内蒙古能建集团、内蒙古港湾房地产开发有限公司作为出租方,就其向公司出租的未能提供房屋所有权证的房屋所作出的承诺函,如公司作为承租方因出租方未取得租赁房屋所有权证之原因,在租赁期限内无法继续租用租赁房屋,或虽可继续使用但须额外支付其他费用,出租方将充分及时地赔偿公司因此遭受的损失(包括支付上述"其他费用")。因此,本所认为,上述情形不会对本次发行并上市构成重大不利影响。

4. 公司合法拥有相关注册商标、软件著作权、专利及域名。该等注册商标、软件著作权、专利及域名已取得相关权利证书,不存在产权纠纷或潜在争议,亦不存在质押或其他权利受到限制的情形。

十一、公司的重大股权投资

(一)公司控股子公司概况

根据公司提供的资料及书面确认,并经本所适当核查,截至本法律意见书出具之日,公司拥有二级子公司26家,三级及三级以下重要子公司27家,以下统称"控股子公司"。公司各控股子公司概况如下:

	下属公司名称	公司层级	发行人直接/间接持股比例	注册资本(万元)
1	内蒙古电力勘测设计院有限责任公司	二级公司	100.00%	12,500
2	内蒙古能建电力设计咨询有限责任公司	三级公司	100.00%	1,000
3	内蒙古蒙能建设工程监理有限责任公司	三级公司	100.00%	300
4	乌拉特中旗弘益新能源有限责任公司	三级公司	100.00%	1,000
5	内蒙古能建环保科技有限责任公司	三级公司	100.00%	5,000
6	内蒙古送变电有限责任公司	二级公司	100.00%	7,788
7	内蒙古恒鑫铁塔有限责任公司	三级公司	100.00%	5,000
8	内蒙古恒润新能源有限责任公司	三级公司	100.00%	15,688
9	内蒙古裕源售电有限责任公司	四级公司	100.00%	500
10	内蒙古第一电力建设工程有限责任公司	二级公司	100.00%	40,000
11	包头市银隆建材城有限责任公司	三级公司	100.00%	40
12	包头市正盾无损检测技术有限责任公司	三级公司	100.00%	100
13	包头市卓越信息技术咨询有限责任公司	三级公司	67.00%	30
14	内蒙古第三电力建设工程有限责任公司	二级公司	100.00%	40,000
15	包头市华安电建试验检测技术有限责任公司	三级公司	100.00%	20
16	包头市华建房地产开发有限责任公司	三级公司	100.00%	1,001
17	内蒙古能建物产有限公司	二级公司	100.00%	10,000
18	蒙能建物产(北京)有限公司	三级公司	100.00%	2,000
19	蒙能建石油化工(大连)有限公司	三级公司	100.00%	2,000
20	陕西榆林蒙能建物产有限公司	三级公司	100.00%	1,000
21	鄂尔多斯市蒙能建物产有限公司	三级公司	100.00%	1,000
22	蒙能建物产(宁波)有限公司	三级公司	100.00%	5,000

续表

23	能建(上海)物产有限公司	三级公司	100.00%	1,000
24	蒙能建国际贸易(天津)有限公司	三级公司	100.00%	2,000
25	乌海市蒙能建物产化工有限公司	三级公司	100.00%	1,000
26	广州蒙能建物产有限公司	三级公司	100.00%	1,000
27	哈尔滨蒙能建商贸有限公司	三级公司	100.00%	2,000
28	五寨县能建物产有限公司	三级公司	100.00%	1,000
29	内蒙古能建物业服务有限公司	二级公司	100.00%	100
30	内蒙古电力建设(集团)有限公司	二级公司	100.00%	66,000
31	内蒙古电建集团第一建设工程有限责任公司	三级公司	100.00%	30,000
32	内蒙古电建集团第三建设工程有限责任公司	三级公司	100.00%	30,000
33	内蒙古能建工程设计咨询有限公司	二级公司	100.00%	300
34	内蒙古能建国际工程建设投资有限公司	二级公司	100.00%	50,000
35	内蒙古旗下营和益发电有限公司	三级公司	55.00%	1,000
36	内蒙古能建英利新能源装备制造有限公司	二级公司	51.00%	5,000
37	达拉特旗能建英利新能源发电有限公司	三级公司	51.00%	500
38	内蒙古能建爱能森光热发电设备制造有限公司	二级公司	80.00%	500
39	苏尼特左旗同创新能源有限公司	二级公司	100.00%	1,000
40	乌拉特后旗益达新能源有限责任公司	二级公司	100.00%	1,000
41	杭锦旗同阳新能源有限责任公司	二级公司	100.00%	1,000
42	察右中旗同阳新能源有限责任公司	二级公司	100.00%	1,000
43	兴和县同阳新能源有限责任公司	二级公司	100.00%	1,000
44	阿拉善盟同阳新能源有限责任公司	二级公司	100.00%	1,000
45	内蒙古乌兰察布科宏发电有限公司	二级公司	100.00%	1,000
46	内蒙古乌拉特科荣发电有限公司	二级公司	100.00%	1,000
47	内蒙古兴和德益发电有限公司	二级公司	100.00%	1,000
48	磴口县同阳新能源有限公司	二级公司	100.00%	1,000
49	鄂托克前旗同阳新能源有限责任公司	二级公司	100.00%	1,000
50	卓资县同阳新能源有限责任公司	二级公司	100.00%	1,000
51	商都县同阳新能源有限责任公司	二级公司	100.00%	1,000
52	内蒙古能建中科蓝天光热发电有限公司	二级公司	50.00%	1,000
53	内蒙古乌拉特科畅发电有限公司	二级公司	51.00%	60,000

(二)公司控股子公司的详细情况

1. 内蒙古电力勘测设计院有限责任公司

(以下简称“勘测设计院”)

截至本法律意见书出具之日，勘测设计院的

基本情况如下：

统一社会信用代码	91150100114168362J
主管工商局	呼和浩特市工商局
股权结构	股份公司持股100%
是否存在股权质押	否
住所	内蒙古自治区呼和浩特市玉泉区锡林南路209号
注册资本	12,500万元
法定代表人	秦晓平
营业期限	1991年11年2日至长期
经营范围	工程勘察综合类甲级。工程设计资质证书:电力行业甲级;电子通信广电行业(通信铁塔)专业甲级;市政行业(热力工程)专业甲级;电子通信广电行业(有线、无线通信)专业乙级;建筑行业(建筑工程)乙级;市政行业(燃气、轨道交通除外)乙级;环境工程(大气污染防治工程)专项甲级。可从事以上资质证书许可范围内相应的建设工程总承包业务及项目管理和相关的技术与管理服务。工程咨询:火电(发送变电)、水文地质、工程测量、岩土工程、其他(新能源)、生态建设和环境工程、通信信息、建筑、市政公用工程(给排水、燃气热力)甲级。建设项目环境影响评价:(环境影响报告书类别甲级;建材火电;输变电及广电通讯)甲级。水土保持方案编制甲级。建设项目水资源论证:(地表水、火电、冶金、石化、建筑业、服务业)甲级。测绘甲级。地质灾害危险性评估丙级;压力容器设计(以上经营范围凭资质证书经营)。(依法须经批准的项目,经相关部门批准后方可开展经营活动。)

勘测设计院的前身为内蒙古电力勘测设计院,是于1958年设立的全民所有制企业,于2014年改制为有限责任公司,其主要历史沿革及股本演变情况如下:

(1)2014年改制为有限公司

2013年7月31日,内蒙古经达会计师事务所出具《内蒙古电力勘测设计院清产核资专项审计报告》(内经达审字2013第67号),载明根据决算报表统计口径及清产核资工作方案的要求,清产核资的范围为公司的全部资产,资产总额2,156,615,310.03元,负债总额225,377,245.09元,所有者权益1,931,238,064.94元。

2013年11月5日,勘测设计院作出职工代表大会决议,表决通过了企业改制方案。

2013年11月6日,呼和浩特市百晨资产评估(普通合伙)事务所出具《内蒙古电力勘测设计院股权全部权益价值评估报告》(呼百晨评报字(2013)第23号),在评估基准日2013年6月30日,经成本法评估,内蒙古电力勘测设计院评估的资产总额为215,661.53万元,负债总额为22,537.72万元,净资产为193,123.81万元。

2013年11月13日,内蒙古自治区工商局(以下简称"内蒙古自治区工商局")颁发了《企业名称核准变更登记通知书》(蒙呼名称变核内字[2013]第1306244919号),同意变更核准使用"内蒙古电力勘测设计院有限责任公司"。

2013年12月11日,内蒙古国资委出具了《关于对内蒙古电力勘测设计院改制方案的审批意见》(内国资企改字[2013]284号),同意内蒙古电力勘测设计院整体改制为国有独资有限责任公司,同意将勘测设计院全部资产经评估后(评估基准日2013年6月30日,经评估后净资产193,123.81万元))全部进入改制后的公司,注册资本2,977万元,实收资本与注册资本之差作为改制后新公司的资本公积,改制后的新公司承继勘测设计院的全部债权债务,同意勘测设计院职工安置方案。

2014年1月21日,内蒙古启诚会计师事务所有限公司出具了《验资报告》(内启诚验字[2014]第001号),验证截至2013年12月31日,勘测设计院收到全体股东以其拥有内蒙古电力勘测设计院的净资产折合的实收资本32,124,963.64元,资本公积595,768.22元,盈余公积129,382,445.85元,未分配利润1,784,771,156.51元。

2014年1月22日,内蒙古国资委出具了《国有资产评估项目备案表》(备案编号:NGC-2014-02),对前述评估报告结果进行备案。

(2)2014年11月增资

2014年10月13日,内蒙古国资委出具了《关于对内蒙古电力勘测设计院有限责任公司增加注册资本金的批复》(内国资产权字[2014]

217号),同意勘测设计院转增资本92,875,036.36元人民币,其中资本公积转增资本595,768.22元人民币,未分配利润转增资本92,279,268.14元人民币。

2014年10月22日,内蒙古国资委出具了《关于对修改内蒙古电力勘测设计院有限责任公司章程的批复》。2014年10月22日,勘测设计院通过了章程修正案。

(3)2015年12月无偿划转

2015年10月29日,内蒙古国资委出具了《关于内蒙古电力勘测设计院等五家公司国有股权无偿划转的批复》,同意将内蒙古国资委持有的勘测设计院100%股权无偿划转给内蒙古能建集团。

2015年11月12日,内蒙古能建集团签署了新的公司章程。

(4)2016年5月无偿划转

2016年4月25日,内蒙古能建集团与内蒙古能建有限签署了《内蒙古能源建设投资(集团)有限公司与内蒙古科宜能源建设有限责任公司之重组协议》、《内蒙古能源建设投资(集团)有限公司和内蒙古科宜能源建设有限责任公司关于内蒙古电力勘测设计院有限责任公司等26家公司之国有股权无偿划转协议》等相关文件(以下简称“重组文件”)。根据上述重组文件,内蒙古能建集团将其持有勘测设计院等26家二级子公司的相关股权无偿划转至内蒙古能建有限。内蒙古能建集团将上述重组文件作为《内蒙古能源建设投资(集团)有限公司关于发起设立内蒙古能源建设投资股份有限公司的请示》(内能建投〔2016〕35号)、《内蒙古能源建设投资(集团)有限公司关于内蒙古能源建设投资股份有限公司国有股权管理方案的请示》(内能建投〔2016〕36号)的内容报送了内蒙古国资委;2016年5月30日,内蒙古国资委作出了《关于内蒙古能源建设投资股份有限公司国有股权管理方案有关事宜的批复》(内国资产权字[2016]149号)以及《关于设立内蒙古能源建设投资股份有限公司的批复》(内国资企改字[2016]150号),原则同意内蒙古能建股份的国有股权管理方案,以及内蒙古能建集团和苏里格公司投入内蒙古能建股份的相关子公司股权(上述程序、审批手续以下均简称为“上市前重组程序”)。2016年5月31日,呼和浩特市工商局就上述股权变更事宜进行了工商登记。

(5)2016年7月股东更名

2016年7月11日,呼和浩特市工商局出具《核准变更登记通知书》(蒙呼核变通内字[2016]第1601478526号),就勘测设计院股东由内蒙古科宜能源建设有限责任公司变更为内蒙古能源建设投资股份有限公司的相关事项进行了工商变更登记。

2.勘测设计院下属控股子公司

截至本法律意见书出具之日,勘测设计院下属控股子公司共计4家,分别为内蒙古能建电力设计咨询有限责任公司、内蒙古蒙能建设工程监理有限责任公司、乌拉特中旗弘益新能源有限责任公司及内蒙古能建环保科技有限责任公司。

(1)内蒙古能建电力设计咨询有限责任公司(以下简称“能建设计咨询”)

截至本法律意见书出具之日,能建设计咨询的基本情况如下:

统一社会信用代码	91150100752575229T
主管工商局	呼和浩特市工商局玉泉分局
股权结构	内蒙古电力勘测设计院有限责任公司100%持股
是否存在股权质押	否
住所	内蒙古自治区呼和浩特玉泉区锡林南路209号
注册资本	1000万元
法定代表人	秦晓平
营业期限	2003年8月26日至2023年8月25日
经营范围	许可经营项目:无。一般经营项目:能源工程的咨询、勘察、设计,工程项目管理及总承包;工程项目建议书和可行性研究报告的编制;工程项目审查、评估、招标和通讯及输电线路杆塔制图(以上项目涉及行政审批凭资质证书经营);信息技术及网络系统的咨询、开发、服务;网络设备、机电产品及办公设备销售和维修服务;档案数字化、打字排版、晒图、绘图、装订的服务。(依法须经批准的项目,经相关部门批准后方可开展经营活动。)

能建设计咨询的主要历史沿革及股份演变情况如下:

i. 2003 年 8 月设立

2003 年 8 月 1 日,31 名自然人股东召开股东创立大会,通过如下决议:(1)由 31 名自然人股东共同设立内蒙古蒙能能源设计咨询研究有限责任公司(以下简称"蒙能能源设计");(2)公司注册资本 109 万元人民币。2003 年 8 月 7 日,全体股东通过公司章程。

2003 年 8 月 7 日,内蒙古蒙寰联合会计师事务所出具《验资报告》(内寰验[2003]第 14 号),验证截至 2003 年 8 月 7 日,蒙能能源设计已收到全体股东以货币缴纳的注册资本 109 万元人民币。

2003 年 8 月 26 日,内蒙古呼和浩特市工商局核发《企业法人营业执照》,蒙能能源设计成立,注册资本 109 万元人民币。

ii. 2004 年 2 月增资

2004 年 2 月 26 日,蒙能能源设计作出股东会决议:(1)同意原 30 名自然人股东增加投资 96.35 万元人民币;(2)同意增加 2 位股东,共增加投资 10.66 万元人民币;(3)原股东杨光的出资额 1.9 万元人民币不变。本次变更后,全体股东总计增加投资 107.01 万元,公司注册资本增至 216.01 万元,同日通过了章程修正案。

2004 年 2 月 27 日,内蒙古天健会计师事务所出具《验资报告》(内天会所验字 2004 第 039 号),验证截至 2004 年 2 月 27 日,公司已收到 32 名股东以货币实缴的新增注册资本 107.01 万元人民币。

iii. 2009 年 11 月股权转让

2009 年 11 月 28 日,蒙能能源设计作出股东会决议,同意公司部分原股东进行股权转让,股东人数由 33 人变为 22 人。同时,出让方和受让方股东分别签署了股权转让协议,约定各受让方应于 2009 年 12 月 10 日前将股权转让款以现金形式一次性支付给出让方。

2009 年 12 月 14 日,蒙能能源设计签署了新的公司章程。

iv. 2013 年 8 月增资

2013 年 8 月 13 日,蒙能能源设计作出股东会决议,同意分红并将注册资本由 216.01 万元增加至 302.414 万元,22 位股东持股比例不变。同日,公司通过相应的章程修正案。

2013 年 8 月 27 日,呼和浩特市乾汇会计师事务所(普通合伙)出具验资报告(呼乾汇验字 2013 第 04 号),验证截至 2013 年 8 月 27 日,公司已收到新增注册资本 86.404 万元。

v. 2014 年 3 月股权转让

2014 年 2 月 11 日,内蒙古自治区呼和浩特市青城公证处出具《公证书》(2014 呼青证内字第 974 号),证明张冉继承其父张建平所持蒙能能源设计股权 12.012 万元人民币(占注册资本 3.97%)的相关事宜。

2014 年 2 月 12 日,蒙能能源设计作出股东会决议,同意张冉所持股份 12.012 万元(占注册资本 3.97%)以人民币 12.012 万元转让给刘小杰。同日,张冉与刘小杰签署了《股权转让协议》,公司通过相应的章程修正案。

vi. 2015 年 11 月股权转让

2015 年 11 月 20 日,蒙能能源设计作出股东会决议,同意公司股东从 22 名自然人股东变更为勘测设计院,蒙能能源设计成为勘测设计院全资子公司。

2015 年 11 月 30 日与 2015 年 12 月 1 日,自然人股东作为出让方和受让方勘测设计院分别签署了股权转让协议。

vii. 2016 年 1 月,公司名称变更

2016 年 1 月 4 日,蒙能能源设计通过股东决议,同意公司名称变更为"内蒙古能建电力设计咨询有限责任公司",同日通过相应的章程修正案。

2016 年 1 月 6 日,呼和浩特市工商局金桥经济技术开发区分局出具《企业名称变更核准通知书》((金桥)名称变核内字[2016]第 1600016842 号),核准公司名称变更为"内蒙古能建电力设计咨询有限责任公司"。

viii. 2016 年 1 月增资

2016 年 1 月 27 日,能建设计咨询作出股东决定,将注册资本由 302.414 万元增加至 1000 万元,增加的注册资本 697.5860 万元人民币由股东勘测设计院以货币出资缴纳;同日,公司通过了相应的章程修正案。本次变更完成后,能建设计咨询的股权结构如下:

股东名称	认缴出资额（万元）	持股比例
内蒙古电力勘测设计院有限责任公司	1,000	100%
合计	1,000	100%

（2）内蒙古蒙能建设工程监理有限责任公司（以下简称“蒙能监理”）

截至本法律意见书出具之日，蒙能监理的基本情况如下：

统一社会信用代码	91150105740145555T
主管工商局	呼和浩特市工商局赛罕分局
股东及其持股股比	内蒙古电力勘测设计院有限责任公司持股100%
是否存在股权质押	无
住所	呼和浩特市赛罕区锡林南路山丹小区综合楼6层601
注册资本	300万元
法定代表人	薛渌
营业期限	2002年9月24日至2022年9月23日
经营范围	许可经营项目：电力工程监理甲级、可以开展相应类别建设工程的项目管理、技术咨询业务（此项目有效期至2018年8月19日）。一般经营项目：无（依法须经批准的项目，经相关部门批准后方可开展经营活动。）

蒙能监理的主要历史沿革及股份演变情况如下：

i. 2002年9月设立

2002年9月11日，23名自然人股东召开股东创立大会，同意由23名股东出资设立蒙能监理，注册资本50万元人民币。2002年9月17日，全体股东通过公司章程。

2002年9月17日，内蒙古自治区工商局核发《企业名称预先核准通知书》（（内蒙古）名称预核字[2002]第245号），核准公司名称为内蒙古蒙能建设工程监理有限责任公司。

2002年9月17日，内蒙古中证联合会计师事务所出具《验资报告》（内中证验字[2002]第57号），验证截至2002年9月12日，公司已收到全体股东货币出资共计50万元人民币。

2002年9月24日，呼和浩特市工商局向蒙能监理核发了《企业法人营业执照》。

ii. 2005年12月增资

2005年12月10日，蒙能监理作出股东会决议，同意公司注册资本增加至100万元。

2005年12月15日，内蒙古中烨会计师事务所有限责任公司出具《验资报告》（内中烨验字[2005]187号），验证截至2005年12月15日，公司已收到全体股东以货币增加的注册资本合计50万元人民币。

iii. 2008年增资

2008年4月1日，蒙能监理作出股东会决议，同意公司注册资本增加至300万元。

2008年3月17日，内蒙古中烨会计师事务所有限责任公司出具《验资报告》（内中烨验字[2008]16号），验证截至2008年3月17日止，蒙能监理已经收到23位自然人股东新增的注册资本，并列明了认缴注册资本比例与前次的变更情况。

iv. 2015年12月，股权转让

2015年9月18日，蒙能监理各自然人股东与勘测设计院签署股权转让协议，约定将其各自持有的全部股权转让给勘测设计院。

2015年12月18日，蒙能监理作出股东会决议，同意23位自然人股东将其持有的全部股权转让给勘测设计院，所有股东之间放弃优先购买权，同意修改章程。同日，通过了新的公司章程，并签署了股权转让协议。蒙能监理成为勘测设计院全资子公司。

2015年12月18日，呼和浩特市工商局赛罕分局就本次变更换发了新的营业执照。

（3）乌拉特中旗弘益新能源有限责任公司（以下简称“乌拉特中旗弘益”）

截至本法律意见书出具之日，乌拉特中旗弘益的基本情况如下：

统一社会信用代码	91150824MA0MW3DX2N
主管工商局	乌拉特中旗工商局

续表

股东及其持股股比	内蒙古电力勘测设计院有限责任公司持股 100%
是否存在股权质押	无
住所	内蒙古巴彦淖尔市乌拉特中旗乌不浪口工业园区办公楼 209 室
注册资本	1000 万元
法定代表人	高刚
营业期限	2015 年 10 月 19 日至 2045 年 10 月 18 日
经营范围	许可经营项目:无。一般经营项目:风电、太阳能及生物质等新能源项目的投资;电站启动调试和检修;新能源装备加工制造;太阳能设备材料检测试验;电力产品销售。(依法须经批准的项目,经相关部门批准后方可开展经营活动。)

乌拉特中旗弘益于 2015 年 10 月 19 日设立,自设立之日至本法律意见书出具之日,未发生重大工商变更事项。

(4)内蒙古能建环保科技有限责任公司(以下简称"能建环保科技")

截至本法律意见书出具之日,能建环保科技的基本情况如下:

统一社会信用代码	91150100MA0MY6C05L
主管工商局	呼和浩特市工商局
股东及其持股股比	内蒙古电力勘测设计院有限责任公司持股 100%
是否存在股权质押	无
住所	内蒙古自治区呼和浩特市玉泉区锡林南路 209 号
注册资本	5000 万元
法定代表人	秦晓平
营业期限	2016 年 06 月 22 日至长期

续表

经营范围	许可经营项目:无 一般经营项目:建设项目环境影响评价;水土保持方案编制;建设项目水资源论证、节能评估;污水处理、大气治理工程施工;(以上各项目凭资质证书经营);环保科技开发与技术咨询。(依法须经批准的项目,经相关部门批准后方可开展经营活动。)

能建环保科技于 2016 年 6 月 22 日设立,自设立之日至本法律意见书出具之日,未发生重大工商变更事项。

3. 内蒙古送变电有限责任公司(以下简称"内蒙古送变电")

截至本法律意见书出具之日,内蒙古送变电的基本情况如下:

统一社会信用代码	911501001141104198
主管工商局	呼和浩特市工商局
股东及其持股股比	股份公司持股 100%
是否存在股权质押	无
住所	内蒙古自治区呼和浩特市赛罕区锡林南路 90 号
注册资本	7,788 万元
法定代表人	白文光
营业期限	2001 年 08 月 01 日至 2051 年 08 月 01 日
经营范围	电力工程施工总承包壹级;机场目视助航工程专业承包壹级;建筑工程施工总承包贰级;通信工程施工总承包三级;建筑幕墙工程专业承包二级;道路普通货物运输;内蒙古自治区发展和改革委员会批准的风力发电项目及运营(大板梁风电场项目);电力系统的运行、维护、检修及电力技术的咨询、服务和培训。(依法须经批准的项目,经相关部门批准后方可开展经营活动。)

内蒙古送变电前身为内蒙古送变电工程公司,始建于 1958 年,2001 年 8 月 1 日改制为有限责任公司,其主要历史沿革及股本演变情况如下:

(1)2001 年 8 月改制为有限责任公司

2001 年 5 月 26 日,内蒙古自治区电力工会出具《关于内蒙古送变电工程公司组建职工持股会的批复》(内电工[2001]38 号),同意建立内蒙古送变电工程公司职工持股会。

2001 年 6 月 26 日,内蒙古自治区送变电工程公司向内蒙古电力(集团)有限责任公司(以下简称"内蒙古电力集团")提交《关于〈内蒙古送变电公司改制总体方案〉申请批复的报告》(内电送[2001]33 号),2001 年 6 月 25 日制定的《内蒙古送变电工程公司改制总体方案》上报内蒙古电力集团审批。

2001 年 7 月 4 日,内蒙古送变电工程公司工会出具《关于通过〈内蒙古送变电工程公司改制总体方案〉的决议》(内电送工[2001]18 号),经 2001 年 7 月 4 日职代会讨论,通过《内蒙古送变电工程公司改制总体方案》;通过工会为内部职工出资人代表,代表职工持股并行使股东权利。

2001 年 7 月 4 日,内蒙古电力集团出具《关于内蒙古送变电有限责任公司改制总体方案的批复》(内电策划 [2001]13 号),批准实施《内蒙古送变电有限责任公司改制总体方案》。

2001 年 7 月 4 日,内蒙古电力集团出具《关于内蒙古送变电有限责任公司章程的批复》(内电策划[2001]14 号),批准《内蒙古送变电有限责任公司章程》执行。

2001 年 7 月 11 日,内蒙古自治区财政厅出具《关于内蒙古送变电工程公司评估立项的函》(内财函[2001]135 号),同意内蒙古送变电工程公司立项评估,评估目的为设立有限责任公司。

2001 年 7 月 18 日,内蒙古自治区经济贸易委员会出具《关于对内蒙古送变电工程公司转制的批复》(内经贸企发改[2001]500 号),同意内蒙古送变电工程公司以内蒙古电力集团作为国有资产出资人代表进行转制,成立有限责任公司。

2001 年 7 月 24 日,内蒙古自治区财政厅出具《关于对内蒙古送变电工程公司资产评估项目审核意见的函》(内财函[2001]146 号)。

2001 年 7 月 25 日,内蒙古财信达会计师事务所出具《验资报告》(内信财审[2001]第 44 号),截止 2000 年 12 月 31 日,内蒙古送变电有限责任公司已收到股东投入的注册资本 4,288 万元。

本次改制完成后,内蒙古送变电的股权结构如下:

股东名称	认缴出资额(万元)	实缴出资额(万元)	持股比例
内蒙古电力集团	2,186.88	2,186.88	51%
内蒙古送变电工程公司工会	2,101.12	2,101.12	49%
合计	4,288	4,288	100%

(2)2001 年 11 月增资

2001 年 11 月 15 日,内蒙古送变电通过《股东会决议》,同意注册资本由 4,288 万元增加至 7,788 万元,其中内蒙古电力集团增加投资 1,169.91万元,内蒙古送变电工程公司工会增加投资 530.09 万元,新股东内蒙古满都拉资产管理有限责任公司投资 1,800 万元。

2001 年 11 月 15 日,内蒙古送变电通过《关于公司章程修正案的股东会决议》,同意根据增资情况相应修正公司章程。

2001 年 11 月 16 日,内蒙古兴益联合会计师事务所出具《审计报告》(内兴益审字[2001]第 0042 号),经审计,内蒙古送变电应付工资总额为 6,873,468.64 元,其中历年含量工资节余 5,994,247.01元。

2001 年 11 月 19 日,内蒙古兴益联合会计师事务所出具《验资报告》(内兴益验报字[2001]第 0036 号),截至 2001 年 11 月 19 日,内蒙古送变电已收到内蒙古电力集团、内蒙古送变电工程公司工会和内蒙古满都拉资产管理有限责任公司缴纳的新增注册资本 3,500 万元。其中,内蒙古电力集团以无形资产(土地使用权)出资 1,169.91万元,内蒙古送变电工程公司工会以历年含量工资节余出资 530.09 万元,内蒙古满都拉资产管理有限责任公司以货币 1,800 万元出资。

2002 年 8 月 28 日,内蒙古自治区国土资源厅出具《关于内蒙古电力(集团)有限责任公司以作价入股方式处置内蒙古送变电有限责任公司土地资产的批复》(内国土资字[2002]355 号),同意内蒙古电力集团以作价入股的方式处置内蒙古送变电使用的 6 宗国有划拨土地;经内蒙古自治区国土资源厅备案的估价报告确定,该

6 宗土地作价 1,169.91 万元转增国家股本金。

2003 年 1 月 23 日,内蒙古自治区财政厅出具《关于内蒙古送变电有限责任公司土地使用权转增国家资本的批复》(内财企[2003]59号),同意内蒙古电力集团根据内蒙古自治区国土资源厅关于内蒙古电力(集团)有限责任公司以作价入股方式处置内蒙古送变电有限责任公司土地资产的批复》(内国土资字[2002]355号)将内蒙古送变电有限责任公司使用的经评估确认的土地使用权价值 1,169.91 万元以国家作价出资方式投入该公司,转增国家资本金,所形成的国家股股权,委托内蒙古电力集团管理。

2001 年 11 月 26 日,呼和浩特市工商局颁发《企业法人营业执照》,内蒙古送变电注册资本增加至 7,788 万元。

本次增资完成后,内蒙古送变电的股权结构如下:

股东名称	认缴出资额(万元)	实缴出资额(万元)	持股比例
内蒙古电力集团	3,356.79	3,356.79	43.1%
内蒙古送变电工程公司工会	2,631.21	2,631.21	33.8%
内蒙古满都拉资产管理有限责任公司	1,800.00	1,800.00	23.1%
合计	7,788	7,788	100%

(3)2015 年 12 月股东变更

2015 年 10 月 29 日,内蒙古国资委出具了《关于内蒙古电力勘测设计院等五家公司国有股权无偿划转的批复》(内国资产权字[2015]332 号),同意将内蒙古电力(集团)有限责任公司持有内蒙古送变电的 43.1% 股权无偿转让给内蒙古能源建设投资(集团)有限公司。

2015 年 12 月 1 日,内蒙古送变电作出股东会决议,变更公司股东内蒙古电力(集团)有限责任公司变更为内蒙古能源建设投资(集团)有限公司,同意内蒙古电力(集团)有限责任公司将其在公司所持有的 3356.79 万元人民币股权(约占注册资本 43.1%)无偿转让给内蒙古能源建设投资(集团)有限公司,同意公司章程修正案。2015 年 12 月 1 日,内蒙古送变电签署了章程修正案。本次股东变更完成后,内蒙古送变电的股权结构如下:

股东名称	认缴出资额(万元)	实缴出资额(万元)	持股比例
内蒙古能源建设投资(集团)有限公司	3,356.79	3,356.79	43.1%
内蒙古送变电工程公司工会	2,631.21	2,631.21	33.8%
内蒙古满都拉资产管理有限责任公司	1,800.00	1,800.00	23.1%
合计	7,788	7,788	100%

(4)2015 年 12 月股东变更

2015 年 12 月 23 日,内蒙古满都拉资产管理有限责任公司与内蒙古能源建设投资(集团)有限公司签订股权转让协议,内蒙古满都拉资产管理有限责任公司同意将在公司所持有的 1,800 万元人民币股权(约占注册资本的 23%)全部转让给内蒙古能源建设投资(集团)有限公司。

2015 年 12 月 23 日,内蒙古送变电工程公司工会同内蒙古能源建设投资(集团)有限公司签订股权转让协议,内蒙古送变电工程公司工会同意将在公司所持有的 2,631.21 万元人民币股权(注册资本的 33.79%)全部转让给内蒙古能源建设投资(集团)有限公司。

本次股东变更完成后,内蒙古送变电的股权结构如下:

股东名称	认缴出资额(万元)	实缴出资额(万元)	持股比例
内蒙古能源建设投资(集团)有限公司	7,788	7,788	100%
合计	7,788	7,788	100%

(5)2016 年 5 月无偿划转

经履行上市前重组程序(具体请参见本法律意见书"十一、公司的重大股权投资"—"(二)公司控股子公司的详细情况"—"内蒙古电力勘测设计院有限责任公司"—"2016 年 5 月无偿划转"中的详细描述),内蒙古送变电的股东由内蒙古能建集团变更为内蒙古能建有限。2016 年 5 月 31 日,呼和浩特市工商局就上述股权变更事宜进行了工商登记。

(6)2016年7月股东更名

2016年7月14日,呼和浩特市工商局就内蒙古送变电股东由内蒙古科宜能源建设有限责任公司变更为内蒙古能源建设投资股份有限公司的相关事项进行了工商变更登记。

4. 内蒙古送变电下属控股子公司

截至本法律意见书出具之日,内蒙古送变电下属直接及间接控股子公司共计3家,分别为内蒙古恒鑫铁塔有限责任公司、内蒙古恒润新能源有限责任公司、内蒙古裕源售电有限责任公司。

(1)内蒙古恒鑫铁塔有限责任公司(以下简称"恒鑫铁塔")

截至本法律意见书出具之日,恒鑫铁塔的基本情况如下:

统一社会信用代码	91150000680005234J
主管工商局	内蒙古自治区工商局
股东及其持股股比	内蒙古送变电有限责任公司持股100%
是否存在股权质押	无
住所	内蒙古自治区呼和浩特市金山经济技术开发区五一路6号
注册资本	5,000万元
法定代表人	韩国庆
营业期限	长期
经营范围	送变电线路铁塔加工,风力发电机塔身制作,铝合金门窗制作,铁构件、电力设施安装;微波塔、通讯塔加工及地脚螺栓生产。(依法须经批准的项目,经相关部门批准后方可开展经营活动)

恒鑫铁塔主要历史沿革及股本演变情况如下:

i. 2008年8月设立

2008年8月4日,恒鑫铁塔股份股东内蒙古送变电和内蒙古送变电工会签署《内蒙古恒鑫铁塔股份有限公司章程》;同日,内蒙古恒鑫铁塔股份有限公司(以下简称"恒鑫铁塔股份")通过《股东会决议》,通过前述公司章程;同日,恒鑫铁塔股份股东内蒙古送变电和内蒙古送变电工会签订《发起人协议书》,同意设立恒鑫铁塔股份,注册资本为5,000万元,分三期缴纳。其中内蒙古送变电出资2,750万元,首期于2009年8月7日之前注入资金2,000万元,二期于2009年8月7日之前注入资金500万元,三期于2010年8月6日之前注入资金250万元;内蒙古送变电工会出资2,250万元,首期于2008年8月7日之前注入资金516万元,二期于2009年8月7日之前注入资金1,000万元,三期于2010年8月6日之前注入资金734万元。

2008年8月8日,内蒙古普正会计师事务所有限责任公司出具《验资报告》(普正验字[2008]第12号),截至2008年8月7日止,恒鑫铁塔股份已收到股东内蒙古送变电和内蒙古送变电工会首期缴纳的注册资本合计2,516万元,实收资本2,516万元,均为货币出资。其中内蒙古送变电缴纳出资2,000万元,内蒙古送变电工会缴纳出资516万元。

2008年8月19日,内蒙古自治区工商局颁发《企业法人营业执照》(注册号:150000000007892),恒鑫铁塔股份注册资本5,000万元,实收资本2,516万元。恒鑫铁塔股份设立时的股权结构如下:

股东名称	认缴出资额(万元)	实缴出资额(万元)	持股比例
内蒙古送变电	2,750	2,000	55%
内蒙古送变电工会	2,250	516	45%
合计	5,000	2,516	100%

ii. 2010年9月增加实收资本及股权结构变更

2010年8月1日,内蒙古送变电与内蒙古送变电工会签订《股权转让协议》,内蒙古送变电工会将其持有的恒鑫铁塔股份1,734万元出资额(未实缴)无偿转让给内蒙古送变电。

2010年8月15日,恒鑫铁塔股份召开股东会会议,会议同意内蒙古送变电工会将其持有的恒鑫铁塔股份1,734万元出资额(未实缴)无偿转让给内蒙古送变电。同时修改公司章程关于出资额情况。恒鑫铁塔股份分二期出资,第一期出资已缴纳,第二期由内蒙古送变电以现金2,484万元出资。

2010年8月31日,呼和浩特市铭辰会计师

(普通合伙)事务所出具《验资报告》(呼铭辰验字[2010]第053号),截至2010年8月31日止,恒鑫铁塔股份已收到股东内蒙古送变电缴纳的第二期出资2,484万元,均为货币出资。

2010年9月15日,内蒙古自治区工商局颁发《企业法人营业执照》(注册号:150000000007892),恒鑫铁塔股份实收资本变更为5,000万元。本次增加实收资本及股权变更完成后,恒鑫铁塔股份的股权结构如下:

股东名称	认缴出资额(万元)	实缴出资额(万元)	持股比例
内蒙古送变电	4,484	4,484	89.68%
内蒙古送变电工会	516	516	10.32%
合计	5,000	5,000	100%

iii. 2013年10月改制为有限公司及股权结构变更

2013年9月27日,恒鑫铁塔股份召开股东会,同意变更公司名称为"内蒙古恒鑫铁塔有限责任公司",同意变更公司类型为一人有限责任公司,变更后股东为内蒙古送变电,并相应修改公司章程。

内蒙古送变电有限责任公司工会同内蒙古送变电签署了《内蒙古恒鑫铁塔股份有限公司股权收购协议》,内蒙古送变电以1∶1的比例收购内蒙古送变电有限责任公司工会持有的恒鑫铁塔股份注册资本10.32%的股权,支付516万元对价。

2013年10月14日,内蒙古自治区工商局出具《公司名称核准变更通知书》(蒙名称变核内字[2013]第1306081209号),同意恒鑫铁塔股份公司名称变更为内蒙古恒鑫铁塔有限责任公司。

2013年10月25日,内蒙古自治区工商局颁发《企业法人营业执照》(注册号:150000000007892),内蒙古恒鑫铁塔有限责任公司的公司类型为有限责任公司(法人独资)。本次改制及股权结构变更完成后,恒鑫铁塔的股权结构如下:

股东名称	认缴出资额(万元)	实缴出资额(万元)	持股比例
内蒙古送变电	5,000	5,000	100%
合计	5,000	5,000	100%

(2)内蒙古恒润新能源有限责任公司(以下简称"恒润新能源")

截至本法律意见书出具之日,恒润新能源的基本情况如下:

统一社会信用代码	91150927564197654X
主管工商局	察哈尔右翼中旗工商局
股东及其持股股比	内蒙古送变电有限责任公司持股100%
是否存在股权质押	无
住所	乌兰察布市察右中旗交通局二楼
注册资本	15,688万元
法定代表人	庞国栋
营业期限	2010年12月09日至2035年12月08日
经营范围	许可经营项目:无 一般经营项目:风电的生产和销售;风电系统的代运行、维护和检修,风电技术咨询、技术服务、技术培训。(依法须经批准的项目,经相关部门批准后方可开展经营活动。)

恒润新能源主要历史沿革及股本演变情况如下:

i. 2010年12月设立

2010年11月15日,内蒙古送变电作为股东签署了恒润新能源的公司章程。2010年11月22日,恒润新能源作出股东会决议,通过公司章程。

2010年12月6日,乌兰察布兴达联合会计师事务所出具了《验资报告(设立)》((2010)年(37)号),截至2010年12月6日,公司已收到注册资本1,000万元,以货币出资。

2010年12月9日,察右中旗工商局核发了营业执照(注册号152631000003114)。

ii. 2012年1月增资

2012年1月5日,恒润新能源股东作出决定,同意增加注册资本,由1,000万元增加至8,888万元。

根据乌兰察布兴达联合会计师事务所于2012年1月10日出具的《验资报告(变更)》(乌兴会验字[2012]2号),截至2012年1月9日,公司已收到变更后的累计注册资本8,888万元。

iii. 2013年8月增资

2013年8月2日，恒润新能源作出股东会决议，同意将其未分配利润70,131,336.16元（税后净利润77,923,706.84元，提取10%法定公积金7,792,370.68元剩余分配回股东）中6,800万元转增资本，恒润新能源注册资本由8,888万元增至15,688万元。同日，内蒙古送变电有限责任公司签署了新的公司章程。

根据乌兰察布兴达联合会计师事务所于2013年8月10日出具的《验资报告》（乌兴会验字[2013]18号），截至2013年8月10日，公司已收到变更后的累计注册资本15,688万元。本次增资完成后，恒润新能源的股权结构如下：

股东名称	认缴出资额（万元）	实缴出资额（万元）	持股比例
内蒙古送变电	1,5688	1,5688	100%
合计	1,5688	1,5688	100%

（3）内蒙古裕源售电有限责任公司（以下简称“裕源售电”）

截至本法律意见书出具之日，恒润新能源下设一家100%持股的子公司，为内蒙古裕源售电有限责任公司，基本情况如下：

营业执照编号	150927000008770
主管工商局	察哈尔右翼中旗工商局
股东及其持股股比	恒润新能源持股100%
是否存在股权质押	无
住所	察右中旗米粮局乡恒润风电场服务楼303室
注册资本	500万元
法定代表人	庞国栋
设立日期	2015年07月30日
营业期限	2015年07月30日至2040年07月30日

续表

经营范围	许可经营项目：售电业务；一般经营项目：电力设备的维修维护；新能源的技术开发、技术转让、技术咨询、技术服务；电力设备器材的批发、销售、租赁。（依法须经批准的项目，经相关部门批准后方可开展经营活动）

根据公司的书面说明，裕源售电尚未开展具体业务的运营。

5. 内蒙古第一电力建设工程有限责任公司（以下简称“内蒙古电一建”）

截至本法律意见书出具之日，内蒙古电一建的基本情况如下：

营业执照编号	91150200114392794Q
主管工商局	包头市食品药品监督和工商行政管理局
股东及其持股股比	股份公司持股100%
是否存在股权质押	无
住所	内蒙古自治区包头市青山区呼得木林大街33号
注册资本	40,000万元
法定代表人	张勇志
营业期限	1985年6月10至2031年8月20日
经营范围	电力工程施工总承包壹级；钢结构工程专业承包壹级；机电设备安装工程专业承包壹级；火电设备安装工程专业承包壹级；土石方工程贰级；起重设备安装工程贰级；管道工程；电力建设工程（火电）金属试验壹级；火电工程类：可承担200MW及以下机组的调试业务；送变电工程类：可承担220KV及以下送变电工程的调试业务；承装电力设施检修、维护、调试；锅炉、起重机械安装、维修、改造（以上经营项目在许可证有效期限内经营）；电力工程专业技术服务；技术咨询服务（技术测试、技术培训）；钢结构施工、加工制作、销售；电力工程相关专业物资采购销售；普通货运。（依法须经批准的项目，经相关部门批准后方可开展经营活动。）

内蒙古电一建的前身为内蒙古电力安装工程公司,是于1985年6月10日设立的全民所有制企业,后更名为内蒙古自治区第一电力建设工程公司,并于2001年改制为有限责任公司,其主要历史沿革及股本演变情况如下:

(1)2001年8月改制为有限责任公司

2001年7月4日,内蒙古电力(集团)有限责任公司(以下简称"内蒙古电力集团")出具《关于明确内蒙古电力(集团)有限责任公司为内蒙古第一电力建设工程有限责任公司国有资产出资人代表的批复》(内电策划部[2001]12号),确认由内蒙古电力集团作为内蒙古电一建的国有资产出资人代表。

2001年7月19日,内蒙古电力集团出具《关于内蒙古第一电力建设工程公司改制方案的批复》(内电策划(2001)24号),同意改制方案。

2001年7月19日,内蒙古自治区电力工会出具《关于内蒙古第一电力建设工程公司组建职工持股会的批复》(内电工(2001)44号),同意建立内蒙古第一电力建设工程有限责任公司职工持股会(以下简称"电一建职工持股会")。

2001年7月20日,内蒙古第一电力建设工程公司与内蒙古第一电力建设工程公司工会签署《关于历年工资含量结余等三项资金转为电一建职工持股会资本的协议》,同意将近年来公司对职工紧缩分配形成的积累及部分对职工的负债合计1,820万元转为电一建职工持股会资本。

2001年8月1日,内蒙古自治区经济贸易委员会出具《关于同意内蒙古第一电力建设工程公司转制的批复》(内经贸企改发[2001]542号),同意内蒙古第一电力建设工程公司以内蒙古电力集团作为国有资产出资人代表进行转制,成立有限责任公司。

2001年8月2日,包头杰信会计师事务所出具《内蒙古第一电力建设工程公司资产评估报告书》(包杰会评字(2001)年第117号),截至评估基准日2000年12月31日,内蒙古第一电力建设工程公司按照重置成本法进行评估后的总资产为12,159.96万元,净资产6,060.85万元。

2001年8月3日,内蒙古第一电力建设工程公司职工代表大会通过《关于同意按筹建方案设立职工持股会的决议》,同意按电一建职工持股会筹资方案,将历年工资含量节余等三项资金以债转股的形式转为电一建职工持股会集体资本,电一建职工持股会向公司投资1,820万元;同意工会制定的持股会章程等。

2001年8月3日,内蒙古电力集团与电一建职工持股会签署《出资协议》,约定内蒙古电力集团作为国有出资人代表出资4,200万元,持股70%;电一建职工持股会出资1,820万元,持股30%。

2001年8月10日,内蒙古自治区总工会出具了《关于内蒙古第一电力建设工程公司设立职工持股会的批复》(内工组发(2001)31号),同意内蒙古第一电力建设工程公司设立电一建职工持股会。2001年8月14日,包头市总工会于出具《关于内蒙古第一电力建设工程公司设立职工持股会的批复》(包工组发(2001)14号),同意内蒙古第一电力建设工程公司设立职工持股会。

2001年8月14日,内蒙古电力集团出具《关于内蒙古第一电力建设工程有限责任公司章程的批复》(内电策划[2001]32号),批准内蒙古电力集团与电一建职工持股会签署的公司章程。

2001年8月15日,内蒙古自治区财政厅出具《关于内蒙古第一电力建设工程公司资产评估项目审核意见的函》(内财函[2001]169号)。

2001年8月16日,包头杰信会计师事务所出具《验资报告》(包杰会验字(2001)43号),验证依据前述资产评估报告,截至2000年12月31日,内蒙古电一建已收到内蒙古电力集团及电一建职工持股会缴纳的资本金6,020万元。

2001年8月17日,内蒙古自治区工商局下发《企业名称预先核准通知书》((内蒙古)名称预核字[2001]第776号),核准公司名称为"内蒙古第一电力建设工程有限责任公司"。

2001年8月22日,包头市工商局核准内蒙古电一建登记设立并向其颁发了注册号为1502001005268的《企业法人营业执照》。根据该营业执照,内蒙古电一建的公司类型为有限责任公司,注册资本为6,020万元。本次改制完成后,内蒙古电一建的股权结构如下:

股东名称	认缴出资额（万元）	实缴出资额（万元）	持股比例
内蒙古电力集团	4,200	4,200	69.77%
电一建职工持股会	1,820	1,820	30.23%
合计	6,020	6,020	100%

（2）2003 年 7 月增资

2003 年 6 月 30 日，内蒙古电一建通过股东会决议，同意公司注册资本由 6,020 万元增加至 7,700 万元，新增注册资本 1,680 万元全部由股东内蒙古电力集团出资；内蒙古电力集团与电一建职工持股会就此签署公司章程修正案。

2003 年 6 月 30 日，内蒙古中天华正会计师事务所出具《验资报告》（内中会验字（2003）第 60 号），验证截至 2003 年 6 月 30 日，内蒙古电一建已收到内蒙古电力集团以土地使用权出资的新增注册资本 1,680 万元，注册资本变更为 7,700万元。

2003 年 7 月 15 日，包头市工商局向内蒙古电一建换发了注册号为 1502001005268 的《企业法人营业执照》。根据该营业执照，内蒙古电一建的注册资本变更为 7,700 万元。

本次增资完成后，内蒙古电一建的股权结构如下：

股东名称	认缴出资额（万元）	实缴出资额（万元）	持股比例
内蒙古电力集团	5,880	5,880	76.36%
电一建职工持股会	1,820	1,820	23.64%
合计	7,700	7,700	100%

（3）2016 年 1 月股权转让及增资

2015 年 10 月 29 日，内蒙古国资委出具了《关于内蒙古电力勘测设计院等五家公司国有股权无偿划转的批复》（内国资产权字［2015］332 号），同意将内蒙古电力（集团）有限责任公司持有内蒙古电一建的 76% 股权无偿转让给内蒙古能源建设投资（集团）有限公司。

2016 年 1 月 16 日，内蒙古电一建通过股东会决议，同意内蒙古电力集团将其持有的内蒙古电一建 5,880 万元出资全部转让给内蒙古能建集团；同日，内蒙古能建集团与内蒙古电力集团签署《股权转让协议》，本次股权转让为无偿转让。

2016 年 1 月 16 日，内蒙古电一建通过股东会决议，同意公司注册资本由 7,700 万元增加至 40,000 万元，新增注册资本 32,300 万元全部由新股东内蒙古能建集团认缴。根据公司章程修正案，本次新增注册资本 32,300 万元由内蒙古能建集团于 2031 年 8 月 20 日前缴足。

2016 年 1 月 20 日，包头市食品药品监督和工商行政管理局下发《核准变更登记通知书》（包头核变通内字［2016］第 1600093573 号），核准内蒙古电一建本次股权转让及增资。

本次股权转让及增资完成后，内蒙古电一建的股权结构如下：

股东名称	认缴出资额（万元）	实缴出资额（万元）	持股比例
内蒙古能建集团	38,180	5,880	95.45%
电一建职工持股会	1,820	1,820	4.55%
合计	40,000	7,700	100%

（4）2016 年 2 月股权转让

2016 年 2 月 18 日，内蒙古电一建通过股东会决议，同意电一建股东职工持股会将持有的公司 1,820 万元出资全部转让给内蒙古能建集团，同日内蒙古能建集团与职工持股会签署《股权转让协议》。

2016 年 2 月 23 日，包头市食品药品监督和工商行政管理局向内蒙古电一建换发了统一社会信用代码为 91150200114392794Q 的《营业执照》。

本次股权转让完成后，内蒙古电一建的股权结构如下：

股东名称	认缴出资额（万元）	实缴出资额（万元）	持股比例
内蒙古能建集团	40,000	7,700	100%
合计	40,000	7,700	100%

（5）2016 年 5 月无偿划转

经履行上市前重组程序（具体请参见本法

律意见书“十一、公司的重大股权投资”—“(二)公司控股子公司的详细情况”—“内蒙古电力勘测设计院有限责任公司”—“2016 年 5 月无偿划转”中的详细描述),内蒙古电一建的股东由内蒙古能建集团变更为内蒙古能建有限。2016 年 5 月 9 日,包头市食品药品监督和工商行政管理局就上述股权变更事宜进行了工商登记。

(6)2016 年 7 月股东更名

2016 年 7 月 11 日,包头市食品药品监督和工商行政管理局就内蒙古电一建股东由内蒙古科宜能源建设有限责任公司变更为内蒙古能源建设投资股份有限公司的相关事项进行了工商变更登记。

6. 内蒙古电一建下属控股子公司

截至本法律意见书出具之日,内蒙古电一建下属全资及控股子公司共计 3 家,分别为包头市银隆建材城有限责任公司、包头市正盾无损检测技术有限责任公司、包头市卓越信息技术咨询有限责任公司。

(1)包头市银隆建材城有限责任公司(以下简称“包头银隆”)

截至本法律意见书出具之日,包头银隆的基本情况如下:

营业执照编号	91150204692851710H
主管工商局	包头市青山区市场监督管理局
股东及其持股股比	内蒙古电一建持股 100%
是否存在股权质押	无
住所	内蒙古自治区包头市青山区二电厂厂前路
注册资本	40 万元
法定代表人	王曙东
营业期限	2009 年 7 月 27 日至 2029 年 7 月 26 日
经营范围	房屋租赁。(依法须经批准的项目,经相关部门批准后方可开展经营活动。)

(2)包头市正盾无损检测技术有限责任公司(以下简称“包头正盾”)

截至本法律意见书出具之日,包头正盾的基本情况如下:

营业执照编号	91150204585151997X
主管工商局	包头市青山区市场监督管理局
股东及其持股股比	内蒙古电一建持股 100%
是否存在股权质押	无
住所	包头市青山区呼得木林大街 33 号(云楼宾馆一楼)
注册资本	100 万元
法定代表人	安敬源
营业期限	2011 年 10 月 21 日至 2061 年 10 月 20 日
经营范围	建安施工工程无损检测、锅容管特无损检测、焊接热处理、金属材料机械性能试验、金相和化学成分分析(以上各项凭资质方可经营);普通管道防腐保温。

(3)包头市卓越信息技术咨询有限责任公司(以下简称“包头卓越”)

截至本法律意见书出具之日,包头卓越的基本情况如下:

营业执照编号	911502047971717384
主管工商局	包头市青山区市场监督管理局
股东及其持股股比	内蒙古电一建持股 67%,闫树东持股 33%
是否存在股权质押	无
住所	内蒙古自治区包头市青山区望园中道电力技校院内
注册资本	30 万元
法定代表人	张勇志
营业期限	2007 年 1 月 29 日至 2027 年 1 月 28 日
经营范围	企业咨询服务、社会经济咨询、科技咨询服务、信息咨询服务(不含中介)、信息技术咨询服务、家政服务;企业员工培训。(依法须经批准的项目,经相关部门批准后方可开展经营活动。)

7.内蒙古第三电力建设工程有限责任公司（以下简称"内蒙古电三建"）

截至本法律意见书出具之日，内蒙古电三建的基本情况如下：

营业执照编号	911502001143939811
主管工商局	包头市食品药品监督和工商行政管理局
股东及其持股股比	股份公司持股100%
是否存在股权质押	无
住所	内蒙古自治区包头市青山区劳动大街63号
注册资本	40,000万元
法定代表人	孟祥斋
营业期限	1990年6月1日至2040年5月31日
经营范围	火电、水电、核电、风电、太阳能发电、其他发电、输（送）变电站等的建筑施工、设备安装；电站、电网的调试、维护和检修；建筑工程、市政公用工程、通信工程、机电工程、公路工程、石油化工工程、机场工程、环境工程、电子与智能化工程、建筑装修装饰工程等施工，以及与工程配套的其他工程的施工；各类建筑工程设备、线路、管道的安装；钢结构制作、安装和销售；商品混凝土生产与销售；机械设备租赁；起重设备安装、吊装、运输；金属门窗制作、加工与销售；铁路运输及延伸服务；房地产开发与经营；物业管理；仓储服务（不含危险品）；物资采购与销售；劳务；技术咨询服务；质检技术服务；工程管理服务；社区医疗与卫生院等。（在许可证有效期内经营）（依法须经批准的项目，经相关部门批准后方可开展经营活动。）

内蒙古电三建的前身为内蒙第二建筑工程公司，是于1950年3月设立的全民所有制企业，后更名为内蒙古自治区第三电力建设工程公司，并于2001年改制为有限责任公司，其主要历史沿革及股本演变情况如下：

（1）2001年6月改制为有限责任公司

2000年4月4日，内蒙古电力集团出具《关于内蒙古第三电力建设工程公司改革改制总体方案的批复》（内电劳［2000］29号，同意改制方案。

2000年4月11日，内蒙古电力（集团）有限责任公司出具《内蒙古电力（集团）有限责任公司关于内蒙古第三电力建设工程公司更名的批复》（内电劳［2000］32号），同意公司更名为"内蒙古第三电力建设有限责任公司"。

2000年11月2日，内蒙古自治区经济贸易委员会出具《关于对内蒙古电力（集团）有限责任公司明确内蒙古第三电力建设有限责任公司出资人请示的批复》（内经贸企改发［2000］599号），同意内蒙古电力集团暂为内蒙古电三建有资产出资人代表。

2000年11月8日，内蒙古自治区电力工会出具《关于内蒙古第三电力建设有限责任公司组建职工持股会的批复》（内电工［2000］42号），同意内蒙古电三建组建职工持股会（以下简称"电三建职工持股会"）。

2000年11月15日，内蒙古电建三公司职工代表大会通过《关于同意职工持股会资金筹集方案决议》，同意公司职工持股会将公司历年工资含量结余900.5万元、公司历年福利费结余677.6万元和公司房改结余资金870.1万元，共计2,448.2万元。

2000年11月27日，电三建职工持股会通过《内蒙古电建三公司职工持股会关于首次向公司投资的决议》，同意将电三建职工持股会筹集的资金2,448.2万元作为首次出资投入公司，占公司总股本的49%。

2000年12月28日，电三建职工持股会和内蒙古电力集团签署《内蒙古第三电力建设工程有限责任公司章程》；2001年5月20日，电三建职工持股会和内蒙古电力集团召开股东会通过该章程。

2001年5月28日，包头杰信会计师事务所出具《内蒙古第三电力建设工程公司资产评估报告书》（包杰会评字（2001）年第086号），截至评估基准日为2000年12月31日，内蒙古第三电力建设工程公司按照重置成本法进行评估后的总资产为21,967.96万元，净资产6,425.94万元。

2001年6月7日，内蒙古自治区工商局下发《企业名称预先核准通知书》（（内蒙古）名称预核内字［2001］第553号），核准公司名称为"内蒙古第三电力建设工程有限责任公司”。

2001 年 6 月 13 日,内蒙古自治区财政厅出具《内蒙古自治区财政厅关于对第三电力建设工程公司资产评估项目审核意见的函》(内财函[2001]115 号)。

2001 年 6 月 15 日,包头杰信会计师事务所出具《验资报告》(包杰会验字(2001)39 号),验证依据前述资产评估报告,截至 2000 年 12 月 31 日,内蒙古电三建已收到内蒙古电力集团及职工持股会缴纳的资本金 5,011 万元。

2001 年 6 月 15 日,包头市工商局核准内蒙古电三建登记设立并向其颁发了《企业法人营业执照》。根据该营业执照,内蒙古电三建的公司类型为有限责任公司,注册资本为 5,011 万元。

本次改制完成后,内蒙古电三建的股权结构如下:

股东名称	认缴出资额(万元)	实缴出资额(万元)	持股比例
内蒙古电力集团	2,563	2,563	51%
电三建职工持股会	2,448	2,448	49%
合计	5,011	5,011	100%

(2)2005 年 7 月增资

2005 年 6 月 21 日,内蒙古电三建通过股东会决议,同意新增职工股东 24 人,出资额 2,050 万元,资本金由 5,011 万元增至 7,061 万元,并通过了新的章程修正案。

2005 年 6 月 30 日,内蒙古中天华正会计师事务所出具《验资报告》(内中会验字(2005)第 15 号),验证截至 2005 年 6 月 30 日,内蒙古电三建已收到赵勇、崔乃学等 24 名职工缴纳的新增注册资本合计人民币 2,050 万元,出资方式为货币,变更后的累计注册资本实收金额为人民币 7,061 万元。

2005 年 7 月 7 日,包头市工商局向内蒙古电三建换发了注册号为 1502001005186 的《企业法人营业执照》。根据该营业执照,内蒙古电三建的注册资本变更为 7,061 万元。

本次增资完成后,内蒙古电三建的股权结构如下:

股东名称	认缴出资额(万元)	实缴出资额(万元)	持股比例
内蒙古电力集团	2,563	2,563	36.30%
电三建职工持股会	2,448	2,448	34.67%
赵勇	9.9202	9.9202	0.14%
崔乃学	9.9202	9.9202	0.14%
侯红	9.9202	9.9202	0.14%
齐朝华	9.9202	9.9202	0.14%
王占红	61.0795	61.0795	0.87%
刘桂兰	37.8993	37.8993	0.54%
时建平	41.2143	41.2143	0.58%
白志平	19.766	19.766	0.28%
孙勇	31.3437	31.3437	0.44%
刘百华	32.9268	32.9268	0.47%
王金华	19.7908	19.7908	0.28%
张勇志	24.7137	24.7137	0.35%
杜在虎	18.1333	18.1333	0.26%
刘宝银	241.4767	241.4767	3.42%
高再顺	244.7669	244.7669	3.47%
李志祥	244.7669	244.7669	3.47%
王传煌	98.2662	98.2662	1.39%
郝铭进	130.1985	130.1985	1.84%
张安荣	177.6865	177.6865	2.52%
孔庆平	172.3577	172.3577	2.44%
王玉玺	215.2047	215.2047	3.05%
闫德元	49.4274	49.4274	0.70%
赵宝龙	130.0993	130.0993	1.84%
齐志成	19.201	19.201	0.27%
合计	7,061.00	7,061.00	100%

(3)2006 年 12 月减资

2005 年 8 月 4 日,内蒙古电三建通过股东会决议,同意公司股东由 26 名变更至 2 名;同意职工股东 24 人,原出资比例 29.03%,出资额2,050 万元全部撤出;并通过公司章程修正案。

2006年11月6日，内蒙古中天华正会计师事务所出具《验资报告》（内中会验字（2006）第20号），验证截至2006年9月30日，内蒙古电三建已减少实收资本人民币2,050万元，变更后的实收资本为人民币5,011万元。

2006年12月4日，包头市工商局向内蒙古电三建换发了注册号为1502001005186的《企业法人营业执照》。根据该营业执照，内蒙古电三建的注册资本变更为5,011万元。

本次减资完成后，内蒙古电三建的股权结构如下：

股东名称	认缴出资额（万元）	实缴出资额（万元）	持股比例
内蒙古电力集团	2,563	2,563	51%
电三建职工持股会	2,448	2,448	49%
合计	5,011	5,011	100%

（4）2011年2月资本公积转增资

2011年1月5日，内蒙古电三建通过股东会决议，同意公司以资本公积金转增注册资本金；同意注册资本金增至7,061万元人民币，原股东持股比例不变；并通过了新的章程修正案。

2011年1月10日，立信大华会计师事务所有限公司出具《验资报告》（立信大华（蒙）［2011］002号），验证截至2010年12月31日，内蒙古电三建已将资本公积2,050万元转增实收资本，变更后的注册资本人民币7,061万元、累计实收资本人民币7,061万元。

2011年2月16日，包头市工商局向内蒙古电三建换发了注册号为150200000012402的《企业法人营业执照》。根据该营业执照，内蒙古电三建的注册资本变更为7,061万元。

本次增资完成后，内蒙古电三建的股权结构如下：

股东名称	认缴出资额（万元）	实缴出资额（万元）	持股比例
内蒙古电力集团	3,609	3,609	51%
电三建职工持股会	3,452	3,452	49%
合计	7,061	7,061	100%

（5）2016年1月股权转让

2015年10月29日，内蒙古国资委出具了《关于内蒙古电力勘测设计院等五家公司国有股权无偿划转的批复》（内国资产权字［2015］332号），同意将内蒙古电力（集团）有限责任公司持有内蒙古电三建的51%股权无偿转让给内蒙古能源建设投资（集团）有限公司。

2015年11月12日，内蒙古电三建股东会通过决议，同意将内蒙古电力集团所持有的内蒙古电三建3,609万元人民币股权，占注册资本金的51%无偿转让给内蒙古能建集团，电三建职工持股会放弃优先购买权。

2015年11月12日，内蒙古能建集团与内蒙古电力集团签署《股权转让协议》，内蒙古电力集团将其持有内蒙古电三建3,609万元出资无偿转让给内蒙古能建集团。

2015年11月12日，内蒙古第三建作出股东会决议，确认变更后内蒙古能建集团以货币认缴出资3,609万元人民币，占注册资本51%；电三建职工持股会以货币认缴出资3,452万元人民币，占注册资本49%；同时通过了章程修正案。

2015年12月23日，电三建职工持股会作出决议，同意将其持有的内蒙古电三建的股权转让给内蒙古能建集团；同日，内蒙古电三建通过股东会决议，同意电三建职工持股会将其持有的内蒙古电三建出资全部转让给内蒙古能建集团。同日，内蒙古能建集团与电三建职工持股会签署《股权转让协议》。

2016年1月11日，包头市食品药品监督和工商行政管理局向内蒙古电三建换发了统一社会信用代码为911502001143933981l的《营业执照》。

本次股权转让完成后，内蒙古电三建的股权结构如下：

股东名称	认缴出资额（万元）	实缴出资额（万元）	持股比例
内蒙古能建集团	7,061	7,061	100%
合计	7,061	7,061	100%

（6）2016年5月无偿划转

经履行上市前重组程序（具体请参见本法律意见书“十一、公司的重大股权投资”—“（二）公司控股子公司的详细情况”—“内蒙古电力勘测设计院有限责任公司”-“2016年5月无偿划转”中的详细描述),内蒙古电三建的股东由内蒙古能建集团变更为内蒙古能建有限。2016年5月5日,包头市食品药品监督和工商行政管理局就上述股权变更事宜进行了工商登记。

(7)2016年7月股东更名及增资

2016年6月28日,内蒙古电三建通过股东决定,同意公司注册资本由7,061万元增至40,000万元人民币;同意公司股东名称变更为内蒙古能源建设投资股份有限公司;并通过了新的章程修正案。

2016年7月14日,包头市食品药品监督和工商行政管理局就上述变更事项进行了工商变更登记,并向内蒙古电三建换发了《营业执照》。

8. 内蒙古电三建下属控股子公司

截至本法律意见书出具之日,内蒙古电三建下属全资子公司共计2家,分别为包头市华安电建试验检测技术有限责任公司、包头市华建房地产开发有限责任公司。

(1)包头市华安电建试验检测技术有限责任公司(以下简称“包头华安”)

截至本法律意见书出具之日,包头华安的基本情况如下:

营业执照编号	150204000025039
主管工商局	包头市青山区市场监督管理局
股东及其持股股比	内蒙古电三建持股100%
是否存在股权质押	无
住所	内蒙古自治区包头市青山区呼得木林大街63号
注册资本	20万元
法定代表人	王兆平
营业期限	2010年5月13日至2020年5月12日
经营范围	砼非破损结构检测;钢筋、混凝土、水泥、粗骨料、细骨料、轻骨料、砂浆、砖(砌块)、土工、防水材料、砼外加剂、矿物掺合料、保温材料的检测。(依法须经批准的项目,经相关部门批准后方可开展经营活动。)

(2)包头市华建房地产开发有限责任公司(以下简称“华建房地产”)

截至本法律意见书出具之日,华建房地产的基本情况如下:

营业执照编号	91150204114400096F
主管工商局	包头市青山区市场监督管理局
股东及其持股股比	内蒙古电三建持股100%
是否存在股权质押	无
住所	内蒙古自治区包头市青山区青山路5#电三建华清佳苑小区综合楼
注册资本	1,001万元
法定代表人	闫兴旺
营业期限	1992年9月28日至2021年1月13日
经营范围	房地产经营;建材、装潢材料、水暖器材、电工器材、钢材、木材的销售。(依法须经批准的项目,经相关部门批准后方可开展经营活动。)

9. 内蒙古能建物产有限公司(以下简称“能建物产”)

截至本法律意见书出具之日,能建物产的基本情况如下:

营业执照编号	91150100MA0MWA9657
主管工商局	呼和浩特市工商局
股东及其持股股比	股份公司持股100%
是否存在股权质押	无
住所	内蒙古自治区呼和浩特市赛罕区世纪五路万豪长隆湾小区商业房23号楼
注册资本	10,000万元
法定代表人	于秀云
营业期限	2015年6月9日至2065年6月8日

续表

经营范围	电力设备、机电设备、钢材、木材、水泥、有色金属及相关钢材、水泥、有色金属、电缆、阀门管件、五金产品、水暖、化工产品(不含危险化学品及原料)、煤炭、焦炭、煤制品、铁矿粉、铜矿粉、农用肥料、粮食、油料植物、水产品、矿产品、农副产品、海产品、预包装食品、牛羊肉、沥青、润滑油的销售;经商务部门备案的进出口业务;仓储配送;普通道路货物运输(凭资质证书经营);批发高锰酸钾、甲苯、次氧碳酸钠溶液、硫酸、氢氧化钠、氢氧化钠溶液、硝酸、盐酸、氨(液化的)、氮(液化的)、碳化钙、煤焦油、甲醇、粗苯、乙醇、乙烯(基)、三氯硅烷(《危险化学品经营许可证》有效期至2019年1月24日)。(依法须经批准的项目,经相关部门批准后方可开展经营活动。)

能建物产的主要历史沿革及股本演变情况如下:

(1)2015年6月,设立

2015年6月3日,呼和浩特市工商局出具了《企业名称预先核准通知书》((蒙呼)内名预核[2015]第1501752582号),核准企业名称为"内蒙古能建物产有限公司"。

2015年6月3日,能建物产股东作出决定,同意制定并遵守《内蒙古能建物产有限公司章程》,同意设立能建物产。

2015年6月3日,能建物产通过了《内蒙古能建物产有限公司章程》,内蒙古能建集团以货币资金方式出资10,000万元,占注册资本的100%。

2015年9月11日,广实会计师事务所有限公司出具了《内蒙古能建物产有限公司验资报告》(广实验字[2015]第2001号),截至2015年7月28日,能建物产已收到内蒙古能建集团以货币缴纳的注册资本(实收资本)10,000万元。

2015年6月9日,呼和浩特市工商局向能建物产颁发了《营业执照》。能建物产设立时的股权结构如下:

股东名称	认缴出资额(万元)	实缴出资额(万元)	持股比例
内蒙古能建集团	10,000	10,000	100%

(2)2016年5月无偿划转

经履行上市前重组程序(具体请参见本法律意见书"十一、公司的重大股权投资"—"(二)公司控股子公司的详细情况"—"内蒙古电力勘测设计院有限责任公司"—"2016年5月无偿划转"中的详细描述),能建物产的股东由内蒙古能建集团变更为内蒙古能建有限。2016年5月31日,呼和浩特市工商局就上述股权变更事宜进行了工商登记。

(3)2016年7月股东更名

2016年7月11日,呼和浩特市工商局就能建物产股东由内蒙古科宜能源建设有限责任公司变更为内蒙古能源建设投资股份有限公司的相关事项进行了工商变更登记。

10. 能建物产下属控股子公司

截至本法律意见书出具之日,能建物产下属全资子公司共计11家,基本情况请见本法律意见书附表九:《内蒙古能源建设投资股份有限公司部分控股子公司基本情况一览表》第一部分"内蒙古能建物产有限公司下属控股子公司"。

11. 内蒙古能建物业服务有限公司(以下简称"能建物业")

截至本法律意见书出具之日,能建物业的基本情况如下:

营业执照编号	911501053414439504
主管工商局	呼和浩特市工商局赛罕区分局
股东及其持股股比	股份公司持股100%
是否存在股权质押	无
住所	内蒙古自治区呼和浩特市赛罕区鄂尔多斯东街凌云大厦9层914室
注册资本	100万元
法定代表人	李正伟
营业期限	2015年6月8日至2035年6月7日
经营范围	物业服务;酒店餐饮管理服务;汽车、大型机械租赁服务;房屋中介;社会经济信息咨询;机电设备、电子产品、日用百货、办公用品、五金交电、建筑材料的销售;预包装食品兼散装食品的销售。(依法须经批准的项目,经相关部门批准后方可开展经营活动。)

能建物业的主要历史沿革及股本演变情况如下：

(1)2015 年 6 月设立

2015 年 4 月 23 日,呼和浩特市工商局赛罕分局下发《企业名称预先核准通知书》((呼赛)内名预核[2015]第 1501056356 号),核准公司名称为"内蒙古能建物业服务有限公司"。

2015 年 6 月 5 日,能建物业股东内蒙古能建集团作出《股东决定》,决定出资 100 万元组建"内蒙古能建物业服务有限公司"。

2015 年 6 月 8 日,呼和浩特市工商局赛罕分局核准能建物业登记设立并向其颁发了统一社会信用代码为 911501053414439504 的《营业执照》。根据该营业执照,能建物业的公司类型为有限责任公司(法人独资),注册资本为 100 万元。

(2)2016 年 5 月无偿划转

经履行上市前重组程序(具体请参见本法律意见书"十一、公司的重大股权投资"—"(二)公司控股子公司的详细情况"—"内蒙古电力勘测设计院有限责任公司"—"2016 年 5 月无偿划转"中的详细描述),能建物业的股东由内蒙古能建集团变更为内蒙古能建有限。2016 年 5 月 11 日,呼和浩特市工商局赛罕分局就上述股权变更事宜进行了工商登记。

(3)2016 年 7 月股东更名

2016 年 7 月 4 日,呼和浩特市工商局赛罕分局就能建物业股东由内蒙古科宜能源建设有限责任公司变更为内蒙古能源建设投资股份有限公司的相关事项进行了工商变更登记。

12. 内蒙古电力建设(集团)有限公司(以下简称"电建公司")

截至本法律意见书出具之日,电建公司的基本情况如下：

统一社会信用代码	911500003414372517
主管工商局	内蒙古自治区工商局
股东及其持股股比	股份公司持股 100%
是否存在股权质押	无

续表

住所	内蒙古自治区呼和浩特市赛罕区鄂尔多斯大街 29 中西巷凌云大厦
注册资本	66,000 万元
法定代表人	刘明
营业期限	2015 年 6 月 1 日至 2065 年 5 月 31 日
经营范围	许可经营项目:无。一般经营项目:房屋建筑业、土木工程建筑业、建筑安装业、建筑装饰和其他建筑业,火电、水电、核电、风电、太阳能发电、其他发电、送变电、市政、机场、环境、石油化工、通信等项目的规划设计、建设、咨询,工程总承包,施工总承包,工程勘察设计,工程管理服务;机电、超重设备安装;电站、电网启动调试与检修;进出口业务;电力专有技术开发与产品销售;砼结构构结、金属结构、金属门窗、机械、电子设备的制造、销售、租赁;房地产开发与经营;物业管理;道路运输业,仓储业;实业投资。(依法须经批准的项目,经相关部门批准后方可开展经营活动。)

(1)2015 年 6 月设立

2015 年 5 月 11 日,内蒙古自治区人民政府核发《关于注册成立内蒙古电力建设(集团)有限公司的批复》(内政字[2015]106 号),同意注册成立内蒙古电力建设(集团)有限公司。

2015 年 6 月 1 日,内蒙古自治区工商局核发《营业执照》。电建公司设立时的股东为内蒙古能建集团。

(2)2016 年 5 月无偿划转

经履行上市前重组程序(具体请参见本法律意见书"十一、公司的重大股权投资"—"(二)公司控股子公司的详细情况"—"内蒙古电力勘测设计院有限责任公司"—"2016 年 5 月无偿划转"中的详细描述),电建公司的股东由内蒙古能建集团变更为内蒙古能建有限。

(3)2016 年 7 月股东更名

2016 年 7 月 12 日,呼和浩特市工商局就电建公司股东由内蒙古科宜能源建设有限责任公司变更为内蒙古能源建设投资股份有限公司的相关事项进行了工商变更登记。

13. 电建公司下属控股子公司

截至本法律意见书出具之日,电建公司下属

全资子公司共计2家,分别为内蒙古电建集团第一建设工程有限责任公司、内蒙古电建集团第三建设工程有限责任公司,基本情况如下:

(1)内蒙古电建集团第一建设工程有限责任公司

统一社会信用代码	91150200MA0MWNQ267
主管工商局	包头市食品药品监督和工商行政管理局
股东及其持股股比	电建公司持股100%
是否存在股权质押	无
住所	内蒙古自治区包头市青山区呼得木林大街33号501－505
注册资本	30,000万元
法定代表人	刘明
营业期限	2016年1月5日至2056年1月4日
经营范围	许可经营项目:无。一般经营项目:电力工程施工;建筑工程施工;火电、水电、核电、风电、太阳能发电、其他发电、送变电等项目的施工、调试、运行、维护;钢结构施工、加工制作、销售;电力工程相关专业物资采购销售;机电设备安装工程;火电设备安装工程;土石方工程;矿山工程施工;市政公用工程施工;起重设备安装工程;管道工程;电力建设工程金属试验;承装电力设施检修、维护、调试;锅炉、起重机械安装、维修、改造;电力工程专业技术服务;劳务;技术咨询服务(技术测试、技术培训)。(依法须经批准的项目,经相关部门批准后方可开展经营活动。)

(2)内蒙古电建集团第三建设工程有限责任公司

统一社会信用代码	91150200MA0MWQJJ9D
主管工商局	包头市食品药品监督和工商行政管理局
股东及其持股股比	电建公司持股100%
是否存在股权质押	无
住所	内蒙古自治区包头市青山区呼得木林大街63号4层
注册资本	30,000万元
法定代表人	孟祥斋
营业期限	2016年1月12日至2056年1月11日
经营范围	许可经营项目:无。一般经营项目:火电、水电、核电、风电、太阳能发电、其他发电、输(送)变电等的建设施工;电力系统的运行、维护和检修;工业与民用建筑、安装施工;市政、公路、机场、环境、石油化工、通讯等工程施工;起重设备安装、吊装、土方、运输;金属门窗制作、加工与销售;铁路运输机延伸服务;生产各种强度等级的混凝土和特种混凝土;各类建筑装修装饰工程,以及与装修工程直接配套的其他工程的施工;各类建筑工程项目的设备、线路、管道的安装,变电站工程,非标准钢结构件的制作和安装等;房地产开发与经营;物业管理;仓储服务;物资采购与销售;劳务;技术咨询服务(技术测试、技术培训)。(依法须经批准的项目,经相关部门批准后方可开展经营活动。)

14. 内蒙古能建工程设计咨询有限公司(以下简称“能建设计咨询”)

截至本法律意见书出具之日,能建设计咨询的基本情况如下:

统一社会信用代码	91150105318548949T
主管工商局	呼和浩特市工商局赛罕分局
股东及其持股股比	股份公司持股100%
是否存在股权质押	无
住所	内蒙古自治区呼和浩特市赛罕区鄂尔多斯大街29中西巷港湾大厦16层
注册资本	300万元
法定代表人	秦晓平
营业期限	2014年12月24日至2034年12月23日

续表

经营范围	许可经营项目:无。一般经营项目:火力发电厂、送变电及新能源工程的规划、咨询及勘测设计、工程项目管理及总承包(凭资质经营);城市规划、路桥、水利水电工业与民用建筑勘察设计、地基处理设计(凭资质经营);工程审查、评估和咨询(凭资质经营);项目建议书和可行性研究报告的编制(凭资质经营);工程监理、招标评标咨询(凭资质经营);环境评价、水土保持方案编制和设计(凭资质经营);新技术综合开发利用;安防监控系统设计、实施(凭资质经营);信息及网络系统的咨询、开发、服务;新技术转让和专有技术商品化;软件开发及网络设备销售;晒图、绘图、装订;机电产品及办公设备销售。(依法须经批准的项目,经相关部门批准后方可开展经营活动。)

能建设计咨询的主要历史沿革及股本演变情况如下:

(1)2014 年 12 月设立

2014 年 11 月 25 日,呼和浩特市工商局赛罕区分局下发了《企业名称预先核准通知书》(呼赛)内名预核[2014]第 1402010031 号。核准公司名称为"内蒙古能建工程设计咨询有限公司"。

2014 年 12 月 17 日,内蒙古电力勘测设计院有限责任公司通过《内蒙古能建工程设计咨询有限公司股东决定》,同意设立能建设计咨询并通过公司章程。

2014 年 12 月 24 日,呼和浩特市工商局赛罕区分局向能建设计咨询签发了《营业执照》(注册号:150105000120443)。根据该营业执照,能建设计的注册资本为 300 万元人民币。设立时,能建设计咨询为内蒙古电力勘测设计院有限责任公司的全资子公司。

(2)2015 年 12 月股东变更

2015 年 12 月 7 日,能建设计咨询股东作出股东决定,同意内蒙古电力勘测设计院有限责任公司将其持有的内蒙古能建工程设计咨询有限公司 300 万元股权全部转让给内蒙古能建集团。

2015 年 11 月 26 日,内蒙古电力勘测设计院有限责任公司、能建设计咨询与内蒙古能建集团签署了《股权转让协议》,内蒙古电力勘测设计院有限责任公司将其持有能建设计的全部股权转让给内蒙古能建集团。

(3)2016 年 5 月无偿划转

经履行上市前重组程序(具体请参见本法律意见书"十一、公司的重大股权投资"—"(二)公司控股子公司的详细情况"—"内蒙古电力勘测设计院有限责任公司"—"2016 年 5 月无偿划转"中的详细描述),能建设计咨询的股东由内蒙古能建集团变更为内蒙古能建有限。2016 年 5 月 5 日,呼和浩特市工商局就上述股权变更事宜进行了工商变更登记。

(4)2016 年 7 月股东更名

2016 年 7 月 7 日,呼和浩特市工商局就能建设计咨询股东由内蒙古科宜能源建设有限责任公司变更为内蒙古能源建设投资股份有限公司的相关事项进行了工商变更登记。

15. 内蒙古能建国际工程建设投资有限公司(简称"能建国际工程")

截至本法律意见书出具之日,能建国际工程的基本情况如下:

统一社会信用代码	91150100MA0MWE7H3X
主管工商局	呼和浩特市工商局
股东及其持股股比	股份公司持股 100%
是否存在股权质押	无
住所	内蒙古自治区呼和浩特市赛罕区鄂尔多斯东街天和小区 15 号楼 5 层 501 等 8 套房
注册资本	50,000 万元
法定代表人	刘瑞军
营业期限	2015 年 12 月 1 日至 2045 年 11 月 30 日
经营范围	许可经营项目:无。一般经营项目:电力工程施工总承包;房屋建筑工程施工总承包;钢结构工程专业承包;起重设备安装工程专业承包;火电设备安装工程;机电设备安装工程;市政工程施工;装饰装修工程施工;建筑安装工程施工;电力设施的承装(修、试);(以上经营范围凭资质证书经营)经商务部门备案的进出口业务;机电设备、钢材、金属材料、电线、电缆、电气材料的销售。(依法须经批准的项目,经相关部门批准后方可开展经营活动。)

能建国际工程的主要历史沿革及股本演变情况如下：

(1)2015 年 12 月设立

2014 年 10 月 14 日，内蒙古自治区工商局下发了《企业名称预先核准通知书》(蒙工商)内名预核[2015]第 1502682903 号。核准公司名称为"内蒙古能建国际工程建设投资有限公司"。

2015 年 11 月 30 日，内蒙古能建集团作出《内蒙古能建国际工程建设投资有限公司股东决定》，出资人民币 5 亿元成立能建工程并通过了能建工程公司章程。能建国际工程设立时为内蒙古能建集团的全资子公司。

(2)2016 年 5 月无偿划转

经履行上市前重组程序(具体请参见本法律意见书第十一章"公司的重大股权投资"—"(二)公司控股子公司的详细情况"—"内蒙古电力勘测设计院有限责任公司"—"2016 年 5 月无偿划转"中的详细描述)，能建国际工程的股东由内蒙古能建集团变更为内蒙古能建有限。2016 年 5 月 31 日，呼和浩特市工商局就上述股权变更事宜进行了工商登记。

(3)2016 年 7 月股东更名

2016 年 7 月 25 日，呼和浩特市工商局就能建国际工程股东由内蒙古科宜能源建设有限责任公司变更为内蒙古能源建设投资股份有限公司的相关事项进行了工商变更登记。

16. 内蒙古旗下营和益发电有限公司(以下简称"旗下营发电")

截至本法律意见书出具之日，旗下营发电的基本情况如下：

营业执照编号	150921000008048
主管工商局	卓资县工商局
股东及其持股股比	内蒙古能建恒达新能源有限公司持股 20%；内蒙古第三电力建设工程有限责任公司持股 10%；内蒙古伊东集团东兴化工有限责任公司持股 25%；内蒙古第一电力建设工程有限责任公司持股 10%；内蒙古电力勘测设计院有限责任公司持股 20%；内蒙古送变电有限责任公司持股 15%。
是否存在股权质押	无

续表

住所	乌兰察布市卓资县旗下营镇人民政府(伏虎太平庄)
注册资本	1,000 万元
法定代表人	马金山
营业期限	2015 年 3 月 23 日至长期
经营范围	电厂开发建设、电力生产及销售，电力工程，新能源开发，与电力有关的煤炭资源开发生产，电力生产的副产品加工及销售等。

17. 股份公司直接或间接控股的其他子公司(以下简称"项目公司")

股份公司直接或间接控股的其他子公司的基本情况，请见附表九：《内蒙古能源建设投资股份有限公司部分控股子公司基本情况一览表》第二部分"内蒙古能源建设投资股份有限公司直接或间接控股的其他子公司"。

18. 内蒙古国资委关于股份公司下属控股子公司国有资产产权登记及国有股权变动的确认

根据本所律师于 2016 年 7 月 19 日与内蒙古国资委的访谈，内蒙古国资委确认如下事项：

(1)因为历史原因，股份公司部分下属控股公司在国有股权变动过程中曾存在部分程序未履行的情况，该等国有股权变动过程中的程序瑕疵并未损害国有股东利益、未造成国有资产流失，国有股权形成与变动结果有效，该等控股子公司将不会因为上述事项受到内蒙古国资委及相关主管部门的处罚。

(2)内蒙古送变电 2005 年产权登记所涉信息与内蒙古送变电同时期在工商局注册登记的股权信息不一致由于历史原因造成，应当以内蒙古送变电同时期在工商局注册登记的股权信息为准。鉴于内蒙古送变电目前正在办理新的国有资产产权登记，内蒙古送变电 2005 年产权登记将不再具有效力。上述事项未损害国有股东利益、未造成国有资产流失，且内蒙古送变电不会因为该事项受到内蒙古国资委及相关主管部门的处罚。

(3)股份公司部分下属控股公司存在未及时办理国有资产产权登记、变动产权登记或产权年度检查登记的情况，目前正在协调下属公司补充办理国有资产产权登记相关手续，股份公司部分下属控股公司办理国有资产产权登记手续不存在障碍;上述事项未损害国有股东利益、未造成国有资产流失,将不会受到内蒙古国资委及相关主管部门的处罚。

根据公司提供的资料及书面确认,截至本法律意见书出具之日,内蒙古国资委于2016年7月29日向股份公司颁发了《企业产权登记表》(编号:150000 20160729 0005),股份公司下属控股公司已经向国有资产管理部门提供了办理国有资产产权登记的相关申请及材料,对应的企业产权登记文件正在办理过程中。

综上,本所认为:

1. 公司上述境内控股子公司均系依中国法律法规合法设立并有效存续,不存在中国法律法规规定的需要终止的情形。

2. 根据公司提供的资料及确认,公司合法直接及间接持有上述境内控股子公司的股权,该等股权不存在质押、冻结或者其他权利限制的情形。

十二、公司的重大债权债务

1. 本所对公司及其控股子公司截至2016年5月31日正在履行且适用中国法律的各类重大合同进行了审阅。鉴于该等合同数量较大,本所依据重要性原则对各类重大合同进行了核查,分为3类,具体如下:

(1)融资合同

依据公司提供的资料并经本所适当核查,截至2016年5月31日,公司及其控股子公司尚在履行中的单笔合同金额在1,000万元(含1,000万元)的融资合同共计14份,总计贷款金额为197,600万元,详见附表十:《内蒙古能源建设投资股份有限公司及其控股子公司融资合同、担保合同一览表》第一部分。

(2)担保合同

依据公司提供的资料并经本所适当核查,截至2016年5月31日,公司及其控股子公司尚在履行中的单笔合同金额在1,000万元(含1,000万元)担保合同共计4份,总计担保金额为241,237.445万元,详见附表十:《内蒙古能源建设投资股份有限公司及其控股子公司融资合同、担保合同一览表》第二部分。

(3)重大业务合同

根据公司提供的资料及确认并经本所适当核查,截至2016年5月31日,公司及其控股子公司重大权利义务尚未履行完毕的单笔合同金额(或等值货物)在2,000万元以上(含2,000万元)的业务合同共186份,详见附表十一:《内蒙古能源建设投资股份有限公司控股子公司重大业务合同一览表》。

2. 根据公司的确认并经本所适当核查,公司不存在因环境保护、知识产权、产品质量、劳动安全、人身权等原因产生的对公司生产经营构成重大不利影响的侵权之债。

综上,本所认为:

1. 公司正在履行的适用中国法律的重大合同内容合法、有效,其履行无法律障碍。

2. 公司不存在因环境保护、知识产权、产品质量、劳动安全及人身权等原因而产生的对公司生产经营构成重大不利影响的侵权之债。

十三、公司的重大资产变化及收购出售

1. 如本法律意见书"七、公司的历史沿革及股本演变"中所述,自股份公司设立(2016年5月31日)以来,股份公司未发生合并、分立、增资扩股、减少注册资本等股本变动事项。

2. 根据公司提供的资料及确认并经本所适当核查,自股份公司设立(2016年5月31日)以来,股份公司与其合并报表范围以外的主体未发生标的金额在3,000万元以上(含3,000万元)的资产置换、资产剥离、资产出售或收购兼并。

综上,本所认为:

1. 自股份公司设立以来,股份公司未发生合并、分立、增资扩股、减少注册资本等股本变动事项。

2. 自股份公司设立以来,股份公司未与其合并报表范围以外的主体发生重大资产收购及出售行为。

十四、公司章程的制定和修改

1.《公司章程》

(1)2016年5月30日,公司创立大会暨2016年度第一次临时股东大会审议通过《内蒙古能源建设投资股份有限公司章程》。《内蒙古能源建设投资股份有限公司章程》已于2016年5月31日在呼和浩特市工商局备案登记。

(2)2016年7月9日,公司2016年第二次临时股东大会作出决议,同意对《内蒙古能源建

设投资股份有限公司章程》进行修订。修订后的《内蒙古能源建设投资股份有限公司章程》（在本节以下简称“现行《公司章程》”）已于2016年8月5日在呼和浩特市工商局备案登记。

2.公司本次发行并上市后适用的《公司章程》（上市适用草案）

（1）2016年7月9日，公司2016年第二次临时股东大会审议通过了公司本次发行并上市后拟适用的《公司章程》（上市适用草案），并授权董事会及其获授权人士按照有关法律法规、公司股票上市地上市规则及监管和审核机关的要求，对《公司章程》（上市适用草案）酌情进行修订；同时授权董事会及其获授权人士在公司完成H股发行之后，根据公司发行股份的具体情况，对《公司章程》（上市适用草案）中关于公司的股份及注册资本数额、股权结构等条款进行相应修改并办理相关变更登记。

（2）《公司章程》（上市适用草案）已经载明了《必备条款》及《补充修改意见》规定的内容，未对《必备条款》、《补充修改意见》规定的内容进行实质性修改或删除，不存在针对股东（特别是小股东）依法行使权利的限制性规定。《公司章程》（上市适用草案）尚待本次发行并上市经中国证监会核准后，于本次发行并上市后生效。

综上，本所认为：

1.现行《公司章程》的内容符合中国法律法规的规定。

2.公司为本次发行并上市目的制定的《公司章程》（上市适用草案）的内容符合中国法律法规的规定。

3.公司制定、修改章程的程序符合有关法律、法规及现行《公司章程》的规定。

十五、公司股东大会、董事会、监事会会议及规范运作

1.根据公司提供的文件并经本所适当核查，公司已经根据《公司法》及其他相关法律、法规的规定，建立、健全了股东大会、董事会和监事会等公司组织机构。公司2016年第二次临时股东大会审议通过的《公司章程》（上市适用草案）已对公司的组织机构设置及相应的职责进行了约定，该等约定符合中国法律法规的规定。

2.根据2016年7月9日公司第一届董事会第二次会议决议，公司董事会设立提名委员会、薪酬委员会及审计委员会等三个专门委员会，上述各委员会的任期自公司本次发行并上市之日起算，至该届董事会任期届满时止；同时，该次董事会审议通过了《董事会提名委员会职责和议事规则》、《董事会薪酬委员会职责和议事规则》、《董事会审计委员会职责和议事规则》。

3.根据公司提供的文件并经本所适当核查，公司在报告期内的历次股东（大）会、董事会、监事会的召开程序和决议内容符合《公司法》及《公司章程》的规定。

综上，本所认为：

1.公司在报告期内的历次股东（大）会、董事会、监事会的召开程序和决议内容符合《公司法》及《公司章程》的规定。

2.公司已经根据《公司章程》和有关法律、法规的规定设立了股东大会、董事会、监事会等机构，具备规范的公司治理结构，并且实现了规范运作。

十六、公司董事、监事和高级管理人员及其变化

1.公司董事、监事和高级管理人员的情况

根据现行《公司章程》，公司董事会由六至九名董事组成；监事会由三至五名监事组成；高级管理人员包括总经理、副总经理、财务负责人（亦称为财务总监）和董事会秘书。自股份公司设立以来，公司董事、监事以及高级管理人员的产生及变动履行了如下程序：

（1）2016年5月30日，经内蒙古能建有限职工代表大会审议通过，选举李东华、武俊林为公司职工代表监事。

（2）2016年5月30日，公司创立大会暨2016年度第一次临时股东大会选举产生了公司第一届董事会成员，分别为：鲁当柱、武斌、王温、甦南、丁志云和杨泓；同时选举乔燕、郭润成为股东代表监事，与职工代表监事李东华和武俊林共同组成股份公司第一届监事会。

（3）2016年5月30日，公司召开了第一届董事会第一次会议，选举鲁当柱为公司第一届董事会董事长，并聘任武斌为公司总经理，王勇、洪树蒙和韩国庆为公司副总经理，刘利生为公司财务总监。

（4）2016年5月30日，公司召开了第一届

监事会第一次会议,选举乔燕为第一届监事会主席。

(5)2016 年 7 月 9 日,公司召开了 2016 年第二次临时股东大会,会议决议通过《关于内蒙古能源建设投资股份有限公司独立非执行董事的议案》,2016 年 5 月 30 日召开的公司创立大会暨 2016 年第一次临时股东大会决议,已选举王温、甦南、丁志云和杨泓为公司董事,根据上述四名董事的专业能力及工作经验,经核查,上述四位董事均符合 H 股上市公司独立非执行董事的任职条件,因此特确认王温、甦南、丁志云和杨泓为公司独立非执行董事;同意选举楼妙敏女士为公司独立非执行董事候选人。上述 5 名公司独立非执行董事任期至该届董事会任期届满时为止。

(6)2016 年 8 月 9 日,公司召开了第一届董事会第三次会议,同意免去武斌同志公司总经理职务,聘任鲁当柱同志为公司总经理。

2. 公司现任董事、监事、高级管理人员的任职及兼职情况详见下表:

姓名	在公司任职	兼职单位(不含公司下属企业)	在兼职单位所任职务
鲁当柱	执行董事、董事长、总经理	内蒙古能建集团	董事长
武斌	非执行董事	内蒙古能建集团	董事、总经理
王温	独立非执行董事	内蒙古能建集团	外部董事
甦南	独立非执行董事	内蒙古能建集团	外部董事
丁志云	独立非执行董事	内蒙古能建集团	外部董事
杨泓	独立非执行董事	内蒙古能建集团	外部董事
楼妙敏	独立非执行董事	北京京能清洁能源电力股份有限公司	独立非执行董事
乔燕	监事会主席	内蒙古能建集团	监事
		内蒙古国资委	内蒙古国资委副巡视员
郭润成	监事	内蒙古能建集团	监事
		内蒙古国资委	内蒙古国资委监事会监事
李东华	监事	内蒙古能建集团	人力资源(组织)部部长
武俊林	监事	内蒙古能建集团	总经理助理、运营管理部主任
王勇	副总经理	无	无
洪树蒙	副总经理	无	无
韩国庆	副总经理	无	无
刘利生	财务总监	无	无
刘明	董事会秘书	无	无

根据公司书面确认并经本所适当核查,截至本法律意见书出具之日,公司高级管理人员未有在公司股东及公司股东控制的其他企业中担任除董事、监事以外的其他职务,也未在公司股东及其控制的其他企业领薪。

3. 根据《公司章程》(上市适用草案)的规定,公司董事会由 6 至 9 名董事组成。任何时候独立非执行董事不得少于 3 人并应占董事会总人数的三分之一以上。

综上,本所认为:

1. 公司董事和股东代表监事均系公司股东大会依法选举产生,公司职工代表监事由公司职工民主选举产生。公司的高级管理人员均系由公司董事会聘任。董事、监事、高级管理人员的产生程序符合有关中国法律法规及《公司章程》的规定。

2. 公司董事、监事、高级管理人员的任职符合《公司法》、《公司章程》的规定。

3.《公司章程》(上市适用草案)中设置的独立董事人数符合相关中国法律法规的规定。公司股东大会已经确定独立董事人选,该等独立董事任期自公司本次发行并上市之日起算。

十七、公司的税务

1. 税务登记

依据公司提供的资料及本所适当核查,公司及其控股子公司均已依法办理了税务登记。

综上,本所认为公司及其控股子公司已依法办理了税务登记。

2. 主要税种、税率

依据公司提供的资料及本所适当核查,公司及其控股子公司执行的主要税种、税率情况详见附表十二:《内蒙古能源建设投资股份有限公司及其控股子公司主要税种税率情况一览表》。

综上,本所认为公司及其控股子公司享受的上述主要税收优惠和重大财政补贴具有合法依据。

3. 主要税收优惠及财政补贴

依据公司提供的资料及本所适当核查,公司及其控股子公司在报告期内享受的主要税收优惠及金额在1,000万元以上财政补贴的情况详见附表十三:《内蒙古能源建设投资股份有限公司控股子公司主要税收优惠及重大财政补贴一览表》。

综上,本所认为公司及其控股子公司享受的上述主要税收优惠和重大财政补贴具有合法依据。

4. 发行人及其控股子公司的纳税情况

(a)发行人

根据呼和浩特市国家税务局直属税务分局2016年7月20日出具的《证明》及呼和浩特市地方税务局直属三分局2016年7月20日出具的《证明》,发行人自设立之日起至2016年7月20日,能够按时申报,依法纳税,并能按时缴纳应缴税款,未受到过重大行政处罚。

(b)重要控股子公司

发行人如下控股子公司的国税主管机关向该等公司出具了9份税务合法合规证明、地税主管机关向该等公司出具了9份税务合法合规证明:

序号	公司名称
1	内蒙古电力勘测设计院有限责任公司
2	内蒙古送变电有限责任公司
3	内蒙古恒鑫铁塔有限责任公司
4	内蒙古恒润新能源有限责任公司
5	内蒙古第一电力建设工程有限责任公司
6	内蒙古第三电力建设工程有限责任公司
7	内蒙古能建物产有限公司
8	内蒙古能建工程设计咨询有限公司
9	内蒙古能建国际工程建设投资有限公司

根据上述税务合法合规证明,上述表格中的9家控股子公司分别在国税、地税方面,自2013年1月1日或其各自设立之日起①至2016年5月31日,按时申报,依法纳税,并能及时缴纳应缴税款。

(c)其他控股子公司

发行人如下控股子公司的国税主管机关向该等公司出具了37份税务合法合规证明:

序号	公司名称
1	内蒙古能建电力设计咨询有限责任公司
2	内蒙古蒙能建设工程监理有限责任公司
3	乌拉特中旗弘益新能源有限责任公司
4	内蒙古能建环保科技有限责任公司
5	内蒙古裕源售电有限责任公司
6	包头市银隆建材城有限责任公司
7	包头市正盾无损检测技术有限责任公司
8	包头市卓越信息技术咨询有限责任公司
9	包头市华安电建试验检测技术有限责任公司

① 其中存在如下情况:根据内蒙古自治区地方税务局直属征收管理分局2016年8月2日出具的《证明》,内蒙古能建物产有限公司自2015年7月1日起至该证明出具之日,能够按时申报,依法纳税,并能及时缴纳应缴税款。内蒙古能建物产有限公司的设立日期为2015年6月9日。

续表

序号	公司名称
10	包头市华建房地产开发有限责任公司
11	陕西榆林蒙能建物产有限公司
12	鄂尔多斯市蒙能建物产有限公司
13	能建(上海)物产有限公司
14	蒙能建国际贸易(天津)有限公司
15	乌海市蒙能建物产化工有限公司
16	五寨县能建物产有限公司
17	内蒙古能建物业服务有限公司
18	内蒙古电力建设(集团)有限公司
19	内蒙古旗下营和益发电有限公司
20	内蒙古能建英利新能源装备制造有限公司
21	达拉特旗能建英利新能源发电有限公司
22	内蒙古能建爱能森光热发电设备制造有限公司
23	苏尼特左旗同创新能源有限公司
24	乌拉特后旗益达新能源有限责任公司
25	杭锦旗同阳新能源有限责任公司
26	察右中旗同阳新能源有限责任公司
27	兴和县同阳新能源有限责任公司
28	阿拉善盟同阳新能源有限责任公司
29	内蒙古乌兰察布科宏发电有限公司
30	内蒙古乌拉特科荣发电有限公司
31	内蒙古兴和德益发电有限公司
32	磴口县同阳新能源有限公司
33	鄂托克前旗同阳新能源有限责任公司
34	卓资县同阳新能源有限责任公司
35	商都县同阳新能源有限责任公司
36	内蒙古能建中科蓝天光热发电有限公司
37	内蒙古乌拉特科畅发电有限公司

发行人如下控股子公司的地税主管机关向该等公司出具了32份税务合法合规证明：

序号	公司名称
1	内蒙古能建电力设计咨询有限责任公司
2	内蒙古蒙能建设工程监理有限责任公司
3	乌拉特中旗弘益新能源有限责任公司
4	内蒙古裕源售电有限责任公司
5	包头市银隆建材城有限责任公司
6	包头市正盾无损检测技术有限责任公司
7	包头市卓越信息技术咨询有限责任公司
8	包头市华安电建试验检测技术有限责任公司
9	包头市华建房地产开发有限责任公司
10	能建(上海)物产有限公司
11	蒙能建国际贸易(天津)有限公司
12	乌海市蒙能建物产化工有限公司
13	五寨县能建物产有限公司
14	内蒙古能建物业服务有限公司
15	内蒙古电力建设(集团)有限公司
16	内蒙古旗下营和益发电有限公司
17	达拉特旗能建英利新能源发电有限公司
18	内蒙古能建爱能森光热发电设备制造有限公司
19	苏尼特左旗同创新能源有限公司
20	乌拉特后旗益达新能源有限责任公司
21	杭锦旗同阳新能源有限责任公司
22	察右中旗同阳新能源有限责任公司
23	兴和县同阳新能源有限责任公司
24	阿拉善盟同阳新能源有限责任公司
25	内蒙古乌兰察布科宏发电有限公司
26	内蒙古乌拉特科荣发电有限公司
27	内蒙古兴和德益发电有限公司
28	磴口县同阳新能源有限公司
29	鄂托克前旗同阳新能源有限责任公司
30	卓资县同阳新能源有限责任公司
31	商都县同阳新能源有限责任公司
32	内蒙古乌拉特科畅发电有限公司

根据上述税务合法合规证明，上述表格中所

包含的公司分别在国税、地税方面，自2013年1月1日或其各自设立之日起①至2016年5月31日，能够按时申报，依法纳税。

除上述情形外，发行人如下控股子公司的地税主管机关向该等公司出具了4份证明：

序号	公司名称
1	鄂尔多斯市蒙能建物产有限公司
2	内蒙古能建中科蓝天光热发电有限公司
3	内蒙古能建英利新能源装备制造有限公司
4	蒙能建物产（北京）有限公司

根据上述税务主管部门开具的证明，上述表格中所包含的4家公司分别在地税方面，向其主管税务局进行了申报，并交纳了证明中对应的税款。

十八、安全生产

1. 依据公司提供的资料和书面确认，以及本所适当核查：（1）自2015年5月31日至2016年5月31日，公司及其控股子公司不存在发生重大、特别重大生产安全责任事故或一年内发生2次以上较大生产安全责任事故并负主要责任的情形，不存在《国务院关于进一步加强企业安全生产工作的通知》（国发［2010］23号）规定的限制融资的情形，也不存在违反《国务院关于进一步加强企业安全生产工作的通知》的情形。（2）公司及其控股子公司已建立完善严格的安全生产规章制度，不存在违章指挥、违规作业、违反劳动纪律的"三违"行为，不存在超能力、超强度、超定员组织生产的情形。公司及下属公司经常性开展安全隐患排查，并切实做到整改措施、责任、资金、时限和预案"五到位"。（3）自2015年5月31日至2016年5月31日，公司及其控股子公司不存在不符合有关安全标准、安全性能低下、职业危害严重、危及安全生产的落后技术、工艺和装备。公司及各下属公司未因安全生产问题而受到相关重大行政处罚。（4）通过查询国家安全生产监督管理总局、国务院安全生产委员会发布的公告，截至2016年5月31日公司及其控股子公司未被纳人生产经营单位安全生产不良记录"黑名单"管理。

2. 公司控股子公司中，内蒙古送变电有限责任公司、内蒙古第一电力建设工程有限责任公司、内蒙古第三电力建设工程有限责任公司、内蒙古能建国际工程建设投资有限公司4家企业从事建筑施工业务；内蒙古恒润新能源有限责任公司从事风力发电业务；内蒙古恒鑫铁塔有限责任公司从事送变电铁塔生产等电力设备制造业务。

根据内蒙古送变电有限责任公司、内蒙古第三电力建设工程有限责任公司、内蒙古恒润新能源有限责任公司、内蒙古恒鑫铁塔有限责任公司4家企业所在地安全生产主管部门出具的证明，上述4家企业在报告期内遵守安全生产管理相关法律、法规及规范性文件的规定，不存在因违反安全生产相关法律法规而受到重大行政处罚的情况。

根据内蒙古第一电力建设工程有限责任公司所在地包头市安全生产监督管理局于2016年6月21日出具的证明，该公司在报告期内在该局管辖范围内未发生致人死亡的生产安全责任

---

① 其中存在如下情况：（a）根据上海市浦东新区国家税务局保税区税务分局、上海市浦东新区地方税务局保税区分局2016年7月19日出具的《税务证明》，能建（上海）物产有限公司在2016年4月1日至2016年6月30日期间，能按税法规定按期办理纳税申报，暂未发现欠缴、偷逃税款和重大违法税收管理法规 情形。能建（上海）物产有限公司的设立日期为2016年2月2日。（b）根据五寨县国家税务局2016年8月2日出具的《税务证明》，五寨县能建物产有限公司在该国税局缴纳增值税和企业所得税；五寨县能建物产有限公司自2016年6月28日起至2016年8月2日期间，增值税、所得税无欠税、滞纳金及罚款。根据五寨县地方税务局2016年8月3日出具的《税务证明》，五寨县能建物产有限公司在该地税局申报城建税、印花税、个人所得税、教育附加费；五寨县能建物产有限公司城建税、印花税、个人所得税、教育附加费、地方教育附加申报正常，截止2016年8月3日无未申报记录。五寨县能建物产有限公司的设立日期为2016年4月8日。（c）根据包头市青山区国家税务2016年6月29日向包头市银隆建材城有限责任公司出具的《证明》、2016年6月21日向包头市正盾无损检测技术有限责任公司出具的《证明》、2016年6月30日向包头市华安电建试验检测技术有限责任公司出具的《证明》、2016年6月30日向包头市华建房地产开发有限责任公司出具的《证明》，上述公司自2016年5月1日至该等证明出具之日，能够按时申报，依法缴纳，并能及时缴纳应纳税款，不存在拖欠或拒缴税款的情形，也不存在因未按时缴纳税款或拖欠税款而受到税务行政处罚或被提起税务行政诉讼的情形。根据公司书面确认，以上公司2016年5月1日前由包头市青山区地方税务局管理，营业税改增值税后转为国税局管理。

事故。根据内蒙古第一电力建设工程有限责任公司出具的书面说明,该公司在报告期内不存在因违反安全生产相关法律法规而受到重大行政处罚的情况

根据本所律师于 2016 年 8 月 8 日对内蒙古能建国际工程建设投资有限公司的安全生产主管部门呼和浩特市建筑劳动安全监督站(以下简称"呼市安监站")的访谈,呼市安监站负责人书面确认,内蒙古能建国际工程建设投资有限公司自其设立至今未因违反《安全生产许可证条例》受到呼市安监站的任何行政处罚。

综上,本所认为:

根据相关安全生产主管部门出具的证明和签署的访谈纪要,公司下属从事建筑施工、风力发电、电力装备制造业务等业务的控股子公司的业务活动符合国家安全生产有关法律、法规的要求,在报告期内不存在因违反安全生产相关法律法规而受到重大行政处罚的情况。

十九、公司募股资金的运用

1. 根据公司 2016 年第二次临时股东大会决议,公司本次发行并上市所得募集资金在扣除发行费用后,拟按公司实际需要投资于以下项目:

a)用于公司业务开展、转型升级的设备更新购置项目;

b)用于提升公司科研技术和管理水平的项目;

c)用于核心产能扩大及转型升级需要的固定资产投资项目;

d)用于境内及境外有关电力能源工程的重大工程投资承包项目;

e)用于偿还部分银行贷款;

f)用于补充公司流动资金。

以上项目所需资金拟全部以本次发行募集资金投入。上述投资不涉及房地产开发。本次发行计划实施后,实际募集资金量较募集资金项目需求若有不足,则不足部分由公司自筹解决。公司可以因经营发展需要在本次发行募集资金到位前自筹资金先行实施上述项目,待本次发行募集资金到位后用于偿还前期垫付资金。

2. 根据上述股东大会决议,公司股东大会授权董事会及其获授权人士依据上市申请审核过程中相关主管部门意见和实际需求,对募集资金用途和使用计划进行调整;公司的募集资金用途以经董事会批准的 H 股招股说明书披露为准。

3. 根据公司的书面确认以及本所律师的适当核查,公司根据实际情况研究,本次境外发行募集资金的实际投资项目不涉及固定资产投资项目投资项目。根据公司提供的相关书面材料及确认,本次境外发行募集资金的实际投资用途主要涉及如下内容:用于购置设备、用于承包合同流动资金、用于偿还银行贷款、用于补充流动资金。

综上,本所认为:

1. 公司本次募集资金有明确的使用方向,且用于公司的主营业务。

2. 公司本次募集资金投资项目符合国家产业政策的规定。

3. 公司本次发行募集资金的运用项目已经股东大会审议批准。

二十、诉讼、仲裁或行政处罚

1. 根据公司提供的资料及书面确认并经本所适当核查,截至本法律意见书出具之日,公司及其控股子公司涉及的金额在 100 万元人民币以上的未决重大诉讼、仲裁情况详见附表十四:《内蒙古能源建设投资股份有限公司控股子公司重大未决诉讼、仲裁一览表》,涉及金额总计约 16,266 万元(其中,公司作为被告、被申请人或执行人的案件涉及金额总计约 5,508 万元,公司作为原告或其他诉讼参与人的案件涉及金额总计约 10,758 万元);截至本法律意见书出具之日,公司及其控股子公司不存在因涉嫌违法违规被行政机关调查,或者被司法机关立案侦查,尚未结案的情形;不存在被中国证监会依法采取限制业务活动、责令停业整顿、制定其他机构托管、接管等监管措施,尚未解除的情形;截至本法律意见书出具之日,公司及其控股子公司在近两年的期间内不存在涉嫌违反《证券法》、《证券投资基金法》、《期货交易管理条例》、《国务院关于股份有限公司境外募集股份及上市的特别规定》(国务院令第 160 号)及《国务院关于进一步加强在境外发行股票和上市管理的通知》(国发[1997]21 号)等证券、期货法律法规行为的情形。

2. 根据公司提供的资料及书面确认并经本所适当核查,截至本法律意见书出具之日,公司及其控股子公司在报告期内存在 3 项单笔处罚

金额在10万元以上的行政处罚，具体情况如下：

序号	被处罚公司	处罚日期	处罚金额（万元）	处罚事由	处罚机关	处罚决定书名称及文号
1	包头市华建房地产开发有限公司	2014年11月11日	420.5971	在包头市青山区青山路北侧，厂前路南侧，青山路5#街坊无建设工程规划许可证擅自进行华清佳苑住宅小区项目施工建设	包头市城市管理行政执法局	包头市城市管理行政执法局行政处罚决定书（包城管罚字［2014］第2002号）
2	内蒙古恒鑫铁塔股份有限公司	2013年11月8日	26.8838	铁塔生产基地建设项未办理施工许可证，擅自建设	土默特左旗建设规划局	处罚决定书（土左建执罚决定书［2013］第［51］号）
3	内蒙古恒润新能源有限责任公司	2014年4月15日	27.3980	未经批准，擅自在察右中旗黄羊城镇杨家店、新胜、米粮局、永胜村委会占用集体草地6,760m^2；占用耕地24,018m^{2}建察右中旗大板梁风电场二期49.5MW风电项目	察右中旗国土资源局	中国土资罚决字第［2014］3号

（1）就上述包头市城市管理行政执法局行政处罚决定书（包城管罚字［2014］第2002号）所涉及的行政处罚，根据出具行政处罚决定书的包头市城市管理行政执法局直属二大队于2016年6月29日出具的确认函，包头市华建房地产开发有限公司已按时、足额向包头市城市管理行政执法局缴纳罚款，根据《中华人民共和国城乡规划法》的相关规定，改正违法行为后，允许其办理规划相关手续。

（2）就上述察右中旗国土资源局行政处罚决定书（中国土资罚决字第［2014］3号）所涉及的行政处罚，根据出具行政处罚决定书的察右中旗国土资源局于2016年8月9日出具的确认函，内蒙古恒润新能源有限责任公司已按时、足额向察右中旗国土资源局缴纳罚款，该等处罚不属于重大处罚。

3.根据公司、内蒙古能建集团、苏里格公司的书面确认及本所适当核查，截至本法律意见书出具之日，持有公司5%以上（含5%）股份的股东不存在尚未了结的或可预见的对本次发行并上市构成实质性不利影响的重大诉讼、仲裁及行政处罚案件。

4.根据公司的确认及本所适当核查，截至本法律意见书出具之日，公司董事、监事及高级管理人员不存在尚未了结的或可预见的对本次发行并上市构成实质性不利影响的重大诉讼、仲裁及行政处罚案件。

综上，本所认为：

1.公司及其控股子公司不存在对其持续性生产经营或本次发行并上市带来实质性影响的重大诉讼、仲裁。

2.上述已披露的行政处罚不会对公司目前的业务经营和本次发行并上市构成实质障碍。

3.根据公司提供的资料及本所适当核查，截至本法律意见书出具之日，持有公司5%以上股份的股东、以及公司的董事、监事及高级管理人员不存在尚未了结的或可预见的对本次发行并上市构成实质性不利影响的重大诉讼、仲裁及行政处罚案件。

二十一、公司《招股说明书》法律风险评价

本所未参与《招股说明书》的制作，但参与了对《招股说明书》的讨论，并对其进行了总括性的审阅，对《招股说明书》中引用本法律意见书的相关内容进行了特别审查。本所认为，公司《招股说明书》不会因引用本法律意见书的相关内容而出现虚假记载、严重误导性陈述或重大遗漏。

二十二、参与公司本次股票发行的中介机构及经办人员

1.境内机构

（1）北京市君合律师事务所

本所为公司本次发行并上市的公司境内律师，依法持有21101198910308003号《律师事务

所执业许可证》。经办律师石铁军、易宜松分别持有证号为11101199310401522号、11101200510166365号的《律师执业证》。

(2)北京市通商律师事务所

北京市通商律师事务所为公司本次发行并上市的保荐人境内律师，依法持有21101199210095075号《律师事务所执业许可证》。经办律师孔鑫、刘硕分别持有证号为11101200410225162号、11101201210141868号的《律师执业证》。

2. 境外机构

根据公司的书面确认，为本次发行并上市之目的，公司聘请的相关境外中介机构包括中国国际金融香港证券有限公司(China International Capital Corporation Hong Kong Securities Limited)、高伟绅律师行(Clifford Chance)、富而德律师事务所(Freshfields Bruckhaus Deringer)、德勤·关黄陈方会计师行。

二十三、律师认为需要说明的其他重大法律问题

1. 根据中国证监会于2015年8月10日发布的《股份有限公司境外公开募集股份及上市(包括增发)审核关注要点》，根据公司提供的材料和书面确认，并经本所适当核查，本法律意见书的相关章节对审核关注要点均发表了意见，具体如下：

	审核关注要点	相关法律意见
1	本次发行并上市是否履行了国有股减(转)持义务，是否取得了国有资产管理部门关于国有股权设置以及国有股减(转)持的相关批复文件及全国社保基金会关于国有股减持转持有关事宜的复函；如无法及时提供全国社保基金会的复函，请补充提供专项承诺，在境外发行上市前向我会提供。	本法律意见书“一、本次发行并上市的授权和批准” 公司发行H股股票所涉及国有股权管理和国有股减持已取得主管国有资产监督管理部门的批准，尚待取得社保基金的复函。公司已经于2016年8月9日出具了专项承诺函，承诺在本次发行并上市前取得全国社会保障基金理事会的复函。
2	发行人及各下属公司业务范围是否涉及国家禁止或限制外商投资的领域，境外发行上市前后是否持续符合有关外资准入政策。	本法律意见书“八、公司的业务” 根据公司的书面确认并经本所适当核查，根据中华人民共和国商务部和中华人民共和国国家发展与改革委员会发布并于2015年4月10日施行的《外商投资产业指导目录》(以下简称“《外商投资产业指导目录》(2015年修订)”)规定，小电网范围内，单机容量30万千瓦及以下燃煤凝汽火电站、单机容量10万千瓦及以下燃煤凝汽抽汽两用机组热电联产电站的建设、经营属于限制外商投资产业类别；大电网范围内，单机容量30万千瓦以下燃煤凝汽火电站、单机容量20万千瓦及以下燃煤凝汽抽汽两用热电联产电站的建设、经营属于禁止外商投资产业类别。公司及其控股子公司现有业务范围内拟开展的火电业务不涉及上述外商投资限制或禁止类项目的建设或运营。公司及其控股子公司业务范围不涉及国家禁止或限制外商投资的领域。本次发行并上市前后，公司及其控股子公司的业务范围持续符合《外商投资产业指导目录》(2015年修订)等有关外资准入政策。

续表

	审核关注要点	相关法律意见
3	发行人业务范围是否符合以下情形之一：(1)主营业务为房地产业务，或(2)房地产业务(并表内)占营业收入比重大于或等于50%，或(3)房地产业务的收入和利润均在所有业务中最高，且均占到公司总收入和总利润的30%以上(包含本数)；在符合上述情形之一的情况下，是否存在违反《国务院办公厅关于继续做好房地产市场调控工作的通知》(国办发[2013]17号)与《国务院关于坚决遏制部分城市房价过快上涨的通知》(国发[2010]10号)的情形。	本法律意见书"八、公司的业务" 包头市华建房地产开发有限责任公司(以下简称"华建房地产")系公司及其控股子公司中唯一一家以房地产开发经营业务为主营业务的公司。根据公司的书面确认以及德勤的审计结果，华建房地产2013年、2014年及2015年营业收入占公司营业收入比例分别约为0%、1%、1%，均未能达到公司营业收入的50%；此外，华建房地产作为公司的子公司，其营业收入和利润亦非公司全部业务中最高，未能达到公司总收入或总利润的30%。因此不属于右列所述的三种情况。
4	发行人及各下属公司是否属于产能过剩行业；如属于，是否符合市场准入条件，是否存在违规和未取得合法手续、不符合重点产业调整和振兴规划及相关产业政策要求、未经批准或违规审批的项目等违反国发[2013]41号、国发[2009]38号、国办发[2013]67号、银发[2009]386号等国务院有关文件及有关部门规章的情形。	本法律意见书"八、公司的业务" 根据公司的书面确认并经本所适当核查，公司及其控股子公司的业务均不涉及产能过剩行业，不存在违反《国务院关于化解产能严重过剩矛盾的指导意见》(国发[2013]41号)、《国务院办公厅关于金融支持经济结构调整和转型升级的指导意见》(国办发〔2013〕67号)、《关于进一步做好金融服务支持重点产业调整振兴和抑制部分行业产能过剩的指导意见》(银发[2009]386号)等法律、法规及规范性文件的规定而受到重大行政处罚，或正在被立案调查的情形。
5	本次发行募投项目是否取得了必要的审批、核准或备案文件(如适用)，是否符合固定资产投资管理有关规定。	本法律意见书"十九、公司募股资金的运用" 根据公司的书面确认以及本所律师的适当核查，公司根据实际情况研究，本次境外发行募集资金的实际投资项目不涉及固定资产投资项目投资项目。根据公司提供的相关书面材料及确认，本次境外发行募集资金的实际投资用途主要涉及如下内容：用于购置设备、用于承包合同流动资金、用于偿还银行贷款、用于补充流动资金。
6	本次境外发行募集资金是否投向《国务院关于促进节约集约用地的通知》(国发[2008]3号)规定的违法用地项目。	
7	发行人及各下属公司近一年是否存在违反《国务院关于进一步加强企业安全生产工作的通知》(国发[2010]23号)的情形；是否被纳入生产经营单位安全生产不良记录"黑名单"管理。	本法律意见书"十八、安全生产" 依据公司提供的资料和书面确认，以及本所适当核查：(1)自2015年5月31日至2016年5月31日，公司及其控股子公司不存在发生重大、特别重大生产安全责任事故或一年内发生2次以上较大生产安全责任事故并负主要责任的情形，不存在《国务院关于进一步加强企业安全生产工作的通知》(国发[2010]23号)规定的限制融资的情形，也不存在违反《国务院关于进一步加强企业安全生产工作的通知》的情形。(2)公司及其控股子公司已建立完善严格的安全生产规章制度，不存在违章指挥、违规作业、违反劳动纪律的"三违"行为，不存在超能力、超强度、超定员组织生产的情形。公司及下属公司经常性开展安全隐患排查，并切实做到整改措施、责任、资金、时限和预案"五到位"。(3)自2015年5月31日至2016年5月31日，公司及其控股子公司不存在不符合有关安全标准、安全性能低下、职业危害严重、危及安全生产的落后技术、工艺和装备。公司及各下属公司未因安全生产问题而受到相关重大行政处罚。(4)通过查询国家安全生产监督管理总局、国务院安全生产委员会发布的公告，截至2016年5月31日公司及其控股子公司未被纳入生产经营单位安全生产不良记录"黑名单"管理。

续表

	审核关注要点	相关法律意见
8	发行人及各下属公司近两年是否存在涉嫌违反《证券法》、《证券投资基金法》、《期货交易管理条例》、《国务院关于股份有限公司境外募集股份及上市的特别规定》(国务院令第160号)及《国务院关于进一步加强在境外发行股票和上市管理的通知》(国发[1997]21号)等证券、期货法律法规行为的情形。	本法律意见书“二十、诉讼、仲裁或行政处罚” 不存在右列所述的情形。
9	发行人及各下属公司是否存在因涉嫌违法违规被行政机关调查,或者被司法机关立案侦查,尚未结案的情形;是否存在被中国证监会依法采取限制业务活动、责令停业整顿、制定其他机构托管、接管等监管措施,尚未解除的情形。	
10	发行人发起人认购的股份是否缴足,发起人用作出资的财产权转移手续是否已办理完毕。	本法律意见书“四、公司的设立” 公司发起人认购的股份已经缴足,发起人用作出资的财产权转移手续已经办理完毕。
11	发行人是否在公司章程中载明了《到境外上市公司章程必备条款》(证委发[1994]21号)所要求的内容。	本法律意见书“十四、公司章程的制定和修改” 《公司章程》(上市适用草案)已经载明了《必备条款》及《补充修改意见》规定的内容,未对《必备条款》、《补充修改意见》规定的内容进行实质性修改或删除,不存在针对股东(特别是小股东)依法行使权利的限制性规定。《公司章程》(上市适用草案)尚待本次发行并上市经中国证监会核准后,于本次发行并上市后生效。
12	发行人及各下属公司是否建立健全了完备、规范的保密和档案规章制度并落实到位,是否符合《关于加强在境外发行证券与上市相关保密和档案管理工作的规定》(中国证券监督管理委员会、国家保密局、国家档案局公告[2009]29号)。	本法律意见书“三、本次发行并上市的实质条件” 2016年7月9日,公司召开第一届董事会第二次会议,审议并通过根据《关于加强在境外发行证券与上市相关保密和档案管理工作的规定》(中国证券监督管理委员会、国家保密局、国家档案局公告[2009]29号)等中国法律法规要求所制定的《档案管理规定》、《保密管理规定》,符合上述规定对企业境外上市的相关要求。
13	本次发行并上市是否履行了完备的内部决策程序,是否取得了必要的内部批准和授权;是否取得了行业监管部门出具的监管意见书(如适用)等必要的外部批准程序。	本法律意见书“一、本次发行并上市的授权和批准” 公司本次发行并上市相关事宜已取得公司股东大会的批准,相关决议合法有效。公司董事会及其获授权人士办理本次发行并上市具体事宜,已经公司内部适当的授权,授权范围、程序合法有效。本次发行并上市履行了完备的内部决策程序,取得了必要的内部批准和授权。

续表

	审核关注要点	相关法律意见
14	按照《非上市公众公司监管指引第4号——股东人数超过200人的未上市股份有限公司申请行政许可有关问题的审核指引》（证监会公告[2013]54号）计算，发行人及其控股股东、实际控制人、重要控股子公司的股东人数是否超过200人；如超过，请补充提供有关申请文件并履行有关程序。其中，“重要控股子公司”的核查标准为：报告期内，营业收入、净利润或者资产总额达到合并报表数额50%以上的控股子公司，以及其他目前或未来对集团整体的经营、财务状况有重要影响的控股子公司。（适用于未在境内上市的境内公司）	本法律意见书“五、公司的发起人和股东” 按照《非上市公众公司监管指引第4号——股东人数超过200人的未上市股份有限公司申请行政许可有关问题的审核指引》（证监会公告[2013]54号）计算，公司、公司的控股股东、及公司重要控股子公司（即报告期内，营业收入、净利润或者资产总额达到合并报表数额50%以上的控股子公司，以及其他目前或未来对集团整体的经营、财务状况有重要影响的控股子公司）的股东人数均未超200人。

2. 除上述事项外，根据公司的确认并经本所适当核查，公司不存在未披露但对本次发行并上市有重大影响的重大法律问题。

二十四、结论意见

本所经过对发行人提供的资料及有关事实进行适当核查后认为，发行人本次发行并上市的申请符合《公司法》、《证券法》和《特别规定》及其他有关法律、法规和中国证监会颁布的规范性文件规定的于境外公开发行股票并上市的有关条件，其本次发行并上市不存在法律障碍。发行人本次发行并上市尚待取得中国证监会的核准及香港联交所的批准。

本法律意见书仅供本次发行并上市之目的使用，任何人不得将其用作任何其他目的。

（以下无正文，仅为签署页）

北京市君合律师事务所
负责人：肖微
经办律师：石铁军、易宜松

图书在版编目(CIP)数据

中国资本市场法制发展报告.2016/中国证券监督管理委员会编. —北京:法律出版社,2017.6
ISBN 978-7-5197-0829-0

Ⅰ.①中… Ⅱ.①中… Ⅲ.①证券法—研究报告—中国—2016 Ⅳ.①D922.287.4

中国版本图书馆CIP数据核字(2017)第102149号

中国资本市场法制发展报告(2016)
ZHONGGUO ZIBEN SHICHANG FAZHI FAZHAN BAOGAO (2016)

中国证券监督管理委员会 编

责任编辑 麦 锐
装帧设计 贾丹丹

编辑统筹 法规出版分社
出版 法律出版社
总发行 中国法律图书有限公司
经销 新华书店
印刷 北京中科印刷有限公司
责任印制 吕亚莉
开本 787毫米×1092毫米 1/16
印张 42
字数 656千
版本 2017年6月第1版
印次 2017年6月第1次印刷

法律出版社/北京市丰台区莲花池西里7号(100073)
网址/www.lawpress.com.cn
投稿邮箱/info@lawpress.com.cn
举报维权邮箱/jbwq@lawpress.com.cn
销售热线/010-63939792
咨询电话/010-63939796

中国法律图书有限公司/北京市丰台区莲花池西里7号(100073)
全国各地中法图分、子公司销售电话:
统一销售客服/400-660-6393
第一法律书店/010-63939781/9782 西安分公司/029-85330678 重庆分公司/023-67453036
上海分公司/021-62071639/1636 深圳分公司/0755-83072995

书号:ISBN 978-7-5197-0829-0 **定价**:240.00元
(如有缺页或倒装,中国法律图书有限公司负责退换)